Die Alten haben den
Weg gewiesen, die Jungen
müssen und werden ihn gehen
Parteischule Wien 1933
Max Adler

Quellen und Studien zur österreichischen Geistesgeschichte
im 19. und 20. Jahrhundert

Herausgegeben von
Peter Heintel, Norbert Leser, Gerald Stourzh, Adam Wandruszka

Band 2

Max Adler

Ausgewählte Schriften

Herausgegeben von
Alfred Pfabigan und Norbert Leser

Österreichischer Bundesverlag, Wien

Satz: Times 9/10 Punkt
Gedruckt auf h'frei Offset 90 g
Druck: G. Gistel & Cie., Münzgasse 6, A-1031 Wien
ISBN: 3 215 **04416** 1

Inhalt

Alfred Pfabigan

Max Adler

Jenseits der Sphäre der politischen Praxis und der der intellektuellen Produktion wissen wir wenig Berichtenswertes über Max Adler: am 15. Jänner 1873 als Abkömmling einer im zweiten Wiener Gemeindebezirk beheimateten kleinbürgerlichen jüdischen Händlerfamilie geboren, besucht er das Wiener Franz-Josefs-Gymnasium und studiert an der Wiener Universität Rechtswissenschaften. Promotion 1896, danach Konzipient in einer Anwaltskanzlei. Nach der Anwaltsprüfung, 1902, läßt sich Adler im Wiener Arbeiterbezirk Floridsdorf als "Hof- und Gerichtsadvokat" nieder. 1909 heiratet Adler – nach eigener Aussage "kein Familienmensch" – die 1877 in Riga geborene Ärztin Jenny Herzmark (= Scheine Blume). 1910 Geburt der heute in London lebenden Tochter Lore, 1913 des in den USA lebenden Sohnes Robert. 1919 Habilitation an der Wiener Universität mit Unterstützung Hans Kelsens, Übernahme einer außerordentlichen Professur, allmählicher Rückzug aus der Anwaltspraxis. Von nun an in Wien als Hochschullehrer, Schriftsteller und Lehrer in den zahlreichen Erziehungsorganisationen der österreichischen Sozialdemokratie tätig. Nach einer kurzfristigen Inhaftierung im Gefolge der Ereignisse des 12. Februar 1934 Weiterführung der inhaltlich allerdings eingeschränkten Lehrtätigkeit an der Wiener Universität. Tod im Schlaf in der Nacht zum 28. Juni 1937.[1])

Politische Praxis, Versuch einer soziologischen Reflexion derselben und philosophische Untermauerung dieser Reflexion – diese Bereiche stellten für Adler eine unteilbare Einheit dar, und über diese Einheit ist viel mehr zu berichten als über den äußeren Ablauf seines Lebens. Zu Beginn der neunziger Jahre kommt es zur ersten Kontaktaufnahme zwischen Adler und der österreichischen Sozialdemokratie. Seit 1893 war Adler Mitglied jener Keimzelle der Wiener sozialdemokratischen Studentenorganisation, die sich in der Gaststätte "Zum heiligen Leopold" traf. Aus dieser Zeit datiert auch die Freundschaft mit Karl Renner, die durch die politischen Belastungen der zwanziger Jahre zerbrach. Als sich die "Freie Vereinigung sozialistischer Studenten" in Wien konstituierte, wurde Adler ihr erster langjähriger Obmann. Gleichzeitig mit diesen ersten Versuchen politischen Engagements entstanden in rascher Folge zahlreiche Studien zur Theorie und Praxis der sozialdemokratischen Bewegung. Nur eine von ihnen, *Zur Frage der Organisation des Proletariats der Intelligenz*[2]), ist erschienen, und zwar an durchaus prominenter Stelle, nämlich in Karl Kautskys *Neuer Zeit*. Die anderen, inhaltlich bedeutungslosen, im Nachlaß[3]) enthaltenen Manuskripte zeigen das allmähliche Sich-Heranarbeiten Adlers an den Marxismus. Doch bereits das Studium der Jugendschriften zeigt: Schon

---

[1]) Wichtigste Quelle zur Biographie Max Adlers war das Interview des Verfassers mit Lore Adler-Suschitzky in London am 17. 2. 1978. Protokoll im Besitz des Verfassers.

[2]) *Zur Frage der Organisation des Proletariats der Intelligenz,* in: *Die Neue Zeit,* Stuttgart, Jg. XIII, S. 645-654, 686-693, 728-732. Die Studie war im Erstabdruck mit A. Max signiert. Die Zuordnung des Textes zum Werk Max Adlers erfolgt auf Grund des Briefwechsels mit Karl Kautsky und auf Grund der Existenz des handschriftlichen Manuskriptes im Nachlaß (MAN).

[3]) Dieser Nachlaß wurde von Max Adlers Tochter Lore an Norbert Leser weitergegeben und befindet sich in katalogisierter Form in Wien.

der junge Max Adler hatte in vielen Bereichen Auffassungen, die von den Klassikern des Marxismus und ihren orthodoxen Interpreten abwichen. Doch schon damals scheute er es, den Konflikt mit der offiziellen Parteidoktrin, dem Marxismus, offen auszutragen. Nur selten hat sich Max Adler als Vertreter einer durchaus eigenständigen Auffassung deklariert – meist hat er den Gestus des Referenten oder des Interpreten originär marxistischer Auffassungen eingenommen. Die teils erheblichen Differenzen zwischen seinen Auffassungen und denen der Klassiker hat er in der Regel entweder bestritten oder als nebensächlich erklärt. Wesentliche Quelle dieser Auffassungsunterschiede war wohl, daß der Marxismus für Adler zwar *ein,* keineswegs aber *das einzige* prägende Bildungserlebnis war. Daneben können noch die zeitgenössische Philosophie, die neokantianische Interpretation Immanuel Kants und auch die Lehre Max Stirners genannt werden.
Adler hatte Stirner im Zuge der Renaissance von dessen Schriften in den neunziger Jahren kennen- und schätzen gelernt. Stirners "realistischer Individualismus" wurde in Adlers Interpretation das dem Marxismus adäquate, als Ergänzung wesensnotwendige Emanzipationskonzept. Stirners "Einzigen" interpretierte Adler als klassenbewußten, disziplinierten und engagierten Parteigänger der Sozialdemokratie. Den Versuch, via Publikation einer Stirner feiernden Studie in der *Neuen Zeit* diesen in die Reihe der sozialdemokratischen Theoretiker einzuschmuggeln, verhinderte Kautsky zunächst. Da dieser Versuch kein Einzelfall war, erschienen ab 1903 in den von Eduard Bernstein betreuten *Dokumenten des Sozialismus* Teile der vehementen Stirner-Kritik von Marx und Engels. Adler hat diese Kritik privat genau studiert – sein Exzerpt ist im Nachlaß vorhanden und zeigt, daß er sich gegen Marx und Engels auf die Seite Stirners stellte. Öffentlich in seinen Schriften ist er auf den durch die Kritik in der *Deutschen Ideologie* gegebenen Auffassungsunterschied nur beiläufig zu sprechen gekommen – Stirner blieb weiterhin ein "Wegweiser" zum Marxismus. Die "Politik" des Parteidenkers Adler wird an dieser kleinen Episode deutlich: allfällige Übereinstimmungen mit Marx und Engels hat der um Legitimation durch die Klassiker peinlich bemühte Denker pointiert hervorgehoben, Auffassungsunterschiede hat er privat in seinen Notizen zur Kenntnis genommen, öffentlich aber teils bestritten, teils weginterpretiert. Ähnliche Beobachtungen ließen sich auch an Max Adlers Interpretationen von Lenins Schrift *Staat und Revolution* anstellen.
Die hohe schriftstellerische Produktivität Adlers endete etwa 1896 – die folgenden fünf Jahre war Adler wohl von der Ausübung seines Berufes, zahlreichen Funktionen in den Studentenvereinigungen und Bildungsorganisationen der Partei und dem gründlichen Studium der Philosophie Kants absorbiert. 1901 erschien seine Aufsehen erregende Stellungnahme zur Programmdiskussion in der österreichischen Sozialdemokratie, und seit damals ist eine kontinuierliche schriftstellerische Tätigkeit, die die ebenso kontinuierliche politische Tätigkeit begleitet und ergänzt, zu verzeichnen.
Das Interessenspektrum Adlers in den Vorkriegsjahren war ein äußerst breites: Interpretationen von zeitgenössischen Dramen, Beiträge zur Nationalitätenfrage der Donaumonarchie, zur Tradition des Jahres 1848, zum Verhältnis von Kirche und Schule, zum Verhältnis der Sozialdemokratie zu den Intellektuellen und zur deutschen Arbeiterbewegung.[4]) Der Schwerpunkt lag allerdings einerseits auf dem Versuch einer Rekonstruktion der Lehre Marx'[5]) und dem parallel dazu unternommenen Versuch einer Synthese von Marx und Kant. Das von Marx und Engels für ihre Position immer wieder in Anspruch genommene Charakteristikum "materialistisch" stand dieser Konzeption im Wege. Schon der junge Max Adler hat – vor jeder philosophischen Arbeit, als Vorurteil also – diese Bindung Marxens an den Materialismus geleugnet. Schon der Neunzehnjährige schrieb: "Nur ein Mißverständnis soll zum Schluß noch aufge-

4) Zur Bibliographie Max Adlers vgl.: Hans Schroth / Herbert Exenberger, *Max Adler. Eine Bibliographie,* Wien 1973, sowie meine Ergänzungen in: *Archiv. Mitteilungsblatt des Vereins für Geschichte der Arbeiterbewegung,* 17. Jg., S. 87-92.

5) Vgl. dazu: *Marx als Denker,* Berlin 1908, heute ergänzt durch die Schrift *Engels als Denker,* erhältlich unter dem Titel: *Marx und Engels als Denker,* Frankfurt / Main 1972.

klärt werden, das leicht entstehen könnte, begünstigt durch den Ausdruck *materialistische* Geschichtsauffassung. Es ist durchaus nicht notwendig, daß materialistische Geschichtsauffassung Hand in Hand gehe mit Materialismus. Und deshalb ist es ganz und gar nicht notwendig, daß der Materialismus unzertrennlich wäre von der Sozialdemokratie. Die materialistische Weltauffassung hat ja auch mit der materialistischen Geschichtsauffassung nichts gemein. Jene ist eine ontologische Auffassung, eine Hypothese, diese eine solche Wissenschaft wie die Physiologie oder Chemie."[6]) Diese Bemerkung hat programmatischen Charakter für ein Lebenswerk: in Adlers Neuformulierung wird aus dem historischen Materialismus ein konsequent auf alle Bereiche des sozialen Lebens angewandter "geistiger Monismus". Den Zusammenhang zwischen dem historischen Materialismus und dem philosophischen Materialismus hat Adler in zahlreichen Polemiken – genannt seien vor allem die gegen G.W. Plechanow[7]) und später gegen Lenin[8]) – konsequent bestritten. Unter Materialismus verstand Adler nur die im 19. Jahrhundert einflußreiche Ausprägung als metaphysische Aussage über das "Wesen der Welt, nach ihrem Sinn an sich".[9]) Für die zahlreichen Bekenntnisse von Marx und Engels zum Materialismus hat Adler ebenso viele einander teilweise widersprechende Erklärungen gefunden. Am häufigsten hat er den Materialismus von Marx und Engels als Absage an die Hegelsche Spekulation, als Eintreten für die Empirie, in letzter Instanz als Positivismus verstanden. Dieser Positivismus, so forderte er, benötige eine erkenntniskritische Fundierung, die ihm nur die Transzendentalphilosophie Kants liefern könne. Die angebliche individualistische Beschränkung dieser Philosophie bei Kant überwindet das von Adler für seine größte Entdeckung gehaltene "Sozialapriori", die Lehre, "daß bereits alles Einzelbewußtsein seiner eigenen Denkmöglichkeit nach gar nicht als ein individuelles Bewußtsein möglich ist, sondern schon im Ich auf eine unbestimmte Vielheit anderer wesensgleicher Ichs bezogen ist".[10]) Gesellschaftliche Verhältnisse sind von Menschen gestaltet, daher sind sie für Adler geistige Verhältnisse. Auf den Marxismus, den Adler als Soziologie versteht, angewandt, bedeutet das eine "konsequente Durchführung ... der Vergeistigung aller ökonomischen Grundbegriffe".[11]) Die vom Marxismus angesprochenen Institutionen und Prozesse sind daher nicht mehr materieller, sondern geistiger Natur: der Widerspruch der Produktivkräfte ist ein geistiger, der Klassenkampf wird zu etwas "seinem Wesen (nach) durchaus geistigem".[12]) Gesellschaftliche Prozesse werden damit zu Formen der bereits im Bewußtsein angelegten Vergesellschaftung.

Angefangen von seinem ersten Buch, der 1904 erschienenen Studie über *Kausalität und Teleologie im Streite um die Wissenschaft* bis zu seiner letzten größeren Schrift, dem 1936 erschienenen *Rätsel der Gesellschaft* hat Adler diese Auffassungen immer wieder neu erläutert und zu begründen versucht. Weitaus variabler waren seine politischen Auffassungen. In der Periode vor dem Ersten Weltkrieg sind nur geringe Ansätze seiner späteren Radikalisierung feststellbar. Gewiß, in seiner Gedenkschrift auf 1848 feiert er Revolutionen als "eines der gewaltigsten Ereignisse im Leben eines Volkes, ein mit elementarer Wucht hereinbrechendes Schicksal, das in seinem unwiderstehlichen Anprall wenigstens zunächst alles besiegt, was sich ihm entgegenstellen will".[13]) Doch diese Parteilichkeit für die Revolution wird wohl dadurch abgeschwächt, daß Adler – Lassalle folgend – unter Revolution das "Auftreten eines neuen geisti-

---

[6]) *Die materialistische Geschichtsauffassung und ihre Bedeutung für die Sozialdemokratie,* datiert September 1893, MAN 94.

[7]) Vgl. dazu: *Marxismus und Materialismus,* in: *Der Kampf,* Jg. III, S. 564-571; *Ausgewählte Schriften,* S. 435 ff.

[8]) Vgl. dazu das 8. Kapitel des *Lehrbuchs der materialistischen Geschichtsauffassung,* Bd. 1, Berlin 1930.

[9]) Vgl. dazu: *Marxistische Probleme,* Stuttgart 1913, S. 66.

[10]) *Grundlegung der materialistischen Geschichtsauffassung,* Wien 1964, S. 155.

[11]) *Natur und Gesellschaft,* Wien 1964, S. 18.

[12]) *Aufgaben der marxistischen Arbeiterbildung,* in: *Bildungsarbeit. Blätter für sozialistisches Bildungswesen,* Jg. 14, S. 2.

[13]) *1848,* Wien 1905, S. 17.

gen Prinzipes also im Bewußtsein der Menschen . . . ihre wahre geistige Wiedergeburt . . . nicht aber Barrikaden und Guillotine, Sturmgeläute und Pulverdampf'' versteht.[14]) Treibender Faktor der Revolution ist für Adler das ''Kulturinteresse'', das Interesse an einer ''Reform des Bewußtseins'', gleichzeitig ein wichtiges Bindeglied zwischen den Intellektuellen und der Sozialdemokratie, die er nicht als Arbeiterbewegung als solche, sondern als allgemein menschliche Kulturbewegung versteht. Doch parallel zu dieser Auffassung formuliert Adler die ersten Distanzierungen vom Paktieren des rechten Flügels der Sozialdemokratie mit den herrschenden politischen Kräften, wie er etwa in der Budgetbewilligung der süddeutschen sozialdemokratischen Parlamentarier sichtbar wurde.[15])

Der Weltkrieg bringt eine entscheidende Änderung in Adlers politischem Verhalten. Von nun an thematisiert er auch die Tagespolitik der Partei, und sein innerparteiliches Konfliktbewußtsein und seine Bereitschaft, Konflikte auszutragen, schärft sich. In gewissem Sinne hat Adler den vorgegebenen informellen Ordnungsrahmen der österreichischen Sozialdemokratie gesprengt: im Gegensatz zu anderen austromarxistischen Theoretikern und Parteiführern hat er innerparteiliche Meinungsverschiedenheiten nicht in fraktionellen Geheimsitzungen erledigt oder an ihrer sprachlichen Verkittung mitgearbeitet, sondern er hat sie mehrmals an die Parteiöffentlichkeit getragen.

Im Zentrum der theoretischen Reflexion Adlers stand die Widerlegung aller den Krieg rechtfertigenden Ideologien. Entschieden bekämpfte Adler den Versuch, durch Anleihen aus der klassischen deutschen Philosophie oder durch biologisch oder vermeintlich sozialwissenschaftliche Argumente die Notwendigkeit des Krieges und die gesetzmäßige Überlegenheit Deutschlands zu preisen. In seiner Argumentation werden Sozialismus und Pazifismus allmählich eins: ''Der Sozialismus nach dem Kriege wird organisierter internationaler Pazifismus sein oder er wird nicht sein.''[16]) Ebenso wie die Anhänger des Pazifismus versuchte Adler auch die Anhänger der nationalen Idee in die Sozialdemokratie zu integrieren. Nation war für ihn durchaus ein Wert, doch erläuterte er immer wieder, daß es in einer Klassengesellschaft keine einheitliche Nation geben könne – damit wird der Klassenkampf zum wirklich nationalen Kampf.[17])

Auch mit den innerhalb der Arbeiterbewegung existierenden Versuchen einer Rechtfertigung des Krieges setzte sich Adler auseinander. Vor allem polemisierte er gegen die Behauptung eines gemeinsamen Interesses zwischen der Arbeiterklasse und dem Bürgertum, eventuell vermittelt durch den Staatsapparat, die ''Gemeinschaftsideologie''. Diese Auffassung, die das Wohlergehen der deutschen und der österreichischen Arbeiterklasse an den Sieg der Mittelmächte band, wurde in Deutschland vornehmlich von den ideologischen Exponenten der Mehrheitssozialdemokratie und in Österreich von Karl Renner vertreten. Mit dieser Polemik ist ein Kontinuum von Adlers politischem Denken bis 1934 angesprochen: Wo immer innerhalb der Sozialdemokratie die völlig unterschiedliche Interessenlage von Bourgeoisie und Arbeiterklasse nicht als Ansatz zur Klärung politischer Probleme verwendet wird, wo also das für Adlers Rezeption des Marxismus so wesentliche Prinzip des Klassenkampfes vergessen wird, wendet sich Adler entschieden dagegen. Nur selten wird er sich dabei auf die Erörterung konkreter Sachfragen einlassen – zentral für sein Interesse steht in der Regel das große historische Prinzip.

Obwohl Adler gegen die Exponenten des rechten Flügels der Sozialdemokratie polemisierte, hat er letztlich nach dem Krieg das Versagen der internationalen Sozialdemokratie vornehm-

---

[14]) Ebenda, S. 19.

[15]) Vgl. dazu: *Unpolitisches. Zum Magdeburger Parteitag,* in: *Der Kampf,* Jg. IV, S. 21-23; *Ausgewählte Schriften,* S. 33 ff.

[16]) *Prinzip oder Romantik! Sozialistische Betrachtungen zum Weltkriege,* Nürnberg 1917, S. 62 (im Original durchgängig spationiert).

[17]) Vgl. dazu vor allem die Schrift aus dem Jahre 1933: *Das Verhältnis der nationalen zur sozialistischen Idee. Bemerkungen zum Poale-Zionismus.*

lich als eines der in ihr organisierten Arbeiter verstanden.[18]) Konkrete, handlungsleitende Strategien für das Verhalten der Arbeiterbewegung im Krieg hat Adler kaum ausformuliert. Der Titel einer der Sammlungen seiner Weltkriegsaufsätze, *Klassenkampf gegen Völkerkampf!,* darf keineswegs so interpretiert werden, als ob Adler der Konzeption von der Umwandlung des Krieges in einen Bürgerkrieg, wie sie jene Linke vertrat, aus der später die kommunistische Bewegung entstanden ist, nahegestanden wäre. Dagegen sprach vor allem sein Hang zum Pazifismus. Für Adler war das wesentliche Ziel einer revolutionären Politik während des Krieges die Aufrechterhaltung des revolutionären Geistes in der Arbeiterklasse. Revolutionäre Aktionen vertagte er für die Zeit nach dem Krieg. Der Aufrechterhaltung dieses Geistes hat Adler seine Theorieproduktion und auch seine Mitwirkung bei den Aktionen der Parteiopposition in der österreichischen Sozialdemokratie gewidmet. Bei allen diesen Aktionen hat Adler allerdings die organisatorische Einheit der Bewegung nie in Frage gestellt.
Das gilt nicht für die deutsche Partei: Adler solidarisierte sich mit der USPD. Die spätere zweite Abspaltung der Linken durch die Gründung einer eigenständigen kommunistischen Partei hat er allerdings auch in Deutschland vehement verurteilt. Der richtige Weg, hielt Adler etwa Rosa Luxemburg in einer Rede nach ihrer Ermordung vor, sei der Weg "der revolutionären Massenaufklärung, den die Unabhängigen gehen wollten", gewesen.[19]) Auch damit ist ein Kontinuum angesprochen: An entscheidenden Stellen der Zeitgeschichte hat Adler immer für Aufklärung, Agitation und Bewußtseinsbildung plädiert. Mit Ausnahme der Untergangsphase der Sozialdemokratie hat er nie den Zeitpunkt für revolutionäres Handeln als schon gekommen gesehen. Nicht eine neue Organisation benötige die Arbeiterbewegung, hielt er den Gründern der Kommunistischen Partei vor, sondern kraftvolle Opposition innerhalb der sozialdemokratischen Partei bei ansonstiger Wahrung der Parteieinheit. Auch damit ist ein Kontinuum in Adlers politischem Denken angesprochen, das zumindest bis zum Ausschluß der Gruppe um die Zeitschrift *Der Klassenkampf* aus der deutschen sozialdemokratischen Partei bestand. Was für Deutschland galt, galt in noch höherem Maße für die österreichische Partei. Adler sah im Austromarxismus ein Ferment, um einen Linksruck der Sozialdemokratie auf internationaler Basis zu bewirken. Die Gründung der Kommunistischen Partei, der "Partei der Verwirrung", war für diesen Prozeß nur ein Hindernis.
Für sein praktisches Ziel, die Einheit der internationalen Arbeiterbewegung unter Aufgabe der organisatorischen Eigenständigkeit der Kommunisten der westeuropäischen Parteien, versuchte Adler auf theoretischer Ebene eine wichtige Voraussetzung zu schaffen: zeitlebens leugnete er den Unterschied zwischen Sozialdemokratie und Kommunismus. Immer wieder erläuterte Adler, daß jeder Sozialdemokrat im Sinne des *Kommunistischen Manifestes* Kommunist sei. Der Unterschied beziehe sich nicht auf das Prinzip, sondern auf den untergeordneten Bereich der politischen Taktik.[20])
Die russische Revolution hat Adler zunächst enthusiastisch begrüßt. Einerseits hat ihn der "revolutionäre Geist" der russischen Ereignisse tief beeindruckt, andererseits versuchte er, das Charisma der russischen Revolution auf den Austromarxismus zu übertragen. Gleichzeitig befand er sich allerdings in einer intensiven Abwehr gegen die ideologischen Exponenten der russischen Revolution in Österreich, und diese Abwehr prägte bald seine Stellungnahme. Ebenso wie Adler auf Grund objektiver Bedingungen, vor allem der Existenz einer starken, der Sozialdemokratie feindlichen Bauernschaft, in Österreich eine Revolution für aussichtslos hielt und sich daher um eine Abwiegelung der Massen bemühte, hielt er auch die russische Revolution für chancenlos. Der Strategie und der Taktik der Bolschewiken sprach Adler die marxistische Legitimation ab mit den klassischen Argumenten der westeuropäischen Sozialdemokratie: Rußland sei ein rückständiges Land, die Revolution trage daher putschistische Züge, wäre in Terrorismus umgeschlagen und hätte letztlich die Diktatur einer Minorität über das

---

[18]) Vgl. dazu etwa: *Sozialismus und Kommunismus,* in: *Der Kampf,* Jg. XII, S. 253.
[19]) *Helden der sozialen Revolution,* Berlin 1926, S. 49.
[20]) Vgl. dazu etwa: *Sozialismus und Kommunismus,* a.a.O.

Proletariat gebracht. Im Gegensatz zu Rußland wollte Adler ein Modell des sozialen Überganges vom Kapitalismus zum Sozialismus entwickeln, in dem die ganze Arbeiterklasse, verstanden als die überwiegende Mehrheit der Bevölkerung, handeln sollte. Da diese Bedingungen in Österreich keineswegs gegeben waren, zog Adler aus dem Fehlen dieser Voraussetzungen eine Konsequenz, die mit der Politik der Parteiführung durchaus im Einklang stand: trotz seiner während des Krieges mehrmals geäußerten Abwehr gegen Klassenkooperation trat er nun nach Kriegsende für die Koalition ein.

Seine konkreten Vorstellungen über die Entwicklungsmöglichkeit der "Österreichischen Revolution" hat Adler am verbindlichsten in seiner Auseinandersetzung mit der Theorie und Praxis des Rätesystems niedergelegt – gleichzeitig die erste Formulierung seiner Staatslehre. Gegenüber der Fetischisierung der Institutionen der bürgerlichen Demokratie auf der Seite des rechten Flügels der Sozialdemokratie und der Forderung nach den Räten als alleinigem Gestaltungsorgan der Revolution und der sozialistischen Gesellschaft auf seiten der kommunistischen Bewegung entwickelte Adler eine der zahlreichen sozialdemokratischen Konzeptionen, die eine Kombination von Rätesystem und Parlamentarismus vertreten. Adler hat diese Kombination als Bestandteil einer Konzeption aufgefaßt, für die er – möglicherweise als erster in der internationalen Sozialdemokratie – einen seither einflußreich gewordenen Terminus benutzte: Der "Dritte Weg" zum Sozialismus. Gestaltende Kraft dieses Dritten Weges ist die Sozialdemokratie – und innerhalb ihrer die Linkssozialisten, denen sich Adler damals bereits zurechnete. Räte versteht Adler primär als Kampforgan, nicht aber als dauerndes Gestaltungsprinzip einer neuen Gesellschaft. Gleichzeitig haben sie für ihn eine wichtige Funktion als Instrument der Schulung, als Institution, in der sich eine Avantgarde der Arbeiterklasse auf die zu übernehmenden Funktionen nach der endgültigen Machtübernahme vorbereitet. Neben den Räten, als Repräsentant der nicht-proletarischen Gesellschaftsgruppen, existiert in Adlers Konzeption weiterhin die alte Nationalversammlung. Der Arbeiterrat regelt die Angelegenheiten der Wirtschaft, des Verkehrs und der Finanzen und hat gleichzeitig das Recht der Initiative bei der Nationalversammlung und das Vetorecht gegen deren Beschlüsse. Die Regierung wird gemeinsam von Nationalversammlung und Arbeiterrat bestimmt. Die Nationalversammlung hingegen bleibt das entscheidende Organ in allen politischen und Kulturfragen, in Adlers Vorstellung ein "unentbehrliches Mittel der Übergangszeit, welches die Diktatur des Proletariats vor dem Terrorismus bewahrt und eine ruhige, die Stürme des Bürgerkrieges vermeidende Fortentwicklung sichert".[21]) Voraussetzung dieser Konzeption war die illusionäre Hoffnung auf eine baldige Majorität in der Nationalversammlung. Adler prophezeite im April 1919, daß sie bereits vor der Tür stehe – tatsächlich brachte die Wahl im Oktober 1920 der Sozialdemokratie einen erheblichen Verlust an Mandaten.

Auf seine Rätekonzeption ist Adler später kaum mehr zurückgekommen. In der von Otto Bauer diagnostizierten Periode des "Gleichgewichts der Klassenkräfte" richtete sich sein theoretisches Interesse zeitweilig auf das Herausarbeiten einer sozialistischen Erziehungskonzeption. Adlers Erziehungskonzept ist fest verankert in seinen politischen Theorien: die Zerrissenheit der einheitlichen Vergesellschaftung durch Klassen verunmöglicht eine "neutrale Erziehung" genauso wie einen neutralen Staat. Erziehung wird zur bewußten Vollstreckung erkannter gesellschaftlicher Notwendigkeiten, kann ihrem Charakter zufolge als Erziehung für morgen daher nur mehr eine Erziehung zum Sozialismus sein.

In seiner Antwort auf das Buch *Sozialismus und Staat* des der Sozialdemokratie nahestehenden und mit Adler befreundeten Hans Kelsen bot Adler eine erste systematische Zusammenfassung seiner Interpretation der marxistischen Staatslehre. Neben Elementen der traditionellen marxistischen Staatslehre, hauptsächlich in ihrer orthodoxen Interpretationsvariante, finden sich in diesem Buch Adlers politische Konzeption vom "Dritten Weg" und ein Versuch, eine erkenntnistheoretisch fundierte Staatslehre zu bieten. Schlüsselbegriffe von Adlers Staatslehre sind die von der "politischen" und der "sozialen" Demokratie. Als politische Demokratie bezeichnete Adler die in der herkömmlichen marxistischen Diskussion als bürgerli-

[21]) *Demokratie und Rätesystem,* Wien 1919, S. 32; *Ausgewählte Schriften,* S. 133 ff.

che Demokratie bezeichnete Demokratie, von der Hans Kelsen ausgeht. Ihr Kennzeichen ist die politische Gleichberechtigung bei wirtschaftlicher Ungleichheit in einer Klassengesellschaft. Grundlage einer solchen Demokratie ist für Adler das Fehlen der wichtigsten Voraussetzung einer einheitlichen Volksherrschaft, des einheitlichen Volkes. Durch die Zerrissenheit in Klassen ist Herrschaft nur als durch Zwang exekutierte Aufrechterhaltung von Ungleichheit denkbar. Daher ist für Adler die Herrschaftsform einer Klassengesellschaft immer eine Diktatur – Diktatur und politische Demokratie sind also keine Gegensätze. Das eine bezeichnet den Inhalt einer Herrschaft, ihren Klassencharakter, das andere die Form, in der sie ausgeübt wird. Soziale Demokratie ist nur in einer klassenlosen Gesellschaft, einer solidarischen Gesellschaft, möglich. Mit dieser Einschätzung hat Adler sicherlich den intellektuellen Bezugsrahmen des Austromarxismus verlassen. Im politischen Denken der meisten österreichischen Sozialdemokraten war die von ihnen mitgeprägte Erste Republik des Beginns der zwanziger Jahre keine Diktatur der Bourgeoisie.
Wieweit er mit seinem Gedankengut tatsächlich von der Parteiführung und von der Parteimehrheit bereits isoliert war, mußte Adler in der Programmdiskussion 1926 erleben. Während dieser Diskussionen hat sich Adler um eine programmatische Verankerung seiner Grundgedanken bemüht. Gemeinsam mit Bauer, Danneberg, Deutsch, Ellenbogen, Hellmer, Hueber, Karl Kautsky, Popp, Renner, Paul Richter und Seitz war er Mitglied der Programmkommission. Schon in den Debatten vor dem Parteitag stand Adlers Lehre von der Einheitlichkeit von Diktatur und Demokratie zentral. Sowohl Friedrich Adler wie auch Otto Bauer hielten Adler die umgangssprachliche Bedeutung des Wortes Diktatur entgegen. Adlers Vereinheitlichung hätte – so Otto Bauer in seiner Parteitagsrede – keinen Sinn mehr, seit der Bolschewismus Demokratie und Diktatur zu Gegensätzen gemacht hätte. Mit seiner Konzeption der politischen und der sozialen Demokratie und der Identifizierung von Kampf um die Staatsmacht und um die Diktatur des Proletariats konnte sich Adler daher nicht durchsetzen. Er scheiterte zuerst in der Programmkommission, dann, als er den Streit in Form eines nur von ihm unterstützten Antrages an die Öffentlichkeit trug, auf dem Parteitag. Der Parteitag in Linz 1926, auf dem mehrere Redner gegen Adler polemisierten, markiert daher seine erste große innerparteiliche Niederlage. Die parteioffizielle Begründung für die Änderungen vom Entwurf zum endgültigen Programm, die Behauptung, daß das Programm allen Auffassungen gerecht geworden sei, stimmt nicht: Kernstücke von Adlers politischer Theorie, wie er sie in seinem Antrag zusammengefaßt hatte, wurden im fertigen Programm nicht berücksichtigt. Die defensive Konzeption der Diktatur des Proletariats, von der das Linzer Programm ausgeht, ist eine originäre Schöpfung Otto Bauers und hat mit Adlers politischem Denken nicht viel gemeinsam. Für das Linzer Programm ist die Diktatur des Proletariats ein Ausnahmezustand, für Adler die Regel; für das Linzer Programm ist der Zustand der Diktatur dem der Demokratie entgegengesetzt, für Adler existiert diese Entgegensetzung nicht.
Die große Konfrontation Adlers mit der Parteiführung ergab sich auf dem Parteitag 1927 bei der Debatte über die Ereignisse des 15. Juli. Schon vor dem Parteitag hatte Otto Bauer in seinem im *Kampf* erschienenen Aufsatz *Kritiker links und rechts* eine die Parteiführung entlastende Analyse versucht. Adler antwortete auf diesen Artikel, doch ist seine Antwort nie erschienen und wird von uns nach dem im Nachlaß enthaltenen Manuskript abgedruckt. Über die Gründe, warum das Manuskript nicht erschienen ist, sind wir nicht informiert, doch werden wir in Adlers späterem Werk immer wieder die Klage über die Unterdrückung oppositioneller Ansichten in der sozialdemokratischen Partei finden. Adler akzeptiert die Haltung der Parteiführung in der Frage der Nichtausgabe der Waffen, doch beklagt er das Fehlen einer systematischen Vorbereitung des Proletariats auf seine revolutionäre Aufgabe. Die Niederlage des 15. Juli, die Adler als einer der wenigen österreichischen Sozialdemokraten in ihrer realen Bedeutung wertete, war in seiner Analyse das Produkt der Fixierung auf den Parlamentarismus und der Unklarheiten des Programmes.[22])

[22]) *Linkskritik oder Linksgesinnung,* MAN 18; *Ausgewählte Schriften,* S. 231 ff.

Karl Renner hingegen warf den Akteuren des 15. Juli ihre Disziplinlosigkeit vor. Als einziger Delegierter verteidigte Adler die Demonstranten auf dem Parteitag entschieden: sie hätten die Ehre des Proletariats gerettet, da die Führung inaktiv geblieben sei, hätte es keinen Disziplinbruch gegeben; wesentlich seien nicht die Fehler der Demonstranten, sondern die der Führung gewesen. Heute ist es schwer, die Reaktion des Parteitages auf diese provozierenden Auslassungen zu rekonstruieren. Die verschiedenen erhaltenen Versionen von Adlers Rede differieren vor allem in der Frage, ob nur die Galerie Adler Beifall gespendet oder ob es auch im Saal Beifall gegeben hätte. Auf jeden Fall verwahrten sich zahlreiche Redner gegen Adlers Auffassungen, und Adler wurde zum kommenden Parteitag nicht mehr delegiert. Die Zeit seiner politischen Isolation in Österreich begann.
Parallel zu dieser Isolation in seiner Heimat, die bewirkte, daß er nur mehr in kleinen intellektuellen Organisationen einflußreich war, intensivierten sich die Kontakte Adlers zur Linksopposition innerhalb der deutschen Sozialdemokratie. Als sich um Max Seydewitz und Kurt Rosenfeld eine aktive Oppositionsgruppe sammelte, wurde Adler um seine Mithilfe gebeten. Von nun an ist ein Großteil seiner politisch-publizistischen Tätigkeit eng mit der Linksopposition in Deutschland verbunden. Er ist Mitherausgeber und Autor der Zeitschrift *Der Klassenkampf,* Mitherausgeber der jungsozialistischen Schriftenreihe und der Buchreihe *Die Roten Bücher.* Auch nach dem Ausschluß von Seydewitz und Rosenfeld aus der Partei 1931 und nach der Gründung einer eigenen Partei, der SAPD, blieb Adler der *Klassenkampf*-Gruppe gegenüber loyal. Alle anderen österreichischen Mitarbeiter der deutschen Parteiopposition hatten sich mittlerweile von ihr distanziert – Otto Bauer, der beim Ausschluß von Seydewitz und Rosenfeld möglicherweise eine vermittelnde Rolle gespielt hatte, verurteilte die neue Parteigründung nun ausdrücklich als "Verbrechen".[23]) Adlers publizistische Praxis in der ersten Phase seiner Tätigkeit in der Linksopposition stand vorwiegend im Zeichen des Kampfes gegen theoretische und praktische Versionen der schon im Krieg bekämpften "Gemeinschafts-ideologie". Die zeitgemäße Ausprägung war nun vor allem Rudolf Hilferdings Staatslehre, die von der deutschen Sozialdemokratie betriebene Unterstützung der Remilitarisierung Deutschlands, die Koalitionspolitik der deutschen Sozialdemokratie und die theoretischen Auslassungen des österreichischen Exponenten dieser Politik, Karl Renner. In der folgenden Periode des allmählichen Aufstiegs des Nationalsozialismus und des kampflosen Rückzugs vor allem der deutschen Sozialdemokratie, radikalisierte sich Max Adler. Eintritt in Koalitionsregierungen lehnte er mittlerweile vollständig ab, Wahlrecht und parlamentarische Repräsentanz, die er früher als Vehikel zur Erlangung der politischen Macht aufgefaßt hatte, waren ihm nunmehr nur als Gradmesser der Reife der Arbeiterklasse für ihre revolutionäre Aufgabe relevant. Vor allem an seiner Einstellung zu Sowjetrußland läßt sich seine Radikalisierung gut beobachten. Spätestens ab Ende der zwanziger Jahre war die russische Revolution und ihr Ergebnis, nämlich Sowjetrußland, für Adler ein im Sinne der marxistischen Theorie legitimes Ereignis, eine sozialistische Revolution. Adler weigerte sich nunmehr, aus dem Umstand, daß die Revolution in einem rückständigen Land erfolgt war, ein Argument gegen sie zu machen. Er verstand diese Revolution als eine immer noch in Gang befindliche. Gegen Ende der zwanziger Jahre/Anfang der dreißiger Jahre sah Adler nur zwei Entwicklungsmöglichkeiten für Sowjetrußland: entweder ein Scheitern der Revolution durch eine nicht wünschenswerte Konterrevolution oder aber die vollständige Exekution der Politik der von Stalin dominierten Parteiführung. Adler enthielt sich in seinen letzten Schriften fast völlig der Kritik an der Politik der russischen Parteiführung – alle Ereignisse in Rußland verstand er als "notwendig". Ausdrücklich einbezogen in diese Notwendigkeit war die "rücksichtslose Beseitigung aller grundsätzlich anders gerichteten politischen Parteien, selbst wenn sie auch ein sozialistisches Ziel haben, aber einen anderen Weg gehen wollen, wie andererseits die wechselnden

---

[23]) Otto Bauer, *Die Abspaltung von der deutschen Partei,* in: *Arbeiter-Zeitung,* 6. 10. 1931.

Methoden der Förderung und Bekämpfung der widerstrebenden Teile der Bauernschaft''.[24]) Ganz im Gegensatz zu früher erklärte Adler nun, daß in einer Revolution – wie er sie ja in Sowjetrußland noch im Gange sah – Demokratie nicht möglich sei. Mit dieser weitgehenden Identifikation mit Sowjetrußland hat sich Adler in einen nahezu unüberbrückbaren Gegensatz zur internationalen Sozialdemokratie und deren Theoretiker gestellt. Im Gegensatz zu Otto Bauer, der in jenen Jahren eine für die internationale Sozialdemokratie keineswegs repräsentative positive Haltung zu Sowjetrußland formulierte, ging Adlers Anspruch weit über die Parole ''Hände weg von Sowjet-Rußland'' hinaus. Eine solche Haltung, meinte Adler, könnte man ja schließlich auch von bürgerlichen Demokraten verlangen. Adler hingegen forderte von der Sozialdemokratie das ''Bekenntnis zu der sozialistischen Klassenrevolution in Rußland''.[25]) Allerdings hatte diese Identifikation mit dem russischen Modell nur für die Sowjetunion Gültigkeit. Den westeuropäischen kommunistischen Parteien gegenüber blieb Max Adler auf Distanz – er sprach ihnen nahezu bis zum Ende seiner politischen Wirksamkeit die Existenzberechtigung ab. Der für Westeuropa adäquate Weg der ''verschiedenen Wege zum Sozialismus'' war der der revolutionären Sozialdemokratie. Die kommunistischen Parteien sind als eigenständige Organisationen auf diesem Weg überflüssig, sie legitimieren sich nur als Elemente der sowjetischen Außenpolitik.

Adler verstand die Weltwirtschaftskrise als eine Endkrise des Kapitalismus; er sah keinen anderen Ausweg aus ihr als den Sozialismus. Die Existenz des Faschismus, eines Produkts der Entwicklung der bürgerlichen Demokratie, einer offen diktatorischen Form der politischen Demokratie also, wertete Adler als Bestätigung seiner Lehre von der Einheit von Demokratie und Diktatur. Bekämpft werden kann der Faschismus nur durch ein einheitliches Vorgehen der Arbeiterklasse. Dieses einheitliche Vorgehen, das zugleich das Vehikel zur sozialen Revolution wird, beginnt in Adlers Konzeption mit der entschiedenen innerparteilichen Opposition der Linkssozialisten gegen den Rechtssozialismus. Erste Aufgabe des westeuropäischen Weges zum Sozialismus ist es daher, daß die Linke die Parteibasis über den Richtungsgegensatz innerhalb der Sozialdemokratie aufklärt und gleichzeitig versucht, unter Erhaltung der Parteieinheit die Führung innerhalb der Partei zu erlangen. Eine Sozialdemokratie, in der die Linke die Macht übernommen hat, kann die Voraussetzung für die notwendige Einigung mit der Kommunistischen Partei innerhalb der Sozialdemokratie sein. Ganz im Gegensatz zu früher ging Adler nun davon aus, daß die sozialistische Revolution, deren Herannahen er behauptete, notwendigerweise eine gewaltsame sein müsse. Allerdings würde der Sozialismus nicht – wie in Rußland – durch Überrumpelung des Klassengegners siegen, sondern dadurch, daß die Masse der Bevölkerung den Staatsapparat durch ihre Opposition völlig isoliert. Dennoch erklärte Adler, daß der Weg zum Sozialismus auch in unseren geographischen Regionen, ebenso wie in Rußland, ein Weg des Leides sein würde. Jede andere Vorstellung ordnete er nun der politischen Gedankenwelt der Arbeiteraristokratie zu.[26])

Diese Vorstellungen, formuliert in Blättern mit ständig schwindender Auflage knapp vor dem Niedergang der deutschen und der österreichischen Sozialdemokratie, sind kaum einflußreich geworden. Kommentare Adlers zur Niederlage der österreichischen Sozialdemokratie am 12. Februar 1934 sind uns nicht erhalten. Seine letzten Lebens- und Schaffensjahre widmete der damals schon Schwerkranke einer neuerlichen Fixierung einer erkenntniskritischen Grundlegung der Sozialwissenschaft, enthalten im 1936 erschienenen *Rätsel der Gesellschaft*.

---

[24]) *Unsere Stellung zu Sowjetrußland. Die hauptsächlichen Fehlerquellen für die Beurteilung der russischen Revolution,* in: *Unsere Stellung zu Sowjetrußland. Lehren und Perspektiven der russischen Revolution,* Marxistische Büchergemeinde Berlin (1932), 3. Buch der *Roten Bücher,* S. 166 f.; *Ausgewählte Schriften,* S. 319 ff.

[25]) *Zur Diskussion über Sowjetrußland,* in: *Der Kampf,* Jg. XXV, S. 301.

[26]) Vgl. dazu vor allem: *Wie kommen wir zum Sozialismus?,* in: *Der Klassenkampf,* 6. Jg., S. 33-40; *Ausgewählte Schriften,* S. 340 ff.

Norbert Leser — Alfred Pfabigan

Redaktionelle Vorbemerkungen

Seit langem schon sind die Herausgeber dieser Dokumentation vom Wunsch erfüllt, das Werk des großen Austromarxisten Max Adler einem breiteren Publikum zugänglich zu machen. Zunächst wurde in diesem Zusammenhang an einen photomechanischen Nachdruck gedacht — dieser Plan scheiterte jedoch an technischen und finanziellen Schwierigkeiten. Als Alternative dazu bot sich die Möglichkeit einer ausführlich kommentierten wissenschaftlichen Edition, die auf alle Textvarianten Rücksicht nimmt und auf die von Max Adler zitierte Literatur zurückgreift, an. Doch auch dieser Plan wurde nach näherer Prüfung fallengelassen, da sich herausstellte, daß eine strengen wissenschaftlichen Kriterien genügende Edition einen unverhältnismäßigen Zeit- und Kostenaufwand mit sich brächte und überdies auch dann noch nicht sicher wäre, allen Ansprüchen zu genügen.
Um dem Bedürfnis nach einer Auswahl aus dem umfangreichen Lebenswerk Max Adlers aber doch in einer vertretbaren, wenn auch keineswegs optimalen Form entgegenzukommen, entschlossen sich die Herausgeber, die Entwicklung und die wesentlichen Positionen Max Adlers an Hand von ausgewählten Aufsätzen und Broschüren des Autors zu dokumentieren und mit einer in die Gedankenwelt Adlers einführenden Einleitung zu versehen. Bei dieser Auswahl wurden bewußt Teile vermieden, die in Form von Neudrucken oder Reprints (wie etwa die im Scientia-Verlag erschienenen Reprints der Bücher *Kant und der Marxismus, Das Soziologische in Kants Erkenntniskritik* sowie *Das Rätsel der Gesellschaft*) vorhanden oder aber, obwohl vergriffen, relativ leicht erhältlich sind. Im übrigen haben sich die Herausgeber darauf beschränkt, die Orthographie Max Adlers dort, wo sie zu sehr von den heutigen Standards abweicht, zu korrigieren und anzupassen. Es wurde jedoch davon abgesehen, die von Max Adler angeführten Zitate zu überprüfen — etwaige Fehler und Ungenauigkeiten fallen also auf den Autor zurück, der so in seiner historischen Einmaligkeit, aber auch Begrenztheit und Fehlerhaftigkeit vorgestellt und wiederbelebt werden soll. Es wurde auch davon Abstand genommen, Anmerkungen zu den in den Arbeiten Max Adlers erwähnten Personen und Ereignissen anzufügen, was wohl auch den Vorteil hat, daß die in jeder Information enthaltene Interpretation nicht zwischen das Werk und den es aufnehmenden Leser treten kann. Es ist die bescheidene, aber nicht illegitime Zielsetzung dieser Edition, einen Autor der austromarxistischen Vergangenheit, der auch unserer Gegenwart etwas zu sagen hat, unmittelbar und ohne Dazwischentreten der Herausgeber zu dieser sprechen zu lassen. Diese Vorgangsweise der unkommentierten Auswahl, die sich auf Aufsätze und kleinere Schriften konzentriert, konnte um so unbesorgter eingeschlagen werden, als die größeren Arbeiten Max Adlers, zum Teil als Nachdruck, zum Teil in kommentierter Form, ohnehin in zugänglichen Ausgaben vorliegen.

I. Soziologische Schriften.
Schriften zur Theorie und Praxis der Arbeiterbewegung

Zur Revision des Parteiprogramms

I. Über den Wert eines sozialdemokratischen Parteiprogramms

Die Revision des Parteiprogramms der österreichischen Sozialdemokratie fällt in eine äußerlich stürmisch bewegte und ungeklärte Phase des Parteilebens, ja des Sozialismus überhaupt. Was von jeher und allein die Schlagkraft der Sozialdemokratie und ihre Siegesgewißheit ausgemacht hat, die gefestete wissenschaftliche Grundlage in den Lehren des Marxismus, scheint bedroht, ja, wenn wir einigen übereifrigen Anhängern der "Kritik" glauben wollten, sogar dauernd erschüttert. In einer solchen Zeit wissenschaftlichen Sturmes und Dranges um die Grundlagen des Sozialismus eine Revision des Parteiprogramms vorzunehmen, wenn man doch eingestandenermaßen entschlossen ist, prinzipiell auf dem alten Standpunkt zu bleiben, daß nur die von der Wissenschaft abgeleitete Erkenntnis der sozialen Prozesse die sichere Grundlage des Programms der Sozialdemokratie sein kann, ist nur in *einem* Falle möglich: wenn nämlich die theoretischen Grundlagen, auf denen bisher die Sozialdemokratie fußte, in ihrer Gänze, will sagen, in ihrem Wesen völlig unerschüttert geblieben ist, so daß also, was Erschütterung und Verirrung im Marxismus schien, in Wahrheit nur Irrtum, Verirrung und Erschütterung im Denken seiner Angreifer war und ist. Die vorzunehmende Revision des Parteiprogramms kann daher auch nichts anderes bedeuten, als daß sie gerade gegenüber den vielfachen und unfruchtbaren Kämpfen der letzten Jahre, welche den Inhalt der sogenannten "Bernstein-Frage" bilden, die eben durch sie nur unumstößlicher gewordene Erkenntnis zum deutlichsten Ausdruck bringe: *Wir brauchen keine Revision unseres prinzipiellen Standpunktes.*

Im Gegenteil: die in der gekennzeichneten Stimmung gerade in der jetzigen, jeder wirklichen Programmrevision so ungünstigen Zeit in Angriff genommene Umgestaltung unseres Programms bedeutet: Wir benützen nur die Tatsache, daß unser Programm in seiner Abfassung die Spuren einer vorausgegangenen Konfliktzeit an sich trägt und daher schon lange reformbedürftig war, um es nunmehr auch gegen jede "Bernsteinerei" sicherzustellen. Und in der Tat ist dies auch der immer wiederkehrende Gedanke aller öffentlich bisher laut gewordenen Stimmen zu der geplanten Revision. Nirgends besteht ein Bedürfnis nach einer Änderung unseres prinzipiellen, durch Marx und Engels gegebenen und im Hainfelder Programm vorzüglich zum Ausdruck gebrachten Standpunktes.

Ja mehr noch: eben dies ist auch die eigentliche Meinung des Verfassers des Programmentwurfes und war gewiß auch die des Redaktionskomitees. Hat ja Genosse Dr. Victor Adler nicht nur in seinem glänzenden Artikel in der *Neuen Zeit* sich scharf gegen die Richtung Bernsteins erklärt, deren Wurzel er mit Recht sich in einem groben Mißverständnis und mangelnder philosophischer Vorbildung verlieren sah, sondern er hat noch überdies in seinem den Programmentwurf kommentierenden Artikel in der *Arbeiter-Zeitung* vom 22. September 1901 ausdrücklich erklärt: "Der Wunsch, unser Parteiprogramm zu revidieren, entsprang weit weniger aus einem prinzipiellen oder praktischen, als aus einem formalen, fast könnte man sagen *ästhetischen* Bedürfnis"; und weiter: "Bei genauer Prüfung des alten Hainfelder Textes zeigte sich's, *daß auch nicht ein einziger seiner Sätze* durch den 'Kritizismus', oder wie diese Richtung sich weniger gern nennen hört, die 'Bernsteinerei', erschüttert ist."

Ist dem nun so und trifft diese Meinung, wie die bisherige Diskussion in Parteikreisen zeigt, auf eine nahezu allgemeine Zustimmung, dann muß man auch erwarten, daß der vorgelegte Programmentwurf die Konsequenz daraus ziehe und auch wirklich nur sozusagen "ästhetische" Änderungen an unserem alten und bewährten Programm vornehme. Aber was der Entwurf bringt, das ist genügend damit gekennzeichnet, daß Bernstein sich sofort beeilt hatte, auf dem Lübecker Parteitag diese Programmänderung als einen Erfolg seiner "Aufklärungsarbeit" zu bezeichnen. Und wenn es gewiß ein gewichtiges, ja vielleicht das einzig rechtfertigende Motiv für die Revision des Hainfelder Programms war, "daß man einige jener alten Sätze (in ihm) nicht mehr lesen kann, gerade wegen jener Diskussion, ohne zu empfinden, daß sie dem Mißverständnis und der Unterschiebung ausgesetzt sein können" und sie deshalb gegen die Richtung Bernsteins sozusagen sicherstellen wollte, so beweist der Erfolg, daß diesem wahrhaft unabweislichen Bedürfnis durch die vorgeschlagene neue Fassung des Programms nicht genügt, ihr Zweck geradezu verfehlt wurde.
Und – um es kurz zu sagen – es genügt überhaupt keine andere Fassung *als eben die alte* mit ganz wenigen ein auch für *denkende* Marxisten mögliches Mißverständnis beseitigenden Abänderungen. Es genügt die alte Fassung, weil es eben so richtig ist, daß der alte Marxismus unerschüttert geblieben ist, und weil die Grundgedanken des Hainfelder Programms nur die Lehre Karl Marx' wiedergeben in jener wunderbaren Knappheit, wie dies noch möglich war, als der Marxismus in ungeteilter Kraft in den Köpfen und Herzen lebte.
Man vergesse doch nicht, *für wen* das Programm bestimmt ist, für die Sozialdemokratie, das heißt in Österreich so gut wie in Deutschland für Marxisten, wie ja die Sozialdemokratie nur die Lebendigkeit der marxistischen Theorie ist. Es hat sich also um das Nichtverständnis oder Mißverständnis von Nichtmarxisten überhaupt nicht zu kümmern und nur dafür Sorge zu tragen, daß seine eigene Lehre zum Ausdruck gelange. Insbesondere obliegt es ihm daher auch nicht, etwaige als falsch erkannte Auffassungen des Marxismus zu widerlegen, sei es auch nur indirekt, indem es seine Sprache nach solchen falschen Auffassungen einrichtet. Es trifft sich wie ein Walten der Vorsehung, ich meine der großen geistigen Vorsehung, deren wir seit dem Tode unserer Meister Marx und Engels so bitter beraubt sind, daß eben jetzt ein Brief Engels' aus dem Nachlaß Liebknechts veröffentlicht wurde, der – eine Kritik des Erfurter Programmentwurfes – vielleicht auch für unsere Revision so aktuell ist, daß die Mahnungen dieses treuesten Beraters des Proletariats so wenig von uns unberücksichtigt gelassen werden dürften, als dies seinerzeit von dem Redaktionskomitee des Erfurter Programms geschah.
Hören wir, was Engels über das Wesen eines Programms im allgemeinen sagt. Er bezeichnet es als einen Fehler, wenn es versucht, "zwei unvereinbare Dinge zu vereinen: sowohl *Programm* wie *Kommentar* zum Programm zu sein. Man fürchtet sich, nicht deutlich zu sein, wenn man kurz und schlagend ist . . . Nach meiner Ansicht hat das Programm so kurz und prinzipiell als möglich zu sein . . . *Man opfere der Rücksicht der Popularität nicht zu viel,* man unterschätze nicht die geistige Begabung und Bildungsstufe unserer Arbeiter."
Gerade dieser Gefahr ist der Programmentwurf nicht entgangen. Er hat die Knappheit und prinzipielle Präzision des marxistischen Gedankenganges, wie er im Hainfelder Programm enthalten ist, geopfert – der *Popularität* der "Bernsteinerei". Denn Genosse Dr. Victor Adler schließt ja selbst die Annahme aus, daß der Entwurf etwa einer *wissenschaftlich begründeten* Kritik, einem tieferen Verständnis des Marxismus zuliebe seine Änderungen vorgenommen habe. Es war also nur die Rücksichtnahme auf das Mißverständnis der Bernsteinianer, der nachgebend unser Programmentwurf fast selber ihren beiden ärgsten Irrtümern den Weg ebnet. Das bezeugen die zwei wichtigsten Änderungen, die denn auch fast ausnahmslos bedenklich gefunden wurden: die Streichung der sogenannten Verelendungstheorie und die Rettung des Wollens und Bewußtseins der Menschen von einer ihm angeblich drohenden "Degradation" durch die ökonomische Notwendigkeit.
Hinsichtlich beider Punkte ist nach dem entschiedenen und bei aller Knappheit doch so kristallklaren Ausführungen Dr. Victor Adlers gar kein Zweifel möglich, daß diese Änderungen *keine* prinzipiellen sein sollen. Aber sie sollen es auch nicht einmal scheinen dürfen, wenn sie den Anforderungen, die Engels an die Präzision des Programms stellte, genügen wollen. Daß

sie dies nicht können, hat seinen Grund darin, daß diese Änderungen eben nicht programmatischer Natur sind, sondern wesentlich Kommentare zu einem Programmsatz. Und dieser ihr Charakter dokumentiert sich auch in dem Gefühl eines Mangels, das uns bei ihrer Lektüre beschleicht, nämlich des Mangels eben jenes Gedankens selbst, den sie erläutern, aber niemals ersetzen. So kommt es, daß, wer den Entwurf liest, nicht mehr jenen Eindruck hat, wie er aus dem Hainfelder Programm auf uns wirkt, einer geschlossenen praktischen Weltanschauung gegenüberzustehen, gegenüberzustehen nicht den mehr oder weniger wichtigen Wünschen einer Partei, neben der andere Parteien stehen, *sondern einer geschichtlichen Macht, die hier im Bewußtsein ihrer in der Notwendigkeit begründeten Kraft spricht.* Ist gerade dies letztere aber der wissenschaftlich festgestellte und ausreichende Charakter der Sozialdemokratie, wie Genosse Dr. Victor Adler und die besten Marxisten mit ihm stets gelehrt haben und wie es die klassenbewußte Arbeiterschaft selbst fühlt, ist dies heute noch gerade so wichtig, wie nur je zuvor, *dann muß es auch im Programm bleiben,* und zwar ohne Kommentar.

Wenn es richtig ist . . . Aber ist es denn richtig? Hier wäre dann freilich der Punkt erreicht, der geböte, die Kritik Bernsteins und seiner Anhänger abermals zu widerlegen. Niemand wird erwarten, daß die Aufgabe hier erbracht werde, auch soweit sie nicht bereits ausgeführt wurde. Zudem kann man wohl sagen, *daß für die Zwecke dieser Programmrevision* dies auch ganz unnötig ist, da dieselbe ja bewußt auf dem alten prinzipiellen Standpunkt *bleiben will.* Nur, um auch nicht einmal den Anschein zu erwecken, als wolle man sich beweislos hinter dem Dogmatismus verschanzen, sei es gestattet, hinsichtlich der zwei folgenschwersten Änderungen des Entwurfs in der hier gebotenen Kürze einige Argumente zu entwickeln, die den Nachweis versuchen, daß jede dem "Bernsteinismus" zuliebe gemachte Abweichung von der klaren Ausdrucksweise des Hainfelder Programms nur eine Konzession an das Mißverständnis bedeutet und die Präzision des uns tragenden wissenschaftlichen Gedankenganges gefährdet. Und es ist hoffentlich nach dem Vorausgeschickten klar, daß sich diese Darlegungen nicht gegen die Absicht des Programmentwurfs richten, sondern nur gegen jene Stimmung, der sie Rechnung tragen zu müssen glaubte.

II. Zum Kapitel "Verelendungstheorie"

Der Programmentwurf hat die sogenannte Verelendungstheorie beseitigt, indem er den Satz des Hainfelder Programms, in dem von der steigenden Massenarmut und wachsenden Verelendung als einer Folge des Privateigentums an den Produktionsmitteln die Rede ist, vollständig wegläßt und dafür den Begriff der relativen Verelendung einsetzt, nämlich den immer schrofferen Gegensatz der Lebenshaltung breiter Schichten des Volkes zu der rasch steigenden Produktionskraft und zu dem Anschwellen des von ihm selbst geschaffenen Reichtums.

Das ist nun ganz offenbar kein Programmsatz im Sinne eines sozialdemokratischen Programms, zu dessen Charakter es gehört, das vielgestaltige soziale und politische Leben auf die in ihm wirkenden Tendenzen *rein* zurückzuführen, nicht aber, wie es Sache der Programme bei den anderen bloß politischen Parteien ist, den komplexen, nicht analysierten, empirisch vorgefundenen Augenblickstatbestand zum Ausgangs- und Bestimmungspunkt ihrer Praxis zu machen. In dieser Änderung des Entwurfes haben wir es vielmehr mit einem wirklichen und wahrhaftigen *Kommentar* des alten Programmsatzes zu tun, und noch dazu mit einem überflüssigen. Denn daß Karl Marx und Friedrich Engels nie gemeint haben, die Entwicklung des Kapitalismus bedeute für die Arbeiterschaft die Verelendung *trotz* ihres, dieser Arbeiterschaft Dasein und Wirken, ist doch bei dem ganzen Charakter ihrer Lehren so offenkundig, daß es wahrhaftig eine Beleidigung ihres Andenkens ist, wenn darüber so viel gesprochen werden mußte. Lesen wir ja eben jetzt wieder in dem zur Veröffentlichung gelangten Briefe Engels' an Liebknecht als Anmerkung Engels' zu dem Satze des Erfurter Entwurfes: Immer größer wird die Zahl und das *Elend* der Proletarier: "Dies ist nicht richtig, *so absolut* gesagt. Die Organisation der Arbeiter, ihr *stets wachsender Widerstand* wird dem Wachstum des Elends möglicherweise einen gewissen Damm entgegensetzen."

Man darf eben nicht im Programm der Sozialdemokratie bei der komplexen Tatsache des in seiner Entwicklung auf den allerdings durch dieselbe Entwicklung hervorgerufenen Widerstand des Proletariats stoßenden Kapitalismus stehenbleiben. Dann befinden wir uns ja mitten drin im treibenden Strom der Geschichte und werden vergebens nach den festen Stützpunkten suchen, die uns gestatten, dieses Treiben zu überschauen. Dann nehmen wir in unser Programm auf, was bloße Folgeerscheinung von Kräften ist, deren eigentliches zum Bewußtsein gebrachtes Wirken ja einzig richtunggebend für uns sein sollte.

So ist es ja auch, was das Wesen des Marxismus von jeher ausmachte, daß er die dem Kapitalismus *als solchem* eigentümliche Gesetzlichkeit seiner Entwicklung aufzuspüren suchte. Die Aufgabe, die Marx sich gestellt hatte, war, die Gesetze der kapitalistischen Produktion *rein* zu erforschen. Was er in dieser Richtung fand, gilt nur vom Kapitalismus rein und schlechtweg, das heißt wie dieser natürlich *nur in der Abstraktion* existiert. Aber das ist der allgemeine und einzige Weg der Wissenschaft überhaupt, die exakt werden will. Sie kann zu den Gesetzen ihres Objekts nur kommen, wenn sie dasselbe im Denken isoliert, das heißt eben rein erfaßt. Und die Gesetze, die sie auf diese Weise findet, sind nicht weniger Gesetze und *wirken nicht weniger* in dem Geschehen, weil sie im wirklichen Plan der Dinge *niemals* rein und unvermischt auftreten. Wie oft hat man schon gesagt: Die Fallgesetze Galileis gelten uns im leeren Raum, der in der Natur gar nicht, nicht einmal unter der Luftpumpe existiert. Möge doch einmal ein physikalischer "Kritiker" kommen und versuchen, aus der Tatsache des Luftwiderstandes, der die reine Wirkung des Fallgesetzes in der Erscheinung beirrt, die Folgerung zu ziehen, daß jene Gesetze revisionsbedürftig seien.

Die Lehre Karl Marx' zeigt uns, was der Kapitalismus aus sich heraus notwendig zeitigen muß, wenn er seiner eigenen Wirksamkeit unbeirrt überlassen ist bis zu dem Punkte, an welchem er auf den gleichfalls aus ihm geborenen Widerstand des Proletariats trifft. Diese Tendenzen des Kapitalismus sind "eherne, naturnotwendige", das heißt sie sind gemäß der Natur des Kapitalismus unverrückbar, weil sie nur der Ausdruck, die Betätigung seiner selbst sind. Und diese Tendenzen sind nichts anderes als die Versklavung des Proletariats, welches einfach nur ein sachlicher Bestandteil des Produktionsprozesses wird, sowie die mit der Schaffung einer industriellen Reservearmee notwendig eintretende Massenarmut und Verelendung. Nach beiden Richtungen gibt es für diese Tendenzen keine andere Grenze als die der Existenzmöglichkeit des Kapitalismus selbst.

Allein das Proletariat ist eben nicht nur sachlicher Bestandteil der Produktion, es ist Fleisch und Blut, Kopf und Herz; und darum muß dieser selbe Prozeß, der mit ihm nur wie mit einer Ware verfährt, in ihm empfunden werden. So entstehen im Proletariat bewußte Regungen, die immer mehr seiner Klassenlage entsprechen müssen, wie diese durch die Entwicklung des Kapitalismus bedingt ist. Das heißt: als notwendige Folge dieser Entwicklung entstehen dem Kapitalismus Gegentendenzen aus dem Proletariat. Es ist nicht die Gesetzlichkeit des Kapitalismus selbst, durch welche er in seinen Tendenzen eine Änderung, Milderung, Umgestaltung erfährt, sondern es ist die Durchkreuzung seiner Gesetzlichkeit durch die des Proletariats. Und der Gedanke, daß es doch der Kapitalismus ist, der seine eigenen Totengräber schafft, bedeutet daher nicht etwa, daß auch die seine Entwicklung einigenden Tendenzen nur Wirkungen seiner eigenen Gesetzlichkeit sind, sondern will nur die große Wahrheit ausdrücken, daß Tendenz und Gegentendenz in dem einen untrennbaren Zusammenhang der Notwendigkeit allen Geschehens verknüpft sind.

Und nun bewundere man die "kritische" Schärfe, die gerade durch Berufung auf das Auftreten solcher Gegentendenzen die Lehre von der Notwendigkeit des Wirkens der kapitalistischen Tendenzen erschüttert sieht. Als ob dieselben nicht ebenso vorhanden wären, weil sie *bekämpft* werden, als ob die ganze Entwicklung des Kapitalismus von seiner durch Marx erkannten Richtung abgedrängt worden sei, weil sie im wirklichen Leben auf die durch eben diese Entwicklung entfesselte und gleichfalls vorauserkannte Macht des Proletariats traf, die ihr stets machtvoller entgegentritt! Die einfache Wahrheit des Kräfteparallelogramms, wonach zwei nach verschiedenen Richtungen an einem Punkte wirkende Kräfte doch beide in der Resultierenden *ihr volles reales Dasein* beweisen, hätte genügt, das Aufrollen eines Problems zu verhüten, das gar keines ist: ob die Verelendung im Marxismus absolut oder relativ zu verstehen sei.

Und was würde man wohl zu einem Arzt sagen, der das wissenschaftlich festgestellte Bild des Verlaufes einer Krankheit als falsch und revisionsbedürftig hinstellte, weil die Krankheit infolge seines Eingreifens mit Heilmitteln einen anderen Verlauf genommen habe?! Als ob der Arzt die Erscheinung dieses "relativen" Krankheitsbildes nicht erst verstehen könnte, wenn er die rein konstruierte, "absolute" Krankheit genau kennt und sich dabei bewußt bleibt, daß das "relative" Bild bereits eine Folge von angewendeten Gegentendenzen ist, die zur Voraussetzung haben, daß andere ursprüngliche Tendenzen *vorhanden* sind.

Die Sache liegt also so: das Programm hat nur jenen Sachverhalt darzulegen, der *Objekt des Wirkens* der Sozialdemokratie ist. Es darf nicht Tatsachen aufgreifen, die schon die Folge dieser Wirksamkeit sind, welche also schon die von eben jener Aktion umgestalteten oder geänderten Verhältnisse darstellen, deren Notwendigkeit das Programm darlegen, deren Wirksamkeit es mit den vorhandenen konstatierten Tendenzen in Gegensatz bringen und für die es auf diese Weise richtunggebend werden will. Gerade weil und insofern das Proletariat in der Sozialdemokratie immer bestrebt war und ist, in seinem Programm nur die theoretische Erkenntnis sich zur Grundlage für sein praktisches Verhalten zu nehmen, muß es sich hier die ihm gegenüber wirksamen Tendenzen, oder besser gesagt, Gesetzlichkeit des Kapitalismus *rein* zum Bewußtsein bringen und danach sein Handeln bestimmen lassen. Das Proletariat sagt also in seinem Programm nur dieses: Der Kapitalismus führt seiner eigenen immanenten Gesetzlichkeit gemäß zur Verelendung des Proletariats, so lange er in seinem Walten unbeirrt bleibt von gegen ihn wirkenden Kräften; zur Verelendung, die auch dadurch nicht gemildert erscheint, daß sie schließlich ihre Grenze in der notwendigen Rücksichtnahme des Kapitalismus auf seine eigene Existenzmöglichkeit hat. Denn hierdurch wird das Elend nur perpetuiert, bestandfähig gemacht, es liegt aber in diesem Selbsterhaltungsmotiv des Kapitalismus keine ihm wesentlich entgegentretende und ihn daher beschränkende einengende Tendenz. *Wir* aber, das Proletariat, wir rufen dieser Entwicklung ein "Halt!" zu. Und dies nicht etwa aus moralischen Erwägungen, sondern vor allem getrieben durch das Selbsterhaltungsinteresse. Nicht also der Kapitalismus ist es, der in *seiner* Entwicklung die Massenarmut und das Elend, die Unterdrückung und Ausbeutung milder gestaltet, denn es sind nicht *seine* Kräfte, nicht *seine* Tendenzen, nicht *seine* Interessen, die dies bewirken. Vielmehr überall ihm entgegen sind es neue Kräfte, neue Tendenzen, neue Interessen, die, im Proletariat zum Bewußtsein gelangt, den Kapitalismus schon heute umgestaltet haben und ihn noch weiter umgestalten werden.

Fragt man also, wo denn die steigende Massenarmut und das wachsende Elend *heute* sind, so ist die Antwort – ganz abgesehen von aller Statistik, die in dieser Frage auch noch nicht ihr letztes Wort gesprochen hat –: eben in dem *wachsenden und immer stärker als Notwendigkeit empfundenen Kampfe des Proletariats.* Und darum spricht auch Engels an der vorhin angeführten Stelle von dem "stets wachsenden Widerstand", durch den das Wachstum des Elends als Tendenz des Kapitalismus gleichsam maskiert ist.

In dieser stets bewußten Unterscheidung der beiden sich in derselben sozialen Sphäre bekämpfenden immanenten Gesetzlichkeiten, das heißt in der Auffassung der sozialen Entwicklung nicht als eines aus *einem* Prinzip, etwa dem des Kapitalismus, vor sich gehenden Prozesses, sondern einer durch den Widerstreit zweier elementarer Gegensätze sich durchsetzenden Bewegung liegt ja der große noch immer zu wenig gewürdigte, ja oft als ein schädliches Beiwerk unverstandene Gedanke der *Dialektik.* Und die übrigens ganz in das System Bernsteins – der ja eben die Dialektik nur als ein Blendwerk betrachtet – hineinpassende Annahme, daß wir es nur mit der einen, großen Entwicklung des Kapitalismus zu tun hätten, die aus sich heraus das Proletariat organisiert, alle Härten seiner eigenen Entwicklung abstreift und ausgleicht und auf diese Weise uns frank und frei in den Zukunftsstaat hineinwachsen läßt, beseitigt kurzerhand mit der Dialektik den wahren Begriff und Geist des Klassenkampfes und damit schließlich auch den Geist des Marxismus überhaupt.

Wie abgrundtief nämlich der Unterschied dieser, wie ich glaube, wahrhaft marxistischen (was für mich immer gleichbedeutend mit wissenschaftlich begründeter) Auffassung ist, nach der die Verelendungstendenz des Kapitalismus so ungebrochen wie nur je auch heute noch existiert, weil sie eben eine notwendige Tendenz des Kapitalismus ist, bloß daß sie niedergehalten, eingeschränkt durch die Kraft des Proletariats ist, wie unvereinbar diese Auffassung ist mit jener anderen, die da meint, diese drohende Verelendung sei ein Märchen und die Statistik beweise uns, daß wir nur von einer ökonomischen Abhängigkeit sprechen können, die zudem noch immer mehr erleichtert werden würde, springt jetzt wohl von selbst in die Augen. Nach der einen Auffassung ist die Verelendung eine Tendenz, die nur mit der heutigen Gesellschaftsordnung beseitigt sein wird; nach der letzteren Ansicht ist sie ein bereits schrittweise zurückgedrängtes, ja aufgehobenes Übel. Daraus entspringt eine gewisse innere Beruhigung, eine Art Sicherheit, die den Gegenwartsbestrebungen des Proletariats einen ganz anderen Charakter aufprägen muß, wenn eben nicht mehr das Bewußtsein treibt, daß die einer ungeheuren zusammengepreßten Feder vergleichbare Verelendung im selben Maße wirksam wird und auch für den sonst Blinden Realität gewinnt, als der Hammer des Proletariats weniger schwer auf ihr wuchten kann. Dieses, die beständige reale Gegenwart der Verelendungstendenz kennzeichnende *Gefühl der Unsicherheit,* das auch Engels als so charakteristisch bezeichnet, muß jenem Bewußtsein, das den Alp der drohenden Verelendung von sich gewälzt hat, völlig abhanden kommen. An Stelle dieses welthistorischen, das Proletariat treibenden Gefühles bleiben ihm dann nur zu den kleinen Zielen des Tages – die Sorgen des Tages.

Es ist also *ein ganz anderes Bewußtsein,* in dem jedesmal der Kampf geführt wird. Und dies ist, beiläufig bemerkt, einer der wichtigsten, nur zu häufig übersehenen Punkte bei der Auseinandersetzung mit den an Bernstein anknüpfenden Richtungen. Denn sehr oft gelangt man hüben und drüben in Feststellung von Tatsachen und praktischen Folgerungen zu gleichen Resultaten. Da verfehlen dann regelmäßig beiderseits jene sanftmütigen Naturen, die stets zu einem faulen Frieden bereit, nicht, hervorzuheben, daß wir ja "im Grunde einig" seien. Allein hier hat ein alter Spruch sein gutes Recht: *Si duo faciunt idem, non est idem.* Und wenn es richtig ist, daß erst der *klassenbewußte* Geist jenes Proletariat schafft, der der Träger der geschichtlichen Entwicklung sein soll, dann wird das Proletariat um das Bewußtsein seiner notwendigen Gegensätzlichkeit zum Kapitalismus gebracht, gegen den es nicht mehr einen Befreiungskampf führt, in dem es einen dauernden Gewinn nur gibt durch die mit seinem endgültigen Siege herbeigeführte *Abschaffung aller Klassenherrschaft,* sondern gegen den es nur mehr bestrebt ist, *seine Klassenlage* behaglicher zu gestalten.

Mit der Streichung der sogenannten Verelendungstheorie streicht daher das Programm einen tragenden Gedanken des Marxismus; weit entfernt, in dieser Theorie mit seinem eigenen Wirken in Widerspruch zu geraten, beseitigt es nur in ihr die erkannte und richtunggebende Grundlage desselben und degradiert das als Entwicklungsfaktor welthistorisch bedeutungsvolle Wollen des Proletariats zu einem bloß tastenden, nach Gegenwartsinteressen bestimmten Flickwerk.

Es bestätigt sich daher die bereits anfangs ausgesprochene Meinung: eine Revision in diesem Punkte ist nicht nötig, und die vorgeschlagene sehr bedenklich. Am besten, wir kehren zur Fassung des Hainfelder Programms zurück, die gegen jedes mögliche Mißverständnis genügend gesichert ist, wenn wir sie etwa so formulieren:

> "Der Einzelbesitz an Produktionsmitteln, seiner eigenen Gesetzlichkeit unbeirrt überlassen, führt, wie er also politisch den Klassenstaat bedeutet, ökonomisch zu steigender Massenarmut und wachsender Verelendung immer breiterer Volksschichten, in dieser Tendenz nur durch seine eigene Existenzfähigkeit begrenzt."

Dafür hätte der im Entwurf vorgeschlagene Satz von "Die Lebensbedingungen" bis "geschaffenen Reichtums" zu entfallen.

III. Zum Kapitel "Notwendigkeit der Entwicklung"

Den vorausgegangenen Erörterungen könnte nun der Einwand gemacht werden, daß gerade durch sie die Berechtigung der Programmrevision mindestens im zweiten hier in Betracht kommenden Punkte dargelegt sei, nämlich betreffs der objektiven Notwendigkeit der Ent-

wicklung. Denn sie ließen ja in entscheidendem Maße das *Wollen und Bewußtsein* des Proletariats den "ehernen" Tendenzen des Kapitalismus geradezu in die Quere kommen.
Hier setzt nun, um mit Dr. Victor Adler zu sprechen, "das abgeschmackteste aller kritizistischen Mißverständnisse ein, als ob die erkannte Notwendigkeit der geschichtlichen Entwicklung und die Wirkung dieser Erkenntnis auf das Bewußtsein und das Wollen der Arbeiterklasse einen Gegensatz begründe". Hierzu seien denn noch einige Ausführungen gestattet, die nur den Gesichtspunkt aufzeigen wollen, von dem aus eine Auflösung dieses vielfach so verwirrenden Problems wenigstens erhofft werden kann. [1])
Man hat die Notwendigkeit der geschichtlichen Entwicklung bezweifelt, weil sie immer mehr vom bewußten Wollen geleitet wird, weil immer mehr mit Bewußtsein gesteckte Ziele in ihr richtunggebend werden. Man hat von Mechanismus gesprochen, wenn das ganze soziale Geschehen mitsamt dem menschlichen Wollen in ihm als notwendig bestimmt erklärt wird, wie dies der Marxismus gleich aller Wissenschaft mit Recht tat. Man hat dabei übersehen, daß Wollen und Wissen zwei ganz verschiedene Sphären sind, die sich nie durchkreuzen, nie beirren können. Man hat übersehen, daß es ein anderes ist, einen Vorgang erkennend zu betrachten, ein anderes, ihn zu wollen, *und daß beides an einem und demselben Vorgang möglich ist,* ja in einer vollendeten Erfahrung dasselbe Objekt begreifen *muß.*
Das Erkennen, die Wissenschaft, hat es überall nur mit *Vorgängen* zu tun, deren allgemeine Beziehungen und Zusammenhänge sie aufsucht. Hierfür hat sie kein anderes Prinzip als das der Herstellung eines lückenlosen Kausalzusammenhanges und dessen Überführung auf allgemeine, typische Verbindungsformen in den verschiedenen artlich gesonderten Gebieten des Geschehens, das heißt auf Gesetze. Bei diesem Streben trifft sie nun im Gebiete des Wollens als einer besonderen Art von Naturvorgängen auf keine prinzipiellen, sondern nur tatsächliche Schwierigkeiten. Nach dem berühmten Ausspruche Kants ließe sich bei genügender Kenntnis aller ein Menschenleben bestimmenden äußeren und inneren Momente stets mit absoluter Sicherheit voraussagen, was dieser Mensch in irgendeinem beliebigen Moment vornehmen werde wollen. Und selbstverständlich ändert sich dieses Verhältnis ganz und gar nicht, wenn es sich nun nicht um einen Menschen allein, sondern um das Aufeinanderwirken mehrerer, vieler Menschen handelt; es wird nur um so komplizierter. Keineswegs aber vermag der Umstand, daß der bis heute erreichte Grad der Einsicht in diesen Kausalzusammenhang noch sehr unvollkommen ist, die Tatsache selbst zu beseitigen, daß die Entwicklung des sozialen Lebens geradeso wie alles Naturgeschehen überhaupt unter Gesetzen steht, durch welche es seinem ganzen Verlauf nach völlig bestimmt und daher von jedem beliebigen Punkt aus *für das Erkennen* vorherbestimmt ist. Da gibt es also bei der absoluten Geschlossenheit der Kausalkette keinen "Grad der Notwendigkeit" und keine "Milderung des ehernen Muß der Geschichte", und es hat nur eine irreführende Wirkung, wenn man die Tatsache der wachsenden Erkenntnis innerhalb der Kausalkette als eine solche Milderung der Notwendigkeit selbst bezeichnen will. Man gewinnt damit keine andere Freiheit als die einer mit unpräzisierten Begriffen quecksilberartig dahinrollenden Diskussion.
So steht also das dem Wissen zugängliche Geschehen überall und immer unter dem Banne der Notwendigkeit, den das Wollen schon deshalb gar nicht alterieren kann, weil es *als Wollen,* nicht als äußerer Vorgang, von diesem Banne gar nicht getroffen wird. *Denn das Wollen als Lebensbetätigung weiß gar nichts von der nur dem Wissen ersichtlichen Ordnung der Dinge, vom Kausalzusammenhang,* ob es gleich als äußerer Vorgang selbst in diese Ordnung hineingehört. Das Wollen, nicht als Objekt der Wissenschaft, sondern in seiner eigenen Sphäre, *geht auf in dem Erlebnis des Wollens;* es ist gar nichts anderes als Gefühl der Selbstwirksamkeit (Spontaneität), der Freiheit.

---

[1]) Die folgenden Darlegungen mußten hier notgedrungen ganz fragmentarisch bleiben und sollen ja auch nur dazu dienen, den aufgezeigten Gesichtspunkt als einen nicht rein willkürlichen, sondern der Begründung fähigen zu erweisen. Die ausführliche Begründung hoffe ich noch in einem größeren Zusammenhang zu geben.

Gewiß ist der Mensch als ein Element des Naturgeschehens nichts anderes als ein an der Kette der Ursachen gezogenes Glied derselben. Von der Kausalseite her unterscheidet er sich in nichts von dem geworfenen Stein. Aber wodurch er sich mit allen organisierten Wesen von dem gesamten übrigen Naturgeschehen unterscheidet, ist, daß während dieses, wenigstens für unsere Erkenntnis, nur *an* dem Objekt vor sich geht, hier das Kausalgeschehen *in* ihm zugleich *erlebt* wird. *Und die Form, in der das Kausalgeschehen erlebt wird, ist eben das Wollen.* Deshalb muß der Mensch, was mit ihm doch notwendig bestimmt ist, sofern es von ihm als spezifisch menschlicher Ursache abhängig ist, immer doch wollen. Und es war ein tiefes Wort Spinozas, daß der geworfene Stein, wenn er Bewußtsein hätte, sagen würde, er *wolle* fliegen. Man kann hinzusetzen: Das Fallgesetz, das den notwendigen Gang seines Falles unausweichlich bestimmt, würde im Bewußtsein des Steines das Gefühl stets energischer notwendig werdenden Wollens, der bewußten Überwindung immer größerer Hindernisse, vielleicht die Idee des Fortschrittes und eines anzustrebenden Zieles auslösen, wo es sich doch nur um die quadratische Zunahme der Fallgeschwindigkeit handelt.

Ich fasse zusammen: Die wissenschaftliche Erkenntnis bezieht sich auf das Wollen nicht anders als auf das willenlose Geschehen, *aber sie tritt nicht an die Stelle des Wollens.* Wenn also die Wissenschaft durch ihre Mittel in der Lage ist, ein bestimmtes Einzel- oder Kollektivwollen vorherzubestimmen, so sagt sie doch gerade damit nichts anderes, als daß zu einer bestimmten Zeit eben dieses Wollen auftreten wird. Erlaubt mir die Wissenschaft, vorherzubestimmen, daß X. heute über ein Jahr um 10 Uhr abends nach Berlin reisen wird, so ist es eine merkwürdige Vorstellung, daß damit gesagt sein soll, er werde an dem bezeichneten Tage etwa gegen oder ohne seinen Willen wie durch mystische Gewalt plötzlich im Eisenbahncoupé sitzen. Sondern er wird es eben um diese Zeit aus irgendeinem Grunde *wollen,* und anderes hat ja die Rechnung, in der ich dieses Resultat vorher gefunden hatte, auch gar nicht ausgesagt. Oder noch anders: Wenn zwei Läufer zum Wettlauf antreten, so ist schon im voraus bestimmt, wer Sieger sein wird, noch ehe sie angefangen haben zu laufen. Es ist nun denkbar, daß der eine der Läufer durch seine tiefe Einsicht in die Verknüpfung der Dinge seinen Sieg bereits voraus berechnet hat. Dürfte er deshalb etwa sich auf sein Stück Papier verlassen und – gar nicht laufen? Oder müßte er nicht nur ebenso laufen wie der andere, sondern sich noch dazu sehr anstrengen, um diesem zuvorzukommen, und allen Willen zusammennehmen, um das Ziel als erster zu erreichen? Und wenn ihm nun der andere ein Stück abgewinnt, so daß ihm Angst wird und er fast entmutigt das Rennen aufgeben möchte, so wird er, war seine Rechnung wirklich exakt, zuletzt doch nicht um eine Sekunde später ankommen, als die Rechnung angibt. Denn alles dieses Drängen und Schwanken, Ebben und Fluten, was das Charakteristische des kompletten Willensvorganges ausmacht, *war ja als Faktor in seiner Rechnung mit enthalten.* Gerade darum mußte es aber auch zu seiner Zeit im Wünschen und Fürchten, im Meiden und Streben, kurz im Wollen und Handeln erscheinen.

So löst sich dieser "Widerspruch", den zuerst Stammler dem Marxismus vorgeworfen hatte, auf in eine fortwährende unkritische Vertauschung zweier grundsätzlicher Arten der Menschen, sich gegen die Welt zu verhalten: Erkennen und Wollen. Wenn also die Sozialwissenschaft den Gang der sozialen Entwicklung als notwendig bestimmt aufzeigt und die Ziele weist, der sie notwendig zugeführt wird, so muß diese ganze Entwicklung trotzdem noch von den Menschen gemacht und müssen diese Ziele *gewollt* werden von jenen, welchen diese Rolle durch den Entwicklungsprozeß zugewiesen wurde. Und dies ist kein Mechanismus, weil die Notwendigkeit ja nur eine *Erkenntnis*form ist, welche die ganze Realität des Wollens unangetastet läßt. Je mehr die soziale Entwicklung die bewußte Arbeit als Kausalfaktor einbezieht, um so mehr muß dann das notwendige Geschehen in den Bereich der durch das Wollen getragenen Freiheit gestellt erscheinen. Und dies nicht etwa als eine Art Illusionismus, sondern eben zufolge der Realität des Wollens, das doch ein Grundphänomen des menschlichen Wesens ist. Nirgends streitet daher die auf den Marxismus begründete Sozialwissenschaft mit der von ihr gelehrten Notwendigkeit der sozialen Entwicklung, welche wesentlich bestimmt ist durch die ökonomische Entwicklung, mit der Tatsache der stets wachsenden Bedeutung des menschlichen Wollens und Bewußtseins.

Das Proletariat setzt sich seine Ziele mit immer klarerem Bewußtsein, es greift mit immer stärkerem Willen in den Gang der Ereignisse ein, es läßt immer mehr seine Vorstellungen von dem, was sein soll, entscheidend werden für das, was da ist: das alles bedeutet doch *nichts anderes als die Formen,* in denen nach der subjektiven, innerlichen Seite die Notwendigkeit des Geschehens dort erfaßt werden muß, wo sie nicht bloß abläuft, sondern auch erlebt wird. Wer sich der Verschiedenheit dieser beiden Standpunkte stets genau bewußt bleibt, der wird nie zu der von allem Geist verlassenen Ansicht kommen können – dem Leitmotiv der revisionistischen Kritik –, daß es der ärgste Widerspruch des Marxismus sei, die Entwicklung zum Sozialismus als notwendig zu lehren und sie doch herbeiführen zu helfen. Es wird ihm vielmehr ganz klar, ja selbstverständlich sein, daß in dem Maße, als diese Entwicklung wirklich notwendig ist, damit zugleich bedingt ist, daß der Wunsch nach ihrer Durchsetzung stets allgemeiner und kräftiger auftreten und zuletzt die erlangte Erkenntnis ihrer Notwendigkeit selbst ein Motiv des Wollens werden muß.

Bleibt so die gerade in diesem Punkte an die ganze Arbeit der vorausgegangenen Philosophie und Wissenschaft anknüpfende Lehre Karl Marx' auch hier unerschüttert, dann muß dies wiederum im Programm der Sozialdemokratie zum Ausdruck kommen. Nur diese Notwendigkeit des Geschehens macht das Proletariat zum Träger der geschichtlichen Entwicklung, weil sie dasselbe in eine ganz bestimmte einheitliche Lage versetzt, der eine einheitliche Motivation entspringen muß. Es geht also nicht an, den Gedanken dieser "notwendigen Entwicklung" nur so nebenher in einem Satz unterzubringen, wie dies der Entwurf tut, und überdies noch die Tatsache der durch eben diese Entwicklung geschaffenen geistigen und materiellen Vorbedingungen für die Umwandlung der gegenwärtigen Gesellschaftsform in eine sozialistische in einer Fassung auszudrücken, welcher bereits Genosse Dr. Max Zetterbaum mit Recht bei aller auch von mir geteilten Anerkennung ihrer Beweggründe den Einwand nicht ersparen konnte, daß sie dem Kampf der Sozialdemokratie den Charakter der Utopie aufpräge. Das Programm fällt hier wieder aus seinem Charakter und wird Kommentar, indem es eigentlich ja nur erklären will, daß der vom Marxismus vorgezeichnete notwendige Übergang der kapitalistischen in die sozialistische Gesellschaftsordnung sich nur vollziehen kann durch die Herausbildung bestimmter proletarischer *Willens*betätigungen, die aber, wie Genosse Dr. Max Zetterbaum sehr richtig als wesentlich hervorgehoben hat, durchaus schon seinen *gegenwärtigen* Bedürfnissen entspringen. Freilich muß hinzugefügt werden, daß sie durch die immer stärker dem Bewußtsein sich einverleibende Erkenntnis des Endziels stets über ihre Gegenwartsbedeutung hinausgreifen. Aber selbst ohne dieses Moment müssen alle wirklich klassenbewußten Bestrebungen des Proletariats zu seinem Endziel führen, weil dieses selbst eben notwendig dadurch bestimmt ist, daß es nur das Resultat des Selbsterhaltungsstrebens, des Befreiungskampfes des Proletariats ist und dieser nur mit der Aufhebung des Proletariats als Klasse seinen Zweck erreicht. Nur also, weil das selbstische Entwicklungsinteresse des Proletariats schon von sich aus notwendig zur Schaffung einer höheren Gesellschaftsordnung führen muß, ohne welche es niemals seine wirkliche Befriedigung fände; *nur aus diesem sozusagen in der Mechanik des sozialen Geschehens gelegenen Grunde* ist das Proletariat der Träger der geschichtlichen Entwicklung. Wird also der Gedanke der Notwendigkeit derselben im Programm ausgelassen oder auch nur geschwächt, so erscheint die dem Proletariat zuerteilte Kampfesaufgabe für das Endziel nur mehr als utopistisches Schwärmen, seine Berufung aber, Träger der Entwicklung zu sein, vollends als eine durch nichts begründete und nahezu anmaßende Selbstüberhebung.

An Stelle des ersten Teiles des dritten Abschnittes des Entwurfes, beginnend mit den Worten "Je mehr aber die Entwicklung" bis "Der Träger dieser" etc. wäre daher vielleicht nachstehende, zum Gedankengang des Hainfelder Programms zurückkehrende Fassung vorzuziehen:

> "Durch diesen ökonomischen Prozeß erweist sich die Form des Einzelbesitzes an den Produktionsmitteln nicht nur als überflüssig, sondern sie wird auch tatsächlich *ihrem reellen Gehalte nach* für die überwiegende Mehrheit des Volkes beseitigt. Gleichzeitig entstehen damit für die neue Form des gemeinsamen Besitzes die notwendigen *materiellen* Vorbedingungen, wie andererseits in dem immer mehr zum Bewußtsein seiner Bedeutung gebrachten Proletariat, in dessen von seiner Klassenlage bestimmten und durch die Erkenntnis seiner Aufgabe gelenkten

Willen die *geistigen* Vorbedingungen der Umwandlung der bestehenden Gesellschaftsordnung erwachsen. Der Übergang der Arbeitsmittel in den gemeinschaftlichen Besitz der Gesamtheit des arbeitenden Volkes muß auf diese Weise ebensosehr das bewußte Ziel des Kampfes für die Befreiung der Arbeiterklasse werden, als er nur die Erfüllung einer geschichtlich notwendigen Entwicklung bedeutet. Der Träger dieser Entwicklung..."

Es ist wohl selbstverständlich, daß es mir bei der Formulierung dieser Abänderung des Entwurfes ebenso wie bei der im vorausgegangenen Abschnitt nur auf den Gedanken ankommt, der im Programm meines Erachtens zum Ausdruck gelangen muß und daher auf den Wortlaut dieser Formulierungen keinerlei Nachdruck liegt. Nur ein Umstand scheint mir hierbei doch noch einer Bemerkung bedürftig. Es ist nicht nötig, daß die Programmsätze *ohne weiteres* für jedermann, also auch für das ganz ungeschulte Denken verständlich sind. Das ist bei einem Programm, das, welches immer sein Inhalt sei, doch jedenfalls sich als ein Extrakt der jeweils erreichten sozialen wissenschaftlichen Erkenntnis geben will, ganz unmöglich und war auch bisher nirgends, weder beim Hainfelder noch beim Erfurter Programm oder beim *Kommunistischen Manifest* der Fall. Vielmehr hat das Programm genug geleistet, wenn es in sich selber widerspruchslos, klar und so exakt wie möglich ist. Alles übrige ist dann Sache der praktischen Aufklärungsarbeit und Agitation in Rede und Schrift. Gerade deshalb aber muß das Programm als die Grundlage aller dieser das Leben der Partei ausmachenden Tätigkeit selber Punkt für Punkt nur durch die theoretische Einsicht und nicht durch die Rücksicht auf die Popularität diktiert sein. Das Programm ist der Kompaß, nach dem die praktische Tätigkeit der Sozialdemokratie gesteuert wird, oder, um mich weniger subjektivistisch auszudrücken, es ist die Magnetnadel, die von den im sozialen Ganzen wirkenden Kräften ihre Richtung angewiesen erhält. Dann ist es nur nötig, daß die Nadel selbst erkennbar und unverrückt die Richtung weist, Steuermann wird ohnedies nur sein können, wer den Kompaß lesen kann, und es ist der auszeichnende Charakter des Wirkens der Sozialdemokratie, daß sie ja unausgesetzt bestrebt ist, jeden einzelnen Proletarier immer mehr zu diesem Steuermannsberuf fähig zu machen. An der Versammlung jener Männer, die schon seit langem diesem verantwortungsvollen Amte dienen, an dem Parteitag, wird es liegen, sich das hierfür unentbehrliche Instrument in der tauglichen Schärfe und Präzision zu beschaffen. Und deshalb können wir schließlich alle unbesorgt sein.

***

Zum Schluß liegt mir noch daran, einer möglichen Mißdeutung der Absichten dieser Auseinandersetzung vorzubeugen. Man hat in der Diskussion bereits wiederholt darauf verwiesen, daß wir in Österreich von der an den Namen Bernstein anknüpfenden "kritischen Bemühung" im großen und ganzen bisher verschont geblieben sind. Diese Tatsache allein genügt schon, um dem Programmentwurf jede Annahme einer in demselben beabsichtigten und bewußten Konzession an die sogenannte Bernsteinsche Richtung fernzuhalten. Denn man macht doch einer gar nicht existierenden Bestrebung, einem nirgends aufgetretenen Bedürfnis keine Konzession. Es kann sich also in dieser ganzen Diskussion nur darum handeln, ob die vom Programmentwurf angestrebte präzisere Ausdrucksweise unseres wissenschaftlichen Standpunktes auch wirklich auf diese Art die beste Fassung gefunden hat. Und wenn man hierbei genötigt ist, sich mit der Richtung Bernsteins auseinanderzusetzen, *so nicht deshalb, weil der vorgelegte Programmentwurf "bernsteinisch"* ist oder auch nur sein will, sondern um zu verhindern, daß er *entgegen seinem eigentlichen Gedankengang* von der Richtung Bernstein für sich ausgenützt und dadurch in den Reihen der Sozialdemokratie Verwirrung gestiftet wird. Und aus diesem Grunde darf man sogar sagen, daß, selbst wenn der vorgelegte Programmentwurf völlig unverändert vom Parteitag angenommen werden sollte, dies bei dem Stande der Parteidiskussion in Österreich und namentlich mit Rücksicht auf die in den Artikeln Dr. Victor Adlers klargelegten Motive des Redaktionskomitees in keiner Weise dem "Bernsteinianismus" Anlaß geben könnte, von einem Siege zu sprechen oder auch nur davon, daß ihm "Rechnung getragen worden sei". Denn gerade der vorgelegte Programmentwurf hat gar kein anderes Bestreben, als Bernstein höchstens im Sinne Rechnung zu tragen, daß unser Programm auch für die Zukunft gegen ihn sichergestellt werde.

Unpolitisches

Zum Magdeburger Parteitag

In der an inneren Kämpfen und Gärungen reichen Entwicklung unserer Partei, aus denen ihr kraftvolles Leben immer gefestigter und geklärter hervorgeht, wird die Magdeburger Tagung ein stetig nachwirkendes und für die Bewahrung ihres revolutionären Charakters entscheidendes geschichtliches Moment bedeuten. Denn wenn es auch an sich kaum zweifelhaft sein konnte, welche Stellung der Parteitag zu seinem Hauptproblem, der Frage der Badenser Budgetbewilligung, nehmen werde, so mußte doch die Art, wie der Parteitag seine Entschließung faßte, alle Unruhe und Besorgnis, mit der nicht wenige Parteigenossen der diesmaligen Beratung entgegensahen, in ein frohes Vertrauen auf die Unentwegtheit proletarischer Sinnes- und Willensrichtung umwandeln. Hat es sich doch nicht bloß gezeigt, daß die überwältigende Mehrheit des Parteitages in der Frage der Budgetbewilligung keinen Standpunkt des Paktierens mit jener Macht zulassen will, die es ja eigentlich zu bekämpfen gilt, mit der im Staate organisierten kapitalistischen Gesellschaft, sondern daß diese Stellungnahme nicht etwa bloßer Doktrinarismus ist, bloß kalt theoretische Prinzipienerklärung, sondern heiße Lebensempfindung der Partei, glutvolle Wallung aller ihrer Willensenergien und leidenschaftlicher Ausdruck ihrer Überzeugung. Dies alles spricht aus der so ungewöhnlichen und darum doppelt eindrucksvollen Nachtsitzung des Parteitages, in welcher unter dem Eindruck einer gewiß nicht zu verteidigenden – sagen wir – Respektlosigkeit des Wortführers der Opposition gegen die Autorität des Parteitages nun unwiderstehlich die Einheit und das Selbstgefühl der Partei, ihre Macht nach außen, aber auch nach innen, endlich einmal zu einem ebenso prachtvollen als höchst nötigen Ausdruck kam. Man mag bedauern, daß eine solche moralische Kraftanstrengung gerade Parteigenossen gegenüber aufgewendet werden mußte, aber man kann und soll nicht verkennen, welch wirklich historischer Moment damit für die innere Parteientwicklung erreicht wurde: *das Bekenntnis zu dem ungebrochenen revolutionären Willen der Partei,* mögen die äußeren Verhältnisse auch noch so schwer für seine Festhaltung sich gestalten, mögen auch noch so große Verlockungen vom Wege abzulenken versuchen. Gegenüber diesem elementaren Ausdruck des proletarischen Massenbewußtseins, gegenüber dieser alle Rücksichten durchbrechenden Betonung eines revolutionären Klassenwillens müßten, sollte man meinen, alle Erwägungen verschwinden, die sich an diese große Erscheinung des Parteitages mit den kümmerlichen Fragen heranmachen, ob diese Stellungnahme "politisch klug" war, besonders "mit Rücksicht auf die Neuwahlen", auf den "Zug nach links" usw. Wer von solchen Fragen nicht lassen kann, der steht im Grunde doch auf dem Boden der bürgerlichen Politik, für die das Entscheidende ist, daß sie ein Wirken über die Bedingungen dieses Staates der kapitalistischen Gesellschaft hinaus gar nicht kennt und vorzustellen vermag. Es ist daher auch charakteristisch, daß es zumeist bürgerliche Politiker sind, die nun in der Öffentlichkeit von einer Schwächung des politischen Fortschrittes orakeln und den Argumenten der Revisionisten zu Hilfe kommen. Als ob es der bürgerliche Fortschritt und Freisinn ist oder die bürgerliche Demokratie, und sei sie noch so echt und stramm, welcher die Sozialdemokratie überhaupt ein solches Interesse entgegenbringen könnte, daß sie darüber ihre Ziele zurücksetzen dürfte oder auch nur die Möglichkeit einer Verschleierung derselben bei den Massen ihrer Anhänger riskieren dürfte! Immer wird meines Erachtens das zum Schibboleth der bürgerlichen und proletarischen Politik werden, nicht bloß, wie auf dem Parteitag von Frank gesagt wurde, alles zu tun, was den Aufstieg der Arbeiterklasse zur politischen Macht fördert – denn dies kann schließlich auch ein bürgerlicher Demokrat wollen, da die politische Macht der Arbeiterklasse eine Ausgleichung mit jener der anderen Klassen im Staate an und für sich noch durchaus nicht ausschließt. Sondern alles dazuzutun, respektive bei jeder politischen Aktion im Vordergrund des Bewußtseins zu haben, daß es *endlich ein Aufhören mit dem schrecklichen Kulturwiderspruch einer Arbeiterklasse habe* und zu diesem Ende mit jeder Form des bürgerlichen Staates in einem unüberbrückbaren Gegensatze zu leben – das ist der Geist der proletarischen Politik. Und wenn Genosse Frank sowie die meisten Revisionisten gewiß sagen werden, daß sie selbstverständlich dieser Auffassung zustimmen, da sie sonst ja nicht Sozialdemokraten wären, so liegt der ganze Unterschied hier wie in anderen prinzipiellen Punkten eben nur darin, daß der Revisionismus zwar dieser Ansicht, aber nicht dieses Geistes ist. Er wünscht die politische Macht der Arbeiterklasse schließlich nicht anders, wie eben jede politische Partei Macht zu gewinnen strebt. Es fehlt das Distanzgefühl zu dem politischen Kampf des bürgerlichen Staatslebens, in den wir nur notgedrungen, vielleicht allzuviel, hinabsteigen. Die Gegenwart mit ihren staatlichen und wirtschaftlichen Problemen erfüllt allzusehr den Zukunftsblick einer solchen Politik, statt daß die große sozialistische Zukunft sie diese Gegenwart zwar sicher nicht übersehen ließe, aber sie doch empfänglicher machte für den Hauch der Vergangenheit, der bereits aus allen ihren überkommenen Elementen aufsteigt, aus ihren überlebten Regierungsformen, ihren traditionellen Kulturidealen, ihren erstarrten religiösen Ideen, ja sogar aus ihrem stets mehr verarmenden täglichen Leben im Familien- und gesellschaftlichen Verkehr.

So glaube ich wird der Sinn der Budgetbewilligungsdebatte in Magdeburg allein in seiner – ich möchte sagen – *parteipädagogischen* Bedeutung, in seinem evolutionistischen Werte gefaßt, wenn man sich losmacht von der Anschauung, daß der eigentliche Kern des Streites die Budgetbewilligung als solche oder gar nur die Disziplin gewesen sei. Das hieße beim Äußeren und Oberflächlichen stehenbleiben. Nicht einen bloßen Disziplinbruch galt es abzuwehren, sondern einen Akt geistiger und moralischer Selbsterhaltung der Partei zu setzen. Denn es ist schon oft gesagt worden, kann aber nicht stark genug betont werden: die parlamentarische Verweigerung des Budgets ist *nur ein Ausdruck,* nur ein Symbol für den vom Staat und von der bürgerlichen Gesellschaft wegführenden Charakter der proletarischen Politik. Er ist ein Ausdruck in einer für die Massen besonders sinnfälligen Form, weil gerade dort vorgebracht, wo er der Aufmerksamkeit der vollen Öffentlichkeit sicher ist und wo der Wille des Volkes gleichsam verkörpert hart auf den der Herrschenden stößt. Diesem herrschenden Geist gegenüber, dem Willen zum Staate, das heißt aber zur *Fortdauer* der Klassenherrschaft, der Arbeiterfron, der Subalternisierung des größeren Teiles der Staatsbürger – allem dem entgegentritt das schroffe Nein des Proletariats, tritt der hinter aller Mitarbeit im Staate immer wache und sprungbereite *Wille zur Beseitigung dieses Staates* – je eher, je besser. Man unterschätze nicht die Bedeutung dieser Willensenunziation, auch wenn sie nichts anderes ist als eine "leere Demonstration". Die Leerheit dieser Demonstration wird reichlich erfüllt durch die Kraft der *revolutionären Bereitschaft* in den Massen, von der man nicht glauben darf, daß man sie sonst ohne weiteres stets hervorrufen könnte. Nur vom Standpunkt des reinen Parlamentariers in der Partei konnte man dazu gelangen, gering von diesen "Demonstrationen" zu denken. Aber wichtiger als die Widerspruchslosigkeit und – Bequemlichkeit des parlamentarischen Standpunktes ist die Unverwirrtheit und Gradlinigkeit des proletarischen Massengeistes. Und ein Proletariat, das mit dem Staat in klassenbewußter Weise unversöhnlich ist, wird der Bewegung der Partei noch immer nötiger sein als parlamentarische Fraktionen, die mit den Parteien dieses selben Staates versöhnlich geworden sind. Zuletzt – wenn die Verweigerung des Budgets wirklich ein solcher parlamentarischer Widerspruch wäre, wie sie es sicher nicht ist – denn kann ich nicht zum Beispiel als angestellter Ingenieur an der Vervollkommnung von Waffen arbeiten müssen, obgleich ich den Krieg verwerfe? –, wenn selbst die Budgetverweigerung ein *parlamentarischer* Widerspruch wäre, müßte er dann auch ein *proletarischer* Widerspruch

sein? Wäre er nicht vielmehr geeignet, den Widerspruch unseres staatlichen Lebens überhaupt recht kraß hervortreten zu lassen, wenn sich zeigte, daß das Volk – und das ist die Sozialdemokratie – selbst im Vollbesitze politischer Rechte heute noch gar keine verfassungsmäßigen Möglichkeiten hat, seinen Willen überhaupt zum Ausdruck zu bringen, weil dieser im Grunde ja die wirtschaftliche und nicht die politische Verfassung stürzen will.
Und damit rührt die ganze Frage der Budgetbewilligung an ein viel tieferes Problem, von dem sie nur ein Teil ist, an das Problem von der Bedeutung des Parlamentarismus für unsere Bewegung überhaupt, von seinem Wert und seinen Grenzen. Insofern bleibt die Frage noch offen, ob die Budgetverweigerung ein richtiges und zweckdienliches Mittel ist für das, was sie bezeichnen soll: die Intransigenz der Sozialdemokratie gegenüber dem Staate. Nur daß dann diese Intransigenz selbst überhaupt nicht mehr zweifelhaft werden kann. Wird also die Frage aufgeworfen, ob die Sozialdemokratie am Ende nicht einen zu großen Wert auf die Arbeit in den Parlamenten legt und auf ihre Bemühung um die Arbeitsfähigkeit notleidend gewordener Vertretungskörper, wird zur Debatte gestellt, ob sich der Schwerpunkt des Parteibewußtseins vielleicht nicht allzusehr von den Massen weg zu ihren Fraktionen verschoben habe, eine vielleicht im sozialen Leben ebenso unnatürliche wie in der Physik unmögliche Erscheinung, wird gefragt, ob die Partei durch ihre gewerkschaftliche, genossenschaftliche und bildungvermittelnde Organisation nicht vielleicht eine größere gesellschaftliche Macht ansammelt, die sie gegebenenfalls in *unmittelbare* politische Aktion umsetzen kann – *wenn* sie die revolutionäre Organisierung der Massen nicht vergißt –, so ist die Diskussion über die Frage der Budgetbewilligung nunmehr auf einen ganz anderen als den rein politischen, ich möchte sagen klubmäßigen, Boden gestellt, von dem aus, wie immer die Antwort ausfallen mag, doch jedenfalls unmöglich sein wird, über der Politik den Sozialismus zu übergehen. Dann erst wird man vielleicht sagen dürfen, daß die Frage der Budgetbewilligung bloß eine Sache der Taktik sei. Daß der Magdeburger Parteitag aber entgegen den Versicherungen der Allesvermittler in dieser Sache heute noch keine "bloße Frage der Taktik" gesehen hat, sondern mit dem Mute der Selbstgewißheit das Prinzipielle in ihr herausgegriffen und festgestellt hat, das werden alle Genossen ihm mit freudigem Danke gedenken, und nicht zuletzt die Überstimmten, geht es erst einmal fest an den Feind.

Der Sozialismus und die Intellektuellen

Die Idee der Nationalkultur

Die deutsche Kulturwelt hat vor einem Jahrzehnt einen Zentenartag gefeiert, der besonders uns Akademikern, Studenten und Studierten, teuer sein muß und dessen Gegenstand in dem eben beendeten Kriege ein neues Interesse erweckte: die Jahrhundertfeier der Reden Fichtes an die deutsche Nation. Über hundert Jahre hinweg erklangen abermals vor unserem geistigen Ohre jene mächtigen Worte der Aufrichtung, jene bitteren Mahnungen zur Einkehr und Sammlung, jene ungestümen und feurigen Antriebe zur Besserung, mit denen *ein* Mann ein ganzes Volk zur Höhe seiner Gedankenwelt hinaufzwingen wollte, gerade da es in der wirklichen Welt aufs tiefste erniedrigt war. Durch welche Mittel sollte so Großes möglich werden? Mußten es nicht Zaubergewalten sein, die solches allein zu bewirken vermochten?
Ja in der Tat, an Zaubergewalten wollte Fichte sich wenden, nachdem alle bis dahin wirksam gewesenen anderen Mächte im Staate und in der Gesellschaft es nur dahin gebracht hatten, wohin die Deutschen eben gelangt waren: zu dem großen äußeren und inneren Zusammenbruch von Jena. *Die* Zaubergewalten dachte er zu beschwören, die in jedes Menschen Brust walten, aber darinnen, zumeist ihm selbst ganz unbekannt und verloren, nur kümmerlich glühen unter der erstickenden Asche der Gedankenlosigkeit und Trägheit mechanischer Denkgewohnheiten. Wie ein Sturmwind gedachte er in die Seelen der Menschen zu fahren, damit vor ihm auffliege diese muffige Schicht ältester Vorurteile, angelernter Meinungen und stumpfer Gefühle, dann aber jäh in die Höhe steige die Flamme eigenen Denkens und selbstgewisser Urteilskraft, um mit ihrer Wärme alle Gefühle des Menschen zu durchdringen, mit ihrer Helle seinen Gesichtskreis zu weiten, mit ihrer lohenden Glut seine Tatkraft und Entschlußfähigkeit aufzustacheln. "Worauf beruht denn alle menschliche Größe", ruft er seinem Auditorium zu, das, hereinströmend von dem mit napoleonischem Schlachtenlärm erfüllten Weltgetöse, in den kleinen Universitätshörsaal in Berlin wie in eine andere, geistige Welt eintreten mochte, "worauf beruht denn alle menschliche Größe außer auf der Selbständigkeit und Ursprünglichkeit der Person, und daß sie nicht sei ein erkünsteltes Gemächte ihres Zeitalters, sondern ein Gewächs aus der ewigen ursprünglichen Geisterwelt, ganz so, wie es ist, hervorgewachsen, daß ihr eine neue und eigentümliche Ansicht des Weltganzen aufgegangen sei und daß sie festen Willen habe und eiserne Kraft, diese ihre Ansicht einzuführen in die Wirklichkeit?" [1])
So ist denn das nächste, was zu tun ist, um auf jene Höhe zu gelangen, auf der Fichte sein Volk sehen will, "daß wir uns Charakter anschaffen und diesen zunächst dadurch bewähren, *daß wir uns durch eigenes Nachdenken eine feste Meinung bilden über unsere wahre Lage und über das sichere Mittel, dieselbe zu verbessern*". [2]) Als dies erscheint aber dem tief um das Schicksal seiner Nation bekümmerten Denker nur ein einziges: eine vollständige und wahrhaft

---

[1]) J. G. Fichte, *Reden an die deutsche Nation,* Ausgabe Reclam, S. 187-188.
[2]) A. a. O., S. 190.

Der Sozialismus und die Intellektuellen

Von Dr. Max Adler

4. vermehrte Auflage

Die Wissenschaft soll kein egoistisches Vergnügen sein; diejenigen, welche so glücklich sind, sich wissenschaftlichen Zwecken widmen zu können, sollen auch die ersten sein, welche ihre Kenntnisse in den Dienst der Menschheit stellen.

Karl Marx.

Wien 1923

Wiener Volksbuchhandlung / Wien VI, Gumpendorferstraße 18

revolutionäre Umgestaltung der Bildung und deshalb vor allem der Erziehung des Volkes. "Eine gänzliche Veränderung des bisherigen Erziehungswesens ist es", sagt Fichte schon in der ersten Rede, "was ich als das einzige Mittel, die deutsche Nation im Dasein zu erhalten, in Vorschlag bringe."[3]) Aber es handelt sich nicht etwa bloß um irgendeinen pädagogischen Reformvorschlag, selbst nicht im Geiste etwa von Rousseau oder Pestalozzi, sondern um etwas viel Tiefergreifendes und wirklich Umwälzendes: daß nämlich diese Neugestaltung des Erziehungswesens nicht nur eine Neugestaltung des Volkes selbst ist aus seinen jungen Kräften, sondern zugleich eine vollständige Neuorganisation auch seines gesamten äußeren staatlichen Aufbaues, zu dem die neue Erziehung nur das erste Glied ist, aber ein solches, das alle übrige Umgestaltung der bestehenden Staatsform mit unausweichlicher Konsequenz nach sich zieht.

Denn das ist das Großartige und Unvergängliche an dem neuen Bildungsprogramm Fichtes, um dessentwillen er auch dem deutschen Proletariat teuer geworden ist, das ihn nach dem Worte Friedrich Engels' mit Stolz unter seinen ersten geistigen Vorkämpfern nennt, daß Fichte zuerst die Forderung einer Volksbildung aufstellte, die diesen Namen wirklich verdiene, das heißt einer Bildung, die nicht mehr den hochmütigen Unterschied eines gebildeten Standes von einer in bloßer Erwerbsarbeit aufgehenden Schicht duldet, die nicht mehr Bildung als ein Vorrecht irgendeiner Gruppe innerhalb einer Nation betrachtet, sondern in einem solchen Zustand vielmehr nur einen Widersinn, eine verderbliche Selbstbeschränkung erblickt, weil wahre Volksbildung nicht anders wirklich bestehen und sich entfalten kann denn als Bildung des Volkes in allen seinen Teilen. "Bisher wurde die Bildung", ruft Fichte aus, "nur an die sehr geringe Minderzahl der ebendaher gebildet genannten Stände gebracht, die große Mehrzahl aber, auf welcher das gemeine Wesen recht eigentlich ruht, das Volk, wurde von der Erziehungskunst fast ganz vernachlässigt und dem blinden Ohngefähr übergeben. Wir wollen durch die neue Erziehung *die Deutschen zu einer Gesamtheit bilden,* die in allen ihren einzelnen Gliedern getrieben und belebt sei durch dieselbe eine Angelegenheit... Es bleibt sonach uns nichts übrig, als schlechthin an alles, was deutsch ist, die neue Bildung zu bringen, so daß dieselbe *nicht Bildung eines besonderen Standes,* sondern daß sie Bildung der Nation schlechthin als solcher und ohne alle Ausnahme einzelner Glieder derselben werde; in welcher, in der Bildung zum innigen Wohlgefallen am Rechten nämlich, aller Unterschiede der Stände, der in anderen Zweigen der Entwicklung auch fernerhin stattfinden mag, völlig aufgehoben sei und verschwinde; und daß auf diese Weise unter uns keineswegs Volkserziehung, sondern eigentümlich deutsche Nationalerziehung sei."[4])

Die Bildung also, nicht als eine erzieherische Bevormundung des Volkes durch die Gebildeten, sondern als allgemeines Gut, nicht als ein Element der Scheidung, sondern als das eigentlich Vereinigende, alle Stände des deutschen Volkes erst zu einer geistigen Gemeinschaft, *zu einer Nation* Verbindende, *das* war die große Kraft, von der allein Fichte eine neue Zeit des deutschen Volkes erhoffen mochte; das war die *nationale Idee,* für die er die Jugend zu begeistern strebte und mit der er in den illusionsreichen Zeiten der Freiheitskriege sie auch wirklich entflammte.[5])

Wir mögen heute, wenn wir auf jene Epoche zurückschauen, ernstlich bezweifeln, ob viele der Jünglinge, die Fichtes Feuerschwung mit sich riß, die ganze Tiefe seiner Gedanken zu erfassen vermochten. Denn nicht nur konnte es dem jungen, erst in die Gedankenwelt seines Lehrers eintretenden Gemüte nicht ohne weiteres möglich sein, alle Zusammenhänge des neuen Bildungsbegriffes so zu überblicken, wie Fichte sie ersah, der die ganze politische und gesellschaftliche Bedingtheit seines Erziehungsplanes der Nation von einer vollkommenen Umwälzung der bestehenden Gesellschaftsordnung schon einige Jahre zuvor in seiner Schrift über den geschlossenen Handelsstaat (1800) dargelegt hatte; sondern der tief eindringende Blick

---

[3]) A. a. O., S. 13.
[4]) A. a. O., S. 15.
[5]) Vgl. hierzu Max Adler, *Fichtes Idee der Nationalerziehung,* in: *Der Kampf,* Jg. 1914, S 205 ff.

Fichtes sah auch viel schärfer in die Gegenwart als die ihm zujubelnde, begeisterte Jugend, ja als seine Zeitgenossen überhaupt. Diese mochten seine Idee von der nationalen Wiedergeburt wohl nur im Sinne der augenblicklichen Tagespolitik, als einen Weckruf zum Widerstand gegen die napoleonische Fremdherrschaft verstanden haben, ohne den tiefen Zusammenhang zu ahnen, der zwischen diesen Reden und jenem ersten deutschen Entwurf einer neuen Gesellschaftsordnung eines Sozialstaates bestand, für dessen Verwirklichung eigentlich die Reden an die deutsche Nation die geeignete Seelenverfassung hervorrufen wollten. So fehlte wohl vielfach die Erkenntnis, daß es mehr noch als die Abschüttelung der Herrschaft eines fremden Volkes galt, die *Fremdherrschaft der Unkultur im eigenen Volke* zu beseitigen, jene Fremdherrschaft, die durch Elend und Unbildung den größten Teil des deutschen Volkes entnationalisierte, weil sie ihn aus dem lebendigen Zusammenhang seiner geistigen Interessen und Arbeiten herausriß. Dieser selbst heute vielen Gebildeten unserer Zeit nicht aufgegangene *soziale Sinn* der *Reden an die deutsche Nation,* die immer noch zu dem Zerrbild einer deutschnationalen Phraseologie mißbraucht werden[6]), konnte damals noch weniger auf eigentliches Verständnis stoßen. Denn noch stand die Tatsache, die dem Seherblick Fichtes sich bereits in ihrer ganzen sozialen Bedeutung aufdrängte, nämlich die Ausschließung der breiten Masse des Volkes von aller Bildung und Kultur, um so weniger deutlich vor Augen, als sie in Deutschland noch gar nicht als Klassenerscheinung in die geschichtliche Wirklichkeit getreten war. Noch verbarg sich die ökonomische Notwendigkeit einer solchen Scheidung von Besitz und Besitzlosigkeit, die zugleich Kultur und Kulturlosigkeit schied, hinter dem unklaren und altgewohnten Gegensatz von Arm und Reich, in welchem die Armut mit ihrer Gefolgschaft der Unwissenheit und Unbildung bloß als eine beklagenswerte soziale Unvollkommenheit erschien, als eine zwar viel zu häufige, aber keineswegs immer unverschuldete Anomalie, jedenfalls aber noch nicht als eine der bürgerlichen Gesellschaft selbst anhaftende und darum notwendige Erscheinung. Und so durfte diese glückliche Studentenschaft samt ihrem Anhang des gebildeten Bürgertums sich noch zu sehr als das Ganze des Volkes selbst fühlen, um die Mahnungen Fichtes anders als einen Aufruf bloß zur größeren Verinnerlichung ihres eigenen Wesens zu verstehen.

---

[6]) Liest man doch noch heute in dem Ueberweg-Heinzeschen *Grundriß der Geschichte der Philosophie* gerade mit Bezug auf die zum Wesen des Fichteschen Gedankenganges gehörigen Sozialreformen und Erziehungsvorschläge, welche den Ergebnissen der heutigen theoretischen Sozialkritik vorauseilten: "*Nicht durch die einzelnen Vorschläge, die größtenteils überspannt und abenteuerlich sind,* wohl aber durch das ethische Prinzip hat Fichte zur sittlichen Erhebung der deutschen Nation wesentlich mitgewirkt und zumal die Jugend zum aufopferungsfreudigen Kampfe für die nationale Unabhängigkeit begeistert." (*Neuzeit,* Bd. 2, S. 16, 8. Aufl.) Wie sehr dieses ethische Prinzip bei Fichte und die von ihm beabsichtigte sittliche Erhebung der deutschen Nation aber von dem verschieden ist, was der herkömmliche Patriotismus der bürgerlichen Welt und die theologische Deklaration der Deutschtümler so gerne mit der ragenden Gestalt Fichtes verbinden, weil sie nur seinen Namen als Dekoration benützen, aber seine Schriften längst nicht mehr lesen, dafür sei noch einmal Fichte selbst Zeuge. In eben den von allen offiziellen Vertretern eines deutsch-patriotischen Geistes so gepriesenen *Reden an die deutsche Nation* verkündet Fichte als das eigentliche Wesen der Vaterlandsliebe, der Liebe zum deutschen Volke, die stets *geistige Bereitschaft zur Revolution.* Die Vaterlandsliebe, so meint er, müsse den Staat regieren, und zwar darin, "daß sie ihm selbst einen höheren Zweck setzt denn den gewöhnlichen der Erhaltung des inneren Friedens, des Eigentums, der persönlichen Freiheit, des Lebens und des Wohlseins aller . . . In der Erhaltung der hergebrachten Verfassung, der Gesetze, des bürgerlichen Wohlstandes ist *gar kein rechtes eigentliches Leben* und kein ursprünglicher Entschluß. Umstände und Lage, längst vielleicht verstorbene Gesetzgeber haben diese erschaffen; die folgenden Zeitalter gehen gläubig fort auf der angetretenen Bahn . . . Wenn aber dieser gleichmäßige Fortgang in Gefahr gerät und es nun gilt, über neue, nie also dagewesene Fälle zu entscheiden: dann bedarf es eines Lebens, das sich selber lebe. Welcher Geist nun ist es, der in solchen Fällen sich an das Ruder stellen dürfe . . . ? *Nicht der Geist der ruhigen, bürgerlichen Liebe, der Verfassung und der Gesetze,* sondern die verzehrende Flamme der *höheren Vaterlandsliebe,* die die nationale Hülle des Ewigen umfaßt, für welche der Edle mit Freuden sich opfert und der Unedle, der nur um des ersten willen da ist, sich eben opfern soll. Nicht jene, bürgerliche Liebe der Verfassung ist es; diese vermag dies gar nicht, wenn sie bei Verstande bleibt." (A. a. O., S. 120-121.)

Es macht die Größe Fichtes auch auf dem Gebiete der Sozialerkenntnis aus, daß er nicht nur den sich entwickelnden Klassengegensatz zwischen Bourgeoisie und Proletariat erkannte, zwar noch nicht als ökonomischen, aus der Gesetzlichkeit der Produktionsbedingungen der kapitalistischen Wirtschaftsordnung begriffenen, wohl aber als kulturellen und gesellschaftlichen Gegensatz, sondern daß er sogar auch die Entwicklung eines gegensätzlichen *Klassenbewußtseins* vorausahnte, vermöge dessen die jetzt von aller Bildung ausgeschlossenen Volksschichten ihre Sache selbst in die Hand nehmen und sich von dem Bürgertum emanzipieren. Es ist eine denkwürdige Stelle, und sie sollte allen Gebildeten unserer Tage als beständige Mahnung gegenwärtig bleiben, in welcher Fichte seiner Zeit die schicksals- und bedeutungsschweren Worte zurief: "Wir werden im Fortgang dieser Reden ersehen, daß bisher alle Fortentwicklung der Menschheit in der deutschen Nation vom Volke ausgegangen und daß an dieses immer zuerst die großen Nationalangelegenheiten gebracht und von ihm besorgt und weiterbefördert worden; daß es somit jetzt zum ersten Male geschieht, daß den gebildeten Ständen die ursprüngliche Fortbildung der Nation angetragen wird und daß, wenn sie diesen Antrag wirklich ergriffen, auch dies das erstemal geschehen würde. Wir werden ersehen, *daß diese Stände nicht berechnen können, auf wie lange Zeit es noch in ihrer Gewalt stehen werde,* sich an die Spitze dieser Angelegenheit zu stellen, indem dieselbe *bis zum Vortrag an das Volk schon beinahe vorbereitet und reif sei* und an Gliedern aus dem Volke geübt werde und dieses *nach kurzer Zeit ohne alle Beihilfe sich selbst werde helfen können,* woraus für uns bloß das erfolgen werde, daß die jetzigen Gebildeten und ihre Nachkommen zum Volke werden, aus dem bisherigen Volke aber ein anderer, höher gebildeter Stand emporkomme."[7])

Aus dieser Voraussicht und Gesinnung heraus bilden die *Reden an die deutsche Nation* eine fortwährende Beschwörung der Gebildeten, der Denker und Gelehrten, der Schriftsteller und Künstler und intellektuellen Berufstätigen aller Art, vor allem aber der Jünger aller dieser geistigen Wirkungszweige, der Studenten, so viel an ihnen liege, die Kluft zu überbrücken, welche sie von der Unbildung der großen, ans bloße Erwerbsleben gebundenen Masse des Volkes trennt. Noch fehlt der Begriff des Proletariats, noch erscheinen die Arbeiter zusammen mit den Gewerbetreibenden, Handelsleuten und Bauern unter dem Sammelbegriff des Volkes oder der Geschäftsmänner einer Kategorie der Gebildeten schlechtweg gegenübergestellt, weil der beginnende Klassengegensatz auf der Seite des Proletariats zumindest sich vor allem als Unterschied des geistigen Lebensinhalts und als Verkümmerung aller höheren, über die unmittelbare Lebensnotdurft hinausgehenden Interessen kenntlich macht. Aber doch ist schon diese Tatsache als eine gesellschaftliche Erscheinung erkannt, nicht mehr also als eine Folge vielleicht bloß individueller Unglücksschläge oder Versäumnisse, wohl gar Verschuldungen, sondern als eine Krankheitserscheinung der Nation selbst, die sie in ihrem gesellschaftlichen Bestand sowie in ihren staatlichen Grundlagen ergreift und darum die gebieterische Nötigung hervorruft, an ihr nicht länger mehr blind vorbeizugehen, sondern sie durch planmäßige gesellschaftliche Arbeit zu beseitigen. Die verderbliche Kluft zwischen den Gebildeten und dem Volke auszufüllen, mahnt Fichte am Schlusse seiner *Reden,* muß die unausgesetzte Bemühung beider Teile sein. "Hier trefft ihr beide zusammen. Statt über die Kluft einander scheel anzusehen und herabzuwürdigen, beeifere sich vielmehr jeder Teil, von seiner Seite dieselbe auszufüllen und so den Weg zur Vereinigung zu bahnen. Begreift es doch endlich, daß ihr beide auch also notwendig seid, wie Kopf und Arm sich notwendig sind."[8])

Nicht umsonst habe ich für unseren heutigen Zweck, da wir doch nicht von Fichte, sondern von der Bedeutung des Sozialismus für die Intellektuellen reden wollen, jenen großen Geist beschworen und seine machtvollen Worte wieder auf uns einstürmen lassen. Denn der Mann, der so zu den Gebildeten seiner Zeit sprach, der so hohe Anforderungen an sie stellte, eine so große Idee von ihrem Beruf zur Herbeiführung einer wirklichen Volkskultur hatte, der endlich die deutsche Nationalidee schuf, in der herrlichsten Form, in der sie einem Volke voranleuch-

---

[7]) A. a. O., S. 17.

[8]) A. a. O., S. 222.

ten kann: als ideelle Gemeinschaft des Verständnisses, der Arbeit und des Genusses aller seiner Glieder, vom niedrigsten bis zum höchsten – derselbe Mann ist zugleich mit dem geschichtlichen Ruhm geschmückt, der erste deutsche Sozialist gewesen zu sein.[9]) Er ist der erste deutsche Denker, der nicht etwa bloß in gelegentlichen Apostrophen der Menschenfreundlichkeit oder Nächstenliebe Worte des Tadels gegen die sozialen Ungerechtigkeiten der Zeit gefunden hat, wie viele neben und schon vor ihm, sondern der vielmehr in einer von Pathetik sich geflissentlich fernhaltenden Weise schon mehrere Jahre vor den *Reden* in der bereits erwähnten Schrift über den geschlossenen Handelsstaat die Notwendigkeit einer radikalen Neuordnung der bestehenden staatlichen und gesellschaftlichen Einrichtungen dargelegt hat. Und die Grundlage dieser Neuordnung wird mit kritischer Schärfe und systematischer Ausführung in nichts anderem aufgezeigt, als in einer strengen Beseitigung der Anarchie des herrschenden Wirtschaftssystems durch Aufhebung des Privateigentums an Grund und Boden und durch eine vollständige staatliche Regelung der Produktion und des Handels, welche Forderungen Fichte mit umfassendem Weitblick und rücksichtsloser Konsequenz durchführt. Nur so kann der Staat wirklich zu einem Gut aller werden, denn "man hat die Aufgabe des Staates bis jetzt nur einseitig und nur halb aufgefaßt, als eine Anstalt, den Bürger in demjenigen Besitzstand, in welchem man ihn findet, durch das Gesetz zu erhalten. Die tiefer liegende Pflicht des Staates, jeden in den ihm zukommenden Besitz erst einzusetzen, hat man übersehen. Dieses letztere aber ist nur dadurch möglich, daß die Anarchie des Handels ebenso aufgehoben werde, wie man die politische allmählich aufhebt..."[10]) Und seine Forderungen für die neue Volkserziehung, die er in den *Reden* erhebt: Absonderung der Kinder aus der Familie, öffentliche Erziehung der Jugend, Regulierung des Studienganges und der Wahl der Berufszweige, allgemeine Arbeitspflicht, die alle hier gerade aus dem Ideal der deutschen Nationalerziehung folgen, sind nur ebenso viele Ergänzungen jenes ersten deutschen Entwurfs einer Sozialgesellschaft, wie sie zugleich auch noch Forderungen des modernen Sozialismus sind. Daß der große Feuergeist eines Fichte, dem wahrlich niemand den Vorwurf einer Verkennung der Rechte der Persönlichkeit oder des mangelnden Sinnes für die Eigentümlichkeiten der Individualität und der Nation wird machen können, trotzdem keinen anderen Ausweg fand für die Aufgabe, das auseinanderstrebende und sich selbst zersetzende Gefüge des bürgerlichen Staates in einen Staat für *alle* Bürger, das heißt in einen wahren Nationalstaat zu überführen, als dessen Neubegründung auf sozialistischem Fundament, das wirft ein helles Schlaglicht gerade auf unsere Frage, auf die Bedeutung dieses Sozialismus für die Intellektuellen. In der ragenden Gestalt Fichtes ist diese Frage gleich zu Beginn der Geschichte des modernen Sozialismus und an einem der gedankenschwersten Beispiele schon dahin beantwortet, daß diese Bedeutung nur in der innigen Verbindung und Zusammengehörigkeit beider gefunden werden kann.[11])

Die Erweckung des Proletariats

Wir aber fragen zunächst: Wie finden wir heute dieses Verhältnis, hundert Jahre nach Fichte? Hundert Jahre spielen so oft für die Hoffnung der Menschen die Rolle einer Beruhigung, die ihre Sehnsucht fast in die Gewißheit einer sicheren Erwartung für Kind und Kindeskind umwandelt. "In hundert Jahren wird alles besser sein" – so ist es eine angenehme Nötigung für uns zu denken, und so mochte auch Fichte aus der Begeisterung seiner Zeitgenossen heraus

[9]) Das beharrliche Verkennen dieses entscheidenden Punktes für das Verständnis der politischen Schriften Fichtes hat es allein ermöglicht, uns ihn einen "deutschen Patrioten" im Sinne der bürgerlichen Tradition und zuletzt sogar einen Nothelfer für die alldeutsche Kriegspolitik zu machen. Mit welchem Rechte, darüber vgl. in meinem soeben erschienenen Buche *Klassenkampf gegen Völkerkampf*, Leipzig 1918, das Kapitel "Fichte über den wahrhaften Krieg".

[10]) J. G. Fichte, *Der geschlossene Handelsstaat*, Reclam, S. 67 und 68.

[11]) Über Fichte als Sozialisten handelt das Kapitel "J. G. Fichte" in meinem Buche *Wegweiser. Studien zur Geistesgeschichte des Sozialismus*, Stuttgart, Dietz 1914, S. 78 ff.

kaum zweifeln, daß die vierte Generation nach ihm schon unter der neuen Nationalerziehung aufwachsen werde und es endlich dauernd besser geworden sei.

Und in der Tat, es ist manches besser geworden, besser sogar, als Fichte es noch denken konnte, aber auch vieles schlechter, als er meinte. Und beides ist ganz anders gekommen, als Fichte es erwartete, das Bessere nicht von dort, woher er es erhoffte, das Schlechtere dagegen von einer Seite, von der er es ernstlich doch nicht für möglich gehalten hätte.

Es ist besser geworden: das Volk, die Arbeiterschaft, hat sich wirklich geholfen. In einem bis dahin unerhörten und großartigen Prozeß der Geschichte, der erst noch in den Anfängen steht, vollzieht sich das, was Fichte ersehnte: die Umwandlung des geistigen Besitzes der Nation aus einem Schatz der wenigen Gebildeten zu einem Gemeingut für alle, der stürmische und hinreißende Aufstieg des Proletariats zur Kulturgemeinschaft, zum Anteil am Verständnis der Wissenschaft sowie am Genuß der Dichtung und Kunst des eigenen Volkes. Von dieser Aufnahme der Kulturgüter durch die breiten, bisher von ihnen ausgeschlossenen Volksmassen, von dieser Verpflanzung des Bildungssamens in den so lange brachliegenden Boden der Volkskraft wird eine künftige Kulturgeschichte vielleicht eine neue Epoche beginnen lassen, die unter dem Namen eines *Zeitalters der Volksbildung* in noch größerem Glanz erstrahlen wird als das hochgemute Zeitalter der Aufklärung. Hatte dieses in seinen besten Vertretern bereits die Idee einer Volksbildung als sehnlichste Forderung einer Fortentwicklung der Kultur erfaßt, so blieb dieser Gedanke doch mehr ein philosophischer Traum, für den nirgends noch ein Anknüpfungspunkt in der Wirklichkeit gefunden werden konnte, so daß das Ideal der Volksbildung notwendig abblassen mußte zu der Genügsamkeit einer Aufklärung der Herrscher und geistigen Vormünder des Volkes. Nun aber kann der Traum jener Denker zur Wirklichkeit werden, weil inzwischen Mächte lebendig geworden sind, die damals noch gebunden waren. Denn das macht das Historische der werdenden Volksbildung aus, daß dieser Kulturaufstieg das Werk der eigenen Kräfte einer gesellschaftlichen Schichte des Volkes ist, eben jener Schichte, die bis jetzt aller Bildung bar war, des Proletariats. Er ist das Resultat des wachgeweckten Bewußtseins dieser Klasse, seiner rege gewordenen intellektuellen, moralischen und ästhetischen Bedürfnisse, kurz das Werk einer Gesellschaftsklasse, die frei werden will und den einzigen Weg betreten hat, der wirklich zur Freiheit führt: durch innere Befreiung, durch Loslösung des Menschen aus alten überkommenen Fesseln und Schranken, durch Freimachung des Geistes im Denken und Handeln sich schließlich auch die äußere Freiheit zu erringen.

Man sage nicht, daß doch der Ideenflug und die geistige Kraft ihrer großen Führer der Masse den Weg gebahnt hat, den wir sie jetzt schon über sechs Jahrzehnte staunend mit wechselndem Erfolg, aber mit immer steigender Tatkraft und wachsender Klarheit ziehen sehen. Denn wo ist die Masse, in der die Geistesblitze eines Fichte ein ähnlich dauerndes Feuer gezündet hätten wie die glühenden Worte Lassalles in der deutschen Arbeiterschaft und wie die trotz ihrer kalt-theoretischen Erörterungen doch so befeuernden Lehren von Marx und Engels im internationalen Proletariat? Es sind die *geschichtlichen Lebensinteressen* einer Klasse, der zahlreichsten und wichtigsten in der menschlichen Gesellschaft, des arbeitenden Volkes, die hier nur wachgerufen zu werden brauchten, nur über sich selbst aufgeklärt werden mußten, um sofort alles, was not tut, aus sich heraus zu verstehen und selber zu schaffen.

So ist der Sozialismus ein Erwecker der Volksmassen zum bewußten Leben. Und als treibendes Motiv zu Kulturinteressen aller Art, deren Befriedigung über die bloßen Brotbedürfnisse hinaus er jetzt erst das Volk vermissen läßt, ist er eben jene Erziehung des Volkes geworden, die Fichte ersehnte: die sich an jeden einzelnen wendet, um ihn zu einem selbstdenkenden, selbsthandelnden und stellungnehmenden Wesen zu machen und damit hinauszuführen aus einem stumpfen Tier- und Pflanzenleben, welches Fichte so bitter gehaßt hat, als ein in allen Zeiten gleich abschnurrendes Dasein, es mag ringsum geschehen, was da wolle. Der Sozialismus ist wirklich jene Volkserziehung, nicht nur wegen dieser Umschaffung der einzelnen, sondern selbst in dem weiteren Fichteschen Sinne, daß auch jetzt erst sich zugleich eine wirklich nationale Kultur vorbereite, national freilich in dem Sinne Fichtes und der besten Traditionen des 18. Jahrhunderts, nicht aber in dem im Imperialismus endenden Geiste des 19. Jahrhunderts. Eine wirklich nationale Kultur – denn was war sie bisher, solange die Werke der Dichter, Denker und Künstler nur zu einem kleinen Kreise der Nation sprachen, für die übergroße Masse aber bloß einen unverstandenen und ihren Haß herausfordernden Luxus der Besitzenden darstellten? Ja man hat es schon oft gesagt und muß es immer wieder sagen, wenn die dünne Oberflächenschicht der Kultur, wie sie die bürgerliche Gesellschaft allein möglich machte, nicht schon längst versunken ist in die tobend wütenden Gewalten einer unter ihr sich selbst überlassenen Unbildung und Roheit, einer bis zur Verständnislosigkeit für alle Kulturwerte herabgedrückten Lebenshaltung der breiten Massen des Volkes, so hat sie dies nur der unermüdlichen Aufklärungsarbeit des Sozialismus zu danken. Indem dieser die Massen "begehrlich" machte und sie "aufhetzte", daß sie endlich ihre dumpfe "Zufriedenheit" verloren, um statt ihrer einen wirklichen Lebenswillen zu erlangen, schuf er ihnen allererst die Interessen, die sie bestimmen konnten, die bisherigen Errungenschaften der Kultur lieber für sich zu erobern, statt sie blindwütig zu vernichten.

Um dies ja nicht für eine Übertreibung zu halten, um vielmehr recht zu erkennen und es nie wieder zu vergessen, wie sehr die Weckung des proletarischen Klassenbewußtseins durch den modernen Sozialismus, dessen Träger die Sozialdemokratie ist, eine wirkliche Kulturtat war, braucht man sich nur die geistige Verfassung der breiten Schichten des Volkes um die Mitte des 19. Jahrhunderts, vier volle Jahrzehnte nach Fichtes Aufruf an die deutsche Nation, lebendig zu vergegenwärtigen.

Wie hat es, um nur von Deutschland zu reden, hier ausgesehen, trotz der großen Vergangenheit von der klassischen Epoche her! Der Amerikaner Emerson, der damals (1847) Europa bereiste, schrieb in seinem Buche *Englische Charakterzüge:* "In Deutschland existiert eine Sprache für die Gelehrten und eine andere für das Volk, die so geschieden sind, daß man sagt, es sei niemals ein Gedanke oder Ausspruch aus den Werken eines der großen deutschen Schriftsteller unter den unteren Klassen gehört worden." Das war nun gewiß übertrieben, aber es blieb Wahres genug daran, um einen solchen Eindruck zu rechtfertigen. Kann man doch nicht vergessen, was noch einige Zeit später ein Dichter schrieb, dessen Herz lohte in Liebe zum Volke, das mit allen Pulsen der Hoffnung einer völkerbefreienden Revolution entgegenschlug und sich doch in schmerzlicher Bedrückung zusammenkrampfte bei der Sorge, es möchte der Triumph des Volkes, wie es zu seiner Zeit eben war, doch zugleich nur der Sieg seiner Unwissenheit und Roheit sein. Man kennt die Klage Heinrich Heines, sein "unheimliches Grauen vor dem Regierungsantritt dieses täppischen Souveräns" Volk, seine Angst vor "diesen Kohorten der Zerstörung, diesen Sappeuren, deren Axt das ganze gesellschaftliche Gebäude bedroht". Die lange vergewaltigten Massen würden endlich aufstehen und eindringen in die Bibliotheken, dort die Werke des Geistes zu vernichten, die ihnen keinen Inhalt bedeuten; sie würden füllen die Museen und herabreißen die Bilder, zerschlagen die schönen weißen Statuen, die ihnen nur ein Symbol des verhaßten Luxus eines müßigen Reichtums wären. Die Revolution der Freiheit zugleich eine Trümmerstätte der Kultur – das war angesichts der Unkultur der großen Masse des Volkes die bange Erwartung der freiheitsdurstigsten Dichterseele des 19. Jahrhunderts.

Und das Volk drang wirklich ein in alle Kulturstätten der bürgerlichen Welt, aber anders als Heine gesorgt hatte. Es drang stürmisch in die Bibliotheken ein, aber nicht, um die Bücher herunterzureißen von ihren Gestellen, sondern um sie aufzuschlagen zu eigenem Gewinn; und es füllte in Scharen die langen Saalreihen der Galerien und Museen, aber nicht um die Bilder zu zerstören und die Statuen zu zerschlagen, sondern um von all dieser Schönheit einen schwachen Abglanz in das eigene unscheinbare und freudlose Dasein hineinzunehmen. Das Volk war erwacht: in stürmischer Hast, in aufgeregtem Interesse sucht es jetzt in Jahrzehnten nachzuholen, was Jahrhunderte an ihm versäumt hatten. Die Weckung seines Klassenbewußtseins war es, die zugleich auch dieses Leben erweckte, in dem nun alle Wundertriebe einer keimenden Weltkultur sich regen. Es mußte erst der Mensch im Arbeitstier angerufen, es mußte erst und muß noch immer der Gedanke in allen diesen armen, abgehetzten Existenzen förmlich aufgejagt werden, daß sie nicht bloß zur Arbeit für andere da sind, sondern daß sie ein *eigenes Leben* zu führen berechtigt sind, ein Leben für sich mit eigenen Interessen und eigenen

Bedürfnissen – erst dieser aufrichtende Gedanke ist es, der sie ihren Blick vom Boden erheben, ihren Sinn auf Höheres stellen läßt. Kurz, die Massen mußten erst mit ihrem kümmerlichen Lose gründlich unzufrieden gemacht werden – aufgehetzt, sagt der ordnungsliebende Staatsbürger, dessen Ordnung darin besteht, daß immer jemand da ist, der ihm die Stiefel putzt –, es mußte erst die *Begehrlichkeit* in ihnen wachgerufen, das Leben ihnen wert gemacht werden, damit sie dann auch Begehren tragen nach den Werten des Lebens. Dieser endlich aufgerüttelten Begehrlichkeit des Volkes nach den Kulturgütern dankt unsere Zeit die Sicherheit ihres Kulturbewußtseins. Bis zu diesem Grade ist es richtig, was Fichte seiner Zeit zugerufen hat: daß die Kultur und ihr nationales Dasein nur durch die werktätige Anteilnahme der ganzen Masse des Volkes bestehen kann oder daß sie nicht wird bestehen bleiben können. "Allerdings muß", wie Karl Marx einmal schrieb, "die Bourgeoisie die Dummheit der Massen fürchten, solange sie konservativ bleiben, und die Einsicht der Massen, sobald sie revolutionär werden." [12]) Aber damit dokumentiert sie nur ihr wahres Verhältnis zur fortschreitenden Zivilisierung des Staatslebens, als dessen Träger sie sich so gerne bezeichnet. Schon heute trägt dagegen das Proletariat den großen geschichtlichen Ruhm, mehr als alle "staatserhaltenden" Parteien die Kultur und Gesittung der menschlichen Gesellschaft nicht nur erhalten, sondern auf eine höhere Stufe gebracht zu haben. Sollten sich gerade die Intellektuellen, an die Fichtes Ruf zuerst ergangen war, von diesem historischen Werk ausschließen?

So ist es hier besser geworden durch gewaltige Mächte, die Fichte vielleicht ahnte, jedenfalls aber noch nicht in klarer Anschauung zu erkennen vermochte: durch den wirtschaftlichen Prozeß der Umgestaltung der alten Produktionsformen zur modernen Großindustrie, der das Proletariat immer deutlicher in seiner gesellschaftlichen Stellung von den übrigen Klassen absonderte und ihm zuletzt auch das Bewußtsein hierüber erwecken mußte. Es ist schneller gegangen, als vielleicht noch vor hundert Jahren ein Utopist träumen durfte, der die ganze Fürchterlichkeit der tiefen Unbildung und Roheit auf sich wirken ließ, in welcher er das Volk versunken fand. Es ist besser geworden und wird noch immer besser.

Die Intellektuellen im Gefolge der Bourgeoisie

Aber es ist auch schlechter geworden auf der anderen Seite, auf der Seite der Intellektuellen. Derselbe Klassengegensatz, der das Proletariat schließlich durch Weckung seines Klassenbewußtseins auf den Weg zur Kultivierung zwang, führte die Intellektuellen aus Gründen, die uns noch beschäftigen werden, in jenes Lager, das sich dieser Kultivierung aufs äußerste widersetzte, in das Lager der Bourgeoisie, obgleich sie demselben doch keineswegs, wie man meistens irrig glaubt, durch ihre eigenen Interessen angehören.

Wohl gab es eine schöne Zeit der Burschenherrlichkeit, und das Andenken an sie sollte in der Studentenschaft viel lebendiger leben, um ihr den heutigen Abstand um so greller vor Augen zu stellen. Wohl gab es eine Zeit, da die humanistischen Ideale der klassischen Dichtung und Philosophie noch in der aufstrebenden Intelligenz ein kraftvolles Leben führten. Es war die Zeit des jungen deutschen Bürgertums, da es noch selber um seine Geltung im Staate zu kämpfen hatte. Nach dem kurzen erfrischenden Atemzuge, den gerade die napoleonische Fremdherrschaft ihm zu schöpfen gestattete und der die Begeisterung der Freiheitskriege nicht zumindest ermöglicht hat, in der brennenden Sehnsucht, sich dieser Freiheit innerhalb eigener nationaler Staatsbildung zu erfreuen, sollte es nun wieder in die dumpfe Luft des *ancien régime* eingesperrt werden. Da war es ein wahrhaft stürmischer Idealismus, der in den Jugendgemütern der deutschen Studenten brauste, die eben von den Schlachtfeldern zurückgekehrt waren, auf denen sie für Freiheit und Einheit des deutschen Vaterlandes gekämpft hatten; da war es eine sittliche Empörung über die Wortbrüchigkeit der Regierungen, ein wahrer Rebellengeist, mit dem sie auf dem Wartburgfest die schimpflichen Symbole politischer und geistiger Knebelung verbrannten. Darum fuhr auch mit dem Attentate des Burschenschafters Sand auf

[12]) Karl Marx, *Der achtzehnte Brumaire,* S. 100.

Kotzebue ein so gewaltiger Schreck in die schleichenden Pläne der auf Metternich sich stützenden "Legitimitäten" aller Art, die zu der Demagogenhetze schändlichen Angedenkens führte. Seit den Karlsbader Beschlüssen in allen Landen, an allen Universitäten beschnüffelt und gehetzt, darf die Burschenschaft diese Zeit mit berechtigtem Stolze als teuerste Zeit der politischen Wehrhaftigkeit deutscher Intellektueller pflegen: die Zeiten und die Geschlechter, aus denen die Führer des Frankfurter Wachensturmes hervorgegangen sind und die Barrikadenkämpfer von 1848, die Zeit, da Burschenschafter sich nicht scheuten, sondern es als Pflicht ihres Freiheitskampfes ansahen, mit den sozialistischen Handwerksburschenvereinigungen in Verbindung zu treten, und unter ihnen selbst ein Burschenschafter möglich war wie – Wilhelm Liebknecht, der spätere Führer der deutschen Sozialdemokratie.

Seit aber die Bourgeoisie allenthalben ihre Herrschaft angetreten hat, also seit der Mitte des vorigen Jahrhunderts, ist jene betrübende Wandlung in der Stellung der Intellektuellen zum Volke eingetreten, die im großen und ganzen auch heute noch besteht. Es ist das jene Wandlung, in der das Wort "Volk" aufgehört hat, auch für die Intellektuellen ein Gemeinschaftsbegriff zu sein, sondern vielmehr eine Sonderung bedeutet, ihre Absonderung von dem Volke. In einer seltsamen und gefährlichen Verwechslung nahmen sie das, was doch nur die Wirkung der sozialen Unordnung war, die Unbildung und Roheit der Massen und demgemäß auch die Wildheit ihrer Verzweiflungsausbrüche, für die Ursachen dieser Unordnung. In den höheren Sphären ihres Kulturlebens, mit der Mannigfaltigkeit seiner geistigen Interessen mußten sich die geistigen Berufe abgestoßen fühlen von einem Dasein, das in der Sorge um die grobmateriellen Interessen vollständig aufging. Jede Regung dieser ihnen fast fremd und unverständlich gewordenen Volksschichten konnten sie gar nicht anders auffassen als eine Bedrohung ihres mehr vergeistigten Lebens, damit aber zugleich der Kultur, als deren Träger sie sich empfanden. Und so konnten sie das Volk nur fürchten, von dessen Erhebung sie den Verlust des erreichten Grades menschlicher Bildung erwarteten, weil sie noch außerstande waren, über die Existenzbedingungen der Bourgeoisie hinauszudenken. Für sie galt noch ganz und gar und gilt vielfach leider noch heute, was schon im *Kommunistischen Manifest* dem Unverständnis der Gegner vorgehalten wurde: "Wie für den Bourgeois das Aufhören des Klasseneigentums das Aufhören der Produktion selbst ist, so ist für ihn das Aufhören der Klassenbildung identisch mit dem Aufhören der Bildung überhaupt." Auch der Intellektuelle, der in der bürgerlichen Kulturauffassung gefesselt blieb, wußte es nicht besser. Und darum sah er auch gar nicht, daß die Bildung, deren Verlust er so befürchtet, für die enorme Mehrzahl doch nur "die Heranbildung zur Maschine" war. [13])

Man muß also gar nicht annehmen, daß es überall bewußte wirtschaftliche Interessen waren, welche die Intelligenz in das Lager der Bourgeoisie führten, obgleich dies gewiß im hervorragenden Maße der Fall war. Denn noch war vor allem gegenüber der erst beginnenden Emanzipationsbewegung des Proletariats, bei seinem erst allmählich werdenden Klassenbewußtsein auch das spezifische Bewußtsein der Bourgeoisie als Klasse noch so wenig entwickelt, daß es in seiner Ideologie sich noch immer als Vorkämpfer eines allgemeinen Fortschrittes ausgeben konnte, besonders aber dort, wo wirklich geistige Interessen und Arbeiten im Vordergrunde standen, in den intellektuellen Berufen. So waren es also vielleicht gerade bei den Besseren aus diesen Kreisen sogar Affekte für die Erhaltung der Kultur, wie *sie* diese verstanden, und das Gefühl der Unmöglichkeit irgendeiner Gemeinsamkeit mit dem rohen Unverstand der Massen, was sie in das Lager des Bürgertums führen mußte als dem einzigen Felde ihrer vollkommenen Lebensbetätigung, das sie darum auch für ein Lager der Freiheit und des Fortschrittes halten mußten. Und weit entfernt, die Mahnung Fichtes zur Einheit der Stände in der Bildung noch irgendwie zu empfinden – eine Mahnung, der sie auch gar nicht hätten Folge leisten können, weil jetzt erst die ganze, zu Fichtes Zeit noch verborgene Größe dieser Aufgabe hervortrat als eine alle Kräfte der Gebildeten übersteigende Arbeit, wenn sie wirklich nur von ihnen und nicht durch die eigenen Mittel des Volkes geleistet werden sollte –, weit entfernt demnach von irgendeinem Gefühl der Zusammengehörigkeit mußte vielmehr eine Empfindung der

---

[13]) Marx-Engels, a. a. O., S. 21 (6. Aufl.).

Fremdheit gegenüber jenen auch äußerlich so ganz anders lebenden Volksgenossen aufkommen. Ja nicht selten mochte diese Empfindung der Absonderung sogar in eine Stimmung des Hasses umschlagen, wegen der unausgesetzten Bedrohung des eigenen vernunftgemäßeren Daseins durch die Unvernunft brutaler Gewalttätigkeiten und stumpfsinniger Zerstörungslust; oder auch in eine Stimmung der Verachtung über die geringe geistige Diszipliniertheit eines ungezügelten Daseins, das allen wilden Instinkten und momentanen Erregungen oft zu seinem eigenen Schaden, immer aber zum Schaden eines gesitteten Kulturdaseins der Menschen willenlos unterworfen war. So erwuchs jene Anschauung der Intellektuellen, in der das Volk gleichsam als eine ungezähmte Elementarkraft angesehen wird, die durch sie, das die Kultur und Gesittung repräsentierende Element, mit Hilfe der Staatsgewalt niederzuhalten ist; und es waren schon die Besseren und Einsichtigeren unter den Gebildeten, welche wenigstens die eine Aufgabe den Intellektuellen zuteilen wollten, für ein schickliches Maß von Bildung unter dem Volke zu wirken, wie eine milde Gabe, die der Reiche von seinem Überfluß abgibt. Die Intelligenz nicht als allgemeine und selbstverständliche Eigenschaft eines jeden Gliedes der Nation, sondern als führende Kaste in der Nation, die Kultur nicht als Gemeingut aller, sondern als ein Vorrecht der Intellektuellen – das ist die Stimmung der intellektuellen Schichten bis heute geblieben, wo sie unberührt von dem Ernst sozialer Probleme sich erhalten haben, und das ist noch nahezu überall so. Ist doch seit jener berühmten Rektoratsrede Adolf Exners über die politische Bildung (1891), in welcher der geistvolle Rechtslehrer der Wiener Universität zum ersten Mal von solcher Stelle die Anklage erhob über den Mangel an politischer Bildung gerade in den gebildeten Schichten und über ihre geringe Anteilnahme an den Vorgängen des eigenen Volkslebens, diese Klage überhaupt nicht mehr verstummt. Aus allen Parteilagern geistiger Arbeit erschallt sie, wo nur irgendein eifriges intellektuelles Streben, das sich im Zusammenhang mit dem sozialen Leben erhalten will, auf diese Schranke seiner Gesellschaftsgenossen stoßt: der konservative Rudolf Sohm, der liberale Lujo Brentano, der radikale Anton Menger und der ästhetische Werner Sombart, sie alle haben in den letzten Jahren im mahnenden Zuruf an die Intellektuellen die gleiche Klage geführt über die Teilnahmslosigkeit der Gebildeten gegenüber dem politischen und sozialen Leben der Nation und über die Unvollkommenheit einer Bildung, die mit den lebendigen Kräften des Kulturfortschrittes zu zerfallen droht. Und erst kürzlich hat Friedrich Naumann mit bitterem, aber gerechtem Spott sich genötigt gesehen, diese Verständnislosigkeit der intellektuellen Oberschicht unseres Volkes wieder einmal bloßzustellen mit den folgenden Worten: "Für den feingebildeten Leser gibt es nicht leicht etwas Fernliegenderes als einen Arbeitsnachweis für gegenwärtig lebende deutsche Arbeiter. Arbeitsnachweis?! Ja wenn die Urbewohner von Tibet so etwas gehabt hätten und Sven Hedin käme jetzt mit einigen alten Seidenfahnen, in deren Rückseite man es eingewebt fände, wer in den heiligen Bergwerken des Karakorumgebirges täglich acht Stunden schaffen dürfte, dann wahrhaftig, dann würden alle gebildeten Damen und Herren ihre Ohren aufmachen, um es ganz genau zu erfassen, um was es sich bei diesem merkwürdigen Dokument der Menschlichkeiten handelt. Da aber der Arbeitsnachweis jetzt in Deutschland eingerichtet wird[14]), so merkt niemand etwas davon, niemand als die 300.000 Bergarbeiter dahinten unten und ihre Familien. Diese Leute aber rechnen ja nicht, denn sie sind noch viel unentdeckter als die Tibeter . . . Es wird Zeit, daß wieder einmal über etwas nachgedacht wird, was sich in unserer deutschen Unterwelt vollzieht. Die gebildete Gesellschaft soll in dieser Frage eine Meinung bekommen; das gehört zur Humanität und darum zur Bildung."[15])

---

[14]) Es handelt sich um den Arbeitsnachweis der Unternehmerverbände, der imstande ist, in seinem Bereiche jeden Arbeiter brotlos zu machen.

[15]) Friedrich Naumann, *Eine soziale Zeitfrage,* in: *Neue Rundschau,* Jännerheft 1910. – Wie auch außerhalb der Kreise politischer Stellungnahme die Unnatur und kulturelle Gefahr eines solchen Bildungszustandes der Intellektuellen immer deutlicher erkannt wird, bezeugt Paul Natorp an fast programmatischer Stelle, indem er im ersten Aufsatze der neuen Zeitschrift *Volksbildungsarchiv* die Volksbildung als eine "soziale Erziehung" auffaßt, die *ebenso den oberen* wie den unteren Schichten nötig sei. Von dem klassischen Zeitalter deutscher Philosophie ausgehend, schreibt er ganz in unserem Sinne: "Das

Studenten und Arbeiter

So ist also von der Seite der Intellektuellen her die Kluft vertieft worden, die von der anderen Seite das Proletariat auszufüllen bemüht war. Und was daraus geworden wäre, wenn nicht zugleich die Arbeiterschaft die Wirkung einer solchen Haltung, soweit *sie* selbst von ihr betroffen wurde, durch eigene Arbeit kompensiert und überkompensiert hätte, das zeigt die Wirkung, die diese Haltung auf jenen Teil des Volkes hatte, der sein blühendster, idealster und hoffnungsreichster sein sollte, die *Studentenschaft*. Sie hat sich an dem Rande dieser Kluft nicht halten können; sie ist hinabgestürzt in diesen gewaltsam und unnatürlich eröffneten Raum zwischen den Teilen einer Nation, zwischen ihrem geistigen Leben und ihrer volklichen Kraft, und büßt es mit dem totalen Ausgeschlossensein von allen großen Antrieben, welche die Masse ihres Volkes erlebt, mit der absoluten Verständnislosigkeit für die Bedürfnisse und Ziele der Massen, für ihre Arbeit, ihre Leiden und ihre Hoffnung.
Daß ich damit nicht zu viel sage, dafür haben wir hier in Wien, in dieser alten deutschen Kulturstätte mit ihrer zweitältesten deutschen Universität, erst vor kurzem einen traurigen, aber beredten Beweis gehabt. Das Bild der proletarischen Massendemonstration vom 17. Oktober 1909 steht vor meinen Augen, wie es mit der eigentümlichen Anteilnahme der Intellektuellen und Studenten an ihr noch manchem, der es voll Scham und Zorn gesehen, unvergeßlich bleiben wird.[16])
Ein Volk auf der Straße, Arbeiter *und* Studenten, zu Zehntausenden die Männer und Frauen aus den Fabriken und Werkstätten, zu Tausenden die Jünglinge von ihren Hochschulen und gar viele aufstrebende Mittelschuljugend unter ihnen; Studenten und Arbeiter – aber nicht eine Wiedererweckung des glanzvollen Schauspieles von 1848, von dem noch immer ein

---

größte Vermächtnis gerade jenes Zeitalters in Bildungssachen sehen wir in der Forderung der Einheit einer 'nationalen', das heißt alle Schichten einer Nation gleichmäßig ergreifenden, und zwar allseitigen 'humanen' Bildung. Daß wir heute eine solche nicht besitzen, daß sogar eine dieser geradezu entgegengesetzte Tendenz vielfach Platz gegriffen hat: daß eine Zerklüftung der Weltanschauungen Hand in Hand mit der sozialen Zerklüftung und als Ausdruck beider eine fast hoffnungslos erscheinende Zerklüftung der politischen Parteien vorliegt, die für die Zukunft der Nation ernste Besorgnisse in jedem unverblendeten Beobachter wecken muß, wer wollte das leugnen?" (A. a. O., S. 7.)

[16]) Am 17. Oktober 1909 – einem Sonntag – veranstaltete das Proletariat von Wien gleichzeitig mit zahllosen Versammlungen in der Provinz einen Massenaufzug auf der historischen Stätte seines großen Wahlrechtskampfes, vor dem Rathaus und auf der Ringstraße vor dem Parlament, um dagegen zu protestieren, daß das erste Parlament des allgemeinen Wahlrechtes, das es sich in einem zehnjährigen, opferreichen, ja blutigen Kampfe errungen hatte, zu einem Tummelplatz des ödesten Chauvinismus der bürgerlichen Nationalisten degradiert werde. Mit ingrimmigem Schmerz und hohnvoller Wut mußte das arbeitende Volk nun schon seit zwei Jahren zusehen, wie die wichtigsten Forderungen nicht nur einer wirklichen Volkspolitik, ja sogar auch nur eines bürgerlichen Staatslebens an der "Arbeitsunfähigkeit" des Hauses scheiterten, in welche es bald die deutsche, bald die tschechische Obstruktion stürzte. Darum sollte nun laut der Ruf nach Herstellung der Arbeitsfähgkeit des "hohen Hauses" erhoben werden, um diesem zur Erkenntnis zu bringen, daß das Volk, welches unter der Lebensmittelteuerung litt, bezüglich deren Bekämpfung parlamentarische Vorlagen zu erledigen waren, welches die Alters- und Invalidenversicherung schon so lange verlangte, deren Gesetzentwurf im Hause schon eingebracht war, welches noch so viele andere Kulturforderungen von diesem Hause des allgemeinen Wahlrechtes gewürdigt zu finden hoffte, wahrlich andere Sorgen habe als den jämmerlichen und jedes Ideeninhalts baren Sprachenstreit der bürgerlichen Nationalisten. Zu dieser Demonstration oder vielleicht zufällig mit ihr hatte nun auch die deutschnationale Partei eine Demonstration vor dem Parlament veranstaltet, um für den deutschen Charakter der Stadt Wien zu demonstrieren, und hatte durch eine sehr starke Agitation auch wirklich eine gegenüber der Arbeiterschaft freilich verschwindende, aber immer noch einige tausend Teilnehmer zählende Menge aufgeboten. Waren ihr doch vor allem die Tausende deutscher Studenten und Akademiker gefolgt, die eben infolge jener historischen Schranke, von der wir im Texte sprachen und noch mehr zu sprechen haben werden, hier die Fahne der Kultur entfaltet zu sehen meinten. Was diese akademische Demonstration nun aber wirklich demonstrierte, das wird man oben weiterlesen können.

Ruhmesschein die Verbindung dieser beiden Namen vergoldet und gerade bei dem Arbeiter ein Achtungsgefühl auslöst, das selbst die heutige Studentenschaft noch nicht ganz auszulöschen vermochte; – Studenten und Arbeiter – aber die Studenten *nicht mit dem Volke, getragen von seiner Liebe und Begeisterung, sondern* gegenüber und *entgegen dem Volke,* getrennt von ihm durch einen Abgrund von beiderseitigem Haß und Zorn, getrennt von ihm vor allem *innerlich* durch alle Leidenschaft mißverstandener und unverstandener Ideale und deshalb nun auch *äußerlich* in schimpflichster Weise getrennt durch eine Kette von Polizisten, um ebensowohl sie selbst vor dem Unmut des Volkes als dieses vor ihrem Übermut zu schützen. Ein würdiges Schauspiel fürwahr, auf das man sich schämt, den Geist Fichtes oder auch nur der alten Burschenschaft herabblicken zu lassen, das aber doch wenigstens das Gute haben muß, so manchen, die es erlebt haben und gewohnt sind, an den Ereignissen nicht gedankenlos vorüberzugehen, Gedanken zu machen, die sie nicht mehr an dem Platze stehen lassen werden, an welchem sie von ihnen angetroffen wurden.

Wir aber, die Größe der sozialistischen Arbeiterbewegung gerade in diesem Aufmarsch des von politischen Ideen befeuerten Volkes vor Augen, an dem sich der "Protest" der Intellektuellen kläglich brach, wir fragen: Wie ist ein solches Ereignis möglich? Wie ist es möglich, daß die Intellektuellen so weit von ihrem Volke abgedrängt wurden, daß sie ihm nicht etwa bloß als gegnerische politische Partei gegenüberstehen, sondern gerade als sich überhebender und den "Pöbel" verachtender "gebildeter" Stand?

Wogegen ereiferte sich eigentlich der Student? Hier zog das Volk zu Zehntausenden, und sein Schrei ging nach einem wirklichen Inhalt seiner politischen Rechte. Es verlangte eine redliche, sich ihrer Verantwortlichkeit bewußte Arbeitswilligkeit der gewählten Abgeordneten, damit der Sinn des allgemeinen Wahlrechtes, aus dem sie hervorgingen, Volksvertreter zu sein, nicht untergehe in der Sinnlosigkeit brutaler Exzesse oder parlamentarischer Intrigen, die allemal nur Klubinteressen dienten. Es verlangte nach Linderung des Druckes der indirekten Steuern, unter dem es täglich schmerzlicher seufzte, nach endlicher gesetzlicher Versorgung der Alten und Invaliden des arbeitenden Volkes, nach Herstellung eines nationalen Friedens auf Grund der Autonomie aller Nationen, die in diesem Staate leben, und es erhob zuvor, vor allen diesen drückenden Sorgen um seine eigenen Leiden den Schrei der Empörung und des Protestes gegen die schmähliche Vergewaltigung des freien Denkens, gegen die immer noch lebendige Inquisition der Kirche, die eben damals mit dem Tode Ferrers der Welt ein neues entsetzliches Beispiel ihrer Fortexistenz gegeben hatte. Politische Rechte für alle, ihre sinn- und kraftvolle Ausführung, wirtschaftlicher Schutz dem Schwachen, nationale Freiheit, Freiheit des Gedankens und Feindschaft dem Klerikalismus – wollte er, der Student, nicht alles dies auch und vom Grunde seiner jugendlichen, idealerfüllten Seele? Mußte er es nicht wollen, solange er sich selbst in seinem geistigen Bestande nicht aufgeben wollte? Und konnte er sich überhaupt geschieden sehen von dem Volke da draußen, jetzt, wo keines von den sonst so falsch färbenden Brillengläsern eines Konfessions-, Rassen- und Nationalitätenvorurteils zwischen ihn und die Masse treten könnte?

Denn dieses Volk von Wien auf der Straße neben ihm war doch sicher in seiner überwältigenden Mehrheit christlich wie er, deutsch wie er, arisch wie er. Es waren schließlich doch *seine* Volksgenossen, freilich nicht so romantisch, wie er sie sonst sich vorzustellen geneigt war, aber dafür echt und leibhaftig. Und dachte er da gar nicht an die Eigenart seines Zusammenhanges mit jener Masse dort, der er hinter dem Kordon der Wachleute so oft mit seinem Stocke drohte und mit höhnenden Zurufen nicht hart genug nahezutreten wußte? Dachte er gar nicht daran, daß er nur scheinbar hier neben dieser wimmelnden Menge stand, in Wirklichkeit aber auf ihren Schultern, daß alles, was er ist, alles, was er an den Hochschulen zu lernen vermochte, nur möglich war dank der täglichen Mühsal und Arbeit dieser namenlosen Masse! Hätten doch in diesem Augenblick die Worte Lawrows in seinem Gemüt lebendig werden können, mit denen dieser führende Geist des erwachenden revolutionären Rußland sich gerade an die Intellektuellen wendet, um ihren so herkömmlichen Stolz auf Bildung und Fortschritt zurückzuführen auf sein gesellschaftlich berechtigtes Maß, und das heißt derzeit auf – nichts, ja auf weniger als das, auf pure Gedankenlosigkeit: "Teuer bezahlte die Menschheit dafür, daß einige Denker in ihrem Studierzimmer von ihrem Fortschritt sprechen konnten. Teuer bezahlte sie die wenigen Seminarien, in denen sie sich ihre Lehrer erzog, die ihr übrigens bis jetzt noch wenig nützten. Wollte man unserer heutigen gebildeten Minderheit vorrechnen, wie viele Leben in der Vergangenheit im Kampfe für ihre Existenz zugrunde gingen, wie viele Generationen bloß für die Erhaltung *ihres* Lebens und für *ihre* Entwicklung arbeiteten, wollte man schließlich ausrechnen, wie viele verlorene Menschenleben und welcher Arbeitswert auf jede Persönlichkeit entfallen, die gegenwärtig ein *einigermaßen* menschliches Leben führt, wollte man diese Rechnung durchführen, so würden wohl manche unserer Zeitgenossen von Grauen und Entsetzen bei dem Gedanken erfaßt werden, welches Kapital von Blut und Arbeit für ihre Entwicklung verwendet wurde."[17])

Nein – an dies alles dachte und denkt der durchschnittliche Student und Studierte von heute nicht und kann er nicht denken. Und das erklärt uns das Rätsel seiner sonst so unverständlichen Zerfallenheit mit dem Volke. Denn dieses Rätsel liegt ja gerade darin, daß es nicht etwa Charakterlosigkeit und Idealmangel ist, die ihn so Stellung nehmen lassen, wie er es tut! Wer sich mit einer solchen Erklärung begnügte, beginge nicht nur eine leichtsinnige Verleumdung, sondern machte sich überdies einer Oberflächlichkeit des Denkens schuldig, die kaum zu entschuldigen wäre. Gerade das ist ja das Problem, daß diese trotzige und mißverständliche Gegnerschaft zum Volke, wenigstens was die Studenten betrifft, aus ihren Idealen für Freiheit, Nation, Vaterland und Volkstum hervorgeht, so wie sie die Ideale überkommen haben und nun nicht anders haben können. Und die Gegnerschaft ist so leidenschaftlich, der Haß so erbittert, weil das Ideal noch so heiß, noch so lebendig ist. Es sind keine unedlen Mächte, die hier uns entgegenfluten. Im Feuerstrom der Jugend vergolden sich sogar die Schlacken längst entwerteter Wahrheiten und die abgestorbensten Vorurteile gewinnen den Anschein neuen Lebens; es kommt nur darauf an, ihn nicht durch das taube Gestein vergangener Zeiten fließen zu lassen, sondern durch das edle Metall, aus dem allein die Werte der Zukunft geprägt werden können.

Bürgerliche Schranken des Verständnisses

Dies also ist – täuschen wir uns nicht durch vereinzelte Ausnahmen – die Stellung des Studenten und Intellektuellen, wie er durchschnittlich bisher war und noch heute ist, gegenüber dem Sozialismus: *er versteht ihn nicht;* und er hat auch gar nicht den Wunsch, ihn zu verstehen, *weil er nicht einmal ahnt, hier etwas Besonderes verstehen zu müssen.* Er tritt dem Sozialismus nicht als etwas durchaus Eigenartigem, in seinem Wesen erst zu Erforschendem gegenüber, das von dem gewohnten politischen Parteiwesen grundverschieden ist, so daß gerade seine politische Vertretung, die Sozialdemokratie, hierdurch einen einzigartigen Charakter gegenüber allen anderen Parteien gewinnt, sondern im Gegenteil, er sieht in ihm nichts anderes als eine politische Partei, wesensgleich mit allen anderen bürgerlichen Parteien und von diesen höchstens, wie es ihm vorkommt, durch die Unmäßigkeit, ja Unvernunft ihrer Forderungen geschieden. Weiß er doch vom Sozialismus kaum mehr, als er aus den verzerrten Vorstellungen des Kleinbürgertums über diesen sozialen Gottseibeiuns kennengelernt hat: eine Rotte von ewig Unzufriedenen, denen nichts heilig ist, nicht Thron noch Altar, nicht Familie, Vaterland und Nation, die alles teilen und alles gleich machen wollen, am liebsten aber nicht arbeiten möchten, damit sie noch mehr Zeit vertrinken könnten, als sie bisher schon tun. Das sieht wie eine Übertreibung oder derbe Karikatur aus: aber mit der einzigen Milderung, daß dies alles nicht immer so roh herausgesagt wird, dürfte kaum zu bestreiten sein, daß diese "Gedanken" noch immer die Richtlinien sind, nach denen das von keinerlei Sachkenntnis beschwerte Urteil der großen Masse der Intellektuellen über den Sozialismus sich zu Kristallen ansetzt, die das Licht der sozialen Wirklichkeit so sonderbar brechen.

[17]) Peter Lawrow, *Historische Briefe,* Berlin, Akademischer Verlag 1901, S. 102-103.

Und bei dem ganzen bisherigen Erziehungs- und Bildungsgang, den der zumeist aus bürgerlichen Kreisen herkommende oder doch in ihre Welt durch die Schule hineingeführte Intellektuelle genossen hat, kann kein anderes Resultat herauskommen. Nehmen wir einen Studenten, der keine anderen Einflüsse erfahren hat, als die er durch seine Familie und die Schulen, die er durchzumachen hat, erhält, so muß er schließlich in einer Welt leben, die geistig mit den Ideen und Möglichkeiten der bürgerlichen Welt vollständig zusammenfällt und die dann freilich außer dieser nichts sieht als Unmöglichkeit, Schwärmerei oder Verbrechen. Seine ganze Erziehung ist von vornherein darauf angelegt, ihn gänzlich in der bürgerlichen Ideologie zu isolieren, weil sich diese als absolut gibt, so daß sie es ihrem Zögling als eine Selbstverständlichkeit einimpft, in allem, was über die bürgerlichen Ideale hinausgeht oder sie gar antastet, einen Verrat und Abfall vom Idealismus, ja von der Vernunft selbst zu sehen. Das bürgerliche Familienhaus mit seinen läßlichen Tugenden, die überall auf ein Maß zugestutzt sind, das mit dem guten Fortkommen verträglich bleibt, die Volksschule mit ihrer religiös-dogmatischen und bürgerlich-moralischen Imprägnierung der Kindergemüter, die Mittelschule dann mit ihrem verstiegenen, weltfremden Idealismus in den Gymnasien und dem derben Utilitarismus in den Realschulen, überall aber mit einer peinlichen Unfreiheit ihres Erziehungsplanes, um nur ja nicht irgendwie gegen die offiziellen Schranken von Kirche und Staat zu verstoßen – wie sollte da der junge Mensch, der so gegängelt wird, aus dieser Erziehung selbst einen Antrieb erhalten, einen Blick hinauszutun über das bürgerliche Geisterreich, in das er gebannt ist, in jene wirkliche Welt, von der die proletarische die größere, ihm gänzlich verborgene Hälfte darstellt? Kommt dann die akademische Freiheit auf der Hochschule, ach – so ist sie nicht und kann nicht sein, als was sie gedacht war und um dessentwillen sie seit alters her als ein kostbares Gut der Nation gepriesen war: das Hinausschreiten aus einem ernsten und langen Erziehungsgang in eine neue Zeit der *inneren* geistigen Freiheit und Selbstbildung; sondern sie wird zu einer formalen *äußeren* Freiheit, in welcher sich der in dem bürgerlichen Anschauungskreis gebundene Geist, der Beschränktheit seiner Ideale kaum bewußt, durch lärmendes, kraftpolterndes Gehaben und in gemüt-, wenn auch weniger gedankenvollem Festhalten überkommener Formen einen Inhalt vortäuscht, dem er kaum eine einzige fruchtbare Beziehung auch nur zu der eigenen bürgerlichen Welt, geschweige denn zu der wirklichen Welt, geben könnte, in der diese Jünglinge leben. Und selbst wo ein tieferer Idealismus in ihnen wirkt, kann er sich bei solcher Entfremdung gegenüber dem realen Leben nur flügellahm bewegen, weil überall wundgestoßen an den harten Schranken dieser Wirklichkeit. Diese unbegriffene, aber überall sich aufdrängende Wirklichkeit wird so der Feind des Idealismus – und das ist die weltgeschichtliche Tragik der bürgerlichen intellektuellen Jugend, die entweder gedankenlos bleiben muß in dem, was sie ihren Idealismus nennt – eine Alternative, von der sie reichlich Gebrauch macht –, oder den verderblichsten Konflikt gerade in ihrem idealsten Streben erleiden muß, solange sie noch nicht gelernt hat, über die Zufallsgrenzen ihrer bürgerlichen Existenz hinauszuschauen: der Konflikt des Ideals mit der Realität, aber nicht in dem Sinne, wie er ewig besteht, da das Ideal nur einen nie erreichbaren Zielpunkt der Wirklichkeit bedeutet, sondern in dem tödlichen Sinne, daß das Ideal auf jede Wirklichkeit verzichten muß, ja eigentlich nur gegen sie existieren kann. Wie könnte dieser Konflikt anders gelöst werden als im Zurückscheuen vor dieser Wirklichkeit? Der bedrohte Idealismus der bürgerlich-intellektuellen Welt rettet sich nur, indem er seine soziale und politische Beschränktheit gleichsam als ein biologisches Schutzmittel konserviert und sich in Verständnislosigkeit gegenüber jener feindlichen Wirklichkeit verpuppt, damit freilich nur das Anfangsübel verstärkend und perpetuierend.

So gelangen die einen dazu, in gewissen idealen Bestrebungen, in der Pflege der Wissenschaft und Kunst um ihrer selbst willen, den Vorwand zu finden, sich ganz von dem wirklichen Leben der Gesellschaft, das ihnen unheimlich wird, zurückzuziehen, die Pflichten, die es auferlegt, und vor allem die der Stellungnahme zu seinen Aufgaben und Problemen, zu ignorieren und Politik, das heißt die bewußte und planmäßige Arbeit an der Einrichtung des gesellschaftlichen Lebens, als ein tief unter der Höhe ihres Standpunktes gelegenes Treiben anzusehen – eine Schwäche des Geistes, die sich nur zu gerne als hochgeartete Denkart ausgibt, aber schon von einem Kant als eine Gemütslosigkeit, von einem Fichte nur als eine andere Art der Gedan-

kenlosigkeit gebrandmarkt wurde. Die anderen aber, bei denen von Anfang an der Idealismus mehr Jugendbraus und Überschwang war, verfallen dieser oder jener bürgerlichen Partei, in deren unentrinnbarem Interessenmechanismus bald auch der letzte Schein eines höheren Strebens entschwindet, der ihnen in der Jugend vielleicht den Weg vergoldete.
Von da aus können dann diese Intellektuellen dem Sozialismus freilich gar nicht als solchem gegenübertreten, das heißt *als einem von der ihrigen prinzipiell verschiedenen sozialen Anschauungsweise,* sondern müssen ihn lediglich kongenial, das heißt als bloße politische Partei auffassen. Damit ziehen sie ihn von vornherein auf ihr Niveau herab. Wo alle geistigen Vorbedingungen fehlen, die großartige geschichtliche Erscheinung des Sozialismus aus dessen eigenem Geiste zu verstehen, wo im Gegenteil ganz selbstverständlich die bürgerlich-politischen Kategorien und Wertungen an ein soziales Phänomen herangebracht werden, das den systematischen und klarbewußten Bruch mit allen diesen Kategorien und Wertungen darstellt, da ist es kein Wunder, daß in den Intellektuellen zumeist auch nicht einmal eine leise Mahnung auftaucht, zu überlegen, ob nicht am Ende ihre gewohnten politischen Maßstäbe hier ganz unanwendbar sind, weil es sich beim Sozialismus und gerade in seiner politischen Erscheinung als Sozialdemokratie gar nicht um eine in primärer Beziehung politische, *sondern vor allem um eine kulturelle Bewegung* handelt, wie es etwa auch das Christentum war; um eine Bewegung, die also *nur sekundär politisch ist, aber außerdem noch vieles andere mehr,* ein Neuaufbau des Volkes durch gewerkschaftliche, genossenschaftliche, Bildung vermittelnde und bloß als Mittel für dies alles politische Organisation. Das ist jene erste Schranke des Verständnisses, von der wir vorhin sagten, daß man meint, hier nichts Besonderes verstehen zu müssen, sondern so, wie man zu allen anderen bürgerlichen Parteien einfach aus dem geläufigen politischen Vorstellungsschatz Stellung nimmt, dies auch hier ohne weiteres tun zu können. Was aber gegenüber allen bürgerlichen Parteien möglich ist, weil sie ja alle, so verschiedene Interessen sie sonst vertreten mögen, auf demselben Boden stehen, auf dem der Erhaltung der bürgerlichen Gesellschaft, und daher auch dieselbe politische Vorstellungswelt haben, bloß daß jede für sich auf diesem Boden herrschend sein will: das geht nicht mehr an gegenüber dem Sozialismus und der Sozialdemokratie, seiner politischen Vertretung, wo eben die Gemeinsamkeit dieser politischen Vorstellungswelt fehlt. Im Sozialismus stoßen wir auf *eine von der bürgerlichen prinzipiell verschiedene Staats- und Gesellschaftsauffassung,* die mit der alten politischen Vorstellungswelt ebenso radikal gebrochen hat, wie sie mit den alten politischen und materiellen Gewalten brechen will und wird. Auch wo daher der Sozialismus äußerlich nur als politische Partei mit und entgegen den alten bürgerlichen Parteien auftritt, ist er doch durch diesen das gesamte Denken und Fühlen seiner Anhänger umformenden besonderen Ideen- und Gemütsinhalt seiner Anschauungsweise, kurz durch seine ganze geistige Struktur von dem sonstigen Wesen einer politischen Partei geschieden. Dies kommt selbst seinem einfachsten Mitglied in dem eigenartigen Gefühl zum Ausdruck, daß sein Parteianschluß mehr bedeute als bloße Zugehörigkeit zu einer politischen Organisation, nämlich den Anfang zu einem neuen Bewußtsein über sich selbst und seine Klasse, zu einem neuen Leben für die geschichtlichen Aufgaben dieser Klasse, zu einer geistigen und materiellen Neuschöpfung der menschlichen Gesellschaft. Es ist die großartige Ausweitung des Blickes auf den Menschheitshorizont, welche der Sozialismus gerade durch die politische Parteinahme der Sozialdemokratie in jedem seiner wahrhaften Anhänger bewirkt, wo es sonst das Wesen aller anderen Parteien ist, den Horizont ihrer Mitglieder auf die kleinen Kreise von Sonderinteressen aller Art zu verengen.
Indem aber dieser Kulturcharakter des Sozialismus den bürgerlichen Intellektuellen im selben Maße verborgen bleibt, als sie an seiner politischen Außenseite haften bleiben, befestigt sich schließlich das Gewebe von Miß- und Unverständnis, welches wie ein Schleier den Blick gerade sonst Urteilsfähiger trübt, in der Anschauung, daß der Sozialismus "auch nur eine Partei", auch nur Vertretung eines Parteiinteresses sei, und noch dazu einer Partei, mit der zunächst die Gebildeten keine spezifische Interessengemeinschaft zu verbinden scheint, nämlich eine reine Arbeiterpartei. Der Sozialismus – das ist die Politik der Lohnarbeiter und ihres noch unglücklicheren Anhanges, der Armen und Enterbten, eine Brot- und Lohnfrage, eine Elendsbewegung, der man im Grund ja gewiß nicht feindlich zu sein braucht, wenn es gelingt, ihren

"gesunden Kern" zu bewahren und das übrige zu unterdrücken. Aber was könnte eine solche Bewegung des vierten Standes für ihren, der Intellektuellen eigenen Stand bedeuten? Was hätten sie dort zu suchen, was zu gewinnen und außerdem – was könnten sie auch nur dazu leisten? Ja, gerade die theoretische Grundlehre dieses Sozialismus scheint in kritisch veranlagten Köpfen sogar eine wissenschaftliche Begründung zu liefern für die bestehende Scheidung der Intellektuellen von den Arbeitern, nämlich die Erkenntnis von der ökonomischen Notwendigkeit des Klassengegensatzes, durch welchen eben diese beiden Gruppen geschieden sind wie die Welten, in denen sie leben und wirken, die bürgerliche und die proletarische Welt.[18])
Aus allen diesen Schranken des bürgerlichen Verständnisses, die zu ebenso vielen Hemmnissen für die Intellektuellen werden, ein wirklich freies Urteil über den Sozialismus zu gewinnen, bevor sie ihn verurteilen, blickt uns schon ziemlich unverkennbar die wirkliche und große Bedeutung des Sozialismus gerade für diese Schicht der Gesellschaft entgegen, die ihre Elite sein sollte und könnte, sobald eben die Schranken fallen. Es ist das Werk einer Staroperation für den geistigen Blick der Intellektuellen, dem sie sich widersetzen, wenn sie nicht zur Erkenntnis dieser Bedeutung des Sozialismus gelangen wollen und fernerhin in dem nun selbstgewählten Dunkel verbleiben, in das sie durch Geburt und Erziehung gebracht wurden.

Der Blick auf das gesellschaftliche Ganze

Die erste und in ihren Folgen wichtigste Bedeutung des Sozialismus für die Intellektuellen, die alles weitere Verständnis ganz naturgemäß aus sich hervorgehen läßt und alle Konsequenzen desselben unausweichlich hervortreibt, ist die, daß der Sozialismus für die Intellektuellen eine wahrhafte Entdeckung von sozialem Neuland darstellt, ja, soweit ihr gesellschaftliches Leben in Betracht kommt, eine Ergänzung ihrer Haus- und Schulerfahrung zur vollen Lebenserfahrung. Dabei ist noch gar nicht die Rede vom Sozialismus als eigener Überzeugung, sondern erst nur als gewissenhafter Beschäftigung mit seiner Lehre und seiner äußeren Erscheinung im politischen und gewerkschaftlichen Leben der Arbeiter. Erst in Berührung mit dieser neuen Sphäre vermögen jene Schranken zu fallen, welche die Intellektuellen in das lebenslängliche Gefängnis der bürgerlichen Ideologie einschließen und durch die Illusion, als gäbe es außer ihr nichts mehr, ihnen sogar das Bewußtsein ihrer Abschließung benehmen. Da draußen schafft und leidet eine ganze Welt, das Heer der Arbeitsmenschen, mit anderen Lebenszielen, anderen Notwendigkeiten und vor allem anderen Entwicklungsmöglichkeiten als ihre bürgerliche Welt – was wissen sie davon?! Das Proletariat ist nicht nur die unterste Schicht der bürgerlichen Gesellschaft, sie ist auch ihre unbekannteste, unbekannt wie die Kellerbewohner der "Herrschaft" im ersten Stock. "Wie das Volk lebt", "was das Volk denkt", das sind heute noch immer Kapitel wie aus Reiseberichten in fernen Ländern, nur leider fast nie so ergötzlich und farbenreich wie diese. Und so geht es auch den Intellektuellen zuerst nicht besser gegenüber dem Proletariat. Das Denken und Fühlen, das Streben und Hoffen, das Kämpfen und Wehren des Arbeiters ist ihnen, den von alledem in ihren Kreisen unberührt Gebliebenen, nicht ohne weiteres verständlich. Was der Arbeiter aus seinen Lebensnotwendigkeiten in sich aufnimmt, wie die Luft, in der er atmet: die Erkenntnis seiner Klassenlage und das Bewußtsein des bestehenden Klassengegensatzes, damit aber auch das Streben nach Beseitigung desselben als eine Forderung des eigenen Drängens nach Verbesserung seines materiellen und Veredelung seines geistigen Daseins, davon muß der Intellektuelle sich mühsam erst Begriff und Anschauung verschaffen, soll dies alles nicht als ein leeres Wort an ihm vorübertönen.
Der Arbeiter tritt heute in einem Alter in das tätige Leben mit seinem unerbittlichen Daseinskampf hinaus, in welchem der Intellektuelle noch keine anderen Sorgen hatte als die um die Präparation für die nächste Schulstunde. Auf den jungen Arbeiter fällt zumeist schon im zarten Alter von vierzehn Jahren die Last und kaum noch begriffene Verantwortung, sein Leben

[18]) Vgl. hierzu Max Adler, *Die Bedeutung des Sozialismus,* 4. Aufl., Wien, Volksbuchhandlung 1918.

selbst zu gestalten und zu erhalten. Aus der spielenden Vertraulichkeit der Schuljugend hinausgestoßen in eine ganz fremde, feindliche Welt, soll er nun sich selbst behaupten und sein Leben – verdienen. Da ist keine Zeit zu verlieren, es ist, als ob die seltsame Einrichtung der Dinge, welche ihre Anhänger so gerne die bürgerliche *Ordnung* der Gesellschaft nennen, es bestimmt hätte, daß die Jugend des Arbeiters nicht allzulange dauern dürfe, damit sie mit ihrem Stürmen und Gären, mit ihrem Tasten und Schwanken, mit all der köstlichen Unbestimmtheit eines noch werdenden Menschen nicht zu viel Zeit der Arbeitsfron entziehe, für welche der Arbeiterjüngling nach ihrem Sinne allein leben und sich ausbilden soll. Denn in der Tat ist alles darauf angelegt, aus dem, der erst noch ein Schulknabe war, in überraschender Schnelligkeit ein sorgenbeschwertes und reifes Wesen zu machen, das zum Manne wird, ehe es noch recht Jüngling sein durfte. Daher der überraschende Ernst, mit dem uns die Arbeiter schon im Alter zwischen zwanzig und fünfundzwanzig Jahren als durch viel Leid und Erfahrung hindurchgegangene Männer entgegentreten. Vom ersten Schritt ihrer Erwerbstätigkeit angefangen, noch halbe Knaben – jugendliche Arbeiter –, haben sie gelernt, auf alle Fragen des wirtschaftlichen und gesellschaftlichen Lebens, die nun auf sie einstürmen, selbst die Antwort zu finden und bei Streiks, bei Aussperrungen, bei Angelegenheiten gewerkschaftlicher Organisation wichtige, ja oft genug schmerzliche Entscheidungen zu treffen. Aber es ist nicht nur die Selbständigkeit des Urteils, die so schon frühzeitig sich entwickelt: es erweitert sich auch der Blick und führt dem Geist die Erkenntniselemente des sozialen Lebens um ihn her als ebenso viele Erfahrungsstücke seines eigenen Entwicklungsganges zu. Schon gleich am Anfang seiner Arbeiterlaufbahn lernt der Junge auf der Suche nach der Arbeit die Schrecken der Konkurrenz kennen, die Gefahr der Arbeitslosigkeit, die ihm vielleicht schon im Elternhaus nicht unbekannt geblieben war. Ja, zu Hause ist der Ernst dieses Lebens ihm oft schon viel früher nahegetreten, eines Lebens, das die Arbeit nur als einen steten Kampf gegen den Hunger und die Not kennt, nicht aber als das, was sie sein sollte, ein zweckmäßiges Mittel zur Verbesserung des Daseins. Wenn eine Krankheit oder ein Unfall den Vater arbeitsunfähig machte und nun alles im Hause, die Mutter und die Kinder, trachten mußten, zu verdienen, da mag wohl der Knabe schon um die einzige Lichtzeit gekommen sein, die Proletarierkinder haben, die Spielzeit mit den Altersgenossen in schulfreien Stunden. Ist er nun endlich an einem Plätzchen untergebracht, wo er sein Brot gewinnen kann, da stehen schon weitere, ach nur zu strenge Lehrmeister bereit, dem jungen Menschen die Augen zu öffnen für das, was andere seiner Mitmenschen ihr Leben lang nie zu sehen lernen. Der junge Hilfsarbeiter lernt in der Fabrik die Planmäßigkeit und die gesellschaftliche Natur des Arbeitsprozesses mit seiner exakten Arbeitsleistung kennen, und dies um so sicherer, als durch die Form des Akkordlohnes die richtige Erfassung dieser Natur des Arbeitsprozesses, die Promptheit des Ineinanderarbeitens der einzelnen Arbeitsgruppen bei Strafe der Schmälerung seines Arbeitseinkommens ihm sehr fühlbar nahegelegt ist. Er erlebt als Lehrling am eigenen Leibe die Ungemessenheit der Ausbeutung und die Rückständigkeit des Kleinbetriebes gegenüber der Großartigkeit des Fabriksbetriebes; erlebt aber ebenso als Arbeiter in der Fabrik in den Regeln der Fabriksordnung die Versachlichung seiner Person zu einer bloße Arbeitskraft darstellenden Ware, wenn ihm nicht nur die Arbeitspausen mit der Uhr zugemessen sind nach den Bedürfnissen der Produktion, statt nach seinen eigenen, sondern auch jede menschliche Betätigung, wie zum Beispiel Sprechen, als etwas einer Ware nicht Zukommendes bei Strafe verboten ist. Was so fast in jedem Augenblick seiner Berufstätigkeit an seinem Innern arbeitet, es mit eigenen Anschauungen und Gedanken zu erfüllen, ihm selbst oft lange unbewußt, das wird klar und klarer, kommt er nun mit Arbeitsgenossen zusammen und trifft er auf ältere, bereits vorgeschrittenere Kameraden. Da tauschen sich nun Beobachtungen aus, die durch Leid und unbewußte Hoffnung lange schon um Ausdruck ringen, da rücken wirtschaftliche Probleme und politische Forderungen in den Mittelpunkt des Interesses, während die Altersgenossen auf den Schulen über Feinheiten der Muse Vergils aufgeklärt werden oder Redeübungen über das Drama Corneilles halten. Und sieht der junge Arbeiter diese Jugendgenossen zu ihren Schulen gehen, während er schon stundenlang bei seiner Arbeit steht, sieht er sie mit ihrem so gebildeten und sicheren Auftreten, hört er sie oft so gewählt und klug sich ausdrücken und denkt er an die viele Belehrung, die sie erfahren – und er möchte vielleicht auch noch so gerne lernen, mehr begreifen und verstehen von alledem, was ihm zu denken und zu schaffen gibt, da sieht er wohl den Klassengegensatz leibhaftig vor sich, da spürt er ihn nicht mehr bloß am eigenen Leibe, sondern noch ingrimmiger am eigenen Geiste, der darben soll, weil der Ertrag seiner Arbeit kaum genügt, das Darben des Körpers zu verhindern.

So treffen die Lehren des Sozialismus den denkenden Arbeiter vorbereitet wie ebenso viele eigene Meinungen, nur daß er sie selbst so klar nicht fassen konnte; sicher aber, daß er sie, einmal gehört, nie mehr verlieren kann. Kein Wunder, es enthält ja der Sozialismus in seiner Lehre, wie er sie seit Karl Marx versteht, nichts anderes als die wissenschaftliche Untersuchung der Gründe jener besonderen wirtschaftlichen Lage, in der sich der Arbeiter mit seinen Arbeitsgenossen befindet, also die Antwort auf seine Fragen.[19]) Und wenn diese Antwort schließlich dahin geht, daß diese besondere Lage des Arbeiters begründet ist in den Existenzbedingungen der kapitalistischen Wirtschaftsordnung, das heißt einer Wirtschaftsordnung, die alle Befriedigung gesellschaftlicher Bedürfnisse nicht um dieses Zweckes willen versorgt, sondern um des Profits willen; und daß dieser Profit möglich ist, nur weil die Produktionsmittel im Privateigentum einer besonderen Gruppe von Menschen stehen, die dadurch die anderen zwingen können, bei sonstiger Strafe des Verhungerns für sie zu arbeiten; und daß endlich diese Arbeit die Eigenschaft hat, für die Besitzer der Produktionsmittel einen Überschuß zu schaffen, weil sie mehr ergibt, als zum unmittelbaren Lebensbedarf des Arbeiters nötig ist, dieser aber nur so viel erhält – wenn alles dies den denkenden Arbeiter nun mit der plötzlichen Klarheit erhellt, die jede geordnete Erkenntnis in bis dahin bloß undeutlich gesehene und mehr nur geahnte Vorstellungen bringt, dann ist er von Stund an auch von dieser alten Ordnung der Dinge geschieden. Er ist fertig mit dieser Gesellschaft, die ihn nur entwerten kann, indem sie ihre Werte aus ihm gewinnt, er ist fortan schon jetzt ein Bürger einer neuen Welt, das kraftbewußte Glied einer *werdenden Gesellschaft,* die diesen Namen wirklich verdienen wird – er ist Sozialist und als entschlossener *politischer* Kämpfer für die ihm gewordene Erkenntnis Sozialdemokrat.

Dieser *Standpunkt der Zukunft,* dieses neue Lebensgefühl, diese glückliche Intransigenz gegenüber der bürgerlichen Welt, die dem aufgeklärten Arbeiter aufgeht als das einfach Selbstverständliche, sie muß sich der Intellektuelle erst im Gedanken nachschaffen, wenn er überhaupt den Sozialismus auch nur verstehen will. Und wenn ihm dies gelingt, dann findet er sich zugleich auf einen neuen Standpunkt geführt, von dem aus er nun seine eigene Gesellschaft und den Staat, wie sie sind, mit ganz anderen Augen betrachtet, als er es bisher getan. Denn nun weicht die altüberkommene Vorstellung einer bürgerlichen Welt, die er so lange als natürlich angesehen hatte, in welcher die Produktionsagenten, die Leiter der einzelnen Arbeitszweige und Berufe gleichsam nur für sich selbst da sind, also nicht als das erkannt werden, was sie wirklich sind, nämlich *Elemente einer gesellschaftlichen Arbeitsteilung,* sondern einander gegenübergestellt erscheinen als "unabhängige Warenproduzenten, die keine andere Autorität anerkennen als die der Konkurrenz, den Zwang, den der Druck ihrer wechselseitigen Interessen auf sie ausübt, wie auch im Tierreiche das *bellum omnium contra omnes* die Existenzbedingungen aller Arten mehr oder minder erhält".[20]) Nun erst ist der Blick geschärft für das Falsche einer solchen Auffassung vom Wesen des sozialen Lebens, die den *gesellschaftlichen Zusammenhang* vollständig verschwinden läßt hinter einem Fetischismus der Privatinteressen, die sie allein sieht und deren mühsame gegenseitige Eindämmung den eigentlichen kümmerlichen Sinn ihrer "Sozial"politik ausmacht. Und jetzt ergibt sich auch aus alledem das klare Verständnis des Sozialismus als die geschichtlich aus der Erkenntnis des sozialen Lebens erwachsende Bestrebung, den in ihm bestehenden, aber bisher noch blind wirkenden gesellschaftlichen Zusammenhang bewußt zu erfassen und zu gestalten, den bisher sich selbst überlassenen gesellschaftlichen Produktionsprozeß unter die planmäßige Kontrolle der Gemein-

---

[19]) Vgl. hierzu Max Adler, *Wegweiser. Studie zur Geistesgeschichte des Sozialismus,* Stuttgart, Dietz Nachf. 1914.

[20]) Karl Marx, *Das Kapital,* I., S. 321 (4. Aufl.).

schaft zu stellen und so aus einem ungeordneten, elementaren Wirken ökonomischer Kräfte eine Organisation zu schaffen, die erst den Namen einer menschlichen Gesellschaft wirklich verdienen wird.
Aber mit dieser nun erreichten Klarheit über den eigentlichen Sinn des Sozialismus und über die Gedanken- und Gefühlswelt des Proletariats gewinnt der Intellektuelle viel mehr als das bloße kalt-theoretische Verständnis für beides. Denn in dem Maße, als er alle diese Stimmungen in sich aufgenommen und diese Gedanken bei sich verarbeitet hat, gelangt er zugleich *auch selbst* auf jenen Standpunkt der *werdenden Gesellschaft,* die ihm seine bisherige bürgerliche Welt nicht mehr als das einzig Mögliche und Selbstverständliche zu betrachten erlaubt. Er gleicht dem Dorfkind, das endlich einmal über die Berge hinausgekommen ist und gesehen hat, daß es hinter ihnen noch eine andere, größere Welt gibt, wodurch es denn auch aufgehört hat, bloßes Dorfkind zu sein. Den naiven Dörflersinn der bürgerlichen Gesellschaft abzustreifen, für den sich die ganze Welt nur um den goldenen Kirchturmknauf ihrer Kirche des Privateigentums dreht, und dafür – ich spreche immer noch gar nicht von sozialistischer Gesinnung – den *Weltblick* für die Möglichkeiten einer neuen Gesellschaft einzutauschen, wie er sich aus der bloßen eindringlichen Beschäftigung mit den Problemen des Sozialismus erschließt, das ist die erste grundlegende Bedeutung des Sozialismus für uns Intellektuelle. Es ist eine Bedeutung von gerade hier schicksalschwer zu nennender Unentbehrlichkeit, weil durch ihre bahnbrechende Kraft allein die Schranken unserer Erziehung und Gewöhnung durchbrochen werden können und unser geistiger Bestand erweitert wird über die bürgerliche Teilanschauung auf *das Ganze sozialer Erfahrung.*

Der theoretische Geist des modernen Sozialismus

Von da aus gewinnt nun auch der Sozialismus sofort eine weitere Bedeutung für den Intellektuellen. Hat er einmal jene Welt erkannt, aus der alle Motive des Sozialismus aufsteigen, die Welt des Proletariats, und hat sich das große geschichtliche Problem dieser Welt für ihn zum Gedankenproblem gewandelt, dann erschließt sich ihm auch sofort die Erkenntnis, daß es nicht bloß das ungestüme Lautwerden elementarer Lebensbedürfnisse und das tumultuarische Drängen unbefriedigter Begehrungen ist, was eigentlich das Wesen des Sozialismus ausmacht, wie er so lange geglaubt hat. Dies alles bildet nur den Nährboden, aus dem der Lebenswille dieser ganzen Klasse sich fort und fort machtvoller gestaltet. Aber dies erkennt er jetzt: hier ist nicht nur ein Wille, sondern auch ein Weg, und zwar ein von Erkenntnis, von wissenschaftlicher Kenntnis erleuchteter Weg. Denn das macht die Eigenart des modernen Sozialismus aus, seitdem ihm das Denken von Marx, Engels und Lassalle zum Führer geworden, daß er gar nicht mehr seinen Begehrungen als solchen folgen will, daß er sogar gegen alle Pathetik der Gefühle und Empfindungen mißtrauisch geworden ist bis zum Übermaß, sondern allein nur nach kalten und wissenschaftlich klar gewordenen Einsichten seinen Weg gehen will. Der moderne Sozialismus will nicht mehr utopische Schwärmerei sein, keine Menschlichkeitsreligion, Mitleidsbewegung, Harmonieduselei: er will nichts anderes sein, als angewandte Wissenschaft, bewußte Vollziehung erkannter sozialer Gesetzmäßigkeit, Vollstrecker der Geschicke der Gesellschaft "unter dem Zorne der Notwendigkeit". Er untersucht in wissenschaftlicher Analyse die Grundlagen der bestehenden Gesellschaftsordnung, deckt die Ursachen ihrer besonderen Gestaltung in Klassengegensätzen auf und konstatiert die Tendenzen der Umgestaltung zu einer neuen Gesellschaftsform, die sich jetzt schon unbeabsichtigt vorfinden. In der immer größeren Konzentration der Kapitale und immer wachsenden Vergesellschaftung des industriellen Arbeitsprozesses, in der Organisierung der Produktion und des Absatzes durch Unternehmervereinigungen, in der fortschreitenden Verstaatlichung und Vergemeindung großer Industrien und Unternehmen und in den immer internationaler sich regelnden Institutionen des Verkehrs, der Gesundheits- und Wohlfahrtspflege sowie der geistigen Interessen zeigen sich bereits ebenso viele Ansätze einer neuen gesellschaftlichen Lebensform, die es nur planmäßig und konsequent auszugestalten gilt. Aus diesen realen Entwicklungstendenzen im

Verein mit den erkannten Ursachen der ökonomischen Klassenbildung leitet der Sozialismus die Aufgabe ab, durch bewußte Beseitigung dieser Ursachen, also durch Aufhebung des Privateigentums an den Produktionsmitteln, eine neue Wirtschafts- und Gesellschaftsordnung herbeizuführen, deren ökonomische und technische Möglichkeit er zugleich schon aus den Kräften der heutigen Wirtschaftsordnung als völlig gesichert erkennt. So bringt der Sozialismus das Drängen und Treiben des Proletariats nicht nur auf einen bewußten Ausdruck, sondern gestaltet es um zu Gedanken, die von der Helligkeit einer wissenschaftlichen Erkenntnis durchleuchtet sind.

Und nun erscheint dem Intellektuellen, wenn er sich nur recht in alles dieses hineingedacht hat, was freilich nicht allzu leicht ist, in diesem wunderbaren Zusammenhang von urwüchsigem Wollen auf der einen und abstraktem Wissen auf der anderen Seite der Sozialismus in einem ganz neuen Lichte: er ist nicht mehr bloße Massenbewegung, sondern er ist die Bewegung dieser zahllosen Triebe, Begehrungen und Gedanken des Proletariats *als eine gleichzeitig in ihren Ursachen begriffene und in ihren notwendigen Zielen erkannte.* Er ist – zum ersten Male in der Geschichte – das ungemeine Schauspiel eines sich selbstbewußt erfassenden und aus diesem Bewußtsein heraus fortgestaltenden gesetzmäßigen Prozesses, mit einem Worte: *bewußt gewordene und bewußt gerichtete Kausalität.* "Die theoretischen Sätze der Kommunisten", schrieb Karl Marx bereits im *Kommunistischen Manifest,* "beruhen keineswegs auf Ideen, auf Prinzipien, die von diesem oder jenem Weltverbesserer erfunden oder entdeckt sind. Sie sind *nur allgemeine Ausdrücke tatsächlicher Verhältnisse* eines existierenden Klassenkampfes, einer unter unseren Augen vor sich gehenden geschichtlichen Bewegung." Die Wissenschaft geht hier nicht mehr als wohlmeinende Beraterin zur Seite, als ein bloß nebenher laufendes *Be*wußtsein politischen Handelns, sondern sie ist gar nichts anderes als *Ge*wußtsein der geschichtlichen Notwendigkeit, als systematische Gesinnung über die hier wirkenden Ursachen und die aus ihnen erfließenden Folgen. [21])

Diese innige Beziehung des Sozialismus zur Wissenschaft, vielmehr diese Stellung der Wissenschaft selbst, derzufolge Sozialismus *gar nichts anderes ist als ihre umfassende gesellschaftliche Praxis,* ist die zweite große Bedeutung des Sozialismus für den Intellektuellen. Hier erlebt er ein Beispiel einer *Einheit von Theorie und Praxis,* das er kaum anderswo in ähnlicher Größe je anzutreffen hoffen kann. Man wende nicht ein, daß es ja gar nicht so ausgemacht sei, ob alles, was der Sozialismus für Wissenschaft ausgebe, auch wirklich dies sei. Wer so spricht, zeigt, daß er die Eigenart des Bandes, welches Sozialismus und Wissenschaft verbindet, noch immer nicht begriffen hat. Denn nicht darauf kommt es an, ob alle Lehren des Sozialismus unumstößlich sind – er müßte nie etwas vom wissenschaftlichen Geiste besessen haben, wenn er dies behauptete, und jeder Kenner des Sozialismus weiß, wie sehr gerade in seinem eigenen Lager die wissenschaftliche Kritik fortwährend tätig ist –, sondern nur darauf kommt es an, und das macht seine eminente Bedeutung für die Intellektuellen aus, daß er keinen Schritt ohne Wissenschaft *machen will.* Wer also meint, daß der Sozialismus irregeht, der komme her und belehre uns: das ist die Größe des Sozialismus, daß man, um ihn zu bekämpfen, nicht hinabsteigen darf in die Niederungen rein politischer Parteimeinungen und Argumente, sondern hinaufsteigen muß auf die Höhen des wissenschaftlichen Denkens. Wollen sogar die Intellektuellen in jener Gegnerschaft beharren, in der sie jetzt verweilen, so müssen sie doch sich mit den wissenschaftlichen Grundlagen des Sozialismus bekannt machen, also *Sozialwissenschaft* studieren, wenn anders sie ihre Gegnerschaft *geistig* behaupten, also nicht gerade als Intellektuelle abdanken wollen.

In der Tat entspricht es nur der unvollständigen Erfahrung der Intellektuellen, in der wir sie aufwachsen sahen, solange sie dem Sozialismus fremd geblieben sind, daß Wissenschaft ihnen zumeist noch gleichbedeutend ist mit Naturwissenschaft, so daß die Sozialwissenschaft, die Lehre von dem Wesen der Erscheinungsformen und der gesetzmäßigen Entwicklung der Gesellschaft, in dem, was ein Gebildeter wissen muß, fast gar keine Rolle spielt. Wenn aber jeder mit Recht als ungebildet gilt, der den Geist der modernen Naturwissenschaft nicht in sich auf-

[21]) Vgl. hierzu Max Adler, *Marx als Denker,* Berlin, Vorwärts 1908, 4. und 5. Kap.

genommen hat, sollen wir noch zögern, auch den so zu nennen, der von dem Geist der Sozialwissenschaft unberührt geblieben ist oder sich gar ihm verschließt? Vielleicht darum, weil die Gesetze, nach welchen Gesellschaftsordnungen bestehen und vergehen, weniger bedeutungsvoll sind als die, nach welchen Steine fallen oder Gase sich ausdehnen? In einer solchen Überschätzung der Naturwissenschaft dokumentiert sich nur die ideologische Beschränktheit der Bourgeoisie, die freilich mit den Ergebnissen der Sozialwissenschaft nichts anzufangen weiß, weil diese überall ihrem Bestand zuwiderlaufen.

Aber mit der Ergänzung der bloß bürgerlichen Erfahrung zur Sozialerfahrung tritt nunmehr neben die Naturwissenschaft, diesem Schoßkind der bürgerlichen Gesellschaft, das ihr seine Technik und Eisenbahnen liefert und die Darwinsche Theorie gegeben hat, als eine vermeintliche Rechtfertigung ihres Konkurrenzkampfes, die Sozialwissenschaft, die zur bloß industriellen Technik endlich die gesellschaftliche liefern wird, mit der die Menschen nicht mehr Waren für Käufer, sondern Leben für sich selbst produzieren werden. Denn der Sozialismus als der konsequente Abschluß der Sozialwissenschaft, als ihre bloße Umsetzung in geschichtliche Realität ist ja gar nichts anderes als die seit Platon durch alle geweihten Stunden menschlichen Denkens so lange schon herbeigesehnte Ordnung des staatlichen und gesellschaftlichen Lebens nach Erkenntnissen der Wissenschaft, kurz *die Technik der Sozialwissenschaft.* In ihr ergänzt also der Intellektuelle nicht nur, wie wir im vorigen Abschnitt sahen, seine Lebenserfahrung, sondern vollendet nun auch erst *sein wissenschaftliches Bewußtsein* von dem Ganzen der ihn umgebenden Erscheinungen. War einst die Theologie durch ihren bündigen Aufschluß über die letzten Dinge die höchste Vollendung, in der alles Weltwissen in eine Gottesgelehrtheit auslief, übernahm dann später die Philosophie das Amt der Verbindung aller intellektuellen Richtungen durch ihr Weltbürgertum und ihre Weltweisheit, so ist nunmehr der Wissenschaft in ihrer höchsten Form als Sozialwissenschaft mit der von ihr *begrifflich untrennbaren* Praxis im Sozialismus die Aufgabe zugefallen, das Ganze unseres gesellschaftlichen und staatlichen Lebens zu ordnen und mit ihren Gesichtspunkten in den Beruf jedes einzelnen hineinzuwirken. Der Naturforscher, der Ingenieur, der Volkswirt, der Lehrer, der Arzt, der Jurist, der Seelsorger, der Schriftsteller, der Künstler – sie alle gelangen zuletzt, wenn sie einmal anfangen *nach Sinn und Wirkung ihrer Arbeit ernstlich* zu fragen, an solche Probleme, die ihnen nur mehr die Sozialwissenschaft theoretisch lösen und der Sozialismus praktisch bearbeiten kann – an die Probleme des wahrhaften gesellschaftlichen Nutzens ihres Wirkens –, und das ist die zweite Bedeutung des Sozialismus für die Intellektuellen, die bereits hart an ihren Lebensnerv rührt.

Der Kulturzweck des Sozialismus

Hat so der Sozialismus bereits sich in zwei Formen gezeigt, von denen sich die Intellektuellen mit der Gewalt einer Geistesverwandtschaft zu ihm gezogen fühlen müßten, nämlich als werdende, eine wirkliche Gemeinschaft des Lebens aller erst ermöglichende Gesellschaft, von der sie sich ebensowenig ausschließen als ihr entgegentreten können, und als aktuelle Theorie, der sie selbst widerstrebend nicht entgehen können, so heben diese beiden Charaktere nun auch den falschen Schein auf, der sie den Sozialismus bisher nur als bloße Arbeiterbewegung, als eine reine Brot- und Lohnfrage betrachten ließ. Nun ist die Erkenntnis nicht länger mehr paradox: der Sozialismus ist im Grunde gar keine *Arbeiter*bewegung als solche, sondern eine *Kultur*bewegung: und die Bewegung dieser Kultur besteht gerade darin, daß der Sozialismus die Kultur durch die in Bewegung gebrachten Arbeiter verwirklichen, daß er die Kultur an die Arbeiter heranbewegen und durch sie fortbewegen will. Gerade darin liegt die wunderbare Macht, mit der sich der Sozialismus unzerreißlich in den Arbeitergemütern eingewurzelt hat: er will nicht nur, daß es dem Arbeiter besser gehe, sondern daß er endlich aufhöre, nichts als Arbeiter zu sein, das heißt, ein Mensch, der arbeiten muß, um zu – leben. Die Arbeiterbewegung ist nicht nur die Emanzipation *des Proletariats* vom Arbeitszwang des Kapitalismus, sie ist zugleich die Emanzipation *des Geistes* von dem jämmerlichen Ideenzwang einer bloß privatwirtschaftlichen Vorstellung von der Arbeit, wonach diese nicht etwa jene Funktion der Gesellschaft ist, durch die sie ökonomisch und organisiert alle ihre Bedürfnisse befriedigt, sondern vielmehr nur das Mittel ist, durch das man sich kümmerlich "sein Brot verdient". Die heute uns so geläufige Vorstellung, daß man arbeiten müsse, um zu leben – vom Christentum sogar als Tugend der Arbeitsamkeit mit einer religiösen Verpflichtung umwoben, obzwar schon die Bibel die Arbeit als einen Fluch über die Menschen ausgesprochen –, diese wahre Sklavenansicht von der Arbeit wird einer gesunden Kultur einmal unfaßbar sein. Wird man auch sagen, daß man atmen muß, um zu leben? Vom Selbstverständlichen spricht man nicht: so ist auch die Arbeit eine selbstverständliche Bedingung des gesellschaftlichen Daseins, die "allgemeine Bedingung des Stoffwechsels zwischen Mensch und Natur, ewige Naturbedingung des menschlichen Lebens"[22]), die ebendeshalb von der Gesellschaft planmäßig und auf alle ihre Glieder verteilt ausgeführt werden muß, sobald ihre ökonomische Entwicklung sie hierzu instand gesetzt hat, was bereits durchaus der Fall ist. Wie es uns undenkbar ist, uns auch nur vorzustellen, daß die Luft zum Leben nicht Gemeingut wäre – obwohl sie es noch lange nicht im wahren Sinne des Wortes ist, da die übergroße Mehrzahl unserer Mitbürger in kleinen elenden Wohnungen haust oder durch überlange Arbeitszeit in die verdorbene Luft der Arbeitsstätten gebannt ist und da so viele Kranke und Erholungsbedürftige nie dazu gelangen, die reine Luft des Meeres oder Hochgebirges zu genießen, in der eine Minderzahl von Beglückten ihre müßigen Stunden oft das ganze Jahr spazieren führt –, wie es uns aber doch unfaßbar ist, anzunehmen, daß irgend jemandem das zum Leben nötige Luftminimum entzogen werden könnte von Rechts und Gesellschafts wegen, so wird es unfaßbar werden, und ist demjenigen, der die schreiende Unnatur des gegenwärtigen Zustandes nicht nur mit bloß äußeren Eindrücken, sondern als Erlebnis aufnimmt, schon heute unfaßbar, daß Menschen nicht wissen sollten, wovon sie am nächsten Tage leben werden, weil ihnen – Arbeit fehlt, ihr Leben zu "verdienen". *Diesen* Begriff der Arbeit aus der Welt zu schaffen, *diese* Gestalt des Arbeiters auszulöschen aus der Geschichte, das ist, wenn schon der Sozialismus durchaus als Arbeiterbewegung verstanden sein soll, der eigentliche Sinn der sozialistischen Arbeiterbewegung – ein Kultursinn von ergreifender Tiefe des Empfindens und berauschender Weite des Ausblicks. In ihm ringt die letzte Form der Arbeitersklaverei nach endgültiger Befreiung durch die Beseitigung der ökonomischen Grundlagen, "auf denen der Bestand der Klassen und damit der Klassenherrschaft ruht. Einmal die Arbeit emanzipiert, so wird jeder Mensch ein Arbeiter, und produktive Arbeit hört auf, eine Klasseneigenschaft zu sein".[23]) Der Sozialismus ist also Arbeiter- und Klassenbewegung nur, um sich als solche nach beiden Richtungen endgültig aufzuheben, und in diesem Geiste besorgt er die Selbstaufhebung schon heute in jedem Arbeiter, den er wahrhaft erfüllt. Denn von Stund an fühlt der sich nun mehr als bloßer Arbeiter: da strömt hinein in seine Seele die Fülle von Hoffnungen, die sein ganzes Sinnen auf die schönere Zukunft richten: da erwachen alle jene anderen Interessen für ein lichtvolleres, freudigeres Dasein und für einen reicheren Lebensinhalt, als ihn das bloße Arbeiterinteresse zu vermitteln imstande wäre. Ja, wenn er auch dieses letztere sicherlich vor allem durch seine gewerkschaftliche und politische Organisation machtvoll vertritt, so doch nur in dem ingrimmigen Bewußtsein eines gleichsam negativen Interesses, nach dem Dichterwort:

> "Die wir von Gottes Zorne sind
> *Bis heut'* das Proletariat!"

Wer Form und Inhalt zu unterscheiden versteht, sieht dann auch klar: der Form nach ist der Sozialismus eine Klassenbewegung; dem Inhalt nach aber erstrebt er nichts, was bloßes Klasseninteresse wäre, sondern ist das erste großartige geschichtliche Beispiel einer Klassenbewegung, welche die Verwirklichung der Gemeininteressen einer Menschheitskultur nicht mehr als bloß ideologische Verbrämung eigener Sonderinteressen formuliert, sondern die *gerade ihr Klasseninteresse* nach Aufhebung der Arbeitssklaverei gar nicht anders zum Siege führen

[22]) Karl Marx, *Das Kapital,* I., S. 146.
[23]) Karl Marx, *Der Bürgerkrieg in Frankreich,* S. 49.

kann als durch den Triumph allgemeiner Kulturinteressen. Es liegt in dem Mechanismus der sozialen Gesetzmäßigkeit begründet, daß der Fortschritt der Kultur stets nur im Kampfe gegen eine Schicht ihrer bevorrechteten Nutznießer durchgeführt werden muß. So verwirklichen sich Kulturinteressen, indem sie zunächst als Sonderinteressen derjenigen auftreten, die ihre Befriedigung entbehren müssen. Aber daß auf diese Weise eine Klasse berufen wird, gewisse Ziele als ihr eigenes Interesse zu erkämpfen, macht *diese Ziele selbst* noch nicht zu bloßem Sondergut, falls sie von allgemeiner Kulturbedeutung sind. Und wie sollte dies nicht bei einer Klassenbewegung wie jener des Proletariats sein, deren Ziel es ist, durch die Neuordnung der Gesellschaft eine *ökonomische* Klassensonderung für immer unmöglich zu machen und so die wirtschaftliche Grundlage für eine wirklich allgemeine Kultur zu schaffen? "Bei der Herrschaft des vierten Standes", schrieb Lassalle im *Arbeiterprogramm,* "findet sofort der immense Unterschied statt, daß der vierte Stand der letzte und äußerste, der enterbte Stand der Gesellschaft ist, welcher *keine* ausschließende Bedingung weder rechtlicher noch tatsächlicher Art, weder Adel noch Grundbesitz, noch Kapitalbesitz aufstellt und aufstellen kann, die er als ein neues *Privilegium* gestalten und durch die Einrichtungen der Gesellschaft hindurchführen könnte . . . Dieser vierte Stand, in dessen Herzfalten daher kein Keim einer neuen Bevorrechtung mehr enthalten ist, ist eben deshalb gleichbedeutend mit dem ganzen Menschengeschlecht, . . . seine Freiheit ist die Freiheit der Menschheit selbst, seine Herrschaft ist die Herrschaft aller."[24]) Und so lesen wir auch schon bei Marx: "Eine unterdrückte Klasse ist die Lebensbedingung jeder auf dem Klassengegensatz begründeten Gesellschaft. Die Befreiung der unterdrückten Klasse schließt also notwendigerweise die Schaffung einer neuen Gesellschaft ein . . . Heißt dies, daß es nach dem Sturze der alten Gesellschaft eine neue Klassenherrschaft geben wird, die in einer neuen politischen Gewalt gipfelt? *Nein!* Die *Bedingung* der Befreiung der arbeitenden Klasse ist *die Abschaffung jeder* Klasse . . . Die arbeitende Klasse wird im Laufe der Entwicklung an die Stelle der alten bürgerlichen Gesellschaft *eine Assoziation* setzen, welche die Klassen und ihren Gegensatz ausschließt, und es wird keine eigentliche politische Gewalt mehr geben, weil gerade die politische Gewalt der offizielle Ausdruck des Klassengegensatzes innerhalb der bürgerlichen Gesellschaft ist."[25])

Die Welt, in welcher der Sozialismus sieghaft sein soll, kann also gar keine andere sein als die einer Begründung und Sicherung des absoluten Gemeininteresses, worin nach dem berühmten Ausdruck des *Kommunistischen Manifestes* "die freie Entwicklung eines jeden die Bedingung für die freie Entwicklung aller ist". Und wenn gerade die sozialistische Arbeiterbewegung unserer Zeit den Ruhm beansprucht, obgleich eine Klassenbewegung, doch die erste zu sein, die in ihrem geschichtlichen Wirken über allen bloßen Klassencharakter hinauswächst, so behauptet sie diesen Anspruch nicht etwa aus einem besonderen moralischen Verdienst ihrer Anhänger, obgleich sicherlich nichts so geeignet ist, den Arbeiter moralisch zu erheben als eben der Sozialismus: sondern weil die geschilderte Eigenart dieser Klassenbewegung erst auf einer Stufe der technischen und ökonomischen Entwicklung möglich ist, welche die Verwirklichung der gesellschaftlichen Organisation eines unser ganzes Leben sichernden Gemeininteresses ebenso dringlich als ausführbar macht, und diese Stufe heute bereits erreicht ist. Denn was Friedrich Engels schon vor einem Menschenalter in seinem *Anti-Dühring* schreiben konnte, ist inzwischen nur noch immer deutlicher geworden: "Die Möglichkeit, vermittels der gesellschaftlichen Produktion allen Gesellschaftsgliedern eine Existenz zu sichern, die nicht nur materiell vollkommen ausreichend ist und von Tag zu Tag reicher wird, sondern die ihnen auch die vollständige freie Ausbildung und Betätigung ihrer körperlichen und geistigen Anlagen garantiert, diese Möglichkeit ist jetzt zum ersten Male da, aber *sie ist da.*"[26])

Dies also ist der geschichtliche und kulturelle Charakter des Sozialismus als Arbeiter- und Klassenbewegung. Und wenn derart der falsche Schein geschwunden ist, den diese Begriffe so

---

[24]) *Ferdinand Lassalles Reden und Schriften,* hrsg. von E. Bernstein, I., S. 38.

[25]) Karl Marx, *Das Elend der Philosophie,* S. 163.

[26]) A. a. O., S. 305 (3. Aufl.).

lange hervorrufen, als man nichts von den gesellschaftlichen Gesetzmäßigkeiten weiß, die sie bezeichnen, und darum auch nichts von den Entwicklungstendenzen, die sie bedeuten, dann eröffnet sich von da aus eine dritte und entscheidende Bedeutung des Sozialismus für die Intellektuellen. Denn sicherlich mußten diese Begriffe, solange sie unverstanden waren, ein Motiv der Trennung und Gleichgültigkeit, wenn nicht gar der Gegnerschaft setzen, da doch das Kulturinteresse der Intellektuellen und das bloße Arbeiterinteresse einer in demselben sich gleichsam verkapselnden Klasse kaum etwas mehr gemein haben könnten als die allerallgemeinsten Forderungen eines menschenwürdigen Daseins. Nun aber eröffnet sich aus der Erkenntnis der geschichtlichen Funktion dieser Bewegung eine volle und begeisternde *Gemeinschaft des Zieles.* Denn dies ist jetzt unverkennbar geworden: der Sozialismus ist gar nicht selbst das Ziel der großen Massenbewegung unserer Zeit, er ist nicht der um seiner selbst willen begehrte Zweck – was wäre das auch für ein Ideal, die Produktion zu vergesellschaften und die Konsumtion zu regeln! Sondern er ist *nur das Mittel* zur Erreichung einer *Höherorganisation der Gesellschaft* in ihrem gesamten materiellen und geistigen Bestand; ein Mittel freilich, das wir nicht etwa, wie der utopische Sozialismus vergangener Zeiten, nur als das vernünftigste und zweckmäßigste erkennen, dessen Ausführung von der Überzeugung redlicher und einsichtsvoller Menschengemüter abhängt, sondern dessen Verwirklichung von dem erreichten Entwicklungszustand der ökonomischen Kräfte direkt gefordert wird und dessen sich darum auch der bewußt gewordene geschichtliche Prozeß bedienen muß und wird.

Diesem *Mittel,* der Beseitigung der kapitalistischen Wirtschaftsordnung und damit der bürgerlichen Gesellschaft, mag zunächst der so schwer aus seinen bürgerlichen Vorstellungen sich losringende Intellektuelle zaghaft und vielleicht sogar abgeschreckt gegenüberstehen: in dem *Ziel* der Erreichung einer wirkliche Bildung, Gesittung und Lebensfreude für alle produzierende Gesellschaft kann er nicht anders als beistimmen. Ja noch mehr – und das ist der Kernpunkt, den es endlich aus so vielen Verkapselungen künstlich anerzogener Interessen rein herauszuschälen gilt – im Grunde haben die Intellektuellen auch *nur an der Erreichung dieses Zieles und nicht an der Art des Mittels hiezu ein Interesse.* Das will sagen: den Intellektuellen als solchen, als Leuten, denen geistige Interessen und Betätigung zum Lebensberuf geworden sind und zu deren Selbsterhaltung nicht nur die Erhaltung ihrer physischen Existenz gehört, sondern ebenso unentbehrlich die Ungestörtheit und Freiheit geistiger Wirksamkeiten sowie die Möglichkeit eines vollen Auslebens in ihnen – diesen Intellektuellen *kann es ganz gleichgültig sein,* wenn das Mittel des Sozialismus den Bestand der bürgerlichen Gesellschaft bedroht, *falls es nur ihren Kulturzweck sichert.* Denn daß dieser in der bürgerlichen Gesellschaft für sie jedenfalls *nicht* erreicht wird, liegt offen zutage in dem verbreiteten und stets wachsenden Elend der intellektuellen Berufe, einem Elend, das noch größer ist als das der bloß manuellen Berufe, weil es zugleich eine Verkümmerung, wenn nicht Prostituierung des geistigen Ichs bedeutet. Die Intellektuellen *als solche* haben daher *gar kein Interesse an der Erhaltung der bürgerlichen Gesellschaft,* wenn sie erst dazu gelangt sind, auch diese nur als ein Mittel zum allgemeinen Kulturzweck zu betrachten.

Um nicht mißverstanden zu werden: ich spreche nicht von jenen Intellektuellen, die als Unternehmer oder Kapitalisten, selbstverständlich auch durch ihre geistigen Interessen vollständig der bürgerlichen Gesellschaft angehören, auch nicht von jenen, die durch ihren Beruf, Verteidiger der bestehenden Ordnung zu sein, wenigstens die gleichen Interessen wie diese zu haben glauben, obzwar sie in Wirklichkeit kaum mehr als bezahlte Söldlinge der bürgerlichen Klasse sind, also zum Beispiel Regierungsbeamte, höhere Richter, Staatsanwälte und dergleichen. Allein diese ganze Gruppe von Intellektuellen, die man so gerne als Gegeninstanz für die Möglichkeit einer wirklich allgemeinen inneren Beziehung der Intellektuellen zum Sozialismus anführt, ist nur durch ihre besondere soziale Stellung hervorragend, an Zahl und wirklich intellektuellem Einfluß aber verschwindend in der Masse der liberalen Berufe und mittleren Beamtenschaft. Von diesen weiten Kreisen der Intelligenz gilt, was auch Karl Kautsky schon einmal ausgeführt hat, daß sie zwar vielleicht nicht direkt interessiert an den Klasseninteressen des Proletariats seien, aber auch vielfach kein direktes Interesse an der kapitalistischen Ausbeutung haben. Sie werden demnach "weder durch ihren Besitz noch durch ihren Beruf gedrängt, für die kapitalistische Ausbeutung einzutreten''.[27]) Ja viel mehr: sie gewinnen alsbald sogar – ganz abgesehen noch von den Antrieben ihrer materiellen Interessen – *aus ihren geistigen Lebensbedingungen* heraus einen labilen Gleichgewichtszustand zwischen Bourgeoisie und Proletariat, der sie dem letzteren zuneigen muß, sobald sie den Anstoß wirklicher Kulturfragen empfinden. Sehr klar und schön hat dieses Verhältnis einmal Dr. Karl Renner aufgezeigt. Er zählt, und mit Recht, sogar diejenigen größeren Unternehmer hier herein, die, kommerziell, technisch und wirtschaftlich gebildet, ihre eigenen Direktoren sind und gut die Hälfte ihrer Revenuen auf Konto ihres Arbeitslohnes setzen können. Von allen jenen Schichten der Intellektuellen nun, die zugleich besitzende und arbeitende Klasse sind, aber keines im Übermaß, sagt Renner, daß sie kein völlig einheitliches ökonomisches Klasseninteresse anderer Art haben *''als eine ruhige, konstante, nachhaltige Kulturentwicklung,* ganz einerlei, wohin sie *am letzten Ende* führt, ob zu einem Regime des Besitzes, in dem sie mitbesitzen, oder zu einem Regime der Arbeit, in dem sie unter allen Umständen mitarbeiten würden und wollten, zu einer Gesellschaft, in der jede Arbeit eines ehrlichen Lohnes wert und jede hochqualifizierte Arbeit auch eines qualifizierten Lohnes.''[28])

Aus dieser Erkenntnis ihres eigenen wahren Kulturinteresses innerhalb der bürgerlichen Gesellschaft im Verein mit der Einsicht in die eigentlichen und wesentlichen Kulturziele des Sozialismus muß sich nun unbeirrbar das anfängliche Vorurteil der Intellektuellen über den Sozialismus als einer bloßen Arbeiterbewegung wandeln zur Überzeugung einer bestehenden Gemeinschaft der idealen Zwecke, einer Gleichheit und Verbundenheit gerade der geistigen Interessen, für deren sichere und immer reichere allseitige Entfaltung der Sozialismus den Grund legen will. Und dies ist die dritte Bedeutung des Sozialismus für die Intellektuellen, in welcher er bereits ihre eigene Sache verficht.[29])

Die Subalternisierung der geistigen Arbeit

Mit der falschen Auffassung des Wesens der Arbeiterbewegung im Sozialismus zerfließt nun aber auch die letzte künstliche Scheidewand in nichts, die Intellektuelle und Sozialismus zu trennen pflegt, die angebliche Verschiedenheit der materiellen Interessen oder mindestens die Beziehungslosigkeit beider Interessensphären. Daß die Intellektuellen trotz ihrer zumeist bürgerlichen Herkunft und Berufstätigkeit durchaus nicht die politischen Interessen der Bourgeoisie haben, sahen wir soeben. Aber noch weniger haben sie eine ökonomische Interessengemeinschaft mit ihr. Es unterläuft bei der gegenteiligen Behauptung eine gefährliche Verwechs-

---

27) *Neue Zeit,* XII, 2, S. 75.

28) *Deutsche Worte,* hrsg. von Engelbert Pernerstorfer, Jg. 1903, S. 321.

29) Wenn Anton Pannekoek in seiner Schrift *Die taktischen Differenzen in der Arbeiterbewegung,* Hamburg 1909, in der er gleichfalls betont, daß die Schichten der geistigen Arbeiter kein Interesse an der Erhaltung der Privatproduktion haben, befürchtet, es werde wegen der mancherlei Momente, die diese Schichten von der ökonomischen Hoffnungslosigkeit des Proletariats trennen, ihr Sozialismus stets ''ein gemäßigter, 'zivilisierter' Sozialismus sein, dem der scharfe Charakter des proletarischen Kampfes zuwider ist und der seinen reformerischen, kulturbringenden Charakter in den Vordergrund stellt'' (S. 115), so mag dies für jene Form des Sozialismus sicher zutreffen, die bereits im Vorwort (S. 6 und 7) charakterisiert und abgelehnt wurde. Dagegen bedingt gerade die Art der Verbindung der Intellektuellen mit dem Sozialismus, wie sie hier und im folgenden dargelegt wird und die nicht so sehr auf der ökonomischen Gemeinschaft einer unmittelbaren Interessenverknüpfung beruht als auf der Erkenntnis einer kulturellen Gemeinschaft der notwendigen Arbeit für das Endziel, eine fortwährende Ausrichtung der gesamten Geistes- und Gemütsverfassung auf diese Zukunft und ein fast materielles Interesse für das unausgesetzte Streben, in den *wissenschaftlich erkannten* Bedingungen dieser Arbeit die feste Grundlage der eigenen Überzeugung zu gewinnen. Deshalb durfte Karl Kautsky mit Recht den Intellektuellen in der Partei geradezu die *Aufgabe* zuweisen, die Einsicht in die großen gesellschaftlichen Zusammenhänge, eine weitschauende, über das Augenblicksinteresse sich erhebende sozialistische Erkenntnis, das heißt den *revolutionären Geist* im besten Sinne des Wortes zu entwickeln und zu verbreiten. Vgl. *Neue Zeit,* XIX., 2, S. 90.

lung der Begriffe, welche die Wortführer der Bourgeoisie natürlich aufrechtzuhalten bemüht sind. Die Intellektuellen haben ein Interesse an einer bürgerlichen Lebenshaltung und können diese heute nur von und in der Bourgeoisie erlangen; aber haben sie deshalb auch ein Interesse, die bürgerliche "Ordnung" selbst zu erhalten, wenn sie jene Lebenshaltung auch ohne sie und besser noch erreichen könnten? Das hieße ja den lächerlichen Schluß ziehen, den man früher die Arbeiter nachsprechen lehren wollte, was man jetzt nicht mehr wagen kann: daß sie an der Erhaltung des Kapitalismus interessiert sind, weil er ihnen zu essen gibt!

Die Heillosigkeit eines solchen Schlusses wird indes nun auch bereits für einen Intellektuellen immer deutlicher, weil gerade das, was ihre angebliche Interessengemeinschaft mit der Bourgeoisie dokumentieren soll, in immer größerem Umfang für sie in die Brüche geht und in Frage gestellt wird, nämlich eine gutbürgerliche und unabhängige Lebenshaltung. Fragen wir zunächst noch gar nicht nach der ersteren, sondern nach dem Grade der Freiheit und Unabhängigkeit der intellektuellen Berufe. Durch die in Erstaunen setzende Ausgestaltung des Kapitalismus in den beiden letzten Jahrzehnten, die in immer noch gewaltigerem Tempo und gewalttätigeren Formen vorwärtsgeht, ist die geistige Arbeit in jetzt kaum mehr verhüllter Form gleicherweise zur Lohnsklaverei herabgedrückt worden wie die manuelle. Die immer mehr aus den Werkstätten auch in die Kontors, in die technischen Laboratorien und Betriebsleitungen eindringende Arbeitsteilung hat den geistigen Arbeiter ebenso in den Mechanismus einer bloßen Ausbeutungsmaschine eingespannt wie den manuellen. Die Gefahr, die aus dieser Wirtschaftsordnung gerade die Freiheit der intellektuellen Berufe, der gebildeten Schichten bedroht, ist unverkennbar, und man muß nicht Sozialist sein, sondern nur einen offenen Blick für die Tatsachen und den ehrlichen Mut haben, sie einzugestehen, um sie in ihrer ganzen drängenden Not anzuerkennen. So ist es zum Beispiel einer der lebendigsten Politiker unserer Zeit, der geistvolle Friedrich Naumann, den freilich seine bürgerlich-imperialistische Ideologie verhindert, die letzten Konsequenzen seiner klaren Anschauungen vom Wesen des modernen Gesellschaftszustandes zu ziehen, der in einem eindringlichen Essay *Das Ideal der Freiheit* den Gebildeten zuruft: "Was nützen die gleichen Bürgerrechte, wenn die Menschen sich freiwillig verkaufen müssen, falls sie leben wollen? ... Es gibt ernste Männer genug, die Jahrhunderte neuer feudaler Bindung heranziehen sehen wie Armeekorps einer feindlichen Macht ... In den großen kartellierten Betrieben wird nicht gehungert, aber die Menschen werden Maschinenteile und Nummern. Die erste Generation bringt möglicherweise noch gewisse Persönlichkeits- und Freiheitsideen von draußen mit, aber wer sagt, ob in der Welt der Großbetriebe nicht schon in zweiter oder dritter Generation eine sklavenhafte Geduld sich einstellt, die alle bisherigen Ergebnisse liberaler Geschichtsentwicklung zunichte macht?" [30]) Und in der Tat, der Kapitalismus ist bereits mit jener Rücksichtslosigkeit und Energie, die seine moderne Entfaltung kennzeichnet, daran, diesen neuen Feudalismus der Arbeit, der geistigen so gut wie der manuellen, zur alltäglichen Wirklichkeit zu machen. In einem Buche über die amerikanische Werkstättenpraxis bezeichnet der Verfasser, Ingenieur Möller, als den obersten Grundsatz moderner Geschäftspraxis das Bestreben, "im eigenen Betrieb sich von bestimmten Personen unabhängig zu machen, alles so zu regeln, daß der Verkehr sich, man möchte sagen mechanisch abwickelt ... Man vermeidet dadurch, daß ein Beamter vermöge seiner Erfahrungen und seines Gedächtnisses unentbehrlich ist. Der Beamte wird gewissermaßen zu einem austauschbaren Glied des Betriebes." [31])

Aber auch in den sogenannten freien Berufen schwindet die Freiheit und Unabhängigkeit immer mehr und mehr. Wenn Karl Marx vor mehr als siebzig Jahren im *Kommunistischen Manifest* schrieb: "Die Bourgeoisie hat alle bisher ehrwürdigen und mit frommer Scheu betrachteten Tätigkeiten ihres Heiligenscheines entkleidet. Sie hat den Arzt, den Juristen, den Pfaffen, den Mann der Wissenschaft in ihre bezahlten Lohnarbeiter verwandelt" – so ist dies arge Wort, damals vielleicht erst eine Prophezeiung, heute längst bereits für die Masse jener Be-

[30]) Fr. Naumann, *Das Ideal der Freiheit,* Berlin 1908, S. 30, 31, 33.

[31]) R. Woldt, *Der industrielle Großbetrieb und seine sozialen Wirkungen,* in: *Neue Zeit,* XXVIII, Bd. 1, S. 121.

rufstätigen zur unbestreitbaren Wahrheit geworden. "Die freien Berufe eines Advokaten oder Arztes", schrieb Karl Renner im Juliheft des ersten Jahrganges des *Kampf,* "geraten immer mehr in Abhängigkeit von Großunternehmen, Anstalten, Kassen. Das ungeheure Heer der öffentlichen und Privatangestellten drängt sich zeitlebens in subalternen Stellungen. Die Arbeitstüchtigkeit reicht aus für den unteren Rang, für die leitenden Stellen entscheidet etwas anderes: das Vertrauen. Der Mann muß durch Vermögen, durch Familienbeziehungen, durch politische Gesinnung für die Herrschenden *verläßlich* sein, das ist die Hauptsache . . . Verläßliche Werkzeuge, nicht eingebildete Eigenbrötler brauchen sie!" [32])

Diese Entwertung der geistigen Arbeit durch eine raffinierte Arbeitsteilung und Schablonisierung einerseits und durch Niederhaltung unter fremde Herrschaftsinteressen anderseits ist es, die ich mit Renner als die *Subalternisierung der geistigen Arbeit* bezeichne, die sie noch wunder drückt als die bloße Ausbeutung. Und zu dieser Subalternisierung tritt nun noch die Unfreiheit der geistigen Arbeit innerhalb der kapitalistischen Welt. Wie es mit der Unabhängigkeit und Freiheit der Wissenschaft in ihr bestellt ist, darüber braucht man nicht viel Worte zu verlieren; die Tatsachen sprechen hier eine nur allzu deutliche Sprache. Haben nicht auf so vielen Tagungen der Vereinigung deutscher Hochschulprofessoren und Dozenten namhafte Gelehrte aus den verschiedensten Parteilagern bittere und leidenschaftliche Anklagen über die politische Bevormundung erhoben, die ihr Stand sich gefallen lassen müsse? Und die vehementen, aber doch so berechtigten Angriffe Professor Max Webers in der Versammlung des Vereines für Sozialpolitik in Wien, mit denen er (1909) den niederhaltenden Geist der Bürokratie bloßstellte, von dem er das bittere Witzwort wiederholte, daß unter seinem Einfluß sich die reichsdeutsche Kulturpsychologie immer mehr nach dem Gesichtspunkt richte: treu, deutsch und – pensionsberechtigt, erfuhren sie nicht mehr als ihre Rechtfertigung, ja ihre eigentliche Ergänzung in der beschämenden Verteidigung der so angegriffenen Bürokratie durch den preußischen Ministerialsekretär v. Thiele, der da meinte, die Bürokratie sei doch noch besser als der Kapitalismus: denn wenn Professor Weber bei diesem angestellt wäre, so säße er nach dieser Rede vor der Tür. Indessen scheint dieser edle Wettstreit zwischen Bürokratie und Kapitalismus recht überflüssig. So schrieb bald darauf der deutsche Reichstagsabgeordnete Georg Gothein in einem Artikel zur preußischen Wahlreform (*Neue Freie Presse,* Wien, 13. Februar 1910), daß "erst kürzlich Beamte strafweise versetzt worden sind, die bei den Stadtverordnetenwahlen in Kattowitz es gewagt hatten, ihre Stimmen für klerikale und polnische Kandidaten abzugeben, und wobei von dem preußischen Ministerpräsidenten offen proklamiert worden ist, daß ein Beamter so wählen müsse, daß die *'Staatsnotwendigkeiten'* nicht verletzt würden. Was aber Staatsnotwendigkeiten sind, das entscheidet die Regierung. Ein Beamter, der einem Polen, einem Dänen, einem Sozialdemokraten seine Stimme geben würde, würde disziplinarisch bestraft werden; *selbst ein ordentlicher Professor, selbst der größte Gelehrte kann in Preußen so etwas nicht riskieren"* – und hat es bisher leider auch nicht riskiert. Dazu stimmt, was Professor Sombart einmal über die Heuchelei im öffentlichen Leben schrieb: "Mit Emphase verkündet man: die Wissenschaft und ihre Lehre ist frei: die deutschen Universitäten sind der Hort der Lehrfreiheit. Weiß aber, daß das ganz und gar falsch ist. Nicht mal Physik darf ein Mitglied der sozialdemokratischen Partei an einer preußischen Universität lesen, und daß es gar soziale Wissenschaften lehrte, ist ein ganz undenkbarer Fall. Noch unlängst hat sich einer unserer begabtesten jüngeren Sozialtheoretiker (der nebenbei auch Sozialdemokrat ist) vergebens bemüht, an irgendeiner deutschen Universität auch nur als Privatdozent unterzukommen. Wo doch jeder Trottel zugelassen und unter Umständen zum ordentlichen Professor befördert wird, wenn er nur gesinnungstüchtig ist." Und haben wir hier in Österreich nicht den Fall Wahrmund gehabt, nicht etwa als den einzigen, sondern bloß als den jüngsten und schmählichsten Angriff auf die Lehrfreiheit, weil hier sich die Brutalisierung eines geistigen Arbeiters auch noch bis dahin verstieg, seine persönliche Ehrenhaftigkeit durch seine eigenen Standesgenossen antasten zu lassen und damit dokumentierte, in welch erschreckendem Maße bereits Unabhängigkeit und Solidarität gegenüber Regierungs-

[32]) *Der Kampf,* I., S. 437.

wünschen aus ihren Reihen geschwunden sind! Die zur Untersuchung dieses für die Blüte der Intellektuellen so traurigen Falles vor der Wiener Ortsgruppe des deutschen Hochschullehrerverbandes eingesetzte Kommission, bestehend aus drei angesehenen Hochschullehrern der Wiener Universität, hat denn auch auf Grund rigoroser Prüfung der gesamten Akten dieses Falles sich zu dem Urteil bewogen gefunden, daß es bedauerlich sei, "daß das Gesetz der Lehrfreiheit zwar anerkannt, aber doch die Möglichkeit nicht ausschließt, daß ein akademischer Lehrer ohne vorhergegangenes rechtliches Verfahren gegen seinen Willen versetzt oder gemaßregelt wird, weil auf diese Weise die Lehrfreiheit schwer geschädigt werden kann. . ."
Wozu die Fälle noch häufen; erinnert sei nur, daß zu diesen Vergewaltigungen der Freiheit wissenschaftlicher Arbeit auch noch die ihrer Korrumpierung durch den Kapitalismus treten, eine andere Form ihrer Unfreiheit, in der sie seinen Interessen direkt nutzbar gemacht wird. Schon sind mächtige Unternehmerverbände daran, ihre Interessen "wissenschaftlich" vertreten zu lassen. Der Fall der Leipziger Tendenzprofessur ist noch in frischer Erinnerung. Und auch von anderer Seite droht Gefahr. Man hat es schon gesagt und muß es wiederholen: Die Millionenspenden der amerikanischen Trustmagnaten für wissenschaftliche Zwecke, so bestaunt von der unwissenden Öffentlichkeit und so geeignet, eine moralische Wirkung hervorzubringen, sind ein echtes Danaergeschenk für die freie Wissenschaft. Denn da sie zumeist aus Aktien der Trustleute bestehen, so schaffen sie ein mächtiges wirtschaftliches Interesse jener wissenschaftlichen Institute und Existenzen, die auf ihre Kapitalien gegründet sind, an den kapitalistischen Operationen ihrer großmütigen Spender, das der objektiven Uninteressiertheit der Wissenschaft sicherlich nicht förderlich ist. Wenn die Männer der Wissenschaft sonst so gern zu betonen lieben, daß sie über das Treiben des Marktes erhaben seien, kann man nur mit Besorgnis sehen, daß sie am Ende sogar von den Marktkursen abhängig werden, ehe sie selbst sich noch dessen versehen haben.
Dies alles spricht deutlich für jenes Maß von Freiheit und Unabhängigkeit, das die geistige Arbeit innerhalb der Schranken des bürokratischen und kapitalistischen Feudalismus heute genießt. Und hier besteht eine sich immer merklicher machende Tendenz zur Verschlimmerung. Denn schon sind die Gegensätze innerhalb der bürgerlichen Gesellschaft so klar geworden, schon ist das Klassenbewußtsein auch auf bürgerlicher Seite zu sehr erstarkt, als daß es noch weiterhin die sozialtheoretische Beschäftigung oder gar Praxis seiner Angestellten mit der gleichen Bonhomie einer eigentlich amüsanten und harmlosen Nebenbeschäftigung ansehen würde wie der Kathedersozialismus und die Sozialreform in den achtziger, ja zum Teil noch in den neunziger Jahren. Es ist mißtrauisch geworden, und wie es schon längst im Herzen nicht mehr bei der liberalen Phrase von der gleichen politischen Freiheit aller ist, so wird es auch gegenüber der Freiheit der Wissenschaft den Rückzug antreten über die im wahren Sinne des Wortes goldene Brücke ihres Staatsinteresses, der schon erwähnten "Staatsnotwendigkeiten".
Und zu all dieser geistigen Subalternisierung kommt nun noch, daß auch die klipp und klare Proletarisierung ganzer großer Schichten geistiger Arbeiter nicht fehlt, ja, wenn man von den lächerlich geringen Prozentsätzen der höheren Beamten und Privatangestellten, Hochschulprofessoren, erfolgreichen Künstlern und dergleichen absieht, daß diese Proletarisierung sogar bereits die Klassenlage der intellektuellen Arbeit bezeichnet. Denn was bedeutet selbst ein Jahreseinkommen von 4000 Kronen, wie es gewiß den Durchschnitt des Einkommens der bloß auf ihre Arbeit angewiesenen Intellektuellen weitaus nicht erreicht, auf der notwendigen Lebensstufe der Intellektuellen für ihn und seine Familie anderes als ein Dasein voll von Sorgen, Entbehrungen und kulturwidrigen Kompromissen.[33])

---

[33]) Äußerst belehrend ist der Entwurf eines Standesprogramms für die Hochschulen Österreichs, der im Böhmischen Zentralverein der Hochschullehrer in Prag fertiggestellt und an die Hochschulen aller Kategorien zur Äußerung verschickt wird. In demselben heißt es, daß nur einer geringen Zahl von Hochschullehrern die Gehaltfrage gleichgültig sein könne. "Die Mehrzahl ist einzig und allein auf ihren Gehalt angewiesen, der mit den Forderungen, die heutzutage an die Hochschullehrer gestellt werden, in keinem Verhältnis steht." "Wenn schon die Arbeit der ordentlichen Professoren nicht nach ihrem

So wäre denn der Sozialismus, selbst als reine Arbeiter- und Lohnbewegung, wahrhaftig nicht nur eine Sache der manuellen Arbeiter. Sowohl durch Unfreiheit als durch Niederdrückung des Lebensfußes hat die kapitalistische Produktionsweise sich hier als einer der größten und gewalttätigsten Gleichmacher erwiesen. "Ihre Tendenz", sagt Kautsky einmal gerade in bezug auf die scheinbare Ausnahmestellung der Intellektuellen, "geht nach Nivellierung der gesamten Arbeiterschaft. Eine der größten Umwälzungen, an der sie jetzt arbeitet, geht dahin, auch die Aristokratie der Kopfarbeiter zu vernichten, diese den Handarbeitern sozial gleichzustellen, eine Nivellierung so unerhörter und gewaltiger Natur, daß sie gar manchem weisen Manne heute noch als absurde Utopie erscheint, obwohl sie unter seinen Augen bereits begonnen hat."[34]) Diesen Beginn haben die fünfzehn Jahre, die verstrichen sind, seit diese Worte niedergeschrieben wurden, zu einem überall offenkundigen und aus allen Lagern der Intellektuellen in öffentlichen Notrufen bekräftigten Prozesse erstarken lassen; und es ist nur die Schuld der geistigen Arbeiter selbst, wenn sie ihre eigene soziale Frage noch so wenig als einen bloßen Ausschnitt aus dem allgemeinen Problem der Arbeit in der kapitalistischen Wirtschaftsordnung verstehen.

Die Resignation der geistigen Arbeit im Kapitalismus

Aber – und damit schließt sich der Kreis dieser Betrachtungen zu einem entscheidenden Urteil ab – die Unfreiheit und der Mangel, den die geistige Arbeit in der kapitalistischen Welt erleiden muß, kurz, ihre ganze prekäre und selbst so noch stets von Unsicherheit bedrohte soziale Lage ist es nicht allein, welche den Blick der Intellektuellen aus ihr weg auf eine andere Ordnung der Dinge wie aus einem brennenden Selbstinteresse heraus lenken müßte. Denn wenn irgendwo, so gilt hier das tiefe Wort: Der Mensch lebt nicht von Brot allein. Das will sagen: selbst wenn die geistigen Arbeiter in der bürgerlichen Gesellschaft so frei und unabhängig wären, wie sie es tatsächlich nicht sind, und materiell so zufriedengestellt, wie es überall weit dazu fehlt, so müßten sie sich doch in ihren eigentlichen Zielen gänzlich unfrei und unbefriedigt finden, ja in ihrem ernstesten Wollen entwertet sehen, *weil die bürgerliche Welt, in der sie leben, überall früher zu Ende ist und eine Schranke zieht als die Welt der wissenschaftlichen Ideen und Aufgaben,* in der sie denken und denken sollen. Die Welt der kapitalistischen Gesellschaft ist nicht nur zu eng geworden für die ökonomischen Kräfte und Gestaltungsmöglichkeiten, die in ihrem Schoße sich ausgebildet haben, sondern noch fühlbarer auch für alle übrigen Kulturprobleme, die sich aus dem gegenwärtigen Schatz ihrer Wissenschaft und Technik bereits vor dem Auge ihrer führenden Geister erheben.
So findet sich – um mit Interessen der materiellen Kultur zu beginnen – unser Zeitalter im Besitz einer fast märchenhaften Beherrschung der Naturkräfte. Erstaunliche Maschinen verbringen Wunderwerke, vor denen alle Phantasie vergangener Utopien verblaßt, und noch bringt fast jeder Tag neue Überraschungen. Aber ist bei all der durch die Maschinen bewirkten Steigerung der Produktivität der Arbeit das Los der Menschenarbeit selbst erleichtert worden? Ist nicht im Gegenteil die Maschinentechnik gerade das Mittel geworden, die menschliche Arbeit zu entwerten und dadurch noch mehr in das Joch einer unmäßigen Ausbeutung zu spannen, weil die Maschine in einer privatwirtschaftlichen, kapitalistischen Gesellschaft nicht den

---

vollen Werte anerkannt wird, um so schlimmer steht es mit den außerordentlichen Professoren und Privatdozenten. Stehen diese doch in dem Alter, wo sie auch eine Familie zu gründen beabsichtigen, und es muß jeden von ihnen mit Bitterkeit erfüllen, wenn er im Alter von 35 Jahren und längst schon nach dem Doktorat sich in einer Stellung befindet, daß er im wahren Sinne des Wortes *nicht weiß, wovon er selbst und seine Familie leben werden.* In diesen Sorgen um *Alltagsbedürfnisse* soll er nun wissenschaftlich arbeiten, um seine Qualifikation zu beweisen. *Traurig ist die Lage* junger, auf wissenschaftlichem Gebiet arbeitender Menschen, denen das Schicksal *Talent, Fleiß und Gewissenhaftigkeit* gab, aber – das Geld dabei vergessen hat." (Wiener *Arbeiter-Zeitung,* 15. Februar 1910.)

[34]) Karl Kautsky, *Die Vorläufer des neueren Sozialismus,* 1905, S. 73.

Zweck hat, aus dem sie der wissenschaftliche Geist geboren: die Notwendigkeit der gesellschaftlichen Arbeit möglichst zu erleichtern und abzukürzen, sondern allein den Gewinn des Maschinenbesitzers möglichst zu steigern? "Die verselbständigte und entfremdete Gestalt, welche die kapitalistische Produktionsweise überhaupt den Arbeitsbedingungen und dem Arbeitsprodukt gegenüber dem Arbeiter gibt, entwickelt sich mit der Maschinerie zum vollständigen Gegensatz . . . Das Arbeitsmittel erschlägt den Arbeiter."[35]) Ja noch mehr: das kapitalistische Privatinteresse entscheidet sogar über die *Zulässigkeit* des technischen Fortschrittes, indem es überall den Eintritt der Maschine und eines vollkommeneren Arbeitsverfahrens in die Produktion verwehrt, wo es die Ausbeutung rein menschlicher Kräfte und die rückständige Arbeitsweise früherer Zeiten noch billiger findet. Nicht der Kulturzweck der Ersparnis an gewerkschaftlicher Arbeitszeit entscheidet, sondern allein der Umstand, ob die moderne Produktionsweise die Profitrate vermindert oder nicht. "Die *wahre Schranke* der kapitalistischen Produktion ist *das Kapital selbst,* ist dies: daß das Kapital und seine Selbstverwaltung als Ausgangspunkt und Endpunkt, als Motiv und Zweck der Produktion erscheint; daß die Produktion nur Produktion für das *Kapital* ist und nicht umgekehrt die Produktionsmittel bloß Mittel für eine sich stets erweiternde Gestaltung des Lebensprozesses für die *Gesellschaft* der Produzenten sind."[36]) Vor dem Geiste der modernen Wissenschaft steht bereits ein leuchtendes Bild: die Naturkräfte, geordnet im Dienste der menschlichen Wirtschaft, und die Menschen, ein frohes, leicht beschwingtes Herrengeschlecht, das endlich der Arbeitsfron ledig geworden, die jetzt nur ihre eisernen Sklaven trifft, die Maschine. Aber der hochstrebende Flug dieser wissenschaftlichen Technik muß sich arg bescheiden: denn nicht die Gesellschaft freier Menschen nimmt ihre Maschinen entgegen, sondern die kapitalistische Gesellschaft mit ihren Unternehmern und Kartellen; und was der Techniker schaffen will, Arbeitsersparnis und Produktenvermehrung, das wird für die Masse des Volkes zur Verdrängung von Arbeitern durch die Maschine, zur Lohndrückerei und Arbeitslosigkeit einerseits und zur kartellierten Produktenverteuerung anderseits. Das Kulturziel der Technik ist gerade in dem Maße, als die kapitalistische Produktion sich ihre Errungenschaften zu eigen macht, immer weniger erreichbar.

Nicht besser als in der Industrie, ja noch bei weitem ärger steht es mit der Agrikultur. "Das erste und wichtigste Bedürfnis der Gesellschaft ist die Versorgung ihrer Mitglieder mit Lebensmitteln. Aber die kapitalistische Gesellschaft überläßt gerade diese Aufgabe armen Menschen, denen das Wissen und die Mittel fehlen, die Errungenschaften der Wissenschaften zu nutzen, die Ergiebigkeit des Bodens und der Arbeit zu steigern . . . (So) bleibt hier die Produktion auf einer Entwicklungsstufe stehen, die gegenüber den Möglichkeiten, die die moderne Wissenschaft erschlossen hat, bereits lächerlich rückständig erscheint."[37]) In der Tat: eine hochentwickelte und auf staatlichen Hochschulen gelehrte Wissenschaft der Bodenkultur ist emsig am Werke, die rationellsten Arten der Bewirtschaftung in Ackerbau und Viehzucht anzugeben. Aber gegenüber dem Elend der Zwergbauern, der Parzellenzersplitterung des mittleren Grundbesitzes und der "noblen" Uninteressiertheit des feudalen Grundbesitzes, dem es ja mehr aufs Prestige als aufs Gemeininteresse ankommt – was hat da die wissenschaftliche Forderung zu bedeuten? Sie ist nur gut dazu, um die Wirklichkeit stets auf den Grad ihrer Rückständigkeit prüfen zu können.

Die gleiche grelle Dissonanz zwischen den Postulaten der bereits erreichten Stufe wissenschaftlicher und kultureller Anschauungen einerseits und der in der kapitalistischen Welt allein möglichen Tatsächlichkeit anderseits zeigt sich noch schonungsloser auf allen Gebieten geistiger Interessen.

So verlangen die Interessen der Wissenschaft und Philosophie schon längst dringend eine Reform der Schulbildung und der Erziehung, nicht nur in dem selbstverständlichen Sinn, der auch in einer bürgerlichen Gesellschaft durchführbar wäre, daß endlich der erstarkende Geist

---

[35]) Karl Marx, *Das Kapital,* I., S. 317.

[36]) Ebenda, III., 1., S. 231-232; vgl. auch I., S. 356-358.

[37]) Otto Bauer, *Die Teuerung,* S. 11.

der Kinder befreit würde von der immer neu wiederholten Einimpfung überkommener und veralteter Lehrmeinungen und Schädlichkeiten und daß also insbesondere der Einfluß der Kirche auf die Schule beseitigt würde; sondern vielmehr in dem viel weitergehenden Sinn, daß die Lernjahre der Jugend ausgedehnt und für alle inhaltlich vertieft würden, damit nicht mehr, wie schon Kant und Fichte dies beklagt haben, der "armselige Wunsch" entscheidend sei, "daß die Erziehung doch ja recht bald vollendet sein und das Kind wieder hinter die Arbeit gestellt werden möge". Das vierzehnte bis zwanzigste Lebensjahr gehört sicher noch der Erziehung und der Schule, freilich einer umgestalteten Schule, nicht der Appretierungsanstalt fertiger Meinungen und formelhafter Gelehrsamkeit von heute. Und schon vor Beginn der Schulbildung, im noch nicht schulpflichtigen Alter, ist ein wichtiges, vielleicht das wichtigste Stück Erziehung zu leisten, um das Kind gesund an Körper und Geist zu erhalten und mit einem aufnahmsfähigen, noch nach keiner Richtung, weder sozial noch religiös, dogmatisch voreingenommenen Gemüte in die Schule treten zu lassen. Aber woher sollte die bürgerliche Gesellschaft den Unterhalt für ihre ganze Jungend während aller dieser Jahre nehmen, da ja neun Zehntel dieser Jugend Kinder der Besitzlosen sind, und besonders nach dem vierzehnten Lebensjahre, das ja von ihr zumeist als das Alter der erreichten Selbsterhaltungsfähigkeit bezeichnet wird? Und so muß sich die Pädagogik, mit ihr aber die Wissenschaft und Philosophie, in ihrem Anspruch bescheiden, mit einem endlich wirklich in allen seinen Gliedern erzogenen und gebildeten Geschlecht die Aufgaben der Kultur fortan ungehemmt weiterzuführen und durch die allgemeine Interessiertheit und Mitarbeit an ihren Zielen eine geistige Höhe zu erreichen, die weitaus alles zurücklassen würde, was bis jetzt an perikleischen oder augustinischen Zeitaltern die Menschheit entzückte. Die heutige Gesellschaft sieht dieses Erziehungsideal klar vor sich, nicht als Utopie, sondern als von ihren ernstesten Forschern in den Mitteln seiner Durchführbarkeit aufgezeigt, nur daß diese Mittel gegen die Interessen des Kapitalismus laufen und daher von ihm nicht gewährt werden. Sie erkennt auch bereits ebenso klar die Gefahren, die aus der Nichtausführung dieses Erziehungsideals fließen und sogar die Jugend der besitzenden Klassen mit einer Verödung ihres Geistes- und Gemütslebens bedrohen. Aber trotz alledem muß sich die bessere Erkenntnis bescheiden und ihr Erziehungsideal als – unmöglich ansehen, weil seine Erreichung in *dieser* Gesellschaft nicht möglich ist.

Der Arzt, Rassenhygieniker, der Volkswirt vereinigen sich in der Betonung der Notwendigkeit eines kräftigen Nachwuchses und einer Veredlung der Generationen. Sie weisen auf die dagegen bestehenden Ursachen einer ständigen Verschlechterung des Nachwuchses hin, auf die Gefahr einer Entartung, infolge der schlechten Ernährung großer Teile des Volkes, infolge der Notwendigkeit schwerer Erwerbsarbeit sogar schwangerer Frauen und der immer weiter sich verbreitenden Unfähigkeit der Mütter, ihre Kinder zu stillen, infolge der mangelnden Säuglingspflege, der ungenügenden Kinderfürsorge und der vorzeitigen Zulassung der Kinderarbeit, infolge der Schäden der Geldheirat bei den Besitzenden und der erzwungenen späten Heirat des Mannes nach oft schwer durchtollten Jugendjahren – sie weisen auf alles dies und noch manches andere hin mit der Gewissenhaftigkeit eines Mannes der Wissenschaft, auszusprechen, was ist, aber mit dem Gefühl völliger Hoffnungslosigkeit, diese Übel wirklich radikal zu beheben. Und dieses Gefühl wird um so tiefer und schmerzlicher, je deutlicher die Einsicht in Wesen und Ursache dieser Übel geworden ist, je sicherer die Mittel zu ihrer Linderung und Behebung bereits bekannt sind und je – ehrlicher der Mann ist, dem solche Einsicht geworden. So bildet die Wissenschaft immer zuversichtlicher ein Ideal der Eugenik, des schönen, gesunden, rassenveredelnden Lebens – aber sie muß verzichten, es in dieser Gesellschaft zur Wirklichkeit zu gestalten, ja sich ihm auch nur nennenswert zu nähern.

Die Bekämpfung des Alkohols mit seinem Meer von Elend, Verbrechen und Wahnsinn in der gegenwärtigen Generation und mit seiner fluchartigen erblichen Belastung kommender Geschlechter ist immer mehr ein Hauptproblem der Sozialwissenschaft und einer von ihr geleiteten Volkswirtschaftspolitik geworden. Aber genügt es nicht, demgegenüber einfach auf die Tatsache zu verweisen, daß bei einem wirklich schnellen Erfolg der Alkoholbekämpfung diese Kulturbewegung im eminenten Sinne des Wortes innerhalb der heutigen Gesellschaft direkt staatszerrüttend wirken müßte durch den Ruin zweier der größten Industrien, der Schnapsbrennerei und Bierbrauerei, durch die daraus hervorgehende gewaltige Reduktion der Gütertransporte und durch die Entwertung so vieler landwirtschaftlicher Einkommensquellen, die mit beiden Industrien verbunden sind oder von ihnen leben? Nicht nur die Interessen der großen Brauherren und Schnapsbarone sind es, welche der Bekämpfung der Alkoholgefahr entgegenstehen, sondern der ganze Mechanismus der Verteilung des Privateigentums und Einkommens in der kapitalistischen Wirtschaftsordnung selbst, die sogar das kümmerliche Leben des Proletariers an die Unantastbarkeit der Profite seiner mächtigen Ausbeuter gebunden hat, so daß diese von einer Harmonie der Interessen zu schwatzen wagen, wo nur das Band der Not schrecklich fesselt. Dieser unselige Zwang eines ökonomischen Lebensinteresses tritt so als gefährliches Hemmnis dem sonst hinreißenden Kulturinteresse der Bekämpfung des Alkohols entgegen: die Arbeitslosigkeit mit dem Gespenst einer ökonomischen Krise zeigt sich drohend gerade dann als Ergebnis, wenn jene Kulturforderung wirklich rasch und allseitig zum Durchbruch gebracht werden könnte. Gibt es ein drastischeres Beispiel für die Art von Bewegungsfreiheit, welche den von der Wissenschaft geforderten sozialen Aufgaben in der bürgerlichen Welt beschieden ist? [38])

Und die Bekämpfung der Prostitution mit ihrer lächerlichen Begleiterscheinung eines Streites über ihre Notwendigkeit, in welchem zwei Fragen würdelos vermengt werden: die diskutierbare Frage nach der polygamischen, respektive polyandrischen Form des Geschlechtstriebes und die ganz undiskutierbare Frage nach der Zulassung der tiefsten Herabwürdigung und Versachlichung von Menschen – ist sie nicht ein weiteres und noch schlagenderes Beispiel dafür, wie die bürgerliche Welt ihre eigenen Aufgaben nicht einmal mehr begrifflich klar zu fassen vermag, weil sie unvermögend ist, über ihre Vorstellungen hinauszugehen?

Mit der Bekämpfung der Geschlechts- und Volkskrankheiten steht die Wissenschaft vor der Armut und dem Unverstand unserer Gesellschaft wie vor einem Abgrund, in den immer wieder alles versinkt, was sie mit wahrer Sisyphusarbeit immer neu dagegen unternimmt. Wie vermöchte sie auch der Ausbreitung der Geschlechtskrankheiten wirklich erfolgreich entgegenzutreten in dem Sumpf der öffentlichen und noch mehr der geheimen Prostitution und gegenüber einer durch ökonomische Notwendigkeiten erzwungenen Regellosigkeit, ja Überreizung des Sexuallebens großer Schichten der männlichen Jugend? Wie vermöchte sie gegenüber dem unablässigen Arbeitszwang und der kargen Ernährung des Proletariats, gegenüber den luft- und lichtarmen, stickigen oder feuchten Gelassen, in denen es wohnt, gegenüber dem Mangel aller Möglichkeit, die Anforderungen einer auch nur mäßigen Körper- und Wohnungshygiene zu befriedigen, zum Beispiel die Tuberkulose wirksam zu bekämpfen oder die Kindersterblichkeit einzuschränken? In einer Gesellschaft des Kapitalismus ist der Mensch durchaus nicht das

[38]) Vielleicht ist es gegenüber dem oft schon bewiesenen Übereifer der Verteidiger des Alkohols nicht überflüssig, ausdrücklich zu bemerken, daß obige Konstatierungen kein Argument gegen die Alkoholabstinenzbewegung bedeuten. Es wäre ihrer Logik zuzutrauen, daß sie eben das zu ihrem Ankergrund machen, was die Kulturwidrigkeit des Alkohols noch verstärkt, daß er nämlich zugleich eine Hauptstütze der bürgerlichen Produktion ist und gründlich nur mit ihr beseitigt werden kann. Damit kann man in die Reihen bürgerlicher Alkoholgegner Verwirrung bringen. Gegen die *sozialdemokratische* Abstinenzbewegung ist das oben Gesagte kein Argument; denn sie schreckt eben nicht vor der Konsequenz zurück, dem Widerspruch zwischen Kultur und ökonomischem Interesse durch eine Umgestaltung der Wirtschaftsordnung zu begegnen, in welcher die ökonomischen Interessen von Schnapsbrennern und Arbeitern, die ihren Lohn nur erhalten, wenn Schnaps getrunken wird, nicht mehr vorkommen können. Ihr Endziel ist, wie das Aktionsprogramm des sozialdemokratischen Arbeiter-Abstinentenbundes in Österreich sagt: *"das vollständige Verbot der Produktion und des Handels* mit alkoholischen Getränken". Aber auch weiter: "Der Arbeiter-Abstinentenbund weiß sich eins mit der zielbewußten Arbeiterbewegung im Kampfe für die Kulturaufgaben der Arbeiterklasse und die Erringung *des sozialistischen Endzieles.* Er *fordert* von seinen Mitgliedern den rückhaltlosen Kampf für die Ziele der Arbeiterbewegung . . ." (Wiener *Arbeiter-Zeitung* vom 20. Februar 1910.) Auf diese Weise können die Alkoholverteidiger aus dem im Texte bezeichneten Widerspruch, vor den die bürgerliche Welt die Alkoholbekämpfung stellt, nichts hoffen; er wirkt auf das Proletariat als ein Antrieb mehr, sie zu beseitigen, und wandelt sich durch die sozialistische Aufklärung in gleichem Maße, als sein Widersinn zur ökonomischen Wirklichkeit wird, in revolutionäre Energie um.

kostbarste Kapital. "Die kapitalistische Produktion . . . geht äußerst sparsam um mit der verwirklichten, in Waren vergegenständlichten Arbeit. Dagegen ist sie, weit mehr als jede andere Produktionsweise, eine Vergeuderin von Menschen, von lebendiger Arbeit, eine Vergeuderin nicht nur von Fleisch und Blut, sondern auch von Nerven und Hirn. Es ist in der Tat nur durch die ungeheuerste Verschwendung von individueller Entwicklung, daß die Entwicklung der Menschheit überhaupt gesichert und durchgeführt wird in der Geschichtsepoche, die der bewußten Rekonstitution der menschlichen Gesellschaft unmittelbar vorausgeht."[39]) Die Wissenschaft der Hygiene und Volksgesundheit weiß wiederum alles dazu Notwendige und Zwecksichernde bereits klar anzugeben; aber sie kann wieder nicht anders als die Rolle des Rufers in der Wüste spielen und muß im übrigen sich mit kleinen Teilerfolgen bescheiden. Wie ein bloßer Traum erscheinen dann über diesen so unzureichend befriedigten brennenden Notwendigkeiten unseres Lebens die wunderbaren Gedanken eines Metschnikoff über die Möglichkeit einer wissenschaftlichen Gerontologie und Thanatologie, einer planmäßig ausgebauten Makrobiotik, also einer zielbewußten Wissenschaft von der Ausdehnung des menschlichen Lebens bis an die Grenze seiner physiologischen Existenzmöglichkeit, an welcher das Leben sanft und ohne Schrecken ausgeht, weil schon vorher der Lebenswille erloschen ist. Eine Lebensdauer, weit übersteigend selbst das Alter des Psalmisten, ein Greisenzustand nicht mehr pathologischer Natur und eine Last für das Alter selbst wie für die Gesellschaft, sondern den Menschen erhaltend in der Vollkraft seines körperlichen und geistigen Könnens, so daß nun die Alten wirklich als der erfahrenere Teil der Menschheit auch ihr wertvollerer sein werden – ein solches Bild, nicht von einem Phantasten entworfen, sondern von einem Manne der Wissenschaft und als erreichbar gezeigt durch die Mittel seiner Wissenschaft – wenn nur freilich die Welt sich endlich nach den Anforderungen der Wissenschaft einrichten ließe – beweist dieses leuchtende Bild, das dem heißesten Kulturstreben der Menschheit zu seiner Entbehrung auch noch die Qualen des Tantalus auferlegt, nicht am sinnfälligsten *den Abstand der wissenschaftlichen Möglichkeiten von den heute zulässigen, das heißt bürgerlichen Möglichkeiten?* Der Sozialismus zeigt die technische und ökonomische Möglichkeit einer wirklichen und ausreichenden Bedürfnisbefriedigung aller, die Hygiene, die Möglichkeit einer Gesundheitssicherung für alle, die Rassenbiologie einer Höherzüchtung für alle, die Pädagogik einer Höherbildung für alle, die Makrobiotik einer Lebensausdehnung und Euthanasie für alle – aber die bürgerliche Gesellschaft setzt allen diesen Möglichkeiten die Unmöglichkeit ihrer Verwirklichung entgegen. Und unmöglich warum? Wegen der einfachen und für sie selbstverständlichen Tatsache, daß die in ihr vorhandenen Mittel, welche diese Möglichkeiten zu Wirklichkeiten für alle machen könnten, eben *nicht Mittel für alle,* sondern nur für einige sind: für die Eigentümer der Produktionsmittel; und *nicht Mittel für Zwecke des gesellschaftlichen Nutzens,* sondern der individuellen Bereicherung, kurz des Profits. An dieser groben Schranke zerfließen am Ende die feinsten Gedanken aller Wissenschaft. Und so bleibt ihr nichts übrig, als zu resignieren. Neben die Proletarisierung der geistigen Arbeit in ihren Lebensbedingungen, neben ihre Subalternisierung in ihrer Betätigung tritt zuletzt als ihre traurigste Charakteristik innerhalb der bürgerlichen Gesellschaft die *notwendige Resignation* der geistigen Arbeit gerade in ihren eigentlichen und besten Aufgaben. Wenn auch vielen ihrer tatfreudigen Bekenner oft erst spät die Erkenntnis kommt, die wie ein unheilbarer Riß dann durch ihr ganzes weiteres Schaffen geht, sie bleibt gerade den Tüchtigsten und Ehrlichsten auf diesem Felde nicht erspart: *hier wächst der Mensch nicht mit seinen höheren Zwecken,* es sei denn zu dem Zorn, dem Zustand dieser Dinge endlich ein Ende zu bereiten. Denn nicht einen neuzeitlichen Höhepunkt der kulturgeschichtlichen Entwicklung gilt es in ihm zu erhalten; vielmehr schließt mit der Beseitigung dieser kapitalistischen Gesellschaftsform wirklich *erst "die Vorgeschichte* der menschlichen Gesellschaft ab".[40])

---

[39]) Karl Marx, *Das Kapital,* III., 1., S. 63.
[40]) Karl Marx, *Zur Kritik der politischen Ökonomie,* S. 12.

Unsere Aufgabe

Und dies ist also die vierte und höchste Bedeutung des Sozialismus für die Intellektuellen, daß er diese *Resignation der geistigen Arbeit* aufhebt und überführt in eine Stimmung hoher Zukunftsfreudigkeit, daß er den Aspekt eröffnet für die Möglichkeit von Bedingungen, die das volle Auswirken wissenschaftlicher Gedanken und künstlischer Ideen gestatten, weil gar keine selbstsüchtigen Interessen aus jener Neuordnung der Gesellschaft heraus denkbar sind, die hier entgegentreten, wohl aber alle dafür. Da eröffnet sich nun die ganze Tiefe des Fichteschen Wortes, in welches er einmal die wahre Aufgabe der Intellektuellen zusammengefaßt hat: "Der Ungelehrte ist bestimmt, das Menschengeschlecht auf dem Standpunkt der Ausbildung, den es errungen hat, durch sich selbst zu erhalten, der Gelehrte nach einem klaren Begriff und mit besonnener Kunst dasselbe weiterzubringen. Der letztere muß *mit seinen Begriffen der Gegenwart immer voraus sein,* die Zukunft erfassen und dieselbe in die Gegenwart zu künftiger Entwicklung hineinzupflanzen vermögen."[41])
Ja dies ist es: der Gegenwart voraus sein und die Zukunft erfassen, was die wahre Gemütsstimmung der geistigen Arbeit und der Intellektuellen sein müßte. Nicht länger sollte von ihnen das harte Wort gelten, mit dem nicht lange nach jenen Reden Fichtes ein anderer Feuergeist, Ludwig Börne, seine Klassen- und Zeitgenossen bitter getadelt hat und dessen Wahrheit doch noch so lange ihn überlebt hat: "Mit der Weisheit unserer Großväter kommen wir auf die Welt, und die Weisheit unserer Großväter lassen wir unvermehrt zurück. Wir sind eisernes Vieh, das die Vergangenheit der Gegenwart zuzählt und das die Gegenwart, wie sie es erhalten, der Zukunft überliefern muß."[42]) – Nein, selber im Geiste immer neu sein und vorwärtsstrebend, dieser alten Welt nur zugehörig wie der Springer dem Sprungbrett, weit der Blick und frei der Entschluß, das muß der Intellektuelle erst als sein eigentliches Lebensinteresse erkennen, wenn anders er sich gerade als geistiger Arbeiter erhalten will; so daß zuletzt für ihn alle vielfach am Boden klebenden Erwägungen, dieses ganze Schwanken gegenüber dem sozialen Problem, jäh abgerissen werden müßte durch die in die lichte Höhe seiner geistigen Interessen sich erhebende Frage: ob er wolle, daß es nur immer so weitergehe wie bisher, nur immer noch fortbestehen bleibe dieser schmähliche Zwiespalt zwischen Wollen und Können, zwischen dem, was sein soll und was da ist, oder endlich einmal alles anders werde, neu gewandelt nach seinem, des Geistes Ebenbild. Nie hat der kategorische Imperativ "du sollst, *denn du kannst*" ein stolzeres Gefühl ausgelöst als heute, wo dieses *"du kannst"* auf allen Gebieten des sozialen Lebens von der Wissenschaft bereits freudig bejaht wird und nun es sich wirklich nur darum handelt, auch das "du sollst" lebendig zu machen. Und es muß lebendig werden, sobald erst den Intellektuellen der Blick dafür geschärft ist, zu erkennen, daß dieses "du sollst" für sie im Grunde nichts anderes ist und sein kann als *"du willst"*.
Oder ist es nicht so? Nur wer nicht wollte, daß jene geistige Einheit und Harmonie, die er in seinem Denken sucht, auch in der Betätigung seiner Gedanken sich zeigte und in dem Werke der sozialen Lebensgestaltung, zu dem sie sich mit den Gedanken und Betätigungen seiner Mitmenschen verflechten; nur wer in einer Art psychischen Atrophie unter der Kruste seiner Selbstsucht verkümmern oder in der Leere seiner Gedankenlosigkeit veröden wollte, für den ist alles vergebens gesprochen. Aber er streicht sich damit auch selbst aus dem Gefüge lebendiger geistiger Fortwirkung. Wir aber, die wir lebendig bleiben und fortwirken wollen, wir *können nicht anders* als *den* Standpunkt einnehmen, von dem aus endlich eine Vieles und Großes versprechende Wandlung der Dinge zu erhoffen ist. "Es ist ein psychologisches Gesetz, daß der in sich gewordene theoretische Geist *zur praktischen Energie* wird, als *Wille* aus dem Schattenreiche des Amenthes hervortretend, sich gegen die weltliche, ohne ihn vorhandene Wirklichkeit kehrt."[43]) Und sollte darum alles Täuschung sein, wie diejenigen meinen, die noch immer nicht wissen, daß nicht die Utopie, sondern die Wissenschaft unsere Führerin

---

[41]) *Reden an die deutsche Nation,* Reclam, S. 160.
[42]) *Gesammelte Schriften,* 1. Bd., S. 11 (Rübnik 1884).
[43]) Karl Marx, Nachlaß I., S. 111.

ist – aber immerhin, sollte alles nur Illusion sein und Schwärmerei, was uns im Sozialismus so erhebt und beschwingt –, oh, wäre es den Intellektuellen noch immer angemessener, mit den größten Gedanken und Hoffnungen suchender Geister zu streben, als mit der platten Zufriedenheit und ideallosen Bedürfnisarmut des saturierten Besitzes sich zu encanaillieren. Wer da aus der unmittelbaren Anschauung des Elends und Widersinnes um ihn herum und aus der Lebendigkeit der geistigen Anforderungen in ihm es auch nur einmal gleich einem Erlebnis empfunden hat, wie weit diese Gegenwart hinter der Höhe aller seiner geistigen Interessen zurückgeblieben ist, welches elende Stückwerk diese Kultur ist, bloß weil sie durchaus eine bürgerliche bleiben soll, der wird, wie immer sich ihm die Gedanken und Ansichten über die letzten Ziele der Höherentwicklung des Menschen innerlich gestalten mögen, doch *für jetzt* keine dringendere Aufgabe kennen und nichts Besseres und Notwendigeres zu tun finden, als mit seinem Denken und Schaffen sich der großen sozialistischen Arbeiterbewegung anzugliedern, die er als die eigentliche Kulturbewegung erkannt hat. Er wird nicht länger die Politik als ein wüstes Treiben ansehen, das weitab von den Zielen der Arbeit des Geisteslebens führt. Er wird vielmehr gerade in der sozialistischen Politik, in diesem ersten Beispiel einer über die Isolierung der Staatsgrenzen hinausgreifenden internationalen Kulturpolitik, wie sie durch die Sozialdemokratie aller Länder vertreten wird, das mächtigste Mittel erkennen, die Entartung der bürgerlichen Politik zu bannen und diesen Begriff auf sein eigentliches Wesen zurückzubringen: eine planmäßige Arbeit an der zweckmäßigen Gestaltung der menschlichen Gesellschaft zu sein.[44]) Auch er wird von Stunde an mit der gewordenen sozialen Erkenntnis Sozialdemokrat sein wie der Arbeiter. Das jämmerliche Gerede, daß man Sozialist sein könne, ohne Sozialdemokrat sein zu müssen, wird dann endlich verschwinden, enthüllt als das, was es in Wahrheit ist: eine elende Schwäche des Willens oder im besten Falle eine mangelhafte politische Reife, natürlich die Fälle ganz unberücksichtigt gelassen, wo es nichts anderes ist als pure Heuchelei. Wer von sich sagt, daß er Sozialist ist, daß er also alle die Kulturzwecke will, die sich uns als Inhalt des Sozialismus dargelegt haben, *der kann gar nicht anders, falls er gewohnt ist, dem Wort auch die Tat folgen zu lassen,* als mit allen seinen Kräften in jener politischen Partei zu arbeiten, die *heute* allein für diese Kulturzwecke systematisch kämpft – die Sozialdemokratie. So groß ist keiner, und wäre es ein Fürst der Wissenschaft, daß er für sein Schaffen den Resonanzboden der Gemeinschaft entbehren könnte. Und so konzentriert darf keine Berufstätigkeit werden, daß sie zum Anlaß – viel öfter nur zum Vorwand – wird, sich gegen politische, das heißt hier in Wahrheit Gemeinschaftsinteressen abzustumpfen. Vollends lächerlich aber ist es, wenn so viele den Anschluß an die Partei ablehnen, weil sie in so manchen Dingen "ihre eigenen Meinungen" hätten. Es soll gar nicht gefragt werden, ob diese Eigenheit der Meinung immer auch wert ist, bewahrt zu bleiben, und ob sie nicht vielleicht gerade darin ihren Grund hat, daß die Bekanntschaft mit dem Wesen der Sozialdemokratie und ihren Forderungen eben nicht tief genug geworden ist. Aber – haben nicht auch wir Sozialdemokraten die verschiedensten Ansichten und besonders über die Ausgestaltung des Endzieles? Allein, darf dies vom Zusammenschluß abhalten für die Aufgabe, die vor allem not tut, die organisierte Bekämpfung der heutigen Unkultur? Eine "eigene Meinung", die dies verhindert, ist selbst ein Stück Unkultur, das die Intellektuellen noch reichlich bei sich selbst auszutilgen haben.

Meint aber einer, den der gewaltige Massengeist schreckt, der aus dem im Sozialismus zu geistigem Leben erwachten Volke ihm heiß entgegenweht, daß es nichts Köstlicheres gebe als die Persönlichkeit – ei, dann komme er erst recht zu uns und schaffe dort mit, wo sich millionenfach das Volk gerade zu diesem Lichtbild aufzuschwingen beginnt, und begrüße freudig das erste große Massenunternehmen der Geschichte, vorerst die drückendsten äußeren Schranken der Bildung zur Persönlichkeit hinwegzuräumen: den Massenhunger, die Massenarmut und die Massenarbeit. Da schließe keiner sich aus und glaube keiner, daß es nicht gerade auch auf ihn ankomme. Möge noch einmal das Mahnwort Fichtes, des Philosophen und Sozialisten zu-

[44]) Vgl. hierzu Max Adler, *Marx als Denker,* 7. Kapitel: "Wissenschaft und Politik".

gleich, über hundert Jahre weg jeden von uns ergreifen und vorwärtstreiben, wenn er lässig zu werden beginnt, daß die Zeitalter sich nicht selbst machen ohne alles menschliches Zutun. "Wohl mögen Regen und Tau und unfruchtbare und fruchtbare Jahre gemacht werden durch eine uns unbekannte und nicht unter unserer Gewalt stehende Macht: aber die ganz eigentümliche Zeit der Menschen, die menschlichen Verhältnisse machen nur die Menschen sich selber ... Ob jemals es uns wieder wohlergehen soll, das hängt ganz allein von uns ab; und es wird sicherlich nie wieder ein Wohlsein an uns kommen, wenn wir nicht selbst es uns verschaffen und insbesondere wenn nicht jeder einzelne unter uns in seiner Weise tut und wirkt, als ob er allein sei und als ob lediglich auf ihm das Heil der künftigen Geschlechter beruhe."[45])

Werden die Intellektuellen diese Aufgabe erkennen und auf sich nehmen? Werden sie den Weg zum Volke, und das ist in diesem Falle zum Sozialismus finden? Dies ist die eigentliche soziale Frage der Intellektuellen, weil sich in ihr nicht bloß die Sicherung, Freiheit und Unabhängigkeit ihrer ökonomischen, sondern vor allem die Ungestörtheit und Vollendung ihrer geistigen Lebensbedingungen entscheidet. Wir haben gesehen, wie die Intellektuellen in der gleichen – man möchte sagen, glücklichen – Lage sind wie das Proletariat, ihre eigentlichen Lebensbedingungen, die geistigen noch mehr wie die physischen, zusammenfallen zu sehen mit den Entwicklungstendenzen zu einer neuen Gesellschaft. Mögen die Intellektuellen den Appell, den ihre Sonderstellung als Vertreter geistiger Arbeit und Interessen im Namen der wirklichen Erfüllung ihrer Aufgaben an sie richtet, in ihrem Inneren laut werden lassen. Er muß dann ihr ganzes Selbst durchdringen mit dem stolzen Bewußtsein eines einzigartigen Vorrechtes, das ohne ihr Verdienst, wohl aber als Konsequenz der geistigen Bestrebungen, denen sie obliegen, ihnen zuteil geworden ist: des schönen Vorrechtes, nicht in erster Linie durch materielle Interessen an der Fortentwicklung der Gesellschaft beteiligt zu sein, sondern vor allem durch ihre geistigen Existenz- und Entwicklungsbedingungen. Mögen sie allen Glanz und alle Wärme dieses großartigen Vorrechtes in sich einströmen lassen, mögen sie den Gedanken voll in sich aufnehmen, daß auch von ihnen das Wort Lassalles gilt, das er einst den Arbeitern zurief, mit der Glut eines persönlichen Interesses verfechten zu können, was der ganzen Menschheit zugeteilt ist – dann werden sie wissen, wo ihr Platz ist, wo er allein sein kann; und sie werden es um so sicherer wissen, wenn sie die dann auftauchende Neigung zum Sozialismus zugleich durch die Befragung der Wissenschaft unterstützen. Dann wird der Zug des Herzens hier wirklich zur Stimme des Schicksals, eines Schicksals, das Kopf- und Handarbeit in einem großen Streben zur gemeinsamen Befreiung vereinigt. Denn von dem Bündnis der Arbeit und Wissenschaft, das Lassalle angekündigt hat und das so zukunftsverheißend sich in unseren Tagen verwirklicht, schließt gerade die soziale Erkenntnis des Klassenkampfes die Intellektuellen nicht aus. Sie werden nur ausgeschlossen sein, wenn sie sich selbst von den Konsequenzen ihrer Wissenschaft ausschließen.

---

[45]) A. a. O., S. 217.

Das Prinzip des Sozialismus

Die Stellung der Theorie zum Leben ist bekanntlich nirgends umstrittener als auf dem Gebiet der Politik. Und es ist einer der größten Kulturansprüche, die der moderne Sozialismus seit Karl Marx erhebt, diesen Streit endlich mit der Errungenschaft einer *politischen Wissenschaft* beendigt zu haben, welche das geschichtliche Leben und politische Wirken durchdringt, mit der Erkenntnis der Triebkräfte und Gesetzlichkeit des sozialen Lebens. Deswegen will er sich auch als *wissenschaftlicher Sozialismus* von allen früheren sozialistischen Richtungen unterschieden wissen. Dieser Titel des wissenschaftlichen Sozialismus ist stets unser größter Stolz gewesen; aber nicht nur das: er war auch unsere stärkste Waffe. Denn er bedeutete, daß wie allem oft verwirrenden Geschehen der Zeit gegenüber unser Urteil sich nicht nach Stimmung und Leidenschaft, nicht nach Tradition und Vorurteil, auch nicht nach den Meinungen und Wünschen der eigenen Massen bestimmen ließ, sondern stets nur die unwiderlegbare Stimme der Wissenschaft zur Geltung zu bringen suchte. Die prinzipiellen Grundlagen unserer marxistischen Anschauung waren uns niemals ein unberührbares Dogma; das beweist zur Genüge die unablässige Kritik der letzten Jahrzehnte, in welcher wir sie weiterbildeten. Sie waren uns aber auch nie eine Sache bloß akademischen Interesses, mit der man sich etwa nur dann zu beschäftigen habe, wenn man Zeit hat, das heißt nicht durch dringende Geschäfte der Politik oder des ökonomischen Kampfes davon abgehalten ist. Sie galten und gelten uns vielmehr als lebendige Wahrheiten, als das, was Marx das *Bewußtsein der Zeit von sich selbst und ihren Aufgaben* genannt hat. Sie erschienen uns als die einzigen Mittel, gerade in dem Durcheinander der ökonomischen und politischen Kämpfe unserer Zeit mit Verständnis zu stehen und sie mitzumachen, nicht als ihre Opfer, sondern als ihre zielbewußten Gestalter.

Es scheint, daß in der furchtbaren Entfesselung rein brutaler Gewalten, die jeder Krieg mit sich bringt, wie erst der jetzige Weltkrieg, sich dieser tiefe Grundcharakter des marxistischen Sozialismus nicht überall in den Reihen der Partei geistig einflußreich erhalten hat. Es wäre sonst nicht möglich, daß man so oft davon reden hört, daß die Tatsachen der Geschichte, die sich jetzt abspielen, zu manchen Änderungen der prinzipiellen Grundlagen des Marxismus führen müßten, ja daß manche gar von dem Zusammenbruch des internationalen Sozialismus reden. Freilich sind diejenigen, die solche Reden führen, zumeist auch dieselben, die von einer Erörterung des theoretischen Verständnisses der gegenwärtigen Weltlage im Sinne des Marxismus nichts hören wollen und meinen, das sei eine Sache für müßige Theoretiker oder Akademiker. In einer Zeit, wo die Kanonen dröhnen und das Volk zahllose blutige Opfer bringt, gehe es nicht an, über Prinzipien zu reden und den Umfang ihrer Geltung zu untersuchen. Das sei eine Sache des Friedens und werde nach dem Krieg auch wiederaufgenommen werden; jetzt aber sei es für den Theoretiker besser, zuzusehen, ob nicht am Ende die Tatsachen ihm seine Theorie über den Haufen werfen.

Eine solche Denk- und Anschauungsweise ist der eigentliche Bankrott des wissenschaftlichen Sozialismus, denn sie bedeutet seine Abdankung vor der ersten kritisch gewordenen geschichtlichen Situation; bedeutet das Eingeständnis, daß der wissenschaftliche Sozialismus mit seinen Denkmitteln nicht imstande war und ist, die neue Lage zu beherrschen, und daß seine wissen-

schaftlichen Prinzipien, mit denen er die Gesetzlichkeit des sozialen Geschehens in das Reich der Erkenntnis einrücken wollte, versagten, sobald diese Gesetzlichkeit eine stürmischere Gangart angenommen hat. Das Wort vom wissenschaftlichen Sozialismus wird auf diese Weise zu einem Hohn- und Lügenwort, wenn alle seine Wissenschaft sofort in den Hintergrund gedrängt wird, von dem tumultuarischen Treiben roher Kräfte und Volksleidenschaften, wenn diese Wissenschaft nur dafür gut war, dem Proletariat im Klassenkampf während des Friedens den Weg zu weisen, den es ohnedies aus seinem Instinkt zu gehen gezwungen war, sofort aber ihre Führerrolle verlöre, sobald in dem Wirrsal und in der Kulturverfinsterung eines Krieges dieser Instinkt vielleicht nicht mehr so sicher funktioniert.
Zum Glück ist diese oft lächerlich selbstgefällige Geringschätzung der Theorie oder auch nur die bloße Abneigung gegen sie im jetzigen Zeitpunkt durch nichts in dieser Theorie selbst verursacht oder begründet, sondern zeugt im Gegenteil nur für den Zerfall mit ihr, für das mangelnde Verständnis ihres eigentlichen Wesens. Sonst müßte klar sein, daß die Prinzipien des marxistischen Sozialismus ja nicht etwa bloße Schullehren sind, deren Beachtung man in stürmischen Zeiten aussetzen kann, sondern daß sie ja nichts anderes sind als die wissenschaftliche Erfassung der in der gegenwärtigen sozialen Entwicklungsepoche wirkenden realen Kräfte selbst. Und man müßte einsehen, daß daher auch in den ärgsten Stürmen der Zeit *dieselben* Kräfte fortwirken wie in ihrem friedlichen Verlauf, *ja daß sie diesen Sturm nur durch ihre konsequente Fortwirkung herbeigeführt haben.* Auf die Betonung unseres prinzipiellen theoretischen Standpunktes, wie ihn der Marxismus im Prinzip des Klassenkampfes als Motor und in den ökonomischen Verhältnissen als Bestimmungsgründer des sozialen Geschehens gefunden hat, gerade dann verzichten, wenn die stürmisch bewegte Oberfläche dieses Geschehens schwerer als sonst auf den Grund sehen läßt, heißt auf das verzichten, was allein Eigenart und Stärke des modernen Sozialismus ausmacht: auf das Verständnis der Zeit. Es heißt untergehen in dem Schwall von Ideologien, die ihr Spiel auf dieser Oberfläche treiben, und das Proletariat, das seit Marx in mühsamer Aufklärungsarbeit aus dem Zwang und Trug dieser Ideologien zu seinem eigenen Bewußtsein gebracht wurde, wieder hinabtauchen zu lassen in jene quallige Undifferenziertheit des Denkens und Fühlens, die zu Zeiten zwar sehr bequem und populär sein kann, aber das Grab jedes eigenen Urteilens und Handelns werden muß.
Wollen wir uns also davor hüten, uns zu dem ebenso denkfaulen wie energielosen Verzicht zu bequemen, die Prinzipien einer theoretischen Grundanschauung gerade dann zu bewähren, wenn die Tatsachen ihnen auf das schärfste zu widersprechen scheinen – eine durchaus unwissenschaftliche Anschauung, der zum Beispiel für immer verschlossen bleiben müßte, daß der Luftballon vermöge derselben Gesetzlichkeit in die Höhe steigt, vermöge welcher der Stein in die Tiefe fällt. Wollen wir lieber uns genauere Rechenschaft von diesen Prinzipien geben. Ihr Brennpunkt gleichsam ist der Gedanke des Klassenkampfes. Wir fragen also: Was bedeutet uns dieses Prinzip des Klassenkampfes? Ist es nur eine schöne Parole, eine Art Schlachtruf oder gar bloß eine taktische Formel?
Wir alle wissen es besser: es bedeutet die *Erkenntnis* einer geschichtlichen Kraft, ja nach der materialistischen Geschichtsauffassung der geschichtlichen Grundkraft, der richtunggebenden Kraft in der historischen Entwicklung. Und aus ihr ergibt sich der Internationalismus des Proletariats, wiederum nicht als bloße Idee, als nur humanitäres Programm oder als bloß politische Zweckmäßigkeit, sondern als ebensolche geschichtliche Realität: nämlich als die gleiche Vitalinteressiertheit des Proletariats aller Länder kapitalistischer Kultur durch die gleichen von dieser geschaffenen Existenzbedingungen und – was noch mehr ist – Entwicklungsaussichten. Von da aus gelangten wir zu jener bisher zum Wesen unserer theoretischen Grundanschauung gehörigen Einsicht, zugleich eine moderne Wiederaufnahme des alten Gedankens Platons, daß es im Grunde über alle Verschiedenheiten der Völker und Sprachen hinweg nur zwei eigentliche Nationen gibt, die Nation der Besitzenden und Besitzlosen, der Herrschenden und der Beherrschten, und daß die Solidarität des Volkes innerhalb der geschichtlichen Nation erst in der Zukunft liegt. Daraus scheint zunächst bloß der soziale Weltkrieg zu folgen; allein – und dies ist der Punkt, der zwar nichts Neues für unsere Theorie, heute nur riesengroß in das Licht der Geschichte getreten ist –, die kapitalistische Entwicklung bringt notwendig

die Bourgeoisien selbst als Konkurrenten in Gegensatz. Im Kampf um den Weltmarkt werden die herrschenden Klassen der verschiedenen Staaten selbst unversöhnliche Gegner, die Klassensolidarität der Besitzenden ist gesprengt – und die ganze Frage, um die es sich jetzt für das Verständnis der geschichtlichen Lage des Proletariats handelt, ist die, ob dieser Prozeß *auch das Proletariat in gleicher Weise ergreift.* Wird durch das gegensätzliche Handelsinteresse der einzelnen Staaten auch die internationale Klassensolidarität des Proletariats, seine überall gleiche Vitalinteressiertheit gleichsam weggewischt und dem neu hervortretenden Gesichtspunkt des nationalen Interesses untergeordnet? Die Beantwortung dieser Frage entscheidet darüber, ob sich die Wege des Sozialismus von denen des Imperialismus unterscheiden oder in ihm verlieren.

Wie so vieles sich in diesem Kriege im Denken der Menschen verwirrt hat, so auch die Beurteilung der Bedeutung wirtschaftlicher Interessen im Lichte der materialistischen Geschichtsauffassung. Weil unsere theoretische Grundansicht lehrt, daß die wirtschaftlichen Faktoren das den geschichtlichen Prozeß Bestimmende sind, machen viele daraus auch das Rechtfertigende, das heißt das *auch für uns Entscheidende.* Wenn zum Beispiel wirtschaftliche Interessen Englands den Krieg gegen Deutschland diktieren und umgekehrt, so ist damit doch nur die Notwendigkeit dieses Krieges aus der kapitalistischen Struktur unserer Gesellschaft dargetan, aber noch keineswegs eine Kulturgegnerschaft der beiden Völker selbst, viel weniger ihrer Proletariate. Dadurch, daß die materialistische Geschichtsauffassung uns in den Stand setzt, die Gegnerschaft zweier Staaten aus wirtschaftlichen Gründen, aus dem Gegensatz ihrer Produktions- und Handelsinteressen zu begreifen, *streicht sie doch nicht den kapitalistischen Charakter dieser Interessen aus* und die Fundamentierung derselben in den Klassengegensatz eines jeden dieser Staaten. Gerade das aber tun heute viele auch in unseren Reihen, und das Mittel, wodurch sich in ihrem Denken dieser eigenartige Trugschluß vollzieht, ist, wie so oft, nur ein Wort, allerdings ein zaubergewaltiges, ein Wort, bei dem zwar nicht der Begriff, aber doch die reale Anschauung seines Inhalts fehlt, das Wort vom Volk oder von der Nation. Volk und Nation – diese sonst im Sprachschatz des Sozialismus seit Marx wenig üblichen, weil wegen ihrer theoretischen Unbestimmtheit mit Recht verpönten Worte, spielen neuerdings auch bei uns eine gewaltige Rolle: der Gegensatz der Bourgeoisien wird zum Gegensatz der Völker, der Nationen, und naturgemäß wurde so die internationale Solidarität des Proletariats gesprengt von der jäh hervorbrechenden Solidarität der im Krieg geeinten Nationen.

Man hört häufig jeder Kritik dieser historischen Erscheinung gegenüber einwenden, sie sei nun einmal eine große geschichtliche Tatsache, an der nicht zu mäkeln und zu rütteln sei, sondern die man einfach anzuerkennen habe. Gerade diejenigen, die sonst verflucht wenig Sinn und Respekt vor der Wissenschaft haben, verlangen hier auf einmal die Ehrfurcht vor den Tatsachen, die jede echt wissenschaftliche Gesinnung auszeichne. Sie möchten von dieser Tatsache am liebsten eine neue Ära des Sozialismus beginnen sehen und unterstreichen sie daher dem kritischen Theoretiker gegenüber mit der Mahnung, sie sei nicht nur anzuerkennen, sondern auch für die Zukunft nicht aus dem Auge zu verlieren.

Darauf ist zu sagen, daß dieser Einwand, der sich so rasch mit der bloßen Tatsächlichkeit bescheidet, nicht nur den Standpunkt einer theoretischen Auffassung gar nicht versteht, sondern sogar den bloß politischen Standpunkt des Sozialismus als Partei bereits verloren hat. Ebenso müßte er dann zum Beispiel ein Wahlergebnis, das gegen ihn ausgefallen ist, als eine seinen theoretischen Einsichten widersprechende und aufhebende Tatsache ansehen. Wir wollen ganz absehen davon, wieviel Gedankenlosigkeit, Nachahmung, Freude am Abenteuer, Anziehungskraft gewaltiger Machtentfaltung, aber auch Schwäche und Anlehnungsbedürfnis ihre Bächlein entsenden, die zuletzt in den Strom einer solidarischen Volkskraft zusammenfließen. Wir wollen auch keineswegs ihren ethischen Wert und ihren prachtvollen ästhetischen Schwung verkleinern. Aber – dies alles kann ja zum Beispiel auch das Resultat religiöser, ja sogar bigotter Schwärmerei sein, und der Freiheitskampf der Tiroler – an sich wohl eine der reaktionärsten Bewegungen – ist ein mit Recht berühmtes Beispiel einer großartigen Volkssolidarität. Wir wollen auf alles dies bloß aufmerksam machen, um zu zeigen, daß die einfache Tatsächlichkeit einer Volkssolidarität die historische Kritik noch überhaupt nicht, am wenigsten aber die theoretische Kritik des Sozialismus zu entwaffnen hat. Und dies scheint einer der ersten Punkte zu sein, in dem wir allmählich die heutige intellektuelle Unbehaglichkeit des internationalen Sozialismus sich zu einer bewußten Klärung durchringen sehen wollten, daß ihm der Mangel dieser kritischen Stimmung, die überall, nicht am wenigsten aber im Deutschen Reiche besteht, zum deutlichen Bewußtsein käme.

Aber nun einmal zugegeben, daß diese Solidarität auch für das Proletariat ihre Gründe hat – und es ist nicht zu leugnen, daß dies unter dem Zwange des Krieges der Fall ist – ,so war und ist doch kein Anlaß, daraus auf unserer Seite einen *innerlichen* Burgfrieden zu machen gegenüber dem zweifellos bloß äußeren unserer Gegner. [1]) Ja es ist verderblich für jedes wirkliche Verständnis unserer Zeit, diese Solidarität anders aufzufassen und darzustellen als die Solidarität von Menschen, die, auf ein Schiff im Weltmeer aneinandergesellt, alle ihre Streitigkeiten und Gegensätze zurückstellen müssen, sobald Schiffbruch droht, und jetzt nur mit allen Kräften an dem einen Werk arbeiten, das Schiff über Wasser zu halten oder an Land zu bringen. Indem man sich dieser Auffassung geflissentlich fernhält, desorientiert man das Proletariat über seine eigenen Interessen und macht es ihm unmöglich, jenen Gesichtspunkt zu gewinnen, der hier allein klares theoretisches Verständnis ermöglicht: daß ein Zusammengehen mit den herrschenden Klassen *auch andere Ursachen* haben kann als gemeinsame Ideale von Volk und Nation, die in Wahrheit gar nicht bestehen, ja man verdirbt sogar den echten Sinn dieser Ideale, der auch dem Proletariat teuer sein muß. Denn es entschwindet dann dem für feinere Unterscheidungen überhaupt nicht gleich zugänglichen Blick des einfachen Arbeiters, aber auch und vielleicht noch mehr dem bereits ideologisch getrübten Auge des durchschnittlichen Intellektuellen, daß unsere Vorstellung von Nation und Volk einen ganz anderen Inhalt und eine viel tiefere Bedeutung hat, als diesen Begriffen in der bürgerlichen Welt zuteil werden kann.

Auch hier können wir für die sichere Bestimmung des Kulturwertes dieser Begriffe nirgends anderswo eine feste Grundlage gewinnen als dort, von wo aus sich alle theoretische Einsicht des Marxismus am sichersten orientiert findet, in der Tatsache des proletarischen *Klasseninteresses.* Dieses allein kann uns erst den Begriff der Nation im kulturgeschichtlichen Sinne begründen, da es zugleich einen Maßstab abgibt, wie weit die rechtliche, ökonomische und kulturelle Volksgemeinschaft bereits ausgestaltet ist. Erst von da aus wird aus dem Begriff der Nation jener *Kulturbegriff,* der ihren größten Vertretern stets vorgeschwebt hat, wenn sie an ihr Volk als eine in Sprache, Wissenschaft, Kunst und Genuß der irdischen Güter gleichberechtigte Gemeinschaft dachten, während Nation im Sinne der heutigen Klassengesellschaft bloß ein wesentlich politischer und wirtschaftlicher Begriff ist, für den der Kulturinhalt nur ein nicht unumgänglich nötiger Aufputz ist. Es ist selbstverständlich, daß es dem Nationalisten nur recht sein kann, wenn seine Nationalidee mit Kant, Goethe, Beethoven und Helmholtz prunken kann. Aber worauf es ihm ankommt, ist nicht Philosophie, Kunst und Wissenschaft, sondern Macht und Reichtum, und zwar wieder nicht Macht und Reichtum des Volkes, sondern der Herrschenden. Diese Nationalidee sieht dann das Volk gar nicht mehr als Selbstzweck an, wie es jedem echten nationalen Idealismus eigen ist; vielmehr erscheint jetzt die Nation nur mehr als ein Mittel für die Realisierung großer Pläne, die nicht notwendig auch Pläne und Interessen des ganzen Volkes sein müssen. Jetzt schwirrt die Luft von großen Wor-

---

[1]) Sehr interessant und aufklärend ist in dieser Hinsicht die Äußerung eines konservativen bürgerlichen Blattes, der *Deutschen Tageszeitung,* welche in Rechtfertigung der im Vertrauen auf den Burgfrieden angesuchten Rehabilitierung des Pfarrers Traub folgende höchst aufrichtige Erklärung dieses Burgfriedens gibt: "Der Gottesfriede zwischen den Parteien hat doch zu seiner wesentlichsten Voraussetzung nicht etwa die Aufhebung von Grundsätzen, die vielmehr *unverändert* in Geltung bleiben, sondern die *Aufrechterhaltung des Status quo ante;* oder, negativ ausgedrückt, die Zurückstellung jeden Kampfes um die Durchsetzung der verschiedenen Anschauungen und Grundsätze." Nicht also um eine Versöhnung handelt es sich nach dieser bürgerlichen Auffassung, nicht um eine Annäherung, sondern um eine bloße Ruhe im Kampfe. Die auf dem einen Punkt des Krieges erzeugt bloß eine Art von Erstarrung des bisherigen politischen Kampfes, der nach dem Kriege an demselben Punkte wieder einsetzt, wo er durch den Kriegszauber erstarrte.

ten wie: Deutschlands Zukunft ruht auf dem Wasser, wir wollen einen Anteil an der Welt, wir drängen nach dem Meer, nach dem Platz an der Sonne. Aber bei all diesem Streben ins Weite und Ungemessene, das angeblich dem Leben der Nationen unweigerlich entspringt, bleibt ungefragt und unbeantwortet, in welcher Enge sie zu Hause ihr Volk, das Proletariat belassen; bei all diesem Drang nach dem Platz an der Sonne bleibt gänzlich außer Betracht, ob denn das Proletariat nicht schon daheim etwas mehr Sonne nötig hätte und ob nicht das Volk im Heimatlande vielleicht drängendere und näherliegende Aufgaben hat als das nach solchen Fernen ausschweifende Begehren. Gerade der Sozialismus dürfte sich die Erkenntnis nicht verdunkeln lassen, daß all dieser Drang nach außen, diese ganze berühmte Expansion der modernen Nationalidee *nichts anderes ist als eine Bewegungserscheinung des Kapitalismus,* eine *notwendige,* gewiß, eine vom Wesen der bürgerlichen Produktions- und Austauschweise unabtrennbare, aber darum doch – wir erkennen wieder den früheren Trugschluß – nicht auch eine Notwendigkeit für das Proletariat, also keine wahrhaft nationale im kulturgeschichtlichen Sinn. Zumindest müßte es uns erst bewiesen werden, daß die Wege der kapitalistischen Expansion auch zugleich diejenigen der proletarischen Emanzipation sind. Diejenigen, die dies vorweg und als selbstverständlich annehmen – und es sind deren leider nur zu viele, besonders in rein gewerkschaftlichen Kreisen –, verraten damit nur ihre bereits bürgerlich gewordene Denkweise. Denn schließlich ist die Meinung, daß die wirtschaftliche Notwendigkeit, welche die modernen kapitalistischen Staaten zur Expansion treibt, zum Kampf um die Weltmacht, zum Erwerb und zur Sicherung der Kolonien etc., gleichzeitig auch immer im Interesse des Proletariates gelegen sein muß, weil dessen Arbeitsbedingungen dadurch verbessert werden, nur die Anschauung des biederen Dieners, der auf das Geschäft seines Herrn schaut. Es ist eine Anschauung, welche es verlernt hat, das Verhältnis von Unternehmer und Arbeiter entwicklungsgeschichtlich zu betrachten, und die daher unvermögend geworden ist, einen Standpunkt festzuhalten, welcher weder Unternehmer- noch Arbeiterinteressen kennt, sondern nur mehr die Interessen einer gesellschaftlichen *Entwicklung zur Aufhebung dieser Gegensätze.* [2])

So kommen wir zu dem Problem, das, wie es scheint, sich nun zum Kernproblem, ja vielleicht Schicksalsproblem des Sozialismus auf der jetzt erreichten Höhe kapitalistischer Entwicklung gestalten wird und das hier nur aufgezeigt werden soll, um eine Klärung des im Krieg doppelt leicht sich verirrenden Urteils zu ermöglichen. Ist es wirklich wahr, daß das Interesse der imperialistischen Entwicklung zugleich das Interesse der geschichtlichen Entwicklung überhaupt darstellt? Ist daher, da nun einmal das Proletariat der notgedrungene Helfer dieser Entwicklung ist, sein eigentliches Interesse durch jene Expansion befriedigt? Wer diese Frage bejaht, bejaht die Notwendigkeit des Klassengegensatzes, bejaht die Fortdauer des Proletariats als Klasse und verneint den Sozialismus in seiner eigentlichen auf die Beseitigung des Klassenunterschiedes gerichteten entwicklungsgeschichtlichen Bedeutung.

Allerdings: Marx und Engels haben immer gelehrt und als ein wesentliches Moment der sozialen Entwicklung hervorgehoben, daß der Emanzipationskampf des Proletariats die Entwicklung des Kapitalismus voraussetze. Daher hat schon das *Kommunistische Manifest* auf eine

---

[2]) Gewiß, wie die Dinge vor dem Kriege lagen, bestand für kein Volk eine Wahl zwischen Krieg und Frieden. Darum ist auch der Streit, auf welcher Seite der Weltkrieg ein Angriffskrieg sei, im Grunde müßig und nur eine Sache für ahnungslose Ideologen. Kein Staat wollte diesen Krieg, aber jeder mußte ihn führen; denn sie alle treibt *das System der heutigen wirtschaftlichen Ordnung* unausweichlich gegeneinander, welches den einzelnen staatlichen Wirtschaftsgebieten keine ökonomische Entwicklung mehr neben oder miteinander gestattet und die Welt derart künstlich zu klein gemacht hat für mehr als einen Herrn. Und dies erklärt auch, warum jedes Volk an diesem Kriege wirklich leidenschaftlich interessiert ist, so daß überall das Proletariat seine ganze Kraft willig und entschlossen in den Krieg einsetzt. Denn nachdem einmal der Krieg zur Tatsache geworden war, handelt es sich jetzt überall für das Volk, zu verhindern, daß den Schrecknissen des Krieges sich noch die politischen und ökonomischen Nachteile der Niederlage zugesellen. Aber gerade weil diese Haltung im Kriege eine geschichtliche Notwendigkeit ist, besteht um so mehr auch die politische Notwendigkeit für das Proletariat, sich theoretische Klarheit zu verschaffen über die Ursachen, die es in diese Situation geführt haben, und über die Folgen, die sich daraus für seine geschichtlichen Ziele ergeben.

gewisse Solidarität beider Klassen in der Entwicklung hingewiesen, indem das Proletariat alles zu unterstützen hat, was den Kapitalismus in seiner Entwicklung fördert. Gemeint ist aber damit natürlich die Entwicklung des werdenden Kapitalismus, des Kapitalismus, der noch im Kampf ist mit den Resten feudaler und zünftiger Vergangenheit. Selbstverständlich kann dies nicht gelten von dem bereits herrschenden Kapitalismus, der seine Entwicklung schließlich im Krieg der staatlichen Wirtschaftsgebiete gegeneinander suchen muß. Ist erst einmal erkannt, daß diese imperialistische Phase des Kapitalismus nur eine Konkurrenz der Staaten um die Monopolisierung der Handelsvorteile geworden ist, an welcher das eine Proletariat nur zum Schaden des anderen Anteil haben kann, so verschwindet jene frühere Interessengemeinschaft zwischen Kapitalismus und Proletariat, die ja nur eine solche des Kampfes gegen einen gemeinsamen Gegner, nicht aber eine solche der eigenen Ziele war. Was darüber täuscht, ist, daß der Mechanismus der kapitalistischen Entwicklung es mit sich bringt, daß auf seinem Hochgipfel das Los der Arbeiterschaft günstiger zu sein scheint als in seinen Anfängen. Damals hatte die Einführung der großen Maschinerie ungeheueres ökonomisches Elend zur Folge. Jetzt aber ist die Expansion des Kapitals begleitet von wachsender Arbeitsgelegenheit, wenn auch nicht immer von wachsenden Löhnen. Daß zeitweilige Krisen, die mit dieser Expansion notwendig verbunden sind, das chronische Elend von ehemals periodisch in konzentrierter Form über die Arbeiterschaft bringen, kommt dabei leichter außer Blickweite. Und daß vor allem in der aus der kapitalistischen Expansion entspringenden steten Gegnerschaft der nationalen Volkswirtschaften die schon seit Jahren chronische Kriegsgefahr begründet war, damit aber auch die sich fortwährend steigenden Kriegsrüstungen und infolge dieser wieder die Zurückdrängung aller staatlichen und gemeindlichen Kulturarbeit durch den Militarismus – das erscheint mehr als bloße Steigerung eines uralten Übels wie als eine Folge der jetzt erreichten Stufe kapitalistischer Entwicklung. So werden die Übel, die eine *Wirkung* dieser Entwicklung sind, bloß als ihr Hemmnis angesehen, gleichsam als ob die Kriegsgefahr und die von ihr verursachte militärische Last nur den unverträglichen Eigenschaften gewisser Völker oder gar nur den ehrgeizigen oder intriganten Plänen gewisser Diplomaten zuzuschreiben wären. Und von da aus verbreitet sich dann jene Anschauung leicht bis in weite Kreise des Proletariats, nach welcher die Steigerung der wirtschaftlichen und politischen Macht eines Landes stets ein Gewinn ist und einen Wert darstellt, an dem alle Schichten des Volkes in gleicher Weise Anteil haben.

Dagegen ist nun die proletarische Erwägung zu setzen, welche alle Erscheinungen des sozialen Prozesses nicht so sehr von dem Gesichtspunkt zu betrachten hat, welchen unmittelbaren Gewinn sie für die Lage des Proletariats haben, sondern welche Bedeutung ihnen für die schließliche Überwindung des Kapitalismus, also des Klassengegensatzes überhaupt innewohnt. Denn dann kann es sein, daß das Proletariat sogar eine erhebliche wirtschaftliche Einbuße an seiner erreichten Lebensstufe auf sich nimmt, wenn es durch diese sich vor den unendlich größeren Verlusten eines Krieges retten und überdies seinen internationalen Kulturzusammenhang so bewahren kann. Ja eine solche Zwangslage – ökonomische Verschlechterung oder Kriegssozialismus, d.h. von anderen Völkern ausgebeutet zu werden oder lieber sie selbst auszubeuten – würde nur den inneren Kulturwiderspruch des kapitalistischen Zeitalters ganz offenbar machen. Denn sie müßte überall die Erkenntnis dafür schärfen, wie die imperialistische Phase des Kapitalismus, in der wir jetzt stehen, in dem sie bald da, bald dort das Volk vor die Alternative stellt, entweder eine Verschlechterung seiner Wirtschaftslage auf sich zu nehmen oder sich in die Schrecknisse eines Krieges zu stürzen, nur den Ausweg des Sozialismus übrigläßt, durch Weltorganisation der Produktion und des Handels alle Ausbeutungsgegensätze zwischen den Völkern für immer und von Grund aus zu beseitigen.

Man sage nicht, der Imperialismus sei die letzte und höchste Form des Kapitalismus, die es eben durchzumachen gelte, da auch nach der Lehre von Marx der Sozialismus ja nur aus der vollen Entwicklung des Kapitalismus hervorgehen könne. Eine solche Art zu denken wiederholt abermals den schon mehrfach aufgezeigten Trugschluß, daß, was an der kapitalistischen Entwicklung notwendig ist, eben deshalb auch als eine Notwendigkeit der Politik des Proletariats zu betrachten sei. Nach dieser Logik hätte der Sozialismus nie für Arbeiterschutzgesetze eintreten dürfen, da sie ja auch in gewissem Sinne Hemmnisse der kapitalistischen Expansion sind. Für das ungestörte Sich-Ausleben des Kapitalismus und Imperialismus braucht wahrhaftig das Proletariat sich keine Sorgen zu machen. Seine Sache vielmehr ist es, so sicher und unbeirrbar, wie der Kapitalismus eine geschichtliche Tendenz der Entwicklung in den Gang der Dinge einzeichnet, ebenso klar und bewußt die andere Tendenz seiner eigenen Interessen zur Geltung zu bringen.

Dies scheint um so nötiger, als vielleicht heute schon vielen deutlicher geworden ist, weswegen seit langem schon wenige Weiterblickende Besorgnis hegten, daß die beiden Hauptrichtungen sozialistischer Betätigung in den letzten Jahren, die gewerkschaftliche und parlamentarische, allzusehr aus der Funktion bloßer Mittel zum Zweck herausgetreten und *Selbstzweck geworden* waren. Diese Wandlung der Mittel mußte auch den Geist der ganzen Parteiarbeit beeinflussen, für den es ein gewaltiger Unterschied ist, ob ihm die Überwindung des Klassengesetzes das stets gegenwärtige Ziel sozialistischer Politik ist oder nur ihr schöner, aber recht ferner Prospekt. Ein Sozialismus, der den Kurs seiner Politik ganz wesentlich nach dem Umfang der Mitgliederlisten seiner Gewerkschaften richtet und nach der Zahl der abgegebenen Stimmen bei den Wahlen zu den Vertretungskörpern, der mußte natürlich zu dem Ideal des Geschäftsdieners kommen, das über den unmittelbaren Nutzen und Erfolg nicht hinausblickt. Für ein solches Proletariat gilt der Satz des *Kommunistischen Manifestes* nicht mehr, daß es nichts zu verlieren habe als seine Ketten. Es liegt vielmehr durch die Rücksichten auf seinen materiellen und politischen Besitzstand in ärgeren Ketten als je zuvor, da sie nicht nur seine Bewegungsfreiheit, sondern mehr noch seinen Geist fesseln.

Wenn wir uns eines in diesen schweren Tagen eingestehen wollen, was wertvoll ist, weil es nicht entmutigt, sondern den Anfang der Besserung enthält, so ist es dies: nicht über das Versagen der Internationale zu klagen, was bei manchen sogar mit gewisser Schadenfreude geschieht, weil sich doch die nationale Idee stärker erwiesen habe, sondern zu erkennen, daß die Internationale versagte, weil sie zu wenig sozialistisch war. Sie versagte im Kampf der Nationen, weil sie, so paradox dies klingt, schon früher versagt hatte im Kampf der Klassen, das heißt, weil aus dem Sozialismus, der nichts anderes sein wollte als die bewußtgewordene geschichtliche Tendenz der Überwindung der Klassengegensätze, geworden war eine Bestrebung zur Verbesserung der Lage des Proletariats bloß *innerhalb* der kapitalistischen Gesellschaft. Gewiß ist auch dieses Werk ein eminentes Kulturwerk gewesen, und es ist unerläßlich, an den Vorbedingungen der Emanzipation des Proletariats zu schaffen. Allein wenn das, was bloße Vorbedingung sein soll, zum Endziel aller Politik des Proletariats wird, so bedeutet dies eine Einschränkung seines historisch schaffenden Bewußtseins, die es um alle entwicklungsgeschichtliche Bedeutung bringen, ja auf die Gemeinplätzlichkeit einer nur etwas radikaleren Brotinteressenverfechtung herabdrücken muß.

Die momentane Überrumpelung des Sozialismus durch den Imperialismus, der die Welt in den jetzt tobenden Krieg gestürzt hat, von dem man nur sagen kann, daß er trotz der Riesenopfer, die er fordert, ökonomisch alles beim alten lassen wird, sie konnte doch an dem theoretischen Gefüge des Sozialismus nichts ändern. Wir haben nicht umzulernen, wie manche übereifrig meinten, weil sie einst Gelerntes schon vergessen hatten, sondern höchstens zuzulernen, was sich aus der Anwendung der alten Prinzipien auf die neuen Erfahrungen ergibt. Und da ist es vor allem eines, was sich uns aufdrängt: daß nicht unsere Theorien falsch gewesen sind – haben sie uns doch die heutige Weltkatastrophe vorausgesagt in ihrer inneren Notwendigkeit, so daß es kein großartigeres Beispiel der Bewährung einer Theorie gibt als gerade diesen angeblichen Sieg des Kapitalismus über den Sozialismus. Nicht unsere Ideen waren falsch, sie sind nur noch zu wenig lebendig in den Massen. Auch sie zeigen das Geschick alles Großen in der Geschichte, daß sie den Ereignissen vorauseilen. Es ist ein tiefer Schmerz für uns, heute zu sehen, wie sehr die Gedanken des völkerverbindenden Sozialismus unserer Zeit noch voraus waren. Machen wir diesen Schmerz nicht zu einem unheilbaren dadurch, daß wir diese Gedanken deshalb verwerfen.

Zwei Jahre . . . !

Weltkriegsbetrachtungen eines Sozialisten

Einleitung

Die vorliegende Sammlung von Betrachtungen, die zu verschiedenen Zeiten während des Krieges entstanden sind, bedarf vielleicht einiger Worte der Einleitung. Denn möglicherweise wird sie einem Einwande begegnen, der zwar kurios genug ist, wie die ganze Kriegstheodizee selbst, der aber doch gerade einem Marxisten nicht gleichgültig sein kann. Alle die folgenden Betrachtungen haben nämlich ihre innere Einheit darin, den ungeheuren Selbstwiderspruch des Krieges aufzuzeigen. Von allen Seiten her sind sie bemüht, die durch Vorurteile, Denkfaulheit und Abstumpfung aller Art immer wieder sich dem Bewußtsein entziehende Erkenntnis von der *Untermenschlichkeit* jedes Krieges wachzuhalten und den furchtbaren Zusammenbruch darzulegen, den dieser Krieg nicht bloß für unsere wirtschaftliche Kultur, sondern für unser Geistesleben bedeutet. Diesem allen wird nun entgegengehalten werden, daß eine solche Kritik des Krieges doch eigentlich ganz unmarxistisch sei. Denn sie verkenne die Notwendigkeit der geschichtlichen Entwicklung überhaupt und die des Krieges im besonderen, die sich unerbittlich aus den ökonomischen Bedingungen der Zeit ergeben habe und sich wenig um die Beurteilungen und Sentimentalitäten einzelner Kulturschwärmer kümmere. Daß der Krieg weh tut, sei ja eine nicht zu leugnende Tatsache, aber – hier kommt der "sentimentale" Schiller zu Ehren –

> "es ist der Krieg ein rauh gewaltsam Handwerk,
> man kommt nicht aus mit sanften Mitteln."

Darüber die historische Wirkung und Größe des Krieges zu übersehen und nur über sein Weh und Ach zu greinen, sei pure Ideologie und schwächliche Wehleidigkeit.

Dieser oft gehörte Einwand ist voll der gröblichsten Mißverständnisse. Was zunächst den Vorwurf der Sentimentalität und Wehleidigkeit betrifft, so bleibe dahingestellt, ob er nicht eher ein Vorwurf mangelnder geistiger Dickhäutigkeit ist. Jedenfalls wird ganz verkannt, daß es sich hier nicht um die Aufzeigung und Beklagung der sogenannten Kriegsübel handelt, sondern um *Kritik des Krieges* selbst. Um einmal den Standpunkt dieser Betrachtungen ganz genau anzugeben, möchte ich betonen, daß ich den Ausdruck "Kriegsübel" für eine völlig gedankenlose und verderbliche Begriffsbildung halte. Der Krieg selbst ist das Übel: ihn einmal zugegeben, gibt es keine Kriegsübel mehr, so wenig das Bauchaufschneiden ein Übel der Laparotomie ist. Dann gilt es, Schillers Wort von dem rauh-gewaltsamen Handwerk des Krieges nicht bloß zu zitieren, sondern unerschrocken, wenn auch tief erschüttert, zu Ende zu denken. Und daraus ergibt sich sofort, daß alle die sogenannten Kriegsübel nicht nur notwendige, sondern auch in viel weiterem Umfange, als dies selbst viele Kriegsbejaher zugeben wollen, nicht zu tadelnde Mittel eben dieses Krieges sind. Der Vorwurf der Sentimentalität und Wehleidigkeit prallt hier in einer noch nicht genügend beachteten Weise auf seine Urheber zurück. Denn die Phrase von der Humanisierung des Krieges, von der Einschränkung seiner Greuel durch Völkerrecht und Menschlichkeit ist es zumeist, was der Mehrzahl der Kriegsverfechter überhaupt die moralische Disposition für ihre Stellungnahme verschafft. Aber was ist dies anderes

Zwei Jahre...!

Weltkriegsbetrachtungen eines Sozialisten.

Von Max Adler.

Nürnberg 1916
Verlag und Druck der Fränkischen Verlagsanstalt & Buchdruckerei G. m. b. H.

als eine scheuklappige Sentimentalität, die vor dem Eingeständnis der letzten Konsequenzen zurückbebt, die der Krieg doch überall selber zieht, wo es not tut. So ist es vom Standpunkt der Kriegsbejaher doch nur eine wehleidige Illusion, über Menschenvergeudung im Kriege zu klagen und deshalb, als ob sie vermeidbar wäre, gegen irgendeine Seite im Kriege Vorwürfe zu erheben. Denn ein Feldherr, der erkennt, daß er mit der Aufopferung von Hunderttausenden vorgehen muß, weil er trotzdem mit seinen letzten Zehntausenden Sieger bleibt, würde seine Pflicht verletzen, wenn er jenes fürchterliche Opfer nicht brächte. Den Feind mit Flammen und Giftgasen zu bekämpfen ist ein Mittel wie jedes andere – und jede moralische Entrüstung darüber unangebracht, sobald man den Krieg selbst nicht unmoralisch findet. Und die Vernichtung feindlicher Handelsschiffe wie auch der Luftangriff auf das feindliche Hinterland, diese entsetzliche Ausdehnung des Krieges auf die friedliche Bevölkerung, die uns erst der jetzige Krieg gebracht hat, kann eigentlich von denjenigen, die den Krieg selbst als ein völkerrechtliches Mittel prinzipiell anerkennen, nur infolge einer ganz rückständigen und unhistorischen Auffassung des Wesens moderner Kriege als völkerrechtswidrig getadelt werden. Die verbreitete Anschauung nämlich, daß der Krieg bloß ein Kampfzustand der beiderseitigen Kombattanten ist, so daß die friedliche unbewaffnete Bevölkerung gleichsam gar nicht im Kriege steht, ist durchaus kein Fortschritt in der Auffassung des Krieges, sondern vielmehr ein Überbleibsel aus der absolutistischen Zeit, da der Krieg und die Politik wirklich nur eine Sache der Regierenden war, um die diese allein sich zu kümmern brauchten, während der brave Untertan sich darein nicht mehr zu mischen hatte, als er hineingemischt wurde. Es ist kein Zufall, daß es gerade einer der absolutistischsten und militaristischsten Regenten war, Friedrich der Große, der bereits den als so fortschrittlich ausgeschrienen Grundsatz der Einschränkung des Krieges auf die Kombattanten zur idealen Forderung erhebt, wenn er sagt, der friedliche Bürger solle es gar nicht merken, wenn die Nation sich schlägt! Man sieht sofort die heutige Widersinnigkeit einer solchen Anschauung; sie war möglich in einer Zeit, in welcher noch keine Volksheere existierten und noch keine Volksinteressen, wirkliche oder vermeintliche, die Politik bestimmten. Heute wirkt die Trennung eines kriegführenden Teiles des Landes und eines unbeteiligten Hinterlandes, die in früheren Kriegen eine Tatsache war, mit ihren völkerrechtlichen Konsequenzen *(Franctireurs!)* wie eine unnatürliche Fiktion. Der Krieg hat das ganze Land und das ganze Volk ergriffen, aus dem ganzen Land, aus seiner ganzen Arbeit und Bevölkerung zieht er überall die Kraft des Widerstandes, die in den Fronten bloß zum letzten Ausdruck kommt. Und darum erscheint in dem erbarmungslosen Vernichtungskampf, den heute ganze Völker gegeneinander führen, dem Volksempfinden, das dem Kriege erlegen ist, jede Schranke als unverständlich und schwächlich. Warum sollte auch der Gegner nicht überall dort getroffen werden dürfen, wo er getroffen werden kann? Weil am Ende bei entschlossener und rücksichtsloser Verfolgung dieses Grundsatzes der Krieg sich selbst unter seinen Ruinen und Gräbern begraben würde? Allein – dann würde er wenigstens in seiner wahren Gestalt vor aller Augen stehen, als das Untermenschliche, Atavistische und Widersinnige schlechtweg, statt daß er jetzt durch die romantische Vortäuschung eines Zweikampfes nach festen, chevaleresken Regeln, die nirgends gelten als in den Ehrenkodices des Völkerrechts, das Urteil und Empfinden der Massen irreführt. Wer beides wieder zurechtzubringen strebt durch die stete Aufzeigung dieser Beschaffenheit des Krieges selbst, verfällt also wahrlich keiner Sentimentalität; er macht im Gegenteil die Energie des Denkens und Fühlens mobil, die imstande ist, das ganze Grauen des Kriegsproblems sich stets gegenwärtig zu halten, um es anders zu überwinden als durch die Inkonsequenz seiner "Humanisierung".

Auf den anderen Vorwurf, die ökonomische Notwendigkeit des Krieges und damit auch die seiner Leiden verkannt zu haben, brauche ich hier nicht so ausführlich einzugehen. Was darüber zu sagen ist, habe ich schon in meiner Schrift *Prinzip oder Romantik*[1]) zu Anfang des Krieges auseinandergesetzt. Es handelt sich bei diesem pseudomarxistischen Einwand um eines der seltsamsten, aber darum doch recht häufigen Mißverständnisse der materialistischen Geschichtsauffassung: nämlich zu meinen, daß die aufgezeigte ökonomische Notwendigkeit

[1]) Im selben Verlage wie diese erschienen, 2. Aufl. 1915, besonders Kap. III.

einer geschichtlichen Entwicklungsrichtung auch gleichzeitig ihre theoretische und moralische Richtigkeit erweise. So meint man durch den ökonomischen Nachweis, daß das Proletariat überall den Krieg zu seiner Sache gemacht hat, auch erwiesen zu haben, daß dies überall sein proletarisches Interesse war. Und ebenso soll auch hier gefolgert werden, daß, da der Krieg ökonomisch notwendig war, alle seine Folgen, also auch die Kriegsübel, notwendige Entwicklungsfaktoren der Geschichte seien. Man beliebt, eine solche Art zu denken auch gewöhnlich als die eigentlich realistische gegenüber einer ideologischen zu charakterisieren, weil man sich an die Tatsachen halte, die man so hinnehme, wie sie nun leider einmal sind, statt sie zu schulmeistern.

Demgegenüber ist nur zu sagen, daß eine solche Anwendung der materialistischen Geschichtsauffassung sie wirklich zu jenem Popanz machen würde, den unsere bürgerlichen Gegner aus ihr werden ließen; denn sie bedeutet die Abdankung jedes bewußten Faktors in der Geschichte, der mehr wäre, als das bloße Erleben der geschichtlichen Entwicklung. Zu den Tatsachen, von denen der Marxist ausgeht, gehört auch immer der Wille der Klassen, und ihn beim Proletariat aus einem unbewußten, der die Dinge bloß hinnimmt, zu einem zielbewußten, der sie ändert, zu machen, ist der Lebensgedanke der Lehre von Karl Marx. Die Analyse der ökonomischen Notwendigkeit kann daher für die marxistische Auffassung nie etwas anderes bedeuten als bloß die Beschaffung der realen Grundlage für seine gesellschaftliche Aktion, für den umschaffenden, die Zukunft gestaltenden Willen. Die Tatsachenfeststellung der Marxisten ist keine Inventarisierung zu konservierenden Besitzes, sondern theoretische Kritik zur Neugestaltung. Von ihr gilt das Wort des jungen Marx, mit dem allein auch der Marxismus jugendstark bleiben kann: "Es ist ein psychologisches Gesetz, daß der in sich freigewordene Geist zur praktischen Energie wird, als *Wille* aus dem Schattenreich des Amenthes hervortretend, sich gegen die weltliche, ohne ihn vorhandene Wirklichkeit kehrt." Zu dieser gehören alle die überkommenen, ohne den Willen des Proletariats gewordenen Verhältnisse und Zustände, vor allem aber als nicht geringste Macht die überkommene Ideologie. Das Proletariat kann seinen von der Kritik der politischen Ökonomie gelenkten Weg nur gehen, wenn es sich eigene Anschauungen, eigene Urteile, eigene Gefühle herausgebildet hat, die *seiner* Klassenlage und *seinen* Klassenzielen entsprechen. Sicherlich erfolgt die Umwälzung der alten ökonomischen Grundlagen durch die neuen ökonomischen Kräfte, *aber nur vermittels einer neuen Ideologie,* die eben jene des *sozialistischen* Proletariats sein muß. Die ökonomischen "Tatsachen" allein führen zu keinem Sozialismus ohne die andere Tatsache einer solchen proletarischen Ideologie, das heißt einer in seiner Gegensätzlichkeit zur bürgerlichen Welt streng durchgebildeten Geistes- und Willensrichtung des Proletariats. Die Ausbildung einer solchen ist in den letzten Jahren vor dem Krieg arg zurückgeblieben, was nicht zuletzt ein Grund für den Zusammenbruch der Internationale war. Am gefährlichsten wurde sie aber dann durch die Kriegsideologie und die mit ihr zusammenhängende Staatsideologie überrannt, die, im wesentlichen imperialistisch und ein Ausdruck der Interessen des nationalen Kapitalismus, das Proletariat überall zu den eigentlich Besiegten dieses Krieges machen mußte. Die Kritik der Kriegsideologie, wie sie in den folgenden Betrachtungen versucht wird, ist also weit entfernt davon, pure Ideologie zu sein. Sie ist im Gegenteil eine energische Bemühung, das Denken und Fühlen des Volkes aus der Verstrickung in eine ihm fremde Ideologie zu seinen wirklichen Interessen zurückzuführen und damit das Werk der ökonomischen Analyse des Marxismus *auch ideologisch fortzusetzen.* Denn die Analyse der alten Bewußtseinsformen – was Marx die Reform des Bewußtseins genannt hat – ist nur die andere Seite der ökonomischen Kritik, der ohne sie alle gesellschaftsändernde Kraft fehlen würde. *Reform des Bewußtseins* war das erste Wort, mit dem das geschichtliche Werk des Proletariats eingeleitet wurde. Es bleibt auch das einzige, mit dem es sein Werk wird ausführen können.

Wien, am Ende des zweiten Kriegsjahres.

Die Pflicht zur Kultur

Zu Anfang des Krieges

Zu einer Zeit, da Millionen unserer Mitbürger im Felde stehen und zur unaufhörlichen Lebensgefahr auch noch alle Unkultur und Barbarei des Kriegslebens aushalten müssen, scheint es nichts Unzeitgemäßeres, ja fast Aufreizenderes zu geben, als von den Sorgen der Bildungs- und Kulturarbeit bei den Zurückgebliebenen zu reden. Denn direkt Unsittliches scheint vielen in einer solchen Zumutung zu liegen, wenn es selbst nichts Unmögliches wäre, wie andere meinen. Wie? Während da draußen Pulver und Blei unter unsäglichen Opfern rastlos ihr unabsehbares Werk betätigen, sollten die Zurückgebliebenen eine friedvolle Ruhe über Büchern und unter Künsten suchen? Während auf den weiten Schlachtfeldern im Westen und Osten und Süden unzählige Brüder, deren Denken und Sinnen auch gern allem Lichte der Kulturgüter zugewendet geblieben wäre, auf immer von ihm scheiden müssen, sollten wir für etwas anderes Sinn haben als für ihren heißen Kampf, der doch auch der unsrige ist und dessen Energie wir etwas zu nehmen scheinen, wenn wir auch nur zeitweilig die Gedanken von ihm ablenken?!

Wer möchte es leugnen, daß solche Bedenken und Stimmungen wohl jeden von uns heimsuchen, wenn er die Mahnungen jener Macht verspürt, die nun doch einmal den Grund unseres Daseins trägt und alle Hoffnungen unserer Zukunft: die Mahnungen und Forderungen eines Geisteslebens. Allein es gehört nur zu den vielen furchtbaren Wirkungen des Krieges überhaupt, daß er der kulturellen Arbeit selbst dort, wo sie noch möglich bleibt, die Selbstgewißheit und die richtigen Maßstäbe ihres Wertes rauben möchte, die einer sorgfältigeren Überlegung freilich sich wieder sofort einstellen müssen. Denn das alte, jetzt viel zitierte Wort, daß unter den Waffen die Musen schweigen, gilt nicht mehr von dem Kriege dieser Gegenwart, der bereits so viele alte Wahrheiten Lügen gestraft hat. Gerade dieser heutige Krieg, der größer und schrecklicher ist, als je einen die Welt gesehen hat, läßt uns eine neue Einsicht gewinnen, nur daß sie ihren ganzen Sinn in der Welt des Kapitalismus noch nicht bewähren kann: daß die Entwicklung der modernen Kulturstaaten bereits bis zu einem solchen Grade reicher Differenzierung ihrer Lebensbetätigungen und Interessen gediehen und zu solcher Kraft der Erhaltung in diesen mannigfachen Funktionsweisen ihres Daseins gelangt ist, daß selbst dieser Weltkrieg sie nicht allseitig zu lähmen vermochte.

Wie ist diese merkwürdige Erscheinung zu erklären? Sie war nur möglich, weil die modernen Großstaaten bereits *gesellschaftliche Organisationen* mit einem so starken Eigenleben darstellen, daß ihre Regelung durch den *Staat* längst nicht mehr ihren ganzen, ja auch nur wesentlichen Inhalt zu erfassen vermag. Das Dichterwort "in Deinem Lager ist Österreich", das heute jeder Staat wohl von seiner Wehrmacht gelten lassen möchte, bezeichnet trotz des scheinbaren dröhnenden Gegenbeweises des Krieges doch eine überwundene Phase der gesellschaftlichen Entwicklung. Denn trotz der riesigen Volksmenge, die überall unter die Waffen gerufen wurde, machen jene Armeen in aller ihrer nie dagewesenen Größe und Macht doch nur erst einen Teil dieses Eigenlebens der Gesellschaft aus. Dieses aber wird ebenso getragen von der Unentrinnbarkeit der Kultur- und Wirtschaftszwecke im heutigen Staate, ohne deren ungestörte Befriedigung sofort auch seine Wehrkraft zusammenbräche, wird ermöglicht durch das ausgebildete System seiner wirtschaftlichen und technischen Einrichtungen, die einen funktionsbereiten Apparat darstellen, dessen Bedienung – biologisch gesprochen – nur zu vikariieren war, so wie im tierischen Organismus zuweilen ein Organ für das andere einspringt.

Ohne dieses gewaltige Eigenleben der staatlichen Organismen oder, besser gesagt, der *Gesellschaft im Staate,* hätte ein solcher Auszug fast der gesamten arbeitsfähigen männlichen Bevölkerung, ein solcher wirklicher Aufbruch der Nation in den Krieg unter Mitnahme der unzähligen Pferde, Wagen und technischen Behelfe, der riesigen Massen von Vieh und Lebensmitteln aller Art und der zur Bestreitung der Kriegszwecke nötigen Bargeldmengen das Land in der Erstarrung einer plötzlichen Invalidität und Verarmung zugleich zurücklassen müssen. Jetzt aber verstärkte er nur überall den Willen, die wirtschaftlichen Grundlagen des Gemeinwesens zu erhalten, der zwar sicherlich nicht als das zu betrachten ist, als was er in dieser bürgerlichen Welt des Klassengegensatzes angestaunt wird, als eine überraschende Solidarität der Volksgenossen, doch aber als zielbewußte Tätigkeit, die wirtschaftlichen Schäden des Krieges auf das Unvermeidliche einzuschränken. Und so trat immer deutlicher hervor, daß es Pflicht der Zurückgebliebenen sei, das Wirtschaftsleben so viel als möglich in seine alten Bahnen zurückzuführen, weil nur durch die Normalität des Ganzen dieses instand gesetzt war, die Abnormalität des Krieges so auszuhalten, wie der Organismus ein Übel, ohne selbst im Ganzen ergriffen zu werden, auf einen engbegrenzten Körperteil einschränkt und dort zur Ausheilung zu bringen vermag.

Diese Pflicht der Rückkehr zur Normalität oder eigentlich zur Erhaltung der Kraft des ganzen Gemeinwesens in allen seinen Funktionen besteht nicht minder wie im Wirtschaftsleben auch im Geistesleben. So wie der beendigte Krieg keine zerrüttete Wirtschaft vorfinden soll, die ihn schließlich um die Früchte des Sieges bringen kann, so darf er auch kein verwüstetes Geistesleben antreffen. Und wahrlich, die Gefahr ist nach dieser Richtung nicht geringer als nach jener. Nicht bloß wirtschaftliche Werte zerstört der Krieg; er ist durch die bittere Notwendigkeit, für welche Menschenleben und Kulturgüter keinen Wert haben dürfen, wenn sie dem jetzigen Zweck im Wege stehen, den er haben kann, dem Zwecke des Sieges, zugleich eine Bedrohung aller individuellen Ansätze einer edleren Auffassung von der Bestimmung des einzelnen und der Völker, wirft sie wieder zurück in die auch geistige Beschränktheit und Isolierung ihrer nationalen und staatlichen Grenzen und erhebt den bloßen Kultus der Kraft zum einzigen Ideal. Gewiß weckt auch der Krieg ungeheure seelische und sittliche Energien, indem er die Scheuklappen des Eigennutzes und des Kleinmutes wegreißt, indem er die Menschen ihre soziale Solidarität erkennen läßt, ihren Opfermut aufruft und vielen sonst nur zu sehr im bettelhaften Alltag sich verlierenden Gemütern Richtpunkte setzt, die sie dem Idealismus der Gesinnung näherbringen. Bedenkt man aber, daß jene Solidarität doch nur eine solche bitterster Not ist und dieser Idealismus mehr Paroxismus als Gesinnung, vergißt man überdies niemals, wie sehr gerade die Tugenden des Krieges: grimmiger Kampfesmut, rücksichtslose Nichtachtung des eigenen und fremden Lebens, Wildheit des Angriffs, mitleidslose Vernichtung des Gegners, Freude an reinem Schaden und Fähigkeit zum Hassen, ebenso viele Schwächen, ja Schädlichkeiten des sozialen Lebens darstellen, dann versteht man die Sorge, die alle großen Geister des Kulturlebens von der Rückwirkung solcher Erlebnisse auf die Masse des Volkes haben mußten, so daß schon Kant gegenüber den unleugbaren moralischen Wirkungen des Krieges gleichwohl an das Wort des alten griechischen Denkers erinnern zu müssen glaubte: "Der Krieg ist darin schlimm, daß er mehr böse Leute macht, als er deren wegnimmt." Und aus einer ähnlichen Empfindung heraus schrieb Schiller, der sicherlich für das Heroische des Krieges – "doch auch der Krieg hat seine Ehre" – nicht fühllos war, an Lotte: "Ich mache den Schweizern die Tapferkeit und den Heldenmut nicht streitig – nichts weniger. Aber ich danke dem Himmel, daß ich unter Menschen lebe, die einer so großen Handlung, wie die Tat des Winkelried ist, nicht fähig sind. Ohne das, was die Franzosen *ferocité* nennen, kann man einen solchen Heldenmut nicht äußern; die Heftigkeiten, deren der Mensch in einem Zustand roher Begeisterung fähig ist, kann man *der Gattung bloß als Kraft, aber dem Individuum nicht wohl als Größe* anrechnen."

Wenn sich auch Schiller darin irrte, daß er die Menschen seiner Zeit nicht mehr der Tat eines Winkelried fähig hielt, weil seinem der Menschheitskultur vorauseilenden Geiste, dem die Welt schon vergeistigter erschien, als sie noch war, dies nicht mehr nötig schien, wenn vielmehr gerade im heutigen Kriege von unzähligen Helden im einfachen Soldatenrock, deren Namen keine Geschichte aufbewahrt, Winkelried-Taten geschehen, unter viel größeren Schrecknissen, als sie je sonst Kriege erzeugten, so sind doch Kants und Schillers Worte geeignet, das im Enthusiasmus über solche Taten leicht ausschwärmende Urteil zur richtigen und notwendigen Wertung zurückzubringen. Und dann erkennen wir, daß das, was als der moralische Gewinn des Krieges anzuerkennen ist, doch auch nur dem großen sozial-psychologischen Gesetz aller Massenwirkungen unterliegt: *daß es unweigerlich das Niveau senkt,* welches im langsamen, aber sicheren Fortschritt der Bildung und Gesittung bereits für einen stets wachsenden

Durchschnitt erreicht war. Nur der energische Wille jedes einzelnen, an den Errungenschaften festzuhalten, die ihm bereits im Frieden teuer geworden sind und sein Leben erst inhaltsvoll gemacht haben, nur die stete Entschlossenheit, dies alles gerade jetzt nicht fahrenzulassen, wo es so leicht einer auch in das eigene Innere eindringenden Massensuggestion erliegen könnte, nur eine solche Geistesverfassung wird auch auf diesem Gebiete Güter erhalten, die nicht weniger nötig sind als die wirtschaftlichen, um die Kraft des Ganzen zu bewahren. Dies zu tun ist geradezu eine Pflicht der besonderen Arbeitsteilung, die der Krieg der Gesellschaft auferlegt. Denn den Mann im Felde, so innig ihm, sei er Arbeiter oder Intellektueller, sonst sein ganzes Wesen dem Wirken im Reiche der Geister vermählt sein mag, hat jetzt die eherne Notwendigkeit aus diesem Bunde herausgerissen. Er mußte die Musen lassen, wenn auch sie nicht ihn. Aber was für ihn zu einer leidvollen Unmöglichkeit geworden, das darf die anderen, die nicht zu den Waffen gerufen wurden, oder doch, solange dies nicht geschehen, nicht von der Pflicht abbringen, durch die bewußte und energische *Aufrechterhaltung aller Traditionen des Friedens,* aller Ideen der Menschheitskultur schon inmitten der Rüstung des Krieges an der Rüstung des Friedens zu arbeiten. *Abbau der Kriegsgesinnung,* Abrüstung aller Glorifizierung kriegerischer und heldischer Vorstellungen, besonders in der Tagespresse und in der Jugenderziehung, dagegen Mobilisierung der Gedanken und Gefühle, die ebenso für die Verständigung der Völker zu streiten imstande sind wie die Waffen heute für ihre Verteidigung – das muß das Kulturprogramm des Hinterlandes im Kriege sein.

Und man glaube ja nicht, daß die jetzige kampferfüllte Zeit keinen Raum hat für dieses Kulturinteresse, für die Sorge um die echten Ideen des Geistes und der Moral. Man glaube ja nicht, wie ein gedankenloser, viel gebrauchter Einwand meint, daß man dies alles aufschieben könne bis nach dem Kriege – wissen wir, wie lange er dauern wird? –, daß man alle diese tieferen Interessen so für einige Zeit beiseite lassen kann, wie man etwa ein Buch beiseite legt, um später in ihm weiterzulesen. Auch ein Buch, das man zu lange hat liegen lassen, kann man oft nicht einfach weiterlesen, sondern muß wieder von vorn anfangen, und glücklich noch der, der wieder anfangen kann oder nicht am Ende das Interesse verloren hat an seinem Gegenstand oder das Verständnis für seine Sprache, so daß es ihm jetzt nichts mehr sagt. Wer immer daher seine Bücher jetzt aufschlagen kann, wer immer in der Lage ist, an der geistigen Rüstung seines Volkes zu arbeiten, wenn auch in keiner anderen Form als in der der eigenen Arbeit auf dem gewohnten Felde seiner geistigen oder künstlerischen Bestrebungen oder in dem persönlichen Streben nach tieferer Bildung seines Denkens und Fühlens, der tue es nicht nur, sondern fühle die Pflicht hierzu. Er wisse, daß jedes Einzelgemüt und jedes Einzeldenken, das auf diese Weise der heroischen Verwilderung des Krieges entzogen wird, ein Element mehr wird auch für die intellektuelle und moralische Überwindung des Krieges und dadurch für die Vorbereitung des Friedens nicht nur, sondern noch mehr für seine schließliche Gestaltung. Er wisse also, daß während er so nur für sich oder an sich zu arbeiten scheint, er doch zugleich ein höchstes Interesse der Allgemeinheit versorgt, das mit zu dem historischen Werk gehört, das die Waffen jetzt schaffen: die Erarbeitung und Sicherung einer geistigen Verfassung, die dem kommenden Frieden alle kulturellen Güter unseres Friedensbesitzstandes ebenso unvermindert übermachen soll wie die wirtschaftliche Sorgfalt die Ungestörtheit seiner ökonomischen Kräfte.

Ganz besonders aber müssen wir Sozialdemokraten eine solche Pflicht der Kulturarbeit im Kriege verspüren, eine Pflicht zur Bewahrung *unserer eigenen sozialistischen und internationalen Kultur.* Ist doch das Ideal einer solidarischen Menschheitsentwicklung, ein Leben der Völker in Freiheit und Frieden, das einen Kampf zwischen ihnen nur mehr als Wettkampf aller kulturfördernden Kräfte kennt, geradezu zur Lebensbedingung des sozialistischen Emanzipationsstrebens des Proletariats geworden. Darum hat es auch, soweit es von diesem wirklich umwälzenden Geiste durchdrungen ist, die Kulturkraft seiner Bestrebungen nie als bloße Klassenbewegung der Arbeiter gewertet, sondern als ein geschichtliches Mittel der allgemeinen Kulturentwicklung selbst, der Verwirklichung einer neuen solidarischen Völkerwelt durch Beseitigung aller jener Entzweiungsmomente, die aus dem Wesen des Kapitalismus heute ihre innere und äußere Befriedung unmöglich machen. Und gerade weil dieser Krieg in den Zwist der

Staaten auch die Proletariate so unselig verstrickt hat, daß sie vielfach an ihren besten Ideen irre geworden sind und in dem Strudel bürgerlicher Vergangenheitsanschauung ihre Zukunftsgedanken zu verlieren in Gefahr sind, ist es um so nötiger, in diesem historischen Zwang, der die Proletariate gegeneinanderstellt, *ihre geistige Freiheit* nicht zu verlieren, die sie wieder zusammenzuführen vermag, ja schon inmitten des Krieges zu vereinigen imstande wäre. Wir müssen Krieg führen mit unseren Zeitgenossen, weil diese Zeit des Kapitalismus es uns noch nicht anders gestattet; aber wir müssen und dürfen es nicht gegen unsere Ideen, die diese Zeit überdauern und um so eher überwinden werden, als wir sie nicht selbst im Stiche lassen.

Große Zeit

Eine Märzbetrachtung

Selbst in diesen Tagen des blutigsten Völkerkrieges, da jeder Augenblick voll ausgefüllt ist von dem angespanntesten Interesse an der Gegenwart und nächsten Zukunft, durchbricht doch auch diesen Bann die Wiederkehr der Märztage, die teure und heute ganz neuartig uns anmutende Erinnerung an ein anderes Völkerringen, an den glorreichen, unvergeßlichen Völkerfrühling von 1848. Auch dies war ein blutiger, schmerzvoller und opferreicher Kampf; die Märzereignisse in Berlin, die Julischlacht in Paris, die Oktoberkämpfe in Wien, die Schlachtfelder in Ungarn ließen die Opfer des kurzen Freiheitstraumes der Völker zu Zehntausenden anwachsen. Aber geschlagen, besiegt, im Blute seiner Besten erstickt auf dem Kampffeld und erwürgt auf dem Schafott, bleibt der Freiheitskampf des Jahres 1848 eines der mächtigsten Ereignisse der Geschichte, und, ob er gleich nur ein bürgerlicher Kampf war, eine der stolzesten Erinnerungen auch des Proletariats, das in ihm ausgehalten hatte, bis zum Ende. Eine wahrhaft große Zeit ist es, die in dem Andenken an die Revolution von 1848 alljährlich den Geist, der nachschaffend und nacherlebend in die Vergangenheit zu dringen weiß, immer wieder mit ihrem Zauber gefangennimmt und ihn besonders jetzt erkennen läßt, was die *moralische Größe einer Zeit* unterscheidet bloß von der *dynamischen* Größe der in ihr vorgehenden Ereignisse. Denn was bedeuten die Blutopfer der Jahre 1848 und 1849 gegen die Blutströme der Kriegsmonate des jetzigen Krieges? Und wie gering, um nicht zu sagen gar nichts, waren die schließlichen Errungenschaften der Freiheitsbewegung von 1848! Und doch erlebten schon die Zeitgenossen diesen Kampf überall als einen Völkerfrühling, als einen Gewinn für das Bewußtsein von Mündigkeit und Selbständigkeit der Völker, wie immer er auch diesmal ausgehen würde, als einen Krieg der Freiheitsinteressen aller Völker gegen ihre Unterdrücker, kurz als einen kraftvollen und zielbewußten Schritt der Menschheitsentwicklung überhaupt. In dieser Empfindung wußten sich die Nationen alle einig, ohne daß sie sich irgendwie vorher auf diese Einigkeit vorbereitet hätten. Sie brach hervor aus ihren Lebensbedingungen, sie erwuchs von selbst durch die überall in gleicher Weise hervorbrechenden Freiheitstriebe des Bürgertums und des Proletariats, so wie die ersten Blumen überall unter derselben Zone in gleicher Weise die Schneedecke durchbrechen und nun verkünden: der Frühling ist da.

Wer möchte in dem heutigen Völkerringen auch nur entfernt etwas Ähnliches aufzeigen können? Daß in ihm nirgends der erwärmende Gedanke eines Völkerfrühlings, eines Völkerfortschritts Platz finden kann, ist ohne weiteres klar, da er ja die Völker gegeneinanderführt und so der Fortschritt der einen nur möglich ist auf Kosten der anderen. Aber auch in jedem einzelnen Volke ist alles Empfinden, soweit es nur frei ist von den Verlogenheiten und Selbsttäuschungen nationaler Ideologien, die ihm ein Interesse des Volksganzen vorspiegeln, wo doch nur Sonderinteressen gebieten und zwingen, beschränkt auf den notwendigen und bitteren Entschluß des Durchhaltens. In ihm kann ein Volk zwar sicherlich auch Größe seines Charakters betätigen und vermag daraus ein Gefühl stolzer Selbsterkenntnis der eigenen Tüchtigkeit zu gewinnen; aber mit alledem verstärkt es doch nur die Tendenzen zur Völkerentzweiung, die es überwinden sollte und möchte.

Es ist der tiefe Unterschied, der die eigentliche geistige und moralische Größe einer Zeit ausmacht, ob die Völker in den Ereignissen derselben *mit eigenem Willen* stehen oder ob sie, bloß dahin gerissen von ihr, sich ihre Ziele und Interessen diktieren lassen von den durch sie geschaffenen Zwangssituationen und Zwangssuggestionen. Wie jedes Volk und jede Regierung von diesem Kriege behauptet, hat niemand ihn gewollt, sie alle sind Opfer eines Systems, das fast zwangsläufig zu diesem allgemeinen Zusammenstoß führen mußte. Ist nun, da er erfolgt ist und alle seine Opfer bestrebt sind, ihn durchzuhalten, irgendein Anlaß, von der Größe der Zeit zu sprechen, die wir in solch entwürdigendem Zwange erleben? Beschleicht uns nicht vielmehr die niederdrückende Empfindung, ein sehr kleines Geschlecht zu sein, daß wir so ohnmächtig das Opfer eines Verhängnisses werden konnten, das alle herankommen sahen, alle verhindern wollten und an dem alle gerühmte Kraft der Menschenvernunft und Menschentechnik des 20. Jahrhunderts zuschanden werden mußte?

Es ist nicht Scheelsucht, die uns dazu treibt, die vielgerühmte Größe der Zeit skeptisch anzutasten, und auch von Ungerechtigkeit des Standpunktes darf nicht die Rede sein. Denn auch wir verschließen uns nicht dem imponierenden Eindruck, den die kraftvolle, wohldisziplinierte und wundervoll bis in alle Einzelheiten geordnete Kriegsorganisation Deutschlands ausübt, wir verkennen nicht die immer noch steigende Flut der Opferbereitschaft und des Gemeinsinns in Deutschland und in Österreich, die überall am Werke ist, die Kraft des Staates zu erhalten und die Schäden des Krieges nach Kräften wettzumachen. Aber dies alles groß zu nennen und darüber den Krieg selbst als einen Wecker moralischer Werte und als förmlichen Höherbildner der Menschen zu preisen, heißt einen gefährlichen Mißbrauch mit Worten und Begriffen treiben. Ihm muß um so mehr entgegengetreten werden, als es dieses Schlagwort von der großen Zeit ist, das alle entgegenstehenden Erwägungen schlichter Vernunft und Moral, an denen sich der Friedenswille kräftigen könnte, entwertet und entmutigt bei allen denen, die nicht Urteil und Kraft genug haben, um gegen eine Phrase aufzutreten, besonders wenn sie die Pose des Patriotismus angenommen hat. Wie sehr aber gerade diese Pose allen wirklichen Patriotismus entwürdigt, weil sie ihn zu einer Automatenfigur macht, die überall auf denselben äußeren Anstoß hin ihr gleiches Liedchen absurrt, geht mit einer demütigenden Klarheit aus der Tatsache hervor, daß *alle* Völker in diesem Kriege, die Ententevölker so gut wie die der Zentralmächte, die Zeit eine große nennen, und zwar überall aus denselben Gründen einer angeblichen nationalen Wiedergeburt, eines Erwachens der Nation zur Einheit aller ihrer Glieder und zur Erringung einer größeren Zukunft. Da muß man doch ebenso nachdenklich gestimmt werden über einen Patriotismus, der sich nur an der Feindschaft der Kulturvölker zu entzünden vermochte, wie über eine Größe, die man für eine solche hält, bloß weil man sie mit der charakteristischen Beschränktheit des Nationalismus als ausschließliche Eigentümlichkeit des eigenen Volkes angesehen hat.

Indes – wenn man diese Zeit, die wir jetzt täglich aufs neue erschauernd erleben, eine große nennt, so mag man vielleicht damit die Größe der Opfer meinen, die sie bringt. Doch das ist bloß schrecklich, Entsetzen erregend, nicht groß. Wem wäre es je eingefallen, außer einer neronischen Natur, den Untergang einer ganzen Stadt oder die Vernichtung eines Landstriches durch ein Erdbeben groß zu nennen? Aber was besagt der Untergang Messinas mit seinen hunderttausend Opfern, die Verwüstung des Feuerausbruchs des Krakatau mit seinen begrabenen Menschenmassen gegen die Hekatomben dieses Krieges, gegen seine Verwüstungen hochkultivierten Landes und zahlloser Wohnstätten von Menschen, der Zerstörung in den Seelen der Überlebenden gar nicht zu gedenken! Will man dies groß etwa deshalb nennen, weil dort all die Zerstörung und Vernichtung ausgegangen war von blindwütigen Naturkräften, hier aber von vernunft- und willensbegabten Menschen? Oder wäre die Zeit groß zu nennen nicht wegen der Größe ihrer Greuel, sondern wegen der Größe der Seelenkraft ihrer Menschen, dies alles auszuhalten und zu überstehen? Und gewiß tritt hier eine Größe zutage, die um so tiefer wirkt, als sich die Zeit für solches Leiden gar nicht mehr stark genug gehalten hatte oder, was ihr eigentlich mehr zum Ruhme gereicht, gar nicht mehr solche Stärke einer kulturloseren Vorzeit für nötig gehalten hatte. Aber diese Größe ist doch nur eine Größe des Leidens, des Duldens, nicht der Tat, die vielmehr darin bestünde, den Quell dieses Leidens für immer zu verschütten. Sie trägt das Gewand der Größe nur zum Scheine, um ihre eigentliche

Schwäche zu verhüllen. Denn nur wo der Mensch solchem Übel gegenübersteht, das ihn übermächtig trifft, wie in dem Toben fesselloser Naturgewalten, da erhebt sich sein Widerstand, seine geistige Größe gegenüber der Vernunftlosigkeit der Natur zu der leidvollen Dulderschaft, mit der er das Übel aushält und überdauert, statt von ihm auch geistig zerschmettert zu werden. Wo er aber leidet unter selbstgeschaffener Not und nun aus dieser Not sich auch noch eine Tugend erdichtet, statt die Not als solche zu nennen und als Übel zu bekämpfen, da verliert das Leiden und Dulden alle heroische Größe und wird bloßes Unglück und Widersinn dazu. Nur wo der Krieg als das schrecklichste Übel erkannt ist, das die Kulturmenschheit treffen kann, *und wo man sich unter keinen Vorwänden welcher Art immer verleiten läßt, von einem Recht oder einer Würde des Krieges zu reden,* was doch nur bloße und gräßliche Notwendigkeit ist, nur wo man endlich dazu gelangt ist, zu sagen: Wir werden diesen Krieg durchhalten, weil wir nicht anders können, aber wir empfinden ihn für uns und für die ganze Kulturwelt als ein namenloses Unglück und sinnloses Schrecknis, ja als eine Schande, die diesen Charakter auch im Siege nicht verliert – nur dann und erst dann kann das kraftvolle Aushalten und Dulden im Kriege eine seelische Größe und einen moralischen Wert bedeuten, weil es sich aus solcher Gesinnung heraus jederzeit umsetzen kann und wird in die völkervereinigende und friedenbringende Tat. Denn nur eine solche Gesinnung macht die Völker inmitten des unseligsten Zwanges der Zeitverhältnisse doch zu geistigen Herren ihres Geschicks, weil sie befreiend herausführt aus dem moralischen Bann des Krieges. Nicht länger mehr werden sie in dem Kriege eine höchste Steigerung und Vollendung des nationalen Lebens und eine Ausweitung der Gemeinschaft erblicken, die an idealistischer Verzückung fast mit dem Mystizismus wetteifert, bloß daß dieser doch nur den Verlust der selbstischen Schranken unseres Seins, nicht aber den Verlust dieses Seins selbst verlangt. Sondern von diesem Überschwang nicht mehr geblendet wird der Krieg ihnen als das erscheinen, als was Kant ihn nicht müde wird zu bezeichnen, als "die Geißel des Menschengeschlechts", "der Zerstörer alles Guten", "der Quell aller Übel und Verderbnis der Sitten", "das größte Hindernis des Moralischen". Und so werden sie endlich auch jene innere Freiheit gegenüber den vom Krieg ausgehenden Suggestionen der Ehrfurcht, des Prestiges, des Nationalstolzes und des Machtstrebens erlangen, die das elende Argument zerschellen läßt, daß von Frieden zu sprechen oder an ihn nur zu denken ein Zeichen von Schwäche wäre. Gerade die Gesinnung, die den Krieg nur als harte Not gelten läßt, stählt den Willen, sie zu überstehen, aber sie lenkt auch überall das *Bewußtsein auf die sozialen Ursachen dieser Not* und schafft in dieser Erkenntnis die sichersten Bedingungen für ihre schließliche Überwindung. Es ist das geschichtliche Vorrecht des proletarischen Sozialismus, durch seine Entwicklungsbedingungen, zu denen in erster Linie die Erkenntnis der sozialen Verkettungen gehört, entschlossener Träger dieser Gesinnung zu sein. Er kann von ihr nur lassen, wenn er sich selber untreu wird.

Im Völkerkampf von 1848 erglühten die Völker, weil sie ein jedes für sich und doch alle füreinander sich der Not entringen wollten, die sie alle zusammen empfanden, der Not der Unfreiheit und Unterdrückung. Im Völkerkampf der Gegenwart schweben den Völkern auch manch lichte und große Ideen von Befreiung vor, auf die ja nicht einmal der Zarismus verzichten will, der sich als Befreier der Slawenwelt brüstet. Indessen bereiten sie alle einander nur die größte Not, die überall alles bedroht, was an Kulturgütern, an Freiheit und Fortschritt bereits errungen war. Ihnen allen möge daher die große Erinnerung an die Märzentage des Jahres 1848 eine stille, aber eindringliche Mahnung sein, daß sich die Güter der Nationen heute nicht mehr im Kampfe der Völker gegeneinander erringen, ja auch nur sichern lassen, und daß ein Völkerfrühling nie grünen kann, wo Völkerstreit den Boden zertritt, auf dem die Samen der Kultur sprießen können. Einen großen Abschnitt in der Geschichte wird dieser Völkerkrieg machen, aber nur weil er Sinn und Willen aller Völker immer mehr dem Ziele zuwenden wird, endlich Herr ihrer Geschicke zu werden. Erst dann wird die Welt ihr wirkliches Frühlings- und Friedensfest feiern können, erst dann werden die Menschen von ihrer großen Zeit reden dürfen.

Erneuerung

Eine Osterbetrachtung

Zum zweitenmale in diesem Kriege ist es Ostern geworden und vollzieht sich ringsum das uralte, aber immer wieder mächtig ergreifende Wunder der Erneuerung der Natur, des Erwachens neuen und blühenden Lebens. Aber die europäische Menschheit liegt, blutend aus unzähligen Wunden und stöhnend unter der sich immer noch häufenden Last ihrer Leiden, am Boden. Vergebens lechzt sie danach, von der aufsprießenden Lebendigkeit um sie her einen auch noch so geringen Strahl erwärmender und verjüngender Kraft zu erhalten: bedeutet ihr doch diese Zeit der Erneuerung nur die Neubelebung und Wiedererneuerung ihrer Kämpfe, die Steigerung der Vernichtung und Verwüstung. Es ist jedoch nicht bloß dieser peinvolle Zerfall mit der Natur, der im Frühling schneidender als sonst das Gemüt verletzt. Es ist noch mehr ein seelisches Leid, das jede Osterstimmung verscheucht. Denn nirgends kommt das innerste Gesetz des Krieges, seinen unüberbrückbaren Widerspruch zur erreichten materiellen und geistigen Kulturhöhe unserer Zeit konsequent bis zum Wahnsinn entfalten zu müssen, mit erbarmungsloserer Deutlichkeit zum Ausdruck als in seinem Zusammenfallen mit den großen Feiertagen der christlichen Kulturwelt. Weihnachten, das Fest der Geburt des Heilands, des Friedensbringers einer in Gotteskindschaft verbrüderten Menschheit, hat schon zweimal vergebens seine Heilsbotschaft durch den Lärm der Geschütze, durch das Stöhnen und Schreien der Sterbenden und Verwundeten, durch das Weinen und Jammern der Witwen und Waisen ertönen lassen. Pfingsten, das Fest der Ausgießung des Heiligen Geistes, verblaßt vor der Unheiligkeit eines Geistes, der bis weit in die Kreise der Denker und Gelehrten hinein, ja vor allem bei diesen, sich nicht schämt, das zu lästern, was sie vor dem Kriege hochhielten, die Kulturgüter einer alle Menschen verbindenden Geistesentwicklung, und die nun sich nicht genugtun können, aus der Not dieser Zeit, aus ihrer nationalen Verhetzung eine bis zum Ekel gepriesene Tugend zu machen. Und nun Ostern, das Fest der Auferstehung, der sieghaften, die Schuld der Menschen durch das Leiden des Erlösers tilgenden Liebe – wirkt es jetzt nicht wie ein Hohn auf die Gemüter der Menschen oder noch mehr fast wie eine Verzweiflung, wenn zu dem Widerspruch mit der Natur um uns her auch noch der mit der Idee dieses Festes gerade in diesen Tagen übergewaltig vor uns hintritt?

Aber da kommen die "starkgemuten" Tröster unserer Zeit, werfen sich in die klassische Pose der Antike ("nur mit dem Schild oder auf dem Schild") und weisen uns mit edelkühnem, am Schreibtisch gestähltem Mute unwillig zurecht. "Was soll das weibische Geraunze? Ist der Krieg nicht selbst eine Erneuerung der Völker? Vollzieht sich in ihm nicht die Neuschöpfung einer großen Zukunft, die wir unseren kommenden Generationen bereiten? Welche Engherzigkeit, an dem Jammer der Gegenwart zu haften, wo es sich um so große Geschicke handelt? Und welche Unkenntnis von dem eigentlichen Wesen der Geschichte, die nicht weiß, daß durch all diesen scheinbaren Widersinn des Krieges sich die Vernunft der Geschichte vollzieht!"

Wir kennen sie, diese Argumente, die nun mit mehr oder minder hohen Worten, mit größerem oder geringerem Flachsinn schon zu einem trüben Strom angewachsen sind, der allen Tiefsinn und Eigenwert der Philosophie geradezu hinwegzuschwemmen droht, weil er sich scheinbar aus ihren Quellen nährt und weil es zumeist die heutigen Vertreter der Philosophie und Wissenschaft sind, die überall, in allen Kriegslagern, geschäftig sind, als geistige Munitionsarbeiter die Rüstung des Krieges zu vervollständigen.

Indes, was die Erneuerung der Völker durch den Krieg betrifft, ist es von diesem Schlagwort, das in der ersten Begeisterung und Hoffnung eines kurzen Krieges aufflog, nach einundzwanzig Monaten und nach solch ungeheuren Opfern auf allen Seiten, recht still geworden. Zeit und Not haben inzwischen die Menschen nachdenklich gemacht, und vielleicht ist es inzwischen schon vielen klargeworden, daß das, was zuerst als Erneuerung der Völker erschien, dieses Zusammenfließen der einzelnen zu einer einzigen Masse, erfüllt von den Leidenschaften der Menge, von den primitiven Wollungen der Masse nach Kraft, Überwältigung, Sieg, dieses

Zurückgehen der Völker auf sich selbst und Abschließen voneinander, im Geiste noch mehr wie in der Wirklichkeit – daß dies alles *keine Erneuerung* war, sondern nur ein *neuer Rückfall* auf frühere, längst überholte Kulturstufen, ein Atavismus, der allem Volke auch als solcher erschienen wäre, wären nicht seine geistigen Führer am ärgsten diesem Atavismus erlegen. Hier rächte es sich, daß die Wissenschaft und Philosophie durchaus im bürgerlichen Denken verfangen war und ist. So vermochten ihre Vertreter über die Schranken der bürgerlichen Welt, über die Grenzen der kapitalistischen Ordnung nicht hinauszudenken. Daher mußte ihnen auch verschlossen bleiben, daß dieser Weltkrieg nichts anderes ist als eine aus dem Wesen des modernen Kapitalismus hervorgebrochene Katastrophe: sie hatten von dem Widersinn des Krieges, der auch ihnen entgegentrat, *nicht die Möglichkeit einer Flucht nach vorwärts, in den Sozialismus, sondern nur nach rückwärts, in den Nationalismus.* Dies macht den gewaltigen Höhenunterschied ihrer geistigen Stellung zu unserer Zeit gegenüber jener des klassischen deutschen Zeitalters aus. Dieses war seiner Zeit bis zur Vorwegnahme des Sozialismus durch Fichte voraus, sie aber sinken zurück selbst hinter die Gedanken des aufgeklärten Absolutismus bis zu dem machtpolitischen Individualismus eines Machiavell.

Von der Sorge aber für die Erneuerung der Zukunft sollten die Verteidiger des Krieges lieber nicht sprechen. Ganz abgesehen davon, daß der Krieg nirgends aus solcher Sorge begonnen wurde, entfaltet er diese in einer solchen Weise, daß es sehr zweifelhaft ist, ob die kommenden Generationen dieser Fürsorge nicht mehr fluchen als dankbar gedenken werden. Soll der Urenkel, der noch an den Schulden seiner Urahnen abzuzahlen hat, ihnen dafür wirklich besonders verpflichtet sein? Hat man überdies bedacht, mit welcher Fülle künftigen Kulturreichtums der heutige Krieg geführt wird? Daß er nicht nur die Städte, Brücken, Bahnen, Industriewerke der Gegenwart vernichtet, sondern, indem er für Generationen hinaus Felder und Wälder verwüstet, den Viehbestand vernichtet und eine immense Steuerlast den kommenden Geschlechtern aufhalst, ihre Zukunft in unerhörter Weise für sich vorwegnimmt und ihren eigenen Zielen entfremdet? So daß nur zu hoffen bleibt, daß sich die zukünftigen Geschlechter das Erbe ihrer "vorsorglichen" Ahnen radikal vom Leibe schaffen werden zugleich mit den politischen und gesellschaftlichen Ursachen dieses Erbes.

Erwägt man nun noch dazu, wie viele denkende Gehirne diese "Fürsorge" des Krieges für die Zukunft bereits zerstört, wie viele zu Künsten und Gewerben aller Art geschulte Hände vernichtet hat, wieviel Gesundheit er gebrochen ins Friedensleben zurückkehren läßt, bedenkt man darüber hinaus aber noch die in die Zukunft der Generationen reichende geschlechtliche Vergiftung der Zeugung und Nachkommenschaft durch das aller Vorstellung spottende Überhandnehmen der Geschlechtskrankheiten, so erblaßt man vor der gedankenlosen Frivolität, die darin liegt, den Krieg als eine Sorge für die Zukunft aufzufassen, selbst nur in dem Sinne, daß wir ihn zwar nie als solche gewählt hätten, nun aber, da er da ist, in diesem Sinne betrachten müßten. Was ist das Verbrechen gegen das keimende Leben, das überall jetzt mit besonderer Strenge verfolgt wird, während zugleich der Krieg selbst die größte Vergehung an dem blühenden Leben ist, gegen jenes Verbrechen am keimenden Leben, das in dieser furchtbaren Fortpflanzung einer im Keime verdorbenen und ihre Verderbnis weiter übertragenden Nachkommenschaft liegt!

Aber nicht nur frivol ist diese Phrase von der Fürsorge für die Zukunft durch den Krieg, sie wird geradezu gefährlich, weil *kriegsverlängernd,* in der Form, in welcher sie von keinem Frieden wissen will, der nicht Garantien dafür bietet, daß sich der Krieg in der Zukunft nicht wiederhole. So gelangt man dazu, vor lauter Sehnsucht nach einem *dauernden* Frieden von Frieden selbst nicht einmal reden zu wollen und jede Bestrebung als ein Zeichen von Schwäche zu brandmarken, die, statt dem Phantom des dauernden Friedens zu huldigen, lieber zunächst die Beendigung des Krieges ins Auge fassen will. Ich habe es schon einmal anderswo gesagt, es muß aber immer wiederholt werden: nichts ist überflüssiger und sinnloser als diese Sorge um die zukünftige Friedensbedrohung, die ganz naiv die Menschen und Zustände von heute mit der gleichen Not und Jämmerlichkeit von heute auf die Zukunft überträgt, als ob der Strom der Geschichte spurlos an den Menschen und ihren Einrichtungen ablaufen könnte. Die Zeit bis zu jener Zukunft, für welche die heutigen Menschheitsbeglücker so wohltätig voraussorgen wollen, wird nicht leer und inhaltslos verlaufen. Sie wird mit sich führen den ungeheuren Eindruck dieses Weltkrieges, seine Nachwirkung nicht nur in politischer, wirtschaftlicher, sozialer und populationistischer Hinsicht, sondern insbesondere auch in gedanklicher und willentlicher Richtung. Die Völker nach dem Kriege werden nirgends mehr die Erlebnisse und Lehren dieser Geschichtskatastrophe vergessen können und wollen; nirgends mehr und niemals mehr werden sie in derselben geistigen Verfassung und Widerstandslosigkeit anzutreffen sein wie vor dem Kriege; *sie werden von Grund aus andere sein wie vorher, und ihre Zukunft werden sie wohl selbst in die Hand nehmen.* Lasset daher nur erst einmal Frieden werden; die Garantien seiner Erhaltung werden die Völker sich selbst schaffen in einer Entwicklung, die aus ihren neuen und besser erkannten Lebensbedingungen notwendig hervorbrechen wird.

Und so hätten am Ende denn doch diejenigen recht, die in diesem Kriege die sieghafte Vernunft der Geschichte lobpreisen. Aber zunächst sei bemerkt, daß diese Vernunft ein recht sonderbares Ding ist, da sie verschieden nationale Färbung erhält, je nach dem zufälligen Standpunkt des Geschichtsphilosophen, so daß der Franzose oder Engländer kaum vernünftig finden wird, was dem Deutschen so erscheint. Aber ganz abgesehen von diesem ärgerlichen Mißbrauch eines Begriffes ist es doch eine der schlimmsten Verflachungen eines tiefen Gedankens, die Hegelsche Lehre von der aus Widerstreit sich emporringenden Vernunft in der Geschichte so zu verstehen, als ob diese Vernunft *nur auf vernunftwidrigem Wege* zustande kommen könne. "Die Vernunft", sagt Hegel, "hat immer in der Geschichte existiert, nur nicht in vernünftiger Form." Dies aber ist das Ziel des Vernunftprozesses schon bei Hegel, daß die bewußtlose Vernunftentwicklung schließlich im Menschengeist zum Selbstbewußtsein erwacht und nun bewußt und vernunftgemäß weiterhin am Werke ist. Und vollends ist dies der Sinn der großartigen Geschichtstheorie von Karl Marx, diesem echten Schüler Hegels, daß die Menschen endlich ihre Geschichte mit Bewußtsein machen, planmäßig und zielbewußt nach ihren Zwecken und trotzdem damit nur der gesellschaftlichen Notwendigkeit folgend. Die kapitalistische Ordnung – das zu erweisen war das Lebenswerk von Karl Marx – erlaubt diesen Sieg der Vernunft noch nicht, aber sie hat ihn durch die Bereitstellung aller ökonomischen Bedingungen möglich gemacht. So lange der Kapitalismus das ordnende Prinzip der Gesellschaft ist, kann die Vernunft in der Geschichte sich nur durch die Folgen des Widersinns vollziehen, die von Zeit zu Zeit die kapitalistische Ordnung sprengen, das einemal in einer ökonomischen Krise, das anderemal in einer politischen, wie jetzt in dem Weltkrieg. Nur die bewußte Anerkennung jener gesellschaftlichen Neuorganisation, die von der erreichten ökonomischen Entwicklungsstufe gefordert wird, kann ihr erst jene kulturelle Erneuerung bringen, in welcher fortab die Entwicklung der historischen Vernunft *auch in vernünftiger Form möglich sein wird.* Das sozialistische Proletariat war sich vor dem Kriege der hohen geschichtlichen Ehre bewußt, zu diesem Werke aus seinen Klasseninteressen heraus berufen zu sein. Es könnte dieses Werk nur im Stiche lassen um den Preis seiner Menschheitserneuerung, seiner Emanzipation als Klasse, was schließlich so unmöglich ist, wie daß der Frühling ausbliebe, so lange es noch Lebenstriebe in der Natur gibt.

Vom Märtyrertod

Inmitten des Krieges

Vor kurzem wurde die fünfhundertjährige Wiederkehr des Tages gefeiert, an dem Johannes Hus sein freies Denken auf dem Scheiterhaufen beenden mußte. Es war ein seltsamer Gedenktag; denn trotz des Fehlens jeglicher äußerer Veranstaltungen, welche die Kriegszeit unmöglich machte, war er von um so tieferer Wirkung auf das nachdenkliche Gemüt, ja von einer Eindringlichkeit seines Gedenkinhalts, die er gerade nur durch das außerordentliche Zusammentreffen mit dem furchtbaren Kriege unserer Tage erlangen konnte. Doch wie war es möglich, daß in dieser durch Entsetzen und unsäglichen Jammer abgestumpften Zeit, in der noch furchtbarere Tode als die des Magisters Hus zur tausendfachen Alltäglichkeit geworden sind, das Sterben dieses einen Mannes über fünfhundert Jahre hinweg doch noch die Menschen zwingen konnte, wenigstens für einen Augenblick aus ihrer von Feuer und Blutdampf erfüllten Gegenwart aufzuschauen und durch die trüben Leidenschaften ihrer Zeit, durch ihre am Boden der Schlachtfelder mühselig dahinkriechenden Hoffnungen nach jenem längst erloschenen Scheiterhaufen hinzublinzeln? Weil von ihm noch ein anderes und strahlenderes Licht ausging als von dem längst erloschenen Feuer, das den Körper des Magisters Hus verzehrte, und weil es alle die Zeit hindurch fortleuchtet mit einer Helligkeit, vor der alle Glut des Krieges, die innere noch mehr als die äußere, bloß eine schwelende Flamme ist. Und dieses ruhig strahlende Licht – es dringt überallhin, es spottet der Zerrissenheit und Feindschaften selbst dieses Weltkrieges. Denn – ob hüben, ob drüben – wo immer nachdenkliche Menschen waren mit freiem Denken und Sinn und einem der Menschheitszukunft zugewendeten Herzen, da traf sie mitten in dem Wahnsinn unserer Zeit jenes Licht von dem Märtyrertod Hussens wie eine Botschaft aus einer ganz anderen Welt, als in der wir jetzt verfangen sind. Denn sie gibt Kunde von einem Sterben, aus dem unendliches, die Zeiten überdauerndes Leben hervorsprießt, das Leben des Gedankens, der Idee, an der für den einen Toten ungezählte neue Generationen ihren Geist aufrichten, ihre seelische Kraft stärken, ihre Schaffensmöglichkeit erhöhen. Mitten in dem die Völker entzweienden und gegeneinander zur Vernichtung führenden Kriege vereinigte die Feier eines Scheiterhaufens bei allen Nationen, bei Tschechen und Deutschen, bei Franzosen, Italienern und Russen, in England und Amerika den denkenden, strebenden und leidvoll hoffenden Teil der Menschheit in eine Gemeinde gedankenvoller Rückschau, die diese Gemeinschaft zugleich als eine Bürgschaft dafür empfand, daß noch nicht alle Keime verschüttet sind, aus denen sich das eigentliche Leben der Menschheit, das internationale des Geistes wiederherstellen kann.

Worin liegt der Grund für diese fast zaubergewaltige Wirkung eines einfachen Gedenktages eines Märtyrers in unserer sich bis zur Todfreudigkeit aufspielenden Zeit? Er liegt darin, daß jetzt nur besonders deutlich geworden ist, wie ein noch so opfervolles Toderleiden im Kriege bei aller Begeisterung, die ihm vorausgeht, und bei allem Idealismus, der unterlaufen mag, nur die Distanz unterstreicht, in der es abliegt von der Größe des Todes für eine Idee. Das Sterben für eine Idee, die das ganze Sein und Wirken des Todgeweihten ausmacht, verändert den Charakter des Todes selbst. Sie läßt den schrecklichsten Tod gerade nur als die höchste Vollendung des eigenen Lebens erscheinen, als den Sieg des Geistes und Willens nicht nur über den Umstand und das Übelwollen der Gegner, sondern auch über eigenes Zweifeln und Schwachwerden. Gewiß ist der Tod fürs Vaterland, wenn er mit Bewußtsein für dieses hohe Ziel und mit freudiger Hingebung erlitten wird, selbst dort, wo er nur die Folge einer überkommenen Ideologie ist, eine der edelsten Taten und, wenn sie mit besonderem Heroismus geschah – man denke an den herzkranken Sepp Innerkofler, der die schauerlichsten Dolomitspitzen erklomm, um die Verteidigung seines geliebten Tirol so zu rüsten, wie dies nicht leicht ein anderer hätte tun können –, auch des Nachruhms gewiß. Aber so sehr auch der Tod fürs Vaterland mit dem Reich der Idee zusammenhängen *kann* – Winkelrieds Todesruf: "Der Freiheit eine Gasse" bleibt ein leuchtendes Beispiel dafür – und in diesem Falle sich dem Martyrium des Geistes zugesellt, so *fehlt* ihm für gewöhnlich wegen der Beziehung auf das Wohl bloß seines Volkes notwendig jene die Menschheit umschließende und vereinigende Kraft. Eine solche kann eben nur von Ideen ausgehen, deren Reich umfassender ist als das eines Landes und deren Wert sich an den Grenzen keiner Nation umwandelt aus einer Tat des höchsten Verdienstes in eine solche der innigsten Verwünschung und aus einer patriotischen Pflicht in einen Gegenstand, dessen Bekämpfung ebenso Pflicht wird.

Dies also ist es, was von den Leidensstätten der Märtyrer des Geistes ausstrahlt, mit gleichem unvergänglichen Glanze vom Schierlingsbecher Sokrates' wie vom Kreuze Christi, vom Scheiterhaufen des Savonarola wie des Hus, und von den Richtstätten eines Giordano Bruno und Galileo Galilei, der dem Schlimmsten nur knapp entging: daß es auf diesem Schlachtfeld keinen Tod gibt, der umsonst gewesen, da er niemals ein Unterliegen ist, sondern nur eine Bewährung höchster Kräfte, der Liebe, die alles Menschliche umfaßt, und des Geistes, der es höherführt. Nur über solchen Gräbern wird ein Friede möglich, in dem kein anderer Feind geschlagen wird als derjenige, der in allen Sprachen gehaßt und verwünscht wird, der Verrat an dem heiligen Geiste der Menschheit.

Vielleicht erklärt sich aus dieser Schätzung der Idee ein eigenartiges Phänomen der deutschen Geschichte, auf welches gerade in der letzten Zeit zwei so namhafte Historiker wie Meinecke und Lamprecht öfter hingewiesen haben, daß nämlich das hochgemute Zeitalter der deutschen Philosophie und Dichtung für die den Tod nicht scheuende Liebe zum eigenen Volke nur sehr wenig übriggehabt hat. Bekannt ist das Wort Lessings von der "heroischen Schwäche" der Vaterlandsliebe, und wie sehr ein Herder und Schiller, ein Goethe und Kant in einer politischen Gedankenwelt lebten, in der sie ihr eigenes Volk nur als einen Mitbürger neben den anderen Völkern in einem Reiche der Humanität werten wollten, ist jedem Kenner dieser Zeit bekannt. Der Begriff des Vaterlandes hat eben einen wechselnden Ideengehalt, zufolge dessen er das einemal mit dem Inhalt aller höchsten Gemeinschaftsideen zusammenfallen muß, das anderemal aber ebenso notwendig sich ihnen entgegenstellen kann. In einem durch Klassengegensätze noch nicht gespaltenen Gemeinwesen vertritt die Idee des Vaterlandes ohne weiteres die Kulturwerte dieser Gemeinschaft selbst, also die Freiheit, die Selbständigkeit, das Recht aller. Ist diese ursprüngliche Solidarität durch die Klassenentwicklung verlorengegangen, so ist damit die moralische Idee des Staates, des Vaterlandes eigentlich gesprengt. Notwendig tritt nun neben die Vorstellung vom Staat die eines größeren Zusammenhanges der Menschen, aus welchem sich die aufstrebenden Klassen ihre erst zu erringenden Rechte als Menschenrechte ableiten. Die Aufmerksamkeit dieser Klassen – und das war der Fall bei dem aufstrebenden Bürgertum des 18. Jahrhunderts – ist dann mit ihrem idealen Interesse naturgemäß nicht so sehr von der Idee des Staates wie von der Idee der Menschheit bestimmt. Und hierzu bedeutete selbst die hohe nationale Begeisterung, in der die Bewegung der Freiheitskriege den Tod fürs Vaterland zu einem wirklichen Ausdruck des Volksempfindens prägte, keinen Widerspruch, sondern nur den Schlußpunkt dieser ganzen Bewegung einer Abkehr vom historisch gegebenen Staate. Denn nicht nur um diesen zu erhalten durchbrandete die nationale Begeisterung die damalige Zeit, die vielmehr wirklich vermeinte, das Ziel ihrer langgehegten politischen Träume zu erreichen und den deutschen Staat der Vernunft und Freiheit endlich zu begründen. Unnötig, noch weiter auszuführen, wie sich das deutsche Bürgertum im selben Maße von dieser idealen Schwärmerei ablösen und zur realen Staatsidee bekennen mußte, als es herrschende Klasse wurde.

Diese Dialektik der Idee des Vaterlandes wohl zu erkennen hat besonders für unsere Zeit ihre tiefe Bedeutung.[2]) Denn nur aus der Erkenntnis, wie widerspruchsvoll in ethischem Sinne die Idee des Staates werden kann, wenn sie zur bloßen historischen Form erstarrt, ergibt sich ein sicheres Urteil über den Wert des Opfertodes selbst. Es war und ist nur die Treue für jene großen und unwandelbaren Gedanken, die von allem Anfang an der *Menschengemeinschaft* zugewendet sind, in deren Dienst wahre Märtyrer entstehen, so lange eben die Menschheit selbst weder geistig noch gesellschaftlich diesen Ideen entgegengereift ist. Die anderen Opfer vermehren bloß ihr Unglück und Elend.

Darum enthält aber der Gedenktag eines Märtyrers der Idee eine so tröstliche Kraft, weil er auf die menschenvereinigenden Mächte in der geistigen Entwicklung hinweist, und dies doppelt, wenn er mitten in diesen Krieg hineinfällt. Denn er läßt uns einen anderen Krieg schauen, in welchem die Völker nicht mehr gegeneinander stehen, sondern den sie alle zusammen führen zu ihrer eigenen, stets größeren Befreiung und Erhöhung. Die Schlachtfelder der Kriege werden stets, trotz allen Heroismus, der in ihnen begraben liegt, und aller Siege, die auf ihnen erfochten wurden, nur traurige Erinnerungen bleiben an die Zwietracht der Menschen und die Unvernunft ihrer Einrichtungen und Zustände. Die Scheiterhaufen des Geistes und das Kreuz der Liebe lassen längst niemanden mehr denken an den stumpfen Widerstand, dem jene leuchtenden Vorkämpfer unseres Geschlechts erlagen, sondern nur an den Geist, der nie versagt,

---

[2]) Vgl. hierzu Max Adler, *Proletarische oder bürgerliche Staatsideologie,* in: *Der Kampf,* 9. Jg., S. 129 ff.

und an die Liebe, die nie vergeht, in deren beider Zeichen alle echten und dauernden Siege erfochten werden.

Der Krieg ist der Vater aller Dinge

Eine resignierte Betrachtung

Nicht immer haben große Gedanken dazu beigetragen, die Erkenntnis der Menschen zu bereichern und zu vertiefen. Vielmehr ist es gerade ihr tragisches Geschick, daß, je tiefer eine Erkenntnis ist, je mehr sie dem Geiste einen neuen Ausblick zu eröffnen versucht, desto mehr sich die Unfähigkeit der Durchschnittsbildung außerstande sieht, dieselbe Tiefe des Denkens in ihrem Innern zu erschließen und dieselbe Kraft aufzubringen, ihre alten Vorstellungen zu verlassen und dem Neuen sich zuzuwenden. Deshalb ergreift alsbald mehr oder minder großes Mißverständnis die neue Lehre, ihr Sinn wird herabgezogen auf die gewöhnlichen, altbekannten und bequemen Vorstellungen der Menge, und zuletzt scheint der neue Wahrheitsverkünder nur deshalb so groß, weil er nicht mehr zu sagen scheint, als was Hans Jedermann zu begreifen vermag.
Aber noch eine andere Gefahr als diese Verflachung und Entgeistung großer Wahrheiten droht ihnen. Denn nicht nur Mißverständnis oder Unverständnis umlagert sie, sondern auch der Mißbrauch, der mehr oder minder bewußt erfolgt. Wie viele suchen die Wissenschaft und die Philosophie nicht als eifrige Sucher der Wahrheit, sondern nur um aus ihr Waffen für ihre Interessen zu gewinnen, die nicht immer Interessen der Wahrheit und des Fortschrittes sein müssen. In einer Zeit, in der das Wissen eine Macht geworden ist, kann man auch die schlechte Sache nur mit Gründen des Wissens zu verteidigen suchen, wenn es natürlich auch nur Scheingründe sind. Ein wissenschaftliches oder ein philosophisches Schlagwort, das, in die Masse geworfen, ihr imponiert mit dem ganzen Glanze der tiefen Denkarbeit des Menschengeistes, aus der es stammt, steht für den Ununterrichteten an Stelle der wissenschaftlichen Begründung und schafft für den schlecht oder halb Unterrichteten eine Fülle von oberflächlichen und nicht zu Ende gedachten Gedanken, die ihm doch als eine wissenschaftliche Begründung entweder genügen, wenn sein Interesse zustimmt, oder verwirren, wenn es entgegensteht. Sieht man, wie jetzt in der ungeheuren geistigen Krise, die der Weltkrieg zugleich mit der wirtschaftlichen und politischen Krise heraufgeführt hat, das Denken der Menschen durch die merkwürdigsten Verschiebungen des Sinnes großer wissenschaftlicher, moralischer oder politischer Wahrheiten in die Irre geleitet wird, die alle doch als Ergebnis wissenschaftlicher oder philosophischer Bearbeitung des Kriegsproblems sich ausgeben, so muß man sich immer wieder an den leidenschaftlichen Ausruf Schillers erinnert finden:

> "O, wie viel neue Feinde der Wahrheit! Mir blutet die Seele,
> Seh' ich das Eulengeschlecht, das zu dem Lichte sich drängt."

Eine solche Eulenarbeit wird gegenwärtig auch an dem Worte des Heraklit geübt, das über die Jahrtausende her lebendig geblieben ist: "Der Krieg ist der Vater aller Dinge." Es scheint dem entsetzlichen Kriege, der nun schon so lange die menschliche Kultur schändet, eine hohe Weihe des Geistes zu geben, wenn aus dem Munde eines der tiefsten Philosophen des Altertums dieses Lob des Krieges in unsere Zeit hineintönt. Und wenn nun gar gezeigt werden kann, daß auch große Philosophen unserer Zeit, wie zum Beispiel Kant und Hegel, gar manches von den wohltätigen Wirkungen des Krieges zu sagen wußten und daß seit Darwin die Naturwissenschaft den Kampf ums Dasein als Gesetz der organischen Entwicklung aufgezeigt habe, so scheint damit die Rechtfertigung der grauenvollsten Menschenschlächterei dieses Weltkrieges im Namen der Philosophie und Wissenschaft erbracht und das aufgewühlte Gewissen beruhigt.
In der Tat ist es fast unglaublich, was in dieser Richtung an Verschiebung des eigentlichen Sinnes jener Begriffe geleistet wurde, mit denen man das Lob des Krieges zustande zu bringen suchte, so daß zum Schluß es ganz unerklärlich wurde, warum die Menschen überhaupt den

Frieden als ein schätzbares Gut betrachten und nicht vielmehr alle Mühe daransetzten, um ja zu verhindern, daß sie an Stelle des segensreichen Krieges je wieder vom Frieden heimgesucht würden. Denn der Friede wird uns geschildert als ein Zustand der Erschlaffung und Versumpfung, der Krieg dagegen als der Erwecker aus diesem verderblichen Stillstand und als Schöpfer jeglichen neuen Lebens. Im Frieden erstarren alle energischen Kräfte der Menschheit durch Mangel ihrer Bewährung: der Mut, die kühne Entschlußfähigkeit, die leidenschaftliche Zusammenraffung aller körperlichen Kräfte. Es verkümmern auch die moralischen Fähigkeiten der Hingebung des persönlichen Schicksals an das des Ganzen, der Opferbereitschaft, der Solidarität und Liebe zur Gemeinschaft. Statt deren erzeugt der Friede eine Verweichlichung der Kräfte wie der Gesinnungen, ein Überwuchern der bloß auf Erwerb und ruhigen Besitz gerichteten Triebe; Gewinnsucht, Eigennutz, rücksichtslose Bekämpfung des Konkurrenten und damit Auflockerung aller gesellschaftlichen Solidarität werden die herrschenden Motive des Handelns. Und in einem so nur auf Gewinn und Luxus eingestellten Leben und Treiben, in welchem jeder einzelne sein eigen Wohl und Wehe selbst auf Kosten der Gemeinschaft zu sichern bestrebt ist, schwinden zuletzt alle Ideale und Antriebe eines höheren Daseins.

Im Kriege dagegen findet nicht nur der Mensch zu seinem besseren Selbst zurück, weil der Krieg alle seine körperlichen, geistigen und moralischen Kräfte aufs höchste steigert, damit er im Kampfe bestehen kann, sondern er findet noch mehr als sich selbst: seine Gemeinschaft, seine Nation, sein Vaterland, als dessen Teil er sich jetzt durch die allgemeine Not erkennt und dessen Geschick er sein Einzeldasein unterordnet. So erwachen in ihm jetzt alle Tugenden der Gemeinschaft; vor dem heißen Atem des Krieges schmilzt die Kruste von Eigennutz und selbstischer Vereinzelung, mit welcher jeder vom anderen sich abgeschlossen hatte. Die Interessengegensätze verlieren ihre trennende Kraft gegenüber der Bedrohung des Ganzen, ein Geist der Brüderlichkeit, des Opfersinns, der Bereitschaft zu höchsten Zielen erfüllt jetzt alle und macht sie neu wie in verheißungsvoller Wiedergeburt.

Darum seien die Kriege ja auch die Beweger der Geschichte; sie lassen zusammenbrechen, was sich überlebt hat. Sie führen Nationen zu ersehnter staatlicher Einheit, vernichten alte politische Gewalten, die sich als Fesseln der Entwicklung erwiesen haben, und schaffen den Raum, den ins Große wachsende Völker für ihre Entwicklung brauchen. Der Friede, der alles in seinen alten, einmal gewordenen Grenzen belassen müßte, würde damit zur ärgsten reaktionären Kraft werden: denn er würde jene Umlagerung der politischen Machtverhältnisse verhindern, welche die Entwicklung der Nationen und Völker braucht. Er würde durch das starre Festhalten an dem bestehenden Zustand zum Stillstand verurteilen, zur Verkümmerung, zum politischen und damit zuletzt auch zum geistigen und moralischen Tod der Völker.

Gegenüber diesen Argumenten ins einzelne einer Widerlegung einzugehen, ist hier ebensowenig möglich wie nötig; auf einiges kommen wir noch in der letzten Betrachtung zurück. Es genügt, den Mechanismus der Sinnverschiebung aufzuzeigen, um die ganze innere Haltlosigkeit und Verschrobenheit dieser Art von Kriegsrechtfertigung zu erkennen.

Zunächst einmal wird der Krieg nur als Wecker moralischer und geistiger Energien dargestellt. Wieviel Roheit, Wildheit, Grausamkeit, Zuchtlosigkeit, Vergewaltigung mit seinen Tugenden der Tapferkeit und Entschlossenheit verbunden sind, ja ihre unabtrennbare Kehrseite bilden, bleibt ganz verschwiegen. Dazu die Abstumpfungen aller milderen Regungen, die Mitleidslosigkeit, die Entwertung des Menschenlebens, die Entfachung von Haß- und Rachegefühlen, der Wegfall der Hemmungen für Zorn- und Wutausbrüche, die Steigerung der Machtgelüste, die Abschwächung persönlicher Verantwortung, die dem Feinde nicht geschuldet wird – das alles fließt zu einem Strom zusammen, gegen dessen reißende Gewalt nur wenig, aufs tiefste gefestigte Charaktere Widerstand leisten können, nicht aber die Masse der Menschen, die bei dem heutigen geistigen und moralischen Bildungszustand ohnedies eine noch geringe soziale Hemmung ihrer urwüchsigen Triebe zeigen. Nur wenn man dies alles übersieht, also auch die Greuel verschweigt, die jeder Krieg erzeugen muß, weil nicht die wenigen den Krieg führen, die seinen verrohenden Wirkungen standhalten, sondern die vielen, die ihnen unterliegen: nur dann kann man vor dem Idealbild des Krieges als eines Führers zur höheren Moral in Verzückung geraten.

Dabei bleibt meistens auch noch ganz unberücksichtigt, wie moralisch minderwertig oder fragwürdig überdies ein großer Teil des äußerlich so glanzvoll sich zeigenden ethischen Aufschwunges ist. Wie viele bloße Nachahmung und Herdengesinnung, blinde Autoritätshörigkeit, stumpfe Passivität erscheinen hier in das Gewand heroischer Tugenden verkleidet! Welche Enge des Blickes und Gefühls, die jetzt sogar buchstäblich den Interessenkreis des Menschentums auf den Bannkreis des heimatlichen Kirchturms einschrumpfen läßt, drapiert sich mit den Formen und Ausdrücken einer ethischen Gesinnung, die eine Erhöhung und Ausweitung der Persönlichkeit vortäuschen! Dazu aber das Schrecklichste: Ist es nicht niederschmetternd, zu erkennen, daß selbst dort, wo dieser viel gerühmte Seelenaufschwung echt ist, wo er wirklich eine größere Solidarität der Menschen bewirkt und sie zu einer opferwilligen Gemeinschaft zusammengeführt hat, dies nur geschehen ist, um sie desto stärker und gefährlicher *gegen die gleiche Solidarität und Opferwilligkeit eines anderen Volkes* zu machen, daß also nicht die menschliche Gemeinschaft das Ziel dieser Solidarität ist, sondern ihre blutigste Entzweiung, und daß alle diese ethische Höherbildung nur *Mittel ist für unethische, ja moralwidrige Zwecke?!* Wer in einer solchen Entseelung gerade der höchsten moralischen Antriebe im Menschen nicht eher einen Seelenbetrug als einen Seelenaufschwung zu erblicken vermag, der gliche dem sonderbaren Fabrikanten, dem es genügen würde, daß seine Maschine leerlauft, wenn ihre Räder nur schwirren und ihr Gestänge nur funkelt und glänzt.

Eine weitere Sinnverschiebung macht nun mit ganz ähnlich primitiver Einseitigkeit aus dem Frieden das Bild trostloser Öde und Versumpfung, so daß uns im Rückblick auf diese Zeit, der wir durch den Weltkrieg glücklich entronnen sind, schaudert wie den Reiter über den Bodensee. Aber wenn man jetzt in so vielen Schriften und Reden die Zeit vor dem Kriege als die Zeit des rücksichtslosesten Mammonismus bloßgestellt sieht, die heftigen Anklagen hört, wie sie der Krämerhaftigkeit verfallen war, dem schnödesten Egoismus, der skrupellosen Genußsucht und platter Ideallosigkeit, muß dieses Lamento uns Sozialdemokraten recht heiter berühren. Denn das war doch die Welt, die alle solche Kritik des Sozialismus, die schon reichlich und gründlich vor dem Weltkriege ihr entgegentrat, nicht als Mahnruf zur Erkenntnis ihrer Verdorbenheit aufnahm, sondern als angebliche Verleumdung ihres Wesens und als verbrecherische Bedrohung ihrer wohlgegründeten Ordnung! Wenn heute diese Kritik des Sozialismus von den bürgerlichen Wortführern des Seelenaufschwunges durch den Krieg selbst als gerechtfertigt bezeichnet wird und in der Ausmalung der Verderbnis und Verlotterung der bürgerlichen Welt – denn was bedeutet der Mammonismus für das Proletariat? – oft noch viel weiter getrieben wird – besagt dann nicht allein schon die Tatsache einer solchen Kritik *vor* dem Kriege, daß es im Frieden auch noch andere, dieser Versumpfung eben entgegenwirkende Kräfte gab, welche die heutigen Verächter des Friedens einfach nicht sehen oder sehen wollen? In der Tat entspringt diese ganze Auffassung von dem Frieden, in dessen Wesen es liege, zur Erschlaffung und Ideallosigkeit zu führen, ganz deutlich jener bürgerlichen Welt, in der man angefangen hatte, sich zu langweilen, weil man jeden Ausblick in eine höhere Ziele setzende neue Welt als Umsturz der eigenen fürchten mußte. Daß diese langweilige Welt des Friedens für die Massen täglich neu war, weil voll von noch unerfüllten Erwartungen; daß sie in sich trug die köstlichsten Spannungen, in der die unermüdliche Arbeit von Geist und Talent stets neue Triumphe feierte, um so beglückender, weil sie niemand verletzten; daß sie auch im Bereiche der Durchschnittsbegabungen täglich neue Sensationen schuf durch das Eindringen der Massen in die Wunder der Wissenschaft und in die Freuden der Kunst; daß sie durch die Organisation des Proletariats ein Gemeinschaftsbewußtsein schuf, das nicht erst des Krieges bedurfte, um sich als wirklicher Seelenaufschwung zu fühlen, und das in seinem Drange, Menschheitsbewußtsein zu werden, gerade durch den Krieg unnennbar geschädigt wurde – dies alles und noch dazu die Tugenden der friedlichen Arbeit selbst, die auch ihren Heroismus hat, ihre zähe Entschlossenheit, ihre verbindende Kraft, aber darüber hinaus noch das Hochgefühl ihres sinnvollen Schaffens – dies alles nicht zu rechnen und den Frieden als Erschlaffung, Versimpelung und Stillstand zu bezeichnen, mag dem bürgerlichen Vorurteil eigen sein, wo es am borniertesten ist. In Wirklichkeit dokumentiert sich dabei nur die Erschlaffung des Gefühls und der Stillstand des Denkens selbst.

War also nur auf diesem Wege gewaltsamster Begriffsverkümmerungen es möglich, den Krieg zum Vater aller Dinge zu machen, so bleibt noch die letzte ärgste Sinnverschiebung übrig, durch welche der Sinn dieses Gedankens geradezu in Widersinn verkehrt wird. Denn allerdings ist es eine große Erkenntnis, die Heraklit uns zuerst eröffnet hat, daß der Kampf ein Gesetz des Werdens und somit aller Entwicklung ist, eine Erkenntnis, die durch Kants Lehre vom elementaren Antagonismus in der menschlichen Gesellschaft, durch Hegels Aufzeigung des dialektischen Charakters unseres Denkens, durch Darwins und Marx' Entwicklungslehre die tiefste und sorgfältigste Ausbildung erfahren hat. Nur im Widerstreit der Kräfte erstehen neue höhere Formen des Ausgleiches, die im neuen Widerstreit stets weiter über sich hinaustreiben. Nur durch Widerspruch im Denken zieht dasselbe seine stets weiteren Kreise zur Gewinnung einer immer größeren Einheit und Gesetzmäßigkeit seiner Inhalte. Aber schon diese Tatsache zeigt, daß der Krieg, von dem Heraklit spricht, nicht notwendig der Krieg mit Speer und Lanze sein muß. Und es ist die platteste Verständnislosigkeit, die dichterische Ausdrucksweise, mit der Heraklit bloß *eine* Form des Kampfes für den Begriff des Widerstreites überhaupt setzt, buchstäblich aufzufassen. Gibt es wirklich keinen anderen Krieg als nur den mit blutigen Waffen? Gibt es nicht auch einen Krieg gegen Unverstand, Roheit und Schlechtigkeit aller Art? Gibt es nicht auch einen Krieg gegen sich selbst, und wäre der nur möglich durch Vernichtung des eigenen Ichs? Welch unglaubliche Kümmerlichkeit des Gedankens wird hier dem tiefen Denker des Altertums untergeschoben und uns zugemutet, in dem Kampfe, der wirklich der Vater aller Dinge ist, nur jene Form desselben erblicken zu dürfen, die über Leichenfelder und verwüstete Heimstätten der Menschen geht.

Aber freilich werden die Gegner nun sagen: jedenfalls ist der Krieg auch eine Form des Kampfes und wenigstens insofern ebenso wie jede andere Form desselben ein Schöpfer des Neuen und ein Beweger der Entwicklung. Darauf ist zu antworten, daß dies niemand geleugnet hat und zu leugnen braucht. Die Verkehrtheit des Denkens liegt nicht in dieser Konstatierung, sondern in dem Gebrauch, der von ihr gemacht wird: denn zu behaupten, daß, weil der Krieg *in der Vergangenheit* ein notwendiges Mittel zur Entwicklung war, er es auch an sich und für alle Zeiten ist, so daß die gesellschaftliche Entwicklung auch fürderhin ohne ihn nicht möglich wäre, heißt eine Absurdität behaupten. Auch der Kampf des Verbrechens gegen die staatliche und gesellschaftliche Ordnung hat zu immer größerem Ausbau derselben beigetragen; ist aber deshalb das Verbrechen ein notwendiges Mittel aller zukünftigen Entwicklung? Und der Klassenkampf erscheint geradezu als das bewegende Prinzip der ganzen Geschichte, seit ihre Gemeinschaften aus primitivsten Lebensformen sich nach Interessengegensätzen differenziert haben; besteht aber darum die Erkenntnis weniger zu Recht, daß erst die Beseitigung des Klassengegensatzes und damit des Klassenkampfes eine Entwicklung ermöglichen wird, in der der Kampf wirklich der Vater aller guten Dinge wird werden können?!

Nicht darauf also kommt es an, ob der Krieg ein schöpferischer Faktor in der Geschichte war, *sondern ob er als solcher noch nötig ist.* In der Art, wie der Krieg bisher das Gute geschaffen, das heißt mit unsäglichen Leiden und Opfern der Völker, liegt eine so furchtbare Unvernunft und Zweckwidrigkeit, daß sie allein schon beweist, kein notwendiges Mittel der gesellschaftlichen Entwicklung sein zu können, die nach immer größerer Vernunftordnung und Ökonomisierung ihres Zustandes strebt. Nie ist dieser Widersinn des Krieges offenbarer geworden als in dem jetzigen Kriege, da die Erkenntnis auf allen Seiten im Wachsen war, daß die moderne Stufe der Entwicklung unserer Produktionskräfte bereits die ökonomischen Bedingungen geschaffen hatte, welche eine internationale Verständigung nicht nur ermöglichten, sondern sogar gebieterisch forderten. Was allein entgegensteht, daß die Völker auch wirtschaftlich in einer größeren Gemeinschaft der Weltwirtschaft leben, so wie sie bereits angefangen hatten, in einer Gemeinschaft des Geistes zu leben, das sind nicht mehr Unmöglichkeiten der Technik oder der Ökonomie, sondern allein die Interessen des Kapitalismus. Darum ist der Kampf des Sozialismus gegen den Kapitalismus nach dem Weltkriege noch nötiger als je zuvor. Denn erst der Sieg in diesem Kampfe wird der Menschheit dauernden Frieden bringen und Raum schaffen für jenen Krieg, der fortan der einzige sein wird, den sie noch kennen wird, der Krieg der vereinigten Menschheit gegen gemeinsames Leid und Übel.

Gottesgericht

Eine Feiertagsbetrachtung

Es gibt Verteidiger des Krieges, die immer wieder uns ermahnen, doch über seine Schrecknisse und Zerstörungen nicht das Gute zu übersehen, das er auch schaffe. Aber wir wollen heute gar nicht fragen, ob dieses Gute nicht allzu teuer um den Blutpreis des Krieges erkauft sei, selbst wenn es gar nicht anders als um diesen Preis zu haben wäre. Wir wollen im Gegenteil gerade darauf aufmerksam machen, daß der Hinweis auf dieses Elend uns sogar von der Erkenntnis einer noch viel größeren Zerstörung ablenkt, als die wir an den Hekatomben von Leichen und an den Ruinen zerstörter Wohnstätten und Arbeitsplätze schaudernd empfinden. Denn so viel unersetzliches Leben auch dahingesunken ist, um allen Sinn und Wert seines Daseins gebracht, so viel Glück auch damit für immer aus zahllosen kleinen menschlichen Lebensgemeinschaften geschwunden ist, sie beraubend um Sinn und Schönheit ihrer ferneren Lebensgestaltung – schon pulsiert in der heranwachsenden Generation ein neues kraftvolles Leben, die Lücken auszufüllen, die der Tod jedenfalls, nur nicht so vorzeitig, hätte schaffen müssen. Und die niedergebrannten Wohnhäuser, die zerstörten Fabriken, sie werden wieder erstehen, schöner vielleicht und besser ausgestattet als je zuvor. *Was aber nicht so bald aufgebaut werden kann,* was sich nicht gleichsam organisch erneuern und mit jeder Jugend frisch in die Halme schießen kann, das ist der durch diesen Krieg grausam zerstörte, stolze und selbstbewußte *Glaube an die Macht der Ideen,* der Höhengedanke einer geistigen Kultur, dem unser Zeitalter so begeistert angehangen hatte, bis er schmählich unter den brutalen Faustschlägen des Krieges ins Nichts zerstob. Denn wird nicht gerade die junge Generation heranwachsen unter dem zerschmetternden Eindruck, daß alle die hohen Ideen, zu denen sich unsere Zeit bereits in steter Annäherung wähnte – zwar noch der Länge des Weges sich bewußt, aber doch keine Verirrung mehr befürchtend –, daß sich alle diese Ideen von einer immer größeren Herrschaft der Vernunft, von einer immer wachsenden Versittlichung unseres Lebens, von Menschlichkeit und internationaler Verbrüderung als ihren Folgen für ebenso viele Arten des Selbstbetruges und der wortreichen Ohnmacht erwiesen haben? Die Ideale sind wieder einmal zum Spott geworden, an denen jeder Gassenjunge seinen kümmerlichen Witz üben darf und sich damit sogar als der realpolitisch überlegene Kopf erweisen kann gegenüber dem armen Träumer, der Vernunft und Sittlichkeit als wirkende Geistesmächte überhaupt noch sich anzusprechen getraut. Und diese furchtbare Verwüstung einer Wohnstätte, in der alle Menschen heimisch sind, ihres Geisteslebens, sie ist um so schrecklicher, weil sie auch die Kräfte vernichtet, mit denen ein Wiederaufbau möglich wäre. Denn sie läßt es sich nicht genug sein, all dem, was bisher den Menschen als höchstes Ziel ihres kulturellen Aufstieges vorgehalten wurde, zuwiderzuhandeln; sie sucht im Gegenteil diesen Widerspruch durch eine furchtbare Verfälschung des Gefühls und des Urteils sogar zum rechten Sinn und eigentlichen Wert des Ideals umzuprägen und schreckt nicht davor zurück, ihre früheren Ideale zu Lügen und Irrtümern zu stempeln. So bekommen wir es jetzt alle Tage zu hören, daß die Menschenliebe eine bloße Abstraktion sei, die vor der Realität der Liebe zum eigenen Volke verblassen müsse, daß die Sittlichkeit eigentlich nur Schwachheit sei, wenn sie den blutigen Notwendigkeiten des Krieges ihre Anerkennung versage, und daß aller Menschheitsgedanke, der nicht Raum lasse für die Zerfleischung der Völker, jedes eigentümlichen Heroismus bar sei, durch den allein die Menschheitsentwicklung zustande komme.

Philosophie und Ethik haben gewaltig "umzulernen", um die Stätte, an der einmal die vom Kriege versprengten Menschheits- und Freiheitsideen wohnten, auch nur für die neuen Mieter des Nationalismus und der Staatsanbetung halbwegs befriedigend auszustatten, eine Aufgabe, der sich Philosophie und Ethik allerdings überall mit einem nur zu bedenkenlosen Eifer hingegeben haben. Ist es zu verwundern, daß dieser Verwüstung auch die dritte große Geistesmacht nicht entgangen ist, welche die Pflege der höchsten geistigen Güter stets als ihre eigenste Aufgabe angesehen hat, die *Religion?*

Nichts ist bezeichnender dafür, als daß die von tiefem religiösem Gefühl durchströmten und von flammender sittlicher Empörung getragenen wiederholten Aufrufe des geistlichen Oberhauptes der katholischen Christenheit, die Ansprachen Papst Benedikts XV., so gänzlich wirkungslos geblieben sind. Die Klage über den Verlust der weltlichen Macht der Kirche will in kirchlichen Kreisen nicht verstummen; aber verfügt sie nicht über die ungleich gewaltigere geistige Macht der Religion, als deren Dolmetsch sie von zahllosen Kanzeln in allen Ländern direkt zu Herz und Gemüt der trostbedürftigen Menschheit spricht? Welch mächtigeres Schwert könnte gezogen werden als das des Gotteswortes, das alle gläubigen Seelen, welcher Sprache und welcher Nation immer sie angehören mögen, heraushauen müßte aus der gegenseitigen kriegerischen Bedrängnis wie aus einer sündhaften Verirrung, indem es sie zusammenführt in die lichte Erkenntnis einer durch die Religion aufs sicherste innerlich geeinten Menschheit! Aber wo haben wir es erlebt, daß das Gebet des Papstes, mit dem er "immer wieder die Hände flehend zum barmherzigen Gott erhebt, um ihn von ganzen Herzen zu beschwören, mit seiner Macht diesem blutigen Konflikt nunmehr ein Ziel zu setzen", auch wirklich zu einem immer wieder, Tag für Tag stärker einsetzenden Seelensturm der Gläubigen geworden wäre, ihnen zur Pflicht gemacht durch die Priester, *und zwar in der Front ebenso* wie im Hinterland, auf den untersten Stufen der Christenheit ebenso wie auf ihren Höhen? Nichts von alledem! Ist doch jener Aufschrei des Papstes, um des Friedens willen Zugeständnisse zu machen, "auch wenn sie Opfer kosten, um nicht vor Gott und den Menschen die ungeheure Verantwortung der Fortsetzung der beispiellosen Metzelei tragen zu müssen", sogar einer Widerwilligkeit, ihn anzuhören, ja direktem Widerspruch begegnet. Das kann nur den überraschen – aber hat es überhaupt jemanden überrascht? –, der das allgemeine Umlernen, das sich auch auf die religiösen Begriffe erstreckt, nicht so geisteswillig mitmachen konnte wie besonders die geistigen Führer der Zeit.

Es wird gut sein, gegenüber dem landläufigen Einwand, daß nur volks- und religionsfremde Gesinnung auch die Religion in den Strudel der Kriegspsychose verfangen sieht, statt, wie es zumeist geschieht, ihre Verinnerlichung durch den Krieg zu preisen, sich noch auf ein anderes Zeugnis als das des Papstes zu berufen, nämlich auf das F. W. Försters, dem niemand den Sinn für völkisches und religiöses Interesse wird absprechen dürfen. Er äußert sich folgendermaßen über die "Modernisten des Kriegsrausches", wie er die religiösen Eiferer für den Krieg treffend nennt: "Leider muß es gesagt werden, daß viele gläubige Christen in dieser Frage eine ganz unbegreifliche und mit dem Geiste ihres Bekenntnisses gänzlich unvereinbare Stellung eingenommen haben . . . Sie haben in einer Weise von der Wirkung des Krieges auf Religion und Charakter geredet, daß man sich gestehen mußte: nun, wenn das so ist, dann mag der Krieg zwar ein materielles Übel sein, aber er ist dann doch der eigentliche Bringer des idealen Lebens . . . und die richtige Konsequenz wäre denn doch, an Stelle der Liebe, die das Evangelium verkündet hat, den großen Pädagogen 'Krieg' ununterbrochen auf die Menschheit loszulassen . . . Es wird aber jetzt allgemach Zeit, daß wir wieder zur Vernunft kommen. Viele Christen haben es anscheinend ganz aus ihrem christlichen Gewissen verloren, daß dieser Weltkrieg eine ungeheure Blutschuld der Menschheit ist, für die jeder zur Rechenschaft gezogen werden wird, der irgendwie an ihr beteiligt ist. Uns ist durch das Leben und Leiden Christi die Liebe des Menschen zum Menschen, der Kampf mit unseren feindseligen Leidenschaften und Instinkten als der einzig mögliche Weg zu Gott und zur Rettung unserer Seele offenbart worden: 'Ein neues Gebot gebe ich euch, daß ihr einander liebet; dies ist mein Gebot, daß ihr einander liebet; dies gebiete ich euch, daß ihr einander liebet.' Es heißt nun doch wirklich mit dem Heiligsten freventlich spielen, wenn man es so hinstellt, als gelte diese Offenbarung nicht auch als Forderung, Maßstab und Gericht für den Umgang der Völker. Als ob sich das Leben und Tun der Völker außerhalb der Einzelseele abspielte . . . Nur wenn wir die Schuld des Krieges bis ins Mark unserer Seele empfinden und für unsere leiseste Mitschuld erbeben . . . nur wenn wir in diesem Sinne unsere Seele ganz reinigen von allem Kriegsjubel, allem Kriegsrausch, aller verstohlenen Liebe zum Krieg, nur wenn wir ganz schlicht im Geiste des *Notwehrkrieges* bleiben – nur dann können wir in unserem Kriege und nach unserem Kriege mit den höchsten sittlichen Mächten verbunden bleiben und ihres Segens teilhaftig werden."

(Die deutsche Jugend und der Weltkrieg.)

Das freventliche Spiel mit dem Heiligsten, von dem Förster hier spricht, ist wirklich getrieben worden, und es fügt sich nur harmonisch ein in das System der Umdeutung und Entgeistigung aller tragenden Ideen unserer Kultur, durch welche sich allein ihr ideeller Zusammenbruch vor dem Bewußtsein der Zeit in einen Seelenaufschwung umlügen ließ. Da alle religiöse Rechtfertigung des Krieges doch rettungslos an dem christlichen Gebot der Nächstenliebe, ja der Feindesliebe scheitern mußte, so galt es, diese wirklichen Himmelslichter so herunterzuschrauben, bis ihre nur noch schwelende Flamme gerade genügte, um die Nächstenliebe als eine Lokomotive des Völkerhasses zu heizen. Unter dem Vorwand, daß eine allgemeine Menschheitsliebe sogar ein Widerspruch zur christlichen Nächstenliebe wäre, weil sie im Wege stünde, seinem wirklichen Nächsten, dem Volksgenossen, auf Kosten des Fremden werktätige Hilfe angedeihen zu lassen, verwandelte sich nun die Liebe aus einer die Welt befriedigenden Gesinnung in ein bloßes Mittel der Stärkung einer Kriegsorganisation der sich feindlich abgrenzenden Staaten. Nur als lautere "Liebesgemeinschaften", als welche sie sich freilich bloß im Burgfrieden offenbarten, fielen sie sich aus lauter Wahrung der nationalen Nächstenliebe gegenseitig feindlich an. Und das Gebot der Feindesliebe, das auch dann noch als christliches Ideal übrigblieb, selbst wenn man unter dem Nächsten auf gut alttestamentarische Art – die jetzt aber als neue völkische Hochstimmung gepriesen wurde – nur den Volksgenossen verstand, wurde jetzt direkt als eine bloße Überspannung abgelehnt und an lächerlichen angeblichen Konsequenzen verdächtig gemacht. Sollen wir, so fragt man, bloß um unsere Feinde zu lieben, uns alles Unrecht geschehen lassen, jede Vergewaltigung und Übeltat geduldig hinnehmen und so schließlich geradezu Schurkerei und Verbrechen triumphieren lassen? Es fehlt also ganz und gar der Sinn für die *religiöse Kraft* des christlichen Liebesgedankens, die in der Forderung der Feindesliebe ja nur den idealsten Ausdruck jener Einheit alles Menschentums gefunden hat, das als Gotteskindschaft alle Entzweiung und Lasterhaftigkeit, alle Schwierigkeiten weltlicher Hindernisse überwinden soll und muß. Ja, es fehlt jede religiöse Einstellung überhaupt. Denn die religiöse Erhebung des Menschen soll doch gerade das, was im gewöhnlichen Leben als unmöglich gilt, möglich machen. Darum ist ja der Gläubige ein Wiedergeborener, ein Erlöster, weil er durch seinen Glauben eine Kraft gewinnt, das Gute zu tun und das Heil zu erringen, die den im Weltgetriebe und seinen Möglichkeiten unselig Verstrickten ewig ein Mysterium bleiben wird. In der Verkennung des idealen Richtungsmaßes, das die christliche Forderung der Feindesliebe gerade gegenüber den Unmöglichkeiten ihrer geschichtlich-politischen Bewährung bedeutet, in der sofortigen Bereitwilligkeit, sie deshalb fallen zu lassen, statt ihre Unerfüllbarkeit als eine unerträgliche Unvollkommenheit des Weltzustandes zu empfinden, über den gerade ein religiöses Gemüt nicht hinwegkommen kann – darin offenbart sich eine utilitaristische Entwertung aller Religion und vor allem des Christentums, die nur aus dem Nutzen zu begreifen ist, den Nationalismus und Militarismus von ihr haben.

Ist so aber die christliche Liebe zu einem Kriegsmittel selbst geworden, so kann es niemanden verwundern, wenn man neuerdings den Krieg selbst zu einem Gottesmittel, zu einem Gottesgericht ausgerufen hat. Freilich geschieht das meistens nur dort, wo man sich dem Siege bereits nahe fühlt. Was für eine gedankenlose Vorstellung von einer göttlichen Gerichtsbarkeit sich in einer solchen Auffassung bloßstellt, die als gerechtfertigt jenes Volk hervorgehen läßt, das am meisten und erfolgreichsten Vernichtung und Tod verbreitet hat, sei nur angedeutet. Für ein wirklich religiöses Empfinden ist eine solche Anschauung reinste Blasphemie. Ihm kann nicht der Krieg ein Gottesgericht sein, *wohl aber die Religion ein Gottesgericht über den Krieg*. Wäre echte Religion ebenso lebendig in den Massen wie bloßer Kult und Lippenglaube, nie hätte der Aberglaube des Gottesgerichtes seine Renaissance feiern können. Denn hätte der Krieg wirklich die Religion lebendig machen können, was so unmöglich ist, wie daß aus gebrochenem Geiste anderes als Wahn hervorgehe, hätte er mehr bewirkt als eine bloße todesfürchtige Traditionsgläubigkeit, es wäre aus der neuentfachten Religiosität der Sturm eines Gottesgerichtes des Glaubens an alle höchsten Güter der Menschenseele hervorgebrochen, der in seiner alle Menschen zusammenschließenden Gewalt den Stab gebrochen hätte über Krieg und Kriegsursachen und den Menschen gesichert hätte, wonach sie um ihrer Seelen Heil verlangen müssen: den Frieden.

Im Schmelztiegel des Krieges

Eine Alltagsbetrachtung

Die ergreifendsten Symbole dichtet oft das Leben selbst, so wie es im Alltag an uns herantritt. Vor den großen Spiegelscheiben eines vornehmen Ladens drängen sich die Leute. Und wahrhaftig, für die Schaulust ist gesorgt: wie das glänzt und strahlt von prächtigem Metallgerät aller Art! Neben dem in der edlen Farbe des blanken Kupfers prangenden heimlichen Hausrat, neben dem gleißenden Messing, wie es zu zahllosen Zwecken in erfinderischer Mannigfaltigkeit die heutige Technik gestaltet, immer neue Bedürfnisse weckend und sofort befriedigend, breiten sich die Erzeugnisse längst vergangener Zeiten und Bedürfnisse aus. Und dazwischen köstliche Bronzen, Kunstwerke aus alter und neuer Zeit, Kupferstichplatten und Münzen, die von großen Ereignissen und Menschen erzählen oder eigentlich von der Vergänglichkeit allen Ruhms. Es ist, als ob dieses verwirrende Vielerlei von Gegenständen aus aller Zeit und zu allerlei Zweck, von dem verschiedensten Geschmack und der vielfältigsten Technik, wie absichtlich hier vereinigt wäre zu einer glanzvollen Schaustellung menschlichen Gewerbefleißes und Kunstsinnes; als sollten wir in triumphierender Bekräftigung eines sicheren Kulturfortschritts aufmerksam gemacht werden darauf, wie die ursprüngliche primitive Bedürfnisnot so gewaltig umgestaltet wurde in eine diese unübersehbare Mannigfaltigkeit von Bedürfnissen umfassende Genußfähigkeit.

Aber nun fällt der Blick auf etwas, was wir zuerst gar nicht beachtet hatten über all dem frohen Blinken und Prunken: überall sind Aufschriften angebracht, die uns versichern, daß alle diese vom Publikum freiwillig dahingegebenen Gegenstände eingeschmolzen werden, um Metall für Waffen und Munition zu liefern. Obgleich es niemanden gibt, der sich heute der Notwendigkeit dieses Umwandlungsprozesses zu verschließen vermöchte, starrt einem diese Notwendigkeit nun aus den Spiegelscheiben der Auslage, vor der wir eben noch so hohe Kulturfreude verspürten, wie ein schneidender Hohn auf alles entgegen, was uns das menschliche Leben und Schaffen für sinnvoll halten ließ. Und der krasse Widersinn des Krieges, der sich immer wieder zu verbergen sucht unter dem Glanz von Tugenden einer Kraftbewährung, Aufopferungsfähigkeit, Solidarität und dergleichen, die gewiß auch dem Frieden nicht fremd sind, mit dem Elend des Krieges aber jedenfalls zu teuer bezahlt werden, tritt uns nun mit großer Anschaulichkeit erschreckend entgegen.

In der Tat: kann es ein treffenderes Symbol für die unbarmherzige Zernichtungsnatur des Krieges geben als diesen Einschmelzungsprozeß des für tausenderlei Zwecke der Kunst und des Vergnügens sowohl wie des nötigen Bedarfes mühsam und sinnvoll bearbeiteten Metalls? Wie alle diese gewerblichen und künstlerischen Gestaltungen im Schmelzfeuer zusammenfließen in eine amorphe Masse, aus der alle jene warmen Beziehungen des Geistes und Gemüts weggetilgt sind, durch welche bis dahin diese Gegenstände wie belebt schienen, zugleich selber unser Leben bereichernd, so verwandelt das Feuer des Krieges alle die tausendfältigen Kulturbemühungen und Kultursorgen in eine einzige unablässige Sorge und Bemühung, in der alle tiefere Bedeutung unseres Lebens, aller schönere Sinn des Daseins, aller geistige und gemütliche Luxus ausgeglüht wird durch die einzige Notwendigkeit, die noch bleibt: Leben und Werte ringsum zu vernichten, um nicht selbst vernichtet zu werden. So muß das trauliche Summen des Teekessels sich verwandeln in den zischenden Laut der tödlichen Kugel, die ehernen Stimmen der Glocken müssen ersterben, um wieder aufzuerstehen im Dröhnen der Geschütze, die schlanke Jünglingsgestalt dieser Bronze wird aus einem Schrapnell sich den Weg suchen in eine andere Jünglingsgestalt aus Fleisch und Blut, und jene Kupferstichplatte, deren Landkarte in der engen Stube die Phantasie des Sehnenden in ferne Länder trug, wird jetzt im Geschoß über Berg und Tal fliegen und Zerstörung dorthin tragen, wo sie niederfällt. Freilich, daß der Krieg ein furchtbares Schrecknis ist, das brauchten wir nicht erst hier vor der Auslage der Kriegsmetallsammlung zu erfahren. Aber nirgends ergreift einen die unsagbare Sinnwidrigkeit dieses Geschehens, der entsetzliche Anachronismus des Krieges stärker als angesichts der Produkte mühsamer und kunstvoller Menschenarbeit, die von dem Schaffen ungezählter Generationen zeugen, von ihrer Verfeinerung und Höherwertung, und die nun doch wieder zusammenfließen in die primitive und rohe Reaktion des Urmenschen, mit der er den Gegner tobend niederschlägt.

Aber wenn uns dieses Symbol der Einschmelzung aller dieser sinnvollen Gegenstände des Bedarfes und der Annehmlichkeit zu bloßen Mitteln der Vernichtung so mächtig ergreift, ist es nicht deshalb, weil es noch mehr ein Gleichnis für das Unmenschliche des Krieges selbst ist als bloß ein Symbol seiner Sinnwidrigkeit im einzelnen? Tut der Krieg nicht mit den Menschen selbst, was die Kriegsmetallsammlung mit ihren Gegenständen macht? Werden nicht auch die Menschen eingeschmolzen ohne Rücksicht auf ihren Gebrauchswert und verwandelt in die eine uniforme Masse der Krieger, so wie jene Gegenstände sich wandeln mußten in Geschütze und Geschosse? Da ist ein Kopf, in dem Ideen großer Kunstwerke leben, dort ein Gehirn, in dem die Menschheit neuen Problemlösungen nachgrübelt, hier eine Hand, die mit Pinsel und Stift Wunder der Gestaltung auf die Leinwand wirft, dort ein Ohr, das sich selig ungeahnten Harmonien öffnet: was soll das alles? – Sie sind nichts anderes wie die Bronzen, die auch ihre seltene Eigenart fahren lassen mußten, nur ein Gewicht mehr in der Masse, auf die es allein ankommt, nicht auf ihr Gepräge. Und auch abgesehen von hervorragenden Begabungen – all der Kunstverstand der Menge, die ererbte und erworbene Tüchtigkeit zu den unzähligen Geschäften des Kulturlebens, diese ganze opferreiche Differenzierung auch der nichtgenialen menschlichen Gehirne und Hände – sie wandert unbarmherzig in den ungeheuren Schmelztiegel des Krieges. Und wohl denen, die bloß eingeschmolzen wurden und so zwar ihr früheres Selbst, aber doch nicht ihr Leben verloren! Sie dürfen doch noch hoffen, einmal Gestalt und Sinn des Daseins wiederzufinden.

Die Symbole, die das Leben selbst schafft, sind aber nicht nur ergreifender, sondern auch unbarmherziger als die der Dichtung. Wenn in dem nordischen Drama der unentrinnbare Knopfgießer wiederholt den Lebensweg Peer Gynts kreuzt und ihm ankündigt, daß sein im Guten wie im Bösen stets nur halbes Leben nichts tauge und daher in den Topf geworfen werden müsse, um umgegossen zu werden, wie versöhnlich wirkt dieses Symbol auf uns ein. Denn es verkündet bei allem Untergang, dem es den einzelnen preisgibt, doch eine sinnvolle Ordnung selbst, die untergehen nur läßt, was eben des Bestandes nicht wert war. In den Schmelzprozeß des Krieges wird aber gerade nicht das Schwache und Halbe hineingetan, sondern das Gesunde, Vollkräftige, Ganze; er bleibt auch hier seinem Charakter getreu, alles Positive ins Negative zu verkehren und allen Wert zu erraffen, nur um ihn desto sicherer fallenzulassen.

Wenn dies alles nun aber doch notwendig ist, so lange eben Krieg ist – wie nicht zu leugnen ist und auch nicht geleugnet wird; wenn wir diese Notwendigkeit nun einmal durchhalten müssen, da wir doch im Krieg verfangen sind, ist es nötig, sich dann noch das Herz zu beschweren mit Betrachtungen dieser Art? So fragen viele und meinen, mit der Verneinung dieser Frage eine weise Selbstbeschränkung geübt zu haben. In Wirklichkeit geben sie nur einer Schwäche nach, die es der Unvernunft des Krieges erleichtert, immer wieder sich zu erhalten. Denn gerade weil auch diese Unvernunft ihre unerbittliche Logik hat, darf man um so weniger von dem Widersinn schweigen, dem sie entspringt. Nur so läßt sich der ungeheure und verhängnisvolle Trugschluß überwinden, dem heute noch so viele verfallen sind, deswegen, weil die Notwendigkeit der Kriegsmaßregeln nicht bestritten werden kann, dadurch auch den Krieg selbst für gerechtfertigt zu halten. Gegenüber dieser seltsamen Logik ist es unbedingt nötig, immer wieder auf den widersinnigen Grund zurückzugehen, der uns, sobald er einmal gegeben ist, freilich in ein ganzes System logisch notwendiger Mittel unbarmherzig verstrickt. Wird aber auf diese Logik die Rechtfertigung des Krieges aufgebaut, dann sei an ein Wort Friedrichs des Großen erinnert, das den ganzen Widersinn aller Kriegsrechtfertigung tiefsinnig geißelt: "Wer die Logik gegen die Wohlfahrt der Menschheit richtet, verwundet sich mit einem Schwert, das uns nur zur Verteidigung gegeben ward."

Der ewige Friede

Eine Weihnachtsbetrachtung

Das Proletariat hat noch nie von Herzen frohe Weihnachten feiern können. Stets wenn die Weihnachtsglocken in diese bürgerliche Welt hineintönten, in die Welt des schroffsten Klassengegensatzes und Klassenkampfes, in die Welt, die über alle Nationen den gleichen unseligen Gegensatz von Reich und Arm, von Überfluß und Not, von Herrschaft und Dienstschaft gebreitet hatte, dann ging es von dem alten lieben Engelssang, der Frieden auf Erden verkündete, doch nur wie ein schriller Mißton aus für die Ohren des Volkes: was die anderen als frohen Besitz feiertäglich genossen, das war ihm erst noch eine heiße und schmerzliche Hoffnung. Doch diesmal, wo der Engelssang nicht vermögen wird, das Donnern der Geschütze zu durchdringen, die eine ganze Welt in ein einziges Schlachtfeld verwandeln, wo der blutigste Tod seine entsetzliche Ernte, ungestört durch Feiertagsruhe, fortsetzen wird auf den weiten Ländern und Meeren einer Welt, die noch immer nicht aufgehört hat, sich als Kulturwelt über die Wilden erhaben zu fühlen – in einer solchen Weihnachtszeit wird jedes denkende Hirn, jedes fühlende Herz erschauern müssen über den furchtbaren Widerspruch, in welchem diesmal die frohe Botschaft des Evangeliums untergeht in einem Meere von Elend und Barbarei. Nie noch ist der Menschheit die leidvolle Wahrheit deutlicher vor die Seele getreten, daß die hohe Lehre des Christentums von der die Menschen vereinigenden Nächstenliebe noch gar nicht Wirklichkeit geworden ist trotz der neunzehn Jahrhunderte seiner äußerlichen Herrschaft, nie noch wird es ihr schneidender zum Bewußtsein gekommen sein, daß die Edelgedanken des Evangeliums ein Kulturgut sind, das unsere Zeit gar nicht verwirklichen kann – "liebet eure Feinde, tut wohl denen, die euch hassen" –, als in diesen schrecklichen Weihnachten des Weltkrieges, die gerade ein gläubiges Gemüt noch stärker verwunden müssen, als die tödlichsten Geschosse des mörderischen Kampfes verletzen können. Denn diese treffen bloß den Körper, jener Widerspruch aber vernichtet das innerste Leben der Seele.

Wo derart ein Ideal des Glaubens jammernd und hoffnungslos sich abkehren muß von dem Widersinn und Schrecknis der Wirklichkeit und Trost nur finden kann in der Hoffnung einer recht späten Zukunft: ist es da nicht ebenso müßig, an ein Ideal der Philosophie zu erinnern, um neben dem Traume von der ewigen Liebe auch noch die Idee des ewigen Friedens an dem Wahnsinn der Zeit in gleicher Weise zerschellt zu sehen? Ja, ist es auch nur gut, der gequälten Menschheit so augenscheinlich die gänzliche Ohnmacht aller ihrer besseren Triebe vor Augen zu rücken? Muß sich zu allem Leide, das sie mit Schwären ohne Zahl zur ärmsten Lazarusgestalt macht, auch noch die brennende Scham der Untreue an ihren Ideen und die müde Resignation über deren Kraftlosigkeit gesellen? Oder wollen wir von dieser hellen und sonnigen Idee des Völkerfriedens nur nicht lassen in einer Art banger Selbstberuhigung, fast so wie jemand, der sich allein im finsteren Walde ein fröhliches Lied singt, um den Mut nicht zu verlieren, oder der aus einem allzu schönen Traum geweckt, das Wachen flieht, um wieder in seine Traumseligkeit unterzutauchen?

Aber freilich: zeigt nicht gerade die Wirklichkeit von heute, daß wir nicht träumen dürfen? Der harte Zwang der Zeit duldet keine Ruhe des Sichselbstvergessens, ihr ungeheures Weh schreit in jede müßige Gedankenspielerei hinein und fordert völliges Wachsein, aber nicht nur der Tat, der Kraft und Entschlossenheit, sondern auch des Denkens und Urteilens über all das Schicksalsschwere, das sich in dieser historischen Zeit gestaltet. Und vor allem ist es das Proletariat, das diese Mahnung ebenso empfindet wie versteht, das Proletariat, dessen Glaube in der Gegenwart keinen Hohn für sich erblicken kann, weil er sich stets auf die Zukunft bezog, und das allein den Widersinn der Zeit stark gemutet aushalten kann, weil er ihm nur Bewährung ist für Sinn und Kraft seiner eigenen Lehre und Ziele.

Wach und klar in dieser historischen Zeit stehen, mit Bewußtsein über die eigentlichen Interessen, die in ihr kämpfen, und den wirklichen Weg, den sie geht – das tut vor allem dem Proletariat not, damit es sehenden Auges und zielbewußt an dem Werke der Geschichte mitgestalten kann, kein bloßes Opfer der Zeit, herabgestürzt von allen seinen Idealen, sondern ein denkendes und unbeirrt diese Ideale festhaltendes Glied geschichtlichen Werdens.

Es entspricht nur diesem Streben der bewußten Erfassung unserer Zeit, wenn wir nicht länger über den traurigen Widerspruch klagen wollen, der nicht erst seit heute den Gedanken des ewigen Friedens in das Reich der Utopien zu verjagen scheint, sondern wenn wir lieber fragen wollen, was die Ursache dieser betrübenden Erscheinung ist, die mehr als hundert Jahre nach Kant die Menschheit noch immer an dem Punkte trifft, über den jener große Denker sie doch schon hinauszuschreiten im Begriff sah. Ja, gerade wenn wir uns dieses größten Verfechters der Idee vom ewigen Frieden als Führers bedienen und staunend erkennen, wie eben das, wovon er den Sieg dieser Idee erhoffte, zunächst sie um so sicherer dem Weltkrieg entgegenführte, werden wir aus dem Verständnis der Gründe für das Versagen der Friedensidee vielleicht doch eine Ansicht gewinnen, die einer kommenden Weltweihnacht freundlicher gestimmt ist als der trostlose Anblick der Gegenwart.

Kants Idee des ewigen Friedens ist nicht eine bloße philosophische Träumerei, sondern sie erhebt sich in seinem Denken als das Endziel eines geschichtlichen Prozesses, aus dem sie mit einer Notwendigkeit zuletzt hervorgeht, die gar nicht ausschließlich von dem guten Willen und idealen Streben der Menschen abhängig ist. Sie ruht auf dem großartigen Fundament der Geschichtsauffassung Kants, mit der er ein Vorläufer von Hegel und Marx geworden ist, wonach die Geschichte eine Entwicklung der Menschen zu immer größerer Freiheit und gesellschaftlicher Verbundenheit darstellt, die gerade durch die bösen Triebe der Menschen zustande kommt. Es ist die ungesellige Geselligkeit der Menschen, wie Kant dies nennt, wodurch sie immer mehr verknüpft werden, das heißt die elementare Tatsache, daß sie ohne einander nicht auskommen, also nur gesellschaftlich existieren können, gleichwohl aber sich innerhalb der mannigfachen Formen dieser Vergesellschaftung stetig bekämpfen. So müssen immer vollkommenere Formen des gesellschaftlichen Lebens aufgesucht werden, um diesen Kampf zu überwinden, und derart vergrößert sich stets der Umkreis des dem Kampfe entzogenen sozialen Zusammenhanges, um allerdings stets wieder neue Gegensätze und Kampfmotive zu erzeugen, die wieder nach einer höheren Ausgleichung streben.

Nicht in diesem grandiosen, das Prinzip des Klassenkampfes bereits in sich schließenden Grundgedanken dieser Geschichtsauffassung hat Kant geirrt; hier hat im Gegenteil seine Lehre eine Wahrheitsbedeutung, deren ganzer Sinn zu seiner Zeit noch gar nicht erkannt werden konnte. Nur in der Schätzung der damals für eine wirkliche Vergesellschaftung und Befriedung der Kulturmenschheit bereits wirksamen Kräfte ist Kant einem Irrtum unterlegen, der ihm den ewigen Frieden näher erscheinen ließ, als er war, weil ihm am Beginn der bürgerlich-kapitalistischen Zeit nur deren kulturfördernde Kraft, nicht aber ihre zersetzende Wirkung vor Augen stehen konnte.

Es sind nämlich in der Hauptsache zwei Tendenzen, von denen Kant einen schließlichen Sieg der Friedensidee allein aus dem Zwang der bestehenden Verhältnisse, also abgesehen von jedem Idealismus der Menschen erwartet. Die eine ist die notwendig immer größer anwachsende Rüstungslast, die die Staaten infolge ihrer gegenseitigen Feindseligkeit auf sich nehmen müssen, die andere der stets wachsende Handelsverkehr, der die Länder und Völker immer mehr zu einer wirtschaftlichen Gemeinschaft verbindet. Nicht ohne große Bewegung über das, was noch mehr als hundert Jahre hindurch nach Kant die Menschheit in dieser Richtung hat auf sich nehmen müssen, lesen wir heute bei Kant die nachfolgenden Sätze: "Stehende Heere sollen mit der Zeit ganz aufhören. Denn sie bedrohen andere Staaten unaufhörlich mit Krieg durch die Bereitschaft, immer dazu gerüstet zu erscheinen; reizen diese an, sich einander in der Menge der Gerüsteten, die keine Grenze kennt, zu übertreffen; und indem durch die darauf verwendeten Kosten der Friede endlich noch drückender wird als ein kurzer Krieg, so sind sie selbst Ursache von Angriffskriegen, um diese Last loszuwerden; wozu kommt, daß zum Töten oder getötet zu werden, in Sold genommen zu sein einen Gebrauch von Menschen als bloßen Maschinen und Werkzeugen in der Hand eines anderen (des Staates) zu enthalten scheint, der sich nicht wohl mit dem Rechte der Menschheit in unserer eigenen Person vereinigen läßt." So meint denn Kant, daß diese Lasten der Kriegsrüstung gerade durch ihre unausgesetzte Steigerung und durch die allseitige Gefährdung, die sie mit sich bringen, schließlich wie ein Mechanismus einander entgegenwirkender Kräfte dazu führen werden, vorerst ein Gleichgewicht zu schaffen, das den Krieg verhindert, dann aber notgedrungen eine Stimmung zu schaffen, die an die allmähliche Minderung und Abschaffung der unnötig gewordenen Kriegsrüstung selbst gehen wird. Und was diesen Prozeß mächtig unterstützen wird, das ist eben jene zweite Tendenz, die stets wachsende größere Verflechtung der wirtschaftlichen Interessen aller Kulturvölker infolge des Handels. Schon ist es ja, meint Kant, in dieser Gemeinschaft der Völker so weit gekommen, "daß die Rechtsverletzung an einem Platz der Erde an allen gefühlt wird", und "es ist die Idee eines Weltbürgerrechtes keine phantastische und überspannte Vorstellungsart des Rechtes" mehr, sondern eine notwendige *Ergänzung des geltenden Rechtssystems* zu einer Idee des ewigen Friedens, zu dem man sich in einer kontinuierlichen Annäherung zu befinden hoffen darf.

Nun, die hundertzwanzig Jahre nach Kants Schrift vom ewigen Frieden haben nach der Richtung beider Tendenzen, auf die Kant seine Hoffnung setzte, eine Verstärkung erfahren, die damals kein Weiser vorausahnen konnte. Was bedeuten die Heereslasten der fridericianischen, ja noch der napoleonischen Zeit gegen die Riesenheere und Riesenflotten unserer Großstaaten! Und was bedeutet der rege Handelsverkehr der Frachtwagen, Briefpost und Segelschiffe gegen die Intensität und Regsamkeit unseres Verkehrs mit Eisenbahnen, Dampfern, Telegraphen und Telephon! In unerhörter Weise ist die Kriegsbereitschaft unserer Zeit, aber auch ihre Kulturbereitschaft gewachsen, in unglaublicher Weise die gegenseitige Kulturverflechtung aller Völker. Und wie war trotzdem dieser Zusammenbruch des bewaffneten Friedens möglich, diese Weltkatastrophe, die mit den Bedingungen des Kantschen Ideals auch dieses selbst gänzlich zu verschütten scheint?

Der Grund liegt dort, wo der Quell aller Kulturübel unserer Zeit zu suchen ist, in der kapitalistischen Organisation unserer Gesellschaft. Sie bringt es mit sich, daß der Handel jene völkerverbindende Kraft nicht besitzen konnte, die eine schöne Legende mit ihm verknüpft, sondern daß er im Gegenteil mit der fortschreitenden Entwicklung des Kapitalismus spiralig zurückkehrt zu seinem uralten, mit Raub und Piraterie innig verflochtenen kriegerischen Anfang. Es gab freilich eine Zeit, da von dem Handel das Dichterwort galt, das unsere Handelsakademien so gern zu ihrem Motto wählen:

> "Euch, ihr Götter, gehört der Kaufmann. Güter zu suchen
> Geht er, doch an sein Schiff knüpfe das Gute sich an!"

Es war die Zeit des aufkommenden Bürgertums, der erst erstarkenden Warenproduktion und damit des Freihandels und der Achtung aller Nationen, mit denen man gut Freund sein mußte, um gute Geschäfte mit ihnen zu machen. Als aber die Produktion in jedem Lande so erstarkt war, daß es sich mit Zollmauern von allen anderen abschloß und rings auf der Erde nach Beute suchen gehen mußte, nicht so sehr um die steigende Bevölkerung im eigenen Lande zu versorgen, als um den Profit durch Export von Waren und Kapital vor Sinken zu bewahren, da wurde der Handel aggressiv, und nun standen immer mehr alle gegen alle. Es war aber gar *nicht eigentlich die Not des Volkes,* was den Handel der einen gegen die anderen trieb. Es war und ist nur *die Not des Handelsprofits selbst, die Expansion des Kapitals,* was die friedliche Funktion der gesteigerten wirtschaftlichen Verbindung aller Kulturländer so schrecklich in ihre gegenseitige Bedrohung und schließlich Bekriegung umgebogen hat. Es ist die ökonomisch unaufhaltsame Entwicklung des Kapitalismus zum *Imperialismus,* die den völkerverbindenden Sinn des Handels und Verkehrs in sein direktes Gegenteil verwandeln mußte.[3]) Fällt dieses exklusive und entzweiende Handelsinteresse des Imperialismus, das zum Herrschaftsinteresse über alle Welt wird, weg, was freilich auf dem Boden der kapitalistischen Wirtschaftsweise unmöglich ist, so schwindet auch die feindliche Stellung der Völker und Staaten, und sie erkennen sich mit einemmal als das, was sie eigentlich sind, aber jetzt nicht sein können: Glieder einer großen Wirtschaftsgemeinde, die immer mehr die Welt umspannt. Und der Krieg erscheint dann nur als die furchtbare Folge des Widerspruchs, in welchen die

---

[3]) Vgl. hierzu Max Adler, *Prinzip oder Romantik,* 2. Aufl., Nürnberg 1915, S. 34 ff.

erreichte Höhe *weltwirtschaftlicher* Entwicklung unserer Zeit gegen die anachronistische Form ihrer *politischen* Daseinsweise geraten ist. Denn an Stelle sich bekriegender Staaten verlangt sie gebieterisch nach einer jeden Krieg ausschließenden Föderation der Wirtschaftsgebiete.

Und so behält zuletzt Kant doch recht, nur freilich unter einer Voraussetzung, die er noch nicht machen konnte, weil sie von der bürgerlichen Welt weg in die sozialistische führt. *Der Völkerfriede ist nur die andere Seite des Klassenfriedens, der aber nur nach Beseitigung der Klassen möglich wird.* Der feindliche Völkergegensatz kann daher nur mit dem Klassengegensatz wirklich überwunden werden. Eindringlicher als je ergreifen uns heute die Worte des *Kommunistischen Manifestes.* "In dem Maße, wie die Exploitation des einen Individuums durch das andere aufgehoben wird, wird die Exploitation einer Nation durch die andere aufgehoben. Mit dem Gegensatz der Klassen im Innern der Nation fällt die feindliche Stellung der Nationen gegeneinander." Und so führt das uralte Weihnachtsideal des "Friedens auf Erden" auch hier zu jener Lehre, die schon längst allen echten Sinn des Evangeliums in sich aufgenommen hat, zur Lehre des Sozialismus. Sein Sieg erst wird den Glauben der Religion und die Sehnsucht der Philosophie vereinen zur echten Feiertagsfreude einer wahren Kultur und glücklicheren Menschheit.

Über den Kriegssozialismus

Eine polemische Betrachtung

Zu den vielen verderblichen Wirkungen, mit denen der Krieg die beklagenswerten Geschlechter dieser Zeit heimgesucht, gehört als nicht die geringste eine geistige Verwirrung, die es ermöglicht, mit sonst ganz klaren Begriffen Vorstellungen zu vereinbaren, die an sich ihr striktes Gegenteil sind und für jede vorurteilslose Überlegung einen tödlichen Widerspruch enthalten. Nur so ist es zum Beispiel erklärlich, daß man so oft von den aufbauenden Kräften des Krieges zu hören bekommt, von der Erweckung und Erhebung der Seelen durch ihn, von seiner erziehlichen Bedeutung für das Gemeinschaftsbewußtsein und wie dergleichen Redensarten mehr im Umlauf sind. Wir können heute auf diese betrübliche Erscheinung, die besonders in der deutschen "Professorenliteratur" zum Kriege in einem fast erschreckenden Grade von Kritiklosigkeit und Unlogik zutage getreten ist, nicht eingehen und müssen es für ein andermal aufsparen, die sonderbare Danaidenarbeit des Denkens eingehender zu kritisieren, die sich zur Aufgabe stellt, den Krieg zu ethisieren, was ungefähr gleichbedeutend ist mit dem Ziele, eine furchtbare Tat dadurch gefälliger zu machen, daß sie in humanen Formen verläuft oder humane Wirkungen erzielt.

Was uns heute beschäftigt, ist eine ähnliche Verirrung die aber auch im eigenen Lager viele Verbreitung gefunden hat und um so gefährlicher ist, als sie über den Grundbegriff der sozialistischen Arbeiterbewegung, über den Begriff des Sozialismus selbst, sehr falsche Vorstellungen zu erzeugen geeignet ist. Ich meine den viel gerühmten Kriegssozialismus, also den Inbegriff jener Fülle von zum Teil sehr tief in die Wirtschaftsordnung des Kapitalismus einschneidenden Staatsmaßregeln, mit denen die kriegführenden Regierungen, besonders in Deutschland und Österreich-Ungarn, die wirtschaftliche Widerstandsfähigkeit ihrer Staaten zu sichern bestrebt sind. Dieses ganze System von Normierung der bis jetzt sich selbst überlassenen kapitalistischen Volkswirtschaft durch Erlassung von Höchstpreisen, Ausfuhrverboten, Vorschreibung von Arbeitsordnungen und Arbeitsverfahren, Requisitionen von Rohstoffen, Verteilung der Produktion von Kriegsbedarf, vor allem aber das Getreidemonopol in Deutschland und die Rationierung des Mehles und Brotes durch die Brotkarten – dies alles gab vielfach Anlaß, von einem sieghaften Vordringen sozialistischer Gedanken in die bürgerliche Welt zu reden oder gar von einer Kapitulation des individualistischen Kapitalismus vor dem Organisationsprinzip des Sozialismus. Und besonders dort, wo man überhaupt sehr bereit war, den Krieg als einen Versöhner der Klassen zu betrachten, und nicht müde werden konnte, eine Einheit zu rühmen, die doch nicht eine solche der Kulturarbeit war, sondern das Gegenteil davon, scheute man nicht davor zurück, sogar von den "sozialistischen Errungenschaften der Kriegszeit" zu sprechen und sie als Fortschritt in dem Emanzipationskampf des Proletariats zu preisen.

Rudolf Hilferding hat bereits in der Wiener *Arbeiter-Zeitung* in einem Aufsatz über "Kriegskapitalismus", wie er richtiger den sogenannten Kriegssozialismus nennt, darauf hingewiesen, wie falsch solche Anschauungen sind, weil sie ganz verkennen, daß die moderne kapitalistische Wirtschaft gar nicht mehr mit dem Organisationsprinzip im Widerspruch steht, dieses vielmehr aus eigenstem Interesse verlangt. Es kommt also heute gar nicht mehr darauf an, *daß* sich das Organisationsprinzip durchsetzt, sondern *für wen*. Dieser Gesichtspunkt fällt aber bei den Lobrednern des "Kriegssozialismus" ganz hinweg, und zwar merkwürdigerweise gerade bei seinen sozialistischen Verfechtern – freilich noch merkwürdiger, daß es solche überhaupt gibt.

Es war, wie erwähnt, vor allem die freilich innerhalb der privatkapitalistischen Welt ungeheuerliche Reform der Einführung des staatlichen Getreidemonopols im Deutschen Reiche am 1. Februar 1915 – nicht ungeheuerlicher allerdings als der Krieg selbst –, die vielen Sozialisten als ein Sieg des sozialistischen Gedankens erschien. Ein führendes Blatt der Partei schrieb damals begeistert unter dem Titel: "Gib uns unser tägliches Brot!": "'Vom 1. Februar 1915 an gelten sämtliche im Deutschen Reiche vorhandenen Vorräte an Weizenmehl . . . als beschlagnahmt', bestimmt eine Bundesratsbekanntmachung in ihrer Juristensprache. Wollen wir sie in unser geliebtes Deutsch übertragen, so heißt es: *Alle Brotfrucht ist Volksgut* . . . Die Sorge fürs tägliche Brot ist Volkssache . . . Das tägliche Brot ist nicht länger Gegenstand von Schacher und Wucher . . . So wird das Reich alle Tage jedem Bürger sein Stück Brot sichern . . . Vom ersten an sind wir ein Volk mit gemeinsamem Vorrat, ein Haus mit gemeinsamer Speise, ein Tisch mit einem klugen Ältesten, der das Brot bricht . . . Die Brotfrucht gehört von Stund' an nicht dem Grundherrn, nicht dem Händler, nicht dem Reichen, sie gehört der Volksgesamtheit." Wenn man aber zu all diesem Überschwang hinzudenken muß, daß dieses "Volksgut" der "Volksgesamtheit" natürlich nur insoweit "gehört", als jedes Glied dieser Gesamtheit etwas von dem "gemeinsamen Vorrat" *bezahlen* kann, und daß die Ausschaltung des Profits und Wuchers natürlich nur als eine Begrenzung nach oben zu verstehen ist, dagegen in der Verteuerung der jedem zugeteilten Brotschnitte untilgbar erhalten und gleichsam sanktioniert ist, so wird man nun doch vielleicht einsehen, daß es eher eine Kompromittierung des sozialistischen Gedankens ist, eine solche Maßregel mit dem Geiste des Sozialismus in einen inneren Zusammenhang zu bringen. Von diesem Monopol bloß deshalb, weil es die Steigerung des Handelsprofits für die Zukunft unmöglich macht, zu sagen, es entsetze Form und Funktion des Kapitals schlechtweg und übertrage sie auf die Allgemeinheit, ist sicherlich kein Beitrag zur Gewinnung besseren ökonomischen Verständnisses dieser Maßregel, die an sozialem Wert sogar hinter den gewöhnlichen Staatsmonopolen zurücksteht. Denn bei diesen beschränkt erstens das Bestreben, es einträglich zu machen, doch in letzter Linie die Teuerung seiner Artikel, und sodann kommt hier der Handelsprofit selbst der Allgemeinheit zugute. Wie soll man es also anders denn als eine irreführende Übertreibung bezeichnen, wenn man in dem Brotmonopol und anderen die Organisation der Kriegswirtschaft betreffenden Maßnahmen vielfach *ein Stück Sozialismus* erblickt hat? Wir werden wohl richtiger urteilen, wenn wir in alledem zwar die große organisatorische Kraft nicht verkennen, aber, soweit sich diese Maßregeln auf die Lebensmittelversorgung beziehen, doch nichts anderes darin sehen als eine unter außerordentlichen Verhältnissen gesetzte außerordentliche Art der *Wuchergesetzgebung* überhaupt, verbunden mit einer höchst unvollkommenen, die Bedürfnisse der besitzlosen Klassen keineswegs gerecht befriedigenden Rationierung des Vorrats.

Die Sache hat ihre über die Notwendigkeit bloß theoretischer Klarheit hinausreichende unmittelbar praktische Bedeutung, so wenig gerade wir Sozialisten diese Klarheit bei den Anhängern des wissenschaftlichen Sozialismus missen könnten. Heute, wo die Brotkarte jedem Menschen im Staate das System des "Kriegssozialismus" anschaulich und an der empfindlichsten Stelle täglich zu Gemüte führt, kann es uns nicht gleichgültig lassen, wenn in den Massen die Vorstellung sich einnisten sollte: *Also so sieht ein Stück Sozialismus aus?* Daß der Staat jedem die Brotschnitte schmäler und schmäler schneidet, daß das Brot schlechter und teurer wird, daß der Staatsbürger vorgeschrieben erhält, wie er sein Mehl mischen und verbrauchen soll, wann er Kuchen backen darf und wieviel – das soll auch nur eine Übergangsform zur sozialistischen Ordnung sein? Und man sage nicht, der sozialistische Gedanke lebe doch wenigstens in der gleichen Einschränkung, die sich der Reiche wie der Arme, der Vornehme wie der Niedrige gefallen lassen müsse. Denn das hieße, ein lächerliches und unwürdiges Spiel mit Worten treiben, als ob nicht jeder einigermaßen Urteilsfähige wissen müßte, daß die "Einschränkung" der Besitzenden durch die Lebensmittelkarten kompensiert wird, nicht wie bei dem Proletarier durch Schmalhans als Küchenmeister, sondern durch die – Vorratskammer.

Es hat daher auch wenig Sinn, dieses ganze System der Rationierung etwa als eine Schulung sozialen Geistes und gesellschaftlicher Einordnung in die Notwendigkeiten eines Ganzen zu betrachten oder gar sich der Freude hinzugeben, wie überraschend groß doch die Fähigkeit und der Wille zur opferwilligen Selbstbeschränkung im Menschen sei. Denn für die Besitzenden bedeutet schließlich die ganze Lebensmittelrationierung höchstens eine Unannehmlichkeit oder Belästigung. Dagegen die Not der großen Masse des Proletariats nicht nur, sondern auch des Mittelstandes, welche jetzt durch die Lebensmittelkarten eigentlich erst als gesellschaftliches Faktum in die Erscheinung tritt, indem sie selbst dieses Kriegsminimum mit ihrem Einkommen nicht erschwingen können – diese Not unter dem Begriff der Opferwilligkeit und selbstbeschränkenden Einordnung ins Ganze zu fassen deckt die sonderbare Begriffsverwirrung hinlänglich auf, aus der die Idee eines Kriegssozialismus entstehen konnte.

Damit sind wir bei einem wesentlichen und zugleich Klarheit stiftenden Umstand angekommen, der allen "Kriegssozialismus" grundsätzlich vom Geiste des Sozialismus scheidet. Aller Kriegssozialismus geht aus auf Einschränkung, der Sozialismus aber auf *volle Befriedigung.* Der Sozialismus strebt die Organisation der Volkswirtschaft für die ausreichende und gleichmäßige Bedürfnisbefriedigung aller an, er ist die Organisation des Auskömmlichen, ja des Überflusses; der "Kriegssozialismus" dagegen ist die *Organisation des Mangels* und der Bedürftigkeit. Wer diesen Unterschied im Bewußtsein des Volkes zurücktreten läßt, muß natürlich den Gedanken des Sozialismus in gleichem Maße schwächen, als er jenen des Kriegssozialismus herausstreicht. Und weiter: der Sozialismus ist keine Organisation des Zwanges; sozialistisch ist nicht das, was unbequem ist, sondern es ist die zweckentsprechende Organisation der Arbeit, die, weil sie nicht mehr in einer durch Klassengegensätze zerrissenen Gesellschaft vor sich geht, ebensowenig als Zwang empfunden wird, wie die Arbeiter einer Partie die durch ihre Arbeit gebotene Verfahrensart als Zwang betrachten. Und schließlich bedeutet die Organisation des Sozialismus eine gesellschaftliche *Fürsorge für jeden einzelnen:* sie mißt jedem nicht bloß seine Portion Brot zu und alles andere darüber hinaus, sondern *sie gibt es ihm auch.* Die naiven Leute, von denen die Zeitungen berichten, welche meinten, daß sie mit den Abschnitten der Brotkarte gleich das Brot mitnehmen könnten, ohne zu zahlen, haben eigentlich nicht falsch gedacht; sie nahmen den Kriegssozialismus ernst – aber es blieb, ach, nur beim Krieg!

Nun ist freilich richtig, daß ja niemand behauptet habe, diese Maßregeln seien bereits wirklicher Sozialismus, sondern nur, daß man doch nicht verkennen dürfe, daß sie dem Gemeingeist entsprungen seien und auf das Gemeinwohl abzielen. Hier habe sich doch mitten in der egoistischen Welt des Kapitalismus ein ihm fremdes und überlegenes Prinzip durchgerungen, welches in die Welt des Sozialismus weise. An alledem ist nur so viel wahr, daß ein überragender Zweck, *nämlich der des Krieges,* alle anderen Interessen in seinen Dienst gestellt hat. Wer hierin einen Sieg von Ideen des Gemeinwohls und Gemeinsinnes sehen will, muß von beiden sehr kuriose Anschauungen haben. Aber abgesehen davon, daß ein großer Teil dieser Maßnahmen doch nur Kriegsnotstandsregeln sind, wie kann man angesichts des Umstandes, daß der größere und einschneidendere Teil derselben direkt in Bestimmungen gegen Volksbewucherung und Preistreiberei besteht, überhaupt ernstlich von einer Betätigung des Gemeinsinnes reden, der in jenen Maßregeln zum Ausdruck komme? Sie sind nichts anderes als Schutzbestimmungen des Kapitalismus gegen sich selbst, gegen die rücksichtslose Konsequenz seiner eigenen Prinzipien; sie sind *kein Bruch mit ihnen, sondern nur Mittel ihrer Konservierung.* Nun hat man versucht, in der Auffassung dieser Maßregeln als bloßer Behelfe eines Kriegsnotstandes, die das Wesen der kapitalistischen Ordnung ganz unangetastet lassen, ein Unverständnis über das Wesen der Entwicklung des Sozialismus selbst zu sehen. Denn es sei ja das geschichtliche Schicksal des Sozialismus, aus dem Notstand der Massen wider Willen der Herrschenden geboren zu werden. Allein dieser Einwand ist mehr als mißverständlich. Denn das wesentliche am "Kriegssozialismus" ist ja gerade dies, daß alle seine Maßnahmen *den Herrschenden ja gar nicht abgerungen werden von den Massen,* gar nicht wider ihren Willen gegeben sind, sondern im Gegenteil zur besseren Sicherung *ihres herrschenden Willens und Systems* von ihnen getroffen werden. Wenn man sie als Notstandsmaßregeln bezeichnet, so ist damit nur gesagt, daß sie nicht einem dauernd geänderten Willen oder einer größeren sozialen Einsicht der herrschenden Klassen entspringen, sondern bloß einer momentanen Zwangslage, die keineswegs ausschließt, daß trotzdem ihre eigenen Ziele in jenen Maßregeln mit vollem Bewußtsein und energischem Wollen von ihnen gesetzt werden. Und gerade das ist der Fehler in der Beurteilung und Schätzung dieser Maßregeln, den wir zu bekämpfen trachten, daß man sie als sozialistische Mittel zur Überwindung eines Notstandes der Massen und nicht vielmehr als wesentlich konservative Kriegsmaßnahmen zur Sanierung einer Not des kapitalistischen Systems betrachte. Die erste Anschauung führt in den Burgfrieden, wo er am tiefsten ist; die zweite in die erst wirklich auf den Völkerfrieden Aussicht eröffnende sozialistische Gedankenwelt.

Aber noch in einem anderen Sinne hat das Argument von dem aus der Not geborenen Sozialismus hier gar keinen aufklärenden, sondern eher gegenteiligen Wert. Es ist *eine ganz andere Not,* die den Ursprung der Kriegsnotmaßregeln abgibt als jene, aus welcher der Sozialismus hervorgeht. Die Not, die der Sozialismus überwindet, ist nicht etwa eine Hungersnot der ganzen Gesellschaft, sondern eine *klassenmäßig nur für das Proletariat bestehende Not* inmitten eines unerhörten gesellschaftlichen Reichtums. Er will diesen gesellschaftlichen Besitz allen nutzbar machen und noch vermehren. Die Kriegsnotmaßregeln dagegen entspringen nicht einer bloßen Klassennot, sondern einem *allgemeinen Mangel,* der auch nicht auf dem Wege des Sozialismus beseitigt werden kann, indem das Wohl jedes einzelnen gesichert und bei den allermeisten erhöht wird, sondern nur dadurch, daß bloß die Einschränkung, der Mangel auf alle gleich verteilt wird. Ist schon das Argument, daß der Sozialismus "teilen" will, von jeher mit Recht von uns als Verständnislosigkeit zurückgewiesen worden, so ist die sonderbare Anschauung, daß gleichmäßig geteiltes Elend die richtige Vorschule des Sozialismus oder gar schon ein Stück Sozialismus sei, wohl doppelt abzulehnen.

Einen anderen Einwand hat Karl Renner erhoben, der bei unserer Auffassung des Kriegssozialismus eine wesentliche Seite der marxistischen Beurteilung vermißt, die *dialektische.* In der Welt des Kapitalismus, sagt er, hat jedes Ding einen zwieschlächtigen Charakter, ist Kapitalismus in der Gegenwart und Sozialismus in der Entwicklung. Es wäre also zum Beispiel falsch, zu sagen, die Anhäufung der Arbeiter in den Städten und Fabriken sei bloß gehäufte Lohnsklaverei, und zu verkennen, daß sie Vorbedingung der sozialistischen Gesellschaft ist. "Wahr ist es, daß eine Anhäufung von Lohnarbeitern die kapitalistische Aneignung geradezu vermehrt und verschärft; aber ebenso wahr ist, daß dieser planmäßige Organismus von Arbeitsmitteln und Arbeitern – vorläufig freilich in Form des äußeren Zwanges – die materielle Arbeit und damit das Bewußtsein des Arbeitenden sozialisiert . . . die so vergesellschaftete Arbeit ist heute schon das materielle Gerüst des Sozialismus." Und in derselben Richtung wirken auch die Maßnahmen des Kriegssozialismus.

Das ist alles sehr richtig, bloß mit der wesentlichen Einschränkung, daß die vergesellschaftete Arbeit an sich gar keine Beziehung zum Sozialismus hat, also selbst materielles Gerüst für ihn nur werden kann *durch den Willen der Arbeiter zum Sozialismus.* Anhäufung der Lohnarbeiter, Organisation der Arbeit und sogar Sozialisierung des Bewußtseins der Arbeitenden, was doch an sich nur heißt, daß sie sich immer mehr als Glieder eines Arbeitsprozesses betrachten, sind insgesamt doch erst *nur sachliche Vorbedingungen* der Möglichkeit einer sozialistischen Gesellschaft, zu deren wirklicher Herbeiführung, zu deren realer Entwicklungsbewegung aus dem Kapitalismus heraus der *Umwandlungswille* des Proletariats gehört. Sonst könnte aus denselben sachlichen Vorbedingungen sich auch ein ökonomischer Feudalismus auf Grundlage einer allgemeinen Vertrustung entwickeln, bei dem sich die Arbeiter begnügen, wenn sie nur allseitig durch soziale Versicherung aller Art, durch Verkürzung der Arbeitszeit, Erhöhung des Lohnes und sonstige Wohlfahrtsgesetzgebung ihr Leben zu einer annehmbaren Gemächlichkeit gesteigert und gesichert haben. Das wäre eine seltsame Dialektik, die das Resultat der sozialen Entwicklung rein aus sachlichen Entwicklungsbedingungen hervorgehen ließe! Das hieße die materialistische Geschichtsauffassung in jenen Widersinn verkehren, den unsere Gegner aus ihr gemacht haben. Selbstverständlich tut dies auch Renner nicht. Aber darum beweist auch sein Beispiel nur gegen ihn. So wie die Konzentration der Arbeiter und der Arbeitsmittel durch den Kapitalismus noch keine eindeutige Beziehung zum Sozialismus hat, sondern erst durch die eigene Macht und das eigene Ziel des Proletariats in diese Richtung gebogen wird, so sind auch alle diese wirtschaftlichen Kriegsmaßregeln des Kapitalismus als solche noch keine Ansätze und Annäherungen zum Sozialismus, am wenigsten etwa gar Anzeichen eines sozialer gewordenen Allgemeinbewußtseins der bürgerlichen Gesellschaft. Sehr richtig ist es daher, wenn Renner schließlich sagt: "Es liegt nicht Kriegskapitalismus, nicht Kriegssozialismus vor, sondern Kapitalismus und Sozialismus in gegensätzlicher Tendenz nebeneinander" – nur daß diese gegensätzliche Tendenz auch *klassenmäßig verteilt* ist, und es *unsere* Sache ist, die gegensätzliche Tendenz des Sozialismus zu der kapitalistischen Tendenz jener Maßregeln aufzuzeigen, statt diese letztere zurücktreten zu lassen in begeisterten Hymnen auf angebliche Betätigung eines Allgemeingefühls und Sozialbewußtseins, das in Wirklichkeit nur in den größeren Anforderungen besteht, welche die herrschenden Klassen an die beherrschten stellen.

Freilich scheint nun wenigstens das Zugeständnis nötig zu sein, daß im Kriegssozialismus jedenfalls der ungehemmte Individualismus der bürgerlichen Wirtschaftsordnung gebrochen werde und die Idee der Gesamtheit, der die Privatinteressen weichen müssen, ihren höheren Wert erweise. Aber dies *in der Form,* wie es im Kriegssozialismus geschieht, nämlich als Hemmung und Bevormundung des Individualismus, auch nur irgendwie mit dem Sozialismus in Zusammenhang zu bringen, scheint mir eher beirrend als der Idee des Sozialismus förderlich zu sein. Denn es erweckt die ganz schiefe Vorstellung, als ob der Sozialismus dem Individualismus feindlich wäre und die Zurückstellung der privaten Interessen grundsätzlich verlange. Schon Marx hat in seiner Polemik gegen Stirner hervorgehoben, daß es falsch und spießbürgerlich sei, zu meinen, der Sozialismus sei gleichbedeutend mit Opferbereitschaft und Selbstverneinung.[4]) Es entspricht nur einem bürgerlichen Vorurteil, daß der Individualismus, weil er in der Klassengesellschaft bloß auf Kosten anderer möglich ist, als das Unsoziale selbst aufgefaßt wird, während er in Wirklichkeit bloß durch die Form der Gesellschaft, in die er heute gebannt ist, unsozial wird. Und *unser* Sozialismus hat gerade zum Ziel, die *Entfaltung des Individualismus für jeden sicherzustellen,* ihn aus einer die Gesellschaft sprengenden zu einer sie bereichernden Kraft zu machen, die alle Opfer des einzelnen immer überflüssiger machen wird. Es sprießen jetzt wieder mächtig allerlei Richtungen von Staatssozialismus auf, und insbesondere erleben wir eine Renaissance der Theorie von der Allmacht und dem absoluten Vorrecht des Staates, die um nichts weniger reaktionär ist wie die des angeblich überwundenen Absolutismus, aber um vieles gefährlicher, weil sie sich unter dem Einfluß der Kriegsideologie auf angebliche Gesamtinteressen beruft. Gegenüber all diesem Treiben wird es um so nötiger sein, sich die Grunderkenntnis nicht verwischen zu lassen, daß Sozialismus und Individualismus keine Gegensätze sind, sondern im Gegenteil der Sozialismus nur das Mittel ist, dem Individualismus endlich sein Recht für alle zu verschaffen. Und dies ist daher der Maßstab, an dem alle soziale Organisation, die wirklich eine freie und fortschrittliche sein will, allein gemessen werden kann.

---

[4]) Vgl. hierzu Max Adler, *Der Kommunismus bei Marx,* in: *Archiv für Geschichte des Sozialismus,* 6. Jg., S. 229 ff. und desselben Verfassers *Wegweiser. Studien zur Geistesgeschichte des Sozialismus,* Kapitel "Max Stirner", Stuttgart, Dietz 1914.

Aber, hat man gesagt, wenn auch gewiß bei all den verschiedenen Kriegsmaßregeln noch immer die Ziele des Kapitalismus herrschend sind, so war es doch "für viele eine freudige Überraschung", daß bei dem heutigen Entwicklungsstand "in den Mitteln so viel vom Sozialismus durchbricht", daß die Ereignisse "so sehr von den Leibern und Geistern des Proletariats getragen" sind. Ja um Himmels willen! – War denn das nicht vor dem Kriege auch schon so und noch beweiskräftiger, weil es sich dabei doch um die normale internationale Entwicklung des Kapitalismus gehandelt hat, die trotzdem überall in Industrie, Handel und Verkehr Ansätze der neuen sozialistischen Gesellschaft zeitigen mußte, während die jetzige Kriegsanomalie diese internationale Einheit des Entwicklungsprozesses zerreißt? Bedurften wir wirklich der mit den Leibern der Proletarier gefüllten Schützengräben und der von ihren kampfbereiten Geistern umstrittenen Schlachtfelder, um in dieser Erfahrung den Fortschritt zum Sozialismus freudig zu gewahren? Dafür fehlt mir allerdings das Verständnis.
Das hängt nun freilich damit zusammen, daß es mir nicht gegeben ist, bei dem ungeheuren organisierten Massenwirken des Krieges ähnliche Empfindungen zu erleben wie bei dem Anblick eines großen modernen Eisenwerkes, bei welchem ich allerdings ausrufen kann: "Welch ein Triumph organisatorischen Geistes! Welche Sozialisierung menschlicher Arbeitskraft!" Hier, bei einem Werke planmäßig schaffender und nutzbringender Arbeit von einer Schulung im Geiste der Vergesellschaftung zu sprechen, ist nicht nur erlaubt, sondern einzig am Platze. Wenn dagegen ein Sozialist in den Sermon der bürgerlichen Lobredner des Krieges einstimmt und den Krieg als eine Schule der Opferbereitschaft, der Selbstverleugnung und sozialen Einordnung preist, bleibt nur die Verwunderung übrig, daß er keinen Blick dafür hat, wie die äußeren, aber noch mehr die inneren seelischen Verwüstungen, die jeder Krieg nötig macht, allen nur angebbaren Gewinn federleicht werden lassen. Dabei wollen wir ganz davon schweigen, daß die gesellschaftliche Arbeit im Frieden, deren Träger das Proletariat ist, für alle diese Tugenden wohl die beste und ausreichende Schule ist. Vollends aber auszurufen: "Ich für meinen Teil *freue* mich, die Massen der Opferbereitschaft und Selbstverneinung fähig zu sehen . . . und gründe als Sozialist darauf große Hoffnungen für die Zukunft der Menschheit!" erinnert angesichts der furchtbaren Leiden, die der Krieg über die Völker gebracht hat und noch fortwährend bringt, an den merkwürdigen Schwärmer, der das gewaltige Rad von Dschagannath über die hingebungsvoll sich ihm entgegenwerfenden Leiber der Gläubigen zermalmend weggehen sieht und ausruft: "O glückliche Menschheit! Welche Kraft lebt in dir, wie schön wird die – Zukunft sein" Indessen rollt das Rad von Dschagannath von Jahrhundert ins Jahrhundert über die zuckenden Leiber von Generationen.[5])

Ein Kapitel Kriegsphilosophie

Eine Schlußbetrachtung

I.

In Grillparzers tiefsinnigem Märchenspiel *Der Traum ein Leben* gibt es eine Stelle von wunderbar ergreifender Kraft. Als Rustan sich aufs schrecklichste in das Netz seiner Traumverbre-

---

[5]) Nur *die* zum Sozialismus führende Bedeutung erkennen wir dem "Kriegssozialismus" zu, daß er selbst dem stumpfsten Blicke klargemacht hat, wie die bürgerliche Welt mit ihren eigenen Prinzipien gerade dann elendig Schiffbruch erleidet, wenn die Anforderung an sie herantritt, ihre höchste Energie zu entwickeln. Und da hilft sogar schließlich der Kriegssozialismus nichts. Wenn wir hörten, daß die englischen Munitionsfabriken ihre Produktion nicht mehr steigern wollten, weil die damals voraussichtlich doch nicht mehr lange Zeit des Krieges die Investitionen nicht mehr zu lohnen schien, so sehen wir, wie alle Regelung des Kriegssozialismus doch das Wesen der kapitalistischen Gesellschaft, das Profitstreben, bis zu dem Grade unberührt läßt, daß es sogar die eigene Sicherheit gefährdet. Erst wenn wirklich an Stelle des Profits das Gemeinwohl die Regelung der gesellschaftlichen Ordnung bestimmen wird, werden die Menschen auf Erlösung hoffen dürfen, sowohl vom Kriege wie vom Kriegssozialismus.

chen verstrickt sieht, als nun der Zusammenbruch seiner physischen und geistigen Existenz droht, drängt sich plötzlich die Wirklichkeit in den Bann seiner Traumerlebnisse. Er hört eine Uhr in der Nacht schlagen, für einen Augenblick verblaßt das Traumgebilde, und er sagt zu sich:

> "Horch, es schlägt! Drei Uhr vor Tage,
> Kurze Zeit, so ist's vorüber!
> Und ich dehne mich und schüttle,
> Morgenluft weht um die Stirne,
> Kommt der Tag, ist alles klar,
> Und ich bin dann kein Verbrecher,
> Nein, bin wieder, der ich war."

Seit dem Ausbruch des großen Krieges gibt es viele – und zumeist solche, denen nicht gegeben ist, zu sagen, was sie leiden –, die wie unter dem Alp eines furchtbaren Traumes herumgehen und denen alles Lobpreisen der Größe der Ereignisse, ja sogar alles Verständnis ihrer geschichtlichen Bedingtheit, diesen Alp nicht von der Brust zu heben vermag. Sie starren in die Welt, die alles, was ihr selbst noch kurz zuvor als bester Stolz und tiefster Sinn galt, nun in Wertlosigkeit und Widersinn verkehrte: die Verbrüderung der Nationen durch die Arbeit des Geistes und des wirtschaftlichen Fortschritts, die Wertschätzung des Friedens als des sichersten Mittels zu immer höherer persönlicher Kultur der einzelnen sowie der Völker, die Bekämpfung des Krieges als eines beschämenden Überbleibsels aus einer barbarischen Vergangenheit – sie starren in eine Welt, in der von all dem das Entgegengesetzte nicht nur geschieht, sondern gerechtfertigt wird wie in einem wüsten Traum. Und keine Uhr läßt vor ihren hellen Schlägen die Qual dieser Vorgänge zu einer bloßen Traumfratze zusammenschrumpfen, hinter der bereits das nahe Erwachen trostverkündend steht.

Die Philosophie hätte eine solche Uhr sein können, sein sollen: denn sie mißt den Gang der Dinge nicht an dem Zeitmaße des Historischen, nicht also an jenem Kriterium, das selbst hineingerissen wird in den Strudel der Ereignisse, sondern an dem zeitlosen Maße der reinen Gesetzlichkeit des menschlichen Geisteslebens selbst. Von dieser Turmhöhe des Denkens durften die in den Zwängen und Nöten der Geschichte niedergehaltenen Menschen den Klang einer mahnenden und weckenden Stimme erwarten, die ihnen mitten in dem Dunkel, in das durch den Krieg alles Menschentum versank, doch die tröstende Gewißheit gelassen hätte, daß die Sonne ihres besseren Selbst nicht erloschen ist, sowie ja auch in der Erdennacht die Sonne an einem anderen Teil der Erdkugel leuchtet und bald wiederkehrt, die Nacht zu verscheuchen. Eine solche eherne Stimme der Philosophie ist nirgends erklungen; weder aus dem kulturstolzen Frankreich und Italien noch aus dem vernunftstolzen England oder Amerika, noch aus dem gefühlsreichen Rußland drang ein solcher Ton an unser Ohr, von dem trotz aller auch geistigen Absperrung wenigstens ein Nachhall bis zu uns gelangt wäre, wenn ein so mächtiger Ruf in die Geistesnacht hinausgeschrien hätte. Daß er aber auch im deutschen Volke der Dichter und Denker nicht laut geworden ist, wird eines der schmerzlichsten und durch die Zeiten nachwirkenden Erlebnisse dieses Krieges bleiben, wie sieghaft er auch sonst für das deutsche Volk enden möge. Das große Schauspiel der Geistesgeschichte, daß nach den siegreichen Kämpfen Friedrich des Großen und mitten in den Kriegen, welche die französische Revolution in Europa hervorrief, Deutschlands größter Philosoph Immanuel Kant das Ideal des ewigen Friedens aufstellte und sich nicht scheute, dem Kriege das Brandmal der moralischen Verworfenheit aufzuprägen – es hat sich nicht wiederholt. Das Gegenteil ist eingetreten. Wir erlebten einen beispiellosen Andrang von Geistern ersten und mittleren Ranges – der kleinen nicht zu gedenken –, die sich überboten, den Krieg in allen Tonarten – mit scheinbar gedanklicher Schwere und mit begeisterungstrunkener Zunge – als den Quell aller höchsten Werte der Kultur zu preisen. Nicht einmal der Ausweg wurde gewählt, der zwar der Würde der Philosophie wenig angemessen, aber doch zu begreifen gewesen wäre, zu schweigen, wo man nicht loben konnte. Aber gerade das empfand offenbar die zeitgenössische Philosophie als ihres Amtes: zu loben und zu rechtfertigen; oder, wie dies zumeist ausgedrückt wurde, dort, wo man nicht so glücklich sein durfte, selber im Felde stehen zu können, den Kampf der Armee wenigstens mit geistigen Waffen zu verstärken. Daß dies gar nicht die Aufgabe der Philosophie sei, die vielmehr über allen Kämpfen zu stehen habe und nichts anderes erstreben kann, als zum Verständnis dieser Kämpfe zu gelangen und zur Einordnung dieses Verständnisses in die allgemeine Gesetzlichkeit des Geisteslebens; daß also für sie gar nicht Rechtfertigung des Krieges, sondern Kritik des Krieges in erster Linie stehen durfte, das scheint – von wenigen Ausnahmen abgesehen – gar nicht im Bewußtsein der Kriegsphilosophie gestanden zu haben. Hat doch zum Beispiel ein viel gelesenes Buch, das übrigens zu den maßvolleren und noch am meisten der Kritik Raum lassenden Kriegstheodizeen gehört, H. Gomperz' *Philosophie des Krieges in Umrissen,* geradezu als Leitgedanken seines Werkes nicht jene philosophische Kritik bezeichnet, sondern ausdrücklich die Tendenz: "ruhiges, nicht durch Haß und Ungerechtigkeit getrübtes, zuversichtlich entschlossenes Eintreten des einzelnen für das Ganze, zu dem er gehört". Aber ein solcher Leitsatz kann allenfalls das Resultat philosophischer Bearbeitung des Kriegsproblems sein, tritt er an den Anfang derselben, dann bedeutet er keine Philosophie des Krieges mehr, sondern eine Militarisierung der Philosophie.

Und dies ist allerdings der Charakter der Stellungnahme der zeitgenössischen Philosophie zum Kriege überhaupt. Im Zeitalter der Kriegswirtschaft mit ihren behördlichen Tarifen steht auch sie, ohne daß hierzu besondere Regierungsverordnungen notwendig geworden wären, unter einer Festsetzung geistiger Höchstpreise, bei denen es kaum eine Überschreitung gegeben hat. Und wenn sonst der philosophischen Arbeit der Vorwurf gemacht wird, daß sie das Denken des gewöhnlichen Mannes aus dem Volke weit unter sich lasse, daß sie in Wolken throne und so gar keine Rücksicht auf uns arme Sterbliche nehme, so ist dafür die Kriegsphilosophie gründlich populär geworden. Sieht man, wie der Versuch gemacht wird, die gewalttätigen Triebe des Menschen, sein ungezügeltes Macht- und Vergewaltigungsstreben, die Gier, den Triumph auszukosten bis zur Neige, den Haß, den Zorn, die Rach- und Vergeltungssucht durch die fragwürdigsten Mittel veredelt erscheinen zu lassen; sieht man, wie die wirklichen Tugenden des Mutes, der Aufopferung, der hingebungsvollen Solidarität in einem unsozialen, die Völker verhetzenden Sinn umgedeutet werden; sieht man, wie alle Werte des Friedens mit halber Anerkennung durch den Vorwurf, zugleich Mittel der Erschlaffung und Verweichlichung zu sein, entwertet werden und wie alles dies darauf abzielt, die durch eine jahrtausendalte, mühsame Arbeit des Gedankens und der Gesittung nur schwer gebändigten, gesetzlosen Triebe zum Beifall aufzurufen – so möchte man für diesen Herabstieg der Philosophie zur populären Kriegsphilosophie kaum ein geeigneteres Motto finden als die bitteren Dichterworte:

> "Selten habt ihr mich verstanden,
> Selten auch verstand ich euch,
> Doch als wir im Schmutz uns fanden,
> Da verstanden wir uns gleich."

Mit Recht hat Emil Lederer in seiner Arbeit *Zur Soziologie des Weltkrieges,* die zum Besten gehört, was über den Krieg geschrieben wurde, diese Erscheinung als einen "Mangel an Standfestigkeit innerhalb der modernen Intellektualität aller Länder" bezeichnet. "Eine spätere Zeit", sagt er, "wird es kaum begreifen können, mit welcher Willenlosigkeit, um nicht zu sagen, welcher Unterwürfigkeit sich alle Strömungen in der Tatsache des Krieges selbst verloren haben und in ihr zu neuem Leben wiederfinden zu können glaubten. Es gibt keine geistige und keine kulturelle Strömung in Deutschland und außerhalb desselben, welche nicht bereit gewesen wäre, dem Kriege als Ideologie zu dienen. Jede möchte den Krieg als Kraftquelle benützen."[6])

Es ist an dieser Stelle, die nur wenig Raum für die Erörterung der mannigfachen Formen moderner Kriegsphilosophie läßt, einfach ausgeschlossen, dieses Thema auch nur in einem skizzenhaften Bilde vollständig zu überblicken und den mitunter sehr interessanten Begriffsdichtungen und Gedankensprüngen nachzugehen, mit denen es zuwege gebracht wird, aus einer Kritik des Krieges eine Rechtfertigung, ja Verherrlichung hervorgehen zu lassen. So kann ich

[6]) *Archiv für Sozialwissenschaft und Sozialpolitik,* Bd. 39, Heft 2.

hier insbesondere nicht auf die so überaus populär gewordene Fundierung des Krieges in einer Machttheorie eingehen, die in den interessantesten Verkleidungen auftritt, bald als naturalistischer Kampf ums Dasein, bald als organische Wachstumslehre der Staaten und Völker, dann wieder als sozialpsychologische Trieblehre eines Willens zur Macht oder als eine Art naturrechtliche Konsequenz aus dem Wesen des Staatsbegriffes selbst, in allen diesen Formen aber nichts anderes enthält als die Verabsolutierung der Existenzbedingungen und Lebensinteressen der herrschenden Klassen der bürgerlichen Gesellschaft und damit ein schönes Beispiel für die Verkehrung der Philosophie in Ideologie gibt. Auch über jenen anderen Typus der Kriegsphilosophie, der auch einer sehr populären Denkart entspricht, in dem Kriege den eigentlichen Beweger der Geschichte zu sehen, was man die dynamische Kriegstheorie nennen könnte, weil sie selbst vor der Konsequenz nicht zurückschreckt, zu lehren, daß die Menschheit ohne den Krieg einem stationären Zustand der Versumpfung verfallen müßte, soll hier nichts weiter gesagt werden, als daß auch diese Theorie die gleiche Befangenheit des Denkens in den Existenzformen der bürgerlichen Welt zeigt wie die früheren. Sie ist selbst stationär, indem sie historische Bedingungen der bisherigen Entwicklung für Bedingungen der geschichtlichen Entwicklung überhaupt nimmt und mit all ihrer sich so dialektisch dünkenden Einschätzung des Krieges als des schöpferischen Prinzips der Geschichte eigentlich in der ganz undialektischen Altweiberweisheit endet: Weil es immer so war, wird es auch immer so sein.

Für diesmal wollen wir nur einer einzigen Seite der Kriegstheodizeen etwas mehr Aufmerksamkeit schenken, dem Versuch der sittlichen Rechtfertigung des Krieges, und dies deshalb, weil einige aus ihr gezogene Konsequenzen direkt als solche unserer sozialistischen Grundüberzeugung erscheinen können und auch als solche hingestellt werden. Denn gewöhnlich endet die ethische Begründung des Krieges in einer Bloßstellung der rein utilitarischen und individualistischen Auffassungsweisen, die der Opferfähigkeit des Krieges verständnislos gegenüberstehen. Auf diese Weise geraten Krieg und Kollektivismus einerseits und Friede und Individualismus anderseits in eine merkwürdige innere Verwandtschaft. Bliebe unter solchen Umständen dem Sozialismus eine andere Wahl, als die Partei des Krieges zu nehmen?

II.

So mannigfach die philosophischen Versuche einer Rechtfertigung des Krieges überhaupt sind, so kann die eigentliche und letzte Begründung für ihn doch nur in der Ethik gefunden werden. Ein besonders energischer Versuch nach dieser Richtung liegt in dem Buche Max Schelers vor, *Der Genius des Krieges und der deutsche Krieg*. Man muß darin Max Scheler vollständig recht geben, wenn er sagt, daß der Krieg gerichtet wäre, falls er vor dem sittlichen Gewissen nicht bestände, "auch wenn er allein den biologischen Aufstieg der Menschheit garantierte; er wäre gerichtet, auch wenn er die stärkste kulturschöpferische Kraft der Geschichte wäre". (S. 77.) Für Scheler kann es sich daher nicht bloß darum handeln, womit man sich zumeist begnügt, aufzuzeigen, daß der Krieg auch moralische Folgen auslöst, sondern der Krieg an sich muß als eine Form der Sittlichkeit selbst aufgezeigt werden können. Wie wird dies möglich?

Das Grundprinzip aller Sittlichkeit, lehrt Scheler, ist die vollkommene Liebe. Dieser Ausgangspunkt ist sicherlich geeignet, unser Interesse auf das höchste zu spannen: denn wie kommt man gerade von der Liebe zur Sittlichkeit gerade des Krieges? Nichts leichter als dieses, wenn wir nur ordentlich Begriffe schmieden oder eigentlich umschmieden. Die Liebe muß eine vollkommene sein, nicht also die ganz allgemeine Menschenliebe oder die ganz unbestimmte Nächstenliebe, sondern die Liebe, die auf Realisierung höherer Werte im Kreise der Träger solcher Werte gerichtet ist. Das will sagen: nicht diejenige Liebe ist die vollkommenere, die den größtmöglichen Menschenkreis umfaßt, wie zum Beispiel die Menschenliebe, sondern jene, die, wie klein auch immer ihr Kreis sei, diejenigen umfaßt, die Träger höherer Werte geworden sind. Nun ist die Sphäre solcher höheren Werte nicht allen Menschen gemeinsam, sondern volklich, national differenziert. Die sogenannte Liebe zur Menschheit kann daher sogar widersittlich sein, wenn sie zur Schwächung der Liebe zu den nationalen Kulturwerten führt.

Und die Frage, ob Frieden oder Krieg im einzelnen Falle sittlicher ist, beantwortet sie dahin, ob auf Grund des Friedens eine gleich große Fülle jener höherwertigen Liebe bestehen bliebe oder ob dies nur durch Krieg möglich wäre. Denn wenn zum Beispiel selbst eine Organisation formaler Gerechtigkeit und Ausgleichung der Interessengegensätze ein System allgemeiner Wohlfahrt ermöglichte, in welchem aber die Gesamtfülle der Liebe zu jenen höheren nationalen Kulturwerten abnähme, so wäre diese Ordnung selbst bei Entfallen aller unsäglichen Kriegsübel eine wahrhaft widersittliche, böse Ordnung. Nichts als eine Betätigung dieser höherwertigen Liebe ist aber jeder echte Krieg. Wenn er Schmerz und Elend zufügt, so nicht anders, wie auch die höchste Liebe Gottes den züchtigt, den er liebt. Die echte Liebe ist nicht auf Wohl gerichtet, sondern auf Heil. Sie kennt daher nicht die utilitarische Fiktion einer Gleichwertigkeit der menschlichen Gemeinschaften und das falsche Ideal einer Friedenserhaltung um ihrer selbst willen. Sie entscheidet den Wertunterschied durch die kriegerische Tat, und eben darin liegt die Sittlichkeit der Kriege. In jedem echten Krieg werden die Völker, ein jedes für sich, in unerhörter Steigerung ihrer Liebesgemeinschaft vereinigt, und es erweist sich durch den Krieg, auf welcher Seite die größere Liebe war. So wird der Krieg ein wahres Gottesgericht und das Vehikel der höheren Gerechtigkeit.

Es würde aus dem engbegrenzten Rahmen dieser Arbeit hinausführen, hier darzulegen, wie unmöglich das Schelersche Fundament der Ethik ist, diese höherwertige Liebe, die, ach, so viel Ähnlichkeit hat mit sehr minderwertigem Chauvinismus. Scheler macht sein Liebesprinzip plausibel durch eine Polemik gegen Kants formale Ethik, die durch ihren Begriff der Menschheit, die in der Person jedes einzelnen geachtet werden soll, angeblich sich das Liebesprinzip erschleiche, ohne das sie ihren kategorischen Imperativ gar nicht besäße. Denn aus dem rein formalen Prinzip der Gerechtigkeit folge noch keine Menschenliebe. Auch ein Prinzip, das jedem gleichmäßig Böses zuteilte und sich selbst davon nicht ausnähme, wäre formal gerecht. Ich kann mich in diesem Zusammenhang auf diese ganze, höchst mißverständliche, viel tiefer übrigens schon von Simmel vorgebrachte Kritik des Kantschen Moralprinzips nicht weiter einlassen. Sie hängt wesentlich damit zusammen, daß der bei Kant allerdings selbst nicht deutlich gewordene, aber in seinen kritischen Begriffen enthaltene transzendental-soziale Charakter des menschlichen Geisteslebens, demzufolge alle seine Elemente von vornherein auf widerspruchslosen geistigen Zusammenhang einer Vielheit von Erkenntnis- und Willenssubjekten gerichtet ist, nicht genügend beachtet wird.[7]) Abgesehen davon, sei hier nur soviel bemerkt, daß das Fundament der Kantschen Moral überhaupt nicht die Gerechtigkeit ist, die nur ein Maßstab des Moralischen ist, sondern die Pflicht. Und diese ergibt sich aus keiner Liebe, sondern nur aus der allgemeinen reinen Willensgesetzlichkeit selbst. So wenig man Liebe zur Pflicht machen kann, so wenig kann sie selbst Grund und Ursprung der Pflicht werden.

Wie unmöglich aber dieses Liebesprinzip als Fundament sittlicher Wertung bei Scheler selbst ist, ergibt sich schon daraus, daß sie Unterschiede in ihrer Wertigkeit setzt, zu deren eindeutiger Bestimmung jeder Maßstab fehlt. Höherwertig ist die Liebe zu der höherwertigen Gemeinschaft: aber welche Gemeinschaft ist höherwertig? Wenn der Krieg als Zuchtrute aufgefaßt wird in der Hand einer höherwertigen Liebe, die also sogar dort noch wohl tut, wo sie die entsetzlichen Kriegsübel zufügt, wer darf als Zuchtmeister auftreten? (Ein seltsamer Zuchtmeister überdies, da er sich selbst nicht weniger züchtigt als seinen Liebling!) Die Vorstellung der sittlichen Berechtigung einer Liebe, die den züchtigt, den sie liebt, setzt die allwissende Güte und Weisheit Gottes voraus, das heißt die absolute und unendliche Überlegenheit einer von vornherein moralischen Macht, wie sie sich in menschlichen Beziehungen überhaupt nur annäherungsweise zwischen idealen Eltern mit ihren unmündigen Kindern oder idealen Lehrern und ihren Elementarschülern findet. Nur wo die intellektuelle und moralische Überlegenheit zweifellos ist, kann von einer Züchtigung, die gleichwohl Liebe ist, gesprochen werden. Ein solches Verhältnis der Überlegenheit steht unter Völkern von vornherein nirgends fest. Alles, was in dieser Richtung behauptet wird, ist mehr oder weniger verkappter Chauvinismus.

---

[7]) Vgl. hierzu Max Adler, *Wegweiser. Studien zur Geistesgeschichte des Sozialismus,* Stuttgart, Dietz 1915, S. 64 ff.

Selbst bei rassefremden Völkern kann nicht von Verschiedenwertigkeit, sondern nur von Verschiedenheit gesprochen werden, sofern man nicht blindlings seine eigene Rasse zum Wertmaß macht. Es gibt natürlich eine Verschiedenheit der Kulturhöhe, die aber keineswegs auch eine solche der moralischen Tüchtigkeit zu sein braucht. Sonst müßten die Barbaren, die die römische Weltkultur zerstörten, den Sieg des Bösen über das Edle bedeuten. Tatsächlich endet denn auch die Schelersche Liebesethik, wie wir sehen, in der Proklamierung des siegreichen Krieges als Beweis der höherwertigen Liebe einer Gemeinschaft, das heißt in vollkommenster Selbstaufhebung aller ethischen Wertung durch außerethische Tatsächlichkeit. Dazu ergibt dies den schönsten Zirkelschluß, den man sich als Schulbeispiel nur wünschen mag: nur der Sieg der höherwertigen Liebesgemeinschaft ist sittlich; aber sittlich ist immer die Liebesgemeinschaft, die siegt. Eine solche Theorie bringt es dann freilich zustande, alle Schädigungen des Krieges als Akte befreiender Liebe darzustellen, wie dies zum Beispiel besonders eindrucksvoll an dem Beispiel der Zerstörung der Kathedrale von Reims geschieht. Sei es doch ein Teil derselben hingebungsvollen Kraft und Liebe für die Gemeinschaft gewesen, die einst an diesem stolzen Bauwerk arbeitete, welche es jetzt zu zerstören gebot. "Ja", heißt es wörtlich, "die tiefere Seele dieses Bauwerks, wahrlich die äußerste Antithese zu jener Weltanschauung der es beklagenden Rechtsanwälte, die zurzeit in Frankreich regieren – sie würde, vermöchte sie zu denken und fühlen, noch im Schmerze unserer Kanonenschüsse, die ihre Verkörperung trafen, jauchzend die Kraft wahrgenommen haben, die jene Kanonen abschoß, als freundlicher, als näher ihrer eigenen, großen, religiösen Seele, als der Entrüstung jener vollendet 'zivilisierten' Rechtsanwälte, die über ihre Beschädigung zeterten." Da haben wir also ein Beispiel jener züchtigenden Liebe, das ganz naiv die eigene Volksgemeinschaft ohne Bedenken in die Rolle des Zuchtmeisters einsetzt. Wenn aber nun vielleicht doch alle anderen Kulturnationen die Zuchtrute des Krieges mit derselben naiven Überzeugung in ihre Hand nehmen dürfen – und noch ist der Krieg nicht zu Ende, so daß man nach dem Schelerschen Prinzip noch nicht weiß, wo die höherwertige Liebe wirklich zu Hause ist – welch ein Jauchzen von Kraftgefühl und ausströmender Liebesfülle muß dann die europäische Menschheit mit jeder neuen, liebevollen Zerstörung dieses Krieges täglich mehr erfüllen?!

Nicht weniger glückvoll erweisen sich die moralischen Wirkungen des Krieges im Sinne der Liebestheorie Schelers. Sie bestehen nicht nur in einer Erweckung aller heroischen Tugenden, sondern vor allem darin, daß sie unsere Seelen selbst wieder für die Liebe empfänglich machen. Erstickte, im Alltagsleben dumpf gewordene Liebe wird wieder wach, wir sehen und fühlen, was wir besitzen. "Mag der Freund", ruft Scheler uns zu, "der Geliebte, der Gatte, der Sohn sterben; das ist dann schwere Herzensnot. Aber vorher wurde das Band verschlafener Liebe neu geknüpft. Und nun starb der Geliebte als Geliebter – während im Frieden eben derselbe länger gelebt hätte, aber (!) ungeliebt, vielleicht nur dem Namen nach 'Freund', 'Gatte', 'Bruder'. Also erhöht, erweitert, vertieft und spannt auf die höchsten gemeinsamen unteilbaren Werte der Krieg unser sittliches Bewußtsein." Es ist unmöglich, hier ernst zu bleiben: die Komik einer Auffassung, die so gleichgültig auf das Länger-am-Leben-Bleiben des – anderen verzichtet, bloß damit ihre eigene, stumpf gewordene Liebe wieder etwas zu fühlen bekommt und dies noch für den Gipfel der sittlichen Erweckung hält, findet ihren Tiefsinn am besten gekennzeichnet in der banalen Anekdote: Geliebter Freund, wenn einer von uns beiden stirbt, bewahre ich ich dir ein treues Andenken.

Steht es aber mit dem ethischen Seelenaufschwung besser, in welchem so ziemlich alle zeitgenössischen Kriegsphilosophien, selbst ein Wundt und Simmel, die bedeutendste moralische Wirkung des Krieges sehen? Ist der Krieg wirklich der Bringer einer seelischen Wiedergeburt, einer inneren Wandlung, einer Höherstimmung unseres seelischen Seins? Allem solchen leider nur zu häufigen Überschwang hat bereits Georg Mehlis, der bekannte Geschichtsphilosoph, entgegnet in einer Abhandlung *Über den Sinn des Krieges,* die eine prächtige Ausnahme in der philosophischen Kriegsliteratur darstellt, weil sie mutig und rückhaltlos die absolute logische und moralische Verurteilung des Krieges begründet[8]), "daß jene Tugenden, die der Verehrer

[8]) Erschienen in *Logos,* Bd. V.

des Krieges preist, in ihrer reinen Schönheit auch im Frieden zu finden sind". "Und diejenigen", fügt er hinzu, "die den Krieg als erlösenden Gewittersturm verstehen, dürften wohl niemals seiner großen Not ins Auge geschaut haben." Überhaupt beweist das so beliebte, unzählige Male verwendete Gleichnis vom die Spannung lösenden, befreienden und erfrischenden Gewitter, mit welchen klischeeartigen Bildern hier Stimmung und Urteil bearbeitet wird. Als ob es nur "schöne" Gewitter gäbe und nicht vielmehr auch verheerende Unwetter, deren Sturm, Blitz, Hagel und Wasser in kurzer Zeit zunichte machen, was die Frucht langer Mühe und Sorge war!

Aber selbst zugegeben, daß der Krieg moralische Gesinnung in höherem Maße erzeugt als der Friede, und selbst abgesehen von all den Lastern, die er doch auch bewirkt: Grausamkeit, Mordlust, Unzucht, Bosheit, Rachsucht, Gewalttätigkeit aller Art – müssen wir doch fragen: Ist der moralische Erwerb ein dauernder und zweitens ein solcher, der die furchtbaren Kosten an Menschenleben, Menschenglück und Vernichtung anderer moralischer Werte aufwiegt? An der Dauerwirkung der moralischen Erhöhung beginnt bereits allgemein sich der Zweifel zu regen. Was aber die zweite Frage betrifft, können wir wieder nur Mehlis beipflichten, wenn er uns zu erwägen gibt, daß keinerlei moralischer Gewinn uns die Fülle eigentümlichen Lebens ersetzen kann, die seinetwegen ausgetilgt wurde.[9])

An der Tatsache der Lebensvernichtung scheitert jeglicher Versuch, den Krieg zu moralisieren. Zwar gewiß: das Leben ist der Güter höchstes nicht, der Übel größtes aber ist die Schuld. Und an dieser grausen Schuld der Lebensvernichtung gehen, wie mir scheint, die Kriegsethiker allzu kaltblütig vorüber, was nicht zuletzt aus ihrer philosophischen Weltenferne, will sagen Schützengrabenferne, zu erklären ist. Es ist allerdings unbestreitbar, daß, wie H. Gomperz dies ausdrückt, die Maxime, für das Vaterland zu sterben, sittlicher ist als die, für sich zu leben. Aber abgesehen davon, daß es doch auch ein Leben für das Vaterland geben kann, sollte man die Sache doch nicht immer so verschieben, als handelte es sich im Kriege bloß um das Sterben fürs Vaterland. Ja, wenn jener alte Römer in den Abgrund springt, um das Vaterland zu erretten, wenn, um von modernen Beispielen zu reden, jener heldenmütige Doktor Müller sich die Pest zuzieht, um seine Stadt vor der Seuche zu bewahren, das ist der reine Opfertod für das Vaterland, der bloß ethische Tat ohne moralischen Widerspruch ist. Der Krieg ver-

---

[9]) Übrigens ist noch die Frage, ob die sogenannte Erweckung der heroischen Kräfte im Menschen und die Neubelebung der heldischen Tugenden wirklich ein Gewinn für die moralische Höherentwicklung der Menschen unserer Kulturstufe ist oder ob sie nicht vielmehr gerade dem entgegenwirkt, was immer mehr zur sittlichen Grundlage einer sich vervollkommnenden inneren Kultur nötig ist: der Befriedigung menschlicher Leidenschaften und Triebe. Friedrich der Große, dem niemand nachsagen kann, daß er für die Tugenden kriegerischer Ritterlichkeit keinen Sinn gehabt habe, dachte von ihrem Kulturwert sehr skeptisch, indem er den Eroberer und den Straßenräuber auf eine Stufe stellte. Und erinnern wir uns, wie Schiller an seine Lotte über den Heldenmut schrieb, der ohne *ferocité* nicht möglich sei, so daß er sich glücklich pries, dazu nicht mehr fähig zu sein. Ist aber durch diesen Hinweis nicht das Wesentliche, nämlich die traurige andere Seite des Heldenmutes erst recht ins Licht getreten? Wer hat nicht schaudernd davon gelesen, daß die Hände der heldenhaften Verteidiger der Isonzofront blutunterlaufene Fingernägel zeigten! Da ist wohl die Frage nicht abzuweisen: Brauchen wir bei dem erreichten Stand intellektueller, moralischer und wirtschaftlich-technischer Kultur überhaupt noch diese Tugenden entlegener und roherer Zeiten? Haben Mut, Standhaftigkeit, Gewandtheit, Selbstaufopferung, Solidarität nicht für die Lebensziele unseres heutigen Kulturdaseins und noch mehr einer Zukunft, die doch noch höher gebracht werden soll, einen ganz anderen Sinn gewonnen, als den bloß auf äußere Kraftbewährung gerichteten Bedeutungen dieser Worte anhaftet? Wir werden nie auf Mut, Kraft und Opfersinn verzichten können: aber ist es zu glauben, daß dieser Krieg nach mehr als vierzigjährigem, angeblich die moralische Kraft erschlaffendem Frieden alle diese Tugenden in so erstaunlicher Stärke bereit gefunden hätte, und gerade bei den städtischen, doch durch die sittliche "Verderbnis" des Friedens besonders getroffenen Schichten des Volkes, bei den Intellektuellen und bei den Arbeitern, wenn nicht eben die moderne Friedensarbeit mit ihrem stillen Ernst und mit ihrer gewaltigen Verantwortung, mit der Disziplin ihres Werkes und der Solidarität ihrer Träger eine stete, wenn auch unbemerkte Schule aller dieser Tugenden geworden wäre, als deren Erwecker jetzt der Krieg gepriesen wird? Gerade hier ist der Krieg kein Schöpfer, sondern ein Nutznießer.

langt aber ebenso wie den Tod auch das Töten für das Vaterland, und das ist der moralische Widersinn, um den keine Ethik herumkommt. Hier bricht an der Unmenschlichkeit des Krieges alle Menschlichkeit jammernd zusammen. Und viel ethischer ist es, diese Tragik sich einzugestehen, um aus ihr herauszukommen, als durch ihre sophistische moralische Verschleierung sie zu verewigen. Was einst ein geistreicher Jurist gegen die Todesstrafe sagte, daß das schreiendste Argument gegen sie sei die Notwendigkeit der Existenz eines Henkers, das gilt auch vom Kriege: die Notwendigkeit, Henker ganzer Völker sein zu müssen, läßt alle angebliche Ethik des Krieges sich ins Gegenteil verwandeln.

III.

Gerade an dieser Stelle setzt aber der Widerspruch und die Rechtfertigung des Krieges mit einem neuen Gesichtspunkt ein, der jene ethische Hochschätzung des Lebens direkt als eine ethisch minderwertige, individualistisch-utilitarische Gesinnung entwerten möchte. Gewöhnlich – und hierin zeigt die zeitgenössische Philosophie eine fast lückenlose Einstimmigkeit, die man schon eher als eine Uniformierung bezeichnen könnte – tritt nämlich alle Rücksicht auf die Lebensvernichtung zurück vor dem berauschenden Eindruck des Zusammenschlusses eines ganzen Volkes zu einer einzigen opferbereiten und einmütigen Gemeinschaft. Das Individuum mit seinen Süchten und Trieben ist ausgelöscht: was ist sein Leid und Weh gegen das Wohl und Wehe des Ganzen? Beseligt fühlt er selbst sich nur mehr als ein Teil einer größeren Einheit. Dies gilt als ein Höchstpunkt sittlicher Erhebung, und um dessentwillen wird denn auch der Kriege so oft der "herrliche", der "hehre" genannt, ja als "heiliges Erlebnis" gepriesen. Selbst ein so maßvoller und kühler Denker wie Oswald Külpe schreibt in seiner Schrift *Die Ethik und der Krieg:* "Wir freuen uns, daß wir das erleben durften", und der Altmeister der Rechtswissenschaft Otto Gierke ruft gar in seiner Berliner Rede *Krieg und Kultur* um dieses Erlebnisses willen dem Krieg ein "freudiges Willkommen" zu. Adolf Lasson, dessen schon 1868 zum erstenmal erschienene Schrift über *Das Kulturideal und der Krieg* mit ihrer rückhaltlosen Verteidigung der Machtpolitik jetzt unverändert in zweiter Auflage erschienen ist, bricht gar in seiner Kriegsrede über *Deutsche Art und deutsche Bildung* in biblische Verzückung aus: "Selig die Augen, die dies geschaut haben! Es ist für die Alten der Triumph eines ganzen Lebens, dies zu schauen!" Seltsam nur, daß bei Adolf v. Harnack, der auch (*Was wir schon gewonnen haben und was wir noch gewinnen müssen*) die herrliche Erhebung durch den Krieg als das unvergängliche Erlebnis zur Wahrheit gewordener Freiheit, Gleichheit und Brüderlichkeit preist und enthusiastisch ausruft: "Tod, wo ist dein Stachel? Die Gefühle des Triumphes im Aufblick zu unserem Vaterland sind stärker als die Gefühle der Natur!", doch einige Seiten später sich das Geständnis entschlüpfen läßt: "Unsere Losung muß ganz einfach lauten: Wir wollen und dürfen das nicht wieder erleben!" Beißt dieser lächerliche Widerspruch nicht in die Augen? Denn fürwahr, wenn der Krieg eine solche ungemeine Seligkeit und Erhöhung des moralischen Volksganzen bewirkt, müßte man nicht geradezu dafür sorgen, daß dieser wohltuende Einfluß nie versiege? Bedenkt man weiter, was allen diesen Lobpreisungen merkwürdigerweise zu entgehen scheint, daß die so bewunderte Erhebung und Vereinigung der Nation nicht bloß eine Charaktergröße des deutschen Volkes war, sondern sich in allen Feindesländern gleichweise einstellte, dann kommt man zu dem Schluß, daß den Kulturvölkern überhaupt kein größeres Heil widerfahren konnte als dieser Krieg, in welchem sie sich zwar anfielen wie tolle Hunde, aber jedes doch für sich selbst geläutert und unendlich innerlich erhoben, und daß wir mit innigster Besorgnis um diese Seelenhoheit dem bangen Zeitpunkt entgegensehen müßten, wo sie wieder in die moralische Niedrigkeit des Friedens zurücksinken werden. Welcher gedankenlose Mißbrauch mit ethischen Begriffen wird hier getrieben! Sieht man nicht deutlich, daß nur ein verschleierter, sich selbst zumeist uneingestandener Nationalismus dieses ganze Schwelgen in moralischer Höherwertung möglich machte, weil die Isolierung, in die das deutsche Volk wie jedes andere durch den Krieg geriet, ihm lange Zeit die Erkenntnis verschloß, daß, was es als seine eigene beispiellose moralische Wiedergeburt zu erleben vermeinte, ein geradezu typischer Vorgang in allen

Kriegsgebieten war? Daß das, was ihm als höchst individuelles Volkserlebnis galt, nichts anderes war als eine allgemeine Suggestivwirkung des Krieges überhaupt auf der demokratischen Grundlage der allgemeinen Wehrpflicht, nichts anderes, als eine fast reflexartige Einstellung auf die durch ihn geschaffene psychologische Situation!

Aller dieser Überschwang, pendelnd zwischen Unklarheit und Unwahrheit, hat nun aber seine eigentliche Quelle in einer besonderen Gruppe von Vorstellungen, die zu den eindrucksvollsten ethischen Rechtfertigungsgründen gehören. Sie umfassen das, was man die antiindividualistische Kriegsbegründung nennen könnte, und sie haben den stärksten Einfluß ausgeübt, weil sie zu der Autorität der Ethik auch noch die des Sozialismus für sich anrufen zu können schienen. Von da aus wird allen denen, die, wie wir es vorhin taten, auf Tod und Jammer hinweisen, die der Krieg verursacht, geantwortet: Ja, ihr seht nur den einzelnen, aber nicht das Ganze, das höher steht als die Individuen, die ohnedies sterben müssen. Es sei bloßer Egoismus, der sein kleines Wohl und Wehe dem Gedeihen und der Entwicklung des Ganzen in den Weg stellt. Aber, wie Lasson dies schon 1868 am präzisesten ausdrückte: "Gerade in unseren Tagen ist es doppelt nötig zu betonen, daß der Staat nicht eine Anstalt für Bequemlichkeit und den Frieden des einzelnen ist, damit wir in Ruhe genießen können . . . , sondern daß er immer zunächst sich selbst im Auge hat als mächtig umfassendes Ganzes, das eine Stätte sei für die Entwicklung der Menschheit zur sittlichen Freiheit, und daß die Individuen als Naturwesen schlechterdings für den Staat da sind." Und berühmt ist das Wort Bismarcks, ganz im Geiste dieser Philosophie, daß wir nicht in der Welt seien, um glücklich zu sein, sondern um unsere Schuldigkeit zu tun, was übrigens bereits der Heros deutscher Sittlichkeit lehrte, J. G. Fichte, mit den Worten: "Es ist nicht nötig, daß ich lebe, wohl aber, daß ich meine Pflicht tue."

Gegen alles dieses sei für heute nur das folgende gesagt: es ist ein großer Unterschied zwischen dem Fichteschen und dem Bismarckschen Wort, so sehr sie beide dasselbe zu sagen scheinen. Es ist ein Unterschied, ob das Gebot, für das Ganze zu sterben, aus meinem freien Willen hervorgeht und lautet: "Es ist nicht nötig, daß ich lebe etc." oder aus dem Gebot des Staates "Es ist nicht nötig, daß du lebst etc." Mit einem Wort: es ist der Unterschied von Autonomie und Kommando, von sittlicher Freiheit und äußerem Zwang. Freilich, die Idee des Ganzen, der Staat, soll nichts anderes sein als die Verkörperung der Sittlichkeit, so daß sein Kommando mit Autonomie zusammenfällt. Aber ist dies heute schon der Fall? Hier beginnt die große verderbliche Äquivokation des Antiindividualismus, indem er den philosophischen Begriffen vom Ganzen und vom Staat die historischen Begriffe der politischen Gegenwart unterschiebt, die noch weit von jener Begriffshöhe entfernt sind. Bei Kant, Fichte und Hegel ist das Ganze, der Staat, stets ein reiner Vernunftbegriff, bei den kriegerischen Antiindividualisten ein historischer Machtbegriff, bei jenen Philosophen ist das Ganze ein Reich der höchsten Zwecke, bei diesen aber das Deutsche Reich. Wer diese Identifizierung nicht ohne weiteres mitmacht, muß der schon ein Feind des Ganzen sein, ein gemeiner Egoist, ein Mensch, der keines Opfers fähig ist? Hat nicht vielleicht gerade er ein Ganzes im Auge, demgegenüber ihm jener bloß politische Begriff nur als ein sehr unvollkommener Ausdruck der wirklichen staatlichen Gemeinschaft erscheint, nur, um ein Wort Fichtes zu gebrauchen, als ein Notstaat?

Aber vorläufig, werden die "Antiindividualisten" sagen, existiert das Ganze nur in dieser zugegebenermaßen unvollkommenen Form. Tritt der einzelne nicht trotzdem für seinen Bestand ein, so zerfällt selbst diese Notform; das Bessere wäre dann wahrhaftig der Feind des Guten. Gewiß ist dies sehr richtig; nur soll man nicht diese politische Notwendigkeit, diese, ich möchte sagen, rein technische Gebotenheit der Gemeinschaftserhaltung durch Krieg, die bloß eine Folge aus dem anarchischen, unsittlichen und unzivilisierten zwischenstaatlichen Zustand der Völker ist, in das Moralische umbiegen. Dadurch verhindert man gerade das Erstarken einer wirklich moralischen Erfassung des Staatsganzen, die vor allem darauf gerichtet sein müßte, den eigenen Staat zu einer widerspruchslosen Gemeinschaft zu machen, wodurch auch immer mehr die Anlässe zwischen den Staaten schwänden, die sie in die Notwendigkeit kriegerischer Verteidigung versetzen. Das Ganze kann als ein wirklich inhaltsvoller Begriff, der nicht entweder bloß ein schöner Klang oder eine Verherrlichung bloß einer Klasse ist, nur bedeuten die widerspruchslose Verbundenheit aller einzelnen. In diesem Falle allein ist es dann müßig, zu streiten, ob das Ganze für den einzelnen oder diese für das Ganze da sind, da das Ganze gar nichts anderes ist als die einzelnen in der jedem von ihnen bewußt und zum Eigeninteresse gewordenen Verbundenheit. Und deshalb ist jede Form des Ganzen, die es noch zuläßt, daß den einzelnen das Leben bedroht oder genommen wird durch eine Notwendigkeit, die seine bessere Organisation hätte verhindern können, jedenfalls eine Unvollkommenheit, die eher ein Anlaß zur moralischen Geringerwertung dieses Ganzen darstellt als zu seiner Sublimierung. Die Hingebung und Opferwilligkeit des einzelnen erfährt dadurch selbstverständlich keinen moralischen Abbruch. Aber sie selbst erscheint um ihren moralischen Sinn gebracht. Denn es verbleibt die unlustvolle Empfindung, daß so viel moralische Kraft und Glut nur dazu dient, einen Zustand des Ganzen zu erhalten, der tief unter ihrer sittlichen Höhe liegt und immer wieder denselben Zwiespalt zwischen sich und dem einzelnen aufreißen wird. Und der Widersinn einer Gemeinschaftsidee wird fühlbar, die in ganz unsozialer, asketischer Vorstellung sich die Gipfelung des Gemeinschaftszusammenhanges nur in dem Gedanken der Lebensaufopferung des einzelnen für das Ganze auszudenken vermag, statt sie in der Lebenssicherung und -erhöhung jedes einzelnen durch die Gesamtheit zu finden. Der Aristotelische Satz, daß der Staat dazu da sei, das schöne Leben in Sittlichkeit zu bewirken, verwandelt sich in den finsteren Gedanken einer nur durch Not und Tod möglichen Sittlichkeit seiner Bürger.

Und darum zum Schluß noch dieses, wodurch die Antithese von Individualismus und Kollektivismus, die es in Wahrheit gar nicht gibt, da Individualismus mit Egoismus nichts gemein hat, als das aufgewiesen wird, was sie ist, als ein verhängnisvolles Vorurteil, von dem freilich die Kriegsrechtfertigung viel Nutzen zu ziehen vermochte. Gegner des Krieges meinen gewöhnlich, die schwerste Anklage gegen den Krieg geschmiedet zu haben, wenn sie ihm anrechnen, daß er die tierische Natur im Menschen allzu hemmungslos entfeßle. Aber das ist das ärgste Übel nicht, das der Krieg zufügt. Denn der Ausbruch des Tierischen ist ein solch schreiender Widerspruch zu unserem menschlichen Dasein, daß er als seine völlige Aufhebung noch mitten im Kriege stets entschieden verworfen und bekämpft wurde. Aber es gibt nicht bloß diese tierischen Gewalten, deren fesselloses Walten unsere Menschlichkeit bedroht; viel gefährlicher noch erscheint mir das zügellose Walten des dem Tierischen artverwandten bloß Typischen im menschlichen Geistesleben, wenn es, statt vom persönlichen Denken und Werten geleitet zu sein, selbst die Leitung über alles dies an sich reißt. Denn es vermag sich in die leuchtenden Gewänder der Idee zu kleiden und so einen Höhenstand des Gemeingeistes vorzuspiegeln, der in Wirklichkeit doch nur eine Senkung ist bis zur unreflektierten, fast animalischen Verbundenheit der Blutsgemeinschaft. Oder ist diese vielgerühmte Einmütigkeit des Denkens und Fühlens, dieses als so lustvoll geschilderte bedenkenlose Aufgehen des Einzelintellekts in die Gesamtheit – von der Seite der Masse gesehen und nicht der wenigen einzelnen Schriftsteller und Redner, die sich daran berauschen – nicht mehr ein instinktartiges Aneinanderhaften als ein begriffsklares und gefühlssicheres Miteinandergehen? Es gibt ein untrügliches Erkennungsmittel dafür, nämlich, daß die Frage wohl den allermeisten gar nicht auftaucht: ja, warum soll denn das Aufgehen in die Gesamtheit sittlich wertvoller sein als die Zurückziehung auf das eigene Selbst? Warum ist das Ganze nicht nur, was natürlich ist, größer und stärker als der Teil, sondern noch dazu besser? An dem Mangel solcher Problemstellung, ja an der Zurückstoßung derselben als bizarrem Zweifel am Selbstverständlichen offenbart sich das gänzlich Unreflektierte, Unpersönliche, völlig Typische, also eigentlich nicht spezifisch Menschliche dieses ganzen Vereinheitlichungsprozesses. Sein Ideal wäre eigentlich der Korallenstock, in dem das Einzelindividuum wirklich im Ganzen aufgegangen ist. Spezifisch menschliches Dasein aber verlangt Autonomie im Denken und Wollen, geistige Selbständigkeit, sein eigentlicher Ausdruck ist Persönlichkeit. Das ist die eigentliche Menschwerdung aus der Tierheit, die nicht in Urzeiten sich vollzog, sondern immer noch neu geschaffen werden muß, daß aus dem bloß gattungsmäßigen Vegetieren des Körpers und der Seele sich der Geist in eigentümlicher Prägung erhebe. Und nur von diesem individuellen Eigenwert ist, so paradox dies zunächst erscheint, der sittliche Vorzug des Ganzen zu begründen. Denn nicht das Ganze an sich ist das Wertvollere: es lebt ja gar nicht selbst, sondern nur als Verbindung aller einzelnen. Sondern der einzelne, dessen Denken und Fühlen auf jenes Ganze gerichtet ist, ist wertvoller als derjenige, der in bloßem Egoismus verharrt, weil nur die Ausrichtung auf die Gesamtheit die Ausweitung der Persönlichkeit zur Sphäre des Ideals ermöglicht.

Das Aufgehen in die Gesamtheit ist also nur als ein zentrifugaler Prozeß sittlich wertvoll, das heißt als eine selbstbewußte Ausstrahlung der Individualität, die das Ganze als unumgängliches Mittel ihrer eigenen Entfaltung erkannt hat, als Ausbreitung des Persönlichen über die sonst innerlich fremd bleibende Gesamtheit, nicht aber als zentripetaler Prozeß einer Aufsaugung alles Individualen durch die überlegene Macht eines Ganzen, das Selbstzweck geworden ist. Nicht weil der Krieg so viele Kulturwerke zerstört und so viel Leben vernichtet, ist er das schrecklichste Übel, das uns Menschen treffen kann, sondern weil er auch dort, wo er gar nicht das Leben nimmt, es doch geistig ertötet durch seine Verkümmerung und Austilgung aller Persönlichkeit. Und darum ist der Krieg noch Ärgeres als ein Übel, noch Schlimmeres als bloß ein Unglück oder unseliges Schicksal: nämlich jener Widerpart des Guten, für den die moralische Auffassung keinen anderen Ausdruck hat als den der Sünde. Für diese Sünde gibt es keine Lossprechung und am wenigsten vor dem Stuhl der Philosophie. Denn sie, die alles verstehen soll, sie darf auch alles verzeihen, nur nicht die eine Sünde, mit der sie sich selbst aufgeben müßte, die Sünde gegen die freie Persönlichkeit, die Sünde gegen den Heiligen Geist.

Der Krieg ist aus, der Kampf beginnt

Der Krieg ist aus – und er hat anders geendet, als es die militärstolzen Mittelstaaten gewähnt hatten, aber eigentlich auch anders, als es die Entente erwartet hatte. Denn wenn auch die Zentralstaaten eine so zerschmetternde Niederlage erlitten, wie es die Entente kaum je in ihren kühnsten Hoffnungen für möglich halten konnte, so liegt das Entscheidende und geschichtlich in seiner Tragweite noch gar nicht Auszuschöpfende in dem Umstand, daß dieser Sieg der Entente gar nicht so sehr durch ihre militärische Überlegenheit als durch den Willen der Völker in den Mittelstaaten ermöglicht wurde. Nicht eigentlich der Sieg der Entente, sondern die *Revolution* der Mittelstaaten, die mit der Meuterei ihrer Fronten begann, hat den Krieg beendet; die Entente siegte, weil die Völker Österreichs, Ungarns und Deutschlands nicht länger mehr kämpfen wollten. Das große Beispiel, das zuerst die russischen Soldaten in der letzten Offensive im Sommer 1917 gegeben hatten, das sich dann im Oktober 1918 an der bulgarischen Front wiederholte, das befolgten nun auch die Soldaten der Mittelmächte im Westen und im Süden, wo sie lange unter unerhörten Opfern "siegreich" ausgehalten hatten. Sie warfen die Waffen weg, sie verließen die Stellungen, sie ließen das "Vaterland" im Stich, das ihnen stets ein Stiefvaterland gewesen war. Konnte man sich darüber wundern, daß der Soldat endlich müde geworden war, seine Haut zu Markte zu tragen für Interessen, die doch nicht die seinen waren? Was hätte er verteidigen sollen, da ihm doch an diesem "Vaterland" nichts gelegen war, das ihn im Frieden ausbeutete, ihn und seiner Familie stets nur ein kümmerliches Dasein und ein freudloses Heim bereitete und ihn schließlich, ohne ihn zu befragen, auch noch in die Hölle dieses Krieges gezwungen hatte! Was hätte er für einen inneren Anlaß gehabt, sich noch länger für dieses ganze furchtbare Gewaltsystem des Kapitalismus und Militarismus aufzuopfern, statt dessen die durch das Vordringen der feindlichen Heere bewirkte Schwächung zu benützen, um sich ihm ganz zu entziehen!

So empfand zunächst der Soldat die Niederlage auf dem Schlachtfelde, das er freiwillig verließ, eher wie eine Befreiung von dem Banne einer unerhörten Vergewaltigung. Und diese Welle der Befreiung ergoß sich mit ungestümer Kraft über das ganze Hinterland. War erst einmal der ungeheuerliche Druck, mit dem der Militarismus allen wahren Volkswillen erstickte, behoben, so machte sich dieser in elementarer Weise geltend, und vor seiner entfesselten Energie sanken überall die Throne in den Staub, die so lange ihr unbegreifliches anachronistisches Dasein behauptet hatten. Nun war es mit einem Male offenbar geworden, daß der Glanz der Habsburger, daß der stolze Trotz der Hohenzollern gar nichts gemein hatten mit der wirklichen Kraft und Anteilnahme "ihrer" Völker, als deren bestes Teil sie sich immer ausgegeben hatten, sondern daß sie nur dank der nackten Schwertgewalt existiert hatten, die sie aufzubieten imstande waren. Gegen den brausenden Unwillen der Völker, welche ihre Dynastien als die an dem Kriege nicht am wenigsten Schuldtragenden in lächerlich kurzer Zeit wegfegten, erhob sich auch nicht eine Hand, und auf dem Boden der stolzesten Militärmonarchien der Erde besteht jetzt ein Kranz von Republiken, von Freistaaten, in denen die gärende Kraft des Volkes darangeht, nach der politischen auch die soziale Umwälzung herbeizuführen, und damit uns erkennen läßt, daß ein neues Kapitel in der Geschichte der europäischen Kultur, ja der Menschheit aufgeschlagen ist.

So erklärt es sich, daß diese Niederlage trotz der ungeheuerlichen Waffenstillstandsbedingungen, welche der noch ungebrochene Ententeimperialismus den Zentralstaaten auferlegt hat, doch bei den Völkern derselben nirgends als eine solche empfunden wird. Ja im Gegenteil – und dies ist nur ein Beweis mehr für die wahnsinnige Unnatur, in welche der Zwang des Imperialismus und Militarismus seine Völker daniedergehalten hat –, diese Niederlage wurde geradezu als eine Bedingung der eigenen Befreiung und der demokratischen Fortentwicklung der Welt überhaupt erhofft. Es wiederholte sich die geschichtliche Situation, die schon einmal in der Geschichte Deutschlands da war, als nach der französischen Revolution alle wirklich freiheitsdurstigen deutschen Patrioten den Siegeszügen der Franzosen innerlich zujubelten und, so sehr sie die Herrschaft Napoleons als Säbelherrschaft haßten, sie doch als die Bahnbrecherin einer neuen Zeit dem verrotteten Absolutismus ihrer angestammten Dynastien vorzogen. Am besten für die freie Fortentwicklung der Demokratie und für die allgemeine Abrechnung des Sozialismus mit der alten Gesellschaft wäre es freilich gewesen, wenn der Krieg so ausgegangen wäre, wie es vor dem Eintritt Amerikas möglich schien, daß er enden würde, ohne Sieger und Besiegte. Aber da dies nun einmal nicht mehr möglich war, so wurde die Niederlage der Mittelmächte geradezu zu einer Bedingung jeglicher Volksfreiheit. Wie anders hätte man mit dem preußischen Militarismus und mit dem habsburgischen Absolutismus fertigwerden können? Es ist nicht auszudenken, welches Übermaß von Reaktion über die Welt gekommen wäre, welche politische und soziale Knechtung, wenn Kaiser Wilhelm seinem Siegerwillen hätte frönen können, wenn die preußische Militär- und Junkerkaste die herrschende Klasse der Welt geworden wäre.

Dieser Alpdruck ist bereits von uns hinweggenommen, und es war die Revolution, die ihn hinwegwälzte. Das Gewaltsystem des Militarismus hat aus sich selbst heraus seine Aufhebung gezeitigt. Und damit hat das schicksalsschwere Wort aus dem *Kommunistischen Manifest,* daß der Kapitalismus seine eigenen Totengräber erzeuge, auch seine Anwendung auf das gewaltigste Schutzmittel des Kapitalismus erfahren, auf den Militarismus. Auch der Militarismus erzeugt seine eigenen Totengräber. Indem der Kapitalismus gezwungen war, um seinen Eroberungsgelüsten zu genügen, immer mehr Männer in den Dienst seiner Armeen hineinzupferchen, ist er schließlich dazu gelangt, das *Volk* zu bewaffnen. Aber die Waffen in der Hand des Volkes haben die verhängnisvolle Eigenschaft, daß sie nicht bloß dorthin gerichtet werden können, wohin sie die Herrschenden gerichtet sehen möchten, sondern daß sie in plötzlicher Wendung auch dorthin zielen, wo das Volk endlich seinen wirklichen Feind erblickt. Und hat das Volk erst erkannt, daß dieser wirkliche Feind gar nicht notwendig außerhalb der Landesgrenzen steht, daß es vielmehr die kapitalistisch-imperialistische Herrenkaste ist, die es in Krieg und Feindschaft mit dem äußeren Feinde verwickelt hat, um nur desto besser und sicherer ihre eigene Herrschaft und Ausbeutung erhalten und vergrößern zu können – hat erst einmal das bewaffnete Volk *diesen* Feind erkannt, dann ist es mit der Herrschaft desselben für immer vorbei. Dann mag der Staat durch das Versagen seiner Wehrkraft und durch die Invasion des äußeren Feindes eine Niederlage erlitten haben. Dies bedingt unter den heutigen Verhältnissen bloß eine vorübergehende Fremdherrschaft. Das Volk des besiegten Staates selbst aber feiert einen großen und entscheidenden Sieg über seine dauernden Feinde, über die Fremdherrschaft seiner unterdrückenden und ausbeutenden Klassen. Schon steht verheißungsvoll die deutsche sozialistische Republik vor den staunenden Augen der Mitwelt da, und im stürmischen Drang bereitet das Proletariat auch bei uns sich vor, diesem leuchtenden Beispiel zu folgen.

Und das ist der Punkt, in welchem der Krieg, der sonst die größten Hoffnungen der Entente erfüllt hat, doch so ganz anders ausgegangen ist, als sie es erwartet hat und ihr recht sein kann. Die Heere der Entente ziehen zwar in ein geschlagenes Land, aber in ein revolutioniertes Volk ein. Sie finden keine niedergeworfenen Staaten: denn diese existieren nicht mehr, sie sind von dem jäh erstarkten Volkswillen hinweggefegt worden. Das alte Österreich, dieses Zuchthaus seiner vielsprachigen Völker, die übermütige Adelsrepublik des alten Ungarn, die preußisch-deutsche Militärmonarchie – sie alle sind gewesen, und an ihre Stelle sind neue Staaten getreten, in denen zwar noch nicht überall das Proletariat die Herrschaft anzutreten vermochte, was aber dadurch wettgemacht ist, daß dies in dem mächtigsten und größten dieser neuen Staaten, in der deutschen Republik, der Fall ist. Die Tatsache der deutschen *sozialistischen* Republik gibt der geschichtlichen Situation, die nun nach Beendigung des Krieges eingetreten ist, viel mehr das Gepräge als der Sieg der Entente.

Denn allerdings steht der Ententeimperialismus noch ungebrochen da und zeigt seine ganze hemmungslose Raubtiernatur in den Waffenstillstandsbedingungen, die er den einzelnen Teilen der ehemaligen Zentralstaaten aufgezwungen hat. Und es ist gar nicht zu bezweifeln, daß trotz des vielleicht wirklich guten Willens Wilsons die schäbige Gier des Eroberers und die niedrige Leidenschaft der Rache auch bei der Friedenskonferenz sich nicht menschlicher und zurückhaltender zeigen werden als beim Abschluß des Waffenstillstandes. Seitdem die Entente nicht mehr amerikanische Soldaten und Munition braucht, wird sie auch Wilson den guten Mann sein lassen, der er möglicherweise ist, und daneben ihren Willen tun. Von moralischen Einflüssen ist für die Eindämmung des Ententeimperialismus nichts zu hoffen. Ihm kann nur jene Gewalt hindernd in den Weg treten, die den deutschen Imperialismus zu Fall gebracht hat: der Widerstand des eigenen Volkes, vor allem des Proletariats. Jetzt haben unsere Genossen in den Ententeländern zu zeigen, daß sie die Aufgaben der Geschichte begriffen haben, und besser begriffen haben als das deutsche Proletariat, das vor dem Frieden von Brest-Litowsk gegenüber der russischen Revolution in einer ähnlichen Situation war, es damals begreifen konnte. In diesen stürmischen Zeiten reifen die Dinge und die Geschicke der Völker und Staaten unheimlich rasch. Und wenn man die märchenhaften Tatsachen bedenkt, daß die stolzesten Throne der Welt, die der Romanow, der Habsburger und der Hohenzollern, wie morscher Plunder zusammengebrochen sind und daß im Herzen von Europa eine mächtige sozialistische Republik besteht, daß hier endlich der Zukunftstraum des Proletariats Wahrheit zu werden beginnt, so müßten jenseits unserer Grenzen keine freiheitsdurstigen Menschen leben, so müßten in Frankreich, England und Italien keine revolutionären Traditionen mehr lebendig sein, *so müßten vor allem dort keine Proletarier leben,* wenn man wirklich glauben könnte, die große geschichtliche Freiheitswelle, die der Krieg ausgelöst hat, würde an den Grenzen der Entente versanden. Es mag sein, daß sie noch so stark sein wird, das schmähliche Beispiel, das der deutsche Imperialismus mit dem bereits zerrissenen Frieden von Brest-Litowsk gegeben hat, in verstärktem Maße zu wiederholen. Aber auch dieser Friede wird dann in nicht langer Zeit zerrissen werden von der nach dem Krieg unter der Anziehungskraft der deutsch-sozialistischen Republik rasch wieder zustande kommenden Solidarität der Proletarier aller Länder. An der Macht des deutschen Proletariats wird sich die Kraft der sozialistischen Bewegung in den Ententestaaten ebenso entzünden, wie sich die unserige an der Revolution Rußlands entzündet hat. Auch der großmächtige Imperialismus der Entente wird daran glauben müssen und den lebendigen Sinn des alten Wortes an sich erfahren: Gottes Mühlen mahlen langsam, *aber sie mahlen.* Und der Gott, der sie in Gang bringt, das wird die wieder erstehende Internationale sein.

Nun halten wir selbst in Deutschösterreich allerdings erst bei einer bloß politischen Revolution. Wir haben erst nur die bürgerliche Republik aufgerichtet. Aber wer sich von dieser Einschätzung der bei uns vollzogenen Umwälzung allein leiten ließe, ginge mächtig an ihrer eigentlichen geschichtlichen Bedeutung vorbei. Für Österreich und ebenso für Ungarn liegt das eigentlich Revolutionäre in diesem ersten Abschnitt der Revolution in der Zertrümmerung des alten Habsburgerreiches und damit *in der endlichen Befreiung von der würgenden Fessel des Nationalitätenstreites,* der jede politische und noch mehr soziale Entwicklung unmöglich gemacht hat. Hier mußten also zuerst die neuen, national einheitlichen Staaten aufgerichtet werden, was zunächst nicht anders möglich war als in der Form der bürgerlichen Republik, das heißt in der Form eines einheitlichen Vorgehens aller Klassen der Nation. Diese nationale Konstituierung hat aber, soweit die Sozialdemokratie in Betracht kommt, die sich ja zur Hauptträgerin dieser Forderung gemacht hat, *ganz und gar nichts mit Nationalismus* zu tun. In der Forderung nach einem deutschösterreichischen Staat ist die deutsche Sozialdemokratie in Österreich nicht etwa auf einmal deutschnational geworden. Sondern diese Forderung nach nationaler Trennung und staatlicher Konstituierung der einzelnen Völker des alten Österreich ist nur die Verwirklichung der revolutionären Forderung des *Selbstbestimmungsrechtes der Völker*. Sie besagt nichts anderes als das Verlangen, daß jedes Volk bei sich zu Hause sein eigener Herr sein soll, daß es das Recht und die Möglichkeit haben soll, sich sein Haus selbst zu bestellen, wie es will, ohne darin von einer anderen Nation behindert werden zu können. Das ist fürwahr kein Nationalismus, sondern die einfache Vorbedingung jeder wirklichen Demokratie. Weil sie aber das deutsche Volk in Österreich zugleich befreit von dem unfruchtbaren Streit mit Tschechen, Polen und Südslawen, weil sie endlich die Möglichkeit schafft, nunmehr statt des Nationalitätenstreites der ganzen Völker den *Klassenkampf* des deutschen Proletariats gegen die deutsche Bourgeoisie auf die Tagesordnung zu setzen, darum ist diese bis jetzt nur erst bürgerliche Revolution zugleich ein großer und bleibender Gewinn für das Proletariat.

Und das gleiche gilt von der Erringung der Demokratie. Kein Zweifel: für uns ist die Demokratie kein Selbstzweck, nicht *sie* ist das Ziel, sondern die sozialistische Gesellschaft. Aber die Demokratie ist dazu das unerläßliche Mittel, weil erst sie dem Emanzipationskampf des Proletariats jene Bewegungsfreiheit verschafft, die es braucht, um zur Macht zu gelangen. Die Vorgänge und das Schicksal des Sozialismus in Rußland beweisen, wie verhängnisvoll der Weg in die Irre führt, welcher meint, die Demokratie durch die Diktatur ersetzen zu können, die sich zwar Diktatur des Proletariats nennt, aber, weil Diktatur bloß einer kleinen Gruppe desselben, eher eine Diktatur gegen das Proletariat ist. Daß wir also, um die Demokratie zu erringen, zunächst mit den bürgerlichen Klassen vereint vorgehen, kann um so weniger ein Vorwurf sein, als wir in Österreich ja eigentlich noch das Werk von 1848 zu vollenden hatten, die bürgerlichen Freiheiten der Preß-, Vereins- und Versammlungsfreiheit ja erst noch zu erobern waren. Ein Vorwurf könnte daraus erst dann werden, wenn dieses Zusammengehen auch eine Anpassung der sozialdemokratischen an die bürgerliche Politik bedeuten würde. Das war bisher, wo es sich um die Aufrichtung der Republik handelte, nicht der Fall. Es ist aber allerdings bereits der Punkt erreicht, an dem sehr ernsthaft zu fragen ist, ob wir uns nicht *mehr Macht* verschaffen müssen, um auch nur die Aufgaben der demokratischen Republik, die in den bürgerlichen Klassen stets bloß laue Freunde finden, zu erfüllen.

Unser Ziel aber, das nicht etwa als ein fernes zu betrachten ist, sondern als eine Sache, die heute unsere unmittelbare politische Tätigkeit praktisch zu bestimmen hat, ist die sozialistische Republik; und deren Verwirklichung gilt die von der Sozialdemokratie als treibende Kraft durchgesetzte Forderung des Anschlusses Deutschösterreichs an das Deutsche Reich. Auch der Sinn dieser vielfach von dem Proletariat noch gar nicht in seiner revolutionären Bedeutung erfaßten Forderung ist kein in erster Linie nationaler. Wir unterschätzen durchaus nicht auch die nationale Seite dieser Forderung. Im Gegenteil, es erfüllt uns mit hoher Genugtuung, daß gerade die sozialistische Politik des Proletariats dazu ausersehen ist, den Traum so vieler deutscher Generationen zu erfüllen und das Ideal der Besten unseres Volkes zu verwirklichen: die politische Einheit des deutschen Volkes. Aber dieses nationale Interesse ist nicht das Entscheidende für unsere Stellungnahme, so verschieden es selbst in diesem Falle von dem der Deutschnationalen wäre. Denn nicht das Deutschland des Imperialismus, das Deutschland des "herrlichen Kriegsheeres" und der Flottenbegeisterung ist es, zu dem wir Sozialdemokraten stoßen wollen. Dieses ist vielmehr dem Arbeiter bei uns ebenso verhaßt gewesen, wie es den Haß der ganzen Welt auf sich gezogen hatte. Was der Gegenstand der Begeisterung studentischer und "völkischer" Deutschprotzerei war, das Deutschland Bismarcks mit seinem Sozialistengesetz, das Deutschland der Hohenzollern mit seinem persönlichen Regiment und seiner Junkerherrschaft, dem waren wir stets aus ganzer Seele feind. Aber wir liebten und bewunderten stets das Deutschland der Dichter und Denker, das Deutschland der Erfinder und Entdecker, des werktätigen Fleißes und der zielbewußten Organisation. Und darum schätzen wir dieses Deutschland als das Land der höchstentwickelten produktiven Arbeit und zugleich der höchsten geistigen Kultur, als das Land, in welchem, wenn überhaupt irgendwo, alle objektiven und subjektiven Bedingungen für die Verwirklichung des Sozialismus bereits gegeben sind. Wenn daher die Begeisterung für den Anschluß an Deutschland hier zuerst beim Bürgertum recht hoch stieg, während die Arbeiter noch eher zurückhielten, so bemerken wir bereits jetzt, unter dem Einfluß der Aufrichtung der sozialistischen Republik in Deutschland, wie wenig echt diese bürgerliche nationale Begeisterung war, da sie schon bedeutend abzuflauen beginnt, seit dem es klar wird, daß es nicht die schwarz-rot-goldenen Fahnen und schon gar nicht die schwarz-weiß-roten Fahnen sind, zu denen wir stoßen werden, sondern die roten Fahnen. Für die Arbeiter aber wird es im selben Maße klarer, daß unser Anschluß an Deutschland *keine deutschnationale Politik* ist, so wenig, als die rote Fahne eine nationale Fahne ist, sondern daß dieser Anschluß eine direkte Folge unserer sozialistischen Politik ist und eine unbedingte Forderung für ihre Fortentwicklung.

Denn Deutschösterreich, das für sich allein keine wirtschaftliche Selbständigkeit behaupten kann, ist heute auch noch nicht imstande, den Sozialismus für sich allein zu verwirklichen. Dem steht noch der überwiegend agrarische Charakter unseres Landes entgegen. Als ein Teil des großen Deutschen Reiches aber entscheidet sich unser Schicksal mit dem des ganzen deutschen Volkes. Als ein Teil der deutschen sozialistischen Republik ist der Fortbestand einer bloß bürgerlichen Republik bei uns unmöglich. Indem wir unseren Anschluß an das deutsche Volk vollziehen, werden wir durch seine soziale Kraft mit einem Male auf eine Entwicklungsstufe hinaufgerissen, die wir allein erst beträchtlich später zu erreichen vermöchten. Und alle wirtschaftlichen Nachteile, die sicherlich aus diesem Anschluß sich für einige Industrien und Handelszweige ergeben werden, müssen erstens zurückstehen hinter den überwiegenden Interessen der Entwicklung zum Sozialismus; sie sind aber zweitens auch nur Nachteile, die in einem Übergangsstadium entstehen und die auch bei einer anderen Lösung, nur wieder an anderer Stelle, entstehen würden. Und sie sind schließlich Schädigungen, die das Proletariat Deutschösterreichs durch seine Eingliederung in die deutsche sozialistische Volkswirtschaft viel besser überwinden wird als ohne einen solchen Rückhalt.

Wir stehen unmittelbar vor den Wahlen zur deutschösterreichischen Nationalversammlung. Es liegt in der Hand des Proletariats, aus dieser Wahl einen revolutionären Akt zu machen. Denn die Abstimmung wird von uns unter der Parole des Anschlusses an Deutschland, das heißt aber an die deutsche sozialistische Republik erfolgen. Sie wird keine Wahl im politischen Sinne friedlicher Zeiten sein, sie wird vielmehr eine Rekrutierung für die sozialistische Umwälzung auch bei uns werden und die Volksenergien organisieren, welche hierzu erforderlich sind. An diese Kräfte vermag sodann die deutsche sozialistische Republik anzuknüpfen, wenn wider Erwarten ein reaktionärer Vorstoß einer Majorität gegen den Anschluß an Deutschland zustande bringen sollte.

Der Krieg ist aus, und er endet mit einer Weltenwende. Ja jetzt wird erst vollends klar, was wir Sozialisten schon immer während des Krieges von ihm sagten, daß er selbst schon der Beginn dieser Weltenwende war, der Beginn des Zusammenbruches der bürgerlichen Welt. Getreu ihrem dialektischen Wesen, wie Marx es uns begreifen gelehrt hat, begann der bis zum nationalen Imperialismus gesteigerte Kapitalismus diesen Krieg als das ihm unvermeidlich und zugleich zweckdienlich scheinende Mittel, seine Macht durch Niederwerfung konkurrierender nationaler Imperialismen bis zur Weltherrschaft zu steigern. Aber er hat auch hier nur seine eigenen Totengräber erstehen lassen. Denn nicht nur, daß er in Rußland und in Deutschland dem Sozialismus zum Siege verhalf, so hat er auch durch die unerhörten Anforderungen der Kriegskosten und der Kriegswirtschaft die Volkswirtschaft selbst innerhalb des vorläufig noch siegreich gebliebenen Ententeimperialismus so von Grund aus umgestaltet, daß eine Rückkehr zu den wirtschaftlichen Daseinsformen der vorkriegsmäßigen kapitalistischen Welt unmöglich ist. Durch den Frieden, wenn er nach dem Herzen der Entente geht und den Zentralstaaten die Milliardenlasten der Entschädigung und Wiederherstellung auflasten wird, wird überdies Mitteleuropa zum hörigen Tributknecht des westlichen Imperialismus. Es ist nicht anzunehmen, daß sozialistische Republiken willig den Ertrag ihrer Arbeit dauernd an eine gierige Kapitalistenklasse abführen werden. Und es ist ebensowenig wahrscheinlich, daß in einem dadurch künftig neuerlich entstehenden Konflikt die Kapitalistenklassen der imperialistischen Sieger ihre Proletarierheere gegen sozialistische Republiken werden ins Feld bringen können. So wird gerade die ökonomische Ausnützung des Sieges der Entente zum Quellpunkt von Schwierigkeiten werden, die, wenn der Imperialismus nicht schon früher durch seine inneren politischen und ökonomischen Spannungen zum Sturze gelangt ist, ihn an diesem tödlichen äußeren Konflikt wird zerschellen lassen. Dann werden seine Völker die ganze Verwerflichkeit und Nutzlosigkeit eines Sieges einsehen, der die Ausbeutung nicht beseitigt, sondern auf nationaler Grundlage verschärft. Und auch sie werden denselben Weg gehen, den die besiegten Völker ihnen voranschreiten: zur Niederwerfung jeder Ausbeutung im inneren und äußeren Verhältnis der Völker, zur Befreiung der Arbeit von jedem Herrschaftsverhältnis, zur Aufrichtung der sozialistischen, die Völker erst wirklich verbrüdernden Gesellschaft.

Eine Partei der Verwirrung

Seit einiger Zeit wird in Flugblättern an die Proletarier, an die Soldaten und an die geistigen Arbeiter eine rege Agitation für den Beitritt in eine neu zu gründende "Kommunistische Partei" betrieben, für die auch bereits ein Wochenblatt, *Der Weckruf,* erscheint. Diese Agitation geht von einem kleinen, der Arbeiterschaft fast völlig unbekannten Kreis von Agitatoren aus, und die Massen des Proletariats erfuhren von der Existenz dieser neuen Partei überhaupt erst durch die verhängnisvolle Schießerei vor dem Parlament sowie durch die possenhafte Besetzung der *Neuen Freien Presse,* für welche beiden Ereignisse zwar die Führer der sogenannten Kommunistischen Partei die Verantwortung ablehnen, womit sie aber zugleich nur den kläglichen Zustand dieser "Partei" darlegen. Denn sie sind Führer, die entweder nicht wissen, was in ihren eigenen Reihen vorgeht, oder nicht die Macht haben, zu verhindern, was sie selbst für schädlich und widersinnig halten. So hat gleich das erste öffentliche Auftreten der "Kommunistischen Partei" den Arbeitern gezeigt, was für eine heillose Verfahrenheit und unverantwortliche Revolutionsspielerei sich ihnen unter dem jedem Sozialdemokraten teuren Namen des Kommunismus aufdrängen will. Ein wirklicher Sozialdemokrat, der durch die gewerkschaftliche und politische Schulung seiner Organisation gegangen ist und der die prinzipielle Bildungsarbeit seiner Partei auf sich hat wirken lassen, wird aber auch ohne diese traurigen Erfahrungen vom Demonstrationsdienstag wissen, was er von dem Versuch dieser Parteigründung zu halten hat, wenn er in den Flugblättern vergebens nach irgendeinem positiven Programm suchen und nichts anderes als Beschimpfungen und Verdächtigungen der sozialdemokratischen Partei finden wird. Denn das kann man doch nicht als ein positives Programm bezeichnen, daß die Aufrufe die jedem Sozialisten wie das Einmaleins geläufige Forderung der kommunistischen Gesellschaft, die Forderung der Enteignung des Großgrundbesitzes und die Übernahme der kapitalistischen Produktion verlangen. Dies alles ist selbstverständlich und die Frage nur, wie es zu machen ist. Alles aber, was sie über die sofortige Möglichkeit der Durchführung dieser Forderungen anführen, besteht darin, daß sie sagen: "Unsere Stunde ist gekommen!" und daß sie diese Forderungen in gesperrtem Druck verkünden. Alles übrige, gut drei Viertel dieser Aufrufe, ist Anklage über den angeblichen Volksverrat und die Feigheit der Sozialdemokratie, so daß man ruhig sagen kann: die Bekämpfung der Sozialdemokratie, die Verunglimpfung ihrer Organisationen und ihrer Vertrauenspersonen ist das eigentliche Programm der kommunistischen Partei.
Den Hauptanlaß zu ihren Anklagen gibt der Umstand, daß die Sozialdemokratie nicht schon längst alle Macht im Staate an sich gerissen und die sozialistische Republik gegründet hat, sondern sich mit einer bloß bürgerlich-demokratischen Republik begnüge und sich sogar, wie der immer wiederholte leidenschaftliche Vorwurf lautet, zu deren Schutze mit den bürgerlichen Klassen, mit den ärgsten Kriegshetzern und Reaktionären zusammengesetzt habe. Dem gegenüber ist vor allem zu sagen, daß eine solche Darstellung entweder auf Unfähigkeit beruht, die Dinge in ihrer historischen Wirklichkeit zu erkennen, oder auf dem mangelnden guten Willen, sie so aufzufassen, wie sie sich wirklich abgespielt haben und noch vollziehen. Die Sozialdemokratie hat sich ungefähr so mit den bürgerlichen Parteien zusammengesetzt, wie ein Schä-

ferhund mit der Schafherde zusammensitzt; das heißt: sie hat die bürgerlichen Parteien auf dem Weg vor sich hergetrieben, den sie bestimmt hat, und hält sie in der Richtung zusammen, die sie eingeschlagen wissen will. Und bisher ist noch nichts geschehen, was nicht allein aus der Initiative und aus der Politik der sozialdemokratischen Partei hervorgegangen wäre. Man bedenke nur, daß weder die Absetzung der Habsburger und die Ausrufung der Republik noch die Anschlußerklärung an Deutschland aus dem Wesen und dem Willen der bürgerlichen Parteien hervorgegangen ist. Seit wann sind die Christlichsozialen für den Anschluß an Deutschland, seit wann die Deutschnationalen, die immer eine Heilstruppe des deutschen kaiserlichen Imperialismus waren, Republikaner? Seit wann sind beide Parteien mit Ausnahme der Deutschradikalen für den Zerfall Österreichs und für die freie Selbstbestimmung der Nationen? Haben nicht die Herren vom Nationalverband, solange die deutschen Fronten noch unbesiegt dastanden, davon geträumt, den "slavischen Übermut" durch den Einmarsch deutscher Truppen in Böhmen und Südslavien zu brechen? Die Sozialdemokratie hat durch ihre Nationalitätenpolitik, in welcher sie gemäß dem Nationalitätenprogramm der Linken das Selbstbestimmungsrecht aller Nationen in Österreich-Ungarn anerkannte, auch das deutsche Volk in Österreich revolutioniert und die bürgerlichen Parteien desselben geradezu dem Ziele entgegengetrieben, das sie selbst gesetzt hat: die von den nichtdeutschen Nationen begonnene Auflösung der Monarchie dadurch zu vollenden, daß Deutschösterreich nicht als Rest dieser Monarchie übrigbleibe, sondern sich zu einem neuen Staat umgestalte. Die Revolution der österreichischen Völker mußte mit ihrer nationalen Emanzipation beginnen, und diese konnte nicht anders als in der Form einer gemeinschaftlichen Erhebung des ganzen Volkes, also in der Form einer demokratischen Revolution vor sich gehen. Aber auch als solche war sie durchaus ein Werk der Diktatur der proletarischen Politik. Und es zeugt nur von eigener Verwirrung, sowie es nur weitere Verwirrung stiften kann, wenn man den Umstand, daß die Sozialdemokratie diese Umwälzung im Verein mit den bürgerlichen Parteien machte, wobei eben diese letzteren nur den Willen und die Zwecke der Sozialdemokratie vollführten, als eine burgfriedliche Vereinigung und als ein Aufgeben eigener revolutionärer Ziele der Partei bezeichnet.

Nun sagen aber die Kommunisten, das Übel und der Verrat liegen darin, daß man es bei dieser bürgerlichen Revolution bewenden lasse. Wir verlangen doch die sozialistische Republik. Indem die Partei zögere, die Stunde auszunützen und die ganze Regierungsgewalt an sich zu reißen, versäume sie eine geschichtliche Gelegenheit, die so bald nicht wiederkehren wird.

Es liegt gewiß viel revolutionärer Enthusiasmus und schöner Idealismus in einer solchen Kritik, und es fällt uns gar nicht ein, dies zu verkennen, besonders wenn man bedenkt, daß es zumeist ja jugendliches Ungestüm und noch nicht durch die Reife längerer Erfahrung hindurchgegangene Begeisterung ist, die den Reihen der kommunistischen Partei ihre Anhänger zuführt. Aber dem etwas kühleren Kopf, dem darum das heiß für den Kommunismus schlagende Herz nicht zu fehlen braucht, wird es sehr fraglich scheinen, ob für die deutschösterreichische Sozialdemokratie gerade der Hauptpunkt des "Programms" der Kommunisten gilt: "Unsere Stunde hat geschlagen." Er wird sich vielmehr fragen müssen, ob in diesem so plötzlich aus allen seinen bisherigen wirtschaftlichen Verbindungen herausgerissenen und dazu vom Feinde umstellten Lande nicht umgekehrt die Stunde des Sozialismus leider heute weniger als in irgendeinem anderen Lande geschlagen hat.

Vor allem ist Deutschösterreich kein Industrieland; das Industrieproletariat ist noch weit entfernt davon, die Majorität der Bevölkerung auszumachen wie in Deutschland. Dazu kommt, daß durch den Zerfall der Monarchie und die dadurch bewirkte Lostrennung der deutschösterreichischen Industrie von ihrem bisherigen Inlandsmarkt in der nächsten Zeit noch eine Schwächung der Industrie zu erwarten ist, und damit eine Abwanderung des Proletariats. Auf der anderen Seite stehen die Bauern dem Sozialismus fremd, ja feindlich gegenüber. Selbst wenn die kleinen Bauern, die Häusler und das ländliche Proletariat für die Ziele des Sozialismus zu gewinnen wären, was sicher der Fall ist, ja sogar bei der Revolutionierung der Gemüter, die der Krieg bewirkt hat, schneller zu erwarten ist als jemals zuvor, so ist dies doch ein Prozeß, der erst zu beginnen hat und einige Zeit in Anspruch nehmen wird. Für den Augenblick wäre es nur eine gefährliche Selbsttäuschung, den Widerstand der Bauernmassen geringzuschätzen. Die großen Massen der kleinen Bauern und besitzlosen Landarbeiter könnte man überhaupt nur mit der Parole der Landverteilung in Bewegung bringen: das wäre aber kein Sozialismus, und am allerwenigsten Kommunismus, sondern bloß die Entfesselung des reaktionärsten Eigentumsfanatismus der Landbevölkerung, die nach der Erraffung von soviel Grund und Boden, als jeder für sich zu erlangen imstande wäre, zur erbittertsten Gegnerschaft jeder sozialistischen Politik zurückkehren würde. Ohne diese Parole der Landverteilung aber würden die Bauern dem Versuch einer sofortigen Verwirklichung des Kommunismus gegenüber mindestens in einer gefährlichen Gleichgültigkeit verbleiben, welche es den von der Regierung ausgeschlossenen bürgerlichen Parteien gestatten würde, sie gegen diese Neuordnung zu mobilisieren, sei es in der Form der Verweigerung der Lebensmittel, sei es in der Form des direkten Kampfes.

Nun ist zugegeben, daß die Möglichkeit eines Klassenkampfes, selbst wenn er wie dieser überaus blutig werden müßte, kein Argument gegen eine soziale Revolution ist. Denn die sozialistische Revolution ist ja eben Klassenkampf, und sie muß, geht es nicht anders, ihren Weg auch durch blutigen Kampf gehen. Aber sie wird diesen Weg nur dann beschreiten, wenn sie dabei nach ihrer Voraussicht und Verantwortung des Sieges gewiß sein kann. Und gerade dies ist hier nicht der Fall. Nicht bloß deshalb, weil, wie bereits erwähnt, das Kräfteverhältnis zwischen der proletarischen und der bürgerlichen Bevölkerung heute noch gar nicht eindeutig bestimmbar ist, sondern aus einem anderen entscheidenden Grunde: weil wir in einem belagerten Lande leben. Die proletarische Revolution würde, wenn schon nicht der bürgerlichen Konterrevolution, so doch der feindlichen Intervention unterliegen. Der Einmarsch der Ententetruppen würde mit um so größerer Sicherheit den Sozialismus niederschlagen, als die Entente bereits vor der Gefahr der Ansteckung ihrer Länder durch die sozialistische Revolution zu zittern begonnen hat und so mit der "Ordnung", die sie bei uns herstellte, nur ihre eigene kapitalistische Sicherheit zu stützen suchen würde. Für uns wäre dann aber mit der sozialistischen zugleich auch die demokratische Republik erschlagen und die junge Freiheit vernichtet.

Gerade die demokratische Freiheit aber können wir für den Kampf um die soziale Revolution nicht länger mehr entbehren. Es schaut ja so ungemein radikal aus, über die "nur" politische Revolution zu spotten und die demokratische Republik als eine bloß andere Form der kapitalistischen Ausbeutung bloßzustellen. Die Sozialdemokratie hat dies stets betont, daß sie sich von den demokratischen Formen politischer Gleichberechtigung keineswegs über die ökonomischen Knechtungen täuschen läßt, welche die bürgerliche Republik fortbestehen läßt. Aber ohne diese Demokratie können wir unseren Kampf überhaupt nicht mehr weiterführen, der Ausbau der vollen demokratischen Republik ist eines der mächtigsten Kampfmittel des Sozialismus selbst, besonders in den ehemaligen Mittelmächtestaaten, wo die Aufrichtung dieser Demokratie selbst schon eine Niederlage der Bourgeoisie bedeutet, die längst nicht mehr die Demokratie für sich in Bewegung setzen kann und in dem Maße mehr entwaffnet wird, als die Demokratie zu größerer politischer Entfaltung kommt. Gerade wer das Ziel der sozialistischen Republik in greifbare Nähe gerückt sieht, der wird jetzt alle Kraft auf den Ausbau und die Sicherung der demokratischen Republik verwenden müssen und darauf, daß das Proletariat in dieser alle Machtmittel für seinen Kampf ausnütze, die ihm diese Staatsform und die geschichtliche Situation bieten.

Damit will ich nicht gesagt haben, daß diese Forderung durch die momentane Politik der Partei auch wirklich bereits völlig zufriedenstellend erfüllt ist. Hier ist vielmehr ein Punkt, an dem die Kritik, welche die Partei nie gescheut hat und auch jetzt nicht zu scheuen braucht, einsetzen wird, um zu fragen, ob wir nicht uns mehr Garantien der Macht zu verschaffen hätten, als wir bisher getan haben. Aber dies ist eine Kritik, die nicht aus der Partei hinauszuführen braucht, sondern im Gegenteil in sie hinein, um sie weiterzutreiben, dem Ziele entgegen, das wir alle wünschen. Es ist kein Verzicht auf die sozialistische Republik, wenn wir den Weg zu ihr hier bei uns noch etwas länger und schwieriger sehen als in Deutschland. Es ist keine Feigheit und kein Verrat am Sozialismus, wenn wir die Durchführung der Wahlen zur Konstituante und des Anschlusses an die sozialistische Republik Deutschland für wirksamere Mittel der

Gründung der sozialistischen Republik auch bei uns ansehen als die heroische Geste eines sofortigen Bruches mit der bürgerlichen Republik. Die Besitzergreifung der kapitalistischen Gesellschaft, welche die Sozialdemokratie anstrebt, ist eine ernste Sache. Sie darf nicht ausgehen wie die Besetzung der *Neuen Freien Presse* durch die kommunistische Partei.

Demokratie und Rätesystem

1. Kapitel: Bürgerliche und soziale Demokratie

In dem Streite zwischen Demokratie und Rätesystem, der heute das Lager des proletarischen Sozialismus auf das tiefste zerklüftet und bereits bis zum blutigen Bruderkrieg geführt hat, entspricht der Leidenschaftlichkeit der beiderseitigen Stellungnahme doch keineswegs eine klare und eindeutige Fassung der Begriffe, um die der Kampf geführt wird. Und obzwar sicherlich die heutige Zeit mit ihren stürmischen Forderungen des Tages nicht darnach angetan ist, erst umständliche begriffliche Untersuchungen anzustellen, so muß doch der marxistische Sozialismus versuchen, seinem alten Prinzip getreu zu bleiben und die sich ihm eröffnenden politischen und sozialen Aufgaben theoretisch klar zu erfassen. Dies um so mehr, als zu hoffen ist, daß eine objektive Untersuchung des eigentlichen Sinnes der im Sozialismus heute strittigen Begriffe vielleicht manche scheinbar unüberbrückbaren Gegensätze als gar nicht vorhanden aufzeigen, manche unerwarteten Übereinstimmungen der feindlichen Lager hervortreten lassen wird und damit ein Verständnis ermöglicht, welches über den verderblichen Streit der Parteiungen hinweg zu einheitlicher revolutionärer Aktion führen kann.

Beginnen wir mit dem Begriff der Demokratie. Wie ist es gekommen, daß dieser bis vor kurzem dem revolutionären Proletariat noch so heilige Begriff heute einem großen und stets wachsenden Teile desselben verdächtig, fast verhaßt geworden ist? Wieso hat gerade die jetzige Revolution, welche in Rußland und in den Republiken Mitteleuropas die Demokratie endlich auf den Trümmern des Monarchismus und Militarismus in einer bisher noch nicht verwirklichten Vollkommenheit errichten konnte, überall im Proletariat das tiefste Mißtrauen und die heftigste Gegnerschaft gegen das demokratische System und seinen verfassungsmäßigen Ausdruck, gegen die Nationalversammlungen, rege gemacht?

Der Begriff der Demokratie ist nach der landläufigen Vorstellung vor allem der Begriff der politischen Gleichberechtigung. Als solcher stellt er den Höhepunkt der politischen Ideologie des Bürgertums dar und übt unter den Wahlparolen, mit denen die bürgerlichen Parteien in den Wahlkampf ziehen, besonders auf die Schicht der Intellektuellen, wohl die größte Anziehungskraft aus. Denn hier glauben die Angehörigen dieser Schicht alle jene politischen Ideale der Freiheit, Gleichheit und des Fortschritts, um derentwillen ihnen die Sozialdemokratie sonst sympathisch wäre, anzutreffen, ohne daß von ihnen das Bekenntnis zum Klassenkampf und zur Überwindung der bürgerlichen Gesellschaft verlangt würde. So erscheint die Demokratie als die Vollendung der gesellschaftlichen Solidarität, die geradezu automatisch aus der Gleichberechtigung hervorgeht.

In dieser Auffassung birgt sich jedoch ein großer Irrtum, der freilich ein welthistorischer ist, aber nun, nach mehr als hundert Jahren seit dem Ansturm der bürgerlichen Demokratie, seit der Französischen Revolution, schon klar zutage liegen müßte, wenn nicht eben immer wieder die Vorurteile der bürgerlichen Denkweise den Blick trüben würden. Sobald wir aber diesen Vorurteilen uns entringen und versuchen, mit kritischem Bewußtsein auch das politische Leben zu durchdringen, statt uns durch Schlagwörter und Traditionen von ihm fortreißen zu lassen, enthüllt sich die bürgerliche Demokratie als eine große und tragische Weltillusion. Wie erfüllten nicht die Ideale der großen Revolution von 1789, die demokratischen Ideen der Menschenrechte unter dem Banner der Freiheit, Gleichheit und Brüderlichkeit die ganze Welt mit ihrem Glanze! Man kann es noch heute in den Schriften unserer großen Dichter und Denker aus der klassischen Zeit nachlesen, wie der Sturm, der in Frankreich ausgebrochen war, auch die deutschen Seelen mitschwingen ließ und ihre heißesten Hoffnungen weckte. Und doch leitete diese neue Zeit, die Zeit der Menschenrechte, aber auch die Zeit des aus den Fesseln des Absolutismus und Feudalismus befreiten, aufstrebenden Kapitalismus nur eine Zeit der unerhörtesten Ausbeutung und Verelendung des Volkes ein. Das war das Zeitalter, von dem Friedrich Engels in seinem Buch über die Lage der Arbeiter in England, von dem Engels in seinen Schilderungen so schreckensvolle Bilder von der Not der breiten Massen entwarf. Das war die Zeit der Hungerkrawalle der Weber und der ersten großen Arbeiteraufstände in Frankreich. Wie war das zu erklären?

Die Erklärung hatten fast gleichzeitig bereits einige tiefe Betrachter der Zeitgeschichte gegeben; und es ist kein Zufall, daß die ersten Vorkämpfer des modernen Sozialismus, Saint-Simon, Charles Fourier und Robert Owen, alle um diese Zeit auftraten, der Welt ein neues Gesellschaftsideal entgegenzuhalten, wo sie eben erst mit dem Siege der Revolution glaubte, selbst ein neues Zeitalter begründet zu haben. Denn diese drei großen Sozialkritiker gingen alle von dem erschütternden Erlebnis der demokratischen Revolution aus, *daß eine bloß politische Umwälzung den Lebenszustand der Massen nicht wirklich verändern und bessern kann,* daß politische Gleichheit und Freiheit bloße Worte ohne Inhalt bleiben müssen, wenn ihnen die wirtschaftliche Gleichheit fehlt. Was nützt dem Arbeiter die Freiheit von politischer Unterdrückung, wenn er in ökonomischer Abhängigkeit vom "Brotgeber" bleibt, von ihm sich die Arbeitsbedingungen und oft genug auch die Lebensbedingungen vorschreiben lassen muß? Was bedeutet die Gleichheit vor dem Gesetz, wenn sich wegen der Ungleichheit im Vermögen der Besitzlose dem Besitzenden verkaufen muß? Und ist eine Brüderlichkeit möglich zwischen denen, die als Unternehmer und Arbeiter, als Besitzende und Besitzlose, als Ausbeuter und Ausgebeutete notwendig entgegengesetzte Interessen haben und einander bekämpfen müssen? So schrieb schon Saint-Simon die Erkenntnis hin: "Der Reichtum ist die wahre und einzige Grundlage jedes politischen Einflusses und Wertes", woraus er mit Recht folgerte, daß die Verfassungsgesetze gar nicht so wichtig seien für das Glück der Völker gegenüber der Ordnung ihrer Eigentumsrechte. Und in der Tat: unter der bürgerlichen Eigentumsordnung, unter der kapitalistischen Wirtschaftsweise, die ganz notwendig aus sich heraus den Unterschied von Reich und Arm, von Unternehmer und Arbeiter, von Herr und Diener erzeugt und aufrechterhält, müssen sich alle Ideen der Demokratie immer wieder als bloßer Trug erweisen, als ein tragischer Selbstbetrug eines Strebens, das wohl das Gute will, doch stets das Böse schafft. Die Gleichheit vor dem Gesetz wird bestenfalls zur Gleichheit in der Beherrschung und Ausbeutung durch das Kapital, die Freiheit wird zur Freiheit des Verhungerns für die, welche sich gegen dieses System auflehnen möchten, und die Brüderlichkeit zur Heuchelei und schmachvollen Wohltätigkeitsprotzerei. Einen wirklichen sozialen Inhalt können alle diese Ideen nur und erst dann erhalten, wenn sie auf ein System der *wirtschaftlichen Gleichheit* aufgebaut werden, wenn also alle wirtschaftliche Knechtung und Abhängigkeit radikal beseitigt ist. Dies ist aber nur möglich durch Überwindung jener Ordnung, aus der diese wirtschaftliche Ungleichheit stammt, der kapitalistischen Ordnung. *Und so verlangt gerade die Verwirklichung der Demokratie den entscheidenden Schritt hinaus über die Welt des Bürgertums,* über die Welt des Kapitalismus zu einer neuen Gesellschaftsordnung, zur sozialistischen Ordnung, in der nicht mehr das Privateigentum an den Produktionsmitteln die Menschen in eine kleine Schicht von Herren und eine überwältigende Masse von Parias der Gesellschaft scheidet, in der nicht mehr der Profit der eigentliche Motor und Organisator des Kulturlebens ist, sondern in der alle Güter und Kräfte der Gesellschaft für alle da sein werden und damit endlich die Freiheit, Gleichheit und Brüderlichkeit aller ihren wirklichen Einzug unter die Menschen wird halten können. Wer also die Demokratie ernstlich anstrebt, wer aber auch aus der Geschichte

Sozialistische Bücherei
Heft 8

Demokratie und Rätesystem

Von
Max Adler

Wien 1919

Verlag der Wiener Volksbuchhandlung Ignaz Brand & Co.,
VI, Gumpendorferstraße 18

zu lernen versteht und erkannt hat, warum sie in hundert Jahren noch so wenig Inhalt gewonnen hat, der kann nicht auf dem halben Wege stehen bleiben, wie es die bürgerliche Demokratie tat, *er muß entschlossen den Weg fortsetzen zur Sozialdemokratie*. Nicht die bürgerliche Gleichberechtigung erfüllt schon die Idee der Demokratie, sondern erst die soziale; und nicht die bürgerliche Republik gewährleistet die demokratische Befreiung des Volkes, sondern *erst die sozialistische Republik*.

Ist dieser Zusammenhang erst einmal klar geworden, dann wird man auch nicht mehr in den Schreckworten des Klassenkampfes und des Sturzes der bürgerlichen Gesellschaft einen Widerspruch zur Idee der Demokratie fühlen. Im Gegenteil, man wird nun einsehen müssen, daß es eine pure Verständnislosigkeit, bestenfalls eine schwachmütige Utopie ist, zu meinen, daß man die Verwirklichung der Demokratie ohne Kampf der Klassen, das heißt ohne Überwindung und Ausrottung der Grundwurzel erreichen kann, aus der immer wieder Unterdrückung, Unfreiheit und Ungleichheit aufsprießen. Wer hat denn ein Interesse an der gründlichen Änderung der bestehenden Zustände? Sind es diejenigen, denen es bis heute unter ihnen schon trefflich gegangen ist, die feist und rotwangig dabei geworden sind, oder ist es nicht jene noch immer wachsende Masse, für die diese Ordnung nur Entbehrung und Trostlosigkeit, Leid, Demütigung und Empörung bedeutet? Der Kampf aller dieser zu einer Klasse der Aufstrebenden vereinigten Menschen, der Kampf der unterdrückten Klasse gegen die herrschende, der Kampf um Beseitigung dieses Klassengegensatzes und Herstellung einer klassenlosen, solidarischen Gesellschaftsordnung – das ist kein Kampf der Verhetzung, keine Entzweiung oder Herabwürdigung der Menschheit, sondern im Gegenteil ein gewaltiger und entscheidender Schritt zu ihrer endgültigen Betätigung. Es ist wirklich so, wie Lassalle dies einmal in unübertrefflich schönen Worten ausgedrückt hat, daß, wer die Idee des Klassenkampfes im Sinne des Sozialismus anruft, "einen Schrei der Versöhnung ausstößt, einen Schrei, der die ganze Gesellschaft umfaßt, einen Schrei der Einigung, in den alle einstimmen sollten, welche Bevorrechtung und Unterdrückung des Volkes durch privilegierte Stände nicht wollen, einen Schrei der *Liebe,* der für immer der wahre Schrei des Volkes bleiben und um seines Inhalts willen *selbst dann noch* ein Schrei der Liebe sein wird, wenn er als Schlachtruf des Volkes ertönt".

So sehen wir also, daß ebenso, wie der Klassenkampf nur das notwendige geschichtliche Mittel zur Erringung der vollen Demokratie ist, so die Überwindung der kapitalistischen Wirtschaft, also die soziale Umwälzung, die notwendige geschichtliche Bedingung dafür ist. Denn die ökonomische Ungleichheit und Unfreiheit ist nicht etwa bloß ein Produkt mangelhafter gesetzlicher Vorsorgen des bürgerlichen Staates oder gar bloß das Werk der Schlechtigkeit einzelner zu bessernder oder zu zügelnder Menschen. Das ist ja die große Erkenntnis, die uns die ökonomische Analyse von Karl Marx vermittelt hat, daß die "Ausbeutung" in der kapitalistischen Gesellschaft kein moralischer Defekt, sondern eine ökonomische Notwendigkeit ist. Sie entspringt aus dem Mechanismus der kapitalistischen Produktionsweise selbst, und auch der moralischeste, menschenfreundlichste Unternehmer muß, will er nicht zugrunde gehen, sich Mehrwert aus der Arbeit seiner Angestellten aneignen, Profit erzielen. Alle diese ökonomischen Grundverhältnisse nun, auf denen die kapitalistische Produktionsweise beruht, fallen aber gänzlich außer jeder politischen Gesetzgebung; der Besitz der einen und die Besitzlosigkeit der anderen, die Mehrarbeit und die Mehrwertaneignung, der Profit, die Produktionskonzentration, die Kapitalsakkumulation, kurz, der ganze ökonomische Prozeß, durch den die Gesellschaft immer mehr bei aller politischen Gleichberechtigung unter die Herrschaft des organisierten Großkapitals gerät – dies alles bleibt von jeder bloß politischen Reformierung, ja Revolutionierung unberührt. Erst der radikale Bruch mit diesem ganzen kapitalistischen System, also erst die soziale Revolutionierung, ergreift das Übel wirklich an der Wurzel und beseitigt es, indem es jene ökonomischen Bindungen der Menschen ein für allemal zerreißt. So ergibt sich auch von dieser Seite her derselbe Schluß: wir können zur Demokratie nicht anders gelangen als durch den Sozialismus. Wem das eine teuer ist, der muß das andere wollen. Die Republik des freien Menschentums, der Gleichheit alles dessen, was Menschenantlitz trägt, verwirklicht sich nur in der sozialistischen Republik. Und der Weg dahin ist nur der Weg des revolutionären sozialistischen Klassenkampfes.

So zeigt sich, daß der Begriff der Demokratie ein durchaus zweideutiger ist, sobald von seiner Beziehung zur ökonomischen Klassenzerrissenheit der bürgerlichen Gesellschaft abgesehen wird. *Es geht also nicht an, von Demokratie schlechtweg zu sprechen, sondern es scheidet sich scharf die bürgerliche von der sozialen Demokratie,* welch letztere noch gar nicht besteht und gar nicht überall im Interesse der ersteren gelegen ist. Und dies hat sofort seine ernsteste Bedeutung für die weitere Bedeutung des Begriffes der Demokratie, der nicht nur Gleichberechtigung in sich schließt, sondern Volksherrschaft. Damit gelangen wir in den Mittelpunkt des ganzen Problems und zugleich zum brennendsten Interesse der Zeit.

2. Kapitel: Das Lebensprinzip der Demokratie

Wir sind von dem in der jetzigen Revolution so mächtig einsetzenden Mißtrauen des revolutionären Proletariats gegen die Demokratie ausgegangen und sehen jetzt, daß es seinen guten Grund in der geschilderten historischen Schwäche der bürgerlichen Demokratie hat. Nicht die Demokratie überhaupt ist dem Proletariat weniger teuer geworden, es hat nur gelernt, mehr auf die Klassenbedingtheit der Verwirklichung ihres Ideals zu achten. Und so ist dieser wichtige Unterschied auch gegenüber der Idee der Demokratie als Volksherrschaft zu machen.

Wenn Demokratie Herrschaft des Volkes bedeutet, Selbstbestimmung der Gemeinschaft, wie dies der Name besagt, so wäre jede Gegnerschaft des Proletariats widersinnig. Denn das ist ja gerade das Ziel des Proletariats, daß das Volk nur sich selbst zu gehorchen hätte und seine Geschicke selbst bestimme. Also bedeutet die Gegnerschaft des Proletariats gegen die Demokratie nicht die Ablehnung der demokratischen Idee einer Selbstbestimmung des Volkes, sondern die *Leugnung, daß diese Idee durch die überlieferten Formen der Demokratie im Klassenstaat erfüllbar ist.* Nicht die Demokratie als Idee wird bekämpft, sondern die Demokratie im kapitalistischen Staate. *Diese,* und sei sie die verfassungsmäßig radikalste, wird als eine Scheindemokratie, als ein völlig ungeeignetes Mittel der Verwirklichung jener Idee der Selbstbestimmung des Volkes bloßgestellt. Und dies ist deshalb der Fall, weil der Demokratie im kapitalistischen Staate die Grundvoraussetzung fehlt, unter der allein eine Selbstbestimmung des Volkes möglich ist, *das einheitliche Volk.* Im kapitalistischen Staate gibt es streng genommen überhaupt noch kein Volk, sondern nur eine Bevölkerung, die weder eine wirtschaftliche noch eine kulturelle, noch eine ideologische Einheit darstellt, sondern vielmehr in jeder dieser Richtungen eine Zerrissenheit von Klassen. Wie sehr auch durch politischen Radikalismus die verfassungsmäßige Rechtsgleichheit entwickelt sein mag, wie immer dem ärmsten Proletarier in politischer Beziehung das gleiche Recht ebenso zugesichert sein mag wie dem reichsten Unternehmer oder Grundbesitzer, in wirtschaftlicher und sozialer Beziehung schafft die ökonomische Ungleichheit solche Gegensätze, daß jeder Sinn der Demokratie, das heißt der Bildung eines einheitlichen Volkswillens, verlorengehen muß. An dessen Stelle tritt die brutale Majorisierung.

Man muß nämlich verstehen, daß das, worin so viele das Wesen der Demokratie erblicken und weswegen diese so oft als eine an sich unvernünftige und widerspruchsvolle Einrichtung hingestellt wird, das Prinzip der Majorität, durchaus nicht das Wesensprinzip der Demokratie ist. Denn in der bloßen Mehrheit der Stimmen ist kein eigentlicher Rechtsgrund zu finden. Man braucht da gar nicht an das abgehetzte Dichterwort zu erinnern: "Verstand ist stets bei wenigen nur gewesen." Denn man könnte schließlich einwenden, daß es zur Selbstbestimmung des Volkes gehöre, nach seinem eigenen Verstand zu leben, und daß der höhere Verstand der wenigen sein Glück nicht ausmachen werde, wenn es die Regelung durch einen solchen Verstand noch als etwas ihm Fremdes und Aufgezwungenes betrachtet. Aber viel berechtigter ist der Hinweis darauf, daß in der Majorität als solcher überhaupt kein Vernunftgrund der Herrschaft gefunden werden kann, da man nicht zu sagen vermag, warum die Mehrzahl die Minderzahl nach ihrer Meinung sollte zwingen dürfen. Mit Recht hat man gefragt, wenn es scheint, als ob es in der Ordnung sei, daß sich die Minorität von zwanzig Stimmen der Majorität von achtzig füge, ob dies ebenso auch für eine solche von neunundvierzig gegenüber der Majorität von einundfünfzig gelte? Man sieht deutlich, die so aufgefaßte Demokratie verwandelt sich in ihr Gegenteil; sie gründet sich in letzter Linie auf die bloße Übermacht der Mehrheit; es ist nicht mehr Selbstbestimmung des Volkes, sondern Zwang eines Teiles, welcher der größere und stärkere ist, gegen den kleineren und schwächeren.

Das wirkliche Lebensprinzip der Demokratie hat Rousseau in genialer Weise aufgezeigt, aber es ist in seiner revolutionären Bedeutung noch wenig gewürdigt worden. Es ist nicht der Wille der Mehrheit, sondern *der Gemeinwille, der allgemeine Wille.* Die Abstimmung ist nach Rousseau nur das Mittel, durch welches der Gemeinwille konstatiert werden soll. Die Überstimmten haben sich zu fügen, nicht weil sie die wenigeren sind, nicht weil die anderen die Stärkeren sind, sondern weil die Abstimmung gezeigt hat, daß sie mit dem Gemeinwillen in Widerspruch sind. Und diese auf den ersten Blick frappierende Folgerung darf Rousseau machen, weil er von der Voraussetzung ausgeht, die freilich eine Illusion war, aber die welthistorische Illusion der revolutionären Bourgeoisie, daß ihre Herrschaft die wirkliche Befreiung des Menschengeschlechts von allen Herrschaftsgegensätzen bedeuten und daher die solidarische Volkseinheit begründen wird. Sobald nämlich das Volk eine solche *solidarische Gemeinschaft* bildet, sobald es also keine Lebensgegensätze mehr im Volksganzen gibt, von denen aus die Abstimmungen sich organisieren, dann bedeuten auch wirklich die Verschiedenheiten in der Stimmenzahl *keine Vergewaltigung von Lebensinteressen mehr,* sondern nur noch mehr oder minder sachliche Meinungsverschiedenheiten über Zweckmäßigkeit und Dringlichkeit vorgeschlagener Entscheidungen. Die Abstimmung wird zu einem bloßen Akt gesellschaftlicher Verwaltung oder Geschäftsführung. Und so wenig sich in einem Verein oder in einer Handelsgesellschaft die Überstimmten vergewaltigt fühlen, weil das, was beschlossen wird, immer noch *auch* von ihnen gewollt wird, wenn sie es auch gern anders durchgeführt gesehen hätten, so wenig ist dies in einer solidarischen Volksgemeinschaft der Fall.

Daß diese Einheit des Volksganzen, die Solidarität seiner Interessen, den eigentlichen Grund der Demokratie ausmacht, zeigt sich darin, daß allen Verfechtern der demokratischen Idee das Streben eigen ist, den Staat in mäßigen Grenzen zu erhalten, um eine Ungleichartigkeit der Lebensverhältnisse zu verhüten, und daß sie den Reichtum bekämpfen, um alle Bürger womöglich in einen gleichen mittleren Wohlstand zu versetzen. Wenn Montesquieu in der Tugend die sicherste Gewähr der Demokratie erblickt, wenn Rousseau immer wieder einschärft, daß die demokratischen Gesetze nur dann nützlich sind, "wenn jeder etwas und keiner zu wenig hat", so sieht man hier bereits die Erkenntnis aufsteigen, daß das Prinzip der Demokratie mit den wirklichen Zuständen der bürgerlichen Gesellschaft in Kampf geraten muß. Und dies ist auch, wie wir gesehen haben, die geschichtliche Tragik der Demokratie in der bürgerlichen Welt: sie muß zuschanden werden an den aus ihren Existenzbedingungen hervorgehenden ökonomischen Klassengegensätzen. Die Idee des Gemeinwillens findet keine Möglichkeit einer Verwirklichung in einem Gesellschaftszustand, in welchem jede Abstimmung, gerade wenn sie in wirklich demokratischen Formen erfolgt, nur auf die Gegensätze des Klassenwillens zurückführen muß. Diese demokratischen Formen sind nun am vollendetsten ausgeprägt in dem Institut der parlamentarischen Volksvertretung. Und so sehen wir, *daß auf dem Boden der Klassengesellschaft die sogenannte Volksvertretung niemals zum Ausdruck eines Volkswillens führen kann.* In den Formen der parlamentarischen Selbstbestimmung des Volkes vollzieht sich immer nur ein Stück des Klassenkampfes: sie ist stets Machtdurchsetzung, Gewalt der einen Klasse gegen die andere, die die Gesetze der widerstrebenden Klasse aufzwingt. Solange die besitzenden Klassen die Majorität im Parlament haben, üben sie durch dieselbe eine Diktatur aus, wie sehr dies auch durch den Schein des Parlamentarismus verhüllt wird. Aber der nackte Gewaltcharakter dieser Diktatur offenbart sich sofort, wenn etwa die parlamentarische Majorität nicht mehr der Ausdruck einer überwiegenden Vorherrschaft im Lande ist. Dann tritt die ganze staatliche Maschinerie der Unterdrückung durch Polizei und Militär, durch Gericht und Verwaltungsbehörde, in Presse, Vereins- und Volksversammlungen hervor, die bestehende Regierungsmajorität wird zum Terrorismus. *Eine Diktatur ist also auch in den For-*

men des Parlamentarismus möglich, ja im Grunde ist der Parlamentarismus nur die Rechtsform, in welcher sich die Herrschaft der Bourgeoisie noch durchsetzen kann, sobald einmal der Klassengegensatz stark entwickelt ist.

Und dies ist der Grund, warum schließlich überall die wirtschaftlich unterdrückte Klasse, das Proletariat, in den tiefsten prinzipiellen Gegensatz zur Demokratie im Klassenstaat gelangen muß. Denn nun wird gerade an ihrer Entwicklung klar, daß die bloß auf parlamentarische Majorität gegründete Vorherrschaft durchaus nicht dem wirklichen sozialen und kulturellen Entwicklungszustand der Gesellschaft zu entsprechen braucht, als deren Ausdruck vielmehr eine Klasse erscheinen kann, die zahlenmäßig noch um ein geringes unter der Majorität ist.[1])

Die Gegnerschaft des Proletariats gegen die Demokratie ist also bloße Bekämpfung der bürgerlichen Scheindemokratie oder eigentlich ihrer klassischen Ausdrucksform, des Parlamentarismus. Und die dagegen angerufene Diktatur des Proletariats ist gar nichts anderes als die offene Aussprache dessen, was ist, die Aufzeigung des Parlamentarismus als einer bloßen Klassenherrschaft, die als solche auch einmal von einer anderen als der bis jetzt herrschenden Klasse an sich gerissen werden kann, wenn dies auch vielleicht durch außerparlamentarische Mittel geschehen muß. Wenn sich also das Proletariat der staatlichen Gewalt bemächtigt und diese diktatorisch gegen die Bourgeoisie ausübt, so liegt hier kein Widerspruch gegen die Idee der Demokratie vor, weil diese in der Welt des Bürgertums überhaupt noch gar nicht besteht. Vielmehr erscheint die Diktatur des Proletariats als der erste Anfang einer Verwirklichung dieser Idee. Denn da die Aufrichtung der Klassenherrschaft des Proletariats nur zu dem Zwecke erfolgt, um durch Beseitigung der kapitalistischen Klassengeschichte eine klassenlose Gesellschaft herzustellen, schafft sie jene neue gesellschaftliche Organisation, in der erst eine wirkliche Solidarität der Lebensinteressen aller begründet und damit das Zustandekommen eines Gemeinwillens ermöglicht wird.

Die Diktatur des Proletariats ist also eine notwendige Forderung sowohl für die ökonomische wie für die politische Befreiung des Proletariats, und die Sozialdemokratie hat sie daher auch, seit sie unter dem Einfluß des *Kommunistischen Manifests* steht, immer als ihr eigentliches Ziel betrachtet. Erst seit dem Auftreten des Bolschewismus einerseits und des Reformsozialismus (Mehrheitssozialismus) anderseits ist der Anschein entstanden, als ob die Forderung nach der Diktatur des Proletariats ein prinzipielles Scheidungsmoment zwischen Sozialdemokratie und dem sogenannten Kommunismus sei. So sehr dies gegenüber dem Reformsozialismus be-

---

[1]) Ganz im Sinne obiger Darlegungen bezeichnet die Erklärung des Reichsvollzugsausschusses der Arbeiterräte, die am 1. Mai 1919 in der Wiener *Arbeiter-Zeitung* erschienen und von Friedrich Adler unterzeichnet ist, die parlamentarische Majorisierung der Arbeiterschaft als "Zufälle der Arithmetik". Sie sagt: "Es lebt im Proletariat die unerbittliche Entschlossenheit, den Schritt zum Sozialismus, der die Niederlage des österreichischen und deutschen Imperialismus möglich gemacht hat, auch tatsächlich zu machen. Daran kann die Arbeiterklasse durch irgendwelche *Zufälle der Arithmetik* nicht gehindert werden. Daß in den Ausschüssen der Nationalversammlung eine bürgerliche Mehrheit vorhanden ist, kann nichts an der Tatsache der realen Machtverhältnisse im Staate ändern. Das Proletariat fühlt sich als *die entscheidende Klasse im Staate* und ist entschlossen, den ihm gebührenden Einfluß unter allen Umständen in Anspruch zu nehmen und sich nicht von den paar Vertretern des ausbeuterischen Kapitalismus in der Nationalversammlung seiner Rechte berauben zu lassen." In einem Kommentar zu dieser von der bürgerlichen Presse und in der Nationalversammlung vielumstrittenen Erklärung weist auch Friedrich Adler auf den Unterschied zwischen bürgerlicher und sozialistischer Demokratie hin. Die bürgerliche Demokratie begnügte sich mit der Forderung "Gleiches Recht für alle". Aber "nun, wo das Proletariat in seine entscheidenden Kämpfe eintritt, wo es sich nicht nur um die Demokratie, sondern um den Sozialismus handelt, ist es Zeit, sich bewußt zu sein, daß es in sozialistischem Sinne *nur eine Demokratie der Arbeitenden* geben kann. Nicht nur der alte Satz: "Wer nichts arbeitet, soll auch nichts essen!" ist Maxime sozialistischen Denkens, sondern ebensosehr die Forderung: "Wer nichts arbeitet, hat auch nichts dreinzureden" . . . Nur wer, auf den Kampf ums Recht in der bürgerlichen Gesellschaft begrenzt, den Blick verloren hatte für den großen Entscheidungskampf um die sozialistische Gesellschaftsordnung, konnte in Gefahr kommen, über der Demokratie den Sozialismus zu vergessen, über der Forderung der Ausdehnung der Gleichberechtigung auf *alle* Arbeitenden, deren *Beschränkung* auf die *Arbeitenden* übersehen." (*Der Kampf,* Jg. XII, S. 258 und 259.)

rechtigt ist, der den Namen der Sozialdemokratie für sich mißbraucht, so sehr muß mit aller Entschiedenheit betont werden, *daß die revolutionäre Sozialdemokratie nach wie vor an der Diktatur des Proletariats festhält und in dieser das eigentliche Mittel ihres Sieges erblickt.* Es Es ist daher ganz irreführend, die Sache so darzustellen, als ob es sich für die Sozialdemokratie um die Frage handeln könnte: Diktatur oder Demokratie? Für sie besteht nur die Frage, ob und wann diese Diktatur möglich ist. Mit anderen Worten, es ist dies *keine Frage des Prinzips, sondern bloß der Taktik.* Der marxistische Sozialdemokrat ist Kommunist und Verfechter der Diktatur des Proletariats; nur läßt er sich diese nicht durch die bloße revolutionäre Leidenschaft diktieren, sondern fragt als Marxist nach ihrer Möglichkeit entsprechend den in jedem Lande verschiedenen wirtschaftlichen Verhältnissen. Diese selbstverständliche Identität der marxistischen Sozialdemokratie mit dem revolutionären Kommunismus konnte nur zweifelhaft werden, weil sich der Bolschewismus als alleiniger Kommunismus ausgab. Wird erst klar, daß Bolschewismus nur eine besondere Taktik des Kommunismus bedeutet, dann schwindet die scheinbare Kluft zwischen den beiden Lagern des Sozialismus.

3. Kapitel: Kommunismus oder Bolschewismus?

Die Spaltung des Sozialismus in eine sozialdemokratische und in eine kommunistische Richtung bedeutet eine viel ärgere Schwächung des proletarischen Emanzipationskampfes als jede frühere Parteidifferenz. Denn wenn auch jede Störung der Einheit in der Partei zu einer augenblicklichen Schwächung der Kraft der sozialistischen Bewegung führen mußte, so konnte sie schließlich trotzdem ein wirklicher Gewinn werden. Denn dadurch, daß sie Klarheit über unsere Prinzipien und Ziele schuf, daß sie die Anhänger des revolutionären Klassenkampfgedankens aus der weiten Gemeinschaft vieler lauer Freunde oder prinzipiell ganz anders gerichteter Mitläufer in eine kleinere, aber engere zielbewußte Kampfgenossenschaft herausführte, schuf sie erst eine wirkliche Einheit und die Möglichkeit einer viel größeren Entschlossenheit und Wucht des proletarischen Handelns. Das wichtigste bei jeder solchen Spaltung, die eigentlich vielmehr eine Selbstbesinnung und Zusammenfassung Gleichstrebender bedeutet, ist, daß der Trennungsgrund so klar bezeichnet wird, daß er wirklich einen Markstein der Gesinnung und der Erkenntnis von hüben und drüben bedeutet, daß er wirklich also alles zu sammeln ermöglicht, was sich innerlich geschieden von der einen und vereinigt auf der anderen Seite fühlt. Eine solche Spaltung war die des Rechts- und Linkssozialismus im Kriege, bei der Ablehnung des Sozialpatriotismus, die Betonung der internationalen Interessengemeinschaft des Proletariats selbst auf Kosten der Landesverteidigung und die Notwendigkeit der Überführung des Kriegszustandes in den der sozialen Revolution eine wirkliche Einheitsparole bildete, die den ganzen revolutionären Geist des marxistischen Sozialismus lebendig machte gegen alle nationalistische Verfälschung und reformistische Verflachung desselben.

Die aus dieser großen, den Sozialismus wahrhaft rettenden Spaltung hervorgegangene weitere Zuspitzung zum Gegensatz von Kommunismus und Sozialdemokratie überhaupt hat diese wohltätige Wirkung nicht mehr. Denn sie läßt den Trennungsstrich nicht so verlaufen, daß er wirklich als eine Scheidung der klassenkämpferisch revolutionären von den bloß sozialreformerischen Kräften erscheint. Vielmehr trennt sie ganze, große, ja ihre eigene Zahl weit überwiegende Massen der Linkssozialisten von sich ab und degradiert sich selbst dadurch zu einer kleinen, sektenartigen Gruppe. Allerdings kann sie sich und anderen eine viel größere Bedeutung vortäuschen, weil sie daraus unverdient Nutzen zieht, daß sie vielfach in Presse und Versammlungen natürlich Beifall findet, wenn sie die revolutionären Grundgedanken des Sozialismus, *über die gar kein Gegensatz besteht,* als ihre eigene Parteiwahrheit verkündet. Und das muß schließlich Verwirrung und Uneinigkeit im höchsten Maße stiften. Der revolutionäre Sozialdemokrat sieht plötzlich sein Ideal des Kommunismus, dem er immer zugestrebt hat, von sich abgetrennt und zur Bezeichnung einer neuen Partei verwendet, die sich eigentlich nur durch taktische und organisatorische Fragen von ihm entfernt hat, worüber ihr freilich ein klares Bewußtsein fehlt.

Es ist gewiß zuzugeben, daß das Bedürfnis einer reinlichen Trennung von dem Mehrheitssozialismus, besonders in der Ebert-Scheidemann-Noskeschen Prägung, die den Namen der Sozialdemokratie mißbraucht und in Verruf bringt, die Annahme einer besonderen Parteibezeichnung rechtfertigt, die auch äußerlich erkennen läßt, daß der revolutionäre proletarische Sozialismus mit jener politischen Richtung nichts mehr gemein hat. Und der Name der Kommunisten wäre als Parteibezeichnung für die Linkssozialisten sehr am Platze gewesen. Was jetzt sich so bezeichnet, trüge viel richtiger den Namen der Bolschewiki. Eine solche Parteibezeichnung wäre ein großer Gewinn für das Streben nach Klarheit und Einheit innerhalb des revolutionären Proletariats. Denn es würde dadurch sofort deutlich werden, *daß nicht die Frage des Kommunismus das Trennende ist,* sondern der ganze Komplex von taktischen Problemen, der eben den Bolschewismus ausmacht.

Wenn wir diese Unterscheidung von Kommunismus und Bolschewismus machen und uns als Sozialdemokraten entschieden zu dem ersteren bekennen, so besagt dies noch nicht, daß wir die Bedeutung des letzteren verkennen. Es liegt uns fern, von einer "bolschewikischen Gefahr" zu sprechen. Mögen vor einer solchen die Kapitalisten und ihre Gefolgschaft zittern. Denn auch wir wünschen, daß das Proletariat bald überall so weit wäre, die unmittelbare Gewalt über die alte Gesellschaft zu erlangen. Nein, die "Gefahr des Bolschewismus" sehen wir nur darin, wenn es gelingt, durch *eine Vertauschung der Begriffe von Kommunismus und Bolschewismus* diesen letzteren, *der doch nur ein Mittel zum ersteren ist,* und zwar ein solches, das nur unter ganz bestimmten historischen und sozialen Bedingungen in Rußland sich entwickelt hat, für den allgemein gültigen, überall anwendbaren und einzig allein revolutionären Geist des Sozialismus selbst auszugeben.

Was ist der Bolschewismus? Ich frage hier nicht nach seiner historischen Bedeutung, die eine unvergängliche ist und mit der er sich schon heute unauslöschlich in jedes Proletarierherz eingegraben hat. In dem Bolschewismus und in seinen kühnen, todesmutigen Führern Lenin und Trotzky wird das revolutionäre Proletariat nie aufhören, die große Avantgarde der sozialen Revolution zu verehren, die befreiende Gewalt zu segnen, die zuerst den Blutbann des Krieges zerriß, unter dem den Völkern schon fast alle Hoffnung erstickt schien, und die große Tat zu begrüßen, durch welche dem Proletariat sein historisches Selbstbewußtsein und seine revolutionäre Entschlossenheit wiedererweckt wurden. In diesem Sinne war der Bolschewismus und ist er heute in Rußland und in Ungarn nie eine Gefahr für die revolutionäre Sozialdemokratie, sondern vielmehr eine Unterstützung und fortwährende Stärkung auch ihres Kampfes um eine kommunistische Neuordnung der Gesellschaft. Wir fragen aber jetzt nicht nach dieser historischen Bedeutung, sondern nach der Wesensbeschaffenheit des Bolschewismus. Diese Frage ist nicht leicht zu beantworten, nicht bloß deshalb, weil wir noch zu wenig zuverlässige und besonders seine Wirksamkeit im ganzen erfassende Berichte über ihn haben, sondern vor allem deshalb, weil auch der Bolschewismus kein starres Gebilde, sondern in steter Wandlung begriffen ist, so daß der russische Bolschewismus von heute *nicht mehr derselbe ist wie der im Oktober 1917,* wie auch der Bolschewismus in Ungarn etwas ganz anderes ist als der in Rußland. Für die Frage der Spaltung im Sozialismus scheint es mir aber sogar viel weniger darauf anzukommen, was der Bolschewismus in Rußland wirklich ist, *als in welcher Form er auf die internationale Entwicklung des Sozialismus eingewirkt* und zur Parteibildung der Kommunisten geführt hat. Und da ist das entscheidende Moment die Idee der Diktatur des Proletariats nicht bloß unter Ablehnung der Demokratie, sondern unter prinzipieller Betonung des *Terrorismus* gewesen. Dieser Terrorismus ergab sich als eine ganz einfache und für selbstverständlich gehaltene Folgerung, weil er als das einzige und unvermeidliche Mittel der Diktatur erschien. Denn da das manuelle Proletariat, selbst als ganze einheitliche Klasse, noch fast überall die Minorität der Bevölkerung darstellt, das revolutionär entschlossene Proletariat aber wieder nur einen Bruchteil dieser Klasse bildet, so schien der Weg der Gewalt, des bewaffneten Aufstandes mit dem eingestandenen Ziele der Entrechtung der ganzen übrigen, das heißt anders gesinnten Bevölkerung als die wirkliche Aufgabe der sozialen Revolution. *Das* war der eigentliche Inhalt des Bolschewismus am Anfang dieser Bewegung, das heißt nach dem Sieg in Rußland, das ist er noch heute in vielen, besonders jugendlichen Köpfen, wenn er es auch heute gerade nicht mehr in – Rußland ist.

Nun wäre es gewiß eine Naivität und ein geschichtliches Unverständnis sondergleichen, den Bolschewismus bloß wegen seiner Gewaltanwendung abzulehnen. Mit Recht spotten Lenin und Trotzky über diejenigen, die da meinen, daß der Klassenkampf ganz idyllisch zu Ende geführt werden könne und eine herrschende Klasse freiwillig abdampfen würde. Auch wir kennen das Wort von Marx, daß die Gewalt die Geburtshelferin jeder alten Gesellschaft ist, die mit einer neuen schwanger geht. Nur glauben wir, daß auch geschichtliche Prozesse ihre Reifezeit haben, vor deren Ablauf die Gewalt so wenig helfen kann als der sonderbare Geburtshelfer, der vor dem neunten Monat sich ans Werk machen würde. Die heute vielen so einwandfrei scheinende Identifizierung von Bolschewismus und Kommunismus wurde nur möglich, weil unter den besonderen russischen Verhältnissen die Gewalt, die das russische Proletariat ausübte, sich als reine Klassengewalt einer scheinbar einheitlichen und einigen unterdrückten Volksmasse darstellte. Denn in einem Lande, in dem die Bourgeoisie eine gesellschaftlich und politisch ganz isolierte kleine Schicht der städtischen Bevölkerung ist und in dem neben einem kolossalem Großgrundbesitz die Masse der Bauern, weil landlos oder verarmt, durch die Forderung der Bodenverteilung dem Sozialismus zugewendet war, konnte sich das Proletariat der Staatsgewalt bemächtigen, als die einzige Klasse, die als die Vertreterin des unterdrückten Volkes auftrat. Hier also wurde der Terror ganz von selbst zu einer bloßen Ausdrucksform des Klassenkampfes, *er schien von vornherein nur den Klassengegner zu treffen,* und dies um so mehr, als sich in der Folge der russischen Entwicklung die geistigen Arbeiter von der Bourgeoisie loszulösen und zum Proletariat überzugehen begannen, welches sie freilich anfangs abgestoßen hatte. Denn die vielberüchtigte Sabotage der russischen Intelligenz war zum großen Teil eine Folge dieser Abstoßung, die wieder eine Konsequenz der anfänglichen Überspannung des Begriffs der proletarischen Diktatur war. Ist erst einmal klar geworden – und zu dieser Erkenntnis rang sich der russische Bolschewismus, wie die letzten Schriften von Lenin und Trotzky beweisen, durch die vielen bitteren Erfahrungen und durch eine gewaltige Hungerperiode der ganzen städtischen Bevölkerung durch –, daß die Diktatur des Proletariats nicht bedeuten könne die Diktatur bloß der manuellen Arbeiter, *sondern der ganzen werktätigen Bevölkerung,* dann wandelt sich unmittelbar Art und Inhalt dieser Diktatur in jedem Land entscheidend, je nach der verschiedenen Schichtung und politischen Reife dieser Bevölkerung in den verschiedenen Ländern. Wo in denselben bereits Massen des Mittelstandes, der Intelligenz, der Bauernschaft zur Ausbildung gelangt sind und bereits eine ausgeprägte eigene politische Meinung haben, dort kann die Diktatur des Proletariats sich nicht mehr gleichsam automatisch in einen Klassenterror bloß gegen die Bourgeoisie oder gegen die kapitalistische Wirtschaftsordnung umsetzen. Denn allzu große Teile der werktätigen Bevölkerung selbst, ja sogar Teile des Proletariats hängen hier noch durch wirkliche oder vermeintliche Interessen mit der alten Ordnung zusammen. Versucht hier ein Teil des Proletariats die Diktatur als Klassenterror durchzusetzen, so verwandelt sich diese Diktatur in Spartakismus, das heißt in bewaffneten Putschismus. Das ist dann schlimmer als Bürgerkrieg, der schließlich an gewissen kritischen Punkten im Klassenkampf nicht zu vermeiden ist, nämlich – wie die deutschen Ereignisse erschütternd bewiesen – Bruderkrieg, den das Proletariat ebenso prinzipiell verwerfen muß wie den Völkerkrieg. Nicht die "Führer" sind daran schuld, daß die Diktatur des Proletariats außerhalb Rußlands noch nicht gesiegt hat, sondern die großen Massen des Proletariats, die selbst noch nicht dafür reif sind und den Rechtssozialismus halten. Erst wenn die Diktatur des Proletariats zur Forderung des ganzen werktätigen Volkes geworden ist, wird die Gewalt, soweit sie dann noch nötig ist, wirklich die Geburtshelferin einer reif gewordenen neuen Zeit.[2])

---

[2]) Als Ergänzung dieses Kapitels sei auf mein Vorwort "Sozialismus und Kommunismus" zu dem im Heft 6 der *Sozialistischen Bücherei* erschienenen *Kommunistischen Manifest* hingewiesen.

4. Kapitel: Die Diktatur des Proletariats

In den vorausgegangenen Kapiteln suchten wir zu zeigen, daß weder die Ablehnung des Parlamentarismus noch die Forderung des Kommunismus Programmpunkte sind, die eine prinzipielle Verschiedenheit zwischen der linksseitigen Sozialdemokratie und dem Bolschewismus begründen, sondern daß in beiden Fällen der letztere nur eine bestimmte, aus ganz besonderen geschichtlichen und sozialen Bedingungen örtlich hervorgegangene Taktik bedeutet, die nicht ohne weiteres überallhin übertragbar ist, so vieles wir auch überall von ihr zulernen können und sollen. Nun aber scheint es doch einen Punkt zu geben, in dem ein solcher prinzipieller Gegensatz zwischen Sozialdemokratie und der neuen kommunistischen Partei (Bolschewiki) besteht, und dies ist die Stellung des revolutionären Proletariats zur Staatsgewalt. Erst von der richtigen Erfassung derselben ergibt sich, wie die Kommunisten mit Recht betonen, der eigentliche Sinn der großen Forderung nach der Diktatur des Proletariats.

Über diesen Gegenstand hat Lenin kurz vor der Oktoberrevolution ein Buch veröffentlicht, *Staat und Revolution,* welches die theoretische Grundlage des Bolschewismus geworden ist und das auch wirklich das größte Interesse verdient. Denn es stellt sich zur Aufgabe, aus den Werken von Marx und Engels die auf das Verhältnis des Proletariats zum Staat Bezug nehmenden Stellen in möglichster Vollständigkeit zu einer geschlossenen Lehre zu vereinigen und erfüllt auch diese Aufgabe mit großem Scharfsinn in der Deutung dieser Stellen. Diese Arbeit Lenins ist unbedingt ein großes Verdienst um den Marxismus; denn sie bringt nicht nur viele weniger bekannte Gedanken von Marx und Engels in Erinnerung, sondern sie stellt auch die bekannten von dem Klassencharakter des Staates und von der Abschaffung desselben durch das Proletariat infolge ihrer Einordnung in einen größeren Zusammenhang des Marxschen Denkens in ein neues Licht, das erst ihre ganze Bedeutung sichtbar werden läßt. Wir erkennen diesen Wert des Leninschen Buches, das damit sicherlich eine Lücke der marxistischen Literatur ausfüllt, um so freudiger an, als wir in den Erkenntnissen und Folgerungen desselben nirgends etwas erblicken, was nicht auch zu den Grundgedanken der revolutionären Sozialdemokratie gehörte, sie müßte denn aufgehört haben, den Marxismus zu ihrer Grundlage zu nehmen. Gerade das aber ist der ständige Vorwurf Lenins und der ihm folgenden Kommunisten; deshalb nennen sie uns Verräter und Verfälscher des Marxismus – wir werden noch sehen, mit welchem Rechte.

Die Grundgedanken des Leninschen Buches sind folgende: Marx und Engels haben uns gelehrt, den Staat als eine Klassenherrschaft der besitzenden Klasse zu begreifen. Der Staat ist eine Unterdrückungsmaschine der herrschenden Klassen gegen die Masse der Armen und Besitzlosen. Diese können sich nur dadurch befreien, daß sie selbst die Staatsgewalt ergreifen und durch Verwandlung der Produktionsmittel in gesellschaftliches Eigentum die Klassenunterschiede aufheben. Aber zu diesem Zwecke kann, wie Marx und Engels ausdrücklich unter dem Eindruck der Erfahrung der Pariser Kommune im Vorwort zum *Kommunistischen Manifest* im Jahre 1872 betont haben, das Proletariat "nicht die fertige Staatsmaschine einfach in Besitz nehmen und sie für ihre eigenen Zwecke in Bewegung setzen". Sondern es muß, wie Marx schon in seiner Schrift *Der achtzehnte Brumaire* nach der bürgerlichen Revolution von 1848 ausführte, *diese Maschine zerbrechen.* Daß dies kein gelegentlicher Gedanke Marxens war, ergibt sich daraus, daß er gerade während der Kommune in einem Brief an Dr. Kugelmann sich auf diese Stelle im *Achtzehnten Brumaire* berief und wiederholte, es werde der nächste Versuch der Französischen Revolution sein müssen, "nicht mehr wie bisher die bürokratisch-militärische Maschinerie aus einer Hand in die andere zu übertragen, sondern *sie zu zerbrechen,* und dies ist die Vorbedingung jeder wirklichen Volksrevolution auf dem Kontinent". Dieses Zerbrechen der bürgerlich-kapitalistischen Staatsmaschine erfolgt durch die Diktatur des Proletariats, die bereits das *Kommunistische Manifest,* ohne noch das Wort für diesen Begriff zu haben, verkündet.

Aber damit sind wir nun zu einem entscheidenden Punkt der Marx-Engelsschen Lehre von der Umwandlung des Staates gelangt. Denn was bedeutet diese Diktatur? Wird sie etwa den

Staat sofort absetzen und durch die sozialistische Gesellschaft ersetzen? Nein, das ist gar nicht möglich. Der Staat wird, wie Engels ausführlich in seinem Buche gegen Eugen Dühring auseinandersetzt, nicht "abgeschafft", sondern es folgt zunächst auf den bürgerlichen Staat der *proletarische Staat*. Und da jeder Staat eine Klassenherrschaft ist, so ist es auch dieser: die Herrschaft des Proletariats; und da jeder Staat eine Unterdrückungsmaschine ist, so ist es auch dieser: eine Maschine zur Unterdrückung der Unterdrücker und Ausbeuter. So sagt schon das *Kommunistische Manifest*, "daß der erste Schritt in der Arbeiterrevolution die Erhebung des Proletariats zur herrschenden Klasse" sein wird, und bezeichnet an einer anderen Stelle den Staat nach dem Siege der Arbeiterklasse als "das als herrschende Klasse organisierte Proletariat". Erst *nach* dieser Diktatur des Proletariats oder eigentlich vermittels derselben, indem nunmehr die Bürokratie und die Militärorganisation des alten Staates zerschlagen, der Parlamentarismus beseitigt und ein System kommunaler Selbstverwaltungskörper eingerichtet wird, das sich eine einheitliche Nationalregierung schafft, wird der Staat überwunden werden: er stirbt ab, wie der treffende Ausdruck Engels' lautet. Aber dies wird nur möglich, wenn das Proletariat als herrschende Klasse alle Staatsgewalt rücksichtslos gegen die bisherigen Unterdrücker und Ausbeuter gebraucht, wenn es sie also von den politischen Rechten radikal ausschließt. Diese Unterdrückung des proletarischen Staates unterscheidet sich sehr wesentlich von der des bürgerlichen Staates; denn sie trifft nur eine Minorität. Sie ist überdies kein bleibender Zustand, sondern nur das Mittel, wodurch sich die Überwindung des Staates überhaupt vollzieht. Die soziale Revolution muß notwendig durch das Stadium des proletarischen Staates, dieser Unterdrückungsmaschine des Bürgertums, hindurch. Das ist der Sinn des Satzes von Karl Marx: "Zwischen der kapitalistischen und der kommunistischen Gesellschaft liegt die Periode der revolutionären Umwandlung der einen in die andere. Ihr entspricht auch eine politische Übergangsperiode, deren Staat nichts anderes sein kann als *die revolutionäre Diktatur des Proletariats.*"

Es gibt kein einziges Glied in dieser Gedankenkette, dem wir Linkssozialdemokraten nicht völlig beistimmen würden; ja, wir hätten es uns niemals träumen lassen, daß es irgend jemand beifallen könnte, aus dem, was den ganzen Sinn und die revolutionäre Energie des proletarischen Klassenkampfes ausmacht, ein gegnerisches Unterscheidungsmerkmal zur Sozialdemokratie zu machen. Wenn wir also von der berechtigten Opposition gegen den Rechtssozialismus, gegen die deutsche und die französische Scheidemännerei absehen, die freilich schon längst aus der Sozialdemokratie eine soziale Demokratie gemacht hat, so können wir abermals keinen prinzipiellen Unterschied gegenüber dem Bolschewismus finden, der diese Lehre für sein Eigentum ausgeben möchte. Wenn wir trotzdem keine Bolschewiki sind, so hat das seinen Grund gerade in den Konsequenzen, die wir aus der Marxschen Lehre von der Diktatur des Proletariats ziehen.

Der springende Punkt ist auch hier derselbe, den wir bereits in dem zweiten Kapitel dieser Schrift erörterten. Die Diktatur des Proletariats als Aufrichtung einer Klassenherrschaft steht in scheinbarem Widerspruch zur Idee der Demokratie, aber nur deshalb, weil sie der bürgerlichen Demokratie widerstreitet, die sich fälschlich mit jener Idee identifiziert, in Wirklichkeit aber nur die Rechtsform für die Diktatur des Besitzes abgibt. Sie trägt dagegen ihre Rechtfertigung, und zwar die einzig mögliche, dadurch in sich, daß sie das Mittel ist, die wirkliche Demokratie erst herzustellen, die eben erst durch Beseitigung der Klassengegensätze möglich wird. Darum bezeichnet schon das *Kommunistische Manifest* die Erhebung des Proletariats zur herrschenden Klasse als "die Erkämpfung der Demokratie" und spricht Engels davon, daß die bisherige Staatsmacht "durch eine neue, in Wahrheit demokratische" ersetzt werden soll. Ja, in seiner Kritik des Entwurfes zum Erfurter Programm, in der er bemängelt, warum die Partei nicht die Forderung nach der Republik aufgestellt habe, schreibt er: "Wenn etwas feststeht, so ist es dies, daß unsere Partei und die Arbeiterklasse nur zur Herrschaft kommen kann unter der Form der demokratischen Republik. Dies ist sogar die spezifische Form für die Diktatur des Proletariats, wie schon die große Französische Revolution gezeigt hat." Und übereinstimmend damit bezeichnet Marx in dem erwähnten Brief an Dr. Kugelmann den Charakter jener Revolution, die allein die bürgerliche Staatsmaschine zerbrechen kann, als eine "wirkliche Volksrevolution".

Diese ganz unzweideutige Beziehung des Begriffes der Diktatur des Proletariats zu der Idee der wahren Demokratie tritt nun zumeist in der Propaganda der Kommunisten zurück. Sie enthält aber den wesentlichen Umstand, der über die Möglichkeit einer Diktatur des Proletariats im Sinne von Marx und Engels entscheidet. Denn *nur dann* kann die Aufrichtung der Klassenherrschaft des Proletariats wirklich das Mittel werden, die Unterdrückungsmaschine des Staates zu zerbrechen, wenn sie selbst die Vereinigung, wohl nicht aller, so doch der wesentlichen gegen diese Unterdrückung gerichteten Volksinteressen ist, wenn sie also zum Ausdruck eines Widerstandes geworden ist, der die *ökonomisch entscheidenden Schichten* des gesamten Volkes umfaßt. Nur in diesem Falle und erst dann nämlich bewahrheitet sich der Satz des *Kommunistischen Manifestes,* daß alle bisherigen Revolutionen Bewegungen von Minoritäten waren, die proletarische Revolution dagegen die Bewegung der überwiegenden Majorität im Interesse dieser Majorität sei. Erst dann wird die vom Proletariat ausgeübte Gewalt eine solche, die sich *nur noch gegen eine Minorität* richtet, während sie sich sonst nur allzu leicht in eine solche der bloßen Minorität gegen die Majorität des leidenden Volkes selbst verwandeln könnte. Es ist niemand anderer als Lenin selbst, der auf diesen Umstand, daß die von der Diktatur des Proletariats ausgeübte Gewalt nur gegen die ausbeuterische Minorität gerichtet sei, immer wieder das allergrößte Gewicht legt und davon allein die Verwirklichung des Marxschen Begriffes einer "Volksrevolution" ableitet. Er bezeichnet nämlich vor allem den Bund der ärmsten Bauern mit den Proletariern als einen solchen, "ohne den die Demokratie stabil (das heißt stationär) *und die sozialistische Umgestaltung unmöglich ist".* Und an einer anderen Stelle sagt er von der Diktatur: "Als Unterdrückungsorgan tritt hier nicht die Minorität der Bevölkerung auf, wie es stets bei der Sklaverei, der Leibeigenschaft oder der Lohnarbeit der Fall war, sondern die Majorität des Volkes."

Die Auffassung also, daß die Diktatur des Proletariats eine mit der Demokratie notwendig im Gegensatz stehende Machtdurchsetzung ist, die naturgemäß zu einem die entgegenstehende Masse niederhaltenden Gewaltregiment werden muß, ist nur die Konsequenz der Idee einer Diktatur der Minorität. In diesem Sinne entspringt das jetzt so viel Verwirrung anstiftende Schlagwort von der Diktatur des Proletariats sichtlich nur den unentwickelten sozialen und politischen Zuständen Rußlands, wo die Bolschewiki daran verzweifeln mußten, ihre Ziele bald verwirklicht zu sehen, wenn sie warten sollten, bis die ökonomische Entwicklung ihres Landes das Proletariat in die Majorität oder auch nur zur Wortführerin der Majorität des Volkes gemacht hätte. Daher rührt auch der gerade von den Bolschewiken gehegte Typ der revolutionären Organisation vor der Revolution, die auf Massengewinnung direkt verzichtete und eine Geheimorganisation von Führerzentralen entwickelte, in der das Schwergewicht der Bewegung lag. Kam es doch nur darauf an, daß revolutionäre Führer der Masse da waren und daß *diese* wußten, um was es gehe. Auf diese Weise ist diese Diktatur überhaupt gar nicht eine Diktatur des Proletariats, sondern eine Diktatur einzelner proletarischer Führer, ganz abgesehen davon, daß sie, wie das heutige Beispiel der Sowjetregierung beweist, welche nicht nur die Bourgeoisie, sondern auch den ganzen nichtbolschewistischen Sozialismus unterdrückt, zuletzt sogar eine Diktatur gegen einen großen Teil des Proletariats werden kann. Die Legitimation zu einem solchen Vorgehen schöpft diese Diktatur wieder aus einem Umstand, der ihr eigenes widerspruchsvolles Wesen im krassesten Lichte zeigt, nämlich aus der Überzeugung, daß sie nur das Wohl und Entwicklungsinteresse des ganzen Proletariats, ja schließlich der Gesellschaft will und daher berechtigt ist, alles zu tun, was sie dafür förderlich hält, selbst wenn die Massen des Proletariats nicht hinter ihr sind, weil sie – wie sie meint – ihr eigenes Interesse noch nicht verstehen. Ganz im Geiste dieser Anschauung hat auch jüngst ein leidenschaftlicher "Kommunist" in einer Wiener Versammlung die These aufgestellt und offenbar für sehr revolutionär gehalten, man müsse die richtige Lehre dem Arbeiter mit Gewalt aufzwingen, wenn er sie nicht von selbst hegt. Das schmeckt schon sehr nach dem Eifer des Katholizismus, der von jeher nach dem Prinzip gehandelt hat:

"Und willst du nicht mein Bruder sein,
So hau' ich dir den Schädel ein."

Im besten Fall mündet also diese Form der Diktatur des Proletariats – ein wahres Zerrbild des großen Gedankens des *Kommunistischen Manifestes* – in den Geist des – aufgeklärten Absolutismus, womit die Gegnerschaft gegen jede Demokratie sich freilich von selbst ergibt.

Aus all dem ergibt sich: die Diktatur des Proletariats ist zwar ganz sicher Bekämpfung, ja Vernichtung der bürgerlichen Demokratie durch Aufrichtung einer entschiedenen und rücksichtslosen Klassenherrschaft, *aber gewiß nicht eines Klassenterrors.* Sie erreicht ihr Ziel nur auf dem Wege des unverminderten Klassenkampfes der ganzen Klasse der Unterdrückten und Ausgebeuteten, nicht aber durch Putsche oder Streiks, mit denen ein Teil dieser Klasse der anderen seinen Willen aufzuzwingen sucht. Das Ziel, die Zerbrechung der bürgerlichen Staatsmaschine, muß die ganze Technik des revolutionären Sozialismus durchdringen. Und in dieser Richtung könnte sogar noch vor Aufrichtung der proletarischen Diktatur gründlichere Vorarbeit geleistet werden, als bis jetzt geschehen ist. Namentlich die Beseitigung oder mindestens Auswechslung der alten Bürokratie wird sich als eine vitale Entwicklungsbedingung jeder wirklichen Sozialisierung herausstellen. Aber abgesehen davon ist die Frage, wann und wie dieses Ziel der Zerschlagung des bürgerlichen Staates zu verwirklichen ist, ganz offenbar eine gar nicht für alle Länder in gleicher Weise zu beantwortende Frage, sondern hängt gerade deshalb, weil es sich eben um die Herstellung einer über das manuelle Proletariat hinausgehenden Einheitsfront der ganzen ausgebeuteten Bevölkerung handelt, ganz wesentlich von der Art und dem Entwicklungsgrad der sozialen Differenzierung und politischen Revolutionierung ab. In einem sozialen Zusammenhang, in welchem die städtische Bevölkerung infolge der vorgeschrittenen Entwicklung der Industrie und des Handels von vorwiegender Bedeutung ist, wird zum Beispiel die Ausbreitung sozialistischer Gedanken und Interessen in der Schicht der Intellektuellen, des Mittelstandes, der geistigen Arbeiter eine Grundvoraussetzung für die Möglichkeit der proletarischen Diktatur sein. Und wenn es unmöglich sein sollte, die Bauernschaft wegen ihrer ökonomisch ganz anderen Lage als in Rußland und Ungarn für den Sozialismus rasch zu gewinnen, so werden Wege gesucht werden müssen, den Bauern wenigstens die Angst vor dem Sozialismus zu nehmen und sie mit ihrem Eigeninteresse an ihm zu interessieren, wozu vielleicht, wie wir noch sehen werden, mit den Arbeiter- und Bauernräten sich ein Weg eröffnet. Jedenfalls zeigt sich, daß die Diktatur des Proletariats in unseren entwickelten Sozialverhältnissen kein einfaches Barrikadenproblem ist, aber auch keine Zweifelfrage für die Sozialdemokratie; sondern abermals mündet der Streit mit den Kommunisten in eine Frage der Taktik und der revolutionären Reife der Massen. Die fortgeschrittene politische und soziale Reife großer Volksschichten erzwingt sich einfach ihre ökonomische und politische Geltung. Hier spricht die Diktatur nur aus, was ist. *Man kann aber nicht die ökonomische und politische Unreife durch die Diktatur ersetzen.* Man kann sie durch Aufrichtung eines Gewaltsystems und Verbreitung von Schrecken aller Art eine Weile verhüllen und überdauern, aber nur um den gefährlichen Preis einer absoluten Preisgebung aller moralischen und kulturellen Lebensinhalte des Sozialismus, von der Unmöglichkeit der Befriedigung jener materiell-ökonomischen Forderungen ganz zu schweigen.

Ist also der Streit um die Diktatur nur eine Frage der Taktik und Reife der Bewegung, so darf uns dies nicht hindern, ja muß in Gegenteil uns antreiben, die Aufklärungsarbeit über die Notwendigkeit der Diktatur und über ihren Sinn als der Forderung nach Zerschlagung der bürgerlichen Staatsmaschine und Aufrichtung der Klassenherrschaft des Proletariats nachdrücklicher als bisher durchzuführen. Denn je mehr diese Aufklärung wächst, je breitere Schichten sie erfaßt, um so mehr wird die Diktatur des Proletariats aus einer Frage der Taktik zu einer Antwort der Tat werden. Hier setzt das Werk der aus der Revolution geborenen neuen Kampforganisationen des Proletariats ein, das Werk der Arbeiterräte.

5. Kapitel: Ursprung und Idee der Arbeiterräte

Die Idee der Arbeiterräte ist gegenwärtig wohl die dem Herzen und Sinn des revolutionären Proletariats teuerste Vorstellung geworden. In ihr verkörpert sich gleichsam das umwälzende Werk der sozialen Revolution zu anschaulichen, die neue Ordnung unmittelbar vorbereitenden Organisationsformen. Gleichwohl ist sowohl ihr Wesen wie ihre Bedeutung auf das heftigste umstritten. Wollen wir in diesem Streite der Meinungen versuchen, gegenüber den Leidenschaften, die nur zu oft das Urteil vorweg bestimmen, zuerst eine vorurteilslose Einsicht zu gewinnen, die eine objektive Entscheidung ermöglicht, so wird es zweckmäßig sein, Wesen und Bedeutung der Räteverfassung doch vorerst kritisch zu betrachten, unbeschadet alles Enthusiasmus, den dieses großartige neue Kampfmittel der proletarischen Revolution sicherlich verdient. Und in dieser Hinsicht scheint mir für das Verständnis der eigenartigen historischen Bedeutung der Arbeiter- und Soldatenräte von entscheidender Bedeutung, viel mehr hervorzuheben, daß sie ein Produkt der *russischen* Arbeiterbewegung als daß sie eine Frucht der Revolution sind. Denn dieser geschichtliche Ursprung erklärt zugleich manche charakteristische Schranke und Schwäche ihrer bisherigen Entwicklung.

Die Sowjetverfassung ist ganz offenbar das Produkt der unterentwickelten ökonomischen und politischen Zustände des zaristischen Rußland. In einem Lande, in welchem die industrielle Arbeiterschaft eine fast verschwindende Minorität der Bevölkerung darstellte und in welchem sowohl infolge dieser ökonomischen Rückständigkeit als infolge der absolutistischen Unterdrückung des öffentlichen Lebens alle gewerkschaftliche und politische Organisation des Proletariats nur im höchst unvollkommenen Maßstab zur Entfaltung gelangen konnte, konnte sich die Revolution dieser ihr sonst von der sozialdemokratischen Agitationsarbeit dargebotenen Bewegungsformen nicht bedienen. Die Aufrüttelung und Zusammenfassung des Proletariats in diese revolutionären Kader seiner sozialistischen gewerkschaftlichen und politischen Vereine setzt eine unermüdliche Organisationsarbeit voraus und verlangt eine gründliche Schulung, eine stramme Disziplin und eine große Opferwilligkeit der Arbeiter, denen oft zugemutet wird, ihre momentanen ökonomischen Interessen – wie zum Beispiel bei einem Sympathiestreik – den Interessen der revolutionären Entwicklung hintanzusetzen. Alles dies kann nur das Werk jahrelanger Bemühungen sein, die sich durch den noch so stürmischen Drang plötzlicher Revolutionsnotwendigkeiten nicht ersetzen lassen.

Dagegen erscheint in solchen Momenten, welche das Volk mit einem Male auf die Bühne der Geschichte bringen, die Gliederung der breiten Massen nach ihrer wirtschaftlichen Zusammengehörigkeit, vor allem also des Proletariats nach seinen Fabrikbetrieben, der Soldaten nach ihren Kompagnien und Regimentern, der Bauern nach ihren Gemeinden wie eine naturwüchsige Gemeinschaft. Eine ungemeine Anschaulichkeit macht unter dieser Form der Zusammengehörigkeit die Idee der Klassengemeinschaft verständlich. Die Bande der Kameradschaft in der Fabrik, in der Kompagnie, im Dorfe verwandeln sich unmittelbar in Kräfte der Klassensolidarität, indem sie aus den gleichen Empfindungen und Interessen des täglichen Daseinskampfes das so ungemein verbindende Gefühl der ökonomischen Schicksalsgemeinschaft erstehen lassen. In der von selbst gegebenen Geschlossenheit dieser wirtschaftlichen Gruppierung nach Fabrikbetrieben steht die Klasse der Arbeiter mit einem Male in anschaulicher Organisation vor ihrem eigenen Bewußtsein. Der Proletarier braucht scheinbar aus seinem gewohnten Leben gar nicht zu neuen Formen überzugehen, um sich als Klassengenosse organisiert zu finden. Und so erscheint ihm diese Organisationsform als die eigentlich proletarische, da sie ja nichts anderes ist als die Lebendigkeit und Selbstbewußtheit des Proletariats selbst. Daß dieses Leben und Bewußtsein der Klasse gar nicht aus der Gliederung nach Betrieben für sich allein schon folgt, sondern das Resultat einer revolutionär gewordenen geschichtlichen Lage des ganzen Volkes ist, deren Gluthitze in Wochen zur Reife bringt, was sonst Jahre des Wachsens benötigt, bleibt den einzelnen dabei ebenso verschlossen, wie daß diese Organisationsform große Schichten des Proletariats von vornherein gar nicht erfaßt, also keineswegs dem Leben und Wesen des Proletariats so angemessen ist, wie es den Anschein hat. Denn das ganze Heer der kleingewerblichen Arbeiter, die in der Hausindustrie Tätigen, die Dienstboten, die Massen der Angestellten und der geistigen Arbeiter überhaupt, sie können von dieser Form nicht sofort erfaßt werden und bleiben im Rate der Arbeiter zunächst unvertreten.

Ganz ähnlich knüpfte die revolutionäre Auflösung der Armee in Rußland an die von vornherein gegebenen Einheiten der militärischen Gliederung als ebenso viele Agitations- und Organisationszentren an und stellte so neben die Arbeiterräte die Soldatenräte, freudig begrüßt von den ersteren, da ja erst der Zerfall der Armee die Revolution möglich machte, wiewohl sich nur zu oft herausstellen sollte, daß es nicht immer revolutionäre proletarische Klassengesinnung war, was die Soldatenräte bewegte.

Wieso kommt es nun, daß diese Formen der russischen Revolution, so durchaus das Produkt ihrer unentwickelten politischen und ökonomischen Zustände, gleichwohl auf der so viel vollkommener entfalteten Entwicklungsstufe des Parteilebens in Deutschland und Österreich so populär werden konnten, daß sie hier überall zu der mit Begeisterung ergriffenen Form wurden, in welcher der revolutionäre Kampf der Arbeiterklasse sich weiterhin vollzieht?

Dies hängt zunächst mit dem Enthusiasmus zusammen, den die russische Revolution in der ganzen proletarischen Welt auslöste, und mit dem tiefen Eindruck, den ihre Formen als die ersten, an denen sich der Blutbann des Krieges brach, auf alle revolutionären Gemüter machen mußten. Es entspricht der Massenpsychologie, daß sie dem Triebe der Nachahmung fast willenlos unterliegt, um so mehr, wenn dabei so viele Affekte der Bewunderung, der Hoffnung und des Klasseninteresses mit ins Spiel kommen. Aber zu diesem psychologischen Antrieb gesellten sich noch mächtig wirkende Motive aus der inneren Situation des Parteilebens selbst, auf die bereits die Kritik der Parteiminorität gerade im Kriege oft genug hingewiesen hatte und die darum hier nur kurz angeführt werden mögen.

Das Wachstum der Sozialdemokratie in dem letzten Jahrzehnt vor dem Kriege bedeutete keineswegs auch eine Verstärkung ihres revolutionären Charakters. Im Gegenteil: nach beiden Hauptrichtungen ihrer Tätigkeit, nach der gewerkschaftlichen wie politischen, war eine bedenkliche Verflachung und Anpassung an den kapitalistischen Klassenstaat eingetreten. Die Gewerkschaften waren immer mehr zu einem Kampfinstitut für die Gegenwartsinteressen der Arbeiter geworden; sie züchteten geradezu einen Geist der Kleinarbeit, der zwar zu großen Opfern in den Kämpfen um Lohnerhöhung und Gewinnung besserer Arbeitsbedingungen bereit war, darüber hinaus aber jedes andere Opfer in dem Maße perhorreszierte, als dadurch die Kraft der Gewerkschaft geschwächt werden könnte. Unter ihrem Einfluß nahm der Sozialismus die Form einer bürokratischen Volksversicherung an, die bloß zur Feiertagserbauung noch von den letzten Zielen des Kommunismus redete, von denen man sich im übrigen noch weltenfern getrennt sah. Nicht besser sah es mit der revolutionären Lebendigkeit des Sozialismus in den politischen Organisationen aus. Hier verdrängten die Anforderungen des Parlamentarismus fast alle Bedürfnisse einer unmittelbaren Anteilnahme der Massen an der politischen Tätigkeit selbst. Alle Aktion konzentrierte sich gleichsam in den Abgeordneten, deren Zusammenhang mit den Massen ein um so loserer werden mußte, als die Arbeitsbedingungen innerhalb des Parlaments oft Notwendigkeiten des Kompromisses mit bürgerlichen Parteien oder der Zurückstellung proletarischer Forderungen schufen, welche die Massen nicht sogleich zu verstehen vermochten. Dies wäre auch nicht von solchem Übel gewesen, wenn man nicht allmählich dazu gelangt wäre, das Schwergewicht der ganzen Tätigkeit der Partei in die Fraktionspolitik zu verlegen, in die Couloirstrategie und Klubdiskussion, so daß die Politik der Sozialdemokratie überhaupt aufhörte, eine lebendige Bewegung der Masse des Proletariats selbst zu sein, und diese letztere immer mehr gewöhnt wurde, alle Initiative ihren Abgeordneten, ja eigentlich bloß der Parteileitung zu überlassen. Das ganze Netz der politischen Organisation mit ihren Orts-, Bezirks- und Ländervertrauensmännern bildete so nur ein zweites bürokratisches System, das überall darauf angelegt war, die Unmittelbarkeit der proletarischen Aktion verschwinden zu lassen hinter ihren alteingesessenen Vertretern. Die demokratische Selbstbestimmung des Volkes war damit zu einer hohlen Form geworden.

Demgegenüber mußte der Arbeiterrat wie eine direkte Wiederbelebung der Demokratie erscheinen. Und es ist ganz unleugbar, daß er gegenüber den alten Organisationsformen so große und unentbehrliche Vorzüge aufweist, daß man heute wohl jene alten Formen als überlebt bezeichnen darf. Der Arbeiterrat umfaßt die Arbeiter eines ganzen Betriebes ohne Rücksicht auf die Richtung ihrer Parteizugehörigkeit im Sozialismus, das heißt also ebensowohl den Sozialdemokraten wie den Kommunisten etc., und ohne Spaltung in eine gewerkschaftliche und politische Richtung. Damit vollzieht sich nun viel rascher und intensiver als früher die Erweckung des politischen Interesses durch die Schaffung einer Massenteilnahme an der politischen Diskussion. Indem jeder einzelne sich hier mithandelnd findet und seinen Beitrag in den Ergebnissen des Tages gleichsam vor Augen sieht, schlingt sich nun das Band enger zwischen der Masse und den von ihr gewählten, die unter ihrer täglichen, ja stündlichen wirksamen Kontrolle stehen. Und diese Kontrolle bewirkt wieder eine größere revolutionäre Entschiedenheit der Führer selbst, eine Verminderung aller jener Gefahren, die sonst den Abgeordneten, nur zu oft gegen seinen Willen, in eine Entfremdung gegenüber dem eigentlichen revolutionären Interesse des Proletariats gebracht haben. Nun wächst auch die Initiative der Partei, die aus so vielen Volksanregungen, die sonst keine Möglichkeiten haben, wirksam zu werden, sich bereichert. Und die ganze Massenbewegung der Klasse des Proletariats erhält so ein viel stärkeres Bewußtsein von sich selbst, die Kraft und das Selbstgefühl der Klasse steigt, und unter ihrem leidenschaftlich gesteigerten Ansturm gerät das Rad der Geschichte in immer stürmischere Bewegung.

Aber trotzdem dürfen wir für manche große Gefahren dieses neuen Kampfmittels nicht blind sein, die allerdings erst dann entstehen, wenn die Institution der Arbeiterräte ihre historische Funktion überschreitet, bloß eine revolutionäre Übergangsform zu sein.

Die Arbeiterräte dürfen für nichts anderes gelten und benützt werden, als *bloß für neue Kampfformen des sozialistischen Klassenkampfes,* nicht aber für dauernde Gestaltungsprinzipien einer neuen Gesellschaft, als ob sich in ihnen bereits der Sozialismus verwirkliche. Verschwindet jemals aus dem Bewußtsein der Massen oder tritt auch nur in den Hintergrund, daß das Ziel des proletarischen Emanzipationskampfes die Beseitigung der Klassengesellschaft und damit die Aufhebung des Proletariats ist, so würde der Rätekongreß seine ganze revolutionäre Bedeutung verlieren. Im Gegenteil, er wirkte dann gegenüber dem Klassencharakter der Gesellschaft eher konservativ als destruktiv, das heißt, *er würde den Klassencharakter des Proletariats stabilisieren,* nur daß er ihn zur geistigen und materiellen Grundlage einer neuen Herrschaftsform machen würde. Nichts Verhängnisvolleres aber für die Entwicklung zum Sozialismus könnte es geben, als wenn das Prinzip der Räteverfassung aus einem Kampfgedanken gegen alle Herrschafts- und Unterdrückungsformen der heutigen Gesellschaft sich im Geiste vieler seiner Anhänger nur zu der Vorstellung eines Rollenwechsels im Herrschaftsverhältnis verdichten würde: früher waren die Arbeiter die Bedrückten, jetzt sind sie die Herren. Das wäre eine arge Mißdeutung des revolutionären Sinnes einer Diktatur des Proletariats, die ja alle Rechtfertigung für die Herrschaft und Unterdrückung, die sie ausüben muß, mit Recht darin erblickt, daß dies nur nötig ist und auch nur soweit geschieht, als erforderlich ist, um einen Zustand der Gesellschaft herbeizuführen, in dem jede politische und soziale Unterdrückung unmöglich ist, weil in ihm mit dem ganzen Herrn- und Dienerverhältnis und mit allen Formen der Ausbeutung radikal aufgeräumt worden ist. Gewiß haben die Vorkämpfer der Sowjetverfassung, Trotzky und besonders Lenin, die Räteverfassung nie in einem anderen Sinne verstanden und vertreten, als in dem Sinne, bloß das revolutionäre Werkzeug zu sein, mit dem, wie wir im vorigen Kapitel die Aufgabe dargestellt haben, die Unterdrückungsmaschinerie des kapitalistischen Staates zerschmettert werden sollte. Aber man lese nur die Reden Trotzkys und Lenins aus dem letzten Jahre, besonders des ersteren Aufruf an die Arbeiter zur Disziplin und Ordnung und des letzteren Rede *Über die nächsten Aufgaben der Sowjetmacht,* um sich ein Bild davon zu machen, einen wie schweren Kampf es teils mit der politischen Unreife, teils mit dem sich revolutionär gebärdenden Egoismus großer Massen – Erscheinungen, die nicht nur in Rußland anzutreffen sind – zu führen gilt, um die Ausartung des Rätesystems in eine durchaus unsozialistische, ja konterrevolutionäre Ausbeutungsform der Gesellschaft zu verhüten. Ja, diese Entartung müßte schließlich den Rätegedanken, weit entfernt, ihn als den Bahnbrecher einer neuen Zukunft wirken zu lassen, zum Wiedererwecker einer längst überlebten Vergangenheit machen, nämlich einer ständischen oder beruflichen Gliederung der Bevölkerung. In Wirklichkeit liegt aber die Bildung von Bürger-, Grundbesitzer- und Angestelltenräten überhaupt nicht in der Richtung der Arbeiterräte. Denn diese wollen ja nicht eine Organisation neben den städtischen und ländlichen Eigentumsinteressen sein, sondern eine gesellschaftliche Neubildung, die an deren Stelle tritt. Wir werden daher in einem folgenden Kapitel sehen, daß zu den Organisationsprinzipien des Rätesystems das Bekenntnis zum Sozialismus gehört, wodurch Bürgerräte überhaupt aus ihm ausgeschlossen sind und Bauernräte nur bezüglich der Kleinbauern und des ländlichen Proletariats in Betracht kommen. Wenn darüber hinaus sogenannte Bauernräte als Organisationen der nichtsozialistischen Bauernschaft gleichwohl eine Rolle spielen dürften, so nur in dem Sinne, daß sie eben, wie wir gleichfalls noch sehen werden, notwendig ganz aus dem Rätesystem herausfallen und gleichsam den zur Zeit in unseren Ländern noch nicht sozialisierbaren Rest der Gesellschaft darstellen, mit dem ein Vertragen klüger ist als ein Schlagen. Was aber die Angestelltenräte betrifft, so ist dies vollends entweder eine bürgerliche oder eine syndikalistische Verkennung des ganzen Instituts der Arbeiterräte, die in geradezu kläglicher Weise sich durch den Namen dieser Kampforganisationen der Revolution hat irreführen lassen. Denn nicht als Arbeiter treten diese Räte zusammen, sondern als sozialistische Klassenkämpfer; bloß daß es die historische Bestimmung der Arbeiter ist, als solche auftreten zu müssen, sobald sie ihre Entwicklungsinteressen klar erkannt haben. Die Arbeiterräte müßten daher eher *Sozialistenräte* heißen, und dann wäre das beschämende "Problem" mit einem Schlage gelöst, welche Interessen eigentlich die Mandatare der Hofräte des Obersten Gerichtshofes, der Sektionschefs in den Ministerien, der Bankdirektoren etc. als "Arbeiterräte" zu vertreten hätten.[3])

---

[3]) Noch drastischer tritt die gefährliche Überspannung eines Organisationsgedankens, der ein revolutionäres Kampfmittel allerersten Ranges ist, aber als Selbstzweck direkt kontrarevolutionär wirken kann, hervor an der Einrichtung der *Soldatenräte.* Auch sie wirken konservierend gegenüber dem Militarismus, den sie, wenn auch in einer reichlich demokratisierten Form, immerhin aber als besonderen Militärstand erhalten. Auch hier gilt dasselbe, was vorhin von dem Arbeiterstand gesagt wurde. Die proletarische Revolution will geradeso wie die Klassengliederung auch die militärische Standesabsonderung beseitigen. Den Arbeiter und den Soldaten als besondere Stände der Gesellschaft kennt der Sozialismus nicht. In der sozialistischen Gesellschaft ist jeder arbeitsfähige Mensch ein Arbeiter und jeder waffenfähige Mann, wenn nötig, ein Vaterlandsverteidiger. Besondere Arbeiterräte ebenso wie Soldatenräte erscheinen von diesem Standpunkt ebenso unnötig wie widersinnig. Auch ist es eine sonderbare Meinung, daß jeder Soldatenrat ein selbstverständliches Organ der Revolution sein müsse. Bei den Arbeitern hat diese Meinung noch eher etwas für sich; denn schließlich sind die Arbeiter die revolutionäre Klasse der Gesellschaft zufolge ihrer Klasseninteressen, zufolge ihrer Entwicklungsnotwendigkeiten. Aber die Soldaten bilden keineswegs schon als solche eine ähnliche einheitliche Interessengruppe, und ihr wirklich gemeinsames Interesse, die Auflehnung gegen den unmenschlichen Zwang des Militarismus und gegen den Blutbann des Krieges geht zwar ein großes Stück Weges mit dem des revolutionären Proletariats zusammen, bedeutet aber noch durchaus nicht ein Verständnis, geschweige denn eine Förderung seiner sozialistischen Ziele. Der Soldatenrat als Vertreter der Interessen der Soldaten innerhalb der Heeresorganisation, der ein Gegengewicht gegen die nötige straffe Disziplin bedeutet, ohne die keine Truppe auskommen kann, indem er verhindert, daß der einzelne Mann ein wehrloses Opfer dieser Disziplin wird, ist ein Glied in der nationalen Wehrorganisation, das nicht mehr wird entbehrt werden können. Auch nach der weiteren Richtung, es unmöglich zu machen, daß jemals wieder die Soldaten gegen das Volk selbst verwendet werden könnten, wird der Soldatenrat seine gute Wirkung haben, obgleich dies bei einem System der Volksbewaffnung nicht mehr von derselben Wichtigkeit sein wird wie in der Zeit vor der Revolution und in der heutigen, noch mit der Gegenrevolution rechnenden Gegenwart. Aber über diese Grenzen hinaus bestehen für die Soldatenräte keine Aufgaben und Wirkungsgebiete, dies um so weniger, als sie noch viel mehr wie die Arbeiterräte bloße Übergangsformen der revolutionären Neugestaltung der Gesellschaft sind, die auf ihre Selbstaufhebung hinzuarbeiten haben. *So* hat sich niemand von uns die Beseitigung des Militarismus vorgestellt, daß sie in einer wilden, ungeregelten Mitregierung soundso vieler Soldatenräte besteht, von denen nicht einmal immer gewiß ist, ob sie überhaupt von sozialistischem Geiste geleitet sind. Der Soldatenrat als solcher ist daher durchaus nichts Revolutionäres, so sehr er auch revoltiert. Revolutionär ist die Miliz, welche wirklich mit dem Militarismus aufräumt und die militärische Dienstleistung zu einer reinen ge-

Es wirken bei solchen Entstellungen des Rätegedankens teils bewußt, teils instinktiv aus der Massenpsychologie entsprungen, Motive mit, die auch in der syndikalistischen Bewegung eine große Rolle gespielt haben und dort ebenfalls den Sozialismus in Gefahr gebracht haben, statt eine Form der Emanzipation von der bestehenden Gesellschaft zu sein, diese bloß ständisch umzugestalten. Hierher gehört insbesondere die scheinbar als direkte Konsequenz des Rätesystems auftretende Forderung, daß das Land durch die Bauern, die Fabriken durch die in ihnen beschäftigten Arbeiter übernommen werden sollen. Eine solche Forderung hat die gleiche Anschaulichkeit und Lebendigkeit für sich und die gleiche scheinbare Leichtigkeit ihrer Verwirklichung wie jene urwüchsige Selbstorganisation des Proletariats zur revolutionären Klasse durch die Sowjets, die im Grunde doch so wenig einen einheitlichen Charakter verbürgt, wenn nicht die Ideen des Sozialismus diesen herstellen. Aber das ist keineswegs die sozialistische Forderung der Vergesellschaftung des Grund und Bodens und der Produktionsmittel. Diese Art der Übernahme des Bodens und der Fabriken wäre nicht Besitzergreifung durch die Gesellschaft, ja nicht einmal durch die Klasse des Proletariats, sondern durch einzelne Teile dieser Klasse, *es wäre nicht Vergesellschaftung, sondern Verindividualisierung der Produktion und Zersetzung der Gesellschaft.* Das Gesellschaftsideal des Sozialismus verwandelt sich auf diese Weise in eine anarcho-syndikalistische Gesellschaftsform, die an sich vielleicht einmal die Organisationsform einer späten Zukunft sein wird können, aber jedenfalls keine sozialistisch-kommunistische ist und gewiß nicht diejenige, welche imstande ist, die bürgerlich-kapitalistische Gesellschaft ohne Minderung ihrer Produktionshöhe abzulösen.[4]) Wenn aber gerade diese Bestrebungen sich jetzt so gern mit dem Aushängeschild des Kommunismus decken, so bekunden sie auch an diesem Punkte das eigentliche Programm der neuen kommunistischen Partei, nämlich eine beträchtliche Unklarheit über ihr eigenes Wesen und Wirken.

Es sind aber nicht nur diese Abirrungen vom sozialistischen Prinzip, die den Rätegedanken reichlich unklar und widerspruchsvoll gemacht haben. Es kommt noch dazu, daß besonders die sogenannte kommunistische Propaganda die nur aus ganz eigenen historischen und gesellschaftlichen Verhältnissen in Rußland hervorgegangenen Sowjets völlig kritiklos auf die ganz anders gearteten Zustände und Bedingungen der Arbeiterbewegung in Mitteleuropa aufpfropfen und die Erscheinungsformen der russischen Revolution als die der sozialen Revolution überhaupt ausgeben möchte. Hierbei passiert es dieser fast sklavischen Nachahmung einer fremden Bewegung überdies, daß sie fast nur die erste, freilich faszinierende Phase derselben im Blickfelde hat, was aber aus ihr selbst in Rußland geworden ist, entweder nicht kennt oder nicht berücksichtigt. Gerade darin aber hat sich ein bedeutungsschwerer Wandel vollzogen, aus dem nichts zu lernen nur hieße, geschichtlich notwendige Mängel der Bewegung überflüssig zu wiederholen.

6. Kapitel:
Der Wandel der Arbeiterräte

Der Gedanke der Arbeiterräte, so jung er auch in der Revolution ist, hat doch bereits seine Geschichte. Denn in der stürmischen Bewegung der heutigen Zeit vollziehen sich Entwicklungen in den Anschauungen und Stellungnahmen der Massen, die sonst Jahre benötigt hätten, in wenigen Wochen. Politische und soziale Forderungen, aus der revolutionären Glut an einem Orte entsprungen, zünden wie Flugfeuer in einem ganz anders beschaffenen Milieu eine neue Flamme, die noch dasselbe Feuer zu sein scheint und doch schon etwas ganz anders geworden ist. So gilt dies besonders von dem flammenden Aufruf der russischen Revolution zur Räte-

sellschaftlichen Pflicht neben anderen ebensolchen Pflichten macht, gegen deren Mißbrauch Volksregierung und Milizausschüsse sorgen werden, neben denen das besondere Organ eines Soldatenrates nicht mehr erforderlich ist. Revolutionär ist die Volksbewaffnung und nicht die Gardenbildung.

[4]) Vgl. hierzu K. Kautsky, *Die Diktatur des Proletariats,* Wien, Volksbuchhandlung 1918, S. 53 ff.

diktatur des Proletariats. Von dem ursprünglich dabei leitenden Gedanken bis zur Räterepublik in Bayern und Ungarn ist eine große Umwandlung des Sinnes des Rätesystems vorgegangen, eine Umwandlung, deren innerer Konsequenz sich übrigens auch sogar die russische Sowjetrepublik nicht entziehen kann, wie Lenins letzte Rede von der Notwendigkeit der Annäherung an das Bürgertum beweist, unter welch letzterem wohl nur die werktätigen, aber nicht auf dem Boden des Klassenkampfes stehenden Schichten desselben zu verstehen sind.

Wir müssen also, wenn wir den Begriff des Rätesystems nicht zu einem wundertätigen Fetisch machen wollen, zu dem er sehr vielen kritiklosen Anhängern der kommunistischen Propaganda geworden ist, davon ausgehen, *daß er schon heute nicht mehr dasselbe bedeutet* wie am Beginn der bolschewikischen Revolution in Rußland im Oktober 1917. Seine wesentliche Anziehungskraft aber auf die Arbeiter, allen seinen faszinierenden, die Hoffnung maßlos aufpeitschenden Reiz erhält er aus jenem unvergeßlichen Erlebnis der ruhmreichen russischen Proletariererhebung. Eine allmählich ganz anders und, wie wir sehen werden, viel widerspruchsvoller gewordene Sache verdeckt ihren um vieles nüchterneren und weniger hoffnungsvollen Inhalt den Arbeitern unter diesem glanzvollen, historisch gewordenen Namen der russischen Sowjets.

Seinem ursprünglichen Sinne nach bedeutete die Forderung: "Alle Macht den Arbeiter- und Bauernräten", *die Herrschaft der manuellen Arbeit in Stadt und Land* und schien sich daher mit dem zündenden Schlagwort von der Diktatur des Proletariats zu decken. Ja dieser Begriff gewann durch seine Einschränkung auf die manuelle Arbeit um so mehr seine lebendige Anschauung und ungeheure Popularität, als die zurückgebliebene soziale Entwicklung in Rußland ihn geradewegs zu bestätigen schien. Denn einerseits bildete die ungeheure Mehrheit der Bevölkerung, die landarmen Bauern und die Landarbeiter, geradezu die Hauptarmee des Sozialismus, mit dem sie durch die Forderung nach Aufteilung des Bodenbesitzes verbunden war. Hierdurch war zunächst der schon immer vorhandene, aber erst später in Erscheinung tretende Gegensatz zwischen Proletariat und Bauernschaft verdeckt. Anderseits fehlte ein stark entwickelter und bereits revolutionär gewordener Mittelstand völlig, während ferner die Intellektuellen und die geistigen Arbeiter zumeist zwar die Revolution gegen den Zarismus, nicht aber gegen die bürgerliche Demokratie, in der sie selbst eine Rolle zu spielen gedachten, mitmachen wollten. So kam es, daß sich fast automatisch die Fronten der sozialen Revolution schieden in eine rein manuell proletarische und Bauernfront auf der einen Seite und in eine Front der Ausbeuter, der kapitalistischen Bourgeoisie, auf der anderen Seite, der aber auch große Schichten der werktätigen Bevölkerung, vor allem der geistigen Arbeit, angehörten. *Und nur der besondere Glücksfall,* daß die Aufrichtung der politischen Herrschaft des Proletariats dank der anfänglichen Unterstützung des Bauernvolkes gegenüber der völligen Isolierung des Bürgertums in Rußland möglich war, begründete die beispielgebende Kraft des Sowjetgedankens. Daß diese politische Herrschaft übrigens noch durchaus nicht die ökonomische Beherrschung und sozialistische Nutzbarmachung der kapitalistischen Produktionsweise für das Proletariat sicherte, blieb zunächst den außenstehenden und von dem einzigartigen geschichtlichen Schauspiel hingerissenen Bewunderern verschlossen – und welcher revolutionäre Sozialdemokrat hätte nicht zu diesen Bewunderern eines Ereignisses gehört, das die stolzesten Hoffnungen des proletarischen Sozialismus mit einem Schlage zu verwirklichen schien! Erst als immer deutlicher sichtbar wurde, daß die russische Sowjetrepublik sowohl infolge der Abstoßung und darauffolgenden Sabotage der intellektuellen Berufe als auch infolge der wachsenden Feindschaft der Bauern, welche mit der Bodenaufteilung die Revolution für sich abgeschlossen hielten, immer mehr an Desorganisation der Produktion und an Hunger in den Städten zu leiden begann; als dazu die terroristischen Verfolgungen besonders der ersten Monate bekannt wurden, denen nicht nur die Bourgeoisie, sondern auch die nichtbolschewikischen Arbeiterorganisationen ausgesetzt waren, wurde es immer offenbarer, daß auch die Diktatur nicht eine solche des Proletariats, sondern nur die einer bestimmten politischen und sozialen Richtung desselben sei, eben der Bolschewiki. Und daraus wuchs immer deutlicher die neue Erkenntnis heraus, daß der Begriff des Proletariats, wie sehr er ökonomisch nur auf den in der Produktion der Bedarfsgüter beschäftigten Arbeiter anwendbar sein mag, weil nur dieser Mehrwert erzeugt, doch darüber hinaus eine soziale Klasse bezeichnet, nämlich alle diejenigen, die nur durch Verdingung ihrer Arbeit ihr Leben erhalten können, sei es bloß in dem der Mehrwertverteilung. Ja, indem auch diese Begriffserweiterung noch die Ergänzung durch die Schichten der armen Bauern verlangte, *entstand an Stelle des alten führenden Wortes des Proletariats das neue von der werktätigen Bevölkerung;* und es ist interessant, zu sehen, wie in den späteren Reden von Lenin und Trotzki sich diese Bezeichnung fast überall an Stelle der früheren des Proletariats ganz ungezwungen einstellt.

Damit ist aber nun in dem Gedanken des Rätesystems eine folgenschwere Wandlung eingetreten, die ihre ganze Konsequenz erst in den kapitalistisch reiferen und sozial daher stärker differenzierten Entwicklungen von Deutschland und Deutschösterreich entfaltet. Deckt sich nämlich der Begriff des Proletariats erst mit dem der werktätigen Bevölkerung, dann ist die durch die Herrschaft der Arbeiterräte auszuübende Diktatur des Proletariats nun nicht mehr Vergewaltigung eines Teiles des arbeitenden Volkes durch einen anderen, sondern im Gegenteil die Selbstbestimmung der schaffenden Arbeit überhaupt. Das so häßliche und verderbliche Zusammenfallen von Diktatur und Terrorismus wird unmöglich, und der Begriff der Diktatur des Proletariats wird wieder das, was er im *Kommunistischen Manifest* ist, ein Begriff der Befreiung, nicht der Unterdrückung.

Aber freilich hängt diese ganze bedeutungsvolle Wandlung der Form und des Inhalts der proletarischen Diktatur damit zusammen – und hier eröffnet sich erst die ganze Schwierigkeit des Problems besonders für unsere Verhältnisse –, daß die ganze werktätige Bevölkerung oder wenigstens ihre überwiegende Majorität einig auf dem Boden des Sozialismus steht. Denn sonst könnte gerade der Sieg des Rätesystems in seiner Ausweitung auf die gesamte werktätige Bevölkerung zu Ergebnissen führen, die vielen fanatischen, aber kritiklosen Anhängern desselben schwere Enttäuschungen bereiten, ja eine Kompromittierung der ganzen Institution bedeuten würden, worauf wir im vorausgehenden Kapitel bereits aufmerksam machten. Denn sobald sich der Sinn des Rätesystems dahin durchgesetzt hat – und dies ist bereits bei uns und in Deutschland der Fall –, daß alle Berufskreise Arbeiterräte zu entsenden haben, die Bauarbeiter so gut wie die Baumeister, die Theaterarbeiter so gut wie die Schauspieler, die Banknotendrucker so gut wie die Bankbeamten, die Lehrlinge so gut wie die Studenten, die Uniformschneider so gut wie die Uniformträger, die Beamten, die Bauern, die Besteller des materiellen Bodens so gut wie die Lehrer und Professoren, die Sämänner des Geistes – dann besteht die Gefahr, daß sich das System der Arbeiterräte aus einem Instrument zum Sturze der kapitalistischen Gesellschaft in ein Institut der Interessenvertretung in dieser Gesellschaft verwandelt. Ja, es ist sogar zu befürchten, daß, wenn städtische und Bauerninteressen, wie notwendig, auseinandertreten, zu dem Gesichtspunkt der Interessenvertretung jener der Ständevertretung kommt und so schließlich ein konterrevolutionärer Geist den alten proletarischen Revolutionsgedanken völlig überwuchert.

Man glaube ja nicht, daß diese Gefahr dadurch ausreichend vermieden sei, daß nach dem Statut der Arbeiterräte passiv wählbar nur der ist, der auf dem Boden des Klassenkampfes ist, der auf dem Boden des Klassenkampfes steht. Denn schließlich ist die bloße Vertretung von Arbeiter- und Angestellteninteressen gegen das Unternehmertum auch eine Art des Klassenkampfes. Und niemand kann bestreiten, daß die englischen Trade-Unions, die so lange den revolutionären Geist der englischen Arbeiterschaft gebremst haben, nicht Verfechter des Klassenkampfgedankens gewesen sind. Nur dies gibt eine Gewähr dafür, daß die Stellung auf dem Boden des Klassenkampfes eine revolutionäre ist: *sie muß ein Bekenntnis zum Sozialismus sein,* und zwar in dem Sinne einer radikalen Überwindung der Klassenspaltung überhaupt und nicht in dem einer reformistischen Umgestaltung und Ausgleichung derselben. Daraus ergibt sich aber, daß die eigentliche Bedeutung und Wirkung der Arbeiterräte ganz und gar abhängt von dem Grade der revolutionär-sozialistischen Aufklärungsarbeit unter den verschiedenen Schichten des werktätigen Volkes. Erst muß gründliche Propaganda und Bildungsarbeit die Massen überall erfaßt und geschult haben, erst muß die Leidenschaft sozialer Empörung, vereint mit klarer Erkenntnis von der Notwendigkeit der Überwindung der Klassengesellschaft die weitesten Kreise durchdrungen haben – sonst bleibt die noch so überzeugte Anrufung der Arbeiterräte als einzigen Mittels des sofortigen Sieges der sozialen Revolution ein gedankenloser Wunderglaube, der um nichts besser, aber ebenso schädlich ist wie jeder Köhlerglaube überhaupt.

Diese Erweiterung des anfänglich bloß das manuelle Proletariat umfassenden Begriffs der Diktatur auf die ganze werktätige Bevölkerung bewirkt nun auch eine tiefgehende Wandlung im Sinne der *Räterepublik.* Auch dieser Begriff ist in der radikalen Massenpropaganda nur allzusehr zu einem bloßen Schlagwort geworden, mit dem sehr viele, die sich an seinem Klange berauschen, gar keine deutlichen Vorstellungen verbinden. Aber wenn mit dem Prinzip der Räterepublik Ernst gemacht werden soll, das da lautet: "Alle Macht den Arbeiter- und Bauernräten", so ergibt sich für unsere Verhältnisse das Folgende. *An unserer Bauernschaft scheitert der ganze Begriff der Räterepublik.* Denn es ist ganz unmöglich, das Erfordernis, daß alle in die Räte dieser Republik Gewählten auf dem Boden des Klassenkampfes stehen müssen, auch für die Bauernräte durchzusetzen. Selbst wenn man die übrigens zahlenmäßig gar nicht so sehr in Betracht kommenden Großbauern vom Wahlrecht ausschließen würde und selbst wenn es gelänge, die Landarbeiter und Kleinhäusler in sozialistischen Organisationen zu vereinigen, so bliebe die Masse der Bauern wohl bei ihrem "antikollektivistischen Bauernschädel", wenigstens noch für geraume Zeit, da allerdings auch hier Propaganda und Aufklärung Wandel schaffen könnten. Wenn man also selbst ganz davon absieht, daß auch unter den Schichten der übrigen werktätigen Bevölkerung vorläufig noch durchaus kein einheitlicher Wille für die Ausübung einer Diktatur vorhanden ist, so genügt die Tatsache des abseits vom Sozialismus stehenden Bauernstandes, ohne den doch keine Staatsregierung möglich ist, um zu sagen: entweder verdeckt das Wort von der Räterepublik die *Forderung der nackten Gewalt* gegen die Bauern oder es bedeutet – *die Koalition mit den Bauern,* also gerade das, was dem heutigen Regime so beharrlich als Todsünde angekreidet wird und wovon uns angeblich die Räterepublik mit einem Schlage befreien soll. Auch die Räterepublik kann keine Wunder wirken – sie kann sich nicht über die nun einmal vorhandenen Umstände hinwegsetzen. Der Sozialismus, die kommunistische Gesellschaft verwirklicht sich nicht durch Zauberworte, wie dies oft die Zuhörer kommunistischer Agitatoren glauben müssen, sondern sie kann nur aus den bestehenden Verhältnissen heraus entwickelt werden. Alle Macht den Arbeiter- und Bauernräten ist ein schöner und erhebender Gedanke, aber daß daraus der Sozialismus werde, dazu müßten Arbeiter und Bauern erst ein einig Volk von Klassenbrüdern sein. Wer sich gern täuschen will, mag dies besonders nach den Ergebnissen des Krieges glauben.

Die Räterepublik bei uns wäre also jedenfalls nicht das, was sie in Rußland war; und sie als den einzigen Weg zum Sozialismus zu bezeichnen, ist eine kritiklose Übereilung. Es stünde schlecht um die Arbeiterräte, wenn sie nur als Glieder für den Aufbau einer solchen Republik in Betracht kämen. Zum Glück kommt diesen neuartigen Bildungen des Klassenkampfes eine Eigenbedeutung zu, die ganz unabhängig ist von dieser Illusion der Räterepublik.

7. Kapitel: Das Rätesystem

Die Arbeiterräte gewinnen ihre geradezu faszinierende Anziehungskraft, mit der sie alle Schichten der werktätigen Bevölkerung erfassen, aus der Hoffnung, die sie erwecken, daß sie ein wirkliches Mittel der Volksvertretung sein könnten und so an die Stelle des bereits ganz überlebt und aussichtslos gewordenen Parlamentarismus treten würden. Wir haben im ersten Kapitel gesehen, worin dieses Versagen des Parlamentarismus und der nur auf ihm begründeten Demokratie notwendig liegen mußte: daß es der Klassengegensatz war, der in den Grundfragen der staatlichen und gesellschaftlichen Ordnung jede einheitliche Willensbildung unmöglich machen und jeden derartigen Majoritätsbeschluß zu einem Akt der Unterdrückung stempeln mußte. Bei einem gewissen Grad der Entwicklung dieses Klassengegensatzes, bei einer gewissen Höhe der Bildung, der politischen Reife und ökonomischen Stärke der unter-

drückten Klasse wird es unmöglich, die Befriedigung ihrer Lebens- und Entwicklungsinteressen noch weiterhin nach dem parlamentarischen Majoritätsprinzip als ein bloßes Zahlenproblem zu behandeln. Dies kam selbst dem auf dem allgemeinen Wahlrecht aufgebauten Parlamentarismus gegenüber immer deutlicher in einer Erscheinung zum Ausdruck, gegen die alle feierlichen Proteste in den Parlamenten nichts gefruchtet haben: in dem Lebendigwerden der Straße. Die "Argumente der Straße" waren eben nichts anderes als die laut und sichtbar gewordenen Volksschichten selbst, die dadurch, daß ein Majoritätsbeschluß sie rechtlich beseitigte, doch gesellschaftlich nach wie vor da waren und nach Befriedigung ihrer Bedürfnisse nur um so stürmischer verlangten. Sobald einmal die Aufgaben der gesellschaftlichen Ordnung nicht mehr auf einer unbestrittenen und unbestreitbaren Grundlage zu lösen waren wie am Beginn der bürgerlichen Epoche, in welcher die Festigung und Entfaltung der kapitalistischen Produktionsweise und der bürgerlichen Demokratie zugleich auch Entwicklungsbedingungen des Proletariats war, mußten sie aus Fragen einer parlamentarischen Abstimmung zu Machtfragen zwischen den Klassen werden, deren Beantwortung immer mehr außerhalb des Parlaments versucht und auch vollzogen wurde.
Indem nun die Arbeiterräte nur von den arbeitenden Schichten der Bevölkerung gewählt werden können und alle bloßen Nutznießer fremder Arbeit absolut vom Wahlrecht ausschließen, *stellen sie jene widerspruchslose ökonomische Grundeinheit her,* auf der sich ein wirklich einheitlicher Wille aufbauen läßt und womit der tote Punkt des parlamentarischen Systems überwunden wird. Die großen Vorzüge der Arbeiterräte gegenüber der parlamentarischen Vertretung sind offenbar: daß eine viel engere Beziehung zwischen den Wählern und den Gewählten besteht (auch wenn das Mitglied des Zentralrates erst durch mehrfache indirekte Wahl in Bezirks-, Orts- und Landesratswahlen an seine Stelle gelangt, weil es doch zuerst aus dem engsten Kreise seines Betriebes oder seiner Arbeitsgruppe gewählt werden mußte, der es jederzeit abberufen kann); daß sich daraus ein viel größeres Interesse der Wähler an den Aufgaben der Vertretungskörper und ein viel stärkeres Verantwortungsgefühl der Gewählten entwickelt; daß durch die Vereinigung der Gesetzgebung und Verwaltung in allen Stufen des Rätesystems auch die Wählermassen selbst einen unmittelbaren Einfluß nicht nur auf die rechtliche Gestaltung, sondern auf die tatsächliche gesellschaftlich sie unmittelbar berührende Wirklichkeit des Lebens gewinnen und daß dadurch die schädliche Einmischung einer sich zwischen den Gesellschaftsgenossen und den Gesellschaftsgenuß einschiebenden Bürokratie beseitigt oder doch bedeutend vermindert werden kann. Dies alles wäre nur die mehr oder minder direkte Folge der neugewonnenen einheitlichen Interessengrundlage für den Neuaufbau der Gesellschaft.
Um jedoch dies Ziel wirklich zu erreichen, dazu genügt es nicht, daß die Arbeiterräte bloß aus der werktätigen Bevölkerung wählbar seien; damit wäre die Einheitlichkeit ihres Wirkens noch lange nicht gewährleistet, die sich *erst aus einer gemeinsamen sozialen Grundanschauung* über das Wesen der Gesellschaft und die Art ihrer richtigen Organisation ergibt. Darum bestimmt bereits unser provisorisches Statut über die Arbeiterratswahlen, daß wählbar nur derjenige ist, der auf dem Boden des Klassenkampfes und der Überwindung der kapitalistischen Gesellschaft durch die sozialistische steht. Wird diese Bestimmung konsequent durchgeführt, dann muß ein Mandat, das ihr widerspricht, von der Mandatprüfungskommission annulliert werden, das heißt aber, daß die Wähler in diesem Falle praktisch ihr Wahlrecht verlieren. Man könnte also daran denken, dieses Verhältnis lieber gleich deutlicher auszusprechen und *schon das aktive Wahlrecht von einem Bekenntnis zum Sozialismus* abhängig zu machen. Dies erschiene nicht nur konsequenter, sondern auch dem eigentlichen Sinne der Rätekonferenz allein entsprechend. Wähler könnte also nur der sein, der einer sozialdemokratischen, kommunistischen oder sonst gleicherweise auf dem Boden des sozialistischen Klassenkampfes stehenden Organisation im Zeitpunkt der Ausschreibung der Wahlen bereits seit einer gewissen, nicht allzulang bemessenen Zeit angehört. Mit dieser Regelung des Wahlrechtes ist die Hauptsache gesichert, auf die es bei der Schaffung des Rätesystems ankommt, soll es nicht in eine ganz überflüssige, ja schädliche Arbeiterkammer ausarten: *daß die sozialistisch-revolutionäre Propaganda in den Vordergrund rückt,* daß die Räte zu Schulen des sozialistischen Denkens

und Fühlens werden, zu den Sammelkadern, in denen die Arbeitssoldaten der neuen Gesellschaft politisch und sozial ausgebildet werden und jeder bloß berufliche und gegenwartsinteressierte Standpunkt energisch an zweite Stelle verwiesen wird. Und darin liegt dann die Diktatur des sozialistischen werktätigen Volkes, *daß von seinen Beschlüssen alle die ausgeschlossen sind,* die nicht auf diesen Boden eines gemeinschaftlichen Grundinteresses und Zieles stehen. Aber dies ist keine Vergewaltigung der übrigen Bevölkerung, die sich noch nicht zum Sozialismus bekannt hat; denn dazu – und das scheint uns eine mögliche Lösung für die Übergangszeit zu sein – *soll die Nationalversammlung bestehen bleiben,* um nach ihrem ganz anderen Wahlprinzip auch dem nichtsozialistischen Teil der Bevölkerung die Möglichkeit zu geben, seine Interessen zu vertreten.

Bei dieser Nebenordnung der beiden Vertretungskörper ist es aber erforderlich, das Schwergewicht in den Zentralrat der Arbeiterräte zu verlegen, weil dieser als die Vertretung der klasseneinigen werktätigen Bevölkerung den eigentlichen *einheitlichen Umwandlungswillen* der Gesellschaft gegenüber der zu einem solchen nicht fähigen klassengespaltenen Nationalversammlung darstellt. Es müssen daher in seine Kompetenz alle Angelegenheiten der Wirtschaft, des Verkehrs und der Finanzen fallen, es muß ihm ferner das Recht der Initiative bei der Nationalversammlung und endlich ein Vetorecht gegen die Beschlüsse derselben zustehen. Auch die Wahl der Regierung steht ihm nach einem zu vereinbarenden Schlüssel gemeinsam mit der Nationalversammlung zu. Auf diese Weise wird das System der Arbeiterräte, da diese Verteilung der Kompetenzen natürlich alle seine Grade bis zum Bezirksrat herunter durchdringt, *zum eigentlichen Organ der Sozialisierung.* Die Nationalversammlung aber bedeutet dann als das entscheidende Organ in allen über den wirtschaftlichen Neuaufbau hinausreichenden politischen und Kulturfragen das unentbehrliche Mittel der Übergangszeit, welches die Diktatur des Proletariats vor dem Terrorismus bewahrt und eine ruhige, die Stürme des Bürgerkrieges vermeidende Fortentwicklung sichert. Und dieses Fortbestehen der Nationalversammlung neben dem Arbeiterzentralrat ist für die soziale Revolution um so ungefährlicher, als ihre Bedeutung mehr und mehr zusammenschrumpfen muß, je mehr die Propaganda des Sozialismus wächst, die aber eine viel mächtigere ist mit Rede und Schrift als mit Maschinengewehr und Revolutionsgericht. Überall steht die sozialistische Majorität in der Nationalversammlung bereits vor der Tür, und damit wird diese selbst ihre noch verbliebene Gewalt auf die Arbeiterräte übertragen.

Der einzige Punkt, der bei dieser Durchführung des Rätesystems noch zu besprechen bleibt, ist die Stellung der *Bauern.* Es ist nicht anzunehmen, daß diese, selbst wenn man bei den Bauernräten die Großbauern und größeren Mittelbauern vom Wahlrecht ausschlösse, sich auf den Boden des sozialistischen Klassenkampfes stellen würden. Auch würden sie sich gewiß nicht einer proletarischen Regierung fügen. Hier hilft nichts anderes, als wieder einmal nach Lassalles Gebot auszusprechen, was ist: der wirtschaftliche Neuaufbau kann nur im Einvernehmen mit der Bauernklasse durchgeführt werden. Solange diese für den Sozialismus nicht reif ist – was aber nicht bedeutet, daß sie nicht viele Forderungen, wie die nach der Beseitigung des Großgrundbesitzes, Vergenossenschaftung des Betriebes und des Marktes, Hebung der Kultur auf dem Lande usw., von den Sozialisten übernehmen würde, respektive für dieselben zu gewinnen wäre –, muß unsere Aufgabe sein, die Bauern zu überzeugen, daß keines ihrer Lebensinteressen durch die Verwirklichung der sozialistischen Gesellschaft in den Städten bedroht werde und daß sie daher gar keinen Anlaß hätten, der städtischen Bevölkerung Schwierigkeiten zu machen, ja daß sie im Gegenteil gerade mit einer den Bedarf regelnden sozialistischen Gesellschaft ohne Zwischenhandel vorteilhafte Geschäfte machen könnten. Die Arbeiterräte müßten also mit den Bauernräten in eine Art Vertragsverhältnis zu gelangen suchen. Eine neue Form des wirtschaftlichen Ausgleichs, wie er uns aus dem seligen oder vielmehr unseligen Dualismus zwischen Österreich und Ungarn vertraut ist, nur viel natürlicher und aussichtsreicher, müßte zwischen Bauern und Arbeitern abgeschlossen werden. An Stelle des mehr oder minder offenen Krieges von Stadt und Land träte der periodisch zu erneuernde Landfriede zwischen Bauern- und Werkvolk, der durch die Entwicklung der Bauernräte, die heute noch sehr wenig sozialistischen Geist enthalten, aber immer mehr von demselben ergrif-

fen werden müssen, auch immer weiter sich einer allgemeinen Sozialisierung der Gesellschaft nähern wird.
Dies scheint mir ein Weg zur Diktatur des Proletariats ohne Terrorismus und gleichwohl ohne Preisgebung unserer grundlegenden Erkenntnis, daß der Übergang zur sozialistischen Gesellschaft nur durch die Herrschaft der Arbeiterklasse möglich ist. Diese Anschauung verzichtet auf die Wahnvorstellung, mit der freilich populärer Massenbeifall zu erringen ist, daß alle Macht sofort und ausschließlich nur den Arbeiterräten einzuräumen wäre, sie hütet sich, das tönende Schlagwort von der Räterepublik den Massen als ein unfehlbares Heilmittel für alle ihre Nöte fortwährend papageienhaft in die Ohren zu schreien. Wir sehen eben in der viel mißverstandenen Verwirklichung des Sozialismus durch die proletarische Diktatur nicht einen Vorgang von heute auf morgen, sondern *einen Entwicklungsprozeß unter der Führung des Proletariats,* der zwar sofort beginnen muß, trotzdem aber Jahre dauern wird.
Nun wird eine Reihe von Einwänden rege geworden sein, die zu mancherlei Mißverständnissen Anlaß geben können. Man wird vielleicht sagen, die Bindung des Wahlrechtes für den Arbeiterrat an ein Bekenntnis zum Sozialismus sei eine unerhörte Sache, sie setze an die Stelle einer Klassenherrschaft, die schon undemokratisch genug sei, die Gesinnungsherrschaft, was geradezu an die traurigste Geistesbeherrschung erinnere, an die der katholischen Kirche. Auch sei der Zentralrat der Arbeiterräte nichts anderes als ein neues Oberhaus, also etwas durchaus Undemokratisches. Haben wir deshalb immer gegen ein Herrenhaus gekämpft, um jetzt selbst eines zu machen? Und endlich seien die Arbeiterräte Gesetzgebung und Exekutive in einem, also verstießen sie gegen ein Grundprinzip der Demokratie, die Gewaltentrennung. Alle diese Einwände zeigen eine verderbliche Herrschaft des bloßen Wortes über den neuen Begriff. Sie wollen uns mit Gespenstern einer alten, überwundenen Zeit schrecken.

8. Kapitel:
Die Eigenart des Rätesystems

Der entscheidende Vorzug des Rätesystems vor dem parlamentarischen System, ja geradezu das, was seinen eigentümlichen politischen Sinn und seine entwicklungsfördernde geschichtliche Bedeutung ausmacht, liegt, wie wir sahen, darin, daß es die Bildung eines einheitlichen, nicht mehr von Klassengegensätzen gespaltenen Vertretungskörpers ermöglicht. Auf diese Weise kommt eine die verschiedensten Schichten der werktätigen Bevölkerung umfassende Volksvertretung zustande, die erst einen wirklichen Gemeinwillen darstellen wird. Aber freilich ist dafür Voraussetzung, daß alle die wirtschaftlichen Gegenwartsinteressen, deren Wahrung sonst das Um und Auf der parlamentarischen Parteikämpfe ist, wobei es sich also nur darum handelt, wer besser Nutznießer des bürgerlichen Staates sein soll, entschieden zurücktreten hinter dem gemeinschaftlichen *gesellschaftlichen Umwandlungsinteresse,* das über den heutigen Zustand von Staat und Gesellschaft, das heißt über die Klassenspaltung, hinausführen kann. Und dies macht wieder nötig, daß die Gewählten in diesem Vertretungskörper auch alle dieselbe prinzipielle ablehnende Stellung zum Staate und zur Gesellschaft des Kapitalismus haben, daß sie also Vertreter der sozialistischen Idee sind. Daraus ergab sich auch die Konsequenz, das Wahlrecht zu den Arbeiterräten auf die Zugehörigkeit zu einer sozialistischen Organisation aufzubauen.
Da tritt uns aber der Einwand entgegen, daß wir damit den ungeheuerlichen Vorschlag machen, die *Herrschaft einer Partei* gesetzlich zu begründen, und damit ein neues Vorrecht schaffen. Eine solche Ansicht stützt sich bloß darauf, daß sie die Stellungnahme für den Sozialismus ohne weiteres mit der einer politischen Partei im herkömmlichen Sinne des Wortes gleichsetzt, was aber dem revolutionären Wesen des Sozialismus und seiner geschichtlichen sowie kulturellen Bedeutung durchaus nicht entspricht. Zunächst wäre zu sagen, daß, selbst wenn der Sozialismus seiner ganzen Beschaffenheit nach wirklich nichts anderes wäre als eine politische Partei, die Festlegung seiner Vorherrschaft im Staate durch Gesetze gar nichts dem Wesen einer politischen Partei Fremdes wäre. Höchstens würde dann nur offen und ehrlich

ausgesprochen sein, was jede Partei, die zur Macht gelangt, wirklich tut und soweit sie kann, auch durch Gesetze zu befestigen versucht. Es ist ja das Ziel der sozialistischen Politik, die Herrschaft des Proletariats, natürlich des sozialistischen Proletariats, aufzurichten, und die Herrschaft ist nun einmal nicht anders möglich, als daß der Herrschende für sich das Vorrecht der Macht und der höchsten Gewalt im Staate in Anspruch nimmt. Das Entscheidende ist aber, daß dieses Verhältnis der Herrschaft und der Machtergreifung beim Sozialismus nun *einen ganz anderen Charakter erhält wie bei jeder anderen politischen Partei,* weil der Sozialismus eben nicht bloß politische Partei, sondern darüber hinaus *Vertretung des Ganzen der Gesellschaft* ist, freilich einer Gesellschaft, die erst im Werden ist. Das eigentümliche Wesen jeder bloßen politischen Partei liegt darin, daß sie lediglich einseitige Interessenvertretung *im* Staate und *in* der Gesellschaft ist: sie vertritt die Interessen der großen oder der kleinen Grundbesitzer, des Kapitals oder der Kleinbesitzer, der Industrie oder der Handwerker, des Adels, des Bürgertums oder des Bauernstandes. Alle diese Interessenvertretung sucht nur die Macht im Staate für sich zu gewinnen, nicht um diesen Staat zu überwinden, sondern um in ihm zu herrschen, um ihn für ihre Zwecke besser auszunützen. Diese Parteien lassen den sozialen Aufbau von Staat und Gesellschaft völlig unangetastet und sind insofern alle, so stürmisch und aufbegehrend sie sich auch zuweilen gehaben, durchaus konservativ, ja antirevolutionär. Sie wollen die Gesellschaft gar nicht anders haben, als sie heute ist, *sie wollen sie nur für sich haben.* Ist hierin also das eigentliche Wesen einer politischen Partei erkannt, dann ist sofort klar, daß der Sozialismus überhaupt keine politische Partei in diesem Sinne ist. Gewiß vertritt auch er besondere Interessen, die Interessen der Arbeiterklasse, des Proletariats, aber – und das macht das Revolutionäre im Sozialismus aus – *nicht als Arbeiterinteressen, sondern als revolutionäre Gemeinschaftsinteressen.* Solange man den Sozialismus nur so versteht, als ob er die Interessen des Arbeiterstandes zu vertreten hätte, also nur den Kampf bedeuten würde für die Verbesserung des Loses der Arbeiterklasse in Staat und Gesellschaft, hat man sein eigentliches Wesen verkannt. Das wäre bloße Gewerkschaftsbewegung, die an sich noch lange nicht Sozialismus und gesellschaftliche Revolution bedeutet. Revolutionär, das heißt geschichtlich fortentwickelnd, wird der Sozialismus erst, wenn der Gedanke des *Kommunistischen Manifestes* sein Lebens- und Bewegungsprinzip geworden ist, daß sich das Proletariat als die unterste Schicht der Gesellschaft nicht erheben kann, ohne den ganzen auf ihm lastenden Gesellschaftsbau der kapitalistischen Ordnung umzustürzen, daß es nicht frei werden kann, ohne sich vom Klassenstaat zu befreien. Sobald aber dies der Sinn des politischen Machtstrebens des Sozialismus wird, dann verwandelt sich, wie dies bereits Lassalle in unvergänglich schönen Worten dargelegt hat, die Vertretung der Sonderinteressen des Proletariats in die Vertretung der Interessen eines neuen Gemeinschaftsinteresses. Und was bloß als politische Partei erscheint, weil es sich im Kampf um die Macht auf denselben Boden mit den anderen Parteien stellen muß, das ist in Wirklichkeit *die Organisation aller gesellschaftserneuernden Kräfte* gegenüber dem gesellschaftlichen Stillstand, ja Rückschritt.

Unter dem gleichen Namensklang der Partei verbergen sich also zwei grundverschiedene Wesenheiten. Und die Forderung, einen rein sozialistischen Vertretungskörper in der Verfassung des Staates zu verankern, bedeutet nicht die Stabilisierung einer Parteiherrschaft, sondern den ersten Schritt zur Beseitigung bloßer Parteiherrschaft, zur Überwindung des Klassencharakters der Gesellschaft, zum Aufbau einer solidarischen Gemeinschaft menschlicher Arbeit.

Und dieses revolutionäre Ziel kann das Rätesystem nur erreichen, wenn es ganz und konsequent sozialistisch aufgebaut ist. Denn sonst würde es binnen kurzem zu einem Instrument kleinlicher und lächerlichster Betriebs-, Werkstätten- und Bürointeressenvertretung entarten. Schon treibt der ebenso schnell populär wie mißverständlich gewordene Gedanke des Arbeiterrates die seltsamsten Blüten, wenn ganz reaktionäre oder durchaus noch vom ständischen Geiste erfüllte Körperschaften sich beeilen, ihre "Arbeiterräte" zu entsenden, Körperschaften, die sonst die Berührung mit den Arbeitern als eine soziale Degradierung vermieden. Man mag über die Notwendigkeit des Rätesystems Zweifel hegen, man mag der Anschauung sein, daß die Entwicklung des Kräfteverhältnisses der Parteien in den Nationalversammlungen uns überall binnen kurzem bereits die sozialistische Majorität bringen wird und damit vielleicht einen weniger komplizierten und sicheren Weg zur Diktatur des Proletariats eröffnet. Da nun aber einmal die Bewegung für das Rätesystem die Proletariermassen ergriffen hat, so steht nun einfach das Problem so: Entweder entartet das Rätesystem zu einem Organismus bloßer ständischer und beruflicher Interessen ohne prinzipielle Beziehung zum Sozialismus und damit zu einer bloß unendlich verschlechterten Wiederholung der Nationalversammlung, oder es wird zum einheitlichen Organ des gesellschaftlichen Umbildungswillens. Das letztere ist aber nur möglich, wenn es sich auf die Zugehörigkeit zum Sozialismus aufbaut. Und in dieser Hinsicht ist dann dieses Vertretungssystem der werktätigen Bevölkerung so wenig eine Parteiherrschaft, daß gerade in ihm die Parteizerklüftung des heutigen Sozialismus überwunden werden kann. Denn es ruft nicht etwa bloß die Sozialdemokratie in die Arbeiterräte, sondern ebenso die sogenannten Kommunisten, die Sozialrevolutionäre und überhaupt alle Richtungen des klassenkämpferischen Sozialismus: kurz, es macht nicht eine Partei, sondern eine *Idee* zum Organisationsprinzip dieser Vertretung. Da tritt uns ein neues Schlagwort entgegen. Ihr wollt also, ruft man entrüstet aus, daß eine reine Gesinnungsherrschaft gegründet, also *eine neue Kirche* aufgerichtet werden soll? Eine solche Meinung wäre entweder eine arge Verkennung oder eine demagogische Entstellung der ganzen Arbeiterratsbewegung. Denn die sozialistische Idee als Organisationsprinzip der Arbeiterräte heißt nur, daß der Neuaufbau der Gesellschaft ohne einen alle Mitarbeiter an diesem Werke durchdringenden einheitlichen Geist nicht möglich ist. Und will man durchaus mit Worten spielen, will man durchaus eine Kampfgemeinschaft um dieser notwendigen Einheit ihrer revolutionären Gesinnung willen eine Kirche nennen, dann ist es eben die Kirche der Zukunft, die Lassalle gemeint hat und deren Fels nur das sozialistische Proletariat sein kann.

Nichts anderes als ein Spiel mit Worten ist es, wenn man die Beiordnung des Rätesystems neben die Nationalversammlung für die Zeit des Überganges, in der wir uns jetzt befinden, als die Schaffung eines *Oberhauses,* als die Wiederbelebung der verrufenen Institution des Zweikammersystems schlecht zu machen sucht. Auch hier wird ein altes Wort, das einen ganz anderen Inhalt bezeichnet, auf eine neue Sache angewendet. Das Zweikammersystem hat seine undemokratische und reaktionäre Bedeutung daher, daß es in dem Herrenhaus, in der Adelskammer eine auf den Privilegien der Geburt, des Standes und Besitzes gegründete Einrichtung enthielt, die zu dem ausgesprochenen Zwecke da war, den Volkswillen, soweit er überhaupt in dem Abgeordnetenhause zum Ausdruck kam, zu kontrollieren und einzuschränken. Das Oberhaus war ein Überbleibsel der alten ständischen Verfassung, der letzte Rest der ursprünglich in der Feudalmonarchie herrschenden Stände des Adels und der Kirche, denen sich zuletzt die Vertreter der Plutokratie zugesellten. Der Zentralrat der Arbeiterräte, der neben die Nationalversammlung als zweite Kammer treten würde, wäre kein Überbleibsel einer *Stände*vertretung, sondern der Anfang einer *Gesellschafts*vertretung, er wäre kein Hemmschuh der Demokratie, sondern im Gegenteil ihr wuchtiger Mauerbrecher. Das "Oberhaus" der sozialistischen werktätigen Bevölkerung wäre auch kein Haus des Privilegs, des sozialen Vorrechtes, sondern umgekehrt der sozialen Ausgleichung und der Forderung einer gesellschaftlichen Solidarität. Kurz, während ein wirkliches Oberhaus immer ein Herreninteresse vertritt, ein Interesse der Klassenspaltung und einer ihr entsprechenden autoritären Staatsgewalt, vertritt die Kammer der Arbeiterräte Gemeininteressen, das Interesse der Solidarisierung der Gesellschaft und der Zerstörung des Klassenstaates. Das heißt aber: dieses sogenannte Oberhaus ist gar keine Kammer mehr im Sinne des Zweikammersystems, *es sprengt die prinzipielle Grundlage des Zweikammersystems überhaupt,* welche ja trotz noch so demokratischer Beschaffenheit des Unterhauses die Aufrechterhaltung der Klassengesellschaft und des Gewaltstaates als notwendigen Ausdruck derselben in sich schließt. Es bedeutet vielmehr *ein neues Prinzip staatlicher Organisation,* welches an die Stelle der *Beherrschung* von Menschen, die jeder bisherigen Staatsform charakteristisch ist, die *Verwaltung* der ihnen gemeinsam gewordenen Lebens- und Entwicklungsinteressen setzt. Ist das noch ein Oberhaus, so nur in dem Sinne, wie der Sozialismus eben die Sphäre des gesellschaftlichen Lebens zu der allen Sonderinteressen übergeordneten Sphäre machen will; und ist das noch ein Herrenhaus, so nur in dem Sinne, in welchem

der Sozialismus aus einem Volke von Beherrschten und Unterdrückten eine Gemeinschaft von Freien hervorgehen lassen will, die endlich alle Herren ihrer Geschicke sein werden.
Gewiß, die Nebenordnung zweier prinzipiell so verschieden gearteter Vertretungskörper birgt die Gefahr ihres ständigen Konflikts in sich, der schließlich nicht anders als durch eine revolutionäre Entscheidung geschlichtet werden kann. Aber die ganze Institution der Arbeiterräte ist ja *nur eine Kampfform der Revolution* und nicht als eine dauernde Verfassungsform gedacht. Der Ausweg der Nebenordnung der Arbeiterräte neben die Nationalversammlung hätte aber den Vorzug, in der jetzigen kritischen Zeit, da die Ungeduld sowie die Undiszipliniertheit und zum großen Teil auch die nicht rasch genug aufzuklärende politische Unreife der Massen den langsameren, aber sicheren Prozeß der Majoritätsbildung in den Nationalversammlungen nicht abwarten will, die Revolution in geordnetere, weniger selbstzerstörende Bahnen zu lenken und die Kraft des Proletariats in eine einheitliche Kampforganisation zu sammeln. Gerade weil die Errichtung einer Räterepublik heute nur ein verderbliches Schlagwort ist, der Rätegedanke aber so stark in die Proletarierkreise sich eingesenkt hat, daß mit ihm gerechnet werden muß, wird es nötig, dem Rätesystem eine solche Ausbildung zu geben, durch welche es zu einem kraftvollen Mittel der Entwicklung und Förderung des Sozialismus werden kann. Dann wird es zwar nicht die sofortige Diktatur des Proletariats verwirklichen, was ohnedies nur eine unklare Vorstellung von seinem Wesen und von den Möglichkeiten seines Wirkens glauben kann, wohl aber das beschleunigen, was allein erst die Diktatur des Proletariats möglich macht: die in immer weitere Kreise der werktätigen Bevölkerung getragene Aufklärung des Sozialismus, den revolutionären und reifen *Willen zur Diktatur.*

9. Kapitel: Die nächsten Aufgaben der Arbeiterräte

Hat die Besprechung der bisherigen Einwände gegen die verfassungsmäßige Ausgestaltung des Rätesystems mehr die Zukunft desselben ins Auge gefaßt, so führt die Berücksichtigung des noch zu behandelnden Einwandes, daß nämlich die Arbeiterräte die demokratische Trennung der gesetzgebenden von der verwaltenden Tätigkeit aufheben, in die gegenwärtige und unmittelbare praktische Bedeutung dieser neuen revolutionären Kampforganisation des Proletariats. Ja, hier werden wir auf eine Seite der Wirkungsweise der Arbeiterräte hingewiesen, die uns aufmerksam macht, daß die Frage ihrer schließlichen verfassungsmäßigen Normierung gar nicht vorweg in dem Sinne beantwortet werden kann, als ob sie ein Programm ihrer Tätigkeit bedeuten würde, sondern daß im Gegenteil die Beantwortung dieser Frage nur aus der tatsächlichen Entwicklung der Arbeiterräte herauswächst, also durch die von ihr geschaffenen Zustände und Machtverhältnisse. Und von diesem Standpunkt aus liegt gerade in dem, was der obige Einwand gegen die Arbeiterräte ins Treffen führt, das Revolutionäre dieser Institutionen, das, was sie zu Trägern einer wirklichen, der sozialen Demokratie stempelt: daß sie nämlich die Trennung des gesetzgebenden Volkswillens von der Sorge für seine wirkliche Ausführung endlich radikal zu beseitigen streben.
Die Theorie von der Teilung der staatlichen Gewalten, also der Trennung vor allem der Gesetzgebung von der Verwaltung, gilt mit Unrecht als ein Prinzip der Demokratie. Diese wesentlich von Montesquieu begründete Theorie ist sicherlich eine Hauptstütze der Demokratie gewesen, aber *nur als Waffe gegen den Absolutismus,* als Kampfforderung der Bourgeoisie, die sich noch nicht stark genug fühlte, das Königtum überhaupt zu beseitigen, und daher dessen absolute Macht zu beschränken suchte. Wo immer die Demokratie konsequent vertreten wurde, wo sie also den Standpunkt der Souveränität des Volkes einnahm, dort fiel es ihr nicht ein, das Prinzip der Gewaltenteilung aufzustellen, sondern dort verkündete sie im Gegenteil die Forderung der Vereinigung aller Gewalten in der Hand des Volkes. Es ist darum bezeichnend, daß Rousseau die Lehre von der Trennung der Gewalten im Staat nicht nur nicht vertritt, sondern sogar bekämpft. Und es gehört in der Tat zu den wesentlichen Stücken einer echten Volksherrschaft, daß sie nicht nur sich ihre Gesetze selbst gibt, sondern auch die Beam-

ten wählt und kontrolliert, die diese Gesetze auszuführen, und die Richter einsetzt, die nach ihnen zu urteilen haben.

Es ist das starre Prinzip der Trennung der Gewalten, welches insbesondere durch die Loslösung der ganzen Verwaltung von der Lebendigkeit des gesetzgebenden Volkswillens – wobei wir jetzt davon absehen, daß dieser in der Demokratie der Klassengesellschaft immer nur mit Vorbehalt so genannt werden kann –, die Erstarrung der Verwaltungsbehörden in eine festgegliederte Beamtenmaschinerie bewirkt und so den gesetzgebenden Willen sich beständig an den harten Schranken einer sich mehr und mehr verselbständigenden Bürokratie wundstoßen läßt. Die Bürokratie ist auf diese Weise zwar das unentbehrliche Instrument für jede Gesetzesanwendung, für jede Exekutive, aber ebensooft auch das Hindernis oder zumindest die Erschwerung für beides geworden. Die Arbeiterräte haben nun ihre wichtigste Funktion, gerade an diesem Punkt, die Demokratie, das heißt die Selbstbestimmung des Volkes, wieder lebendig zu machen, indem sie die Bürokratie unter ihre schärfste Kontrolle nehmen, ja sie schließlich so sehr als möglich ausschalten und zu bloßen Hilfsorganen umgestalten, indem sie selbst die anordnende und durchführende Gewalt an sich ziehen.

Die wirkliche Demokratie als Selbstbestimmung des Volkes liegt eben nicht nur in dem Recht der Gesetzgebung; sie verkörpert sich nicht bloß in dem, worin für gewöhnlich das Um und Auf der Demokratie erblickt wird, in der gesetzgebenden Körperschaft; sondern sie liegt vor allem in den Institutionen, die dafür Gewähr bieten, daß das, was das Volk beschlossen hat, auch wirklich geschieht. *Und dies ist nun das Entscheidende an den Arbeiterräten, daß sie Körperschaften sind, vom Zentralrat angefangen bis hinunter zum Bezirksarbeiterrat, die nicht nur beschließen, sondern das Beschlossene gleich auch selbst ausführen wollen, also den Willen des Proletariats unmittelbar zur Geltung zu bringen suchen.*

Und dadurch werden sie zu den eigentlichen Organen und Trägern der sozialen Revolution. Denn diese vollzieht sich viel mehr noch, als in der an hervorragender Stelle sichtbaren Eroberung oder Sprengung der Nationalversammlung, in der Eroberung aller Machtposten in der Verwaltung des bürgerlich-kapitalistischen Staates und der Gemeinde, in der Sprengung der Autorität und Selbstherrlichkeit der alten Bürokratie. Ist erst einmal der Bezirksarbeiterrat an die Stelle des alten Bezirkshauptmannes getreten, oder hat er sich auch nur soweit durchgesetzt, daß dieser nichts Wichtiges mehr ohne, geschweige denn gegen den Arbeiterrat zu unternehmen wagt, dann ist damit bereits eine Revolution, eine Zertrümmerung der alten Staatsmaschinerie ins Werk gesetzt, deren Bedeutung gar nicht hoch genug gewertet werden kann. Und hier eröffnen sich nun die nächsten Aufgaben der Arbeiterräte, aus deren bestimmungsgemäßer Erfüllung sich von selbst die Frage nach der Art ihrer schließlichen verfassungsmäßigen Stellung erledigen muß. Die Arbeiterräte werden schließlich so viel verfassungsmäßige Macht erringen, als sie durch ihre Tätigkeit selbst besitzen.

Die nächsten Aufgaben der Arbeiterräte werden also darin liegen, auf allen Gebieten der Verwaltung in ihrem engen lokalen Bereiche die Forderungen des Proletariats, gestützt auf die genaue Sachkenntnis des Bezirkes, zur Geltung zu bringen, die Tätigkeit der Beamten zu überwachen und auf strenge Abstellung aller Mißbräuche und Fehler zu dringen. Sie werden aber dafür sorgen müssen, daß diese Tätigkeit nicht etwa in eine Art Kirchturmpolitik ausartet, sondern überall die großen Gesamtinteressen des Proletariats und die umwälzenden Ziele des Sozialismus zum Leitstern habe. Und dazu wird zweierlei nötig sein: daß erstens die einzelnen Bezirksarbeiterräte durch ihren Kreis- und schließlich durch den Zentralrat in engster Verbindung miteinander bleiben und für alle wichtigen Verwaltungsfragen ein einheitliches Vorgehen, eine einheitliche Grundauffassung vorsehen; daß aber ferner *die revolutionäre Schulung der Arbeiterräte im Geiste des marxistischen Klassenkampfes und des Sozialismus die unausgesetzte zweite Hauptaufgabe neben der Verwaltungsarbeit werde.* Nur so wird verhindert werden können, daß die Arbeiterräte nicht etwa in bloßer Reformarbeit aufgehen und ihren *eigentlichen Zweck* aus dem Auge verlieren: *die Hauptinstrumente des gesellschaftlichen Umsturzes,* der Beseitigung der kapitalistischen Gesellschaft selbst zu sein.

Erst die von solchen Geiste geleiteten Arbeiterräte vermögen wirklich neue Organe der Selbstbestimmung des Volkes zu sein, da sie die Verwaltung eben nicht bloß reformieren, sondern auch eine neue, von der bürgerlichen wesensverschiedene Grundlage aufbauen. Aber ihre Wirkungsweise richtet sich dann nicht nur gegen die Bürokratie des Staates. Sondern darin kommt ihr revolutionärer Charakter besonders zum Ausdruck, daß sie ihre Kritik gegen alles wirken läßt, was den revolutionären Kampf des Proletariats behindert oder zu schwächen droht. *Und dazu gehört auch vieles Veraltete und stumpf Gewordene in der sozialdemokratischen Partei selbst,* so manches, was auch schon früher viel Anlaß zu Besorgnis und Kritik in unseren Reihen gegeben hat. Die Bekämpfung einer Parteibürokratie, die Zurückweisung des Nur-Gewerkschaftertums, die Eindämmung des Überwucherns des Parlamentarismus und der Klubpolitik – das alles sind ebenso wichtige Aufgaben einer wirksamen Tätigkeit der Arbeiterräte wie ihre Stellungnahme bloß gegen die Verwaltungsmaschine des Staates. Soll es wirklich ernst werden mit der Selbstbestimmung des Proletariats, dann werden die Arbeiterräte dafür zu sorgen haben, daß *nicht nur in der staatlichen Verwaltung* nichts mehr ohne sie geschehen kann, sondern daß *auch die Klubs der sozialdemokratischen Nationalversammlungs-, Landtags- und Gemeinderatsabgeordneten* keine wesentliche Entschließung fassen können, an der nicht die Arbeiterräte in der von ihnen festgesetzten zuständigen Weise mitgewirkt haben. Auf diese Weise wird schon vor der verfassungsmäßigen Regelung der Stellung der Arbeiterräte sich ihre Geltung und Bedeutung auf der ganzen Linie des staatlich-gesellschaftlichen Lebens durchsetzen und, ohne daß es einer Rätediktatur bedürfe, das Rätesystem sich einen Einfluß erobern, den es in höherem Maße auch in einer Räterepublik nicht haben könnte, dafür aber nicht mit den politischen Stürmen und ökonomischen Zerrüttungen einer solchen zu bezahlen braucht. Die verfassungsmäßige Verankerung wird dann nur gleichsam protokollieren, was die geschichtliche Entwicklung des Rätesystems erreicht hat und was vielleicht die Grenzen dessen weit übersteigen wird, was im 7. Kapitel verlangt wurde. Die Frage der verfassungsmäßigen Behandlung des Rätesystems scheint daher vielen eine keineswegs dringende und entscheidende, und gewiß insofern mit Recht, als in ihr nicht das Wesentliche der Bedeutung der Arbeiterräte erblickt werden darf. Trotzdem ist es nötig, ein bestimmtes Programm auch in der Verfassungsfrage der Arbeiterräte zu haben, nicht nur, um über ihre mögliche Einordnung in das Ganze des staatlichen Lebens orientiert zu sein, sondern vor allem, um gegenüber der an allen politischen und sozialen Realitäten vorbeigehenden zügellosen Agitation der "kommunistischen" Schlagworte von Räterepublik und Rätediktatur einen sicheren Rückhalt zu haben. In diesem Sinne bedeutet also die von uns vertretene Form der verfassungsmäßigen Regelung der Arbeiterräte nicht etwa eine Festlegung auf ein bestimmtes Maß politischer Macht und Bedeutung. Sie will vielmehr nur die Übergangsform bezeichnen, durch welche sie am reibungslosesten verwirklichen wird, was alleiniger Sinn und Ziel dieser Kampforganisation der sozialen Revolution ist: *Alle Macht den Arbeiterräten!*

Politische oder soziale Demokratie
Ein Beitrag zur sozialistischen Erziehung

Motto
Wähler gewinnen ist nützlich und notwendig,
Sozialdemokraten erziehen ist nützlicher und notwendiger.

Victor Adler
im Einleitungsartikel "Unsere Aufgaben" zum 1. Jahrgang des *Kampf,* 1908

Vorwort

Dieses Büchlein ist aus Vorträgen über das Problem der Demokratie entstanden, die ich in vielen Arbeiterversammlungen in Österreich, Deutschland und in der deutschen Tschechoslowakei gehalten habe. Das Interesse an den Darlegungen der Vorträge bewies, daß im Proletariate ein großes Bedürfnis nach Klarstellung des Wesens der Demokratie und der mit ihr zusammenhängenden aktuellen politischen Fragen besteht, wie z.B. nach dem Verhältnis von Demokratie und Diktatur, nach dem Wert der demokratischen Republik und nach dem Unterschied von Staat und Gesellschaft. Und die große Zustimmung, ja zumeist leidenschaftliche Anteilnahme, welche die Vorträge überall fanden, scheint eine Gewähr dafür zu bieten, daß die hier versuchten begrifflichen Klarstellungen und Unterscheidungen tatsächlich geeignet sind, eine weitverbreitete Verwirrung politischer Begriffe zu klären und das, was gleichsam instinktmäßig im revolutionären Klassenbewußtsein des Proletariates lebt, auf einen deutlichen Ausdruck zu bringen. Und wenn es sich dabei von manchen Begriffen, die durch die Propaganda des Bolschewismus gleichsam als dessen Monopol erscheinen und dadurch der sozialdemokratischen Arbeiterschaft verdächtig gemacht wurden, herausstellt, daß sie zum eigentlichen Besitzstand des marxistischen Sozialismus gehören und nur in der politischen Praxis des Bolschewismus eine fälschliche Anwendung erfahren haben, so muß auch dies zu größerer Klarheit und zu einem besseren Verhältnis gegenüber den sogenannten kommunistischen Parteien führen. Der Zustand muß endlich überwunden werden, daß gewisse Lehren und Begriffe von Sozialdemokraten schon deswegen allein abgelehnt werden, weil sie Gegenstand der "kommunistischen" Agitation sind. An Stelle dieser blind gegensätzlichen Haltung muß das kraftvolle Bewußtsein treten, daß es sich bei einem großen Teile der bolschewistischen Theorie um Grundwahrheiten des Marxismus handelt, zu denen auch wir uns bekennen, nur daß wir sie nicht als bloße revolutionäre Schlagworte vertreten, sondern bemüht sind, zugleich auch ihre ganze ökonomische und soziale Bedingtheit dem Proletariate klarzumachen. Auf diese Weise wird ein Anfang möglich sein, die Kluft der Verständnislosigkeit, ja des Hasses zu überbrücken, die heute die Arbeiterbewegung in die beiden großen Richtungen, Sozialdemokratie und Bolschewismus, spaltet. Diese Überbrückung aber ist eine unbedingte Notwendigkeit für die Wiedererstarkung des Sozialismus und die Erneuerung der Internationale. Beides wird nicht einseitig von der einen oder der anderen Richtung aus ins Werk gesetzt werden können. Nur indem die einen wieder mehr revolutionären Klassengeist, die anderen weniger illusionären Sektengeist entfalten, wird es zur Bildung jenes einheitlichen revolutionären Bewußtseins kommen, welches allein die Grundlage der Internationale des Proletariates sein kann.
Der Gegenstand der nachfolgenden Untersuchung ist in seinen Grundlagen von mir bereits in meinem Buche *Die Staatsauffassung des Marxismus* (Wien, Volksbuchhandlung 1922) behandelt worden, hier aber in eine leichter verständliche Form gebracht. Insofern liegt hier eine Wiederholung bereits früher entwickelter Begriffsbestimmungen vor; ich habe auch mehrfach zur eingehenderen Begründung dieser Arbeit auf jenes Buch verwiesen. Gleichwohl handelt es

sich im folgenden nicht bloß um eine Wiederholung und Popularisierung der dort gewonnenen Resultate, sondern um ihre Weiterbildung in der Anwendung auf ein spezielles Problem, auf das Problem der Demokratie, womit zugleich auch eine Weiterentwicklung der marxistischen Staatslehre selbst gegeben ist.

In diesem Buche wird manche strenge Kritik an der bloß politischen Demokratie und an der bürgerlichen Republik geübt. Aus dem ganzen Inhalte der Erörterungen geht jedoch unzweideutig hervor, daß damit keineswegs die politische Demokratie für das Proletariat als wertlos oder auch nur nebensächlich bezeichnet werden soll. Um aber solche Mißverständnisse oder böswillige Entstellungen von vornherein unmöglich zu machen, erscheint es zweckmäßig, auch hier nochmals darauf hinzuweisen, daß mit dieser Kritik an der politischen Demokratie nur deren Unterschied und Schranke gegenüber dem höheren Begriff der sozialen Demokratie klargestellt werden soll. *Die politische Demokratie ist für das Proletariat eine unentbehrliche Waffe,* ein gewaltiges Mittel, seinen Einfluß im Staate zur Geltung zu bringen und seine Massenanziehung zu verstärken. Und insbesondere ist die demokratische Republik ein teuer erkämpfter Rechtsboden, den das Proletariat nie wieder sich rauben lassen wird. Die sozialdemokratische Arbeiterschaft hat nicht umsonst jahrzehntelang einen zähen, unerschrockenen und opferreichen Kampf für die Erringung der politischen Demokratie und der republikanischen Staatsform geführt. Sie hat immer gewußt und weiß es heute noch um so besser, daß sie in der immer vollkommeneren politischen Demokratie auch immer bessere Möglichkeiten für ihren Kampf um die *soziale* Demokratie schafft. Und heute liegen die Dinge bereits so, daß die bürgerliche Demokratie nirgends in besserer Hut ist als bei der Sozialdemokratie und daß die Republik keinen ehrlicheren Freund und Schützer hat als das revolutionäre Proletariat. Die demokratische Republik ist heute überall von sie umlauernden reaktionären Bestrebungen bedroht; und nicht an der lauen Sympathie des "freiheitlichen Bürgertums" werden die düsteren Pläne der Reaktion scheitern, sondern an der Entschlossenheit des Proletariates, die republikanische Staatsform mit seinem Blute zu verteidigen.

Allein gerade weil die Demokratie heute so stark bedroht ist, weil der Faschismus überall in den verschiedensten Formen teils herrscht, teils nach der Herrschaft strebt, und weil es daher gar nicht so unwahrscheinlich ist, daß das Proletariat für die Republik mit ganzer Kraft wird eintreten müssen, könnte es scheinen, als ob jede Kritik an der Demokratie schädlich wäre. Es könnte scheinen, als ob die Aufzeigung der Begrenztheit und der Unvollkommenheit ihrer bloß politischen Form die Energie ihrer Verteidigung schwächen müßte. Wie soll man verlangen, könnte jemand fragen, daß das Proletariat sein Blut für eine Sache opfert, die ihm verdächtig, ja wertlos gemacht wird? Glaubt man wirklich, daß das Proletariat sich für die Demokratie bis zum todesmutigen Kampfe wird begeistern können, wenn man ihm darlegt, daß die politische Demokratie und die demokratische Republik nur widerspruchsvolle Staatsformen sind, die dem sozialistischen Ideal fernstehen?

Dieser Einwand klingt sehr bestechend, erweist sich aber bei näherem Zusehen als sehr mißverständlich. Das Proletariat hat in der Geschichte schon wiederholt für die Erkämpfung oder Verteidigung der Demokratie sein Blut vergossen; aber wofür es sich verblutete, wofür es begeistert war, das war in allen diesen Fällen *nicht die formale Demokratie, sondern die Idee einer neuen, freieren und gerechteren Gesellschaftsordnung,* als deren Symbol ihm bloß das Wort Demokratie galt. Unter Demokratie verstand es eben nicht die bloß formale Idee der Rechtsgleichheit, sondern die Idee der Herrschaft des Volkes, der Arbeitenden über die Müßiggänger, der Besitzlosen über die Besitzenden, zum Zwecke der Ermöglichung eines glücklicheren Lebens. Es ist auch gar nicht einzusehen, wie denn sonst viel Begeisterung dafür möglich wäre, daß man auch einen Stimmzettel abgeben dürfe und daß der Staat statt von einem Monarchen von einem Ausschuß der besitzenden Klassen regiert werde. Nur weil die Demokratie, die das Volk *meinte,* immer etwas anderes war als die, welche im Klassenstaate schließlich dann verwirklicht wurde, hat das Volk, das heißt die Masse der werktätigen Schichten, sich für die Demokratie begeistert und geopfert. Es war also im Grunde immer das, was wir in diesem Buche als den eigentlichen Sinn der Demokratie darlegen, die Idee der sozialen Demokratie, *der solidarischen Gesellschaft,* was die Forderung nach dem allgemeinen

Politische oder soziale Demokratie

Ein Beitrag
zur sozialistischen Erziehung

Von

Max Adler

1 · 9 · 2 · 6

E. Laub'sche Verlagsbuchhandlung G. m. b. H.
Berlin W 30

Wahlrecht und nach der Republik als dem "Volksstaat" mit dem Feuer des politischen Idealismus durchglühte. So war es schon in der ersten Arbeiterbewegung für das allgemeine Wahlrecht, im Chartismus, der dadurch zur ersten sozialistischen Massenbewegung wurde, und so auch wieder in der Agitation Lassalles, bei dem die Idee des allgemeinen Wahlrechtes zugleich den Aufruf zur Umgestaltung des Staates durch "die Idee des Arbeiterstandes" bedeutete. So, wie es dieser soziale Idealismus war, der in der *Erkämpfung* der politischen Demokratie die Massen bewegte, so muß er es auch in der *Verteidigung* der errungenen demokratischen Freiheiten bleiben; und nur aus ihm wird sich die moralische Energie ergeben, welche diese Verteidigung verlangt. Diese moralische Energie wird nicht geschwächt, sondern gestärkt durch eine Kritik, welche zeigt, daß auch die demokratische Republik noch ein Klassenstaat ist. Denn darin liegt ja gerade der mächtige Antrieb für das Proletariat, nunmehr die demokratischen Formen zur Überwindung dieses Klassencharakters zu gebrauchen. Und die Proletarier werden diese Demokratie und diese Republik um so leidenschaftlicher verteidigen, obgleich es nicht die soziale Demokratie und die soziale Republik ist, je mehr sie in ihr keinen Selbstzweck, sondern das starke Mittel erkannt haben, ihre eigenen revolutionären Ziele zu verwirklichen. Hingegen muß eine Sinnesart, welche die demokratische Republik als solche bereits als einen selbständigen Wert und nicht als bloßen Übergang betrachtet, alle moralische Verteidigungsenergie des Proletariates schwächen, sobald es sieht, wie alle Formen der Ausbeutung und des Elends des Proletariates in ihr weiterbestehen, ja in ihrer Rechtsordnung aufrechterhalten werden.

Wenn schließlich noch ein Wort der Rechtfertigung dafür verlangt wird, wieso ein Buch über wesentlich politische Fragen in einer Schriftenreihe zur Veröffentlichung gelangt, welche wesentlich an dem Aufbau einer neuen Geistesart arbeiten will, so muß ich auf den Inhalt des Buches selbst verweisen. Aus ihm wird hoffentlich zuletzt klar geworden sein, daß die Unterscheidung zwischen politischer und sozialer Demokratie selbst schon ein Stück dieser neuen Sinnesart ist und daß die entschlossene Verfolgung dieser Unterscheidung in alle ihre Konsequenzen eine Umgestaltung der Politik bedingt, die zugleich eine *sozialistische Selbsterziehung der Massen* voraussetzt. Die Forderung des "neuen Menschen", die heute mit immer größerer Intensität in den Mittelpunkt des sozialistischen Emanzipationskampfes tritt, bedeutet eben nicht nur ein pädagogisches Problem für die Jugend, sondern ebenso eine *Erziehungsaufgabe für die Erwachsenen*. Die Lösung der Aufgabe, welche der Begriff der Demokratie stellt, weist in eine neue Welt: sie wird daher auch nur von solchen Streitern für die Demokratie erbracht werden, die sie schon heute in ihrem Denken und Fühlen vorbereiten.

Wien, im Februar 1926.

1. Demokratie als Problem

Die Demokratie hat viele Probleme: ob das allgemeine Wahlrecht ihre genügende politische Ausdrucksform ist oder nicht vielmehr erst die direkte Gesetzgebung durch das Volk ihre eigentliche Vollendung bedeute; welche Rolle der Parlamentarismus in ihr spielt und ob er nicht durch Selbstverwaltung der Gemeinden und durch Schaffung von ökonomischen Vertretungskörpern aller Arten zu ergänzen sei; ob Zentralismus oder Föderalismus die eigentlich ihr angepaßte Organisationsform des Staates bilde; ob das alte Dogma von der Trennung der Gewalten wirklich demokratisch ist oder ob nicht vielmehr die Demokratie alles zugleich sein müsse: Gesetzgeber, Richter und Vollstrecker. Dies alles sind sehr wichtige und heute heiß umstrittene Fragen, von deren Entscheidung nicht nur die gegenwärtige Organisation der Demokratie abhängt, sondern auch die Gestaltung der Zukunft, so daß es begreiflich ist, daß sie ebensosehr im Mittelpunkte des Interesses der Politik wie der staatsrechtlichen Theorie stehen. Aber dies alles sind Probleme *der* Demokratie, Probleme, die sich erst *innerhalb dieser* ergeben und sie selbst als einen unbezweifelten und unbezweifelbaren Wert voraussetzen. Nicht von ihnen soll zunächst gesprochen werden, sondern über *das Problem der Demokratie*

selbst. Denn dies ist das Merkwürdige unseres allgemein als demokratisch ausgegebenen Zeitalters: die Demokratie selbst ist im höchsten Maße problematisch geworden. Sie ist zum Problem geworden nicht etwa bloß für einzelne Denker – das war sie immer –, sondern für große politisch reife Massen, die ihr heute skeptisch, ja mit Mißtrauen gegenüberzustehen beginnen. Das alte Vorurteil für die Demokratie ist dahin. Einstmals – da war es eine Selbstverständlichkeit, daß die Demokratie das politische und soziale Ideal zugleich sei, daß sie das Glück der Staaten und die Freiheit der Völker bedeute. Demokratie und Fortschritt waren *eine* Sache. Die großen Traditionen der Französischen Revolution und der deutschen Freiheitskämpfe umgaben die Demokratie mit ihrem historischen Glanze, so daß sich jedem das Herz erwärmte in dem Gefühle, auch Demokrat zu sein und diese ruhmreiche Gesinnung durch sich fortwirken zu lassen. Und vor allem die proletarischen Massen innerhalb der Sozialdemokratie fühlten sich als die eigentlichen Träger, ja als die einzigen echten Freunde der Demokratie gegenüber der Lauheit und Abtrünnigkeit einflußreicher Schichten des Bürgertums.
Heute ist diese Haltung gegenüber der Demokratie gerade im Proletariate ganz anders geworden. In großen Teilen desselben, die unter dem Einfluß der bolschewistischen Theorien stehen, ist es so weit gekommen, daß die Demokratie geradezu als eine gefährliche Illusion betrachtet wird. Sie erscheint als ein großer Trug, durch welchen das Freiheitsstreben der Massen irregeführt wird, indem es auf Mittel hingeleitet wird, die sich als völlig untauglich erweisen, das Proletariat wirklich zu befreien. Aber auch innerhalb der Sozialdemokratie beweisen die theoretischen Bestrebungen, das eigene Festhalten an der Demokratie doch von einem Aufgehen in bürgerliche Demokratie scharf zu scheiden, daß auch hier die alte naive Parteinahme "für die Demokratie" geschwunden ist.
Woher ist diese Wandlung gekommen? Das hängt mit den furchtbaren Enttäuschungen und seelischen Erschütterungen zusammen, die zuerst der Krieg und nachher die Zeit des Umsturzes besonders für die Massen des arbeitenden Volkes mit sich gebracht haben. Sobald erst wieder einmal der verhängnisvolle Rausch vorüber war, der bei Ausbruch des Krieges und auch während desselben nur allzu viele Arbeiter in die Kriegsstimmung hineintaumeln ließ, sobald erst wieder klare Besinnung und Überlegung sich geltend zu machen begannen, mußte die furchtbare Tatsache zu denken geben, daß der Krieg nicht nur von jenen Mächten getragen wurde und als ein Mittel ihrer imperialistischen Bestrebungen auftrat, bei denen Demokratie niemals einen wirklichen Inhalt gehabt hatte, sondern auch von den großen historischen Demokratien. Nicht nur die Militärdespotien wie die habsburgische, die hohenzollerische und die Romanows, sondern ganz ebenso die ruhmreichen Demokratien Frankreichs, Englands und Amerikas trieben ihre Völker auf die Schlachtfelder, ohne daß überall diese Massen selbst gefragt worden wären oder auch nur deutliche Vorstellungen darüber hatten, wofür sie sterben sollten und ob "die Interessen des Vaterlandes" auch wirkliche Interessen für alle Kinder dieses Vaterlandes waren. Daß der Krieg auch dort, wo scheinbar das Volk herrschte, nicht nur ebenso unvermeidlich, sondern vielmehr ebenso begeistert, ebenso als eine Volkssache, als ein Lebensinteresse der Nation vertreten wurde wie dort, wo er ganz offenbar als ein verhaßter Zwang eines herrschenden Systems erschien – das mußte gerade die Gemüter, die an der Demokratie als einem Ideal hingen, mit den schmerzlichsten Zweifeln erfüllen.
Zu dieser einen großen Enttäuschung gesellte sich nach dem Umsturze die zweite: Mitteleuropa hatte eine der gewaltigsten politischen Umwälzungen durchgemacht, die je die Geschichte zu verzeichnen hatte. Mit den Dynastien der Hohenzollern und Habsburger waren Throne gestürzt worden, deren Bestand noch kurz vorher, auf dem Gipfel ihrer sieghaften und riesigen militärischen Machtentfaltung, für unerschütterlich gelten mußte, wie große politische Reformen man auch sonst als wahrscheinlich erwarten durfte. Die preußische Militärdespotie war mit einem Male eine demokratische Republik geworden, das gewaltige Völkergefängnis Österreich-Ungarn bestand nicht mehr, an seiner Stelle ebenfalls eine Reihe von Republiken und freigewordenen Nationalstaaten – ein beispielloser Sieg der Demokratie besonders in den deutschen Gebieten. Aber bei all dieser ungeheuren Kraftentfaltung politischer Massenstrebungen und Massenkräfte *blieb das soziale Leid des Volkes ungemindert.* An der Fron und Ausbeutung der Arbeiterklasse, an dem erbitternden Gegensatz von Reich und Arm, an der

ökonomischen Not des Tages hatte für die überwiegende Masse des werktätigen Volkes selbst dieser märchenhafte Umschwung zur Demokratie nichts geändert. Ja, im Gegenteil, die Leichtigkeit und Skrupellosigkeit, mit welcher die kapitalistische Spekulation gerade aus der Not der Zeit, aus der ungeheuren Geldentwertung, aus dem Wirbeltanz der Preise nur neue Schätze zu ihren alten aufhäufte, daneben fabelhafte neue Vermögen entstehen ließ, während die Arbeit in Fabrik und Büro, in Werkstätte und Schreibstube kaum des Lebens Notdurft zu erschwingen vermochte, dies alles ließ die eben errungene Demokratie gar vielen als einen bloß hochtönenden Namen erscheinen, der keinen neuen Inhalt, sondern eine recht alte Sache bezeichne, da unter ihr sich das ganze alte Wesen des kapitalistischen Systems ungebrochen erhalten habe.
Demgegenüber mußte sich besonders dem Proletariate in geradezu verlockender Ausmalung der Zustand der Dinge darstellen, wie er durch die proletarische Revolution in Rußland begründet zu sein schien. Noch lagen ja keine kritischen Nachrichten vor, welche die russischen Wundermären berichtigten. Dort – so hörte man es, und so glaubte man es gerne – hatte auf dem Wege der gewaltsamen Eroberung der politischen Macht das Proletariat, trotzdem es nur eine geringe Minderheit im russischen Volke darstellte, einen völligen Neubau des Staates im Sinne der Begründung einer sozialistischen Gesellschaft vorgenommen. Der Kapitalismus war vernichtet, mit ihm die Ausbeutung und die jammervolle tägliche Not, und dies nicht durch die in Europa sich so ohnmächtig erweisende Demokratie, sondern durch das Gewaltregiment des Proletariats. Aus den Lehren von Marx und Engels waren dem Proletariate die Begriffe des revolutionären Klassenkampfes und der Diktatur des Proletariats zwar bis dahin nicht eben geläufige, aber doch bekannte Vorstellungen. Nun schienen sie an den gewaltigen Vorgängen in Rußland ihre große geschichtliche Bewährung zu erhalten: man sah hier die Sieghaftigkeit einer Methode, die von jener der Demokratie ganz verschieden schien. Und so entstand in den Arbeiterschichten eine neue Parole: Diktatur, nicht Demokratie! Weg mit dem Parlamentarismus – "alle Macht den Arbeiterräten!" –, das war das zündende Schlagwort, das nun die Menge überall faszinierte. Hier schienen sich nun die Wege des Alten und des Neuen wirklich und verheißungsvoll zu trennen. Aus der Entwertung der Demokratie in eine bloße neue Form für einen alten Inhalt und dem scheinbar vollen Erfolg der proletarischen Diktatur in Rußland ergab sich jene tiefgehende Skepsis im Proletariate gegenüber der Demokratie, die auch nicht gewichen ist, nachdem sich die anfänglich so überschwenglichen Meinungen und Hoffnungen durch die bessere Bekanntschaft mit den Bedingungen und dem Verlauf der bolschewistischen Revolution in Rußland berichtigen mußten. Denn wie immer auch die Wirklichkeit in Rußland nicht den Idealen des Sozialismus und sicher auch nicht den eigenen Idealen des Bolschewismus entsprach, so ist doch kein Zweifel, daß die Theorie und Praxis des Bolschewismus das Problem der Demokratie in den Mittelpunkt des Interesses nicht nur der Politik, sondern vor allem der marxistischen Theorie gerückt hat. Und es gehört zu den großen geschichtlichen Wirkungen Lenins, mit seinem Buche *Staat und Revolution* eine Bewegung der Geister ausgelöst zu haben, die parallel der gewaltigen Bewegung der Massen in Rußland geht und die ihre geschichtlichen Wirkungen erst noch zeitigen wird. [1]

2. Die Kritik an der Demokratie

Es wäre aber falsch, zu meinen, daß die Skepsis an der Demokratie erst mit dem Bolschewismus begonnen hat. Sie ist vielmehr uralt, ja fast so alt wie die Demokratie selbst. Schon in ihrer ersten großen europäischen Blütezeit, in der Zeit der alten griechischen Demokratie, entstand jene Skepsis und Kritik, die bereits Argumente verwendete, welche noch heute ihre

[1]) Vgl. zur Kritik des Bolschewismus: O. Bauer, *Bolschewismus oder Sozialdemokratie?*, Wien 1920, 2. Aufl. und *Der neue Kurs in Sowjetrußland,* Wien 1921, ferner meine Schrift *Demokratie und Rätesystem,* Wien 1919, und meine Einleitung zur Wiener Ausgabe des *Kommunistischen Manifestes,* Wien 1922, 2. Aufl.

Kraft und Popularität nicht verloren haben. Bekannt sind die kritischen Bedenken, die Sokrates und Plato gegen die Demokratie erhoben haben, besonders gegen das Grundprinzip der Besetzung aller Staatsämter durch die Wahl oder gar durch das Los. Immer wieder wird die Demokratie mit dem Vorwurf lächerlich gemacht, daß man zwar, um z.B. gebrauchsfähige Waffen zu haben, zum Waffenschmied gehe, und um sicher das Meer zu befahren, nicht nach Majoritätsbeschluß irgend jemanden zur Steuerung des Schiffes wähle, sondern den tüchtigsten Steuermann berufe. Dagegen meine man offenbar, daß zur Besorgung der Staatsgeschäfte jeder genau so geschickt sei, wie irgendein beliebig anderer, da man sonst doch nicht das Los entscheiden lassen könnte. Eine tiefsinnige Lösung dieser Problematik der Demokratie, auf die noch zurückzukommen sein wird, versuchte der Sophist Protagoras. Er kleidete sie in die Form eines Mythos, wonach die Menschen ursprünglich vereinzelt, ohne Recht und Sitte gelebt hätten und deswegen, wo sie aufeinanderstießen, miteinander kämpften, bis die Götter Mitleid mit ihnen empfanden und ihnen durch Hermes zwei himmlische Gaben zusendeten: Aidos und Dime, Rechtsgefühl und Ehrgefühl. Diese Güter aber hat Hermes unter *alle* Menschen gleich verteilt. Darum ist es möglich, durch demokratische Wahl, ja sogar durch das Los jeden Beliebigen zur Staatsleitung zu berufen. Denn die Götter haben den Sinn für bürgerliche Ehre und für Recht in die Brust jedes Menschen gelegt und mit dieser Ausstattung sie alle in gleicher Weise fähig gemacht, in der Leitung und Verwaltung der allgemeinen Angelegenheiten tätig zu sein.[2])

Auch die neuere Zeit empfindet, sobald das Denken sich wieder den Staats- und Gesellschaftsproblemen zuwendet, sofort die Problematik der Demokratie. Warum soll das, was die Mehrheit beschließt, auch die Minderheit verpflichten? Diese Frage ist ein Kernproblem der Naturrechtslehre seit dem 17. Jahrhundert, und sie wird eigentlich dahin gelöst, daß es ein Scheinproblem sei, weil es letzten Endes gar keine wirklichen, die Minorität vergewaltigenden Beschlüsse gibt. Diese merkwürdige Lösung, die an die Durchhauung des Gordischen Knotens erinnert, geht nämlich von einem Gedanken aus, der in der Naturrechtslehre zu immer größerer Bedeutung aufsteigt, ja schließlich ihren Zentralpunkt ausmacht: von dem Gedanken eines Urvertrages, durch den alle staatliche Ordnung überhaupt erst möglich und durch den das gesellschaftliche Leben als Rechtsleben erst begründet wird. Dieser Grundvertrag kann aber seinem Wesen nach nur *einstimmig* abgeschlossen sein. Er enthält die einstimmige Verfügung, daß zwar nicht er selbst, aber alle innerhalb seines Rahmens erforderlich werdenden Ausführungsbestimmungen durch Mehrheitsbeschluß aller Stimmberechtigten abgeändert werden können. Auf diese Weise erklärt sich die Bindung der Überstimmten aus ihrem eigenen Grundwillen; *sie haben schon von Anfang an,* als sie die Rechtsordnung wollten, auch *gewollt und sanktioniert,* daß sie eventuell überstimmt werden.

Im Grunde genommen erklärt diese Theorie des Naturrechtes echte Demokratie für identisch mit Einstimmigkeit und den Mehrheitsbeschluß als einen Widerspruch, der aufzuklären ist. Und wir werden noch sehen, daß hierin ein ganz richtiger Gedanke steckte, der nur deshalb so zu künstlicher Interpretation und Rechtfertigung des Majoritätsbeschlusses gezwungen war, weil die naturrechtliche Spekulation noch nicht die ökonomische Differenzierung der Gesellschaft und damit auch der Demokratie ins Auge faßte und fassen konnte. Daß aber in der Tat das Majoritätsprinzip durchaus nicht, wie man das so oft meint, zum Wesen der Demokratie gehört, sondern sogar einen schreienden Widerspruch zu ihr darstellt, ist dann auch immer wieder hervorgehoben worden. Denn wenn man auch die gewagte Grundvoraussetzung des Naturrechtes machte, daß der gesellschaftliche Grundvertrag schon im voraus die Majoritätsentscheidung zugelassen habe, war damit nicht eigentlich gesagt, daß man im voraus darauf verzichtet hätte, die Rechtsordnung planmäßig, rational und moralisch zu gestalten, um dies vielmehr dem Zufall auszusetzen? Die alten skeptischen Fragen des Sokrates erneuern sich hier. Was für eine Garantie besteht dafür, daß die Majorität auch wirklich die Vernünftigeren

---

[2]) Siehe Plato, *Protagoras* 11, 12, 13. – Über Protagoras als Theoretiker der Demokratie vgl. die sehr aufklärenden Arbeiten von Professor Adolf Menzel in der *Zeitschrift für Politik,* III., S. 230 ff. und seine Studie über *Kallikles,* Wien, Deuticke 1922, S. 1-3.

und Besseren, ja auch nur die Fachkundigeren umschließe? Und hat nicht einer der leidenschaftlichsten Verfechter von Volksrechten, Friedrich Schiller, als schmerzlichste Erfahrung aus den gewaltigen Revolutionserlebnissen seinerzeit der Demokratie diese Grabrede gehalten:

"Die Mehrheit?
Wer ist die Mehrheit? Mehrheit ist Unsinn;
Verstand ist stets bei wenigen nur gewesen.
. . . Man soll die Stimmen wägen und nicht zählen;
Der Staat muß untergehn, früh oder spät,
wo Mehrheit siegt und Unverstand entscheidet."

Ja, der Widersinn des Majoritätsprinzips tritt zuweilen auch schon bei seiner praktischen Handhabung hervor. Daß neunzig gegen zehn recht haben sollen, scheint vielen selbstverständlich. Aber gilt dies auch, wenn 51 gegen 49 stehen? Und wenn die Stimmen gleich sind und dann das Los entscheidet, zeigt sich darin nicht deutlich, daß die ganze Abstimmung nur eine Art Lotterie war? Es ergibt sich also die unbehagliche Situation, daß die Anhänger der Majoritätsentscheidung eigentlich nicht zu sagen vermögen, wann die Majorität anfängt, eine "gerechtfertigte" Majorität zu sein.

Dies war die Kritik an der Demokratie schon im 18. Jahrhundert und noch auf bürgerlichem Standpunkte.[3]) Aber auch im sozialistischen Lager ist die Kritik der Demokratie, ja die Skepsis ihr gegenüber eigentlich so alt wie der Sozialismus selbst. Wir werden noch sehen, wie und warum schon die Stammväter des modernen Sozialismus, die großen Utopisten, geradezu leidenschaftliche Bekämpfer der Demokratie waren. Und mit Proudhon hat jene Richtung des Sozialismus, die sich seit Bakunin als Anarchismus bezeichnet, begonnen, die immer schärfere Kritik an der politischen Demokratie übte, deren Freiheiten sie als ebenso viele Illusionen vom Standpunkte des Proletariats nachzuweisen bestrebt war. Ebenso hat in der jüngsten Vergangenheit der Syndikalismus in Frankreich und Italien die demokratischen Ziele und Forderungen ganz und gar hinter die von ihm allein zur politischen und ökonomischen Befreiung für tauglich gehaltene direkte Massenaktion des Proletariats zurücktreten lassen. Und schließlich finden sich auch bei Marx und Engels selbst häufig sehr kritische und skeptische Bemerkungen über den Wert der Demokratie. Wiederholt hat Marx den kleinbürgerlichen Geist bloßgestellt, der hinter den landläufigen Idealen der Demokratie steht. In den *Randglossen zum Gothaer Programm* spottet er über "die vulgäre Demokratie, die in der demokratischen Republik das Tausendjährige Reich sieht und keine Ahnung davon hat, daß gerade in dieser letzten Staatsform der bürgerlichen Gesellschaft der Klassenkampf definitiv auszufechten ist".[4]) Und bekannt ist sein bitteres Wort vom "parlamentarischen Kretinismus", für jene Auffassung des proletarischen Klassenkampfes, welche meint, denselben bloß durch den Kampf der Parteien

---

[3]) Nur eine Neuauflage dieser noch rein ideologischen Kritik, welche heute durch die Außerachtlassung der gesellschaftlichen Bedingtheit der Demokratie naiv und falsch wirkt, bringen die übrigens ebenso temperament- wie geistvollen Schriften Leonard Nelsons *Demokratie und Führerschaft* und *Erziehung zum Führer* (Leipzig 1920). So sehr die Tendenz Nelsons anzuerkennen ist, die Mechanisierung und Seelenlosigkeit des Massengeistes sowie die Traditionsgläubigkeit des einzelnen zu bekämpfen, so ist doch gerade dies ganz unmöglich, wenn man in der "Demokratie" einen genügend bestimmten Begriff vor sich zu haben glaubt und diesen dann noch dazu bloß als eine "geistige Entartung" wertet. Es fehlt ganz der sozial*kritische* Standpunkt, der zu der Prüfung drängt, ob die Formen, welche die Demokratie im Klassenstaate hat, ihre einzigen sind oder auch nur zu ihrem Wesen gehören. – Sehr wohltuend von dem geistigen Hochmut dieser Auffassung, die Demokratie und Auslese der Tüchtigsten als einen Widerspruch ansieht, unterscheidet sich der Standpunkt des amerikanischen Staatssekretärs David Jayne Hill. Auch er behandelt in seinem Büchlein *Lebensbedingungen der Demokratie* (Berlin 1922) die Frage, wie sich die Demokratie gegen die Gefahr schützen solle, daß nicht die Tüchtigsten gewählt werden, und beantwortet sie kurz und bündig dahin, daß man die Masse eben immer tüchtiger machen müsse (S. 13). In der Tat ist das viel verhandelte Problem "Masse und Führerschaft" kein Problem gegen die Demokratie, nicht einmal ein Problem in der Demokratie, sondern eine *Aufgabe* der Demokratie. Vgl. hierzu auch Max Adler, *Klassenkampf gegen Völkerkampf*, 1919, Kapitel "Masse und Idee".

[4]) A. a. O., hrsg. von Karl Korsch, Berlin 1922, S. 33.

im Parlament, durch kluge Klubpolitik und Abstimmungen zum Siege zu führen. Und Engels hat geradezu als Niederschlag seiner Jugendeindrücke aus dem gesellschaftlichen, ökonomischen und politischen Leben Englands die Worte geschrieben, die auch weiterhin ein Leitmotiv des Marxismus bleiben sollten: "Die bloße Demokratie ist nicht fähig, das soziale Übel zu heilen. Die demokratische Gleichheit ist eine Schimäre, der Kampf der Armen gegen die Reichen kann nicht auf dem Boden der Demokratie oder der Politik überhaupt ausgekämpft werden. Auch diese Stufe ist also nur ein Übergang, das letzte rein politische Mittel, das noch zu versuchen ist und aus dem sich sogleich ein neues Element, ein über das politische Wesen hinausgehendes Prinzip entwickeln muß. Dieses Prinzip ist das des Sozialismus."[5])
Gleichwohl aber haben Marx und Engels das Proletariat immer wieder darüber belehrt, daß es die Demokratie im Staate erkämpfen müsse. Schon im *Kommunistischen Manifest* heißt es, "daß der erste Schritt in der Arbeiterrevolution die Erkämpfung der Demokratie ist". Und Engels hat die Demokratie als die Form bezeichnet, in der die Diktatur des Proletariats zur Ausübung gelangen wird. Hält man diese verschiedenen Aussprüche der Hauptvertreter des modernen Sozialismus gegeneinander, so scheint sich die Problematik der Demokratie bis zum krassen Selbstwiderspruch zu steigern. Und besonders der Marxismus, welcher beansprucht, der sozialistischen Bewegung ihre theoretische Grundlage gegeben zu haben, scheint hier nicht nur keine Ausnahme zu machen, sondern geradezu einen klaffenden Zwiespalt zwischen seiner die Demokratie als bürgerliche Ideologie erklärenden Theorie und seiner politischen Praxis darzustellen, die sich dieser "Ideologie" ausgiebig bedient. Die Bloßstellung dieses Widerspruches gehört denn auch zum fast eisernen Besitzstande der bürgerlichen Kritik des Marxismus. Wollen wir zusehen, ob dieser Zwiespalt von marxistischer Theorie und Praxis wirklich vorhanden ist.

3. Die Doppelsinnigkeit des Wortes Demokratie

Alle diese der Demokratie entgegengehaltenen Widersprüche, die zu den verschiedensten Zeiten und in den verschiedensten geschichtlichen Situationen immer neu aufgegriffen werden, haben ihren Grund darin, worin überhaupt der Grund so vieler sozialer Probleme liegt, in einer *Zweisinnigkeit des Wortes Demokratie,* die wieder nur die Folge der Klassenspaltung des historischen gesellschaftlichen Lebens ist. Der Begriff der Demokratie, der einmal in seinem revolutionären Werden einen eindeutigen Inhalt bezeichnete – Volksherrschaft gegenüber Herrschaft eines oder einiger privilegierter Stände –, ist nach seinem Siege überall ein zweideutiger Begriff geworden, so daß ohne ein klares Bewußtsein von diesem Sachverhalte der kritiklose Gebrauch dieses Wortes notwendig zu unlöslichen Schwierigkeiten führen muß, bei denen die eine Wortbedeutung mit der anderen in Widerspruch gerät. Wir müssen also am Anfange jeder Erörterung "über Demokratie" zwischen zwei ganz verschiedenen Bedeutungen unterscheiden, die heute beide den Namen der Demokratie tragen. Einerseits bedeutet das Wort Demokratie einen historischen Inhalt, eine Verfassung, die irgendwann und irgendwo tatsächlich erobert und eingeführt wurde und einen tatsächlichen Fortschritt in der politischen Entwicklung ausmacht. In diesem Sinne ist die Demokratie eine geschichtliche Tatsache. Die andere Bedeutung des Wortes geht aber auf die Zukunft, auf das, was sich ereignen soll. Sie ist nicht von historischem, sondern von programmatischem Inhalt, sie meint nicht die Demokratie, die *ist,* sondern die, welche sein *soll.* Und dieser Unterschied ist nicht etwa ein bloß abstrakter, der seine Bedeutung in rein logischer Trennung erschöpft, sondern er erfüllt sich sofort mit einem bedeutungsvollen soziologischen Inhalt und mündet dadurch in lebendiges politisches Leben aus. Der erste Bedeutungsinhalt der Demokratie ergibt nämlich, wie wir sehen werden, ihren *bürgerlichen* Sinn, die bürgerliche Demokratie, d.h. einen Begriff der Demokratie, der sich in der politischen und ökonomischen Entwicklung des Bürgertums realisiert

---

[5]) Friedrich Engels, *Schriften der Frühzeit,* hrsg. von Meyer, S. 303.

hat. Die zweite Bedeutung ergibt einen *proletarischen* Sinn, die proletarische Demokratie, die sich erst durch den politischen und ökonomischen Sieg dieser Klasse realisieren kann und wird. Der erste Begriff gehört vollständig in die *bürgerliche Ideologie,* deren politischen Idealismus er erschöpft. Der zweite Begriff mündet notwendig in die *sozialistische Ideologie,* ohne welche er nicht durchzudenken ist. Der erste Begriff hat daher ganz notwendig einen *konservativen* Charakter, der zweite ganz ebenso einen *revolutionären.* Der Staat, in welchem nach dem ersten Begriff das "Volk" herrschen soll, ist der *Klassenstaat,* nach dem zweiten aber die *klassenlose Gesellschaft.*

So verschiedene Inhalte gehen also heute unter dem gleichen Namen der Demokratie, und da ist es wohl kein Wunder, daß dieser Begriff widerspruchsvoll werden muß. Um so mehr, wenn man bedenkt, daß man allezeit, sobald über die Demokratie diskutiert wurde, gewöhnlich von der tatsächlichen Demokratie spricht, aber zugleich die Idee der Demokratie meint. Und so haben wir schon jetzt einen außerordentlich klärenden Gesichtspunkt gewonnen: die Demokratie, von der man die Beispiele ihres widerspruchsvollen Wesens nimmt, ja die Demokratie, die gewöhnlich gemeint ist, wenn von Demokratie überhaupt gesprochen wird, ist die bürgerliche Demokratie, die Demokratie im Klassenstaate, das heißt also eigentlich die Demokratie, die keine ist und keine sein kann, weil im Klassenstaate ja niemals das Volk, sondern eben eine Klasse oder eine Mehrzahl von Klassen herrscht.

4. Demokratie als bürgerliches Ideal

Um den Doppelsinn, den das Wort Demokratie deckt, in seiner Bedeutung recht einzusehen, muß man sich eines klarmachen, was weder auf bürgerlicher noch auf proletarischer Seite genügend deutlich im Bewußtsein steht: daß nämlich die Demokratie ein wesentlich *bürgerliches Ideal* und eine nur bürgerliche Demokratie ist, wenn sie keinen anderen Inhalt hat als den der Gleichheit vor dem Gesetz, des gleichen Rechtes alles dessen, "was Menschenantlitz trägt". Das Prinzip der Rechtsgleichheit ist ein noch durchaus bürgerliches Prinzip; wollen wir uns klarmachen, was damit gesagt ist.

Das Prinzip der bürgerlichen Demokratie, das ihr Leben durchglühte und ihre Verkünder mit der Begeisterung des Ideals erfüllte, war der Gedanke, daß alle Menschen von Natur aus frei und gleichgeboren seien und daher auch vor dem Gesetze gleich sein müßten. Der Gedanke der *Rechtsgleichheit* wurde so zu ihrem eigentlichen Kampfruf. Dieser Gedanke erscheint uns heute wie selbstverständlich. Wir wissen wohl aus geschichtlicher Kenntnis, daß es einmal eine Welt der Standesunterschiede gegeben hat, in der diese Rechtsgleichheit nicht bestand. Aber es ist uns heute fast unmöglich, uns in den psychologischen Zustand einer Zeit zurückzuversetzen, in der die Idee der Rechtsgleichheit nicht nur nicht etwas Selbstverständliches war, sondern im Gegenteil etwas Falsches, weil die *Rechtsungleichheit,* in welcher Generationen und Generationen seit undenklicher Zeit aufgewachsen waren, gelebt und ihr Leben beschlossen hatten, als eine Naturordnung erschien. Wird ja voraussichtlich auch einer späteren Zukunft unsere heutige Zeit der *ökonomischen* Ungleichheit als etwas ganz Unverständliches erscheinen, worüber man sich erst durch historische Studien wird unterrichten müssen, werden doch kommende Geschlechter es auch als selbstverständlich finden, daß die Lebensnotwendigkeiten für jeden Lebenden von Anfang an gesichert sind, wie die Luft zum Atmen allen freisteht, und sie werden nicht ohne weiteres verstehen, was es geheißen hat, daß ein großer Teil der Menschen nicht einfach leben konnte, sondern sich "sein Leben verdienen" mußte. Wir denken alle immer viel zu schematisch, verbinden viel zu wenig Anschauungen und Lebensgefühl mit unseren sonst trefflich bearbeiteten Begriffen, und so kommen wir oft bei den alltäglichsten Vorstellungen und Erkenntnissen, ja gerade bei diesen, nicht dazu, uns der nicht selten grundlegenden Änderungen bewußt zu werden, die sie in den Anschauungen und Gefühlen, in der ganzen Breite des Daseins bezeichnen.

So auch hier, wenn wir von der heute zur Banalität gewordenen "Idee der Gleichheit vor dem Gesetze" reden. So wenig sie selbst heute noch verwirklicht ist, so überflüssig erscheint es doch, auch nur ein Wort der Verteidigung an sie zu verlieren. Darum ist es doppelt nötig, sich einmal geistig in jene Zeit zurückzuversetzen, wo der Gedanke, daß alle Menschen von Geburt aus gleich seien, geradezu als falsch gelten mußte, sofern er überhaupt gefaßt wurde, weil ihn ja eine uralte Erfahrung tausendfach widerlegte. Der Gedanke war so wenig selbstverständlich, daß er erst auf den Barrikaden der Französischen Revolution erkämpft werden mußte und daß gar viele Köpfe, in die er absolut nicht hineinzubringen war, einfach abgeschlagen werden mußten, um ihm Lebensraum zu geben.

Die Gesellschaft war bis dahin auf dem *Ständewesen* aufgebaut, und dieses beruhte geradezu auf dem entgegengesetzten Gedanken, nämlich, daß die Menschen von Geburt aus nicht gleich sind, weil sie von vornherein in einem Stande zur Welt kommen, der ihnen zeitlebens ihre Rechte und Pflichten zumißt. Das Wesen der ständischen Gesellschaft besteht darin, daß die in ihr bestehenden Unterschiede des Geltungswertes des Menschen im Staate *Rechtsunterschiede* waren. Und diese Rechtsunterschiede waren an die Geburt geknüpft, mit alleiniger Ausnahme des geistlichen Standes, der dies wenigstens seiner Idee nach, wenn auch nicht immer tatsächlich, ausschloß. Schon in der Wiege war dem Kinde das Maß seiner Rechte und – was praktisch wichtiger war – seiner Pflichten zugeteilt, das es in seinem ganzen Leben erreichen mochte respektive erfüllen mußte. Und nur ausnahmsweise, am häufigsten auf dem Wege der kirchlichen Laufbahn, konnte ein bäuerlicher oder bürgerlicher Sprößling seine durch die Geburt sonst vorgezeichnete Rechtsstellung verändern. Und gerade dies, daß das Kind in der herrschaftlichen Wiege ein anderes Recht habe, gleichsam eine andere, bessere Art von Mensch sei, dem nur noch die gleichkommen, die durch die Priesterweihe aus dem großen Menschenstrome ausgeschieden waren – gerade dies war eine lebendige Rechtsüberzeugung auch in den niederen Ständen, es war auch eine ihnen unzweifelhafte Selbstverständlichkeit, so wie heute noch viele Armen es für selbstverständlich finden, daß es Reiche und Arme gibt, weil das "immer so war".

Es ist bekannt, wie diese Anschauungsweise und Grundstimmung der ständischen Gesellschaft durch die ökonomische und geistige Entwicklung ihres dritten Standes, des Bürgertums, immer mehr aufgelockert wurde. Schon *vor* seiner politischen Revolution hatte es diese in seinem Denken vollzogen. Die rationale Philosophie und die Naturwissenschaft hatte in einem großartigen Entwicklungsprozeß seit dem 17. Jahrhundert daran gearbeitet, in der immer radikaler auftretenden Forderung der alleinigen Herrschaft des Denkens ein Prinzip zur Geltung zu bringen, das keine himmlische und darum noch weniger eine irdische Macht über sich duldete. Und da dieses Prinzip überdies von jedem angewendet werden konnte, der Geist genug besaß, es zu handhaben, erwies es sich als die kühnste Niederwerfung aller Standesvorrechte. Im Denken konnte ein Kammerdiener seinen prunkenden Herrn übertreffen. Und wenn erst ein ganzer Stand, der Stand der schaffenden Arbeit, zu denken begonnen hatte, dann mußte das Institut der Standesvorrechte immer mehr den ideellen Mantel des Rechtes verlieren, um seinen wahren Inhalt nackt hervortreten zu lassen, den der Gewalt. Endlich wurde der Gedanke zur Tat: Das Bürgertum setzte schließlich jener Gewalt die seinige entgegen, beseitigte die Ständeunterschiede und begründete eine neue Rechtsordnung, in der nun alle Menschen feierlich für gleich erklärt wurden. "Freiheit, Gleichheit, Brüderlichkeit!" – das war das neue Dreigestirn, dessen strahlender Aufstieg nicht nur weit über die Grenzen Frankreichs hinaus die Welt mit Bewunderung und Begeisterung erfüllte, sondern das auch wirklich den Anbruch des langersehnten moralischen Reiches der Menschheit zu bedeuten schien, welches zugleich das Reich der Demokratie war. "Gleiches Recht für alle!", "Vor dem Gesetze sind alle Bürger gleich!", "Alle Menschen, frei geboren, ein gleichadliges Geschlecht!" – das war der neue Rechts- und Organisationsgedanke der Gesellschaft geworden, der Triumph der Demokratie, auf deren Grundlagen man nun wirklich meinte, alle die uralten gesellschaftlichen Ungleichheiten und Ungerechtigkeiten unter den Menschen endgültig überwunden zu haben.

5. Standesunterschied und Klassengegensatz

Aber gerade diese Epoche des glänzenden Sieges der demokratischen Idee war zugleich die erste Epoche ihrer tiefstgehenden modernen Kritik. Und es ist kein Zufall, daß diese Kritik an der Demokratie zugleich in dem Gewande der ersten revolutionären Gesellschaftskritik auftrat, die gegenüber der bürgerlichen Gesellschaftsanschauung die Ansätze zu der neuen sozialistischen Gesellschaftsauffassung begründete. Es sind die Schriften jener drei großen Gesellschaftskritiker, die wir seit dem *Kommunistischen Manifest* als die großen Utopisten und Vorläufer des modernen Sozialismus betrachten, es sind die Gedanken von Saint-Simon, Charles Fourier und Robert Owen, welche gleichzeitig mit einer tiefdringenden Kritik der eben erst sich entfaltenden kapitalistischen Wirtschaftsordnung auch ihre politische Seite, die Demokratie, einer ebensolchen scharfsinnigen Prüfung unterziehen. Und es ist noch viel zuwenig bekannt, daß alle diejenigen, welche Argumente suchen gegen die Überschätzung der Demokratie und der bloßen politischen Formen überhaupt, in den Schriften der genannten Denker, besonders aber bei Fourier, eine förmliche Rüstkammer finden könnten.
Das Auftreten dieser fulminanten Skepsis gegenüber der Demokratie gerade nach dem Siege ihrer Prinzipien in der Französischen Revolution ist kein Zufall, sondern steht vielmehr gerade mit diesem Siege in ursächlichem Zusammenhange. Es ist eine Folge der ungeheueren Enttäuschung, welche nach dem Siege der Französischen Revolution gerade diejenigen Gemüter am tiefsten erfüllen mußte, die vorher die größte Begeisterung für sie gehegt hatten. Denn nun hatte sich ja herausgestellt, daß der Sieg der Menschenrechte keineswegs auch der Sieg der Freiheit, Gleichheit und Brüderlichkeit gewesen war, daß von dem erträumten Reich einer neuen Menschlichkeit soviel wie nichts erfüllt worden war. Im Gegenteil: jetzt, nach Beseitigung der Standesungleichheiten, trat es um so deutlicher hervor, daß dies gar nicht die einzigen und entscheidenden gesellschaftlichen Ungleichheiten waren, sondern daß es vielmehr noch andere und so tiefgehende gesellschaftliche Ungleichheiten gab, die durch eine Rechtsgleichheit gar nicht erfaßt und daher auch gar nicht behoben werden konnten. Das waren die Ungleichheiten des Besitzes und damit der wirtschaftlichen Macht. Ja, diese Ungleichheiten wurden noch viel schroffer, weil infolge der Durchführung des Prinzipes der persönlichen Freiheit jetzt alle Fesseln mehr und mehr beseitigt wurden, welche aus dem alten Feudal- und Zunftwesen sowie aus den merkantilistischen und polizeilichen Regelungen aller Art herstammten. Eine zügellose Betätigung egoistischen Erwerbsstrebens, welche sich durch das politische Freiheitsprinzip noch dazu legitimiert hielt, machte die Reichen noch reicher und die Armen noch ärmer. So erkannte man bald, daß die Freiheit, die über die Revolutionsbarrikaden als Panier aufgepflanzt war, für die übergroße Masse der Armen und Besitzlosen nichts anderes war als die Freiheit, zu verhungern, und die Gleichheit nichts anderes als die Gleichheit der Ausbeutung, während die Brüderlichkeit auf den beiden Seiten, bei den Besitzenden und bei den Besitzlosen, sich wandelte in die wütende und rücksichtslose Konkurrenz um Gewinn auf der einen Seite und um das nackte Leben auf der anderen Seite. Diese neue Tatsache, die uns heute so selbstverständlich geworden ist, war bisher unter der offen zutage liegenden Ungerechtigkeit der ständischen Vorrechte verhüllt, welche man als die eigentliche Ursache des sozialen Übels betrachtete. Da aber nach der Revolution dieses soziale Übel fortbestand, ja noch ärger wurde, mußte für jeden nachdenklicheren Geist die eben eroberte Demokratie als eine wesenlose, das heißt das Wesen der Gesellschaft nicht eigentlich verändernde, bloße Form erscheinen. Und diese Form mußte man sogar für eine trügerische halten, weil sie den Massen eine solche wesentliche Änderung vortäuschte.
So lesen wir denn auch bei Saint-Simon: "Wir legen den Regierungsformen zuviel Wichtigkeit bei . . . Das Gesetz, das die Befugnisse und die Regierungsform bestimmt, ist nicht so wichtig, hat nicht soviel Einfluß auf das Glück der Völker wie dasjenige, *das die Eigentumsrechte bestimmt und ihre Ausübung regelt*. Die Art der parlamentarischen Regierung ist nur eine Form, und *das Eigentum ist der Kern*. Es ist also dessen Begründung, die in Wahrheit dem sozialen Gebäude als Unterlage dient." In Konsequenz dieser Anschauung hat auch bekanntlich Saint-Simon gar nichts von den Bestrebungen bloß politischer Parteien und von der

Gesetzgebung, die aus deren Kämpfen hervorging, erwartet, vielmehr stets von den "Legisten", wie er die Anhänger politischer Reformen nannte, mit großer Verachtung gesprochen und sie als eine Art sozialer Metaphysiker angesehen. War er doch überzeugt, daß es allein die Industrie ist, "in welcher in letzter Linie alle wirklichen Kräfte der Gesellschaft wurzeln", und daß es daher auch nur die Fortschritte in der Organisation der gesellschaftlichen Arbeit sind, welche die wirklichen Fortschritte des menschlichen Lebens ausmachen. Nicht von dem Parlamentarismus, sondern von dem "industriellen System", von "der neuen industriellen Welt" erwartete er die wirkliche Befreiung der Gesellschaft.

Bei Charles Fourier finden sich ähnliche Gedanken noch viel schärfer ausgedrückt. So fragt er einmal, was denn das für ein Glück und für eine Freiheit sei, unter einer Verfassung zu leben. Und die Antwort, die er gab, ist geeignet, auch noch heute so manche gedankenlose Schwärmer für bloße politische Freiheit etwas nachdenklicher zu stimmen. "Dem Hungernden", lautet seine Antwort, "ist nicht damit gedient, daß er, anstatt eine gute Mahlzeit zu genießen, die Verfassung lesen kann; es heißt den Notleidenden in seinem Elend beleidigen, wenn man ihm eine solche Entschädigung bietet." Und an einer anderen Stelle: "Was ist die persönliche Freiheit wert ohne die soziale? Der Bettler hat ein Einkommen, das kaum zum Leben genügt, trotzdem genießt er größere Freiheit als der Arbeiter, der, um leben zu können, an die Arbeit gefesselt ist. Doch seine Triebe bleiben unbefriedigt. Er will ins Theater gehen, aber hat kaum genug, um sich zu nähren . . . Die kleine zufriedene Minderheit besteht aus Müßigen oder aus solchen, die privilegierte Stellungen einnehmen. Kann man also behaupten, daß die soziale Freiheit besteht? Sie ist wie die Gleichheit und die Brüderlichkeit nur Schimäre. Die Brüderlichkeit sandte eine nach der anderen ihrer Koryphäen zur Guillotine, die Gleichheit dekorierte das Volk mit dem Titel Souverän, schaffte ihm aber weder Arbeit noch Brot. Es verkauft sein Leben um fünf Sous pro Tag (als Soldat), und man schleift es, die Kette am Hals, zur Schlachtbank. So sind Freiheit, Gleichheit und Brüderlichkeit nur Phantome." Mit dieser Kritik der Französischen Revolution hat Fourier im Grunde schon den Hauptgedanken aller Kritik an der bloß politischen Demokratie ausgesprochen, den man dahin zusammenfassen kann: Von politischen Rechten allein wird das Volk nicht satt. Politische Rechte allein können keine wirkliche soziale Freiheit und keine wirkliche gesellschaftliche Ordnung begründen. Sie sind daher auch kein genügendes Mittel zur Emanzipation des Proletariates, sie sind nicht imstande, die *gesellschaftliche* Ungleichheit, das heißt Armut und ökonomische Abhängigkeit, aus der Welt zu schaffen.

Ganz denselben Standpunkt hat schließlich auch jener große Sozialrevolutionär eingenommen, der mit seinen Forderungen der ökonomischen Selbsthilfe dem modernen Sozialismus am nächsten steht, Robert Owen. Auch er ist den Forderungen der bloßen politischen Demokratie und damit den Methoden der politischen Revolution stets kühl und fremd gegenübergestanden. So hat er insbesondere die erste große politische Arbeiterbewegung, die des Chartismus, nicht nur nicht mitgemacht, sondern sie als einen aussichtslosen Weg betrachtet, die Lage der leidenden Volksmassen zu verbessern. "Tausende schmachten", schreibt er, "im Elend und sterben täglich aus Mangel an Lebensmitteln, die sie leicht beschaffen könnten, wenn Unvernunft es nicht verweigerte. Und wenn die Charte bewilligt ist, was dann? Wird ein unaufgeklärtes demokratisch gewähltes Unterhaus mehr für das Volk tun als der Kongreß von Amerika für unsere Brüder auf der anderen Seite des Atlantischen Ozeans?"

Es war in der Tat eine neue Entdeckung auf sozialwissenschaftlichem Gebiete, die in dieser Kritik der großen Utopisten, aber auch anderer zeitgenössischer Denker, wie z.B. bei Carlyle, Sismondi u.a., zum Ausdruck kam, eine Entdeckung, deren erschütternde Bedeutung wir nur deswegen nicht mehr verspüren, weil ihr Inhalt uns ganz geläufig, ja selbstverständlich geworden ist: die Entdeckung, daß mit dem ständischen Gegensatz noch nicht alle sozialen Gegensätze beseitigt worden waren, sondern daß unter demselben sich nun ein neuer Gegensatz zeigte, der schon immer war, nur daß man ihn nicht gesehen hatte, der *Klassengegensatz*. Das ständische System mit seinen Privilegien und Beschränkungen lag gleichsam wie ein Schleier über der eigentlichen Struktur der Gesellschaft, die sich aus ihrer wirtschaftlichen Eigenart ergab. So konnte es scheinen, daß die der Vernunft widersprechende Ungleichheit der Menschen, die politische Rechtlosigkeit der Massen und damit die Ungerechtigkeit in der Verfassung des Staates nur beseitigt zu werden brauche, um wirklich ein Leben aller in Freiheit, Gleichheit und Harmonie zu begründen. Aus der *politischen Fehlerhaftigkeit* des Staates schien so der Quell alles Übels in der Gesellschaft zu entspringen.

Nun aber war dieser Quell verstopft, das ständische System war in Frankreich weggefegt worden, und nun zeigte sich in erschreckender Weise, daß die ständischen Ungleichheiten nur Ausdrucksformen einer viel tiefer verankerten Ungleichheit waren, einer Ungleichheit, die in den wirtschaftlichen Lebensbedingungen der Menschen selbst gelegen waren. Es eröffnete sich ein Gegensatz innerhalb der Gesellschaft, auf den das Denken der Menschen hoffnungslos hinstarrte, weil er durch das Prinzip der Rechtsgleichheit überhaupt gar nicht erfaßt werden konnte. Die Rechtsgleichheit konnte nur verfügen, daß alle in ihren Rechten gleichgestellt sein sollten; sie konnte aber nicht bewirken, daß sie auch in ihren Lebensbedingungen gleich wären. Die Rechtsgleichheit konnte nur bestimmen, daß z.B. das Eigentum eines jeden Bürgers gleich heilig und geschützt sein soll; aber sie konnte nichts dazu tun, *daß jeder Bürger auch ein Eigentum habe.* Zu den Besitzlosen konnte sie nur sagen: "Es tut mir leid um dich, mein Freund, daß du nichts hast; aber wenn du einmal etwas hast, was von mir nicht abhängt, dann werde ich dich genau so schützen wie jeden anderen." Die Rechtsgleichheit konnte weiter nur bestimmen, daß z.B. das Hausrecht eines jeden Bürgers heilig sei. Aber dadurch hatte der Obdachlose noch kein eigenes Heim, sich darin niederzulassen.

Es zeigte sich also, daß die wirtschaftliche Ungleichheit, die verschiedene Ausstattung der Bürger eines Staates mit der Verfügung über die Mittel des Lebens einen Gegensatz darstellt, welcher der rechtlichen Ordnung der bürgerlichen Demokratie ganz unerreichbar war. Es trat nur ein Faktor in den Vordergrund, den das Ständewesen bisher gänzlich verdeckt hatte, *der Faktor des Besitzes.* Und man kann es noch heute in dem berühmten Buche von Lorenz v. Stein *Der Sozialismus und Kommunismus im heutigen Frankreich,* das im Jahre 1842 erschien, nachlesen, welche gewaltige theoretische Erschütterung diese neue Erfahrung in dem sozialwissenschaftlichen Denken jener Zeit hervorgebracht hat. Nun tritt an die Stelle des Ständeunterschiedes die neue Vorstellung vom Klassengegensatz, und an die Stelle von Revolutionen, die bloß auf politische Umgestaltung des Staates gerichtet sind, tritt nun der Ausblick auf Umwälzungen, die sich damit nicht mehr begnügen können, weil ihr Ziel auf diesem Wege gar nicht erreichbar ist. So lesen wir bei Lorenz v. Stein schon gleich am Anfang seines berühmten Buches die folgenden Worte, die uns nur als eine Selbstverständlichkeit erscheinen, ihm selbst aber noch den Charakter einer kühnen Vorhersage zu haben schienen: "Ich stehe nicht an, eine Behauptung auszusprechen, die manchem vielleicht gewagt erscheinen wird. Die Zeit der rein politischen Bewegungen in Frankreich ist vorbei. Es bereitet sich eine andere vor, nicht weniger ernst und gewaltig. Wie sich am Ende des vorigen Jahrhunderts ein *Stand* des Volkes gegen den *Staat* empörte, so sinnt jetzt eine *Klasse* desselben darauf, die *Gesellschaft* umzuwälzen und die nächste Revolution kann schon jetzt nur noch eine *soziale* sein."[6])

6. Politische und soziale Demokratie

Nunmehr ist der Doppelsinn, den der Begriff der Demokratie heute in sich schließt und von dem wir ausgegangen sind, vollständig klar geworden. Das Wort Demokratie bezeichnet einmal einen bloß *politischen Tatbestand,* nämlich die politische Gleichberechtigung im Staate und in der Gemeinde. Das andere Mal aber bezeichnet es einen *ideellen* Tatbestand, nämlich die soziale Gleichheit aller Bürger in der Gemeinschaft. Die Verwirrung durch diesen Doppelsinn wird um so verderblicher, als die letztere Bedeutung auf das innigste mit dem Wortsinne

---

[6]) L. v. Stein, a. a. O., S. 3 – Über die Bedeutung dieses zu wenig gewürdigten Denkers für die Entwicklung der Gesellschaftslehre und über sein Verhältnis zu Karl Marx vgl. mein Buch *Die Staatsauffassung des Marximus,* Wien, Volksbuchhandlung 1922, S. 44 ff.

zusammenhängt, so wie wir *heute* das Wort Demokratie auffassen. Heute verstehen wir darunter die Volksherrschaft, wobei unter Volk stets an eine geistige und sittliche Gemeinschaft gedacht wird. Deshalb verbindet sich auch mit dem Begriff der Demokratie sofort die Vorstellung eines Ideals, weil man mit ihm sich gleichsam von selbst auf den Boden des Gemeininteresses gestellt sieht. [7]) Wenn man also für gewöhnlich von Demokratie spricht, so werden sofort die Gedanken und Gemüter für dieses Ideal der Volksgemeinschaft gestimmt; der Staat unter der Herrschaft der Demokratie erscheint dann als ein *Volksstaat,* als ein Institut der Allgemeinheit und als ein Organ des Gesamtinteresses. [8])

In Wirklichkeit ist aber die Demokratie, die wir heute haben, nichts von alledem und kann es nicht sein. Denn solange die Gesellschaft durch ökonomischen Klassengegensatz gespalten ist, ist sie selbst noch kein solidarisches Ganzes und kann aus sich auch noch keine Gemeinsamkeit der Lebens- und Entwicklungsinteressen hervorgehen lassen. Auf dieser Grundlage wird die Demokratie vielmehr selbst in den Kampf der Klasseninteressen hineingerissen. Weit entfernt, das Mittel einer Sicherung des Allgemeininteresses zu sein, wird sie vielmehr das wichtigste Mittel zur Vertretung der Sonderinteressen der einzelnen Klassen. Die Entscheidung in diesem Kampfe kann sie auf keinem anderen Wege suchen als auf dem der Majoritätsgewinnung. Und so erscheint das Majoritätsprinzip als die Seele der Demokratie, obgleich es der Demokratie als Idee der Wahrung des Allgemeininteresses widerspricht, daß das Interesse der Mehrheit dem der Minderheit aufgezwungen werde.

Es kreuzen sich eben unter dem Worte der Demokratie zwei ganz verschiedene und einander widersprechende Begriffe: ein Friedensbegriff, der von der Solidarität eines Ganzen ausgeht, das auf der freien Mitbestimmung aller seiner Glieder beruht, und ein Kampfbegriff, der aus der Gegensätzlichkeit der Interessen in der Gesellschaft entspringt, zu deren Austragung die politische Gleichberechtigung verlangt wird. Diese letztere Form der Demokratie ist diejenige, die allein in der bürgerlichen Gesellschaft, das heißt im Klassenstaate, möglich ist. Die andere Form dagegen ist diejenige, die erst in einer solidarischen, das heißt klassenlosen Gesellschaft, möglich sein wird. Nun meint man aber gewöhnlich, wenn von Demokratie gesprochen wird, zwar die heute mögliche Demokratie, denkt aber zugleich an die *Idee* der Demokratie, auf deren ethischen Sinn man nicht verzichten will. Daher ist es nötig, daß man in jedem Falle, wo von Demokratie gesprochen wird, bevor man sich Hals über Kopf in eine Diskussion hineinstürzt, die fortwährend zwischen diesen beiden Bedeutungen schwankt, zuerst fragt: *"Von*

---

[7]) Diese Bedeutung hatte das Wort Demokratie nicht immer. Schon in der Zeit der griechischen Antike hat das Wort Demokratie den Nebengedanken der Herrschaft der vielen über die wenigen, weswegen bei Plato und Aristoteles die Verfassungsform der Demokratie als eine dem sittlichen Staatszweck nicht förderliche abgelehnt wird. Und für die Zeit nach der Französischen Revolution hat Max Beer in seiner *Allgemeinen Geschichte des Sozialismus* die sehr aufklärende Bemerkung gemacht, auf die wir noch weiterhin zurückkommen werden, daß man im politischen Sprachgebrauche der ersten Hälfte des vorigen Jahrhunderts unter Demokratie die Forderung der Herrschaft der arbeitenden Schichten des Volkes, vor allem also der Arbeiterklasse, verstand (M. Beer, a. a. O., S. 406-407). – Ähnlich auch James Bryce, *Moderne Demokratie,* München 1923, I. Bd., S. 20. – Sehr charakteristisch für diese Auffassung des Begriffes Demokratie, die auch jene von Marx und Engels im *Kommunistischen Manifest* war, ist es, wenn wir in einer Streitschrift von M. Guizot aus dem Jahre 1848, *Die Demokratie in Frankreich,* den Begriff der Demokratie geradezu als das Prinzip des sozialen Unfriedens angeklagt sehen. "Was wollen heute jene angenommenen Worte 'demokratische Republik'", fragt Guizot, "welche als offizieller Name, als das Symbol der Regierung aufgestellt werden? Sie sind der Widerhall eines alten Rufes, des *Bürgerkrieges*; . . . eines Rufes, der gegen gewisse Klassen im Zorn von anderen erhoben wird, welche ihn wieder mit Schrecken gegen sich selbst ertönen hören." (*Deutsche Übersetzerzeitung,* Wien 1849, S. 19.)

[8]) Zu diesem ideengeschichtlich höchst wichtigen Zusammenhang des Begriffes der Demokratie mit der Idee einer freien, sich selbst bestimmenden Gemeinschaft vgl. die interessante Stelle bei Marx in dem Briefwechsel mit Ruge aus den *Deutsch-Französischen Jahrbüchern:* "Das Selbstgefühl des Menschen, die Freiheit, wäre in der Brust dieser Menschen erst wieder zu erwecken. Nur dieses Gefühl . . . kann aus der Gesellschaft wieder eine Gemeinschaft der Menschen für ihre höchsten Zwecke, einen demokratischen Staat machen." Marx-Engels, *Nachlaß,* I. Bd., S. 366.

was für einer Demokratie ist hier die Rede? Handelt es sich um die Demokratie im Klassenstaate oder in der klassenlosen Gesellschaft?" Nur so ist es möglich, endlich aus den fortwährenden Mißverständnissen und Verrückungen des Standpunktes herauszukommen und nicht nur über das Wesen der Demokratie, sondern wie wir alsbald sehen werden, über eine ganze Fülle damit zusammenhängender Grundprobleme der sozialistischen Politik ins klare zu kommen. Denn dann wird sich vor allem als richtunggebende Erkenntnis herausstellen, daß die Demokratie, die wir haben, überhaupt keine Demokratie im Sinne der Idee der Demokratie ist und es auch *niemals,* durch keinerlei politische Fortschritte und Reform werden kann, daß dagegen die Demokratie, die dies wirklich ist, noch gar nicht existiert. Kurz, wir werden zu der Einsicht geführt: die Demokratie, die wir *haben, ist keine* Demokratie, und die Demokratie, die es *ist, haben wir noch nicht.*

Um nun für die Auseinanderhaltung dieser beiden so grundverschiedenen Begriffe bequeme Bezeichnungen zu haben, habe ich bereits einmal vorgeschlagen, die Demokratie, die wir *haben* und die allein im Klassenstaate möglich ist, die *politische* Demokratie zu nennen, dagegen jene Demokratie, die wir *wollen* und die erst in der sozialistischen Gesellschaft möglich ist, als die *soziale* Demokratie zu bezeichnen.[9])

Man könnte die politische Demokratie auch die *formale* Demokratie nennen, weil bei ihr der ganze Gleichheitsinhalt der demokratischen Idee auf die bloße Form der Rechtsgleichheit beschränkt ist. Wenn ich trotzdem den Ausdruck politische Demokratie gebraucht habe, für den ich durchaus keinen Vorzug beanspruche, so deshalb, weil damit zugleich auch der enge Zusammenhang der formalen Demokratie mit dem Staate als der unsolidarischen Form des gesellschaftlichen Lebens betont wird. Es kommt damit also zum Ausdruck, daß die Überwindung der formalen Demokratie auch die Überwindung des Staates, das heißt der auf Klassenherrschaft gegründeten politischen Organisationsform der Gesellschaft, voraussetzt. Und es soll auf diese Weise von allem Anfang die Meinung verhütet werden, daß etwa eine Befreiung der Demokratie von ihrem bloß formalen Wesen schon im Staate möglich ist, wenn sie sich z.B. mit einem wirtschaftlichen Inhalte erfüllt und so zur "wirtschaftlichen Demokratie" wird. Hierüber werden wir ja noch ausführlicher zu reden haben.

Anderseits wird man vielleicht erwartet haben, daß an Stelle der Bezeichnung "politische Demokratie" der sehr geläufige und auch sehr bestimmte Begriff der "bürgerlichen Demokratie" trete. Allein dies würde den eigentlichen Sinn des Begriffes der politischen Demokratie nicht erschöpfen. Denn dieser umfaßt, wie wir noch sehen werden, auch jene Form der Demokratie im Klassenstaate, in welcher das Proletariat die Demokratie erobern und mit ihr den Staat beherrschen wird. Denn auch diese Demokratie ist immer noch Demokratie *im* Klassenstaate, also nicht soziale Demokratie. Und da sie nicht nur unser nächstes Ziel ist, sondern auch geschichtlich eine längere Entwicklungsperiode zur sozialistischen Gesellschaft bedeuten wird, so ist es nötig, bei der Unterscheidung der Doppelsinnigkeit des Wortes Demokratie, die Bezeichnung des einen Sinnes der Demokratie, des formalen Sinnes, so zu wählen, daß er auch diese wichtige geschichtliche Gestaltung der formalen Demokratie umfaßt, wenn nicht sonst wieder neue Mißverständnisse durch Verwechslung der proletarischen mit der sozialen Demokratie entstehen sollen. Die proletarische Demokratie ist der notwendige Übergang zur sozialen Demokratie, aber noch nicht diese selbst.

Den durch unsere Namengebung nunmehr deutlich gemachten Unterschied der beiden Bedeutungen des Wortes Demokratie gilt es nun in seinen Konsequenzen zu verfolgen. Dabei wird sich das eigentliche Wesen der Demokratie erst vollständig entfalten und immer klarer hervortreten, daß soziale Demokratie und sozialistische Gesellschaft im Grunde genommen ebensolche Wechselbegriffe sind wie politische Demokratie und Klassenstaat.

---

[9]) Vgl. Max Adler, *Die Staatsauffassung des Marxismus,* S. 126.

7. Der eigentliche Sinn der Demokratie ist solidarische Vergesellschaftung

Gewöhnlich sieht man als das Prinzip der Demokratie das Majoritätsprinzip an. Im populären Sinne, der aber auch von der herrschenden Staatslehre geteilt wird, heißt demokratische Regierung soviel wie Mehrheitsregierung auf Grund des allgemeinen Stimmrechtes. Wir haben an einer früheren Stelle gesehen, wie diese Anschauung zu großer Kritik an der Demokratie Anlaß gegeben hat. Und es fehlte nicht an neueren Versuchen, dieser Kritik zu begegnen. So hat besonders Herr Professor Dr. Hans Kelsen in einer überaus inhaltsreichen Schrift über die Demokratie das Majoritätsprinzip damit verteidigt, daß es der Weg sei, auf welchem die möglichst geringste Zahl von Staatsbürgern einen Zwang erleide. Denn da sich die Staatsordnung ohne einen Zwang gegen Widerstrebende nicht aufrechthalten lasse, so entspricht es offenbar der Idee der Freiheit mehr, daß die Mehrzahl die Minderzahl zwinge als daß umgekehrt die Minderzahl über die Mehrzahl herrscht.[10])
Allein gerade diese äußerst scharfsinnige Verteidigung einer auf Majorität sich gründenden Demokratie läßt uns den Mangel dieses Prinzipes deutlich erkennen und bestärkt uns in der Wichtigkeit der Unterscheidung zweier Arten der Demokratie. Denn die Demokratie, die nicht bloß formal ist, kennt ihrem Begriffe nach keine Herrschaft der einen über die anderen, also auch keine der vielen über die wenigen. Denn im Begriffe der Demokratie liegt ja gerade der Gedanke der Freiheit und Gleichheit aller und der Unterwerfung des eigenen Willens nur unter die *Selbst*bestimmung, nicht aber unter die Bestimmung anderer. Daher ist Demokratie und *Ordnung durch Selbstbestimmung* ein und dasselbe. Demokratie und Autonomie sind Wechselbegriffe. Diese Autonomie ist widerspruchslos nur durch Einordnung des einzelnen in ein Ganzes möglich, weil ja das Individuum eben nur als vergesellschaftetes Wesen existiert. Demokratie bedeutet daher auch gar nicht die Freiheit und Gleichheit des einzelnen als isoliertes *Individuum*. Wenn dies der Fall wäre, dann wäre allerdings die Demokratie ein unlösbarer Widerspruch, da die Freiheit des Individuums von sich aus gar keine notwendige Rücksicht auf die Freiheit eines anderen Individuums zu nehmen brauchte, sondern diese Rücksichtnahme stets als eine Beschränkung seiner selbst empfände. Aber ein solches für sich allein bestehendes Individuum ist eine soziologische Unmöglichkeit. Und wir sehen jetzt deutlich, daß die Vorstellung, durch die Majorität werde wenigstens die Freiheit der vielen gegenüber der der wenigen bevorzugt und das sei der Sinn der Demokratie, eine individualistische Denkweise ist. Sie nimmt den Schein des atomischen Individuums für eine Realität und kommt so zu einer völlig individualistischen Interpretation der Demokratie.
Allein diese geht an dem soziologischen Wesen der Demokratie ganz vorbei. Diese bedeutet vielmehr die Freiheit und Gleichheit des einzelnen immer *nur als das Glied eines gesellschaftlichen Zusammenhanges,* also eines größeren Ganzen, ohne welches der einzelne gar nicht möglich ist. Und es ist daher kein Zufall, daß ein Hauptvertreter der demokratischen Idee, Jean-Jacques Rousseau, den Gedanken der Demokratie nur im Zusammenhang mit seinem berühmten Begriff der *volonté générale,* das heißt des allgemeinen Willens, entwickelt hat.[11])
Und in der Tat: *nicht das Majoritätsprinzip ist das Prinzip der Demokratie, sondern der Gedanke des Allgemeininteresses, des Gemeinwohles,* an dem alle gleich beteiligt sind und das alle in gleicher Weise zu schaffen berufen und berechtigt sind.
Daraus ergibt sich aber gleich eine wichtige Konsequenz für jene Beschaffenheit des Gemeinwesens, die in der Demokratie im eigentlichen Sinne des Wortes überhaupt möglich sein kann. Wie muß eine Gesellschaft aussehen, damit alle Glieder dieses Gemeinwesens *ein* Gemeininteresse haben sollen, damit ihre Einzelwillen in *einen* allgemeinen Willen zusammenfließen können? Das ist nur möglich, wenn die Gesellschaftsorganisation, der sie angehören, eine *solidarische* ist, das heißt, wenn in den Lebensbedingungen der einzelnen innerhalb dieser Gesellschaft keine solchen Gegensätze bestehen, welche die Lebenslagen der einzelnen Gesellschafts-

---

[10]) Vgl. Hans Kelsen, *Vom Wesen und Wert der Demokratie,* in: *Archiv für Sozialwissenschaft,* Bd. 47.
[11]) Vgl. über Rousseau mein Buch *Wegweiser. Studien zur Geistesgeschichte des Sozialismus,* Berlin, Dietz Verlag, 4. Aufl., I. Kap., und *Staatsauffassung des Marxismus,* Kap. X.

glieder gegensätzlich gestalten. Der Gedanke der alten Naturrechtslehre, daß die Demokratie im Grunde Einstimmigkeit aller ihrer Beschlüsse voraussetzt, war daher nicht ganz falsch. Er bedeutet, daß zwar gewiß nicht, wie wir noch sehen werden, die Beschlüsse in der echten Demokratie durchweg einstimmig sein müssen, daß aber doch *eine Einheitlichkeit in der Lebenslage und eine Einsinnigkeit in der Interessiertheit am Ganzen für alle bestehen muß.* Unter dieser Voraussetzung sind dann auch Mehrheitsbeschlüsse möglich, ohne das Wesen der Demokratie zu verletzen; denn sie bedeuten nicht mehr eine Abstimmung über Lebens- und Entwicklungsinteressen, die auf beiden Seiten verschieden sind, so daß dann die Minorität sich in ihrer Existenz oder in ihrer Entfaltung durch die Majorität gehemmt sieht, sondern lediglich nur Verwaltungsverfügungen innerhalb der für alle gleich sichergestellten Lebensinteressen und Entwicklungsmöglichkeiten. Wir werden auf diesen Punkt später noch zurückkommen müssen. Hier handelt es sich um die sehr wichtige Grunderkenntnis, daß der Begriff der Demokratie eigentlich nur den *soziologischen* Begriff des vergesellschafteten Menschen, den Marx uns als Grundbegriff des sozialen Lebens hat erkennen lassen, als *politischen* Begriff widerspiegelt. Die individualistische Staats- und Gesellschaftsauffassung des Bürgertums, welche in Gesellschaft und Staat nur eine Vereinigung einzelner für sich bestehender Menschen erblickte und die der Meinung war, daß sich die Freiheit des einzelnen ohne Rücksicht auf ein übergeordnetes Ganzes begründen lasse, brachte es von dieser Theorie des Liberalismus auch nur zur individualistischen Form der Rechtsfreiheit und Rechtsgleichheit, zur politischen Demokratie. Dagegen entspricht der Tatsache der menschlichen Vergesellschaftung, das heißt der Tatsache, daß kein Individuum für sich allein bestehen kann, sondern, vom ersten Augenblick seiner Existenz angefangen, bereits in ein ganzes System von gesellschaftlichen Arbeitsbeziehungen und nebenmenschlichen Einflüssen hineingestellt ist, die sein ganzes Sein und Werden gestalten, die Idee auch der politischen Eingliederung des einzelnen in ein größeres Ganzes, wodurch aus dem für sich bestehenden *Individuum* das *Glied* einer Gemeinschaft wird. Und so sehen wir, wie die Verschiedenheit der beiden Begriffe der Demokratie auch auf eine Gegensätzlichkeit der zugrundeliegenden Gesellschaftsauffassung zurückführt. Die politische Demokratie als die Lehre von der bloßen Rechtsgleichheit hat ihre Grundlage in der Sozialtheorie des Liberalismus, deren Grundirrtum, die Gesellschaft vom Einzelindividuum aus aufzufassen, bereits offen zutage liegt. Die soziale Demokratie dagegen als der Begriff, der das Individuum in seiner unlöslichen sozialen Verbundenheit mit anderen, das heißt nur als Glied einer Gemeinschaft, als vergesellschafteten Menschen erfaßt, ist in der Theorie des Sozialismus, das heißt der Vergesellschaftung des menschlichen Lebens, ebenso begründet, wie er praktisch zur Verwirklichung des Sozialismus als bewußte Vergesellschaftung des menschlichen Lebens führt.

8. Warum im Staate keine echte Demokratie möglich ist

Und nun ist es auch ganz verständlich, wenn wir sagen, daß echte Demokratie *im Staate nicht möglich ist.* Seit Marx verbinden wir mit dem Begriff des Staates einen festen, sehr aufklärenden Sinn. Wir verstehen unter Staat jene Organisation der Gesellschaft, die auf ökonomischen Klassengegensätzen beruht und in der Herrschaft einer oder mehrerer Klassen über die anderen besteht. In einer solchen gesellschaftlichen Organisation ist die Gesellschaftsordnung notwendig eine Herrschaftsorganisation. Die herrschenden Klassen schreiben ihren Willen den anderen als Staatsgesetze vor. In einer solchen klassengegensätzlichen Organisation herrscht nicht das Allgemeininteresse, sondern das Klasseninteresse der Mächtigen und Besitzenden. Das Allgemeininteresse wird im Staate von den herrschenden Schichten nur so weit berücksichtigt, als notwendig ist, damit sie nicht selbst in ihrem Leben und in ihrer Gesundheit und Vermögenssicherheit bedroht werden. So z.B. kümmert sich der bürgerliche Staat die längste Zeit nicht darum, wie das Volk wohnt, ob die Wohnstätten der Armut gesundheitsschädlich sind oder nicht. Erst wenn eine Seuche ins Land kommt, z.B. die Cholera, dann erwacht ein fieberhaftes Interesse für die "Volksgesundheit", dann wird den Reichen in ihren glänzenden

Quartieren bang, daß aus den Untergeschossen des Elends der Pesthauch zu ihnen hinüberschlagen könnte. Bekannt ist auch, daß das Interesse der Großstaaten an der Einschränkung der Arbeitszeit und der kapitalistischen Ausbeutung in den Fabriken erst dadurch wach geworden ist, daß infolge der wachsenden Kindersterblichkeit und der Verkümmerung der männlichen Arbeiterjugend die Assentierungen für das Heer einen immer erschreckenderen Ausfall brachten, wozu noch kam, daß der dumpfe und steigende Groll in den Arbeitermassen als eine stete Bedrohung des kapitalistischen Profitmachens empfunden wurde. Denkt man an die Kümmerlichkeit der Volksschule, die mit Recht die "Schule der Armen" genannt wurde, an die Unzulänglichkeit der öffentlichen Krankenhäuser, an den Ausschluß der großen Massen von allem Anteil an den höheren Kulturgütern, soweit die staatliche Fürsorge allein in Betracht kommt, so wird man deutlich erkennen, daß alles, was heute die Masse des arbeitenden Volkes an Arbeiterschutz, an sozialpolitischen Gesetzen und Einrichtungen, an Weiterbildung der Volksgesundheit und der Volksbildung besitzt, dem bürgerlichen Staate durch den Kampf der Arbeiterklasse abgezwungen und durch die eigene Kraft derselben entwickelt wurde. Und so ist es wirklich keine Übertreibung, sondern entspricht nur der nackten Wahrheit, das heißt der Wahrheit, die die heuchlerischen offiziellen Redensarten vom Staate als einem Hüter des Allgemeinwohls abgestreift hat, wenn wir sagen: Im Klassenstaat gibt es nur jenes Allgemeininteresse, wie es etwa der Passagier erster Klasse auf einem Ozeandampfer in seiner Luxuskabine mit dem in drangvoller Enge mitreisenden Zwischendeckpassagier hat: daß der Dampfer nicht anlaufe oder untergehe.

Die herrschende bürgerliche Staatslehre bezeichnet allerdings mit dem Worte Staat die Tatsache überhaupt, daß das gesellschaftliche Leben unter einer Zwangsorganisation steht. Sie versteht unter Staat die innerhalb bestimmter territorialer Grenzen aufgerichtete oberste Zwangsorganisation einer Gesellschaft. Allein dies ist ein ganz formaler Begriff, der den verschiedenartigsten sozialen Inhalt haben kann und historisch auch gehabt hat. Wenn Staat die oberste Zwangsorganisation auf einem bestimmten Gebiete ist, dann ist die patriarchalische Despotie, der mittelalterliche Ständestaat, die absolute Monarchie, das konstitutionelle Königtum, die aristokratische Republik und die demokratische Republik überall mit demselben Namen bezeichnet, und wir sehen dann klar, daß dieser formale Begriff des Staates für die Erkenntnis des besonderen Wesens des Staates, der in so verschiedenen Gestalten auftritt, gar nichts leistet. Ja noch mehr: da auch die sozialistische, klassenlose Gesellschaft eine oberste Zwangsorganisation auf einem bestimmten Gebiete haben muß, so wird auch sie nach dieser rein formalen Anschauung als ein Staat bezeichnet werden müssen. Was soll man aber mit einem Begriff anfangen, der ebenso den Klassenstaat wie die klassenlose Gesellschaft bezeichnet? Nichts anderes kann die Folge sein als die größte Verwirrung. In dem Worte Staat werden dann genau so, wie wir das bei dem Worte Demokratie gesehen haben, zwei Bedeutungen miteinander verbunden, die gar nichts miteinander zu tun haben, sondern die im Gegenteil scharf voneinander geschieden werden müssen. Die eine Bedeutung, die des Klassenstaates, bezeichnet eine *unsolidarische* Form der Gesellschaft. Die andere Bedeutung, die der klassenlosen Gesellschaft, bezieht sich auf die *solidarische* Form der Gesellschaft. Und genau so, wie die Idee der Demokratie auf diese solidarische Gesellschaft hinzielt, so auch die Idee des Staates. Aller Glanz, alle Wärme des Ideals, welche die Idee des Staates umgibt, rührt daher, daß auch dieser Begriff den Gedanken einer Gemeinschaft, eines Allgemeininteresses, eines wahrhaften Gemeinwohles enthält. Die Doppelsinnigkeit des Wortes Staat erlaubt es dann, mit hohen, begeisterten Worten von der Idee des Staates zu reden, für diese die Teilnahme und den Enthusiasmus einer idealen Gesinnung in Anspruch zu nehmen, während man nur den Klassenstaat meint und kennt. [12])

---

[12]) Es ist interessant, daß auch die nichtsozialistische Auffassung bei gründlicher Erörterung des Demokratiebegriffes dazu geführt wird, festzustellen, daß sein eigentliches Wesen gesellschaftliche Solidarität bedeute, welche im Klassenstaat negiert sei. Siehe z.B. die sehr bemerkenswerte Abhandlung von Professor Richard Thoma, *Der Begriff der modernen Demokratie in seinem Verhältnis zum Staatsbe-*

Darum haben auch Marx und Engels sich stets geweigert, die sozialistische Gesellschaft als einen Staat zu bezeichnen, und haben den Ausdruck Staat auf den Klassenstaat beschränkt wissen wollen. Insbesondere der Begriff eines "Volksstaates", der heute vielen Sozialdemokraten als ein Ziel erscheint, das schon durch die politische Demokratie erreicht werden könnte, war sowohl für Marx wie Engels ein Gegenstand ingrimmigen Spottes. Und in der Tat: von einem Volksstaat kann in der Klassengesellschaft noch keine Rede sein, weil es in ihr noch kein Volk als eine wirklich in geistiger und sittlicher, geschweige denn in materieller Beziehung solidarische Gemeinschaft gibt. Die Begriffe von Volk, Nation, Vaterland und dergleichen tragen alle dieselbe Zwiespältigkeit ihrer Bedeutung an sich, wie wir dies bereits an den beiden Begriffen der Demokratie und des Staates nun deutlich gesehen haben. Nur dadurch ist die verheerende Wirkung einer nationalen, patriotischen Ideologie möglich geworden, weil sie den idealistischen Sinn besonders der Jugend für die *Allgemein*bedeutungen dieser Begriffe gefangennehmen kann, die der Wirklichkeit des Klassenstaates nicht entsprechen. Darum sollten diese Begriffe in sozialdemokratischen Schriften und Reden, besonders aber bei Gelegenheiten, wo es sich um Erziehung der Jugend oder um Aufklärung der Erwachsenen handelt, vermieden werden. Alle diese Begriffe gehören in den Sprachschatz der bürgerlichen Phraseologie. Schon die Sozialwissenschaft kann mit ihnen wegen ihrer Unbestimmtheit gar nichts mehr anfangen, und vollends die auf der Sozialwissenschaft fußende Geistesrichtung des Sozialismus muß sie im Interesse klarer soziologischer und politischer Erkenntnisse unbedingt ablehnen.[13]) Auch der Volksstaat ist also, selbst auf noch so demokratischer Grundlage, kein Staat des Volkes: denn die Unterschiede des Besitzes und die daraus entspringenden verschiedenen wirtschaftlichen Machtsphären, welche die einen in die Abhängigkeit der anderen, und zwar die vielen in jener der wenigen halten, bleiben alle aufrecht, ein entscheidender Punkt, auf den wir noch bei der Besprechung des neuerdings so beliebt gewordenen Begriffes des Gleichgewichtes der Klassenkräfte zurückkommen werden.[14])

Wenn schon aus allen diesen Umständen sich klar ergibt, daß eigentliche Demokratie im Staate nicht möglich ist, so wird dies zur völligen Evidenz ersichtlich, wenn wir darauf achten, daß die Ordnung im Staate notwendig eine andere ist als in der solidarischen Gesellschaft. Auf diesen Punkt habe ich schon wiederholt hingewiesen, aber es ist notwendig, diese noch zu wenig bekannte Grundorientierung immer wieder einzuschärfen. Sie belehrt uns zugleich abermals, wie unzweckmäßig es ist, Klassenstaat und klassenlose Gesellschaft mit demselben Namen des Staates zu bezeichnen, bloß weil beide natürlich nicht ohne eine oberste Zwangsorganisation auskommen können.

---

griff (in der *Erinnerungsgabe für Max Weber,* II. Bd.). Daß Thoma zugleich die solidarische Demokratie als reine Genossenschaft für eine Utopie hält, verschlägt nicht weiter, weil damit ja nur der bürgerliche Standpunkt des Verfassers bezeichnet ist. Wohl aber ist es eine Bekräftigung der von uns dargelegten Unmöglichkeit echter Demokratie im Staate, wenn Thoma sagt: "*Allein* in dieser Utopie würde es nur noch 'Genossenschaft' und gleiche Freiheit und keinerlei offene oder verhüllte, legitime oder illegitime Herrschaftsorganisation mehr geben. *Sie allein* . . . wäre 'Nicht-Staat' – gemessen am engeren realistischen Wortbegriff des Staates." (S. 57 und 58.)

13) Das heißt nun nicht etwa, daß der Sozialist sich nicht zur Nation bekennen dürfe oder vaterlandslos sei. Im Gegenteil: er ist der eigentliche und entschiedenste Kämpfer für Nation und Vaterland. Nur daß er beides noch nicht als einen vorhandenen Besitz des Proletariates, sondern als einen erst zu erobernden Wert betrachtet. Für die heutige Gesellschaft gilt noch immer das Wort des *Kommunistischen Manifestes:* "Der Arbeiter hat kein Vaterland." Das hat der Weltkrieg besonders schrecklich erwiesen, da die Proletarier aller Länder von ihren "Vaterländern" auf die Schlachtbank geschleppt wurden, für Zwecke, die nirgends die ihren waren. Und wohl dem Proletariate, ja der Menschheit überhaupt, hätte es in den verhängnisvollen Juli-Augusttagen des Jahres 1914 überall erkannt, daß das "Vaterland", welches "zu den Waffen rief", nicht sein Vaterland war!

14) Vgl. hierzu mein Referat über *Staat und Nation* auf der 3. Reichskonferenz der Jungsozialisten in Jena 1925 (*Protokoll,* Arbeiterjugend-Verlag, Berlin).

9. Über den Unterschied von Zwangsordnung und Herrschaftsordnung

Es kommt nämlich sehr darauf an, welche innere Beschaffenheit diese Zwangsorganisation hat. Keine Gesellschaftsform kann ohne Zwang bestehen. Aber der soziale Charakter dieses Zwanges ist ein völlig verschiedener, je nachdem es sich um eine solidarische oder unsolidarische Gesellschaft handelt. In einer unsolidarischen Gesellschaft, das heißt in einer Gesellschaft mit Klassengegensätzen, wird dieser Zwang von einer oder mehreren Schichten dieser Gesellschaft *gegen die anderen* ausgeübt. Diese werden also von jenen *beherrscht,* die Zwangsordnung dieser Gesellschaftsform ist nur auf seiten eines *Teiles* der Gesellschaftsglieder ein Ausfluß ihres Willens, dagegen auf seiten der anderen ein ihnen auferlegtes Gesetz, an dessen Zustandekommen sie in keiner Weise beteiligt sind. Kurz, diese Zwangsordnung ist *Herrschaftsordnung:* In ihr und nur in ihr gibt es solche Glieder, die *bloß beherrschen,* und solche, die *bloß unterworfen* sind.[15])
Man wende nicht ein, daß diese Herrschaftsordnung zwar ihrer Entstehung nach der Willensausfluß der Herrschenden ist, aber, sobald sie einmal besteht, auch für diese gilt, so daß auch diese dem Gesetze unterworfen sind. Das hieße aus der soziologischen Betrachtung, welche die gesellschaftlichen Wirklichkeiten zu erfassen strebt, in den Formalismus des Juristen verfallen, dem die bloße Rechtsform genügt. Daß diese Rechtsform selbst die Ungleichmäßigkeit der tatsächlichen Machtentfaltung ermöglicht, ja sogar schützt, geht den Juristen freilich nichts an. Schon Fichte hat auf diesen Mangel des formalen Rechtes hingewiesen, wenn er einmal sagt, daß es nicht bloß darauf ankomme, durch das Recht das Eigentum allgemein zu schützen, sondern es auch jedem zu verschaffen. Aber auch abgesehen davon, kommt es nicht darauf an, daß natürlich der einzelne stets einer bestehenden Rechtsordnung unterworfen ist, sondern ob diese Unterordnung unter das Gesetz auch eine wirklich gleichmäßige ist. In einer Rechtsordnung, welche nur die bestehenden Klassengegensätze und sozialen Machtunterschiede widerspiegelt und sanktioniert, wird der Angehörige der herrschenden Schichten nicht nur meistens viele schon in der Rechtsordnung selbst gelegene Vorteile finden, sondern auch infolge seiner außerrechtlichen Begünstigung durch Besitz oder soziale Macht das Recht viel besser für sich ausnützen und durchsetzen können. Auf diese Weise muß den so Begünstigten die Rechtsordnung viel mehr als eine Privilegierung oder zumindestens als eine Nutznießung wie als eine gleichmäßige Bindung für alle erscheinen.[16]) Es werden auch die Gerichte und Behörden die Anwendung des Rechtes auch ohne bewußte Rechtsbeugung einfach aus dem Geiste

---

[15]) Ausführlicher habe ich den Begriff der Zwangsordnung und seiner beiden soziologischen Erscheinungsformen als Herrschaftsordnung und Selbstbestimmungsordnung dargelegt in meiner Abhandlung *Gesellschaftsordnung und Zwangsordnung,* in: *Der lebendige Marxismus,* hrsg. von O. Jenssen, Jena 1924.

[16]) Vgl. hierzu Anton Menger, *Das bürgerliche Recht und die besitzlosen Klassen.* – Eine gute Illustrierung des obigen Hinweises darauf, daß selbst die Rechtsordnung der bürgerlichen Gesellschaft, die angeblich nur eine Ausführung ihres großen Grundsatzes der Gleichheit aller vor dem Gesetze sein soll, Unterschiede kennt, welche die Rechtsunterwerfung aller sehr ungleichmäßig erscheinen lassen, ist die Tatsache der sogenannten Vagabundengesetze, die fast alle bürgerlichen Staaten haben. Nach dem Prinzipe der Rechtsgleichheit und der bürgerlichen Freiheit müßte jeder das Recht haben, mit seiner Zeit zu machen, was er will, und insbesondere auch müßig zu gehen, wenn er will. Allerdings steht in der heutigen Gesellschaft auf Müßiggang die Strafe des Verhungerns für denjenigen, der nichts besitzt. Aber auch abgesehen davon, gesteht der Staat das Recht des Müßiggehens und des arbeitslosen Herumstreichens im Lande nur den Besitzenden zu. Wer dagegen "arbeits- und subsistenzlos", wie der österreichische Gesetzesausdruck lautet, angetroffen wird und nicht nachweisen kann, daß er sich um eine Arbeit ernstlich bewirbt, wird als Vagabund, als "arbeitsscheues Individuum" in das Gefängnis gesteckt. Die Lust des fahrenden Gesellen, der "sein Sach auf nichts gestellt" hat, oder die philosophische Bedürfnislosigkeit eines Diogenes ist in der bürgerlichen Gesellschaft nur möglich, wenn man sich zugleich gegenüber der Gendarmerie als ein Mensch ausweisen kann, der nur zeitweilig und auf eigene Kosten – falls er kein Rentier ist – sich dem Arbeitsprozesse, das heißt dem Ausbeutungsprozesse, entzogen hat.

der herrschenden Klasse heraus, mit der sie sich eins fühlen, gegen Angehörige der herrschenden Schichten anders durchführen als gegen die besitzlose Masse. Wer die Rechtsprechung der Gerichte genauer kennt, und zwar nicht etwa bloß in den aufsehenerregenden Fällen politischer Prozesse, sondern in der alltäglichen Praxis in Straf- und Zivilprozessen, der weiß, daß der Begriff der Klassenjustiz eigentlich nur der Name für die Art von Gerechtigkeit ist, die in einer Klassengesellschaft möglich ist.

Die Zwangsordnung in einer unsolidarischen Gesellschaft ist also notwendig Herrschaftsordnung. Ganz anders dagegen verhält es sich mit der Zwangsordnung einer solidarischen Gesellschaft. Hier beruht dieser Zwang auf dem gemeinsamen Interesse und dem übereinstimmenden Willen aller. Es gibt also hier keinen Teil, der über den anderen herrscht, es gibt keinen Willen, der dem anderen Teil aufgezwungen würde. Die Ordnung einer solchen Gesellschaft, ihre Gesetze gehen aus der gleich interessierten Beschlußfassung aller hervor und stellen die Selbstbestimmung dieser Gemeinschaft dar. Hier also ist die Zwangsordnung der Gesellschaft nicht eine Herrschaftsordnung, sondern eine *Selbstbestimmungsordnung,* eine Autonomie. Hier herrscht nicht ein Teil über den anderen, sondern wenn schon von Herrschaft auch hier gesprochen werden muß, herrschen alle über alle. Der Zwang, der hier geübt wird, ist lediglich ein solcher, der sich aus den Lebens- und Arbeitsbedingungen aller ergibt, daher von ihnen auch nicht als Zwang empfunden wird, sondern als die Ordnung jeder einzelnen Arbeits- und Lebensbeziehung in dieser Gesellschaft. So wenig der Schreiber an der Schreibmaschine, der sich freiwillig zu dieser Arbeit hinsetzt, es als einen Zwang empfindet, so wenig werden die selbstbestimmten Normen der Arbeits- und Lebensverhältnisse in einer solidarischen Gesellschaft als Zwang empfunden werden.

Hier werden nun gewöhnlich zwei Einwände gemacht, die den eben dargestellten Unterschied von Herrschaftsordnung und Selbstbestimmungsordnung zu erschüttern scheinen. Man sagt erstens, daß auch in einer solidarischen Gesellschaft sich doch immer Elemente finden werden, welche die Ordnung nicht anerkennen, so daß diesen gegenüber ebenfalls ein Zwang werde angewendet werden müssen, genau so wie in der Herrschaftsordnung. Aber noch eindrucksvoller erscheint der zweite Einwand, daß sich auch in einer solidarischen Gesellschaft sehr bedeutende Verschiedenheiten der Auffassung von der Wichtigkeit oder Notwendigkeit gewisser gesellschaftlicher Gesetze ergeben könnten, so daß dann auch hier eine Minorität entstehen würde, die von der Majorität beherrscht wird.

Was zunächst den ersten Einwand betrifft, so erscheint mit derselbe nicht von erheblicher Bedeutung. Das Widerstreben Vereinzelter gegen die solidarische Ordnung vermag den Charakter derselben nicht zu ändern. Im Gegenteil: er bestätigt geradezu die Wesensverschiedenheit dieses Charakters gegenüber jenem der unsolidarischen Gesellschaft. Denn bei der letzteren gehört es zu ihrem Wesen, nicht nur daß überhaupt ihrer Ordnung Widerstrebende da sind – darin liegt ja gerade das Unsolidarische dieser Ordnung –, sondern daß diese Widerstrebenden ganze zur Gesellschaft gehörige und in deren wirtschaftlicher Organisation begründete Klassen bilden. Dagegen kann die Widersetzlichkeit gegen eine solidarische Ordnung immer nur ein vereinzelter Fall, ein Ausnahmefall sein, der seinen Grund nicht in der Struktur der Gesellschaft, sondern in einer individuellen Veranlassung hat, z.B. wenn jemand aus einem Affekt oder aus mangelnder Einsicht oder infolge krankhafter Veranlagung gegen eine Ordnung verstößt, die er normalerweise sonst selber unterstützt, weil sie auch ihn fördert. Sicherlich verwandelt sich die solidarische Zwangsordnung, die bezüglich aller ihrer Mitglieder, solange sie sich solidarisch verhalten, eine Ordnung ihrer Selbstbestimmung ist, gegen denjenigen, der die Solidarität bricht, in eine Herrschaftsorganisation. Aber dies ändert nichts an ihrem wesentlichen Charakter, für die ihr Unterstellten keine Herrschaftsorganisation zu sein, solange man nicht nachweisen kann, daß sich aus ihrem Wesen selbst Verschiedenheiten der Interessen ergeben müssen, welche die Solidarität sprengen.

Gerade dies aber behauptet der zweite Einwand. Er meint eigentlich, wie dies besonders Professor H. Kelsen ausgeführt hat, daß es unrichtig ist, zu glauben, daß nur ökonomische Gegensätze zu Lebensgegensätzen werden können. Im Gegenteil müsse man sogar annehmen, daß, sobald einmal die ökonomischen Fragen im wesentlichen ausgeschaltet sind, die Verschiedenheiten in Weltanschauungs- oder sonstigen Kulturfragen eine leidenschaftliche Zuspitzung erfahren werden, aus der aufs neue sich Lebensgegensätze entwickeln müssen, wenn man bedenkt, daß die Majorität zugleich auch über die ökonomischen Mittel der Gesellschaft verfügt.

Zweifellos wird es auch in der klassenlosen Gesellschaft große Gegensätze der Anschauungen und Meinungen in den verschiedensten Fragen geben, und zweifellos wird es zwischen den Anhängern der verschiedenen Meinungen zu heftigen Kämpfen kommen. Die Vorstellung, daß in der sozialistischen Gesellschaft gleichsam ein Zustand der höchsten Vollendung erreicht sein wird, der den Menschen gar nichts anderes mehr übrigließe, als in eine paradiesische Untätigkeit und Lethargie zu versinken, ist ja nur ein beliebter "geistvoller" Einwand der bürgerlichen Gegner des Marxismus, aber niemals die Vorstellung eines Marxisten gewesen. Letzterer schließt aus seiner Grunderkenntnis, daß die Ideologie sich mit der ökonomischen Struktur der Gesellschaft wesentlich verändert, daß in einer Gesellschaft, in welcher, wie in der sozialistischen, die ökonomische Struktur den allergrößten Teil der Lebenszeit der Menschen für ihre geistigen Bedürfnisse frei machen und ihnen zugleich die Mittel geben wird, diese Bedürfnisse in viel höherem Maße zu befriedigen, als heute selbst den Begünstigten möglich ist, auch eine viel größere und reichere geistige Differenzierung des Lebens und eine bedeutend gesteigerte innere Anteilnahme an demselben, sei es in Zustimmung, sei es in Ablehnung, sich wird entfalten müssen.

Gerade aber wenn man diese höherentwickelte geistige und sittliche Mentalität einer solidarischen Gesellschaft ins Auge faßt, ergibt sich, daß diese neuen Gegensätze einer zukünftigen Zeit in keiner Weise mit den aus ökonomischen Interessengegensätzen hervorgehenden Kämpfen verglichen werden können. Der gegnerische Einwand von der angeblichen Fähigkeit geistiger Gegensätze, zu neuen Lebensgegensätzen zu führen, schöpft seine auf den ersten Blick sehr bestechende Kraft nur daraus, daß er die *heutige Mentalität* der Menschen einfach in eine *zukünftige Situation* überträgt, die selbst von der heutigen ökonomischen und kulturellen Beschaffenheit der Gesellschaft total verschieden ist. Der ganze Einwand ist ein echt bürgerlicher Einwand, dies in dem Sinne gemeint, daß er sich aus der bürgerlichen Welt gar nicht hinausdenken kann und daher die bürgerlichen Menschen von heute einfach in die sozialistische Gesellschaft der Zukunft hineinstellt. Diese Denkweise begeht den offenbaren Fehler, auf der einen Seite, sich die ökonomischen Verhältnisse radikal von einer unsolidarischen in eine solidarische Gestalt abändern zu lassen, ohne gleichfalls in Rechnung zu stellen, daß diese ökonomische Umwandlung von einer entsprechenden ideologischen begleitet ist. So wie die solidarische Gesellschaft nicht die Gesellschaft ist, die wir heute haben, so sind auch die Menschen in einer solchen nicht diejenigen, die heute existieren. Man muß ja beachten, daß wir, wenn es sich um die begriffliche Gegenüberstellung von der solidarischen und unsolidarischen Gesellschaft handelt, selbstverständlich an die *vollendete* ökonomisch solidarische Gesellschaft denken müssen, das heißt also an eine Gesellschaft, die nicht etwa erst eine Übergangsform ist und die, wie Marx dies einmal sagte, noch die Eierschalen der kapitalistischen Gesellschaft, von der sie hergekommen ist, an sich trägt. Die solidarische Gesellschaft ist vielmehr ein Produkt einer Entwicklung, die zweifellos noch mehrere Generationen braucht, um zu ihrer Ausprägung zu gelangen, kurz, die, wie abermals Marx bereits gesagt hat, "einen langen geschichtlichen Prozeß durchzumachen hat, in dem die Umstände *wie die Menschen* geändert werden".

Und das ist nicht etwa eine Vertröstung damit, daß die Menschennatur sich ändern werde, wie man gewöhnlich meint, wobei man sich nicht genug verwundern kann über den "krassen Utopismus" und über den "naiven Optimismus" der Marxisten. Aber wenn hier etwas verwunderlich ist, so höchstens die Meinung, daß es utopisch und optimistisch ist, den Zustand der bürgerlichen Geistigkeit und Sittlichkeit als einen unüberwindbaren anzunehmen und vorauszusetzen, daß eine totale, durch Generationen hindurchgegangene Veränderung der äußeren Lebensumstände der Menschen diese auch innerlich wandeln werde. Sind doch auch die heutigen Menschen mit dem durch die unerhörte Technik und kapitalistische Entwicklung unserer Zeit völlig veränderten Tempo unseres Lebens, mit den ganz anderen Dimensionen und

Bewegungsmöglichkeiten des Lebens selbst in den unteren Schichten und mit der ganz umgestalteten Denk- und Fühlweise in politisch-sozialen Anschauungen durchaus anders, als sie etwa vor 150 Jahren, in der Blütezeit der klassischen Dichtung und Philosophie, waren. Gerade die Meinung, die sich für so kritisch und "erfahrungsmäßig" hält, daß man "die Menschen nehmen muß, wie sie sind", ist gänzlich unkritisch und unwissenschaftlich, wenn sie ganz naiv annimmt, daß die Menschen in zukünftigen, noch dazu radikal geänderten Lebensverhältnissen in derselben geistigen Beschaffenheit verbleiben müssen, über die sich der Kritiker nicht hinausdenken kann.
Es ist daher gar kein Utopismus oder unzulässiger Wunderglaube an die märchenhafte Vervollkommnung des Menschengeschlechtes, wenn man annimmt, daß in einer solidarischen Gesellschaft doch bereits das Ergebnis eines durch mehrere Generationen hindurchgegangenen sozialen Erziehungsprozesses vorliegt, durch welchen das allgemeine Niveau der Gesellschaftsmitglieder an intellektueller und moralischer Bildung durchwegs gehoben und ein immer stärkerer Gemeinsinn entwickelt wurde.

10. Das Problem der Majorität

Nach allem Vorausgegangenen ist es also von vornherein schon ein Anachronismus für diese Zukunft, das heißt eine Herabzerrung derselben auf das heutige Niveau der Massenunbildung und der Klassenegoismen, wenn man glaubt, daß in einer solidarischen Gesellschaft überhaupt dieselbe Wahrscheinlichkeit besteht, daß die Majorität mit Erwägungen der Vernunft, der Moral und des Gemeininteresses ebensowenig Zusammenhang haben wird wie heute. Drastisch gesprochen: Kann man wirklich glauben, daß in einer ökonomisch solidarischen und intellektuell sowie moralisch verbundenen Volksgemeinschaft gerade die Dummen, die Schlechten, die Boshaften die Majorität haben werden? Alle solche Beispiele also, welche zum Beweise, daß es auch in einer sozialen Demokratie Beherrschung der Minorität geben wird, sich einen möglichst blöden Majoritätsbeschluß ausdenken, mögen zwar für den Augenblick sehr bestechend aussehen, aber nur für einen Augenblick der gänzlichen Kritiklosigkeit oder auch für die Dauer der absoluten Verfangenheit in die heutigen Anschauungen und Ausblicke.
Obzwar es eben wegen dieser ganz anders gearteten Lebenslage und Mentalität der Zukunft sicherlich mißlich ist, nun selber mit einem Beispiele zu kommen, möchte ich doch ein solches wagen, um wenigstens annähernd anschaulich zu machen, wie verschieden die soziale Funktion des Majoritätsbeschlusses in einer formalen und in einer sozialen Demokratie ist. Nehmen wir an, daß in der sozialen Zukunftsgesellschaft es wissenschaftlich einwandfrei erwiesen wäre, daß die Fleischnahrung nicht nur nicht für die körperliche Entwicklung und Gesundheit nötig ist, sondern daß sie im Gegenteil den körperlichen Organismus vorzeitig alt macht, daß sie aber darüber hinaus auch die feinere Geistes- und Gemütsart, welche die Menschen jener Zukunft brauchen, schädigt, daß sie immer wieder die Menschen in den Atavismus des 20. Jahrhunderts zurückfallen läßt, immer wieder die unsozialen Instinkte, Blut- und Kampftriebe in ihnen erregt. Es würde ferner diese wissenschaftliche Erkenntnis gleichsam in die Überzeugung des gesitteteren Teiles der Gesellschaft so übergegangen sein, wie heute die Überzeugung von der Schädlichkeit des Alkohols, und sie wäre auch bereits ein Bestandteil der Jugenderziehung geworden: ist es dann nicht klar, daß ein Majoritätsbeschluß, welcher die Fleischnahrung verbietet, sich den Menschen jener Zeit gar nicht anders darstellen wird, als ein Gesetz des Alkoholverbotes oder ein Gesetz zur Bekämpfung der Geschlechtskrankheiten (wodurch z.B. auch die Männer gezwungen würden, sich periodisch auf ihre Gesundheit hin untersuchen zu lassen) schon heute uns erscheint: nämlich als eine gesellschaftliche Zweckmäßigkeitsregel, über die man verschiedener Meinung sein kann, die aber doch keine "Vergewaltigung" oder "Beherrschung" der Andersmeinenden bedeutet. Freilich gibt es heute noch eine sehr große Zahl von Menschen, welche über Einschränkung der persönlichen Freiheit schreien, wenn sie sich nicht besaufen oder andere mit Syphilis anstecken können. Aber daß

man gerade diese Menschen zum Prüfstein echter Demokratie nehmen will und meint, deren "Freiheit" müsse gewahrt bleiben, wird wohl niemand im Ernst behaupten wollen. Es ist etwas anderes, ob ich ein solches Gesetz ablehne, weil ich der Meinung bin, daß es nichts nützt oder daß es andere schädliche Wirkungen hat, oder aber, ob ich es ablehne, weil ich den Zweck dieses Gesetzes: die Förderung der Gemeinschaft, die Solidarität des Ganzen nicht anerkenne. Im letzteren Falle habe ich mich damit außer diese Solidarität gestellt, ich gehöre nicht mehr in die solidarische Gesellschaft, und so weit es von mir abhängt, habe ich sie beseitigt. Das kann nach der vorhin geschilderten geistigen und moralischen Beschaffenheit der Zukunftsgesellschaft für voraussehbare Situationen nur ein anormaler pathologischer Einzelfall sein, der daher keineswegs zur Bildung von Lebensgegensätzen führen könnte. Betrachten wir sogar schon heute eine solche Denkweise als eigentlich ins Krankenhaus gehörig. Die andere Art der Ablehnung dagegen leugnet ja von vornherein nicht den Zweck des Gesetzes, den die Anhänger der Minorität ebenso bejahen wie die der Majorität. Daher bleibt die solidarische Gemeinschaft auch durch den Majoritätsbeschluß völlig ungebrochen.[17])
An dieser Stelle zeigt sich nun besonders deutlich, daß die Majoritätsentscheidung überhaupt nicht zum Wesen des Begriffes der Demokratie gehört, ja diesem eigentlich zuwiderläuft. Und nur die allgemeine Übung der Majoritätsabstimmung hat bewirkt, daß man hier glaubt, eine Selbstverständlichkeit vor sich zu haben. In Wirklichkeit aber ist nichts weniger selbstverständlich als die Forderung, daß die Minorität das tun muß, was die Majorität will. Wenn man diesen Sinn der Majoritätsentscheidung auf drastische Weise ausdrückt, so wäre er in die Frage zu fassen: Warum soll ich tun, was die anderen wollen, bloß weil sie zwei gegen mich sind? Dann sieht man sofort, daß dies gar nichts Selbstverständliches ist, sondern daß es nur zwei Wege gibt, die dazu führen, daß die Minorität den Willen der Majorität befolgt: nämlich erstens, wenn sie sich freiwillig fügt, und zweitens, wenn die Majorität sie zwingt.[18]) Das erste wird nur dann der Fall sein, wenn die Minorität ein über die Meinungsverschiedenheit hinausgehendes Interesse an der Aufrechthaltung der Gemeinschaft mit der Majorität hat; und das ist dann der Fall der solidarischen Gemeinschaft. In allen andern Fällen wird die Minorität, wenn sie nicht von der Majorität nach deren Willen gezwungen wird, sich einfach von der Majorität trennen. Dieser Zwang ist natürlich nicht nur so zu verstehen, daß die Majorität die Minorität direkt zwingt, sondern auch, daß diese sich von jener nicht trennen kann, weil letztere die Mittel der Existenz der ersteren in ihrer Gewalt hat. Nehmen wir an, daß eine Ausflugsgesellschaft an einen Punkt kommt, wo die Wege auseinandergehen: der eine führt in einem Bo-

---

[17]) Wir können uns dieses Problem übrigens auch noch an einem lebendigen Gebilde unserer Zeit klarmachen. Eine *Partei* stellt, solange sie eine kraftvolle Überzeugung und einheitliche Zielbewußtheit in allen ihren Mitgliedern hat, eine solidarische Gemeinschaft dar, die uns die soziale Demokratie höchst anschaulich machen kann. Solange nun das Gefühl in allen Parteimitgliedern lebendig ist, daß das Ziel der Partei von ihnen allen unverrückt festgehalten ist und der Wille dazu bei allen gleicherweise fortbesteht, bilden verschiedene Meinungen über die Wahl der Mittel, über die Art der einzuschlagenden Politik kein Spaltungsmoment. Die Parteitage der sozialdemokratischen Partei z.B. haben sehr häufig das Bild sogar leidenschaftlicher und erbitterter Meinungsgegensätze gezeigt, bei denen aber stets die Minorität sich schließlich der Majorität unterordnete, ohne ihre eigene Meinung aufzugeben. Es bestand eben auch bei ihr die Überzeugung ihrer Zusammengehörigkeit mit der Majorität, trotz der Verschiedenheit der Anschauungen, weil sie diese Zusammengehörigkeit in der gleichen Denk- und Fühlweise des revolutionären Klassenkampfes erblickte, die sie auch bei der Majorität annahm, nur daß sie sich bewußt war, hier einige Schritte vor der Majorität voraus zu sein. Die Minorität fühlte sich nicht von der Majorität vergewaltigt, sondern eher als ihr Pionier und Schrittmacher. Zu einer Spaltung der Partei mußte es erst kommen, als die Überzeugung von der gleichen sozialrevolutionären Gesinnung, dem gleichen, alle politische und gewerkschaftliche Tätigkeit bestimmenden Ziel ins Wanken kam. Mit der Solidarität der alten sozialdemokratischen Partei löste sich auch diese selbst auf.

[18]) Wie wenig selbstverständlich das Prinzip der Entscheidung durch Majorität an Stelle des ursprünglichen Erfordernisses der Einhelligkeit ist, darüber orientiert sehr gut die geschichtliche Einleitung bei W.L. Starosolskyi, *Das Majoritätsprinzip* (Wien 1916), welche zeigt, wie spät sich erst dieses Prinzip als Rechtsprinzip durchsetzen konnte.

gen zum Ausgangspunkt zurück, der andere noch auf einen Berg hinauf. Die Majorität ist dafür, den Berg noch zu ersteigen. In diesem Beschlusse ist gar nichts enthalten, was die anderen aus dem Begriff der Demokratie heraus veranlassen müßte, auch auf den Berg zu steigen. Sie werden es trotz ihrer abweichenden Meinung tun, wenn ihnen das Vergnügen an der Gesellschaft mit den anderen mehr wert ist als die Rücksicht auf ihre Müdigkeit. Sie werden dagegen sich von den anderen trennen, wenn sie entweder keine Lust oder nicht genug Kraft mehr haben, den Weg mit den anderen zu machen. Handelt es sich aber z.B. um eine Forschungsexpedition, bei der der Nahrungsvorrat von dem Leiter derselben in Verwahrung gehalten wird, und weigert sich dieser, mit Zustimmung der Mehrheit der Expedition der Minorität, die weiter nicht mehr mittun will, Nahrungsmittel für sie herauszugeben, weil er auf ihre Hilfe nicht verzichten kann, so werden diese wohl oder übel weiter mitgehen müssen, obgleich sie nunmehr gar kein Interesse an der von ihnen für unnütz oder gar schädlich gehaltenen Fortsetzung der Expedition haben. Dem reinen Begriff der Demokratie entspricht also durchaus nicht die Unterordnung der Minorität unter die Majorität, sondern im Gegenteil, daß die Minorität die völlige Freiheit habe, sich von der Majorität zu trennen. Und nur, weil in einer solidarischen Gemeinschaft Meinungsverschiedenheit an sich noch kein Grund ist, auseinanderzugehen, also die Minorität hier meistens überwiegend sowohl aus moralischen wie aus technischen Gründen Anlaß haben wird, sich der Majorität zu fügen, gewinnt es den Anschein, als ob für den Begriff der Demokratie die Majoritätsentscheidung wesentlich wäre. In Wirklichkeit aber entscheidet hier niemals die Majorität über die Minorität, sondern diese entscheidet selbst für ihre Unterordnung unter die Majorität, weil ihr die Gemeinsamkeit mit dieser wertvoller ist als ihre eigene abweichende Meinung.

Es hat also die Majoritätsentscheidung in der solidarischen Gesellschaft eine *andere soziale Funktion* als in der Klassengesellschaft. In der letzteren wird sie stets zur Entscheidung eines *Klassen*interesses gegen das andere, in der ersteren dagegen bloß zu einer Entscheidung über verschiedene Durchführungsarten eines *gemeinsamen* Interesses. Daher hat sie im ersteren Falle den Charakter einer *Regierung,* im letzteren Falle dagegen bloß den einer *Verwaltung.* Es ist dies der große Unterschied, den bereits Saint-Simon erkannt hat, wenn er die Forderung aussprach, daß die Regierung sich verwandeln müsse aus einer Herrschaft über Menschen in eine Verwaltung von Sachen, eine Forderung, die Marx nicht nur übernommen hat, sondern von der er die Möglichkeit ihrer Erfüllung aufgezeigt hat in der notwendigen Entwicklung vom ökonomischen Klassenstaat zur sozialistischen Gesellschaft. Jetzt löst sich auch der schon in der Kritik des Altertums der Demokratie entgegengehaltene angebliche Widerspruch ihres Wesens auf, daß es doch widersinnig sei, gerade in Staatsangelegenheiten die bloße Majorität entscheiden zu lassen, während man sonst in allen anderen Angelegenheiten sich an den besterprobten Fachmann wendet. Denn nun ist es klar, daß ein solcher Widerspruch nur in einer unsolidarischen Gesellschaft besteht, in welcher mangels eines gemeinsamen Zweckes auch kein gemeinsames Interesse und daraus hervorgehendes Verständnis der Abstimmenden angenommen werden kann. Hier ist dann wirklich der Selbstsucht persönlicher Interessen und dem Zufall, wer die Urteilslosigkeit und Leidenschaftlichkeit der Massen am besten für seinen Standpunkt zu gewinnen vermag, ein großer Spielraum gegeben. Zeigt uns ja auch die Geschichte, daß gerade die Demokratie in dieser ihrer unechten Form in der Hand gewaltiger Demagogen ein mächtiges Mittel war, im Wege angeblicher Volksabstimmungen die eigene Macht zu begründen. Alle "Plebiszite" von der Art, wie sie das Kaisertum Napoleons III. oder die Macht Mussolinis begründen, sind dafür eindrucksvolle Beispiele.

Dagegen erzeugt die soziale Demokratie durch ihre Solidarität der Interessen eine allgemeine innere Teilnahme an der Ordnung und an dem Schicksal des Gemeinwesens. Dies um so mehr, als hier ja alle Beschlüsse sich direkt auf die eigene Rolle im Produktions- und Verteilungsprozeß des gesellschaftlichen Lebens beziehen. Und wenn man noch bedenkt, daß die soziale Demokratie keineswegs die Struktur einer zentralistischen Staatsverwaltung haben wird, sondern daß sie sich auf ein ganzes System von autonomen, aber miteinander verbundenen Selbstverwaltungskörpern stützen wird, die sich nach den verschiedenen Zwecken des Wirtschafts- und Kulturlebens organisieren werden, so ist leicht einzusehen, daß innerhalb jedes dieser Arbeits-

und Gemeinschaftskreise eine solche innerliche Beziehung ihrer Glieder vorausgesetzt ist, die sowohl das gleiche Interesse wie eine durchschnittliche gleichmäßige Sachkunde überall nicht nur ermöglichen, sondern notwendig machen werden. Sowie die soziale Demokratie erst wirklich den Begriff der menschlichen Vergesellschaftung widerspruchslos realisiert, so schafft sie auch aus ihren Lebensbedingungen heraus, unterstützt durch eine entsprechende Erziehung der Jugend, die solidarischen Bewußtseinsformen dieser Vergesellschaftung: Interesse an der Gemeinschaft und Verständnis für ihre Anforderungen.[19])

11. Übergang zur Erörterung des Begriffs der Diktatur

Die strenge Scheidung von beiden Bedeutungen, die in dem Worte Demokratie enthalten sind, hat uns also gezeigt, daß es sich hierbei nicht um einen begrifflichen Unterschied, sondern um eine ganz verschiedene gesellschaftliche Struktur der Demokratie handelt. Dies wird nun noch viel deutlicher werden, und insbesondere wird sich der Charakter der politischen Demokratie noch klarer darstellen, wenn wir nunmehr zur Erörterung eines besonders in der Gegenwart vielumstrittenen Begriffs übergehen, zur Erörterung des Begriffs der *Diktatur* und ihres Verhältnisses zur Demokratie.

Der Begriff der Diktatur ist durch den Bolschewismus in Rußland zu einer großartigen Aktualität geworden. Die Diktatur des Proletariates, oder was in Rußland so heißt, hat, wie viel verherrlicht von der einen und verleumdet von der anderen Seite, doch unbestritten schon bis heute ein welthistorisches Werk vollbracht, welches die russische Februarrevolution in solcher Ausdehnung, Gründlichkeit und Schnelligkeit niemals zustande hätte bringen können: die völlige Zertrümmerung des zaristischen Rußlands. Kein Wunder, daß daher das Wesen und die Methoden der Diktatur in den Mittelpunkt der politischen und theoretischen Erörterung getreten sind. Aber dabei hat sich eine seltsame Verteilung der Rollen in Anhänger und Gegner herausentwickelt. Am Anfange der vom Bolschewismus ausgehenden großen internationalen Erschütterung der Geister wurde das Proletariat in seinen vorgeschrittensten, entschlossensten und idealsten Schichten mit Enthusiasmus für die russische Proletarierrevolution und für die Diktatur des Proletariates erfüllt. Wie wir bereits anfangs dargestellt haben, schien die Proklamierung der Diktatur, die Parole: "Alle Macht den Arbeiterräten!" dem Proletariate überall als der einzig zu seinem Ziele führende Weg und verlieh der sozialistischen Arbeiterbewegung einen ungemeinen Aufschwung. Dagegen stand das Bürgertum der Diktatur mit Angst und Schrecken gegenüber und bemühte sich, die ganze "Scheußlichkeit" und "sittliche Verworfenheit" der Diktatur an den Pranger zu stellen. Als Hauptargument wurde immer wieder hervorgehoben, daß die Diktatur im tödlichen Widerspruch zur Demokratie steht, weil sie ein System der Vergewaltigung der Minorität sei.

Als aber in der Folgezeit die Dinge sich in verhängnisvoller Weise für das Proletariat so ent-

[19]) Wenn W. L. Starosolskyi (a. a. O., S. 81) die Äußerung Simmels zustimmend ausführt, daß das Majoritätsprinzip ein geniales Mittel bedeute, aus dem Widerstreit der vielen trotzdem ein einheitliches Resultat hervorgehen zu lassen, und deshalb dieses Prinzip "eine der genialsten praktischen Erfindungen der Menschheit" nennt, so vermißt man hier sowohl bei ihm wie bei Simmel die Unterscheidung zwischen politischer und sozialer Demokratie. In der letzteren liegt gar kein Widerstreit der Interessen, sondern nur ein solcher über die Mittel vor. Die Gemeinsamkeit des Zweckes schafft von selbst die psychologische Stimmung, in der die Abstimmung nur die allgemein gewollte Methode ist, die Art der Ausführung des gemeinsamen Zweckes zu bestimmen. Hier ist das Majoritätsprinzip keine Erfindung, sondern nur das technisch notwendige Ergebnis gemeinschaftlicher Arbeit. Dagegen ist in der politischen Demokratie das Majoritätsprinzip das Resultat der ökonomischen und sozialen Differenzierung, wie dies ja Starosolskyi später selbst darlegt. Es ist abermals keine politische Erfindung, sondern *Ergebnis der Gewalt* der ökonomisch stärkeren Interessen. Starosolskyi zitiert selbst das völlig aufklärende Wort von Gierke (*Das deutsche Genossenschaftsrecht,* II., S. 480), indem er sagt: "Die Anerkennung des Majoritätsprinzipes war ursprünglich nichts weiter als die Verwandlung des tatsächlichen Zwanges in einen Rechtszwang" (a. a. O., S. 10).

wickelten, daß die Kraft des Proletariates sich gerade an der Frage der Diktatur spaltete, wurde auch die Stellung zu diesem Begriffe beiderseits eine andere. Das außerrussische Proletariat, bei dem nirgends die einzigartigen Bedingungen gegeben waren, unter denen in Rußland die politische Vorherrschaft einer proletarischen Partei, der Kommunistischen, möglich geworden war, mußte notwendig in großen Schichten desselben in Gegensatz zu den Bestrebungen der Kommunisten gelangen, die bolschewistische Methode des Klassenkampfes auf sein Gebiet kritiklos zu übertragen. Eine Taktik der gewaltsamen Ergreifung der Staatsmacht durch das Proletariat war in Rußland möglich gewesen, wo sich das Proletariat dabei auf die überwiegende Masse der übrigen Bevölkerung stützen konnte, weil diese, die Bauern, aus dem Umsturz nur gewonnen hätten und daher, übrigens auch erst nach Überwindung mancher gefährlicher Zwischenstationen, ein Interesse daran hatten, die neue Ordnung der Dinge aufrechtzuerhalten. Dagegen sah das außerrussische Proletariat überall das Bauerntum als eine gerade im Kriege besonders reich gewordene Klasse gegen sich und hätte durch einen Versuch einer Diktatur nur einen Bürgerkrieg hervorgerufen, der zwar nicht als solcher zu verhüten war, wohl aber, weil er für das Proletariat verhängnisvoll geworden wäre. Gewiß hat zu dieser Ablehnung bolschewistischer Konsequenzen auch der Umstand sehr stark mitgewirkt, daß große Schichten des Proletariates ja nur dem Namen nach Sozialdemokraten waren, aber ihrer Gesinnung nach schon lange den Standpunkt des revolutionären Klassenkampfes zugunsten einer bloß radikalen wirtschaftlichen Interessenpolitik aufgegeben hatten. Und so kam es, daß der Kampf gegen die Kommunisten, besonders aber gegen ihre Putschtaktik, auf welche bei ihnen zuletzt der Begriff der Diktatur des Proletariates hinauslief, diesen selbst den Sozialdemokraten verdächtig machte, so daß sie gar nichts mehr von ihm hören wollten. Es kam zu der traurigen Begriffsverwirrung, die auch heute noch bei nur allzu vielen Sozialdemokraten besteht, daß die Diktatur des Proletariates als etwas "Kommunistisches", also schon deshalb Verwerfliches angesehen wurde, und es war ganz vergessen, daß Marx und Engels im *Kommunistischen Manifest* sie als Ziel des proletarischen Klassenkampfes aufgestellt hatten. Im Gegenteil: die sonst auf ihre Bezeichnung so stolz gewesene "revolutionäre Sozialdemokratie" übernahm nun von der bürgerlichen Kritik die Lehre, daß Demokratie und Diktatur im schroffen Gegensatz zueinander stehen, und wurde – besonders in Deutschland – zu einer glühenden Schwärmerin und Enthusiastin für die Demokratie als solche und zu einer gehässigen Kritikerin der russischen Revolution, so daß, wenn Proletarier nur durch die Berichte solcher demokratiefrommer Parteizeitungen und -broschüren über Rußland Kunde erhalten, sie gar keine Vorstellung von der ungeheuren geschichtlichen Größe der russischen Proletarierrevolution und von der Bedeutung des Werkes ihrer eigenen Klasse in Rußland für die Fortentwicklung des Sozialismus haben können.

Dagegen erwachte im Bürgertum, dem die Spaltung des Proletariates und der Mangel revolutionärer Klassengesinnung in großen Schichten desselben alsbald wieder den verlorenen Mut zurückgaben, ein großes praktisches Interesse für die Diktatur. Das Bürgertum, selbst in seinen gebildetsten und kultiviertesten Schichten, welches in den drangvollen Tagen des Umsturzes sich plötzlich seiner sozialen Vorrechte beraubt sah, welches bei einfachen Arbeitern in deren Arbeiterrat bittstellig werden mußte, um sich Lebensmittel zu sichern, welches von seinen geräumigen Wohnungen Räume abtreten mußte, dieses Bürgertum, dem der Schreck über diese "Zustände" noch in allen Gliedern liegt, beginnt jetzt überall für "die starke Hand" zu schwärmen. Es singt jetzt überall das Lob des großen Staatsmannes, nach dem "die Zeit ruft", und es ist schon soweit, seine eigene große politische Errungenschaft, das demokratische Parlament, völlig preiszugeben. Denn in demselben sitzen ja in allzu großer Zahl die Vertreter des Proletariates, und die Zeit läßt sich als sehr nahe bevorstehend abschätzen, wo sie im Parlamente die Majorität haben werden. Damit hat der Parlamentarismus für das Bürgertum seinen Reiz verloren. Es beginnt, ihn und die Demokratie selbst als problematisch zu finden, schaut nach anderen Formen der "Volksvertretung" aus, die ihm sein Übergewicht sichern könen, und hat auf dieser Suche sein Herz für eine Neubelebung ständischer Interessenvertretung entdeckt, die es als eine neue Phase der Demokratie, als wirtschaftliche Demokratie, zu rühmen liebt. Vor allem aber schwärmt die Bourgeoisie nun selber für die Diktatur der "starken Faust", welche die "Exzesse der Demokratie" rückgängig zu machen und die "Begehrlichkeit" der Massen auf die gebotene Mäßigung zurückzuführen versteht und so die "heilige Ordnung" wiederherzustellen imstande ist. Mussolini, Horthy und ihresgleichen sind nunmehr die eigentlichen Schutzheiligen der bürgerlichen Welt geworden. Und so erleben wir das tragikomische Schauspiel, daß die herrschenden Klassen sich mit dem Begriff der Diktatur völlig ausgesöhnt haben, während nur zu große Teile des Proletariates sich schon vor dem bloßen Worte bekreuzigen. Zur Zeit, wo sie leidenschaftlich über die Zulässigkeit und Vereinbarkeit der Diktatur mit der Demokratie streiten, wenden die anderen immer entschlossener diese Diktatur gegen die Proletarier an, wo sie es bereits imstande sind, und bereiten sie vor, wo sie sich vorläufig noch bescheiden müssen.

Diese verhängnisvolle Verwirrung des sozialistischen Bewußtseins verschwindet, wenn wir uns der Doppelsinnigkeit des Begriffes der Demokratie bewußt bleiben und den Begriff der Diktatur von da aus näher betrachten. Dann ergibt sich, daß die Behauptung, Demokratie und Diktatur sei ein Widerspruch, gar keinen Sinn hat, solange man nicht klar bestimmt, was man unter Demokratie versteht. Sobald dies aber geschieht, zeigt sich, *daß Diktatur im Widerspruch steht nur mit der sozialen Demokratie, dagegen so wenig mit der politischen Demokratie, daß sie geradezu die Form ist, in der diese ausgeübt wird.* Wenn also Diktatur im Widerspruch steht mit der Demokratie, so nur mit einer solchen, *die wir noch nicht haben,* so daß die Demokratie, die wir tatsächlich haben, für sich allein kein Hindernis für die Durchführung der Diktatur des Proletariates wäre, wenn diese sonst möglich und geboten wäre. Dies müssen wir nun noch eingehender darlegen.

Wir wissen bereits, daß das Wesen der politischen Demokratie bloß in der formalen Rechtsgleichheit besteht. Dies aber muß in einer unsolidarischen Gesellschaft, also im heutigen Klassenstaat, notwendig dahin führen, daß Beschlüsse über Lebensfragen des Staates zugleich immer Kampfentscheidungen sind, in denen um die Beherrschung des Staates durch die einander entgegenstehenden Interessenkomplexe verschiedener Klassen gekämpft wird. Und schließlich handelt es sich in letzter Linie innerhalb der bürgerlichen Demokratie um Aufrechthaltung der bürgerlichen Eigentums- und Staatsordnung gegen die Bestrebungen der proletarischen Demokratie, diese Staats- und Gesellschaftsordnung zu beseitigen. *Daher hat die Rechtsordnung im bürgerlichen Staate von vornherein den Charakter der Diktatur der besitzenden Klassen über die Besitzlosen;* und dies wird nur durch die Form der politischen Demokratie verkleidet, indem die Beschlüsse, durch welche die Gesetze der bürgerlichen Rechtsordnung zustande kommen, äußerlich ja als Majoritätsbeschlüsse eines Vertretungskörpers erscheinen, der – wir nehmen absichtlich den Fall vollkommener bürgerlicher Demokratie an – aus dem freien und gleichen Wahlrechte aller Bürger und Bürgerinnen hervorgegangen ist und in dem alle Abgeordneten gleichberechtigt sind. Aber dies ist ja gerade die Form, in der in einer Klassengesellschaft der eine Teil über den anderen Teil demokratisch herrscht. Die Minorität ist hier nicht bloß, wie im Falle einer solidarischen Gesellschaft, der Teil, der über die Durchführung einer gemeinsamen Sache bloß anderer Meinung ist, sondern der überhaupt ein *anderes,* nicht zur Anerkennung gelangtes *Interesse* hat, kurz, der unterdrückt und beherrscht wird. Daß dies wirklich der eigentliche Charakter aller "demokratischen" Gesetzgebung ist, sobald die Grundlagen der bürgerlichen Ordnung oder auch nur der ökonomischen und politischen Vorzugsstellung der herrschenden Schichten in Betracht kommen, das zeigt sich sofort, wenn die bürgerliche Demokratie in eine kritische Epoche gerät, in welcher sie mit einem großen Widerstand des Proletariates oder überhaupt mit der Unzufriedenheit großer Massen zu rechnen hat. Dann werden sofort die Machtmittel des Staates aufgeboten, um den Willen der regierenden Schichten zu verstärken und durchzusetzen: Da werden oppositionelle Zeitungen verfolgt, Redner und politische Schriftsteller angeklagt und eingesperrt, Versammlungen der Opposition erschwert oder gar verboten und aufgelöst. Und wenn der ordentliche Rechtszustand dazu nicht genügend Handhabe bietet, so enthalten alle, auch die demokratischsten Verfassungen, einen Diktaturparagraphen, wodurch die jeweilige Majorität die Möglichkeit hat, die demokratischen Rechte der Staatsbürger im weiten Umfange einzuschränken oder gar aufzuheben. Dann wird der Belagerungszustand verkündet oder gar das Standrecht proklamiert, dann wird die Preßfreiheit beseitigt wie nicht minder die Vereins- und Versammlungsfreiheit, dann arbeiten Ausnahmegerichte, und in den Straßen vollziehen Polizei und Militär, wenn nötig, den Willen der Majorität. Man übersieht nur zu leicht, daß der Ausnahmezustand nicht bloß ein Institut der undemokratischen Monarchie war, sondern ebenso ein solches der demokratischen Republik ist und in ihren Gesetzen vorgesehen ist. Überdies gehört es gerade zum Wesen der politischen Demokratie, daß eine Regierung, gestützt auf die Majorität im Parlamente, sich jede Diktatur durch Majoritätsbeschluß legitimieren lassen kann und wird. Und gerade die heutigen Frommgläubigen der Demokratie können nichts gegen eine Vergewaltigung politischer Parteien im bürgerlichen Staate einwenden, wenn diese mit Majoritätsbeschluß in einem demokratischen Vertretungskörper beschlossen wurde, da sie ja in der Majorität das Wesen und den Sinn der Demokratie verehren. [20])

12. Unterscheidung von Diktatur und Terrorismus

Vielleicht meint man aber, daß die Majorität im Parlamente nicht notwendig auch die Mehrheit im Volke sein muß, beziehungsweise nicht immer der wahre Ausdruck der wirklichen sozialen Machtverhältnisse zu sein braucht. Dies ist sicherlich eine sehr richtige Bemerkung, auf die wir selbst noch zurückkommen werden müssen. Doch es kann hier vorläufig davon noch abgesehen werden. Denn man verschiebt das Problem des Verhältnisses der Diktatur zur politischen Demokratie vollständig, wenn man unter Diktatur, wie es gewöhnlich geschieht, an die Herrschaft einer Minorität über die Majorität denkt. Dieser letztere Fall ist nämlich etwas ganz anderes als Diktatur. Die Diktatur beruht, wie wir gesehen haben, auf der politischen Demokratie, d.h. auf der Majoritätsherrschaft, und deshalb ist zwischen formaler Demokratie und Diktatur kein Widerspruch. Dagegen bedeutet die Herrschaft einer Minorität über die Majorität einen absoluten Widerspruch zur Demokratie. Sie hat in der Geschichte zwei Formen, in denen sie auftritt. Die eine Form, welche den allergrößten Teil der bisherigen Geschichte ausfüllt, ist die der *undemokratischen* Klassenherrschaft, wo eine kleine Schicht der Besitzenden und sozial Mächtigen die überwiegende Masse der übrigen beherrscht. Dieses Herrschaftsverhältnis einer Minorität über die Majorität ist gleichsam ein chronischer Zustand, so daß er sogar den Beherrschten lange Zeit nicht anders als etwas Selbstverständliches erschien. Und es bedurfte schon gewaltiger Exzesse der Macht der wenigen, um die vielen aus ihrem passiven Gehorsam aufzuschrecken. Die andere Form dagegen ist gleichsam eine akute Überrumpelung einer Majorität durch eine sich aufschwingende Minorität in revolutionären Zeiten. Für diese hat man, weil hier die Vergewaltigung der Mehrheit durch die Minderheit besonders in die Augen fällt, den Ausdruck des "Terrorismus" geprägt. Aber auch die andere chronische Form ist ihrem ganzen Wesen nach nicht weniger terroristisch, auch wenn das nicht so sehr in die Erscheinung tritt und gleichsam nur ihre äußersten Mittel bezeichnet. Allein Bastille, Schlüsselburg, Spielberg gehören ganz und gar zu den regulären Mitteln der Aufrechterhaltung ihres Systems, ebenso wie die *lettres de cachet* oder die preußischen Ordonnanzen oder die sibirischen Verschickungen, und sind nicht geringere Mittel des Terrorismus gewesen, weil sie in dem dauernden und sozusagen "legalen" Zustand des Absolutismus begründet waren, wie die Guillotine der Schreckensmänner von 1793 oder die Solowetzkyinseln der sogenannten bolschewikischen Diktatur. Jedesmal ist es eine organisierte Minorität, welche im Terrorismus die Macht an sich gerissen hat und sie auch in ausdrücklich undemokratischen Formen anwendet. War das Wort Ludwigs XIV. "L'Etat c'est moi" (Der Staat – das bin ich) für dieses Verhältnis so bezeichnend, so nicht minder die Ideologie des russischen Bolschewis-

---

[20]) "Die Demokratie ist bloße Form; ob diese Form mit kapitalistischem, bäuerlichem oder proletarischem Inhalt gefüllt wird, hängt von den sozialen Machtverhältnissen ab. Die Demokratie ist ein Instrument der Klassenherrschaft; aber dieses Instrument kann, je nach dem Entwicklungsgrad der sozialen Machtfaktoren, in die Hände der Bourgeoisie, der Bauernschaft, des Proletariates." (Otto Bauer, *Bolschewismus oder Sozialdemokratie?,* S. 110.)

mus, die, der Entwicklung des russischen Volkes, ja sogar des Proletariats vorauseilend, den Willen einer Minorität, der Kommunistischen Partei mit dem der Gesellschaft überhaupt gleichsetzt[21]) (Die Gesellschaft – das sind wir).
Es wird sich empfehlen, diesen Ausdruck wirklich als unterscheidende Bezeichnung der Diktatur beizubehalten. Denn damit wird viel Verwirrung aufgeklärt, die sich sonst an die Gleichsetzung von Diktatur und Terrorismus knüpft. Sicherlich sind beide Begriffe darin übereinstimmend, daß sie eine Vergewaltigung anderer bedeuten. Aber beim Terrorismus ist es die Majorität, die vergewaltigt wird, bei der Diktatur bloß die Minorität. Beim Terrorismus sind die Nutznießer lediglich die wenigen, bei der Diktatur die vielen: kurz, der Terrorismus vergewaltigt "aristokratisch", die Diktatur "demokratisch".[22])

13. Diktatur und Demokratie

Sehen wir von den Fällen des Terrorismus ab, weil diese für die Bestimmung des Verhältnisses von Diktatur und Demokratie nicht in Betracht kommen, so ist nunmehr hoffentlich klar geworden, daß von der Demokratie aus, die man gewöhnlich meint, nämlich von der politischen

---

[21]) Aus Obigem ergibt sich, daß anderseits auch die bürgerliche Klassenherrschaft, obgleich sie in letzter Linie die Interessen bloß einer Minorität vertritt und auch lange genug eine mehr oder minder verhüllte Art des Terrorismus war, doch auch eine demokratische Diktatur sein konnte und gegenwärtig sein kann, sobald nämlich und solange sie sich auf die Majorität in einer demokratischen Verfassung stützen kann. Dies gehört auch noch zum Trug der bloß formalen Demokratie, daß sie es ermöglicht, die politische Umbildung oder religiöse und nationale Vorurteile (z.B. bei den Frauen, geistigen Arbeitern, Kleinbürgern und Kleinbauern) so auszunützen, daß sie ihre Stimmen aus vermeintlichem Eigeninteresse jenen Machtgruppen im Staate geben, von denen sie beherrscht und ausgebeutet werden.

[22]) In der Tat ist dieser aristokratische Zug allem Terrorismus eigen, das heißt das Bewußtsein oder zumindest die Vorspiegelung eines geistigen Vorzuges und damit einer besonderen Fähigkeit zu herrschen und dem Staate oder der Gesellschaft ihre Ziele zu setzen. Und daraus leitet sich dann die Befugnis ab, die Masse gleichsam nur zu ihrem eigenen Wohle und zu ihrer besseren Entwicklung, wenn auch gegen ihren Willen, zu zwingen. So hat der Absolutismus mit der Maxime "alles für das Volk, nichts durch das Volk" sich selbst als "aufgeklärten" Absolutismus empfunden. So hat Robespierre die Gewalt im Namen der *vertu* spielen lassen. Und so ist es auch charakteristisch für die fälschlich sich Diktatur nennende Sowjetherrschaft, daß sie von Anfang an ihre Macht auf die Idee des revolutionären *"Vortrupp"*, der sogenannten "Arbeiterelite", begründet und praktisch auch eine solche Auswahl in der "Kommunistischen Partei Rußlands" durchgeführt hat. Auf diese Weise ist die russische "Diktatur" nicht nur nicht die Diktatur des Proletariates, das in Rußland schon an sich eine Minorität ist, sondern sogar nur der Terrorismus eines Teiles des Proletariates gegen die ganze Klasse. Wenn wir diese Feststellung machen, so sei jedoch sofort bemerkt, daß hier sowie oben im Text und auch sonst, wenn wir auf diese Tatsache hinweisen, mit dem Worte Terrorismus kein ethischer Sinn verbunden wird, also insbesondere auch keine zustimmende oder tadelnde Stellungnahme, sondern daß wir mit dem Worte Terrorismus lediglich eine "Verurteilung" der gewaltigen Vorgänge der russischen Revolution ausgesprochen, was ebenso töricht wäre wie eine Verurteilung der Schreckensherrschaft von 1793, von der heute auch der bürgerliche Historiker bereits weiß, daß sie zur Vollendung der bürgerlichen Revolution unter den damaligen inneren und äußeren Zuständen Frankreichs notwendig war. – Bei dieser Gelegenheit möchte ich übrigens auf einen Umstand hinweisen, der sicher bei jeder Kritik des Bolschewismus berücksichtigt werden muß. Man muß nämlich scharf zwischen seiner Theorie und Praxis unterscheiden. In seiner Theorie spricht er von dem marxistischen Begriff der Diktatur und hat das große Verdienst, diesen Begriff theoretisch wiederbelebt zu haben. In der Praxis aber wendet er ihn auf einen sozialen Zustand in Rußland an, der wegen der Schwäche des Proletariates in direktem Widerspruch zu dem theoretischen Begriffe steht. Und weil dieser richtig ist, so glauben auch die meisten russischen Bolschewisten, wirkliche Vertreter der Diktatur im Sinne von Marx zu sein. Sehr treffend hat Julius Martow in seinem sonst anfechtbaren Aufsatze *Marx und der Staat* (*Die Gesellschaft,* II. Jg., S. 305) darauf hingewiesen, daß dies ein für die Psychologie der äußersten linken Elemente sehr wichtiger Umstand ist, der es ermöglicht, daß sie sich mit gutem Glauben für das reine Sowjetsystem in Rußland begeistern können.

Demokratie aus betrachtet, *gar kein Widerspruch* zwischen beiden Begriffen besteht. Und es spiegelt nur die innere Schwäche der gegenwärtigen sozialistischen Arbeiterbewegung wider, wenn wir heute sehen müssen, daß die Diktatur überall eher ein theoretisches Verständnis und eine praktische Anwendung findet als gerade beim Proletariat.

Demgegenüber tut in der heutigen Sozialdemokratie die klare Besinnung not, daß die Diktatur des Proletariates nicht nur nichts "Undemokratisches" im Sinne der politischen Demokratie ist, sondern daß sie *geradezu eine Konsequenz der von der Macht des Proletariates erfüllten Demokratie bedeutet.*

Schon im *Kommunistischen Manifest* ist die Diktatur des Proletariates die leitende Idee, von der die Aufgabe und Bedeutung des proletarischen Klassenkampfes bestimmt wird. Obgleich das Wort Diktatur hier noch nicht vorkommt, ist doch das Wesen und der Inhalt der Diktatur bereits sehr deutlich beschrieben, wenn das *Kommunistische Manifest* sagt: "Das Proletariat wird seine politische Herrschaft dazu benützen, der Bourgeoisie nach und nach alles Kapital zu entreißen, alle Produktionsinstrumente in den Händen des Staates, das heißt des als herrschende Klasse organisierten Proletariates, zu zentralisieren und die Masse der Produktionskräfte möglichst zu vermehren." Das ist ja durchaus der Sinn der Eroberung der politischen Macht durch das Proletariat bei Marx und Engels, daß dies zu dem Zwecke geschieht, um, wie Marx dies bereits in der Schrift *Der achtzehnte Brumaire* ausgedrückt und später noch ausdrücklich wiederholt hat, die Maschinerie des Klassenstaates zu zertrümmern.[23]) Die Ergreifung der politischen Macht durch das Proletariat ist bei Marx und Engels nicht ein Akt, um *im* Staate zu herrschen, sondern um den Staat, freilich nicht von heute auf morgen, aber doch in absehbarer Zeit mit allen zu diesem Ziele dienlichen Mitteln abzuschaffen, das heißt den ökonomischen Klassengegensatz zu beseitigen. Diese Überwindung der Klassengesellschaft und des Klassenstaates kann aber nicht in der Weise vor sich gehen, daß etwa schon mit dem Siege des Proletariates an Stelle der kapitalistischen Gesellschaft nun mit einem Schlage die sozialistische tritt. Vielmehr besteht auch jetzt noch sowohl der Klassenstaat wie die Klassengesellschaft fort, nur daß die herrschende Klasse gewechselt hat: diese ist nicht mehr die Bourgeoisie mit den ihr anhängenden übrigen gesellschaftlichen Schichten, sondern das Proletariat mit seinen Bundesgenossen. Und es bedarf gerade jetzt einer längeren Zeit der entschlossenen Vorherrschaft des Proletariates, um sowohl die Einrichtungen der Klassengesellschaft abzubauen, als den Widerstand und die feindlichen Einflüsse der ihrer Vorherrschaft beraubten Gesellschaftsschichten zu bekämpfen und zu vernichten. Diese Herrschaft des Proletariates über den Staat und gegen die Klassengesellschaft ist die Diktatur des Proletariates. So erklärt sie Marx, wenn er schreibt: "Zwischen der kapitalistischen und der kommunistischen Gesellschaft liegt die Periode der revolutionären Umwandlung der einen in die andere. Ihr entspricht auch eine politische Übergangsperiode, deren Staat nichts anderes sein kann als *die revolutionäre Diktatur des Proletariates.*" Welche Mittel diese Diktatur anwenden wird, um ihr Ziel zu erreichen, hängt ganz und gar von Zweckmäßigkeitsgründen ab, beziehungsweise von der Art, dem Umfang und der Gefährlichkeit des Widerstandes, den sie zu bekämpfen hat. Aber selbst wenn sie dazu schreiten müßte, die politischen Rechte ihrer Gegner, also ihr Wahlrecht, ihre Preßfreiheit, ihr Vereins- und Versammlungsrecht zu beschränken, so darf man zweierlei dabei nicht übersehen: daß erstens die Diktatur des Proletariates eine *revolutionäre* Epoche ist, bei der es sich um keinen normalen Ruhezustand der Gesellschaft handelt, sondern erst um einen Übergang zu einem solchen; zweitens, daß die *Diktatur auf der Grundlage der Demokratie* ausgeübt wird, allerdings, wie wir jetzt deutlich sehen, auf jener der politischen Demokratie. Nun rechtfertigt es sich, warum wir bei der Unterscheidung der Doppelbedeutung des Begriffes Demokratie nicht zwischen sozialer und bürgerlicher Demokratie unterscheiden, sondern den letzten Begriff als formale oder politische Demokratie bezeichnet haben. Denn – was nur zu häufig übersehen wird –, *auch die proletarische Demokratie ist noch eine Form der politischen Demokratie.* Sie ist noch keine soziale Demokratie, sondern sie will diese erst begründen. Und durch dieses Ziel unterscheidet sich die proletarische von der bürgerlichen Diktatur.

---

[23]) A. a. O., 2. Aufl., S. 87 und 94.

Beide sind aber Äußerungen der Majoritätsherrschaft, das heißt der politischen Demokratie.[24])

Denn dies ist – und hierin hat Kautsky mit seiner sonst sehr mißverständlichen Auffassung der Diktatur recht – das Entscheidende bei Marx und Engels, daß sie sich diese Diktatur stets nur als das Werk der überwiegenden Masse des Volkes vorstellen, weil sie die Auffassung haben, daß die Entwicklung der kapitalistischen Gesellschaft das Proletariat mit allen zu ihm gehörigen gleich interessierten anderen Gesellschaftsschichten, wie Landarbeiter, Kleinbauern, geistige Berufe und ein großer Teil des Kleinbürgertums, im Momente der Revolution zur Majorität der Bevölkerung anwachsen lassen wird. So heißt es denn auch schon im *Kommunistischen Manifest* : "Alle bisherigen Bewegungen waren Bewegungen von Minoritäten und im Interesse von Minoritäten. Die proletarische Bewegung ist die selbständige Bewegung der ungeheuren Majorität im Interesse der ungeheuren Majorität." Und dort, wo Marx und Engels die Diktatur des Proletariates an dem geschichtlichen Beispiele der Pariser Kommune erläutern, heben sie gleichzeitig hervor, daß dieselbe auf dem allgemeinen Stimmrecht beruhte. Jetzt versteht man, wieso Marx im *Kommunistischen Manifest* schreiben konnte, "daß der erste Schritt in der Arbeiterrevolution die Erhebung des Proletariates zur herrschenden Klasse, die Erkämpfung der Demokratie ist". Damit ist nicht gemeint, wie sich aus dem Sinn dieser Stelle in ihrem ganzen Zusammenhange klar ergibt, die bloße Erkämpfung der Gleichberechtigung im Staate, sondern im Gegenteil die Unterordnung des Staates unter die Majorität des Volkes. Das Wort Demokratie hat hier, wie wir schon früher (S. 176 f.) bemerkt haben, seinen ursprünglichen Wortsinn, das heißt Herrschaft des Demos, der Volksmasse, über die bisher Bevorrechteten, Herrschaft der vielen über die wenigen. Und nun ist es auch klar, wie der vielumstrittene Satz von Engels sich widerspruchslos erklären läßt, daß die Form, in der die Diktatur des Proletariates zur Verwirklichung gelangen könne, die Demokratie sei. Hier ist abermals nicht gedacht an die formale Gleichberechtigung aller, sondern an die Herrschaft der Majorität über den Staat.

Es könnte scheinen, als ob diese Auffassung des Verhältnisses von Diktatur und Demokratie an einem Widerspruch leidet, da ja die politische Demokratie eben auf dem Prinzip der Rechtsgleichheit beruht, welches die Diktatur verletzt. Allein das ist nicht ein Widerspruch der politischen Demokratie, sondern nur die Bestätigung ihres gegensätzlichen Inhaltes. Denn das ist ja gerade der springende Punkt, auf den hier aufmerksam gemacht werden soll und der endlich einmal richtig verstanden werden muß, daß die politische Demokratie eben die demokratische Form zur Verfügung stellt, durch welche eine Minorität "demokratisch" vergewaltigt werden kann. In einer Körperschaft auf Grund des allgemeinen Stimmrechtes kann sowohl eine reaktionäre wie eine revolutionäre Majorität einen Teil der Gesellschaft in seiner Rechtsgleichheit beschränken oder die Grundlagen der Verfassung ändern. So könnte z.B. ein Parlament des allgemeinen Wahlrechtes aller männlichen und weiblichen Staatsbürger den Be-

---

[24]) Sehr schön und treffend erläutert Otto Bauer diesen Sachverhalt, daß Diktatur kein Widerspruch zur Demokratie ist, sondern daß letzterer nur dort vorliegt, wo eine Minorität die Majorität vergewaltigt und sich fälschlich Diktatur nennt, in seinem Buche *Bolschewismus oder Sozialdemokratie ?*, S. 112. "Allerdings, auch wenn das Proletariat die politische Macht mit den Mitteln der Demokratie erobert, würde sich die Bourgeoisie seiner Herrschaft widersetzen. Sie wird sich gegen den demokratischen Staat auflehnen, sie wird seinen Gesetzen den Gehorsam verweigern, sie wird seine Verwaltung sabotieren, sobald die Demokratie zu proletarischer Demokratie geworden sein wird. *Auch ein demokratisches Parlament wird diktatorische Machtmittel für sich in Anspruch nehmen müssen,* es wird die Sabotage, vielleicht den aktiven Widerstand der Bourgeoisie, mit diktatorischen, vielleicht auch mit terroristischen Mitteln zu brechen haben, sobald dieses Parlament zum Herrschaftsinstrument der Arbeiterklasse geworden sein wird. Auch das kann man Diktatur des Proletariates nennen" (wir meinen, daß man *nur das* so nennen kann), "aber es ist eine ganz andere Diktatur als die des Bolschewismus. Es ist nicht eine Diktatur gegen die Demokratie, sondern die Diktatur *der Demokratie.*" Wozu wir von dem oben dargelegten Standpunkt nur noch zu bemerken hätten, daß es die Diktatur der *proletarischen* Demokratie ist, das heißt, daß auch jetzt nichts anderes geschieht, als was seit jeher in einem demokratischen Parlament geschieht, nur daß dieses Parlament jetzt die Klassenziele des Proletariates vertritt.

schluß fassen, das Frauenwahlrecht wieder aufzuheben oder an Stelle der Republik die Monarchie wieder einzuführen. Die weitverbreitete Meinung, daß die Demokratie in ihrer auf allgemeinem Stimmrecht beruhenden parlamentarischen Form notwendig die Freiheit aller zur Folge haben müsse, hat Otto Bauer mit Recht eine kleinbürgerliche Illusion genannt. Und sehr richtig schreibt er: "Die Rechtsordnung, die Regierung und Parlament aus allgemeinen Volkswahlen hervorgehen läßt, hindert nicht, daß die allgemeinen Volkswahlen selbst Regierung und Parlament *einer Klasse ausliefern,* sie *zum Instrument ihrer Herrschaft* über die anderen Klassen machen. Die parlamentarische Demokratie des allgemeinen Wahlrechtes hebt die Klassenherrschaft nicht auf, sie gibt der Klassenherrschaft *erst die Weihe der Bestätigung durch die Volksgesamtheit.* [25])

Wenn man solche Beschlüsse als undemokratisch bezeichnet, so deshalb, weil der Inhalt dieser Beschlüsse der Idee der vollkommenen formalen Rechtsgleichheit widerspricht. Aber der Akt des Beschlusses ist aus einer solchen vollkommenen formalen Rechtsgleichheit hervorgegangen, und insofern handelt es sich um einen zweifellos demokratischen Beschluß. Man kann der Demokratie nicht von vornherein vorschreiben, was sie beschließen soll; man kann ihr höchstens durch bestimmte Vorschriften darüber, daß gewisse Beschlüsse nur einstimmig oder mit qualifizierter Majorität gefaßt werden können, die Beschlußfassung in dieser Hinsicht erschweren. Nur wenn das Resultat einer solchen Beschlußfassung wäre, daß nunmehr die Rechtsgleichheit auf eine Minorität beschränkt wird, wäre die Demokratie abgeschafft, und zwar auf demokratischem Wege. Dagegen berührt die Beschränkung der Rechtsgleichheit gegenüber einer Minorität, sofern sie in demokratischer Form zustande gekommen ist, den Bestand der Demokratie in keiner Weise. Aller Widerspruch, der sich hierbei fühlbar macht und uns hindern will, dies alles als demokratisch zu bezeichnen, rührt nur daher, daß wir wieder einmal vergessen, daß es sich hierbei überall nur um politische Demokratie handelt und daß wir unwillkürlich die Idee der sozialen Demokratie, das heißt der solidarischen Gesellschaft, an ihre Stelle gesetzt haben.

Nun könnte man noch einwenden, daß dies alles, was wir ausgeführt haben, voraussetzt, daß die Diktatur des Proletariates auf parlamentarischem Wege zustande kommt, was sicherlich nicht unmöglich, aber auch nicht sehr wahrscheinlich ist. Allein wenn man dieses Argument durchdenkt, so kommt man zu dem Ergebnis, daß die Tatsache einer möglichen außerparlamentarischen Aufrichtung der Diktatur des Proletariates, das heißt also der revolutionären Erkämpfung der politischen Macht durch das Proletariat, an dem gekennzeichneten Wesen des Verhältnisses von Diktatur und politischer Demokratie nichts ändert. Denn was besagt die Tatsache einer außerparlamentarischen Eroberung der politischen Macht durch das Proletariat? Daß die herrschenden Klassen weder die ökonomische noch die politische Macht mehr besitzen, um ihre Herrschaft aufrechtzuerhalten, daß aber die Machtverteilung im Parlamente dieser Tatsache nicht entspricht. Es vollzieht sich dann eigentlich außer dem Parlament nichts anderes, als was sich bei einer den wirklichen Machtverhältnissen entsprechenden parlamentarischen Situation mit parlamentarischen Mitteln erreichen ließe: es ist, um ein berühmtes Wort zu variieren, die Fortsetzung des Parlamentarismus mit anderen Mitteln. [26])

Aus alledem ergibt sich schließlich, daß auch durch den Sieg des Proletariates zunächst der

---

[25]) Otto Bauer, *Die Österreichische Revolution*, S. 245.

[26]) Wenn K. Kautsky in seinem Buche *Die proletarische Revolution und ihr Programm* sehr richtig schreibt (S. 82): "Natürlich bedeutet der Stimmzettel eine Macht *nur innerhalb der Demokratie.* Es wäre abgeschmackt, auch den *Kampf um die Demokratie selbst* mit den Mitteln der Demokratie führen zu wollen. Mit friedlichen Mitteln ist die Demokratie weder einem Gewaltregime abzuzwingen, noch gegen ein solches zu verteidigen. Das wird vielfach übersehen", so gilt dieser Satz nicht nur für die Anfänge der Demokratie, sondern auch für ihre Fortentwicklung. Er gilt also auch dann, wenn sich das Gewaltregime, das sich gegen die Vervollkommnung der Demokratie richtet, selbst in "demokratische" Formen kleidet. Ja, O. Bauer hat völlig zutreffend sogar darauf hingewiesen, "daß es keineswegs sicher ist, daß die Geschichte dem Proletariate erlauben wird, seine Diktatur erst nach der Eroberung der politischen Macht mit den Mitteln der Demokratie, also in der Form der Diktatur eines demokratischen Parlamentes und lokaler demokratischer Selbstverwaltungskörper aufzurichten. Es

Charakter des Staates als einer Organisation der Klassenherrschaft nicht geändert wird. Auch der proletarische Staat ist ein Klassenstaat und noch nicht die klassenlose Gesellschaft, wie wir bereits vorhin erwähnt haben, nur daß er jene Form des Klassenstaates ist, in welcher die bisher beherrschte Klasse des Proletariates die Macht ergriffen hat. Und deshalb ist auch im proletarischen Staate noch keine wirkliche Demokratie möglich, sondern eben nur die Diktatur. Erst in dem Maße, als diese Diktatur die ökonomische Klassengegensätzlichkeit der alten Gesellschaft abbaut und dafür die Elemente der neuen solidarischen Gesellschaft herausgestaltet und entwickelt, wird sich die politische Demokratie des proletarischen Staates in die soziale Demokratie der sozialistischen Gesellschaft verwandeln. Erst in dieser wird kein Raum mehr für eine politische Diktatur sein, erst in dieser, "wo es keine Klassen und keinen Klassengegensatz gibt, werden die *gesellschaftlichen Evolutionen* aufhören, *politische* Revolutionen zu sein".[27])

An diesem Punkte wird nun auch ganz besonders die Wahrheit des marxistischen Staatsbegriffes klar, wonach der Staat ein Gebilde der klassengegensätzlichen Gesellschaft ist und daher jeder Staat, also auch der Staat des Proletariates, eine Organisation der Klassenherrschaft sein muß. Daran kann die Demokratie gar nichts ändern, solange sie eben noch nicht auf solidarischer Grundlage aufgebaut ist, das heißt, solange sie bloß politische Demokratie ist. Darum hat auch Engels in seiner berühmten Kritik des Gothaer Programmentwurfes darauf verwiesen, was gerade jetzt sich in Erinnerung zu rufen sehr nötig ist, daß dieser Herrschaftscharakter des Staates durch keine bloß demokratischen Fortschritte aufgelöst werden kann. "Da der Staat", schreibt er, "doch nur eine vorübergehende Erscheinung ist, deren man sich im Kampf, in der Revolution bedient, um seine Gegner gewaltsam niederzuhalten, so ist es purer Unsinn, von freiem Volksstaat zu sprechen: *solange das Proletariat den Staat noch gebraucht,* gebraucht es ihn nicht im Interesse der Freiheit, *sondern der Niederhaltung seiner Gegner;* und sobald von Freiheit die Rede sein kann, hört der Staat als solcher auf zu bestehen. Wir würden daher vorschlagen, überall statt Staat 'Gemeinschaft' zu setzen." Wir sehen, daß hier Engels bei der Beurteilung des Inhaltes und der Möglichkeit einer wirklichen Demokratie denselben Unterschied von solidarischer und unsolidarischer Gesellschaft macht, von der unsere Begriffsbestimmung der Demokratie ausgegangen ist. In diesem Lichte gesehen, erweist sich die Vorstellung eines Widerspruchs zwischen Diktatur und Demokratie als das, was sie wirklich ist: eine schädliche Begriffsverwirrung, die zu einer noch schädlicheren Schwächung des proletarischen Klassenbewußtseins und Kampfwillens führen muß.[28]) An deren Stelle muß wieder die klare Einsicht der alten marxistischen Lehre treten, daß es keinen anderen Weg zur Ver-

kann sehr wohl geschehen, daß die Entwicklung des Klassenkampfes das Proletariat zu vorübergehender Diktatur schon in einer Phase zwingt, in der es noch nicht mit den Mitteln der Demokratie herrschen kann" (*Bolschewismus oder Sozialdemokratie*, S. 113/114). Wenn daher der schwedische Sozialdemokrat Gustaf F. Steffen in seinem Buche *Das Problem der Demokratie* (Jena 1912) fragt: "Sollte auch die Sozialdemokratie sich undemokratischer Kampfmittel bedienen können, ohne damit ihrem eigenen Zweck entgegenzuwirken?" (S. 70), so ist dies nur ein Beleg mehr dafür, welche Verwirrung der Doppelsinn des Wortes Demokratie selbst dort anzurichten vermag, wo, wie bei Steffen, sonst der Unterschied zwischen formaler und sozialer Demokratie schon erkannt, aber nicht konsequent festgehalten wird.

[27]) Karl Marx, *Das Elend der Philosophie,* 2. Aufl., S. 164.

[28]) Ein Beispiel für diese Begriffsverwirrung ist der vorerwähnte Artikel von Martow (S. 193). In diesem führt er selbst aus, daß Marx und Engels die Eroberung der politischen Macht durch das Proletariat stets als den eigentlichen Sinn der Erkämpfung der Demokratie gemeint haben, das heißt also, daß die Diktatur des Proletariates nur ein Akt der Majoritätsherrschaft sein kann. Trotzdem findet er Plechanows Äußerung, daß das siegreiche Proletariat der Bourgeoisie das Wahlrecht nehmen könnte, undemokratisch. Man sieht, wie plötzlich bei Martow der Begriff der Demokratie einen naturrechtlichen Charakter im Sinne der "Gerechtigkeit" bekommt, und man versteht auch warum: weil er nämlich gegen die Bolschewisten polemisiert, welche die anderen sozialistischen Parteien im Namen ihrer sogenannten Diktatur entrechtet. Er begeht aber damit denselben Fehler wie die Bolschewisten. Diese bezeichnen ihre Herrschaft fälschlich als Diktatur, da sie doch nur eine Minorität sind. Und statt ihnen zu sagen, daß ihre Herrschaft *keine* Diktatur ist, bemüht sich Martow, zu beweisen, daß die Dik-

wirklichung der eigentlichen Demokratie gibt als, um abermals mit Engels zu sprechen, "die Anschauungen des wissenschaftlichen Sozialismus von der politischen Aktion des Proletariates und seiner Diktatur als Übergang zur Abschaffung der Klassen und mit ihnen des Staates".[29])

14. Das Gleichgewicht der Klassenkräfte

Die marxistische Lehre vom Staate und von der Demokratie, wie wir sie bisher auseinandergesetzt haben, hat im letzten Jahrzehnt eine eigenartige Bekämpfung erfahren, in welcher sie als überlebt dargestellt wird. Man hält sie nämlich durch die moderne staatliche Entwicklung für widerlegt, da diese zu einer immer größeren Interessiertheit des Proletariates am Staate geführt habe. Diese an sich richtige Konstatierung wird mit einer Abschwächung des Klassengegensatzes, ja der Notwendigkeit seiner Überbrückung gleichgesetzt. Und diese Auffassung sieht sich nun unter anderem auch durch eine bedeutungsvolle Lehre unterstützt, durch die Lehre vom Gleichgewicht der Klassenkräfte, an die sie aber nur sehr mißverständlich anknüpfen kann. Bekanntlich hat Otto Bauer diese Theorie im Anschluß an Friedrich Engels, den er selbst als einen ihrer ersten Vertreter bezeichnet, in seinem Buche *Die österreichische Revolution* dargelegt und sodann in einem Aufsatze *Das Gleichgewicht der Klassenkräfte* näher ausgeführt.[30]) Der Hauptgedanke dieser Lehre besteht darin, daß der Staat nicht in jeder Phase seiner geschichtlichen Entwicklung das Instrument der Herrschaft einer Klasse über die anderen war und ist, sondern daß in mehr oder minder langen Zeiträumen die Macht zweier oder mehrerer Klassen so stark anwachsen kann, daß keine von ihnen den Staat allein beherrschen kann. Ihre Kräfte halten sich das Gleichgewicht, und die Folge davon ist, daß es entweder der Exekutivgewalt des Staates gelingt, sich gegenüber allen Klassen zu verselbständigen und sie alle gleichmäßig niederzuhalten, oder aber daß sich die einander das Gleichgewicht haltenden Klassen in die Staatsmacht teilen. Das erstere war z.B. der Fall des absoluten Königtums im 17. und 18. Jahrhundert, das letztere in der Teilung der Macht zwischen Grundherrenklassen und Bürgertum in England nach der Englischen Revolution von 1688. Auch die Gegenwart zeigt abermals nach dem Umsturz respektive nach dem Kriegsende in allen Staaten immer mehr eine Situation, in welcher die Klassenkräfte der Bourgeoisie und des Proletariates sich das Gleichgewicht halten. In einer solchen Situation kann sich die Herrschaft einer Klasse über den Staat nicht auswirken. Dies hat zur Folge, daß eigentümliche neue Formen des Staates und neue Aufgaben für die Politik des Proletariates erwachsen. Wir werden darüber noch zu reden haben. Aber zuvor ist es nötig, erst all den Widersinn und Unverstand wegzuräumen, der sich in der populären Auffassung dieser Lehre immer mehr eingenistet hat. Wir können hierbei sehen, wie die Preisgebung des klassenrevolutionären Sinnes der marxistischen Staatslehre die verhängnisvolle Fortwirkung hat, daß sie auch sofort jede tiefere Einzelheit derselben verflacht und völlig um ihren eigentlichen Sinn bringt.

Es sind hauptsächlich zwei gründliche Mißverständnisse, die dazu führen, die Lehre vom Klassengleichgewicht direkt in ihr Gegenteil zu verkehren: daß das Gleichgewicht der Klassenkräfte in sich schließe eine *Ausgleichung* der Klassengegensätze und daß die Phase des Gleich-

tatur als solche der Demokratie widerspricht. Es ist ferner sehr mißverständlich, wenn Martow so viel Gewicht darauf legt, daß Marx mit der Zertrümmerung der Staatsmaschine bloß gemeint habe, daß das Proletariat lediglich die bürokratisch-militärische Maschinerie des Staates zerbrechen, dagegen die übrige Staatsmaschine übernehmen und demokratisieren werde. Da haben wir also das Schlagwort vom demokratischen Staat, worüber wir ja im nächsten Kapitel mehr zu sagen haben werden. Hierher gehört, daß bei einer solchen Anschauung ganz in den Hintergrund tritt, daß diese "Demokratisierung" doch nur in der Aufrichtung der Herrschaft des Proletariates, also in seiner Diktatur, bestehen kann. Der demokratische Staat des Proletariates ist der Staat, in dem das Proletariat die Majorität hat und seine Mehrheit daher das Maß der Gleichberechtigung aller Gegner dieses Staates bestimmen wird.

[29]) Friedrich Engels, *Zur Wohnungsfrage,* S. 55.

[30]) Otto Bauer, a. a. O., § 16 und *Der Kampf,* Jg. 1924, Heft 2.

gewichtes der Klassenkräfte ein *Dauerzustand* sei, welcher nur der Ausdruck der erreichten Höhe der Demokratie wäre, so daß diese Phase sich immer mehr zu einer Epoche der gesellschaftlichen Harmonie und dadurch des Überganges zum Sozialismus herausgestalten werde.

Was zunächst das erste Mißverständnis betrifft, so ergibt sich sowohl aus dem logischen Begriffe des Gleichgewichtes als aus der historischen Betrachtung der einzelnen Fälle des Gleichgewichtes der Klassen, daß es eine der gröblichsten Verkennungen des Begriffes und der Tatsachen ist, zu meinen, daß dieses Gleichgewicht irgendwie eine Ausgleichung der Klassen, eine Annäherung oder gar Versöhnung derselben bedeute. Schon aus dem Begriffe des Gleichgewichtes ergibt sich, daß ein solches nur dort vorliegt, *wo entgegengesetzte Kräfte* sich gegenseitig hemmen und bekämpfen. Das zeigt schon der typische Fall des Gleichgewichtes, nämlich der an einer Waage. Das Gewicht in der einen Waagschale strebt das Gewicht in der anderen Waagschale in der seiner eigenen Bewegung entgegengesetzten Richtung zu bewegen. Das gleiche tut das andere Gewicht. Nur durch diese entgegengesetzten Strebungen bleibt bei gleichen Gewichten die Waage in Ruhe, also nur dadurch, daß jedes Gewicht seiner *eigenen Strebung* folgt. Die Gewichte sind leblose Wesen und können daher nicht das Gleichgewicht ihrer Kräfte mit einer Ausgleichung derselben verwechseln. Aber gesetzt den Fall, sie hätten Bewußtsein und damit die Fähigkeit, sich zu irren, und das eine Gewicht würde das Gleichgewicht so auffassen, daß es sich der Bestrebung des anderen angleichen müßte, also, da dieses es hochziehen will, selbst in diese Richtung wirken wollte, so wäre im selben Augenblick das Gleichgewicht verschwunden. Das Gleichgewicht der Klassenkräfte kommt ja nur gerade dadurch zustande, daß jede Klasse ihre Klasseninteressen und ihren Klassenwillen, soweit es eben geht, geltend macht. Dieses Gleichgewicht bedeutet also nicht ein Aufhören des Klassenkampfes, ja nicht einmal eine Abschwächung desselben, sondern im Gegenteil, die stärkste Fortführung des Klassenkampfes. Denn im selben Augenblick, in dem eine Klasse von ihrem Klasseninteresse nachläßt und daher hinter dasselbe ein geringeres Klassenbewußtsein und eine geringere Klassenmacht stellt, ist auch sofort ihre Klassenkraft geringer geworden und verwandelt sich das Gleichgewicht der Klassenkräfte in die Übermacht der anderen Klasse. Man kann daher nicht einmal sagen, daß in der Phase des Gleichgewichtes der Klassenkräfte der Klassenkampf latent ist. Er ist nicht einen Augenblick verschwunden und darf es nicht sein; er ist vorhanden in dem klassenbewußten Widerstand der Klasse, in ihrem organisierten Aufmarsch und in ihrer sprungbereiten Aktivität. Für das Proletariat heißt dies, daß das Gleichgewicht der Klassenkräfte zur notwendigen Voraussetzung hat die Revolutionsbereitschaft des Proletariates, das heißt sowohl die organisatorische als insbesondere die bewußtseinsmäßige Bereitschaft. Das Gleichgewicht der Klassenkräfte kann daher zwar in der Politik zu Kompromissen führen; aber es ist selbst kein Kompromiß der Klassen, keine Annäherung derselben, sondern ein Verhältnis der äußersten Spannung zwischen ihnen, so wie jedes Gleichgewichtsverhältnis in der Natur ein Spannungsverhältnis ist. Es wäre daher besser, statt von dem Gleichgewicht der Klassenkräfte zu sprechen, den Ausdruck der *gleichen Spannung der Klassenkräfte* zu wählen. Dieser Ausdruck, der genau dem entspricht, was Friedrich Engels und Otto Bauer eigentlich meinen, würde von vornherein alle die ärgerlichen Mißverständnisse dieser Lehre unmöglich machen. Und vor allem würde er verhindern, daß sich an ihn die dem Proletariat so schädliche Ideologie einer Phase der Vermittlung zwischen den Klassen, die als die eigentliche Frucht der Demokratie angesehen wird, hätte anschließen können.[31])

[31]) Gerade dieses Moment der Spannung der Klassenkräfte ist es, was Otto Bauer in seiner Darstellung überall hervorhebt. Er bezeichnet die Meinung, daß das Gleichgewicht der Klassenkräfte zu einem Zustande jenseits des Klassenkampfes, zu einer Art Versöhnung des ganzen Volkes führen könnte, ausdrücklich als eine kleinbürgerliche Illusion. So heißt es in der Schrift *Die Österreichische Revolution*: "Die kleinbürgerliche Illusion glaubt, die Volksrepublik werde dadurch verwirklicht, daß sich das Volk über die Klassengegensätze in seinem Schoß erhebt, die einzelnen Klassen des Volkes dem Kampf gegeneinander entsagen. In Wirklichkeit geht die Volksrepublik *gerade aus dem Klassenkampf* hervor, dann hervor, wenn das Ergebnis des Klassenkampfes ein Zustand ist, in dem die kämpfenden Klassen einander das Gleichgewicht halten." (A. a. O., S. 245.)

Der Zustand des Gleichgewichtes der Klassenkräfte ist kein Dauerzustand, also schon ganz gewiß nicht etwas, was das Proletariat zu erstreben oder zu erhalten hätte, sondern ein Zustand, in welchen das Proletariat ganz ohne seinen Willen durch die Dynamik der gesellschaftlichen Entwicklung gelangen kann. In diesem Zustand sind dann zwar die Klassenkräfte im Gleichgewicht und daher in einem augenblicklichen Ruhezustande; das bedeutet aber nicht, daß auch der Klassengeist des Proletariates in einen ähnlichen Ruhezustand verfallen dürfte. Darum ist gerade in der Gleichgewichtsphase die Revolutionierung der Massen durch sozialistische Erziehung und Aufklärung unerläßlicher als in anderen Zeiten, damit die proletarischen Massen den bloßen Gegenwartswert der augenblicklich notwendigen politischen Mittel und Aufgaben richtig verstehen. Gewiß ist das eine schwierige Aufgabe, aber sie ist nur schwierig ohne sozialistische Gesinnung, ohne Pflege des revolutionären Klassenbewußtseins. Wird dieses erhalten und verstärkt, dann ist es durchaus möglich, die proletarischen Kräfte intensiv für Gegenwartsaufgaben einzusetzen und gleichzeitig das Bewußtsein damit zu verbinden, daß dies nicht unsere eigentlichen Aufgaben sind und daß wir sie nur auf uns nehmen, um uns für diese den Weg frei zu machen. Nur auf diese Weise wird das Proletariat fähig, das Gleichgewicht der Klassenkräfte in *seinem* Sinne zu überwinden. Aber für diesen Fall muß es auch gerüstet sein. "Denn", so schreibt Otto Bauer, "da der ökonomische Prozeß selbst die Machtverhältnisse zwischen den Klassen immer wieder verschiebt, kommt schließlich unvermeidlich der Augenblick, in dem das Gleichgewichtsverhältnis aufgehoben wird und nur noch die Wahl bleibt zwischen dem Rückfall unter die Klassenherrschaft der Bourgeoisie und der Eroberung der politischen Macht durch das Proletariat."[32])

Es ist also gar kein Zweifel, wie die Lehre des Gleichgewichtes der Klassenkräfte zu verstehen ist. Wenn sie trotzdem mißverstanden werden konnte, so liegt dies vor allem in jener Denkweise, welche überhaupt den revolutionären Klassenstandpunkt der marxistischen Staatslehre bereits verloren hat und daher ihre sozialpazifistischen, um nicht zu sagen sozialpatriotischen Assoziationen wie selbstverständlich in die Begriffe dieser Lehre einströmen läßt. Zum Teil aber haben auch gewisse Seiten der Darstellung bei Otto Bauer sicherlich einiges dazugetan. Ich meine damit die Ausführungen, die so klingen, als ob die Lehre von Marx, daß der Staat die Organisation der Herrschaft einer Klasse zur Aufrechthaltung der Unterdrückung und Ausbeutung anderer Klassen ist, eine bloße Anfangswahrheit wäre, die durch die spätere feinere Analyse überholt worden sei, sowie auch den höchst fraglichen Begriff einer Volksrepublik, die das Produkt des Gleichgewichtes der Klassenkräfte sei.

Schon in seinem Buche *Die Österreichische Revolution* spricht Otto Bauer[33]) davon, daß die

---

[32]) *Der Kampf,* a. a. O., S. 66. – Es ist also eine sehr falsche Ansicht, die besonders in der deutschen Sozialdemokratie ihre Vertreter hat, daß die Tatsache, wonach bei Gleichgewicht der Klassen jede Partei ihre Ziele nur in der Richtung der Diagonale des Kraftparallelogramms durchsetzen kann, zur Folge haben müsse, daß das Proletariat sich auch nicht radikalere politische Ziele stellen dürfe. Die Diagonale ist doch *Resultat* des Klassenkampfes, nicht ihr Ziel. Darum ist der Gedanke einer sogenannten staatsverantwortlichen Politik ein jedenfalls nicht mehr klassenrevolutionärer Gedanke. Er stellt die Politik des Proletariates auf den Boden des Klassenstaates, statt diesen zu bekämpfen. Und vollends der Grundsatz, daß die Opposition des sozialistischen Proletariates sich von dieser "Staatsverantwortlichkeit" leiten lassen müsse, daß, wie man gesagt hat, der sozialistische Politiker nicht verlangen dürfe, wovon er nicht weiß, daß er es morgen als Mitglied einer Staatsregierung wird ausführen können, gibt den ganzen geschichtlichen Inhalt einer *sozialistischen* Politik preis. Er verkennt, daß ja nicht jede Regierung, in die Sozialdemokraten innerhalb des Klassenstaates zeitweilig eintreten müssen, eine sozialistische ist. Er macht das, was doch bloß das *Ergebnis* des Klassengleichgewichtes ist, zu einem Vorsatz und zu einer prinzipiellen Geisteshaltung des Proletariates selbst. Und was ein politischer Kompromiß ist, wird so bereits in den Klassenwillen selbst verlegt. Das muß zur geistigen Abrüstung des Proletariates führen, zu einer psychologischen Umstimmung desselben, die es für seine sozialrevolutionäre Aufgabe gänzlich unfähig machen muß.

[33]) Otto Bauer, *Die Österreichische Revolution,* S. 242, und *Der Kampf,* a. a. O., S. 63.

Anschauung, wonach der Staat der Klassenstaat der Bourgeoisie und die Regierung bloß als ein Vollzugsausschuß der herrschenden Klassen zu betrachten sei, eine Lehre ist, welche "den seelischen Bedürfnissen des erst erwachenden, sich erst organisierenden, erst in den Kampf tretenden Proletariates" entsprochen habe. Und auch in seinem Artikel "Das Gleichgewicht der Klassenkräfte" bezeichnet Otto Bauer den berühmten Satz aus dem *Kommunistischen Manifest:* "Die moderne Staatsgewalt ist nur ein Ausschuß, der die gemeinschaftlichen Geschäfte der ganzen Bourgeoisklasse verwaltet", als einen allgemeinen abstrakten Satz, der "vorerst genügte", wo es galt "die Arbeitermassen zum Klassenkampf erst zu erwecken". Dies wurde nun merkwürdigerweise so aufgefaßt, als ob die feinere Analyse, von der Otto Bauer spricht, die Wahrheit dieses allgemeinen Satzes aufgehoben hätte. Man hat ganz übersehen, daß Otto Bauer, wenn er den Grundgedanken von dem Klassencharakter der bürgerlichen Gesellschaft und des in ihr zu entwickelnden Staates als eine Anfangswahrheit bezeichnet hat, dies nur in gleichsam *pädagogischem* Sinne gemeint war, nicht aber als einen Ausgangspunkt, den man später aufgegeben hat oder aufgeben müßte. In der Tat: Zu einer Zeit, in der das Proletariat politisch und ökonomisch noch gänzlich unwissend und höchstens in den Traditionen der offiziellen und vaterländischen Ideologie verfangen war, konnte man ihm noch nicht zumuten, bereits auch alle die Abarten und historischen Komplikationen zu erfassen und zu würdigen, in denen sich die Klassengegensätzlichkeit des Staates in der historischen Wirklichkeit entfaltet. Gerade um diese schwierigen Verhältnisse später wirklich verstehen zu können, mußte vorerst die *grundsätzliche Orientierung* über das Vorhandensein der Klassenspaltung überhaupt gewonnen werden. Prinzipiell mußte zuerst die Anschauung dem Proletariat vermittelt werden, daß der Staat keine Institution zur Wahrung des Allgemeininteresses ist, sondern vor allem zum Schutze und zur Vertretung der herrschenden Klassen. Das heißt nicht die Sache allzu primitiv machen, sondern auch im Komplizierten die Grunderkenntnis des einfachen Klassengegensatzes von Besitzenden und Besitzlosen nicht zu verlieren.

Erst innerhalb dieser grundsätzlichen Auffassung konnte der Blick geschärft und das Verständnis erweckt werden für das mannigfaltige Spiel der Klassenkräfte, für die Differenzierungen und Gegensätze der ökonomischen Interessen innerhalb der herrschenden Klassen selbst und für die zeitweilige Kooperation gegensätzlicher Machtgruppen. So ist daher gewiß der Satz, daß der Staat, mit dem es die Arbeiterklasse zu tun hat, der Staat der Bourgeoisie ist, nicht zu jeder Zeit richtig gewesen, wie er es insbesondere auch zur Zeit der Abfassung des *Kommunistischen Manifestes* nicht war. Aber zu dieser Zeit gab es z.B. auch noch nirgends, abgesehen von England, jenes klassenbewußte Proletariat, von dem das Manifest spricht. Das ist ja das Großartige, was diese klassische Schrift zu einem die Jahrzehnte seit seiner Abfassung lebendig überdauernden Dokument gemacht hat, daß es in grandiosen Zügen eine gesellschaftliche Entwicklungsrichtung aufzeigt, die erst die späteren geschichtlichen Ereignisse und auch noch unsere Gegenwart zur Verwirklichung und Vollendung führen sollten. Übrigens hat auch Otto Bauer den vorerwähnten Satz des *Kommunistischen Manifestes* nicht etwa selbst durch die Tatsachen als widerlegt bezeichnet, sondern als eine von Karl Marx aufgewiesene *Tendenz* der Entwicklung. Und das Entscheidende in diesem Zusammenhange ist, daß es nicht so sehr darauf ankommt, ob der Staat, gegen den das Proletariat kämpft, bereits im eigentlichen Sinne des Wortes ein Staat der Bourgeoisie ist oder nicht, *sondern daß er überhaupt ein Klassenstaat ist, das heißt eine Organisation zur Aufrechthaltung des Klassenverhältnisses,* und daß er dies auch *bleibt, selbst wenn* es sich um eine Phase des Gleichgewichtes der Klassenkräfte handelt.

Aber freilich, hier lesen wir bei Otto Bauer die merkwürdigen Sätze, daß der Staat in einer solchen Situation aufhört, ein Klassenstaat zu sein, indem er, im Falle z.B. des Gleichgewichtes zwischen Bourgeoisie und Proletariat, weder ein Staat der Bourgeoisie noch des Proletariates genannt werden kann. So heißt es in der *Österreichischen Revolution* von dem Staate unmittelbar nach dem Umsturz, in welchem das Proletariat so stark war, daß seine Vertrauensmänner in der Regierung den Staat leiten konnten: "Die Republik war in dieser Phase kein Klassenstaat, das heißt kein Instrument der Herrschaft einer Klasse über die andere Klasse, sondern ein Ergebnis des Kompromisses zwischen den Klassen, ein Resultat des Gleichgewichtes

der Klassenkräfte."[34]) Und deshalb nennt Otto Bauer diese Form des Staates eine *Volksrepublik.* Wir haben bereits gesehen, daß er vor der kleinbürgerlichen Illusion gewarnt hat, schon in der bloß demokratischen Staatsform eine solche Volksrepublik verwirklicht zu sehen. "Nicht aus der formalen Rechtsgleichheit der Demokratie", sagt Otto Bauer, "sondern nur aus realer Machtgleichheit der kämpfenden Klassen geht die Volksrepublik hervor.[35])
Der Satz, daß der Staat im Stadium des Gleichgewichtes der Klassenkräfte kein Klassenstaat ist, kann also selbstverständlich nur so verstanden werden, daß er nicht der *politische* Ausdruck und das *politische* Instrument einer einzigen Klasse ist. Aber dies ändert nichts daran, daß er ökonomisch nach wie vor eine Klassenherrschaft bleibt. Der Klassengegensatz ist ja in erster Linie ein ökonomischer Begriff, und die Klassenbildung im Sinne des Marxismus ist vor allem ein Produkt des ökonomischen Prozesses und der durch ihn bedingten gesellschaftlichen Struktur.[36]) Selbstverständlich waren daher auch die absolutistischen Staaten des 17. und 18. Jahrhunderts sowie die der beiden Napoleone, obgleich ihre Regierungsform wesentlich aus dem Gleichgewicht der kämpfenden Klassen hervorgegangen war, Klassenstaaten. Und nicht minder war das auch nach der Darstellung Otto Bauers die österreichische Volksrepublik. Es kann natürlich gar keine Rede davon sein, daß der Klassencharakter des Staates irgendwie auch nur erschüttert ist, solange das kapitalistische Ausbeutungsverhältnis besteht. Solange die Produktion im Dienste der Profiterzeugung und nicht im Dienste des Gemeinschaftsbedarfes steht, so lange bleibt das ganze Leben des Proletariates, auch mitsamt sozialpolitischen Errungenschaften, die es gerade in einem Gleichgewichtszustande der Klassen durchsetzen kann, eben das Leben von Menschen, die, wie es im *Kommunistischen Manifest* heißt, "nur so lange leben, als sie Arbeit finden, und die nur so lange Arbeit finden, als ihre Arbeit das Kapital vermehrt". Daß daher der Staat im Gleichgewichtszustande der Klassenkräfte weder ein Staat der Bourgeoisie noch des Proletariates ist, womit Bauer vollständig recht hat, wenn damit nur die *politische* Herrschaftsform der Klasse gemeint ist, darf natürlich nicht so verstanden werden, daß er in diesem Stadium kein Klassenstaat ist. Wir meinen das nicht etwa bloß deshalb, weil nach wie vor die Rechtsordnung des Staates auf den Grundgedanken des Privateigentums an den Produktionsmitteln und der Institution der bürgerlichen Familie aufgebaut ist; denn so wichtig auch und unerläßlich die Änderung dieser Rechtsgrundlagen für die Aufhebung des Klassencharakters ist, so ist doch die Errichtung der sozialistischen Gesellschaft nicht eine Sache bloß der rechtlichen Regelung, sondern der Besitznahme der ökonomischen Kräfte der Gesellschaft durch das Proletariat.
Gerade diese Verfügung über die ökonomischen Kräfte verbleibt aber auch in der Phase des Gleichgewichtes der Klassenkräfte in den Händen der besitzenden Klassen. Dadurch entsteht ja eben das Gleichgewicht der Klassenkräfte, daß die ökonomische Macht dieser Klassen noch ungebrochen ist. Und so wird gerade hier deutlich, daß die ökonomische Macht zwar am vollendetsten durch die politischen Mittel herrscht, daß dies aber durchaus nicht ihre alleinigen Herrschaftsmittel sind. Und dies ist, nebenbei bemerkt, auch der Grund, warum eine sogenannte Arbeiterregierung, das heißt Regierung, die nur aus Sozialdemokraten besteht, selbst wenn sie sich auf eine sozialdemokratische Majorität stützen kann, doch niemals eine sozialistische Regierung sein kann, solange das Proletariat nicht stark genug ist, auch die ökonomische Macht im Staate an sich zu reißen. Daraus entspringt dann die historische Tragik jeder Arbeiterregierung, die durch gewisse innerpolitische Situationen notwendig werden kann, daß auch sie nur eine *Verwalterin des bürgerlichen Staates* sein kann, freilich mit sehr radikaler Wahrung und Förderung der Arbeiterinteressen, aber doch zugleich berufen, auch die "Staatsnotwendigkeiten" zu vertreten, welche noch Notwendigkeiten des Klassenstaates der Besitzenden, der kapitalistischen Wirtschaftsordnung sind. Wir werden also zwar gewiß uns vor der Verflachung der Marxschen Klassenstaatslehre zu hüten haben, als ob der Staat immer

---

[34]) A. a. O., S. 244, und ganz ähnlich im *Kampf,* a. a. O., S. 61.

[35]) *Die Österreichische Revolution,* S. 245.

[36]) Vgl. hierzu Karl Marx, *Einleitung zur Kritik der politischen Ökonomie,* in: *Neue Zeit,* Jg. XXI., I. Bd. und mein Buch *Die Staatsauffassung des Marxismus,* Kap. VII.

nur die Herrschaftsorganisation der einen oder der anderen Klasse sein kann; wir müssen uns aber ebenso vor der Verflüchtigung dieser Lehre hüten, als ob in den Perioden des politischen Gleichgewichtes der Klassenkräfte die ökonomische und soziale Herrschaft der besitzenden Klassen und damit der Klassencharakter des Staates selbst beseitigt oder auch nur gemildert würde. Und deshalb sollte man den Ausdruck vermeiden, daß der Staat im Zustande des Gleichgewichtes der Klassenkräfte kein Klassenstaat ist.

Aber auch der Ausdruck Volksrepublik ist sehr irreführend. Denn er führt die Idee einer Volksgemeinschaft mit sich, also die Vorstellung eines Staates, der die Gesamtheit seiner Mitglieder einheitlich vertritt, kurz, die Idee einer solidarischen Gesellschaft. Das Wort "Volk" gehört, genauso wie das Wort "Staat", "Nation", "Vaterland" usw., zu jenen Allgemeinbegriffen, die zwar für die bürgerliche Ideologie unentbehrlich sind, weil sie ihr helfen, ihre Klasseninteressiertheit mit dem Mantel eines Allgemeininteresses zu umgeben, die aber in der marxistischen Terminologie möglichst vermieden werden sollten. So hat auch z.B. Otto Bauer in seinem grundlegenden Buch über die *Nationalitätenfrage* sehr schön dargelegt, wie der Begriff der Nation im Sinne der bürgerlichen Ideologie als eine schon vorhandene kulturelle Allgemeinheit noch gar nicht existiert, sondern dies erst durch Überwindung des Klassengegensatzes möglich sein wird. Das "Volk" im Staate ist heute entweder bloß ein juristischer Begriff, das Staatsvolk, oder eine politische Tirade in der offiziellen Beredsamkeit der Vertreter und Verteidiger der bürgerlichen Gesellschaft. Vom Standpunkte der Marxschen Staatslehre gibt es, solange der Klassengegensatz die Gesellschaft spaltet, in keinem Staate noch ein Volk, das heißt *ein* Volk, eine solidarische Lebens- und Kulturgemeinschaft, sondern nur eine Bevölkerung. In diesem Sinne kann man also von einer Volksrepublik überhaupt nicht sprechen. Denn deren Wesen, wie es Otto Bauer beschrieben hat, besteht ja nicht darin, daß sie bereits eine *Volksgesamtheit* enthält, sondern nur darin – und etwas anderes ist ja auch in der Klassengesellschaft gar nicht möglich –, daß alle Klassen Anteil an der Bildung der Staatsmacht haben. Die Idee der Volksgesamtheit bedeutet aber etwas ganz anderes: sie ist nicht das Resultat einer bloßen Summierung von Kräften, also eigentlich, da diese Kräfte sich gegenseitig schwächen, eine bloße Resultierende, sondern im Gegenteil, eine Integration, das heißt eine Ineinssetzung und Verschmelzung zahlloser gleichgerichteter Interessen und Kräfte in eine gewaltige Kollektivkraft, in der jeder einzelne sich vertreten, gefördert und gestärkt sieht. Das ist die große Idee der *volontée générale,* auf welcher Rousseau, wie wir gesehen haben, allein die Demokratie zu gründen vermochte. Sie allein schafft erst den Begriff eines einheitlichen Volkes, den Begriff einer Staats- und Volksgesamtheit – sie ist aber auch nichts anderes als ein ideeller Ausdruck für eine in ihren Lebensinteressen solidarische, das heißt klassenlose Gesellschaft.

Es gibt freilich auch einen politischen Sprachgebrauch des Wortes Volk, von dem aus der Begriff Volksrepublik weniger anfechtbar ist, wenn man sich erst einmal darüber verständigt hat. Das ist nämlich jener Sinn des Wortes Volk, der etwa dem französischen Worte *peuple* in dem Sinne entspricht, in welchem dieses Wort in den revolutionären Bewegungen bis zum Jahre 1848 gebraucht wurde. Da der ökonomische Begriff des Proletariates damals noch nicht so klar herausgearbeitet war, wie dies erst durch den Marxismus geschah, so bezeichnet das Wort *peuple* zwar noch nicht eine Klasse, wohl aber die große Masse des werktätigen Volkes, sowohl der Hand- wie der Kopfarbeiter, sowohl des Proletariates, als des Kleinbürgertums und der freien Berufe, welche im scharfen politischen und sozialen Gegensatz zu den herrschenden Klassen standen. Und da diese Schichten die weitaus überwiegende Majorität der Bevölkerung umfaßten, so sprach man sie als "das Volk" an und bezeichnete ihre Forderung, die Macht an sich zu reißen, als die Forderung der Volksherrschaft. Nicht die Hochfinanz, nicht die Industrieherren, nicht die hohen Militärs und hohen Bürokraten sollten weiterhin den Staat beherrschen, sondern das "Volk" sollte herrschen. Das war, worauf schon einmal hingewiesen wurde (S. 176 ff.), der eigentliche Sinn, den die revolutionären Bewegungen bis zum Jahre 1848 mit der Forderung der Demokratie verbunden haben. Und in diesem Sinne kann man auch von einer Volksrepublik dort sprechen, wo das "Volk", das heißt aber für unsere heutige klassenmäßige Betrachtung hauptsächlich das Proletariat, einen entscheidenden Einfluß auf die staatliche Regierung und Verwaltung nehmen kann. Diese "Volks"-Republik ist dann zwar gewiß keine Republik der Volksgesamtheit, aber sie nimmt diesen Namen nicht ganz ohne Anrecht an, weil sie auf dem Wege zu einer solchen liegt, wenn es ihr gelingt, ihre Errungenschaften festzuhalten. Und so sieht man, daß diese Volksrepublik es gerade nur so weit und um so mehr ist, je mehr sie in den Schichten des "Volkes", das heißt des Proletariates, nicht von dem Geiste einer noch gar nicht existierenden Volksgesamtheit, sondern von dem eines unversöhnlichen proletarischen Klassenkampfes erfüllt ist.

Das ist es übrigens auch, was in der Darstellung bei Otto Bauer ebenfalls den eigentümlichen Charakter der österreichischen Volksrepublik ausmacht. "Sie war in Österreich 1919 bis 1922 *nicht das Resultat der parlamentarischen Demokratie,* sondern gerade umgekehrt das Resultat der funktionellen Demokratie, durch die die parlamentarische Demokratie begrenzt und berichtigt wurde, *das Resultat der außerparlamentarischen Macht des Proletariats,* die die parlamentarische Mehrheit der Bourgeoisie hinderte, ihre Klassenherrschaft aufzurichten."[37]) Die funktionelle Demokratie, von der hier die Rede ist und auf die wir noch in einem späteren Zusammenhange zurückkommen müssen, das ist die Kontrolle der Staatsregierung durch die Interessenorganisationen der verschiedenen wirtschaftlichen Interessenkreise, vor allem aber des Proletariats. Es bedeutet dies also, daß das Proletariat durch seine Gewerkschaften, Genossenschaften und politischen Organisationen, besonders aber auch dadurch, daß es in der Wehrmacht einen starken organisierten Rückhalt hatte, die Möglichkeit besaß, sein besonderes Klasseninteresse in hohem Maße innerhalb des Staates in nicht demokratischen Formen geltend zu machen.

Aus alledem ergibt sich schließlich, daß jener Zustand der "Volksrepublik" in Wirklichkeit nur als ein *revolutionärer* Zustand möglich ist. Es ist der Zustand nach dem Umsturz, der eigentlich gar nicht mehr ein bloßes Gleichgewicht der Klassenkräfte war, sondern ein starkes Überwiegen des proletarischen Einflusses, vor allem wegen der totalen Einschüchterung der besitzenden Klassen und des völligen Verlustes des Selbstvertrauens.

So also erscheint uns auch der Begriff der Volksrepublik als ein solcher, den man lieber vermeiden sollte. Er gehört zu jenen Begriffen, die, wie der "Freie Staat", der "Volksstaat", von Marx und Engels energisch abgelehnt wurden, weil sie geeignet sind, das Urteil der breiten Massen über den Klassencharakter des Staates innerhalb der bürgerlichen Gesellschaft zu täuschen. Die Volksrepublik im Sinne einer Gesamtherrschaft des Volkes ist, wie wir sahen, innerhalb der Welt des Kapitalismus unmöglich, und die Volksrepublik, die hier allein bestand und bestehen konnte, war das Resultat des revolutionären Vorsturmes des arbeitenden Volkes, war eine Phase, in der das Gleichgewicht der Klassenkräfte für kurze Zeit im Sinne einer Vorherrschaft des Proletariats überwunden war.

Und schließlich ist dies das Entscheidende, was das richtig verstandene Wesen des Gleichgewichtszustandes der Klassenkräfte ausmacht, daß er kein Dauerzustand sein kann, sondern eben durch die Kräfte, die sich in Schach halten, beständig nach der einen oder anderen Seite hinübergedrängt wird. So schreibt Otto Bauer: "In der Tat kann ein solcher Gleichgewichtszustand keine Klasse dauernd befriedigen. Jede Klasse strebt über den Zustand des Gleichgewichtes der Klassenkräfte hinweg zu einem Zustand, in dem sie herrschen kann, hin."[38]) Das heißt: Jeder Gleichgewichtszustand der Klassen hat die *Tendenz zur Restauration* und führt unbedingt zur Reaktion, wenn in ihm nicht eine tatbereite *Tendenz zur Revolution* vorhanden ist. Wenn das Gleichgewicht der Klassen daher im Proletariat so verstanden würde, daß es zur Gleichgültigkeit gegenüber dem revolutionären Klassenbewußtsein würde, dann wäre im selben Augenblick auch das Gleichgewicht bereits zum Schaden des Proletariats verloren.

Mit allen diesen Ausführungen haben wir nun auch schon jenes zweite im Eingang dieses Kapitels aufgezeigte Mißverständnis widerlegt, als ob das Gleichgewicht der Klassenkräfte eine besondere Funktion, ja sogar die Vollendung der Demokratie wäre. Wir sehen jetzt, daß es

---

[37]) Otto Bauer, *Die Österreichische Revolution,* S. 245.

[38]) Otto Bauer, a. a. O., S. 245 und 246.

mit dieser überhaupt nichts zu schaffen hat, weil es ja geradezu als Korrektur der bloß formalen Demokratie wirksam wird. Die Idee des Klassengleichgewichtes kann der formalen Demokratie keinen neuen Inhalt geben, durch den sie ihre bloß formale Natur verlieren würde. Wohl aber kann sie, richtig verstanden, helfen, die Überschätzung der formalen Demokratie zu überwinden und in den Vordergrund zu rücken, worauf es dem Proletariat eigentlich ankommen muß: den Kampf um die Macht mit allen ihm zur Verfügung stehenden Mitteln, also auch mit außerparlamentarischen und außerdemokratischen Mitteln.

15. Über wirtschaftliche Demokratie

Als ein wirksames Mittel, den bloß formalen Charakter der politischen Demokratie zu bekämpfen und sogar zu überwinden, sind in der letzten Zeit, besonders seit dem Umsturze immer mehr Bestrebungen hervorgetreten, die man insgesamt unter dem Namen einer wirtschaftlichen Demokratie zusammenfaßt. Alle diese Bestrebungen haben das Gemeinsame, daß sie die Organisation der bloß politischen Vertretung der Staatsbürger in den Gesetzgebungskörpern durch die Schaffung von demokratischen Vertretungskörpern für wirtschaftliche Interessen zu ergänzen suchen. Es sind mannigfache Ursachen, die dazu geführt haben, diese Forderung nach sogenannter wirtschaftlicher Organisation gerade jetzt so stark hervortreten zu lassen; und es kommt hierbei im Grunde nur die allgemein kritisch gewordene Stimmung gegen die bloß politische Demokratie zum Ausdruck.

Vor allem ist es die wachsende Erkenntnis, daß die Beschränkung der Demokratie auf die Gesetzgebung allein sie notwendig unvollkommen machen muß. Das ehrwürdige Dogma der liberalen Naturrechtslehre von der Teilung der Gewalten, welches die Hauptstütze der konstitutionellen Demokratie gewesen war und ermöglichte, daß zwar das Bürgertum im Parlamente herrschte, aber der König mit der Aristokratie im Heere und in der Verwaltung, ist längst mit Recht verdächtig geworden. Es war, wie man heute weiß, durch eine mißverständliche Auffassung Montesquieus von der englischen Verfassung entstanden, die niemals diese Gewaltenteilung streng durchgeführt hatte, sondern im Gegenteil auf der demokratischen Selbstverwaltung der Bezirke (Grafschaften) aufgebaut war und selbst im höchsten politischen Vertretungskörper, im Parlamente, die Verwaltung schon dadurch ausschlaggebend bestimmte, daß das Ministerium, also der Träger der Exekutivgewalt, stets vom Parlamente bestimmt wurde und abhängig war. Mit Recht nennt bereits Lothar Bucher in seiner besonders für die Geschichte des englischen Parlamentarismus interessanten Schrift *Der Parlamentarismus, wie er ist* die Lehre von der Teilung der Gewalten "eines der metaphysischen Gespenster, die unter uns umgehen und erschlagen und wie ein Vampir im Grabe gepfählt werden müssen, ehe wir uns wieder orientieren können. Funktionen kann man teilen. Die Gewalt ist unteilbar, ruhe sie im Gesetz oder in der Willkür."[39])

Und in der Tat: Die Demokratie kann nicht nur darin bestehen, daß die Gesamtheit der Staatsbürger zwar gleichmäßig zur Gesetzgebung berufen ist, aber auf die Durchführung und Anwendung der Gesetze nicht ebensolchen Einfluß hat. Es muß also auch die ausübende und die richterliche Gewalt dem Willen der Volksgesamtheit unterliegen, es muß die Möglichkeit bestehen, daß auch die Verwaltung und Rechtsprechung unter die Verfügung und Kontrolle der Demokratie kommen. Und das ist nur möglich, wenn die Demokratie auch die Organe der Verwaltung und der Rechtsprechung bestimmt, kurz, wenn sich also das ganze staatliche Leben auf demokratischer Organisation aufbaut. So entsteht die Forderung, daß die volksfremde und oft auch volksgegensätzliche Bürokratie in Staat, Bezirk und Gemeinde durch *Selbstverwaltungsorgane* ersetzt werden, die auf demokratischer Grundlage beruhen. Und in dieser Selbstverwaltung sollen dann die wirtschaftlichen Interessen zu einer besseren Berücksichtigung kommen, weil sowohl in der Vertretungskörperschaft selbst als auch insbesondere bei

[39]) Lothar Bucher, *Der Parlamentarismus, wie er ist*, 1881, S. 38.

der Bestellung der Beamten die Sachkenntnis und fachliche Interessiertheit mehr zur Geltung kommen wird.

Sicherlich ist diese Bestrebung, die Teilung der Gewalten als ein der Demokratie schädliches Prinzip zu überwinden, sehr berechtigt und liegt in der Entwicklungsrichtung der Demokratie von der bloß formalen zur inhaltlich verwirklichten sozialen Gestalt. Diese letztere setzt voraus, daß dieselbe Gemeinschaft, die ihre Gesetze beschließt, auch die Durchführung derselben in der Hand hat, also auch im Besitze der ausführenden Gewalt ist. Zur vollen Demokratie gehört nicht bloß demokratische Gesetzgebung, sondern auch demokratische Verwaltung. Allein es ist kein zu diesem Ziel führender Weg, wenn man gemeint hat, die der Demokratie schädliche Teilung der Gewalten dadurch zu überwinden, daß man neben dem Parlament als dem Vertretungsorgan der politischen Interessen besondere wirtschaftliche Vertretungskörper konstruierte. Nach dieser Auffassung sollen die einzelnen Berufs- und Interessengruppen ihre eigenen Selbstverwaltungsorganisationen schaffen, durch die sie auf die öffentliche Gesetzgebung und Verwaltung Einfluß zu nehmen imstande wären. In der Richtung dieser Gedanken liegt schließlich die Forderung der öffentlich-rechtlichen Organisation aller Berufe und Arbeitszweige in Gewerbekammern, Arbeiterkammern, Handelskammern, landwirtschaftlichen Vertretungen und sonstigen Standeskörperschaften, aus denen sich ein Wirtschaftsparlament zusammensetzen soll, welches mit gesetzgebender Gewalt in allen wirtschaftlichen Angelegenheiten neben das Parlament zu treten hat.

Wir werden uns aber mit dieser Richtung nicht weiter zu befassen brauchen, da sie gerade vom Standpunkt einer Vervollkommnung der Demokratie ein gefährlicher Irrweg ist. Sie führt nicht zur Zusammenfassung der öffentlichen Gewalten in einer demokratischen Einheitsorganisation, sondern im Gegenteil zu noch größerer Zerspaltung, indem sie die wirtschaftlichen Interessengruppen nur scheinbar neben dem Parlamente, in Wirklichkeit aber *gegen* die politische Demokratie zu organisieren unternimmt. Und dies geschieht nicht etwa, wie vorgegeben wird, im Interesse "der Volkswirtschaft", sondern hauptsächlich im Interesse bestimmter wirtschaftlicher Schichten, nämlich jener, die bisher den Staat beherrscht haben und nun ihren Einfluß gerade durch die politische Demokratie bedroht fühlen. Es ist kein Zufall, daß der Gedanke der berufsständischen Vertretung und des Wirtschaftsparlamentes gerade in reaktionären und antiproletarischen Kreisen heute sehr viel Anklang findet. Denn es ist nichts anderes als die Furcht vor der wachsenden Stimmenzahl der sozialistischen Arbeiterschaft, also die Angst vor einer proletarischen Majorität, was sich in das Bestreben verkleidet, die bloß politische Demokratie durch wirtschaftliche Vertretungskörper zu ergänzen. Nicht um eine Verbesserung der politischen Demokratie handelt es sich in Wirklichkeit, sondern um ihre Schwächung.[40])

Und man glaube nicht, daß es sich bei solchen Bestrebungen bloß um eine kleinbürgerliche Utopie handelt, welche durch die Entwicklung zum Hochkapitalismus, in der wir heute mittendrin stehen, ohnedies überwunden wird.[41]) Im Gegenteil hat das Auftreten und die Ent-

---

[40]) Vgl. hierzu die treffende Kritik Hans Kelsens in seiner gedankenreichen Schrift *Das Problem der Demokratie,* Wien 1925, S. 21 ff. Hier wird insbesondere der ebenso logische wie gesetzestechnische Widersinn hervorgehoben, politische und wirtschaftliche Interessen trennen zu wollen. Dies hat übrigens schon Rudolf Hilferding in seinem Vorwort zu dem Buche von Cole, *Selbstverwaltung in der Industrie,* S. XIII – XIV, nachdrücklich hervorgehoben. Wenn übrigens heute manche Sozialphilosophen die berufsständische Vertretung als die höchste Blüte einer "organischen" Staatsauffassung lobpreisen (z.B. O. Spann), so hat Kelsen in seiner Kritik mit Recht hervorgehoben, daß gerade dieses Ideal einer organischen, das heißt aber gerechten, Beteiligung aller berufsständischen Gruppen an der Bildung des Staatswillens insolange keine Aussicht zur Verwirklichung hat, insolange der Klassengegensatz zwischen Besitzenden und Besitzlosen alle wirkliche Interessengemeinschaft auch in einer berufsständischen Gliederung unmöglich machen muß. Die Bezeichnung der berufsständischen Organisation als einer organischen dient also nur dazu, zu verdecken, daß sie behilflich sein soll, die parlamentarisch-demokratische Staatsform zu verdrängen zugunsten eines auf die wirtschaftliche Vormacht sich stützenden autokratischen Systems (S. 26 und 27).

[41]) Als solche erscheint sie z.B. bei Viktor Zenker, *Der Parlamentarismus, sein Wesen und seine Entwicklung,* Wien 1914, S. 182 ff.

wicklung der gewaltigen Machtorganisationen des Unternehmertums der Forderung nach Ergänzung der staatlichen Willensbildung durch wirtschaftliche Vertretungskörper einen ganz neuen Sinn gegeben. Immer deutlicher wird es, daß es sich hierbei um den Entscheidungskampf handelt, wer den Staat beherrschen soll: das Parlament des allgemeinen Wahlrechtes oder die organisierte Wirtschaftsmacht der Kartelle und des Finanzkapitals? [42])

Und dies führt uns nun zu einem anderen Sinn des Wortes von der wirtschaftlichen Demokratie, der tatsächlich in der Richtung der Entwicklung der Demokratie zur Ausprägung einer inhaltlich widerspruchslosen Form führt, nämlich zu jenem Begriff, der darauf hinzielt, die wirtschaftliche Übermacht des Kapitals und damit die gegen die Demokratie verstoßende Ungleichheit der Lebenslagen durch die Organisation der wirtschaftlichen Massenkräfte zu brechen. So wie das politische Vorrecht und Unrecht eines privilegierten Standes durch den Aufstieg der bisher rechtlosen Massen zur Rechtsgleichheit beseitigt wurde, so soll nun die wirtschaftliche Oligarchie des organisierten Hochkapitalismus durch die Entreißung des Monopols der Wirtschaftsleitung und durch die Demokratisierung derselben ebenfalls unschädlich gemacht werden. Und diese Aufgabe ist gerade jetzt in den Vordergrund getreten, weil, wie Rudolf Hilferding bereits in seinem grundlegenden Werk *Das Finanzkapital* aufgezeigt und seither wiederholt dargelegt hat, die ökonomische Entwicklung des Kapitalismus selbst ihre Lösung dringend verlangt. Während nämlich die ältere Periode der kapitalistischen Wirtschaft dadurch gekennzeichnet ist, daß sie eine schrankenlose Konkurrenz der Produktion und des Austausches mit sich führt, so daß ihr von allen sozialistischen Kritikern immer wieder hervorgehobene Charakter die völlige Anarchie, das heißt Plan- und Ordnungslosigkeit, des wirtschaftlichen Lebens ist, ändert sich dieses in der Periode des Hochkapitalismus ganz wesentlich. Diese ist charakterisiert durch immer größere Konzentration der Produktion, sowohl in dem Sinne der Zusammenfassung gleichartiger Betriebe in gewaltige Kartelle als auch in der Vereinigung verschiedener einander unterstützender und ergänzender Betriebe in einer Hand. Auf diese Weise erfolgte eine immer engere Verknüpfung der früher sich bekämpfenden Wirtschaftszweige, wozu noch die immer größere Verschmelzung der Produktions- und Handelsbetriebe mit den Großbanken kommt. "Die freie Konkurrenz", so faßt Hilferding dies zusammen, "wurde in immer stärkerem Maße aufgehoben durch die kapitalistische Monopolbildung, und die Anarchie der kapitalistischen Produktionsweise durch die Organisationstendenz des Kapitals selbst überwunden."

Das also ist das Neue in der ökonomischen Situation des Hochkapitalismus, was sich schon vor dem Kriege vorbereitet und durch die Hochschutzzollpolitik des Kapitalismus gefördert wurde und wird: die kapitalistische Produktionsweise ist nicht mehr notwendig anarchisch, im Gegenteil, sie schafft durch ihre Konzentrationstendenz eine horizontale und vertikale Zusammenfassung der Betriebe, richtet durch ihre Kartelle, Konzerne, Produktions- und Verteilungsbüros eine wirtschaftliche Ordnung auf, die sich nicht nur auf die Produktion und Distribution der Güter, sondern auch auf die Stellung und Behandlung aller in der Wirtschaft beschäftigten Arbeiter und Angestellten bezieht. Was Charles Fourier in einem seiner vielen genialen Vorblicke als notwendiges Entwicklungsprodukt des Kapitalismus vorausgesagt hatte, daß er ein neues Zeitalter der Vasallität der Massen begründen werde, das heißt eine neue Form der Gebundenheit an die Scholle, eine Art kommerziale Feudalität, wie Fourier dies nannte, das bereitet sich nunmehr schon deutlich sichtbar vor, ja ist schon in hohem Maße verwirklicht. Denn soweit die Macht eines Trusts oder eines Konzerns reicht, ist die Freizügigkeit der Arbeiter und Angestellten innerhalb dieses Machtbereiches tatsächlich aufgehoben. Und es liegt in der Tendenz des organisierten Kapitales, diesen Machtbereich durch fortwährende Erweiterung des Einflusses der Unternehmerorganisation sowie durch "freundnachbar-

---

[42]) Vgl. hierzu die sehr interessante Untersuchung von Karl Landauer, *Die Wege zur Eroberung des demokratischen Staates durch die Wirtschaftsleiter* in der *Erinnerungsgabe für Max Weber,* 2. Bd. – Sehr richtig heißt es dort S. 116, was übrigens nicht nur für Deutschland gilt: "Der Kampf der Wirtschaftsleiter gegen die demokratische Staatsgewalt wird aller Voraussicht nach das politische Leben Deutschlands in den nächsten Jahrzehnten beherrschen."

liche" Verständigung zwischen ihnen womöglich auf das Gebiet des Wirtschaftslebens überhaupt auszudehnen.

Hier liegt nun der Schwerpunkt des ganzen Problems. Es handelt sich darum, ob, wie Hilferding dies auf dem Heidelberger Parteitag präzisierte, die Organisation des Wirtschaftslebens, die der moderne Kapitalismus zweifellos in immer stärkerem Maße durchführen muß, eine solche zugunsten einer Oligarchie der Kapitalisten oder zugunsten der Allgemeinheit sein soll. Und von der Entscheidung dieser Frage hängt tatsächlich nicht nur das Lebensschicksal der werktätigen Massen, sondern auch die Entwicklung einer freien Menschenkultur ab. Denn man muß scharf im Auge behalten, daß die Organisation der Wirtschaft zugunsten des Kapitalismus gar nicht notwendig mit einer elenden Lage des Proletariates verbunden sein muß. Es ist im Gegenteil sogar sehr wahrscheinlich, daß der organisierte Kapitalismus für "seine" Arbeiter und Angestellten in hohem Maße Verbesserung der Arbeitsbedingungen, Verbilligung der Lebensmittel, Beschaffung anständiger Wohnungen, ja sogar Einrichtung von Wohlfahrtsinstituten (Bibliotheken, Theater, Erholungsheime, Kindergärten und dergleichen) beschaffen kann. Das alles würde sich ihm in der "Zufriedenheit" seiner Arbeiter und Angestellten reichlich rentieren. Nimmt man noch dazu ein System der sozialen Versicherung, dessen Kosten gerade der organisierte Kapitalismus auch ohne Staatszwang um so eher bestreiten könnte, als es durch Verbesserung der Arbeits- und Lebensbedingungen des Proletariates seine Risiken dabei vermindert, so würde der Arbeiter und Angestellte auch gegen Krankheit und Unfall, gegen Invalidität und Alter hinreichend geschützt sein und im ganzen das Dasein eines gesicherten Beamten haben. Allerdings wäre dies alles mit vollständiger Preisgabe seiner freien Selbstbestimmung bezahlt; er hätte das Dasein eines gut gehaltenen Lakaien und wahrscheinlich auch die Gesinnung eines solchen. Ich halte es nicht für wahrscheinlich, daß es zu diesem Ergebnis des organisierten Kapitalismus kommen wird, weil er die internationale Vereinigung der verschiedenen nationalen Wirtschaftsgebiete voraussetzt, weil aber gleichzeitig die ökonomischen Expansionsbestrebungen dieser Wirtschaftsgebiete immer wieder den "Völkerbund" der kapitalistischen Staaten sprengen werden. Bloß aus diesem Grunde, weil die Organisierungstendenz des Hochkapitalismus nicht so stark ist, seinen Sklaven auch den Frieden zu garantieren und damit die Existenz eines gut genährten und gut behandelten Arbeitstieres zu sichern, erscheint die Vorstellung einer solchen vollkommenen industriellen Feudalität als ein bloßes Schreckbild; aber es bleibt noch genug Verwirklichung desselben übrig auf jenem Wege, den das Wirtschaftsleben nehmen wird, wenn die Organisationstendenzen des Kapitalismus sich widerstandslos durchsetzen könnten.

Und an diesem Punkte zeigt sich nun, daß der Sozialismus des Proletariates kein bloßes Brotinteresse ist, keine bloße materielle Interessenbewegung, als welche die Gegner ihn so gerne hinstellen. Das wunderbare Wort des Evangeliums "Der Mensch lebt nicht vom Brot allein" ist, wie so manche andere Wahrheit des Evangeliums, auch eine Wahrheit des revolutionären proletarischen Sozialismus. Und das Freiheitsstreben, das Ideal der vollkommenen Ausbildung der freien Persönlichkeit ist seit jeher, seit Thomas Morus und Charles Fourier die eigentliche Triebkraft der sozialistischen Empörung gewesen. So heißt es denn auch im *Kommunistischen Manifest* von dem Ziel, das die Arbeiterklasse anstreben muß: "An die Stelle der alten bürgerlichen Gesellschaft mit ihren Klassengegensätzen tritt eine Assoziation, worin die *freie Entfaltung eines jeden* die Bedingung für die freie Entwicklung aller ist." Waren es auf der Stufe eines noch unentwickelten und in großem ökonomischen Elend lebenden Proletariates vor allem die Wünsche nach Verbesserung der Lage, was sich für es in die Idee der Gleichheit aller Menschen kleidete, so strebt das ökonomisch gehobene und selbstbewußt gewordene Proletariat nach völliger Freiheit der Person und nach Selbstbestimmung. Sehr richtig hat daher Otto Bauer darauf hingewiesen, daß es gerade dem höherentwickelten Proletariate eigen ist, die Idee der Freiheit in den Vordergrund zu rücken. "Der Freiheitsdrang", schreibt Otto Bauer, "führt jetzt den zur Persönlichkeit gereiften Arbeiter zum Sozialismus."[43])

[43]) Otto Bauer, *Bolschewismus oder Sozialdemokratie,* S. 98. – Vgl. über die Beziehungen der Freiheitsidee zum marxistischen Sozialismus mein Buch *Die Staatsauffassung des Marxismus,* Kap. XV und XVI.

Diese Freiheit zu begründen, das ist nun der Sinn der wirtschaftlichen Demokratie. In England, dieser alten Heimat des Selfgovernment, der politischen Selbstverwaltung, ist auch die proletarische Forderung nach "industrial government" entstanden, nach Selbstverwaltung der Industrie. Produktionsdemokratie, Fabriksdemokratie werden jetzt neue Ausdrücke für den alten Gedanken der Demokratie, die ihn erst zu seinem wirklichen Inhalt bringen sollen: Mitbestimmung der Leitung der Produktion und des Austausches durch die Produzenten und Konsumenten selbst, ja schließlich die Übernahme der Produktion und Verteilung durch für diesen Zweck neu zu schaffende Selbstverwaltungskörper. Eine sehr bedeutungsvolle theoretische Vertretung und praktische Anwendung dieser Idee ist der englische Gildensozialismus.

Aber sehen wir zunächst noch von diesem ab, um uns vor allem mit jenen Formen zu beschäftigen, in denen die Idee der wirtschaftlichen Demokratie schon heute zwar keine volle Verwirklichung gefunden hat, aber doch bereits einen großen Schritt auf dem Wege zu ihr darstellt. Ich meine die Institution der *Betriebsräte auf gesetzlicher Grundlage.* Mit der Betriebsrätegesetzgebung, in welcher Österreich im Jahre 1919 durch die revolutionäre Tatkraft Otto Bauers voranging, ist ein wirklich gewaltiger Schritt zur Umwälzung der kapitalistischen Wirtschaftsordnung gemacht worden, dessen ganze Bedeutung leider noch nicht von den Arbeitern so verstanden wird, wie es der Fall sein sollte. Zum ersten Male ist der Kapitalismus auf seinem eigensten Gebiete, in seinen ökonomischen Herrenrechten in der Fabrik, beschränkt und an die gesetzliche Mitwirkung der Arbeiter und Angestellten gebunden worden. Nunmehr können die Arbeitnehmer durch ihre gewählten Vertreter in allen den Arbeitsvertrag und das Lohnverhältnis betreffenden Angelegenheiten, in beschränkter Weise sogar in Kündigungsfragen, mitbestimmen, und auch die Möglichkeit einer Beeinflussung der Betriebsführung und Betriebskalkulierung ist den energischen, sachkundigen und ihrer Stellung bewußten Betriebsräten nicht unmöglich. Haben sie ja sogar in das Heiligtum des Kapitalismus, in den Verwaltungsrat der Aktiengesellschaften, als gleichberechtigte Verwaltungsräte Zutritt.

Aber gerade in dieser Institution zeigt sich am deutlichsten, daß jeder Begriff der Demokratie, also auch der der wirtschaftlichen, widerspruchsvoll und wirkungslos wird, wenn er so aufgefaßt wird, als ob er eine Aufgabe enthielte, die innerhalb der kapitalistischen Wirtschaftsordnung erfüllt werden könnte und die Wirkung hätte, sie gerechter und freiheitlicher zu gestalten. Auch die wirtschaftliche Demokratie ist in der Klassengesellschaft nicht durchführbar, sie führt vielmehr notwendig aus dieser heraus und kann daher auch nur mit einem Geiste gelöst werden, der bereits ideell sich von der Klassengesellschaft losgelöst hat und ihr mit absoluter Gegnerschaft gegenübersteht. Es ist daher auch nur konsequent, daß der erste große Massenansturm, die Idee der wirtschaftlichen Demokratie zu verwirklichen, in eine revolutionäre Gesinnung gegen den Klassenstaat und in eine neue Form des Sozialismus gemündet hat, in den Gildensozialismus. Wirtschaftliche Demokratie und Überwindung des kapitalistischen Staates sind bei diesem nur zwei Seiten einer und derselben Sache.

Und in der Tat, ohne diese proletarisch-klassenrevolutionäre Grundeinstellung verwandeln sich sofort alle Institutionen der wirtschaftlichen Demokratie in ihr Gegenteil: in Zünftlerei, Standesegoismus, wirtschaftlichen Sondervorteil und schließlich in eine engherzige Verflochtenheit mit kapitalistischer Interessiertheit. Das kann man besonders gut bei der Institution der Betriebsräte sehen. Die Aufgaben des Betriebsrates in ihrem eigentlichen Sinne, der sich nicht so sehr aus den Gesetzesparagraphen wie aus dem Geiste der revolutionären Arbeiterklasse ergibt, können nur von einem solchen Betriebsrat wirklich erfaßt und ausgeführt werden, welcher von diesem Geiste erfüllt ist. So hat auch schon Ferdinand Hanusch, der Mitschöpfer des Betriebsrätegesetzes, einmal geschrieben, daß die besondere Tragweite der Betriebsräte für den sozialen Aufstieg der Arbeiterklasse allerdings voraussetzt, "daß die Träger des Vertrauens der Arbeiterschaft ihrer hohen Mission moralisch gewachsen sind".[44]) Die Klage ist aber häufig und sehr berechtigt, daß weder die Arbeitermassen selbst noch auch die

[44]) Ferdinand Hanusch, *Volkswirtschaft und Sozialpolitik,* in: *Arbeit und Wirtschaft,* I. Jg., S. 12.

gewählten Betriebsräte von dem Stück wirtschaftlicher Macht, das ihnen hier zu erfassen möglich geworden ist, einen genügenden Gebrauch machen. Auf die Durchbrechung des Despotismus des Kapitals in der Produktion ist die Betriebsräteinstitution angelegt und gleichzeitig auf die geistige und moralische Vorbereitung des Proletariats für die Sozialisierung der Gesellschaft, indem es durch seine Vertreter Einblick in den Produktionsmechanismus bekommt, in die Voraussetzungen und Bedingungen der Betriebsführung. Indem die Betriebsräte ihre Erfahrungen in den Betriebsversammlungen mitteilen, besprechen und gegenseitig Aufklärung geben und nehmen, schult sich die ganze Klasse und erzieht sich für ihre historische Aufgabe der Übernahme der Produktion. In dieser Schulung der Massen einerseits und in der proletarischen Kontrolle innerhalb der kapitalistischen Produktion anderseits sollte der große geschichtliche Inhalt der revolutionären Rätebewegung der Arbeiterschaft in eine dem Staate aufgezwungene legale Institution übergeleitet werden.

Allein, nicht nur das noch vielfach mangelnde Verständnis für diese Bedeutung der Betriebsräte hat sie nicht überall zu dem werden lassen, was sie sein können und sollen, sondern auch das Fehlen jenes revolutionären proletarischen Klassenbewußtseins, von dem wir vorhin als einer unerläßlichen Voraussetzung sprachen. Denn wo dieses fehlt, da kann der einzelne Betriebsrat nur zu leicht den großen Versuchungen unterliegen, die gerade aus seiner Stellung an ihn herantreten, und dies sogar um so eher, ein je einfacherer und naiverer Mensch er ist. Der Proletarier, der nicht in seiner revolutionären Klassenerziehung und in seiner marxistischen Grundorientierung einen festen Rückhalt und dadurch eine fast instinktartige Gegnerschaft zum Unternehmertum hat, ist leicht durch all das Neue, das jetzt auf ihn einstürmt, irre zu machen und schließlich auch von dem Wege abzubringen, den seine Klasse gehen muß. Er sieht sich über seine Arbeitskollegen erhoben, häufig auch durch die Aufgaben seines Amts von dem täglichen Arbeitszwang befreit; er verkehrt mit Behörden und hochgestellten Persönlichkeiten, deren oft zur Schau getragene Leutseligkeit und Arbeiterfreundlichkeit ihm schmeichelt und verwirrt; er bewegt sich in der Nähe der oft sehr entgegenkommenden und in ihrer berechnenden Art von ihm nicht durchschauten Liebenswürdigkeit der Chefs und tritt in eine soziale Sphäre ein, die ihm durch ihre Bildung und zweckmäßigen Komfort imponiert. Er wird schließlich vor ökonomische und betriebstechnische Darlegungen gestellt, die er häufig gar nicht verstehen oder doch nicht kontrollieren kann, wozu noch kommt, daß der ganz naive Gedanke von der Identität des Wohles der Arbeiter mit dem Interesse des Betriebes sein Urteil vorweg in einem dem Unternehmer günstigen Sinne bestimmt. Hat doch diese Denkweise im Weltkriege das Urteil der Proletariermassen in allergrößtem Maßstabe in die Irre geführt, als sie zur Verteidigung der "heimischen Wirtschaft" auszogen, was doch nur eine Verteidigung der heimischen Ausbeuter war. Dies alles wirkt zusammen, um nur zu oft aus dem Betriebsrat statt eines Kontrollorgans der Arbeiter ein Vermittlungsorgan der Chefs zu machen, eine Institution, die das Betriebsinteresse der Unternehmer gegen das Klasseninteresse der Proletarier nun in einer durch die "Demokratie" geheiligten Form, also um so sicherer, zur Geltung bringt. Unternehmen und Betriebsrat werden eine Partei, statt daß sie in der Spannung verbleiben, die notwendig darin begründet ist, daß der Betriebsrat nicht eine Institution der kapitalistischen Wirtschaftsordnung sein soll, sondern eine solche zur Mitwirkung an ihrer Überwindung.

Allein es sind nicht nur diese Umstände, von denen man sagen könnte, daß sie doch bloß mit der Schwäche des Menschen, nicht aber der Institution zusammenhängen, die den Sinn der wirtschaftlichen Demokratie ganz verlorengehen lassen. Viel wichtiger ist, daß auch die kraftvolle und selbstbewußte Durchführung der Aufgaben der Betriebsräte alsbald auf eine Begrenztheit und Gefährdung ihres revolutionären Charakters stößt, die aus der einfachen Tatsache folgt, daß es sich eben um kapitalistische und nicht um sozialistische Betriebsführung handelt. Es gehört zweifellos zu den elementarsten Aufgaben der Betriebsräte, das Wohl der im Betriebe beschäftigten Arbeiter entschieden zu vertreten. Gerade dies aber bringt es dann mit sich, daß recht oft auch kapitalistische Interessen und Standpunkte unterstützt werden, wie sie eben in einer Produktionsweise selbstverständlich sind, deren Existenz und Erhaltungsmöglichkeit von der Unzerstörtheit, ja Vermehrung der Profitgewinnung gerichtet ist. Alle

aus diesem Charakter der kapitalistischen Wirtschaftsordnung sich ergebenden gesellschaftlichen Widersprüche und Kulturwidrigkeiten wiederholen sich nur in der engeren Sphäre des Betriebes. Produktionsverbesserungen werden mit Zustimmung, ja oft sogar infolge Einspruches des Betriebsrates abgelehnt, weil sonst Arbeiter entlassen werden müßten; hygienische Einrichtungen oder Schutzvorrichtungen werden nicht verlangt, weil der Betriebsinhaber sonst den Betrieb zu sperren droht. Ungemessene Überstunden werden auch in Zeiten der Arbeitslosigkeit zugelassen. Damit verbindet sich das Streben nach einer wirtschaftlichen Begünstigungspolitik für den eigenen Arbeitszweig und die Herausbildung einer ganz klassenwidrigen Gegensätzlichkeit zu den Bemühungen anderer Arbeiterkategorien, ihre Arbeitsverhältnisse zu verbessern, wenn dadurch die Produktionsbedingungen des eigenen Produktionszweiges erschwert werden. So können auch die Betriebsräte auf jene Linie geraten, auf der sich nach der treffenden Schilderung Hilferdings die Gewerkschaften in der Vorkriegszeit bewegten, auf die Linie einer "Anpassung an den Kapitalismus"[45]), nur mit noch mehr vom Sozialismus und damit von der Verwirklichung der Demokratie wegführender Wirkung. Denn die Gewerkschaften blieben auch in dieser bloßen Gegenwartsarbeit vom Unternehmertum getrennte und ihm sogar scharf gegenüberstehende Organisationen, die daher auch die sozialistische Ideologie behalten konnten. Die Betriebsräte meinen aber gerade durch das Wesen ihrer Organisation in eine Arbeitsgemeinschaft mit den Produktionsleitern zu kommen, wenn sie sich einmal auf den Weg begeben haben, das Betriebsinteresse über das Klasseninteresse zu stellen. Und so kann es zu jener Entartung dieser scheinbaren wirtschaftlichen Demokratie kommen, die mit dem Namen Betriebspatriotismus und Branchensolidarität sehr gut bezeichnet wird und die der ärgste Feind der Klassensolidarität des Proletariates ist. So kann es vorkommen, daß das ganze Proletariat zwar im heftigsten Kampfe gegen Schutzzollvorlagen steht, zugleich aber Deputationen von Betriebsräten von den Abgeordneten der Arbeiter Ausnahmen für ihre Produktionszweige verlangen. Das ist dann auch die weiteste Entfernung von jeder wirklichen Demokratie, und diese Betätigung der Betriebsräte mündet dann in jene Entartung aus, die wir zuerst besprochen, wo das Wort von der wirtschaftlichen Demokratie nur eine Bemäntelung für die Verfolgung kleinlichster wirtschaftlicher Sonderinteressen ist.
Die große und geschichtliche Aufgabe der Betriebsräte kann eben nicht darin bestehen, die kapitalistische Produktion zu "demokratisieren", sondern sie durch ihre Kontrolle entschieden zu bekämpfen. So wie die politische Demokratie des Proletariats nur dadurch zu einer Vorkämpferin der echten Demokratie wird, daß sie den Klassenstaat überwinden will, nicht aber, daß sie ihn bloß demokratisiert, so kann auch die wirtschaftliche Demokratie des Proletariats nur dadurch ein Mittel zur Begründung echter Demokratie werden, daß sie das Proletariat instand setzt, sich die Kraft und Fähigkeit zur Überwindung der kapitalistischen Wirtschaftsordnung zu verschaffen. In diesem notwendigen wirtschaftlichen Vorbereitungsprozeß werden übrigens die Betriebsräte nicht das einzige Mittel sein; auch die Organisation der Konsumenten, die Konsumgenossenschaften, wenn sie erst mehr zu einer Stätte der Pflege sozialistischer Wirtschaftspolitik und Gesinnung geworden sind, werden von großer Bedeutung sein. Ob sich dann die Vereinigung dieser beiden Richtungen mehr nach Art des Gildensozialismus oder mehr auf den von Otto Bauer dargelegten Wege der Schaffung gemeinwirtschaftlicher Betriebe vollziehen wird oder ob noch ganz andere Formen gefunden werden, ist für unsere Erörterung nicht entscheidend. In jedem Falle wird die sogenannte wirtschaftliche Demokratie nur dann ein Weg zur wirklichen Demokratie sein, wenn sie zugleich ein "Weg zum Sozialismus" ist.

16. Die funktionelle Demokratie

Neben dem Begriff der wirtschaftlichen Demokratie ist in der letzten Zeit immer häufiger auch von der *funktionellen* Demokratie die Rede. Und auch von dieser, ja ganz besonders von

[45]) Siehe R. Hilferding, Vorwort zu Cole, *Selbstverwaltung in der Industrie,* S. XV.

ihr, meint man, daß sie ein geeignetes Mittel sei, die bloß formale Demokratie zu überwinden. Wir werden noch sehen, daß dies auch wirklich der Fall sein kann, aber nur in demselben Sinn, wie es die wirtschaftliche Demokratie vermag, nämlich nicht als Ergänzung oder gar Verbesserung der politischen Demokratie, sondern nur als ihre Aufhebung.
Mit funktioneller Demokratie bezeichnet man jene eigentümliche Modifikation des parlamentarischen staatlichen Lebens, in welchem die staatliche Willensbildung nicht mehr bloß durch parlamentarische Beschlüsse zustande kommt, sondern in immer steigendem Maße bei dieser Willensbildung das Einvernehmen mit den Organisationen der großen wirtschaftlichen Interessenkreise gesucht werden muß, vor allem mit den Interessenvertretungen der Arbeiter und Angestellten. Es ist dies eine Erscheinung, die sich schon während des Krieges herausgebildet hat, als die Regierung das Bedürfnis und die Nötigung hatte, die Kriegspolitik auf eine möglichst breite Volksbasis zu stellen und daher insbesondere den Wünschen der Gewerkschaften und der Angestelltenorganisationen weitgehend entgegenzukommen bestrebt war. Besonders ist aber dieses System in der ersten Zeit nach dem Umsturz zur Ausprägung gekommen und hat eine Zeitlang wirklich eine ganz neue Regierungsform dargestellt. Unter seiner Herrschaft war kein Gesetz über Arbeitsverhältnisse oder über Beamtenangelegenheiten oder über Angelegenheiten der Volkswohlfahrt möglich, ohne daß die Organisationen der Arbeiter und Angestellten zuvor über die Gesetzesentwürfe befragt und die Grundzüge derselben mit ihnen einvernehmlich festgestellt worden wären.
Was ist nun diese funktionelle Demokratie? Sie darf nicht so verstanden werden, daß sie in der Mitwirkung wirtschaftlicher Machtorganisationen an der Gesetzgebung und Regierung besteht. Denn das würde ja nur auf die Wiederholung jener Vorstellung hinauslaufen, nach der die öffentlichen Gewalten zwischen Parlament und wirtschaftlichen Vertretungskörpern geteilt werden sollen, also Unternehmerorganisationen, Bauernvertretungen, Standesvereinigungen, Arbeiter- und Angestelltenorganisationen Einfluß auf die Gesetzgebung und Verwaltung bekommen sollen. Wir kämen damit nur auf einem Umweg zu dem bereits besprochenen reaktionären Plan einer berufsständischen Vertretung zurück. Das ist aber nicht der Sinn des Begriffes "funktionelle Demokratie", der im Gegenteil etwas Neues und Revolutionäres bedeutet.
Das wäre ja auch gar nichts Neues, daß die Unternehmerverbände oder die Bauernvereinigungen einen Einfluß auf die staatliche Gesetzgebung und Verwaltung ausüben. Das haben sie seit jeher getan, und keinem Menschen wird es einfallen, das als eine funktionelle Demokratie oder auch nur als einen Ansatz zu ihr zu bezeichnen. Dagegen ist dies das Neue und Revolutionäre, daß gegenüber den *Minoritäten,* die in jenen Interessenvereinigungen auftreten, *nun die große Majorität der Arbeiter und Angestellten* den Versuch unternimmt, durch ihre Machtorganisationen nicht etwa bloß mitzubestimmen, sondern die staatliche Willensbestimmung in ihrem Sinne und Interesse durchzuführen. So wie überhaupt die Willensbildung in der Demokratie durch Majorität erfolgt, so ist das Entscheidende auch bei der funktionellen Demokratie, daß sich in ihr jene gesellschaftlichen Funktionen durchsetzen, welche den größeren sozialen Interessenkreis im Staate bilden. Die funktionelle Demokratie kann daher nur zugunsten der Arbeiter und Angestellten wirken, aber freilich nur dann, wenn sie eine solche soziale Macht besitzen, daß sie dadurch das Übergewicht über die soziale Macht der Besitzenden erringen oder zumindest jenen Gleichgewichtszustand der Klassenkräfte herstellen, in denen die Berücksichtigung ihrer Forderungen leichter erzwungen werden kann. Die funktionelle Demokratie ist daher bloß ein anderer Ausdruck für die entschlossene klassenbewußte Kampfstellung und jederzeit sprungbereite Gegnerschaft des Proletariates gegenüber dem Klassenstaat und der kapitalistischen Gesellschaft. Sie hat nichts zu tun mit der ganz irreführenden Vorstellung, zu welchem der Ausdruck *funktionelle* Demokratie verleiten könnte, daß es sich bei ihr etwa darum handelt, eine Harmonie der Funktionen innerhalb der heutigen Gesellschaft herzustellen und so aus dieser einen "gesunden" Organismus zu machen. Die Bezeichnung "funktional" bedeutet hier vielmehr nichts anderes als den Gegensatz zu "formal" und will sagen, daß gegenüber der parlamentarischen Demokratie, in der die Bedeutung so wie die Macht großer Schichten der Gesellschaft nicht entsprechend zum Ausdruck kommen kann,

dieser Mangel *durch die außerparlamentarische politische Funktion* dieser Machtgruppen ersetzt werden muß. Darum hat auch Otto Bauer sehr richtig die funktionelle Demokratie als eine solche bezeichnet, "durch die die parlamentarische Demokratie begrenzt und berichtigt" wird.[46])

Die funktionelle Demokratie ist also ihrem Wesen nach die Anrufung und Einsetzung der organisierten Macht des werktätigen Volkes neben und vor allem gegen die politische Demokratie. Sie ist ihrer ganzen Natur nach ein revolutionäres Mittel und kann daher auch nur ihren Zweck, ihre "Funktion" erfüllen, wenn diese Massen revolutionär gesinnt und organisatorisch aktionsbereit sind. Gerade die funktionelle Demokratie ist daher jenes Mittel, durch welches die bloße zahlenmäßige Majorität der politischen Demokratie, also das, was den meisten kritiklosen Anhängern der Demokratie als ihr heiligstes Gesetz gilt, zugunsten einer besseren Berücksichtigung der sozialen Machtverteilung korrigiert wird. In überaus klarer Weise hat dies einmal in einer politischen Rede vor Arbeitern Otto Bauer dargelegt und damit den eigentlichen Sinn der funktionellen Demokratie klar hervortreten lassen: "Das Mehrheitsprinzip hat seine Schranken. In den alten englischen Parlamenten, in denen die Regierungsmacht abwechselnd bald den Whigs, bald den Tories zufiel, wurzelten beide Parteien in derselben Gesellschaftsklasse, im 18. Jahrhundert im Adel, im 19. Jahrhundert im Bürgertum. Damals bedeutete das Mehrheitsprinzip nur, daß die Regierungsgewalt immer der Gruppe innerhalb der herschenden Klasse zufiel, die gerade über die Mehrheit verfügte. Und die jeweilige Mehrheit konnte dieses Mehrheitsprinzip nicht mißbrauchen, sie mußte die Rechte der Minderheit immer anerkennen, weil sie wußte, daß in einigen Jahren wieder sie die Minderheit sein werde. Heute bedeutet das Mehrheitsprinzip in Österreich etwas ganz anderes. Denn hier handelt es sich *nicht um einen Kampf verschiedener Gruppen innerhalb einer und derselben Klasse, sondern um den Kampf verschiedener Klassen gegeneinander.* Die Mehrheit, das sind die Vertreter der Unternehmerklassen in Stadt und Land; die Opposition vertritt hier die Masse der Arbeiter und Angestellten. Die schrankenlose Geltung des Mehrheitsprinzipes würde daher jetzt bedeuten, daß die Unternehmerklassen schrankenlos über die Arbeiterklasse herrschen, sie würde einen Zustand der *Klassenherrschaft* herstellen, sie würde unsere Republik in eine reine Bourgeoisrepublik verwandeln. Deshalb müssen wir uns gegen die schrankenlose Geltung des Mehrheitsprinzipes unter diesen Umständen wehren. Der Kampf um stärkere Geltung und stärkeren Einfluß der Minderheit gegen die Mehrheit und Regierung ist der Kampf gegen die Klassenherrschaft der Bourgeoisie im Staat, der Kampf für das wahre *Volksinteresse*, nämlich für das Interesse der breiten Massen des arbeitenden Volkes, gegen die schrankenlose Herrschaft der *Parteiinteressen* der Bourgeoisie.[47])

So also bedeutet "funktionelle Demokratie", wenn richtig verstanden, keinen friedlichen Begriff, keinen politischen Pazifismus und keine Abrüstung des revolutionären proletarischen Klassenkampfes, sondern im Gegenteil diesen selbst, nur jetzt mit der besonderen Hervorhebung und Zuspitzung, daß der Kampf um die volle, die soziale Demokratie durchaus nicht an die Formen der politischen Demokratie gebunden ist und trotzdem demokratisch bleibt, selbst wenn er diese bricht. Denn im Grunde sind die letzten und stärksten Argumente der funktionellen Demokratie die "Argumente der Straße", wenn also die Massen des werktätigen Volkes in direkte *staatliche Funktion* treten, um die Demokratie zu retten. Die *schließliche,* geschichtlich erforderte Funktion der funktionellen Demokratie ist die soziale Revolution, ihre *gegenwärtige* aber, sie geistig und materiell vorzubereiten.[48])

---

[46]) Otto Bauer, *Die Österreichische Revolution,* S. 245.

[47]) Wiener *Arbeiter-Zeitung* vom 19. Dezember 1923. – Vgl. auch ähnlich Friedrich Adler im *Kampf,* XII. Jg., S. 251 f.

[48]) Das Wort "Argument der Straße" stammt aus der Zeit des heißesten Kampfes des österreichischen Proletariates um das allgemeine Wahlrecht. Damals wurde dieses Wort von der Ministerbank geprägt, um dem Eindruck der gewaltigen Straßendemonstrationen der Arbeiter für das Wahlrecht zu begegnen, und es sollte ausdrücken, daß sich die staatsmännische Haltung der Regierung nicht durch bloße "Argumente der Straße" werde beirren lassen. Weil es aber auch heute noch Leute gibt, die, ohne

17. Soziale Demokratie und sozialistische Erziehung

Von den verschiedensten Seiten her hat unsere Erörterung des Begriffes und der Gestaltung der Demokratie die Ausgangserkenntnis bestätigt, daß aller Widerspruch und alle Unklarheit, die sich auf diesem heißumstrittenen Problemgebiet einstellen, nur daraus entstehen, daß der Grundunterschied zwischen politischer und sozialer Demokratie entweder überhaupt nicht gemacht oder doch nicht konsequent festgehalten wird. Und daß dies nicht geschieht, hat seinen Grund nicht nur in einem etwa mangelnden Verständnis, obgleich dies oft der Fall ist, sondern vor allem darin, daß dieser Unterschied ja *nicht bloß ein theoretischer* ist, sondern zugleich die *Aufforderung zu einer Stellungnahme* in sich schließt, die weit über eine bloße politische Parteistellung hinausgeht. Bedeutet sie doch die Stellungnahme *für oder gegen die heutige Staats- und Gesellschaftsordnung.* Denn da, wie wir sahen, die politische Demokratie nie den Begriff der Demokratie wirklich zur Ausführung bringen kann, andererseits aber echte Demokratie nur in einer klassenlosen Gesellschaft möglich ist, so heißt diesen Unterschied machen eigentlich sich zugleich für oder gegen den Sozialismus entscheiden müssen. Und dies ist der Grund, warum sich die theoretische Klarstellung der Demokratie innerhalb einer bürgerlichen Denk- und Fühlweise sogar in den Gelehrtenkreisen nur sehr schwer Eingang verschaffen kann.[49])
Aber es gilt von der marxistischen Staatslehre dasselbe, was Marx von der revolutionären Philosophie seiner Jugend schrieb: "Wenn aber einzelne Individuen die moderne Philosophie nicht verdauen und an philosophischer Indigestion versterben, so beweist das nicht mehr gegen die Philosophie, als gegen die Mechanik beweist, wenn hier und da ein Dampfkessel einzelne Passagiere in die Luft sprengt.[50])

So ist also der Unterschied zwischen politischer und sozialer Demokratie kein bloß politischer, sondern der Unterschied zweier Gesellschaftsformen, zweier Welten: der *alten* Welt der Unsolidarität und Unterdrückung und der *neuen* Welt der Solidarität und Freiheit. Aus dieser Tatsache folgt aber auch für jeden, der sich aus Klasseninteresse oder aus persönlicher Anteilnahme für die Erkämpfung der sozialen Demokratie entschieden hat, daß damit nicht nur eine zukünftige gesellschaftliche Umgestaltung bezeichnet ist, sondern *eine schon heute nötige Umwälzung seiner eigenen Geistesart,* eine völlige Loslösung aus bürgerlicher Denk- und Fühlweise, ein radikaler Bruch mit alten Anschauungen und Empfindungen. Diese Forderung richtet sich auch ganz besonders an den *Politiker.* Der richtig verstandene Sinn der Demokratie erfordert auch vom sozialistischen Politiker den *neuen Menschen,* ohne dessen Sinnesart die sozialistische Gesellschaft nicht vorbereitet, geschweige denn aufgebaut werden kann.

Der bürgerliche Politiker lebt ganz und gar in der politischen Demokratie: ihm verschwindet hinter ihren Formen die Gesellschaft selbst. Die Haltung der Regierung, die verschiedene Beziehung der politischen Parteien zu ihr, die Parteigestaltung im Parlamente selbst, die Vorgänge in den Klubs und zuweilen sogar in den Wandelgängen des "Hohen Hauses", die Leitartikel der wichtigsten Zeitungen – dies alles ist seine eigentliche Welt. Darüber hinaus existiert

---

durch ministerielle Seßhaftigkeit hierzu verpflichtet zu sein, vor lauter staatsmännischer Klugheit gar nicht das staatliche Leben sehen, wie es wirklich ist, und sich vor den "Argumenten der Straße" als vor einer Androhung oder gar Anwendung von Gewalt bekreuzen, so möchte es doch nötig sein, diese zu erinnern, daß z.B. eben das allgemeine Wahlrecht ohne solche Argumente in Belgien und Österreich kaum errungen worden wäre. Nicht jede Gewalt ist "undemokratisch". Eine Gewalt, die bewirkt, daß die staatliche Ordnung in größere Übereinstimmung mit der tatsächlichen gesellschaftlichen Interessenschichtung gebracht wird, ist ja nur ein Instrument für die größere Verwirklichung der Demokratie. Vielleicht darf ich in diesem Zusammenhang auf meinen Artikel "Argumente der Straße" in der Wiener *Arbeiter-Zeitung* vom 19. November 1905 hinweisen, wo bereits, lange bevor das Wort von der funktionellen Demokratie aufgeflogen ist, das dargelegt wurde, was ihren eigentlichen Sinn ausmacht, nämlich gegenüber der bloß politischen Organisation und Autorität des Staates die *gesellschaftliche* Bedeutung und Macht des Proletariates wirksam zum Ausdruck zu bringen.

[49]) Vgl. hierzu mein Buch über *Die Staatsauffassung des Marxismus,* letztes Kapitel, und mein Referat auf dem 4. Deutschen Soziologentag.

[50]) Marx-Engels, *Nachlaß,* I. Bd., S. 262.

seine eigene Interessengruppe, seine Partei, für ihn nur in der Form der "Wählerschaft", um die man sich ja in Zeiten der Wahlen sehr heftig bemühen muß, die aber sonst kaum auf die Politik Einfluß hat und auch nicht haben soll; denn diese zu machen, ist ja der Abgeordnete da. So wird die bürgerliche Demokratie auch schon organisatorisch zu einer höchst fragwürdigen Sache, die eigentlich, wie man mit Recht hervorgehoben hat, nur einmal in Aktion tritt, nämlich bei der Wahl des Parlamentes. Aber – und das ist für die bürgerliche Politik sehr charakteristisch –, diese Wählerschaft hat im Grunde auch kein darüber hinausgehendes Interesse. Denn die Hauptaufgabe der bürgerlichen Politik ist Durchsetzung und Sicherung der Sonderinteressen der besitzenden Klassen, die, wie verschieden sie in ihren einzelnen Richtungen als kapitalistische, agrarische oder kleinbürgerliche sein mögen, doch alle darin übereinstimmen, die Politik als ein System von Maßregeln zu betrachten, die für die Ungestörtheit und bessere Durchführung ihrer Geschäfte nötig sind. Gerade deshalb kommt es aber zu der Arbeitsteilung von Politik und Geschäft, wobei freilich auch erstere zu einem solchen werden muß. Politik – das ist zwar ein sehr notwendiges Ding für den Unternehmer und Bankmann, für den Gewerbetreibenden und Kaufmann; aber sie alle haben "keine Zeit" dazu, das ist die Sache der von ihnen Gewählten, die dazu gleichsam angenommen sind. Und diese machen daraus nun ihr eigenes Geschäft, bei dem die Vertretung der Interessen ihrer Gruppe nur das Mittel zur Begründung ihrer eigenen Machtposition ist. Darum ist das Streben nach den Ministerfauteuils das leidenschaftlichste Interesse, ja die Seele dieser Politik. Teilnahme an der Regierung, oder noch besser Alleinausübung derselben durch die eigene Partei, – das hat hier nicht etwa die Bedeutung einer allgemeinen gesellschaftlichen Aufgabe, sondern nur einer vollständigen Ausnützung zugunsten der eigenen Sonderinteressen. So verwandelt sich auf diesem Boden die Politik in eine Strategie der Parteikämpfe, und ihre Stoßkraft beruht viel weniger auf ihrem Ideengehalt als auf der Taktik ihrer Führer. Völlig eingesponnen in die althergebrachten Vorurteile und Gegenwartsinteressen der heutigen Gesellschaft und nur auf einen Vorsprung in dem Kampf um die Unterdrückung und Ausbeutung der anderen bedacht, bleiben diese Politiker, so modern und demokratisch sich auch manche von ihnen vorkommen mögen, die alten Menschen, die das uralte System einer Ordnung der Gesellschaft durch Gewalt statt durch Solidarität immer wieder erneuern.

Dagegen ist gerade dieses der Sinn einer wirklich demokratischen, und das heißt, wie wir nun wissen, einer sozialistischen Politik, daß sie mit dieser alten Lebensform der Gesellschaft radikal aufräumen muß. Diese Forderung ist um so dringender, als die sozialistische Politik sich in einem Milieu bewegen muß, das sie immer wieder von ihrem eigenen Charakter abzubringen sucht. Die Verflochtenheit der sozialistischen Politik mit der bürgerlichen im Tageskampf und besonders im Parlamentsgetriebe bringt viele Gefahren mit sich, sie mit der seelenlosen Mechanik ihrer bürgerlichen Gegner zu infizieren. Und daß sie diesen Gefahren zuweilen sogar in allzu großem Maße unterlegen ist, daß auch in ihr das verengende Interesse parlamentarischer Taktik und Klubpolitik an die Stelle des lebendigen Zusammenhanges mit den gesellschaftlichen Massenkräften des revolutionären Proletariats getreten ist, so daß in verderblicher Rückwirkung diese selbst geschwächt und indifferent werden mußten, dies ist nur eine der vielen Entartungserscheinungen, in denen die gegenwärtige Krise des internationalen Sozialismus sich darstellt. Sie zu überwinden, ist gerade *die Herausreißung der Gemüter aus der Ideologie der bloß formalen Demokratie* ein wichtiges und unerläßliches Mittel. Damit wird der enge Horizont durchbrochen, der die Politik nur in Formen und Eventualitäten des parlamentarischen Systems möglich sieht und alles übrige als "undemokratische" Gewalt betrachtet. Vielmehr eröffnet sich nun die ganze Weite eines gesellschaftlichen und geschichtlichen Horizontes, der in den Mittelpunkt des demokratischen Interesses nicht mehr die *Teilnahme* an der Macht im Staate, sondern die *Ansichreißung* dieser Macht gegen den Staat, das heißt gegen die Klassengesellschaft, stellt. Der Schwerpunkt des Interesses des sozialistischen Politikers – und gerade des realdenkenden, für den nämlich der Sozialismus eine Realität werden soll und nicht ein bloßer Feiertagsgedanke bleibt – rückt nun aus der Gegenwart in die Zukunft. Und dies erzeugt eine neue, sein ganzes Wesen durchflutende, nie versagende Sinnesart, durch welche seine Stellungnahme zu jedem einzelnen politischen Problem, zu jeder Tagesfrage ihre besondere Prägung, das heißt Beziehung auf die Umgestaltung der Gesellschaft, erhält. Von da aus ergibt sich dann auch eine ganz andere Führung der Massen, selbst dort, wo man Aktionen durchführen muß, die sonst das klare proletarische Klassenbewußtsein verwirren mußten. So ist es z.B. etwas ganz anderes, ob man in den Völkerbund eintritt und diese Institution unterstützt, mit allen "demokratischen" und pazifistischen Illusionen der bürgerlichen Welt, oder ob man den inneren Widerspruch und die Unmöglichkeit einer Völkerbundpolitik im System der kapitalistischen Welt aufzeigt, in der es sich immer nur um *Staaten*verbindungen, nicht aber *Völker*bündnisse handeln kann, dann aber in klarem Bewußtsein der Wertlosigkeit, ja Gefährlichkeit dieser Institution in sie eintritt, um sie zu kontrollieren und sie zu einem Agitationsmittel *gegen* den Militarismus und Imperialismus der Völkerbundbeherrscher zu verwenden. Die erstere Politik führt zur Illusionierung und Schwächung des Proletariats, auch wenn "seine" Vertreter im Völkerbund wären. Denn, indem sie nicht innerliche Gegner des Völkerbundes sind, sondern ihn "verbessern", demokratisieren wollen, konservieren sie den Standpunkt, von dem aus immer nur Staatsregierungen, nicht aber Volksgemeinschaften maßgebend werden. Nur solche sozialistische Vertreter, die im Völkerbund sich nicht mehr als Vertreter ihrer "Länder", auch nicht als Vertreter "ihres" Proletariats, sondern nur mehr als Vertreter der Klasse des Proletariats überhaupt fühlen, wären von jenem Geist erfüllt, der der Geist des internationalen Sozialismus ist und der allein zum wirklichen Völkerbund und zur wirklichen Demokratie führen kann.

Und in diesem Sinne geübt wird die Politik dann überhaupt kein besonderer Beruf mehr der wenigen Gewählten, sondern die allgemeine Berufung aller, die an der Umwandlung der bestehenden Ordnung in eine neue, höhere arbeiten. Sie wird im schönsten Sinne dieses Wortes zur Massenstimmung und Massenenergie. Deshalb ist auch in der revolutionären, sozialistischen Politik der Schwerpunkt gar nicht mehr im Parlamentarismus zu suchen oder gar nur in der Fraktionspolitik, sondern in der unmittelbaren und zielbewußten Aktion der ganzen Klasse des Proletariats. Die soziale Demokratie als Ziel erfordert schon heute eine immer aktuellere Demokratie in der sozialdemokratischen Partei selbst. Die Entschlüsse der sozialistischen Politik müssen immer mehr getragen sein von der unmittelbaren Mitwirkung, sachkundigen Teilnahme und Kritik der untersten Organisationseinheiten der Partei. In der unablässigen Erörterung der Parteiprobleme und der Mittel zu ihrer Lösung, in der Hinausverlegung der Stellungnahme aus Parlament und Klub in die Organisation und Versammlung, erzeugt sich erst jener wirklich neue demokratische Geist, der die sozialistische Politik als etwas betrachtet, was nicht "sie", die Gewählten, machen, sondern worin jeder seinen Mann stellen kann und soll. Und so wird hier Politik zu einer gemeinsamen Arbeit der Führer und der Partei, die ebenso *Erziehung* unseres Selbst als Erkämpfung unserer Zukunft ist.

Das ist das Große im marxistischen Sozialismus, daß er die Neuwerdung des Menschen nicht als eine für sich bestehende und uns gegenübertretende moralische Forderung aufstellt, sondern daß sie sich in demselben Prozeß vollzieht, in welchem das Alte aus dem Klassengeiste des Proletariats geschichtlich bekämpft wird. So schrieb bereits der junge Marx, daß die Proletarier sehr gut wissen, "daß sie nur unter veränderten Umständen aufhören werden, die Alten zu sein; und darum sind sie entschlossen, diese Umstände *bei der ersten Gelegenheit zu verändern.* In der revolutionären Tätigkeit fällt das Sichverändern mit dem Umändern der Umstände zusammen."[51]) Die soziale Demokratie ist die radikalste Umänderung der äußeren Lebensformen der Menschen; der Kampf für sie bedeutet daher auch das radikalste Sichverändern der heutigen Menschen.

---

[51]) Karl Marx, *Der heilige Max, Dokumente des Sozialismus,* 3. Bd., S. 313.

Zur Diskussion des neuen Parteiprogramms

I.

Das Bedürfnis nach einer Revision des Parteiprogramms ist unbestritten. Aber es ist wichtig, sich über den Grund dieses Bedürfnisses klar zu sein, weil eine Klarheit über diesen Punkt bereits entscheidend und richtunggebend sein wird für die Art, in welcher dieses Bedürfnis erfüllt und die Neugestaltung des Programms durchgeführt werden muß. Und da kann nicht entschieden genug betont werden, daß dieses Bedürfnis einer Erneuerung des Parteiprogramms nicht etwa daraus entstanden ist, daß die Grunderkenntnisse und davon geleiteten Prinzipien des marxistischen Sozialismus irgendwie reformbedürftig geworden wären. Davon kann gar keine Rede sein. Im Gegenteil hat die gewaltige Erfahrung von fast acht Jahrzehnten seit dem *Kommunistischen Manifest* uns die Tragkraft der marxistischen Analyse des geschichtlichen Prozesses im allgemeinen und der kapitalistischen Wirtschaft im besonderen nur in immer deutlicherer Weise unerschüttert gezeigt. Käme es nur auf die Proklamierung der großen leitenden Gesichtspunkte des modernen Sozialismus an (der ökonomischen Zwangsläufigkeit der Ausdehnung der Kapitalsherrschaft, der Reproduktion des Proletariats in immer erweiterter Form, der Zuspitzung der Klassengegensätze, der Notwendigkeit des Klassenkampfes, der ökonomischen Vorbereitung einer sozialisierten Gesellschaft schon innerhalb des Kapitalismus), die moderne Arbeiterbewegung bedürfte noch immer keines anderen Programms als des *Kommunistischen Manifestes,* das nun bald seinen 80. Geburtstag feiern wird. Dieses gewaltige Dokument enthält die Grundlagen des wissenschaftlichen Sozialismus, und es ist daher nur selbstverständlich, daß sich auch der Entwurf des neuen österreichischen Parteiprogramms gleich im Anfang darauf beruft, seinen Inhalt, "gestützt auf die Lehren des wissenschaftlichen Sozialismus", zu entwickeln.

Wenn trotz dieser unerschüttert gebliebenden theoretischen Grundlagen gleichwohl ein immer stärkeres Bedürfnis nach einer neuen Fassung des Parteiprogramms entstanden ist, so kann dieses Bedürfnis nur daraus entsprungen sein, daß der Sozialismus heute durch die gewaltige ökonomische und politische Entwicklung der letzten Jahrzehnte vor große Aufgaben gestellt wurde, welche in dieser Form für ihn früher nicht bestanden. Solche Aufgaben sind die Bestimmung des Verhältnisses der sozialistischen Arbeiterbewegung zu der imperialistischen Wirtschaftspolitik der Staaten, die Entscheidung der Frage, ob das Eintreten für die Eigeninteressen des Staates, in dem das Proletariat lebt, verträglich ist mit seinem internationalen Kampfe, die Stellungnahme zu der Frage der Teilnahme an der Regierung, die Stellungnahme zu Krieg und Frieden und zur Ausgestaltung eines internationalen Staatenbündnisses. Alle diese Fragen, die auch sonst schon Kernprobleme der sozialistischen Arbeiterbewegung waren und sowohl die Parteitage wie die Kongresse auch schon vor dem Kriege beschäftigten, sind doch erst jetzt zu einer erhöhten und ihre Lösung dringend verlangenden Bedeutung geworden, seit durch den Sieg der Demokratie in ganz Europa und durch das Anwachsen der Macht der Arbeiterklasse diese zu einem mitbestimmenden Faktor in der Staatspolitik geworden ist. Und da ist es nun notwendig geworden, die Grunderkenntnisse des Marxismus an diesen neuen Aufgaben zu bewähren, das heißt sowohl einerseits sie an den großen Erfahrungsstoff dieser Aufgaben heranzubringen als anderseits durch diesen fortzubilden. So entsteht für ein

Programm, welches marxistisch ist und bleiben kann, weil es die theoretische Grundlage, die Marx gelegt hat, nicht zu revidieren braucht, die Aufgabe, sowohl nach außen wie nach innen, das heißt sowohl gegenüber den Gegnern des Marxismus wie gegenüber seinen schwankenden unklaren Anhängern die Tatsache dieser Fortwirkung und Ungebrochenheit der marxistischen Lehre deutlich zu machen. Es hat aufzuzeigen, wie alle die neuen Aufgaben des Proletariats sich nur im Geiste des *Kommunistischen Manifestes* lösen, das heißt immer nur noch bewältigt werden können durch den Gedanken der absoluten geistigen Brückenlosigkeit zwischen bürgerlichem und proletarischem Bewußtsein und daher der revolutionären Beseitigung des Klassenstaates durch die klassenlose Gesellschaft. Das *Neue,* das ein neues Programm fordert, ist jener Komplex jetzt für das Proletariat aktuell gewordener Probleme, von denen wir vorhin sprachen. Das *Alte* dagegen muß überall jene Grunderkenntnis des Klassenkampfes sein, die uns an allen diesen Problemen zeigt, wie sie im Sinne des Proletariats innerhalb der bestehenden ökonomischen und politischen Welt *gar nicht gelöst* werden können, wie es also gar keine Hoffnung geben kann, mit den Mitteln der bürgerlichen Kultur, der bürgerlichen Ökonomie und der bürgerlichen Demokratie eine wirkliche Befreiung der arbeitenden Schichten des Volkes herbeizuführen, sondern daß diese ganz und gar *jenseits der kapitalistischen Welt* liegt, in einer *Zukunft,* die erst zur Gegenwart werden kann, wenn der Kapitalismus Vergangenheit geworden ist.

In dieser Hinsicht kann das Programm gar nicht entschieden genug sprechen. Denn man achte wohl darauf, daß das Programm in der heutigen Zeit eine andere Aufgabe hat, als bloße Prinzipienerklärung zu sein, wie dies bei den früheren Programmen vor dem Kriege der Fall war. Denn bei allen früheren Programmen handelte es sich eigentlich nur darum, den gewaltigen Gedankengang des *Kommunistischen Manifestes* zu popularisieren und mit den jeweiligen Gegenwartsforderungen in Verbindung zu setzen. Diese Programme, wie besonders das Erfurter Programm in Deutschland und das Hainfelder, sowie auch noch das Wiener Programm in Österreich, hatten es noch nicht mit jener Fülle praktischer Aufgaben der Politik zu tun, aus denen so leicht eine große Verschiedenheit der Stellungnahme innerhalb der Partei und damit zuweilen auch eine starke Schwächung sozialistischer Grundanschauungen entstehen konnte. Und überdies begegneten sie auch einem viel einheitlicheren revolutionären Klassenbewußtsein des Proletariats, als dies heute in der Zeit der großen Spaltung der sozialistischen Internationale der Fall ist. Darum entsteht für das Parteiprogramm von heute die Aufgabe, *zugleich* Prinzipienerklärung und Agitationsschrift, zugleich Aktionsprogramm und wissenschaftliche Aufklärung zu sein. Es kann sich nicht mit der Kürze früherer Programme begnügen, es muß sehr ausführlich die neuen Konsequenzen aus den alten Grundsätzen ableiten und viele Widersprüche und Mißverständnisse hierüber zu zerstreuen suchen. Es kann aber auch nicht bloß lehrhaft sein, sondern muß die revolutionären Energien des Proletariats wecken, es kann endlich nicht bloß den Gegenwartsaufgaben zugewendet sein, so sehr diese auch gerade jetzt viel mehr hervortreten als je zuvor, sondern muß die sozialistische Zukunft als die immer lebendige Grundstimmung erhalten, aus welcher erst alle Gegenwartsaufgaben den *Sinn einer sozialistischen Arbeit und Aufgabe* erhalten.

II.

Der vorliegende Programmentwurf erfüllt diese Forderungen in hohem Maße, insbesondere in der Hinsicht, daß er in wohltuendem Unterschied zu dem Heidelberger Programm den großen Leitgedanken des marxistischen Sozialismus, den Gedanken des Klassenkampfes, zu seinem tragenden Element gemacht hat. Dies hat zur Folge, daß der Entwurf in dem zweiten Abschnitt "Der Klassenkampf" und noch mehr im dritten Abschnitt "Der Kampf um die Staatsmacht" eine Sprache führt, wie man sie in den Reden und Schriften nur allzu vieler Parteigenossen, die das Wort Klassenkampf fast ganz aus ihrem Denken gestrichen haben, schon lange nicht mehr vernehmen konnte. Auch setzt der Entwurf in seinem ersten Abschnitt "Der Kapitalismus" in meisterhafter Knappheit das Wesen der kapitalistischen Wirtschaft in ihrer imperialistischen Form auseinander. Wenn gleichwohl mir der Entwurf an einzelnen Stellen wesentlich verbesserungsbedürftig erscheint, so hängt dies mit jenem Umstand zusammen, den bereits ein anderer Kritiker des Entwurfes, Oscar Pollak, hervorgehoben hat. Der ganze Entwurf ist zu sehr unter dem Gesichtspunkt abgefaßt, zu den Gegenwartsproblemen Stellung zu nehmen. Daraus ergibt sich nicht nur, worauf Otto Leichter hingewiesen hat, das Fehlen einer Charakterisierung jener ökonomischen Notwendigkeiten, welche zeigen, wie der Sozialismus aus der Unmöglichkeit einer widerspruchslosen Entfaltung der Produktivkräfte im Kapitalismus unvermeidlich hervorgehen muß; sondern ebenso der Mangel des Nachweises, wie auch die Demokratie innerhalb der kapitalistischen Gesellschaft sich widerspruchslos nicht entfalten läßt. Der Kapitalismus ist sowohl für die Ökonomie wie für die Demokratie zu enge geworden, und in beiden Fällen können die Hilfsmittel dagegen nicht aus der bürgerlichen Ökonomie und Demokratie gewonnen werden, sondern nur durch Überwindung derselben. Es sei mir gestattet, dies an dem wichtigsten Punkte des Parteiprogramms, an dem Punkt 3, "Der Kampf um die Staatsmacht", darzulegen.

Der Programmentwurf stellt für den Kampf des Proletariats um die Staatsmacht eine scheinbar klare und selbstverständliche Alternative auf, von der der ganze dritte Abschnitt des Entwurfes getragen ist. Das Proletariat wird nämlich die Macht im Staat entweder *friedlich oder gewaltsam* erobern. Die friedliche Eroberung wird gleichgesetzt der *demokratischen* Eroberung, die gewaltsame der *Diktatur* des Proletariats. Dabei wird zugleich die erste Form vorgestellt als eine *allmähliche Entwicklung* zur Machterlangung, die letztere dagegen als eine *revolutionäre Eroberung*. Denn am Schluß des dritten Abschnittes werden ausdrücklich "die Mittel der Demokratie" den "revolutionären Mitteln" entgegengestellt. Der ganze Absatz 3 des Entwurfes ist also von der Vorstellung beherrscht, daß Demokratie und Diktatur *Gegensätze* sind, daß ebenso aber auch demokratische und revolutionäre Machteroberung Gegensätze sind, so daß also, konsequent gedacht, die demokratische Machtergreifung durch das Proletariat ein friedlicher und nicht revolutionärer Prozeß ist. Ich bemerke sofort, daß jeder, der den Verfasser des Entwurfes kennt, zur Genüge weiß, daß dies nicht seine Ansicht ist. Aber darum handelt es sich nicht, sondern um die Fassung des Abschnittes 3, welcher solchen, sagen wir groben Mißverständnissen nur zu sehr Raum gibt. Und bereits in einer Polemik mit Genossen Paul Levy bezüglich eines anderen Punktes, auf den noch zurückzukommen sein wird, wurde in der *Arbeiter-Zeitung* vom 7. September d. J. zugegeben, daß es jedenfalls gut ist, den Text eines Programms vor der Möglichkeit von Mißverständnissen, so weit es nur geht, zu bewahren. Dies ist um so nötiger, wenn, wie gar nicht weiter ausgeführt zu werden braucht, heute innerhalb der sozialdemokratischen Partei nur zu starke Strömungen bestehen, welche psychologisch sehr bereit sind, auf solche Mißverständnisse einzugehen, um aus ihnen eine Theorie zu machen, welche die Schärfe des Klassengegensatzes zugunsten einer Kompromißpolitik aufgeben möchte. Gerade das Schicksal, welches zum Beispiel Otto Bauers Theorie des Gleichgewichtes der Klassenkräfte gehabt hat, die bei manchen zu einer Art Philosopie der Koalition wurde, müßte ein warnendes Beispiel sein.

Die Alternative: "Demokratisch oder gewaltsam", von der der Programmentwurf ausgeht, entspringt einer ungenügenden Bestimmtheit des Begriffes der Demokratie, welche die Folge einer Zweideutigkeit dieses Begriffes ist. Darum gehört ja auch heute die Erörterung über Wesen und Grenzen der Demokratie zu den umstrittensten Fragen nicht nur in der marxistischen Literatur, weil zwei ganz verschiedene Bedeutungen mit demselben Wort Demokratie bezeichnet werden. Man versteht nämlich unter Demokratie einmal die volle politische Gleichberechtigung aller handlungsfähigen Staatsmitglieder, das andere Mal aber die freie Selbstbestimmung des Volkes. Nun ist es klar, daß zur Verwirklichung der Demokratie im ersten Sinne schon die bloße *Rechts*gleichheit genügt. Dagegen ist die freie Selbstbestimmung eines Volkes davon abhängig, daß es überhaupt erst *ein* Volk, das heißt eine solidarische Gemeinschaft ist, was ohne *ökonomische* Gleichheit nicht möglich ist. Diese aber ist so lange ausgeschlossen, als Klassengegensätze bestehen, denn der Klassengegensatz läßt jede solidarische Gemeinschaft zuletzt in der unüberbrückbaren Kluft von Bourgeoisie und Proletariat untergehen. Das hat ja gerade der zweite Abschnitt des Programmentwurfes so klar herausgearbeitet, was zu seinen großen Vorzügen gehört. Gegenüber jenen vielen sich höchst kritisch gebärdenden Meinungen, daß der Satz von den zwei großen feindlichen Lagern der kapitalistischen Gesellschaft bereits allzu primitiv sei, hat der Entwurf den Mut gefunden, zu dieser zwar durchaus nicht primitiven, wohl aber prinzipiellen Grunderkenntnis des Marxismus zurückzukehren. Es ist also nötig, diese beiden verschiedenen Bedeutungsinhalte des Begriffes Demokratie, die zugleich zwei verschiedene historische und gesellschaftliche Entwicklungsstufen darstellen, auch mit Worten deutlich zu unterscheiden. Ich habe vorgeschlagen, die Demokratie der bloßen politischen Gleichberechtigung die *politische Demokratie,* dagegen die andere, welche darüber hinaus auf die Solidarität aller Gemeinschaftsmitglieder gerichtet ist, die *soziale Demokratie* zu nennen; woraus dann sofort klar ist, daß die Demokratie, welche im Klassenstaat möglich ist, niemals, auch wenn sie noch so ausgebaut wird, zur wirklichen Demokratie (solidarischen Demokratie) werden kann und umgekehrt die Demokratie im eigentlichen Sinn erst in der sozialistischen Gesellschaft, also nach der Aufhebung des Klassenstaates, möglich sein wird. Und daraus ergibt sich eine weitere Erkenntnis, *daß alle Formen der politischen Demokratie,* also auch der proletarische Staat, der mit den Mitteln der Demokratie aufgerichtet wird, im Sinne der sozialen Demokratie, das ist aber der eigentlichen Demokratie, *durchaus "undemokratisch" sind.*

Und das ist nun die wesentliche Grundeinsicht, die sich uns aus dieser soziologischen Begriffsbestimmung der Demokratie ergibt, daß *alle* Formen der politischen Demokratie *unsolidarische* Formen sind. Denn innerhalb der Gleichberechtigung der Staatsmitglieder entscheiden über die Verteilung der Macht und des Einflusses auf die Regierung in letzter Linie die Klassengegensätze. Und wenn es auch zeitweilig zu Situationen kommen kann, in denen die Macht der Klassen sich gegenseitig in Schach hält, so zeigt doch gerade der Programmentwurf, wie dies nur ein vorübergehender Zustand sein kann, in welchem beide ökonomische Machtlager danach streben, das Übergewicht zu erhalten. *So ist die Demokratie ein unausgesetzter Kampf ökonomischer Gegensätze* und kann in der kapitalistischen Gesellschaft nichts anderes sein. Aber *nicht etwa bloß ein friedlicher Kampf* der Meinungen und der Abstimmungen, sondern sobald es auf das Ganze geht, das heißt auf die Verteidigung erworbener oder auf die Eroberung neuer Machtstellungen, ein Kampf, der noch immer in der Geschichte mit außerparlamentarischen Mitteln ausgefochten wurde. Nichts ist falscher als die Vorstellung, die in manchen Köpfen spukt, als wäre die Entwicklung der Demokratie auf demokratischem Wege zustande gekommen. Jeder ihrer Fortschritte ist auf Barrikaden, vor Ausnahme- und Standgerichten und durch "undemokratische" Kämpfe aller Art opferreich erkämpft worden. Selbst in der vollendeten Demokratie vermag sich der Wille der Majorität nicht schon als Mehrheitsbeschluß durchzusetzen, sondern gerade hier wird deutlich, daß er immer zugleich ein Akt der Beherrschung der einen durch die anderen ist, denen er durch die ökonomisch-militärische Vormacht aufgezwungen wird. Daher funktioniert die politische Demokratie zwar scheinbar als bloßer Abstimmungsmechanismus bei allen Fragen, welche die herrschenden Schichten nicht in ihren Lebensinteressen bedrohen, offenbart aber sofort ihren eigentlichen Charakter als *Unterdrückungsmechanismus,* sobald dies der Fall ist. Dann hebt die Majorität, *und zwar kraft der Demokratie,* eben weil sie die Majorität ist, die Verfassung auf, verkündet den Ausnahmezustand und das Standrecht, ernennt außerordentliche Kommissäre, wie dies alles zum Beispiel in England während des Generalstreiks geschehen ist – kurz, es zeigt sich, *daß das Wesen der politischen Demokratie die Diktatur einer Klasse über die andere kraft Majoritätsentscheides ist.* Und das gilt von jeder demokratischen Majorität, also nicht nur von der bürgerlichen, die es bis jetzt allein gegeben hat, sondern auch von der proletarischen, die es hoffentlich bald geben wird.

Man soll sich also endlich abgewöhnen, politische Demokratie und Diktatur als Gegensätze zu betrachten. Diese Anschauung ist hauptsächlich dadurch entstanden, weil der Bolschewismus seine terroristische Minoritätsregierung als Diktatur des Proletariats bezeichnet hat, was aber gänzlich zu Unrecht und im Widerspruch mit der marxistischen Lehre von der Diktatur geschehen ist. Dadurch aber und durch die unsinnige Taktik der kommunistischen Parteien, die überall das Proletariat zu solchem Minoritätsterrorismus forttreiben wollten, ist infolge der leidenschaftlichen und notwendigen Bekämpfung solcher Lehren der Begriff der Diktatur selbst vollständig um seinen Sinn gebracht, ja dem Proletariat schlecht gemacht worden. Halten wir ein für allemal fest, daß Diktatur im Sinne von Marx und Engels stets nur als die Herrschaft des zur Majorität gewordenen Proletariats vorgestellt werden darf, dann erkennen wir sofort, daß politische Demokratie und Diktatur nicht nur keine Widersprüche sind, sondern daß die Demokratie im Klassenstaat überhaupt nur als Diktatur sich ausgewirkt hat und auswirken wird. Und Eroberung der politischen Macht auf demokratischem Wege heißt – das haben abermals Marx und Engels uns eingeschärft – nichts anderes als Ermöglichung der Diktatur des Proletariats dadurch, daß es zur Majorität im Staate aufsteigt.

Man glaube ja nicht, daß dadurch, daß das Proletariat die Majorität erringt, nun die Diktatur überflüssig geworden sei. Ein solches Mißverständnis radikal auszurotten ist ja gerade der Zweck der Unterscheidung der politischen von der sozialen Demokratie. Nur in einer solidarischen Gemeinschaft wird die Majoritätsentscheidung eine bloße Verwaltungsentscheidung sein. Dagegen innerhalb der Klassengesellschaft bleibt die Majoritätsentscheidung stets ein Akt der Klassenherrschaft, sei es der Herrschaft der Besitzenden oder der Besitzlosen. Es trifft sich sehr gut, daß eben jetzt Genosse Theodor Dan in einem sehr lesenswerten Artikel *Die Krise der Demokratie und die Krise der Diktatur* (*Die Gesellschaft,* Septemberheft) diese Unterscheidung der politischen und sozialen Demokratie mit denselben Konsequenzen durchführt, wie ich dies schon wiederholt dargetan habe, und dabei mit Recht hervorhebt, daß die Diktatur des Proletariats gleichbedeutend ist mit der dauerhaften Klassenherrschaft des Proletariats und in der "so vollkommenen Unterordnung des gesamten staatlichen Mechanismus (Gesetzgebung, Verwaltung, Justiz) unter die Interessen der Werktätigen, wie sie heute gegenüber den Interessen der Besitzenden besteht". Mit Recht hat Genosse Otto Leichter in seinem Aufsatz zum Parteiprogramm im vorigen Hefte darauf hingewiesen, daß mit der Eroberung der demokratischen Majorität die Staatsmacht selbst noch nicht wirklich erobert ist, sondern daß dann "erst der Kampf gegen die außerpolitischen Mittel der bourgeoisen Herrschaft beginnen muß". Und ob dieser Kampf mit bloß demokratischen Mitteln geführt werden kann, besonders wenn man bedenkt, daß nunmehr der Gebrauch dieser Mittel auch ein mächtiges Kampfinstrument in der Hand der eben besiegten Klassenfeinde werden kann, ist ganz und gar nicht mehr eine Frage der "Demokratie", sondern der taktischen Notwendigkeiten. Dies um so mehr, als der *Standpunkt der proletarischen Demokratie ein ganz anderer* ist und sein muß als jener der bürgerlichen. Denn diese kennt nichts Höheres als die politische Gleichberechtigung im Staat, und wenn sie praktisch diese doch immer wieder verletzt hat, so war sie im *Selbstwiderspruch,* was die sozialistische Kritik auch stets ausgenützt hat. Die proletarische Demokratie dagegen fühlt sich selbst nur als einen Übergang zu etwas Höherem, zu der solidarischen, sozialen Demokratie. Und wenn sie im Kampfe für diese die Gleichberechtigung einschränken muß, gerät sie *nicht in Widerspruch mit ihrem eigenen Ziele,* sondern zeigt, daß sie sich von der irreführenden bürgerlich demokratischen Ideologie befreit hat. [1])

So also sehen wir, daß der Begriff der Demokratie als politische Demokratie, das heißt als jene

---

[1]) Vielleicht werden manche sagen, daß mit obiger Argumentierung sich auch der Faschismus rechtfertigen ließe. Allein zunächst ist zu beachten, daß es sich bei der Demokratie stets um Majoritätsherrschaft handelt, dann aber ist ja gerade dies ein wesentlicher Punkt zum richtigen Verständnis der politischen Demokratie, daß sie *an und für sich ein rein formales Prinzip ist.* Hierauf hat Otto Bauer wiederholt nachdrücklich hingewiesen und aufmerksam gemacht, wie sich mit der demokratischen Form jeder Inhalt, auch ein monarchischer und reaktionärer, verbinden kann. So haben wir ja auch gesehen, wie erst kürzlich Mussolini den Faschismus als die Vollendung der Demokratie ausgeben konnte. Was die politische Demokratie kulturell und sozial bedeutet, das liegt nicht in ihrer Form, sondern ganz und gar nur in dem Geiste, der sie erfüllt, und in den Interessen, die sie zum Siege bringen will. Daher ist es ganz unsoziologisch, die proletarische Demokratie, wenn sie Zwang gegen Minoritäten anwendet, dem Faschismus gleichzusetzen. Denn nur auf die *soziologische Funktion des Zwanges* kommt es an, das heißt, ob diese von einer Majorität zur *Aufrechterhaltung* der Klassengesellschaft, also der unsolidarischen Form des gesellschaftlichen Lebens, oder zur *Überwindung* des Klassengegensatzes, also zum Aufbau einer neuen und höheren gesellschaftlichen Lebensform angewendet wird. Dabei achte man wohl darauf, daß das Kriterium der höheren Gesellschaftsform nicht eine etwa bloß subjektive Wertung bedeutet, sondern durch den ökonomischen Gegensatz von solidarischer und unsolidarischer Gesellschaft hinlänglich objektiv bestimmt ist.

Demokratie, die vorläufig allein existiert, einerseits in keinem Widerspruch zum Begriff der Diktatur steht, anderseits nicht identisch ist mit einem Sozialpazifismus, wie er mit den Vorstellungen so vieler Parteigenossen sich verbindet, welche die Demokratie als "Evolution" zum Sozialismus von der Diktatur als revolutionärer Begründung desselben unterscheiden. Für die Schulung des Proletariats im richtigen Klassengeist ist es daher unerläßlich, daß das Programm keinen Zweifel läßt, *daß schon die demokratische Entwicklung die Notwendigkeit der Diktatur in sich schließt.* Auch die *demokratische* Eroberung der Staatsmacht durch das Proletariat kann, wenn sie ein *Weg zum Sozialismus* sein soll, nichts anderes bedeuten als die Durchführung aller jener Maßnahmen, welche zur Überwindung der kapitalistischen Gesellschaft führen, zwar auf Grund von Majoritätsbeschlüssen – das ist das Demokratische –, aber zugleich mit allen nötigen, eventuell auch "undemokratischen" Mitteln gegen die Minorität.[2])

Sind auf diese Weise Demokratie und Diktatur keine Gegensätze, so ist dies allerdings der Fall bei den Begriffen von Demokratie und Bürgerkrieg. Es gehört abermals zu den großen und gar nicht genug zu schätzenden Vorzügen des Entwurfes, daß er auch den Bürgerkrieg als einen unter bestimmten geschichtlichen Verhältnissen möglichen, ja notwendigen Weg zur Eroberung der Staatsmacht bezeichnet hat. Nur ist es verwirrend und geeignet, das vorhin gekennzeichnete Mißverständnis des Wesens der Diktatur zu unterstützen, wenn der Programmentwurf *erst hier* die Diktatur erwähnt und so die Vorstellung erweckt, daß die Diktatur bloß ein Mittel des Bürgerkrieges sei und auch nur in der Zeit des Bürgerkrieges ausgeübt werde. Mit einer solchen Auffassung wird der Begriff der Diktatur bedenklich in die Nähe des bolschewistischen Mißbrauches dieses Wortes, nämlich einer Minoritätsherrschaft gerückt, die bloß durch die Zufälligkeiten eines Bürgerkrieges ermöglicht werde, und wird der klare Sinn der Marxschen Lehre verschüttet, daß die Diktatur des Proletariats der notwendige und unerläßliche politische Zwischenzustand zwischen der kapitalistischen und sozialistischen Gesellschaft ist. Gewiß führt auch der Bürgerkrieg, wenn er siegreich für das Proletariat ist, zur Diktatur des Proletariats, aber *nur deshalb,* weil er ein Mittel wird, die Majorität der Bevölkerung in einem raschen Ansturm an sich zu reißen. Ist dies nicht der Fall, so bedeutet der Sieg des Proletariats im Bürgerkrieg nur eine vorübergehende Phase, in welcher das Proletariat es gar nicht dazu bringen kann, seine Diktatur auszuüben, das heißt den Staat sich politisch und ökonomisch vollständig zu unterwerfen, sondern lediglich durch Terrorismus eine Zeitlang seine Gegner niederhält. Es ist darum auch eine höchst unvollkommene Auffassung, die Diktatur als etwas zeitlich Begrenztes gegenüber der demokratischen Herrschaft des Proletariats als etwas Dauerndes zu bezeichnen. Im Gegenteil, die demokratische Herrschaft des Proletariats wird etwas sehr Zeitweiliges sein, wenn sie sich nicht zu einer Diktatur verstärkt, die so lange dauert, bis die Klassengesellschaft überwunden ist.

Schließlich verlangt diese schärfere Bestimmung politischer Begriffe darauf achtzuhaben, daß in einem *sozialistischen* Programm kein Ausdruck gebraucht werde, der zu einer Überschätzung bloßer politischer Staatsformen, wie auch noch die Republik eine solche ist, führen kann. Hier kreuzt sich das für den Gegenwartskampf allerdings wichtigste Moment, die eben

---

[2]) Gegenüber der von mir dargelegten und in meinen Büchern *Die Staatsauffassung des Marxismus* und *Politische oder soziale Demokratie* ausführlich erörterten Beziehung der beiden Begriffe Demokratie und Diktatur ist oft eingewendet worden und wird sicher wiederholt werden, daß diese Begriffsbestimmung dem Sprachgebrauch widerspricht, und zwar besonders dem allgemein üblichen Gebrauch des Wortes Diktatur. Aber es ist klar, daß ein solcher Einwand kein ernsthafter sein kann. Denn gerade das ist ja das Wesen einer wissenschaftlichen Kritik und Begriffsbestimmung, die Vorurteile und Irrungen, die gerade durch populäre Wortbedeutungen entstehen, aufzudecken und dadurch zu überwinden. Der Marxismus, der von uns verlangt, alle gesellschaftlichen Verhältnisse umzudenken, darf sich am wenigsten daran stoßen, auch geläufige Wortbedeutungen zu revidieren, wenn dies zur widerspruchslosen Erkenntnis der Tatsache notwendig ist. Wie sehr übrigens neue Begriffsbestimmungen gerade mit dem Sprachgebrauch bei Marx übereinstimmen, kann man eben jetzt bei Wilhelm Mautner, *Zur Geschichte des Begriffes "Diktatur des Proletariats"*, nachlesen (*Grünbergs Archiv,* 12. Band, 280 S.).

erst errungene und von innen und außen bedrohte republikanische Staatsform zu erhalten, mit der für den sozialistischen Endkampf ebenso wichtigen Aufgabe, das Denken und Fühlen der Arbeiterklasse aus den bürgerlichen Staatsformen herauszureißen und in neue Gesellschaftsformen hinüberzuleiten. Allein es kann das eine Bedürfnis befriedigt werden, ohne das andere zu schädigen. Es kann die Notwendigkeit der Verteidigung der Republik betont werden und gleichzeitig diese Republik als eine bloße Form hingestellt werden, die einen Wert für das Proletariat nur hat, wenn sie zum Mittel seiner Endzwecke werden kann. Denn sonst würden sich die revolutionären Energien des Proletariats stärker in einer Staatsform entwickeln, die ihm überall feindlich entgegentritt, als in einer solchen, in der es sich fälschlich heimisch zu fühlen beginnt. Dies würde dem Proletariat in Österreich und Deutschland heute schon ganz selbstverständlich erscheinen, wenn vorläufig nicht seine Klassengegner politisch so rückständig wären, daß sie sich nicht auch ihrerseits der republikanischen Ideologie für ihre Ziele bedienen. Gegenüber Klassengegnern, die als offene oder versteckte Monarchisten oder als Vertreter feudaler, ständischer oder sonstiger Privilegien auftreten, verbindet sich nur zu leicht das Eintreten für republikanische Einrichtungen mit proletarischen Interessen. Allein auch die Klassengegner des Proletariats werden moderner. So sehen wir zum Beispiel, wie bereits die Schwerindustrie in Deutschland dazu übergegangen ist, ökonomische, sozialpolitische und kulturelle Forderungen des Proletariats selbst zu übernehmen und für "ihre" Arbeiter zu verwirklichen, um diese nur noch mehr in der Hand zu haben. Sie nennen das den "Kampf um die Seele des Arbeiters", oder richtiger und ehrlicher "die Bewirtschaftung des Menschen im Arbeiter". Und es ist gar nicht ausgeschlossen, ja höchstwahrscheinlich, daß im Fortschritt des Klassenkampfes und mit der Herausbildung feinerer Methoden bei den herrschenden Klassen sie auch die republikanische Ideologie übernehmen könnten. Ja das böte sogar den großen Vorteil, daß sich dann die herrschenden Klassen als die eigentlichen Schützer der Republik und der Demokratie gegenüber dem Sozialismus ausgeben könnten, der doch die bürgerlichen Grundlagen dieser beiden beseitigen will. Man sieht sofort, daß der Ausdruck einer Erziehung "zur Treue zur Republik", den der Programmentwurf an einer sehr wichtigen Stelle gebraucht, durchaus problematisch und unzuverlässig in seinen Wirkungen ist. Denn gerade einer wirklich *sozialistischen* Agitation und Bewegung gegenüber, die ja *über die Republik hinaus* zur sozialistischen Gesellschaft führen wird, könnten dann die herrschenden Klassen sich als die wahren Schützer der Republik ausgeben und im Namen der Treue zur Republik die Bekämpfung des sozialistischen Umsturzes von Heer und Polizei verlangen und auch erwarten. Der sozialistische Klassenkampf ist eben beherrscht nicht bloß von der Treue zur Republik, sondern von der Treue zum Sozialismus. Und er wird sich gerade in entscheidenden Momenten wenig auf solche Freunde stützen können, die nur in der republikanischen Ideologie erzogen und bestärkt worden sind. Republikanische Flagge und rote Fahne sind eben doch sehr verschiedene Banner. Aber nur die rote Fahne kann *unser* Banner sein, die republikanische dagegen führt nicht weiter als zum Reichsbanner, das heißt zum Banner eines Reiches bürgerlicher Demokratie.[3])

III.

Von diesen Erwägungen ausgehend wird sich vielleicht die Aufnahme folgender Formulierungen in den Absatz III des Programmentwurfes empfehlen. Hierbei zeigt sich gleichzeitig aus dem Umstand, daß es durchweg Zusätze sind, die keinerlei wesentliche Streichungen in dem Entwurf verlangen, daß es sich tatsächlich gar nicht um Gedanken handelt, die mit dem Entwurf im Widerspruch stehen, sondern lediglich um eine stärkere Hervorhebung entscheiden-

---

[3]) Sehr belehrend für das Verständis dieses Verhältnisses ist eine jüngst gemeldete, sehr interessante Nachricht. Danach hat der Verband preußischer Richter und Staatsanwälte beschlossen, sich auf den Boden der Weimarer Verfassung zu stellen, hat also sich "zur Treue zur Republik" bekannt. Aber so erfreulich dies ist und so gewiß es als ein Fortschritt zu begrüßen ist – glaubt man wirklich, daß damit die preußischen Richter und Staatsanwälte sich dem revolutionären Klassengeist des Proletariats genähert haben?

der Gesichtspunkte. Und alle diese Zusätze haben zugleich den besonderen Zweck, der Verwirrung im Begriff der Demokratie möglichst entgegenzutreten und eine sichere Grundlage für die *sozialistische Erziehung* der Massen zu bieten, für die ja das Parteiprogramm die Grundlage abgeben muß. Wir schlagen also vor:

1. Nach dem ersten Absatz des Punktes I im dritten Abschnitt ist einzufügen: "Aber solange die Gesellschaft auf dem Privateigentum an Produktionsmitteln aufgebaut ist, solange daher Klassengegensätze bestehen, kann die Demokratie noch nicht ihren eigentlichen Sinn, die solidarische Freiheit und Gleichheit aller, entfalten, sondern wird immer noch ein Mittel der Klassenherrschaft sein. In der Klassengesellschaft ist die Demokratie noch nicht als soziale Demokratie, das heißt als wirtschaftliche und kulturelle Gleichheit der Lebensbedingungen aller, sondern nur als politische Demokratie, das heißt als bloße rechtliche Gleichheit aller möglich. Innerhalb der politischen Demokratie sind die Formen derselben (Republik, Volksvertretung und Majoritätsbeschluß) nur Mittel des Klassenkampfes, mit denen jede Klasse, welche die Majorität besitzt, gestützt auf eben diese demokratische Majorität, die Diktatur ihrer Klasseninteressen zum Zwecke der Niederhaltung ihrer Klassengegner und Beherrschung des Staates ausübt."

2. Im zweiten Absatz des Punktes I ist nach den Worten "Kampf um die Staatsmacht" einzufügen "um die Diktatur".

3. Im letzten Absatz des ersten Punktes soll es heißen: "Damit erst verwandelt sich die demokratische Republik aus einem Werkzeug der Klassenherrschaft der Bourgeoisie in das Werkzeug der proletarischen Klassenherrschaft, durch welche erst die Befreiung des arbeitenden Volkes, das heißt die Beseitigung des Klassenstaates ermöglicht werden wird."

4. Im Absatz II soll es heißen: "In einer solchen Entwicklungsphase gleicher Spannung der Klassenkräfte können Situationen eintreten, in denen sich die Arbeiterklasse nicht anders vor der Gefahr monarchistischer oder faschistischer Gegenrevolution schützen kann als dadurch, daß die Arbeiterklasse sich an der Regierung beteiligt. Eine solche Teilnahme von Sozialisten an der Regierung ist keine sozialistische Regierung, auch wenn sie die Regierungsämter vollständig innehat, sondern bedeutet bloß die Verteidigung der errungenen politischen und sozialen Machtstellung des Proletariats innerhalb des bürgerlichen Staates. Sie kann daher auch kein Ziel der sozialistischen Klassenpolitik sein; im Gegenteil wird . . ."

5. Im zweiten Absatz des dritten Punktes soll es heißen statt "in der Zeit des Bürgerkrieges nur mit den Mitteln der Diktatur": "nur mit den Mitteln desselben".

6. Im letzten Absatz soll es heißen: "in ständiger geistiger und physischer organisierter Bereitschaft nicht nur zur Verteidigung der Republik, sondern zur Aufrichtung seiner Klassenherrschaft (Diktatur)".

7. Ferner im selben Absatz statt "zur Treue zur Republik" soll es heißen: "nicht bloß zur Treue zur Republik, sondern auch zur proletarischen Solidarität".

8. Im letzten Satze dieses Abschnittes soll es heißen: "die Staatsmacht mit außerparlamentarischen Mitteln zu erobern . . ."

9. Im Schlußabsatz des siebenten Abschnittes "Die Internationale" ist nach dem ersten Satze folgender Satz einzufügen: "Sie verlangt daher, daß sozialistische Delegierte im Völkerbund, sei es, daß sie von einer Regierung oder von einer demokratischen Körperschaft entsendet sind, in erster Linie nicht als Vertreter ihres Staates oder ihrer Nation, sondern als Vertreter des internationalen sozialistischen Proletariats handeln. Auch hier ordnet die Sozialdemokratie alle ihre Gegenwartskämpfe . . ."

Diese Abänderungsanträge vergrößern zwar den Umfang des Entwurfes, aber dies ist kein Nachteil, selbst wenn auch noch die Zusätze, welche Genosse Leichter und Genosse Pollak beantragt haben und die zum Teil sehr beachtenswert sind, ebenfalls übernommen werden.[4])

---

[4]) Ich sage "zum Teil": denn die Anschauung des Genossen Leichter, daß die industrielle Reservearmee durch die Macht der Gewerkschaften ausgeschaltet werden kann, erscheint mir sehr diskussionsbedürftig und mit seinen eigenen Feststellungen von den kapitalistischen Mitteln der Bekämpfung von Krisen durch höhere Organisation des Kapitals im Widerspruch.

Denn die Klarheit und aufklärende Ausführlichkeit des Programms ist diesmal seine wichtigste Funktion, durch die allein das Ziel einer *einheitlichen, von Widersprüchen befreiten Parteigesinnung* erreicht werden kann. Die beantragten Zusätze sind nur die Anwendung der im Artikel ausgeführten Gedanken. Wenn sie überdies auch noch dazu dienen, mögliche Mißverständnisse über die Kooperation der Parteien und über den von Genossen Paul Levy gerügten Widerspruch zu beseitigen, so wird das nur zu ihrer Unterstützung dienen.

Die dritte Internationale und wir

Als vor zehn Jahren die Kunde von der russischen Proletarier- und Bauernrevolution die Menschheit erreichte, die unter dem Blutbann des Krieges schon mehr als drei Jahre lang stöhnte, da ging ein Sturm fassungsloser Begeisterung durch alle Länder, ob sie auf dieser oder jener Seite des Krieges standen. Das ist manchen, die sich heute ganz und gar von ihrem Gegensatz zum Bolschewismus forttreiben lassen, aus der Erinnerung verschwunden. Denn wir Menschen sind ein kurzlebiges, nur zu vergeßliches Geschlecht; und so ist es in der Generation der Älteren schon sehr abgeblaßt, und die Jungen von heute wissen überhaupt nichts davon, welche Freude und Bewunderung, welche stürmische Anteilnahme und ungeheure Hoffnung die russische Oktoberrevolution weit über die Klasse des Proletariates hinaus in allen Volksschichten hervorgerufen hat, wo die Sehnsucht nach dem Frieden lebte und die Köpfe und Herzen der Sache der Freiheit und Menschlichkeit zugewendet waren. Um diese Tatsache, die nur mit dem Begeisterungssturm zu vergleichen ist, welche die Erklärung der Menschenrechte in der französischen Revolution im ganzen damaligen denkenden Europa erregte, uns selbst wieder deutlich zu machen und sie den Jüngeren zu erklären, müssen wir uns die *geschichtliche Situation* klar vergegenwärtigen, in die dieses wunderbare und ungeheure Ereignis der russischen Oktoberrevolution hineintrat.

Nie war die Welt während des furchtbaren Krieges, der im Sommer 1914 begonnen hatte, so hoffnungslos als im Herbste 1917. Schon mehr als drei Jahre unerhört blutiger Schlachten und stets wachsender Not und Leiden im Hinterlande waren dahingegangen, und alle Hoffnungen, die sich an eine bald da, bald dort auftretende Friedensbemühung geknüpft hatten, waren zuschanden geworden. Zuletzt noch hatten zwei große geschichtliche Ereignisse die Hoffnung neu aufleben lassen, um abermals zu schrecklicher Enttäuschung zu führen. Am 24. Okt. 1916 durchbrach der Schuß Friedrich Adlers, mit dem er einen der Träger der Kriegspolitik niederstreckte, zum ersten Male die dumpfe Ohnmacht, in der die mißhandelten und vergewaltigten Volksmassen überall das Joch des Krieges schleppten. Aber so gewaltig das Echo der moralischen Genugtuung über diesen Akt wahrer Volksjustiz war und so sehr überall die Erwartung lebendig wurde, daß dieser kühne Protest gegen den Krieg bloß ein Anfang sein werde, dem nunmehr der Groll und die angesammelte revolutionäre Glut überall rasche und noch gewaltigere Taten werde folgen lassen, so entsprach doch keine Wirklichkeit diesen Hoffnungen. Und alsbald legte sich bei der tatenlosen Stille, nur unterbrochen von dem Kanonengebrüll des Krieges und den Schmerzensschreien der Kriegsopfer, die Aussichtslosigkeit, gegen den Krieg etwas zu unternehmen, noch drückender auf die Menschen.

Da kam das zweite geschichtliche Ereignis: *die März-Revolution in Rußland.* Schon sie war ein gewaltiges Geschehnis und erfüllte die unterdrückten Massen überall mit freudiger Begeisterung. Endlich brach die furchtbarste Macht gegen die Freiheit aller Völker zusammen, der Zarismus, der nicht nur die Völker Rußlands in der grausamsten Weise unterdrückt hatte, sondern auch seit den Tagen der heiligen Allianz wie ein schwerer Alpdruck auf der Freiheitsbewegung aller Länder Europas lastete. Das für unmöglich Gehaltene, der Traum so vieler edler Menschen, die dafür in den Kerkern und an den Galgen oder in den Eiswüsten Sibiriens zugrunde gehen mußten, war nun mit einem Male Wirklichkeit geworden: die Romanows waren vom Throne gestoßen, gefangen in der Macht des Volkes, und das befreite Rußland auf dem Wege, sich zu einer Demokratie umzugestalten. Dieses märchenhafte Erlebnis mußte besonders auf die Völker, die unter der Führung der Mittelmächte standen, elektrisierend wirken. Der Sturz des Zarenthrones erschien wie eine drohende Verkündung über den Thronen der Hohenzollern in Berlin und der Habsburger in Wien. Aber auch wenn die Erwartungen noch nicht so weit ausschweiften, so stieg doch jetzt die sichere Überzeugung vom endlichen Abschluß des Krieges herauf. Denn eine Volksrevolution – konnte sie etwas anderes sein als eine Bewegung, die zugleich mit der Befreiung des eigenen Volkes den Frieden mit den anderen Völkern bringen würde? Wäre es nicht ein ungerechtfertigtes Mißtrauen in die sittliche Kraft und Bedeutung einer Volksrevolution gewesen, etwas anderes zu erwarten? Allein, es kam schrecklich anders. Unter der Führung des England-freundlichen Bürgertums, das die Revolution nur dazu benützen wollte, um jetzt in Rußland das Reich der Bourgeoisie aufzurichten, aber auch unterstützt von starken Richtungen des russischen Mehrheitssozialismus, geschah das Unerwartete und Unfaßbare, daß nun unter dem sozialistischen Minister Kerenski das freigewordene Rußland sich selbst in den Dienst des Krieges auf Seite des Ententeimperialismus stellte. Und im Juli 1917 trieb das revolutionäre Rußland zu einer neuen Kriegsoffensive die Millionen seiner Volkskinder neuerlich auf das Schlachtfeld, um das Kriegsmorden fortzusetzen, als ob nichts geschehen wäre. Dieses furchtbare Erlebnis ließ nunmehr alle Hoffnung auf ein baldiges Kriegsende erstarren. Stumpfe Resignation und kraftlose Erbitterung lastete auf den Massen überall, die nur mit Grauen den vierten Kriegswinter heranrücken sahen und damit die namenlose Steigerung des Übels in und hinter der Front.

Da durchbrach plötzlich diese dunkle Hoffnungslosigkeit wie ein leuchtender Blitz jenes unvergeßliche drahtlose *Telegramm "An Alle!"*, in welchem der aufhorchenden Welt mitgeteilt wurde, daß das Proletariat in Petrograd die Macht an sich gerissen habe, daß es daran gehe, Rußland in eine Arbeiter- und Bauernrepublik umzugestalten und den Krieg für beendigt erkläre. Es lade alle Völker ein, ebenso bei sich den Krieg zu beendigen und zu gemeinsamen Friedensverhandlungen zusammenzutreten.

So ist es also erst die *Oktoberrevolution* gewesen, die Proletarierrevolution in Petrograd und Moskau, der sich alsbald überall die Arbeiter- und Bauernerhebung im ganzen weiten Gebiete des russischen Reiches anschloß, welche *als erste wirklich befreiende Macht gegen den Krieg* aufgetreten ist. Und dazu kam noch die aufrüttelnde Kunde, daß es *zugleich die soziale Revolution* gewesen, die dieses Werk vollbracht hatte, indem in Rußland das Proletariat darangehe, eine sozialistische Gesellschaft aufzurichten. In der ersten Hingerissenheit und Begeisterung schwiegen ja noch alle Stimmen der Kritik; auch war eine solche mangels genügender Tatsachenberichte gar nicht möglich, wie sehr auch bei vielen kühleren Beobachtern sich schon damals Zweifel regen mußten, ob gerade in dem ökonomisch rückständigen und überwiegend agrarischen Rußland mit seinem noch schwachen und ganz unreifen Proletariat eine Verwirklichung des Sozialismus überhaupt möglich sei. Aber die Herzenswünsche der revolutionären Arbeitermassen und mit ihnen aller idealistischen Menschen ließen zunächst alle diese Bedenken zurücktreten. Kein Wunder daher, daß die stürmische Liebe und feurigste Zustimmung überall das Proletariat erfüllten und es in einen freudigen Hoffnungsrausch versetzten, in dem alles, was aus Rußland kam, schon von vornherein auf die bedingungslose und leidenschaftlichste Billigung stieß und die entschlossene Bereitschaft erzeugte, es zu übernehmen und selbst zu betätigen. Man erinnere sich nur, wie insbesondere die russische Parole "Alle Macht den Räten" in der ersten Zeit nach dem Umsturze in Mitteleuropa von zündender Wirkung auf die Massen der Arbeiter und Angestellten war und alle revolutionäre Energie derselben beherrschte.

Die *zehnjährige Wiederkehr der Oktoberrevolution findet das Proletariat nicht mehr in der gleichen Stimmung*. Im Gegenteil: nun gibt es bereits große Schichten im Proletariate, die dem weltgeschichtlichen Ereignis der russischen Revolution *fast fremd und kühl* gegenüberstehen, als ob das nicht ein Kampf gewesen wäre, in dem ihre Arbeiterbrüder gestürmt und geblutet haben, als ob es nicht ihre eigene Sache wäre, die Sache des großen Befreiungskampfes der

Proletarier aller Länder, für den in Rußland das Proletariat einen ersten großen und bewundernswürdigen Sieg errungen hat und damit eine Position begründete, die auch noch heute trotz aller inzwischen erlebten Enttäuschungen eine *Vorpostenstellung des ganzen Proletariates* ist. Der Grund für diese ebenso merkwürdige wie beklagenswerte Erscheinung liegt in der verhängnisvollen *Spaltung des Proletariates* in die beiden großen Parteien der Sozialdemokratie und des Bolschewismus, der sich heute als Kommunistische Partei bezeichnet. Diese Spaltung, selbst eine Folgeerscheinung der russischen Oktoberrevolution hat das Proletariat in zwei einander aufs schwerste bekämpfende Teile zerrissen; und die Art, wie die bolschewistische Partei in und außer Rußland die Sozialdemokratie mit Beschimpfungen und persönlichen Verdächtigungen niedrigster Art bekämpft und Unfrieden in ihre Reihen zu tragen sucht, hat bei dieser ein solches Maß von begreiflicher Erbitterung und Haß gegen die kommunistische Richtung aufkommen lassen, daß darunter die Fähigkeit objektiver Würdigung der geschichtlichen Bedeutung des russischen Kommunismus nur allzusehr gelitten hat. Unter dieser Stimmung ist in einem beträchtlichen Teile der sozialdemokratischen Partei, besonders aber in ihren Führerkreisen, fast die gegenteilige Erscheinung eingetreten wie am Anfange der russischen Revolution: es genügt bereits, daß etwas als "kommunistisch" auftritt, um es schon verdächtig zu machen, ja als etwas Proletarierfeindliches auszugeben.

Es ist nicht möglich, hier auf die Geschichte dieser Spaltung einzugehen. Ihre Anfänge liegen noch weiter zurück als im Beginn der russischen Oktoberrevolution. Sie hat ihren Ursprung in dem während des Krieges allmählich erstarkenden und sich organisierenden Widerstand gegen den Reformismus in der Partei, der die Kriegspolitik der herrschenden Klassen unterstützte. Im Kampfe gegen den Sozialpatriotismus und Sozialimperialismus kam es zu dieser Spaltung des Weltproletariates; in den Kienthaler und Zimmerwalder Konferenzen ist die Geburtsstätte der radikalen Richtung des Sozialismus zu suchen, die zu dem revolutionären Klassengedanken und Klassenempfinden des *Kommunistischen Manifestes* zurückkehren wollte. Diese Richtung entwickelte sich in immer stärkerem Gegensatz zur zweiten Internationale und versuchte bekanntlich auf der Konferenz in Wien eine neue Internationale zu begründen. Inzwischen war aber bereits der Gegensatz zwischen Sozialdemokratie und Kommunismus erwacht, der seinen Hauptgrund wesentlich darin hat, daß die in der Oktoberrevolution in Rußland von Lenin geführte Taktik des Bolschewismus von ihm selbst und seinen begeisterten Anhängern in und außerhalb Rußlands als der *einzige* Weg zum Sozialismus erklärt wurde. Es ist dies jene Taktik, die man später als Leninismus bezeichnet hat und die darin besteht, durch eine straff organisierte zielbewußte proletarische Partei, die durchaus nicht das ganze Proletariat zu umfassen braucht, aber seine Avantgarde vorstellt, in gewaltsamer Erhebung, welche die Massen mit sich reißen wird, die Macht im Staate zu erobern und diese in die Hände von überall zu organisierenden Arbeiter-, Soldaten- und Bauernräten zu legen, um so die Diktatur des Proletariates durchzuführen. Nicht also der Weg allmählicher demokratischer Fortschritte, sondern nur dieser die Demokratie überspringende und überrennende Weg wurde als der eigentliche Weg zum Sozialismus erklärt, und alle die sich weigerten ihn zu gehen, als Verräter am Proletariat bezeichnet. Dagegen haben sich die Anhänger dieser Taktik in allen Ländern der Führung von Moskau zu unterordnen und auf diese Weise eine neue Internationale, die dritte Internationale, zu bilden.

Die sozialdemokratische revolutionäre Kritik hat dieser Lehre und Bewegung schon von Anfang an vier entscheidende Dinge entgegengehalten, die sich in den abgelaufenen zehn Jahren nur immer mehr als richtig erwiesen haben und die hier nur ganz schlagwortartig hervorgehoben werden können: 1. daß der von dem Leninismus als einziger Weg zum Sozialismus bezeichnete Weg *nur eine besondere Taktik* des revolutionären Klassenkampfes ist, die aus den *ganz eigenartigen Verhältnissen in Rußland* entsprungen ist, nämlich aus dem nur in Rußland gegebenen Bündnis zwischen den Bauern und Arbeitern, wodurch das Proletariat die Rückendeckung erhielt, die staatliche Macht zu erobern; 2. daß aber trotzdem *auch in Rußland* dieser Weg *nicht zur Errichtung der sozialistischen Gesellschaft geführt* hat, sondern die innere ökonomische Lage der Sowjetunion vielmehr die Liquidierung des anfänglichen Kommunismus erzwang, der dann als bloßer Kriegskommunismus, als bloße Notstandsregelung, bezeichnet wurde; 3. daß Diktatur und Demokratie gerade im Sinne von Marx *keine Gegensätze* sind, sondern die Diktatur des Proletariates nur möglich ist in einer Entwicklung, in der das Proletariat alle werktätigen Schichten und damit die Mehrheit der Bevölkerung im Staate unter seiner Führung vereinigt; 4. daß gerade Marx und Engels immer gelehrt haben, wie zwar das Ziel des proletarischen Klassenkampfes für die Proletarier aller Länder *einerlei sein muß,* nämlich der Sturz der kapitalistischen Gesellschaft, daß *aber der Weg zu diesem Ziel durchaus nicht einerlei ist und sein kann,* sondern aus den besonderen historischen und sozialen Bedingungen eines jeden Landes sich ergeben muß.

Indem aber die Führer der russischen Oktoberrevolution anfangs glaubten, daß die Erhebung des russischen Proletariates die Weltrevolution, zumindestens aber die Erhebung des deutschen Proletariates, auslösen werde – eine Hoffnung, die damals absolut nicht phantastisch war –, ergab sich von selbst die *Anfangsrichtung des Bolschewismus* in seiner Auslandspropaganda und die gemeinsame Parole für alle sich ihm anschließenden kommunistischen Parteien außerhalb Rußlands: diese erwartete gewaltsame Erhebung des Proletariates zu beschleunigen. Alsbald stellte sich aber heraus, daß diese Hoffnung unerfüllt bleiben mußte, nicht nur wegen der ganz anderen sozialen Struktur Mittel- und Westeuropas, wo überall eine starke Bourgeoisie sich auf eine reaktionäre, im Kriege reich gewordene Bauernschaft stützen konnte, sondern insbesondere auch deshalb, weil das Proletariat nirgends zur Revolution reif war: in den Ententeländern nicht, weil der Augenblick nationaler Siege überhaupt kein günstiger Boden für die Revolution ist, und in Mitteleuropa nicht, weil sich im Umsturz zeigte, daß die Majorität des deutschen Proletariates reformistisch oder gar nur republikanisch gesinnt war. So mußte es dazu kommen, daß gerade die revolutionären Elemente in der Sozialdemokratie, die aber zugleich das Unmögliche einer Übertragung der leninistischen Taktik auf Deutschland und Österreich erkannten, in die heftigste Opposition zu den Anhängern dieser Taktik, d.h. zu den sogenannten Kommunisten, kommen mußten. Und das Tragische hierbei war, daß sie durch die alle politischen und ökonomischen Realitäten mißachtende radikale Demagogie der Kommunisten und gegenüber ihrem besonders in den ersten Jahren nach dem Umsturz gar nicht verhüllten Putschismus nun in eine Front zusammengedrängt wurden, mit den kümmerlichsten Reformisten und ärgsten Leisetretern von rechts, denen oft schon jede Spur revolutionärer Klassenkampfgesinnung fehlte. Die Folge war: daß die Notwendigkeit der Abwehr der Exaltation von links die Vorherrschaft der Staatsmännerei von rechts hervorbrachte. Und so konnte eine Situation innerhalb der Sozialdemokratie erwachsen, in der das Wort "Kommunist", weil es die Parteibezeichnung des Gegners war, für viele sozialdemokratische Proletarier allen Sinn verlor. Sie vergaßen, *daß auch sie als revolutionäre Sozialdemokraten Kommunisten sind und sein müssen,* daß die kommunistische Gesellschaft auch unser Ziel ist und die Diktatur des Proletariates, ausgeübt von der ganzen Klasse, eben das ist, was Marx schon im *Kommunistischen Manifest* als den notwendigen Weg zur Eroberung der Macht bezeichnete.

Da die Kommunisten immer wieder den Arbeitern einzureden suchen, daß in Rußland die sozialistische Gesellschaft errichtet worden sei, um auf diese Vorspiegelung hin ihre Propaganda und Beschimpfung der Sozialdemokratie zu stützen, mußte freilich aufgezeigt werden, wie weit die Zustände im heutigen Rußland vom sozialistischen Ideal entfernt sind. Aber dies geschah doch vielfach in der Weise, daß sich manche Parteizeitungen mit Vorliebe in Schilderungen der Mängel und der Not in Rußland ergingen und nur alle Schrecknisse der Revolution verzeichneten; und man mußte schon demgegenüber bürgerliche Darstellungen lesen, um etwas über die gewaltige Aufbauarbeit dort zu erfahren. Der Übergang vom anfänglichen Kommunismus zum "Nep" wurde vielfach nur mit höhnischer Genugtuung dargestellt oder auch als ein Bankrott des Bolschewismus verkündet, und die Arbeiter wurden gar nicht dazu angeleitet, zu erkennen und zu würdigen, wie die russische Proletarierrevolution mit allen diesen Konzessionen und inneren Reformen doch einen bewunderungswürdigen opferreichen und zähen Kampf führt, um sich gegen eine Welt äußerer und innerer Feinde und Gefahren zu behaupten. Dem Proletariat wurde so ganz und gar die psychologische Möglichkeit entzogen oder verkümmert, das stolze Gefühl *der Solidarität trotz allem* mit dem gewaltigen Werk in

Rußland in sich aufwachsen zu lassen und zu erhalten. Um die *heimischen* Bolschewisten zu bekämpfen, was notwendig war und ist, hat man den *russischen* Bolschewismus der sozialdemokratischen Arbeiterschaft nicht nähergebracht, ja sogar minderwertig gemacht, und damit eine große Quelle revolutionärer Erhebung und Aufklärung verschüttet sowie die Kräfte geschwächt, welche für die Wiedergewinnung der Einheit des Proletariats nötig sind.

Wie es anders und besser werden könnte, wäre vielleicht das wichtigste Thema zur Betrachtung am zehnjährigen Gedenktag der Oktoberrevolution auf beiden Seiten der Spaltung. Die kommunistische Partei müßte endlich den Mut haben auszusprechen, was ist, nämlich: *daß der Sinn der dritten Internationale nicht mehr besteht,* seitdem die Möglichkeit einer sofortigen Weltrevolution auch von den russischen Bolschewisten selbst als eine Illusion bezeichnet wird und die Sowjetunion in die Epoche staatskapitalistischer Aufbauarbeiter eingetreten ist. Wenn jetzt auch von bolschewistischer Seite in der Auslandspropaganda nur mehr die klassenrevolutionäre Schulung des Proletariates für den konsequenten Klassenkampf verlangt, die Propaganda des Putschismus aber liquidiert wird, so besteht keine Notwendigkeit mehr für die Unterwerfung der Politik der außerrussischen Proletarierparteien unter das Diktat von Moskau. Und diese seltsame dritte Internationale, welche die Taktik aller Länder im Kreml bestimmen will und die Delegierten aller Länder wie die Kindlein zu sich kommen läßt, hat ihren Sinn verloren. Mit dem Aufgeben dieser anfänglich aus den Notwendigkeiten revolutionärer Expansion entstandener, jetzt aber bedeutungslos und schädlich gewordener Formen und Diktate würde mehr für die Verwirklichung der Einheitsfront des Proletariates gewirkt werden können als durch das fortwährende Ausschreien dieser Parole, die doch nur ein unaufrichtiges Gerede ist, weil sie ihre Hauptaufgabe doch nur darin sieht, durch die sogenannte "Entlarvungspolitik" gegenüber der Sozialdemokratie Stimmung für sich selbst zu machen, aber gar nicht nach einer wirklichen Verständigung beider Richtungen strebt. Allein dies alles hängt nicht von uns ab, sondern enthält bloße Forderungen an die Gegenseite. Dagegen müssen wir, unbeirrt davon, wie lange noch diese Forderungen unerfüllt bleiben sollten, zusehen, *was wir selbst tun können,* um die Einheit vorzubereiten, und dieses *dann auch wirklich tun.* Und dazu gehört vor allem, wie mir scheint, die Unterscheidung des russischen vom außerrussischen Bolschewismus und die Verbreitung des historischen Verständnisses unter den Arbeitern, wieso der Bolschewismus gerade in Rußland entstanden ist, was er für den Fortgang der russischen Revolution bedeutet hat und wie sehr er für dieselbe sogar notwendig war, da nur er zu einer so *vollständigen Zerschlagung der alten russischen Gesellschaft geführt hat,* daß diese nicht wieder erstehen kann. Um so leichter kann dann das historische Unrecht und die Schädlichkeit der außerrussischen kommunistischen Parteien aufgezeigt werden, und ihre Bekämpfung wäre dann nicht mehr identisch mit einer Entfremdung gegenüber der russischen Revolution. Und ob der Bolschewismus auch gewiß unrecht hat, das, was in Rußland doch nur Herrschaft einer kleinen Partei ist, Diktatur des Proletariates zu nennen, so wird uns dies dann nicht mehr hindern, das gewaltige geschichtliche Werk, welches sich unter diesem Namen vollzog und noch vollzieht, anzuerkennen, obgleich wir diese Art der Diktatur und des Terrorismus bei uns ablehnen und als Forderung der außerrussischen kommunistischen Partei bekämpfen müssen.

Und mit diesem besseren Verständnis des russischen Bolschewismus muß ich verbinden *die eigene Revolutionierung des Denkens und Fühlens im Sinne der marxistischen Klassenkampflehre.* Energisches Hinausgehen über den bloßen Republikanismus und ebensolche Bekämpfung des Reformismus im eigenen Lager, entschlossene Abstoßung aller verbürgerlichenden Elemente, welche die Herausbildung einer sozialistischen Klassenideologie des Proletariates immer wieder verhindern und belasten, Erfüllung der Massen mit dem Endziel des Kommunismus und zu diesem Zwecke ihre Wiederangewöhnung auch an die marxistische Sprache des Kommunismus – dies wären einige Hauptaufgaben einer *sozialistischen Erziehung,* welche die psychologische Möglichkeit zu einer Wiedervereinigung des ganzen Proletariates schaffen könnten.

Linkskritik oder Linksgesinnung

I.

An den Anfang einiger Auseinandersetzungen mit Otto Bauers Aufsatz *Kritiker links und rechts* im vorigen Heft des *Kampf* möchte ich zunächst eine Bemerkung stellen, die manchem nebensächlich scheinen wird, aber es vielleicht doch nicht ist. Denn sie scheint mir die *Gesamtauffassung* zu treffen, von der aus man an die Erörterung der Probleme gehen will, die uns durch die heutige Lage der sozialdemokratischen Partei in Österreich nach dem 15. Juli in Wien, aber auch darüber hinaus durch die Verwertung dieser Erfahrungen für den sozialistischen Kampf des Proletariates überhaupt aufgegeben wurden. Und da bedeuten die vielgebrauchten und oft allzu gedankenlosen Schlagworte von *"links"* und *"rechts"* doch einen in der Geschichte der Entwicklung des marxistischen Sozialismus sehr klaren Sinn oder doch zumindest die Aufforderung, einen solchen Sinn festzuhalten: nämlich die Scheidung in eine revolutionäre und in eine reformistische Richtung. Um auch diesen Worten, denen man in scheinbar kritischer Haltung so oft nachsagt, daß sie bloße Worte seien, einen deutlichen Inhalt zu geben, sei zu ihrer Charakteristik nur folgendes gesagt. Die erste Richtung hält an der marxistischen Lehre vom Klassenstaat und Klassenkampf in der Weise fest, daß ihr damit eine innerlich-charaktermäßige und auch äußerlich-geschichtliche *Geschiedenheit des Proletariates von allem bürgerlichen Denken und aller Staatspolitik* gegeben ist. Dies bewirkt, daß in dieser Denkweise das Proletariat sein Ziel nicht schon in der parlamentarischen Eroberung der Macht *im* Staate, sondern nur in der Steigerung seiner Macht *gegen* den Staat gefördert sieht, weil es erst mit der Beseitigung des Klassenstaates überhaupt und der kapitalistischen Gesellschaft als seiner Grundlage erreichbar ist. Zu diesem Ziele führt daher, auch wenn die Macht im Staate unwahrscheinlicherweise nur mit demokratischen Kampfmitteln erobert worden wäre, doch kein Weg allmählicher Umwandlung, sondern immer nur der einer entschlossenen zielbewußten proletarischen Tat, die auch auf dem Boden der Demokratie stets ein radikaler *Bruch mit dem Alten,* eine *Diktatur des Neuen* mit allen geistigen und praktischen Konsequenzen einer Diktatur sein muß. Zu dieser Tat das Proletariat geistig, moralisch und auch materiell vorzubereiten, ist der Sinn der sozialdemokratischen Linkspolitik. Von diesem Standpunkte aus ist die Demokratie ein unentbehrliches und notwendiges Instrument, aber doch nur *ein* Instrument. Und die Schulung des Proletariates im Gebrauche desselben muß daher eine solche der Weckung und Pflege seiner revolutionären Grundstimmung und Einsicht sein. Demgegenüber bezeichnet nun das Schlagwort "rechts" die reformistische Gesinnung, die das Ziel des Klassenkampfes bereits in der Gewinnung der Macht im Staate erblickt und glaubt, daß durch den Gebrauch der parlamentarischen Majorität und durch Teilnahme an der Regierung eine allmählich immer vollständigere Zurückdrängung des Klassengegners in der Gesetzgebung und Verwaltung erfolgen kann, die im Verein mit dem für möglich gehaltenen Ausbau der wirtschaftlichen Demokratie und einer immer umfassenderen Sozialpolitik allmählich die bürgerliche in die sozialistische Gesellschaft überführen wird. Hier ist die Demokratie kein bloßes Instrument, sondern der eigentliche Sinn und Inhalt des Kampfes und die revolutionäre Schulung des Proletariates. Und die Betonung des brückenlosen Klassengegensatzes und unvermeidlichen Klassenkampfes wird als eine Störung des ruhigen Entwicklungsganges betrachtet, den diese Anschauung, darin sogar weit hinter dem biologischen Entwicklungsbegriff zurück, geschweige denn hinter dem soziologischen von Marx, sich am liebsten nur als eine Linie kontinuierlicher und fast unmerklicher Übergänge vorstellen mag. So bezeichnen also diese beiden Worte "links" und "rechts", wenn sie auf ihren geschichtlichen Sinn hin betrachtet werden, zwei *grundsätzlich verschiedene* Geisteshaltungen, zwischen denen ein Kompromiß nicht möglich ist, wie sehr auch taktische Nötigungen zuweilen jeder der beiden Richtungen Züge der anderen aufprägen können. Aber auch dann wird die Art, wie solche taktische Notwendigkeiten durchgeführt werden, stets die Unveränderlichkeit der zugrundeliegenden Denkart erweisen; sie werden, sobald die äußere Zwangslage vorüber ist, abgestoßen werden von der revolutionären, abfallen von der reformistischen, und bleiben wird nur die verschiedene Art der geistigen und physischen Bereitschaft, dem Ruf der Geschichte zu folgen.

In diesem Sinne also erscheinen uns "links" und "rechts" als grundlegende und gegensätzliche *Geisteshaltungen* im Marxismus, die nicht etwa bloße Verschiedenheiten der Taktik bedeuten. Dabei wird man verstehen, wenn ich sage, daß es eigenartig berührt, zu sehen, wie Otto Bauer, der doch selbst nicht nur ein "Linker" ist, sondern ein glänzender Lehrer und Vorkämpfer dieser Richtung, mit einem Mal sich selbst eine Stellung *zwischen rechts und links* einräumt und sogar einiges Behagen zeigt, die "Kritiker von links", wie er glaubt, verstummen gemacht zu haben. Wir sind überzeugt, daß diese Aufhebung der Solidarität mit der Linksrichtung eine nur scheinbare ist, entsprungen aus den dringenden Bedürfnissen einer Abwehr hyperradikaler und einsichtsloser Kritik. Aber wir meinen, daß selbst in der notwendigen Zurückweisung solcher Anschauungen auch nur der Schein einer Entfernung von der Linksrichtung in der Partei zu vermeiden wäre.

Denn die *Stärkung der Linksrichtung* im Proletariate ist heute eine Lebensfrage des in einer tiefen Krise befindlichen Sozialismus, wo wir große Schichten des Proletariates in einen ganz utilitarischen Reformismus versunken sehen, ja vielfach nicht einmal das, sondern in ideenloseste, auf Ergatterung momentaner Vorteile aller Art gerichtete Hamsterpolitik. Die *Erziehung zum Sozialismus* verlangt heute die Stärkung des Geistes von links; und in dieselbe Richtung weist die größte Aufgabe, die uns heute gestellt ist, die Überwindung der Spaltung im Sozialismus. Es ist nicht abzusehen, wie die Einheit des Proletariates, soweit es auf uns Sozialdemokraten ankommt, anders vorbereitet werden soll als durch Überwindung und Abstoßung aller jener Rechtsgesinnungen bei uns, welche durch ihre Entwicklung zum Sozialpatriotismus und Sozialimperialismus den historischen Ursprung der Spaltung gebildet haben und bis heute das schwerste Hindernis sind, alle wirklich klassenrevolutionären Kräfte des Proletariates auf einer Linie zu sammeln. Gewiß ist es notwendig, Übertreibungen einer linksseitigen Kritik abzuwehren oder ihre Irrtümer aufzuzeigen; aber das müßte doch aus dem Geiste einer trotzdem aufrechterhaltenen Verbundenheit mit der Linksrichtung geschehen, nicht durch die Herausarbeitung einer mittleren Stellung zwischen links und rechts, welche die ganze Position der Linken in der Partei schwächt, die besten Freunde einer besonnenen Linkspolitik verstimmt und auf diese Weise nur Wasser auf die Mühlen der Rechtsgesinnung treibt.

II.

Um nun die Kritik gegen links in eine linksseitige Kritik zu verwandeln, möchte ich zunächst folgendes außer Streit stellen. Ich glaube, daß jeder Genosse, ob rechts oder links, der Ansicht Bauers beipflichten muß, daß in der Lage Österreichs seit dem Friedensschlusse, sowohl was die inneren als besonders die auswärtigen Verhältnisse betrifft, das Prinzip einer die Kraft des Proletariates erhaltenden Politik sein mußte, den Bürgerkrieg zu vermeiden. Und ebenso ist es richtig, daß aus demselben Grunde wir am 15. Juli nicht zu den Waffen greifen durften. Aber gleichwohl folgt daraus nicht, daß damit "die ganze Kritik von links in nichts zusammenbricht" und der Kritiker von links "verstummen" muß. Denn hier beginnt erst das Problem. Die Sache liegt nämlich nicht so, wie sie Bauer zugespitzt hat: entweder Bürgerkrieg oder Kampf bloß mit den Mitteln der Demokratie und mit geistigen Waffen. Denn zwischen diesen beiden Gegensätzen liegt ein Drittes: die unablässige und entschlossene geistige und physische Vorbereitung des Proletariates für jene geschichtlichen Situationen, in denen die demokratischen Kampfmittel und geistigen Waffen nicht ausreichen. Hierbei ist es vielleicht nicht überflüssig zu bemerken, daß diese Vorbereitung eine Aufgabe nicht bloß für die Massen, sondern auch für die Führer ist. Denn gerade weil die Verantwortlichkeit des Führers ihn größere Vorsicht und Zurückhaltung gegenüber dem Ungestüm der Massen auferlegt, ist für ihn diese Vorbereitung psychologisch doppelt nötig. Und vielleicht wäre die entschiedenere Einstellung der theoretischen und praktischen Parteiarbeit auf diese Aufgabe imstande gewesen, der siebenjährigen Reaktionsarbeit, die Otto Bauer so eindrucksvoll geschildert hat, eine innere Parteisituation entgegenzustellen, die uns die furchtbare Überraschung des 15. Juli erspart hätte.

Otto Bauer hat nämlich sehr richtig dieses psychologische Moment der Überraschung hervorgehoben, die das Proletariat am 15. Juli erlebte. Das Wiener Proletariat, siegreich in so vielen Wahlschlachten und eben nach dem neuen, kaum so erwarteten Triumph über die Einheitsliste, gewohnt in mächtigen Demonstrationen die Straßen zu beherrschen, wurde nun plötzlich auf diesen Straßen von der Polizei zersprengt und zusammengeschossen. Es hatte sich als Herr der Stadt gefühlt, die sein oberster Vertrauensmann als Bürgermeister verwaltete, und war plötzlich zum Verfemten in dieser Stadt geworden. Wie war das möglich? Weil, sagt Otto Bauer, es eben die kleinen allmählichen molekularen Verschiebungen nicht bemerkt hat, durch die der Klassengegner in der Zeit einer siebenjährigen Regierung sich einen Gewaltapparat aufgebaut hat, der schließlich funktionierte. Aber wieso hat das Proletariat dies nicht bemerkt? Wieso konnte es in dem Wahne leben, Polizei und Wehrmacht, das sind unsere Leute? War eine solche Täuschung nicht doch die Frucht einer Schulung, die alle Aufmerksamkeit nur auf die Merkmale des *äußeren Wachstums* der Partei einstellte, weil man nach ihm die Schnelligkeit der Erreichung der parlamentarischen Majorität beurteilte? So blickte man mit wachsendem Kraftgefühl auf den steigenden Umfang der politischen und gewerkschaftlichen Organisation, auf das Anschwellen der Stimmenzahlen bei den Wahlen der Vertrauensmänner der Polizei und der Wehrmacht oder der Organisationen öffentlicher Angestellten sowie bei Parlamentswahlen, ohne sich viel darüber Gedanken zu machen, *was für ein Geist und Wille und was für eine tatsächliche Aktionsfähigkeit hinter diesen Zahlen stand.* Dazu kam noch, daß diese ganze Arbeit der Parteivergrößerung bei sehr vielen nur unter dem Gesichtspunkt der Verteidigung der Republik vorgenommen wurde, und die mahnenden Stimmen, daß das Bekenntnis zur Republik noch nicht auch das Bekenntnis zum proletarischen Klassenkampf sei, vielfach mit überlegener staatsmännischer Gebärde abgetan wurde. Mußte in den Massen, die geradezu eingestellt wurden auf diese bloß quantitative Auffassung der Parteiarbeit, wenn ihnen vorgerechnet wurde, wie wenige Stimmen noch zur Majorität im Lande fehlen, nicht ein starkes Machtbewußtsein erwachsen, besonders wenn sie sich bei demonstrativen Anlässen in unübersehbaren Scharen aufmarschieren sahen? Die inzwischen erfolgte molekulare Verschiebung der Macht, die außerparlamentarisch erfolgte, entzog sich auf diese Weise völlig einer Aufmerksamkeit, die nach einer ganz anderen Richtung als nach der unmittelbaren Machtgewinnung gerichtet war. Die Nichtbeachtung dieser molekularen Verschiebung der tatsächlichen Machtverhältnisse ist nur das notwendige psychologische Gegenstück zu der beinahe faszinierten Einstellung in der Richtung des Fortschrittes der parlamentarischen Demokratie.

Otto Bauer hat sehr nachdrücklich und richtig hervorgehoben, was die Grenzen einer parlamentarischen Opposition sind. Und obgleich dies als eine berechtigte Mahnung gegen übereifrige Kritik von links gemeint war, kann sie vielleicht mit noch größerem Rechte gegen die Haltung von rechts gelten. Denn die Situation, die uns zur bloßen parlamentarischen Opposition verurteilt und den Gegnern bereits eine siebenjährige außerparlamentarische Aufrüstungszeit verschafft hat, kann trotz des sicheren Wachstums unserer Stimmen doch noch einige Jahre dauern. Und es erscheint unerträglich, diese ganze Zeit lediglich als eine Vorbereitungszeit für die nächsten Wahlsiege zu betrachten. Auch wir pflichten der Meinung Otto Bauers bei, daß man aufhören soll, über Wehrhaftigkeit des Proletariates zu schwatzen, statt an derselben praktisch zu arbeiten. Vielleicht ist dieses sogar die wichtigste Lehre, die wir aus dem 15. Juli zu ziehen haben. Jedenfalls ist es höchst sonderbar, wenn man heute von rechter Seite Anklagen darüber hört, daß wir zu sehr die Sprache der Kraft gesprochen hätten, diesen Vorwurf aber nicht zu dem Zwecke erhebt, in Zukunft der kraftvollen Sprache auch die dahinterstehende Macht zu verschaffen, sondern lieber auch mit der Sprache aufzuhören. Sicherlich hat man zuviel von Dingen geredet, die man nicht gemacht hat. Aber man hat auch gewiß zu wenig Dinge gemacht, von denen man nicht redet. Und jedenfalls ist das Nichtreden allein noch keine Gewähr dafür, daß sie gemacht werden und darf keinesfalls in einer solchen Weise geübt werden, daß darunter die Informiertheit der Funktionäre der Partei und das Vertrauen auf die Sicherheit der Arbeiterklasse in der ganzen Parteiöffentlichkeit leidet. Denn nur auf diese Weise kann der Kontakt von oben nach unten sich einstellen, den wir in der nächsten Zeit dringender nötig haben werden als je zuvor.

III.

Und damit sind wir bei einem anderen sehr wichtigen Punkte angelangt. Zu der vorhin behandelten Frage, wieso es möglich war, daß die Masse des Proletariates so wenig von der erfolgten Verschiebung der Macht erkannt hat, gesellt sich die andere, wieso die unorganisierte Demonstration vom 15. Juli überhaupt möglich war in einer Partei, die mit Recht auf ihre so oft bereits in schwierigen Fällen erprobte Disziplin und Organisationshöhe stolz sein durfte. Hier hat bereits Otto Bauer selbst in seiner großen Rede im Nationalrate über die Ereignisse des 15. Juli in offener Weise ein Verschulden der Leitung zugegeben. Es war gewiß vorauszusehen, daß sich die durch die Häufung von ungesühnten Arbeitermorden erregte Stimmung des Proletariates nach dem neuerlichen, besonders aufreizenden Klassenurteil im Schattendorfer Prozesse nicht mit einem Entrüstungsartikel in der *Arbeiter-Zeitung* zufriedengeben werde, zumal schon so oft vorher angekündigt wurde, daß es so nicht weitergehen dürfe. Fragt man nun, wieso es doch dazu kommen konnte, daß gerade in diesem kritischen Momente das im tiefsten erregte Proletariat sich selbst überlassen blieb, obgleich man diese Erregung angesichts des fast eine Woche dauernden Prozesses und der schamlosen Beeinflussung desselben in den bürgerlichen Zeitungen täglich wachsen sehen konnte, so kann man als Grund dafür nur angeben, daß die Empfänglichkeit für die Massenstimmungen oder mindestens die richtige Einschätzung ihrer Wichtigkeit in den leitenden Kreisen nicht der Temperatur und der Bedeutung entsprach, die sie in den Massen hatte. Und diese mangelnde Kontaktwirkung erscheint mir abermals als eine ganz selbstverständliche und notwendige psychologische Folge, die sich überall dort einstellen muß, wo der Schwerpunkt bei der Führung in die parlamentarische Aktion und in die Verfolgung staatspolitischer Interessen gerückt ist. Sobald einmal eine Gewöhnung oder auch nur eine Neigung entstanden ist, alle Schwierigkeiten der Bewegung durch Funktionärkonferenzen und Klubberatungen zu überwinden und alle Aktion wesentlich durch parlamentarische Operationen durchzuführen, verlor die Massenbewegung ihre selbständige Bedeutung, ja erschien eine solche geradezu als das Gefährliche. Die Bewegung der Partei hatte allzusehr sich von der Konferenzzimmerluft die warme Farbe der Entschließung bleichen lassen. Und so entsprach dem Nichtwissen der großen Masse von der erfolgten Machtverschiebung das Nichtwissen oder wenigstens Nichtwichtighalten der Massenempfindungen bei der Führerschaft.

IV.

Und damit hängt noch ein anderes zusammen, nämlich das unwillkürliche Bestreben, das Juliereignis nachträglich in seiner massenwirksamen Bedeutung zu verkleinern. Was am 15. Juli in Wien stattfand, war, wie immer wieder betont werden muß, weder eine planmäßige Demonstration, noch eine kommunistische Mache, sondern der spontane Ausbruch des angehäuften Grolles im Proletariate. Deshalb war es so richtig und selbstverständlich, daß das während der Unruhen erschienene Nachrichtenblatt des Parteivorstandes sich vollständig auf die Seite der Demonstranten stellte und daß Otto Bauer in seiner wuchtigen Rede im Nationalrat gleich nach den Julitagen mit revolutionärem Trotze sich weigerte, zwischen dem "ruhigen" Proletariate und den erregten Massen auf der Straße einen Trennungsstrich zu ziehen, selbst wenn diese Gewalttaten verübt haben, die wir für unnötig halten und nicht billigen können. Um so mehr müssen wir solchen Auffassungen und Darstellungen entgegentreten, wie sie jetzt häufig anzutreffen sind, welche die Vorgänge des 15. Juli als Revolte eines bloß kleinen Häufleins verblendeter und zumeist jugendlicher Leute hinstellen möchten. Leider kommen solche Wendungen auch bei Bauer vor, wiewohl sie hier nur den Zweck verfolgen, die Verantwortlichkeit auch der wenigen für das Ganze der Partei zu wecken. Aber sie scheinen mir doch bedenklich, weil sie zu jener Nichtbeachtung oder doch Geringschätzung des Massenempfindens zurückführen können, welches eine der wichtigsten Ursachen des mangelnden Kontaktes von oben nach unten war. Dabei lege ich gar nicht das Hauptgewicht darauf, daß eine solche Verkleinerung der Juliereignisse auch den Tatsachen nicht entspricht. Denn wenn auch sicherlich vor dem Justizpalast schon wegen des begrenzten Raumes dort nur wenige tausend Leute sein konnten, so waren doch andere Tausende auf der Ringstraße und wieder andere Tausende abgesprengt durch die Polizei aus dem Stadtzentrum, in allen Radialstraßen der Stadt, während neue Tausende immerfort aus den Vororten zuströmten, so daß eben dadurch die ganze Stadt zum Schauplatz der Vorgänge des 15. Juli wurde. Aber das ist gar nicht die Hauptsache, weil es völlig der Bedeutung des Ereignisses unangemessen wäre, eine bloß zahlenmäßige Würdigung desselben vorzunehmen. Denn jedenfalls, ob es viel oder wenige waren, welche die unmittelbaren Träger der Ereignisse abgaben, so ist es doch das ganze Proletariat und sogar darüber hinaus ein großer Teil des gegen die Reaktion ehrlich gestimmten Bürgertums, welches sich durchaus mit der großen Volksabrechnung vom 15. Juli identifizierte und mit dem Schicksal der Bewegung fieberte, hoffte und litt. Überlassen wir doch die Legende, daß es nur unreife Jugend und unverantwortliche "Elemente" gewesen seien, den Regierungsanwälten und der Kleinbürgergesinnung! Stellen wir uns doch nicht selbst so arm hin, als hätten leidenschaftliche Empörung und revolutionärer Groll nicht auch zuweilen Macht über kühlere Überlegung bei reifen und verantwortlichen Männern! Und überdies: ist es nicht ein Widerspruch, mit berechtigtem Triumph darauf zu verweisen, daß unter dem Eindruck des 15. Juli massenhaft neue Mitglieder in unsere Organisationen eingetreten sind, und auf der anderen Seite von den paar Unseligen zu sprechen, die das Unglück angerichtet hätten? Ich glaube, daß solche Widersprüche nicht in der Richtung der sozialistischen Erziehung der Massen liegen, die immer wieder unsere Hauptsorge sein muß. Darum ist auch zu begrüßen, daß O. Bauer in den Reden, die er in der letzten Zeit einige Male an die Jugend hielt, gerade wieder diesen Punkt ins rechte Licht gerückt hat. Er nennt dort die Taten des 15. Juli Rebellentaten und schärft der Jugend den Unterschied zwischen Rebellen und Revolutionären ein. Während der erstere sich nur von Leidenschaft und Empfindung fortreißen läßt, stellt der letztere diese ganze Glut seines Inneren unter die Kontrolle der Erkenntnis und Zielbewußtheit. Aber dann fährt er fort: "Die jungen Arbeiter sind immer zuerst Rebellen und werden immer Rebellen sein. Das ist schon so und wird immer so sein *und soll immer so sein. Denn wo kämen kampffähige Männer her, wenn die Jugend nicht so wäre?* Man darf aber nicht dabei stehenbleiben. Was ein leidenschaftliches Rebellentum war, muß fortgebildet werden zu wirklichem revolutionärem Willen." – Bei dieser Gelegenheit sei auch ein Wort über das jämmerliche Gerede, das man jetzt so oft von Rechten hören kann, gesagt, in welchem über die "Disziplinlosigkeit der Massen" geklagt wird. Wenn man darunter versteht, daß die Masse gar keine Aktionen durchführen darf ohne Erlaubnis von oben und auf jede Selbständigkeit des Empfindens und Handelns selbst dann verzichten muß, wenn die Führung von oben ausbleibt, dann sind solche Anschauungen eine traurige Verkennung des Urquells der Kraft einer revolutionären Arbeiterbewegung. Wehe einem Proletariate, das Empörung nur schäumen läßt, wenn sie der Parteivorstand vorher für einen bestimmten Termin angeredet hat.

Allerdings wirkt bei dieser Tendenz, die Massenbedeutung des 15. Juli zu verkleinern, noch ein anderer Umstand mit, der uns abermals zeigt, wie wichtig es ist, in welchem Sinne die Demokratie sich mit der proletarischen Ideologie verbindet. Das Unglück des 15. Juli wird nämlich nicht darin gesehen, daß wir zu schwach waren, sondern daß überhaupt der Weg des demokratisch friedlichen Vormarsches verlassen wurde. Solange wir, meint Bauer, diesen Weg gegangen sind, seien wir, wie er bei den Metallarbeitern sagte, "von Sieg zu Sieg" geschritten; das erste Mal, "wo auch nur ein kleiner Teil der Arbeiter sich dazu verleiten ließ, die demokratischen Kampfmittel zu verlassen und an die Gewalt zu appellieren", wurden wir zurückgeworfen. Man darf vielleicht zunächst etwas erstaunt fragen, was denn das für Siege waren in denselben sieben Jahren, deren schreckliche reaktionäre Machtverschiebung gerade Bauer uns vorgeführt hat. Gemeint sind wohl die Wahlsiege selbst. Aber so notwendig diese sind und so sehr wir mit aller Kraft danach streben müssen, sie in noch größerem Maßstabe zu wiederholen, so ist doch gerade dies das Problem, um das zwischen rechts und links gestritten wird: die Arbeiter aufzuklären, daß Wahlsiege nicht unsere einzigen Siege sein dürfen und nicht einmal unsere stärksten sind. Denn auch nach Erringung der parlamentarischen Majorität wird eine auf Polizei, Armee und internationale Reaktion an unseren Grenzen sich stützende Bourgeoisie in Stadt und Land ein um nichts weniger gefährlicher Gegner sein, wenn unsere Kraft nur auf den Wahlstimmen beruht. Ganz abgesehen davon, daß eine im Wahlkampf eroberte Majorität der Sozialdemokratie noch lange nicht auch eine Majorität der proletarischen Revolution ist.

Auch möchte ich nicht verschweigen, daß mir überhaupt die ganze Art nicht einwandfrei erscheint, in welcher hier demokratischer Vormarsch und Weg der Gewalt in bezug auf den 15. Juli in Gegensatz gebracht wird. Denn es sieht so aus, als ob es die Arbeiter waren, die an diesem Tage den Weg der Gewalt betreten hätten. Demgegenüber muß doch darauf hingewiesen werden, daß das, was die Arbeiter am 15. Juli *zuerst* taten, ein Akt der Demokratie war. Denn die Massendemonstration gegen die Klassenjustiz war, auch wenn sie eine unorganisierte und leider führerlos gebliebene war, doch zweifellos die Ausübung demokratischer Rechte, zu denen man Manifestationen auf der Straße seit jeher gezählt hat. Gerade daß diese Massendemonstration eine spontane war, stempelt sie zu einem echtesten Ausfluß demokratischer Volksbetätigung. Und wir waren immer stolz darauf, daß nirgends solche spontane Äußerungen der Masse in kritischen Augenblicken sicherer zu erwarten waren als bei dem sozialistischen Proletariate. Der Weg der Gewalt am 15. Juli wurde von der Polizei betreten, als sie das demokratische Demonstrationsrecht der Massen mit Reiterattacken verletzte. Und wenn dann sich die maßlos erregte Masse zur Wehr setzte, und es dabei zu Ausschreitungen kam, so kann man nicht sagen, daß sie es war, die den Weg der Gewalt betreten und dadurch die traurige Situation nach dem 15. Juli für das Proletariat geschaffen habe. Denn solche Ereignisse können sich jedesmal inmitten des stärksten demokratischen Milieus ereignen, wenn die Regierungsgewalt entschlossen ist, die Demokratie zu brechen. Man denke nur an das Schicksal des englischen Generalstreiks, den die englische Regierung durch die bloße sichtbare Bekundung ihres Willens, zu schießen, gebrochen hat. Selbst bei aller Entschlossenheit, den demokratischen Kampfboden nicht zu verlassen, kann eine reaktionäre Regierung durch provokatorische Akte bei Ausübung der demokratischen Rechte, z.B. durch Polizeiattacken auf die eine Versammlung verlassenden Arbeiter, jederzeit eine Situation schaffen, in welcher auch der demokratischesten Gesinnung nichts übrigbleibt, als entweder ihre Schwäche einzugestehen oder sich zur Wehr zu setzen.

V.

Man sieht also, die Formel: "Kampf um die Staatsmacht mit den Mitteln der Demokratie! Gewalt nur zur Verteidigung der Demokratie, wenn die Bourgeoisie sie angreift!" ist nicht so umfassend und deutlich, wie es den Anschein hat. Der Angriff der Bourgeoisie auf die Demokratie erfolgt ja nicht in der Weise, daß sie mit der Forderung ins Feld zöge: "Weg mit der Demokratie!" Sie wird sich zunächst wohl hüten, dies zu tun. Aber wenn das, was am 15. Juli in Wien und in den Ländern geschah, nicht ein Angriff auf die Demokratie im Sinne des Proletariates war, dann hat man eine unzulängliche Vorstellung davon, wie ein solcher Angriff sich wirklich vollziehen kann. Und es scheint mir, daß jene Genossen nicht ganz unrecht haben, welche meinen, der Fall des Linzer Programmes, die Demokratie gegen einen Angriff zu verteidigen, sei eigentlich am 15. Juli gegeben gewesen, wir waren in die Defensive gerückt, konnten sie aber wegen der Schwierigkeit der inneren und äußeren Lage nicht durchführen. Und es wäre abermals mehr im Sinne der sozialistischen Erziehung, davon zu sprechen, *daß wir zu schwach waren,* als daß sich kleine Gruppen auf den Weg der Gewalt verleiten ließen. Denn das erstere führt zur Erkenntnis der Ursachen, warum wir wehrlos waren, und dann wird auch nicht bloß von Horthy und Mussolini allein die Rede sein dürfen, sondern ebenso vom Versagen der revolutionären Kraft und Bereitschaft der Proletariate in Deutschland, Frankreich und England. Dann wird auch deutlicher zu erkennen sein, daß die uns sicherlich drohende auswärtige Intervention nichts anderes ist als die Einheit der Bourgeois aller Länder, während die Einheit der Proletarier aller Länder noch alles zu wünschen übrigläßt. Und schließlich wird dann leichter zu erkennen sein, daß diese proletarische Einheit und Solidarität nur aus einer Gesinnung des Proletariates erwächst, die entschlossen und in der Lage ist, wenn nötig, den heimischen demokratischen Kampfboden mit dem internationalen sozialen Kampfboden zu vertauschen.

Es ist vollauf berechtigt, wenn Otto Bauer die Arbeiter mit aller Entschiedenheit darauf aufmerksam macht, daß sie sich jetzt nicht durch die lauernde Reaktion zu vereinzelten zwecklosen Gewaltschritten verleiten lassen dürften. Es kann dies gar nicht genug eingeschärft werden, gegenüber der Demagogie der Kommunisten. Und man wird ihm auch uneingeschränkt zustimmen, daß alle diejenigen einzelnen Genossen oder Gruppen sich mit schwerer Verantwortung gegenüber der ganzen Klasse des Proletariates beladen, die durch eine bloß affektmäßige Handlung Situationen herbeiführen, welche dem ganzen Proletariate Schaden bringen können. Aber ob diese Mahnung damit verbunden werden müßte, durch die feierliche Erklärung eines Kampfes bloß mit demokratischen Mitteln und mit geistigen Waffen gleichsam eine Wohlverhaltenserklärung für die Zukunft abzugeben, die der Gegner doch nur als ein Geständnis der Schwäche zur Kenntnis nimmt, erscheint mir sehr fraglich. Dies um so mehr, als die Begriffe von demokratischen Mitteln und geistigen Waffen sehr unbestimmt sind. Das Linzer Programm hat auch nicht ohne Grund diesen letzteren, im Entwurf enthaltenen Begriff vermieden. Ist z.B. eine technische Obstruktion im Parlament noch eine geistige Waffe? Oder ist nicht auch ein politischer Streik ein demokratisches Mittel? Wäre hier nicht die alte Parole Victor Adlers genügend gewesen: "Wir lassen uns nicht provozieren, aber auch nicht einschüchtern!"

Otto Bauer hat an das Wort von Friedrich Engels erinnert, wonach die Gesetzlichkeit so für uns arbeitet, daß die Gegner bald werden ausrufen müssen, die Gesetzlichkeit töte sie. Diese Worte Engels, die seit Eduard Bernstein immer wieder von revisionistischer Seite zitiert worden sind, hat er im Jahre 1895 unter dem befeuernden Eindruck des Wachstums der Sozialdemokratie, besonders ihrer zwei Millionen Stimmen in Deutschland, geschrieben. Und der revolutionäre Feuergeist des alten Engels hoffte sogar schon, "wenn es so weiterginge", die Eroberung der Macht durch das Proletariat für das Ende des Jahrhunderts. Seither sind mehr als dreißig Jahre verflossen, die gezeigt haben, daß der Anstieg der sozialdemokratischen Wählermassen nicht nur viel langsamer vor sich ging, als Engels dies erhoffte, sondern auch für sich allein zur Machtsteigerung des Proletariates nicht genüge. Denn sogar die vier Millionen deutscher sozialdemokratischer Stimmen haben im Jahre 1914 die Kriegspolitik nicht verhindert, vielmehr sie unterstützt und damit einen Hauptanstoß zu der Krise und Spaltung des Sozialismus gegeben, in der er sich noch heute befindet. Es ist trotzdem wahr, daß die Bourgeoisie allen Anlaß hat auszurufen: "Die Gesetzlichkeit tötet uns!" – , aber nur dann, wenn das Proletariat stark genug ist, zu verhindern, daß *sie* die Gesetzlichkeit tötet. Das aber entscheidet sich nicht bloß mit demokratischen Kampfmitteln und geistigen Waffen.

Meine Parteitagsrede

Über meine Stellungnahme am Wiener Parteitag und über die Stellungnahme des Parteitages zu mir sind infolge einer sehr lückenhaften Berichterstattung eigentlich mehr die Angriffe gegen mich und die Entstellungen, die mein Standpunkt erfahren hat, bekannt geworden, als das, was ich wirklich gesagt habe. Damit nun sowohl Freund wie Feind genauer darüber orientiert werden, was ich eigentlich gesagt habe, sehe ich mich veranlaßt, den Text meiner Reden nach dem stenographischen Protokoll des Parteitages hier einer größeren Öffentlichkeit zu vermitteln und daran einige kurze Bemerkungen zu knüpfen:

> Max Adler (*von großem Beifall auf der Galerie begrüßt*): Genossen und Genossinen! Genosse Schneidmadl hat in seiner sehr wirkungsvollen und beachtenswerten Rede uns wieder einmal zu Gemüte geführt, daß wir doch in einem kleinen Ländchen leben und daß das, was wir als Nationalrat bezeichnen, doch unter europäischen Verhältnissen betrachtet, eigentlich nicht mehr ist als ein kleiner Landtag und daß wir daher doch auch unsere Gedanken und Taten danach einrichten sollten. Aber so richtig das ist, daß wir uns erst wieder in die Vorstellung hineingewöhnen müssen, nicht mehr in einem so großen Staate zu leben wie früher, so unrichtig wäre es, wenn Sie der Meinung wären, daß das, was wir hier in der Richtung der Erziehung der Massen des Proletariates zu beschließen haben, von dem Gesichtspunkt eines Provinziallandtages oder eines kleinen Ländchens überhaupt betrachtet werden soll. Zu unseren Häupten hängt die *Fahne der Internationale*; und diese Fahne haben gerade *wir* bekommen, trotzdem wir in diesem kleinen Ländchen leben, weil wir der Stolz und die Zuversicht der Internationale sind, weil sie in der österreichischen Sozialdemokratie, welche die einzige ist, die sich ihre Einheit ungebrochen bewahrt hat und es ausgesprochen hat, diese Einheit mit den Mitteln des Marxismus zu erhalten, die Hoffnung der Internationale sieht. Und wenn wir nur Beschlüsse im Sinne eines Ländchens zu fassen hätten, dann wären heute nicht die Vertreter großer Parteizeitungen des Auslandes bei uns zu Gaste und würden sie es nicht für so wichtig halten, sofort in das Ausland hinaus zu melden, was auf dem österreichischen Parteitag über grundlegende Fragen der sozialdemokratischen Politik und Taktik beschlossen wird. In diesem Sinne, glaube ich also, müssen wir über die beiden Referate, die wir gestern gehört haben, sprechen. Und da ist es wohl notwendig zu sagen, daß es sich nicht so verhält, wie Ellenbogen gemeint hat, daß diese beiden Referate nur verschiedene Nuancen derselben Meinung vertreten. Zwar ist es richtig, daß beide Referenten den Willen zur Einheit haben, und es ist ebenso richtig, daß beide Richtungen, die sie vertreten, den gleichen Willen zur Einheit haben und daß wir diesen Willen hier auch bewähren werden. Aber das darf uns nicht hindern zu konstatieren, daß diese Richtungen *große Gegensätze* enthalten und daß es dieselben Gegensätze sind, die nicht etwa seit gestern hier laut geworden sind und nicht auch erst seit dem 15. Juli, sondern daß es *die großen Gegensätze der reformistischen und revolutionären Richtung* sind (*stürmischer Beifall*). Gerade weil Otto Bauer diesen Gegensatz gestern so großartig schön zum Ausdruck gebracht hat, indem er Ihnen gezeigt hat, wie die Analyse der gegenwärtigen Lage in das Gefühl der Überwindung der bestehenden Gesellschaft ausmünden muß, so daß das wichtigste, wie er sagte, was wir zu tun haben, die Aufrichtung des moralischen revolutionären Willens in den Massen ist, gerade deshalb *dürfen wir diesen Gegensatz nicht verschleiern.* Und obgleich ich von meinem Standpunkt aus manches auch gegenüber Genossen Bauer vorzubringen hätte, indem ich insbesondere glaube, daß er die Gefahr der Aufrüstung unserer Gegner

auf dem Lande vielleicht etwas zu wenig schwarz betrachtet hat und hier die Redner vom Lande mehr zu hören wären, so ist es doch nicht diese Differenz, die ich heute hier zu behandeln habe, sondern sie tritt ganz und gar vor der Wichtigkeit der Auseinandersetzung mit *jener Grundanschauung* zurück, deren Ausdruck das Referat des Genossen Renner war.
Da möchte ich mich von allem Anfang an mit einem Punkte beschäftigen, mit dem auch Genosse Renner begonnen hat, nämlich mit seiner Einstellung zum 15. Juli. Er hat gesagt, und hat darin vollständig recht, daß die Demonstranten vom 15. Juli keine Rechtfertigung gegenüber dem heute herrschenden System der Vergewaltigung und der Klassenjustiz brauchen, daß sie aber eine Rechtfertigung gegenüber der ganzen Klasse des Proletariates benötigen. Ich meine aber, Genossinnen und Genossen, daß ich Ihrer aller Meinung und Anschauung ausspreche, wenn ich sage: sie brauchen auch diese Rechtfertigung nicht, denn sie *haben* sie in der bewundernden Zustimmung des gesamten Weltproletariats schon gehabt. Die Demonstranten am 15. Juli haben an einem Tage der tiefsten Demütigung des Proletariates, wo ihnen das schmerzlichste Unrecht zugefügt wurde, durch den leidenschaftlichen Aufschrei der Empörung, dadurch, daß sie dem beleidigten Rechtsgefühl Ausdruck gegeben haben, Zeugnis abgelegt von der Lebendigkeit der moralischen Kraft im Proletariate und von der Bereitschaft des Proletariates, für das, was es als recht erkennt, sofort auch mit der Tat einzutreten. Und ich muß schon sagen, diese Demonstranten vom 15. Juli, sie haben dadurch, daß sie das Proletariat vor dem Anschein bewahrt haben, in einem Augenblicke tiefster Demütigung stumpf und feig und unentschlossen zu sein, die Ehre des Proletariates gerettet an einem Tage, an dem diese ihnen allein überlassen war. (*Stürmischer Beifall und Händeklatschen in einem Teile des Saales und auf der Galerie.*)
Vorsitzender Seitz: Wir sind kein Parlament und stehen daher auch selbstverständlich nicht unter den strengen Vorschriften parlamentarischer Formen und Technik, insbesondere nicht hinsichtlich des Verhaltens der Galerie gegenüber der Debatte. Aber vor einem möchte ich doch warnen, davor, daß vielleicht durch eine zu laute Betonung der Beifalls- oder Mißfallsäußerungen der Anschein eines Gegensatzes zwischen Parteitag und Galerie erweckt werden könnte. Das wäre bedauerlich. Jeder Genosse kann selbstverständlich seinen Empfindungen Ausdruck geben, aber es wird gut sein, wenn wir uns ein wenig mäßigen. (*Beifall.*)
Max Adler (*fortsetzend*): Ich sage also, ohne mich auf die Unterscheidung von Parteitag und Galerie weiter einzulassen, daß an diesem Tage die Ehre des Proletariates ihm selbst überlassen war; und ich kann daher nicht begreifen, was Genosse Renner damit gemeint hat, als er die Anklage der Disziplinlosigkeit erhoben hat. Es hat sich ja um keine Disziplinlosigkeit handeln können, weil ja kein Diktat von den Parteiinstanzen gegeben war. (*Beifall auf der Galerie.*) Und weil also niemand gegen ein solches *Diktat* verstoßen hatte, kann man doch um Gotteswillen nicht die *spontane* Aktion der Masse eine Disziplinlosigkeit nennen. Was hat man denn für eine traurige Vorstellung von der Disziplin der Masse? Das sieht ja so aus, als ob wir damit rechnen würden, daß unsere Massen nur erscheinen, wenn man sie ruft. (*Unterbrechungen.*) Wir waren immer stolz darauf, daß wir damit rechnen konnten, daß in den Massen des organisierten Proletariats soviel revolutionärer Geist lebendig ist, daß sie von selbst auf der Straße erscheinen. (*Beifall auf der Galerie.*) Und das war immer ein besonderes Merkmal, auf das wir hingewiesen haben, so wie z.B. am 11. November 1918 abends, als die Massen selbst auf die Straße gekommen sind. *Die Disziplin ist sehr notwendig;* aber wir müssen froh sein, wenn wir in den Massen das Gefühl der lebendigen Aktion haben und daß die Massen die Direktion selbst in die Hand nehmen, *wenn sie keine Direktiven haben.* (*Beifall auf der Galerie.*) Wenn man also sagt, daß der 15. Juli ein großer Fehler war, so ist der Fehler, was Bauer selbst schon gesagt hat, nur in dem Fehlen der Führung gelegen. (*Unruhe und Glockenzeichen des Präsidenten.*) Und wenn Genosse Renner hier vielleicht anstatt über die falsche Erziehung der Massen, worüber ich gleich sprechen werde, fragen würde, *woran es denn liegt,* daß die Massen führerlos geblieben sind, wieso es kam, daß so erprobte Führer im Klassenkampfe und so erprobte Politiker diese Aktion der Massen nicht vorausgesehen haben, wie manche einfache Vertrauensmänner sie bereits am Abend des 14. Juli vorausgesehen haben, dann wird er vielleicht finden, daß die Ursache für dieses Versagen der Führerschaft mehr gelegen ist in der Erziehung der Führer zum staatsmännischen Denken als in der Erziehung zum sozialistischen Denken. (*Beifall auf der Galerie.*)
Und damit komme ich zu jenem Teil der Anklagen Renners, die sich auf die angeblich falsche Erziehung beziehen, die den Massen gegenüber erfolgt sei. Er hat gesagt, es sei allerdings schon gelungen, in einem engeren Kreis den Begriff der Revolution im Heugabelsinn zu überwinden. Aber der weitere Kreis hätte diese Vorstellung noch. Renner gibt also zu, daß ein en-

gerer Kreis, an den wir uns wenden, den wir mit unserer marxistischen Erziehung erreichen, über den Begriff der Revolution im Heugabelsinn hinweggebracht ist. Wenn das bei den weiteren Kreisen noch nicht erfolgt ist, so ist es dort doch der *Mangel an Erziehung* und nicht eine falsche Erziehung. Aber Renner meint freilich, die falsche Erziehung liege darin, daß man von Revolution zu viel rede. Man sollte doch das Wortgetue mit der Revolution abtun, weil eine Revolution in der nächsten Zeit gar nicht möglich sei. Lieber soll man sich auf revolutionäre Taten beziehen, auf das Bauen von Häusern, auf Fürsorge und Schulreform. Wenn Renner uns das so vor Augen hält, wenn er mit Rücksicht darauf, daß die Revolution nicht in nächster Nähe ist, will, daß man von ihr den Arbeitern gar nicht reden dürfe, wer ist es dann, der die Revolution im Heugabelsinn hier vor Augen hat? Jeder Marxist weiß doch, daß die Revolution nur dadurch geschichtlich möglich ist, daß die Massen in einem langen *geistigen Umwälzungsprozeß* auf sie vorbereitet werden. Nur dadurch, daß man zu den Massen von Revolution redet, daß man ihnen den geistigen, ökonomischen und politischen Sinn der Revolution erklärt, daß man ihnen die Bedingungen aufzeigt, und zwar nicht nur die ökonomischen, sondern auch die *Bedingung der geistigen Reife der Massen,* welche die Revolution werden machen müssen, nur dadurch, daß man unausgesetzt dies tut, kann man den Begriff der Revolution im Heugabelsinn überwinden. Das ist also ein geschichtlicher Prozeß, der sich nicht nur in den ökonomischen Verhältnissen vollzieht, sondern der sich von vornherein vollziehen muß in den geistigen Verhältnissen der Arbeiter selbst, in der Art, wie sie die bürgerliche Gesellschaft, den Klassenstaat anzuschauen gelehrt und eingestellt werden, über ihn zu denken und zu fühlen.

Und dasselbe gilt auch von dem, was Genosse Renner über die angeblich falsche Vorstellung und Darstellung vom Klassenkampf gemeint hat. Er hat da etwas sehr überheblich und geringschätzig von den Menschen gesprochen, die den Klassenkampf nur vom Schreibtisch aus kennen. Der eigentliche Klassenkampf, sagt er, das ist der Klassenkampf, der täglich im Betrieb geführt wird, der nicht romantisch ist und keinen Lärm auf der Straße macht. Aber wir Leute von der Feder, wir hätten nur den romantischen Klassenkampf . . . (*Zahlreiche Rufe: "Sehr richtig!"*) Schreien Sie nicht zu früh "sehr richtig", schreien Sie nicht zu früh so gegen sich selbst! Denn ein solcher Mann von der Feder war Karl Marx, ein solcher Mann war Friedrich Engels! (*Stürmischer Beifall und Händeklatschen; zahlreiche Gegenrufe und große Unruhe.*) Diese haben uns erst den Klassenkampf verstehen gelehrt, und zwar dadurch, daß sie das Proletariat angewiesen haben, *über den kleinen täglichen Klassenkampf hinauszudenken.* Ich unterschreibe jedes Wort, das Renner gestern über die Grenzen des ökonomischen Klassenkampfes gesprochen hat. Ich anerkenne seinen Mut und freue mich, daß er Worte gefunden hat gegen die Arbeiteraristokraten, ob sie nun innerhalb oder außerhalb der Gemeinde sind. Aber diese Auswüchse des ökonomischen Klassenkampfes kann das Proletariat eben nur dann überwinden, wenn es den Klassenkampf nicht bloß als den *täglichen* Kampf *im Betriebe* ansieht, in welchem dann nur der Klassenegoismus rege wird, sondern wenn es ihn in seiner *historischen* Gestalt *in der Gesellschaft* sieht. Erst wenn sich das Proletariat von den Interessen des täglichen Klassenkampfes im Betriebe zu den Gesichtspunkten des historischen Klassenkampfes in der Gesellschaft erhebt, erst dann wird aus dem egoistischen Proletarier ein revolutionärer Sozialist. Und erst dann können Sie von ihm Opfer und Klassendisziplin verlangen, was ihm nie eingehen wird, solange er nur an die Interessen seines täglichen Kampfes denkt. Natürlich münden die Klassenkämpfe im historischen Sinne oft in den Lärm der Straßen aus, und natürlich gewinnen sie im historischen Rückblick einen romantischen Schimmer, während die anderen ausmünden in die trostlose Enge und Sorge um das bißchen bessere Leben des einzelnen, wobei er sich um die Interessen der ganzen Klasse den Pfifferling schert. Sie sehen also, es hat doch schon eine etwas andere Bewandtnis mit der sozialistischen Erziehung, als wie man sie hier so hingestellt hat als eine bloße Wortmacherei, als ein Einspinnen der Seele des Arbeiters in ein revolutionäres Getue. Wobei ich übrigens noch folgendes sagen muß: es wird den Vertretern des wissenschaftlichen Marxismus sehr oft der Vorwurf gemacht, daß sie das Wort "Revolution" zu oft gebrauchen. Aber ich muß sagen, wenn sie es gebrauchen, so denken sie sich doch wenigstens etwas darunter, während, wenn man Häuserbauten, Fürsorge- und Schulreformbetreiben, *was alles sehr notwendige und unentbehrliche Arbeiten sind,* gleichzeitig schon revolutionäre Arbeiten nennt, man dann einen Unfug mit dem Worte "revolutionär" treibt, wobei alle Klarheit, die wir von Marx gelernt haben, zum Teufel geht. Denn das ist eben der Sinn der wahren Revolution, daß er anleitet, *aus der Klassengesellschaft herauszugehen,* und alles das, was bloß den Zustand der Arbeiterklasse in der Klassengesellschaft allein zum Gegenstand hat und ihn verbessert, obzwar es notwendig ist für den Kampf

des Proletariats, doch nicht als seine revolutionäre Aufgabe ansieht, weil es für sich allein uns eben nicht aus der Klassengesellschaft herausbringt.
Die Ausführungen des Genossen Renner über die falsche Erziehung des Proletariats hängen damit zusammen, daß er uns eine *falsche Staatsauffassung* vorwirft, die wir auf die alten Sätze von Marx und Engels stützen. Und er hat gemeint, man solle einmal aufhören, diese alten Sätze fortwährend zu wiederholen. Zu diesen Sätzen, von denen er so geringschätzig gesprochen hat, rechnet er besonders den, daß der Staat der Vollzugsausschuß der herrschenden Klasse ist. Eigentlich sollte man, nachdem das *Kommunistische Manifest* nächsten Monat achtzig Jahre alt wird, schon der Mühe enthoben sein, unter Sozialdemokraten über marxistische Staatsauffassung zu sprechen. Ich möchte hier auch nur soviel bemerken, daß man doch unmöglich annehmen kann, daß der Umstand, von dem Renner ableitet, daß dieser alte Satz des Marxismus falsch sei, weil nämlich die Proletarier sich mit der herrschenden Klasse immer mehr in der Macht im Staate teilen, daß dieser Umstand Marx entgangen sei. Ganz abgesehen davon, daß wir am 15. Juli gesehen haben, wie diese Machtteilung aussieht, haben Marx und Engels diesen Umstand *nicht nur nicht übersehen,* sondern ihn sogar so weit in Rechnung gestellt, daß sie auch die Eroberung der Macht im Staate durch das Proletariat ins Auge gefaßt haben und trotzdem *auch noch diesen Staat* als einen Vollzugsausschuß der herrschenden Klasse betrachteten. Nur daß es eben das Proletariat ist, das dann herrscht, d.h., sie haben auch den proletarischen Staat noch als einen Klassenstaat betrachtet und damit dem Proletariat einschärfen wollen, solange Klassengegensatz ist, gibt es nur einen Klassenstaat, gibt es nur eine Herrschaft der einen oder der anderen. Der Staat ist entweder ein Vollzugsausschuß der Besitzenden oder des Proletariats. Und wenn er das letztere wird, dann ist das die Diktatur des Proletariats. Der Prozeß der wachsenden Beeinflussung der bürgerlichen Staatsmacht durch das Proletariat in Gemeinde, Landtag und Parlament ist so wenig eine Widerlegung der Staatsauffassung des Marxismus, wie das Argument der bürgerlichen Gegner, daß durch die Gewerkschaften das Proletariat vor der Verelendung geschützt wird, eine Widerlegung der Ausbeutungstendenz des ökonomischen Prozesses ist. Denn *Marx wollte die Tendenzen der kapitalistischen Gesellschaft zeigen.* Diese hat auf ökonomischem Boden die Tendenz, das Proletariat auszubeuten, und auf politischem Boden die Tendenz, dem Staate den Charakter eines Vollzugsausschusses der herrschenden Klassen zu geben. Das ist die ungebrochene Tendenz der kapitalistischen Gesellschaft heute noch wie zur Zeit des *Kommunistischen Manifestes,* und hier haben wir ökonomisch und politisch die *Gegentendenz des Proletariats* entgegenzustellen.
Das zweite, was ich hier noch sagen möchte, ist folgendes. Es hat mich sehr schmerzlich berührt, daß Renner so über "die alten Sätze des Marxismus" gesprochen hat. Wenn wir im nächsten Monat das *Kommunistische Manifest* feiern werden, werden wir es *nicht als eine antiquarische Schrift* feiern, nicht als ein bloß historisches Dokument, sondern als das Dokument der Verkündung des Klassenkampfes des Proletariats, der ökonomischen Erklärung desselben und des großen Gedankens, daß das Proletariat von niemand anderem seine Befreiung erwarten darf als von sich selbst. Mit diesen Ideen ist diese Schrift heute noch lebendig, und ihre Gedanken sind es allein, mit denen wir unsere heutige Gegenwart verstehen können. Und nicht das ist der traurige Zustand, in dem heute der Sozialismus ist, die Spaltung des Sozialismus, daß man die marxistischen Leitsätze von 1848 und 1871 zu oft liest und zu oft wiederholt, sondern im Gegenteil, *daß man sie zu wenig liest (Stürmischer Beifall auf der Galerie)* und daß das *Kommunistische Manifest* den Proletariern eine heute fast unbekannte Schrift geworden ist.
Ich muß mich zum Schluß kürzer fassen. Was Genosse Renner hier über die *Koalition* gesagt hat, ist ja wesentlich anders ausgefallen, als was er früher darüber gesprochen hat. Gestern haben wir von ihm und heute von allen seinen Anhängern gehört, daß ja gar keine Tendenz besteht, die Koalition heute zu verlangen, daß man sie auch nicht erbetteln will und sich nicht anbietet und daß man sie auch heute nicht für möglich hält. Man muß da nur fragen, *wozu dann so viel über die Sache geredet wurde?* Ist dann nicht eigentlich erschöpfend, was Bauer schon vor einigen Wochen gesagt hat, daß es würdelos ist, wenn in einer Situation, in welcher wir vom Klassengegner geschlagen worden sind und in der er sich hochmütig hinter seinen Gerichten verschanzt, überhaupt über die Möglichkeit der Koalition mit ihm gesprochen wird? Es ist richtig, daß die Situation heute eine ernste ist. Daraus folgt doch nicht, daß wir nunmehr von dem Gegner verlangen könnten oder müßten, daß er mit uns in Koalition gehe, was lächerlich ist, sondern *daß man seine eigene Stärke möglichst zu vergrößern hat und daß man die Dinge ausreichend tut, von denen Bauer mit Recht gesagt hat, man müsse sie tun, ohne viel davon zu sprechen.*

Aber Genosse Renner hat noch einen anderen Grund angegeben, warum er von der Koalition gesprochen hat.

Vorsitzender Seitz macht den Redner aufmerksam, daß die Redezeit überschritten ist. Der Parteitag bewilligt Verlängerung der Redefrist.

Max Adler (*fortfahrend*): Genosse Renner hat gesagt, man denke nicht daran, sich anzubieten, sondern er habe nur gemeint, man müsse das Bürgertum auf die ernste Lage aufmerksam machen und ihm gleichsam ins Gewissen reden, ihm einen Spiegel vorhalten. Renner hat früher einmal in einer Rede in einer Versammlung der technischen Union sich dahin geäußert, es handle sich darum, den *Weg des Entgegenkommens* zu finden. Wenn man für "unsere Sache" mehr Entgegenkommen habe, so können wir auch mehr Entgegenkommen für "ihre Sache" haben und so zu einer *Verständigung* gelangen. Ist ein solcher Weg möglich, ist eine solche Verständigung denkbar? Was ist denn "ihre Sache"? Ihre Sache ist Zölle, Verteuerung der Lebensmittel, Erhöhung der Profite, Auflegung indirekter Steuern, Beseitigung des Mieterschutzes, und in letzter Linie Aufrechterhaltung des Ausbeutungssystemes und der Vorherrschaft über den Klassenstaat, über den Gewaltapparat der Polizei und der Justiz. Und was ist unsere Sache? Verbilligung der Lebensmittel, Beseitigung der Zölle auf Lebensmittel und der indirekten Steuern, Besteuerung der Reichen, Aufrechterhaltung des Mieterschutzes und in letzter Linie Eroberung des Gewaltapparates der herrschenden Klassen. Gibt es da ein Entgegenkommen oder eine Verständigung? Gibt es da eine mittlere Linie, auf der man sich treffen kann? Es ist mir ganz unerklärlich, wie man einen solchen Gedanken durchführen kann, wenn man nicht eben auf "die alten Sätze des Marxismus" geringschätzig herabblickt und auch die anderen dazu anleiten will. Das, was Genosse Renner will, der bürgerlichen Klasse einen Spiegel vorhalten, haben vor langer Zeit schon andere getan, und zwar waren es die *Utopisten.* Diese haben geglaubt, wenn sie der bürgerlichen Klasse einen Spiegel vorhalten und ihr zeigen, wohin es kommen wird, wenn sie es so weitertreibt, so wird die bürgerliche Klasse in sich gehen. Und wir wissen heute durch Marx, warum der Gedanke der Verständigung mit den Klassengegnern eine Utopie ist, sobald er sich auf die Grundlagen des ökonomischen oder politischen Lebens bezieht, und daß daher auch die Abrüstung der Klassen genauso eine Utopie ist wie die Abrüstung der Staaten, die heute als solche schon allgemein erkannt ist. Wir sehen, wohin man kommt, wenn wir die alten Sätze des Marxismus geringschätzig behandeln. Unsere Gegner haben sich vereint und nennen sich Antimarxisten. Sollen wir ihnen die Freude machen, daß wir auch selbst den Marxismus aufgeben? Wozu haben wir unser Bildungswesen, wozu Arbeiterhochschulen und Parteischulen, in denen die Arbeiterfunktionäre in den Geist des Marxismus und des Klassenkampfes eingeführt werden, wenn wir dann selbst den Rückschritt vom Sozialismus als Wissenschaft zum Sozialismus der Utopie vollziehen? Ich bin überzeugt, die Arbeiter werden diesen Rückschritt *nicht* machen *wollen* und sie werden ihn auch *nicht* machen *können.* (*Beifall im Saale und auf der Galerie.*)

Das also ist die Rede, die auf dem Parteitage soviel Widerspruch hervorgerufen und mir die Vorwürfe eingetragen hat, daß ich eine "Lehre der Disziplinlosigkeit", ja sogar des "Putschismus" vertreten und daß ich von einem überradikalen Revolutionarismus aus die Bedeutung der Gegenwartsarbeit herabgesetzt hätte. Schon diese Angriffe beweisen, daß der Widerspruch sich nur auf einige Sätze meiner Rede bezog, wie dies auch bereits Otto Bauer in seinem Schlußworte zum Parteitage hervorgehoben hat. Und wenn von mancher Seite, die daran Interesse hat, verbreitet wird, daß meine ganze Stellungnahme vom Parteitag "abgelehnt" wurde, so widerlegt sich dies schon aus dem Protokolle, das am Schluß meiner Rede "Beifall im Saale", in welchem nur die Delegierten saßen, verzeichnet, und nicht bloß "Beifall auf der Galerie". Daß nun diese gegen mich erhobenen Angriffe teils auf direkter Entstellung meiner Worte, teils auf Mißverständnis beruhen, dürfte jedem unvoreingenommenen Leser dieser Rede klar sein, auch wenn er nicht aus meinem langjährigen Wirken in Wort und Schrift wüßte, daß ich zu den energischsten Bekämpfern der Kommunisten gerade wegen ihres Putschismus gehöre und daß ich ebenso eindringlich die Kulturbedeutung des Sozialismus gerade schon aus seiner großartigen sozialen Aufbauarbeit innerhalb der bürgerlichen Gesellschaft ableite. Ich glaube daher, mich gar nicht bei der Zurückweisung dieser lächerlichen Vorwürfe, die nicht mich herabsetzen, aufhalten zu brauchen. Viel wichtiger erscheint mir die Frage, *wieso es möglich war,* daß in den bezeichneten Punkten der Widerspruch von rechts so stark einsetzen und trotz der leicht aufzudeckenden Verschiebung des Sinnes meiner Rede sich so leidenschaftlich entfalten konnte, daß er auch die Vertreter der Linksrichtung offensichtlich gelähmt hat.

Ich will dies für diesmal nur ganz kurz darlegen. In dem Widerspruch gegen mich als erstem Debatteredner von links erklärte sich die hochgespannte Nervosität der durch die faschistische Aufrüstung am Lande mit Recht tief beunruhigten Provinz, die in dem 15. Juli der Wiener schon die ganze Zeit her die Ursache der eigenen Bedrängnis erblickt, wie es ja nur zu oft vorkommt, daß tiefere Zusammenhänge den oberflächlichen Blick hinter einem besonders hervorstechenden äußeren Momente sich verbergen. Und zu diesem Affektausbruch von rechts gesellte sich die Betroffenheit von links, sich durch meine Stellungnahme zum 15. Juli in dem gefährdet zu sehen, was eine unserer wichtigsten gegenwärtigen Aufgaben ist: gegenüber der täglichen Provokation der Reaktion einen neuerlichen Leidenschaftsausbruch der Massen zu verhüten. So entstand eine psychologische Situation, in der die Redner der Rechten ihrer innerlichsten Gegnerschaft gegen den Standpunkt Otto Bauers mit Wonne Ausdruck geben konnten, indem sie durch Entstellung des Sinnes meiner Worte für sich Stimmung machten, während die Vertreter der Linken es für inopportun hielten, sich sofort und energisch diesem Vorgehen entgegenzuwerfen, um so die Debatte wieder dorthin zu bringen, wohin ich sie hatte stellen wollen, auf den Boden *grundsätzlicher* Diskussion und der Aufzeichnung vorhandener *verschiedener Geistesrichtungen.* Wie wenig das, was ich an beiden Angriffspunkten ausgeführt habe, wirklich angreifbar war, beweist der interessante Umstand, daß nicht nur später, als die Leidenschaften beiderseits schon abreagiert waren, Genossin Therese Schlesinger in ihrer tapferen, von Beifall begleiteten Rede darlegen konnte, wie oft das spontane Auftreten der Massen in der Parteigeschichte von entscheidender Bedeutung war, sondern daß insbesondere Genosse Austerlitz unter lautem Beifall dieselbe Hochschätzung der spontanen Lebendigkeit der Massen vertreten konnte, indem er meinte, das Proletariat sei keine knetbare Masse, "die man einexerziert, daß sie zu allem ja sagt", und hinzufügte, daß "die Begeisterung und Leidenschaft der Massen das wahre Fundament unserer Kraft" sei.

Was ich mit meiner Rede wollte, war dieses: Klar zu machen, daß die *Frage der Koalition* – vor welche die Partei so plötzlich durch eine *"Disziplinlosigkeit" Renners* gestellt wurde, der kein gleichgültiges Parteimitglied, sondern Parteivorstandsmitglied, doch nicht zuvor die Billigung seiner *an die Adresse der bürgerlichen Klassen* gehaltenen Reden eingeholt hatte –, daß also diese Frage der Koalition *diesmal keine bloße Frage der Taktik* war, als welche sie im Linzer Programm schon erledigt ist, sondern, daß schon die Aufwerfung derselben, in der Art, wie Renner dies tat, im Zusammenhang mit seiner Einstellung zum 15. Juli, zum Klassenkampf, zur Staatsauffassung, zum Marxismus eine grundsätzliche Sinnesart bekunde, für welche die Geschichte des Sozialismus das unzweideutige Wort der *Rechtsgesinnung* geprägt hat. Mit dieser Aufzeigung ist natürlich noch nicht entschieden, wer im Streit von rechts und links recht hat. *Aber sehr viel ist für die Klarheit des Proletariats dadurch gewonnen,* den *Unterschied* zu erkennen: Ob die Koalition, wenn sie eintritt, das Produkt des Klassen*kampfes* ist, wie Otto Bauer dies meint, oder das Produkt einer illusionsreichen Klassen*verständigung*, d.h. eigentlich der Bettelei um sie, worauf es ja schließlich hinausläuft, auch wenn man noch so oft schreit, man biete sich nicht an. Ob ich mit dieser prinzipiellen Klarstellung wirklich "niemand hinter mir" gehabt habe, wie ein durch die deutsche Presse gehender Artikel behauptet, widerlegt sich schon aus diesem selbst, da von den unaufhörlichen Beifallssalven der "Kopf an Kopf gedrängten Galerie" berichtet wurde. Es war dieselbe Galerie unserer Parteimitgliedschaft, die bei den Ausführungen Renners nicht eine Hand rührte, dagegen die Reden Bauers stürmisch bejubelte und dem erhebenden Schlußwort des Parteivorsitzenden Seitz freudigsten Beifall zollte. Auf solche Weise "niemand hinter sich zu haben" mag mich und meine Freunde ganz zufriedenstellen.

Neueinstellung unserer Politik?

I.

Auf dem letzten Parteitag hat bekanntlich Genosse Karl Renner eine *"Neueinstellung unserer Politik"* verlangt, deren Ziel und Grundgedanke übrigens gar nicht so neu sind. Denn es handelt sich dabei um den alten Lieblingsgedanken des Reformismus, um die äußere und innere *Koalitionsbereitschaft* des Proletariats mit dem Klassengegner. Nur die Aufmachung ist neu; denn was der ältere Revisionismus noch in engerer Anlehnung an die marxistische Theorie als ein Produkt der Abschwächung der ökonomischen Klassengegensätze zu begründen versuchte, das wird jetzt sogar unbekümmert um den marxistischen Anschein aus einer bloßen *Ideologie des Rechtes* gefolgert. Das moderne Hauptargument für die Koalitionsgesinnung und Koalitionspolitik ist, daß das Proletariat eine so große und wichtige Klasse im modernen Staate geworden ist, daß es "*ein Recht auf die Macht im Staate*" hat, daß ihm ein seiner sozialen Bedeutung entsprechender Anteil an der Regierung *gebührt.* Und es ist überaus bezeichnend für den Mangel an marxistischer Bildung in den heutigen Massen des Proletariats sowie für den damit zusammenhängenden Mangel an revolutionärem Klassenbewußtsein, daß dieses Argument zu den wirkungsvollsten in der Agitation für die Koalitionsbereitschaft gehört. Indem es sich an das naive Rechtsbewußtsein der Massen wendet, übt es auf große Teile derselben eine geradezu bestechende Wirkung aus. Es ist daher nicht zu verwundern, daß es auch den Höhe- und Schlußpunkt der Rede Renners auf den Parteitag bildete. "Ich sage", heißt es in dieser Rede, "die Anteilnahme der Arbeiterschaft am Staat ist nicht etwas, worum man betteln müßte, das ist *euer gutes Recht!* Die Anteilnahme an der Staatsgewalt kann einer Klasse, die so stark ist, so geschlossen, so zielbewußt, in der Verwaltung so erfahren, gar *nicht versagt* werden. Wir haben sie zu verlangen als *unser Recht* und nicht als Geschenk vom Seipel."

Diese Lehre von dem guten Rechte des Proletariats auf einen "Anteil am Staate" klingt dem Arbeiter überzeugend ins Ohr, weil es selbstverständlich und richtig ist, daß der Arbeiter dieses Recht für sich beansprucht. Aber es ist schon durchaus nicht ebenso selbstverständlich, daß auch die herrschenden und besitzenden Klassen, die ihm bis heute dieses "Recht" vorenthalten haben und weiterhin vorenthalten, ebenso überzeugt sind, daß das Proletariat ein Recht auf Anteil an der Herrschaft habe. Schon hier sieht man, daß diese ganze Ideologie des Rechtes *einen eigentümlichen Staatsbegriff voraussetzt,* nämlich den Staat als eine *Gemeinschaftsform,* die jedem das Seine zuteilt, was aber keinesfalls dem wirklichen, historischen Staate entspricht. In diesem hat jede Klasse nur so viel Anteil an der Herrschaft, als sie sich selbst durch ihre Macht und erforderlichenfalls Gewalt verschaffen kann. Im wahrsten Sinne des Wortes geht hier Gewalt vor Recht, das heißt die Klassengewalt schafft das Recht. Es ist daher kein Wunder, daß Renner und mit ihm die ganze neureformistische Richtung mit dem marxistischen Staatsbegriff, wonach der Staat die Herrschaftsorganisation der besitzenden Klassen ist, nichts mehr anzufangen weiß und meint, daß man hier "umlernen" müsse. An Stelle der "allgemeinen, irgendwo (!) zusammengelesenen Marx- und Engelszitate" müsse man "das Neue und Eigenartige erfassen", nicht aber immer nur das Alte wiederholen, und das erst sei der "wahre" Marxismus. Und was ist dieses Neue? Daß der Staat "kein Begriff" ist, sondern etwas Reales, eine Gebietskörperschaft, gegliedert in Bund, Land und Gemeinden, so daß also die Landes- und Gemeindeverwaltungen auch "ein Stück des Staates" sind. Wenn also das Proletariat in diesen Verwaltungen herrscht oder auch nur großen Einfluß hat, dann gehöre die Staatsgewalt nicht mehr den besitzenden Klassen allein, sondern sie ist *geteilt zwischen den Klassen*. Wien ist zum Beispiel ein solches Stück des Staates. Wird nun jemand behaupten, ruft Renner aus, daß unsere Stadträte in Wien ein Vollzugsorgan der kapitalistischen Gesellschaft sind?

Wenn *das* "das Neue und Eigenartige" ist, was wir zu lernen haben, dann könnte man noch eigenartigere Fragen stellen. Renner sieht bei seiner Bezeichnung der Länder und Gemeinden als ein Stück des Staates ganz davon ab, daß es sich bei dem Satze von Marx, wonach die Regierung nur ein Vollzugsorgan der herrschenden Klassen sei, eben um *staatliche* Regierung handelt, das heißt um die Aufrechterhaltung nicht nur einer bestimmten Rechtsordnung, sondern des diese tragenden ökonomischen Systems, eben der kapitalistischen Wirtschaft. Bei den Ländern und Gemeinden handelt es sich dagegen in erster Linie um bloße Verwaltung *innerhalb* dieses staatlich geschützten ökonomischen Systems, und alle Hoheitsrechte, die diese Körperschaften haben, können verfassungsmäßig ebenfalls nur innerhalb und nicht gegen die Staatsgrundlage ausgeübt werden, so daß sie schon dadurch allein Vollzugsorgane der herrschenden Staatsordnung sind. Wenn man aber hiervon absieht, kann man auch jede Organisation und jeden Verein ein Stück des Staates nennen. Warum sollte man zum Beispiel dann nicht mit gleicher Berechtigung und Ironie gegen die marxistische Staatsauffassung die Frage stellen dürfen: Sind etwa die Vorstandsmitglieder des Turnvereins "Stramme Kniebeuge" auch Vollzugsorgane der kapitalistischen Gesellschaft? Wobei sich übrigens ergibt, daß diese Scherzfrage gerade nach der angeblich veralteten marxistischen Staatsauffassung einen guten und tieferen Sinn erhält. Denn allerdings handelt es sich bei derartigen Vereinen oder Organisationen nicht um Ausübung von Hoheitsrechten wie beim Staate, beim Land oder bei der Gemeinde. Trotzdem aber ist ein gewaltiger Unterschied zwischen einem bürgerlichen und einem proletarischen Turnverein, indem der letztere, wenn er wirklich seine proletarische Aufgabe erfüllt, in seinen Mitgliedern den klassenrevolutionären Geist pflegen und sie daher mit dem herrschenden Staatssystem in einen inneren *Gegensatz* bringen muß; während der erstere die bürgerliche Ideologie, die vaterländische Gesinnung und die nationalen Hochziele verherrlichen, kurz die ganze seelische Bereitschaft zur Aufrechthaltung und Verteidigung der bestehenden Ordnung pflegen muß und wird. Und so sehen wir, wie sogar jeder kleine Vereinsvorstand eines bürgerlichen Turn- oder Gesang- oder Sparvereins wirklich ein Vollzugsorgan der besitzenden Klassen werden kann und zumeist auch ist, obgleich er sich dessen natürlich gar nicht bewußt zu sein braucht. Eine sozialistische Gemeinde ist selbstverständlich kein Herrschaftsorgan der besitzenden Klassen, weil sie ja *heute* nur eine *Kampforganisation gegen sie* ist. Man sollte daher lieber von einer proletarischen Gemeinde als von einer sozialistischen Gemeinde sprechen, weil letztere Bezeichnung den vollendeten Zustand einer Gemeinde ohne Klassengegensätze bedeutet, während die sogenannte sozialistische Gemeinde ja *eine Gemeinde innerhalb des kapitalistischen Staates* ist und daher auch auf ihrem eigensten Gebiete fortwährend durch die Schranken und Lebensnotwendigkeiten der kapitalistischen Gesellschaft gehemmt ist. Wenn wir schon die "neue" Wahrheit Renners, daß die Gemeinde auch ein Stück Staat ist, gelten lassen sollen, so dürfen wir doch nicht die alte Wahrheit vergessen, daß selbst die unter sozialdemokratischer Herrschaft stehende Gemeinde *noch ein Stück kapitalistischer Gesellschaft* ist, solange eben der Staat bürgerlicher Staat ist. Aus dieser Verflochtenheit selbst einer proletarischen Gemeindeverwaltung mit den Aufgaben und Lebensnotwendigkeiten der kapitalistischen Wirtschaft, denen sie sich nicht entziehen kann, ergibt sich ja die oft tragische Widerspruchsfülle sozialistischer Gemeindetätigkeit im Klassenstaate. Auch die sozialistische Gemeinde muß in weitgehendem Maße die Ordnung des Klassenstaates und der kapitalistischen Wirtschaft gleichsam im übertragenen Wirkungskreise aufrechthalten und fördern, solange das Proletariat noch nicht stark genug ist, seine *eigenen Ziele* zu verwirklichen. Und auf diese Weise wird auch sie zu einem Vollzugsorgan der herrschenden ökonomischen Interessen, was sich widerspruchsvoll genug in den verschiedenen Zweigen der Kommu-

nalpolitik (zum Beispiel Kreditpolitik, Anleihepolitik usw.) geltend macht und wovon die Funktionäre einer großen Stadtverwaltung manches Liedchen zu singen wissen.
Das Neue, wodurch angeblich die Lehre vom Staatsbegriff bei Marx überholt sein soll, ist im Grunde nichts anderes als die Tatsache des Vormarsches der Demokratie in den letzten Jahrzehnten infolge Eroberung des Wahlrechtes durch die Arbeiter. Aber dieses Neue, die Erringung des allgemeinen Wahlrechtes, hat Marx nicht nur schon seit dem *Kommunistischen Manifest* als die politische Hauptforderung des Klassenkampfes bezeichnet, sondern Engels, der ihn um zwölf Jahre überlebte, hat diesen Vormarsch der Demokratie, besonders in Deutschland, ausgedrückt in den Siegen der sozialdemokratischen Partei bei den Reichstagswahlen, noch erlebt und so enthusiastisch begrüßt, daß der glaubte, es werde noch vor Ende des 19. Jahrhunderts das deutsche Proletariat auf diesem Wege die Macht im Staate erobern. Aber trotzdem haben sie beide in dieser Tatsache der wachsenden Beeinflussung des Staates durch die Wahlstimmen des Proletariats keinen Anlaß gefunden, ihre Staatsauffassung zu ändern. Und dazu ist tatsächlich auch kein Grund vorhanden. Denn dieser politische Vormarsch des Proletariats bedeutet eben nicht, wie Renner meint, eine Teilung der Staatsgewalt zwischen besitzenden Klassen und Proletariat, so daß sie schließlich wie zwei Anteilscheinbesitzer sich in der Firma "Bourgeoisie u. Proletariat AG" in Regie, Gewinn und Risiko teilen, sondern es bedeutet nur eine andere *Aufmarschstellung* im *Klassenkampf,* eine Erstürmung der ersten Schützengrabenlinie und den vorläufigen Stellungskampf in der zweiten. Wenn man *das* Teilung der Staatsgewalt nennen will, wo der eine Teil, das Proletariat, dem anderen, der Bourgeoisie, ein Stück Macht entreißt, dabei aber stets auf der Hut sein muß, daß es ihm nicht wieder weggenommen wird, so wollen wir über das Wort nicht streiten, auch wenn es noch so unpassend und irreführend ist, sobald Renner und seine Richtung den eben dargelegten Sinn damit verbindet. Aber gerade das ist ja nicht der Fall, weil ja im Gegenteil das Wort von der Teilung der Staatsgewalt eben den *"neuen"* Sinn haben soll, nämlich, daß wir nicht mehr die alte Marxsche "Zitaten"weisheit wiederholen sollen, wonach der Staat die Organisation der Klassenherrschaft der Besitzenden war und noch ist, sondern daß wir umlernen sollen, wie der Staat jetzt durch die Teilung der Macht der Boden geworden ist für eine *gemeinsame* Regierung und Verwaltung aller Klassen. Und so hören wir denn auch in Renners Parteitagsrede das neue (?) Staatsevangelium, das freilich ganz anders klingt wie die alte Broschürenweisheit von Karl Marx mit seinem bösen Klassenkampf gegen den Staat: "Die wichtigste Art der sozialen Gemeinschaft ist auch heute noch der Staat. Er ist die einzige Gemeinschaftsform, die Gesetze gibt – und wir wollen Gesetze geben –, die verwaltet – und wir wollen verwalten –, die Recht spricht – und wir wollen, daß nach Recht und Gerechtigkeit judiziert wird." Man sieht, zu welchen Konsequenzen dieser Gedanke von der Teilung der Staatsmacht bei Renner führt. Hier wird aus dem Staate die wichtigste soziale Gemeinschaft. Der große Gedanke des Marxismus, daß der Staat nur eine historische Form der sozialen Gemeinschaft ist, nämlich die klassengegensätzliche, daß er also nur die *bisherige* Form der sozialen Gemeinschaft ist, welche die Idee der Gemeinschaft nur widerspruchsvoll vertritt, ist, wie wir sehen, hier ganz verlorengegangen, ebenso wie der weitere marxistische Grundgedanke, daß diese historische Form *jetzt endlich* abgelöst werden kann und muß durch eine höhere Form der sozialen Gemeinschaft, durch die *klassenlose Gesellschaft.* Dabei ist der innere Widerspruch der ganzen Rennerschen Auffassung so groß, daß er sogar im Wortlaut dieses Satzes erkennbar ist, je nachdem man die Worte betont. Denn wenn Renner sagt: "Und wir wollen Gesetze geben, wir wollen verwalten usw.", liegt bei ihm der Nachdruck auf dem *wollen*: das führt dann freilich zu der Rechtsideologie: Wir wollen mit euch Klassengegnern *zusammen* Gesetze geben und verwalten. Also ist eine Brücke von uns zu den Klassengegnern geschlagen, und sie führt zur Klassenverständigung; es kommt nur darauf an, daß wir den Gegnern das Betreten dieser Brücke nicht verekeln. Aber sofort zerfliegt dieser ganze holde Wahn, wenn wir die Rennerschen Worte mit anderer Betonung lesen: *Wir* wollen Gesetze geben, *wir* wollen verwalten, *wir* wollen Recht sprechen und bestimmen, was Gerechtigkeit ist: dann sieht man sofort die Brücke einstürzen, weil das, was das Proletariat will und wollen muß – die Beseitigung der kapitalistischen Produktionsweise, die Erfüllung der Demokratie mit dem *alleinigen* Klassenwil-

len des Proletariats als Mittel dazu, die Eroberung der Staatsmacht als bloßes Instrument zur Beseitigung des Staates überhaupt und Begründung der sozialistischen Gesellschaft –, eben etwas ist, was die bürgerlichen Klassen *nicht* wollen und ihnen also gar nicht möglich ist. Von dieser Erkenntnis aus sieht man nun auch sofort, daß für uns der Klassenstaat nicht nur nicht noch die "wichtigste" Art der sozialen Gemeinschaft ist, sondern gerade *heute nicht mehr,* im Gegenteil bereits das größte Hindernis derselben geworden ist, was in einer alten Broschüre von Engels so ausgedrückt wurde, daß die kapitalistische Produktionsweise schon längst mit der gesellschaftlichen Funktion der Produktivkräfte in Widerspruch geraten ist. Dieses Hindernis kann heute nur mehr dadurch überwunden werden, daß das Proletariat durch den *Alleinbesitz* der Staatsgewalt diese Macht gegen alle anderen Klassen verwendet, um die Klassengesellschaft abzubauen und schließlich zu beseitigen – *Diktatur des Proletariats* auf Grund der demokratischen Eroberung der Staatsgewalt.
Gewiß hat Renner recht, daß Gesetz, Verwaltung und Rechtsprechung drei Funktionen des Staates sind, obgleich es natürlich ganz falsch ist zu sagen, daß "diese drei Funktionen es sind, die miteinander den Staat ausmachen". Renner, der sich sonst so oft darüber aufhält, daß der marxistische Staatsbegriff ein bloßer "Begriff" sei, folgt hier ganz und gar dem reinen Begriffsformalismus der bürgerlichen Staatslehre seit Locke und Montesquieu, in welcher die Klassenstruktur, die ja erst den Inhalt und die Richtung der vorgenannten Staatsfunktionen bestimmt, ganz außer Betracht bleibt. Wenn man, wie zum Beispiel der Staatsrechtlehrer und Rechtsphilosoph Professor Kelsen, den Staat bloß nach seiner Form betrachtet, hat man sicherlich das Recht, von der ökonomischen Struktur des Staates und der Rechtsgebilde abzusehen. Aber wenn man, wie hier, den Staat soziologisch und sogar bloß politisch behandelt, dann geht es doch nicht an, gerade von der Möglichkeit der klassenmäßigen Auswirkung dieser Funktionen abzusehen, wodurch ja Staat und Proletariat historische Gegensätze geworden sind. Und dann ist es sehr die Frage, ob es wirklich, wie Renner meint, "ein Torengerede sei, wenn man sagt, der Staat sei etwas Feindliches". Freilich wäre es eine Torheit, wenn jemand daraus folgern würde, wie Renner behauptet, man dürfe den Staat deshalb, weil er etwas Feindliches sei, "nicht anrühren". Ich wüßte aber nicht, wo, abgesehen von der ersten Epoche der prinzipiellen Budgetverweigerung, irgendein Marxist verlangt hätte oder heute verlangt, daß man den Staat "nicht anrühren" soll. Gerade die alte marxistische Staatsauffassung, die wir vertreten, bedeutet zwar, daß das Proletariat sich immer stärker in ein Fremdheitsbewußtsein gegenüber aller Staatsideologie stellen muß, aber nur zu dem Zwecke, um mit desto geringerer Hemmung durch bürgerliche Rechtsmoral und Gemeinschaftsgedanken jede einzelne Machtposition im Staate, die es erobern kann, zu nehmen und für seine eigenen Zwecke auszunützen. *Gegenüber der Staatsideologie* sagen wir "nicht anrühren!", ja, noch mehr, sich immer gründlicher von ihr entfernen. *Dagegen gegenüber der Staatsmacht* ergibt sich daraus von selbst, daß das Proletariat gerade in einem solchen Geiste dann viel stärker zugreifen und an den Staat rühren wird als sonst.

II.

So ergibt sich also, daß die Vorstellung einer Teilnahme an der Staatsgewalt, wonach die Macht immer mehr unter die Klassen einverständlich geteilt würde und auf diese Weise eine *mittlere Linie* des Klassenkampfes eingehalten werden könnte, wirklich nur ein "Begriff" ist, dem keine historische Wirklichkeit entspricht. Er ist eine Illusion, die nur eine moderne Fassung des alten naiven Glaubens der Utopisten ist an die Möglichkeit einer Verständigung aller Menschen ohne Unterschied der Klassenstellung, die "guten Willens" sind. Daher ist auch für die Neueinstellung dieser Politik so charakteristisch, daß sie sich fortwährend in Aufrufen ergeht, sowohl an die Arbeiter, daß sie ihre Bereitschaft zur Verständigung zeigen mögen, indem sie Geist und Sprache ihres Klassenkampfes mäßigen, als auch insbesondere an die bürgerlichen Klassen, daß sie sich klüger und besser erweisen mögen als ihre engherzigen, ränkesüchtigen und machtgierigen Politiker. In den Dienst solcher Anrufungen des guten friedlichen Verständigungswillens tritt nun die von Renner in den Vordergrund gestellte Rechtsidee, also die Lehre, daß die Anteilnahme an der Regierung heute ja bereits das gute Recht einer

Klasse geworden ist, die so groß und wichtig ist wie das Proletariat, so daß also auch die gegnerischen Klassen, wenn sie *gerecht* sein wollen, dieses Recht dem Proletariat nicht verweigern können. Sie werden gleichsam beruhigt mit dem Gedanken: Es geschieht euch ja nichts, wir verlangen "nur unser Recht".

Diese Vorstellung, daß das Proletariat einen Anteil an der Staatsgewalt von den herrschenden Klassen *eingeräumt* zu erhalten habe, weil dies sein Recht sei, ist nun eine ganz utopische Denkweise, die sogar hinter der bürgerlichen Rechtsideologie zurücksteht, deren Form sie trägt. In dieser Hinsicht ist sie echtestes Naturrecht des 18. Jahrhunderts und in gewissem Sinne nur die direkte Wiederaufnahme der berühmten Frage des Abbé Sieyès, mit welcher die Französische Revolution eingeleitet wurde: *Was ist der dritte Stand?* Dort wird diese Frage bekanntlich so beantwortet, daß der dritte Stand der Stand ist, der durch seine Größe und Wichtigkeit in Wirklichkeit *alles* im Staate ist, aber dem Rechte nach nichts. Er habe daher das Recht zu verlangen, "etwas zu werden". Aber es ist ein großer Unterschied zwischen dieser Rechtsideologie des dritten Standes und der sonderbaren Wiederbelebung derselben, die man dem Proletariat als erfolgreichste neue Form seiner Politik zumuten will. Die Rechtsideologie des dritten Standes war eine *Kampfideologie,* war die Form seines Klassenkampfes *gegen* König, Adel und Kirche. Sie war die Proklamation der *Revolution* und nicht wie heute der Koalition. Darum heißt es auch bei Sieyès: "Der dritte Stand muß aus der Bewegung der Gemüter und aus der Lage der Dinge gewahr werden, daß er nichts mehr als von *seiner* Aufklärung und von *seinem* Mute zu hoffen habe. Die Vernunft und die Gerechtigkeit sind für ihn; er muß sich wenigstens der ganzen Kraft derselben versichern. *Nein, es ist nicht mehr Zeit an der Vereinigung der Parteien zu arbeiten!*"

Man sieht, der dritte Stand findet trotz seiner Rechtsideologie, oder besser gesagt, weil sie nur eine Einkleidung seines revolutionären Kampfes ist, auch eine Sprache, welche der des proletarischen Klassenkampfes und seiner marxistischen Ausdrucksweise sehr ähnlich ist. Dagegen, wenn jetzt wieder der Gedanke von dem Recht des Proletariats auf die Macht geltend gemacht wird, so führt das nicht einmal zur Sprache Sieyès. Bei diesem hat es sich nicht bescheiden bloß um ein Recht auf einen Anteil der Staatsgewalt gehandelt, sondern um die *ganze* Staatsgewalt. Für das kämpfende Bürgertum war sein Rechtsgedanke der Aufruf zum notwendigen Bruch mit dem Alten, also zur *Aufrüstung* der Geister und Gemüter für den Entscheidungskampf mit der alten Gesellschaft, wogegen die neue Rechtsideologie ja eingestandenermaßen die *Abrüstung* des revolutionären Klassengeistes bedeutet in der illusionsreichen Erwartung, damit die gegnerische Abrüstung zu erkaufen – sie denken aber gar nicht daran – und die Zunichtemachung jahrzehntelanger mühevoller Aufklärungsarbeit des Marxismus. Die bürgerliche Rechtsideologie war die Entschlossenheit des dritten Standes zur Barrikade, die er auch wirklich betrat, während die neue Rechtsideologie bloß der Wunsch zum Bau von Brücken ist, die in Wirklichkeit niemand betreten kann.

Die Rechtsideologie hat ihre bestechende Wirkung besonders auf den Arbeiter, weil jede unterdrückte Klasse ihre Macht- und Freiheitsbestrebungen als ihre Rechtsforderungen bezeichnet. Aber *das* darf man heute doch schon als sicheres Ergebnis marxistischer Gesellschaftskritik bezeichnen, daß die Rechtsidee eine bloße Form ist, in der jede Klasse ihren eigenen Inhalt hineingießt, so daß, was der einen recht ist, der andern durchaus nicht billig zu sein braucht. Zu einer Zeit, wo die herrschenden Klassen es überall als ihr gutes Recht ansehen und auch betätigt haben, die andere Klassse eventuell als Aufrührer und Schwerverbrecher auf der Straße zusammenzuschießen, zu einer Zeit, wo insbesondere bei uns in Österreich Polizeiorgane, die dies getan haben, vom Bundespräsidenten den Dank der Republik unter Zustimmung aller bürgerlichen Klassen erhalten haben, erscheint es mir gerade nicht der günstigste Augenblick, daß wir umlernen und jetzt voraussetzen müßten, daß auch die Klassengegner dem Proletariat dasselbe als Recht zubilligen werden, was dieses als sein Recht bezeichnen muß. Bisher hat die Geschichte uns gelehrt, wie Marx dies schon im *Kommunistischen Manifest* darlegte, daß aller Fortschritt im Rechte nur durch den Klassenkampf, nicht aber durch Klassenverständigung zustande gekommen ist. Letzteres würde ja bedeuten, daß eine in der Macht befindliche Klasse oder eine solche, die dies noch glaubt, zu sein, freiwillig von ihrer Macht wesentliche Stücke hergeben würde. Und weil sich diese naive Anschauung heute in sehr ernsthaft scheinende moderne Formen kleidet, mag es vielleicht erlaubt sein, ihren eigentlichen Kern durch Modernisierung einer alten Fabel zu illustrieren. In einem Keller kommen die Mäuse zusammen und hören mit Begeisterung einem Redner zu, der ihnen sagt: "Wir sind viele, und die Katze ist nur eine. Wir alle wollen leben. Wir haben ein Recht darauf, in unserem Leben nicht durch die Katze gestört zu werden; wir haben ein Recht darauf, daß die Katze uns nicht anschleicht, sondern hörbar sich bewegt. Wir verlangen daher unsern Anteil an der Lebenssicherheit, wir verlangen als unser gutes Recht, daß die Katze sich eine Schelle umhängt!" Stürmischer Beifall – aber mit einem Satze springt plötzlich die unhörbar herangeschlichene Katze in die Versammlung und holt sich aus ihr, was sie will. Der Gedanke, daß die herrschenden Klassen dem Rechte des Proletariats zuliebe ihnen einen Anteil an der Staatsmacht einräumen sollen, ist genau so real und praktisch, wie die Erwartung, daß die Katze sich selbst eine Schelle umhängen werde.

Das Unrealistische in der ganzen Vorstellung ergibt sich schließlich auch daraus, wenn man einmal Ernst mit der Annahme einer solchen Klassenverständigung macht. Fragt man einen Anhänger dieser Art von Koalitionspolitik, auf welche Ministerien sich das Recht des Proletariats bezöge, so wird man meistens hören, daß eine Koalition natürlich keinen Sinn hat, wenn wir nicht wenigstens das Ministerium für Heerwesen, für Inneres, für Unterricht und soziale Verwaltung bekämen. Daß wir auf alles dies ein Recht haben, ist schon wahr, und auf mehr noch, Justiz zum Beispiel, aber – werden die andern uns deshalb diese so wichtigen Staatsämter geben, wenn sie nicht müssen? Glaubt man im Ernst, daß die herrschenden Klassen jahrelang diese Staatsämter dazu benützt haben, um das Heerwesen, die Polizei und Gendarmerie, die Hochschulen und die soziale Verwaltung ihren reaktionären Interessen anzupassen, jetzt freiwillig dazu bereit sein werden, diese Regierungsstellen oder auch nur einige derselben dem Proletariat zu überlassen, damit es ihre Arbeit nun wieder zunichte mache? Und überhaupt: Wozu wollen wir denn die Staatsmacht erobern und, solange dies noch nicht im ganzen möglich ist, wenigstens einen Teil derselben an uns reißen? Wollen wir dies, um mit andern zu regieren, oder nicht vielmehr, *um gegen sie zu regieren?* Und dazu sollen sie uns noch helfen? Nur wer den Gedanken der Eroberung der Staatsmacht überhaupt nicht mehr marxistisch, das heißt im Sinne des revolutionären Klassenkampfes, denkt und daher glaubt, daß das Proletariat in der Regierung Aufgaben habe, die sich mit der bürgerlichen Regierung vereinbaren lassen, kann glauben, daß hier ein Kompromiß möglich ist. Die bürgerlichen Klassen denken hier marxistischer; sie wissen, daß das Proletariat eine notwendig revolutionäre Klasse ist und mißtrauen daher allen Lockrufen der neuen Koalitionspolitik, für die sie sogar nur gerechten Hohn haben.

Wenn man aber endlich meint, daß die Forderung der Klassenverständigung doch gerade aus dem Klassenkampf sich ergibt, weil nicht zu bestreiten ist, daß es Situationen im Klassenkampf gibt, wo sich die Kräfte das Gleichgewicht halten, so haben sowohl Otto Bauer wie ich wiederholt dargelegt, daß nichts verderblicher ist, als die Periode eines Gleichgewichtes der Klassenkräfte mit einer solchen ihrer *Ausgleichung* zu verwechseln. Das Gleichgewicht der Klassenkräfte bedeutet keinen Stillstand des Klassenkampfes. So wie zwei Ringer, die sich gegenseitig nicht zu Boden werfen können, Schulter an Schulter gestemmt stehen, nach außen zwar in Ruhe zu sein scheinen, während sie gerade in dem angestrengtesten gegenseitigen Kampfe sind, so gilt dies auch vom Gleichgewicht der Klassenkräfte im Klassenkampf. Würde der eine der beiden Ringer sich denken: jetzt ist der Moment zur Verständigung mit meinem Gegner da und ihm zu diesem Zwecke die Hand reichen wollen, so läge er im gleichen Moment schon auf dem Boden, weil er seine Ringerstellung aufgegeben hätte. *Nur die Festhaltung der Ringerstellung und des Ringergeistes* kann in einer Periode des Klassengleichgewichtes das Proletariat davor bewahren, zu Boden geworfen zu werden. Und diesen Ringergeist verschafft ihm nur die marxistische Staatsauffassung, in der es nirgends umzulernen braucht, die es aber auch nicht verlernen darf. Hier führt nur der alte Geist zu neuer Kraft.

Praktischer oder unpraktischer Klassenkampf

I.

Der Artikel Karl Renners im Aprilheft dieser Zeitschrift (*Der Kampf*. 1928) versetzt mich in einige Verlegenheit; aber nicht etwa, weil seine Argumente und seine Gedankenführung besonders schlagend wären, so daß mir "und meiner Richtung" der Mund dadurch geschlossen würde, sondern weil man geradezu hilflos diesem Sammelsurium von "praktischen Erfahrungen" und "einfachen Tatsachen" gegenübersteht, die Renner mit fortwährendem hochmütigem Hohn gegenüber der "Theorie" zusammenträgt und von denen er dann doch gleichzeitig behauptet, daß sie die eigentliche Theorie wären und den Kern des Marxismus enthielten. Wie soll man sich auch mit einem Standpunkt theoretisch auseinandersetzen, der selbst in bezug auf die Wertung der Theorie ganz schwankend und widerspruchsvoll ist? Beginnt Renner doch damit, Erfahrungen bloß als Mittel einer praktischen *Kunst* der Politik zu bezeichnen, wobei also von vornherein auf jede Theorie verzichtet wird. Dann besinnt er sich plötzlich und preist diese praktische Sammlung von Erfahrungen schon als eigentliche *Wissenschaft,* um schließlich das wirkliche Prinzip dieser Rennerschen "Wissenschaft" mit folgenden Worten zu verkünden, die nicht nur von jeder Erkenntniskritik, sondern auch Selbstkritik unangekränkelt sind: "Ich suche die Tatsachen, die mein Tun beeinflussen, *anschaulich* zu machen, so wie ich sie *anschaue*" (S. 149). Es ist der roheste Empirismus, der uns hier entgegentritt und den bereits Marx auf das energischeste bekämpft hat, nämlich die Meinung, daß die Tatsachen, welche die Wissenschaft aufbauen, sich einfach fertig dem Blick darbieten und durch "Anschauen" so eingesammelt werden können, wie man Erdbeeren sammelt. Die *wissenschaftliche* Tatsache ist nicht ein Peter Altenbergsches *Wie ich es sehe,* sondern stets etwas, was bereits zu einem objektiven Zusammenhang gehört, was daher schon etwas *erklärt.* Sie setzt darum stets schon eine Theorie voraus, und die Wissenschaften sind nirgends anders entstanden als in dem gleichzeitigen und gegenseitigen Produktionsprozeß von theoretischer Idee und Erfahrung. Jahrtausendelang haben die Menschen die Wege der Planeten am Himmel "angeschaut", aber erst die naturphilosophische Idee Keplers, daß der Kreis die vollkommenste Linie sei, brachte die Berechnung der Planetenbahnen in ihren Ellipsen als der größten Annäherung dieser vollkommenen Linie an die Wirklichkeit der planetarischen Bewegung. Und ungezählte Generationen haben die Tatsachen "angeschaut", daß die Steine, wenn man sie losläßt, zur Erde fallen; aber erst Newtons theoretische Idee der Massenanziehung, der Fernwirkungskräfte, führte zum Gravitationsgesetz und *schuf* damit erst die moderne *Naturerfahrung,* bis die revolutionären Ideen Einsteins jetzt darangehen, diese wieder völlig umzugestalten. Was Erfahrung und was Tatsache ist, ist immer nur von einer Theorie her zu bestimmen, und die "Erfahrungen" werden nicht seltener durch die Theorie umgestaltet als diese durch die Erfahrung. Es ist freilich viel leichter, Theorie als Scholastik, als Schulweisheit und Talmudismus zu verhöhnen, kurz mit Worten, die den Beifall der Denkträgen suchen und finden, zu verunglimpfen, als das Wesen der theoretischen Arbeit und ihr logisches Verhältnis zur Tatsachenfeststellung zu erfassen. Aber damit beschwert sich unser Freund Renner nicht, das gilt ihm eben als "Scholastik". Und alle die eingehenden erkenntniskritischen und methodologischen Arbeiten schon bei Marx selbst, in den älteren Aufsätzen bei Hilferding und Otto Bauer sowie auch in den Schriften bei mir, gelten ihm nur als unfruchtbare Bücherweisheit. Renner hat einen solchen Haß gegen die "Buchweisen", daß er offenbar ihre Bücher schon längst nicht mehr liest, jedenfalls nicht die meinigen. Dafür gibt es einen schlagenden Beweis. Er bezeichnet nämlich mich als einen typischen Vertreter "für eine dogmatisch-scholastische Entartung, welche die Schriften unserer Altvorderen behandelt wie der geistliche Zelot die Kirchenväter oder den Talmud" (S. 145). Er hat also offenbar keine einzige Schrift von mir wirklich studiert oder hat sie jedenfalls gründlich vergessen. Denn sonst könnte doch seinem tatsachenhungrigen Blick die Tatsache nicht entgangen sein, daß ich schon seit meinem Vorwort zum ersten Band der *Marxstudien* (1904) die weitestgehende Gleichgültigkeit gegenüber dem vertrete, was Marx und Engels "gesagt" haben; und er müßte ferner wissen, daß gerade dies der ständige Haupteinwand gegen mich sowohl bei kommunistischen wie bei bürgerlichen Gegnern, aber zuweilen auch bei manchen marxistischen Freunden ist, daß sie sagen, meine Schriften seien mehr "Adlerismus" als "Marxismus". Und schon die große Bedeutung, die ich dem Kantschen Standpunkt systematisch in meinem Aufbau des Marxismus einräume, hätte es verhindern müssen, daß meine Arbeit bei Renner jenes Zerrbild wird, das er von ihr entwirft, wenn er sie überhaupt kennen und verstehen würde. Manche ernste Kritiker meiner Schriften haben schon gemeint, daß ich die leichtere Auffassung des eigenen und Fortbildenden in meinem Standpunkt durch die Berufung auf Marx erschwert habe. Mir kam es und kommt es bei dieser Berufung aber auf die Wahrung der theoretischen Kontinuität in der Entwicklung der Wissenschaft seit Marx an. Aber für Renner genügt das äußerliche Moment der Anknüpfung an Marx, um mich zu einem Dogmatiker zu stempeln. Es ist eben leider auch eine "Tatsache", daß manche heutige Marxisten nur bestehen können ohne Berufung auf Marx und deshalb jede solche Berufung als eine "scholastische" Störung ihres "echten" Marxismus empfinden.

Jetzt wird man also begreifen, warum ich es als eine sehr undankbare Arbeit ansehe, mich mit einem Bündel von "Tatsachen" auseinanderzusetzen, von denen fürwahr das Goethesche Wort gilt: "Da habt ihr die Teile in der Hand, fehlt leider nur das geistige Band." Abgesehen von einer bodenlosen und nicht sehr geschmacklosen Gereiztheit gegen "Talmudismus" und "Buchweisheit" wird man kaum einen richtunggebenden *theoretischen* Gedanken antreffen. Es handelt sich in dem ganzen Artikel im Grunde nur um ein temperamentvolles *politisches Bekenntnis,* um einen subjektiven Standpunkt des Handelns, nicht um einen objektiven des Erkennens. Es handelt sich um ein wirkliches "Sic volo, stat pro ratione voluntas" ("So will ich es, mein Wille gilt statt jeder Theorie"). Mit einem solchen Bekenntnis kann man nicht mehr theoretisch diskutieren, sondern man kann es nur als solches aufzeigen und vom eigenen Standpunkt aus kritisieren. Ob das überhaupt für den sozialistischen Standpunkt noch nötig ist, nachdem das Rennersche Bekenntnis die freudige *Billigung der bürgerlichen Presse* gefunden hat, darunter der giftigsten Hasser und Bekämpfer des Marxismus und der sozialistischen Arbeiterbewegung, wird man mit Recht fraglich halten dürfen. Und jedenfalls wird eine solche Kritik Renner gegenüber überflüssig sein. Denn wenn er schreibt: "Ich unternehme einen letzten Versuch, Max Adler zu erklären, um was es sich handelt", so unternehme ich nicht einmal den ersten *ihm* gegenüber. Diesen Artikel schreibe ich nicht für ihn, denn er ist völlig unbelehrbar, wie eben ein Willensstandpunkt unverrückbar ist und wie Renner auch diese Unbelehrbarkeit bewiesen hat, seit den Tagen, da er die Kriegspolitik des Mehrheitssozialismus verteidigte und den Kriegssozialismus als einen hoffnungsvollen Fortschritt zum Sozialismus begrüßte. Sowohl meine damalige Kritik in der *Arbeiter-Zeitung* als die spätere glänzende Widerlegung durch Kautsky hatte keine andere Wirkung auf ihn, als seine Abneigung gegen die "Schulweisheit" zu stärken. So sind also diese Zeilen nur für diejenigen geschrieben, für die der stolze Titel unserer Bewegung als wissenschaftlicher Sozialismus noch eine Aufgabe bedeutet, die über die Ziele der bloßen praktischen politischen Kunst hinausführt, die aber vielleicht durch die Autorität Renners und seine glänzende Rhetorik sowie auch durch die populäre Gegenüberstellung von Theorie und Praxis leicht verwirrt werden könnten. Ihnen wollen meine Bemerkungen nur eine Beihilfe sein, sich ihr eigenes Urteil zu bilden. Dabei kann ich hier nur bloße Hinweise geben. Aber mehr ist eigentlich auch nicht nötig: denn es handelt sich ja um lauter Dinge, die gerade in den letzten Jahren in den Schriften der "Schulweisen" wiederholt dargelegt wurden, besonders, um von den meinen zu schweigen, in Otto Bauers *Österreichischer Revolution* und in seinen Aufsätzen in diesem Jahrgang des *Kampf*.

II.

Renner geht bei seinen Erfahrungsfeststellungen "allerdings", wie er sagt, von einer marxistischen Grunderkenntnis aus, nämlich von dem Satz, daß nicht unser Bewußtsein das Sein bestimme, sondern das Sein das Bewußtsein. Man müsse also von dem gegebenen Sein der Arbeiterklasse ausgehen, und dann besage der Satz, daß es vergebens sei, durch Propaganda der sozialistischen Ideologie und sozialistischen Erziehung des Proletariats Wirkungen zu erzielen, die über das Maß des in einer Zeit ökonomisch Möglichen hinausgehen. Renner ist nicht ganz wohl zumute bei dieser seiner Konstatierung, die eigentlich alle sozialistische Propaganda seit Jahrzehnten mit dem Stigma des Unfruchtbaren, Verfehlten, ja Gefährlichen belegt. Da die früheren Zeiten doch sicher ökonomisch noch weniger reif für den Sozialismus waren als die heutigen, so dürfte konsequenterweise die sozialistische revolutionäre Aufklärungsarbeit ganzer Generationen, die mit dem *Kommunistischen Manifest* begonnen hat, gar nicht stattgefunden haben. Und Renner fügte daher hinzu, es stelle sich der These vom Primate des ökonomischen Seins "immerhin" die Antithese gegenüber, daß eine sozialistisch gebildete Arbeiterschaft viel richtiger innerhalb des Möglichen handeln werde. Dabei bleibt allerdings ganz unentschieden, sowohl was Renner unter dem Möglichen als unter dem Richtigen versteht.

Hier haben wir nun gleich zu Anfang der Rennerschen Darlegungen ein Musterbeispiel für das, was er Tatsachenfeststellung nennt. Eine solche Grundtatsache ist ihm nämlich das *Sein* der Arbeiterklasse in einer bestimmten Zeit, und er findet dieses gegeben in der konkreten ökonomischen Lage des Proletariats. Aber die bloße ökonomische Lage, das heißt die sachlichen ökonomischen Produktionsbedingungen, Faktoren und Strukturbeziehungen machen noch nicht das *Sein* des Proletariats aus. Das ist ja der große und immer wiederkehrende Irrtum der bürgerlichen Marxkritik, daß sie das ökonomische Sein, von dem der Marxismus spricht, als einen *Sach*befund auffaßt. Würde Renner weniger Mißachtung für die marxistische "Scholastik" haben, so wäre er davor bewahrt geblieben, die von ihm selbst als fundamental bezeichnete marxistische Grundthese des Verhältnisses von Sein und Bewußtsein ebenso schlampig zu zitieren, wie es die Marxgegner tun. Marx hat nie gesagt, daß das Sein unser Bewußtsein bestimmt, sondern daß das *gesellschaftliche* Sein dies tue. Das ist keine Wortklauberei, sondern das Überlesen dieses Begriffes "gesellschaftlich", welcher zum ökonomischen Sein bei Marx *dazu*gehört, begründet das ganze Mißverständnis, ja Unverständnis von dem Verhältnis der materiellen Basis zur Ideologie bei Marx. Sobald wir nämlich wissen, daß alles Sein bei Marx nur gesellschaftliches Sein ist, ergibt sich nun, daß auch das ökonomische Sein, von dem wir auszugehen haben, immer schon etwas Geistiges, also irgendeine Ideologie, wenn auch oft eine kümmerliche, in sich enthält. Mit der Aufzeigung der bloßen ökonomischen *Lage* der Arbeiterklasse ist daher noch gar nichts über ihr ökonomisches *Sein* gesagt, das heißt noch gar nichts darüber, welches Bewußtsein, welche Ideologie mit dieser ökonomischen Lage tatsächlich verbunden ist, sowie ob das vorhandene Bewußtsein das einzige ist, welches der konkreten Lage entsprechen kann oder ob nicht vielleicht sogar ein ganz anderes Bewußtsein des Proletariats durch dieselbe konkrete ökonomische Lage *erfordert* wird, wenn das Proletariat zum Selbstbewußtsein seiner gesellschaftlichen Bedeutung, zur theoretischen Erkenntnis seiner Lage und Aufgabe kommen soll. Renner macht aus den Grundgedanken von Marx jenen platten ökonomischen Mechanismus der Gegner, welche das ökonomische Sein, das heißt also die gesellschaftliche Funktion des Proletariats, mit den unmittelbar aus der konkreten ökonomischen Lage entspringenden egoistischen materiellen Interessen identifizieren. Sie folgern zum Beispiel frohlockend, daß, wenn die ökonomischen Verhältnisse eines Landes den Imperialismus verlangen, das Proletariat dann ebenfalls imperialistisch und nicht sozialistisch denken und handeln müsse. Renner verkennt ganz, daß zum ökonomischen Sein des Marxismus stets eine ideologische Komponente gehört und *daß die praktische Funktion des Marxismus eben die Umgestaltung dieser ideologischen Komponente in der Richtung der erkannten Entwicklung zum Sozialismus ist.* Diese Umgestaltung der Ideologie durch die Theorie, das ist die *Reform des Bewußtseins,* welche Marx für die unerläßliche Aufgabe des proletarischen Klassenkampfes gehalten hat. Nach Renners Auffassung, daß die sozialistische Politik sich nur nach dem richten dürfe, was innerhalb des konkreten Seins der Arbeiterklasse möglich ist, hätte das *Kommunistische Manifest* ungeschrieben bleiben müssen. Denn als es entstand, existierte in vielen Ländern überhaupt noch nicht jenes Proletariat, an das der Ruf erging "Proletarier aller Länder, vereinigt euch". Und das Sein des Proletariats, wo es bereits bestand, war das Sein der Maschinenstürmer und Weberaufstände, war noch weit entfernt, die Forderungen, die das Manifest für seine Aufklärung und Organisation stellte, auch nur zu verstehen, geschweige denn zu erfüllen. Aber gerade dadurch, daß das Manifest eine Ideologie des proletarischen Bewußtseins entwickelt, deren Erfüllung über den Rahmen des ökonomisch Möglichen in seiner Entstehungszeit hinausging, ist es der Leitstern einer proletarischen Politik geworden und geblieben, die allerdings keine bloße praktische *Kunst des Augenblicks,* sondern die *Technik der gesellschaftlichen Zukunft* sein will und kann.

Renner sieht also nicht, daß "die konkrete ökonomische Lage" für den Marxismus noch gar kein gesellschaftliches Sein bedeutet, sondern nur der Rahmen ist, in dem er ein solches vorfindet, ohne aber bei demselben stehenbleiben zu müssen. Vielmehr entsteht jetzt erst für ihn die Aufgabe, die Umgestaltung des Vorgefundenen im Sinne der gesellschaftlichen Entwicklung in Angriff zu nehmen. Für die marxistische Dialektik bedeutet also ökonomisches Sein niemals etwas *Vorgefundenes,* sondern immer etwas *Werdendes,* und bezüglich des Proletariats etwas zu *Gestaltendes.* Das ökonomische Sein der Arbeiterklasse ist also, wie man jetzt sieht, von vornherein ein anderes, mit und ohne sozialistische Ideologie. Das ganze ökonomische Sein der Arbeiterklasse ist innerhalb *derselben* konkreten ökonomischen Lage etwas anderes, je nachdem sie bloß bürgerlich-demokratisch oder sozialrevolutionär denkt und fühlt. Und innerhalb einer zur ökonomischen Umgestaltung reifenden Situation, wie es die gegenwärtige ist, entscheidet dieser Unterschied der Ideologie der Massen, entscheidet der Grad der Theorie, von der sie durchdrungen sind, auch das Maß des Möglichen. "Auch die Theorie", schrieb der Kirchenvater Marx, "wird zur Gewalt, wenn sie die Massen ergreift."

Deshalb ist es auch ganz falsch, von einer Antithese des psychischen Faktors der Arbeiterbildung zur These vom Primat der ökonomischen Verhältnisse zu reden. Hier liegt überhaupt keine Antithese vor. Denn der Satz vom Primat der ökonomischen Verhältnisse gilt ja auf einem ganz andern Boden als der von der Wichtigkeit der sozialistischen Erziehung. Der erstere bedeutet ein Prinzip der *Erklärung,* der letztere ein solches des *Handelns.* Der erstere bedeutet also nicht einen psychologischen Vorzug der ökonomischen Lage vor der Ideologie, sondern nur ein theoretisches Prinzip, wo wir mit der Erklärung der Ideologie anzufangen haben. Der Primat der ökonomischen Verhältnisse tritt nicht der Ideologie entgegen, sondern ist nur das theoretische Mittel für uns, zu verstehen, welche verschiedenen Formen der Ideologie ökonomisch möglich, respektive notwendig sind. Und Renner, der so breitspurig die Banalität vom Wandel des geschichtlichen Klassenkampfes doziert, hat gar keinen Blick für den Wandel in der Bedeutung der Ideologien, der zu diesem Wandel des Klassenkampfes gehört. Das Ideal der sozialen Revolution hat eine ganz andere praktisch-politische Bedeutung in der Zeit der beginnenden und in der Zeit der sich vollendenden revolutionären Arbeiterbewegung. In ersterer Phase ein fast religiöser Jenseitsglaube, wird es in letzterer eine praktische Arbeitsrichtung und Kampfbereitschaft. Das Sein der Arbeiterklasse ist also nicht identisch mit seiner konkreten ökonomischen Lage. Zu diesem Sein gehört immer ein bestimmtes Bewußtsein. Wer daran arbeitet, das Proletariat aus aller bürgerlich-demokratischen Ideologie herauszureißen, der gestaltet zugleich das gesellschaftliche Sein des Proletariats um; und erst dadurch wird aus dem Proletariat die historische Kraft einer "umwälzenden Praxis", die aus der heutigen Gesellschaft herausführen kann, während das Sein des Proletariats im Sinne Renners bloß die Praxis des Politikers leitet und stützt, der sich im Heutigen immer wohler fühlen will.

III.

Wenden wir uns nun aber zum "Eigentlichen", zur *Herzens*sache Renners – denn Kopfsache, Theorie, soll es ja, Gott behüte, nicht sein –, zu seiner schon aus seinen Kriegsschriften bekannten Lehre von der staatlichen Durchdringung des proletarischen Klassenkampfes und der dadurch angeblich notwendig gewordenen andern Stellung des Proletariats im Staate. Dies alles faßt Renner in seiner These zusammen: "Der staatliche Überbau transformiert die Klassenkämpfe in Motiven, Methoden und Zielen" (S. 143). Nicht Theorie sei dies, sondern die leibhaftige Erfahrung zeige die unermeßliche Bedeutung des Staates für das heutige Proletariat. Und er überschüttet seinen "lieben Max Adler" mit Ausdrücken mitleidiger Verwunderung, ja sogar der Besorgnis für seine Sehkraft, weil er solche faustdicke Tatsachen nicht sieht.

Aber nicht dir, lieber Karl Renner, der du mich zu verstehen dir nie die Mühe genommen hast, sage ich das, sondern allen denen, die den letzten Grund der Verschiedenheiten der Rennerschen Anschauung von mir "und meiner Richtung" verstehen wollen: Diese Rennersche Anklage meiner Tatsachenblindheit zeigt wiederum trefflich, wie es *nicht die Tatsachen* sind, in deren angeblicher Beachtung oder Nichtbeachtung wir uns unterscheiden, sondern der *verschiedene Standpunkt,* von dem aus die Tatsachen erfaßt und verarbeitet werden. Es ist nur allzu bequem, wenn Renner annimmt, daß irgend jemand die Tatsache übersehen könnte, die in dem Einfluß des modernen Staates auf das Proletariat und in dem wachsenden Einfluß des Proletariats auf den Staat besteht. Vielmehr ist ja gerade das, was Renner die moderne Staatsnähe des Proletariats und die Verrechtlichung des Klassenkampfes nennt, der Ausgangspunkt aller derjenigen, die heute über marxistische Staatsauffassung und über Kritik der Demokratie arbeiten. Die marxistische Staatsauffassung sieht die Tatsache, daß staatliches Denken und Werten mit dem Fortschritt der politischen Demokratie einen immer größeren Raum im Bewußtsein des Proletariats erhalten und daß sein Klassenkampf sich immer mehr durch staatliche Notwendigkeiten als durch proletarische orientiert; sie beachtet wohl die Tatsache der Entstehung einer immer mehr staatsverantwortlichen Gesinnung in einzelnen Führerschichten der politischen und gewerkschaftlichen Bewegung – sie *sieht* alle diese Tatsachen, aber sie *bleibt bei ihnen nicht stehen.* Während die Rennersche Richtung hier mit der Betrachtung aufhört und sofort zu den Konsequenzen der "politischen Kunst" eilt, *beginnt* für die marxistische Staats- und Gesellschaftslehre hier erst das *Problem.* Es ist die Frage, ob diese Tatsachen auch die für den sozialistischen Klassenkampf des Proletariats förderlichen sind, ob sie bereits jene gesellschaftlichen Faktoren darstellen, die zur Erreichung des Sozialismus führen, oder ob sie nicht vielmehr eine Verbürgerlichung des Proletariats bedeuten, eine Entrevolutionierung, die es vom Wege zum Sozialismus überhaupt abbringt oder die den Weg mächtig erschwert. Und diese Frage kann nicht durch Sammlung noch so vieler leibhaftiger Tatsachen beantwortet werden; sie kann nur entschieden werden durch Einordnung dieser Tatsachen in die marxistische Theorie der gesellschaftlichen Entwicklung. Nur ihre Kritik im Sinne dieser Theorie, die also über die stationäre Beschreibung der vorhandenen ökonomischen Struktur hinausschreitet zur evolutiven Wertung und Herausarbeitung der umwälzenden Funktionen in der Struktur, kann uns hier wirklich weiterhelfen. Kurz die Frage, ob wir diesen leibhaftigen Tatsachen nicht *andere* gegenüberstellen müssen, durch welche jene ihre Leibhaftigkeit, mit der sie oft die Seele des Sozialismus erdrücken, verlieren – diese Frage, lieber Karl Renner, entscheidet erst die *Theorie.*

Dabei ist die Tatsachenfeststellung bei Renner nicht ganz unanfechtbar. Gewaltig, sagt er, ist der Unterschied der Staatsform für das Proletariat bei gleicher ökonomischer Grundlage, ob es also unter einer Monarchie oder unter einer Republik lebt. Allein unter der Voraussetzung der gleichen ökonomischen Struktur ist es geradezu ziemlich gleichgültig, ob wir eine Monarchie oder eine Republik vor uns haben. So macht es für den Klassenkampf des Proletariats keinen wesentlichen Unterschied aus, daß England eine Monarchie und Frankreich eine Republik ist. Und Holland ist trotz seiner Königin, die dort "herrscht", nur eine nordische Schweiz. Nicht aus der Staatsform an sich geht der Unterschied hervor, sondern ein solcher besteht nur dann, wenn die verschiedenen Staatsformen der Ausdruck verschiedener ökonomischer Strukturen des Landes sind. Also ist das Entscheidende für den Klassenkampf und die proletarische Stellung im Staate nicht die Rechtsform der Verfassung, sondern zu ihrem Schutz nur die ökonomische Machtverteilung, welche eine bestimmte Staatsform verteidigt. Und wenn es gewiß richtig ist, daß die Arbeiter ihr Blut vergossen haben, um demokratische Rechte zu erobern, und vielleicht noch vergießen werden, um Machtpositionen im Staate zu behaupten und neu zu gewinnen, so war es doch niemals die Idee der bürgerlichen Rechtsordnung, die sie dazu begeistert hat, sondern weil sie in ihrem revolutionären Klasseninstinkt die demokratischen Freiheitsrechte bereits auf ihr soziales Ideal bezogen und beziehen. Wenn Renner es als scholastische Haarspalterei bezeichnet, den Arbeitern diesen Zwiespalt zum Bewußtsein zu bringen, daß ihre politischen und sozialen Interessen auf eine klassenlose Gesellschaft gehen und von diesem Ziele ihre Begeisterung erhalten, während alle politischen Errungenschaften innerhalb des Klassenstaates eben nur formale, aber nicht wirtschaftliche Gleichheit begründen können, so fallen unter dieses Urteil alle die klassischen politischen Analysen von Karl Marx, mit denen er, wie in der Abhandlung über die *Judenfrage* oder über den *Achtzehnten Brumaire*, sich bemühte, den klaffenden Gegensatz zwischen der politischen Ideologie des bürgerlichen Staates und der sozialen Ideologie des proletarischen Klassenkampfes aufzuzeigen. Renner aber hat kein Interesse für solche Unterscheidung, die seine Realpolitik nur stören kann. Er wirft seinen Blick auf die "allerkonkreteste Erfahrungstatsache", daß in allen Staaten Europas die Arbeiterbewegung "mit jeder Faser und Fiber ihres politischen Wollens" um den Staat ringt. Aber indem er die leider ebenso konkrete Tatsache nicht sieht oder nicht schätzt, daß dieses Ringen nur zu oft nicht eine ebensolche leidenschaftliche Stärke des sozialistischen Wollens bedeutet, hat er kein Wort für die allerkonkreteste Tatsache der heutigen Schwäche des europäischen Sozialismus. Das schrittweise Eindringen in den bürgerlichen Staat ist nur zu oft auch eine schrittweise Übernahme des bürgerlichen Denkens, und die stückweise Eroberung der Staatsmacht wird zum stückweisen Verdruß des Sozialismus.

IV.

Schauen wir uns aber ein wenig diesen Prozeß der Verrechtlichung des proletarischen Klassenkampfes an. In seinem Eifer für die Verherrlichung der bürgerlichen Rechts- und Staatsform gelangt Renner so weit, daß er in dem Staat, den Marx uns als ein Unterdrückungsinstrument der herrschenden Klassen gelehrt hat, sogar das eigene Schutzmittel des Proletariats sieht. Er nennt das dialektische Entwicklung des Staates, von der ich armer Buchweiser natürlich keine Ahnung haben kann. Er dagegen, unbefleckt von jeder Buchweisheit, hat das schwere Kapitel der dialektischen Entwicklung, über welches andere arme Buchweise, wie zum Beispiel Hegel oder Marx, viele Bücher haben schreiben müssen, um sich selbst und andern klar zu werden, fein heraus durch die einfache Erfahrung, daß der Staat heute aus dem früheren Vollstreckungsorgan der besitzenden Klassen zum Schutzorgan des Proletariats geworden ist, weil der Proletarier heute im Genuß einer Arbeiterschutzgesetzgebung und Sozialversicherung steht, weil er Beisitzer im Schwur-, Schöffen- und Gewerbegericht ist, weil er seine Interessen bei den Gerichten klagbar anhängig machen kann. Aber nicht nur das ständige Kapitel der Klassenjustiz und Klassenverwaltung zeigt uns, wie sehr prekär trotz der Entwicklung eines sehr umfangreichen Rechtes der Arbeiterklasse die Schutzfunktion desselben für das Proletariat ist, sondern jede nähere Untersuchung der einzelnen Rechtspositionen des Proletariats im bürgerlichen Staate lehrt, daß das Wesen der kapitalistischen Wirtschaft selbst das Proletariat zwingt, von diesen Rechten keinen oder nur sehr mangelhaften Gebrauch zu machen. Oft genug ist schon darüber gesprochen worden, daß zum Beispiel die Institution der Betriebsräte für den revolutionären Klassenkampf nur schädlich wird, wenn die Betriebsräte durch diese Institution dazu geführt werden, einen Branchengeist oder gar eine Betriebssolidarität mit dem Unternehmer zu entwickeln. Der Rechtsschutz der Gewerbeinspektion und der Volksgesundheitsgesetzgebung ist sehr fraglich, wenn die Furcht vor Arbeiterentlassung bei vorhandener Arbeitslosigkeit die Arbeiter verhindert, ihre Rechte geltend zu machen, oder wenn die kritische Lage der Produktion die Unternehmer außerstande setzt, solchen Forderungen zu entsprechen. Kurz, überall stoßt der Rechtsschutz der Arbeiterklasse innerhalb der kapitalistischen Gesellschaft an die klassenmäßigen und ökonomischen Grenzen derselben. Renner stellt den merkwürdigen Satz auf, daß die Rechtsmacht der Arbeiter in Österreich ihrer ökonomischen Macht zumindest gleich sei. In diesem Zusammenhang kann ich darauf nicht näher eingehen. Aber jedenfalls ist es dann eben die *ökonomische* Macht der Arbeiterklasse, welche ihre Rechtsmacht stützt. Gewiß ist die Rechtsform ein äußerst wirksamer Behelf, die ökonomische Macht zur Geltung zu bringen; sie ist aber doch nur eine Form, die ohne diese Macht, also ohne einen *außerrechtlichen* Faktor, gänzlich kraftlos ist, ja sogar gefährlich, weil sie einen Rechtsschutz vortäuscht, der in Wirklichkeit nicht besteht.

Die ökonomische Macht, sagt Renner, ist der Arm an der Speiche, die Rechtsmacht dagegen ist gleichsam die unendliche Verlängerung dieses Armes, denn sie hat im Staat einen eigenen Apparat zur Durchsetzung ihrer Interessen. Man ist erstaunt: Wem sagt Renner diese Selbstverständlichkeit? Viel wichtiger ist doch die Konstatierung, daß die Rechtsmacht *als Rechtsmacht nicht dieselbe ist* für Bourgeoisie und Proletariat. Daß die bürgerliche Rechtsmacht darin besteht, den Staatsapparat zur Durchsetzung ihrer Rechtsinteressen vollständig zur Verfügung zu haben, macht ja eben den *Unterschied der Rechtsverfolgung* der besitzenden Klassen und der Rechtsverfolgung des Proletariats aus. Gerade das "schöne" Beispiel von dem entlaufenen Pferde kann diesen Unterschied trefflich veranschaulichen. Der Proletarier kommt gar nicht dazu, den ganzen Staatsapparat wegen eines ihm entlaufenen Pferdes zu mobilisieren, denn er hat gewöhnlich kein Pferd; und wenn ihm einmal sein Karo davongelaufen ist oder seine Ziege gestohlen worden ist, so würde er bei Polizei und Gendarmerie schön ankommen, wenn er verlangen wollte, daß der ganze Staatsapparat mobilisiert werde wegen seines schäbigen Kleintiers, obgleich es für ihn vielleicht mehr wert ist wie das Pferd für einen Reichen und obgleich er denselben Rechtsanspruch auf Wiedererlangung seines Eigentums hat wie jener. Selbstverständlich reicht die Rechtsmacht, *wenn* sie über den Staatsapparat verfügt, weiter als die bloße ökonomische Macht. Aber Renner spricht so, als ob die Rechts*form* schon Rechts*macht* wäre und als ob der Staatsapparat eine Klinke wäre, auf die jeder mit der bloßen Rechtsform *gleichmäßig* drücken könnte. Von der Rechtsform zur Rechtsmacht führt eben nur der Weg der außerrechtlichen Macht - eventuell sogar Gewaltentwicklung. Wenn Renner meint, daß das Proletariat die Rechtsmacht mit seiner Gewalt ausfüllen und dadurch den Staatsapparat zu *seinem* Apparat machen muß, dann hat er recht. Aber warum streitet er dann mit mir? Das ist doch gerade meine unaufhörliche Rede, daß die vollendetste demokratische Rechtsverfassung noch keine gleiche Rechtsmacht *für alle* bedeutet und daß sie ebensowenig die gleiche Verfügung oder auch nur Mitverfügung über den Staat bedeutet, weshalb das Proletariat ja über die *Rechtsordnung* hinaus zu einer anderen *Gesellschaftsordnung* streben muß.

Die Rechtsmacht, welche das Proletariat erringen will, ist also gar nichts Gleichartiges mit der bürgerlichen Rechtsmacht. Sie ist und muß im Wesen gegen die Rechtsmacht der bürgerlichen Klassen gerichtet sein, indem das Proletariat ja eine ganz andere Rechtsordnung begründen will, in welcher das Privateigentum an Produktionsmitteln aufgehört hat, ein Recht zu sein. Wenn man das nie übersieht, dann wird man erst den ganzen Formalismus des Rennerschen Standpunktes richtig erkennen, der wirklich gefährlicher ist, als was er meine Scholastik nennt. Denn letztere hängt wenigstens mit dem Inhalt einer großen Lehre, dem Marxismus, zusammen. Dagegen der Rechtsformalismus hat überhaupt keinen Inhalt, es sei denn den Inhalt der Illusionen der Rechtsideologie. Gerade wer von diesem frei ist, behält ein klares Auge dafür, daß auch mit dem Rechtsstaat immer noch die ökonomische Ausbeutung verbunden sein kann und ist. Und deshalb wird gerade er unablässig fordern, daß das Proletariat eben diesen "Rechtsstaat" für sich erobern muß, um das proletarische Recht durch seine Macht, das heißt durch die Diktatur des Proletariats, herzustellen und so eine neue gesellschaftliche Form des Lebens vorzubereiten.[1]) Was soll man also dazu sagen, wenn Renner schreibt, daß

[1]) Renner wirft mir das "logische Mißgebilde" meines Diktaturbegriffes vor. Ich sehe davon ab, daß es der Marxsche Begriff ist, den ich vertrete. Aber während für mich Diktatur des Proletariats der zukünftige Übergangsprozeß zum Sozialismus ist, denkt Renner dabei nur an Ministerschaft und an die vergangenen Sorgen seiner Kanzlerschaft um Brotbeschaffung und Gehaltsauszahlung. Gibt es eine trefflichere Charakteristik dieses "praktischen Klassenkämpfers"?

die Erkenntnis, den staatlichen Arm für sich zu haben oder zu hemmen, "von den Buchweisen ganz in den Wind geschlagen wird"? Sollte diese sonderbare Tatsachenfeststellung nicht daher kommen, daß der revolutionäre Klassenkampf, wie die Buchweisen ihn von Marx gelernt haben, für ihn schon längst keine notwendige Tatsache mehr ist?

Ob die ökonomische Macht des Proletariats nur den Arm an der Speiche oder auch der Arm am Gewehr des Proletariats ist, das entscheidet sich nicht durch die bloße Rechtsform allein; ja es ist sogar ohne die Rechtsform möglich, daß das Proletariat die Macht am Gewehr hat. Denn wenn die Säbel der Polizei und die Flinten der Soldaten aufhören, für bürgerliche Zwecke tätig zu werden, wozu auch insbesondere der sogenannte Schutz der Staatsinteressen gehört, dann ist ein größerer Schritt auf dem Wege zur proletarischen Rechtsmacht und zum Sozialismus getan wie durch die Hörigkeit des Proletariats gegenüber einer Rechtsform, die imstande ist, Polizei und Militär im Namen des Rechtes und des Staates gegen das Proletariat aufbieten zu können. Der Staat ist allerdings ein Rechtsapparat, der aber gerade deshalb mit dem Recht, welches er produziert, so wenig identisch ist wie jeder Apparat mit der Arbeit, zu der er verwendet wird. So wie man auf einer Druckmaschine ebenso reaktionäre wie revolutionäre Schriften drucken kann, so kann der Staatsapparat an sich jeder beliebigen Staatsordnung die Rechtsform geben. Der Staat war immer ein Rechtsapparat. Auch der Ständestaat und der despotische Staat sind Rechtsapparate. Zur Rechtsmacht für das Proletariat wird der Rechtsapparat nicht durch die Rechtsform seiner Interessen, sondern nur durch das Maß der außerrechtlichen Macht, welche das Proletariat hinter diese Interessen zu stellen vermag.

Nur aus Renners Phantasie, die er an Stelle einer Lektüre der von ihm bekämpften Schriften walten läßt, stammt daher seine groteske Meinung, daß "diese Leute", mit denen er polemisiert, die Parole ausgegeben hätten: "Hände weg vom bürgerlichen Staat!" –, während sie im Gegenteil den Arbeitern zurufen: "*Seele weg vom bürgerlichen Staate!*", um desto unbedenklicher mit ihren Händen an den Staat herankommen zu können, nicht um ihn zu "vollenden", sondern um durch seine Beseitigung Raum für die sozialistische Gesellschaft zu schaffen.

Aber Renner meint, man dürfe nicht mehr vom bürgerlichen Staat und von bürgerlicher Demokratie reden, weil ja der Apparat eben anders wird, wenn das Proletariat in ihn eindringt. Und dies nicht zu beachten, heiße meilenweit von aller marxistischen Dialektik entfernt sein. Wir meinen jedoch: wer ohne weiteres annimmt, Besetzung von staatlichen Machtpositionen durch das Proletariat bedeute schon eine Änderung des bürgerlichen Staates, macht eine voreilige Folgerung, die ebenso undialektisch wie unlogisch ist. Denn nicht darauf kommt es an, daß Machtpositionen besetzt werden, *sondern welchen Geistes und Willens das Proletariat ist, das dies tut.* Mit einer Gesinnung, wie zum Beispiel die Paul Boncours, der an verantwortlicher Stelle erklärt, daß er sich zuerst als Vertreter Frankreichs und dann erst als solcher des Proletariats betrachte, ist dem sozialistischen Klassenkampf ebensowenig gedient, wie durch eine Arbeiterregierung, die abermals Flieger aussenden würde, um im Interesse des von ihr regierten Staates aufständige Kolonialvölker niederzuschlagen. Renner meint natürlich, der Staatsapparat funktioniert bloß heute noch verläßlich für die Bourgeoisie, aber er kann ja ebenso für uns funktionieren. Selbstverständlich, allein das hängt gerade nicht von der Rechtsmacht ab, die das Proletariat im bürgerlichen Staate zu entfalten vermag, sondern, ich möchte sagen, von der *Unrechtsmacht,* das heißt von dem Umstand, wie sehr es uns gelingt, das Proletariat und alle zu ihm gehörigen Grenzschichten von der Rechtsideologie des Staates loszureißen, das heißt mit der Ideologie des *kämpfenden* Rechtes gegenüber dem des *herrschenden* zu erfüllen. *Diese* Umwandlung, welche dem Rechtsapparat des Staates die Menschen wegnimmt, die an ihn glauben und für ihn eintreten, entscheidet über die *wirkliche proletarische* Funktion dieses Apparats.

V.

Auf die Fülle von Selbstverständlichkeiten, in der Renner sich ergeht, um darzulegen, daß die Klassenscheidung niemals so ganz einfach nach dem Schema "Besitzende – Besitzlose" vorliegt, brauche ich wohl nicht einzugehen. Das zu übersehen wäre allerdings arg. Aber es ist viel ärger, mit billiger kritischer Miene die Gegenüberstellung von Besitzenden und Besitzlosen als "simpel" abzuweisen und sie dabei ganz und gar aus seinem Bewußtsein zu verlieren. Renner gibt selbst zu, daß für den Fall einer Gesamtkrise des Kapitalismus, das heißt einer anschwellenden sozialen Revolution, dieser Grundgegensatz sich sofort durch alle sonst ihn verhüllenden Differenzierungen durchsetzt. Aber – wieder charakteristisch für den Standpunkt Renners – dieser Fall der sozialen Revolution gilt ihm nur, wie auch dem Bourgeois, als etwas Abnormales, als ein Ausnahmefall, der das normale Denken des Proletariats nicht zu bestimmen hätte. Aber wir müssen gerade diesen Fall der revolutionären Krise der kapitalistischen Gesellschaft als den eigentlichen Richtpunkt für unser politisches Denken und Handeln festhalten. Die Nichtaktualität der sozialen Revolution, die Renner so stark betont und die heute sicherlich gegeben ist, kann doch nicht bedeuten die Nichtaktualität der unausgesetzten geistigen und materiellen *Vorbereitung* für dieselben. Und dazu gehört die auch von Renner anerkannte Tatsache, daß für dieses Haupt- und Endziel aller sozialistischen Arbeit die kapitalistische Gesellschaft nur in zwei große Lager zerfällt. Die Einschärfung und Popularisierung dieser Erkenntnis ist kein bloß theoretischer Luxus, sondern von wachsender praktischer Bedeutung. Denn sie erst dient dazu, die unentschiedenen Grenzschichten dorthin zu lenken, wo ihr Entwicklungsinteresse gesichert ist, zur Interessengemeinschaft mit dem Sozialismus, während die Zurückdrängung dieses Hauptgegensatzes in der kapitalistischen Gesellschaft die Kraft des Proletariats für seine *eigenen* Zwecke lähmt durch Gewinnung unzuverlässiger, weil gar nicht proletarisch interessierter Bundesgenossen.

Renner blickt auf das "bunte Mosaik der Klassen und Klassengruppen", und weil er Politik bloß als Kunst auffaßt, so grübelt er darüber, wie man praktischen Klassenkampf machen kann, der zugleich die widerstreitendsten Gruppen in eine Koalition verbindet. Und er klopft mir wohlwollend auf die Schulter und seufzt: Ja, mein lieber Max Adler, der Klassenkampf ist keine so einfache Sache, als sich deine Schulweisheit mit ihrer obersten Orientierung von Bourgeoisie und Proletariat träumen läßt. Aber der praktische Klassenkampf, wie Renner ihn meint, ist wirklich keine allzu schwere Kunst. Er verzichtet ja auf jede prinzipielle Orientierung, er nimmt seine Parolen von den Notwendigkeiten des Tages oder höchstens von den nächsten Wahlaussichten. Dieser proletarische Kampf ist nicht, wie Renner rühmt, schon beim U oder gar Z des marxistischen Alphabets angelangt, während wir armen Buchweisen noch immer beim Abc halten, nein, er ist sogar schon über das ganze marxistische Alphabet hinaus ein wirklicher marxistischer Analphabetismus.

Gewiß ist die Tatsache, daß der sozialistische Klassenkampf heute nicht mehr bloß vom Fabrikproletariat allein geführt werden kann, eine solche, die ein schweres Problem enthält. Die Buchweisen suchen es theoretisch und praktisch zu bewältigen. Das Linzer Programm enthält dafür bedeutende Belege. Otto Bauers Arbeiten über die Gewinnung agrarischer und meine eigenen über die Gewinnung intellektueller Kreise dürfen wohl als ein Teil des marxistischen Alphabets über das bloße Abc hinaus gelten. Sie schmeicheln sich zwar nicht, bereits beim Z angelangt zu sein, haben aber dafür auch nicht das Abc vergessen. Natürlich gibt das allgemeine Klassenschema nur eine allgemeine Orientierung, und natürlich kann man aus dem allgemeinen und obersten Klassengegensatz von Bourgeoisie und Proletariat nicht die taktischen Notwendigkeiten der Politik eines jeden einzelnen Landes gleichmäßig ableiten. Hierzu ist das Eingehen auf alle Differenzierungen des Klassengegensatzes nötig. Aber deshalb ist die Festhaltung jener allgemeinen Orientierung weder oberflächlich noch unfruchtbar. Denn ihre Funktion ist ja gar nicht die der politischen Taktik selbst, sondern die der *sozialistischen Einstellung* dieser Taktik. Renner meint ja schließlich selbst, daß der Satz von dem Gegensatz der Bourgeoisie und des Proletariats bloß heute und, wie er glaubt noch auf lange hinaus, nicht wahr sei. Er wagt also nicht, ihn als überhaupt falsch zu bezeichnen und hält ihn bloß für heute nicht praktisch. In dieser Auffassung zeigt sich eben der Unterschied der Grundeinstellung einer Politik, die nur "praktischen", und einer solchen, die proletarischen Klassenkampf will. Die erstere muß die Grundorientierung des Klassengegensatzes abschwächen, damit sie ihre Brücken bauen kann, die niemand betreten will. Die letztere wird, gerade weil zeitweilige Kooperationen mit andern Klassen oder Interessengruppen unvermeidlich sind, diese Grund-

orientierung im Bewußtsein des Proletariats um so lebendiger machen, da nur so allein die revolutionäre Klassenkraft des Proletariats auch in der Kooperation erhalten bleibt.
Und daraus ergibt sich uns schließlich die Folgerung: daß auch das, was das *wirklich Praktische* ist, sich *zuletzt nur aus der Lebendigkeit der marxistischen Theorie* ergibt. Der praktische Klassenkampf ist nicht derjenige der Praxis, des Alltags, sondern der zur Verwirklichung der sozialistischen Gesellschaft führt. "Umwälzende Praxis" war das große Motto, mit dem Karl Marx seine wissenschaftlich und politisch revolutionäre Tätigkeit begann. Und alle praktische Brauchbarkeit des Klassenkampfes ist es nur im Sinne dieser umwälzenden Praxis, das heißt aber der sozialen Revolution. In diesem Lichte gesehen, ist gerade der "praktische Klassenkampf", wie ihn Renner rühmt, das Unpraktischeste für das revolutionäre Proletariat. Gerade dieser Klassenkampf schiebt sozialistischen Geist, sozialistische Begeisterung und sozialrevolutionären Willen als etwas "nicht Aktuelles" auf den Jüngsten Tag, an dem, man weiß nicht wie, dann Gelegenheit sein wird, sich sozialrevolutionär zu betätigen. Wer den Sozialismus aber "scholastisch", das heißt im Sinne der Schule von Karl Marx auffaßt wie ich, so daß er in jedem Proletarier den *Praktiker der Zukunft* sehen will, den *neuen* Menschen, der wird nicht in Zweifel bleiben können, wofür er sich zu entscheiden habe, für den "unpraktischen Klassenkampf" des Marxismus oder für den "praktischen Klassenkampf" Karl Renners.

Über das Prinzip der proletarischen Politik

Die Vertreter des rechten Flügels innerhalb der Partei lieben die Berufung auf Karl Marx nicht, offenbar in dem instinktiven Gefühl, daß die Gedanken des Marxismus, das heißt aber die Erkenntnisse der von Marx begründeten Sozialwissenschaft, nicht zur Rechtfertigung ihrer Anschauung von dem allmählichen Hineinwachsen in die sozialistische Gesellschaft mittels Ausnützung des demokratischen Staates und der Sozialpolitik verwendet werden können. Ja, sie bezeichnen jedes Festhalten an marxistischen Grunderkenntnissen gern als rechthaberische Orthodoxie oder gar fruchtlose Scholastik. Trotzdem sind sie widerspruchsvoll genug, sich überall, wo es ihnen möglich erscheint, mit einem Zitat aus den Schriften von Marx aufzuputzen. Und in dieser Beziehung ist es besonders *ein* Satz, der mit Vorliebe zitiert wird und mit dem man Marx gleichsam zum Schutzheiligen einer revisionistischen Meinung stempeln zu können glaubt, nämlich der berühmte Satz, daß der Sieg des Zehnstundengesetzes in England der *Sieg eines Prinzips* war. Und man meint von rechter Seite damit gewöhnlich den Sieg des Prinzips der Staatsbejahung gegenüber dem "bloß negativen" Klassenkampfstandpunkt. In vielen Fällen weiß man über diesen Satz ja nicht einmal, woher er rührt, und auch dort, wo es bekannt ist, daß er sich in der *Inauguraladresse* befindet, ist nur sehr wenigen der sachliche Zusammenhang bekannt, in welchem dieser Satz bei Marx steht. Nicht nur wird die ältere marxistische Literatur leider nur mehr sehr wenig gelesen, sondern speziell die *Inauguraladresse* war bis zum Jahre 1922, in welchem Karl Kautsky sie neu herausgab, nur sehr schwer zugänglich, und sie dürfte auch heute in der Neuauflage wenig gelesen sein.[1]) Wenn wir aber diesen vielzitierten Satz von dem Siege eines neuen Prinzips an der Quelle aufsuchen, wenn wir ihn also in dem Zusammenhange lesen, den er bei Marx selbst hat, dann werden wir sehen, daß er nicht nur nicht für irgendeine revisionistische Gesinnung oder reformistische Politik verwertbar ist, sondern *geradezu das revolutionäre Gegenteil* von beiden bedeutet. Und dies ist eigentlich ein selbstverständliches Ergebnis für jeden, der von der Methode des marxistischen Denkens wirklich erfüllt ist, so daß sie von vornherein seine Erfahrungen formt und seine Anschauungen bildet. Von vornherein müßte also einem solchen klassenrevolutionären Standpunkt wahrscheinlich sein, daß ein reformistischer Sinn dieses Satzes bei Marx entweder nur eine momentane Anpassung an eine augenblickliche Situation wäre, die für den Standpunkt des Marxismus selbst nichts bedeutet, oder daß es sich um eine leicht mißzuverstehende Stelle handelt. Aber weder das eine noch das andere ist der Fall. Dies festzustellen wird heute, da der Kampf der marxistischen Richtung mit dem Reformismus wieder aufs heftigste entbrannt ist, sehr zweckmäßig sein. Zugleich wird dadurch einer Auffassung dieses Satzes über das Zehnstundengesetz entgegengetreten, die bereits zu einer Art Legende geworden ist. Und es wird sich dabei nicht etwa um einen bloßen Interpretationsstreit handeln, sondern um eine *sachliche* Feststellung, wie bereits die erste, noch von Marx und Engels selbst geleitete, Internationale über den Klassenkampfwert reformistischer Bewegungen und Ziele gedacht hat.

---

[1]) Karl Marx, *Die Inauguraladresse der internationalen Arbeiter-Association,* hrsg. von Karl Kautsky, Dietz Nachfolger, Berlin 1922.

Selbst wenn die Fassung des Satzes über das Zehnstundengesetz einen reformistischen Sinn nahelegen würde, so wäre dies noch kein Argument für die Revisionisten. Denn aus der Entstehungsgeschichte der *Inauguraladresse* ist bekannt, daß Marx mit großer Unlust an die Fassung derselben gegangen ist und auch nach ihrer Fertigstellung keineswegs mit ihr zufrieden war, weil er sich bei der Abfassung derselben nicht völlig frei seiner sonstigen kühnen Gedankenentwicklung und entschiedenen Sprache hat hingeben können. Er mußte ja bestrebt sein, einen solchen Text zustande zu bringen, den die sehr verschiedenen damaligen Richtungen der sozialistischen Arbeiterbewegung, die englischen Nur-Gewerkschafter, die französischen antistaatlichen Proudhonisten, die verschiedenen Gruppen der Syndikalisten, die staatsgläubigen Lassalleaner usw. annehmen konnten. Um diese alle auf eine gemeinsame Linie zu bringen, mußte er manches behutsamer ausdrücken, was er sonst deutlicher zu sagen pflegte, oder von manchem gar nicht sprechen, was doch zu seinen eigenen Anschauungen gehörte. Und so kommt es, daß zum Beispiel das Wort "Klassenkampf" oder "Sozialismus" oder "kommunistische Gesellschaft" weder in der Adresse noch in den Statuten vorkommt. Es ist daher ein großer Unterschied zwischen der Sprache, die Marx in der *Inauguraladresse* und die er im *Kommunistischen Manifest* führt, aber ein Unterschied nicht etwa des Standpunktes, als ob Marx in der *Inauguraladresse* bereits infolge der Erfahrungen der Zwischenzeit "gemäßigter" geworden wäre. Denn wenn wir die Einleitung zu den Statuten der "Internationale" lesen, auf die Marx selbst das größte Gewicht gelegt hatte, so finden wir dort alle Grundgedanken aus dem *Kommunistischen Manifest* in Form einer Resolution angeführt. Es geschah also nur aus taktischen Gründen, was übrigens Marx in seinem Briefe vom 27. Oktober 1864 an Engels ausdrücklich schrieb, daß er in der Adresse selbst alle diese revolutionären Grundgedanken zurücktreten ließ. Diesen Kompromißcharakter der *Inauguraladresse* wird man also von vornherein immer im Auge behalten müssen, wenn man sich auf irgendeinen ihrer Sätze beruft.

Aber gerade die Stelle über das Zehnstundengesetz ist sogar ohne diese notwendige Berücksichtigung aus dem Gesamtzusammenhange ganz unmißverständlich, und ihr Sinn geht in eine ganz andere Richtung als in diejenige, in welcher die Proklamierung einer reformistischen Ergänzung oder gar Abschwächung des ursprünglichen schroffen marxistischen Klassenkampfgedankens gelegen wäre. Dies soll uns eine Aufzeigung des Gedankenganges bei Marx deutlich machen.

Die *Inauguraladresse* sollte der Aufruf zur Begründung einer internationalen Vereinigung des Proletariats sein und daher vor allem die Notwendigkeit eines solchen Zusammenschlusses klarmachen. Dies unternimmt sie dadurch, daß sie in einem geschichtlichen Rückblick auf die gesellschaftliche Entwicklung seit dem Jahre 1848 den Arbeitern klarmachen will, wie sie gegenüber der wachsenden Macht des Kapitals machtlos bleiben müssen, wenn sie sich nicht zur internationalen Bekämpfung des kapitalistischen Systems vereinigen. Zu diesem Zweck weist Marx auf "eine sehr wichtige Tatsache" hin, nämlich, "daß das Elend der Arbeiterklasse in den Jahren 1848 bis 1864 sich nicht verändert hat, trotzdem diese Periode unerreicht dasteht in der Entwicklung der Industrie und im Wachstum des Handels". Im einzelnen wird das gleichgebliebene Elend des Proletariats an der Lage der englischen Arbeiterschaft illustriert und auf der andern Seite der gestiegene Reichtum der bürgerlichen Klasse dargelegt, von welcher der damalige englische Finanzminister Gladstone selbst gesagt hat: "Dieser berauschende Zuwachs an Reichtum und Macht ist ausschließlich auf die besitzenden Klassen beschränkt." Dabei läßt die *Inauguraladresse* nicht unerwähnt, daß sich natürlich auch Verbesserungen in der Lage der Arbeiterklasse vollzogen haben, daß aber der entscheidende Gesichtspunkt darin liegt, daß im Verhältnis zum Wachstum des Reichtums und des Luxus der Reichen sowie der Lebensverbesserung der besitzenden Klassen überhaupt die Lage des Proletariats sich nicht verbessert hat. "Und so ist es jetzt", schreibt Marx, "in allen Ländern eine Wahrheit geworden, erwiesen für jeden vorurteilslosen Geist und geleugnet nur von denen, die ein Interesse daran haben, andere durch falsche Erwartungen irrezuführen, daß keine Vervollkommnung der Maschinerie, keine Anwendung der Wissenschaft auf die Produktion, keine Verbesserung der Verkehrsmittel, keine neuen Kolonien, keine Auswanderung, keine Eröffnung neuer

Märkte, kein Freihandel, noch alle diese Dinge zusammengenommen das Elend der arbeitenden Massen beseitigen werden, sondern daß auf der jetzigen falschen Basis im Gegenteil jede neue Entwicklung der Produktivkräfte der Arbeit dahin führen muß, die sozialen Unterschiede zu vertiefen und die sozialen Gegensätze zuzuspitzen." Zu dieser unentrinnbaren Tendenz der kapitalistischen Produktion kommt noch, daß seit dem Fehlschlagen der Revolutionen von 1848 alle Organisationen und Zeitungen der Arbeiterparteien mit Gewalt unterdrückt wurden und sich des Proletariats überall eine große Entmutigung bemächtigt hat. Vor allem hat die englische Arbeiterklasse seit dem Zusammenbruch der Chartistenbewegung sich mit einem Zustand politischer Nichtigkeit völlig ausgesöhnt, und diese politische Schwäche, ja Teilnahmlosigkeit wurde auch der Allgemeinzustand der Arbeiterklasse auf dem europäischen Festland.

Gegenüber diesem traurigen Bilde von der jeweiligen Lage und der hoffnungslosen Zukunft des Proletariats in der kapitalistischen Gesellschaft hebt nun Marx *zwei* "Lichtseiten" hervor, den Kampf um das Zehnstundengesetz und die Genossenschaftsbewegung. In diesen beiden Tatsachen sieht Marx den Sieg eines Prinzips, und zwar bezeichnet er als dessen Inhalt den *Sieg der politischen Ökonomie der Arbeiterklasse* über jene der Bourgeoisie. Schon daß es *zwei* Tatsachen sind, was man freilich gewöhnlich nicht beachtet, müßte aufmerksam machen, daß "der Sieg des Prinzips" von Marx doch anders gemeint war, da er darunter auch die Genossenschaftsbewegung verstand, die heute sogar die Revisionisten keineswegs auf gleiche Stufe mit dem stellen möchten, was sie unter dem Sieg ihres Prinzips der Durchstaatlichung des Klassenkampfes verstehen. Und dazu kommt noch, daß Marx von dieser Genossenschaftsbewegung sagt, daß sie sogar "ein noch größerer Sieg der politischen Ökonomie der Arbeit über die politische Ökonomie des Kapitals" gewesen sei als die Erringung des Zehnstundengesetzes. Was also Marx unter diesem "Sieg eines Prinzips" verstand und warum er in ihm eine Lichtseite gegenüber der trostlosen Situation des Proletariats im Kapitalismus erblickte, können wir nur aus der Untersuchung des Begriffes der "politischen Ökonomie der Arbeiterklasse" verstehen und des Verhältnisses, in welchem die beiden Tatsachen des Zehnstundengesetzes und der Genossenschaftsidee nach Marx zu diesem Begriffe stehen.

Die Erringung des Zehnstundentages bezeichnet Marx nicht etwa schon wegen der Verbesserung der Lebenslage des Proletariats als den Sieg eines Prinzips. Gewiß hebt die *Inauguraladresse* "die großen physischen, moralischen und geistigen Vorteile, die den Fabrikarbeitern aus dieser Maßregel erwuchsen", als ihre große Kulturwirkung hervor. *Aber die "höhere Bedeutung" des Zehnstundengesetzes sieht Marx gerade "abgesehen von ihrer praktischen Wichtigkeit".* Und noch weniger liegt der Sieg des Prinzips etwa darin, daß der Staat für ein Arbeiterinteresse in Dienst genommen worden war. Denn die Zehnstundenbill war ja nur der Gewinn "eines augenblicklichen Zwiespaltes zwischen Landlords und Geldlords". Die Bedeutung dieses Ereignisses lag vielmehr auf einem ganz andern Felde. Die Bourgeoisie hatte nämlich immer durch ihre Theoretiker behauptet, daß eine gesetzliche Beschränkung des Arbeitstages ökonomisch unmöglich sei und die Totenglocke der englischen Industrie läuten würde. Die bürgerliche Theorie konnte sich eben nicht vorstellen, daß das wirtschaftliche Leben anders als durch die blinden Gesetze von Nachfrage und Angebot geleitet werden, und sie war überzeugt, daß jeder Versuch einer bewußten sozialen Regelung daher nur eine Störung der wirtschaftlichen Ordnung, wie sie sich von selbst herausgestaltet, bedeuten müsse. Gegen die Forderung des Zehnstundengesetzes, das heißt gegen die Forderung einer wenigstens teilweisen *planmäßigen Regelung der Produktion,* erhob sich daher nicht nur der bloße und brutale Widerstand der "aufgeschreckten Habgier" der Unternehmer, sondern vor allem der theoretische Widerstand der "politischen Ökonomie der Bourgeoisie", welche sich jeder bewußten und planmäßigen Ordnung des Wirtschaftslebens als einer ökonomisch unmöglichen Sache entgegenstellte. Dagegen ist es gerade diese Idee einer planmäßigen Wirtschaftsgestaltung, einer *"durch soziale Voraussicht und Einsicht beherrschten sozialen Produktion, die die politische Ökonomie der Arbeiterklasse bildet".* Von ihr war die Forderung einer gesellschaftlich geregelten Arbeitszeit zwar nur ein geringer Teil, aber doch ein wesentlicher Teil; und die Verwirklichung dieser Forderung hatte nicht nur nicht zum Ruin der Industrie geführt, sondern ihren berauschenden Aufstieg, von dem Gladstone triumphierend gesprochen hatte, zugelassen, ja sogar gefördert. "*Und darum* war das Zehnstundengesetz nicht nur ein großer praktischer Erfolg; es war der Sieg eines Prinzips. Zum ersten Male unterlag im hellen Lichte des Tages die politische Ökonomie der Bourgeoisie der politischen Ökonomie der Arbeiterklasse."

Nicht also darin liegt der Sieg des neuen Prinzips, daß das Proletariat eine Arbeiterschutzmaßregel durchgesetzt hat; und auch nicht darin, daß dies mit Staatshilfe durchgeführt wurde. Der Sieg des Prinzips, von dem Marx hier spricht, bedeutet daher auch nicht den Anfang einer neuen prinzipiellen Einstellung des Proletariats zum Staate, wonach dasselbe im Staate nicht mehr bloß eine Herrschaftsorganisation der besitzenden Klassen erblicken dürfte, sondern ein Instrument, das die Arbeiterklasse immer mehr gemeinsam mit den Besitzenden zu ihrem Nutzen gebrauchen könnte. Vielmehr spricht Marx gerade deshalb von dem Sieg eines Prinzips, weil es sich um eine *neue Sache* handelt, um die *prinzipiell* vom bestehenden Staate *unterschiedene* und zu ihm gegensätzliche *Einstellung der Arbeiterklasse,* die bewußt über die bürgerliche Gesellschaft hinaus in eine ganz andere, in die sozialistische Gesellschaft, zu führen bestimmt ist. Diese neue Politik ist eben die politische Ökonomie der Arbeiterklasse; und ihr Wesen, wie es Marx als sieghaft feiert, liegt nicht in dem bloßen Funktionieren des Staates zugunsten eines Arbeiterinteresses, liegt auch nicht darin, durch Vergrößerung der politischen Macht des Proletariats den Staat immer mehr in den Dienst der Arbeiterinteressen zu stellen. Denn damit wird weder die politische Ökonomie der Bourgeoisie, das heißt das kapitalistische System der Produktion selbst, beseitigt oder auch nur erschüttert noch die politische Ökonomie des Proletariats, das heißt die Schaffung einer sozialistischen Produktion und Wirtschaft, verwirklicht. Nur dann, wenn alle einzelnen Errungenschaften sozialpolitischer Natur vom Proletariat bloß als Mittel und gleichsam als Symbol einer sozialistischen Gesellschaftsordnung betrachtet werden, nur dann stellen sie Teile der neuen Idee einer "durch soziale Voraussicht und Einsicht beherrschten sozialen Produktion" dar, nur dann sind sie Elemente eines *neu sich gestaltenden,* einer der Bourgeoisie *gegenübertretenden* "politischen Ökonomie der Arbeiterklasse".

Der "Sieg des Prinzips" bei Marx ist also keineswegs für eine Lehre von der größeren Staatsnähe des Proletariats verwendbar und ebensowenig auch für eine Lehre des Hineinwachsens des Proletariats in die sozialistische Gesellschaft durch Sozialpolitik und Demokratie. Und dies ergibt sich noch deutlicher, wenn wir die zweite Tatsache betrachten, in welcher Marx, wie wir gesehen haben, einen noch größeren Sieg der politischen Ökonomie der Arbeiterklasse erblickte als in der Durchsetzung des Zehnstundengesetzes. Heute, nachdem die Illusionen des genossenschaftlichen Sozialismus, wie sie in den Lehren eines Robert Owen, Louis Blanc und Ferdinand Lassalle auftraten und die von ihnen geleiteten Bewegungen beherrschten, überwunden sind, überwunden hauptsächlich durch die Kritik von Karl Marx, ist es von vornherein klar, daß es sich bei der Wertschätzung der Genossenschaftsbewegung in der *Inauguraladresse* nicht um die Illusion handeln kann, als ob die Genossenschaft das eigentliche oder auch nur ein wesentliches Mittel zur Überwindung der kapitalistischen Gesellschaft wäre. Im Gegenteil: die *Inauguraladresse* bezeichnet selbst die Genossenschaften als ganz ungeeignet, das Wachstums des Monopols aufzuhalten, die Massen zu befreien, ja die Wucht ihres Elends auch nur merklich zu erleichtern. Und in der gleich auf dem ersten Kongreß der Internationale in Genf (1866) beschlossenen Resolution über die Genossenschaften, welche Marx verfaßte, heißt es ausdrücklich: "Die Genossenschaftsbewegung, beschränkt auf die zwerghaften Formen der Entwicklung, welche ihr einzelne Lohnarbeiter durch ihre Vereinigung geben können, ist nicht imstande, durch sich selbst die kapitalistische Gesellschaft umzugestalten." Um dies zu erreichen, fährt die Resolution fort, bedarf es allgemeiner gesellschaftlicher Veränderungen, "welche nie verwirklicht werden können ohne Übertragung der organisierten Gewalt der Gesellschaft, nämlich der Staatsmacht, aus den Händen der Kapitalisten und Landeigentümer in die der Arbeiter selbst". Wenn also die Genossenschaften gar kein taugliches Mittel sind, die kapitalistische Gesellschaft zu überwinden, warum hat sie Marx doch als ein noch größeres Beispiel für den Sieg der politischen Ökonomie der Arbeiterklasse bezeichnet? Aus *demselben* Grunde, wie dies bei dem Arbeitszeitgesetz geschah: nicht wegen der praktischen Wirkungen in beiden Fällen, obgleich diese wichtig genug für die Verbesserung der Lage des Proletariats in der heutigen Gesellschaft sind, sondern *wegen ihrer Beziehung zu dem Endziel des proletarischen Kampfes, zum Sozialismus und zur sozialrevolutionären Einstellung der Arbeiterpolitik.* Marx hebt nämlich an der Genossenschaftsbewegung hervor, daß ihren Gründungen zwar nur der Wert sozialer Experimente zukommt, aber gerade dieser "nicht hoch genug" eingeschätzt werden kann. Denn "durch die Tat statt durch Argumente, haben die Arbeiter bewiesen, daß Produktion in großem Maßstab und in Einklang mit dem Fortschritt moderner Wissenschaft vor sich gehen kann *ohne die Existenz einer Herrenklasse,* die eine Klasse von 'Händen' anwendet; daß, um Früchte zu tragen, die Mittel der Arbeit *nicht monopolisiert zu werden brauchen* als Mittel der Herrschaft über den Arbeiter und *als Mittel der Ausbeutung* gegen den Arbeiter selbst; daß, wie die Sklavenarbeit, wie die Leibeigenschaft, so auch die Lohnarbeit nur eine vorübergehende und untergeordnete gesellschaftliche Form ist, die bestimmt ist, zu verschwinden vor der assoziierten Arbeit . . ."

Hier ist also vollständig klar geworden, was Marx unter dem Sieg des Prinzips der politischen Ökonomie der Arbeiterklasse versteht. Es ist der Sieg von Gedanken und Zielen, die durchaus der kapitalistischen Welt fremd und feindlich gegenüberstehen und weder in ihrer Wirtschaft noch in ihrem Staate durchführbar sind. Zehnstundentag, das heißt im Sinne der politischen Ökonomie des Proletariats planmäßige Regelung des Wirtschaftslebens; und Genossenschaft, das heißt im selben Sinne wiederum planmäßige Regelung des Wirtschaftslebens, beide Male im Interesse der Gesamtheit, also Beseitigung der Klassen, die diesem Ziele entgegenstehen. Und darum heißt es auch in der vorhin erwähnten Genfer Resulution: "Wir anerkennen die Genossenschaftsbewegung als eine der Triebkräfte zur *Umwandlung der gegenwärtigen Gesellschaft,* welche auf Klassengegensätzen beruht. Ihr großes Verdienst besteht darin, praktisch zu zeigen, daß das bestehende verarmende und despotische System der Unterjochung der Arbeit unter das Kapital aufgehoben werden kann durch das Wohlstand erzeugende und republikanische System der Association von freien und gleichen Produzenten."

So versteht man jetzt auch, wieso die Inauguraladresse, nachdem sie diese beiden "Lichtseiten" in dem schwarzen Gemälde der Lage und des Schicksals des Proletariats innerhalb der kapitalistischen Gesellschaft konstatiert hatte, nun mit einem Male zu ihrem Hauptgedanken und zur wesentlichen Schlußfolgerung kommt: "*Die politische Macht zu erobern* ist daher jetzt die große Pflicht der Arbeiterklasse." Denn diese "Lichtseiten" *beziehen sich ja gar nicht auf die gegenwärtige Lage* der Arbeiterklasse, weil Marx ja nicht die praktischen Vorteile des Arbeiterschutzes und der Genossenschaft schon als diese Lichtseiten bezeichnete, sondern sie kommen nur als Beweis dafür in Betracht, daß *das in die Zukunft weisende Prinzip der politischen Ökonomie der Arbeiterklasse* Rettung bringt und sich schon jetzt bewährte. Für die Gegenwart gilt dagegen die unverminderte feindliche Einstellung zum bestehenden kapitalistischen und bürgerlichen System. Denn "die Herren vom Grund und Boden und die Herren vom Kapital werden ihre politischen Privilegien stets zur Verteidigung und zur Verewigung ihrer Monopole gebrauchen. Und statt die Emanzipation der Arbeit zu fördern, werden sie fortfahren, ihr jedes mögliche Hindernis in den Weg zu legen."

Diese Erkenntnis ist es, welche erst die Folgerung von der Notwendigkeit der Eroberung der politischen Macht begründet und ihren eigentlichen Sinn erklärt. Es handelt sich bei dieser Forderung nicht um Gewinnung bloß größerer Macht *im* Staate, um neben oder gar mit den "Herren vom Grund und Boden und vom Kapital" den Staat mitzuregieren, sondern um den Staat *gegen* sie zu beherrschen und schließlich ganz von ihnen zu befreien, wodurch er aber aufhört Staat zu sein und in die klassenlose Gesellschaft des Sozialismus übergehen wird. Darum hat Marx schon in der *Inauguraladresse* auf zwei wichtige Umstände hingewiesen, welche *diese* Machtpolitik des Proletariats grundsätzlich von einer bloßen Machtgewinnung im Staate unterscheiden muß. Die proletarische Politik muß nämlich vor allem eine *internationale* sein. Gerade zu diesem Zwecke ist ja die "Internationale" gegründet worden. Die internationale Machtpolitik des Proletariats ist aber nur dann möglich, wenn die Arbeiterklasse *sich nicht mit dem eigenen Staate identifiziert,* sondern durchaus nur mit den Interessen der proletarischen Klasse, die nicht immer und überall in die Richtung des Staatsinteresses verlaufen. Darum heißt es auch in der Einleitung zu den Statuten der "Internationale", "daß die ökonomische Emanzipation der Arbeiterklasse der große Endzweck ist, *dem jede politische Bewegung als Mittel unterzuordnen ist*", und "daß die Emanzipation der Arbeiterklasse weder eine lokale noch eine nationale, sondern eine *soziale Aufgabe* ist, welche alle Länder umfaßt, in denen die moderne Gesellschaft besteht und deren Lösung vom praktischen und *theoretischen* Zusammenwirken der fortgeschrittenen Länder abhängt".

Sodann aber weist Marx darauf hin, daß *für diese Machteroberung nicht schon die bloße Zahl genügt,* also die Erringung der Majorität, die im politischen Kampfe erstrebt wird. Die *Inauguraladresse* sagt diesbezüglich: "*Ein* Element des Erfolges besitzen die Arbeiter: ihre große Zahl. *Aber die Masse fällt nur in die Waagschale,* wenn *eine* Organisation sie zusammenfaßt und *Wissen* sie leitet." Welches Wissen Marx meint, ist uns bekannt. Es ist *das Wissen vom revolutionären Klassenkampf* als dem *einzigen* Mittel der Befreiung des Proletariats und, wie es in den Statuten der "Internationale" heißt, von dem Kampf "für die *Vernichtung aller Klassenherrschaft*". Darum betonen die Statuten auch, "daß die gegenwärtig sich erneuernde Bewegung der Arbeiterklasse in den industriellen Ländern Europas, während sie neue Hoffnungen wachruft, *zugleich feierliche Warnung erteilt gegen einen Rückfall in die alten Irrtümer*". Gemeint sind damit ebenso die Irrtümer des Utopismus der älteren Sozialisten wie die des Anarchismus der Proudhonisten einerseits und der Staatsanbetung der Lassalleaner anderseits. Sehr interessant für das, was im marxistischen Sinne zum wirklichen Inhalt einer proletarischen Machteroberung im Staate gehört, ist das Sendeschreiben des Generalrates der "Internationale" an den Föderalrat der romanischen Schweiz in Genf, dessen Abschrift Marx in seinem Briefe an Kugelmann vom 28. März 1870 anschließt (veröffentlicht von K. Kautsky, *Neue Zeit*, XX., 2, S. 475 ff.). Dort spricht Marx davon, daß England jenes Land sei, welches voraussichtlich der Hebel für eine soziale Revolution sein wird, weswegen es von der größten Wichtigkeit sei, daß die "Internationale" gerade dort den größten Einfluß entfaltet. "Die Engländer", schreibt Marx, "besitzen alle notwendigen *materiellen Vorbedingungen* der sozialen Revolution. Was ihnen *fehlt,* das ist der *Geist der Verallgemeinerung* und die *revolutionäre Leidenschaft.* Es ist nur der Generalrat imstande, sie einzuflößen und dadurch eine wahrhaft revolutionäre Bewegung in diesem Lande und infolgedessen allenthalben zu beschleunigen."[2])

So sehen wir, wie es ganz dieselbe Gedankenrichtung bei Marx ist, welche ihn bei der Hervorhebung eines Sieges des Prinzips der Arbeiterklasse und bei dem Hinweis auf das einzige Hilfsmittel des Proletariats, die Eroberung der politischen Macht, leitet. Beide Male ist es *der Gedanke der sozialen Revolution,* der als unmittelbar lebendiger und immerwährend gegenwärtiger erst soziale Reformen, genossenschaftliche Organisierung und politische Machteroberung zu wirklichen Elementen einer sozialistischen Bewegung macht. Nur die sozialistische Erziehung der Massen im Sinne des Klassenkampfes gegen Staat und Kapitalismus läßt die Machtgewinnung im Staate als einen wirklichen Machtzuwachs für die "soziale Aufgabe" des Proletarits, "für die Vernichtung der Klassenherrschaft" erscheinen. Ohne die revolutionäre Leidenschaft und ohne diese innere Fremdheit des Proletariats gegenüber den Formen und Zielen der staatlichen Politik wird alle Vermehrung des Einflusses der Arbeiterklasse im heutigen Staate nur dazu beitragen, sie mehr und mehr zu einer Gefangenen der politischen Ökonomie des Bürgertums zu machen statt zu ihrer siegreichen Überwinderin.

---

[2]) *Neue Zeit,* a. a. O., S. 477. Vgl. hierzu auch den Brief von Marx an Engels vom 11. September 1867, *Briefwechsel,* III. Bd., S. 406.

Der Arbeiter und sein Vaterland

Marxistische Bemerkungen über bürgerliches und poletarisches Wehrsystem

Das Vaterland des Arbeiters ist erst zu erobern: die sozialistische Welt!

Einleitung:
Das Prinzip der Nichteinmischung

Die folgenden Ausführungen beschäftigen sich mit einer Frage, über welche schon seit Monaten innerhalb der deutschen Sozialdemokratie eine äußerst bewegte Diskussion in der Presse und in Versammlungen stattfindet: mit der Stellungnahme der Partei zur Wehrmacht im kapitalistischen Staate und zur sozialistischen Wehrpolitik. Da es den Anschein hat, als ob es sich dabei um eine bloße *innere Angelegenheit der deutschen Sozialdemokratie* handelt, werden vielleicht manche meinen, daß die Kritik, welche im folgenden an der heute in der deutschen Sozialdemokratie noch herrschenden Politik geübt wird, nicht am Platze sei, weil sie von einem dieser Partei nicht angehörigen Genossen herrührt, der, wenn auch Österreicher, doch als "Ausländer" zu betrachten ist. Leider steht diese Auffassung noch bei vielen Genossen in hohem Ansehen und wird von ihnen gerne sogar zu einem Prinzip gemacht, nämlich zu dem viel zitierten "Prinzip der Nichteinmischung in fremde Angelegenheiten". Deswegen wird es nicht bloß zur persönlichen Rechtfertigung des Verfassers, sondern zugleich auch zur sachlichen Orientierung dienen, wenn wir zunächst über dieses "Prinzip" einige Worte sagen.

Man begegnet der Berufung auf dieses Prinzip bei parteipolitischen Diskussionen gewöhnlich in allen jenen Fällen, in denen eine theoretische Kritik unbequem ist, aber zufällig von einem ausländischen Genossen herrührt. Es ist jedoch klar, *daß die sozialistische Theorie nur eine einzige ist* für das ganze Proletariat und daß damit auch die sozialistische Politik in allen programmatischen Fragen prinzipiell nur dieselbe sein kann. Hier also von einer Einmischung in fremde Angelegenheiten zu sprechen, bekundet keineswegs eine *sozialistische* Einstellung, die von dem Prinzip der internationalen Einheit des Weltproletariates geleitet sein muß, sondern eher eine bürgerliche Denkweise, die in erster Linie um das eigene Haus, das eigene Volk, den eigenen Staat besorgt ist.

In der Tat ist das Prinzip der "Nichteinmischung in fremde Angelegenheiten" ein echt *bürgerliches* Prinzip, das seinen Ursprung auf ökonomischem Gebiete in der Theorie des wirtschaftlichen Liberalismus und auf politischem Gebiete in der Idee der Staatssouveränität hat. Nach dem wirtschaftlichen Liberalismus ist jeder freie Staatsbürger der unbedingte Herr seiner Handlungen und braucht sich, soweit er sich im Rahmen der Staatsgesetze hält, keinerlei Einmischung einer Behörde oder dritten Person in seine Angelegenheiten gefallen zu lassen; nach der Theorie der staatlichen Souveränität stellt jeder Staat eine völlig freie und unabhängige oberste Gewalt dar, zufolge welcher er es nicht zu dulden braucht und auch nicht duldet, daß irgendeine andere Macht sich mit seinen Angelegenheiten beschäftigt. In beiden Fällen bedeutet das Prinzip der Nichteinmischung eigentlich nur die ungestörte Machtausübung einerseits der Staaten, anderseits der Wirtschaftssubjekte zum Zwecke der Verfolgung ihrer Macht- und Erwerbsinteressen, kurz zum Zwecke der Aufrechterhaltung politischer Beherrschung und wirtschaftlicher Ausbeutung. Darum entspricht auch diesem Prinzipe auf ökonomischem Gebiete der Wirtschaftsegoismus und im staatlichen Bereiche der Nationalismus.

Der Arbeiter und sein Vaterland

Marxistische Bemerkungen über bürgerliches und proletarisches Wehrsystem

von

Max Adler-Wien

Das Vaterland des Arbeiters ist erst zu erobern: die sozialistische Welt!

1 · 9 · 2 · 9

E. Laubsche Verlagsbuchhandlung G. m. b. H.
Berlin W 30

Aber gerade deshalb ist dieses Prinzip der Nichteinmischung nirgends weniger am Platze, ja verhängnisvoller, als für die proletarische Politik, die doch ebenso wie der ihr zugrundeliegende Sozialismus eine *internationale* sein muß. Diese Internationalität muß endlich aufhören bloß eine solche der mehr oder minder feierlichen Resolutionen und Manifeste zu sein; sie muß *internationale Aktion* werden. Und daraus folgt, daß es überhaupt keine Taktik und keine Beschlüsse irgendeiner sozialdemokratischen Partei gibt, die für die Bruderparteien gleichgültig wären, ja auf deren Mitbestimmung diese verzichten könnten. Dies gilt nicht nur von Entscheidungen bezüglich der äußeren, sondern auch von solchen der *inneren* Politik. Es ist z.B. gar nicht abzusehen, welchen gewaltigen Schaden für die Erstarkung einer einheitlichen klassenrevolutionären Taktik des Weltproletariates die unglückselige innere Politik der *bedingungslosen* Koalition angerichtet hat, die bis jetzt vom deutschen Parteivorstand vertreten wird. Um so mehr wird ein allgemeines Interesse des ganzen proletarischen Kampfes berührt, wenn es sich um *Programmfragen* handelt, wie dies bei der Diskussion der Wehrfrage der Fall ist. Und es muß sogar direkt bedauert werden, daß die sozialistischen Parteien in den mächtigen Militärstaaten, wie Frankreich und England, sich so wenig um die deutsche Parteidiskussion bekümmern, daß sie bis jetzt noch nicht dazu Stellung genommen haben. Hier offenbart sich überhaupt die Schwäche des heutigen Sozialismus, der – nicht nur in die zweite und dritte Internationale gespalten, sondern innerhalb der ersteren überall durchsetzt von starken reformistischen Strömungen, um nicht zu sagen Mehrheiten – in den wichtigsten Lebensfragen des revolutionären Klassenkampfes zu keiner einheitlichen und entschiedenen Stellungnahme kommen kann.

Und doch hängt davon das Schicksal des Sozialismus ab, daß in allen einzelnen sozialdemokratischen Parteien der verschiedenen Länder *der internationale Geist den nationalen Standpunkt* und, was noch wichtiger ist, die sogenannte *verantwortliche Staatsgesinnung überwindet.* Diese Forderung erscheint heute manchem wie eine Neuigkeit und ist doch nur die Konsequenz des Wortes "Proletarier aller Länder, vereinigt euch", das schon über achtzig Jahre alt ist. Aber sowohl der Zerfall der proletarischen Internationale am Kriegsbeginn 1914 als auch das Schicksal der russischen und der mitteleuropäischen Revolutionen 1917 und 1918 haben uns grausam belehrt, daß diese Forderung des internationalen Denkens und Handelns größtenteils zu einer gewohnheitsmäßigen und praktisch bedeutungslosen Phrase geworden war. Aber die heutige ökonomische Entwicklung mit ihrer beispiellosen Machtsteigerung des Kapitalismus wird den Proletariern auf den verschiedensten Fronten des politischen und ökonomischen Kampfes immer deutlicher zum Bewußtsein bringen, daß die Zeit gänzlich vorbei ist, in welcher der sozialistische Kampf des Proletariates überall *bloß daheim* geführt zu werden braucht, um in *parallelen* Entwicklungen zum Endsiege zu gelangen. Das tragische Schicksal der russischen Revolution entstand daraus, daß das mitteleuropäische Proletariat, vor allem das deutsche, in seiner Revolution für die ihm erwachsenen geschichtlichen Aufgaben der sozialen Umwälzung noch nicht reif war, so daß die russische Proletarier- und Bauernrevolution isoliert blieb. Und die Schwäche der mitteleuropäischen Revolution war wieder, abgesehen von dieser moralischen und politischen Unreife des Proletariates, besiegelt durch die gänzliche Inaktivität der westeuropäischen Arbeiterklasse gegenüber den Revolutionen in Rußland und Mitteleuropa. Ebenso auch noch in der Folgezeit: die bedrängte Lage des österreichischen Proletariates gegenüber dem drohenden Faschismus, der es am 15. Juli 1927 blutig provozierte und am 7. Oktober 1928 eine offene Straßenschlacht riskieren wollte, war zum größten Teil dadurch bedingt (und ist es noch), daß das österreichische Proletariat bei den Proletariern der Nachbarländer, respektive Frankreichs und Englands, auf keine unmittelbare revolutionäre Aktion gegen eine Intervention der imperialistischen Regierungen rechnen konnte, ja nicht einmal auf eine diplomatische Hilfe der von einem sozialdemokratischen Reichskanzler geführten deutschen Regierung, obgleich diese im Oktober 1928 direkt von der österreichischen Regierung brüskiert worden war. Die Beispiele ließen sich noch häufen, welche zeigen, daß der Kampf des Proletariates heute auf einer Stufe angelangt ist, auf welcher er nur mehr in *unmittelbar* internationaler Aktion geführt werden kann (z.B. Ruhraussperrung, die einen anderen Verlauf hätte nehmen können, wenn die französischen und belgischen Eisenwerke von ih-

ren Arbeitern stillgesetzt worden wären, statt die Möglichkeit zu haben, eine glänzende Konjunktur auszunutzen und überdies die internationale Solidarität des Kartells zu bewähren). Es gibt Genossen, die mit einer gewissen sonderbaren Schadenfreude gegenüber den Schwierigkeiten der Sowjetunion die Binsenwahrheit bis zum Überdruß wiederholen, daß der Sozialismus nicht in *einem* Lande allein *verwirklicht* werden kann. Aber dann sollten sie daraus auch die Konsequenz für ihre eigene Erkenntnis und Politik ziehen, daß der Sozialismus auch nicht in einem Lande allein *erkämpft* werden kann. Es muß daher jede Aktion und jeder Beschluß der Sozialdemokratie aus einem solchen Geiste heraus erfolgen, bei dem das Interesse des Staates, dem die betreffenden Genossen *durch Geburt zufällig* angehören, völlig *zurücktritt* hinter dem Interesse des Weltproletariates, dem sie durch Klassenverbundenheit, theoretische Erkenntnis und revolutionären Willen *bewußt* eingegliedert sind. Und von diesem Standpunkt aus wird daher jeder Genosse, welcher Bruderpartei er immer angehören mag, nicht nur gerechtfertigt, sondern sogar verpflichtet sein, bei wichtigen Entscheidungen des sozialistischen Klassenkampfes in Deutschland Stellung zu nehmen, so wie anderseits kein deutscher Parteigenosse die Entschlüsse seiner Partei bloß für Deutschland bestimmt und wichtig halten darf.
In diesem Sinne wollen die folgenden Erörterungen ein Beitrag zu den Bemühungen sein, für die Stellungnahme zum Wehrprogramm eine Klärung auf dem Boden unserer theoretischen Grundanschauung, d.h. des Marxismus, zu ermöglichen. Wenn sie vielen Genossen nichts Neues bringen sollten, so wäre das angesichts der Tatsache, daß der Marxismus schon über achtzig Jahre alt ist, nur etwas Selbstverständliches. Es kommt aber darauf an, daß die alten Erkenntnisse nicht immer bloß als etwas "schon längst Bekanntes" hingestellt, sondern endlich einmal auch angewendet werden.

Erstes Kapitel: Über Staatsverantwortung

1. Die neue Lehre von der Volksgemeinschaft

In der großen Parteidiskussion über das Wehrproblem, die auch mit dem Parteitag in Magdeburg noch kaum zum Abschluß gelangen wird, sind die Gegensätze des rechten reformistischen und des linken klassenrevolutionären Flügels der Sozialdemokratie unverhüllt hervorgetreten. Diese Gegensätze sind nicht etwa erst durch den Streit um das Wehrproblem entstanden; sie waren ja schon seit langem in der Partei vorhanden und sind nur jetzt infolge der heillosen Koalitionspolitik des Parteivorstandes, besonders aber durch den geradezu unerhörten Beschluß unserer Ministergenossen bezüglich des Panzerkreuzers wieder einmal schroff und kraß hervorgetreten. Diese Kraßheit hatte jedenfalls das eine gute, daß sie das sozialistische Gewissen weiter Parteikreise wachgerüttelt und das Interesse, ja Bedürfnis nach theoretischer Klärung geradezu leidenschaftlich hervorgerufen hat. In der Tat ist denn auch die Diskussion sehr bald in Fluß gekommen und hat überall große Bewegung und Anteilnahme hervorgerufen. Aber sie ist theoretisch fast ganz von der Linksrichtung getragen worden. Man kann nicht sagen, daß die Rechtsrichtung, abgesehen von einigen Verteidigungsartikeln für die offiziellen "Richtlinien zum Wehrprogramm", bisher etwas Wesentliches zur *wissenschaftlichen* Begründung ihres Standpunktes beigebracht hat, obgleich ihr doch bedeutende theoretische Köpfe angehören. Vielleicht ist der Grund dafür darin gelegen, daß die Anhänger dieser Richtung meinen, die theoretische Begründung und Rechtfertigung ihres Standpunktes sei schon längst ausführlich und genügend in dem gegeben, was Rudolf Hilferding seit einigen Jahren über die Notwendigkeit einer "Neuorientierung der sozialdemokratischen Politik" geschrieben und gesprochen hat. In mehreren Artikeln der Zeitschrift *Der Klassenkampf* habe ich bereits den Versuch einer eingehenden Auseinandersetzung mit dieser Neuorientierung begonnen.[1]) Es hat sich gezeigt, daß diese neue Lehre überall mit unkritischen Gemeinschaftsbegrif-

[1]) Vgl. *Der Klassenkampf*, Berlin, Jg. 1927 und 1928.

fen arbeitet, welche die Tatsache des Klassengegensatzes völlig ignorieren, und daß sie daher schließlich auch mit der ***bewußten Preisgebung*** der marxistischen Klassenkampflehre endet. Auf diese Weise muß sie auch zugleich immer mehr den Zusammenhang mit der proletarischen Denk- und Fühlweise verlieren; und noch bevor diese im Sommer 1928 unterbrochene Artikelreihe vollendet werden konnte, haben sich die theoretischen und praktischen Vertreter dieser neuen Lehre beeilt, mit dem Panzerkreuzerbeschluß ein drastisches Beispiel für die Richtigkeit dieser Kritik zu geben.

In diesen Artikeln ist eigentlich schon alles Wesentliche zur theoretischen Widerlegung der neuen Lehre vorgebracht worden. Aber die Widerstandskraft des Irrtums und die Bequemlichkeit der Gedankenlosigkeit sind so groß, daß die richtige Erkenntnis eigentlich nicht oft genug wiederholt werden kann. Es wird daher gewiß nicht überflüssig sein, wenn wir zur Klärung der aktuellen Probleme, zu denen besonders das Koalitions- und das Wehrproblem gehören, mit einer kritischen Betrachtung eines Begriffes beginnen, der sich als der tragende Pfeiler aller reformistischen Politik in unseren Reihen und besonders der Militärpolitik erweisen wird.

Der Grundgedanke nämlich und gleichsam die Zentralsonne, um die sich dieses sogenannte neuorientierte politische Denken der Rechtsrichtung in unserer Partei dreht, ist der Begriff *Staatsverantwortung*. Mit diesem Begriffe will man sagen, daß das Proletariat im heutigen Staate zu groß geworden sei, um ihm weiterhin ablehnend und innerlich fremd gegenüberzustehen, wie dies die prinzipielle marxistische Lehre verlangt. Durch die Eroberung der Demokratie sei der Staat etwas anderes geworden als früher. Er ist nach dieser Auffassung nicht mehr der Staat der Besitzenden allein, sondern in dem Maße, als das Proletariat von dieser Demokratie Gebrauch macht, immer mehr auch der Staat der Proletarier geworden. Das habe freilich zur Voraussetzung, daß auch das Proletariat dies einsieht und die Verfolgung seiner Klasseninteressen der *Idee der Volksgemeinschaft,* d.h. aber dem *Staatsganzen,* unterordnet. Und daraus ergibt sich konsequent die Forderung, daß die proletarische Politik ein größeres Verständnis für die "Lebensnotwendigkeiten des Staates" haben muß (also z.B. Panzerschiffe). Und infolgedessen müsse das Proletariat mehr oder minder bewußt einen Abbau aller jener Gedanken und Gefühle vornehmen, die sich einem solchen Verständnisse hinderlich erweisen, weil sie mehr auf die Betonung und Steigerung des revolutionären Klassenkampfes gerichtet sind. An die Stelle dieser "veralteten" revolutionären Ideologie muß die Bereitschaft zur Verständigung und Mitarbeit mit den bürgerlichen Klassen treten; es muß in jedem einzelnen Arbeiter auf diese Weise der Sinn für die Staatsverantwortlichkeit geweckt werden, welcher die Politik als einen Dienst am Ganzen ansieht. "*Staatsverantwortliche Gesinnung*" – das wird die neue proletarische Tugend statt des alten proletarischen Klassenbewußtseins. Und aus dieser neuen Tugend folgt auch gleich eine neue staatsmännische Errungenschaft: das Anerkennen von prinzipiellen Grenzen der sozialdemokratischen Politik. Sie sind überall dort, wo die Interessen des "Staatsganzen", der "Nation", der "Volksgemeinschaft" sonst verletzt werden müßten. Nicht mehr die Befreiung des Proletariates durch *Beseitigung* des Klassenstaates ist das Ziel dieser "neuen" sozialistischen Politik, sondern die "*Mitarbeit* am Ganzen des Staates". Aus einer solchen politischen Orientierung heraus ist es dann auch völlig begreiflich, wenn man der Meinung ist, daß auch der Sozialdemokrat den *Staat,* den man in dieser Hinsicht auch gerne das Vaterland nennt, *nicht wehrlos lassen kann,* so daß man von nun an den Militarismus nur so weit noch ernstlich bekämpfen kann, als die Majorität der anderen dies "gefahrlos" zu tun erlaubt.

2. Kritik des Begriffes vom Staatsganzen

Diese ganze Anschauung ist aber nicht nur eine durchaus falsche, sondern sie ist zugleich auch *höchst widerspruchsvoll.* Denn ihr eigentliches Hauptargument läßt sich folgendermaßen kurz hervorheben und wird auch in der populären Rechtfertigung einer angeblich notwendigen Wandlung der sozialistischen Politik immer wieder so verwendet: Die Arbeiterpartei sei früher klein und schwach gewesen und habe sich daher leicht mit einer prinzipiellen Stellungnahme begnügen können; jetzt aber, da sie groß und stark geworden sei, wäre dies nicht mehr möglich. Es genügt, diesen Hauptgedanken des neuen Revisionismus so kraß hervortreten zu lassen, um sofort deutlich zu sehen, wie wenig er noch mit der großen Grundanschauung des marxistischen Sozialismus zusammenhängt. Denn das Wesen des Marxismus besteht gerade darin, seine prinzipiellen Erkenntnisse nicht als bloße Buchwahrheiten oder Feiertagsformeln aufzustellen, sondern als ebenso viele *Leitsätze der praktischen politischen Arbeit*. Was soll man aber zu einer Art des Sozialismus sagen, wie die der Rechtsrichtung, welche die Prinzipien des revolutionären Klassenkampfes so lange hochhalten und als wissenschaftliche Konsequenzen des Marxismus ausgeben will, solange man noch gar keine Macht und Aussicht hat, sie zu verwirklichen, sie aber sofort für überlebt und unpraktisch erklärt, sobald das Proletariat zu "Macht und Einfluß" gelangt. Allein dieser für einen Marxisten jämmerliche Widerspruch soll hier nur aufgezeigt werden, um ein Warnungssignal aufzustellen, bis zu welcher Preisgebung sozialistischer Logik die "Theorie" dieser realpolitischen Umlerner uns führt. Im übrigen wird dieser Widerspruch um so rascher sein verdientes Ende finden, je rascher das Proletariat wieder klassenrevolutionär denkt und fühlt.

Aber diese ganze Denkweise des Neurevisionismus ist, auch abgesehen von diesem Selbstwiderspruch, falsch und gibt alle bereits errungene gesellschaftswissenschaftliche Grunderkenntnis des Marxismus preis. Dies zeigt sich besonders klar, wenn wir jetzt ihren Grundbegriff etwas näher betrachten, den vorhin erläuterten Begriff von der *Staatsverantwortung*. Was bedeutet dieser Begriff konsequent zu Ende gedacht? Daß der Staat etwas ist, für das sich jeder ohne Unterschied des Standes und der Klasse in gleicher Weise verantwortlich fühlen muß. Der Begriff der Staatsverantwortung enthält also vor allem eine *Forderung* an unsere Gesinnung, d.h. eine *moralische* Forderung: jeder einzelne im Staate *soll* sich mit der Verantwortung für ihn belastet fühlen, und dies deshalb, weil der Staat ein *Ganzes* ist, von dem *jeder* einzelne ein *Glied* darstellt. Die Forderung der Staatsverantwortlichkeit setzt auf diese Weise stillschweigend die Tatsache einer *allgemeinen Solidarität der Interessen* und einer *sittlichen Gemeinschaft* voraus. Es hätte ja auch gar keinen Sinn, von dem Verhältnis der Gliedhaftigkeit zum Ganzen zu sprechen, wenn man dabei nicht an ein solches Verhältnis denkt, bei dem *jeder* durch das Ganze den *gleichen* Schutz und die gleiche Förderung erfährt, sich also als solidarischen Teil einer großen Zweckgemeinschaft empfindet. Nur daraus ergibt sich dann für den einzelnen, der diese Zweckgemeinschaft erkennt oder doch erkennen soll, das Bewußtsein und die Verpflichtung seiner Verantwortlichkeit für das Ganze. So fühlt sich der Vater gegenüber seinen Kindern, der Lehrer gegenüber seinen Schülern, der Arbeitende gegenüber seiner Werksgemeinschaft, das Vereinsmitglied gegenüber seinem Vereine verantwortlich, weil überall die engste Gemeinschaft der Lebensinteressen oder Zwecksetzungen besteht, aus der sich natürlich eine sittliche Verpflichtung zur Förderung des jeweiligen Ganzen dieser Gemeinschaft ergibt.

Der Begriff der Staatsverantwortlichkeit lebt nun *heute* von dem *falschen Schein* des Bestandes einer solchen Interessengemeinschaft und sittlichen Verbundenheit aller zu einem alle gleich fördernden Ganzen. Dieser Schein besteht vielfach ganz urwüchsig und gutgläubig sowohl bei den Herrschenden und Beherrschten, solange sie eben über das Wesen der Klassengesellschaft noch nicht aufgeklärt sind; immer häufiger aber wird er zu einer bewußten Täuschung und Vorspiegelung durch die geistigen und geistlichen Repräsentanten der herrschenden Klassen. Denn in Wirklichkeit *fehlt* in der heutigen, d.h. kapitalistischen Gesellschaft überall die *reale Grundlage* für eine solche Gemeinschaftsbildung, wenn auch der Staat offiziell als solche ausgegeben wird. Alle Staaten beruhen ja vielmehr auf dem *ökonomischen Klassengegensatz* der Besitzenden und Besitzlosen, damit aber notwendig auf der wirtschaftlichen Ausbeutung der letzteren durch die ersteren. Und welche optimistische Vorstellungen immer man sich von der Milderung dieses Verhältnisses durch Demokratie und Sozialpolitik machen mag, sicher ist, daß jeder, auch der demokratischeste bürgerliche Staat, das System der bürgerlichen Rechts- und Wirtschaftsordnung *aufrechterhalten muß*. Ja, dies galt seit jeher als die eigentliche Aufgabe jeder Regierung im Staate, und diese Aufgabe wird sogar als der *sittliche Zweck des Staates* bezeichnet. Dem widersprechen aber auf das entschiedenste die

Lebens- und Entwicklungsbedingungen des Proletariates, welches in der Aufrechterhaltung dieser Ordnung, von der Unterdrückung und Ausbeutung, Armut und Elend unabtrennbar ist, sogar etwas Unsittliches erblicken muß und in ihr den Urgrund aller Kulturwidersprüche der heutigen Gesellschaft bekämpft. *Hier hört daher jede Gemeinschaft der Interessen auf,* damit aber auch jede Möglichkeit der Zusammenarbeit, jede Solidarität der Zielsetzung und somit auch jede Möglichkeit einer gemeinschaftlichen sittlichen Verantwortung. Sehen wir ja auch immer wieder, wie das Ziel der proletarischen Politik, nämlich der Sturz der bürgerlichen Rechts- und Wirtschaftsordnung, von den herrschenden Klassen als etwas sittlich Verwerfliches, ja geradezu als ein *Verbrechen* bezeichnet wird. Wo ist also das "Ganze", das der Sozialdemokrat im Staate mitverantworten soll und kann? Zu diesem Ganzen gehört doch nicht bloß das Proletariat, für welches man bei dieser Auffassung ohnedies nur soweit eintreten kann, als es das "Ganze" gestattet. *Dazu gehört doch auch die kapitalistische Produktionsweise.* Und infolgedessen gehören zu dem "Ganzen" des Staates auch der Klassengegensatz und die ökonomische Ausbeutung der Arbeiter, kurz die Lebens- und Herrschaftsbedingungen der besitzenden Klassen. Und die Staatsverantwortung muß für die "berechtigten" Interessen der Besitzenden *genauso* eintreten wie für die Interessen des Proletariates. Diese Konsequenz ist unentrinnbar, sobald man sich einmal auf den Standpunkt einer verantwortlichen Vertretung des Ganzen gestellt hat, also nicht mehr auf dem Standpunkt der Vertretung *bloß eines Teiles* dieses Ganzen steht, nämlich der Vertretung der revolutionären Klasseninteressen des Proletariates.

Man kann hier wieder einmal den gefährlichen Unfug sehen, welchen die unklaren Gemeinschaftsbegriffe anrichten. Diese müssen nämlich in der heutigen Gesellschaft notwendig doppeldeutig werden, indem sie ihrer *Wortbedeutung* nach einen idealen Sinn vertreten, den Sinn der Gemeinschaft, der aber in der klassengespaltenen Gesellschaft von heute nicht zu verwirklichen ist, während sie in der *Anwendung* auf diese Klassengesellschaft jedesmal unwahr und heuchlerisch werden müssen. So denkt jeder bei dem Worte "Staatsverantwortung" gewiß zunächst an das sittliche Ideal eines Ganzen, woraus sich dann freilich die moralische Forderung ergibt, daß jeder sich diesem unterordnen soll. *Aber ein solches Ganzes ist der heutige Staat nicht* und kann es auch durch bloße Demokratie nicht werden. Er ist vielmehr die grundsätzliche *Zerrissenheit* in zwei ökonomisch lebensgegensätzlich interessierte Lager. Noch immer gilt das düstere Wort *Platos,* daß jeder Staat, solange er auf dem Privateigentum aufgebaut ist, nur scheinbar eine Einheit darstellt, in Wirklichkeit aber *zwei feindliche Staaten* enthält: den Staat der Reichen und den der Armen. Das Ganze also, dem gegenüber ein Sozialist sich verantwortlich fühlen könnte, ja müßte, *ist noch gar nicht da.* Es muß erst geschaffen werden, und es kann nur geschaffen werden von einem *Teile* des heutigen Ganzen, vom Proletariate, *gegen* den anderen Teil, die Besitzenden. Denn es liegt jenseits der kapitalistischen Gesellschaft und des bürgerlichen Staates.

Zu dem Ganzen, das heute da ist, gehört notwendig der Kapitalismus, damit aber auch die Steigerung des Kapitalismus zum Imperialismus, was gewöhnlich in der Form einer nationalen Wirtschaftsausdehnung auftritt, und gehört schließlich ebenso notwendig Militarismus, Kriegsrüstung und zuletzt der Krieg selbst. Hat man vergessen, daß die Arbeiterregierung MacDonalds aus pflichtgemäßer Staatsverantwortung für die Unverletzlichkeit des britischen Weltreiches das Abwerfen von Fliegerbomben auf aufständische indische Dörfer zugelassen hat? [2])

---

[2]) Besonders lehrreich dafür, was Staatsverantwortung heute ist, waren die Vorgänge vor dem 7. Oktober 1928 in Österreich. An diesem Tage wollten die Heimwehren – ausgesprochene faschistische bewaffnete Organisationen – einen provokatorischen Massenaufmarsch aus ganz Österreich in Wiener Neustadt, "vor den Toren Wiens", wie sie sagten, machen. Es handelt sich dabei um eine ausgesprochene Aktion gegen das Proletariat, "gegen den roten Terror". Aber eben deshalb wurden diese Faschistenbanden von der uneingeschränkten Sympathie der ganzen bürgerlichen Presse, ob christlich oder jüdisch, begleitet, die sie als Retter des Staatsganzen feierte. Und der Staatskanzler Seipel erklärte im Parlament seine Befriedigung darüber, "daß die Heimwehren da sind". Sie gehören eben auch

3. Verbürgerlichung als Grundlage der neuen Politik

Vielleicht meint aber jemand, die Zugehörigkeit der ökonomischen Ausbeutung zum Ganzen des heutigen Staates schließe trotzdem die Staatsverantwortung nicht aus, weil man ja innerhalb derselben die Ausbeutung bekämpfen kann. So gehöre ja auch z.B. die Tuberkulose zum heutigen Ganzen des Staates, werde aber gerade dadurch, daß man die Kräfte des Ganzen intensiv gegen sie in Bewegung setzt, wirksam bekämpft. Allein dieser Einwand trifft gar nicht das Wesentliche. Denn die Tuberkulose, oder man könnte auch den Alkoholismus hier heranziehen oder die Lues, dies alles gehört nicht zu den wesentlichen Grundlagen der bürgerlichen Gesellschaftsordnung, sondern stellt in ihr *vermeidbare* Übel dar, deren Beseitigung im Allgemeininteresse liegt. Die Bekämpfung dieser Übel ist nicht gleichbedeutend mit der Bekämpfung der Grundlagen der bürgerlichen Kultur und kapitalistischen Lebensnotwendigkeiten. Und trotzdem muß man sagen, daß sogar diese Übel bei Aufrechterhaltung der Gesellschaft der Klassengegensätze nicht wirklich von Grund aus bekämpft werden können. So großartig in mancher Hinsicht die Einrichtungen der öffentlichen Gesundheitspflege und Seuchenbekämpfung sind und so großen Erfolg sie unbestreitbar haben, so wissen doch gerade wir am besten, daß die Armut großer Volksschichten, die Geißel der Arbeitslosigkeit, die schreckliche Unkultur der Wohnungen der großen Massen immer wieder einen großen Teil des segensreichen Einflusses jener Wohlfahrtseinrichtungen zunichte machen oder oft gar nicht zur Entfaltung kommen lassen. Auch hier weist jede wirklich widerspruchslose Arbeit für Volksgesundheit *über die Grenzen der kapitalistischen Gesellschaft hinaus,* obgleich diese Übel an sich in ihr gar nicht notwendig wären.

Aber die Übel, welche aus der kapitalistischen Produktionsweise entspringen, sowohl die ökonomischen der Ausbeutung, Armut, Arbeitslosigkeit und des vorzeitigen Alterns der arbeitenden Klassen als die politischen der inneren und äußeren Gefahren der imperialistischen Entwicklung, sie sind *nicht vermeidbare Übel* in der kapitalistischen Gesellschaft, sondern *von ihr gänzlich unabtrennbar.* Wer also meint, daß man die alte Gegnerschaft des Sozialismus gegen dieses kapitalistische Ganze mit der Staatsverantwortlichkeit für dieses Ganze vertauschen muß, der hat eigentlich schon alle diese Übel mit in Kauf genommen. Und daher sehen wir denn auch, daß dem Standpunkte der Staatsverantwortung eine vom sozialistischen Klassenkampf abgrundtief geschiedene Einstellung gegenüber diesen Übeln entspricht. Nun verwandeln sich nämlich diese Übel in bloße "Auswüchse" des Kapitalismus, und es ist gar nicht mehr die Rede von der Beseitigung und Überwindung des Kapitalismus, sondern bloß von der Milderung seiner schroffen Seiten. Jede wirkliche und konsequente Bekämpfung des Kapitalismus selbst erscheint jetzt entweder als Rückkehr zur Utopie oder als Gefolgschaft des Bolschewismus. Und dies alles ist von einem Standpunkt, der eben das Ganze des *Staates* vertreten will und infolgedessen auch *alle* seine Klassen vertreten muß, nur durchaus berechtigt, ja sogar selbstverständlich.

Denn dies ist es, was wir zum Schlusse ganz deutlich einsehen und aussprechen müssen: Wer sich auf den Standpunkt der Staatsverantwortung stellt, *der stellt sich zugleich auf den Boden der bestehenden Gesellschaftsordnung.* Er hat aufgehört, nicht etwa nur klassenrevolutionär

---

zum "Ganzen" des Klassenstaates und sind die nicht einmal mehr geheim protegierten Schutztruppen der Banken und der Schwerindustrie. Und deshalb wurden sie von einem Staatsmanne, der sich für das "Ganze" verantwortlich fühlte, zu welchem er natürlich vor allem die Besitzinteressen rechnet, im Namen der Wahrung der staatsbürgerlichen Rechte aller unter Aufbietung der ganzen Armee gegen die Arbeiter, gegen die sie doch aufmarschierten, "geschützt", d.h. unterstützt. – Und um ein Beispiel auch nach der anderen Seite zu haben, steht nun der blutige 1. Mai in Berlin da, ein namenloses Unglück für die ganze internationale Sozialdemokratie. Gewiß ist kein Wort zu hart für die Verantwortungslosigkeit, mit der die kommunistische Politik Blutopfer schuf. Aber daß ihr dies gelingen konnte, war doch nur die Folge davon, daß sozialdemokratische Staatswürdenträger die Verantwortung für die Unversehrtheit der Staatsautorität (welchen Staates? etwa des proletarischen?) höher stellten als die Verantwortung für die Integrität der proletarischen Maiidee.

zu reden, sondern so zu denken, fühlen und handeln. Er vertritt, ob nun als einfacher Genosse oder als Vertrauensmann in der Partei oder Gewerkschaft oder als Minister in einer Staatsregierung, nicht mehr das Interesse des Proletariats *allein,* sondern darüber hinaus *auch* die Interessen des "Ganzen", also *auch die Interessen der besitzenden Klassen.* Das heißt, er muß sie stets mitberücksichtigen und aus dieser Rücksicht das Maß und den Inhalt der Forderungen seiner eigenen Klasse bestimmen lassen. Auf diese Weise entsteht ihm daher die Aufgabe, *beide Interessensphären nebeneinander* möglich zu machen. Da er aber über die Gesinnungen und Handlungen der anderen keine direkte Gewalt hat, so bleibt ihm nur übrig, zunächst im eigenen Lager mit dem Entgegenkommen zu beginnen, also vom eigenen strengen Klasseninteresse des Proletariats abzugehen, in der Hoffnung, daß die anderen dies "würdigen" und ähnlich vorgehen werden. Und so entsteht jene "neue Orientierung unserer Politik" – es ist aber im Grunde der alte Revisionismus, der die sozialistischen Parteien schon einmal in den Zusammenbruch der Internationale im August 1914 geführt hat –, es entsteht jene Ideologie des Rechtskurses in der Partei, die mit einem immer wachsenden Verständnis für die Notwendigkeiten des bürgerlichen Staates eine immer größere Entfremdung gegenüber den Kampf- und Entwicklungsnotwendigkeiten des revolutionären Proletariats verbindet. So werden dann freilich Beschlüsse möglich, wie der über die Panzerkreuzerrate. Und so ist es möglich, daß ein sozialdemokratischer Minister auf dem Hamburger Gewerkschaftskongreß die Bekämpfung der Technischen Nothilfe förmlich wie ein Geschenk ankündigte, für das die Arbeiter dankbar sein müßten, indem er sagte (Wiener *Arbeiter-Zeitung* vom 7. September 1928), "das sei ein Akt *seines* Vertrauens (!) zu den Gewerkschaften, daß sie sich niemals ihren Verpflichtungen gegen den Staat (!) entziehen werden". Sollte man nicht eher erwarten, daß ein Sozialdemokrat, der gerade Minister sein muß, die Gelegenheit, vor seinen Genossen zu sprechen, benützen müßte, um etwa so zu ihnen zu reden: daß sie, trotzdem er als Minister einer bürgerlichen Regierung nicht so könnte, wie er wollte und sollte, ihm doch *ihr* Vertrauen als Sozialisten bewahren sollten, indem er auch an dieser Stelle suche, nicht für den Staat, sondern für das Proletariat herauszuholen, was möglich sei, gestärkt von dem Vertrauen, daß die Gewerkschaften das Errungene im Sinne ihrer Verpflichtungen gegen den revolutionären Klassenkampf des Proletariats anzuwenden und auszunützen verstehen werden.

Aber freilich, bei solcher Denk- und Sprechweise hätten wir wahrscheinlich überhaupt keine Minister, dafür auch keine Parteikrise. An Stelle der Staatsverantwortlichkeit wäre die Politik der Partei beherrscht von dem Geiste der *Verantwortlichkeit vor dem Sozialismus,* d.h. an Stelle einer *nationalen* Verantwortlichkeit träte die Verantwortung vor der *Internationale,* die einzige, die wirklich zu neuen Lebensformen führen kann, indem sie die alten Lebensbedingungen der Klassenstaaten negiert und schließlich sprengt.

Und dies führt uns nun unmittelbar auf das aktuell gewordene Thema der Stellung des Sozialismus zum Wehrproblem im bürgerlichen Staate. Denn zu den alten bürgerlichen und nationalen Lebensformen gehört die Gleichsetzung von Klassenstaat und Vaterland, von Verteidigung der bestehenden Herrschaftsinteressen und Landesverteidigung. Die prinzipielle sozialistische Frage: Wie entziehen wir dem Militarismus die Volksmassen, um ihn so am sichersten zu vernichten?, verwandelt sich auf diese Weise in die andere Frage: In welchem Maße ist der Militarismus durch die Landesverteidigung *berechtigt?* Wohin eine solche Denkweise führt und führen muß, das hat der Panzerkreuzerbeschluß wie mit einem Blitzlicht erleuchtet. Und nicht nur weil durch ihn die ganze Diskussion über das Wehrproblem hervorgerufen wurde, sondern weil an der kritischen Betrachtung dieses Ereignisses so viel zur Klärung des ganzen Problems zu lernen ist, wird es gut sein, dieses verhängnisvolle Ereignis nicht der allgemeinen menschlichen Schwäche des Vergessens zu überlassen.

Zweites Kapitel: Panzerangriff auf die Internationale

1. Die Koalition als Selbstzweck

Am 10. August 1928, fast zur selben Stunde, als in Brüssel der Internationale Sozialistenkongreß einen flammenden Aufruf gegen Krieg und Kriegsrüstung beschloß, bewilligten in Berlin die vier sozialdemokratischen Minister die Erbauung eines Kriegsschiffes. Und sie taten dies in Ausübung einer von ihnen empfundenen "Staatsverantwortlichkeit", die durch die Koalition mit den bürgerlichen Parteien auf ihre Schultern gewälzt worden war. Eine ärgere Kompromittierung der internationalen sozialistischen Arbeiterbewegung wie durch dieses unbegreiflich bedenkenlose Vorgehen der deutschen sozialistischen Koalitionsminister läßt sich kaum denken, indem gerade sie es waren, welche das Symbol des neudeutschen Imperialismus und der militaristischen Klassengewalt unserer Gegner überhaupt, den ersten neuen deutschen Panzerkreuzer, bewilligten. Vergeblich war die klägliche Entschuldigung, daß es ja nur die erste Baurate des Schiffes gewesen sei und noch nicht die Flüssigmachung der ganzen Kosten des Schiffes. Denn was soll man von dem Ernst und dem Verantwortungsgefühl solcher Minister halten, die eine erste Baurate mit dem geheimen Vorbehalte bewilligen, die folgenden Bauraten zu verweigern, nur um dadurch momentan über eine für sie schwierige Situation hinwegzukommen? Kann im Ernst jemand glauben, daß man auf diese Weise Steuergelder des Volkes doppelt hinauswerfen werde, einmal für Kriegszwecke und das zweitemal für den Anfang eines Baues, den man nicht zu Ende führen läßt? Diese Entschuldigung war also noch jämmerlicher als die Handlungsweise selbst und ist überdies seither durch die Einstellung der zweiten Baurate des Schiffes in den Entwurf des Staatshaushaltes längst schon Lügen gestraft worden. Eine ungeheure Welle der Scham, des Schmerzes und der Empörung, wie sie in der deutschen Sozialdemokratie noch nicht erlebt wurde, ging nach dem Panzerkreuzerbeschluß durch die ganze Partei, aber über sie hinaus auch durch die ganze sozialistische Arbeiterwelt, überall dort, wo sozialistische Forderungen und Ideen noch nicht zu bloßen Wahlschlagern geworden sind, sondern aus dem sehnenden politischen und gesellschaftlichen Idealismus des Proletariats entspringen. Zugleich aber wirkte diese Panzerkreuzerbewilligung wie eine warnende Illustration zu der Bedächtigkeit des Brüsseler Internationalen Kongresses mit seiner nach allen Richtungen hin den Klassenkampf des Proletariats verklausulierenden Stellungnahme. Da hatte der Brüsseler Kongreß ein umfangreiches Verhaltungsprogramm entworfen, wie bürgerlich-kapitalistische Regierungen gezwungen werden sollten, gegen "wilde" und "unreife" Kolonialvölker ihre imperialistischen Gelüste zu zügeln. Hierbei wurde natürlich vorausgesetzt, daß diese Zügelung durch den kraftvollen antimilitaristischen und antiimperialistischen Klassenwillen des Proletariats und seiner parlamentarischen Vertreter erfolgen könne und werde. Und im selben Moment läßt eine Regierung, in der die Sozialdemokratie mit vier ihrer besten Männer und Parlamentarier, darunter einem berühmten Theoretiker des Marxismus, beteiligt ist, einen Panzerkreuzer vom Stapel laufen, weit entfernt also davon, gegen ihren heimischen Imperialismus aufzutreten, ohne jede andere Nötigung als die der Aufrechterhaltung ihrer Scheinmacht.

Ohne andere Nötigung! Denn das ist das Empörende an dieser Sache, daß dieser Beschluß, wie nachher auch zugegeben werden mußte, aus keinem anderen Grunde erfolgt ist, als *um nicht aus der Regierung herausgehen zu müssen,* wobei man glaubte, von der Befragung der Partei ganz absehen zu können. Der zuerst angegebene Vorwand, daß man durch die bereits im früheren Reichstag erfolgte Bewilligung der ersten Baurate des Panzerkreuzers sich juristisch in einer Zwangslage befunden hätte, ist bereits in seiner ganzen Fadenscheinigkeit durch einen so autoritativen Kenner des Verwaltungsrechtes wie Genossen Dr. Karl Herz in seiner ganzen Nichtigkeit entlarvt worden. Karl Herz hat gezeigt, daß eine solche Zwangslage nicht nur nicht bestanden hat, sondern daß gerade formaljuristisch der Reichsfinanzminister zusammen mit dem Reichskanzler stets in der Lage sind, einen Beschluß des Ministeriums aufzuhalten, selbst wenn eine Majorität für denselben besteht; und da in unserem Falle der Reichsfinanzminister und der Reichskanzler unsere theoretisch und praktisch führenden Genossen sind, so ist es klar, daß sie diesen Beschluß nicht aufhalten *wollten*. Dabei soll gar nicht davon gesprochen werden, daß sozialdemokratische Minister, die *zugleich klassenrevolutionäre Vertreter des Proletariats* wären, selbst einer formaljuristischen Zwangslage gegenüber Mittel gefunden hätten, ihrem Standpunkte Rechnung zu tragen: sie wären eben aus der Regierung ausgetreten oder hätten zumindest durch die Befragung der Partei die bürgerlichen Gegner unter Druck gestellt. Aber man braucht sich heute darüber gar nicht mehr aufzuhalten; denn inzwischen hat ja Genosse Breitscheid in dem sichtlich gutgemeinten Bestreben, seine Richtungsgenossen im Ministerium zu rechtfertigen, ausgeplaudert, wie es zu dem Beschluß gekommen ist. Er erzählt nämlich in einem vom *Sozialistischen Pressedienst* verbreiteten Artikel, daß die vier sozialdemokratischen Minister schon gegen die Baurate stimmen wollten. Als sie aber die Gewißheit erhielten, daß dann auch die beiden demokratischen Minister sich ihnen anschließen würden, wodurch eine Mehrheit für die Ablehnung entstanden wäre, hätten sie dies nicht mehr auf sich nehmen wollen, um – die Krisis der Regierung zu vermeiden. Das heißt also, unsere vier sozialistischen Vertrauensmänner in der Regierung hätten bestimmt (damals!) *gegen* den Panzerkreuzer gestimmt, wenn sie sicher gewesen wären, daß *die anderen* Mitglieder der Regierung die Majorität *für* den Panzerkreuzer erhalten hätten. Dies also ist der herrliche Gipfelpunkt der gepriesenen Realpolitik, welche immer der "abstrakten" Gesinnungspolitik der Linken triumphierend entgegengehalten wird. Sie führt, wie wir jetzt sehen, nicht nur zur materiellen Stärkung der Gegner, sondern zur eigenen Kompromittierung. Und auf diese Weise zerstört sie zugleich in einer fast selbstmörderischen Weise unsere stärkste Waffe, *die ideelle und moralische Wucht unserer Bewegung,* indem sie im eigenen Lager und bei den Gegnern den *Glauben an den Ernst* unserer Stellungnahme gegen die bürgerliche Welt vernichtet.

Es war also keine Zwangslage, in der dieser traurige Beschluß erfolgte. Im Gegenteil, wir sehen jetzt, daß es die sozialistischen Minister waren, *die selbst die Situation herbeigeführt haben,* welche die Majorität für den Panzerkreuzer ergab. Und warum taten sie dies? Weil sonst die Koalition auseinandergegangen wäre. Aber, werden gewiß die Arbeiter fragen, warum soll sie denn nicht auseinandergehen? *Ist sie denn ein Selbstzweck,* ein unantastbares Gut des Sozialismus, oder ist sie nicht bloß ein Notbehelf für den revolutionären Klassenkampf? Und woran soll denn eine sozialdemokratische Koalition ihren *proletarischen Kampfcharakter* erweisen als daran, daß sie imstande ist, an gewissen Punkten plötzlich aufzufliegen, nämlich dort, wo sie nur mehr mit Preisgebung sozialistischer Grundsätze oder doch nur mit Gleichgültigkeit gegen sie eingehalten werden könnte?

Oder hatte etwa die bestehende Koalition eine solche Hochschätzung gerechtfertigt, daß man sie um jeden Preis erhalten mußte? Was war denn durch sie bis dahin erreicht worden? Darüber besteht wohl kaum eine Meinungsverschiedenheit, daß ihr Ergebnis schon damals nicht nur keine Aktivbilanz, sondern auch ohne die Panzerkreuzeraffäre eine schwer zu ertragende Passivbilanz hatte. Die einzigen positiven Punkte, die Lohnsteuersenkung, eine minimale Sache, und die Amnestie, waren auch ohne Koalition zu erreichen. Dagegen hatte die Sozialdemokratie in allen prinzipiellen Forderungen die Segel streichen müssen. Die Reform der Reichswehr wurde zurückgestellt. Die Forderung des Nationalfeiertages, d.h. aber eigentlich der feierlichen Anerkennung der Republik, war zu einer schmählichen Niederlage gegenüber den reaktionären und monarchistischen Parteien geworden, und nun kam noch dazu die Kapitulation vor dem Militarismus, der Triumph der Klassengegner, einen Trutzbeschluß des früheren Bürgerblocksystems gerade durch die sozialistischen Minister *ausführen* zu lassen und so dem Proletariat deutlich zu machen, wie wenig es im kapitalistischen Staate gilt. Und dies alles nur deshalb, um "an der Regierung teilzuhaben"!

2. Die angebliche Pflicht zur Regierungsbildung

Wie ist das alles zu erklären? Wie war es insbesondere möglich, daß die vier Genossen im Ministerium, trotzdem sie in einer bisher noch nicht dagewesenen Weise ein Mißtrauensvotum der höchsten Körperschaften der Partei erhalten hatten, *nicht selbst das Bedürfnis fühlten, abzutreten,* sondern von einer ihnen noch immer zur Verfügung stehenden, wenn auch sichtlich zusammenschmelzenden Majorität sich die Erlaubnis geben ließen, weiterhin auf ihren Ministersesseln zu verharren. Und dies, während in den Zeitungen und Organisationen der Partei die schmerzlichste Betretenheit über dieses Schauspiel sich immer stürmischer kundgab, immer lauter der Ruf nach Rücktritt der Minister, Einberufung des Parteitages und Revision der Koalition ertönte und zugleich in den bürgerlichen Blättern des In- und Auslandes der schadenfrohe und giftige Vorwurf des politischen Komödiantentums einer Politik entgegengeschleudert wurde, welche den eigenen Ministern das Mißtrauen ausdrückt und sie zugleich im Amte beläßt?

Der Proletarier mußte sich erstaunt fragen: "Wie konnte dies alles so rasch nach dem gewaltigen Sieg des Proletariats bei der letzten Reichstagswahl geschehen? Sind wir nicht *gegen* Kapitalismus und Imperialismus, *gegen* den bürgerlichen Staat und die bürgerliche Gesellschaft in der Wahlschlacht aufgeboten worden und in einer Stärke von mehr als neun Millionen proletarischer Klassenkämpfer auf den Plan getreten? Und nun müssen wir uns in so schmählicher Gebundenheit durch bürgerliche Interessen finden!"

Hier ist wieder einmal in einem sehr eindringlichen Anschauungsunterricht der Geschichte ein Beispiel dafür gegeben worden, wohin jener Geist führt, den heute die Rechtssozialisten als den wahren, weil den realen Verhältnissen Rechnung tragenden Sozialismus predigen – der Geist der nur demokratisch-politischen Entwicklung und der Staatsverantwortlichkeit. Alle Schwächen der heutigen internationalen sozialistischen Bewegung und noch mehr alle ihre Ideen- und Richtungslosigkeiten und zuletzt, aber nicht zumindest, alle ihre Würdelosigkeiten stammen aus dieser Quelle, die ebenso in Deutschland wie in Österreich, in England wie in Frankreich nur allzu starke Strömungen hat und die Krise des Sozialismus nicht zur Gesundung kommen lassen wird, bevor sie nicht endlich durch die revolutionäre Selbstfindung des Proletariats endgültig verstopft werden wird.

Diesen Anschauungsunterricht der Geschichte bot Deutschland übrigens nicht etwa erst mit dem Panzerkreuzerbeschluß, sondern er begann schon früher mit dem abscheulichen Schauspiel des wochenlangen Nachlaufens des Rechtssozialismus hinter den bürgerlichen Parteien gleich nach der Wahl, um mit ihnen zu einer Koalition zu kommen. Wie da die Verhandlungen sich wochenlang schleppten, nicht etwa, weil die bürgerlichen Parteien auf den Fels des unbeugsamen proletarischen Klassenwillens stießen, sondern wie man immer nur hörte, was das Zentrum und die Deutsche Volkspartei für Bedingungen stellten, ja sogar welche Rücksicht diese Parteien auf die Deutschnationalen nehmen mußten, nur nicht auf das, was die Sozialdemokratie verlangte, da mochte sich mancher Genosse an den Kopf greifen und fragen, in welcher verkehrten Welt wir denn leben. Ja, sind es denn nicht *wir,* die als die bei weitem stärkste Partei die Bedingungen zu stellen gehabt hätten? Wie konnten wir in die Lage geraten, uns von den anderen die Grenzen unseres Handelns vorschreiben zu lassen! Das war aber die natürliche Folge davon, daß sich die sozialdemokratische Partei in rein politisch-demokratischer Weise auf denselben Staatsboden stellte wie die anderen Parteien. Dann ergab sich freilich als scheinbare Konsequenz, daß die Sozialdemokratie als die größte Partei die "Führung" (von wem? und wohin?) haben und daher die Bildung der Regierung übernehmen *müsse.* Die Ablehnung einer solchen Verpflichtung für das Proletariat hätte zur Folge gehabt, daß die bürgerlichen Parteien die Regierungsbildung hätten übernehmen müssen und daß, da sie es kaum hätten wagen können, den Rechtskurs nach den letzten Wahlen offen fortzusetzen, *sie* sich hätten an uns wenden müssen und *wir* unsere Bedingungen zur Verhandlungsgrundlage hätten machen können. So war, ganz abgesehen von der Frage, ob die Koalition überhaupt wünschenswert war, auch schon in der Form ihrer Eingehung *der ganze gewaltige moralische und materielle Kraftvorsprung in der unverantwortlichsten Weise vertan worden,* den die Wahl unserer Partei gebracht hatte. Und die Angst und Ungeduld, mit der die herrschende Richtung in der Partei danach zitterte, die Koalition nur ja zustande zu bringen, bezeichnet nur den Anfang jener Linie, auf der sie sie jetzt um jeden Preis retten zu müssen glaubte.

3. Das Dogma von der Führung

Manche Genossen meinen, daß es viele Arbeiter nicht verstanden hätten, wenn nach dem Wahlausfall nicht die Partei selbst die Regierungsbildung übernommen hätte. Dies muß freilich zugegeben werden, aber nur aus dem Grunde, weil eben die marxistische Arbeiterbildung noch viel zu wünschen übrigläßt und daher nur allzu viele Genossen noch in bürgerlich-politischen Kategorien denken, bloß daß sie diesen ein freiheitliches Vorzeichen geben. Es gehört aber zur sozialistischen Klassenbildung, den Arbeitern klarzumachen, daß der Satz: der stärksten Partei gebührt die Regierungsübernahme, ein *Dogma* der *bürgerlichen* Demokratie ist, das sich nur auf die Konkurrenz der bürgerlichen Parteien um die Regierung und Verwaltung *ihres* Staates bezieht. Denn da alle bürgerlichen Parteien, so verschieden auch ihr Parteiprogramm sein mag, auf derselben Grundlage der Aufrechterhaltung des Klassenstaates stehen, ist es nur eine Konsequenz der bürgerlichen Demokratie, daß von diesen prinzipiell gleich orientierten Parteien diejenige regieren soll, welche, weil sie die meisten Stimmen hat, auch die am meisten berufene Vertreterin des bürgerlichen Staates ist. Die Sozialdemokratie ist aber jene Partei, die den bürgerlichen Staat beseitigen will. Sie steht also mit den anderen Parteien *gar nicht auf derselben Grundlage,* sondern diese bilden ihr gegenüber eine einzige gegnerische Partei. Sobald man also die Dinge so betrachtet, und als Marxist muß man sie so betrachten, *war die Sozialdemokratie noch gar nicht die stärkste Partei,* sondern ist *heute* noch schwächer als alle bürgerlichen Parteien zusammengenommen. Sie hat daher gar keine "demokratische" Verpflichtung, als "stärkste" Partei die Regierungsbildung zu übernehmen. Im Gegenteil: in der Tatsache, daß sie zwar stärker ist als jede andere bürgerliche Partei, aber doch noch schwächer als alle bürgerlichen Parteien zusammen, tritt jetzt nur um so deutlicher die derzeit noch bestehende politische und soziale Unreife des Proletariates für die Machtergreifung hervor, und es wird der tragische Widerspruch offenbar, der überall dort für die Entwicklung des Sozialismus eintreten muß, wo das Proletariat infolge der bloß ziffernmäßigen Stärke seiner Wählerstimmen und Mandate sich durch Übernahme von Regierungsgeschäften zu einer Machtergreifung drängen läßt, die noch keineswegs seiner wirklichen sozialen Macht, geschweige denn der klassenmäßigen Übermacht des Proletariates entspricht. Auf diese Weise kann nichts anderes herauskommen, als daß das Proletariat unter dem Schein der Machtergreifung doch wesentlich die Geschäfte des bürgerlichen Staates besorgt und durch seine Minister besser deckt, als sonst die bürgerliche Regierung allein es imstande wäre. Das Proletariat muß eben lernen, die Stärke seiner Macht nicht nach der Zahl der Mandate im Parlamente, sondern nach dem Maß seiner *außerparlamentarischen* Macht gegenüber allen bürgerlich-bäuerlichen Klassen im Staate zu beurteilen.

Ist diese Anschauung einmal Gemeingut der Arbeiterklasse geworden, dann wird die Idee einer Machteroberung im Sinne einer "Anteilnahme an der Regierung" ihren bestechenden Glanz für die Arbeitermassen verlieren. Sie werden diese Art der Koalition dann als das betrachten, was sie wirklich ist: eine gefährliche Illusion, welche in den äußeren Formen der Macht das Proletariat in dem Maße machtloser macht, als sie es verhindert, seine eigene klassenrevolutionäre Politik zu machen. Die ganze Geschichte der gegenwärtigen Koalition in Deutschland ist ein einziges ebenso lehrreiches wie trauriges Beispiel hierfür. Diese Koalition kann überhaupt nur dadurch bestehen, daß fortwährend Interessen des Proletariates, bald politische, bald gewerkschaftliche, bald ökonomische, *zurückgestellt* werden, und zwar für nichts anderes, als daß die Koalition selbst weiterbestehen bleiben kann. Die Koalition des Proletariats kann und darf aber nie Selbstzweck werden, sie kann und darf insbesondere nie als ein Mittel zur Teilung der Macht mit den bürgerlichen Klassen betrachtet werden, sondern nur als ein *Kampfmittel gegen sie*. Daraus folgt, daß sie auch nur dort anwendbar ist, wo das Proletariat stark genug ist, die bürgerlichen Klassen und Parteien in eine politische Zwangslage zu setzen, die es ihm ermöglicht, die Bedingungen der Koalition festzusetzen.

Auf solche Weise wird es nun auch klar, daß die Sozialdemokratie nicht schon dann die "Führung" hat, wenn sie Ministersitze, ja sogar den Reichskanzlerposten besetzt, sondern nur dann, wenn sie sozialistische Überzeugungen auch in der Tagespolitik nicht als intellektuellen

Luxus betrachtet und wenn ein revolutionärer Wille da ist, der in eine sichere Richtung weist. Beides aber entspringt heute nicht mehr aus den Denkformen der *politischen* Demokratie, sondern nur aus den Ideen und Forderungen der *sozialen* Demokratie. Die Unterscheidung der Denkformen bloßer politischer und sozialer Demokratie sind eben nicht, wie manche dies darzustellen lieben, bloße "abstrakte Formeln". An dem Beispiel der jämmerlichen und würdelosen Kleberei an den Ministerstühlen kann man vielmehr schmerzhaft scharf sehen, wie diese verschiedenen Formen der Demokratie *verschiedene Standpunkte der Beurteilung der Dinge und des Wollens der Ziele sind.* Dieses Verhalten ist nur möglich, wo die bürgerlichen Denkformen herrschend geblieben sind. Dann freilich verbleibt das Handeln ganz und gar innerhalb der bürgerlichen Welt und schreckt überall zurück, wo es gilt, sich gegen sie zu wenden. Wo aber das sozialrevolutionäre Denken zur zweiten Natur geworden ist, da verrichtet es alle politische Arbeit innerhalb der bürgerlichen Welt gleichsam nur provisorisch, *strebt überall aus ihr heraus* und benutzt jeden Anlaß, dieses Bewußtsein in der ganzen proletarischen Klasse lebendig zu erhalten und zu bestärken.

4. Parteidemokratie?

Dabei wollen wir uns gar nicht länger darüber aufhalten, aber es darf doch auch hier nicht außer acht bleiben, wie sehr gerade die unentwegten Schwärmer und Lobredner der politischen Demokratie selbst ihre primitivsten Grundsätze der Beschlußfassung über den Panzerkreuzer hintangesetzt, ja verachtet haben. Was ist das für eine Demokratie, und was für eine Wertung der Mitglieder der Partei liegt in diesem Vorgange der Beschlußfassung, bei welchem die sozialistischen Minister doch nach ihrem eigenen Geständnis wußten, daß sie gegen den Willen der Partei handelten, aber offenbar meinten, die Masse werde die Sache schon "schlucken" und Parteidisziplin halten, d.h. parieren wie gewöhnlich! Und was soll man zu einer Demokratie sagen, welche den Schwerpunkt aller Parteitätigkeit in den engen Kreis der Träger der parlamentarischen Machenschaften verlegt! So konnte Breitscheid allen Ernstes in seinem Rechtfertigungsversuch hinschreiben, daß zwar die einfachen (!) Parteigenossen draußen in der Partei bei Abschluß der Koalition über das Schicksal des Panzerkreuzers im Zweifel sein konnten, daß aber kein Mitglied der Reichstagsfraktion sich darüber einer Illusion hingeben durfte, daß mit dem Eintritt in die Regierung nicht auch der Panzerkreuzer in Kauf genommen war. Erinnert das nicht förmlich an das berüchtigte Wort der römischen Priester und Volksbetrüger: "Wir Auguren unter uns", und das soll die Art sein, in der das Proletariat "die Führung im Staate" hat und seinen Weg zum Sozialismus geht? Mit dieser völligen Abdankung einer lebendigen sozialistischen Verantwortung zugunsten freilich der berühmten Staatsverantwortlichkeit steht auch im Zusammenhang, daß man es für möglich hielt, in der ersten Benachrichtigung der Partei durch den *Vorwärts* die Bewilligung der ersten Baurate damit zu rechtfertigen, daß die bisherige gute Konjunktur in dem Eingange von Steuergeldern – sie ist seither schon wieder verschwunden – noch weiter andauere! Hier und in allen diesen Punkten handelt es sich nicht etwa, wie manche sich und anderen gerne einreden möchten, um bloße Ungeschicklichkeit oder Dummheit. Und es wäre sehr traurig, wenn man aus dieser neuerlichen Niederlage des Sozialismus, die nicht geringer ist als die Bewilligung der Kriegskredite am 4. August 1914, nur die trostlose Lehre der sozialistischen Realpolitiker aller Länder ziehen würde, daß man es eben gescheiter anfangen müsse. Sondern es ist nötig, zu erkennen, daß diese "Ungeschicklichkeiten", "Dummheiten", "Taktlosigkeiten" oder wie man dies nennen will, eben nur *das unausbleibliche Ergebnis der sozialistischen Seelenlosigkeit* sind, die einen großen Teil der führenden Schichten in der Partei ergriffen hat, weil man nicht zwei Herren zugleich dienen kann: dem "Volksganzen" des bürgerlichen Staates und dem Ganzen der proletarischen sozialistischen Internationale.

Wie die Siege der deutschen Sozialdemokratie die Freude der ganzen Internationale waren, so bedeuten ihre Schwächen noch mehr eine Schwächung der Internationale selbst. Denn diese ist erst in einem langsamen Gesundungsprozesse begriffen, und der Brüsseler Kongreß hat erst kürzlich erwiesen, wie schwierig dieser Prozeß ist. Aber darum hatte vielleicht der unheilvolle

Panzerbeschluß doch eine heilvolle Wirkung; denn er hat neuerdings allen Parteigenossen die Wahrheit eingeschärft, daß nicht aus der noch so prunkvollen äußeren Veranstaltung oder noch so guten äußeren Organisation der Internationale diese wieder lebendig werden wird, sondern nur durch den revolutionären proletarischen Klassenkampfgeist, der in jedem einzelnen Parteigenossen lebendig sein muß.

Drittes Kapitel:
Prinzipielles zum Wehrproblem

1. Gegen den Militarismus

Es ist begreiflich, daß die tiefgehende Bewegung in der Partei, die sich an die Panzerkreuzerfrage angeschlossen hat, auch das Bedürfnis nach einer prinzipiellen Orientierung über die Stellung der Sozialdemokratie zur Wehrfrage neuerlich geweckt und allgemein gemacht hat. Eigentlich sollte man meinen, daß in dieser Frage schon längst alle nur wünschenswerte Klarheit und Deutlichkeit durch die marxistische Grundauffassung gegeben sei, wonach der Staat, solange er auf dem Boden der kapitalistischen Wirtschaft beruht, notwendig ein *Klassenstaat* ist und seine Wehrorganisation daher auch nur ein Macht- und Kampfmittel im Interesse derjenigen Klassen ist, die diesen Staat beherrschen und ihn daher auch verteidigen wollen gegen Angriffe von außen und von innen. Dabei sehen wir zunächst noch ganz davon ab, daß durch die Entwicklung des kapitalistischen zum imperialistischen Staate diese Wehrorganisation überdies sich notwendig zu einer Angriffs- und Eroberungsorganisation umgestaltet. Man kann auch hier den gefährlichen, ja verheerenden Einfluß eines Wortgebrauches (Terminologie) feststellen, der aus derselben Ecke herkommt, aus welcher der schöne Begriff der "Volksgemeinschaft" im Sprachgebrauch so mancher Parteigenossen den alten marxistischen Begriff des Klassenstaates verdrängt hat. Wenn wir anstelle des neuen Wortes "Wehrorganisation" im heutigen Staate, das so stimmungsvoll an Volksnot und Volksabwehr erinnert, das alte Wort "*Militarismus*" setzen, so wird es sofort klar, daß das Bedürfnis nach einer prinzipiellen Änderung unserer Stellungnahme zur Wehrfrage *nur für den besteht,* der wirklich meint, daß in der demokratischen Republik sich die Lage des Proletariates gegen früher *prinzipiell* geändert hat. Wer also meint, daß der alte Militarismus sich ebenso in eine solidarische Wehrorganisation wie der alte Klassenstaat in eine Volksgemeinschaft umgewandelt habe oder auch nur auf dem Wege zu dieser Umwandlung ist, der muß natürlich auch eine prinzipielle Änderung unserer Stellung zum Militarismus verlangen. Wer dagegen die unerhörte Verschärfung der Klassengegensätze, die überall, besonders in Deutschland und Österreich, sowohl auf ökonomischem wie auf politischem Gebiete hervorgetreten ist, ins Auge faßt, der wird sich kaum der Meinung anschließen können, daß durch den an sich wertvollen endlichen Übergang der mitteleuropäischen Staaten zu den Formen einer demokratischen Republik an dem klassengegensätzlichen Charakter ihres ganzen Wesens irgend etwas Ernstliches geändert wurde. Und er wird deshalb an der alten prinzipiellen Ablehnung aller Formen des bürgerlichen Militarismus und Marinismus nichts zu revidieren haben. Man sieht, daß das sogenannte neue Wehrproblem nur ein Ausfluß aus derselben Illusionsfülle ist, welche uns auch andere "moderne Probleme" gebracht hat: das Problem der Teilung der Macht zwischen Bourgeoisie und Proletariat zu der "fortschreitenden" Demokratie, also der *Koalition als Ziel* proletarischer Politik, und ebenso das Problem der Teilung der ökonomischen Macht im Betriebe durch die Mittel der sogenannten *Wirtschaftsdemokratie.* Überall ist es derselbe Grundgedanke von einer Zusammenarbeit des Proletariats mit den herrschenden Klassen in der politischen, ökonomischen und militärischen Organisation unter dem Gesichtspunkte, daß das Proletariat schon im Klassenstaate gemeinsame Interessen mit den herrschenden Klassen hat, Interessen des Volksganzen, des Wirtschaftsprozesses und der Landesverteidigung, welche die strenge Geltendmachung des Klassenkampfstandpunktes einschränken, ja, diesen sogar einem "Dienst am Ganzen" unterordnen müssen.

Die Irrtümer dieser neurevisionistischen Denkweise auf staatspolitische Fragen haben wir bereits im 2. Kapitel zur Genüge aufgezeigt. Hier wollen wir nun auf einige Punkte hinweisen, in denen sie auch in wehrpolitischer Hinsicht ihren theoretisch verwirrenden und praktisch die Klassenkraft des Proletariats schwächenden Einfluß dartun.

2. *Die Abrüstung*

Um den entscheidenden Punkt hervortreten zu lassen, um dessen Klarstellung es sich eigentlich handeln muß, wird es gut sein, vor allem dasjenige festzustellen, worüber kein Streit sein kann. Das ist zunächst der in vielen internationalen Beschlüssen und zuletzt wieder in Brüssel feierlichst bekundete Grundsatz, daß die Sozialdemokratie die *vollständige Abrüstung* zu Land, zu Wasser und in der Luft sich zum Ziele setzt. Dieses Ziel soll in erster Linie durch einen ständigen und energischen *Massendruck* auf die Regierungen der Staaten und durch eine ebensolche Aktion in den Parlamenten angestrebt werden, wobei dieser Weg "entschlossen betreten werden muß, ohne daß man, wie dies die Großmächte wünschen, warte, bis ein neuer Grad der Sicherheit erreicht ist". Und wenn auch diese Abrüstung am ehesten sich durch internationale Abkommen durchführen läßt, so betont doch die Brüsseler Resolution, daß die sozialistischen Arbeiterparteien darum zu kämpfen haben, daß *auch ohne* diese Internationalität der Abrüstung "*jeder Staat* aus eigenem Willen seine Rüstungen *vorher schon einstelle oder einschränke*".
Schon jetzt sehen wir, daß es zu dieser klaren Richtungslinie sehr schlecht paßt, wenn eine sozialdemokratische Partei oder gar ihre Minister *für* irgendwelche Heeres- oder Marineforderungen stimmen. Denn wo bleibt dann die von der Brüsseler Resolution verlangte "ständige und energische Aktion in den Massen und Parlamenten" zum Zwecke eines Druckes auf die Regierung im Sinne der Abrüstung, wenn man selber die Hand zur Herstellung der Rüstung bietet? Gewiß ist die Deutschland aufgezwungene Beschränkung seiner militärischen Kräfte eine nackte Gewalt der Siegermächte; aber es ist doch zufolge der Dialektik aller geschichtlichen Vorgänge gleichzeitig der großartige Anfang einer neuen Entwicklungslinie: ein gewaltiges Volk ohne gesetzlichen Militarismus inmitten einer staatlich militarisierten, waffenstarrenden Umwelt, ein *Anfang der Abrüstung* nicht in einem bedeutungslosen Ländchen, sondern in einem der volklich, ökonomisch und kulturell wichtigsten Länder der Erde. Was die Nationalisten und Imperialisten Entwaffnung nennen und nach dessen Beseitigung sie streben, das hat die revolutionäre Sozialdemokratie aus einem auferlegten Zwang zu einem bewußten Mittel der Befreiung zu machen. Indem sie so ein leidvolles Schicksal zu einem sonst kaum erreichbaren *Anfangspunkt ihrer weiteren Abrüstungspolitik im eigenen Lande* macht, gibt sie damit den Bruderparteien das Beispiel einer entschlossenen antimilitaristischen Politik des Proletariats. Allerdings bedarf sie hierzu einer Sicherung. Aber diese Sicherung, auf die sie bestehen kann und muß, ist nur die strenge, unablässige Forderung an die Proletariate der übrigen Staaten, um so entschiedener und mit von jeder "Staatsverantwortung" freien Rücksichtslosigkeit den Militarismus *ihres* Landes zu bekämpfen und zu schwächen. Hierdurch würde zugleich erst die Internationale eine über die schönen Worte ihrer Beschlüsse hinausreichende Realität erhalten. Das Dogma von der Nichteinmischung in die Angelegenheiten einer anderen Partei hört bei der wirklichen Lebendigmachung der proletarischen Internationale auf. Hier entspricht der Entwaffnung des deutschen Volkes durch die Siegermächte die unablässige Zerstörungspolitik der proletarischen Bruderparteien außer Deutschland gegen ihre "nationale Wehrhaftigkeit", gegen ihren Militarismus und die stete Kontrolle der deutschen Sozialdemokratie über die Durchführung dieser Klassenpflicht.
Übrigens darf nicht übersehen werden, daß die Übereinstimmung in bezug auf die Notwendigkeit der Abrüstung zwischen der rechten und der linken Richtung in der Partei viel kleiner ist, als man auf den ersten Blick meinen könnte, ja, daß sie im Grunde nur eine scheinbare ist. Das ergibt sich deutlich, wenn wir an die von der Kommission des Parteivorstandes für den Magdeburger Parteitag vorbereiteten "Richtlinien zur Wehrpolitik" anknüpfen. Diese beschäftigen sich in Absatz II mit der Abrüstung. Aus der Art, wie dies geschieht, sieht man, daß hier

das Abrüstungsproblem in erster Linie als ein politisches Staatenproblem betrachtet wird, das lediglich durch internationale Abkommen gefördert und erledigt werden kann. Aber so sicher es ist, daß die Sozialdemokratie die internationale staatliche Abrüstungspolitik auf das entschiedenste zu fördern und zu unterstützen hat, wie sie ja auch stets dafür eingetreten ist, so z.B. seinerzeit sogar für den Abrüstungsvorschlag des Zaren, so ist doch für jeden marxistischen Sozialisten klar, daß dies nicht in den *prinzipiellen* Teil eines *sozialistischen* Abrüstungsprogrammes gehört, sondern nur in das Aktionsprogramm, welches die taktischen und Übergangsbestrebungen des Proletariates zur Sicherung und Vorbereitung seiner eigenen Ziele enthält. Denn darüber müssen sich heute seit dem Schicksale der Genfer Abrüstungsaktion und der Komödie des Kellogpaktes, der zugleich mit den geheimen Kriegsverträgen zwischen England und Frankreich veröffentlicht wurde, alle klar sein, daß die Abrüstung nur in jenem Maße zu einer historischen Wirklichkeit werden kann und wird, als die Kriegsverweigerung des Proletariates praktisch wirksam wird. Nicht durch internationale Verträge, die im Ernstfalle noch immer zu einer beliebig knetbaren Form, wenn nicht gar zu einem bloßen Blatt Papiere geworden sind, sondern *nur durch die internationale einheitliche militaristische Politik des Proletariates* kann die Abrüstung aus einer diplomatischen Hinterhältigkeit zu einer realen Friedenskraft werden. Sie verlangt also, klar heraus gesagt, die *gleiche ablehnende Stellung* des Proletariates zur sogenannten *Vaterlandsverteidigung* in allen Ländern. Und die einzige wirklich sozialistische Abrüstungspolitik kann daher nur die geistige und moralische Abrüstung der Kriegsbereitschaft in den Massen auch "für den letzten Fall", d.i. für den Fall der Verteidigung des Vaterlandes, sein zugunsten des entschlossenen internationalen Willens zur Verteidigung der sozialen Revolution gegen die eigene Bourgeoisie. Diese Art der Abrüstung ist aber freilich nicht, wie die "Richtlinien" meinen, "die historische Mission der deutschen Republik", wohl aber die des internationalen Proletariates.

Aber auch noch in einem anderen Punkte ist die Übereinstimmung über die Abrüstung zwischen rechts und links eine sehr geringe. Denn die "Richtlinien" sprechen nur von der *militärischen* Abrüstung. Aber dieser Begriff der Abrüstung ist durch die moderne Entwicklung der Kriegstechnik bereits längst überholt.[3]) Denn immer mehr entscheidet das Maß der industriellen, chemischen und verkehrstechnischen Leistungsfähigkeit eines Landes über die wirklich von demselben aufzubringende Wehrkraft. Darum hat auch der Programmentwurf der Linken ausdrücklich darauf verwiesen, daß zur Abrüstung heute mehr gehört als bloß die Beseitigung der Armeen und Kriegsschiffe, nämlich "die ständige und lückenlose Kontrolle aller zu Kriegszwecken geeigneten Produktionsmittel des Landes durch die Organisation des Proletariates".[4]) Dies aber setzt voraus, daß das Proletariat beizeiten mit dieser Aufgabe vertraut gemacht wird, daß es also geschult wird, nicht mehr in den Kategorien pazifistischer Abrüstungsvorstellungen und in den patriotischen Ideen der bürgerlichen Landesverteidigung zu denken, sondern daß es sich endlich die Vorstellung der Notwendigkeit der Kriegsverhinderung durch Stillsetzung und Beherrschung der Kriegsindustrien und Kriegsmittel zu eigen macht. Erst auf diese Weise wird es die geistige und physische Bereitschaft für die Durchführung seiner historischen Aufgabe erlangen. Und so führt diese Auffassung des Abrüstungsproblemes weit weg von jeder reformistischen Geisteshaltung, die mit ihrer Kriegsbekämpfung sich im wesentlichen auf die parlamentarisch-staatliche Regelung und auf die Wege des Völkerbundes verläßt, und wendet sich zu dem alten marxistischen Gedanken zurück, daß auch hier das Werk der Befreiung des Proletariates nur das eigene Werk der Arbeiterklasse selbst sein kann.

---

[3]) Vgl. hierzu die gedanken- und inhaltreiche Broschüre von Paul Levi, *Wehrhaftigkeit und Sozialdemokratie,* Berlin 1929.

[4]) *Vorschläge für Programmformulierungen zum Wehrproblem,* Abs. I, abgedruckt in: *Der Klassenkampf,* Jg. 3, Nr. I, und in der Broschüre *Sozialdemokratie und Wehrproblem,* hrsg. vom *Klassenkampf,* S. 3.

3. Die Demokratisierung der Wehrmacht

Unbestritten ist weiter die ebenfalls in der Brüsseler Resolution niedergelegte Forderung der *Verfügungsmacht der Parlamente über Heer und Flotte* und der vollständigen *Demokratisierung der Armee,* also im Falle des Deutschen Reiches der Reichswehr. Ob dies Forderungen sind, die bei der heutigen Struktur der ökonomischen und gesellschaftlichen Machtverhältnisse in Deutschland nicht überhaupt erst bei einer solchen Kraftentfaltung der Sozialdemokratie erfüllbar werden, bei welcher auch viel weitergehende Ziele des Proletariats verwirklicht werden könnten, wollen wir dahingestellt sein lassen. Jedenfalls kann die Schwierigkeit der Durchsetzung dieser Forderungen kein Grund sein, nicht für sie desto mehr zu kämpfen und sie *insbesondere zum Angelpunkt jeder Koalitionspolitik zu machen,* wovon aber gerade bei der heutigen Koalition gar keine Rede ist. Aber ebenso wichtig wie die Betonung und Verfechtung dieser selbstverständlichen Forderungen muß die gleichzeitige Bemühung sein, die Partei vor der *gefährlichen Illusion* zu bewahren, als ob diese Parlamentsmacht über die Kriegserklärung und Mobilisierung sowie die Demokratisierung des Heerwesens schon ein ausreichender Schutz des Proletariats nach außen und innen, d.h. gegen Krieg und gegen kapitalistisch-reaktionäre Vergewaltigung, wäre. Was das erstere betrifft, hat die Brüsseler Resolution mit Recht es für nötig gehalten, "die Arbeiter aller Länder daran zu erinnern, *daß der Krieg, erst wenn der Sozialismus gesiegt hat, endgültig überwunden sein wird*". Denn der Kapitalismus, so führt die Resolution aus, erzeugt die imperialistische Politik und diese den Krieg. "Solange die Regierungen eine imperialistische Politik verfolgen, gibt es keinen sicheren Frieden." Und solange, müssen wir hinzufügen, es Sozialisten gibt, die das Interesse der nationalen Wirtschaft ihres imperialistischen Landes als Volksinteresse, als Staatsverantwortlichkeit, als Vaterlandsverteidigung höher stellen als das internationale Interesse des Proletariats an dem Sturz der kapitalistischen Gesellschaft, *wird auch die Anwesenheit solcher Sozialdemokraten als Minister in der Regierung nicht viel zur Stärkung der Friedenssicherung, geschweige denn zur Förderung des Sozialismus* beitragen. Nicht also schon die Verfügungsgewalt der Parlamente über Heer und Flotte, sondern erst die *unbedingte Gegnerschaft der Sozialdemokratie gegen alle Formen kapitalistischer Kriege,* ob sie nun im Gewande der Angriffs- oder Verteidigungskriege erscheinen, infolgedessen auch gegen alle Formen kapitalistischer Wehrverfassungen, schafft die wirkliche Gewähr einer Sicherung des Proletariats und des Kampfes für den Sozialismus.

Ebensowenig ist die Demokratisierung des Heerwesens eine Maßregel, die schon als eine Sicherung des proletarischen Kampfes oder gar der Entwicklung zum Sozialismus angesehen werden dürfte. Der Satz des Heidelberger Programms, welches "Umgestaltung der Reichswehr zu einem zuverlässigen Organ der Republik" fordert, ist für den Standpunkt des sozialistischen Klassenkampfes genau so illusionistisch und irreführend wie der des Linzer Programms, der die Erziehung der bewaffneten Korps zur "Treue zur Republik" verlangt. Denn als ein zuverlässiges Organ der Republik ist die deutsche Reichswehr in Sachsen einmarschiert, um gegen Proletarier zu kämpfen, und für die durch massenhaftes Abschießen von Proletariern in den Straßen Wiens am 15. Juli 1927 bewiesene *Treue zur Republik* wurden Offiziere und Mannschaften der Staatspolizei von den höchsten Würdenträgern des Staates im Namen der Republik beglückwünscht und dekoriert. Die Betonung der Republiktreue in beiden Parteiprogrammen entspricht nur der besonderen Jugendlichkeit der deutschen und österreichischen Republik, die in den ersten Jahren (und zum Teil noch heute) mit einer monarchistischen Reaktion zu rechnen hatte. Seitdem aber der Kapitalismus auch innerhalb dieser jungen Republiken wieder erstarkt ist und seine ökonomische Macht auch innerhalb der Formen der republikanischen Demokratie sich wieder entfalten kann wie innerhalb der früheren Monarchie, seitdem die Bourgeoisie sieht, daß die Klassenjustiz ebenso im Namen der Republik wie im Namen Seiner Majestät des Kaisers funktioniert und daß schließlich die Gummiknüttel der Republik genau so hauen wie die Säbel des Kaiserreiches, hat die Bourgeoisie immer mehr sich ebenfalls auf den Boden der Republik gestellt und wird "die Treue zur Republik" jetzt *sogar ein Machtmittel mehr für die Bourgeoisie* im Kampfe gegen den "die Republik bedrohenden

Umsturz'' des klassenrevolutionären Proletariats. Die Demokratisierung der Armee ist für uns eine ebenso unerläßliche Forderung wie die Demokratisierung der Gesetzgebung, Verwaltung und Rechtsprechung; aber sie ist ebenso wie in allen diesen Richtungen nur die *moderne* Form des Klassenkampfes, d.h. diejenige Form, in welcher die Klassengegensätze der bürgerlichen Gesellschaft endlich unverhüllt einander gegenübertreten. Die Demokratie entfaltet daher ihren fortschrittlichen Wert im Sinne der Entwicklung zum Sozialismus erst dann, wenn das Proletariat sie nicht bloß mit republikanischem Geiste erfüllt, sondern mit *klassenrevolutionärer* Gesinnung, von der aus Demokratie und Republik nur mehr Mittel neben anderen sind, über die Stufe des Klassenstaates hinauszukommen. Die Erfahrungen in Österreich haben überdies gelehrt, wie wenig selbst eine weitgehende Demokratisierung das Heer davor bewahren kann, schließlich doch ein gefügiges Werkzeug in der Hand der Reaktion zu werden. Nur eine sozialistische antimilitaristische Aufklärungsarbeit, welche die Gedanken und Gesinnungen des revolutionären Klassenkampfes in alle Schichten des Proletariats trägt, besonders auch in das Landproletariat und vor allem in die Jugend, wird und muß schon die Quellzuflüsse erfassen, aus denen die Wehrmacht im Klassenstaate sich immer wieder ergänzt, und wird somit die Vorbedingung einer Umgestaltung desselben von innen aus schaffen.

4. Landesverteidigung und Neutralitätsschutz

Der eigentliche Streitpunkt aber ist nun die Frage: Können wir für militaristische Forderungen nicht wenigstens dann stimmen, wenn diese zur *notwendigen Verteidigung* des Staates erforderlich sind? Ja, müssen wir dies nicht sogar in Erfüllung einer Pflicht zur Landesverteidigung und aus dem Gesichtspunkte der Staatsverantwortlichkeit heraus und besonders dann, wenn wir so stark geworden sind, daß es auch auf unsere Stimmen ankommt, da wir ja sonst das Land ''wehrlos'' machen würden? Damit sind wir bei dem vielumstrittenen Problem der Landesverteidigung angelangt. Aber es ist nur deshalb so viel umstritten, weil hier die Diskussion besonders stark an allen jenen traditionellen und im Grunde bürgerlichen Vorstellungen, ja Vorurteilen leidet, die auch sonst die reformistische Richtung stützen. Vor allem aber ist es hier eine ganz unkritische (undialektische) Vorstellung vom ''Land'' und von seiner ''Verteidigung'', die gerade bei marxistischen Wortführern des Proletariates verwundern muß. Aber freilich gilt ja der Marxismus bei nur allzu vielen als ''veraltet'', und sie ersetzen ihn durch freilich nicht gerade ''neuen'' Nationalismus oder ebensowenig ''neue'' Sentimentalität.
Das Land als solches ist bloß ein geographischer Begriff; soziologisch betrachtet aber ist es heute ein Klassenstaat. Und Verteidigung als solche ist eine bloße Funktion der Sicherung und Selbsterhaltung; in bezug auf ein Land ist sie etwas Verschiedenes, je nachdem, ob dieses Land ein Klassenstaat oder eine klassenlose Gesellschaft ist, und im ersteren Falle wiederum je nachdem, *welche Klasse Träger dieser Verteidigung ist,* die besitzende oder die besitzlose. Es gibt also keine ''Landesverteidigung'' im allgemeinen, sondern stets werden eine bestimmte Rechts- und Besitzordnung des Landes, also auch bestimmte Herrschaftsinteressen, verteidigt. Und daraus folgt, daß die ''Landesverteidigung'' gar keine *allgemeine* Sache der Bewohner eines Landes sein muß, ja oft sogar von einem hohen idealen Standpunkt aus gar nicht sein kann. Als z.B. das Christentum noch eine tiefe lebendige Gläubigkeit bei seinen ersten Anhängern war, standen sie bekanntlich dem Staat und allen diesseitigen Interessen kühl bis ans Herz hinan gegenüber und waren infolgedessen leidenschaftliche, bis zum Märtyrertod begeisterte Gegner des staatlichen Kriegsdienstes. Und noch der heilige Augustinus – hier gibt ein Kirchenheiliger in bezug auf Ehrlichkeit der Gesinnung und Prinzipientreue so manchen heutigen Prinzipienjongleuren sozialdemokratischer Realpolitik ein schönes Beispiel – lehrte, daß es für den Christen eigentlich gleichgültig sei, unter welcher Herrschaft er lebe, unter der des römischen Kaisers oder eines Barbaren, wenn er nur selbst Christ bleiben könne. Und 1500 Jahre später stand J.G. Fichte den deutschen ''Befreiungskriegen'' sehr kritisch gegenüber, indem er meinte, nur wenn sie zur Begründung eines freien Deutschlands führten, lohnten sich dieselben. Sonst schien es ihm gleichgültig, ob über die deutschen Länder ihre angestammten Krautjunker herrschten oder Generäle Bonapartes, die wenigstens Söhne der Revolution sei-

en. Und so wie Fichte dachten viele der besten Deutschen, die in der französischen "Fremdherrschaft", welche doch zugleich die alten absolutistischen Zustände zusammenbrechen ließ, gar kein so großes Unglück für Deutschland erblickten und keine absolute Notwendigkeit zur "Landesverteidigung".

Man sieht also, daß es bei dem Begriff der Landesverteidigung immer darauf ankommt, *wer* die Verteidigung kommandiert und *was* verteidigt wird. Und da ist es klar, daß die im heutigen Staate von den besitzenden Klassen, die den Staat vor allem ökonomisch beherrschen, kommandierte Landesverteidigung, obgleich sie im Namen des Vaterlandes und des Allgemeininteresses erfolgt, doch nur die Verteidigung ihrer Herrschaftsstellung zum Inhalte hat. Sie trägt daher eigentlich mit Unrecht den Namen der Landesverteidigung, insofern mit diesem Wort ein Gemeinschaftsverhältnis bezeichnet wird. Denn *in Wirklichkeit verteidigen die besitzenden Klassen gar nicht das Land,* sondern *ihre* Vormachtstellung auf ökonomischem und politischem Gebiete, wozu sie imstande sind, weil sie über die staatliche und militärische Organisation des Landes verfügen. Von einer Landesverteidigung im allgemeinen Interesse könnte innerhalb des Klassenstaates höchstens dort die Rede sein, wo eine bestimmte Höhe der gesellschaftlichen und politischen Kultur durch den Angriff einer niedriger stehenden barbarischen oder unkultivierten Macht erfolgte. Dies war der ganz einzigartige Gefahrenfall des 19. Jahrhunderts, nämlich die Gefahr des Überfalls europäischer Kultur durch den Zarismus. Nur auf diesen Fall beziehen sich die älteren Vorstellungen von einer das Proletariat mit der Bourgeoisie verbindenden Landesverteidigung, wie sie in den Schriften von Marx und Engels und auch noch bei Bebel vorkommen. Diese einzigartige Konstellation ist aber mit der Entwicklung einer revolutionären Arbeiterbewegung in Rußland und besonders schon seit der ersten russischen Revolution von 1905 endgültig vorüber, so daß alle Zitate, die gerade diejenigen, die sonst von Marx und Engels nichts wissen oder wissen wollen, so gerne aus ihren Schriften für die Idee einer Landesverteidigung beibringen, bei der auch das Proletariat willig die Flinte auf die Schulter nehmen und an die Seite der Bourgeoisie treten muß, nichts anderes beweisen als die historische Unwissenheit und das dialektische Unvermögen der Zitierenden.

Wenn wir nun aber selbst von einem allgemeinen Begriff der Landesverteidigung ausgehen wollten, so kann man sofort zeigen, daß dieser ganz ungenügend ist, um als Maßstab dafür zu dienen, in welchem Umfange vom proletarisch-sozialistischen Standpunkte aus eine Kriegsrüstung *gerechtfertigt* wäre und daher mitgemacht werden müßte. Denn da der imperialistische Eroberungscharakter aller heutigen Machtpolitik alle Staaten geradezu zwangsmäßig zum *Wettrüsten* führt, so ist vom Standpunkte der Verteidigung jedes Landes selbst das allergrößte Maß der Rüstungen eben noch "notwendig". Der Begriff der *notwendigen* Verteidigung führt uns also nur auf die Bahn des Sozialpatriotismus, ja, Sozialimperialismus, die dem internationalen Proletariat schon einmal verhängnisvoll geworden ist. Hier kann vielmehr nur der alte Grundsatz, unter dessen Befolgung die deutsche Sozialdemokratie vor dem Kriege von Sieg zu Sieg schritt und vorbildlich für die ganze Internationale wurde, wiederum den Weg weisen: Dem Wehrsystem des bürgerlichen Klassenstaates bewilligen wir *keinen Mann und keinen Groschen*!

Bedeutet das aber nicht, daß wir aus bloßem Doktrinarismus heraus den Staat *wehrlos* machen und jeder Willkür der lauernden imperialistischen Nachbarn preisgeben? Heißt das nicht, den Boden der harten Realitäten ganz unter sich verlieren? Ich glaube nicht, daß dieser Einwand zutrifft, sobald wir nur einmal diese Realitäten unter proletarischem Gesichtswinkel betrachten. Dazu gehört vor allem, zu erkennen, daß unsere Stellung zum Wehrproblem eine *notwendig andere* ist, solange das Proletariat *noch in der Opposition* ist, und eine andere, sobald es erst *in der Majorität* sein wird. Unsere Gegner haben oft gespottet, daß unsere prinzipielle Gegnerschaft zu Krieg und Militarismus ein Luxus sei, den wir uns nur gestatten können, solange wir sicher sind, daß *die anderen,* die bürgerlichen Majoritäten, ohnedies das Nötige zur Verteidigung des Staates tun werden. Und leider hat sich auch in unseren Reihen diese Ansicht in der Weise verbreitet, daß viele meinen, wir könnten uns diesen Luxus heute eben nicht mehr gestatten, weil wir zu groß geworden seien und dann am Ende nicht mehr koalitionsfähig wären. In der jüngsten Zeit hat diese Richtung sogar zu einer besonderen Errungenschaft des neuen realpolitischen Sozialismus geführt, der eine gewisse Originalität nicht abzusprechen ist, wenn sie auch die ganze Jämmerlichkeit dieser Wandlung kundtut: daß man nämlich als Fraktion "selbstverständlich" im Reichstag gegen den Panzerkreuzer stimmt, aber die sozialistischen Minister in der Regierung drinläßt, die den abgelehnten Beschluß auszuführen hat! Mit solcher Denkungsart hat unsere obige Unterscheidung einer verschiedenen Stellung der Partei zum Wehrproblem, je nachdem sie noch in der Opposition oder schon in der Herrschaft ist, natürlich nichts zu tun. Diese Unterscheidung bedeutet vielmehr folgendes: Wir stehen auf dem Standpunkt, daß im Klassenstaate das Wehrsystem, solange der Kapitalismus herrscht, keine andere Funktion hat als die der äußeren und inneren Sicherung und Stärkung von Kapitalinteressen. Gerade deshalb muß aber der kapitalistische Staat mit dem allgemeinen Sinn der Landesverteidigung immer mehr in Widerspruch geraten. Mit der fortschreitenden bewußten Loslösung der Interessen der manuellen und geistigen Arbeiterschaft und großer Schichten der freien Berufe sowie der ländlichen Arbeiter und kleinbäuerlichen Kreise von ausgesprochenen Kapitalsinteressen wird der Militarismus als Schutz der Klassenherrschaft der Besitzenden allen diesen Schichten immer fremder werden. Auf diese Weise wird der bürgerliche Staat immer mehr außerstande, die wirkliche Verteidigung *aller* Bürger des Landes zu besorgen, wie die kapitalistische Produktionsweise bereits außerstande ist, die wirkliche Bedürfnisbefriedigung aller Gesellschaftsgenossen zu bewerkstelligen. Das sozialistische Proletariat muß daher prinzipiell gegen alle Militärforderungen sein, nicht aus pazifistischen Gründen – der sozialistische Klassenkampf ist nicht pazifistisch –, sondern weil es sich noch nicht um *seine* Verteidigung handelt, um die Wehrorganisation, die das revolutionäre Proletariat und der proletarische Staat braucht. Das sozialdemokratische Proletariat wird, sobald es die Macht im Staate erobert, *seine* Wehrorganisation einrichten: die zur Verteidigung des werdenden Sozialismus und gegen die kapitalistischen Anfeindungen von außen und innen nötige Waffenmacht. Bis dahin bekämpft es die bürgerlich-kapitalistische Waffenmacht, zu der beizutragen der kapitalistische Klassenstaat das Proletariat *bloß zwingt,* und überläßt die Sorge des Aufbaues und die Verantwortung dafür den bürgerlichen Klassen. Es muß sich daher auch besonders davor hüten, in solche Koalitionen zu gehen, wo es noch nicht stark genug ist, in allen Wehrfragen *seine* Interessen durchzusetzen. Denn sonst übernimmt es zu der Machtlosigkeit in diesem Punkte auch noch die Last der Mitverantwortung, die nicht dadurch ausgeschlossen wird, daß man zwar gegen Militärforderungen stimmt, aber in dem Ministerium bleibt, das sie durchführt. Sowie das sozialdemokratische Proletariat den kapitalistischen Produktionsapparat übernehmen wird, um ihn im Dienste der Gemeinschaft weiterzuführen, bis dahin aber ihn als Ausbeutungsmaschine des Kapitals betrachtet, so wird das Proletariat auch den Wehrapparat übernehmen und erforderlichenfalls sogar ausgestalten, sobald es sich um seine eigenen Interessen, d.h. um die Interessen der werdenden klassenlosen Gesellschaft handelt, wird aber bis dahin diesen Wehrapparat als eine Unterdrückungsmaschine gegen den Sozialismus betrachten und bekämpfen.

Die Forderung der Beseitigung der Wehrmacht bedeutet also nicht Wehrlosmachung des Landes. Wer dies so auffaßt, der geht von einer sinnlosen Auffassung aus, als ob nämlich schon die Aufstellung der Forderung die Beseitigung des bürgerlichen Wehrsystems, des Militarismus, bedeuten würde, also gleichsam dieser über Nacht beseitigt werden könnte. In Wirklichkeit bedeutet aber diese Forderung die bewußte Einleitung eines geschichtlichen Prozesses, der, ob er nun von kürzerer oder längerer Dauer sein wird, jedenfalls eine Zeit durchlaufen muß, in welcher eben die Menschen und die Umstände in die Richtung geändert werden, welche zur Erfüllung dieser Forderung führt.[5])

---

[5]) Merkwürdigerweise hat auch Otto Bauer in seinem von viel Bewegung und Widerspruch gefolgten Artikel *Wehrfrage und Sozialdemokratie* in der Wiener sozialdemokratischen Zeitschrift *Der Kampf* (Jg. 1929, Heft 3) einen ähnlichen Einwand erhoben. Vgl. dazu meine Antwort auf Bauers Artikel im Heft 5 des *Kampf.* Die daselbst erschienene kurze Erwiderung Bauers, die eigentlich mehr eine Richtigstellung unterlaufener Mißverständisse ist, erledigt sich in ihrem polemischen Teil durch den Inhalt der vorliegenden Broschüre, ja eigentlich durch den Inhalt des von Bauer angefochtenen Aufsatzes selbst.

Man wird schließlich vielleicht meinen, daß wir doch auf einen wichtigen Punkt nicht Rücksicht genommen hätten, nämlich auf den notwendigen Schutz der *Neutralität,* der auch ein direktes Interesse des Proletariates sein kann, wenn es sich z.B. um einen imperialistischen Krieg gegen Sowjetrußland handelt. Allein demgegenüber ist zu sagen, daß im Falle eines ernstlichen Bruches der Neutralität die heute mögliche Rüstung des Deutschen Reiches im Zeitalter der Tanks und Kriegsmaschinen, des Gas- und Luftkrieges ohnedies, selbst wenn man sie als eine Kaderformation betrachtet, keine wirkliche Sicherung bedeutet. In Fällen eines notwendig werdenden Neutralitätsschutzes bietet eine vom Proletariat getragene Volksbewegung, die sich der Leitung des Neutralitätsschutzes und der Kriegsindustrie bemächtigen würde, eine viel größere Garantie. Aber gerade an diesem Punkte wird besonders offenbar, daß ein sozialdemokratisches Wehrprogramm viel mehr als auf die nationale Rüstung durch Waffen *Gewicht legen muß auf die internationale Rüstung der Köpfe und Gemüter des Proletariats.* Der sicherste Schutz der deutschen Neutralität ist, dieses Land zu einem Anfangspunkt sozialistischer Abrüstung zu machen, so daß jeder französische oder englische Proletarier sich ebenso schwer gegen Deutschland wird verwenden lassen, wie das heute schon gegen Sowjetrußland seine Schwierigkeiten haben dürfte. Der Weg eines solchen Wehrprogramms ist sicher sehr schwierig und vor allem langwierig, verlangt auch in der Gegenwart, indem er koalitionsunfähig macht, manche Preisgebung von Scheinmacht. Aber er ist doch der Weg, der den Willen des Proletariats nicht nur eine sichere Bahn führt, auf der er schließlich sein Ziel erreichen muß, sondern der schon vorher durch Vermeidung von Illusionen und Selbstwidersprüchen den Kampfgeist des Proletariats stärkt, seine Stoßkraft konzentriert und so die Entwicklung zum Sozialismus schließlich immer mehr beschleunigt.

Viertes Kapitel:
Richtlinien der Richtungslosigkeit

1. Wozu braucht man ein Programm?

Was uns die bisherigen Darlegungen an prinzipieller Klärung des sozialistischen Wehrproblems gegeben haben, wird nun noch bekräftigt und ergänzt, wenn wir uns zum Schlusse mit den "Richtlinien zur Wehrpolitik" beschäftigen, welche die vom Parteivorstand der deutschen Sozialdemokratie eingesetzte Kommission der Parteidiskussion unterbreitet hat. Wir brauchen dabei nicht ins einzelne einzugehen, weil diese Richtlinien ja bereits vielfach einer strengen und mit Recht ablehnenden Kritik unterzogen worden sind. Wir können uns hier vielmehr auf die Prüfung des allgemeinen Charakters dieser Richtlinien einschränken. Und da ist gerade dies das erste und wesentliche, was sich uns ergibt, daß dieser Entwurf der Rechten eine prinzipielle Orientierung an den Bedürfnissen und Zielen des internationalen sozialistischen Klassenkampfes des Proletariats völlig vermissen läßt. Die vorgeschlagenen Formulierungen treten daher auch gewiß nicht ohne Absicht so bescheiden als bloße Richtlinien auf. Wurde doch gegenüber dem schon öfters erhobenen Vorwurf, daß sie auf eine grundsätzliche sozialistische Begründung verzichten, zu ihrer Verteidigung hervorgehoben, die Kommission hätte doch kein "Programm", sondern eben nur "Richtlinien" veröffentlicht. Aber dann hätten es doch jedenfalls Richtlinien zu einer *sozialistischen* Wehrpolitik sein müssen. In Wirklichkeit sind es bloß Richtlinien für eine solche Wehrpolitik geworden, mit der man die bisherige richtungslose Koalitionspolitik fortsetzen kann. Und da muß hier doch ein Wort über Zweck und Nutzen eines Programms gesagt werden, so sehr auch dieses Wort demselben Schein der Banalität ausgesetzt ist, wie vorhin die Forderung des internationalen Bewußtseins, weil beides leider doch nicht für alle Genossen selbstverständlich ist.

Es ist sicherlich richtig, daß der revolutionäre proletarische Klassenkampf in der praktischen Politik nicht überall und nicht sofort seine Ziele durchsetzen kann und daher mannigfache Umwege einschlagen, oft auch mancherlei Kompromisse schließen muß. Dies ergibt sich daraus, daß *seinem* revolutionären Willen eben der Wille der *anderen* entgegensteht. Aber gerade je mehr dies letztere der Fall ist und je mehr daher das Proletariat in die Lage kommt, sich mit dem Klassengegner auseinandersetzen zu müssen, um so mehr muß es *seinen eigenen Willen kennen und festhalten.* Und dazu dient eben das Programm, *das also nicht schon selbst ein Kompromiß enthalten darf,* sondern erst einmal das *eigene* Interesse und das *eigene* Ziel der Klasse des Proletariats mit aller nur möglichen Schärfe aussprechen muß. Deshalb haben seit dem *Kommunistischen Manifest* alle Programme einen grundsätzlichen Teil und einen solchen, der die Anpassungen an den Gegenwartszustand enthält. Wer also Richtlinien zu einer sozialistischen Wehrpolitik aufstellen will, der muß vor allem bis zur Schroffheit klar sagen, was das internationale Proletariat hier *grundsätzlich* will, und erst von da aus ergibt sich dann Art und Möglichkeit der Richtlinien.

Auf diese Weise ist also die eigentliche Kernfrage jedes sozialistischen Wehrprogramms die Frage: Was *will* das internationale Proletariat, und was muß es wollen? Die Antwort ist in unzähligen feierlichen Kongreß- und Parteitagsbeschlüssen schon gegeben und liegt in der Theorie von Marx und Engels begründet vor: es will die Beseitigung der kapitalistischen Wirtschaftsordnung und damit des Klassenstaates und muß sie wollen. Die "Realpolitiker", die "Staatsmänner" in den verschiedenen sozialdemokratischen Parteien, mögen diese Antwort "primitiv" finden. Aber die höhere, ja bis zu den "Höhen" der Ministerstühle und Präsidentensitze strebende Einsicht seiner Staatsmänner hat das Proletariat bisher nur allzu teuer bezahlt, nämlich mit dem Verlust seiner Einheit und der Stoßkraft seiner revolutionären Bereitschaft. Dieses unverrückbare Ziel des Sturzes der bürgerlichen Gesellschaft und ihrer politischen Machtformen ergibt also den selbstverständlichen Ausgangspunkt für alle Richtlinien: daß es sich für uns in erster Linie überhaupt niemals um irgendeine Reform der Wehrmittel des bürgerlichen Staates handeln kann, und ebensowenig um Vorschläge zur Humanisierung der Kriege, sondern nur um absolute Verweigerung aller militärischen Machtmittel gegenüber dem bürgerlichen Staate und um grundsätzliche Bekämpfung aller seiner wie immer gearteten Kriege. Nur ein solcher Standpunkt kann die Internationalität der revolutionären proletarischen Aktion wirklich vorbereiten respektive festigen. Denn nur ein solcher klarer Beschluß einer sozialdemokratischen Partei *gegenüber ihrem eigenen bürgerlichen Staate* raubt den Reformisten, Sozialpatrioten und Konfusionären in den *anderen* Ländern das wichtigste Argument, nämlich den Hinweis auf die Bereitschaft auch anderer nationaler proletarischer Parteien zum Wehrwillen und zur eventuellen Kriegsunterstützung innerhalb des bürgerlichen Staates. Sie belastet dann erst wirklich die bürgerlichen Klassen allein mit der Verantwortung der Aufrechterhaltung des Militarismus, der Kriegsgefahr und der schließlichen Herbeiführung des Krieges selbst.

Von diesem grundsätzlichen Standpunkt einer sozialistischen Wehrpolitik ist in dem Entwurf der Richtlinien keine Spur zu finden. Der ganze Entwurf liest sich wie ein bloß pazifistisches, in diesem Sinne noch dazu sehr schwächliches Manifest von Allerweltsfreunden des Friedens, nicht aber wie ein revolutionäres Programm der deutschen Arbeiterklasse als eines Teiles des Weltproletariates. Daher fehlt in allen Artikeln des Entwurfes die Berufung auf den revolutionären Klassenkampf gegen den bürgerlichen Staat und seine Machtmittel als die einzige wirkliche Bekämpfung des Militarismus und Krieges. An deren Stelle marschieren überall die fadesten und gerade durch die moderne Entwicklung nach dem Kriege als schädliche Illusionen entlarvten Sentimentalitäten des bürgerlichen Pazifismus auf. Im 1. Abschnitt fordert der Entwurf die "friedliche Lösung aller internationalen Konflikte durch obligatorische Schiedsgerichte", im 2. Abschnitt die "vollständige Abrüstung durch internationale Abkommen", im 3. Abschnitt die Sicherung der deutschen Republik durch "eine auf die Verständigung der Völker und die Erhaltung des Friedens gerichtete Außenpolitik", im 4. Abschnitt die "Neubefestigung des Völkerrechtes im Sinne der Humanität" und im 5. Abschnitt die "Erziehung und den Unterricht der Arbeiter im Geiste des Friedens". Zwar enthält der erste Abschnitt die Androhung selbst revolutionärer Mittel gegen eine Regierung, die einen Krieg entgegen einem Schiedsspruch beginnt, und im letzten Abschnitt wird, gleichsam um sich ein sozialistisches Alibi zu verschaffen, eine Verbeugung vor dem sozialistischen Endziel gemacht, ja sogar endlich vom Kampf des Proletariats gesprochen. Aber auch hier fehlt das klare aufrüttelnde Wort

"Klassenkampf" und der Hinweis, welcher den Klassenkampf als die unablässige moralische und physische Vorbereitung der proletarischen Weltrevolution hinstellt. Vielmehr wird mit jenem alles umfassenden und daher nichtssagenden Ausdruck, mit dem schon die Brüsseler Kompromißresolution das ominöse Wort des Klassenkampfes vermieden hatte, nur von "dem gesteigerten politischen und wirtschaftlichen Kampf des Proletariats gegen die herrschenden Klassen bis zur Verwirklichung des Sozialismus" gesprochen, womit denn auch glücklich der historische revolutionäre Sinn dieses Begriffes auf eine koalitionsfromme Formel gebracht ist. Dieser Schlußabschnitt der "Richtlinien" und die Übernahme des Satzes aus der Brüsseler Resolution über den Widerstand gegen die Nichtbeachtung eines Schiedsspruchs – ein für die Machtkämpfe der *großen* imperialistischen Staaten fast imaginärer Fall – können also nichts an dem Charakter des ganzen Entwurfes ändern, der bürgerlich-republikanisch und demokratisch-pazifistisch ist, statt proletarisch-international und sozialistisch-revolutionär zu sein.

2. Antwort an die Kritik von rechts

Wer das nicht schon aus dem Aufbau und dem Inhalt der "Richtlinien" erkannt hat, dem mußte es geradezu schmerzlich aus der Verteidigung klar werden, welche der Kommissionsentwurf durch Genossen Stampfer erfahren hat, indem dieser den Programmentwurf des *Klassenkampf* als "Wehrwirrwarr" abzutun versuchte. Wir werden hier nicht auf den in der linksgerichteten Parteipresse schon genügend zerfetzten Inhalt dieses erstaunlichen Artikels näher eingehen, der jeden nur halbwegs tüchtigen Absolventen einer Parteischule in die peinlichste Verlegenheit setzen mußte, weil er die elementarsten Orientierungen des Marxismus vermissen ließ. Das Traurige daran ist, daß dieser Artikel, zu dem der Chefredakteur des Zentralorganes der Partei an leitender Stelle des Blattes aufgeboten wurde, wirklich die psychologische und die theoretische Grundlage sowohl zu den "Richtlinien" wie zur ganzen Koalitionsgesinnung gibt, aus der sie stammen. Wenn man im Ernst unter Sozialdemokraten den Vorwurf erheben kann, sie hätten es unterlassen, vor Bekämpfung des bürgerlichen Staates zu erklären, was das überhaupt ist, ein bürgerlicher Staat (!), und wenn man ernstlich glaubt, der bürgerliche Staat höre schon durch die Einführung des allgemeinen Wahlrechts und der demokratischen Republik auf, es zu sein – dann fehlen freilich alle Brücken marxistischer Verständigung. Tut nicht auch hier die Rückkehr zu der "primitiven" Erkenntnis not, daß jeder Staat, in welcher die kapitalistische Produktionsweise herrscht, ein bürgerlicher Staat ist? Muß man wirklich, weil wir es heute soweit gebracht haben, nicht nur in einer demokratischen Republik zu leben, sondern sogar in einer solchen mit einem sozialdemokratischen Reichskanzler und noch drei anderen sozialistischen Ministern daneben, und doch zugleich mit der Kapitulation vor den Eisengewaltigen im Rhein-Ruhr-Gebiet – muß man da wirklich noch die Mahnung von Engels wiederholen, der in der Einleitung zum *Bürgerkrieg in Frankreich* schrieb: "Man glaubt schon einen ganz gewaltig kühnen Schritt getan zu haben, wenn man sich freigemacht vom Glauben an die erbliche Monarchie und auf die demokratische Republik schwört. In Wirklichkeit aber ist der Staat nichts als eine Maschine zur Unterdrückung einer Klasse durch eine andere, und zwar in der demokratischen Republik nicht minder als in der Monarchie." Daran ändert sogar die Eroberung der Mehrheit im Parlamente durch die Sozialdemokratie nichts, solange erstens diese Majorität nicht eine *sozialrevolutionäre* Majorität, sondern nur eine aus den verschiedensten proletarischen Gegenwarts- und bürgerlichen Oppositionsinteressen zusammengeflossene Mehrheit ist; und zweitens solange der bloß politischen Machteroberung im Parlamente nicht die entsprechende außerparlamentarische Gewalt zur ökonomischen Entmachtung der besitzenden Klassen entspricht. Insolange diese beiden Bedingungen nicht zutreffen, ist daher auch jede Mehrheitsgewinnung im Parlamente und damit die Übernahme der Regierung mehr ein Unglück als eine wirkliche Förderung der Entwicklung zum Sozialismus. Denn sie zwingt der Partei und der von ihr gestellten Regierung gebieterisch die Aufgaben der bürgerlichen Staats*erhaltung* auf, welche trotz aller sozialpolitischer und demokratischer Fortschritte im einzelnen sie gerade in den Fragen sozialistischer

Wirtschafts- und Wehrpolitik in grundsätzliche Widersprüche mit den Interessen der internationalen proletarischen Aktion bringen müssen. Daraus folgt nicht, wie diejenigen, denen es nicht um Aufklärung des Proletariats, sondern nur um Verbreitung ihrer eigenen Konfusion zu tun ist, nun höhnisch fragen werden: Sollen wir uns also vor der eigenen Majoritätsgewinnung fürchten oder sie gar hintertreiben? Vielmehr ergibt sich daraus nur die um so unerläßlichere Aufgabe, dafür zu sorgen, daß *Majoritätsgewinnung* und *Revolutionierung des Proletariats* sowie Steigerung seiner außerparlamentarischen Machtmittel *ein und derselbe Prozeß* sind. In diesem Falle ist dann selbst eine Verlangsamung in der Erreichung der Majorität weitaus aufgewogen durch die Gewinnung wirklicher Macht und die Vermeidung gefährlicher Enttäuschungen.

Zu der Entlarvung durchaus bürgerlicher Grundeinstellung der "Richtlinien" gehört auch die von Genossen Stampfer mit selbstgefälliger Ironie an die Gegner derselben gerichtete Frage, was denn, da doch zwischen bürgerlichem Staat und sozialistischer Gesellschaft ein Übergangsstadium sein muß, die Sozialdemokratie – "du lieber Himmel!" – in dieser Übergangszeit machen soll? Ja, er meint, daß sich gar nicht so ohne weiteres unterscheiden läßt, ob man sich noch im "bürgerlichen Staate oder schon in der sozialistischen Gesellschaft" befindet. Diese peinliche Ungewißheit muß freilich dann entstehen, wenn man die *Koalitionspolitik* mit ihren Sorgen für Panzerkreuzer, für Staatshaushalt ohne empfindliche Besitzsteuer, für Konkordat und dergleichen *schon für die Übergangszeit* hält, während sie in Wirklichkeit die Reetablierung, ja zum Teil sogar die Offensive der wiedererstarkten kapitalistischen Gesellschaft ist, die sich, so wie seinerzeit im Kriege durch die Idee des Burgfriedens, jetzt durch die Idee der Staatsverantwortung große Teile des Proletariats seelisch einverleibt hat. Wie aber diese Übergangszeit wirklich aussieht und was die Sozialdemokratie während derselben zu tun hat, das hat uns – "du lieber Himmel!" – schon längst Marx gesagt, als er bereits 1875 in den Glossen zum Gothaer Programm zornig gegen ähnliche damalige Anschauungen schrieb: "Zwischen der kapitalistischen und der kommunistischen Gesellschaft liegt die Periode der revolutionären Umwandlung der einen in die andere. Der entspricht auch eine *politische* Übergangsperiode, deren Staat nichts anderes sein kann als die *revolutionäre Diktatur* des Proletariats." Daraus beantwortet sich auch die übergescheite Vexierfrage Stampfers, wann denn eigentlich der Staat aufhört, ein bürgerlicher zu sein. Mit solcher Gesinnung und solchen Anschauungen, wie Stampfer sie vertritt, hört er es niemals auf.

3. Die Ideologie der "Richtlinien"

Während also auf diese Weise den "Richtlinien" die Grundeinstellung marxistischer Politik fehlt, nämlich die nie versagende theoretische und emotionale *innere* Getrenntheit von den Aufgaben des bürgerlichen Staates, treten dafür zwei andere Gedanken als ihre eigentlich tragenden auf, von denen wir schon gesehen haben, daß sie in die nebligste Atmosphäre der Vorstellungen vom Gemeinschaftsinteresse und Volksganzen führen. Es sind dies die Ideen von der Landesverteidigung und vom Schutz der demokratischen Republik.

Verweilen wir zunächst bei letzterem. Es ist selbstverständlich, soll aber trotzdem gegenüber unwissender oder böswilliger Kritik an dem Linkssozialismus ausdrücklich betont werden, daß die Erhaltung und der Ausbau der demokratischen Republik für den sozialistischen Kampf des Proletariates nicht nur *unerläßlich,* sondern zu seinen *wichtigsten* Aufgaben gehört. Aber nicht die demokratische Republik als Selbstzweck hat diese Bedeutung, sondern nur als eine der schärfsten Waffen im politischen Kampf gegen den bürgerlichen Klassenstaat. Die demokratische Republik ist für uns bloß der *letzte* Kampfboden für die sozialistische Republik. Daraus folgt, daß wir die demokratische Republik, die selbst in ihrer vollendetsten Gestalt immer eine Form des Klassenstaates bleibt, sogar auch dann, wenn sie bereits unter der Herrschaft des Proletariats ein proletarischer Staat geworden ist, für uns keine bleibende Form der politischen Ordnung ist, in der eine wirklich allgemeine gesellschaftliche Freiheit und Kultur möglich ist. Und daraus folgt weiter, daß die Existenz einer Wehrmacht im heutigen Klassenstaate von diesem entwicklungsgeschichtlichen Interesse aus, das auf die Herbeiführung einer klassenlosen Gesellschaft gerichtet ist, nicht nur nicht erforderlich ist, sondern geradezu als schädlich erscheinen muß. *Der* Republikschutz, den der Sozialismus braucht, ist gegeben durch ein klassenrevolutionäres und wehrhaftes, international und nicht staatlich orientiertes Proletariat und durch die gleichzeitige radikale Bekämpfung jeder Form des Militarismus durch absolute Verweigerung jeder ökonomischen und moralischen Unterstützung. Denn jede Form des Militarismus muß, solange der bürgerliche Klassenstaat besteht, ein Herrschaftsmittel in der Hand der Besitzenden sein, die ja gerade dann am sichersten herrschen, wenn ihre Ideologie vom Vaterlandsinteresse und von Förderung der heimischen Wirtschaftsmacht ihnen auf demokratischem Wege die Gefolgschaft großer Massen ermöglicht. Daran ändert auch die "Erfüllung der Wehrmacht mit republikanischem Geiste" gar nichts. Dieses Schlagwort ist heute zu einer der gefährlichsten Illusionen geworden und treibt auch im dritten Abschnitt der "Richtlinien" sein Unwesen. Es heißt dort, die Wehrmacht soll "im Denken und Fühlen mit dem Volke verbunden sein". Ja – mit *welchem* Volke? Mit den Besitzenden, die doch auch zum "Volke" gehören, oder mit den Besitzlosen? Mit dem revolutionären Volke oder mit dem braven, "nicht irregeleiteten" Volke? Müßten wir nicht eigentlich verlangen: Verbundenheit mit dem Denken und Fühlen des sozialistischen Proletariates? Man sieht auf diese Weise sofort, daß die "republikanische" Wehrmacht in ihrer überparteilichen Neutralität eine Illusion ist, die bestenfalls eine Selbsttäuschung ist. Und vollends die Forderung der "Richtlinien", daß die Wehrmacht sich als "ein dienendes Glied der demokratischen Republik einordnen" soll, womit die "Richtlinien" offenbar das Maximum der ihnen zugänglichen sozialistischen Gesinnung erklommen haben, sollte denn doch nach dem furchtbaren Erlebnis des 15. Juli 1927 in Wien ein für allemal für Sozialisten erledigt sein. Denn als dienende Glieder der Republik und bedankt von den Würdenträgern der Republik für die ihr bewiesene Treue haben an diesem Tage die bewaffneten Organe der Republik die Arbeiter Wiens zusammengeschossen.

Gewiß, wir verlangen alle zweckdienlichen Reformen zur Demokratisierung und Parlamentarisierung der Wehrmacht und werden darin, wie der Entwurf des *Klassenkampf* zeigt, noch radikaler sein als die "Richtlinien". Wir verlangen dies, solange eben die herrschenden Klassen uns den Militarismus aufzwingen; aber *diesen selbst lehnen wir ab, und von uns aus* bewilligen wir daher keine Reichswehr. Können wir erst einmal *allein* regieren, dann werden wir die Proletarierwehr schaffen, die, wenn es nötig ist, auch *ihr* Land verteidigen wird. Im Zeitalter der *industriellen* Kriegführung ist diese Stellungnahme, da sie in erster Linie sich auf die Verfügungsgewalt über Arbeiter und Betriebe stützt, nicht nur möglich, sondern auch viel leichter durchführbar als in der Zeit der früheren militärischen Kriegführung.

Bleibt noch die Landesverteidigung, wozu auch die letzte Rückzugslinie der Kriegsmittelbewilliger gehört, der Neutralitätsschutz. Hier kann ich mich nach alledem, was im ersten und dritten Kapitel ausgeführt wurde, sehr kurz fassen. Prinzipiell ist die Frage durch den Leitgedanken gelöst, welchen die Leipziger Parteiversammlung in die treffende Formel gefaßt hat, daß für das sozialistische Proletariat Landesverteidigung bedeute den "Kampf um die Befreiung des Landes von der Herrschaft der Bourgeoisie", was sowohl im Frieden wie besonders im Kriege gilt. Und auch praktisch kommt entscheidend der Gesichtspunkt in Betracht, daß die in Deutschland heute gesetzlich zulässige Wehrmacht ohnedies für kriegerische Landesverteidigung und für ebensolchen Neutralitätsschutz gar nicht ausreicht, sondern das Land nur den schrecklichsten Verheerungen des Krieges aussetzen würde. Die wirksamste Verteidigung und der sicherste Neutralitätsschutz sind im Ernstfalle die revolutionäre Erhebung des Proletariats, weil sie die gleichen Klassenkräfte in den angreifenden Ländern in Bewegung setzt, stärkt und schließlich sogar zum revolutionären Ausbruch bringen kann. Letzteres herbeizuführen ist eben die internationale sozialistische *Pflicht der Bruderparteien.* Die Erfüllung dieser Pflicht muß aber durch ein Proletariat, das ihnen in kriegerischer Haltung gegenübersteht und gemeinsame Sache mit seiner Bourgeoisie macht, nur erschwert werden. Darum ist ja dies auch *der alte Gedanke der Internationale,* die schon auf dem Kongreß in Stuttgart und dann wieder in Kopenhagen es ausdrücklich als Pflicht jedes Proletariats erklärt hat, falls der Krieg trotz aller Gegenbemühungen doch ausgebrochen sei, die dadurch geschaffene Lage für die

Beschleunigung des Sturzes der kapitalistischen Gesellschaft zu benutzen. Welche verheerende Wirkung für sozialistisches Denken und Empfinden die Ideologie der Staatsverantwortung, Landesverteidigung und des Neutralitätsschutzes durch ein bürgerliches Heer bereits angerichtet hat, kann man daraus erkennen, daß Genosse Stampfer diesen alten Gedanken der Internationale, den der Entwurf des *Klassenkampf* übernommen hat, gar nicht mehr als solchen alten Besitz des revolutionären Sozialismus erkennt, sondern ihn als eine neue und gefährliche "Ausnutzungstheorie" der Leute vom *Klassenkampf* verhöhnt, die sogar meinen, ein bißchen Krieg wäre gar nichts so Unebenes, um ihn dazu "auszunützen", den Kapitalismus zu stürzen. Hier kann man wirklich nur sagen: spottet seiner selbst und weiß nicht wie!

So mögen die "Richtlinien" zwar Linien in die Richtung einer Politik sein, mit der man regierungsfähig bleibt selbst für eine solche Koalition, die von vornherein und sogar mit einer gewissen Leidenschaftlichkeit verzichtet, proletarische Forderungen und Bedingungen für die Teilnahme der Partei an der Koalition zu stellen, weil sie Ministergewalt einzelner Sozialisten schon gleichbedeutend hält mit sozialistischer Macht des Proletariats. Diese "Richtlinien" mögen daher tauglich sein für eine Koalition um jeden Preis, selbst um den Preis der Richtungslosigkeit der Regierung und der Führung der eigenen Partei. Für eine Politik des Proletariats aber, mit der einzigen Richtung, die sie haben darf, mit der *Richtung auf den Sozialismus und die soziale Revolution,* sind die "Richtlinien" der Kommission unannehmbar. Der Sturm der Empörung in der Partei gegen die ministerielle Panzerkreuzerbewilligung hat die Diskussion unserer Stellung zum Wehrproblem erzwungen und auf die Tagesordnung des Magdeburger Parteitages gestellt. Hoffen wir, daß die wiedererwachte Demokratie in der Partei stark genug sein wird, die "Richtlinien" der Richtungslosigkeit nicht nur im Wehrprogramm, sondern in der herrschenden Politik der deutschen Sozialdemokratie überhaupt für immer zu beseitigen.

Das österreichische Beispiel und der Faschismus

Die österreichische Sozialdemokratie hat in den letzten Jahren oft die Freude gehabt, von den Bruderparteien in der Internationale als beispielgebend bezeichnet zu werden. Man hat von ihr gerühmt, daß sie als einzige die kommunistische Spaltung fast gänzlich überwunden hat, und man hat ihre Machtstellung, die sie nicht nur im roten Wien zu einem gewaltigen proletarischen Aufbauwerk benützte, sondern auch im Staate zu haben schien, bewundert. Und gerade dies letztere war es insbesondere, was überall der Linksrichtung in der Sozialdemokratie zur freudigen Genugtuung gereichte (obgleich die Identifizierung der österreichischen Parteipolitik mit der Linksrichtung sicherlich eine zu weitgehende war) und der Rechtsrichtung einen beklommenen Respekt einflößte. Denn hier lag die Tatsache vor, daß die österreichische Sozialdemokratie trotz jahrelanger Opposition, die nicht bloß aus einer parlamentarischen Taktik entsprang, sondern im Linzer Programm und in theoretischen Ausführungen, besonders Otto Bauers, ihre grundsätzliche Rechtfertigung besaß, an innerer Einheit und äußerer Ausdehnung immer mehr erstarkte. Ja, sie erwies sich sogar im Parlament als ein Bollwerk gegen die reaktionäre Politik der bürgerlichen Parteien und war schließlich imstande, in den Wahlen des April 1927 trotz Zusammenschlusses aller ihrer Gegner in der bürgerlichen Einheitsliste einen großartigen Wahlsieg zu erfechten.

Da kam aber der 15. Juli 1927, an dem der Partei zum ersten Male in furchtbarer Weise die Verschiebung der Machtverhältnisse im Staat klar wurde, die bis dahin auch dem Bürgertum selbst noch gar nicht in diesem Maße bewußt geworden war. Es kam die Aufrüstung der bürgerlichen Parteien in den Heimwehrbanden, die Zurückdrängung der Sozialdemokratie auf allen ihren Wirkungsgebieten in die Defensive und schließlich die unverhüllte Kriegserklärung des Faschismus in der Form der Forderung einer Verfassungsänderung. Diese war in Wirklichkeit nichts anderes als der Versuch eines neuen Sozialistengesetzes, durch welches die Demokratie in die Hand der derzeitigen Machthaber, von Polizei und Militär, überliefert und vor allem die verhaßte Selbständigkeit Wiens gebrochen werden sollte. Dieses Ziel wurde nicht erreicht. In einer gewaltigen und stürmischen Bewegung stand das Proletariat im ganzen Lande auf und ließ keinen Zweifel darüber, daß die Durchsetzung dieser Pläne nicht ohne den Bürgerkrieg bis ins letzte Dorf hinein möglich sein würde. Die nächste Folge davon war die furchtbarste Erschütterung des ohnedies schwächlichen Wirtschaftslebens in Österreich, der Zusammenbruch eines seiner größten Bankinstitute, so daß das erschreckte Bürgertum noch einmal seine Gewalthaufen zurückrief und sich mit einigen Abänderungen der Verfassung begnügte. Diese sind zwar gar nicht so harmlos, wie manche in unseren Reihen meinen, aber bleiben doch weit hinter dem zurück, was angestrebt wurde: Sturz des Parlamentarismus, Sturz der sozialdemokratischen Herrschaft in Wien und politische Helotisierung der Arbeiter durch ein neues Ständesystem. Und deshalb ist auch durch das Kompromiß in der Verfassungsfrage gar keine Ruhe im Innern des Landes eingetreten. Im Gegenteil, die Aufrüstung des Faschismus geht weiter, die Duldung desselben durch die Behörden bis zur Spitze hinauf desgleichen, und eine wüste Agitation führt geflissentlich immer neue Konfliktstoffe herauf, welche eine Zwangslage für die wenigen besonnenen Elemente im bürgerlichen Lager selbst schaffen und zu abermaligen Zusammenstößen mit dem Proletariat führen sollen.

Diese Verschiebung in den Machtverhältnissen hat natürlich nicht nur bei den Parteigenossen in Österreich, sondern auch bei den Genossen im Ausland die kritische Aufmerksamkeit auf sich gezogen, und nun erleben wir es, daß man abermals unser Land zum Beispiel nimmt, aber diesmal nicht zur Aneiferung, sondern vielmehr als ein *angeblich warnendes* Beispiel. Von denjenigen Richtungen, die den Rechtskurs in der Partei vertreten und die Koalitionsregierung zu einer normalen, ja der fortgeschrittenen Form des Klassenkampfes erklären, wird jetzt nicht selten darauf hingewiesen, daß die österreichische Situation die abschreckende Folge des austromarxistischen Radikalismus und Dogmatismus sei. "Da seht Ihr es", sagen sie, "wohin es kommt mit der unablässigen Klassenkampfparole, mit dem Ableiern des Revolutionskatechismus und dem Eingeschworensein auf veraltete Schriften aus einer überwundenen Periode des Marxismus. Das Proletariat muß ja zuschanden werden, wenn es sich durch eine ewige Opposition regierungsunfähig macht; es schaltet sich nicht nur selbst aus, sondern treibt noch seine Gegner in eine starke Einheit zusammen." Da solche Reden nicht nur bei uns zu Hause geführt werden – denn es ist ja bekannt, daß seit dem 15. Juli die auch bei uns immer vorhanden gewesene Rechtsrichtung immer deutlicher hervorgetreten ist, ja zuweilen sich, wie der Parteitag von 1928 beweist, ziemlich stark durchzusetzen vermochte –, sondern insbesondere auch innerhalb der deutschen Bruderpartei in der letzten Zeit sehr häufig zu hören sind, um mit der Ausschlachtung der österreichischen Verhältnisse Stimmung für die deutsche Koalitionspolitik und noch mehr Koalitionsgesinnung zu machen, so werden vielleicht einige aufklärende Bemerkungen zu dieser Sache hier am Platze sein.

Vor allem müssen gegenüber der üblichen Darstellung über die angebliche Abstinenzpolitik der österreichischen Partei einige sachliche Feststellungen gemacht werden. So wie es keinen Marxisten gibt, insbesondere auch keinen "Linken", der ein "prinzipieller" Gegner der Koalitionspolitik wäre, so hat auch der linke Flügel des Austromarxismus *nie* einen solchen Standpunkt eingenommen, sich aber allerdings von der bedingungslosen Bereitschaft zu jeder Koalition stets dadurch unterschieden, daß er jede Koalitionsregierung als einen Ausnahmefall betrachtete und die Bedingungen für ihre Verwirklichung genau darlegte. Damit bewegt er sich nur auf der Linie, die schon die internationalen Kongresse der Vorkriegszeit für die Koalitionsmöglichkeit festsetzten. Schon daraus allein folgt, daß die österreichische Parteipolitik niemals auf dem Standpunkt einer prinzipiellen Ablehnung der Teilnahme an der Regierung verharrte. Die österreichische Partei ist im Jahre 1920 aus der Regierung ausgetreten. In seinem Buche über die *Österreichische Revolution* hat Otto Bauer ausführlich und überzeugend dargetan, daß dies deshalb geschah, weil ein längeres Verbleiben in der Regierung die Partei nur zu Gefangenen der bürgerlich-kapitalistischen Politik gemacht hätte. Und schon damals (1923) schrieb er, daß eine Situation eintreten könnte, wo die Arbeiterklasse, um eine sonstige Rückbildung der Demokratie zu verhüten und ihre außerparlamentarischen Machtpositionen zu erhalten, an einer bürgerlichen Regierung teilnehmen müßte (S. 285). In demselben Zusammenhang führt Otto Bauer allerdings sehr eindringlich aus, daß die Sozialdemokratie an einer Koalitionsregierung nur dann teilnehmen kann, "wenn uns die Teilnahme an der Regierung nicht bloßen Schein der Macht, sondern wirkliche Macht bringt". Die Koalitionsregierung erscheint ihm eben nicht als der Normalfall einer friedlich-schiedlichen Teilung der Macht zwischen den bürgerlichen und der proletarischen Partei, sondern als ein Ergebnis "unseres energischen Kampfes gegen die Regierung der Bourgeoisie". Wir sehen also, daß der "Austromarxismus" schon vom Anfang der oppositionellen Zeit an *keineswegs gegen die Koalition ist, nur nicht für die Koalition um jeden Preis.* Aber das ist gar nicht das Entscheidende. Dies liegt vielmehr darin, daß es eine *glatte Unrichtigkeit* ist, wenn man die Sache so darstellt, als ob die heutige Situation in Österreich durch die "unbedingte" Ablehnung jeder Mitarbeit im Staate, durch die doktrinäre Festlegung auf "prinzipielle" Opposition und dergleichen entstanden ist. Demgegenüber hat schon Otto Bauer in dem vorgenannten Buche konstatiert, daß nur in der Zeit von 1920 bis 1922, d.h. in der Zeit der größten wirtschaftlichen Bedrängnis, knapp vor der Genfer Sanierung, eine gewisse Bereitschaft auf der bürgerlichen Seite zur Erneuerung der Koalition war, die aber von ihr selbst schließlich beseitigt wurde, als sich die Möglichkeit der Genfer Sanierung ergab. *Seither wären es die bürgerlichen Parteien gewesen, die jede Koali-*

tion mit der Sozialdemokratie abgelehnt hätten. Und das hat sich auch nach 1923 *nicht geändert.* Im Gegenteil, unter der zu immer stärkerer Wirksamkeit gelangenden Einpeitschung der bürgerlichen Parteien durch Seipel wurde die Zurückweisung jeder Koalitionsmöglichkeit mit der Sozialdemokratie gerade zum ausschlaggebenden Richtpunkt der bürgerlichen Politik. Und man kann nicht sagen, daß dies nur die Folge einer ebenso abweisenden sozialdemokratischen Politik gewesen wäre. Denn auch vor dem 15. Juli hat die Partei an der vorhin aufgezeigten Linie einer Koalitionsmöglichkeit im Interesse eines Machtzuwachses des Proletariates festgehalten, übrigens in den einzelnen Landesregierungen und Landesverwaltungen sogar auch durchgeführt, und nach dem 15. Juli wurde unter der Führung Renners sogar recht eindringlich und beweglich die Hand ausgestreckt und der Brückenschlag vom Proletariat zum Bürgertum versucht, nur daß der Liebe Müh' umsonst war. Ja schließlich hat der Parteitag von 1928 sogar ein nur wenig verhülltes feierliches Koalitionsangebot gemacht, ohne daß auch dies irgendeinen Erfolg gehabt hätte. Und selbst inmitten der Verfassungskrise hat der Parteitag von 1929 abermals die Parole der Bereitschaft zu einer Sammlung aller derer ausgegeben, welche den Ausbau der Demokratie dem Bürgerkrieg vorziehen. Nicht *wir* haben uns also ausgeschaltet, sondern wir *wurden* ausgeschaltet durch die Stabilisierung oder, besser gesagt, Neuerstarkung des Kapitalismus, durch das wachsende Selbstgefühl des bürgerlichen Klassenbewußtseins, zuletzt durch die endlich *auch im Bürgertum einsetzende klassenmäßige Benützung der Demokratie,* in der bis jetzt eben die bürgerlichen Interessen die Majorität haben und nicht wir.

Es ist daher ganz unrichtig, daß die österreichische Parteipolitik in die heutige Situation gekommen sei, weil ihre dogmatische Ablehnung der Beteiligung an der Regierung das Hindernis gewesen wäre. Es hat schon immer einflußreiche Richtungen und Leute gegeben, die bereit waren, in die Regierung zu gehen, nur – die *anderen* haben nicht gewollt. Auch das Linzer Programm wäre da kein Hindernis gewesen, denn es gab genug weitherzige und großzügige Interpretationen desselben, um den Schritt zur Koalition zu machen. Aber weder die einen, welche diese Interpretation nicht mitgemacht hätten, noch die anderen, die sich vielleicht der Mühe dieser Interpretation gerne unterzogen hätten, haben irgendeine Gelegenheit dazu gehabt, da die bürgerlichen Parteien ihnen keine solche boten. Der sogenannte Austromarxismus kommt in diesem Falle ganz unverdient in die Rolle eines Tempelhüters des reinen Prinzips.

Aber auch diese, also im gewissen Sinne gar nicht freiwillige *Opposition* der österreichischen Sozialdemokratie war *durchaus keine "starre" und "unfruchtbare",* und dies, obgleich sie sogar mit heftiger Obstruktion verbunden war. Es gehört ja heute zu den Lieblingsgedanken der Rechtsrichtung, die Obstruktion im Parlamente als eine "Versündigung am hohen Geiste der Demokratie" hinzustellen. Aber vorerst muß darauf hingewiesen werden, daß es gerade diese Obstruktion war, welche es ermöglichte, daß die Opposition der Partei keine unfruchtbare blieb. Denn im Mittelpunkte der inneren Politik Österreichs stand noch bis in das Jahr 1929 die Aufrechterhaltung des Mieterschutzes. Und nur die sogenannte bedingungslose Opposition der Partei, die hauptsächlich mit der Stellungnahme zum Mieterschutz zusammenhing, und nur die Verwendung der schärfsten Mittel der Obstruktion in diesem Kampfe bewirkte es, daß die sozialdemokratische Opposition, weit entfernt, ein marxistisch-doktrinäres Steckenpferd zu reiten, als der *Ausdruck einer Massenstimmung im Lande* empfunden wurde, was sich schließlich auch in dem großen Wahlsieg vom April 1927 bewährte.

Um aber nun auf die obige *prinzipielle Kritik an der Obstruktion* zurückzukommen, berühren wir damit einen Punkt, der bereits geeignet ist, zu grundsätzlichen Betrachtungen zu führen. Selbstverständlich wäre das ein sinnloser Radikalismus, welcher die Obstruktion im Parlamente als die revolutionäre Form der proletarischen Politik betrachten würde und nicht vielmehr als eine bloße taktische Maßregel, deren Zweckmäßigkeit jedes Mal sehr genau zu überprüfen ist. Wenn es aber jetzt Leute auch unter uns gibt, die herumreden, daß die Obstruktionspolitik der österreichischen Partei dazu beigetragen hätte, das Parlament zu diskreditieren und den Antiparlamentarismus der Faschisten zu stärken, so heißt dies, die Sprache derjenigen führen, welche die Obstruktion sehr wirkungsvoll zu spüren bekamen, nicht aber den Standpunkt des proletarischen Klassenkampfes selbst vertreten. Sonst müßte doch entscheidend für die Beurteilung dieser Frage sein, daß die Obstruktion der Sozialdemokratie nicht etwa ein bloß mechanisches Mittel war, mit der jede sonst bedeutungslose Minorität ein Parlament lahmlegen kann, sondern eben *die Waffe, womit die 43 Prozent sozialdemokratischer Wähler verhinderten, daß die 57 Prozent bürgerlicher Wähler sie einfach vergewaltigten.* Sie war also die Waffe, womit erst die Demokratie aus einer bloß *formalen Sache,* in der sie ein einfaches Zahlenverhältnis bedeutet hätte, zu einem die Interessen breiter Massen wirklich schützenden *Inhalt* wurde. Und gerade dies macht ja den verhängnisvollen Umschwung in der demokratischen Situation der österreichischen Sozialdemokratie aus, die eigentliche Machtverschiebung gegenüber dem Proletariate, daß es diese Waffe der Obstruktion heute nicht mehr gebrauchen kann. Erst jetzt wird "der hohe Geist der Demokratie" sich völlig auswirken, da die anderen nicht nur über die Majorität im Parlamente verfügen, sondern infolge des Bewußtseins ausreichender außerparlamentarischer Machtmittel zu keinerlei Kompromißstimmung mehr bereit sind. Ob aber diese schrankenlose Majorisierung der sozialdemokratischen Minorität weniger Versündigung an der Demokratie ist als die Obstruktion, die eine Schranke war, sollen diejenigen erklären, die noch immer fortfahren, die Ideologie einer bloß formalen Demokratie zu vertreten und zu verherrlichen.

Als Marxist sollte man sich überhaupt hüten, von der *Diskreditierung des Parlamentarismus* schlechtweg zu sprechen, sondern immer erst fragen, *bei wem* er diskreditiert wird. Dann zeigt sich hier wie überall auf sozialem Gebiete, daß die politischen Begriffe und Kategorien eine doppelte Bedeutung haben, je nach der Klassenseite, von der her sie betrachtet werden, und daß also auch diese Diskreditierung ein zweifaches Gesicht hat. Der Parlamentarismus wird diskreditiert bei den Bürgerlichen – und von ihnen ist ja das Geschrei über die Krise des Parlamentarismus ausgegangen –, weil er entweder zur Majoritätsherrschaft des Proletariats führt oder durch die wirksame Opposition und Obstruktion des Proletariats schon vorher für die bürgerlichen Interessen immer unbrauchbarer wird. Dagegen ist der Parlamentarismus beim Proletariat natürlich noch nicht diskreditiert, wenn er ihm die Majorität bringt oder wenigstens die Möglichkeit gibt, sei es auch nur durch Obstruktion, ein seinen Interessen feindliches Funktionieren der Gesetzgebungsmaschine zu erschweren oder gar stillzusetzen, sondern erst dann, wenn ihm dies nicht möglich wird. Die Diskreditierung des Parlamentarismus wirkt beim Proletariat in diesem Falle um so stärker, je politisch entwickelter es bereits ist und eine je größere sozialistische Partei es bereits bildet. Wenn der Proletarier sieht, daß trotz seiner unablässigen Agitationsarbeit, trotz des Wachstums seiner politischen Organisationen und der Stimmenzahl bei den Wahlen schließlich doch selbst eine kleine arithmetische Überzahl der anderen genügt, um, gestützt auf deren außerparlamentarische Macht, alle seine Mühe zunichte zu machen, weil er mangels ebensolcher Macht die Obstruktion nicht mehr durchführen kann, so muß sich seiner eine große Parlamentsverdrossenheit bemächtigen. Dies kann nur der verkennen, der immer noch "die Demokratie" für das Instrument der Vertretung von Allgemeininteressen ansieht und nicht, wie es in unserem Linzer Programm heißt, bloß für den Kampfboden der Klassengegensätze, und der immer noch das Parlament als eine Stelle betrachtet, wo die Leute durch Reden zusammenkommen, d.h. in gemeinsamer sachlicher Beratung Kompromisse schließen, wie sie die Vernunft fordert. Er möge aus Österreichs jüngster Vergangenheit lernen, daß auch das Kompromiß in der Verfassungsfrage nicht das Resultat solcher parlamentarischen Demokratie war, sondern nur zur Ursache hatte, daß das Proletariat entschlossen und bereit war, es auf den Bürgerkrieg ankommen zu lassen, und die bürgerlichen Parteien dies immer klarer erkannten und fürchteten.

Diese Zwiespältigkeit dessen, was man so oft als Krise des Parlamentarismus bezeichnet, führt uns aber noch zu einigen weiteren grundsätzlichen Bemerkungen. Was bedeutet eigentlich der *Vorwurf einer zu starken Betonung des proletarischen Klassenkampfstandpunktes* und das Verlangen nach einer weniger klassenrevolutionären Sprache? Offenbar meinen die Vertreter solcher Vorwürfe und Forderungen, daß der bürgerliche Gegensatz zum Proletariat gemildert werden kann, und zwar bis zu einem solchen Grade, daß eine dauernde friedliche Zusammenarbeit im Parlamente und in der Regierung möglich wird. Aber glaubt man wirklich, daß es dazu schon genügte, wenn das Proletariat endlich aufhören würde, klassenrevolutionär zu *reden?* Nein – für so naiv und törricht darf man wohl gerade die bürgerlichen Politiker aller Richtungen nicht halten, noch dazu in einer Zeit, wo das bürgerliche Klassenbewußtsein sichtlich im Ansteigen begriffen ist. Sondern man sieht jetzt, daß die Meinung eigentlich ist, daß das Proletariat *endlich aufhören* möge, klassen*revolutionär* zu *sein*. Es handelt sich also nicht bloß um eine Änderung der Rede- und Schreibweise, sondern – "denn ein Begriff muß bei dem Worte sein!" – *um eine Änderung der Denkweise des Proletariates selbst.* Natürlich soll es seine besonderen Interessen vertreten, aber doch *nur mehr innerhalb* des Ganzen des Staates und der kapitalistischen Wirtschaft, von der es nun einmal einen Teil ausmacht. Und diese Teilzugehörigkeit soll es daher in seinem Denken und Handeln *anerkennen.* Dagegen hat die marxistische Auffassung das Proletariat bisher gelehrt, daß es gerade seine Aufgabe wäre, dieses "Ganze" und seine bloße Teilhaftigkeit in ihm, d.h. die kapitalistische Produktionsweise, den Klassenaufbau des Staates und die bloße Klassenexistenz der Arbeiter *schon in seinem Denken zu negieren,* um auf diese Weise um so früher imstande zu sein, dies alles auch in der Wirklichkeit zu überwinden. Die uns entgegentretende Anschauung, welche sich als Feindin der klassenrevolutionären Ideologie des Proletariates erklärt, will also im Grunde nichts anderes, als daß die Partei sich endlich bewußt und entschlossen zu einer Partei der demokratisch-sozialen Reform verwandle, die dann, auf derselben Bejahung des Staates fußend wie die anderen bürgerlichen Parteien, mit ihnen zusammenarbeiten könnte und die Interessen des Proletariats nur mehr *innerhalb* der *zulässigen* Grenzen dieses Zusammenwirkens verfolgen würde. Das ist das Um und Auf des Rechtskurses mit seiner Berufung auf die Staatsverantwortung und seiner Anerkennung des Kapitalismus als einen wirtschaftlichen Gesamtprozeß, in den sich das Proletariat einfügen müsse. Das sollte man endlich auch einmal ehrlich heraussagen, womit auch zugleich das Gute verbunden wäre, zu erkennen, daß diese angebliche Folgerung aus neuesten Erfahrungen *gar nichts Neues* ist, sondern der alte Revisionismus Bernsteins, der schon im Jahre 1899 wünschte, daß "die Sozialdemokratie den Mut fände, sich von einer Phraseologie zu emanzipieren, die tatsächlich überlebt ist, und das scheinen zu wollen, was sie heute in Wirklichkeit ist: eine demokratisch-sozialistische Reformpartei".

Gegen diese Anschauung sind unsere besten Theoretiker, Kautsky und Plechanow, Mehring und Rosa Luxemburg, leidenschaftlich aufgetreten, ebenso wie unsere größten politischen Führer, ein August Bebel und Victor Adler, und bedeutende Parteitage wie internationale Kongresse der Sozialdemokratie haben sich leidenschaftlich dagegen verwahrt, die "bewährte und sieggekrönte, auf dem Klassenkampf beruhende Taktik" durch "eine Politik des Entgegenkommens an die bestehende Ordnung der Dinge" zu ersetzen (Dresdener Resolution). Warum soll dieser alte abgelehnte Irrtum heute neueste Wahrheit sein? Weil angeblich die Fortentwicklung der politischen und der wirtschaftlichen Demokratie eine neue Tatsache geschaffen habe, durch welche das Proletariat im modernen Staate so stark geworden sei, daß es ein Recht darauf habe, einen Anteil an der Staatsmacht für sich zu verlangen, und auch die Pflicht, sich der Übernahme dieses Anteiles nicht zu entziehen. Ich habe schon einmal an anderer Stelle ausführlich gezeigt, wie eine solche Auffassung uns wieder in überwundene utopistische Auffassungen über den "gerechten" Staat zurückführt. Denn nicht darauf kommt es an, was dem Proletariate nach seiner Auffassung "gebührt", sondern was es die Macht hat, sich zu nehmen. Daher habe ich auch schon wiederholt darauf hingewiesen, daß es der größte Irrtum ist, das durch das Wachstum der proletarischen Macht etwa entstehende Gleichgewicht der Klassenkräfte als eine Ausgleichung derselben und als eine Milderung des Klassengegensatzes aufzufassen. Wer anschaulich sehen will, wie das Gleichgewicht der Klassenkräfte aussieht, der möge den österreichischen Anschauungsunterricht auf sich wirken lassen, welcher ihm Heimwehren und Schutzbund in unablässiger und notwendiger gegenseitiger Mobilisierung zeigen. Über die wirtschaftliche Demokratie, die wahrlich in der Zuspitzung der Gewerkschaftskämpfe und mit der endlich einsetzenden klassengemäßen Funktion der Betriebsräte keineswegs im Sinne einer Milderung des revolutionären Klassenkampfes wirken kann, werden wir ein andermal zu sprechen haben. Hier sei nur zum Abschluß noch auf einen Punkt hingewiesen, den man bis jetzt viel zu wenig beachtet hat, obgleich er den eigentlichen Schlüssel zu der heutigen europäischen Situation enthält, die durch das allgemeine Vordringen des

Faschismus gekennzeichnet ist. Alle diejenigen, welche in das beschämende Gerede einstimmen, daß der angeblich doktrinäre Klassenradikalismus der österreichischen Partei den Faschismus groß gemacht habe, sollten doch sehen, wie der *Faschismus in Deutschland* fortwährend wächst, trotzdem dort von einem solchen klassenrevolutionären Doktrinarismus der Sozialdemokratie wahrlich keine Rede sein kann, ja diese doch mit großer Beharrlichkeit in der Reichs- und preußischen Regierung sitzt. Und wenn man weiter beobachten kann, wie sich Ansätze zum Faschismus auch bereits in der amerikanischen und französischen Demokratie zeigen, so sollte man endlich zu der Erkenntnis kommen, die nützlicher ist als die Illusionen über die Wunderkraft der politischen Demokratie, nämlich zu der Erkenntnis, *daß der Faschismus geradezu das Produkt der Entwicklung der bürgerlichen Demokratie ist,* indem er sich der bürgerlichen Welt als das scheinbar taugliche Mittel erweist, dem Vordringen des Proletariates, gleichviel, ob es klassenrevolutionär oder ob es klassenreformerisch redet, den Damm der Gewalt – sie nennen es Staatsautorität – entgegenzusetzen. Um daher auch nur die heutige Form der Demokratie zu retten, geschweige denn über sie hinaus zur sozialen Demokratie zu gelangen, gibt es kein anderes Mittel, als die revolutionäre Stoßkraft des Proletariates sowohl geistig wie physisch lebendig zu erhalten und zu stärken. Jede Schwächung des revolutionären Klassenbewußtseins bedeutet hier *eine geistige Abrüstung des Proletariates* für seine eigentlichen Ideen und Ziele, welche die vielberufene innere Abrüstung zwar erleichtern würde, aber nur durch die gänzliche politische und außerpolitische Wehrlosigkeit des Proletariates.

Zum deutschen Parteikonflikt

Der Konflikt in der deutschen Sozialdemokratie, der zu dem brutalen Hinauswurf der Seydewitz-Rosenfeld-Gruppe geführt hat, hat wieder einmal bewiesen, wie groß in den Schichten der Partei bis weit hinein in die Kreise der Linken eine Herrschaft des begriffslosen Wortes, der gut tönenden Phrase besteht, die der Unklarheit des Denkens und der Unaufrichtigkeit der Sprache nur allzu sehr Vorschub leistet. Wiederholen wir zunächst kurz die Tatsachen:

Der Parteivorstand hat wiederholt feierlich erklärt, daß die Ausgeschlossenen *nicht wegen ihrer Gesinnung,* sondern nur wegen ihrer Sonderbündelei ausgeschlossen werden mußten. Und die Verteidiger des Parteivorstandes, zu denen sich auch ein übergroßer Teil der bisherigen Linkspresse in einer üblen Beflissenheit gesellt hat, wiederholt dies in allen Tonarten. Diese Sonderbündelei soll darin bestanden haben, daß eine "Marxistische Büchergemeinde" begründet wurde, daß zum Vertrieb ihrer Bücher und zur Werbung von Mitgliedern Vertrauensleute bestellt wurden, daß ferner eine Vortragsvermittlung geschaffen und schließlich, gestützt auf diesen "Apparat", eine politische Wochenschrift herausgegeben wurde. Dies alles zusammen bildet das *Verbrechen* der Parteischädigung, zu dessen Bestrafung der Parteivorstand in einer Art standrechtlichen Verfahrens eingeschritten ist, ja in noch ärgerer Weise. Denn auch im standrechtlichen Verfahren muß dem Angeklagten Gelegenheit gegeben werden, sich verteidigen zu können, Beweise zu verlangen und durchzuführen. Hier dagegen wurden in einem Verfahren reiner Diktatur die Ausschließungen verfügt, und noch dazu in einer solchen Eile, so daß selbst Otto Bauers in den Anfängen des Konfliktes erfolgte Intervention "zu spät" kam.

Um die Anklage dieser Parteischädigung wirklich richtig beurteilen zu können, wollen wir uns eines Leitfadens bedienen, der sicherlich unverdächtig ist, weil er uns vom Parteivorstand selbst an die Hand gegeben wird. Wir wollen nämlich seine Erklärung festhalten und zunächst so tun, als ob wir sie glauben, daß keinesfalls die Meinungsfreiheit behindert oder gar verfolgt werden sollte, sondern nur die Spaltungsabsicht, die in der Errichtung des "Apparates" der Seydewitz-Gruppe gelegen war. Betrachten wir diese Loslösung des "Apparates" von der Meinungsverbreitung, dann ergibt sich sofort das ganz Unsinnige und gequält Konstruierte eines solchen Standpunktes.

I.

Zunächst ist ganz im allgemeinen zu sagen: Nichts darf man der ausgeschlossenen Opposition mehr aufs Wort glauben, als daß sie *keine* Absicht auf Spaltung hatte. Denn diese Spaltung, die allerdings wie ein Verhängnis infolge der Unbelehrbarkeit des Rechtssozialismus stets drohend am Horizonte stand, war ja gerade das, was die Linke durch Bearbeitung der Massenmeinung *in der Partei* verhüten wollte. Der Linken kam es doch eben nicht auf Absplitterung von der Partei an, sondern auf *Umstimmung* der Massen *in der* Partei und Eroberung der Parteimajorität. Gerade zu diesem Zwecke, immer neue Anhänger zu gewinnen, hat sie ja ihre Mittel der geistigen Beeinflussung vervielfältigt und das geschaffen, was die Gegner ihren

"Apparat" nennen, was aber in Wirklichkeit nur die Propaganda einer Richtung in der Partei war. Es ist der Sinn der Linken, daß sie in der Partei wirken will, deshalb nennt sie sich ja "*die Linke*". Nicht *sie* ist es daher, die aus der Partei hinauswill. Schon hier wird klar, daß es sich bei der Behauptung, man hätte nur den Apparat bekämpft, eben um die Furcht gehandelt hat, nicht, daß die Seydewitz-Gruppe die Partei *spalte*, sondern im Gegenteil, daß sie durch ungehinderte Ausnützung ihrer freien Meinungsbetätigung, ihres "Apparates", schließlich die *Majorität* in der Partei gewinnen könnte. Als der eigentliche Grund der Verfolgung ergibt sich schon hier nichts anderes als der Kampf gegen die Linke, die *Entwaffnung* der Linken. Die "Meinungsfreiheit" sollte ihr bleiben, nur die wirksamsten Mittel derselben ihr genommen werden. Und kläglich stehen jene Linksblätter da, die wie brave Kinder heute artig erklären: Seht, wir dürfen ja oppositionell schreiben! Und die nicht sehen oder sehen wollen, daß sie dies eben nur so lange dürfen, als sie der herrschenden Richtung nicht gefährlich werden. Sie halten sich für Linksblätter und dienen in Wirklichkeit nur als Feigenblätter, mit denen sich die Schamlosigkeit der Meinungsverfolgung verhüllt.

Aber sehen wir weiter zu. Wenn man immer wieder feierlich betont, daß nicht die Meinungsfreiheit verfolgt werde, sondern nur der Sonderapparat – was kann an einem Apparat als solchen, also losgelöst von der Meinung, der er dient, parteischädlich sein? Ein bloßer Apparat wäre eine leerlaufende Maschine. Ein Apparat kann doch nur gefährlich oder schädigend sein durch das, *was* mit ihm erzeugt wird. Also wird er doch nur deshalb verfolgt, weil er eine bestimmte Meinung, eine Richtung in der Partei vertritt? Jawohl, sagen die Fanatiker des Parteivorstandes, das ist es eben, daß aus der Meinung eine Richtung, d.h. eine organisierte Meinung gemacht wurde. Darin liege das Parteischädigende.

Hier muß man sich nun klar sein, daß, wenn man eine solche Meinung ernstlich vertritt, man dann jedes Recht aufgegeben hat, sich als einen Vertreter der Demokratie zu bezeichnen, und daß insbesondere dann von einer Parteidemokratie gar keine Rede mehr sein kann. Auch das vielzitierte Wort von der Meinungsfreiheit wird dann zu einem leeren Schall. Was bedeutet denn Meinungsfreiheit in einer Partei? Doch wohl nichts anderes, als daß *auf dem Boden des Parteiprogramms* jede Meinung frei auftreten und für sich wirken kann. Es gibt nur eine einzige Schranke der Meinungsfreiheit in der Partei, eben das, was die Partei als solche ausmacht, was ihr geistiges Lebenselement ist: die gemeinsame Grundanschauung, das Parteiprogramm. Solange dieses nicht verlassen wird, muß jede Meinung und Kritik möglich sein, sonst verwandelt sich die Partei in eine Kirche. Ja, sogar die Kritik am Parteiprogramm selbst muß zulässig sein mit der einzigen Beschränkung, daß die gewünschte Änderung des Programmes nur durch den Willen der Partei erfolgen kann. Aber dies alles ist natürlich *nur die eine Seite* einer wirklichen Parteidemokratie; die zweite ist, daß jeder Parteigenosse selbstverständlich *auch das Recht* haben muß, für seine Meinung *zu werben* und alle Mittel sowohl selbst als im Verein mit seinen Meinungsgefährten anzuwenden, die zum geistigen Kampf gehören und geeignet sind, die Propaganda zu stärken und sieghaft zu machen. Ob also Werbemittel in einer Partei schädigend sind oder nicht, entscheidet nicht schon der Umstand, daß überhaupt Werbemittel geschaffen werden, sondern *für was* mit ihnen geworben wird. In dieser Richtung ist nun wichtig, ja entscheidend, daß der Parteivorstand selbst nicht mit einem einzigen Sterbenswörtchen irgend etwas an den Meinungen der Seydewitz-Gruppe als parteischädigend bezeichnet hat. Und auch seine eifrigsten Anhänger haben nichts derartiges vorbringen können. Im Gegenteil: man kennt und lobt sogar die Ausgeschlossenen als gute Marxisten und als Parteigenossen, auf welche die Partei stolz war. Ja man rückt sogar dort, wo man sich noch ein Türchen für die Zukunft offenlassen will, von der politischen Linie des Parteivorstandes ab und erklärt, daß man sachlich in der Kritik der herrschenden Parteipolitik weitgehend mit den Ausgeschlossenen übereinstimme. Immer wieder kann man auch lesen, daß natürlich jeder Parteigenosse das Recht haben müsse, die Tolerierungspolitik in der SPD zu bekämpfen. Also kommen wir zur folgenden Groteske: Meinungsfreiheit – ja, Bekämpfung der herrschenden Parteipolitik – ja, aber dies alles nur so lange, als nichts *getan* wird, um diese Meinungsfreiheit und Bekämpfung wirksam zu machen. Sobald man darangeht, für seinen Standpunkt Anhänger in der Partei zu sammeln und sie zu einer geschlossenen, kampffähigen Parteirichtung zu

machen, dann ist das – Parteischädigung. Sieht man hier nicht sofort, daß diese Anschauung kurz gesagt nichts anderes bedeutet, als daß Meinungsfreiheit nur so lange zulässig ist, als sie die herrschende Meinung nicht bedroht?
Es muß daher endlich einmal ganz offen herausgesagt werden, weil es auch manche ehrliche Linke gibt, die der Phrase von der Sonderorganisation erlegen sind, daß Meinungsfreiheit in der Partei auch bedeuten muß, die Meinung in der Partei *organisieren* zu dürfen, soweit sich diese Organisation nur auf die Mittel der Propaganda bezieht und den organisatorischen Bestand der Partei nicht angreift. Sonst ist jeder wirkliche Meinungskampf unmöglich, weil es in das Belieben der Parteiinstanzen gestellt wäre, seine Ausdrucksmöglichkeiten und Wirkungsweite zu begrenzen, ja sogar unmöglich zu machen. Es ist schließlich auch nicht einzusehen, warum z.B. die Richtung der religiösen Sozialisten sich sogar in eigenen Ortsgruppen organisieren darf, die Richtung der klassenrevolutionären Sozialisten aber nicht einmal eine Büchergemeinde oder eine eigene Vortragsvermittlung haben darf! Nur eine Organisation von Meinungen, die *gegen* das Parteiprogramm verstieße, ist parteischädigend. Jede andere dagegen, die auf dem Boden des Parteiprogramms steht, kann zwar sehr schädigend für die herrschende Richtung in der Partei sein, aber nicht für die Partei selbst. Und einen "Apparat", der nur dazu dienen soll, eine Richtung *in der Partei* stärker zu machen, als Spaltungsinstrument zu bezeichnen, heißt ganz naiv die gerade bestehende Majoritätsrichtung für die allein seligmachende auszugeben und die Konservierung der gerade vorhandenen Parteimaschinerie mit dem Leben der Partei selbst zu verwechseln.

II.

Betrachten wir nun den angeblich parteischädigenden Apparat etwas näher. Da ist zuerst die "Marxistische Büchergemeinde". Es ist gleichgültig, ob die Bücher gut oder schlecht sind – das erste Buch ist übrigens im Wiener *Kampf* sogar recht günstig besprochen worden. Sind die Bücher schlecht, so schreibe man bessere. Wichtig ist nur, daß diese Bücher wissenschaftliche Arbeiten sein wollen, nicht etwa Pamphlete gegen die Partei, und daß sie marxistische Aufklärung verbreiten wollen. Tun sie das nicht, oder tun sie es irrig, so zeige man dies durch Kritik auf. Was also an diesen Büchern parteischädigend sein soll, ist unerfindlich. Also liegt das Schädigende in der Bücher*gemeinde?* Aber diese ist ja nur ein Mittel der Finanzierung und gleichzeitigen Verbilligung dieser Bücher nach Art der bekannten Büchergilden. Daß sich Interessenten an marxistischer Literatur, die der Meinung sind, daß ihnen in dieser Richtung von der offiziellen Partei zu wenig geboten werde, zu dem Zwecke des Erscheinens solcher Bücher zusammentun, das soll – parteischädigend sein? Das ist doch wohl nur dann möglich, wenn man, was allerdings auch schon vorgekommen ist, die Verbreitung des Marxismus für Parteischädigung hält. Daß nun eine Büchergilde ohne Sammlung der Adressen der Bücherinteressenten nicht möglich ist, daß sie ihre Werbeleute haben muß, um immer mehr Leser und Mitglieder zu gewinnen, das ist nicht nur selbstverständlich, sondern müßte eigentlich als eine erfreuliche Parteierscheinung registriert werden. Nichts zeigt die Kläglichkeit der Konstruktion, man wolle nicht die Meinungsfreiheit verfolgen, sondern nur die Sonderbündelei, deutlicher als die Wichtigkeit, die man der Sammlung von Adressen und der Aufstellung von Werbeleuten beigemessen hat. Man tut so, als ob es sich da um die Adressen von Verschworenen gehandelt hätte und nicht um die offene Propaganda der Stärkung marxistischer Bildung und klassenrevolutionärer Aktionsbereitschaft in der Partei.
Auch die Anklage wegen der eigenen Vortragsvermittlung ist ein Beispiel der unerquicklichen Unaufrichtigkeit, mit der hier vorgegangen wird. Das Kapitel der Referiermöglichkeit für solche Vortragenden, die als oppositionell bekannt sind, ist ein wenig rühmliches in der Geschichte der Parteidemokratie, und sowohl viele Referenten als Organisationen, welche der Linksrichtung angehören, haben da ihre Erlebnisse gehabt und wüßten davon manch Lehrreiches zu erzählen. Es kann daher in dem Bestreben, solche Referenten zu bekommen, die man hören will und sonst vielleicht schwer bekommen könnte, nichts Parteischädigendes gesehen werden, solange man nicht behaupten und beweisen kann, daß diese Referenten etwas Parteiwidriges vorgetragen hätten. Dies ist aber nicht schon dann der Fall, wenn diese Referenten

bloß unbequem sind, weil sie die herrschende Parteipolitik oder die rechtssozialistische Einstellung bekämpfen.

Und schließlich die Herausgabe der *Fackel.* Über die Zweckmäßigkeit dieser politischen Wochenschrift konnte man verschiedener Meinung sein. Jedenfalls handelte es sich auch hier um eine politische Wochenschrift *auf dem Boden der Partei,* wenn auch nicht auf dem Boden der herrschenden Parteirichtung. Und zweifellos war hier das Motiv, gegenüber der drängenden Aktualität der politischen Entwicklung rascher auf dem geistigen Kampfplatz zu sein, als dies mit der bloß vierzehntägigen Zeitschrift *Der Klassenkampf* der Fall war. Auch hier bedeutet die Ächtung dieser Wochenschrift als parteischädigend in Wirklichkeit die Verfolgung der in ihr betriebenen und sehr fühlbar gewordenen Opposition. Es heißt höchstens, nur mehr sich selber täuschen, wenn man dies leugnet, denn der großen Öffentlichkeit kann man natürlich nicht einreden, daß man die *Fackel* nicht wegen ihres Inhaltes, sondern bloß wegen der Adressensammlung ihrer Bezieher verboten habe! Manche meinen, ein besonders schlüssiges Argument gegen die Ausgeschlossenen vorzubringen, indem sie sagen, sie hätten ja in den Parteizeitungen ihre Meinung vertreten können. Wenn diese Meinung nicht für gar zu naiv gehalten werden soll, so können damit nur die Linkszeitungen gemeint sein. Das sind jedoch nur wenige Blätter, die überdies ihren Wirkungskreis über enge Bezirksgrenzen nicht hinaus haben. Die Wochenzeitung, an keinen Bezirk gebunden, hatte jedenfalls die Chance einer Einwirkung auf die *ganze* Parteimitgliedschaft. Sollte sie eben deshalb als besonders parteischädigend empfunden worden sein? Man sieht, immer wieder kommt man zu demselben Schluß, daß vom Standpunkte dessen, was der Parteivorstand als parteischädigend ansieht, die Meinungsfreiheit in der Partei höchstens als Kritik am Biertisch oder in theoretischer Vereinzelung zulässig erscheint, dagegen sofort etwas Strafbares wird, sobald sie die Mittel und Wege zur Massenwirkung wählt.

III.

Aber es gibt noch ein Zauberwort, durch das schließlich alle diese inneren Widersprüche der herrschenden Parteipolitik überwunden scheinen, und dies ist das Wort von der *Einheit der Partei.* Gewiß ist die Einheit der Partei ein unschätzbares Gut, deren Erhaltung höchstes Ziel eines jeden Parteigenossen sein muß. Ja mehr als das: sie ist Bedingung jeder wirklich kraftvollen Lebendigkeit der Partei. Aber diese Einheit ist *keine bloß organisatorische Angelegenheit,* keine von selbst gegebene Sache, und daher auch nie ein ruhiger Besitz, sondern sie besteht in der lebendigen Gemeinschaft des Denkens, Wollens und Empfindens aller Parteimitglieder. Die Erhaltung einer solchen Einheit kann sich daher auch nur im beständigen freien Austausch aller Meinungen in der Partei und in der Kritik derselben vollziehen, in der ständigen Kontrolle, ob die verschiedenen Richtungen auch noch den Grundanschauungen entsprechen und ob diese selbst noch überall lebendig geblieben sind. Man hat daher mit Recht gesagt, daß zu jeder Partei eine grundsätzliche Opposition gehört, die diese Kritik und Kontrolle eines einheitlichen Parteicharakters erhält. Eine Behinderung oder gar Mundtotmachung solcher Kritik ist bereits ein sicheres Zeichen dafür, daß die wirkliche Einheit aus einer Partei geschwunden ist und daß unter der bloß organisatorischen Einheitsform tatsächlich mindestens eine Richtung entstanden ist, die keine Kritik mehr verträgt, weil sie gar nicht mehr in einer wirklichen Gemeinschaft der Grundanschauungen und Willensrichtungen mit der anderen lebt, sondern diese nur mehr zu unterdrücken oder zu beseitigen wünscht. In einem solchen Fall, in welchem dann unter dem Namen einer Partei eigentlich zwei Parteien vorhanden sind – ein Fall, der in der Geschichte der modernen Arbeiterbewegung schon wiederholt dagewesen ist –, verdeckt dann die Einheitsform der Organisation, und noch mehr die Einheitsphraseologie nur das Vorhandensein der tiefen geistigen Spaltung und Zerrissenheit, die tatsächlich vorhanden ist.

Es gibt auch dann noch ein Mittel, zur wirklichen Einheit zu kommen. Es ist aber nicht das des Ausschlusses einer unbequem gewordenen Kritik, auch nicht das der schönrednerischen Vertuschung der Gegensätze, sondern im Gegenteil, die ungehinderte Möglichkeit der freien Auswirkung der Gegensätze, um so durch die Massenwerbung, die von ihnen ausgeht, ihre

Kraft in der Partei sich geltend machen zu lassen. Auch hier ist die Forderung: "Aussprechen, was ist!" das einzige Mittel und das oberste Gebot, die Einheit zu retten, wenn dies noch möglich ist, jedenfalls aber zur Klarheit zu kommen. So hat z.B. auch Bebel gedacht, als der Revisionismus die Parteieinheit bedrohte, und hat auf dem Parteitag in Dresden eine Parole ausgegeben, die leider nur zu wenig verfolgt wurde: "Man rede doch nicht von der Einheit und der Einigkeit in der Partei! Wir seien ja alle einig in der Partei! Das ist nicht wahr, das bestreite ich auf das Allerentschiedenste; nie und zu keiner Zeit waren wir uneiniger als gerade jetzt, nie und zu keiner Zeit waren die Differenzen größer als jetzt. (*Vielfaches "Sehr richtig!"*) Das zu vertuschen und darüber abermals mit Zuckerwasser hinwegzukommen, das habe ich herzlich satt!" (*Lebhafte Zustimmung und Händeklatschen!*) Auch Friedrich Engels hatte bereits gegenüber den Einigungsbestrebungen der Eisenacher und Lassalleaner davor gewarnt, die Parteieinheit bloß als ein Organisationsideal zu betrachten. Er schrieb einmal an Bebel: "Man muß sich durch das Geschrei nach 'Einigung' nicht beirren lassen. Die dies Wort am meisten im Munde führen, sind die größten Zwietrachtstifter . . . Mit niemandem haben wir in unserem Leben mehr Last und Tücke gehabt als mit den Einigungsschreiern." Diese Worte passen ebensowohl auf die heutigen kommunistischen Demagogen mit ihrem Geschrei von der proletarischen Einheitsfront als leider auch auf jene Parteigenossen, welche jede Unterdrückung der Parteientwicklung und Parteikritik im Namen einer begriffslos gewordenen Einheit verteidigen.

Diese Konstatierung ist um so notwendiger, als alle die Anklagen gegen die Ausgeschlossenen, sich an der Idee der Einheit versündigt zu haben, *durch die einfache Tatsache widerlegt sind,* daß sie selbst noch in einem Schreiben an den Parteivorstand sich *zu Verhandlungen bereit erklärt* haben, dieses Schreiben aber gänzlich unbeachtet blieb. Vielleicht ist es ebenso "zu spät" gekommen, wie das Schreiben von Genossen Otto Bauer. Die Ausgeschlossenen sind es also nicht, welche selbst die Einheit der Partei aufgegeben hätten, so wenig als es im Jahre 1916 die damals von der kriegsbewilligenden Rechtssozialdemokratie ausgeschlossenen Linken waren, welche im Gegenteil die alte revolutionäre Einheit wiederherstellen wollten. Und so, wie die Geschichte heute bereits ihr Urteil gefällt hat, wo der Geist der Einheit der Partei besser aufgehoben war, bei den Kriegsbewilligern oder bei der damaligen von ihnen ausgeschlossenen Linken, so kann man auch jetzt das Urteil ruhig der Geschichte überlassen.

Jedenfalls ist für die *außerdeutschen* Sozialdemokraten durch die bloß organisatorische Ausschlußmaßregel des deutschen Parteivorstandes *kein Grund* gegeben, in der sachlichen Beurteilung der ausgeschlossenen Gruppe eine Änderung vorzunehmen. Da diese bereits den scharfen Trennungsstrich gegen die Kommunistische Partei vollzogen hat, da sie dieselben Ziele auch heute sich setzt und verfolgt, die sie in der Partei verfolgt hat und für deren Parteiwidrigkeit sogar der Parteivorstand nichts vorzubringen gewußt hat, so werden die außerdeutschen Linken auch weiterhin in derselben Geistes- und Arbeitsgemeinschaft mit der neuen Partei verbleiben, in der sie vorher mit dieser Gruppe waren. Nur daß sie stets für jene Linie der Verständigung eintreten werden, die ganz und gar in der Richtung des Strebens nach Wiedergewinnung der proletarischen Einheit überhaupt liegt.

Parteidiskussion?

Notwendigkeit und Möglichkeit der Parteidiskussion

Die folgenden Aufsätze behandeln nur einen kleinen Ausschnitt aus den Problemen, wie sie das Leben unserer Partei täglich aufwirft und wie sie nicht nur in engeren Parteikreisen diskutiert werden, sondern auch dem brennenden Interesse der großen Parteiöffentlichkeit begegnen. Denn darüber kann niemand im Zweifel sein, der nur irgendwie einen Blick dafür hat, was in den Massen vorgeht, daß heute überall ein so gewaltiges Bedürfnis nach Aussprache herrscht wie noch selten zu einer früheren Zeit. Und das wird im Grunde auch gar nicht bestritten. Im Gegenteil wird immer wieder offiziell betont, daß Diskussion nötig ist und daß ja gerade das Leben unserer Partei in ihrer steten Selbstkritik und in der offenen Aussprache dessen, was ist, besteht. Aber diese feierliche Anerkennung der Diskussionsfreiheit, ja der Notwendigkeit der Diskussion genügt nicht, *wenn nicht auch die Möglichkeit besteht,* diese Diskussion in *voller Parteiöffentlichkeit* durchzuführen. Denn nicht darum kann es sich handeln, daß hier und dort einige Genossen in einem mehr oder weniger engen Kreise sich aussprechen können, sondern daß es möglich ist, die Aufzeigung von Problemen, die Kritik und die Besprechung bestimmter Erscheinungen vor der *ganzen* Partei durchzuführen und dadurch die in ihr vorhandenen geistigen und sittlichen Energien zur Betätigung zu bringen. Erst dies bedeutet wirkliches geistiges Leben der Partei; und auch nur dies ist imstande, sowohl schleichende Unzufriedenheit der Parteimitgliedschaft zu verhindern als unberechtigte Kritik zu widerlegen. Indem auf diese Weise alles, was in der Partei zum Ausdruck strebt, auch wirklich die Möglichkeit erhält, zur Geltung zu kommen und seinen Wert vor der Öffentlichkeit zu erproben, wird damit für die lebendige Einheit der Partei mehr getan als durch die fortwährende Beschwörung, diese Einheit nur ja nicht durch Kritik zu gefährden. Auch würde dadurch zugleich ein großes sozialistisches Erziehungswerk durchgeführt werden, indem die Angst vor der Diskussion, die heute noch manche Ober- und Unterführer der Partei haben, abgebaut würde und es nicht so leicht mehr möglich wäre, jeden, der ein freies Wort sagt, sofort als einen Spalter oder Bolschewiken hinzustellen.

Aber für eine solche öffentliche Diskussion ist heute in der Partei kein Raum da. Wir haben zwar unseren *Kampf,* und in ihm ist auch schon manche Diskussion durchgeführt worden. Aber für die drängenden Bedürfnisse aktueller Fragen und Situationen ist diese nur monatlich erscheinende Zeitschrift doch nicht recht geeignet. Der selbstverständliche Ort einer solchen Diskussion wäre die *Arbeiter-Zeitung.* Aber gerade hier wird die Diskussion abgelehnt, offenbar in der Meinung, die Parteigenossen könnten durch das Auftreten verschiedener Ansichten verwirrt werden. Auch will man dem Gegner nicht das Schauspiel eines Streites geben. Diese beiden Argumente sind aber völlig unzureichend, diese Ausschaltung der Parteidiskussion zu rechtfertigen. Dabei wird noch außerdem übersehen, daß der Schaden, den die Vermeidung dieser Diskussion anrichtet, viel größer ist als der sehr fragwürdige Nutzen dieser Haltung. Was zunächst die Rücksichtnahme auf den Gegner betrifft, so hat sie noch niemals verhindert, daß der Gegner *tatsächlich* vorhandene Gegensätze in der Partei nicht auch auf anderem

SOZIALISTISCHE ZEIT- UND STREITFRAGEN – HERAUSGEBER PROF. DR. MAX ADLER

MAX ADLER

PARTEI DISKUSSION?

ANZENGRUBER-VERLAG
LEIPZIG Brüder Suschitzky WIEN
1932

Wege erfahren hätte und dann nur um so gehässiger über die von ihm als Verschweigungspolitik charakterisierte Zurückhaltung der Parteipresse losgezogen wäre. Auch darf die Rücksicht auf den Gegner niemals größer sein als die Rücksicht auf die Klarheit und Informiertheit der eigenen Parteigenossen. Was aber die prinzipielle Abneigung der Parteipresse gegen die Erörterung bestimmter Fragen betrifft, so *bestehen* die denselben zugrundeliegenden Probleme und Gegensätze *ja tatsächlich fort,* auch wenn sie nicht öffentlich erörtert werden können. Sie gelangen auf anderen Wegen, durch Bücher, Zeitschriften, Vorträge, doch zur Kenntnis vieler Parteigenossen und entzünden die Diskussion, nur daß diese jetzt infolge ihrer öffentlichen Hemmung sich viel leidenschaftlicher gestaltet. Und darüber hinaus ergibt sich als ärgster Schaden *die Uninformiertheit großer Massen* über wichtige Fragen, wodurch die Möglichkeit geschaffen wird, daß viele dann der gehässigen Informierung von Parteigegnern unterliegen. Und hierzu kommt noch eine andere schädliche Wirkung. Die Vermeidung der öffentlichen Diskussion über bestimmte Fragen, die nun einmal dem Proletariate nicht gleichgültig sind, wie z.B. Demokratie und Diktatur, Kommunismus und Bolschewismus, Antifaschismus, Kriegsgefahr und Bekämpfung derselben usw., bringt es nämlich auch notwendig mit sich, daß Ereignisse sowohl des inneren Parteilebens als auch in der Entwicklung der Bruderpartei, z.B. in der deutschen Sozialdemokratie oder in der britischen Labour Party oder in der russischen Revolution, *unvollständig und einseitig* dargestellt werden.[1]) Man kann in dieser Richtung nur unterschreiben, was Genossin Anna Siemsen kürzlich in der *Sozialistischen Arbeiterzeitung* vom 29. Oktober 1932 über die verhängnisvolle Verengung des Gesichtskreises der Arbeiterpresse sowohl bei der Sozialdemokratie wie bei den Kommunisten durch die "Herrschaft der parteipolitischen Generallinie" geschrieben hat. "Die Folge ist für beide Parteien ein erschreckendes geistiges Verarmen und Verengen ihrer Presse gewesen. Es ist schon seit langem unmöglich, aus der Arbeiterpresse eine wirklich hinreichende Kenntnis der Ereignisse zu gewinnen . . . Die Wirkung ist nicht ausgeblieben. Durch die Schuld ihrer Presse ist die deutsche Arbeiterschaft wieder und wieder überrumpelt worden durch die Ereignisse, haben Kommunisten wie Sozialdemokraten immer wieder falsche Stellungen bezogen – gutgläubig, weil sie ja nicht wußten, was vorging – und ist heute die Arbeiterschaft so schlecht, einseitig und lückenhaft unterrichtet wie kaum zu irgendeiner Zeit, seitdem sie sich organisiert hat." Und wenn dieses harte Urteil auch für die österreichische Arbeiterpresse nicht in solchem Maße zutrifft wie für die reichsdeutsche, so bezeichnet es doch in dem wesentlichen Punkt, in dem Ausschluß der Diskussion aus der Parteipresse, sehr genau und aufrüttelnd die Gefahren dieses Standpunktes.

Am deutlichsten erscheint die Unerträglichkeit dieser Haltung in der sonderbaren Tatsache, daß es insbesondere unmöglich ist, vor den Parteitagen, die doch berufen sind, die Linie der Parteipolitik in den wichtigsten und schicksalsschwersten Fragen zu bestimmen, eine ausreichende Erörterung der in Betracht kommenden Fragen in der Parteipresse durchzuführen. Jede Parteidemokratie muß auf diese Weise zu einem bloßen Gerede werden, da man nicht annehmen kann, ganz abgesehen von der Art der Delegierung, die hier nicht erörtert werden soll, daß die vielen hundert Delegierten auch alle bereits Gelegenheit gehabt haben, sich mit den zur Debatte kommenden Gegenständen hinreichend zu beschäftigen und insbesondere die verschiedenen Standpunkte kennenzulernen und zu überprüfen. Nur ein allzu gläubiger Optimist wird glauben können, daß die Debatte auf den Parteitagen die Aufklärung und Vorbereitung durch eine wissenschaftliche öffentliche Erörterung auch nur irgendwie ersetzen kann. Und wie es mit den Parteitagen steht, so ebenfalls mit den internationalen Kongressen. Der Beschluß der letzten Exekutivsitzung der Internationale, eine außerordentliche Konferenz über die Fragen der Bekämpfung des Faschismus und der Kriegsgefahr sowie der Herstellung

---

[1]) Ein Beispiel dafür aus der jüngsten Zeit: Am 3. November fand eine von mehreren hundert Delegierten besuchte Wiener Konferenz der Jungfront statt. Obgleich (siehe letztes Kapitel) gegenwärtig die Vorgänge bei der Jungfront das lebhafteste Interesse in der Partei erregen, ist bis heute darüber kein Bericht in der Parteipresse erschienen. Sollte der Grund dafür sein, daß diese Konferenz gewagt hat, gegen die Meinung höherer Parteifunktionäre zu stimmen?

der Einheit des Proletariates einzuberufen, hat große und freudige Zustimmung hervorgerufen. Aber man sieht nicht, daß diese Konferenz, die übrigens wegen der Dringlichkeit ihrer Gegenstände sehr rasch zusammentreten müßte, schon durch eine entsprechende öffentliche Parteidiskussion vorbereitet würde. Und sicherlich wird ihr Nutzen nur sehr gering sein, wenn nicht einer solchen Diskussion alsbald der größte und freieste Raum in der Parteipresse eingeräumt werden wird.

Dies alles war als Einleitung zu den folgenden Aufsätzen zu sagen, um zu erklären, warum dieselben, wie ich es am liebsten gesehen hätte, nicht in der Arbeiterpresse erschienen sind, sondern den umständlicheren Weg einer Parteibroschüre einschlagen müssen. Alle diese Aufsätze sind aus der Tagesstimmung heraus und für die unmittelbare Tageswirkung geschrieben, woraus sich schon ergibt, daß sie nicht Abhandlungen sein wollen, die ihren Gegenstand erschöpfen, sondern nur Stimmen, die zur weiteren Diskussion anregen wollen; aber nicht zu einer Diskussion, die bloß den Theoretiker interessiert, sondern in der die Lebens- und Entwicklungsinteressen des klassenrevolutionären marxistischen Sozialismus selbst das Wort führen.

Das Prinzip der Nichteinmischung

I. Einmischung in "fremde" Angelegenheiten

Die verhängnisvolle Politik, welche die herrschende Richtung der deutschen Sozialdemokratie seit Jahren betreibt, ist Gegenstand lebhafter Erörterungen sowohl in der gegnerischen Presse als auch in der bürgerlichen politischen und staatswissenschaftlichen Literatur der Gegenwart. Nur in der offiziellen Parteipresse und Parteiöffentlichkeit vermißt man jede tiefergehende Kritik. Man "mischt sich nicht ein". Das ist eine seltsame Haltung, wenn man bedenkt, daß in großen Schichten der sozialdemokratischen Partei aller Länder das brennendste Interesse an einer solchen Kritik bestand und fortbesteht. Und dies nicht aus der Sucht zu nörgeln, sondern aus der Sorge um das *eigene* Schicksal, um das Schicksal des *internationalen* Sozialismus.

Seit langem herrscht innerhalb der sozialdemokratischen Internationale die Anschauung, daß sich keine Partei in die Angelegenheiten einer Bruderpartei einmischen dürfe. Dieses Prinzip wurde gegenüber der deutschen Sozialdemokratie besonders aktuell und wird sogar heute immer noch festgehalten, wo bereits die Empörung über die Schwäche und Richtungslosigkeit der deutschen Sozialdemokratie in den Kreisen der Parteigenossen allgemein ist. Aber die Wirkung dieses Prinzipes der Nichteinmischung wird verhängnisvoll, indem man den Verzicht auf kritische Stellungnahme zur deutschen Sozialdemokratie als brüderliche Solidarität ausgibt, wird der prinzipien- und ideenlose Opportunismus einer kleinbürgerlichen Führer- und Arbeiterschichte in der deutschen Partei verteidigt und, wo dies nicht gut angeht, einfach verschwiegen. Jeder Versuch der Feststellung, geschweige denn der Bekämpfung dieses Verhaltens wird als etwas Unkameradschaftliches, ja Unsozialistisches ausgegeben und der Aufruf zur Rückkehr zu den Marxschen Grundeinsichten als Spaltungsversuch beargwöhnt. "Man darf sich nicht einmischen."

So kam es, daß die meisten Sozialdemokraten außerhalb Deutschlands der Tragödie der deutschen Arbeiterbewegung geradezu fassungslos gegenüberstehen und sie nicht begreifen können. Sie waren gewohnt, auf die größte Arbeiterpartei Westeuropas mit Stolz und Hoffnung zu blicken – wie sollen sie jetzt ihren Sturz in wehrlose Schwäche und politische Bedeutungslosigkeit fassen? Wurde und wird doch die richtige Erkenntnis über die deutsche Parteientwicklung vollständig verhindert, da die Parteipresse sich jeder kritischen Feststellung, geschweige denn jeder verdienten Brandmarkung dieser Entwicklung enthält. Es ist damit ganz so wie gegenüber der letzten englischen Arbeiterregierung und ihrer Führung der britischen Labour Party. Auch hier wurde *erst nach dem offenen* Verrat der Macdonald und Snowden gezeigt, daß ihre Politik auch *früher* schon keine sozialistische Klassenpolitik des Proletariats gewesen war.

Vergegenwärtigen wir uns die Hauptstationen des deutschen Weges in den Abgrund: Die Koalitionspolitik mit ihren Panzerkreuzern, Steuererhöhungen und dem Verzicht auf alle sozialistischen Gegenwartsforderungen: die Tolerierungspolitik, die unter der Devise des "kleineren Übels" dem größeren des Faschismus geradezu den Weg bahnte durch die revolutionäre Abrüstung des Proletariats im kindlichen Wunderglauben an eine Demokratie, die es bereits nirgends mehr gab; die traurige Selbstaufgabe, als der kaiserliche Feldmarschall – geradezu an Stelle von Marx – zum Führer und zur Zuversicht des Proletariats erhoben wurde: das kampflose Verschwinden der preußischen Minister und damit jener "Macht", um derentwillen die jahrelange Preisgabe sozialistischer Erziehung und die Zerstörung der Ideenhöhe der einstigen Sozialdemokratie den Parteimitgliedern als Opfer zugemutet worden war; und schließlich (aber vielleicht noch nicht zuletzt) die klägliche Untätigkeit bei der Vertreibung des Reichstages, anstatt die Massen zum Schutz der sonst doch so hoch gehaltenen Güter der republikanischen Demokratie und des Parlamentarismus in Bewegung zu bringen. Zu alledem sollte die Internationale und ihre Parteien stumm bleiben?

Was in Deutschland geschieht, entscheidet auch über unsere Arbeiterbewegung, entscheidet mit über die sozialistische Arbeiterbewegung ganz Europas. Keine sozialistische Partei kann weiterhin kritiklos an der Haltung der deutschen Sozialdemokratie vorbeisehen. Das steht freilich im Widerspruch zu dem alten Prinzip der Nichteinmischung; notwendigerweise – denn dieses Prinzip ist *kein sozialistisches,* sondern ein echt *bürgerliches* Prinzip. In der bürgerlichen Politik hat es vollen Sinn und volle Geltung. Vom Standpunkt der kapitalistischen Gesellschaftsordnung und ihren Interessen aus hat jeder Staat und jede einzelne bürgerliche Partei recht, wenn sie sich von anderen Staaten und anderen Parteien nichts dreinreden lassen. Bürgerliche Staats- und Parteipolitik ist notwendig individualistisch. In ihr stehen tiefe Interessengegensätze einander gegenüber. Einmischung von außen ist da wirklich die Verletzung solcher Interessen. Das Prinzip der Nichteinmischung wächst auf ökonomischem Gebiet aus der Theorie des Liberalismus und auf politischem aus der Idee der Staatssouveränität. In beiden Fällen bedeutet es, daß Staaten und Wirtschaftssubjekte (Parteien) ihre Macht- und Erwerbsinteressen, die in wirtschaftlicher Ausbeutung wurzeln, verteidigen. Diesem Prinzip entspricht auf ökonomischem Gebiet der Wirtschaftsegoismus und auf staatlichem der Nationalismus.

Was hat also dieses Prinzip mit sozialistischer Politik zu tun? Wie man sieht, *gar nichts;* im Gegenteil, es ist für sie geradezu *sinnwidrig.* Sozialistische Politik kann nicht mehr bloß nach den Interessen einer momentanen Staatslage bestimmt werden, sie kann überhaupt nicht mehr in erster Linie staatlich begrenzte Politik sein, sondern sie muß die internationale, das heißt *gemeinsame Politik des Weltproletariats sein.* Aber dies ist nur möglich, wenn das Interesse des proletarischen Emanzipationskampfes überall *dem einzelnen Staatsinteresse übergeordnet* wird, wenn die Arbeiter aller Länder die nationale Politik ständig kontrollieren und, was noch wichtiger ist, durch die Internationale leiten. Solange sich die einzelnen Parteien zunächst als Landes- oder gar als Staatsparteien betrachten und nicht als das, was sie nach dem gewaltigen Plan von Marx sein sollten, als *Sektionen der Internationale,* als Teile eines einheitlichen Heeres der sozialen Revolution, solange bleibt die schon von Friedrich Adler verlangte "Internationale der Tat" eine kraftlose Illusion.

Vergeblich hat man vom letzten internationalen Kongreß in Wien eine entschiedene Stellungnahme gegen den Marxismus und die revolutionäre Klassenpolitik preisgebenden Kurs der deutschen Parteipolitik erwartet, obgleich damals schon längst die Verletzung der Brüssler Kongreßbeschlüsse durch die Panzerkreuzerbewilligung und die Anfänge der Tolerierungspolitik vorlagen. Und vergeblich wartet das revolutionäre sozialdemokratische Proletariat auf eine klare Entscheidung der Internationale, die zur Ehre des ruhmreichen Namens der internationalen Sozialdemokratie eine scharfe Abgrenzung gegen die deutsche Parteivorstandspolitik durchführen würde. Glaubt man wirklich, daß ohne diese Abgrenzung die begrüßenswerten Beschlüsse der letzten Exekutivsitzung der Internationale auf Herbeiführung einer Einigung des Proletariates irgendeine Aussicht auf Erfolg haben werden?

Gewiß wird niemand eine Wiederholung des abschreckenden Beispiels der Dritten Internationale wollen, in der den kommunistischen Parteien der einzelnen Länder gar keine Selbständigkeit gegenüber dem Moskauer Kommando zukommt. *Darum ist sie auch gar keine wirkliche Internationale,* keine Vereinigung sozialistischer Arbeiterparteien, sondern bloß die Organisation des russischen Bolschewismus mit außerrussischen Nebenorganisationen, denen jede eigene Zielsetzung, wie sie aus der besonderen Lage der einzelnen Länder nötig wäre, untersagt ist und die nur so viel Spielraum haben, als ihnen von der jeweiligen innerrussischen Politik des Bolschewismus eingeräumt wird. Dafür geben die klägliche Richtungslosigkeit der deutschen kommunistischen Partei und ihre dogmatische Haltung zur Einheitsfront gegen den Faschismus traurige Beispiele. Dieses Zerrbild einer Internationale lehnen wir ab. Und doch bleibt der richtige Grundgedanke, daß die Politik einer jeden sozialistischen Partei der unablässigen, öffentlichen, gegenseitigen Kritik im Sinne des revolutionären Marxismus unterliegen muß, um nach solcher Klärung *eine einheitliche Aktion* zu ermöglichen, die *von der Internationale zu leiten* ist. Nur so wird die sozialistische Internationale davor bewahrt bleiben, im Kampf gegen den Faschismus am Ende *ebenso zu versagen,* wie sie 1914 im Kampf gegen den Imperialismus versagt hat.

II. Einmischung im eigenen Hause

Gegen die vorstehenden Ausführungen, die zum ersten Male in der *Wiener Weltbühne* erscheinen mußten, hat ein Einsender (Ernst Frankl) bemerkt, der österreichische Sozialist sollte, statt sich allzu sehr in die Taktik der anderen Bruderparteien einzumischen, lieber trachten, "daß in seiner eigenen Partei den reformistischen und koalitionslustigen Führern der Einfluß entzogen wird". Mit dieser Bemerkung, mit der er gegen mich polemisierte, hat er sicher vielen Lesern aus dem Herzen gesprochen und – hoffentlich wird er nicht überrascht sein – auch mir.

Sollte es denn ihm und den vielen, die ihm zustimmen werden, wirklich entgangen sein, daß ich mit der Bekämpfung des Prinzips der Nichteinmischung doch *nicht in erster Linie* eine Beschäftigung mit fremden Angelegenheiten gemeint habe, *sondern vor allem die Bekämpfung der Ursachen,* die in der *eigenen* Partei diese Nichteinmischung bewirken? Es mußte wohl für einen nachdenklichen Leser ohne weiteres klar sein, daß der Artikel ja an die Adresse der eigenen Partei und der eigenen Internationale geschrieben ist; daß gegenüber der bisherigen strikten Ablehnung jeder Kritik an einer Bruderpartei mein Artikel schon selbst eine solche Einmischung in die Haltung der eigenen Partei darstellt.

Was bedeutet denn die Forderung nach Einmischung in die Politik der Bruderparteien? Doch nicht, daß man neben der eigenen auch noch ausländische Politik machen will; sondern daß jede Partei die Politik der Bruderpartei ständig daraufhin kontrollieren muß, *ob sie nicht den Übeln des Reformismus Raum gibt* und damit die internationale, klassenrevolutionäre Politik verläßt. Denn dadurch müßte auch die Entwicklung der eigenen Partei notwendig Schaden leiden. Eine wirksame Einmischung in diesem Sinne, sowohl durch öffentliche Kritik wie durch Beeinflussung der Internationale, kann überhaupt *nur dann* erfolgen, *wenn wir den eigenen Reformismus bekämpfen und überwinden.*

Wer sind denn eigentlich die stärksten Gegner der Einmischungspolitik? Allemal diejenigen, welche die ausländischen Formen des Reformismus nicht angegriffen sehen möchten, weil sie selbst mit ihnen gar nicht im Gegensatz sind. Selbstverständlich waren bei uns alle jene, welche die deutsche Koalitionspolitik für richtig, ja für nachahmenswert hielten und später die Tolerierungspolitik als eine "tragische" Notwendigkeit billigten, entschieden gegen jede Einmischung. *Denn sie würden ja selbst auch nicht anders gehandelt haben.* Und alle die, welche bei uns die Demokratie noch immer für ein Instrument des Friedens und der Harmonie der Klassen halten, für eine Einrichtung, durch die entgegengesetzte Interessen zum Ausgleich gebracht werden können, die in der Verjagung des deutschen Reichstags eine Bewährung der Demokratie sehen, nur weil man wieder wählen gehen darf – sicherlich sind sie alle auch Gegner der Einmischung. Kurz, man sieht, die Forderung nach Einmischung gegen den *fremden* Reformismus *richtet sich in erster Linie gegen den eigenen;* sie kann nur durchgesetzt werden, wenn dieser eigene Reformismus, der bisher jede Diskussion über solche Fragen als Bruch der Solidarität hingestellt hat, zurückgedrängt wird. Es geht also die Forderung der Einmischung in ihrem wesentlichen Kern gar nicht nach außen, sondern nach innen. Sie setzt die unermüdliche Aufklärung der Parteimitglieder über das *Vorhandensein* des Gegensatzes zwischen Rechts- und Linkssozialismus innerhalb der Partei voraus; sie setzt voraus, daß die Mitglieder in aller Offenheit über die theoretische und politische Bedeutung dieses Gegensatzes informiert werden. Aus einem falschen Parteipatriotismus wird dieser Gegensatz so gerne abgeleugnet – "bei uns gibt's so was nicht". Und da dient gerade die *Stellungnahme* zu der deutschen Entwicklung als ein ebenso sicherer wie aufklärender Anschauungsunterricht für das Vorhandensein der Differenz. Das sicherste Kennzeichen der Rechtsgesinnung ist die *Ableugnung* der Richtungsgegensätze in der Partei. Denn der Linkssozialist betont natürlich stets diesen Gegensatz; nur der Rechtssozialist will ihn nicht sehen oder sieht ihn auch wirklich nicht.

Die richtig verstandene Einmischung bedeutet eben das, was der Einsender verlangt: die *Kritik* auch im *eigenen* Lager, die *Bekämpfung des Rechtssozialismus*; nur daß sein Charakter am Beispiel der deutschen Bewegung besonders eindringlich klargestellt werden kann. Denn erst im Maßstab und an den Geschicken der sozialistischen Bewegung in den großen, führenden Staaten treten die verhängnisvollen Folgen des Rechtssozialismus und die prinzipiellen Fragen internationaler Klassenpolitik scharf hervor.

Ich möchte bei dieser Gelegenheit noch eine Bemerkung machen, um Mißverständnisse zu beseitigen. Es gibt nämlich außer dem rechtssozialistischen Widerwillen gegen die Einmischung auch Gründe, die selbst bei Linkssozialisten in der gleichen Richtung wirken können: so etwa das sehr anzuerkennende Verantwortungsgefühl des sozialistischen Politikers, der dort nicht aburteilen will, wo er die Verhältnisse nicht ganz genau kennt. Aber die *Wirkungen* des fremden Handelns liegen doch jedenfalls klar zutage, und dazu Stellung zu nehmen zwingt ihn dann sein Verantwortungsgefühl erst recht. Denn es gibt nicht nur eine politische Verantwortung, die jeder Politiker seinen eigenen Auftraggebern, dem eigenen Lande gegenüber zu tragen hat; *es gibt auch eine Verantwortung der ganzen proletarischen Klasse gegenüber. Diese Verantwortung steht höher.*

Wer so denkt und handelt, macht die Einmischung zu einem Stück der *eigenen* Politik; einer Politik, die aber dann erst erfolgreich wird, wenn der Rechtssozialismus im eigenen Lande überwunden ist.

Die deutschen Lehren

Die kürzlich erschienene Schrift von Otto Leichter, *Ende des demokratischen Sozialismus?,* in welcher er sich ausführlich mit der verhängnisvollen Entwicklung der Sozialdemokratie in Deutschland beschäftigt, ist ein verdienstvolles Werk, dessen Verdienst auch bleibt, wenn man der Ansicht sein darf, daß es reichlich spät kommt. Er nennt seine kleine Schrift *Ein offenes Wort über die deutschen Lehren,* aber diese Lehren werden vielleicht noch eindringlicher, wenn man auch zu Leichters Schrift ein offenes Wort ausspricht. Dazu gehört vor allem, daß in dieser Schrift, die mit wohltuender Entschiedenheit aufzeigt, in wie hohem Maße die deutsche Sozialdemokratie schon seit langem von dem klassenrevolutionären Wege einer wirklich marxistischen Partei abgekommen ist, *sich kein Gedanke und kein Wort findet, das nicht die deutsche Linke* (Paul Levi, Max Seydewitz, Kurt Rosenfeld, Anna Siemsen u.a.), *und vor allem ihr Organ, der "Klassenkampf", seit vielen Jahren dargelegt hätte.* Insbesondere darf ich vielleicht auch darauf verweisen, daß die Artikel, die ich seit Beginn des *Klassenkampf* gegen die falsche Staatsauffassung Rudolf Hilferdings und gegen die Koalitionspolitik sowie Tolerierungspolitik der reichsdeutschen Bruderpartei immer wieder geschrieben habe, die streng theoretische Kritik aller jener Irrtümer der offiziellen Parteipolitik in Deutschland zu erbringen suchten, die nun auch in Leichters Broschüre gerügt werden. Aber von dieser ganzen Kritik, welche die Richtung des *Klassenkampf* an der herrschenden Haltung der deutschen Sozialdemokratie übte, ist während der jahrelangen Dauer derselben in der offiziellen Literatur unserer Partei, namentlich in der dem Genossen Leichter besonders nahestehenden *Arbeiter-Zeitung* kaum anders Notiz genommen worden, als daß man sie als ein störendes und für die Schlagkraft der deutschen Partei gefährliches Element bezeichnete. Die Hinausdrängung der revolutionären Linken aus der deutschen Partei wurde den Parteigenossen als das verdiente Schicksal einer Spaltergruppe hingestellt, wobei von dem ganzen sachlichen und, wie sich jetzt herausstellt, nur zu berechtigten Inhalt der Kritik dieser Linken gar nicht Notiz genommen wurde. Die "Sozialistische Arbeiterpartei" Deutschlands, die sicherlich heute noch organisatorisch ganz unbedeutend ist, deren ideologische Bedeutung aber weit über ihre kleine Zahl hinausreicht, wird auch heute noch völlig ignoriert oder bewitzelt. Und ganz übereinstimmend mit dieser Mentalität muß man leider von der Broschüre Leichters feststellen, daß in ihr die Tätigkeit der deutschen Linken und des *Klassenkampf* überhaupt *nicht einmal erwähnt* und daher den österreichischen Arbeitern bei den "deutschen Lehren" die wichtige Tatsache ganz vorenthalten wird, daß in der deutschen Sozialdemokratie für eine klassenrevolutionäre Kritik und Opposition kein Raum war, sondern daß dieselbe mit allen Mitteln einer schrankenlosen Ausnützung des Organisationsapparates zum Teil hinausgedrängt, zum Teil, soweit sie in der Partei verblieb, zum absoluten Schweigen gebracht wurde. Es ist sehr schön, wenn Otto Leichter *jetzt* davon spricht, daß die deutsche Sozialdemokratie von einer unheilvollen Identifizierung ihrer Aufgabe mit der des gegenwärtigen Staates ausgegangen ist und daß sie daran sogar noch festgehalten hat, als die Republik bereits deutlich zu einem Machtapparat der reaktionären Bourgeoisie geworden war. Es ist sehr schön, wenn *jetzt* der Grundirrtum der deutschen Auffassung von der Koalitionspolitik aufgewiesen und das Verfehlte dessen dargelegt wird, was man die preußische Machtpolitik genannt hat. Aber kommt dies alles nicht ein wenig zu spät? Und gehörte es nicht eigentlich auch zu dem "offenen Wort" Leichters, darauf hinzuweisen, daß jeder Versuch unmöglich war, diese Wahrheiten, wie sie im *"Klassenkampf" während des unheilvollen Entartungsprozesses der deutschen Sozialdemokratie dargelegt wurden, auch bei uns* als ein Wort der Aufklärung und Mahnung zu veröffentlichen? Jedesmal wurde ein solcher Versuch als unerlaubte Einmischung in die Angelegenheiten der deutschen Bruderpartei, ja sogar als ein Bruch der internationalen Solidarität direkt verhindert. Es hat ja diese Tolerierungspolitik gegenüber der deutschen Entartung glücklicherweise nichts genützt. Denn bei dem leidenschaftlichen Interesse der österreichischen Proletarier und besonders der proletarischen Jugend gelangten die Artikel und Broschüren der Linkskritik doch zu ihrer Verbreitung auch bei uns, und in Vorträgen, die die deutschen Vorgänge bereits zu einer Zeit behandelten, als dies noch kein offizielles Thema war, wurde jene allgemeine geistige Orientiertheit über die deutschen Vorgänge geschaffen, die erst der Broschüre Leichters sowohl ihr Verständnis als gleichzeitig ihre kritische Aufnahme in weiten Kreisen der Partei verschaffen wird.

Denn bei aller Anerkennung des Vorhabens Leichters, die Verderblichkeit der reichsdeutschen Parteipolitik vor der großen Parteiöffentlichkeit darzulegen, wird dieser Zweck doch nicht mit jener Klarheit und Unerbittlichkeit erfüllt, die gerade wegen der großen gefährlichen Rückwirkungen dieser Politik auf den internationalen Sozialismus unerläßlich ist. Vielmehr scheint etwas von jener alten Tendenz der Tolerierung, ja sogar Rechtfertigung der deutschen Parteipolitik übriggeblieben zu sein, wenn man sieht, in welcher Weise Leichter das Irrige und Schädliche in ihr zur Darstellung gebracht hat. Immer wieder drängen sich bei ihm die Worte von der "Tragik" der deutschen Parteipolitik, von dem "Fluch", der auf ihr gelegen sei, von den "tragischen Zwangslagen" und "Verstrickungen", in die sie geraten sei, von den "heroischen Kämpfen", die sie führen mußte, auf, und so wird geradezu dafür plädiert, daß die deutsche Partei "schuldlos" in die heutige Lage gekommen sei, so, als ob die Partei wie in einem blinden Verhängnis ihren Weg hätte machen müssen. Dies entspricht freilich ganz und gar der offiziellen Legende, die noch heute herrscht; und es kann auch gar nicht anders sein, wenn man das gewaltige Aufklärungswerk der deutschen Linken gänzlich verschweigt und unbeachtet läßt. Denn von einer Tragik oder von Zwangslagen kann natürlich keine Rede sein, wenn mit ernster sachlicher und theoretischer Kritik nicht erst nachher, sondern schon in jeder aktuellen Situation selbst die deutsche Parteimehrheit auf die gefährlichen Folgen ihrer Politik aufmerksam gemacht und der heutige Zustand der Dinge ihr fast aufs Wort zutreffend vorausgesagt wurde. Ein offenes Wort über die deutschen Lehren ist nicht offen genug, wenn es nur die Verderblichkeit des Zwiespaltes zwischen der Sozialdemokratie mit dem Kommunismus immer wieder betont, dagegen die ebenso große Schädlichkeit der bornierten Bekämpfung der Linken durch die deutsche Rechte *nicht* annagelt. Man begibt sich damit nur auf den in unserer Partei so beliebten Standpunkt, als gäbe es gar keinen Unterschied von rechts und links, oder es sei dieser nicht von Bedeutung.

Wie sehr dieses Zurücktretenlassen der Gegensätze von links und rechts die wirklich klare Erkenntnis behindern muß, zeigt sich gleich anfangs der Broschüre, wo Leichter darangeht, die Ursachen des Versandungsprozesses des revolutionären Charakters der deutschen Partei darzulegen. Er sagt Seite 9: "Die letzte Ursache alles Übels, die tiefste Quelle alles Unheils und aller Niederlagen ist die Spaltung." Damit wird Leichter den ungeteilten Beifall aller Reformisten und Rechtssozialisten bekommen, die das schon immer gesagt haben und dabei natürlich den Kommunisten und den Linken die Schuld für die Spaltung aufbürden. Ganz anders dagegen muß es wirken und erst volle Klarheit bringen, wenn Leichter geschrieben hätte, wie es einem wirklich offenen Worte entspricht: *die letzte Ursache alles Unheils ist der Reformismus in der Sozialdemokratie*. Denn dann ist nicht nur dasjenige klar bezeichnet, was die Spaltung erzeugte und den Verfall der deutschen Partei bewirkt hat, sondern was auch in jeder anderen sozialdemokratischen Partei bekämpft werden muß und was Leichter schließlich auch mit seiner Broschüre bezweckt. Es hilft daher auch wenig zur deutlichen Bezeichnung des Kernpunktes, um den es sich hier handelt, wenn man pathetisch die Spaltung des Proletariates als "die Sünde wider den heiligen Geist des Sozialismus" bezeichnet, da es ganz unbestimmt und verschwommen bleibt, was denn für ein Sozialismus gemeint ist. Die Spaltung ist keine "Sünde", sondern die notwendige Folge der Preisgebung des *Geistes des Marxismus* durch einen großen Teil der Führerschaft und kleinbürgerlich gewordener Massen des Proletariates. Und sicherlich ist, wie Leichter weiter schreibt, die Spaltung auch für die praktische Politik des Sozialismus das schwerste Unglück. Aber diese Vorstellung des "Unglücks" erweckt die andere Vorstellung, als ob die deutsche Sozialdemokratie ihren Verfall nur einem traurigen Zufall oder der Schlechtigkeit der bösen Kommunisten zuzuschreiben hätte, während das wirkliche Unglück der ganzen sozialistischen Arbeiterbewegung schon seit dem letzten Jahrzehnt vor dem Kriege der erst schleichende und dann immer offenere Reformismus ist; er hat den Zerfall der Internationale bei Kriegsbeginn, die unselige Siegfriedenspolitik des Rechtssozialismus in den meisten Ländern und die Entmannung der deutschen Revolution mit sich gebracht. Man kann daher auch nicht zustimmen, wenn Leichter (sogar mit Fettdruck) hervorhebt: "Spaltet sich die Arbeiterklasse, dann wird die Sozialdemokratie notwendigerweise zur Trägerin der Gegenwartspolitik . . ."; sondern es ist *gerade umgekehrt*: weil die Sozialdemokratie in Deutschland zur Trägerin der Gegenwartspolitik, sogar in der scheußlichsten Form der imperialistischen Kriegspolitik, geworden war und weil sie entgegen dem Protest aller Linksrichtungen auch in der deutschen Revolution Vertreterin der bloßen Gegenwartspolitik verblieb, mußte die Spaltung eintreten und sich sogar verstärken.

Wie sich die Ablenkung der Aufmerksamkeit von diesem wichtigsten Punkt der Erörterung, der Schädlichkeit des Reformismus, in Leichters Darstellung noch in verschiedenen Punkten nachteilig geltend macht, so insbesondere in dem Bestreben, die deutsche Parteipolitik von jeder Schuld und Verantwortung für die heutige kritische Lage der Arbeiterbewegung in Deutschland freizusprechen, kann hier nicht mehr gezeigt werden. Nur noch auf eines sei hingewiesen – daß diese Grundeinstellung der besprochenen Broschüre auch dazu führt, das Ausbleiben jeder Widerstandspolitik gegen die Verjagung der preußischen Minister am 20. Juli direkt zu rechtfertigen. Zwar sagt Leichter mit Recht, daß die Minister es hätten auf ihre wirkliche gewaltsame Amtsentsetzung ankommen lassen müssen. Aber er findet das Unterbleiben einer Parole zum Kampf gegen diese Maßregel angesichts der tatsächlichen Machtverhältnisse ganz in Ordnung. Und insbesondere meint er, daß die Politik, alles auf die Wahlen vom 31. Juli zu setzen, damals noch nicht als so falsch bezeichnet werden konnte wie nachträglich, weil man am 20. Juli noch nicht wissen konnte, daß der deutsche Reichstag am

12. September davongejagt werden wird. Darauf ist nur zu sagen, daß man natürlich dieses konkrete Ereignis nicht vorauswissen konnte, aber doch bereits hinlänglich wissen mußte, daß die bloße parlamentarische Demokratie bereits machtlos geworden war und daß man daher von der Wahlbewegung allein keine wirkliche Machtverstärkung oder auch nur Machtbetätigung erwarten durfte. So war die Haltung der Partei nach dem 20. Juli nicht etwa die einer klugen verantwortungsbewußten Taktik, sondern nur die Bestätigung der seelischen Kampfunfähigkeit des Reformismus, die außerhalb der parlamentarischen Machtbewegung überhaupt keine andere zu sehen vermag. Und wenn gewiß die Berücksichtigung der überlegenen Machtmittel der Regierung und der nationalsozialistischen Bewegung nicht verantwortungslos geringgeschätzt werden durften, so muß man doch wieder fragen, *wann und wie überhaupt* die Machtmittel der Arbeiterklasse in Bewegung gesetzt werden könnten, wenn nicht einmal bei einem solchen Anlaß auch nur der leiseste Versuch gemacht wurde, sie wenigstens in der Form eines großen Massenprotestes für sich selbst und für die Gegner in Erscheinung treten zu lassen.

Trotz aller dieser Bemängelungen begrüßen wir die Broschüre Leichters als einen bisher im offiziellen Parteiverlag noch nicht vertretenen Anfang zu der höchst notwendigen Aufklärung über die Fehler der deutschen Parteipolitik. Diese Aufklärung wäre gründlicher, hätte Leichter diese Fehler auch ausdrücklich als das bezeichnet, was sie sind: die *notwendigen Folgen des Rechtssozialismus*. Denn damit wäre zugleich auch *die Wichtigkeit der Stärkung des Linkssozialismus* ausgesprochen, die heute in der Tat die unerläßliche Aufgabe sozialistischer Parteiarbeit geworden ist.

Demokratie und Diktatur

In dem Vorwurf, den Bundeskanzler Dr. Dollfuß gegen Genossen Otto Bauer erhob, daß er ein Bolschewik sei, führte Dr. Dollfuß zur Begründung an, Bauer habe sich für die Diktatur ausgesprochen. Wie unsinnig die Bezeichnung Otto Bauers als eines Bolschewiken ist, ist jedem ohne weiteres klar, der auch nur etwas von der Geschichte des Bolschewismus versteht und von dem theoretischen Wirken Otto Bauers weiß. Auch wer nicht Marxist ist, aber wenigstens die Dinge kennt, von denen er spricht, der weiß, daß das Wort Bolschewismus überhaupt keine moralische Wertung enthält. Es kann daher weder zu einem Vorwurf noch zu einem Lob verwendet werden, sondern bezeichnet bloß eine besondere Richtung des Marxismus und der revolutionären Arbeiterbewegung, die mit der *russischen* Entwicklung zusammenfällt. Aber davon soll hier nicht weiter gesprochen werden. Es ist vielmehr nötig, einen anderen Punkt hervorzuheben, über welchen auch unter Parteigenossen große Unklarheit herrscht. Viele scheinen nämlich ganz so wie Herr Dr. Dollfuß zu meinen, daß Demokratie und Diktatur sich ausschließen. Demgegenüber muß immer wieder aufs neue hervorgehoben werden: zwar sind Bolschewismus und Demokratie absolute Gegensätze, nicht aber Demokratie und Diktatur, sofern es sich um die Demokratie im Klassenstaate handelt. Der Bolschewismus ist ein absoluter Gegensatz zur Demokratie, weil er von vornherein durch Lenin als die Theorie des Vortrupps einer entschlossenen revolutionären Minderheit des Proletariates, also als die Theorie der proletarischen Minderheitsrevolution ausgearbeitet wurde. Wie diese Theorie aus den spezifischen Verhältnissen des zaristischen Rußlands entstanden und wie sie in der Oktoberrevolution unter ganz einzigartigen Umständen in Rußland verwirklicht werden konnte, darauf kann hier nicht eingegangen werden, ist übrigens schon wiederholt von mir und gerade auch von Otto Bauer ausführlich dargelegt worden. Daraus folgt, daß die heutige bolschewistische Diktatur in Rußland *gar nicht der Typus* dessen ist, was der revolutionäre Marxismus unter Diktatur des Proletariats verstanden hat und versteht, sondern eine Kampfhandlung der russischen Proletarierrevolution, die als solche notwendig ist und hinter der das ganze Weltproletariat mit allen seinen Hoffnungen und Sympathien steht, nicht weil es um die "Diktatur" geht, sondern um den Aufbau einer neuen sozialistischen Welt in Rußland. Aber jedenfalls wird die Diktatur, die das europäische Proletariat in den großen Kulturstaaten anstrebt, nicht diese bolschewistische Diktatur sein können, sondern die Diktatur der *proletarischen Demokratie.*

Und dies ist der Punkt, den es endlich einzusehen gilt, daß Demokratie, solange sie in einem Klassenstaate existiert, also die bloß *politische* Demokratie, nicht nur keinen Widerspruch zur Diktatur darstellt, sondern *immer* in letzter Linie auf einer Diktatur beruht, und zwar bis heute auf der Diktatur der bürgerlichen Klasseninteressen. Diese Diktatur wird natürlich in demokratischer Form ausgeführt. Dafür bringt gerade der demokratische Herr Dr. Dollfuß den besten Beweis. Oder ist es nicht Diktatur, wenn die Regierung Dollfuß der sozialdemokratischen Partei einfach die Straße verbietet? Ist es nicht Diktatur, wenn die Polizei dieser Regierung mit der größten Einseitigkeit und Gewalttätigkeit, über welche die Zeitungen berichten und was die Polizei zu dementieren gar nicht in der Lage ist, gegen Arbeiter vorgeht? Oder ist es nicht Diktatur, wenn die Regierung mit Schaufel und Spaten nach den Waffen der Arbeiter sucht, dagegen die Maschinengewehre der Nationalsozialisten in offenem Umzug passieren läßt? Und ist dies nicht zugleich Demokratie, natürlich bürgerliche, da dies alles geschieht, nicht etwa als terroristischer Akt der Regierung, sondern indem sie sich zu alledem von den Regierungsparteien ihre allerdings kümmerliche parlamentarische, also demokratische Majorität holt? In der Demokratie, wie sie im Klassenstaat allein möglich ist, gibt es in den entscheidenden Grundfragen eben nur mehr eine *Klassenabstimmung.* Indem die Majorität entscheidet, bildet sich diese Majorität zugleich nach Klassengesichtspunkten. Das Wort vom Antimarxismus ist zwar ganz sinnlos, weil die sogenannten Antimarxisten insgesamt von Marx ja nichts wissen, aber insofern hat es sogar einen sehr richtigen Sinn, als es die Vereinigung aller jener bezeichnet, die gegen das Proletariat sind, ob das nun Großbürger oder Kleinbürger sind, ob Christ oder Jud, ob Rasseschützer oder Einheirater, ob "Intellektuelle" oder andere Ignoranten. Die Erscheinungen der bürgerlichen Einheitsfront bei den Wahlen und der Blockbildung in den Parlamenten beweisen ebenso wie die Tatsache der Unmöglichkeit einer Koalitionsregierung, die heute vor allem an dem Widerstand der bürgerlichen Parteien scheitert, daß dieselben immer mehr den innerlich vorhandenen Diktaturcharakter des bürgerlichen Klassenstaates auch in der Form der parlamentarischen Demokratie zum bewußten Ausdruck bringen. Wer daher glaubt, daß Demokratie und Diktatur sich ausschließen, der hat nur die Unkenntnis des wirklichen Sachverhaltes und bestenfalls eine Selbsttäuschung vor dem revolutionären Marxismus voraus, der den wahren Sachverhalt erkennt und ihn bewußt ausspricht.

Zwar meinen manche, die Demokratie sei keine bloße Mehrheitsherrschaft, sondern das Charakteristische an ihr sei gerade, daß sie die brutale Majorisierung durch den gesetzlichen Schutz der Minorität ausschließt und damit die Majorität nötigt, sich mit der Minorität zu verständigen. Daher werde auch ein Gesetz nie in der ursprünglichen, von der Majorität beabsichtigten Gestalt angenommen, sondern sei das Ergebnis von Kompromissen mit der Minorität. Letzteres ist gewiß zwar nicht immer, aber doch sehr häufig richtig, und es kann daher keinem kritischen Marxisten einfallen, diesen Wert des parlamentarischen Kampfes für das Proletariat zu leugnen oder auch nur geringzuhalten. Nur ist es eine himmelblaue Illusion, dies als eine Funktion "der Demokratie" aufzufassen. Der Minoritätsschutz wird im Parlamente genau so weit und so lang, als die Minorität imstande ist, ihn durch außerparlamentarische Macht zu stützen. Und zu Kompromissen im Parlament ist eine Majorität immer nur so weit bereit, als sie den parlamentarischen Widerstand der Minorität fürchten muß.

Daraus ergeben sich für das Proletariat wichtige Folgerungen, die zwar schon längst zu den Erkenntnissen der marxistischen Staatslehre gehören, aber noch nie von so aktueller Bedeutung waren wie eben jetzt. Erstens, daß Demokratie und Parlamentarismus nicht dasselbe sind, sondern daß die Demokratie stets Klassenmacht bedeutet und im Parlamente sich nur so weit durchsetzen kann, als diese Klassenmacht außer dem Parlamente besteht und in der Lage ist, sich geltend zu machen. Und zweitens, was Marx schon im *Kommunistischen Manifest* gesagt hat: daß das Proletariat sich nicht auf eine allgemeine Demokratie verlassen darf, die für alle gleichsam wie der gerechte Gott im Himmel sorgt, sondern daß es nur von seiner eigenen Kraft die Befreiung erhoffen darf. "Die Demokratie" verwandelt sich auf diese Weise aus einer pazifistischen Illusion in eine *Kampfform.* Sie tritt der bürgerlichen Demokratie, welche immer mehr in ihr ideologisches Gegenteil, in den Faschismus übergeht, als *proletarische* Demokratie entgegen, die um den idealen Inhalt der Demokratie, um die wirkliche Gleichheit, Freiheit und Brüderlichkeit aller kämpft. Und so ist der eigentliche Gegensatz in unserer Zeit nicht der zwischen Demokratie und Diktatur, sondern zwischen bürgerlicher und proletarischer Diktatur. Dabei bedeutet die bürgerliche Diktatur die Verewigung der Klassendiktatur selbst, während die proletarische Diktatur nur das Mittel zur endlichen Beseitigung aller Klassendiktatur ist und dadurch zur Herstellung der sozialen Demokratie, der Solidarität aller Menschen führt.

Die "Demokratisierung" der Jungfront

Als sich bei der letzten Nationalratswahl zeigte, einen wie großen Prozentsatz der Wähler die Jugend ausmachte, ergab sich das dringende Bedürfnis, die immer neu einströmenden Jahrgänge der Jugend für die Partei zu erfassen und in den Dienst ihrer Ideen zu stellen. So entstand das neue Parteigebilde der "Jungfront", das seitens eines großen Teiles der älteren Parteigenossen, besonders in führenden Kreisen, von Anfang an nur als eine bloße Jungwähler-Organisation ohne jede Eigenbedeutung aufgefaßt wurde. Allein die Schaffung der Jungfront begegnete einer leidenschaftlichen geistigen Anteilnahme und Lebendigkeit der Jugend selbst. Diese Lebendigkeit hatte sich schon seit einigen Jahren in der SAJ immer stärker bemerkbar gemacht, je mehr jene Jahrgänge ins politische Leben einrückten, die schon zur Nachkriegsgeneration gerechnet werden müssen, obgleich sie zur Kriegszeit bereits ihre Kinderjahre verlebten. Die stürmische Bereitschaft einer sozialistisch-revolutionären Klassenkampfstimmung und das ungemeine Aktionsbedürfnis dieser jungen Proletarierschichten ergriff die neue Organisationsform der Jungfront mit heller Begeisterung und machte sofort aus ihr mehr als eine bloße Wählerorganisation der Jungwähler, nämlich das, was die *ganze* Partei sein soll; *eine Kampftruppe des revolutionären proletarischen Sozialismus.* Mit der der Jugend eigenen Entschlossenheit und Unbedingtheit erklärte sie allem Kompromißlertum und Reformismus den schärfsten Krieg. Und sie scheute auch nicht davor zurück, trotz ihres betonten Gegensatzes zu den Methoden des Bolschewismus und zu der Demagogie der Kommunisten ihre Sympathie mit jeder klassenrevolutionären proletarischen Stellungnahme und Kampfhandlung zu betätigen. Aus dieser Grundeinstellung heraus erklärte sich, daß der Ruf nach der Einigung des Proletariates nirgends stärkeren Widerhall fand als in den Reihen der Jungfront, die in der Verwirklichung dieser Einheit der sozialistischen Bewegung immer deutlicher zugleich auch eine Bedingung für ihre eigene bessere Zukunft sehen mußte.
Dieser herrliche Sturm einer revolutionären sozialdemokratischen Jugendbewegung scheint nun aber manche Parteigenossen erschreckt und verwirrt zu haben. Besonders ist dies bei denjenigen der Fall, die das Leben der Partei mit dem reibungslosen Funktionieren des Parteiapparates verwechseln. Sie hatten sich vorgestellt, daß die Jungfront ein bloßes Werbeinstrument der Partei sein soll. Sie haben gemeint und meinen noch, daß die Jungfront nur dazu da sein soll, neue junge *Wähler* zu bringen, indem sie zur Häuseragitation abgerichtet, zur Parteiarbeit im technischen Sinne herangezogen und zu wohl vorbereiteten offiziellen Parteiveranstaltungen bereitgestellt werde. Als sich aber zeigte, daß die jungen Arbeiter ihre Parteiarbeit selbst organisieren wollten, mit eigenen Ansichten und Forderungen hervortraten, mit leidenschaftlichen und oft über das Verständnis oder über das Bedürfnis mancher älteren Genossen hinausgehenden Diskussionen alle Probleme der Partei und des Sozialismus aufgriffen, da begann sich vieler Parteigenossen eine große Unruhe zu bemächtigen. Ja, es entstand sogar ein tiefes Mißtrauen gegen die Jungfront, weil diese Diskussionen oft in Gegensatz zu herrschenden Meinungen traten oder doch die Ruhe der Gedankenlosigkeit allzu empfindlich störten. So erwuchs in manchen Kreisen der Partei eine lebhafte Unzufriedenheit mit der Jungfront, die so gar nicht bloß das sein wollte, als was man sie gerufen hatte: die politischen Lehrlinge des Parteiapparates. Es wiederholt sich in gewissem Sinne hier, nur noch ärger, das Schauspiel, das sich auch am Anfang der Bewegung der Jugendlichen gezeigt hat, indem auch die Selbständigkeit der Arbeiterjugendbewegung sich erst langsam und mühselig gegen den Wi-

derstand, das Mißtrauen, ja zuweilen sogar gegen den Unwillen der älteren Generation durchsetzen mußte.

Diese eigenartige Opposition eines Teils der Parteigenossen gegen die eigene Parteijugend kommt in einer an sich gar nicht so bedeutenden Frage zum Ausdruck, die gegenwärtig heftige Diskussionen hervorruft, in der Frage der *Demokratisierung der Jungfront.* Bekanntlich erhebt die Jungfront die eigentlich selbstverständliche Forderung, daß sie sich ihre Organe (Führer) selbst wählen darf. Die Gegner wollen dies nicht zugestehen; sie fühlen sich als die gleichsam natürlichen, durch ihr Alter berufenen Leiter der Jugend ("Wir haben ja schon für die Partei gearbeitet, als ihr noch in den Windeln gelegen seid" – ein sehr oft verwendetes, aber wenig beweisendes Argument, da bekanntlich Alter nicht vor Torheit schützt). Und so verlangen sie also, der Jungfront ihre Führer ernennen zu dürfen. Es ist dies im Grunde die Auffassung eines Geschäftsleiters (Prinzipals), der sich sein Geschäft nicht durch den Praktikanten beeinflussen läßt, aber gewiß nicht die Auffassung eines wirklichen *Jugendleiters.* Schon in der Schule, wenn sie modern ist, wird gerade jener Lehrer, der ein wirklicher Pädagoge ist, die Selbständigkeit und Selbstbestimmung der Schüler fördern; und er wird nur dadurch führen, daß er im lebendigen *Kontakt mit der Jugend* ist, nicht aber dadurch, daß er ihr seine Aufseher hinstellt.

Die Leidenschaftlichkeit, mit der der Streit über die Demokratisierung von beiden Seiten geführt wird, beweist, daß hinter ihm mehr als eine bloße Organisationsfrage stecken muß, und wir werden auch alsbald sehen, daß es auch hier, wie überall, wo in der heutigen sozialistischen Arbeiterbewegung heftige Gegensätze aufeinanderprallen, der *Gegensatz von Reformismus und revolutionärem Sozialismus* ist, um den es sich eigentlich handelt. Aber sehen wir vorläufig zu, auf welche Weise die Ablehnung der Demokratisierung der Jungfront begründet wird.

Vor allem erklären die Gegner der Selbstbestimmung der Jungfront immer wieder, daß es eigentlich überflüssig sei, sich aufzuregen, da ja in der Praxis kein großer Unterschied sein wird, ob die Funktionäre der Jungfront gewählt oder von den Parteiinstanzen ernannt werden. ("In der Praxis ist das ja eh' Wurscht!") Merkwürdig nur, warum sich dann gerade ältere Parteifunktionäre und sogar Mitglieder des Parteivorstandes so sehr ins Zeug legen, daß die Jungfront nur ja nicht ihren Willen bekommt. Es scheint also doch nicht so "ganz Wurscht" zu sein. Die Jungfront steht auf einem Standpunkt, den man schwer unrichtig finden kann: sie beruft sich auf die *Parteidemokratie* und findet es sonderbar, daß zwar die jüngere Arbeiterjugend ihre Funktionäre wählen darf, dieselben Jugendlichen aber, wenn sie älter und daher auch reifer geworden sind und aus der SAJ in die Jungfront übertreten, nun mit einem Male nicht mehr wählen dürfen. Manche führende Genossen haben diesem Einwande gegenüber ein, wie sie glauben, besonders schlagendes Gegenargument. Indem sie nämlich auf den Radikalismus der Jugend verweisen, spotten sie, wie merkwürdig es sei, daß gerade diejenigen, die sich sonst so wenig für die Demokratie begeistern, mit einem Mal so laut nach ihr schreien. Da haben wir zugleich ein Beispiel dafür, mit welchem Ernst die Diskussion zuweilen geführt wird. Denn abgesehen davon, daß dieser geistreich sein wollende Spott in lächerlicher Weise die politische Demokratie *im Klassenkampf* mit der solidarischen Demokratie *innerhalb einer Partei* verwechselt, könnte man eher fragen: Ist es nicht viel merkwürdiger, daß gerade diejenigen, die sonst immer für die Demokratie schwärmen, obgleich es nur die politische Demokratie ist, gerade hier, wo es sich um die Parteidemokratie handelt, für die Diktatur sind? Sozialpädagogisch wirkt diese Haltung jedenfalls sehr schlecht; sie bringt der Jugend wenig Respekt für den Ernst der demokratischen Überzeugung der Älteren bei und wirft überdies auf die ganze Partei ein ungünstiges Licht, das sie keineswegs verdient, als könnte sie sich vor der Kritik der Jungfront nur durch Apparatmaßregeln schützen.

Aber – sagt man, und dies tritt als wichtigstes Argument auf –, die Demokratisierung der Jungfront würde diese zu einem selbständigen Körper in der Partei und zum Tummelplatz undisziplinierter Elemente machen. Es müßte auf diese Weise ein Eigenleben der Jungfront entstehen, das sich gegen die Partei richtet. Die Partei könne sich aber unmöglich ihre Taktik von der Jungfront bestimmen lassen. Wir sind, sagt man gewöhnlich, nicht gegen die Lebendigkeit der Jugend und schon gar nicht dagegen, daß diskutiert wird; aber wir müssen Vorsorge dafür treffen, daß es dadurch nicht zu einem Parteikonflikt kommt.

Aber es gibt doch niemanden, der die Demokratisierung der Jungfront im Sinne einer Loslösung von der Partei oder gar einer Gegenstellung zu ihr verlangt. Denn die Jungfront will selbstverständlich *in der Partei* wirken. Es ist daher eigentlich merkwürdig, wieso man in der Demokratisierung der Jugend eine *Gefahr* für die Partei erblicken kann. Sieht man näher zu, so ergibt sich, daß dies überhaupt nur dadurch möglich wird, wenn diejenigen, die diesen Vorwurf erheben, *sich mit der Partei gleichsetzen*. Hierzu haben sie aber gar kein Recht, selbst wenn sie zufällig hohe Funktionäre der Partei sein sollten. Denn selbst der ganze Parteivorstand ist nicht die Partei, sondern nur ein Organ der Partei. Niemand kann also mit Recht annehmen, daß die bloße Selbstwahl der Funktionäre schon bedeutet, daß die Jungfront dadurch ein von der Partei losgelöster Körper würde. Die Jungfront hat selbst das größte Interesse daran, daß sie und ihre Funktionäre im engsten organisatorischen Zusammenhang mit allen Parteiinstanzen stehen. Sie will selbst keine Entfremdung von der Partei, sie will nur ihre Funktionäre selber bestimmen. Sie wird daher auch alle mit dieser Selbstbestimmung zu vereinbarenden Organisationsformen willig annehmen, welche die Einheit mit der Partei sicherstellen. Übrigens ist es eine sonderbare Bürokratenansicht, zu meinen, daß die Jungfront ein Eigenleben erst infolge ihrer Demokratisierung erhielte. Sie hat es schon heute und wird es sogar um so stärker entfalten, nur in unerwünscht oppositionellen Formen, je mehr man ihr die Demokratisierung verweigert. Auch ist dies eine seltsame Art von Sozialismus, die in dem *Eigenleben der Jugend* eine Gefahr erblickt.

Und damit kommen wir zu dem springenden Punkt, zu dem, was der eigentliche Grund der Leidenschaftlichkeit in der Abwehr der sogenannten Demokratisierung der Jungfront ist. Wie kommt man überhaupt dazu, in dieser Demokratisierung oder im Eigenleben eine Gefahr für die Einheit der Partei oder zumindest eine Bedrohung der Partei durch Kritik und Opposition zu sehen? Was soll die fortwährende Anklage, daß die Jungfront zu einem Tummelplatz für verantwortungslose Elemente werde, wenn sie nicht unter der strengen Kontrolle "der Partei" verbleibt? In diesen Auffassungen überrascht die Selbstverständlichkeit, mit der diejenigen, die sie vertreten, einfach Partei und Eigenleben der Jungfront als etwas Gegensätzliches hinstellen und immer so sprechen, als ob Partei und Jungfront zwei verschiedene Dinge wären. Ja, ist denn die Jungfront nicht *auch Partei*? Und ist das Eigenleben der Jungfront nicht eben die Eigenlebendigkeit der jüngeren Jahrgänge der Partei? Wie kann man also von einer Gegensätzlichkeit "der Partei" zur Jungfront sprechen, wo es sich äußersten Falles um die Gegensätzlichkeit eines Teiles der Partei gegen einen anderen Teil derselben handelt. Und wenn die ganze Parteijugend vielleicht von einem Geist beherrscht wird, den manche ältere Genossen und Funktionäre für schädlich halten, beweist dies schon, daß dieser Geist auch parteischädlich ist? Vielleicht – und hoffentlich – ist der klassenrevolutionäre Geist der Jungfront der neue Geist der ganzen Partei. Nach der Sympathie, die überall die Ideen der Jungfront, die nichts anderes als die wieder lebendig gewordenen Klassenkampfgedanken des Marxismus sind, in jeder Arbeiterversammlung erwecken, wo dann der Unterschied von Alt und Jung ganz verschwindet, muß man dies für wahrscheinlich halten. Jedenfalls beruht die Hoffnung der Sozialdemokratie darauf, daß dem wirklich so ist. Also nur wenn man die *eigene* von der Jungfront abweichende Meinung und Taktik mit der Partei selbst identifiziert, kann man davon sprechen, daß das Eigenleben und die Demokratisierung der Jungfront eine Gefahr für den Parteikörper bedeutet.

Gewiß gibt es auch in der Jungfront manche Unbesonnenheit und Unreife. Aber deren Wirkung wird nicht durch eine straffe Parteibürokratisierung der Jungfront unterbunden, sondern gerade nur durch ihre freie Betätigung und Selbstverantwortung, die es ermöglicht, durch die Offenheit der Parteikritik und durch die eventuelle Beeinflussung der Parteipolitik selbst den Einflüsterungen der Radikalinskis jeden Anschein der Berechtigung und damit auch ihre Gefährlichkeit zu nehmen. Nicht auf dem Boden der freien Selbstbestimmung und Aussprache, sondern nur auf dem der parteiobrigkeitlich gebundenen Tätigkeit entwickelt sich der Tummelplatz der "verantwortungslosen Elemente". Übrigens ist auch dieser Begriff ein sehr

unbestimmter. Wenn man gerade alle jene, die als Kritiker und Opponenten auftreten, möglichst von aller organisierten Mitarbeit in der Jungfront ausschließt, indem man sie als "Nörgler" oder "Spalter" ansieht und die Möglichkeit ihrer Erwählung verhindert, dann drängt man alle diese geradezu in jene "Verantwortungslosigkeit", die man ihnen dann zum Vorwurf macht. Daß aber wirkliche Schädlinge nicht beseitigt werden könnten sowohl durch den lebendigen Parteigeist einer freien Jungfront als auch durch den Einfluß der übrigen Parteigenossen auf sie, daß heißt von diesen beiden Grundlagen einer wirklich wirksamen Parteisolidarität geringer denken, als dies jedenfalls die Jungfront tut.
Und so ergibt sich, daß der eigentliche Sinn der Abwehr der Demokratisierung der Jungfront die Furcht vor deren klassenrevolutionärem Geist ist, vor der steten marxistischen Parteikritik, der viele ältere Parteifunktionäre nicht gewachsen sind, zumeist nicht durch ihre Schuld, sondern infolge der nicht genügend marxistisch-revolutionären Parteiaufklärung. Wer darum in dem Eigenleben der Jungfront eine Gefahr erblickt, der hat sich eigentlich durch die Tat als Reformisten bekannt, auch wenn er das mit Worten von sich nicht gelten lassen will. Man wird der größeren Reife und Erfahrung der älteren Parteigenossen jedes Recht auf Kontrolle, Korrektur, ja Dämpfung jugendlicher Unerfahrenheit, jugendlichen Übereifers und jugendlicher Ungeduld einräumen müssen. Aber das bedeutet keine Gegenstellung der Partei zur Jungfront, und am allerwenigsten rechtfertigt es, die revolutionäre Haltung der Parteijugend als eine Parteigefahr anzusehen. Hier trennen sich eben die Wege der reformistischen und der klassenrevolutionären Einstellung des Sozialismus. Es ist auch hier nötig auszusprechen, was ist: nicht die Demokratisierung der Jungfront ist das eigentliche Kampfobjekt; sie wäre wirklich "Wurscht"; sondern was dahinter steckt. Wäre die Jungfront eine Truppe ohne eigenes klassenrevolutionäres Leben, eine bloße bequeme Werbeorganisation, die sich reibungslos in den bestehenden Apparat der Meinungen und Einrichtungen der Partei einfügte, so hätte sie längst schon ihre selbstgewollten Führer, wenn sie sie dann überhaupt verlangte. Der Kampf um die Demokratisierung gilt daher gar nicht der Jungfront selbst, sondern der Richtung, die sie zur Richtung der ganzen Partei machen will. *Es ist der alte Kampf des Reformismus gegen den klassenrevolutionären Sozialismus.*

Unsere Stellung zu Sowjetrußland

Die hauptsächlichen Fehlerquellen für die Beurteilung der russischen Revolution

I. Die Spaltung des proletarischen Sozialismus

Seit nun bald fünfzehn Jahren vollzieht sich in einem der größten Reiche der Erde ein geschichtlicher Prozeß von ungeheurer Größe – die Vernichtung der alt und lebensfeindlich gewordenen kapitalistischen Wirtschaft und der zielbewußte Aufbau einer neuen, dem Sozialismus zustrebenden Welt. Und dieses an sich schon unerhörte Ereignis wird um so gewaltiger, ja geradezu märchenhaft, als es sich unter den unwahrscheinlichsten Umständen vollzieht: in einem Lande, das schon vor der Zerstörung seiner Wirtschaft durch den Weltkrieg in der kapitalistischen und industriellen Entwicklung rückständig war und das aus dem Krieg mit der völligen Zerrüttung seiner geringen Industrie und veralteten Landwirtschaft hervorging. Und gerade in diesem Lande ist zuerst der Weg zur Verwirklichung des Sozialismus betreten worden, ein Weg, der trotz aller furchtbaren Schwierigkeiten und Anfeindungen von außen und innen, wenn auch mit unsäglichem Leid und oft abstoßender Gewalt, fortgesetzt wird und sich bereits aus den Irrungen und Umwegen der ersten Jahre zu deutlicherer Zielsicherheit zu erheben beginnt. Dies ist ein beispielloses Schauspiel, das wohl trotz aller notwendigen Kritik auch den kühl prüfenden Beobachter zu einem Enthusiasmus fortreißen kann, den solches Schaffen in jedem hervorrufen muß, der nicht durch Klassen- und Parteivorurteile für jede Regung eines solchen enthusiastischen Empfindens fühllos geworden ist. Denn wie sehr auch das russische Aufbauwerk die Mittel des terroristischen Zwanges verwendet und, wie wir noch sehen werden, verwenden muß, so wird es doch zugleich getragen, und wäre sonst gar nicht möglich, von der begeisterten Zielbewußtheit stets wachsender Millionenmassen von Arbeitern und Bauern, von ihrer beispiellosen Opferwilligkeit und fast religiöser Zuversicht in das sichere Gelingen des sozialistischen Aufbaues, wozu nun auch der immer kraftvoller neu einströmende sozialistische Idealismus der Sowjetjugend als ein noch ganz unabsehbarer Stärkungsfaktor hinzukommt. Und dies alles durchgeführt von einem grenzenlos armen, unwissenden Volk, das mit dieser leidvollen Aufbauarbeit zugleich aus der Nacht seines körperlichen Elends und seiner geistigen Roheit zum Lichte einer selbstgeschaffenen Kultur emporsteigt.

Wenn so dieses Geschichtsereignis der russischen Revolution, die immer noch im Gange ist, selbst im bürgerlichen Lager viel Bewunderung und sogar Zustimmung ausgelöst hat – man denke an Bücher wie die von Feiler, Scheffer oder Dreiser –, welchen Sturm von Begeisterung, Zustimmung und hingebungsvoller Liebe muß es erst im sozialdemokratischen Proletariate der ganzen Welt entzündet haben, das doch seit Jahrzehnten von der Lehre des revolutionären Klassenkampfes beherrscht und von dem Ziel der Beseitigung der kapitalistischen Gesellschaft geleitet war! Mußte die Sozialdemokratie nicht überall die russische Sache als ihre eigene begeistert feiern, als den Beginn der sozialistischen Weltwende?

Aber es wird eines der seltsamsten Kapitel in diesem grandiosen Abschnitt der Geschichte des zu Ende gehenden Kapitalismus, den wir jetzt durchleben, bleiben, daß diesem erwarteten Bilde eines feurigen und ungeteilten Mitgehens der ganzen außerrussischen Arbeiterklasse mit der Revolution in Sowjetrußland keineswegs die Wirklichkeit entspricht, allerdings nicht ohne schweres Verschulden der Führer der russischen Revolution selbst, wovon noch die Rede sein wird. Zwar war unmittelbar nach der Oktoberrevolution die Begeisterung für Lenin und Trotzki und für das Werk der russischen Arbeiter und Bauern grenzenlos. Fiel diese Revolution doch noch in die Zeit des Krieges und bedeutete sie den ersten wirklichen Durchbruch des Blutbannes des Krieges und die endliche Aussicht auf einen Frieden, der zugleich auch die soziale Revolution und damit die Befreiung des Proletariates einzuleiten schien. Denn bei der Unkenntnis der Massen über die tatsächlichen russischen Verhältnisse war der Glaube an die Aufrichtung der sozialistischen Gesellschaft in Rußland um so allgemeiner verbreitet, als er der Befreiungssehnsucht der Menschen entgegenkam, die nach dem alten Sprichwort das, was sie wünschten, gerne glaubten, selbst wenn es ganz unwahrscheinlich war. Aber in dem Maße, als sich herausstellte, daß dies nicht der Fall war und nicht sein konnte und daß die russische Revolution außerhalb Rußlands zunächst auch keine Fortsetzung finden konnte, änderte sich dies sehr rasch. Und besonders als in der deutschen Revolution von 1918/1919 die tiefen inneren Gegensätze in der sozialdemokratischen Arbeiterbewegung, die schon seit dem Kriegsbeginn das Proletariat gespalten hatten, nun immer verhängnisvoller hervortraten, die Gegensätze zwischen einer bloß reformistisch-demokratischen Majorität der Sozialdemokratie und einer klassenrevolutionären Minorität, begann sich auch die anfängliche allgemeine begeisterte Interessiertheit an der russischen Revolution bei dem Großteil der Partei in eine kritische Stimmung zu verwandeln. Es war dies aber nicht ausschließlich eine Kritik der Sachlichkeit, sondern nur allzusehr eine gereizte Beflissenheit, alles Unvollkommene und Ungünstige an der russischen Revolution in den Vordergrund zu stellen und gerade bei den Häßlichkeiten und Schrecknissen dieses Geschichtsereignisses zu verweilen. Eine besondere Zuspitzung erfuhr diese leidenschaftliche und sich oft bis zur Gehässigkeit steigernde Haltung durch die alsbald nach dem Umsturz entstehenden kommunistischen Parteien, mit denen die Sozialdemokratie in heftigsten Kampf geraten mußte. Denn die demagogische und zumeist geradezu unsinnige Abenteurerpolitik der kommunistischen Parteien, die sich dabei aber auf die russische Revolution beriefen, ihre moralische Wucht für ihre unmöglichen Pläne in Anspruch nahmen und auf die erregten Massen der Heimkehrer, Kriegsopfer und Jugendlichen starken Einfluß ausübten, zwang die Sozialdemokratie zur entschiedenen Abwehr. Gegenüber der ganz kritiklosen Verherrlichung der russischen Methoden durch die Kommunisten und ihrer übertreibenden Darstellung einer angeblich in Rußland bereits verwirklichten sozialistischen Gesellschaft mußte daher immer wieder auf den wirklichen Zustand der Dinge hingewiesen werden. Dies brachte es mit sich, daß man nunmehr die Fülle von Illusionen über das Werk der russischen Revolution zerstören mußte durch die Kenntnis harter und trauriger Tatsachen über den widerspruchsvollen und beschwerlichen Werdegang der russischen Revolution. Und so kam es, daß in der Notwendigkeit dieses Kampfes gegen die Kommunistische Partei die Zerstörung falscher Vorstellungen von einem bereits erreichten Arbeiterparadies vielfach so in den Vordergrund trat, daß darunter die objektive Darstellung der russischen Ereignisse litt und das Verständnis für die Eigenart des revolutionären Kampfes in Rußland schließlich ganz verlorenging. Die Folge war, daß große Schichten des sozialdemokratischen Proletariats mit ihrer notwendigen Gegnerschaft gegen die Kommunistische Partei auch in eine ebensolche gegen die russische Revolution gerieten, die ihnen fast nur mehr als ein Irrweg erschien, der die Arbeiter und armen Bauern in eine Hölle des Elends und der Unterjochung durch die Bolschewiken geführt hätte. Von der üblichen Berichterstattung in den meisten Parteiblättern hierin bestärkt, wurden sie nur angeleitet, das Massenelend und die Gräßlichkeiten der Diktatur in Rußland zu sehen, so als ob in der berühmten heimischen Demokratie kein Massenelend und in der eigenen Partei gar keine Beeinträchtigung der freien Meinungsäußerung bestünde. Und es ergab sich schließlich ein Zustand, der noch bis heute andauert, daß die bürgerlichen Zeitungen, deren Kreise, sowohl wirtschaftliche wie intellektuelle, ein wachsendes Interesse an der Sowjetunion haben, in der sie die Abnehmerin ihrer Waren und ihrer Berufstätigkeiten erhoffen, besser und objektiver über Rußland unterrichteten als der größere Teil der sozialdemokratischen Arbeiterpresse, der bei jeder kritischen Wendung der Ereignisse in Rußland eine nur schlecht verhüllte Schadenfreude über den nun endlich erfolgenden Zusammenbruch des

Sowjetsystems äußerte. Und dazu kommt noch der Einfluß so beklagenswerter Schriften wie die Karl Kautskys, dem nach seinen eigenen Worten es unerfindlich ist, "wo da heute noch etwas Revolutionäres in Sowjetrußland zu finden sein sollte, das mit aller Macht gegen die Konterrevolution zu verteidigen wäre"(!). [1]) Kein Wunder, daß große Massen der älteren Parteigenossen, denen man die alte marxistische Parole der "Diktatur des Proletariates" an dem Beispiele Rußlands verdächtig gemacht hatte und denen das Wort "Kommunismus" nur mehr als Bezeichnung einer verhaßten Parteirichtung in die Ohren klang, zu dem Glauben kommen mußte, daß sie als brave Sozialdemokraten Feinde der Diktatur des Proletariates sein müßten und daß ihnen völlig das Bewußtsein abhanden kam, daß *auch sie* den Kommunismus anzustreben hätten. So mußten sie immer verständnisloser der russischen Entwicklung gegenüberstehen, was sich auch darin äußerte, daß sie jeden, der in den eigenen Reihen als Verteidiger der russischen Revolution auftrat, mit großem Mißtrauen als einen verkappten Bolschewisten ansahen und jeden, der die eigene Sozialdemokratische Partei zu ihren alten revolutionären Klassenkampfgedanken zurückzuführen suchte, als einen Menschen betrachtete, der "am besten lieber gleich zu den Kommunisten gehen soll".

Unter diesen Zuständen im eigenen Lager hat am meisten unsere sozialdemokratische Jugend zu leiden. Denn ihr ist dies alles ganz unverständlich und muß es um so mehr sein, mit je größerem sozialistischem Idealismus und mit um so revolutionärerem proletarischem Empfinden sie in der Bewegung steht. Tatsächlich kann kein klassenrevolutionärer jugendlicher Sozialdemokrat die Spaltung des Proletariates in Kommunisten und Sozialdemokraten, in die er hineingeboren wurde, verstehen. Oft habe ich erlebt, daß nach Jugendversammlungen in Österreich und in Deutschland mich 16- und 17jährige Jugendliche gefragt haben, was denn eigentlich der Unterschied zwischen Sozialdemokraten und Kommunisten sei und warum sie sich so bekämpfen, da doch jeder Sozialdemokrat auch ein Kommunist ist und wir doch ebenfalls den Sieg der Arbeiterklasse, also die Diktatur des Proletariates, erstreben. Es ist eine große Freude, zu sehen, daß unsere Jugend bereits so denkt, wie leider große Teile der älteren Generationen bei uns aufgehört haben zu denken. Man muß dann der Jugend umständlich erklären, daß der Gegensatz zwischen Sozialdemokratie und dem sogenannten Kommunismus tatsächlich *kein prinzipieller* ist, sondern ein bloß taktischer, der daraus entstanden ist, daß die Spaltung der alten Sozialdemokratie in einen rechtssozialistisch-reformistischen und in einen klassenrevolutionären Flügel sich nach der russischen Oktoberrevolution noch weiter dahin zugespitzt hat, daß ein Teil des linken Flügels sich zum Wortführer der Methoden der russischen Revolution auch außerhalb Rußlands gemacht hat, d.h. zum Träger des russischen Bolschewismus, und sich unter dem Namen "Kommunistische Partei" von dem linken Flügel der Sozialdemokratischen Partei abgetrennt hat. Diese Teile vereinigten sich mit der russischen Partei zur Dritten Internationale, deren Führer alles taten und noch tun, die entstandene Spaltung auch gegen den linken Flügel der Sozialdemokratie zu vertiefen und zu verbittern. Was sich heute Kommunistische Partei nennt, ist in Wirklichkeit eine *bolschewistische* Partei, deren Wesen darin besteht, daß sie die Taktik des russischen Bolschewismus, d.h. die gewaltsame Verwirklichung des Sozialismus durch eine proletarische revolutionäre Minorität vertritt. Sie stützt sich dabei auf das Beispiel von Rußland, wo dieser Weg gangbar war, übersieht aber oder will nicht sehen, daß dies nur infolge von Verhältnissen möglich war, die dort einzigartig sind und sonst außerhalb Rußlands nirgends in Mittel- und Westeuropa vorhanden waren. Denn nirgends war in der Zeit nach der russischen Revolution und nach dem Umsturz in Mitteleuropa die Möglichkeit eines solchen Bündnisses zwischen Arbeitern und Bauern wie in Rußland gegeben. Im Gegenteil, in den ersten Jahren nach der Revolution waren die Bauern überall die eigentlich besitzenden Schichten, und erst die seit 1929 einsetzende Weltkrise beginnt jetzt auch in der Bauernschaft ihre revolutionierende Wirkung auszuüben. Die bolschewistische Taktik der Kommunisten, die für den proletarischen Klassenkampf in Mittel- und Westeuropa daher direkter Selbstmord gewesen wäre, mußte überall schroff zurückge-

[1]) Siehe *Die Gesellschaft*, Jg. 1931, S. 58.

wiesen werden. Darüber kann gar kein Zweifel sein; aber da die Sozialdemokratie die Richtungen von rechts und links in sich schloß, ergab sich eine verhängnisvolle Wirkung für die Sozialdemokratie selbst. Weil auch die linke Sozialdemokratie diesen Kampf gegen den Bolschewismus führen mußte, wurde sie mit dem Rechtssozialismus, der die Majorität der Parteigenossen umschloß, wieder zusammengeschweißt, diente ihm auf diese Weise vielfach als Stärkung und schwächte notwendig nicht nur die Position der Linken, sondern den revolutionären Gesundungsprozeß der Sozialdemokratie überhaupt.

Es ist schon viel für das bessere Verständnis der russischen Revolution und des wirklichen Verhältnisses zwischen Sozialdemokratie und Kommunismus gewonnen, wenn sich aus der Kenntnis der historischen Entstehung des Gegensatzes zwischen Sozialdemokratischer und Kommunistischer Partei unverlierbar die Tatsache einprägt, daß es sich hier um eine bloße Verschiedenheit der Wege zum Sozialismus, nicht aber um einen prinzipiellen Gegensatz handelt – dies freilich *nur dann*, wenn es gelingt, den Rechtssozialismus, der keine klassenrevolutionäre Richtung des Proletariates darstellt, in der Sozialdemokratie zu überwinden. Dann zeigen sich deutlich zwei klassenrevolutionäre Wege zum Sozialismus: der *russische* und der *außerrussische Weg*. Der russische ist aus historischen Gründen, die in den spezifisch russischen Verhältnissen gelegen sind, der Weg des *Bolschewismus*. Der außerrussische war der Weg der *revolutionären Sozialdemokratie* vor ihrer rechtssozialistischen Entartung und muß es wieder werden. Auf *beiden* Wegen ist das Ziel die kommunistische Gesellschaft; und gerade der außerrussische Weg kann und wird die "Diktatur des Proletariates" viel vollkommener verwirklichen als der russische, weil die höhere wirtschaftliche Entwicklung in allen Ländern Mittel- und Westeuropas die proletarischen Schichten – Handarbeiter, Landarbeiter, Kopfarbeiter, Angestellte, Beamte und besitzlose freie Berufsangehörige – bereits überall in einer Stärke entwickelt hat, die ihnen die zahlenmäßige Majorität sichert, sobald sie sich im revolutionären Klassenbewußtsein gefunden haben werden. In diesem Lichte gesehen verliert der Gegensatz zwischen Sozialdemokratischer und Kommunistischer Partei seine scheinbare Unüberbrückbarkeit und eröffnet sich die Möglichkeit der Einheit des proletarischen Klassenkampfes. Aber von da aus lassen sich nun auch die zahlreichen Fehlerquellen aufzeigen, welche auch im Urteile vieler Parteigenossen das Bild der russischen Revolution trüben und immer wieder aufs neue die Kluft vertiefen, die geschlossen werden muß, wenn die Sozialdemokratie jene Klarheit des Blickes und Sicherheit der revolutionären Aktion wiedergewinnen soll, ohne welche sie ihre historische Aufgabe der Befreiung des Proletariates nicht zu vollziehen vermag.

II. Der angebliche Widerspruch zwischen politischer Demokratie und Diktatur

Eine der verbreitetsten und hauptsächlichsten Fehlerquellen für die Beurteilung der russischen Zustände und Vorgänge ist, daß man zwar natürlich weiß und vielleicht selbst auch betont, daß alle diese Verhältnisse aus der Revolution hervorgegangen sind, daß man aber doch den Gesamtzustand in Rußland bereits wie etwas Stabilisiertes betrachtet, so daß man ihn ohne weiteres mit dem normalen Friedenszustand eines beliebigen Staates vergleichen kann. Auf diese Weise treten dann freilich die fortwährenden gewaltsamen Eingriffe in das gesellschaftliche und persönliche Leben und die gleichzeitige allgemeine Notlage desselben, wie dies in Sowjetrußland der Fall ist, in einen krassen Gegensatz zu der Ruhe und Ordnung eines friedlichen Staatslebens. Aber diese Art, die Dinge zu betrachten, ist völlig irrig und unhistorisch. Denn in Wirklichkeit kann in der Sowjetunion noch gar keine Rede von einer bereits stabilisierten Ordnung sein, sondern ist das Entscheidende, *daß hier die Revolution noch immer im vollen Gange ist*. Nur dem oberflächlichen Blick kann es scheinen, als ob die Revolution mit dem Oktobersieg von 1917 vollendet worden sei und nun der bloße Aufbau eines neuen Staates und einer neuen Gesellschaftsordnung sich vollzieht. *In Wirklichkeit hat die Revolution seit 1917 noch überhaupt nicht aufgehört.* Die verschiedenen Entwicklungsphasen in der inneren Gestaltung Rußlands – der Kriegskommunismus, die NEP, der Kampf mit der Trotzkischen Opposition, die Versuche einer Industrialisierung im Bunde mit dem Dorfe und schließlich die Wendung gegen die Kulaken und die Kollektivierung der Landwirtschaft –, dies alles stellt nur ebenso viele Wellengänge der einen großen Revolution dar, in welcher der Kampf gegen die kapitalistische Welt geführt wird. Es ist ein fortgesetzter Klassenkampf der Revolution, nicht nur gegen die Reste des zaristischen und kapitalistischen Systems, sondern auch gegen die immer wieder hervorbrechende Gefahr einer neuen Handels- und Industriebourgeoisie, und vor allem jetzt gegen die Dorfbourgeoisie sowie alle kleinbürgerlichen Tendenzen im Proletariat und in der Bauernschaft, die zu Trägern der kapitalistischen Ideologie und Interessiertheit werden können.

Daraus ergibt sich als erster wichtiger Gesichtspunkt für die Beurteilung der russischen Ereignisse, daß es sich dort noch immer *nicht um einen Friedenszustand des Staates und der Gesellschaft handelt, sondern um einen offenen Klassenkrieg,* um eine im vollen Gange befindliche proletarische Revolution. Daß diese Revolution nun fast schon fünfzehn Jahre dauert und noch lange nicht vor ihrem Ende steht, kann nichts an dieser Tatsache ändern. Dies hängt damit zusammen, daß hier *nicht eine bloße politische Umgestaltung* vor sich geht, sondern eben eine *soziale Umwälzung,* in welcher die ganze wirtschaftliche und gesellschaftliche Grundlage der Existenz eines noch dazu so ungeheuren Gebietes, wie es die Sowjetunion ist, auf völlig neuen Wegen erst hergestellt werden muß. Übrigens hat auch die große bürgerliche Revolution in Frankreich, die ebenfalls an Stelle des feudalzünftlerischen Systems der alten Gesellschaft einen neuen wirtschaftlichen und staatlichen Aufbau errichtete, viel länger gedauert, als es der populären Auffassung erscheint, welche die französische Revolution mit dem Sturm auf die Bastille und der Hinrichtung des Königs gewöhnlich identifiziert. In Wirklichkeit haben die Kämpfe der französischen Revolution von 1789 bis zur Thronbesteigung Napoleons gedauert; ja die Kriegszüge Napoleons, die dazu dienten, die Errungenschaften der französischen Revolution gegen die konterrevolutionären Mächte des übrigen Europa zu verteidigen und zu sichern, gehören noch zu dieser Revolution selbst, so daß auch sie bereits einen Zeitraum von mehr als zwanzig Jahren umfaßt.

Geht man also von diesem historischen Gesichtspunkte aus, wonach die Sowjetunion sich heute noch im Kriegszustande der Revolution befindet, so ist sofort klar, daß alle Maßstäbe, die von einer in geordnetem Friedenszustande lebenden Staatsverwaltung und Staatsregierung gelten, hier nicht anwendbar sind. Dies gilt vor allem von den unaufhörlichen Anklagen, die gegen das diktatorische System der Sowjetregierung vorgebracht werden, und besonders von dem so verbreiteten Vorwurf, daß die russischen Verhältnisse gegen das Prinzip der Demokratie einen furchtbaren oder, wie manche sagen, scheußlichen Verstoß darstellen.

Wenn man von marxistischer Seite die *russische Diktatur* deshalb bekämpft, weil sie ein Widerspruch gegen den marxistischen Begriff der Diktatur ist, dann hat man damit vollständig recht; und in diesem Sinne muß man den Versuch, dem europäischen Proletariat etwas als Diktatur des Proletariates anzupreisen, was es gar nicht ist, entschieden zurückweisen. Denn Marx und Engels haben unter Diktatur des Proletariats stets die Ausübung der politischen Gewalt im Staate durch das *zur Majorität gelangte* Proletariat verstanden. Es ist gar kein Zweifel, daß für Marx und Engels die Diktatur des Proletariats *eine Funktion der Demokratie* war, was freilich die Rechtssozialisten nicht verstehen, weil für sie Diktatur und politische Demokratie unvereinbare Gegensätze sind, und was die Kommunisten verspotten, weil sie Bolschewismus mit Marxismus identifizieren. Wenn man also mit der Bekämpfung der russischen Diktatur nur den Mißbrauch des Begriffes der proletarischen Diktatur bekämpfen will, da ja in Rußland das Proletariat nur eine Minorität ist und selbst diese Minorität nicht herrscht, sondern wieder nur ein Teil dieser Minorität, die Kommunistische Partei, dann ist dies vollständig berechtigt. In Rußland herrscht nicht die Diktatur des Proletariates, sondern der Terrorismus der Kommunistischen Partei, der sich allerdings zum Träger der Ziele einer proletarischen Diktatur gemacht hat und darin seine historische klassenrevolutionäre Rechtfertigung findet.[2]) Die Aufzeigung dieses Unterschiedes zwischen proletarischer Diktatur und proletarischem Minderheitsterrorismus ist wichtig, um die kritiklose Übertragung bolschewistischer Begriffe und Methoden auf die revolutionäre sozialdemokratische Arbeiterbewegung zu verhüten und die Arbeiter vor Verwirrung in diesen Grundfragen zu bewahren. Dagegen darf diese berechtigte Unterscheidung und Abwehr nun nicht dazu führen, auch die sogenannte russische Diktatur in ihrer Bedeutung für die russische Revolution selbst zu verkennen und sie "im Namen der Demokratie" abzuurteilen. Dies ist schon deshalb ganz unzulässig, weil dabei auch eine sehr *falsche Vorstellung von der Demokratie* unterläuft. Immer noch hängen viele an der Meinung, daß die "Demokratie" ein Friedensbegriff, ein Gedanke der Solidarität und der Vermittlung ist. Ihnen gegenüber muß immer wieder darauf hingewiesen werden, daß der Begriff der Demokratie ein doppeldeutiger ist und daß er seine Friedensbedeutung nur erst in einer solidarischen Gesellschaft haben kann. Hochmütig wird sehr oft dieser Hinweis damit zurückgewiesen, daß der Unterschied von politischer und sozialer Demokratie ja schon eine sehr alte und selbstverständliche Sache sei; aber man sieht hier, daß dieser Unterschied in der Anwendung sofort wieder vergessen wird. Denn sonst müßte klarer im Bewußtsein sein, daß die Demokratie in der bisherigen Gesellschaft, weil diese immer eine Klassengesellschaft war, *noch nie* ein Friedensbegriff, sondern *immer eine Kampfidee* war, die auch auf den Barrikaden des Bürgertums geboren und auf den Schafotten der bürgerlichen Revolutionen getauft wurde. Und es müßte weiter klar sein, daß zwar ein revolutionärer Kampf *um* die Eroberung der Demokratie möglich ist, *daß aber in der Revolution selbst keine Demokratie* stattfinden kann, weil dies ja bedeuten würde, daß man dem zu unterdrückenden, ja zu vernichtenden Gegner die Gleichberechtigung einräumen würde, das Werk der Revolution aufzuhalten oder zu zerstören. Wir sehen also, daß es ganz widersinnig ist, diktatorische Methoden einer Revolution im Namen der Demokratie zu bekämpfen oder zu verurteilen.

III. Die Verkennung der Entwicklungsbedeutung des russischen Terrorismus

Daran ändert sich nun im konkreten geschichtlichen Falle auch nichts durch den Umstand, daß es sich in Rußland, wie eben dargelegt, um den Terrorismus einer Minorität handelt. Denn dieser Terrorismus wird jedenfalls in der Richtung der geschichtlichen Entwicklungsinteressen des Proletariates und der überwiegenden Masse der russischen Bevölkerung ausgeübt, welche gerade in ihren bäuerlichen Schichten massenhaft proletarisiert ist, da auch die sogenannten Mittelbauern eigentlich proletarische Existenzen sind. Der russische Terrorismus entspricht gewiß nicht den Vorstellungen von einer weltgeschichtlichen Diktatur des Proletariats, wie sie sich auf der Grundlage der höchstentwickelten kapitalistischen Gesellschaft und mit einem kulturell und politisch reifen Proletariat vollziehen wird. Freilich wird auch die Diktatur des europäischen Proletariates *nicht die Idylle* sein können, die sich noch immer unverbesserli-

---

[2]) Das Wort "Terrorismus" ist hier nicht als moralische, sondern als politische Bezeichnung gemeint. Denn nicht die Gewaltanwendung charakterisiert den Terrorismus – das tut auch die demokratische Majorität, die eventuell Ausnahmezustand und Standrecht verkündet –, sondern daß diese Gewalt von einer organisierten Minorität ausgeht. Die richtige Würdigung des Terrorismus ergibt sich erst, wenn man seine soziologische Bedeutung mit berücksichtigt, d.h. welche Funktionen er für die Entwicklung der Klassengesellschaft hat. Daraus ersieht man sofort, wie geistlos es ist, Bolschewismus und Faschismus gleichzusetzen, weil beide terroristisch sind. Das ist das würdige Gegenstück zu der kommunistischen Demagogie, die faschistische und demokratische Regierung für gar nicht unterschieden erklärt, weil sie beide kapitalistische Regierungen sind. Der faschistische Terrorismus ist das Mittel, den Klassengegensatz zu *erhalten* durch die Zerschmetterung des Proletariates, der Terrorismus des Bolschewismus dagegen das Mittel, den Klassengegensatz für immer zu *beseitigen* durch Zerstörung der alten bürgerlichen Gesellschaft. Man kann bezweifeln, ob er zum Ziele führt, man kann ihn verwerfen aus prinzipieller Gegnerschaft gegen Gewaltanwendung überhaupt, aber man muß seine soziologische *Entwicklungs*bedeutung erfassen und endlich das spießbürgerliche Urteil abweisen: "Terrorismus ist Terrorismus."

che Illusionisten der Demokratie in unserem Lager vorstellen, wenn sie nicht überhaupt vor einer solchen Idee der europäischen proletarischen Diktatur zurückschrecken. Aber wenn der russische Terrorismus also sicher etwas ganz anderes ist als die künftige soziale Revolution des europäischen Proletariates, so deswegen, weil eben Rußland etwas anderes ist als Europa und die russische Revolution ihren einzigartigen Gang und Verlauf um so mehr nehmen mußte, als sie durch das Ausbleiben der europäischen Revolution isoliert und auf ihre eigenen Kräfte angewiesen wurde. Sobald einmal durch die singulären Verhältnisse in Rußland es einer proletarischen Partei möglich geworden war, an die Macht zu kommen und das kapitalistische System zu beseitigen, war es von da angefangen eine innere Zwangsläufigkeit, mit den Mitteln der Gewalt alles zu veranstalten und aufrechtzuerhalten, was dieser proletarischen Führung und Zielsetzung größere Wirkung und sichere Dauer verschaffen konnte. Dazu gehört ebenso die rücksichtslose Beseitigung aller grundsätzlich anders gerichteten politischen Parteien, selbst wenn sie auch ein sozialistisches Ziel haben, aber einen anderen Weg gehen wollen, wie anderseits die wechselnden Methoden der Förderung und Bekämpfung der widerstrebenden Teile der Bauernschaft. Im Kriege ist es nicht möglich, über den Aktionsplan zu diskutieren. Und besonders unter den widerspruchsvollen und unreifen Verhältnissen der Sowjetunion entscheidet die Möglichkeit einer diktatorischen Leitung der proletarischen Revolution direkt ihren ungehinderten Fortgang und schließlichen Erfolg. Denn nur ein solcher diktatorischer Zwang vermag jene Generallinie festzuhalten, auf welcher heute eben trotz aller Schrecknisse und Furchtbarkeiten dieses Weges das große Neue sich vollzieht, dessen Nutznießer nicht zuletzt das europäische Proletariat sein wird.

Dazu kommt, daß eine nicht bloß moralisierende, sondern objektiv die Phasen des Klassenkampfes in der russischen Revolution verfolgende soziologische Betrachtung auf die Würdigung der *entwicklungsgeschichtlichen Bedeutung* der russischen Diktatur eingehen und dann zugestehen muß, daß sie nie notwendiger war als in der jetzigen Epoche der Durchführung des Fünfjahrplanes. [3]) Alle Kenner der russischen revolutionären Entwicklung bis ins bürgerliche Lager hinein heben übereinstimmend hervor, daß die russische Revolution im Winter 1927/1928 in eine Krise gelangt war, die für ihren proletarischen Charakter tödlich werden konnte. Von Anfang an hatte man ja stets darauf hingewiesen, daß das "Bündnis" der Arbeiter und Bauern in Rußland nur ein sehr labiles sei, da die Bauern zunächst an eine sozialistische Umgestaltung noch gar nicht dachten, sondern die Arbeiterherrschaft nur stützten, weil diese ihnen die Beendigung des Krieges, die Beseitigung des Zarismus und die Bodenverteilung gebracht hatte. Mit Recht mußte man fürchten, daß gerade infolge der Agrarrevolution der freigewordene und sich ungeheuer rasch politisierende Bauer schließlich zu einer Macht würde, die ihm schon zahlenmäßig das Übergewicht gegen die Arbeiter verschaffen mußte und schließlich die Anfänge des proletarischen Sozialismus in einem Bauernaufstand vernichten werde, an den sich die kapitalistische Restaurierung schließen mußte. Und die widerspruchsvolle Tragik der inneren russischen Entwicklung brachte es mit sich, daß durch die Einführung der NEP und ihre fast sechsjährige Dauer sowohl die individualistische Entwicklung des Dorfes gesteigert als die Herausbildung einer starken Dorfbourgeoisie, der Kulaken, gefördert wurde, wodurch das

---

[3]) Vgl. hierzu auch Otto Bauer, *Kapitalismus und Sozialismus nach dem Weltkrieg,* 1. Bd., S. 218/19: "Nur eine terroristische Diktatur kann ein Volk von mehr als 150 Millionen zwingen, um einer größeren Zukunft willen so schwere Entbehrungen in der Gegenwart auf sich zu nehmen. Nur die terroristische Diktatur kann die zwangsweise Verschiebung der Arbeitskräfte in die neuen Industriegebiete durchsetzen. Nur eine terroristische Diktatur kann die Kollektivisierung der bäuerlichen Wirtschaften erzwingen, die Kulaken gewaltsam vernichten." Otto Bauer hebt dann mit Recht hervor, in welchem hohen Maße dieser Terrorismus auch die geistige Freiheit bedroht und den politischen Charakter verdirbt, aber er fügt auch hinzu: "Das ist der Weg, den die Sowjetunion geht. Ein brutaler Despotismus, der die heranwachsende Generation des zahlreichsten Volkes der weißen Rasse zu enthusiastischem Glauben an das Ideal sozialistischer Freiheit und Gleichheit erzieht. Und all das mit Gläubigkeit und Begeisterung, getragen von einer von höchster Opferwilligkeit für ein großes Menschheitsideal erfüllten Minderheit, gewaltsam aufgezwungen der großen Mehrheit eines Volkes von mehr als 150 Millionen."

bäuerliche Wirtschaftssystem in einen immer schärferen Gegensatz zu dem proletarischen gelangen mußte. Dies äußerte sich katastrophal im Winter 1927/1928 in der Getreidenot in den Städten, die nicht eine Folge des Getreidemangels, sondern des Lieferungsstreiks der Bauern war, die aus ihren gefüllten Getreidespeichern nichts hergeben wollten, nicht nur weil sie für das erlöste Geld von der noch ganz unzulänglichen Industrie keine Waren erhielten, sondern weil sie damit auch gegen das proletarische Regierungssystem protestierten. Der Klassenkampf zwischen Arbeitern und Bauern, oder richtiger gesagt zwischen dem Proletariat und den Kulaken, ließ sich nicht mehr vermeiden. Der Punkt war erreicht, wo nun entweder in Anpassung an die führenden besitzenden Schichten des Bauerntums eine Liquidierung der bisherigen Sozialisierungs- und Industrialisierungspolitik auf Kosten des Dorfes erfolgen mußte und nur eine Rückkehr zum privatwirtschaftlichen System, eine Kapitulation vor dem auswärtigen Kapitalismus, helfen konnte oder der Weg beschritten werden mußte, mit Hilfe der Dorfarmen und eines Teiles der Mittelbauern den Kampf gegen das Kulakentum als die nun gefährlichste konterrevolutionäre Klassenfront aufzunehmen. Dies konnte nur durch die Vernichtung der Kulaken und die gewaltsame Kollektivierung der Landwirtschaft geschehen. Dieser Akt des Terrorismus ist also wieder nur *eine der inneren ökonomischen Notwendigkeiten der proletarischen Revolution.* Es handelt sich ganz einfach um die Existenzfrage des Sowjetsystems, die gar keine Wahl zuließ. Und diese Existenzfrage ist nicht nur in dem Sinne zu verstehen, daß es sich darum handelte und noch darum handelt, einen immer zielbewußter werdenden ökonomischen und politischen *Klassengegner zu vernichten,* sondern auch noch in dem tieferen Sinne, die *Ernährungsgrundlage* des ganzen Sowjetsystems aus ihrer rückständigen, sogar die Bedürfnisse der Landproletarier, Kleinbauern und Mittelbauern selbst nicht befriedigenden Form in eine für die Zwecke einer sozialen Umgestaltung der Gesellschaft technisch besser funktionierende landwirtschaftliche Produktion umzuwandeln. Nicht ohne Grund bezeichnet man in Rußland diesen Kollektivierungsprozeß der Landwirtschaft als den Klassenkampf an der Getreideaufbringungsfront, und gerade alle diejenigen, die stets weise und sorgenvoll den Kopf geschüttelt haben, ob die russische Revolution nicht zuletzt doch an den russischen Bauern scheitern müßte, sollten am ehesten Verständnis für die Notwendigkeit des grandiosen Versuches haben, dieses Klassenhindernis der sozialen Revolution unter Ausnützung der Klassengegensätze im Bauerntum mit revolutionärer Gewalt dort zu brechen, wo die Umstände dafür immerhin günstiger liegen als sonst irgendwo außerhalb Rußlands.

Denn dies ist noch hinzuzufügen: Die gewöhnliche Meinung, als ob es sich hier um eine diktatorische Vergewaltigung "des Bauerntums" handelt, ist eine ebenso verschwommene Vorstellung wie so viele andere Sentiments über Rußland. Zunächst sind fast ein Drittel dieser "Bauern" durchaus verelendete Landproletarier, für die der Übergang in die Kolchosen ein reiner Gewinn und eine direkte Verbesserung ihres Lebensfußes darstellt. Die überwiegende Masse der Bauern sind allerdings sogenannte Mittelbauern, mehr als sechzig Prozent der Bauernschaft. Aber unter diesen Mittelbauern darf man sich keine europäischen Mittelbauern vorstellen. Denn sie arbeiten fast durchwegs ohne fremde Hilfskräfte, mit schlechtem Inventar und auf einem kleinen Bodenstück. Sie sind von der proletarischen Lebenslage eigentlich nur durch ihre Besitzerideologie getrennt. Diese weicht aber mehr und mehr sowohl infolge der rapiden Verschlechterung ihrer Lage seit der Vernichtung des Kulakentums und seit dem Bestand der kollektivierten Betriebe als auch infolge der Erkenntnis von den Vorteilen der letzteren. Es ist immerhin beachtenswert, daß nach dem sogenannten "Rückzug Stalins" in der Kollektivierungspolitik, d.h. nach der Abschwächung des Zwanges zum Beitritt in die Kolchosen, worauf zunächst ein massenhafter Austritt der Mittelbauern erfolgte, doch noch ein Viertel dieser Betriebe freiwillig in den Kolchosen verblieben. Und die Bildung neuer Kolchosen schreitet seither zwar nicht mehr so stürmisch, aber doch stetig fort. Und wenn man in Rechnung stellt, was abermals gewissenhafte Beobachter der russischen Vorgänge immer wieder betonen, daß auch die *bäuerliche Jugend* bereits in einer völlig neuen revolutionären Ideologie aufwächst, in der insbesondere die Besitzerinteressen schon sehr geschwächt, wenn nicht sogar beseitigt sind, so verliert die kindische Vorstellung, welche den Kollektivierungsprozeß der Landwirtschaft unter dem Gesichtspunkte der Vergewaltigung der Masse der Bauern betrachtet, jeden Anspruch auf ernste Beachtung. Solche Kritiker müßte man fragen, ob ihnen lieber wäre, wenn durch Wahrung der "heiligen" Prinzipien von Demokratie und Freiheit es den Kulaken möglich gemacht worden wäre, mit den unabsehbaren Scharen eines dann in Verelendung zurückgehaltenen und zur Verzweiflung gebrachten Bauernvolkes über die Arbeiter in den Städten herzufallen und mit dem Sturz der proletarischen Sowjetdiktatur einen "Sieg der Demokratie" zu feiern, der in Rußland selbst der Beginn der furchtbarsten Reaktion wäre und außerhalb Rußlands überall zu einem Sieg des Faschismus und zur Zurückwerfung des Proletariates auf unabsehbare Zeit führen müßte – während jetzt mit der Errichtung der gewaltigen Getreidefabriken und mit der Ausdehnung der Kolchosen nicht nur eine technische Modernisierung der Landwirtschaft möglich geworden ist, sondern zugleich auch eine bisher noch nie dagewesene stürmische Kultivierung des Bauernvolkes selbst.

Gewiß sollen und dürfen wir die Augen vor den Brutalitäten und Grausamkeiten des Terrorismus bei der "Entkulakisierung" sowie in der Tscheka und der GPU nicht schließen. Je mehr die Stimme des Protestes und der Empörung gegen solche Schandtaten, wie z.B. die Erschießung der 48 angeblichen Saboteure, sich vernehmlich machen wird, um so mehr wird dies zu einer Art internationalen sozialistischen Kontrolle und Hemmung solcher Scheußlichkeiten führen. Ihre Wirksamkeit wird aber gerade davon abhängen, daß man diese Schrecklichkeiten nicht so sehr dem Werk der russischen Revolution selbst zur Last schreibt als der Entartung ihres Apparates.[4]) Aber alle diese notwendige Verurteilung solcher Gewalttaten und Grausamkeiten darf doch nicht dazu führen, in der typischen Illusion eines demokratischen Pazifisten die russische Revolution wie ein pedantischer Schullehrer zu beurteilen, der dem gewaltigen Ereignis schließlich die Note "ganz ungenügend in äußerer Form" erteilt. Vielleicht wird man auch etwas vorsichtiger in solchen Verurteilungen, wenn man sich ein wenig kritischer der Rolle der Demokratie in der eigenen Parteigeschichte zuwendet. Auch hier soll diese Bemerkung nicht moralisierend gemacht sein, obzwar dazu gerade in der neueren Entwicklung mancherlei Anlaß wäre, sondern im Gegenteil, es soll darauf hingewiesen werden, daß jede starke Partei auch in ihrer eignen Mitte Meinungsfreiheit nur bis zu einem gewissen Grade duldet und dulden kann, weil sonst die politische Schlagfertigkeit der Partei natürlich bedroht und die Erreichung ihrer Ziele erschwert werden würde. Freilich, der Grad, bis zu dem dies möglich ist, entscheidet zuweilen darüber, ob der Charakter einer Partei unverändert geblieben oder nicht vielleicht entartet ist. Aber jedenfalls *zwei* Parteien sind in *einer* Partei nicht möglich, und noch weniger sind sie es möglich in einer Revolution. Es ist daher auch eine ganz widerspruchsvolle Vorstellung, zu fordern, daß die diktatorische Leitung einer Revolution durch "Demokratie" der Parteien abgelöst werden soll. Dies wäre gleichbedeutend mit einer Schwächung der Revolution selbst. Welche Partei eine Revolution führt, entscheidet nicht die Demokratie, sondern die Revolution selbst. So war es in allen Revolutionen; so unterdrückt z.B. jetzt die spanische Revolution die katholische Presse, und nicht anders ist es auch in der russischen.[5]) Einen verständlichen Sinn hat die Forderung nach Demokratie in der russischen Revolution nur für die herrschende Partei selbst, d.h., daß in der führenden Partei und Klasse auch wirklich Demokratie besteht. In diesem Sinne bedeutet die Forderung nach Demokratie die Forderung nach Begrenzung und Kontrolle des Parteiapparates, eine Forderung, die auch tatsächlich einen Gegenstand des Kampfes in der russischen Revolution gebildet hat und vorläufig mit der Niederlage Trotzkis unterlegen ist. Aus diesem Überwuchern des Apparates in der russischen Revolution können freilich große Gefahren für sie erwachsen, aber die Überwindung dieses inneren Mangels der russischen Revolution hat nichts zu tun mit dem Sieg der sogenannten Demokratie im Sinne einer Gleichberechtigung aller Parteien, was heute inmitten des angestrengtesten wirtschaftlichen Aufbauwerkes des Fünfjahrplanes gleichbedeutend wä-

---

[4]) In dieser Richtung ist die scharfe Kritik und glänzende Analyse dieser Entartung in Trotzkis neuester Schrift sehr lesenswert: *Probleme der Entwicklung der USSR,* Berlin 1931.

[5]) Über die inneren Unmöglichkeiten der dauernden demokratischen Gleichberechtigung auch nur zweier Parteien *in der Revolution* informiert sehr gut die Schilderung der anfänglichen Koalition der Bolschewiki mit den linken Sozialrevolutionären bei I. Steinberg, *Als ich Volkskommissar war.*

re mit Auslieferung desselben an den politischen Streit mit Leuten, die dieses Aufbauwerk entweder überhaupt nicht wollen oder aus lauter Doktrinarismus zu zaghaft wären, es fortzuführen. Der russische Terrorismus kann nicht überwunden werden durch die "Demokratie", sondern nur durch den Sieg des Fünfjahrplanes respektive des wirtschaftlichen Aufbaues. Indem die neuen Lebensverhältnisse geschaffen werden, in denen der Terrorismus nicht mehr notwendig sein wird, ist dies das sicherste, aber auch das einzige Mittel, ihn zu beseitigen, ohne daß daraus eine Niederlage der russischen Revolution und des gesamten Weltproletariates wird.

IV. Die Verkennung der Arbeitermentalität

Wir haben im vorhergehenden bereits bemerkt, daß auch das in einem europäischen Staate zur Herrschaft gelangende Proletariat seine Macht nicht "demokratisch", sondern diktatorisch wird ausüben müssen und daß die ganze Demokratie nur darin bestehen wird, daß diese Herrschaft sich eben auf das zur Majorität gewordene Proletariat stützen wird. Damit ist ein weiterer Punkt erreicht, dessen nicht genügende Berücksichtigung ebenfalls viel Unklarheit sowohl in der Würdigung der russischen als in den Vorstellungen über die soziale Revolution überhaupt hervorgerufen hat. Der Sieg des revolutionären proletarischen Klassenkampfes bedeutet nämlich, daß nunmehr eine *Arbeiterherrschaft* als Übergangsphase zur sozialistischen Gesellschaft aufgerichtet wird. Der Sieg des Proletariates bedeutet, daß nunmehr die "unteren" Schichten zur Herrschaft kommen, die armen Leute aus der Arbeiterklasse und aus der bäuerlichen Bevölkerung. Man übersieht besonders bei der Betrachtung der russischen Revolution, daß der Ausdruck einer "Arbeiter- und Bauernrevolution" kein bloßes Schlagwort ist, sondern daß es sich hier wirklich um das Heraufkommen dieser untersten und gedrücktesten Schichten der alten zarischen Gesellschaft handelt. Nirgends gilt das Wort, mit dem Marx einmal das Proletariat als die Negation der Menschheit bezeichnet hat, mehr als von den russischen Arbeitern und Bauern, die vor der Revolution einem unglaublichen Elend und allen Lastern der Roheit und Unwissenheit ausgeliefert waren. Schon von diesem Gesichtspunkt aus wird man begreifen, daß die äußere Toilette des russischen Befreiungswerkes sich keineswegs in so gewählten Formen der Kultiviertheit präsentieren kann, in welchen wir alle gerne gerade den Verlauf der sozialistischen Revolution vor sich gehen sehen möchten. Aber auch abgesehen von diesem außerordentlichen tiefen Kulturniveau eines durch jahrhundertelange Barbarei des Zarismus und Kapitalismus mißhandelten Volkes müssen wir selbst für die höher entwickelten Kulturzustände der Arbeiter und Bauern in europäischen Verhältnissen doch unsere traditionellen Vorstellungen von den Formen, in denen sich der Sieg des Proletariates vollziehen kann und wird, berichtigen. Wir sehen "das Proletariat" zumeist doch nur allzu ideologisch und besonders in seiner geschichtlichen Rolle als Träger der sozialen Revolution, also des größten gesellschaftlichen und moralischen Fortschrittes, allzu idealistisch, allzu romantisch und daher allzu schematisch. Es ist nicht nur die schöne geordnete Masse, die unter roten fliegenden Fahnen und in brausendem Enthusiasmus bei Arbeiterfesten und politischen Demonstrationen durch die Straßen zieht, es ist auch nicht nur die wissensdurstige Masse, die sich zu den Bildungskursen drängt und den großen Lehrern mit liebevollem Respekt entgegentritt! Es ist auch zugleich immer noch die große Elendsmasse, die aus lichtlosen Höhlen, in denen sie hausen muß, oft genug aus den Schlupfwinkeln der Obdachlosigkeit an den Tag hervorsteigt, es ist die haßerfüllte Masse, die ihre Entbehrungen und Unterdrückungen wild herausschreit und an denen, die sie für Schuldige hält, Rache nehmen will, es ist auch immer noch eine große Masse der unwissend und roh Gebliebenen, die nichts von der Kultur der Herrschenden kennt und der es ganz gleichgültig ist, wenn mit der Zertrümmerung der kapitalistischen Herrschaft auch die Kulturgüter eines privilegierten Lebens vernichtet, ja sogar auch die Lebensordnung der wohlwollenden Freunde aus dem gutsituierten Bürgertum und in den Reihen der nur mit Mißtrauen betrachteten Intellektuellen gestört wird. Es bedeutet keine Entwertung oder auch nur Unterschätzung der Bildungs- und Kulturarbeit der sozialdemokratischen Organisation, wenn man doch betonen muß, daß es ihr nicht nur niemals gelingen konnte, die ganze Masse des Proletariates zu erfassen, dessen unbeeinflußt gebliebenen Teile gleichwohl in Zeiten revolutionärer Gestaltung des Klassenkampfes seine Form und sein Tempo oft entscheidend bestimmen, sondern daß auch die organisierten und sozialistisch gebildeten Schichten des Proletariates eben doch ihren besonderen Klassencharakter behalten, mit sowohl anderen Lebensformen als denen der bürgerlichen Kultur, wie insbesondere auch anderer Mentalität und ganz anderem Empfinden und Werten. Gerade der auf der Höhe seiner Klassenbildung stehende revolutionäre Arbeiter empfindet es doppelt drückend, daß er in der bürgerlichen Gesellschaft ein Menschendasein zweiter Klasse führt, und für ihn bedeutet daher die Beseitigung des kulturellen Lebensstiles der bürgerlichen Welt keinen Kulturuntergang; und die in der Revolution erfolgende, oft sogar weitgehende Verletzung der Bewegungsfreiheit für die herrschenden Schichten und alle diejenigen, die mit ihnen sympathisieren, kann ihm nicht als eine Verletzung der Ideen von "Freiheit" und "Menschlichkeit" gelten, da sie ihm im Gegenteil nur als das notwendige Mittel zur Herstellung einer neuen, noch nie dagewesenen *Freiheit und Menschenmöglichkeit aller* erscheinen muß. Die soziale Revolution als die Aufstiegsbewegung der unteren Klassen wird daher immer bei aller Schönheit und erwärmenden Kraft ihrer großen Ziele, die sich auch in der unmittelbaren Hebung des moralischen und kulturellen Niveaus der kämpfenden Proletarierschichten unverkennbar äußert, doch zugleich auch stets mit den Schattenseiten des Kampfes und mit den Mängeln, Fremdhaftigkeiten, ja sogar Lastern behaftet sein, die sich aus dem so lange niedergehaltenen Kulturzustande dieser Schichten ergeben. Sie waren eben in der kapitalistischen Welt wirklich die "niedrigen" Schichten. Und daher bietet sich daher leicht für den bloß ästhetischen oder idealistischen Schwärmer der Revolution ein abstoßendes Bild ihrer "Kulturlosigkeit". Auch die große französische Revolution ist nur in der Entfernung der späteren Jahrzehnte eine "schöne" Revolution gewesen, die Revolution der Menschenrechte. In der Nähe gesehen haben rohe und fast vertierte Bauern auf dem Lande die Schlösser und Kirchensitze verbrannt und in den Städten schmutzige und übelriechende Sansculotten die elegante, geist- und schönheitsgesättigte Kultur des *ancien régime* zerschlagen. So wurde eine neue Welt geschaffen, die bürgerliche, die zwar ihre eigene gewaltige und andersartig schöne Kultur herausbildete, aber doch nie wieder das vielleicht viel feingeistigere Aroma des achtzehnten Jahrhunderts wieder erstehen lassen konnte. In Rußland ist heute die alte und wundervolle Kultur der Zeit eines Gogol, Puschkin und Turgenjew, eines Glinka und Tschaikowsky zerschlagen und sicher für immer dahin. Aber damit ist nur die Kultur eines engen Kreises der Privilegierten vernichtet, und mit den nun an die Oberfläche der Gesellschaft hervorgetretenen Schichten der Arbeiter und Bauern ist gewiß zunächst ein Element herrschend geworden, welches noch in vielfach ungeschlachter, ja fast kulturloser Weise sich betätigt. Aber was ein furchtbarer Rückschritt von der *Warte des Privilegs* aus ist, das ist zugleich ein unermeßlicher Fortschritt von dem Standpunkte dieser breiten Masse selbst, die trotz aller Diktatur, die über sie waltet, doch zur *Selbstbetätigung* gekommen ist und in einer unerhörten Schnelligkeit und Intensität ihre nicht selbst verschuldete Barbarei und Roheit abstreift.

Aber nicht bloß die Warte des Privilegs führt hier zu einem ganz falschen historischen Urteil, sondern auch schon die *Warte der gehobenen proletarischen Lebensstellung,* auf welcher heute – soll man sagen, glücklicherweise? – schon ein nennenswerter Bruchteil des Proletariates steht. Die eingeschobene Frage ist dadurch berechtigt, daß es sich eben doch nur um einen Bruchteil handelt, dessen Lebenslage und Mentalität *durchaus nicht typisch* für die Lebenslage und für das Denken und Fühlen der großen Masse des Proletariates ist. Vielmehr befindet sich diese sogenannte Arbeiteraristokratie oft sogar in einem, wenn auch nicht immer bewußten Gegensatz zu den Anschauungen und Interessen der Masse. Aber zufolge der leitenden Stellungen, die sie in der Arbeiterbewegung innehat, wird sie nicht nur zumeist für das Proletariat genommen, sondern hält sich auch selbst dafür, obgleich das nicht mehr für alle ihre Vertreter zutrifft. Wie anders sieht aber das Proletariat aus in den Fraktionssitzungen des Parlamentes, in den Sitzungen der Instanzen des Partei- und Gewerkschaftsapparates, ja sogar auf Parteitagen und Kongressen, und wie anders in den Massenversammlungen und in den

Betrieben! Wie anders als auf den Höhen dieser arrivierten Schichten lebt es sich in den Niederungen eines Wochenlohnes von 25 bis 40 Reichsmark für die ganze Familie! Es ist eines der größten Probleme der Parteiorganisation und Parteidemokratie, die Ursprünglichkeit des Klassenempfindens und Klasseninteresses, ja der Klassenempörung, wie dies alles in der sozialistischen Masse lebt, zwar zu bilden und aus der rebellischen Instinktform in eine revolutionäre Vernunftform umzuwandeln, *zugleich* aber doch *ungebrochen* bis in ihre höchsten Vertretungsorgane zu erhalten. Und es ist daher kein Wunder, daß schon in den Anfängen der modernen Arbeiterbewegung, nämlich bereits auf dem zweiten Kongreß der Ersten Internationale in Lausanne, das Thema von den Gefahren der Arbeiteraristokratie auf der Tagesordnung stand, von der es in der Folgezeit leider nur zu sehr verschwunden ist. Es liegt aber auf der Hand, daß die Beurteilung der Formen und Notwendigkeiten der sozialen Revolution und daher auch die Wertung der russischen Vorgänge sich ganz anders von dem Standpunkte des Proletariers der Masse vollzieht, für den in seiner Lebensstellung sich noch nichts wesentlich an dem proletarischen Erlebnis der Ausbeutung, Entbehrung und Lebensunsicherheit geändert hat, wie für den Proletarier, für den mit der Erreichung eines gesicherten und auskömmlichen Daseins und einer sozialen Geltung eigentlich für seine Person die Emanzipation des Proletariers schon vollzogen ist. Für die breiten Massen des arbeitenden Volkes in Stadt und Land wird daher auch außerhalb Rußlands schon der bloße Sturz ihrer politischen und ökonomischen Unterdrückung, die Beseitigung ihres Daseins zweiter Klasse eine für jeden einzelnen fühlbare Befreiung und Erhöhung seines Lebens bedeuten, auch wenn damit seine ökonomische Notlage zunächst noch gar keine wirkliche Verbesserung erfährt.

Es gibt heute leider unter uns einen Standpunkt, der erst kürzlich wieder auf dem Leipziger Parteitage vertreten wurde, daß das Wort von Karl Marx, das Proletariat habe nichts zu verlieren als seine Ketten, für die heutige Lage nicht mehr gelte. In einer solchen Ansicht dokumentiert sich das, was ich als die Entwicklung des Sozialismus vom klassenrevolutionären Führertum zum *parteikonservativen Funktionärtum* bezeichnen muß. Es ist sicherlich unbestreitbar, daß das Proletariat heute einen großen Besitz von sozialpolitischen Errungenschaften zu verteidigen hat, aber es ist ebenso sicher, daß gerade diese Errungenschaften durch die krisenhafte Gestaltung der kapitalistischen Wirtschaft im wachsenden Maße immer problematischer werden. Und ebenso ist unbestreitbar, daß die gewaltige Entwicklung der modernen Arbeiterbewegung ihr auch ein großes Besitztum an Gewerkschafts-, Partei- und Genossenschaftsvermögen, an Arbeiterbanken, Arbeiterhäusern, Parteidruckereien usw. verschafft hat, ebenso auch einen starken Einfluß in Kommunalverwaltungen und Wohlfahrtsinstituten. Wenn aber die Rücksichtnahme auf allen diesen Besitz die Klassenpolitik des Proletariates behindern dürfte, klassenrevolutionäre Entscheidungen zu treffen und ihre Mitglieder schon vorher in diesem Sinne zu erziehen, dann wäre ein solches Proletariat viel schlechter daran als das unentwickelte zu Zeiten des *Kommunistischen Manifestes*, denn es hätte *sich selbst neue Ketten* geschmiedet, mit denen es sich nicht bloß an den Bestand der bürgerlichen Gesellschaft, sondern sogar an bürgerliche Denk- und Fühlweise gefesselt hätte.

Für Rußland ist dieses ganze Problem jedenfalls noch ganz gegenstandslos gewesen, da dort die breite Masse der Arbeiter und Bauern wirklich nur ihre Ketten verloren hat. Und wer aus dieser Perspektive heraus die Dinge in Rußland betrachtet, dem wird es nicht mehr paradox erscheinen, daß trotz allem Terrorismus und trotz aller Lebensnot besonders die heranwachsende Jugend ein kraftvolles Lebensgefühl der Befreiung empfindet und daß die revolutionären Proletarier in allen Ländern aus ihrem Arbeiterempfinden heraus die russische Revolution als die größte Befreiungstat der Geschichte werten.

V. Die Enttäuschung der Intellektuellen

Mit der Verkennung des Umstandes, daß sich aus einer Revolution der untersten Schichten der Gesellschaft überhaupt, und besonders in Rußland, notwendig Widersprüche im Kulturbilde der Aufwärtsbewegung der Gesellschaft ergeben müssen, hängt nun auch das zusammen, was so viele als ihre *Enttäuschung* über die russische Revolution bezeichnen und oft in Ausdrücken großer Erschütterung dargelegt haben. Aber hier muß man doch fragen: *Wer* sind diese Enttäuschten? In vielen Fällen sind es sicherlich auch Arbeiter, die nach Sowjetrußland gegangen sind, weil sie glaubten, daß sie dort in ein fertiges sozialistisches Gemeinwesen kommen und bessere Lebensverhältnisse vorfinden werden. Sie mußten natürlich mächtig enttäuscht sein, wie überhaupt jeder, der mit der Sowjetunion und ihrem furchtbaren Entwicklungskampf nur in der äußeren Beziehung steht, daß er ihre Vorteile genießen will, ohne ihre Kämpfe mitgemacht zu haben und weiterhin ihre Anforderungen an die eigene Opferwilligkeit zu erfüllen. Aber abgesehen von diesen Enttäuschten, die eigentlich nicht in Betracht kommen, weil sie ein ganz unsozialistisches Denken und Verhalten repräsentieren, gibt es hauptsächlich zwei Gruppen der Enttäuschten, die sozialistischen Idealisten und die sozialistischen Theoretiker, kurz – die Intellektuellen. Die russischen Arbeiter selbst und ebenso die armen Bauern mögen vielleicht zum Teil leidenschaftliche Gegner des Stalinschen Kurses sein, aber von der russischen Revolution sind sie keineswegs enttäuscht. Gewiß, sie leiden unter den heutigen Zuständen, aber – sie haben auch früher gelitten, und sie wissen jetzt wenigstens, warum und wozu sie leiden, ja sie können sogar darüber kritisieren. Die Diktatur erdrückt nur die Kritik an der Politik der Partei, nicht aber die Kritik an den Zuständen, die im Gegenteil oft so erstaunlich freimütig in den russischen Zeitungen geübt wird, daß ja das beste Material, mit denen die feindlichen Kritiker des Sowjetsystems ihre Polemik bestreiten, gerade aus den russischen Zeitungen und Arbeiterkorrespondenzen stammt. Enttäuscht dagegen sind vor allem viele Künstler, Dichter, Literaten usw., die als enthusiastische Anhänger des Sozialismus ein lichtes Zukunftsbild der sozialistischen Gesellschaft so wie wir alle im Herzen tragen und nun zurückschaudern vor dem so ganz anderen Bilde eines durch Not, Roheit und Gewalt aller Art entstellten Staates, das vorläufig noch gar keine Ähnlichkeit mit der sozialistischen Zukunft hat, deren Gegenwart sie in Sowjetrußland bereits anzutreffen glaubten. So ist es verständlich, daß sie aus dieser Stimmung der Enttäuschung heraus in den Ereignissen in Rußland mehr einen Verrat am Sozialismus sehen als den Beginn der Verwirklichung desselben. Demgegenüber kann man nur sagen, was überhaupt als Mahnung für alle jene gilt, die ein warmes Herz für das Ideal haben, aber es gleichsam im luftleeren Raum hegen, daß es zweierlei ist: für ein Ideal zu schwärmen und es zu verwirklichen. Der ideale Bau der sozialistischen Gesellschaft wird *überall* zu seiner Verwirklichung gewaltige Anstrengungen und Opfer von dem Proletariate verlangen. Und wenn es etwas gibt, was wir heute bereits aus den Verhältnissen in Rußland und aus der Weltkrise der Gegenwart lernen können, so ist es *die Erkenntnis, daß der Sozialismus sich nirgendwo so verwirklichen wird, daß das Proletariat einfach den vollen ungeminderten Kulturbesitz der kapitalistischen Welt in friedlicher Ruhe und gleichsam in Feiertagskleidern wird übernehmen können.* Auch in der sogenannten demokratischen Entwicklung zum Sozialismus wird dem Proletariate der Kampf und die Opfer dieses Kampfes nirgends erspart bleiben; und schon *vorher* werden die *Krisen* des Kapitalismus dem Proletariat nicht weniger Leid auferlegen als der Revolutionssturm in Rußland. Oder gibt es nicht schon heute genug Hunger, Verzweiflung und Selbstmorde im Proletariat?

Das russische Bauvolk fühlt sicherlich den Schmutz und die Not und die Unfreiheit nicht minder als die Kritiker – aber es *baut* und weiß, daß dies eine Arbeit auf Leben und Tod ist, d.h. eine Arbeit, bei der ein neues Leben ermöglicht wird, wenn auch nicht schon für sich selbst, doch sicher für die spätere Generation. Wenn wir jetzt erlebt haben, daß eine bürgerliche Regierung in einer Notverordnung dem arbeitenden, ohnedies bereits schwer leidenden Volke neue Lasten auferlegen konnte und dies damit zu rechtfertigen sucht, daß die jetzt lebenden Generationen im Interesse der Zukunft und des Volksganzen solche Opfer auf sich nehmen müssen, wo dieses Volksganze doch eine offizielle Lüge ist, da es sich in Wirklichkeit um die Opfer für die kapitalistische Wirtschaft und den Klassenstaat der Herrschenden handelt, so kann man gerade vom sozialistischen Standpunkte aus sich nicht darüber verwundern, daß selbst Opfer bis an die äußerste Grenze der Erträglichkeit getragen werden, wenn dies für das *eigene* Ganze und die *eigene* Zukunft geschieht.

Ein Stück der Enttäuschung dieser Intellektuellen, besonders jener, die durch innere Berufung und Befähigung sich in der Führerrolle des Proletariates zu sehen gewohnt sind, liegt auch darin, daß in der sozialen Revolution das Proletariat eben selbst auch die Führung an sich reißt oder sich doch so umwandelt, daß es nicht mehr als bloßes Objekt der Führung, sondern als ein die Führung mitbestimmender selbstbewußter Faktor auftritt. Daraus entspringen ja die gewaltigen Vorzüge einer moralischen und geistigen Erhöhung sowie einer politischen Aktivierung des Proletariates; damit sind aber zugleich, und besonders bei noch in der Mehrheit unreifen Massen, alle Mängel der Massenaktion gegeben, Irrungen, Leidenschaften und direktes Unverständnis. Diese Momente prägen dann der revolutionären Entwicklung einen Charakter der Irrationalität auf, der schmerzlich mit dem theoretischen Bilde der Entwicklung zum Sozialismus kontrastiert. Gleichwohl ist dies in der Wirklichkeit der proletarischen Revolution unvermeidlich, und schon jetzt bietet außerhalb der russischen Revolution der Gegensatz der überall erwachenden proletarischen Massenbedürfnisse, Massenmentalität und -aktivität zur Linie eines intellektuellen und berufsmäßigen Führertums ein immer schärfer hervortretendes Problem, das nur im Sinne einer gleichzeitig von oben nach unten dringenden revolutionären Massenbildung und einer von unten nach oben wirksamen Massenkontrolle gelöst werden kann.

Enttäuscht sind aber auch gewisse sozialistische Theoretiker, die aus der marxistischen Grunderkenntnis, daß die ökonomische Entwicklung die Grundlage für die gesamte gesellschaftliche Entwicklung darstellt, folgern, daß die Aufrichtung der sozialistischen Gesellschaft nur auf dem Boden der höchstentwickelten kapitalistischen Produktionsweise und nur durch das fortgeschrittenste Proletariat erfolgen könnte. Sie sehen daher in dem Bestreben, den Sozialismus in einem so ökonomisch rückständigen Lande, wie es die Sowjetunion ist, zu verwirklichen, einen Rückfall in den vormarxistischen Sozialismus und einen zum absoluten Scheitern bestimmten Mißbrauch der marxistischen Theorie und des proletarischen Klassenkampfes. Allein gerade hier ist ein Punkt gegeben, *an dem wir Marxisten alle umzulernen haben*. Denn die eben dargelegte theoretische Anschauung ist so ziemlich die allgemeine Anschauung des Marxismus gewesen. Sie ging aber dabei von einer im Grunde eigentlich konstruktiven Annahme aus, die in der Wirklichkeit der Geschichte durchaus nicht gerechtfertigt war, nämlich von der Gleichmäßigkeit der kapitalistischen Entwicklung in den verschiedenen Ländern und damit auch von einer Gleichartigkeit und Gleichzeitigkeit der proletarischen Entwicklung in allen diesen Ländern. Sie unterstellte insbesondere auch eine internationale Einheit und Aktionsbereitschaft des Weltproletariats, die es trotz aller internationalen Kongresse nie gegeben hat und besonders nicht seit dem Ausbruch des Krieges. Wir brauchen uns hier nicht auf den großen Streit innerhalb der russischen Revolution einzulassen, ob der Sozialismus in *einem* Lande möglich ist oder nicht. Denn das Entscheidende für unseren Gegenstand ist, daß durch den tatsächlichen Verlauf der Geschichte bewiesen wurde, daß der *Weg* zum Sozialismus auch in *einem* Lande allein möglich ist, nur daß diese Entwicklung dann einen ganz *abnormalen* Verlauf zeigen wird. Und dieser Fall ist dann möglich und notwendig, wenn ein großes Land, das in seinen Grenzen die wichtigsten Produktionsmittel und Produktionskräfte für die Befriedigung elementarer Bedürfnisse des Lebens enthält und das groß genug ist, sich gegen äußere Gefahren wirksam zu verteidigen, in eine solche Isolierung geraten ist, daß es wie ein geschlossenes, aber autarkes Wirtschaftsgebiet dasteht. Schon lange vor der Periode des Fünfjahrplanes habe ich einmal in einer Diskussion über Sowjetrußland eine Eventualität dargelegt, die mir damals selbst noch phantastisch schien, daß ein großes Wirtschaftsgebiet auch inmitten der kapitalistischen Welt sich sozialistisch umgestalten könnte, wenn es auf alle Bequemlichkeiten und Lebensgewohnheiten verzichtet, die aus der Verflochtenheit mit der kapitalistischen Wirtschaftsordnung der Umgebung hervorgeht, und wenn diese Senkung des Lebensstandards auf alle seine Mitglieder gleichmäßig ausgedehnt ist. In Rußland hat sich diese Eventualität durch seine Boykottierung und sodann durch seine bewußte Abschließung mittels des Außenhandelsmonopols tatsächlich verwirklicht, mit der Modifikation, daß diese Isolierung hier allerdings für die ungezählte Mehrheit des russischen Volkes keine Senkung, sondern eher eine Erhöhung seines Lebensstandards bedeutet, wovon noch die Rede sein wird. Der Weg zum Sozialismus in Rußland wäre sicher ein anderer und der gewohnten Vorstellung viel mehr entsprechend, wenn der Sowjetunion die Weltrevolution zu Hilfe gekommen wäre. Da es nicht geschah, zeigt er die Ungewöhnlichkeiten und Unvollkommenheiten, die eben mit der Abnormität dieses Weges zusammenhängen. Dies verstößt keineswegs gegen die Grunderkenntnis des Marxismus, da auch gerade die Abnormität des russischen Weges die Folge der besonderen dortigen ökonomischen Verhältnisse ist. Und es ist nicht überflüssig, darauf hinzuweisen, daß auch Marx und Engels die Möglichkeit einer sozialistischen Entwicklung in Rußland nicht ausgeschlossen haben, die ganz andersartig verläuft als in den Ländern der hohen kapitalistischen Entwicklung, indem sie der Ansicht waren, daß die russische sozialistische Umgestaltung vielleicht unmittelbar an das Gemeineigentum in der russischen Bauerngemeinde anknüpfen könnte. Allerdings setzen sie dabei voraus, daß der Anstoß hierzu durch die soziale Revolution der entwickelteren kapitalistischen Länder erfolgen werde.[6]) Jedenfalls müssen wir die Vorstellung von der einzig möglichen Entwicklung des Sozialismus in einer gradlinigen Fortsetzung der kapitalistischen Höherentwicklung heute korrigieren, und dies um so mehr, als immer deutlicher wird, daß gerade die Revolutionierung der Agrarverhältnisse durch die Zuspitzung der Klassengegensätze auch auf dem Lande überall zu einer neuen Klassensituation in der bürgerlichen Gesellschaft führen wird, welche für die Entscheidung und den Verlauf der sozialen Revolution außerhalb Rußlands entscheidende Bedeutung haben wird.

VI. Das Elend in Rußland

Vielfach wird auch gesagt: Der Sozialismus ist doch *die Idee eines vollkommeneren Daseins der Menschen,* als dies in der kapitalistischen Gesellschaft möglich ist. Der Sozialismus ist, wie mit Recht betont wird, ein Lebensideal, bei dem das Glück und die Freiheit jedes einzelnen der eigentliche Zweck ist. Schon im *Kommunistischen Manifest* heißt es, daß wir eine Gesellschaftsordnung anstreben, in der die Freiheit eines jeden einzelnen die Voraussetzung der Freiheit aller ist. Für eine Vollkommenheit der Gesellschaft, bei der es nicht auch jedem einzelnen Mitgliede derselben besser ginge, haben wir marxistischen Sozialisten kein Interesse. Wir bekämpfen im Gegenteil jeden antikisierenden oder auch modernen "universalistischen" Kultus des "Ganzen", welches mit Klassengegensätzen vereinbar ist, als ein Trugmittel. Aber so richtig dies ist, so muß man sich anderseits doch vor einem sehr irreführenden Mißverständnis hüten, das abermals zu einer großen Fehlerquelle für die Beurteilung der russischen Revolution geführt hat.

Der Weg zum Sozialismus ist gewiß ein Weg zum größeren Glück aller, aber keineswegs muß er schon diese Lebensverbesserung selbst bedeuten. Der Weg *führt* zum vollkommeneren Dasein aller, aber auf diesem Wege kann, ja muß oft sogar eine empfindliche Einbuße an Lebensglück und Lebenssicherheit erfolgen. Gewiß bedeutet die sozialistische Bewegung des Proletariates durch ihre ökonomische, politische und kulturelle Organisationsarbeit ein ununterbrochenes Wachstum des Proletariates in physischer, geistiger und moralischer Hinsicht, ja geradezu den Kulturaufstieg der Massen. Aber dieser ist bisher schon keineswegs gleichbedeutend gewesen mit einem ruhigen, ohne Opfer an Behaglichkeit, Freiheit und selbst Leben sich vollziehenden Fortschritt. Vielmehr gehören Opfer, Märtyrertum und oft auch lang andauernde Rückschläge gerade zu dem Wesen des proletarischen Klassenaufstieges. Und was man die Verbürgerlichung des Klassenkampfes nennt, was man mit Recht als den geistigen und politischen Tod des proletarischen Sozialismus bekämpfen muß, das ist eben jene Bestrebung, die Sicherung einer auskömmlichen Lebensexistenz in der kapitalistischen Gesellschaft als eine Zielsetzung auch des proletarischen Klassenkampfes zu betrachten, während dies doch nur die Zielsetzung einer bürgerlichen Lebensauffassung ist. Es ist heute unnötig, die Wichtigkeit der Gegenwartsforderungen des Proletariates, also die Verbesserung seiner Lebens- und Arbeitsbedingungen, noch zu betonen. Aber viel wichtiger ist, in einer revolutionären Epoche, wie es

[6]) Siehe Friedrich Engels, *Internationales aus dem Volksstaat,* S. 68 ff.

die heutige ist, darauf hinzuweisen, daß der Weg zum Sozialismus eben nicht bloß durch die Erfüllung der Gegenwartsforderungen führt, sondern daß es geschichtliche Situationen geben kann, in denen diese völlig zurücktreten müssen vor den Zukunftsforderungen des Proletariates. Die Gesinnung, die den Sozialismus so auffaßt, daß er sich für seine Anhänger unmittelbar bezahlt machen muß, hat wirklich aus ihm nur eine andere Form der Lohnbewegung gemacht. Dabei ist es gar nicht einmal nötig, auf allen Lohn zu verzichten. Gerade das russische Beispiel zeigt, daß es trotz aller Kümmernisse und Entbehrungen doch auch noch eine andere Form des unmittelbaren Gewinnes auf dem Weg zum Sozialismus geben kann: Den Gewinn an proletarischem Kraftbewußtsein und die Freude, die Anfänge einer neuen Welt selbst mitzuschaffen.

Übrigens muß man bei der immer wiederkehrenden Ausmalung und abschreckenden *Schilderung des russischen Elends* doch endlich einmal auch anfangen, etwas kritischere Vorstellungen damit zu verbinden. Dieses Elend erscheint nämlich vor allem deshalb so abstoßend, weil man es nach ganz unzulässigen Maßstäben beurteilt. Daß man nicht den Maßstab der behaglichen Häuslichkeit eines noch gut situierten europäischen Mittelständlers oder auch nur eines in gehobener Lebensstellung befindlichen Proletariers zum Vergleich heranziehen darf, haben wir bereits dargelegt. Aber man darf auch nicht den Lebensfuß eines durchschnittlichen mittel- oder westeuropäischen Proletariers heranziehen, da dieser Lebensfuß immer schon geschichtlich und kulturell ein verschiedener war. Ja nicht einmal mit der Lage in Rußland vor dem Kriege ist ein Vergleich ohne weiteres zulässig, weil der Tiefstand der industriellen und landwirtschaftlichen Produktion in Rußland erst nach dem Kriege im Jahre 1921 erfolgt war. Man muß also von diesem tiefsten Endpunkt ausgehen, und dann ist seither *ein konstanter Aufstieg* erfolgt. Das heutige Elend ist schon viel weniger groß, als es vor zehn Jahren war. Vor allem aber besteht der große Unterschied, daß in der russischen ökonomischen Entwicklung das Elend nur eine freilich noch auf lange Zeit hinaus notwendige Begleiterscheinung eines Wirtschaftsaufbaues ist, *dessen Zweck es ist, das Elend abzubauen und zu verringern,* während das Massenelend außerhalb Rußlands durch die innere Gesetzlichkeit des Kapitalismus die notwendige Tendenz hat, zu *steigen* und innerhalb des Kapitalismus *unüberwindbar* zu sein. So muß man also die Entbehrungen der russischen Zustände als *die Kosten des Aufbaues* der neuen Gesellschaft betrachten. Man kann oft den Entsetzensruf hören, daß die Menschen in Sowjetrußland keine Seife haben. Aber ganz abgesehen von der Frage, wie viele russische Menschen auch schon vorher den Mangel an Seife schwer entbehrten, ist noch mehr die Frage zulässig, wie viele Menschen außerhalb Rußlands die Toilettenseife im täglichen Gebrauche entbehren müssen, weil sie kaum das Geld für das tägliche Brot haben. Und viele wundern sich, daß das russische Volk diese Entbehrungen aushält, und werfen die kritische Frage auf, wie lange es alle diese Not noch ertragen werde? Aber es ist sonderbar, daß dieselben Menschenfreunde sich so wenig fragen, wie lange denn noch die notleidenden Proletarierschichten und verarmenden Mittelständler und Intellektuellen in den kapitalistischen Ländern die steigende Not und die wachsende kapitalistische Ausbeutung dazu ertragen werden? Wenn sich alle diese Schichten einem Zwange der kapitalistischen Gesellschaft fügen, der ihnen doch gar nichts bietet, nicht einmal die Aussicht auf eine lichtere Zukunft, ist es da so verwunderlich, wenn Menschen selbst durch eine "Hölle" gehen, sobald sie wissen, daß der Weg durch sie ins Freie führt?

VII. Der angebliche Widerspruch gegen die Ökonomie

Ein besonders arger Fehler, der doppelt irreführend ist, weil er sich besonders gerne in das Gewand marxistischer Kritik kleidet, ist die Verurteilung der russischen Bestrebungen, und insbesondere des Fünfjahrplanes vom Standpunkte einer angeblich ökonomischen Kritik. Gewöhnlich setzt man sich dabei auf das hohe Roß und sucht alle Kritik, die von der eigenen abweicht, mit der Autorität des "Fachmannes" niederzuschmettern. Ein solcher Kritiker hat unlängst in einer Parteizeitung das schöne Wort geprägt: "Wo von Ökonomie die Rede ist, hat die Lyrik zu schweigen'', wobei unter den Lyrikern alle die verstanden werden, welche trotz aller Unvollkommenheiten und Schrecknisse den Glauben an die russische Revolution nicht verloren haben. Wollen wir aber das Wort von der Ökonomie wirklich ernst nehmen, dann muß doch vor allem gefragt werden: ''Von *welcher* Ökonomie ist hier die Rede?'' Und sofort verwandelt sich der Hochmut dieses anscheinend wissenschaftlichen Standpunktes in eine klägliche Kritiklosigkeit. Seit Marx wissen wir, daß ökonomische Kategorien stets *historische* Kategorien sind. Dies gehört zu jenen Erkenntnissen, die immer wieder als elementare Wahrheiten, sogenannte Binsenwahrheiten, hingestellt werden, mit deren Hervorhebung man einen doch nicht belästigen soll; aber es zeigt sich, daß sie in der kritischen Anwendung nur zu häufig ganz vergessen werden. So bedeutet auch hier die Berufung auf Ökonomie gar nichts, wenn nicht gesagt wird, *welche* historische Ökonomie gemeint ist. Auf unseren Fall angewendet heißt dies: Es gibt eine Ökonomie des Kapitalismus, eine solche des Sozialismus und eine solche des Überganges vom Kapitalismus zum Sozialismus. Die Ökonomie des Kapitalismus wird getragen von dem Prinzip der Rentabilität; demzufolge ist hier ''ökonomisch'' und ''produktiv'' nur, was sich rentiert, was einen Profit abwirft respektive den Profit steigert. Die sozialistische Ökonomie hat dagegen als tragendes Prinzip die möglichst vollständige Bedürfnisbefriedigung, die sich mit dem möglichst geringen Arbeitsleid beschaffen läßt. Sie wird daher z.B. gewisse Arbeitsmethoden erhalten und vielleicht sogar vorziehen, die vom kapitalistischen Standpunkt weniger ökonomisch oder unökonomisch sind, wenn sie aber weniger gesundheitsschädlich sind oder andere Funktionsbedürfnisse, wie z.B. Kunstempfinden oder auch gar nur sentimentale Bedürfnisse, befriedigen, deren Erfüllung aber für wertvoll genug gehalten wird. Und wieder eine andere Ökonomie hat eine Gesellschaft, die sich im bewußten Übergang von dem kapitalistischen zum sozialistischen System befindet und diesen Übergang für sich allein und noch dazu mit ungenügenden Mitteln sowie von fortwährendem inneren Widerstand bedroht durchführen muß.

Es liegt auf der Hand, daß es ganz sinnlos ist, die Prinzipien der kapitalistischen oder der sozialistischen Ökonomie auf diese Übergangsepoche in ihrer historischen Eigen- und Einzigartigkeit anwenden zu wollen. Danach ist z.B. also der Streit über das Prinzip von der Proportionalität zwischen Produktionsmittel- und Konsumtionsmittelindustrie zu beurteilen. Ein Mißverhältnis in diesen Industrien führt in der kapitalistischen Ökonomie zu Krisen, die stets auf Kosten des Proletariates und immer häufiger auch der Mittelschichten ablaufen und überwunden werden. In einer sozialistischen Ökonomie würde diese Disproportionalität auf einen Fehler in der Produktions- und Konsumtionsstatistik zurückzuführen sein, der durch sorgfältigere Methoden ausgeschaltet werden müßte, wobei zugleich das entstandene Mißverhältnis inzwischen gleichmäßig zu Lasten aller verteilt würde. In einem Übergangssystem wie dem Sowjetsystem kann aber dieses Mißverhältnis *sogar direkt gewollt sein,* weil es für den Zweck des Aufbaues einer gesellschaftlich höheren ökonomischen Struktur vor allem notwendig ist, den Apparat ihrer Produktionsmittelindustrien zu verstärken und auf diese Weise die Industrialisierung der Wirtschaft zu forcieren. Das Mißverhältnis zwischen Produktions- und Konsumtionsmittelindustrie bewirkt natürlich auch hier eine Krise und kommt innerhalb dieser Ökonomie zum Ausdruck in dem Mangel an Gebrauchsgütern des täglichen Lebens, ja sogar in der Lebensnot, bis zu welcher sich dieser Mangel steigern kann. Aber dieses Elend hat erstens einen ganz anderen strukturellen Charakter als das Elend in den kapitalistischen Krisen und im kapitalistischen Dauerzustand: Es wird *allen* auferlegt, ist eine allgemeine Not und wird, so sehr es auch vielen Widerstrebenden oder Indifferenten aufgezwungen werden muß, doch gerade von den mit Bewußtsein das Sowjetsystem tragenden Schichten als eine *gesellschaftliche Pflicht* empfunden. Hunger tut immer weh. Aber ein Hunger, der nur die notwendige Begleitung eines neuen gesellschaftlichen Planwillens und Machtbewußtseins ist, das sich selbst den Weg zur Überwindung des Hungers bahnt, wird anders ertragen als der Hunger, in dem das Proletariat der kapitalistischen Länder ein immer mehr mißhandeltes Opfer für Interessen wird, die gar nicht seine eigenen Interessen sind. Wenn das schon Lyrik ist, dann ist es wenigstens die Lyrik, die zur Weltrevolution führt.

Dazu kommt noch, daß in dieser revolutionären Ökonomie doch auch *die Garantien des Bes-*

serwerdens in jedenfalls viel höherem Maße gelegen sind als in der Ökonomie des Kapitalismus. Man tröstet ja jetzt so oft die durch die steigende Arbeitslosigkeit, Lohnsenkung, Kurzarbeit und gleichzeitige Teuerung immer verzweifelteren Arbeitermassen damit, "daß es schon besser werden wird". Aber was ist eigentlich dieses "besser"? Auch nach der Meinung derjenigen, die keineswegs noch von einer letzten Krise des Kapitalismus sprechen wollen, kann es sich doch nur darum handeln, daß die Krisen des Kapitalismus länger und schwerer und die Pausen dazwischen kürzer werden. Das "Besserwerden" also im Kapitalismus, worauf man die Arbeiter vertröstet, ist bloß das Erwarten der kurzen Pause vor der nächsten Krise. Ist das wirklich ein Trost und eine Aussicht? Kann man sich wundern, wenn es revolutionäre Sozialdemokraten gibt, die eine solche Hoffnung auf Besserung keineswegs als Optimismus betrachten, sondern eher als Pessimismus ansehen werden? Denn es ist nicht im Grunde ein gerade für den revolutionären Proletarier unerträglicher Pessimismus, darauf noch "hoffen" zu sollen, daß diese Krise nicht endlich zur Überwindung des Kapitalismus zwingen wird, sondern daß nach einer kurzen "Besserung" eine abermalige Elendswelle kommen wird und daß auch seine Kinder immer noch dieses grausame Spiel von kurzem Aufatmen und Hinabgestoßenwerden in bitterste Verzweiflung von neuem werden durchmachen müssen?!
Demgegenüber bedeutet aber der Hinweis auf die Besserung der Verhältnisse in dem Sowjetsystem keine solche widerspruchsvolle Vertröstung, sondern den Ausblick auf eine innere ökonomische Tendenz zur Steigerung der Produktivität der Arbeit, deren immer deutlicheres Hervortreten gesichert ist, wenn das Werk der russischen Revolution nicht durch äußere oder innere Konterrevolution durchbrochen wird. Denn schon bis jetzt ergibt sich ein nicht zu bestreitender und auch von objektiven Gegnern nicht bestrittener, fast stetiger Aufstieg der russischen Volkswirtschaft, wenn man den furchtbaren Tiefstand des Jahres 1920/1921 zum Ausgangspunkt nimmt, in welchem die industrielle Produktion bis auf zwanzig Prozent, die landwirtschaftliche bis auf fünfzig Prozent des Friedensstandes gesunken war. Bereits im Jahre 1927 war mit Ausnahme der landwirtschaftlichen Produktion und der Eisenproduktion der Vorkriegsstand wieder erreicht, und seither bewegt sich der wirtschaftliche Aufbau sowohl auf dem industriellen wie auf dem landwirtschaftlichen Gebiete in dem bekannten und staunenerregenden stürmischen Tempo des Fünfjahrplanes, das in den vorausgehenden Kapiteln dieses Buches geschildert wurde. So urteilt daher auch ein strenger Kritiker und Gegener des Sowjetsystems, A. Jugow, folgendermaßen:

> "Wenn man den Fünfjahrplan nicht als System einer planmäßigen Gestaltung des Wirtschaftsganzen und der Hebung des Volkswohlstandes nimmt, sondern ihn lediglich betrachtet als das Bestreben der Staatsmacht, durch die Anspannung aller Kräfte der Bevölkerung und durch Ausschöpfung aller Reserven eine größtmögliche Entfaltung der Produktion in der kürzest denkbaren Frist zu erzwingen, so sind die quantitativen *Erfolge zweifellos ungewöhnlich groß* . . . Die Zunahme der Produktion erreicht jährlich 24 bis 25 Prozent, ein Tempo, das nicht einmal Amerika jemals gekannt hat. Die Entwicklung der Landwirtschaft vollzieht sich langsamer, aber die Zunahme der Anbaufläche und der Ernteerträge sowohl für Getreide als auch für Nutzpflanzen ist beträchtlich."[7])

Und wenn es auch sicherlich viele Schwierigkeiten und Rückschläge in diesem Werk des Fünfjahrplanes gibt, so ist es doch eine ganz unzulängliche Kritik, jedes Zurückbleiben der Produktion hinter den aufgestellten Kontrollziffern schon als ein "Versagen" oder gar als einen "Zusammenbruch" des Fünfjahrplans zu bezeichnen. Man kann aus der russischen Presse selbst eine ganze Fülle von Beispielen zusammenstellen, in denen entweder über schlechte Qualität der Produkte Klage geführt oder wo berichtet wird, daß die Produktion zurückgeht, wie z.B. in den Kohlengruben im Winter 1930, oder wo Betriebe stillstehen müssen, weil ihnen Rohmaterial fehlt oder weil Maschinen defekt geworden sind oder die Arbeiter davonlaufen und dergleichen mehr. Aber dies alles bedeutet nur, daß das Tempo des Aufbauwerkes eben vielfach verlangsamt oder gestört werden kann und bei den Schwierigkeiten, unter denen es sich vollzieht, gestört werden muß, nicht aber daß das Aufbauwerk selbst dadurch verhindert wird. Hier urteilt abermals Jugow viel objektiver als viele gehässige Artikel in der Parteipres-

[7]) A. Jugow, *Wird der Fünfjahrplan durchgeführt?,* in: *Sächsisches Volksblatt,* 16. Mai 1931.

se, die aus jeder solchen lokalen oder zeitweiligen Schlappe einen Bankerott der russischen Wirtschaft machen, indem er schreibt:

> "Freilich entstehen auch bei der Durchführung des Produktionsprogramms des Fünfjahrplan neue Widersprüche, neue "schmale Stellen" in Hülle und Fülle. Doch im ganzen ist zu sagen, daß die Durchführung des Planes in Industrie und Landwirtschaft *ziemlich dicht an die Zielsetzungen des Planes heranreicht.*"

VIII. Das sogenannte Mißlingen des Fünfjahrplans

Wenn A. Jugow und mit ihm viele andere sozialdemokratische Kritiker der Meinung sind, daß der Fünfjahrplan trotzdem nicht verwirklicht werden kann, so bezieht sich dieses Urteil darauf, daß sie die Unmöglichkeit hervorheben, durch den Fünfjahrplan gleichzeitig eine allgemeine Hebung des Volkswohlstandes zu bewirken. An dieser Anschauung ist zweifellos richtig, daß die Durchführung der sozialistischen Aufbauarbeit in Rußland heute ohne diesen Tribut einer Massennot nicht möglich ist. Ja es ist höchstwahrscheinlich, daß im Falle der Erreichung des Zieles des Fünfjahrplanes damit die Zeit der Not noch gar nicht beendet sein wird. Doch scheint mir dieser Gesichtspunkt der das Aufbauwerk begleitenden Herabsenkung der persönlichen Lebenshaltung nicht der entscheidende Punkt für die Betrachtung vom *sozialistischen Entwicklungs*standpunkt zu sein, besonders wenn man zugleich die verbreiteten Vorstellungen über die Massennot in Rußland entscheidend berichtigen muß. Denn es steht fest, *daß die Sterblichkeit in Rußland abgenommen hat.* Der jährliche Bevölkerungszuwachs von nahezu dreieinhalb Millionen ergibt sich nicht aus einer gesteigerten Geburtenziffer, sondern aus einer verminderten Sterblichkeit. "In den drei Jahren von 1911 bis 1913 betrug die Geburtenziffer 46,8 auf 1000, in den drei Jahren 1926 bis 1928 nur 40,0. Die entsprechenden Sterblichkeitsziffern lauten 30,5 bzw. 17,4!"[8]) Wenn also die Sterblichkeit in so hohem Maße zurückgehen konnte, so beweist dies, daß heute selbst unter diesen schwierigen Verhältnissen mehr Kinder aufgezogen und mehr Menschen länger leben können, als dies früher der Fall war, was keineswegs mit dem traditionellen Bild von der russischen "Verelendung" zusammenstimmt. Hierbei ist ganz unberücksichtigt geblieben, was aber nicht außer acht gelassen werden darf, daß die unleugbare materielle Not doch eine wesentlich weniger niederdrückende Wirkung dadurch gehabt hat, daß das Dasein unter dem Sowjetsystem *gesellschaftlich von Grund aus anders orientiert ist* als im Kapitalismus, seinen Schwerpunkt in den Formen des *öffentlichen* Lebens und nicht der Häuslichkeit findet und daher durch die gerade von bürgerlichen Beurteilern hervorgehobene große Entwicklung des Klublebens in der Kommunistischen Partei und der Zugänglichmachung von wissenschaftlicher und künstlerischer Bildung, Aufklärung und Unterhaltung für die Massen eine sehr wirksame Korrektur erfährt.

Damit ist aber natürlich nicht gesagt, daß die Herabdrückung des materiellen Lebensniveaus und die Beanspruchung der äußersten physischen und psychischen Opferbereitschaft der Massen nicht auch eine Grenze haben kann, die um so näher rückt, je länger und intensiver eine solche Lebensnot dauert. Hier liegt die eigentliche Gefahr für die Entwicklung der russischen Revolution sowie der verhängnisvolle schädliche Einfluß einer die Parteidemokratie ausschaltenden Diktatur. Man kann hier nur restlos dem beipflichten, was Trotzki in seiner schon erwähnten Broschüre sagt:

> "Ein Dampfkessel vermag auch bei grober Behandlung lange Zeit nützliche Arbeit zu leisten ... Der von der Oktober-Revolution geschmiedete Sowjetkessel ist imstande, auch unter schlechten Mechanikern gigantische Arbeit zu leisten. Aber allein schon der Defekt des Manometers (gemeint ist der Mangel der demokratischen Kontrolle der Partei) kennzeichnet die ständige Gefahr einer Explosion der ganzen Maschine."[9])

Die Überwindung dieser Gefahr ist gleichbedeutend mit dem Sieg der Partei über den Apparat, mit der Beseitigung der Einschüchterung, Bespitzelung und direkten Brutalisierung seitens

---

[8]) Michael Faruman, *Platiletka,* S. 29.

[9]) Trotzki, a. a. O., S. 11.

einer verselbständigten Bürokratie und Herstellung der Massenaktivität des Sowjetsystems. Dieser notwendige Kampf gegen die Entartung der Sowjetdiktatur hat aber nichts zu tun mit einem Kampf gegen diese Diktatur selbst, die, wie jetzt wohl schon klar genug geworden ist, eine notwendige Form der noch im Gange befindlichen Revolution ist. Es handelt sich dabei nicht darum, diese Diktatur durch eine allgemeine Demokratie zu ersetzen, sondern vielmehr die russische Diktatur zu einem wirklichen Ausdruck des Gesamtwillens der proletarischen und bäuerlichen Träger des Fünfjahrwerkes zu machen. In einem solchen Prozeß der parteidemokratischen Verlebendigung und moralischen Verbreiterung der Diktatur werden dann auch die politischen Mittel geschaffen, um innerhalb der notwendigen Forcierung der Industrialisierung und der Kollektivierung des Landbaues eine größere Berücksichtigung der Befriedigung der täglichen Bedürfnisse in jenem Ausmaße herbeizuführen, der die Generallinie der sozialistischen Umwandlung nicht stört. Auch Verlangsamungen des Tempos dieses Umbaues sind dann nicht mehr gefährlich, weil die etwa daraus entstehenden Schwierigkeiten infolge der Erleichterung der Lebenslage auch eher mit in Kauf genommen werden.
Nach alledem ist das vielgebrauchte Schlagwort von dem angeblichen Mißlingen des Fünfjahrplanes eine ganz unklare Vorstellung. Der Fünfjahrplan kann gar nicht mißlingen, *wenn* die russische Revolution siegreich bleibt. Nur wird er natürlich auch nach seiner Vollendung noch keineswegs etwa den dann erreichten sozialistischen Zustand der Gesellschaft bewirken, ja nicht einmal Rußland schon auf die Höhe der entwickelten kapitalistischen Zivilisation gebracht haben. Der Fünfjahrplan bedeutet, daß er auf alle Fälle noch viele Jahre der Not und infolgedessen auch innerer Widerstände und Gefahren bringt, da auch nach seiner Vollendung gewiß noch ein neuer Fünfjahrplan nötig sein wird, um das Werk wirklich fortzusetzen.[10])

IX. Schluß: Die Aufgabe der Sozialdemokratie

Es gibt nur eine Möglichkeit des Mißlingens des Fünfjahrplanes – natürlich abgesehen von dem Fall eines konterrevolutionären Krieges –, wenn infolge der schon mehrfach gekennzeichneten Ausartung des Apparates der russischen Revolution es zu einem konterrevolutionären Aufstand gegen das Sowjetsystem selbst käme, durch welches es zu Fall gebracht würde. Es gibt also ein Mißlingen des Fünfjahrplanes nur aus konterrevolutionären, nicht aber aus ökonomischen Ursachen; nicht infolge der russischen Diktatur, sondern infolge ihrer nicht mehr parteidemokratisch wirkenden Funktion. Dies wäre aber zugleich eine entsetzliche Weltniederlage des ganzen Proletariates.
Und daraus ergibt sich eine klare und unwidersprechliche Folgerung für unsere Stellung zu den Ereignissen in Sowjetrußland. Die Sozialdemokratie, die sich mit Recht als internationale und revolutionäre Partei bezeichnet, hat die Pflicht, trotz ihres notwendigen Gegensatzes gegen die dritte Internationale und gegen die kommunistischen Parteien außerhalb Rußlands, die russische Revolution auch in ihrer jetzigen Gestalt gegen alle feindlichen Bestrebungen des Kapitalismus und der bürgerlichen Reaktion zu verteidigen. Dies haben auch die Internationalen Kongresse von Hamburg, Marseille und Brüssel als Richtlinie festgelegt, und mit Recht konnte der Sekretär unserer Internationale, Friedrich Adler, betonen: "Die Sozialistische Arbeiterinternationale ist heute ebenso wie nur jemals bereit, sich mit ganzer Energie für die *Verteidigung Sowjetrußlands* einzusetzen."[11]) Im Zusammenhang mit dieser prinzipiellen Fest-

[10]) Sehr bezeichnend ist, daß wieder gerade auf bürgerlicher Seite diese Gefahr des Mißlingens des Fünfjahrplans viel weniger in Rechnung gestellt wird als von sozialdemokratischer Seite. Ja im Gegenteil, der amerikanische Schriftsteller Knickerbocker hat in seinem Buch *Der rote Handel droht,* obgleich keineswegs für Sowjetrußland gestimmt und indem er die Unvollkommenheiten und inneren Widersprüche des russischen Aufbaues sogar sehr stark hervorhebt, doch so wenig Zweifel an dem wirtschaftlichen Erfolg des russischen Programms, daß er darin bereits eine Gefahr für die kapitalistische Welt erblickt und vor der drohenden Offensive der sowjetrussischen Wirtschaft auf dem Weltmarkte warnt.

[11]) Friedrich Adler, *Der Moskauer Prozeß und die sozialistische Arbeiterinternationale,* in: *Der Kampf,* XXIV, S. 153.

stellung muß auch der Sinn eines Schlagwortes richtiggestellt werden, das besonders bei wohlwollenden bürgerlichen Gegnern der Sozialdemokratie gebraucht wird, aber auch im eigenen Lager Eingang gefunden hat, daß die Sozialdemokratie den Westen von der "Gefahr des Bolschewismus" bewahrt hat. Dies ist insofern richtig, wenn damit die Abwehr der Anwendung von im Westen unmöglichen Methoden der sozialen Revolution gemeint ist. Nur diese Gefahr des Bolschewismus ist abzulehnen, nicht aber die durch den Bolschewismus erfolgte Zerstörung der kapitalistischen Welt. Letzteres bedeutet auch für die Sozialdemokratie keine Gefahr, sondern bildet vielmehr den Grund, die russische Revolution auch in ihrer gegebenen bolschewistischen Gestalt als die Vorpostenstellung der großen Emanzipation des Proletariates überhaupt zu verteidigen.

Aber die bloße Verteidigung genügt heute nicht mehr, sondern es ist nötig, daß die Sozialdemokratie ihren politischen Einfluß überall zur *direkten Unterstützung des Fünfjahrplanes* gegenüber den Regierungen des eigenen Landes geltend macht. Dazu reichen noch so feierliche Sympathieresolutionen nicht aus, sondern ist es vor allem nötig, im eigenen Lager rücksichtslos mit der Fülle von unklaren und, wie wir gesehen haben, zumeist auch ganz unmarxistischen Vorurteilen und Denkweisen aufzuräumen. Diese Aufklärungsarbeit ist um so nötiger, als dadurch unsozialistische Einstellungen beseitigt werden, die auch den *klassenrevolutionären Charakter der sozialdemokratischen Arbeiterbewegung selbst* trüben und so die Partei unfähig für ihr *eigenes* soziales Revolutionswerk machen. Um so weniger wird sie dann imstande sein, ihren politischen Einfluß in bewußter und internationaler Weise zur realen Förderung der russischen Revolution geltend zu machen. Je mehr daher diese *Selbstrevolutionierung der Sozialdemokratie* gelingt und einen sicheren Ausdruck in der praktischen Unterstützung der russischen Revolution findet, um so mehr muß daraus ein neuer Geist der wirklich internationalen Kampfgemeinschaft und Kampfbereitschaft erwachsen. Auf diese Weise werden sich ganz von selbst die Voraussetzungen des Wiedererstehens der ungeteilten Internationale des Proletariats ergeben. Und dann wird die russische Revolution und die Befreiung des außerrussischen Proletariates *zugleich* gesichert sein: durch die dann möglich gewordene Weltrevolution des Proletariates.

Wie kommen wir zum Sozialismus?

[I.]

An und für sich, d.h. als eine geschichtliche Eventualität, wäre die friedlich-demokratische Entwicklung zum Sozialismus gewiß möglich und unter der Voraussetzung der Ungestörtheit der demokratischen Einrichtungen auch ein durchaus logischer Gedanke. Dies hat auch Marx selbst nicht bestritten, sondern im Gegenteil sogar direkt ausgesprochen. In seiner Rede, die er nach dem Kongreß der "Internationale" im Haag im Jahre 1872 in einer holländischen Arbeiterversammlung hielt, sagte er über die Verwirklichung des Sozialismus: "Wir haben nicht behauptet, daß die Wege, um zu diesem Ziele zu gelangen, überall dieselben sind. Wir wissen, daß man die Institutionen, die Sitten und das Herkommen der verschiedenen Gegenden berücksichtigen muß, und wir leugnen nicht, daß es Länder gibt wie Amerika, England und, würde ich Eure Einrichtungen besser kennen, würde ich vielleicht hinzufügen, Holland, wo die Arbeiter auf friedlichem Wege zu ihrem Ziel gelangen können. Doch nicht in allen Ländern ist das so der Fall." Marx hat also schon damals diese Form des friedlichen Weges zum Sozialismus nur als eine Ausnahme angesehen, die für den allergrößten Teil der proletarischen Welt nicht in Betracht kam. Und heute würde er diese Ausnahme von England und Amerika, die damals fortgeschrittensten Beispiele politischer Demokratie, gewiß nicht mehr gelten lassen, wo auch diese Länder trotz des Alters und der Autorität ihrer demokratischen Traditionen die gleiche politische und ökonomische Zuspitzung der Klassengegensätze hervorgetrieben haben wie in den übrigen kapitalistischen Staaten.

Doch warum ist dieser demokratische Weg zum Sozialismus so unmöglich? Etwa deshalb, weil die sozialistischen Arbeiterparteien überall mit ihrem Wachstum sich gegen die Demokratie gewendet hätten, weil also *wir* den Weg der Demokratie verlassen haben? Jeder Kenner der Geschichte des modernen Sozialismus weiß, daß dies nicht der Fall ist, sondern daß der überwiegende Teil des heutigen europäischen und amerikanischen Sozialismus förmlich einem unkritischen und illusionistischen *Kultus der Demokratie* verfallen ist, welcher gerade das Proletariat unfähig macht, diese Demokratie als revolutionäres Klassenkampfmittel zu verwenden. Nein – wenn der friedlich-demokratische Weg zum Sozialismus heute so gut wie ausgeschlossen ist, so deshalb, weil es überall die *bürgerlichen Klassen* sind, welche *den Weg der Demokratie verlassen,* sobald sie erkennen, daß er ein möglicher Weg zum Sozialismus ist. An diesem Punkte wird besonders klar, daß die Entwicklung zum Sozialismus eben nicht jener mechanisch-ökonomische Prozeß ist, als den ihn noch immer viele Marxisten ansehen. Er vollzieht sich vielmehr nur durch das bewußte Handeln und Zielsetzen von Menschen und Klassen, d.h. es gehört zu jedem ökonomischen Prozeß sein ideologischer Überbau, in welchem er erst seine politische und kulturelle Gestalt erhält. Und da ist es nun nicht so, daß die wachsende ökonomische Notwendigkeit des Sozialismus von einer ebenso allgemein wachsenden ideologischen Bereitwilligkeit der Menschen begleitet würde, ihr zu entsprechen oder gar entgegenzukommen, sondern die Klassengegensätzlichkeit der kapitalistischen Gesellschaft bewirkt im Gegenteil, daß, je mehr die ökonomischen Verhältnisse den Untergang der kapitalistischen Gesellschaft vorbereiten, um so stärker der Wille der herrschenden Klassen wird, sich dieser ökonomischen Tendenz entgegenzuwerfen und ihre Auswirkung – solange es geht – mit Gewalt zu bekämpfen. Wie oft haben uns die Vertreter des Neurevisionismus frohlockend versichert, daß wir doch schon mitten drin ständen in der Entwicklung zum Sozialismus, indem sie auf die Organisierung des Kapitals und auf die angebliche proletarische Durchdringung des Staatsapparates, auf die wachsenden Genossenschaften und auf die sogenannte Wirtschaftsdemokratie hinwiesen. Und sie haben recht – nur freilich ganz anders, als sie es meinten: wir stehen nämlich wirklich mitten drin in der ökonomischen Entwicklung zum Sozialismus, nur daß die gesellschaftlichen Bewußtseinsformen, in denen dieser Prozeß erlebt wird, ganz anders aussehen, als es jener reformistischen Vorstellung von dem bereits beschrittenen Weg zum Sozialismus entsprechen müßte. Denn nichts ist zu verspüren von einer freudig fühlbaren Gewißheit des sicheren Hineinwachsens in den Sozialismus, nichts auch von der damit verbundenen konstanten Hebung des Lebensniveaus der arbeitenden Schichten und schon gar nichts von einer allgemeinen Umstimmung zur Bereitschaft für die Einführung neuer wirtschaftlicher und sozialer Lebensformen. Vielmehr kommt die gegenwärtige sicherlich entscheidende Phase der ökonomischen Entwicklung zum Sozialismus politisch und wirtschaftlich in den Formen der schrecklichsten Gegensätze und Widersprüche des kapitalistischen Systems zum Ausdruck: in einer Offenheit und Wildheit der Klassengegensätze, wie dies bisher beispiellos war, und in einem stets wachsenden Massenelend, das bereits die Grundlagen der reichsten Staaten erschüttert. *Diese* Art des Weges zum Sozialismus entspricht somit immer mehr fast buchstäblich dem berühmten Schema der Marxschen Verkündigung von der Expropriation der Expropriateure: "Mit der beständig abnehmenden Zahl der Kapitalmagnaten, welche alle Vorteile dieses Umwandlungsprozesses (d.h. der Zentralisation der Kapitale) usurpieren und monopolisieren, wächst die Masse des Elends, des Druckes, der Knechtschaft, der Entartung, der Ausbeutung." Selbst an dieser so oft als "veraltet" gescholtenen Stelle des *Kapital* erweisen sich die Marxschen Gedanken nicht bloß als prophetisch, sondern geradezu als die Schilderung der heutigen ökonomischen und ideologischen Situationen, wie denn auch das *Kommunistische Manifest* von 1847 uns heute wie eine Reportage über die gegenwärtige Entwicklung der kapitalistischen und proletarischen Entwicklung erscheint. Gerade also, weil es wirklich richtig ist, daß wir inmitten des Weges zum Sozialismus stehen, ist es nötig zu erkennen, daß dieser Weg ein Weg des Leidens ist, aber auch der *Empörung* der organisierten Arbeiterklasse sein muß, ein Weg des sich unerhört verstärkenden kapitalistischen Druckes, aber auch des sich ebenso verstärkenden revolutionären Kampfes des Proletariates.

[II.]

Man hat so oft auch von Parteigenossen gehört, daß das, was in Rußland geschieht, schon deshalb kein Weg zum Sozialismus sei, weil es ein Weg voll Arbeitsleid und Entbehrung, voll Zwang, Not und Elend sei. Ich will in diesem Zusammenhange nicht besonders davon sprechen, wie wenig verständnisvoll eine solche Art zu reden ist, weil man entweder nicht weiß oder nicht wissen will, wie das russische Elend und die Mühsal der Massen zunächst das Produkt der Zerrüttung der Wirtschaft durch Krieg, Bürgerkrieg und Boykott waren und wie die Entbehrung und Arbeitslast von heute doch nur die Kosten des gewaltigen Aufbaues einer neuen Welt in Sowjetrußland sind. Und überhaupt ist es ein Zeichen sowohl von mangelndem Verständnis wie fehlendem revolutionären Geist, nicht zu erkennen, daß die Not, das Elend und der Zwang in Sowjetrußland einen großen *selbstgesetzten Sinn* haben: die zielbewußte, wenn auch opfervolle Ermöglichung der sozialistischen Gesellschaft. Daher hat diese Not zugleich die Tendenz, in der Fortsetzung dieses Weges zu *verschwinden.* [1])

---

[1]) Siehe meine Abhandlung *Unsere Stellung zu Sowjetrußland* im 3. Bd. der *Roten Bücher* (*Ausgewählte Schriften,* S. 319 ff.). – Wenn Friedrich Adler in seinem Artikel *Das Stalinsche Experiment und der Sozialismus* (Wiener *Kampf,* 1. Heft 1932) das Fünfjahrplanwerk wegen der Opfer, die es der werktätigen Bevölkerung auferlegt, als eine Art der ursprünglichen Akkumulation bezeichnet, deren Greuel und Verbrechen Marx geschildert hat, so ist hier ein sehr unglücklicher Vergleich, der die herrschende Begriffsverwirrung so vieler Sozialisten, sobald von Sowjetrußland die Rede ist, nur noch vergrößern

Aber was wir nun erleben und endlich auch bewußt erfassen müssen, ist dies, daß *auch der Weg des europäischen Proletariats* zum Sozialismus immer mehr durch das Elend und die Vergewaltigung der großen Massen hindurchführt, nur daß dies *kein sinnvolles* Elend ist, kein Opfer für einen Neubau der Gesellschaft, und auch keine Tendenz hat, zu verschwinden, sondern in die trostlose Ausweglosigkeit der kapitalistischen Krise führt. Der ökonomische Prozeß der Auflösung der kapitalistischen Wirtschaft vollzieht sich eben in der dialektischen Form, daß er zugleich Prozesse auslöst, durch die sich die kapitalistische Wirtschaft zu erhalten strebt. Zunächst zwar geht diese Auflösung deutlich vor sich, indem durch die Rationalisierung der Produktion und durch die Monopolisierung des Waren- und Geldverkehrs die ökonomischen Widersprüche des kapitalistischen Systems aufs höchste gesteigert werden. Eine stets wachsende und nicht mehr zu beseitigende Weltarbeitslosigkeit, ein trotz des Warenhungers einer ganzen Welt nicht mehr durchführbarer Absatz der Industrie- und Agrarprodukte, eine fortschreitende Drosselung und Einschrumpfung der kapitalistischen Produktivkräfte selbst – dies ist heute das Bild der kapitalistischen Wirtschaftsweise. Besonders dies letztere macht am deutlichsten die Tatsache ihrer Auflösung kenntlich. Denn gerade dies und nur dies ist die große Lebensberechtigung des Kapitalismus gewesen, daß er ein Mittel der Entfaltung und Steigerung der Produktivkräfte war, während er jetzt nur durch Hemmung, ja Vernichtung derselben notdürftig fortexistieren kann. Und um dieses Bild von der *ökonomischen* Auflösung des Kapitalismus vollständig zu machen, kommt auch noch ein charakteristisches ideologisches Verfallsmoment im Charakter des heutigen Kapitalismus dazu: der Verlust seines Selbstvertrauens. Denn während die Monopolherrschaft des Kapitals ihre Macht auf Kosten der gesellschaftlichen Kultur eine Zeitlang noch aufrechthält, fühlt sie sich selbst doch im Besitz derselben bereits völlig erschüttert durch die Unsicherheit der äußeren und inneren Friedenslage der einzelnen Wirtschaftsgebiete. Es ist daher kein Zufall, sondern nur der klarste Ausdruck dieses Auflösungsprozesses der alten Gesellschaft selbst, daß die Weltkrise vor allem den Charakter der *Kredit-* und *Währungskrise* trägt, weil das Kapital eben überall bereits das Vertrauen zu sich selbst, zu seiner eigenen Zukunftsbeständigkeit, verloren hat. Sonst wäre es unbegreiflich, wieso nicht eine internationale Verständigung der Kapitalmächte zu einer wirksamen Bekämpfung der jetzigen Krise führen müßte durch planmäßige Beseitigung der Kreditnöte und durch ebensolche Ordnung des Kriegs- und Staatsschuldenwesens sowie endlich durch Finanzierung von überall nötigen großen Investitionen öffentlichen Interesses. Aber sowohl der sofort einsetzende imperialistische Gegensatz der einzelnen staatlichen Wirtschaftsgebiete als insbesondere die allgemeine Furcht vor der sozialen Revolution lähmt jede solche Rettungsaktion des Kapitalismus schon in den ersten Anfängen. Er ist eben seiner eigenen Zukunft nicht mehr sicher, und ohne diese Sicherheit gibt es keine Expansion und Investition des Kapitalismus mehr.[2])

Aber wenn derart das kapitalistische System auch den Glauben an seine Zukunft aufgegeben hat, so hat es deshalb noch *keineswegs den Willen aufgegeben*, sich zu erhalten und zu herrschen, sondern hat bloß seine Methoden der Selbsterhaltung gewechselt: es ist von der bürger-

---

wird. Denn erstens muß Friedrich Adler selbst betonen, daß dies eine ursprüngliche Akkumulation "*ohne Privatkapitalisten*" ist, wodurch bereits der ganze Begriff um seinen eigentlichen Sinn gebracht ist. Und wenn er zweitens meint, daß es in Sowjetrußland die Staatsmacht ist, die der Träger dieser "ursprünglichen Akkumulation" geworden ist, so ist dies doch aber die Macht des *proletarischen* Staates, der nicht "die Werktätigen niederhält", sondern sich in den Werktätigen selbst belastet, um *ihre eigene* bessere Zukunft sicherzustellen.

2) Dies ist auch einer der Hauptgründe, warum sich die zweifellos theoretisch gegebene Möglichkeit der Ausdehnung des kapitalistischen Systems in noch immer genügend vorhandene nichtkapitalistische Räume nicht praktisch auswirken kann. Der Raum für die Ausdehnung des Kapitalismus wäre sogar noch inmitten der kapitalistischen Welt selbst vorhanden. Aber es fehlt heute die Zeit für die Okkupierung dieses Raumes und die psychologische Ruhe und Sicherheit, wobei es sehr fraglich ist, ob sich diese fehlenden Faktoren überhaupt noch wiedergewinnen lassen werden. Auch diese psychologische Enge des Kapitalismus ist eine ideologische Erlebnisform der ökonomischen Auflösung der kapitalistischen Epoche selbst.

lichen Demokratie, d.h. von der *verhüllten* Diktatur, zum Faschismus, d.h. zur *unverhüllten Diktatur*, zur reinen Gewalt übergegangen. Nun *erleben* wir erst das, was wir früher aus Marx bloß *wußten*, daß keine Klasse ihre Macht freiwillig aufgibt oder sich gar, wie die Illusionisten der politischen Demokratie auch unter uns geglaubt haben, ruhig überstimmen lassen wird. "Die Herren von Grund und Boden", heißt es bereits in der Inauguraladresse der Internationale, "und die Herren vom Kapital werden ihre politischen Privilegien stets zur Verteidigung und zur Verewigung ihrer Monopole gebrauchen. Und statt die Emanzipation der Arbeit zu fördern, werden sie fortfahren, ihr jedes mögliche Hindernis in den Weg zu legen." Aber wie ist dieser Widerstand gesellschaftlich möglich und wirksam, da doch durch den ökonomischen Auflösungsprozeß der kapitalistischen Gesellschaft die Gruppe der direkt ökonomisch großkapitalistisch Interessierten zu einer immer geringeren Minorität zusammenschrumpft? Hier setzt eben jene vorerwähnte Dialektik des ideologischen Überbaues ein, die zunächst der Erhaltung des Kapitalismus zu Hilfe kommt.

Die Herren vom Großgrundbesitz, von der Schwerindustrie und vom Großkapital können den ökonomischen und politischen Widerstand gegen die Auflösung des kapitalistischen Systems noch leisten, weil dieser Auflösungsprozeß zwar in großen Schichten der Bevölkerung ebenfalls ideologische Überbauelemente erzeugt hat, in denen er sich bereits deutlich spiegelt, aber doch noch nicht zu einer sozialrevolutionären Willensbildung dieser Schichten geführt hat. Die großen Schichten des in Not geratenen Kleinbürger- und Kleinbauerntums, die von der ökonomischen Not ebenso bedrängten Schichten der Beamten und Angestellten, der freien Berufe, der kleinen Kaufleute und der Mittelschichten aller Art sind bereits durchaus *antikapitalistisch* geworden. Aber sie sind nicht ebenso auch schon zur Erkenntis ihres gemeinsamen Interesses mit dem Proletariat gekommen, sondern im Gegenteil, sie sind überall durchaus *antiproletarisch* gesinnt. Dies ist das ideologische Erbteil ihrer Herkunft aus den Interessen und Traditionen der Mittelschichten, und dieses ideologische Charaktermerkmal macht sie, wenn auch in weiten Kreisen unbewußt und oft auch gegen ihren Willen, zu den Soldknechten des Kapitals. In der Idee schwebt ihnen das dritte Reich vor als das "gerechte" Reich, in welchem durch eine starke Hand sowohl das Kapital – oder, wie sie lieber sagen, der "Mammonismus" – als auch das "Proletentum" niedergehalten werden wird. So stellt der Faschismus in seinem Haß gegen die Proletarier, der größer ist als sein Gegensatz zum Mammon, soweit dieser nicht jüdisch ist, und in seiner Bekämpfung der Demokratie gerade diejenige *Massenbewegung* dar, die sogar inmitten des ökonomischen Auflösungsprozesses des Kapitalismus ihn noch einmal eine Zeitlang politisch und ökonomisch zu erhalten vermag.

Es ergibt sich derart höchst merkwürdigerweise für den außerrussischen Sozialismus sozusagen eine direkt umgekehrte Situation, wie sie in Rußland selbst bei der Machtergreifung des Bolschewismus bestand und noch immer besteht. Dort konnte die kleine Schicht des Proletariats nur siegen und sich an der Macht erhalten, weil die Masse der Bauern hinter ihm stand. Hier, in Europa und Amerika, kann sich die kleine Schicht der Kapitalmagnaten noch behaupten und sogar herrschen, weil noch immer die große Masse der Mittelschichten – der Intellektuellen, freien Berufe, Angestellten, Beamten, kleinen Kauf- und Gewerbsleute, Klein- und Mittelbauern – zu ihnen steht, und zwar *nicht* aus Sympathie und Solidarität mit dem Kapital, sondern aus Furcht vor dem Proletariat und aus Haß gegen dieses.

Diese Machtgruppierung im Klassenkampf ist etwas Neues, das eben erst in der Verfallszeit des Kapitalismus entstehen konnte. Denn nicht dies ist das Entscheidende, daß sich die kapitalistischen Herrenklassen auf große Massen der Mittel- und Randschichten der bürgerlichen Gesellschaft stützen. Das haben sie immer getan; nur waren früher die führenden Kreise dieser Schichten, die Intellektuellen, die Beamten und geistigen Berufe, noch gar nicht in eine selbständige Bewegung gekommen, sondern sie bildeten die fast selbstverständlichen Hauptstützen des kapitalistischen Systems, und zwar zufolge einer sozial kritiklosen traditionellen Geisteshaltung auch für ihr eigenes Bewußtsein. Jetzt aber ist das Charakteristische, daß gerade diese Elemente in die heftigste ideologische Gegnerschaft zum Großbürgertum und zum Kapitalismus, zum "Profitariat", gelangt sind, worin sich nur die Tatsache ausspricht, daß auch sie in ihrer Weise die Unerträglichkeit des kapitalistischen Systems erleben. Auch sie streben daher einen Sturz des bisherigen Gesellschaftssystems an, einen "Sozialismus" (Nationalsozialismus), aber einen solchen, der ihnen eine entscheidende soziale Geltung verschafft und befestigt und sie, "den Geist", zur herrschenden Gewalt im Staate macht. Der Kapitalismus will das Proletariat *niederhalten,* aber nicht vernichten, da ohne ein hochentwickeltes Proletariat die kapitalistische Produktion ja gar nicht möglich ist. Der Nationalsozialismus dagegen, diese reaktionäre Utopie von ökonomischen und geistigen Kleinbürgern, die im Grunde auch gegen die moderne technische Höhe der Produktion sein muß, um die Kümmerlichkeit ihres Ständestaates zu verwirklichen, kann das Proletariat überhaupt nicht gebrauchen, muß im Gegenteil in ihm einen fortwirkenden sozialen Explosivstoff fürchten und daher auch bestrebt sein, es zu *vernichten.* Der Nationalsozialismus, wie der Faschismus überhaupt, ist daher eine zweischneidige Waffe für den Kapitalismus; und das erklärt auch die nur schlecht verheimlichte wachsende Mißstimmung der großkapitalistischen Schichten gegen den italienischen Faschismus und die Angst großer bürgerlicher Parteien in Deutschland vor dem Nationalsozialismus. Sind Faschismus und Nationalsozialismus die Schweißhunde, die das Kapital auf das Proletariat hetzt, so ist dem Kapital doch schon längst vor der ungebändigten Wildheit dieser Helfer bange geworden.

Durch alles dies ist nun aber eine Gestaltung des Weges zum Sozialismus entstanden, welche deutlich zeigt, daß er *nur* durch den *Kampf* mit dem Faschismus hindurchführt. Und dieser Kampf ist leider bei der furchtbaren Ungeistigkeit des Faschismus kein bloß geistiger Punkt. Am wenigsten kann und wird er mit rein demokratischen Mitteln ausgetragen werden können, dies schon deshalb nicht, weil die politische Demokratie – und nicht zuletzt infolge der Tolerierungspolitik der deutschen Sozialdemokratie – ja sogar das Instrument sein kann, wodurch der Nationalsozialismus einen *formalen* Sieg davontragen könnte, einen Sieg der bloßen Stimmzettel. Und anderseits wäre der parlamentarische Sieg des Nationalsozialismus nicht der Sieg einer "demokratischen" Partei, sondern nur die "legale" Deckung einer offenen Gewaltherrschaft der antiproletarischen Klassen und Schichten. Diese kann nur mit gleichen Mitteln, mit Mitteln der organisierten Gewalt bekämpft werden. Aber dies wird viel schwerer oder fast unmöglich sein *nach* ihrer Machtergreifung als *vor* derselben. Der Weg des Sozialismus führt also angesichts der Aufrüstung des Faschismus zumindest durch die moralische und physische Bereitschaft des Proletariats zum jederzeitigen außerparlamentarischen Kampf mit all seinen Konsequenzen; und diese Bereitschaft ist zugleich das stärkste Mittel, die *äußerste* Konsequenz dieses Kampfes, den *Bürgerkrieg,* durch die drohende Machtstellung des Proletariats zu verhüten.

[III.]

So sehen wir, daß das Proletariat weder die politische noch die ökonomische Macht einfach auf dem Weg demokratischer und friedlicher Entwicklung übernehmen kann. Auch die Lieblingsvorstellung des Neureformismus, daß der Weg zum Sozialismus infolge einer angeblichen Weiterentwicklung der Staatsform über die von Marx gezeichneten Charakterzüge hinaus die Form des *demokratischen Kompromisses der Klassen* sein wird, ist zerronnen. Zwar hat Kautsky versucht, dieser Vorstellung sogar die theoretische Weihe zu geben, indem er lehrte, daß die Koalitionsregierung die notwendige Übergangsform zum Sozialismus sei. Dies alles ist aber heute bereits jämmerlich von den Tatsachen Lügen gestraft worden. Die Geschichte der letzten Jahre bietet uns die Groteske einer mit ausgestreckten, fast flehenden Händen ihre Koalitionsbereitschaft täglich verkündenden deutschen Sozialdemokratie, die aber von dem Bürgertum im Bewußtsein seiner steigenden Klassenmacht einfach stehengelassen wird, kaum daß man sich noch um ihre Tolerierung bemüht. Sie erfährt den Inhalt der Notverordnungen erst, bis sie diese zum Schlucken bekommt. Und in den wichtigsten Fragen verhandelt die Regierung mit Hitler und nicht mit der Sozialdemokratie, die offenbar gar keinen Bündniswert mehr für sie hat. Aber auch die anderwärts so oft verkündeten Schlagworte des Neurevisionismus von der "Volksgemeinschaft", von der "Teilung der Parteien in die Macht", von dem "Ausgleich der Klassenkräfte" oder von der "proletarischen Durchdringung des Staates" – alles dies hat sich als Trugvorstellung, ja als mehr wie dies, als verderbliche Schwä-

chung des Proletariates erwiesen. Überall triumphiert dagegen der angeblich veraltete und primitive Grundgedanke des Marxismus, ja er wirkt wie eine rettende Orientierung in der heutigen Lage des Klassenkampfes, daß das Proletariat seine Befreiung von nichts anderem erwarten darf als von seiner eigenen revolutionären Klassenkraft.
Nichts als eine ebensolche Trugvorstellung, auf die wir diesmal hier nur kurz eingehen können, ist die neuerdings in Schwung gekommene Vorstellung von dem *Staatskapitalismus* als der modernen notwendigen Übergangsform zum Sozialismus. Dieses Schlagwort bezieht einen großen Teil seines Kredites davon, daß man darauf hinweist, wie ja auch in Sowjetrußland die Machtergreifung durch das Proletariat nicht sofort den Sozialismus verwirklichen konnte, sondern erst eine staatskapitalistische Übergangsform schaffen muß. Allein ohne uns hier darauf einzulassen, zu untersuchen, ob der Begriff des Staatskapitalismus überhaupt vernünftigerweise auf das sowjetrussische Aufbauwerk angewandt werden kann, so wäre man versucht, den Befürwortern des Staatskapitalismus zu sagen: gebt uns erst Sowjeteuropa, dann wollen wir uns auch den dazugehörigen Staatskapitalismus als Übergang zum Sozialismus gefallen lassen! Das Wort "Staatskapitalismus" gehört so wie viele andere Worte der politisch-soziologischen Terminologie zu den Ausdrücken von gefährlicher Vieldeutigkeit, so daß es mehr Verwirrung als Klärung schafft. Zweifellos kommt es bei der Frage, ob der Staatskapitalismus ein Übergangselement zum Sozialismus sein kann oder nicht, entscheidend darauf an, *was für ein Staat* der Träger des Staatskapitalismus ist. Im *proletarischen* Staat, in welchem der Staatskapitalismus seinen eigentlich kapitalistischen Charakter, die private Profiterzielung und Profitsicherung, natürlich verliert (weshalb hier auch das Wort eigentlich gar nicht mehr paßt), wird der Staatskapitalismus zu einem Übergangsstadium von der kapitalistischen zur sozialistischen Wirtschaft. Im *kapitalistischen* Staat dagegen stellt er nur ein Mittel dar, die ökonomischen Kräfte der *Gesamtheit*, also vor allem des Proletariates und der Mittelschichten, in den Dienst eines *Teiles* der Gesellschaft, nämlich des notleidenden kapitalistischen Systems zu stellen und auf diese Weise die ökonomische Abhängigkeit, ja Versklavung des Proletariates noch zu erhöhen. Staatskapitalismus ohne Herrschaft des Proletariates bedeutet nur die Liquidierung der heuchlerischen Ideologie vom Staate als einem Institut des Allgemeinwohles und die zynische Bestätigung des Satzes, daß der bürgerliche Staat bloß eine Organisation zur Aufrechterhaltung des Profitsystems und der ökonomischen Ausbeutung aller werktätigen Schichten ist. Die letzte Notverordnung der deutschen Reichsregierung mit ihren spärlichen Preissenkungen und dem skrupellosen Einbruch in die Lohn- und Gehaltsbezüge, Tarifverträge und Arbeitsrechte der werktätigen Massen ist die beste Illustration für die Beschaffenheit und Funktion eines Staatskapitalismus, den das Proletariat nicht beherrscht. Beherrscht es ihn aber, so ist dies nicht mehr derselbe Staatskapitalismus. Dann verwandelt er direkt seine Struktur und Funktion aus einem Ausbeutungsinstrument einer Klasse in ein Mittel der planmäßigen Vorbereitung einer sozialistischen Wirtschaft *unter der Diktatur des Proletariates,* so daß also nicht der Staatskapitalismus, sondern die Macht und Herrschaft des Proletariates es ist, was den Übergang zum Sozialismus bewirkt.

[IV.]

So zeigt es sich, daß die noch immer sehr verbreitete Vorstellung, die man besonders gerne als ein Gegenstück gegen die leidvolle russische Entwicklung hingestellt hat und immer wieder hinstellt, durchaus irrig ist, nämlich die Vorstellung, als ob der Weg zum Sozialismus in europäischen Verhältnissen ein Weg sei, der im "kultivierten" Gegensatz zu Rußland ohne Leid und Rückschläge gegangen werden könnte. Hier begegnet man überdies einer irrigen Schlußfolgerung: weil der Sozialismus nach seiner Verwirklichung zweifellos eine große und allgemeine Verbesserung der Lebenslage der Menschen bringen wird, meint man gewöhnlich, daß auch schon der Weg zum Sozialismus diese Verbesserung schrittweise enthalten muß, und dies besonders in den Ländern einer fortgeschrittenen Demokratie, einer höherentwickelten kapitalistischen Wirtschaft und einer alten sozialistischen Arbeiterbewegung. Allein diese Meinung ist doch nur eine Illusion, die besonders in dem ersten Siegesgefühl nach der republikanischen Revolution ihre Wurzel hatte und dann wieder in der aufsteigenden Konjunktur der Stabilisierung des Kapitalismus ihre Bestärkung fand. Aber auch abgesehen von diesen bald verflogenen Illusionen ist die Meinung, daß schon der Weg zum Sozialismus ein Weg der allgemeinen Lebensverbesserung sein muß, der sich für das Proletariat gleichsam unmittelbar bezahlt machen muß, die spezifische Ideologie der Arbeiteraristokratie und Arbeiterbürokratie. Für diese Schichten stellt die Erzielung ihrer gehobenen Lebensstellung schon unmittelbar den "Erfahrungsbeweis" dafür dar, daß das Proletariat bereits "mitten in seiner Befreiung" steht und daß der Weg zum Sozialismus mit fortschreitender Verbesserung des Eigenwohles identisch ist.

Solche Anschauungen und Meinungen müssen der harten Erkenntnis weichen, die schon Marx ausgesprochen hat, daß der Weg zum Sozialismus in *keinem* Falle – also auch nicht unter demokratischen Verhältnissen – eine Idylle sein wird, weil eben der Klassenkampf keine Idylle ist. Wir wachsen allerdings in den Sozialismus hinein, aber nicht wie das langsame Wachstum geologischer Schichten, sondern wie der stürmische Drang des sich neu gestaltenden Lebens, wenn es in der Pflanze die Knospe und im höheren Organismus die Eischale *sprengt*. Und der Klassenstaat stirbt sicherlich ab, aber nicht als kapitalistischer Staat, sondern erst, wenn er proletarischer Staat geworden ist, also durch die Diktatur des Proletariates. Marx hat dies alles schon deutlich gesehen und auch ausgesprochen; aber die früheren Generationen der Sozialdemokratie vermochten die ganze bittere Aktualität dieser Gedanken noch nicht zu verstehen. Die Botschaft hörte man wohl, allein es fehlte eigentlich der Glaube an die ganze Schwere der geschichtlichen Situation und Aufgabe, welche diese Erkenntnisse des Marxismus enthielten.

Diese Erkenntnisse sind niedergelegt in zwei Sätzen von Marx, die mit Recht berühmt geworden sind und heute geradezu als die soziologische Charakteristik des Weges zum Sozialismus bezeichnet werden dürfen. Der erste Satz steht in der Schrift *Der Bürgerkrieg in Frankreich* und lautet: "Die Arbeiterklasse weiß, daß, um ihre eigene Befreiung und mit ihr jene höhere Lebensform hervorzuarbeiten, der die gegenwärtige Gesellschaft durch ihre eigene ökonomische Entwicklung unwiderstehlich entgegenstrebt, sie lange Kämpfe, eine ganze Reihe geschichtlicher Prozesse durchzumachen hat, durch welche die Menschen wie die Umstände gänzlich umgewandelt werden." Und der zweite Satz findet sich in den *Randglossen zum Gothaer Programm,* wo es heißt: "Zwischen der kapitalistischen und der kommunistischen Gesellschaft liegt die Periode der *revolutionären Umwandlung* der einen in die andere. Der entspricht auch eine *politische Übergangsperiode,* deren Staat nichts anderes sein kann als die *revolutionäre Diktatur des Proletariates.*"

Der erste Satz bezeichnet die geschichtliche Situation, in der wir jetzt halten: die Umwandlung der Dinge geht in rapidem Tempo vor sich, die ökonomischen Lebensbedingungen der alten Gesellschaft geraten in immer schärferen Selbstwiderspruch, und die Grundlagen einer neuen sozialistischen Planwirtschaft werden immer deutlicher sichtbar. Und diesem objektiven, sich immer mehr beschleunigenden Umwälzungsprozeß entspricht auch der anfangs allerdings viel langsamere, aber nun ebenfalls immer intensiver werdende Umwandlungsprozeß der Menschen: nicht nur die Arbeitermassen radikalisieren sich, sondern insbesondere auch die Mittelschichten. Sie werden aus ihrem bürgerlichen Traditionalismus losgerissen und treten dem Kapitalismus immer feindlicher entgegen; und schließlich verliert das kapitalistische System selbst allgemein an Vertrauen, so daß die Ideen der Planwirtschaft immer stärkeres Interesse und größere Anerkennung finden. Und so wird die Verwirklichung des zweiten Satzes von der Diktatur des Proletariates immer deutlicher zu einer Frage der Verbreitung und Reife marxistischer Erkenntnis sowie Tatbereitschaft.

Daraus ergibt sich die historische Bedeutung und gewaltige *Aktualität* der Aufgabe des *Links*sozialismus, der ja seit jeher in der Verbreitung und Verfechtung dieser marxistischen Erkenntnis und Willensbildung die Notwendigkeit und Berechtigung seines Daseins gehabt hat. Die Aktualität dieser Aufgabe liegt darin, daß ihre Durchführung schon vor der Machteroberung von einer unmittelbaren Kraftsteigerung des Proletariates begleitet ist, was besonders heute gegenüber der drohenden Katastrophe eines sieghaften deutschen Nationalsozialismus von entscheidender Bedeutung ist. In diesem Sinne ist der *Aufruf der deutschen Soziali-*

stischen Arbeiterpartei an alle Arbeiterorganisationen zur Schaffung eines einheitlichen Vorgehens gegen den Nationalsozialismus unter Zurückstellung aller Parteibedenken und Parteiegoismen *einfach das Gebot der Stunde.* Von dessen raschester Erfüllung wird es bei der verhängnisvollen Schnelligkeit, mit der die Dinge reifen und die reaktionären Umlagerung in den Schichten der bürgerlichen Parteien vor sich geht, abhängen, ob das Proletariat nicht wieder einmal durch ein Versäumnis der historisch notwendigen Tat den Weg zum Sozialismus sich selbst in furchtbarer Weise erschweren und verlängern wird.

Wandlung der Arbeiterklasse?

1. Das Problem

Bei den Gegnern des Marxismus herrscht jetzt Hochstimmung. Sie frohlocken über seinen Zusammenbruch, weil nach der vor zehn Jahren erfolgten Unterdrückung des italienischen Proletariats nun auch die größte europäische Arbeiterklasse, die deutsche, vom Faschismus niedergeworfen wurde. Und alle diejenigen, die nur an der Oberfläche der Dinge haften, wozu die meisten Gegner des Marxismus seit jeher gehören, verkünden jetzt das Ende des Marxismus. Aber man muß, wie dies schon Friedrich Engels getan hat, unterscheiden zwischen dem Marxismus als Theorie und dem Marxismus als Bewegung. Und alles, was man als Krise oder gar als Zusammenbruch des Marxismus heute bezeichnet, betrifft nicht den Marxismus als Theorie, sondern nur als Bewegung. Die Theorie des Marxismus ist im Gegenteil von all dieser Krise und Niederlage ganz unberührt geblieben; und *sie* ist es vielmehr, die uns nicht bloß instand setzt, die Katastrophe der deutschen sozialistischen Arbeiterbewegung erst richtig zu verstehen, sondern sie auch anderwärts zu verhüten und ihre Überwindung in Deutschland vorzubereiten. In diesem Lichte betrachtet, zeigt sich sofort, daß der Zusammenbruch der deutschen Bewegung erfolgt ist, nicht weil sie marxistisch war, sondern weil sie es *zu wenig* war. Und im weiteren Verfolgen dieser Betrachtung ergibt sich auch sofort, daß die noch zu geringe Massenherrschaft des Marxismus die Ursache der heutigen Schwächung der Arbeiterklasse auch in allen anderen Ländern ist. Ein schlagender Beweis dafür ist die Gespaltenheit der sozialistischen Arbeiterbewegung nicht nur in die beiden Lager der Zweiten und Dritten Internationale, sondern innerhalb der ersteren in die reformistische und in die konsequent marxistische Linie. Hier steht das Proletariat überall *erst noch vor* der Aufgabe, sich den eigentlichen Sinn der marxistischen Gesellschaftskritik anzueignen und dadurch zu jener Einheit und Geschlossenheit seiner politischen *Aktion* zu kommen, die der Einheit und Geschlossenheit der marxistischen *Theorie* entspricht. Zugleich ist die Verbreitung der marxistischen Erkenntnis mit ihrer Entlarvung der Illusionen und Täuschungen des Faschismus und mit ihrem sozialen Entwicklungsidealismus das wirksamste Mittel, auch die geistigen Arbeiter zu erfassen und so endlich das gesamte Proletariat zu vereinigen. Und so ist der Marxismus, weit entfernt am Ende zu sein, im Gegenteil am Anfang einer neuen geschichtlichen Epoche, der Epoche seiner Massengeltung im Weltproletariat und damit vor einer wirklich entscheidenden Weltwende: der jetzt erst einsetzenden Fleischwerdung des marxistischen Geistes in dem sich revolutionierenden Denken und Wollen des Weltproletariats. Das furchtbare Schicksal der deutschen Sozialdemokratie und der deutschen Gewerkschaftsbewegung wird für die Erweckung der breitesten Massen zum Marxismus in allen Ländern mehr tun, als die stärkste marxistische Bildungsarbeit in Büchern und Vorträgen auszurichten imstande gewesen wäre.

Aber um so mehr drängt sich die Frage auf, warum erst ein so schrecklicher Anschauungsunterricht notwendig werden mußte? Wieso ist es zu erklären, daß die Arbeiterbewegung gerade in einem Lande, wo sie ein so großes, hochentwickeltes und langjährig politisch wie gewerkschaftlich geschultes Proletariat zum Träger hatte, eine solche Schwäche des marxistischen Geistes und daher der sozialrevolutionären Kampfbereitschaft gezeigt hat? Und woher kommt es überhaupt, daß trotz der fortschreitenden Entwicklung des Kapitalismus, der Großindustrie und damit des Proletariats die revolutionäre Machtentwicklung desselben auch außerhalb Deutschlands keineswegs in entsprechender Weise sich verstärkt hat? Ja, gerade in der Zeit der Weltkrise des Kapitalismus und des verschärften Angriffes der kapitalistischen Klassenkräfte ist der Widerstand des Proletariats keineswegs ebenso gewachsen, geschweige denn, daß es imstande wäre, selbst zur Offensive überzugehen und aus der kapitalistischen Krise das Ende des Kapitalismus zu machen! Dies führt uns zu einer Betrachtung, die gelegentlich schon von verschiedenen marxistischen Beobachtern angestellt wurde, von der es aber jetzt immer nötiger wird, sich mit ihr grundsätzlich zu beschäftigen. Es ist dies die sich immer mehr aufdrängende Tatsache, daß die Entwicklung der letzten Jahrzehnte *im Proletariat selbst Veränderungen hervorgerufen hat, die ihm seinen einheitlichen Charakter genommen haben* und dadurch allmählich seine Rolle und seinen revolutionären Kampfwert im Klassenkampf wesentlich anders gestaltet haben, als dies im Sinne der Analyse von Karl Marx angenommen werden mußte.

Hier scheint wirklich ein Punkt gegeben zu sein, in welchem die Voraussagen des Marxismus sich nicht bestätigt haben. Überall sonst ist die heutige politische und ökonomische Weltsituation nur eine glänzende Bestätigung der marxistischen Erkenntnis. Schon längst hat man aufgehört, die Einwände des Revisionismus und der bürgerlichen Kritik gegen die Richtigkeit der Gesellschaftsanalyse von Karl Marx anzuführen. Denn alles, was er über die Notwendigkeit und Verschärfung des ökonomischen Klassengegensatzes ausgeführt hat, über die Konzentration des Kapitals und über die Verelendung der Arbeiter, über die Verdrängung der menschlichen Arbeit durch die Maschine und über die Tendenz zur Spaltung aller Staaten in bloß zwei große einander entgegenstehende Interessengruppen – dies alles ist durch die politische Konstellation des Faschismus und durch die ökonomische der Weltkrise und Weltarbeitslosigkeit buchstäblich erfüllt. Nur in *einem* Punkte erleben wir eine merkwürdige Abweichung von der Entwicklungslinie, die Marx bereits gezeichnet hat. Nach dieser wächst mit der Entfaltung der kapitalistischen Produktionsweise nicht nur das Proletariat an Zahl, sondern es revolutioniert sich auch gleichsam wie selbstverständlich, so daß es für Marx im Grunde gar nicht zweifelhaft war, daß mit der immer stärkeren Entwicklung der Widersprüche des Kapitalismus auch zugleich eine immer stärkere sozialrevolutionäre Empörung und Entschlußkraft der wachsenden Arbeitermassen einhergehen wird. Darauf beruht ja die Überzeugung von der Unwiderstehlichkeit der sozialistischen Idee als Ergebnis der ökonomischen Entwicklung. So heißt es bereits im *Kommunistischen Manifest* an einer berühmten Stelle:

> "Die Bedingung des Kapitals ist die Lohnarbeit. Die Lohnarbeit beruht ausschließlich auf der Konkurrenz der Arbeiter unter sich. Der Fortschritt der Industrie, dessen willenloser und widerstandsloser Träger die Bourgeoisie ist, setzt an die Stelle der Isolierung der Arbeiter durch die Konkurrenz ihre revolutionäre Vereinigung durch die Assoziation. Mit der Entwicklung der großen Industrie wird also unter den Füßen der Bourgeoisie die Grundlage selbst hinweggezogen, worauf sie produziert und die Produkte sich aneignet. Sie produziert vor allem ihren eigenen Totengräber. Ihr Untergang und der Sieg des Proletariats sind gleich unvermeidlich."

Und ähnlich schreibt Marx an einer anderen berühmten Stelle, nämlich im ersten Band des *Kapital*:

> "Mit der beständig abnehmenden Zahl der Kapitalmagnaten, welche alle Vorteile dieses (das heißt kapitalistischen) Umwandlungsprozesses usurpieren und monopolisieren, wächst die Masse des Elends, des Druckes, der Knechtschaft, der Entartung der Ausbeutung, aber auch die Empörung der stets anschwellenden und durch den Mechanismus des kapitalistischen Produktionsprozesses selbst geschulten, vereinten und organisierten Arbeiterklasse. Das Kapitalmonopol wird zur Fessel der Produktionsweise, die mit und unter ihm aufgeblüht ist . . . Die Stunde des kapitalistischen Privateigentumes schlägt, die Expropriateure werden expropriiert."

Die tatsächliche Entwicklung des Proletariats hat diesem Bilde bis jetzt nicht entsprochen. Zwar in zwei Punkten sind auch hier die Voraussagen von Marx eingetroffen. Erstens ist es richtig, daß die Masse des Proletariats immer mehr gewachsen ist und sich immer mehr organisiert hat. Ja, diese Organisation hat einen Umfang und eine Mannigfaltigkeit erreicht, wie sie Marx und Engels noch gar nicht im Auge gehabt haben konnten. Denn neben der hauptsächlich von ihnen angestrebten politischen und gewerkschaftlichen Organisation ist eine genossenschaftliche entstanden und insbesondere ein Netz von Kulturvereinigungen, Bildungs-, Sport- und Erziehungsorganisationen, die das Proletariat aller Schichten und Altersstufen in einen fast seine gesamten Lebensbetätigungen umschließenden Organisationsapparat einbezogen hat. Und zweitens ist auch eingetroffen, was Marx von dem anschwellenden Elend der Arbeiterklasse vorausgesagt hat und von dem gesteigerten Druck auf das Proletariat sowie von der Entartung großer Schichten desselben. Aber was ausgeblieben ist, das ist die wachsende sozialrevolutionäre Empörung der Arbeiterklasse, die Zusammenschweißung aller ihrer Energien in jene unwiderstehliche sozialrevolutionäre Kraft, die Marx immer als die geschichtliche Funktion des Proletariats angesehen hat. Es ist zwar heute bis aufs Wort eingetroffen, was Marx an der vorhin zitierten Stelle sagte:

> "Die Zentralisation der Produktionsmittel und die Vergesellschaftung der Arbeit erreichen einen Punkt, wo sie unverträglich werden mit ihrer kapitalistischen Hülle."

Aber wenn Marx fortfährt: "Sie wird gesprengt", so ist diese Sprengung, die das Werk der revolutionären Arbeiterklasse hätte sein müssen, da es heute ökonomisch reif und überreif ist, nicht erfolgt. Vielmehr ist die Arbeiterklasse in dieser geschichtlichen Stunde, da die Expropriateure expropriiert werden könnten, selbst gesprengt. Indem sie ihre Einheit und damit ihre Stoßkraft verloren hat, hat sie, weit entfernt davon, der Totengräber der kapitalistischen Gesellschaft zu sein, durch ihre Richtungslosigkeit und Schwäche in ihrem stärksten Teile, in der deutschen Arbeiterschaft, sich selbst das Grab gegraben. Woher kommt dieser schreckliche Widerspruch zu der von Marx vorausgezeichneten Linie der proletarischen Entwicklung? Hier setzt jene vorerwähnte Differenzierung innerhalb des Proletariats ein, die schon seit Jahrzehnten sich nach oben, aber seit den letzten Jahren der Weltkrise mit ihrer Dauerarbeitslosigkeit auch besonders stark nach unten vollzogen hat. Ihre verhängnisvolle Wirkung wird von der Theorie und Praxis der marxistischen Arbeiterbewegung in Zukunft stärker berücksichtigt werden müssen, als es bisher geschehen ist.

2. Das Proletariat bei Marx

Die geschichtliche Rolle des Proletariats, die Marx aufgezeigt hat, ist die, aus ökonomischer Notwendigkeit Pionier einer neuen Gesellschaftsordnung, der sozialistischen, zu sein und daher zum Träger der sozialen Revolution zu werden. Diese historische Mission beruht auf dem *Klassencharakter* des Proletariats, der im Sinne des Marxismus vor allem ein ökonomischer ist. Eine Klasse ist die durch den Produktionsprozeß selbst entstandene besondere Gruppe von Menschen innerhalb eines Sozialverbandes, die eine gleiche Stellung im Produktionsprozeß einnehmen, dadurch in die gleiche Beziehung zu den Produktionsmitteln und zum Produktionsertrag kommen und schließlich davon ein entsprechendes Bewußtsein erlangen. Das Proletariat ist die Gruppe der produktiv tätigen, aber zugleich von den Produktionsmitteln losgelösten Menschen innerhalb der kapitalistischen Gesellschaft. Es ist dadurch in allen seinen Gliedern auf jenes Maß von Lebensmitteln, dieses Wort im weitesten Sinne verstanden, beschränkt, das ihm die Besitzer der Produktionsmittel zukommen lassen, respektive im Getriebe des kapitalistischen Produktionsprozesses zukommen lassen müssen. Darum definiert Marx das Proletariat bereits im *Kommunistischen Manifest* als "die Klasse der modernen Arbeiter, die nur so lange leben, als sie arbeiten können, und die nur so lange Arbeit finden, als ihre Arbeit das Kapital vermehrt". Übereinstimmend damit heißt es im *Kapital*:

> "Unter Proletarier ist ökonomisch nichts zu verstehen als der Lohnarbeiter, der 'Kapital' produziert und verwertet und aufs Pflaster geworfen wird, sobald er für die Verwertungsbedürfnisse des 'Monsieur capital', wie Pecqueur diese Person nennt, überflüssig ist." (1. Band, S. 550.)

Diese ökonomische Struktur des Proletariats bedeutet für alle Glieder desselben die gleiche gedrückte Lebenslage und infolgedessen auch die Herausbildung einer gleichmäßigen Geistesverfassung. In dieser Lebenslage ist das bedrückendste Moment die *Aussichtslosigkeit*, eine wesentliche Änderung zum Besseren innerhalb des Bestandes der kapitalistischen Wirtschaft zu erlangen. Dieses Moment der Hoffnungslosigkeit ist es hauptsächlich, was Lassalle agitatorisch und sehr wirksam mit seinem Schlagwort vom "ehernen Lohngesetz" ausgedrückt hat. Dieses besagt bekanntlich, daß die Arbeiterklasse keine Hoffnung haben kann, ihren Lebensstandard jemals wesentlich über das Maß der unmittelbar zur Erhaltung und Fortpflanzung ihrer Arbeitskraft nötigen Höhe zu steigern. Wenn Marx (in den *Glossen zum Gothaer Parteiprogramm*) so heftig gegen das Lassallesche Schlagwort aufgetreten ist, so ist seine Kritik doch vielfach mißverstanden worden, indem man seine Bekämpfung des Lassalleschen ehernen Lohngesetzes mitunter so aufgefaßt hat, als habe er dasselbe für zu pessimistisch gehalten. In Wirklichkeit hat Marx die Tatsache, die Lassalle gemeint hat, niemals bestritten, sondern sich nur gegen die Begründung bei Lassalle gewendet, weil er meinte, daß Lassalle das "eherne Lohngesetz" auf einen biologischen, malthusianischen Gedankengang gestützt habe, worin er übrigens Lassalle, wie auch sonst an manchen Punkten, Unrecht tat. Marx bekämpft also das "eherne Lohngesetz" keineswegs als zu streng, sondern drückt sich sogar noch schärfer aus. Gerade in den *Glossen* schreibt er,

> "daß der Lohnarbeiter nur die Erlaubnis hat, für sein eigenes Leben zu arbeiten, das heißt, zu leben, soweit er gewisse Zeit umsonst für den Kapitalisten (daher auch für dessen Mitzehrer am Mehrwert) arbeitet; daß das ganze kapitalistische Produktionssystem sich darum dreht, diese Gratisarbeit zu verlängern durch Ausdehnung des Arbeitstages oder durch Entwicklung der Produktivität, respektive größere Spannung der Arbeitskraft usw.: daß also das System der Lohnarbeit ein System der Sklaverei, und zwar einer Sklaverei ist, die in selbem Maße härter wird, wie sich die gesellschaftlichen Produktivkräfte der Arbeit entwickeln, ob nun der Arbeiter bessere oder schlechtere Zahlung empfange."

Marx hat natürlich niemals geleugnet (und auch Lassalle nicht), daß der allgemeine Lebensfuß der Arbeiterklasse sich erhöhen kann. Das geht ja schon daraus hervor, daß Marx die zur Produktion der Arbeitskraft gesellschaftlich notwendige Arbeitszeit als eine historische Größe bezeichnet hat, die von der allgemeinen Kulturlage und von der besonderen traditionellen Lebensweise sowie auch von den Errungenschaften der Arbeiterklasse abhängig ist. Aber gleichwohl hat er immer betont, daß es die Tendenz der kapitalistischen Produktionsweise ist, das Proletariat stets auf einer eben noch mit der Profitsteigerung vereinbarten Lebensstufe niederzuhalten, die im Verhältnis zu der unaufhörlich sich steigernden Produktivität der Arbeit und des durch sie ermöglichten Luxus der Besitzenden eine um so drückendere ist.

> "Obgleich also", schreibt Marx in der Schrift *Lohnarbeit und Kapital,* "die Genüsse des Arbeiters gestiegen sind, ist die gesellschaftliche Befriedigung, die sie gewähren, gefallen im Vergleich mit den vermehrten Genüssen des Kapitalisten, die dem Arbeiter unzugänglich sind, im Vergleich mit dem Entwicklungsstand der Gesellschaft überhaupt."

So ist also die Lage des Proletariats durch eine gleichmäßige relativ niedere Lebenshaltung an der Grenze der Existenzmöglichkeit charakterisiert. Gerade diese Unüberschreitbarkeit des relativen Existenzminimums macht trotz fortschreitender absoluter Erhöhung desselben das Gefühl der Aussichtslosigkeit und Hoffnungslosigkeit auf Erreichung eines wirklich menschlichen Kulturdaseins im Proletariat nur um so fühlbarer. Denn nichts läßt den Menschen die eigene Ungunst seiner Lage schwerer empfinden als der Kontrast mit dem freieren und glücklicheren Leben anderer, und dies um so mehr, wenn die eigene Lage zugleich als unverschuldet und die Glückslage der anderen als eine solche erkannt wird, die nur durch die eigene Not und Arbeit ermöglicht wird. Dann verwandelt sich das Unglückslos in ein Pariaschicksal. Und zu diesem Merkmal der Proletarierlage kommt nun noch als weiteres hinzu das Gefühl der Unsicherheit selbst dort, wo der Proletarier eine erträgliche Existenz gefunden hat. Besonders dieses letztere Moment ist sehr wesentlich für die Charakteristik des Proletariats. Es ist bedingt durch die ökonomische Tatsache der industriellen Reservearmee (Arbeitslosigkeit), die ein notwendiges Produkt des kapitalistischen Produktionsprozesses ist. Sie bringt in das Leben des Proletariats jenes Moment der steten Gefahr der Erwerbslosigkeit, des furchtbaren Gefühles eines Lebens von der Hand in den Mund und vor allem der zitternden Sorge um die Existenz für den Fall einer länger dauernden Krankheit oder eines arbeitsunfähigen Alters. Ar-

beitslosigkeit auf der einen Seite und Verelendung (Pauperisierung) auf der anderen Seite sind die dunklen Schatten, die das düstere Los der Arbeiterklasse noch dunkler werden lassen.
So zeigt der Begriff des Proletariats schon bei Marx eine gewisse Differenzierung: Seinen Hauptstock bilden die im Produktionsprozeß stehenden Arbeiter, eine zweite Schicht bildet die industrielle Reservearmee, die Arbeitslosen, und unter beiden, wie ein schmutziger Bodensatz, befinden sich die Pauperes, das sind die durch Krankheit, Invalidität und Alter oder auch durch Verbrechen und Entartung aller Art gänzlich aus dem Produktionsprozeß ausgeschalteten Menschen, die die Schicht des Lumpenproletariats ausmachen. Aber diese Differenzierung ist doch nicht geeignet, den einheitlichen Charakter des Proletariats zu sprengen. Denn was zunächst das Lumpenproletariat betrifft, "diese passive Verfaulung der untersten Schichten der alten Gesellschaft", so stellt dieselbe bei dem Bilde, das Marx noch von der tatsächlichen Gestaltung des Proletariats vor Augen hatte, eine geringfügige Ausnahme dar, mehr einen Rest der zugrunde gegangenen alten Produktionsformen, so daß er überdies annehmen konnte, daß diese Schicht des Lumpenproletariats durch die Fortentwicklung der großindustriellen Produktionsweise immer mehr an Bedeutung verlieren würde. Was aber die Reservearmee betrifft, so stellte Marx zwar das stete Wachstum derselben in Rechnung, aber er betrachtete die Arbeitslosigkeit als eine Erscheinung, die, bevor es zu der Endkrise des kapitalistischen Systems kommen würde, doch eigentlich nur von fluktuierender Bedeutung sei, in dem verhängnisvollen Zyklus der Konjunkturkrisen und der ihr folgenden Aufschwungsperioden bald anschwellend, bald wieder aufgesogen und derart sowohl zahlenmäßig wie auch in bezug auf die individuelle Dauer im Leben des Arbeiters eine *Ausnahme* gegenüber seiner Arbeitsbeschäftigung. Ihr Anschwellen zur Riesendimension, die Marx sicherlich bei der von ihm geschilderten Zuspitzung der ökonomischen Gegensätze im Auge hatte, war ihm bereits gleichbedeutend mit der Aufhebung des Lohnverhältnisses selbst durch den inneren Widerspruch des Kapitalismus, das heißt mit der sozialen Revolution.
Die gegenwärtige Klassengestaltung des Proletariats, wie sie sich unter dem ungünstigen Einfluß der Weltkrise des Kapitalismus besonders schroff herausgebildet hat, aber auch schon längere Zeit vorher durch Einflüsse einer günstigen Konjunktur nach einer anderen Richtung hin beeinflußt wurde, zeigt ein ganz anderes Bild, das zwar in manchen Punkten Befürchtungen entspricht, die bereits Marx und namentlich Engels ausgesprochen haben, das im ganzen aber doch eine neuartige Erscheinung darstellt. Und diese besteht im wesentlichen darin, daß das heutige Proletariat von solchen ökonomischen Gegensätzen durchzogen ist, mit denen auch eine tiefgehende ideologische Entfremdung verschiedener Teile des Proletariats gegeneinander verbunden ist, so daß man zweifeln könnte, ob man hier noch von einer einzigen Klasse sprechen kann. In der heutigen Struktur des Proletariats lassen sich folgende Schichten unterscheiden: das große Heer der unter proletarischen Lebensverhältnissen beschäftigten Arbeiter und Angestellten, darüber eine Schicht der Arbeiter und Angestellten "in gehobener Lebensstellung", neben dieser ein bis vor kurzem noch wachsendes Heer der Partei-, Gewerkschafts-, Genossenschafts- und Krankenkassenangestellten, unter allen diesen die absolut und relativ unheimlich wachsende Schicht der Arbeitslosen und zuletzt immer noch das eigentliche Lumpenproletariat. So haben wir fünf verschiedene Schichtungen in der scheinbar einheitlichen Klasse des Proletariats, die sich in ihrer sozialpsychologischen Auswirkung schließlich zu drei Grundeinstellungen im Proletariat ausgestaltet haben, welche zu großen und gefährlichen Gegensätzen führten und noch führen. Es sind dies die sogenannte Arbeiteraristokratie und -bürokratie, ferner die in Arbeit stehenden Proletarier und endlich die Arbeitslosen. Es ist nötig, sich mit dem Charakter dieser einzelnen Schichten näher vertraut zu machen und daraus die Rolle zu bestimmen, die sie in der bisherigen sozialistischen Arbeiterbewegung gespielt haben, sowie den Einfluß abzuschätzen, den sie auf die weitere Gestaltung der sozialistischen Politik nehmen können. Nur so wird es möglich sein, diejenigen Änderungen der bisherigen sozialistischen Taktik zu bestimmen, welche notwendig sind, um die sozialrevolutionäre Aufgabe des Proletariats zu erfüllen und es instand zu setzen, seiner geschichtlichen Bestimmung wirklich zu entsprechen.

3. Die Arbeiteraristokratie

Am verständlichsten und augenfälligsten ist die Gefahr der inneren ökonomischen Differenzierung des Proletariats bei der Erscheinung der sogenannten Arbeiteraristokratie. Sie setzt sich zusammen aus den Schichten der in bessere Arbeitsverhältnisse gelangten Arbeiter, die zumeist, aber nicht immer, mit den höchstqualifizierten Arbeitszweigen identisch sind, also aus der Schicht der sogenannten Arbeiter "in gehobener Lebensstellung", und aus der anderen Schicht der beamteten Proletarier. Diese sogenannte Arbeiteraristokratie hat sich allmählich und oft, ohne es selbst zu bemerken, sehr gründlich von der Lebensweise und der Denk- und Fühlweise des übrigen Proletariats entfernt. Ihr Hauptcharakterzug besteht darin, daß sie sich in ihrer durchschnittlichen Mentalität vom sozialrevolutionären Standpunkt des Proletariats zu einer im Grunde *sozialkonservativen* Gesinnung umgewandelt hat, worüber sich freilich ein großer Teil derselben noch durch den traditionellen Gebrauch der klassenrevolutionären Symbole und Ausdrucksformen täuscht. Dabei ergibt sich auch innerhalb der Arbeiteraristokratie noch eine Schattierung, indem nämlich jener Teil derselben, der bloß in eine ökonomisch befriedigendere Stellung aufgerückt ist, nur schlechtweg *kleinbürgerlichen* Charakter zeigt, während der andere Teil, der beamtete, darüber hinaus auch noch die Merkmale des *Bürokratentums* angenommen hat, das heißt den Geist einer Kaste, die ein Stückchen Macht über andere hat. Für beide Schichten ist ein wesentliches Merkmal des Proletarierdaseins weggefallen: die drückende Not und die Aussichtslosigkeit der Lage. Der Arbeiter in gehobener Lebensstellung kann sich etwas ersparen, der beamtete Proletarier sieht eine gewisse Vorrückungsmöglichkeit vor sich und hat auf alle Fälle seine Pension. Man darf sich bei der Beurteilung dieser Verhältnisse nicht dadurch beirren lassen, daß heute infolge der lang andauernden Krise der Wirtschaft sich die Lage dieser Schichten der Arbeiteraristokratie nicht nur verschlechtert hat, sondern die Existenz einer solchen Aristokratie selbst immer mehr bedroht wird. Die unerhört gesteigerte Rationalisierung der Betriebe räumt immer mehr mit der bevorzugten Lage der bestgestellten Arbeiter auf. Auch bei ihnen ist die Unsicherheit ihrer Beschäftigung größer geworden, und die Arbeitslosigkeit hat gewaltige Bresche auch in dieses Lager geschlagen. Dazu kommt, daß die Teuerung und die zufolge ihrer privilegierten Stellung größeren Auslagen für die Ausbildung der Kinder sowie die gegenwärtige häufige Unmöglichkeit, die Söhne und Töchter in einen Arbeitsposten zu bringen, die Ersparnisse dieser privilegierten Arbeiterschicht vielfach aufgezehrt haben. Ebenso erschüttert die Arbeitslosigkeit mit der aus ihr folgenden rapiden Verringerung der Partei-, Gewerkschafts- und sonstigen Beiträge auch die Schicht der beamteten Proletarier. Die ganze Arbeiteraristokratie ist heute zweifellos stark im Rückgang, und diese Tatsache allein ist bereits ein niederschmetterndes Argument gegen den Reformismus der Gesinnung, dessen Hauptträger die Arbeiteraristokratie war und ist. Aber für unsere Untersuchung der Ursachen und Wirkungen der heutigen Zerklüftung des Proletariats kommt es nicht auf den augenblicklichen Zustand der Arbeiteraristokratie an; vielmehr sind das Entscheidende die jahrelang zurückliegenden und zu Zeiten der Aufwärtsentwicklung der sozialistischen Arbeiterbewegung steigenden Tendenzen in der Herausbildung dieser Arbeiteraristokratie. Diese Tendenzen haben nicht nur die auch zahlenmäßig beträchtliche Heraussonderung einer privilegierten Schicht in der Arbeiterklasse bewirkt, sondern damit zugleich eine Ideologie entstehen lassen, die verhängnisvoll auch in der Zeit nachwirkt, in der diese privilegierten Schichten selbst in einen wirtschaftlichen und sozialen Abstieg geraten sind.

Es ist bemerkenswert, daß die Gefahr einer "Arbeiteraristokratie" schon frühzeitig in der modernen Arbeiterbewegung erkannt wurde. Schon der zweite Kongreß der alten Marxschen Internationale, der Kongreß von Lausanne (1867), beschäftigte sich eingehend mit dieser Frage. Offenbar war es die damals unter der Nachwirkung der Lassalleschen Bewegung sehr im Vordergrund stehende und sonst stark überschätzte Bedeutung der Genossenschaften, was Anlaß zur Stellung des folgenden Diskussionsthemas für den Kongreß gab: "Wird nicht aus der durch das Genossenschaftswesen zu bewirkenden Emanzipation des vierten Standes ein noch weit notdürftigerer fünfter Stand hervorgehen?" Und der Kongreß kam nach längerer, oft leidenschaftlicher Debatte zu dem Ergebnis, daß dies tatsächlich der Fall sein würde, daß also die Verbesserung der Arbeiterlage durch die Genossenschaften die "Zurücklassung eines ganz elenden fünften Standes zur Folge haben würde", *wenn* die Genossenschaften nicht die Idee der sozialistischen Umgestaltung und damit des *solidarischen* Endzieles sich zur Hauptaufgabe stellen würden. Und Eccarius, der Vertrauensmann von Marx, setzte einen Zusatzantrag durch, der die Hoffnung der Überwindung der Arbeiteraristokratie auf die Entwicklung der modernen Großindustrie setzte, welche die Genossenschaften (gedacht war dabei vor allem an die Produktivgenossenschaften) an Bedeutung zurücktreten lassen werde hinter der für alle Arbeiter sich immer mehr ausgleichenden Situation ihrer Lebenslage und ihrer revolutionären Bestrebungen. Man sieht, daß schon bei dieser ersten Behandlung des Problems einer inneren Differenzierung des Proletariats die Betonung der revolutionären sozialistischen Ideologie in den Vordergrund tritt. Es handelte sich schon damals um dieselbe Aufgabe wie heute: Bewahrung klassenrevolutionärer Gesinnungen und Bestrebungen und Verhütung der Entstehung entgegengesetzter Geisteshaltungen, eben um Verhütung dessen, was man damals als die Ideologie eines vierten Standes im Gegensatz zu einem fünften bezeichnete und deren charakteristisches Merkmal darin gesehen wurde, daß sie aufgehört hat, proletarisch zu sein. Sie ist tatsächlich doch zur Ausbildung gekommen und viel mächtiger, als man damals noch sehen konnte und gefürchtet hatte.

Diese Ideologie ist nun die oft geschilderte und schon von Engels in seinen Briefen aus den achtziger und neunziger Jahren gebrandmarkte Geisteshaltung der *Verbürgerlichung* im Sinne eines kleinbürgerlichen Wohlverhaltens und Ideals. Der proletarische Klassenkampf, an dessen Wortformel man noch lange Zeit festhält, um schließlich auch diese noch zugunsten eines Kampfes "für freies Menschentum" zu verlassen, hat längst den revolutionären Sinn einer grundsätzlichen Kampfstellung gegen die bürgerliche Gesellschaft verloren. Dafür hat er die Form eines Kampfes um stete Verbesserung der Lage *innerhalb* der heutigen Gesellschaft angenommen. Charakteristisch für diese Auffassung ist das Streben in dieser Arbeiterschichte, ihren Kindern eine höhere Bildung zuteil werden zu lassen, aber nicht aus dem Bewußtsein heraus, daß die Bildung ein hohes Gut und ein gewaltiges Klassenkampfmittel ist, sondern aus dem Streben, daß die Kinder es "besser" haben sollen als die Eltern, das heißt, daß sie aus dem Proletariat herauskommen und womöglich in die bürgerliche Klasse "aufsteigen" mögen. Das "Arbeiterstudententum", das an sich einen gewaltigen Fortschritt der Arbeiterklasse darstellt und das einen noch gewaltigeren revolutionären Machtgewinn für diese Klasse hätte bewirken können, wenn es von Haus aus darauf angelegt gewesen wäre, die bürgerliche Schicht der intellektuellen Berufe mit proletarisch-revolutionären Elementen zu durchsetzen, ist so vielfach nur eine Brutstätte ödesten Strebertums und einer Parteigesinnung geworden, die das Parteibeamtentum als die wichtigste Funktion in der sozialistischen Bewegung betrachtete. So nahm für einen großen und in günstigen Konjunkturzeiten wachsenden Teil der Arbeiterschaft die gewaltige Idee der Befreiung des Proletariats als Klasse eine persönliche Note an. Verbessert in ihrer Lebenshaltung, relativ gesichert durch die Fortschritte der Arbeiterschutzgesetzgebung, erhöht in ihrem politischen Geltungsbewußtsein durch den Aufstieg der Sozialdemokratie in der parlamentarischen Entwicklung, sahen sie nur alle diese "Errungenschaften", die freilich verglichen mit der politischen und ökonomischen Rückständigkeit der früheren Arbeitergeneration und der Not und Verfolgung in ihrer eigenen Jugend ihnen einen Aufstieg bedeuten mußte, der für ihr Bewußtsein fast als die Erfüllung der Emanzipation des Proletariats erschien. *Für ihre Person* war sozusagen der große Befreiungskampf der Arbeiterklasse schon am Ziel. Und nur wie ein imponierendes Symbol für diese Geisteshaltung und als eine geschichtliche Bekräftigung ihrer Richtigkeit mußte der ungeheure individuelle Aufstieg in einzelnen Proletarierfällen wirken, wie zum Beispiel in der Laufbahn Friedrich Eberts vom Sattlergehilften zum deutschen Reichspräsidenten oder Karl Severings, des einfachen Metallarbeiters, zum Reichsinnenminister.

So mußte es kommen, daß über diesem glänzenden Bilde, dem man das eigene, wenn auch bescheidenere gehobenere Lebensschicksal innerlich verwandt fühlte, der trostlos düstere Hintergrund des Bildes der Arbeiterklasse ganz verschwand, der trotz allem ein wachsendes Massenelend und ganz besonders eine bedrohlich steigende Arbeitslosigkeit zeigte. Und wo sich diese Not, was ja nicht ausbleiben konnte, auch der eigenen Lage gegenüber schließlich doch geltend machte, verhielt sich die privilegierte Arbeiterschicht dazu innerlich eigentlich bereits fremd und nicht anders wie der Almosengeber zum Bettler oder allenfalls der Fürsorgebeamte zum Befürsorgten. Man fühlte die Pflicht zu helfen, aber man sah diese Not der anderen nicht mehr als typisch für das eigene Schicksal, nicht mehr als gemeinsames Klassenlos an. Diese Ideologie war es, die aus einem Teil des revolutionären Proletariates immer mehr einen ruhigen Bürger machte, dem noch dazu der große, eine satte Ruhe nicht kennende Weltblick des Großbürgers, des kapitalistischen Ausdehnungs- und Machtstrebens fehlte, sondern der bei seinem Heim und Schrebergärtchen und höchstens noch bei seinem Zahlabend gemütlich zu bleiben wünschte. Und diesem sozialpazifistischem Kleinbürgertum tritt zur Seite die bürokratische Geistesrichtung, die sich mit psychologischer Notwendigkeit aus dem Berufsbeamtentum in Partei, Gewerkschaft, Krankenkasse, Genossenschaft und dergleichen entwickeln mußte. Bei der Masse dieser Angestellten entstand vor allem ein stark ausgeprägtes Selbstbewußtsein, auf einem vorgeschobenen Posten der Arbeiterbewegung zu stehen, was an sich auch berechtigt war und sich sowohl aus den Funktionen, die sie ausübten, ergab als auch auf das Vertrauen, das ihrer Stellung entgegengebracht wurde, gründete. Aber diese Sonderstellung mußte durch die Herausbildung einer streng beruflichen Tätigkeit und, mit ihr verbunden, einer immer schwieriger zu erlangenden fachlichen Orientiertheit schließlich zu einer großen Einseitigkeit des Interesses führen, so daß allen diesen Funktionären schließlich die Verfolgung ihrer speziellen Aufgabe, also zum Beispiel die Pflege der Gewerkschaftsaufgaben oder die Verwaltung der Krankenkasseninteressen usw., weit vor die Zwecke der allgemeinen und revolutionären Arbeiterbewegung trat. Ja, diese letzteren mußten schließlich gegenüber der Konkretheit ihrer Berufsaufgaben fast wie etwas Unreales erscheinen. Kein Wunder, daß ihnen die marxistische klassenrevolutionäre Lehre daher als etwas "Unpraktisches", "Überlebtes" und jedenfalls Störendes erscheinen mußte. So erhält diese Schicht allmählich für sich selbst und noch mehr für die Masse der Arbeiter einen Charakter der Legitimität, des Offiziellen. Der einzelne Funktionär hinter seinem Schalter erschien dem einfachen Proletarier vor demselben kaum mehr anders als irgendein sonstiger Beamter des Staates, und dies um so mehr, je mehr das Proletariat in Staats- und Gemeindeverwaltungen eindrang und daher auch dort direkte obrigkeitliche Amtsstellen besetzte. Das Schalterfenster war nur zu oft nicht bloß eine physische Schranke zwischen dem beamteten Proletarier und der Masse seiner Klassengenossen, sondern meistens wurde es direkt zu einem Symbol für die *seelische Geschiedenheit* der aufgestiegenen Arbeiterschicht von ihrer Ursprungsmasse, eine Geschiedenheit, die auch dort bestand, wo – wie im politischen Leben – keine solchen realen Schalterfenster sichtbar waren. Endlich kommt zu alledem noch, daß auch diese beamtete Schicht der Arbeiterklasse, ja diese noch stärker wie die Arbeiter in gehobener Lebensstellung, von demselben Gefühl des Stolzes auf das Errungene erfüllt war. Durch ihre Tätigkeit in wohl eingerichteten Büros und Betriebsstätten, in eigenen Partei- und Verbandshäusern, durch die Gewohnheit eines regelmäßigen Verkehres mit den Behörden und offiziellen Kreisen der bürgerlichen Gesellschaft, der sie oft auch in direkte Beziehung zu Ministern und den hohen Spitzen der staatlichen sowie kommunalen Bürokratie brachte und auch mit ebensolchen Organen des Unternehmertums, durch die Notwendigkeit der Herausbildung kluger diplomatischer Methoden in der Vertretung von Kampfinteressen, durch häufige Reisen ins Ausland zu Konferenzen und Repräsentationszwecken, durch alles dies und noch Ähnliches bildeten sich schließlich auch persönliche Lebensformen heraus, die weitab von dem sozialen Milieu und von der Denkweise des Proletariers lagen. Und das spürte der einfache Proletarier auch sofort, wenn er einmal aus der trostlosen Bedrücktheit seines Lebens daheim und in der Werkstätte in jene obere Welt eintauchte. Er mußte sich dann vorkommen wie der arme Verwandte, der auf Besuch bei seinen reich gewordenen Vettern ist. Hier war eine besitzende Schicht im Proletariat entstanden, nicht besitzend im individuellen Sinne, sondern als Klasse: das Proletariat als Besitzer von Häusern, Betrieben, Druckereien, Geschäftslagern, Banken usw. Und dieser Besitz übte die gleiche verhängnisvolle Wirkung aus, wie sie von jedem Besitz ausgeht: er wurde eine Sorge für den Besitzenden, ihn zu erhalten und zu mehren, und er erzeugte damit unweigerlich auch die Ideologie des Besitzenden: nunmehr hatte auch das Proletariat etwas in der heutigen Gesellschaft zu verteidigen und zu vermehren. So wurde dieser Besitz ein Band, das die proletarische Schichte der Arbeiteraristokratie stärker an die Gegenwart fesselte, als die historische Aufgabe des Proletariats sie hätte auf die Zukunft einstellen müssen. Die letzte Konsequenz dieser Geisteshaltung hat inzwischen die schreckliche Entwicklung der Dinge in Deutschland gezogen. Sie hat gezeigt, wie diese Sorge um die Erhaltung der Besitztümer und Errungenschaften der Arbeiterklasse, die man fälschlich als eine Sorge um die Erhaltung der sozialdemokratischen Arbeiterbewegung selbst angesehen hatte, in Wirklichkeit gerade für diesen Zweck völlig sinnwidrig war. [1]) Denn indem sie die Führerschichte und die Arbeiteraristokratie entrevolutionierte, hat sie vor allem jene *Entseelung des Sozialismus* und jene *geistige Abrüstung* der Partei und Gewerkschaften bewirkt, deren ganz selbstverständliche Folge auch die *Unterlassung der physischen Abwehrbereitschaft* war und die die deutsche Arbeiterbewegung entschluß- und handlungsunfähig machen mußte. Haben wir doch erlebt, daß auf diesem Wege sogar die Partei- wie die Gewerkschaftsleitungen bereit waren, sich in das faschistische System Hitlers einzugliedern, nur um auf diese Weise das "zu erhalten", was sie für das Leben der sozialistischen Arbeiterbewegung ansahen, und wie es ihnen trotzdem nicht geglückt ist, sondern nur dazu führte, den aufgesparten und ungenützten Besitz des Proletariats schließlich für den Todfeind der Arbeiterklasse intakt erhalten zu haben. Es gibt keine schrecklichere geschichtliche Bestätigung des Wortes von Marx, daß die Arbeiterklasse solange nicht auf dem richtigen Weg ihrer Befreiung ist, solange sie noch nicht weiß, daß sie in der bürgerlichen Gesellschaft nichts zu verlieren hat als ihre Ketten.

Es ist unnötig noch besonders auszuführen, wie die Arbeiteraristokratie es ist, die der eigentliche Träger des Revisionismus war und ist, der Träger jener Politik, die den Parlamentarismus mit der proletarischen Demokratie verwechselte und die statt der Diktatur des Proletariats, das heißt statt Eroberung der politischen Macht im Staat nur den gebührenden Anteil an derselben erstrebte. Dieser Reformismus, wie sich der Revisionismus lieber nannte, diese Koalitionsbereitschaft, war nicht bloße Taktik, welche zeitweilig geboten sein kann, sondern *Gesinnung*, Überzeugung vom richtigen realpolitischen Weg zum Sozialismus. Nichts ist dafür charakteristischer als das Wort Eberts in revolutionärer Stunde: "Ich hasse die Revolution mehr als die Sünde." Und ebenso gibt über diesen revisionistischen Geist der Führerschichten klaren Aufschluß die Art, wie einer der Theoretiker der Gewerkschaftsbewegung noch in der Zeit des Aufstieges nach dem Krieg die Aufgabe der sozialistischen Politik, das heißt die Aufgabe der Arbeiterklasse, charakterisiert hat.

> "Man übersehe nicht", schreibt Karl Zwing in seiner *Soziologie der Gewerkschaftsbewegung*, "daß die Arbeiterklasse ein Teil des kapitalistischen Systems ist. Der Untergang dieses Systems wäre auch ihr Untergang. Darum hat die Arbeiterklasse die große historische Pflicht, durch ihre Einordnung in dieses System die Vervollkommnung des Gesamtgesellschaftszustandes, der wieder identisch mit ihrer eigenen gesellschaftlichen Gesamtlage ist, herbeizuführen." (S. 161.)

Gewiß, der Revisionismus hatte noch tieferliegende Ursachen als diese Gesinnung der Arbeiteraristokratie. Wer dies verkennen würde, käme ja sonst auf das ganz unmarxistische Geleise der "kommunistischen" Demagogie, die alle reformistischen Erscheinungen kurz und einfach als Verrätertum der Führer abtut. Demgegenüber ist darauf zu verweisen, daß dieses "Verrätertum" doch selbst wieder das Produkt einer großen ökonomischen Umwandlung im kapitalistischen Prozeß selbst war, was im einzelnen hier darzulegen nicht möglich ist, sondern wor-

---

[1]) In diesem Zusammenhang ist es interessant, daß unter dem Eindruck der deutschen Katastrophe zwei hervorragende Vertreter des französischen Sozialismus, Leon Blum und J. B. Séverac, im *Populaire* (4. Mai 1933) den Zweifel ausgesprochen haben, ob die Größe und der Reichtum sozialistischer Arbeiterorganisationen nicht am Ende eine Gefahr für die Arbeiterbewegung bedeuten, und dies besonders, wenn kritische Zeiten kommen. Welchen Eindruck diese Frage in der Parteiöffentlichkeit machte, ist daraus zu ersehen, daß die Zeitschrift *L'Etudiant Socialiste* über dieses Thema eine Rundfrage eröffnet hat.

auf hier nur aufmerksam gemacht werden soll. Denn die Differenzierung des Proletariats nach oben ist wesentlich das Ergebnis der Umgestaltung des Kapitalismus zum Imperialismus seit den achtziger Jahren des vorigen Jahrhunderts. Diese Umgestaltung war es, die nicht nur erst überall jene gewaltige Massenentfaltung des Proletariats hervorgebracht hat, die seine wachsende politische und gewerkschaftliche Organisation ermöglichte und damit das Parteibeamtentum ebenso hervorgerufen wie notwendig gemacht hat; sondern darüber hinaus sind in diesem Prozeß der Entwicklung des Imperialismus wiederholt glänzende Konjunkturepochen eingetreten, die sich überall in der Anfangszeit dieser Entwicklung einstellten, die von Sternberg sehr gut genannten "Schonzeiten" des Proletariats. Die glänzendste dieser Epochen dauerte etwa von 1890 bis in den Anfang dieses Jahrhunderts, und eine ebenso glänzende, wenn auch wesentlich kürzere wiederholte sich in der Stabilisierungs- und Rationalisierungsperiode des Kapitalismus nach dem Kriege. Beide Perioden waren besonders befruchtend für die revisionistischen Gedanken- und Gefühlsrichtungen, die bis weit über die Arbeiteraristokratie hinaus in die Massen der Arbeiterklasse gewirkt haben. Diese beiden Perioden sind daher auch die Perioden des alten, sozusagen klassischen Revisionismus Eduard Bernsteinscher Prägung und des Neurevisionismus, wie er besonders durch Rudolf Hilferding und Heinrich Cunow in Deutschland vertreten und von großen Massen der Arbeiter getragen wurde. Der Reformismus im Proletariat ist eben kein bloßes Führerproblem, sondern ein Massenproblem, und nur deshalb ist ja die Erscheinung der "Arbeiteraristokratie" von so großer Bedeutung, weil sie nur die Spitzenwirkung einer auch sonst in den Massen vorhandenen Strömung ist. Es wäre daher grundfalsch, die Arbeiteraristokratie mit dem sogenannten "Bonzentum" zu identifizieren. So wie nicht alle Führer Bonzen sind, so auch nicht alle Bonzen und Bönzlein Führer. Es ist vielmehr eine Massenstimmung und Massenstrebung, um die es sich hier handelt, die Stimmung der Arrivierten, das heißt, der Emporgekommenen und das Streben derer, die gern auch so weit kommen möchten. Dies erklärt, wieso die Arbeiteraristokratie sogar einen gewissen Rückhalt in den Massen hat, nämlich bei allen denen, deren Vorbild sie ist. Diese ganze Erscheinung der Angekommenen und ihrer Nachläufer ist aber ebenso das Produkt bestimmter ökonomischer Prozesse im Kapitalismus, wie sie selbst wieder eine Ursache geworden ist, und eine sehr wesentliche dazu, den Charakter des Proletariats zu modifizieren.

Daß dieser Einfluß im Sinne einer Schwächung der ganzen Arbeiterklasse wirken mußte, haben wir gesehen und sehr verständlich gefunden. Aber es ist nicht ebenso ohne weiteres einzusehen, ja im Gegenteil, es scheint höchst merkwürdig und unerwartet, daß eine gleich schädliche Wirkung, ja sogar noch im stärkeren Maße verderblich, von jener Differenzierung des Proletariats ausging, die sich hauptsächlich erst in der jüngsten Gegenwart auswirkt, von der Differenzierung nach unten, von den Arbeitslosen.

4. Das Lohnproletariat

Bevor wir uns mit der Schicht der Arbeitslosen beschäftigen, muß noch von der Hauptmasse des Proletariats gesprochen werden, von den in Arbeit stehenden Proletariern in Stadt und Land. Man braucht nur einmal in eine proletarische Massenversammlung zu kommen, um sofort den Eindruck zu erhalten, der oft beklemmend ist, daß trotz aller demokratischen und sozialpolitischen Errungenschaften das Gesamtbild der Klasse so geblieben ist, wie es Marx gezeichnet hat und wie es innerhalb der kapitalistischen Ausbeutung auch nicht anders sein kann. Abgearbeitete, vergrämte Menschen, viele Männer und besonders die Frauen vorzeitig gealtert, alle gekennzeichnet durch die Kümmerlichkeit ihres Lebens, die ausstrahlt aus ihrem ungepflegten Äußeren, aus ihren schlechten Kleidern und aus ihrer scheuen, mißtrauischen Zurückhaltung gegenüber jedem, der durch sein besseres Äußere oder durch gebildetere Ausdrucksweise sich von ihnen abhebt. Welch ein Unterschied in diesem Massenbild gegenüber jenem Anblick, den die Tagungen der Vertreter dieses Proletariats auf Kongressen und Parteitagen bieten! Hier in dieser Masse erscheint wirklich jene Klasse, von der Marx als erschütterndstes Wesensmerkmal hervorgehoben hat, daß sie *freie Zeit für andere* erzeugt durch Verwandlung aller ihrer Lebenszeit in Arbeitszeit. Es ist *die* Klasse, die in der heutigen Gesellschaft noch gar kein Leben für sich selbst führen kann, sondern nur für fremde Zwecke tätig sein muß, für die Wirtschaft der Besitzenden, für deren Staat und Kultur. Und darum haben diese Menschen auch dort, wo das Bewußtsein hiervon noch nicht zur vollen Klarheit gediehen ist, eine Art instinktiven Haß gegen das ganze System, dessen Opfer sie sind. Ein tief eingewurzelter Trotz und eine stete Bereitschaft, ihm Ausdruck zu geben, liegt in ihnen allen sprungbereit, wenn sie geweckt wird. Und das ist das Tröstliche, was die Beklemmung, die zuerst jeden befällt, der in eine solche Proletarierversammlung als Nichtproletarier, aber als Sozialist kommt, alsbald in eine Stimmung stürmischer Zuversicht verwandelt, sobald diese heiße Welle revolutionärer Entschlossenheit aus ihr aufsteigt und beweist, daß hier wirklich die Menschen sind, die Marx die Pioniere der neuen Gesellschaft genannt hat und die dies auch sein wollen.

Allerdings, diese revolutionäre Energie bleibt nur zu oft ungeweckt: bei den "realpolitischen" Darlegungen in Bildungsvorträgen und besonders Volksversammlungen, die nur zu sehr einen Hauptteil der Parteitätigkeit ausgemacht haben, bleiben die Hörer meist in einer achtungsvollen Aufmerksamkeit, die aber nicht sehr in ihr Inneres greift. Zuweilen auch, besonders bei den älteren, hören sie es sogar gern, wenn man ihnen von Kampfformen und Siegmöglichkeiten spricht, welche nicht die äußersten Energien des Klassenkampfes nötig machen. Denn auch von ihnen wie von allen Menschen gilt das arge Mephistowort: "Er liebt sich bald die unbedingte Ruh'", und so sind viele nur zu leicht bereit gewesen und noch immer bereit, zu glauben, daß die Dinge seit Marxens Tod doch anders und besser geworden sind. Aber immer wieder kann man es erleben, wie sich alle diese Proletarierversammlungen von Grund aus verwandeln, wenn die tiefen gesellschaftlichen Wahrheiten und gewaltigen Aufrufe der Marxschen Lehre an sie gelangen: wie dann die gespannteste Aufmerksamkeit herrscht, die Stille der Ergriffenheit selbstempfundender, nur nicht deutlich gewußter Wahrheiten; wie sich die sorgenerfüllten Gesichter erhellen und die Körper aufrichten unter einer kampfbereiten Spannung und revolutionären Zuversicht, die fast wie eine physische Belebung und Verjüngung wirkt. Und man spürt es: hier lebt die soziale Revolution, nicht als eine theoretische Formel, sondern als ein Freiheits- und Entwicklungs*bedürfnis* der Massen. Ja, diese Massen, die sonst willenlos dahingetrieben werden in dem ewig gleichen Strom von Entbehrung, Unterdrückung und Demütigung aller Art – sie leben erst, wenn sie das revolutionäre Proletariergefühl erfaßt. Wieso kommt es aber dann, daß die revolutionäre Grund- und Lebensstimmung dieses Proletariats den Gesamtcharakter der proletarischen Bewegung so wenig bestimmt, daß derselbe, wie es sich besonders verhängnisvoll an der deutschen Sozialdemokratie gezeigt hat, aber auch sonst in der europäischen sozialdemokratischen Bewegung nur zu sehr hervortritt, eher reformistisch-demokratisch als revolutionär-sozialistisch genannt werden kann? Hier tritt uns bereits ein schweres Problem entgegen, auf das zum Schluß noch von anderer Seite her zurückzukommen sein wird: die Wirkung der Organisation, respektive die Erstarrung derselben zu einem *Apparat*. Auch an diesem Punkte betätigt sich die unaufhebbare Eigentümlichkeit aller sozialen Erscheinungen, dialektischer Natur zu sein, das heißt, innere Widersprüche zu erzeugen, die gerade mit ihrer Entwicklung und Vervollkommnung zusammenhängen.

So ist es auch mit der Organisation. Sie wird geboren aus der lebendigen Erkenntnis der einheitlichen Schicksalslage des Proletariats und wird getragen durch das auf diese Weise sich immer mehr entfaltende revolutionäre Klassenbewußtsein ihrer Mitglieder, durch die begeisterte Hingabe an die Arbeit für das große Ziel der Befreiung, für den Sozialismus. So ist die proletarische Organisation in allen ihren Formen, als politische, gewerkschaftliche, genossenschaftliche und kulturelle, von Anfang an lebendige Überzeugung und stürmische Aktivität in jedem einzelnen, was sich ausdrückt in der Liebe zur Organisation als der selbstgewählten Einigungsform und in der opfervollen Treue zu ihr auch in schweren Zeiten und gerade in den Zeiten ihrer Verfolgung. Darum verändert die Organisation das Wesen und den Charakter des Arbeiters ganz außerordentlich zu seinem Vorteil, so daß der organisierte Proletarier wie ein ganz anderer Mensch sich von dem unorganisierten abhebt. Der Anschluß an die Masse bewirkt hier nicht, wie dies sonst so oft der Fall ist, eine Degradierung der Individualität, eine

Herabsetzung des intellektuellen und moralischen Niveaus, sondern bringt den Arbeiter im Gegenteil erst zum Bewußtsein seines Eigenwertes und schafft ihm das Gefühl, im Dienste einer historischen Aufgabe zu stehen. Darum führt hier der Anschluß an die Masse zur *Persönlichkeitsweckung* des Arbeiters, eben weil es nicht die bloße Masse ist, in die ihn die Organisation stellt, sondern die *Idee*, die diese Masse eint. So wird der Proletarier, der zuvor in seiner Isoliertheit nur sein Elend und seine Bedeutungslosigkeit hoffnungslos und resigniert erlebte, hier erst der stolze, selbstbewußte, zukunftsgerichtete Mensch, der seinen Unterdrückern in Staat und Wirtschaft mit dem überlegenen Gefühl entgegentritt: "Eure Welt ist nicht die meine, die kommende" und der daher auch so stark von allen Gegnern, die diese Überlegenheit empfinden, gehaßt wird.

Die kulturelle und entwicklungsführende Bedeutung der Organisation kann also gar nicht genug hoch eingeschätzt werden, wobei noch ganz abgesehen wurde von der unmittelbar praktischen Nützlichkeit, die sie für den Gegenwartskampf des Arbeiters in politischer, gewerkschaftlicher und kultureller Hinsicht hat. Aber auch hier gilt das klagende Wort des Dichters:

"Dem Herrlichsten was auch der Geist empfangen,
Drängt immer fremd und fremder Stoff sich an."

Je größer die Organisation wird, je mehr Aufgaben sie erfaßt, je mehr muß sie, die ursprünglich auf der unmittelbaren Mitarbeit aller Mitglieder beruhte, wichtige Geschäfte besonderen Organen aus ihrer Mitte überlassen, die sie auch ökonomisch sicherstellen muß, nicht nur, weil diese Organe ihren sonstigen Erwerb aufgeben müssen, um sich ganz den Angelegenheiten der Organisation widmen zu können, sondern auch, um sie unabhängig zu machen von den Verfolgungen ihrer kapitalistischen Brotgeber. Auf diese Weise muß schließlich in jeder wachsenden Organisation auch eine wachsende Schicht von besoldeten Beamten und Vertretern entstehen, die teils als direkte Organisationsangestellte, teils als parlamentarische Vertreter nicht nur die Verpflichtung zur Besorgung aller Angelegenheiten der proletarischen Klassenführung und -vertretung haben, sondern schließlich auch hierin eine besondere Technik entwickeln, die immer mehr und mehr sich zu einer Art Spezialkenntnis und fachlichen Schulung entwickelt. Wie sich hieraus die Tendenzen einer verderblichen Entartung ergeben mußten, haben wir bereits in dem Kapitel über die Arbeiteraristokratie geschildert. Aber auch abgesehen hiervon bildet sich normalerweise durch diese Notwendigkeit eines beruflichen Vertretertums ein Zustand heraus, der allmählich eine verhängnisvolle Arbeitsteilung innerhalb der Organisation erzeugt, indem sich die große Masse der Mitglieder der Organisation auf die bloße Ausführung dessen beschränkt sieht, was die Führer- und Vertreterschicht beschließt, und sich schließlich auch selbst hierauf beschränkt. Eine ganze Menge von Umständen, die aus dem Mechanismus einer groß gewordenen Organisation entspringen, wirken in diese Richtung und werden dabei unterstützt von dem, was an sich zu den Grundbedingungen, ja zu den Tugenden jeder lebendigen Organisation gehört, von dem Vertrauen und von der Disziplin der Organisationsgenossen.

Es kann hier nicht im einzelnen auf all dies eingegangen werden, was die Herausbildung eines mehr oder weniger starren Apparates gefördert hat, da wir es hier nur mit dem Endeffekt zu tun haben, nämlich damit, daß es dieser Apparat und noch mehr die mit ihm entstandene *Apparatgesinnung* oben und unten ist, was sich zwischen die revolutionäre Lebendigkeit der Proletariermassen und eine entsprechende Auswirkung derselben in der Organisation fast wie eine Isolierschicht legt.[2]) Nur auf einiges soll hier aufmerksam gemacht werden, was auf den Charakter auch dieser Kernschicht der proletarischen Klasse einen ungünstigen Einfluß nehmen mußte und uns erklären kann, wie selbst die großen revolutionären Energien der proletarischen Masse keine Möglichkeit hatten, zur Betätigung zu kommen.

Da ist vor allem der Umstand hervorzuheben, daß der instanzenmäßige Aufbau der Organisationen im Verein mit der Verfachlichung der Partei- und Gewerkschaftsarbeit die Initiative

---

[2]) Vgl. hierzu den zweiten Band der *Roten Bücher: Die Organisation im Klassenkampf,* mit Beiträgen von Fritz Bieligk, Ernst Eckstein, Otto Jenssen, Kurt Laumann, Helmut Wagner, und ebenso das vierte Buch dieser Reihe von Anna Siemsen, *Auf dem Wege zum Sozialismus.*

des einzelnen Mitgliedes sehr beschränkt, ja vielfach unmöglich gemacht hat. Gegenüber der anfänglich aus Vertrauen, später immer mehr aus Tradition und Pietät stets gleichen Besetzung der Ämter erscheint jeder Versuch, neue Menschen und damit neue Energien, oft auch neue Gedanken und Richtungen in die Parteiarbeit zu bringen, wie eine fast sträfliche Rebellion. Gewöhnlich wendet man ein, daß es eben nötig ist, sich an die Sachkenntnis der bewährten Vertreter zu halten. Aber ganz abgesehen davon, daß die Vertretung des sozialistisch-revolutionären Klassenkampfes des Proletariats doch kein bloß fachliches Problem werden darf, ist zu sagen, daß zwar gewiß Sachkenntnis und Geübtheit notwendige Voraussetzungen in der Vertretung der proletarischen Organisationen sind. Aber dann müssen eben besondere Organisationsformen gesucht werden, welche die Führung und Vertretung der Parteiangelegenheiten in einen so starken lebendigen Zusammenhang mit der organisierten Masse bringen, daß eine prinzipielle Eignung aller zur Vertretung schon aus ihrer allgemeinen Interessiertheit und Informiertheit gewährleistet wird. Hauptsächlich diese letztere ist von der allergrößten Wichtigkeit, und dies besonders in kritischen Zeiten wie zum Beispiel in der heutigen. Aber gerade der instanzenmäßige Aufbau der Partei hatte hier das Übel mit sich gebracht, daß diese Informiertheit eigentlich nur an den obersten Spitzen bestand und nach "unten" nur so viel davon weitergegeben wurde, als man im "Parteiinteresse" für nötig hielt, und dies auch erst dann, wenn die Entscheidungen selbst im kleinen Führerkreis bereits gefallen waren. Sehr viel zu diesem Übel hat der "Nur-Parlamentarismus" beigetragen, der sich mit der Parteibürokratie zugleich entwickelte und sich unter dem Reformismus der Arbeiteraristokratie allmählich zur herrschenden Form der proletarischen Politik herausgebildet hatte. Zumeist schien es genügend, daß die Parlamentsfraktion wußte, um was es ging und darüber zu einem Beschluß gekommen war. Die Informiertheit und Stellungnahme des Klubs der Abgeordneten hatte das ganze Parteileben zu ersetzen, und die Masse der Partei brauchte bloß Kenntnis davon zu nehmen, was dort entschieden worden war. Gewiß fanden immer wieder große Volksversammlungen und zuweilen auch Demonstrationen statt, aber immer nur auf diesem Wege von oben nach unten. Dazu kam, daß jede Kritik dieser Taktik als "parteistörend", als "Quertreiberei" stets unterbunden war und daß vollends eine Diskussion in der Parteipresse über wichtige Fragen der Parteipolitik fast niemals gründlich möglich war, da sie meistens zu spät kam, das heißt, nachdem bereits in den entscheidenden Spitzenkörperschaften die Entscheidungen gefallen waren. Alt und immer wieder vergeblich ist die Klage in der Partei gewesen, daß besonders die Parteitagsverhandlungen fast nie durch eine gründliche Diskussion in der Presse und in den Versammlungen vorbereitet wurden, wozu gehört hätte, daß die Hauptreferate schon rechtzeitig vor dem Parteitag veröffentlicht worden wären. Eine eingehende Antragstellung aus der Mitte der Partei heraus war dadurch, auch abgesehen von der bürokratischen Zusammensetzung der Parteitage, außerordentlich erschwert, und erst in den letzten Jahren ist durch das Auftreten der Linken in Deutschland ein Versuch zur Änderung dieser Sachlage geschehen, weil sie eigene Parteiblätter besaß. Man weiß, wie kläglich dieser Versuch an der Übermacht der offiziellen Parteipolitik scheitern mußte.

Alles dies trug dazu bei, daß die große Masse des Proletariats sich daran gewöhnte, bloß geführt zu werden und darauf zu warten, was "sie" (der Parteivorstand, die Kammerfraktion usw.) beschließen werden. Damit vollzog sich aber eine der verderblichsten Wandlungen, die es in einem lebendigen Parteikörper geben kann. Denn die Folge davon war die Schwächung der Tatbereitschaft und der Mitverantwortung in der großen Masse, die derart fast gedrillt wurde, immer erst auf Parolen zu warten, die sie von oben bekam, keine eigene Stellung zu haben und alle diejenigen als Parteiverderber, als "Spalter" anzusehen, die ein Eigenurteil betätigten oder Kritik übten. Auf der anderen Seite aber, das heißt bei denjenigen Parteigenossen, die in der Partei nicht eine bloße Masse sahen, die man einsetzt, wo und wann man sie braucht, um die Strategie des grünen Tisches zu verstärken, sondern die in ihr eine lebendige revolutionäre Kraft erblickten, die sie wirksam machen wollten, mußte eine wachsende Parteiverdrossenheit und persönliche Verbitterung entstehen.

Wirkte dies alles bereits zusammen, um die vorhandenen revolutionären Kräfte zu drosseln, ja oft auch zu ersticken, so tat ein übriges noch hinzu, daß die Festhaltung an der revolutionären

Terminologie des Marxismus und der ununterbrochene Gebrauch revolutionärer Symbole wie Institutionen der großen Masse einen Geist vortäuschen mußte, der diesen Worten und Formen zu entsprechen schien, in Wirklichkeit aber fehlte. Ein *Verbal*marxismus mochte nicht nur die allzu vielen der kritiklosen Parteigenossen in die Meinung einlullen, daß der Kurs der Partei wirklich dorthin ging, wohin ihr revolutionärer Klasseninstinkt sie trieb, sondern konnte zuweilen sogar diejenigen beruhigen, für die die marxistischen Worte noch keine bloßen traditionellen Formen geworden waren, gerade weil sie noch einen Geist in sie hineinlegten, den Geist ihres eigenen lebendigen Marxismus. Hier liegt ein noch zu wenig beachtetes Moment für die Entartung und den schließlichen Zusammenbruch der deutschen Sozialdemokratie vor. Denn im Grunde hatte es dort schon längst nicht mehr *eine* Partei gegeben. Unter dieser Bezeichnung bestanden auch nach der hinausgedrängten SAP schon seit langem *zwei* Parteien, eine bereits ganz bürgerlich-republikanisch gewordene und eine revolutionär-proletarische, die aber beide denselben Namen der Sozialdemokratie trugen. Dies hatte zur Folge, daß die erstere, die herrschende, sich stets und besonders bei agitatorischen Gelegenheiten die Aktionsfreude und Begeisterung der letzteren, und besonders der Jugend in ihr, zunutze machen konnte. Und während sie die wehenden Fahnen der revolutionären Jugend für sich aufmarschieren ließ, betrieb sie hinter ihnen, wie unter einer Verkleidung, ihre eigene erkältende "Realpolitik". Nur mit Ingrimm mußte man in den letzten Jahren der reichsdeutschen Parteientwicklung sehen, wie alle marxistische Partei- und Jugendbildung, die überdies von den Parteiinstanzen um so scheeler angesehen wurde, je marxistisch-konsequenter sie war, zugleich dazu diente, der offiziellen Parteiführung den Anschein einer revolutionären Klassenpartei zu erhalten, obgleich sie längst keinen lebendigen Zusammenhang mehr mit dem Marxismus hatte und von den Antimarxisten ganz unverdient als "marxistisch" gehaßt wurde. Die kanonische Forderung der Einheit der Partei wurde auf diese Weise gänzlich inhaltslos und nur zu einer erzwungenen Verschleierung ihrer tatsächlichen inneren Gespaltenheit unter *einem* Parteinamen. *Diese* Einheit mußte denn auch gegenüber allen noch vorhandenen revolutionären Energien in der Masse wie ein Filter wirken, der nur die abgeklärte staatsmännische Politik der Führerschichte durchließ und alle klassenrevolutionäre Massenenergie als einen wirkungslosen Bodensatz zurückließ.

Was sich in der deutschen Sozialdemokratie in so besonders krassen Formen abgespielt hat, war aber nicht etwas, das nur dort allein sich entwickelte, sondern es besaß und besitzt sein paralleles Gegenstück, wenn auch glücklicherweise nirgends noch so ausgeartet, in allen Parteien der Züricher Internationale und nicht zuletzt in dieser Internationale selbst. Deren Kongresse haben ja von jeher daran gekrankt, in noch höherem Maße wie auf den einzelnen Parteitagen der verschiedenen Parteien das Manöverfeld der Parteimajoritäten zu sein und keine Möglichkeit für das Auftreten der Minoritäten in den einzelnen Parteien zu bieten.[3]) Und ihr Hauptzweck war immer, etwa doch auftretende Gegensätze in den Anschauungen der einzelnen Länderparteien durch eine Resolution zu erledigen, die womöglich *alle* annehmen konnten und die eben deshalb nichtssagend sein mußte. Aber indem sie sich zumeist der marxistischen Analyse bedienten, sind so die internationalen Kongresse nicht selten zu Stützpunkten einer offiziellen marxistischen Phraseologie geworden, die gerade die marxistisch denkenden Schichten im Proletariat oft darüber im unklaren lassen konnte, daß in Wirklichkeit nichts geschehen war.[4])

---

[3]) Dazu kommt, daß die Vorbereitung ihrer Verhandlungen in der Parteiöffentlichkeit noch weniger stattfindet als bei den Parteitagen. Dafür ist die eben jetzt bevorstehende außerordentliche internationale Konferenz ein besonders lehrreiches Beispiel. Einberufen wurde sie zur Herstellung der Einheitsfront des proletarischen Kampfes und zur internationalen Bekämpfung des Faschismus. Abgesehen davon, daß sie in beiderlei Hinsichten lächerlich spät zusammentritt, hat man trotz der langen Vorbereitungszeit nichts über die Standpunkte oder Vorschläge gehört, die von den offiziellen Referenten vertreten werden, so daß eine wirkliche und orientierte Massenteilnahme der Einzelparteien an diesen wahren Schicksalsfragen der Arbeiterbewegung gar nicht möglich ist.

[4]) Vgl. Max Adler, *Die Aufgaben der Internationale* in der Zeitschrift *Der Klassenkampf,* Jg. 1928, 2. Bd., S. 419 ff.

Dies alles zusammen und noch manches andere, worauf hier nicht eingegangen wurde, wie insbesondere der stets vorhandene Gegensatz einer nur gewerkschaftlichen Richtung gegen die klassenrevolutionäre Politik, macht es erklärlich, daß die sichere proletarisch-revolutionäre Orientierung, die von dem Hauptstock der Arbeiterklasse, den Arbeitern in der Fabrik, im Bergwerk und in der Landwirtschaft, schon instinktmäßig hätte ausgehen können, sich nicht nur nicht ungebrochen durchsetzen konnte, sondern sogar vielfach in dieser Schichte selbst geschwächt, jedenfalls aber um seine initiatorische Wirkung gebracht wurde. Zu alledem kam nun auch noch in der jüngsten Phase der sozialistischen Arbeiterbewegung der ganz neuartige und überaus merkwürdige Einfluß der neuen Differenzierung des Proletariats nach unten, der Dauerarbeitslosigkeit. Von dieser ging eine verhängnisvolle Wirkung aus, die man so nicht vorausgesehen hatte und deren Eigenart wir nun näher ins Auge fassen müssen.

5. Die Arbeitslosen

Die heutige Arbeitslosigkeit ist dadurch gekennzeichnet, daß sie nicht mehr wie auf früheren Stufen der kapitalistischen Entwicklung eine bloße Folge schlechter wirtschaftlicher Konjunktur ist, sondern daß sie in immer größerem Maß aus der Struktur des heutigen kapitalistischen Produktionsprozesses folgt. Daraus erklärt sich auch die erschreckende Tatsache der *Welt*arbeitslosigkeit, deren immer wachsenden Ziffern die statistische Berichterstattung kaum mehr nachkommt. Vor kurzem waren es noch 25 Millionen, heute rechnet man bereits mit 35 Millionen Arbeitslosen in der kapitalistischen Welt.[5]) Und diese Zahl, die man unter Berücksichtigung der Familienmitglieder mit mindestens drei multiplizieren muß, bedeutet, daß es in der heutigen, sich zivilisiert und christlich nennenden Gesellschaft über hundert Millionen Menschen gibt, Arbeitsfähige, Kinder und Greise, die buchstäblich verhungern können, wenn sie nicht durch das Almosen der Arbeitslosenunterstützung kümmerlich erhalten werden. In dieser Weltarbeitslosigkeit als *Strukturerscheinung* des Kapitalismus liegt etwas *Neues* vor, nämlich die noch zu wenig verstandene Tatsache, daß die fabelhafte Entwicklung der Produktivkräfte und der Arbeitsweisen des modernen Kapitalismus eben nicht mehr so viel Arbeiter *braucht*, als in der kapitalistischen Welt vorhanden sind. Wir sind heute bereits in jene Epoche gelangt, von der frühere Schwärmer und Utopisten träumten, daß die Maschinen alle Arbeit fast allein machen, so daß immer weniger menschliche Arbeit notwendig ist und doch unendlich mehr erzeugt wird, als jemals die ausschweifendste Phantasie sich vorstellen konnte.

Dies alles beweist, daß die heutige Produktionsweise die Arbeitslosigkeit gar nicht mehr überwinden kann, weil diese die notwendige Folge ihrer unerhörten technischen Entwicklung ist. Selbst bei einer allgemeinen und dauernden Konjunktur, die in solcher Allgemeinheit und Dauer eine Utopie ist, würde nur ein Teil der Arbeitslosen, sicher nur der kleinere Teil, wieder eingestellt werden können. Der größere Teil, und jedenfalls die Hälfte der Arbeitslosen bliebe nach wie vor draußen und befände sich dann in einer subjektiv nur noch schrecklicheren Lage, wenn sie erleben müssen, daß die sehnlich als Erlösung erwartete Besserung der Konjunktur ihnen keine Veränderung ihrer Lage gebracht hat. Die Arbeitslosigkeit als *Massen*erscheinung ist daher zu einer *Dauer*erscheinung geworden, weil sie eben nicht die Folge bloß schlechten Geschäftsganges oder einer Rückständigkeit des Kapitalismus ist oder weil der Kapitalismus "krank" ist, sondern im Gegenteil, weil sie seiner technischen, kommerziellen und arbeitsmethodischen Vollendung entspricht. Darin liegt ja zugleich auch das Neuartige der heutigen

---

[5]) Dies war vor dem Roosevelt-Experiment geschrieben, das jetzt in den USA eine starke Verminderung der Arbeitslosigkeit herbeigeführt hat, die freilich noch kaum 25 Prozent ausmacht. Aber abgesehen davon, daß die Roosevelt-Methode kaum in europäischem Maßstab anwendbar sein wird, muß man es dem Utopismus der unheilbaren Reformisten überlassen, die zeitweilige und immer nur teilweise Verringerung der Arbeitslosigkeit als den Anfang der Überwindung des Arbeitslosenproblems in der kapitalistischen Gesellschaft zu begrüßen.

Weltkrise, das sie zur *End*krise des Kapitalismus macht, nicht in dem Sinne, daß dieses Ende schon morgen oder übermorgen eintritt, sondern daß der Kapitalismus in den absteigenden Ast seiner Entwicklung eingetreten ist, aus dem es eine Errettung für die Wirtschaft der Gesellschaft nur durch den Übergang zum Sozialismus gibt. Dieses Wort von der Endphase des Kapitalismus bedeutet kein bloßes Versammlungsschlagwort, auch keine bloß subjektive, von revolutionärer Ungeduld geschaffene Meinung, sondern es enthält die *objektive* Charakteristik eines *fundamentalen Wandels in der gesellschaftlichen Funktion* des Kapitalismus, die Marx schon längst als Resultat seiner Entwicklung vorausgesehen hat, die aber erst jetzt eingetreten ist und die wir jetzt durchleben. Es ist die Wandlung, in der der Kapitalismus aus einem Träger der Entfaltung der Produktivkräfte und daher des gesellschaftlichen Fortschrittes zu einer Fessel dieser Produktivkräfte und zu einer Ursache des ökonomischen und politischen Rückschrittes geworden ist. Und auch diese rückschrittliche Aufrechterhaltung seines Systems wird ihm nur möglich, indem er immer mehr Millionen von Arbeitskräften aus der Produktion hinauswirft und den Übrigbleibenden die Löhne kürzt, ein verhängnisvolles Mittel, weil es die Krise verschärft, statt sie zu beheben. Auf diese Weise muß sich eine immer wachsende Masse von Menschen ergeben, die der Kapitalismus nicht mehr braucht, die er auch bei glänzendem Geschäftsgang nicht brauchen könnte, daher um so weniger, wo er selbst seinen Betrieb stets mehr einschränken muß, um das einzige zu retten, worauf es ihm ankommt, den Profit und die Machtstellung einer kleinen Schicht von Besitzenden.[6])

Diese in der kapitalistischen Produktionsweise überflüssig gewordene Arbeitermasse, die im ständigen Wachsen ist, bildet nun jene Dauerarbeitslosigkeit, die einen ganz neuen Typ des Proletariats geschaffen hat. Es gibt heute bereits Arbeiter und Arbeiterinnen, die vier und mehr Jahre her ununterbrochen arbeitslos sind. Dazu kommt noch die große Zahl dieser Arbeitslosigkeit; beträgt sie doch in manchen Gewerkschaftszweigen schon fast die Hälfte aller Mitglieder. Vor allem kommt aber die erschreckende Tatsache hinzu, daß es den Jahr für Jahr neu zuströmenden jugendlichen Arbeitern fast durchaus unmöglich ist, in eine Arbeitsstelle zu gelangen. So entsteht eine große und wachsende Schicht des Proletariats, der die Denkweise des beschäftigten *Betriebsarbeiters* fremd geworden ist, ja der sie zum Teil *überhaupt gar niemals bekannt war.*[7]) Es ist unter solchen Umständen umsonst, von diesen Arbeitslosen eine Schätzung der sozialpolitischen Errungenschaften der Arbeiterbewegung zu verlangen oder

---

[6]) Man könnte fragen, was wird aus der Marxschen Mehrwertlehre, wenn die menschliche Arbeitskraft, aus deren Ausbeutung der Mehrwert entspringt, derart überflüssig wird, daß der Produktionsprozeß mit einer stets geringeren Arbeiterzahl bewerkstelligt wird? Theoretisch müßte der Mehrwert auf diese Weise zusammenschrumpfen, was ja auch nach dem Gesetz der fallenden Profitrate tatsächlich relativ geschieht, aber absolut durch das Wachsen der Masse des Mehrwertes ausgeglichen wurde. Dies galt aber nur für den Fall der steigenden Zahl der beschäftigten Arbeiter. In dem Maße, wie sich auch deren Zahl selbst verringert, verwandelt sich der Profit immer offener in das, was er versteckterweise an sich vom Anfang an ist: in einen auf Gewalt gegründeten Gewinn. Denn freiwillig begibt sich auch in "normalen" Verhältnissen der kapitalistischen Gesellschaft kein Arbeiter in das Ausbeutungsverhältnis der Lohnarbeit, sondern tut dies nur, weil er muß, wenn er nicht verhungern soll. Die innere Unkultur des Kapitalismus als einer auf Gewalt durch das Monopol an den Produktionsmitteln begründeten Gesellschaftsform wird am Ende der kapitalistischen Entwicklung wieder ebenso deutlich wie in ihrem auf die Scheußlichkeiten der ursprünglichen Akkumulation begründeten Anfang. Der Kapitalismus wird daher auch *niemals* an seinen inneren Widersprüchen *von selbst* zugrunde gehen, sondern in immer größerer Schrumpfung auf dem Boden eines immer größeren Elends so lange existieren können, als er die Gewalt hat, die Elendsmassen niederzuhalten.

[7]) Dies letztere ist ein besonders für die politische Entwicklung der heutigen proletarischen Jugend folgenschwerer Umstand. Da der proletarische Jugendliche heute nur ausnahmsweise sofort in einen Betrieb und damit auch in eine Gewerkschaft kommt, fehlt ihm sowohl die sachliche wie geistige Disziplinierung, die beiden Betätigungsformen entspringt, aber noch mehr der soziale und moralische Rückhalt, der sich aus der Zugehörigkeit zu beiden ergibt. Und wenn der arbeitslose junge Proletarier daher nicht schon von klein auf durch sozialistische Erziehung und Jugendorganisation erfaßt und gebildet worden ist, wird er notwendig dem Faschismus erliegen, der ihn durch Einreihung in seine Wehrformationen vor allem auch ökonomisch ködert.

gar sie zum Schutz und zur Verteidigung derselben aufzurufen, da sie ja von dem Nutzen dieser Errungenschaften gar nichts spüren und auch sehr wenig Aussicht haben, jemals ihre Wohltaten zu genießen. Das einzige positive Interesse hat für diese Schicht die Arbeitslosenunterstützung; und da diese infolge der ökonomischen Krise immer wieder verkürzt werden muß und auch die sozialistischen Arbeiterabgeordneten nicht imstande sind, den Abbau der Arbeitslosenunterstützung gegenüber den bürgerlichen Parlamentsmajoritäten ganz zu verhindern, so hat auch der ganze Komplex der parlamentarisch-demokratischen Einrichtungen, der politischen Errungenschaften der Arbeiterklasse, für diese Elendsschicht der dauernd Arbeitslosen keinerlei besondere Anziehungskraft. Ja, gerade hier werden diese Arbeitslosen die oft ganz kritiklose Beute jedes Wortradikalismus. Sind sie es doch, die am schonungslosesten die bloß formale "Freiheit" einer Demokratie und einer republikanischen Verfassung zu spüren bekommen, in der das Proletariat nicht herrscht. Und so scheint es ihnen daher, als ob es überhaupt ganz gleichgültig wäre, was für eine Verfassung im Staate besteht und welche Partei herrscht. Es gehört schon eine gute marxistische Arbeiterbildung dazu, um hier ein kritischeres Urteil zu haben. Aber diese politische Schulung kann an die große Masse der Arbeitslosen gar nicht herankommen, weil ja gerade die Affekte der unmittelbaren Not und Erbitterung die psychologische Bereitschaft, an einer solchen Schulung teilzunehmen, beseitigen. Und so ist es begreiflich, daß der übergroße Teil dieser Arbeiterschicht das Versagen der Demokratie als besonderen Grund ihrer Lage ansieht und nicht erkennt, daß gerade die formale Beschaffenheit der Demokratie im Klassenstaat es um so nötiger macht, ihre Formen mit proletarischem Inhalt zu erfüllen und sie so zu einem Kampfmittel der Arbeiterklasse umzuformen, ja zu einem revolutionären Übergangsmittel, zur Diktatur des Proletariats auszugestalten. Wir sind weit entfernt davon, den Faschismus und den Kommunismus in gleicher Weise als Wortradikalismus zu bezeichnen, wie dies nicht nur die bürgerlichen Gegner des Bolschewismus, sondern leider auch manche Parteigenossen tun. Aber die besondere Funktion des Bolschewismus zu begreifen, nach welcher er eine unter ganz ausnahmeartigen Verhältnissen mögliche und erfolgreiche Bewegung des marxistischen Sozialismus sein kann, setzt ebenfalls kritische sozialistische Bildung voraus, die bei der großen Mehrzahl der Arbeitslosen nicht anzutreffen ist. Und so ist es der bloße Revolutionalismus der Parolen "Fort mit der Demokratie", "Gegen die Schwatzbude des Parlaments", "Gegen das Parteiensystem", "Gegen die Bonzen" usw., was im Effekt auf eine starke Verähnlichung der bolschewistischen und nationalistischen Propaganda bei allen denen hinauslaufen mußte, die noch überhaupt zu keiner marxistischen Grunderkenntnis gekommen waren.

An diesem Punkte kommen nunmehr alle die verderblichen Wirkungen der im Vorherigen geschilderten Beherrschung der Parteipolitik durch die reformistischen Tendenzen zur vollen Auswirkung. Je mehr die offizielle Partei eine staatsmännische statt eine klassenmäßige Politik trieb, je mehr der Einfluß der politischen und gewerkschaftlichen Arbeiteraristokratie und -bürokratie ausschlaggebend wurde und auch das Gesicht der Partei bestimmte, um so mehr mußten sich gerade diese Schichten der dauernd Arbeitslosen ihr entfremden. Mußten sie doch sogar sehen, daß nicht einmal ihre Existenz als Dauerzustand zur Kenntnis genommen war. Denn es gab schon jahrelang Arbeitslose, als die offizielle Gewerkschaftspolitik immer noch von einer bloß vorübergehenden Krise sprach, den Kapitalismus bloß für momentan krank ansah und sich an sein Bett setzen wollte, um ihn zu heilen. Und es ist kein Wunder, daß auf diese Weise in Deutschland die Arbeitslosen fast parteimäßig den Kommunisten zugetrieben wurden, was abermals die Kluft im Proletariat verschärfen mußte. Denn nun stand die Sozialdemokratie sozusagen als die Partei der noch beschäftigten Arbeiter, der Satten, den Kommunisten als der Partei der Arbeitslosen, der Hungernden gegenüber. Und dies war nicht nur außerordentlich schädlich in bezug auf die Herausgestaltung der proletarisch-revolutionären Ideologie, sondern hatte auch eine unmittelbar verhängnisvolle Bedeutung für die politische Praxis, für den immer drängender werdenden Abwehrkampf gegen den Faschismus. Denn diese Scheidung der Parteien in eine Partei der Arbeitenden und in eine solche der Arbeitslosen gewann schließlich die politische Bedeutung, daß die erstere zwar noch die soziale Kampfmöglichkeit hatte, eine revolutionäre Tat zu setzen, wie den Generalstreik, aber un-

ter der Leitung derer, die den "Besitz" der Partei verantworten zu müssen glaubten, dazu nie gelangte, während die andere zwar zum Generalstreik aufrief, da sie aber die Partei der Arbeitslosen war, gar nicht in der Lage war, ihn durchzuführen.
Dieser Gegensatz der "Hungernden" zu den "Satten" reicht aber noch über diese tragische politische Situation hinaus, indem er der eigentliche Grund dafür ist, warum das Proletariat nicht, wie Marx dies angenommen hat, in gleichem Maße, als die Verelendung wuchs, auch an revolutionärer Empörerkraft zunahm. Denn zur Entstehung einer die ganze Klasse erfassenden und revolutionierenden Empörung gehört das Gefühl der Klassenverbundenheit und der Schicksalsgleichheit in allen Schichten des Proletariats. Aber gerade dieses Gefühl der Zusammengehörigkeit mit den Arbeitenden muß der Schicht der dauernd Arbeitslosen heute mehr und mehr abhanden kommen. Dies bildet einen Hauptunterschied gegen früher. In früheren Entwicklungsphasen gelangte der Arbeitslose noch nicht außer Kontakt mit den Interessen und Stimmungen seiner arbeitenden Kollegen, weil sein Los noch bloßen Ausnahmecharakter hatte und er in der Regel nach einiger Zeit wieder beschäftigt wurde. In diesem Falle kehrte der Arbeitslose aber nur als ein um so erbitterterer und entschlossenerer Kämpfer gegen das kapitalistische System in seine Arbeit zurück, weil er die Schrecken desselben am eigenen Leibe kennengelernt hatte; und so wirkte die zeitweilige Arbeitslosigkeit im ganzen als eine ungemeine Verstärkung der sozialistischen Überzeugung sowohl bei den Beschäftigten wie bei den Erwerbslosen. Dauert aber die Arbeitslosigkeit jahrelang, so muß sich notwendig die ganze Denk- und Gemütsart ihrer Opfer ändern: sie verlieren das Gefühl der Zugehörigkeit zur arbeitenden Klasse und sehen sich selbst als *Deklassierte* an, so wie sie anderseits von den Beschäftigten bedauert und mit Unbehagen betrachtet werden. Denn auch auf deren Seite vollzieht sich eine Umwandlung, die keineswegs stets bewußt ist, aber doch oft sehr fühlbar zum Ausdruck kommt. Trotz der großen Sorgen, die auch in der Familie der noch in Lohn stehenden Arbeiter herrschen, besteht hier doch im ganzen die tiefe psychologische Unterschiedenheit der sozialen und psychischen Haltung desjenigen, der sich selbst versorgt, gegenüber demjenigen, der von fremder Hilfe lebt.[8])
Aber auch die Arbeitslosen selbst betrachten sich als Almosenempfänger. Und da die Unterstützung fast nie genügt und endlich auch einmal aufhört, so sind sie fortwährend auf der Suche nach einem Gelegenheitsverdienst, den sie nehmen, wo sie ihn finden. Daß unter solchen Umständen die gewerkschaftliche Solidarität der Arbeitslosen mit den Arbeitenden, namentlich bei Streiks, auf das äußerste gefährdet ist, braucht nicht noch besonders gesagt zu werden.
Aber nicht nur in dieser gewerkschaftlichen Schwächung der revolutionären Arbeiterbewegung wirkt sich die Dauerarbeitslosigkeit aus, indem sie den Reformismus der Gewerkschaftspolitik noch verstärkt, sondern noch mehr ist dies der Fall auf dem Gebiet des politischen Kampfes. Denn aus der Lage der Dauerarbeitslosigkeit mit ihrer Hoffnungslosigkeit entwickelt sich bei den Arbeitslosen und ihren Familien ein Gefühl der Resignation, das sie schließlich auch gegen alle politischen Forderungen gleichgültig macht. Es ist jene geistige Haltung, welche die Verfasser der vorhin erwähnten sozialpsychologischen Untersuchung als die Haltung der "Gebrochenheit" bezeichnet haben. Und wie verbreitet diese Geistesverfassung ist, ergibt sich daraus, daß bei sorgfältiger Beobachtung von hundert Arbeitslosenfami-

---

[8]) In einer sehr interessanten, vor kurzem erschienenen sozialpsychologischen Untersuchung über *Die Arbeitslosen in Marienthal* ist diese für die ideologische Einheit des Proletariats verderbliche Scheidung besonders drastisch in dem Schulaufsatz eines Arbeiterkindes aus in Lohnbezug stehender Familie veranschaulicht worden. Das Kind schreibt: "In den meisten Ländern Europas herrscht Not und Arbeitslosigkeit. In vielen reichen Familien werden das Brot und die Speisereste weggeworfen, und manche Familie wäre *uns* dankbar, wenn sie das tägliche Brot hätte." Man sieht, wie das Kind ganz unbefangen und offenbar unter dem Einfluß der häuslichen Stimmung sein eigenes Los ohne weiteres an das der Besitzenden anreiht und in Gegensatz bringt zu dem der Arbeitslosen, die als Arme ein Gegenstand des Mitleids sind. Vgl.: *Die Arbeitslosen von Marienthal,* fünfter Band der Professor Dr. Karl Bühler herausgegebenen *Psychologischen Monographien,* Leipzig, Hirzel 1933, S. 54.

lien in Marienthal dieser Typus der Gebrochenheit sich an 84 Prozent derselben feststellen ließ. Diese Gleichgültigkeit in politischer Hinsicht muß nicht bereits bedeuten, daß die Arbeitslosen auch ihre Organisation in der Partei aufgeben; es ist dies sogar meistens nicht der Fall. Aber der Parteizusammenhang ist mehr nur ein traditioneller, der es nicht ausschließt, daß er in kritischen Situationen stärkeren politischen Versuchungen weicht, besonders wenn diese, wie zum Beispiel durch Anwerbung in faschistische Wehrgruppen, mit einer direkten ökonomischen Verbesserung in der Lage des Arbeitslosen verbunden ist. So hat diese Geistesstimmung der Apathie in bezug auf die Politik der Partei, besonders wenn diese auch durch Vorherrschung reformistischer Gedankengänge gar keinen revolutionären Anziehungswert mehr besitzt, ihre furchtbare Gefahr für die Sicherheit und Fortentwicklung der sozialistischen Arbeiterbewegung. Denn was ursprünglich bloß Stimmung der Resignation war, wird schließlich auch Gleichgültigkeit gegen die Reaktion, indem viele meinen, daß sich die ökonomische Lage der Arbeitslosen kaum mehr verschlechtern kann, aber durch Indienststellung der Arbeitslosen für ihre Zwecke sehr vielen von ihnen, wenigstens für kurze Zeit, eine Erleichterung ihrer drückenden Lage verschafft.

Es ist gewiß schmerzlich für uns, diese Dinge feststellen zu müssen. Aber erstens nützt es nichts und ist ganz unmarxistisch, vor Tatsachen die Augen zu verschließen; zweitens aber handelt es sich bei diesen traurigen, unsolidarischen Strömungen heute noch um Ausnahmserscheinungen, die hauptsächlich im Bereich der Indifferenten und Abgefallenen zum Ausdruck kommen. Im Gegenteil zeigt sich, daß der Teil der Arbeitslosen, der bereits früher von der sozialdemokratischen Organisation und Schulung erfaßt war, der Partei auch im großen Maße treugeblieben ist, wenn auch freilich die Aktivität und Teilnahmsbereitschaft stark herabgesetzt ist.

So haben also mannigfache Umstände dazu beigetragen, innerhalb des Proletariats eine neue, völlig eigenartige Gruppe, um nicht zu sagen Klasse, herauszubilden: zunächst waren und sind es die ökonomischen Bedingungen, die die Arbeitslosigkeit zu einer Dauererscheinung gemacht haben. Sodann die allgemeine psychologische Umformung dieser Schicht, die sie gegenüber der Sozialdemokratie zu immer größerer Desinteressiertheit geführt hat; dann aber auch der niemals ganz wirkungslose Einfluß der Stimmungen des Unverständnisses, des Neides und des Mißtrauens gegen die Führer bei einem großen Teil dieser Schicht; und endlich, doch nicht am wenigsten, der teils wirklich reformistische, teils durch bestimmte politische Situationen oft erzwungen gemäßigte und vorsichtige Charakter der Parteipolitik. Und vor allem ist es die Massenhaftigkeit dieser Neugruppierung, welche den ganzen Charakter der sozialdemokratischen Arbeiterbewegung verändern mußte. Gibt es doch bereits sehr viele Bezirke, in denen ein Drittel aller Proletarier arbeitslos ist, und manche andere, in denen fast schon die Hälfte dieses Schicksal teilt. Es ist klar, daß in dieser Schicht der Arbeitslosen die Idee der sozialen Revolution eine ganz andere Rolle spielt als in der übrigen, zwar gewiß nicht sorgenfreien, aber doch immerhin nach den elementarsten Lebensbedingungen hin versorgten Arbeiterschaft. Sie, die Arbeitslosen, können nicht warten, und so hat der ganze Inhalt der regulären Parteiarbeit – Ausbau der Organisationen, Verbesserung und Verteidigung der demokratischen Rechte und der Sozialpolitik, Verbreitung marxistischer Bildung und Aufklärung – selbst dort, wo sie dies alles in seiner Wichtigkeit anerkennen, doch keine unmittelbare Lebensnähe und sinnvolle Bedeutung für sie selbst. Mehr und mehr wird dies alles "die Sorge der anderen". Die Arbeitslosen aber wollen wissen, wie ihnen geholfen werden kann, rasch und gründlich, und sie fühlen bereits immer deutlicher, daß dies auf andere Weise als durch eine grundstürzende Änderung des bestehenden Zustandes nicht möglich sein wird. Darum gehört zu den verbreitetsten Stimmungen in dieser Schicht der Wunsch, alles zusammenzuschlagen, was nicht bloß ein Roheitsausdruck ist, und besteht selbst bei den ganz Resignierten die Meinung, daß es besser sei, wenn alles zugrunde geht. Denn "schlechter kann's nicht mehr werden" und "vielleicht kommt was Besseres nach". Wie solche Stimmungen ein ergiebiges Aktionsfeld für die nationalsozialistische oder faschistische Agitation schaffen, die sich den Massen als etwas Neues vorstellt, braucht nicht besonders ausgeführt zu werden. Bei den marxistisch Geschulteren aber ergibt sich daraus, daß sie nur *ein* wirkliches aktuelles Interesse haben, von dem sie sprechen und über das sie hören wollen, ein Interesse, das freilich eigentlich *alle* Proletarier haben sollten, das hier zum unmittelbaren Entwicklungsbedürfnis geworden ist: die soziale Revolution.

Und so sehen wir, daß, so gefährlich die Differenzierung des Proletariats nach unten in eine Schicht der dauernd Verelendeten geworden ist, weil sie die politische und gewerkschaftliche Kampfkraft des Proletariats geschwächt hat und in manchen Teilen kein sicherer Damm gegen Reaktion und Faschismus geblieben ist, ja sogar ein Rekrutierungsgebiet für beide werden konnte, schließlich doch die historische Wesensart des Proletariats immer wieder durchbricht, Träger der sozialen Revolution zu sein. Und dieser Wesensdrang muß unwiderstehlich werden, wenn er an der gleichen Wesensart des übrigen Proletariats sein Echo findet und sich auf diese Weise beide Schichten der Arbeiterklasse zur einheitlichen revolutionären Sinnesart und Aktion verbinden. Dies zeigt uns bereits den Ausweg, auf dem allein die verderblichen inneren Differenzierungen der Arbeiterklasse nach unten und nach oben überwunden werden können, so daß die *ganze* Klasse nun hervortritt in ungebrochener Kraft, was gleichbedeutend sein wird mit der Vollziehung ihrer geschichtlichen Aufgabe des Sturzes der kapitalistischen Ordnung.

6. Schlußbemerkungen

Was ist nun gegenüber dieser Tatsache einer so unheilvollen Differenzierung im Proletariat zu tun? Vor allem ergibt sich, daß das Problem und die Forderung der Wiederherstellung einer Einheitsfront des Proletariats *einen noch ganz anderen und tieferen Sinn* hat, als derjenige ist, an den man gewöhnlich nur denkt, wenn man darunter die Vereinigung der Zweiten und Dritten Internationale meint. Ja, es zeigt sich, daß dieser tiefere Sinn, der darauf gerichtet ist, die proletarische Klasse selbst erst wieder zu einer einheitlichen und widerspruchslosen ökonomischen und ideologischen Kampfgemeinschaft zu machen, die eigentliche Voraussetzung jener angestrebten organisatorischen Einheitsfront ist. Und *dieses* Problem der Einheit des Proletariats kompliziert sich heute auch noch weiter dadurch, daß es sich bereits nicht mehr bloß um die proletarischen Schichten im engeren Sinne dieses Wortes handelt, sondern ganz ebenso um das immer deutlicher hervortretende Neuproletariat, das heißt um die wachsenden Schichten der Angestellten, Beamten und proletarisierten Mittelstände. Man muß auch in diesem Punkte der heutigen, ganz neuen ökonomischen Situation Rechnung tragen, die, obzwar sie genau der von Marx vorausgesagten Entwicklungslinie entspricht, sich doch gerade durch die *vollzogene* Entwicklung von der Lage der Dinge unterscheidet, die Marx und Engels vor Augen gehabt haben. Damals und noch bis in den Anfang des 20. Jahrhunderts hinein vertrat das Proletariat allein die einzige antibürgerliche Bewegung, und war die Bestrebung der Vernichtung des herrschenden Systems identisch mit der Zielsetzung des proletarischen Sozialismus. Denn wenn auch in den verschiedenen Spielarten der zünftlerischen, kleinbürgerlichen und kleinbäuerlichen Christlichsozialen sich antikapitalistische Bestrebungen regten, so griffen sie doch nie über das bürgerlich-kapitalistische System hinaus; vielmehr versuchten sie nur eine Reform durch Bekämpfung dessen, was sie die "Auswüchse" des Kapitalismus nannten. Erst die Proletarisierung der Mittelschichten in Stadt und Land, rapid seit dem Krieg einsetzend, schafft jenes gewaltige Heer des neuen Proletariats neben dem manuellen Proletariat, das bis jetzt freilich noch ideologisch in Fremdheit, ja Haß, dem Arbeiter gegenübersteht. So stehen wir heute vor der bedeutungsvollen, noch zu wenig beachteten neuen ökonomischen Strukturierung, die dazu geführt hat, daß das manuelle Proletariat als solches nicht mehr der alleinige Repräsentant der antikapitalistischen Interessen ist und – was besonders wichtig ist – für sich allein auch nicht die Majorität der Bevölkerung erringen kann, auf die sich doch die soziale Revolution stützen muß. Auf der anderen Seite machen aber die proletarisierten Menschen, also Neu- und Altproletariat, zusammen bereits die überwiegende Mehrheit in jedem kapitalistischen Land aus. Dies stellt den Kampf des sozialistischen Proletariats auf neue Grundlagen: es muß diese ökonomische Mehrheit der proletarisierten Menschen zu einer *klassenmäßig bewußten* gemacht werden.

Damit sind wir vor das Problem der Gewinnung der Mittelschichten gestellt, dessen Aktualität sich auch darin dokumentiert hat, daß es auf der letzten Pariser internationalen Konferenz von allen Seiten einmütig in seiner Wichtigkeit betont wird. Wir sehen in unserem Zusammenhang, daß dieses Problem nicht nur eine Frage der Machtgewinnung, sondern tatsächlich der Einheit des proletarischen Kampfes geworden ist. Es hat seine Bedeutung gegen früher, zur Zeit von Marx und Engels, gänzlich verändert. Damals bedeutete die Rücksichtnahme auf die noch kleinbürgerlich relativ gefestigten Mittelschichten eine Verbürgerung der revolutionären Arbeiterbewegung. Heute sind aber diese Schichten nahezu völlig proletarisiert, und wird es anderseits immer klarer, daß das Proletariat ohne das Bündnis mit diesen Schichten seinen Sieg nicht erringen kann. Die *ökonomische* Grundlage für ein solches Bündnis ist heute schon vorhanden, da die Proletarisierung der Mittelschichten in ihnen eine sich immer mehr verstärkende antikapitalistische Interesseneinstellung hervorgerufen hat. Dies hat ja auch dem Nationalsozialismus die psychologische Möglichkeit gegeben, durch eine scheinsozialistische Agitation diese Mittelschichten an sich zu reißen. Sie werden nie mehr zur bürgerlichen Demokratie zurückfinden. Und deshalb ist mir Otto Bauers Argumentation unverständlich, wenn er meint, daß man den Faschismus mit dem "Pathos der Demokratie", mit dem Appell für Freiheit und Recht aller bekämpfen kann. Sicherlich sollen wir nicht aufhören, den Widerspruch des Faschismus zu allen Menschheitsideen hervorzuheben. Aber die faschistischen Massen haben die Demokratie ja gerade deshalb verlassen, weil ihnen diese Ideen als Truggebilde erschienen sind und weil sie meinten, die Demokratie zerschlagen zu müssen, die ihnen als Stütze dieses Truges erschien. Sie sind dem Faschismus gefolgt, weil er ihnen versprochen hatte, die lügnerische alte Welt zu vernichten. Sie können daher nur durch eine Aufklärung gewonnen werden, die ihnen zeigt, daß ihr berechtigter Zerstörungswille gegenüber der kapitalistischen Welt mißbraucht wurde von einer Führerclique, die nur ihre eigene Macht begründen will, und daß alles, was im Nationalsozialismus wirkliches Befreiungsstreben zugrunde gehender Schichten ist, nur durch die Sieghaftigkeit proletarischer Idee erfüllt werden kann. Die Vereinigung des Umsturzwillens der vom Nationalsozialismus enttäuschten Mittelschichten mit dem Klassenkampf des Proletariats wird nur möglich werden, wenn diese Mittelschichten im proletarischen Sozialismus die eigentliche Kraft erkennen, die ihren leidenschaftlichen Zerstörungsdrang gegenüber dem "System" verwirklichen kann. Aber diesen Prozeß der Vereinigung mit dem Proletariat und die Beschleunigung der nationalsozialistischen Ernüchterung bewirkt man am wenigsten mit dem Appell an die "Demokratie", die nun einmal den faschistischen Massen verhaßt geworden ist, sondern indem man die umstürzende geschichtliche Kraft der Diktatur des Proletariats klarlegt, aber zugleich zeigt, daß diese Diktatur nur möglich ist durch die Vereinigung der Arbeiter mit den proletarisierten Schichten in Stadt und Land.

Es fehlt hier der Raum, um im einzelnen ausführlicher darzulegen, wie diese Einheit aller proletarischen Menschen zu schaffen ist, welche erst die wirkliche Kampffront des proletarischen Sozialismus herstellen wird. Hier können nur Andeutungen gemacht werden. Daß dazu vor allem die unablässige Bemühung gehört, die Spaltung im Proletariat selbst zu überwinden, ist selbstverständlich. Heute dürfte schon klar sein, daß dies weniger eine Frage der Organisation als der marxistischen Aufklärungsarbeit ist, da sich bereits niemand darüber täuschen wird, daß die Einigung der Internationale sich kaum aus ihren getrennten Apparaten, sondern nur über diese hinweg aus dem neuerstehenden einheitlichen proletarisch-sozialistischen Klassengeist ergeben wird. Sowohl an diesem Punkte der Herstellung der Kampfeinheit der Arbeiterklasse als der Gewinnung der proletarischen Mittelschichten erweist sich die durch nichts zu überbietende Dringlichkeit und Aktualität *marxistischer Massenbildung.*[9])

Sie ist auch das Hauptmittel, das kritische Denken in der Masse der Parteimitgliedschaft freizumachen und zu fundieren. Damit wird aber eine der stärksten Kräfte gegen die Verbürgerlichung der Partei und gegen die Gefahren der Bürokratisierung mobilisiert. Freilich reicht dies

---

[9]) Vgl. hierzu meine soeben erschienene Broschüre *Linkssozialismus – Bemerkungen über reformistischen und revolutionären Sozialismus,* Verlag "Graphia", Karlsbad.

noch nicht aus, sondern gibt nur die geistig-lebendige Grundlage, auf der alle Bestrebungen, eine wirkliche *Parteidemokratie* von unten aus aufzubauen, sich entfalten müssen, aber auch können. Das Problem, welche Organisationsformen (Arbeiterräte) neu gegründet werden müssen, um dieser Parteidemokratie sowohl in der Organisation der Jugend wie der Erwachsenen möglichste Stärke zu gewähren, muß immer mehr eines der Hauptstücke der inneren Reorganisation der sozialistischen Arbeiterbewegung werden. Nur so wird es gelingen, die verderbliche Differenzierung der Arbeiterklasse nach oben, wenn schon nicht ganz zu überwinden, so doch ungefährlich zu machen.

Die Differenzierung nach unten, dem Arbeitslosenproblem gegenüber, kann nur durch Herausarbeitung stärkerer, nicht bloß moralischer, sondern werktätiger Solidarität der in Lohn stehenden Arbeiter mit den Arbeitslosen bekämpft werden. Hier erwachsen den Gewerkschaften ganz neue Aufgaben, die schon, abgesehen von der unerläßlichen Forderung der Bekämpfung des Reformismus, eine völlige Abkehr von dem alten, reinen Gewerkschaftsgeist verlangen. In einer Zeit, in der in den meisten Industriezweigen schon mehr als ein Drittel und manchmal sogar die Hälfte der Gewerkschaftsangehörigen arbeitslos geworden ist, kann die Gewerkschaft nicht mehr bloß die Interessen der in Arbeit stehenden Mitglieder vertreten, sondern müssen solche neue Wege betreten werden, durch welche eine Ausgleichung in der Lage der beiden Schichten der Arbeiterklasse durch das Proletariat selbst angestrebt wird. Diese Ausgleichung wird sicherlich den noch in Arbeit Stehenden empfindliche Opfer auferlegen. Aber dies wird weitaus wettgemacht durch die auf diese Weise wirklich hergestellte *Schicksalsgemeinschaft* des Proletariats, die allein jenen einheitlichen Geist der Empörung und entschlossenen sozialistischen Zielsetzung heraustreiben wird, ohne den das Befreiungswerk des Proletariats nicht zu vollenden ist.

Unterworfenes Deutschland

Es ist schwer, Hitlerdeutschland richtig zu charakterisieren, es in seiner objektiven historischen Bedeutung darzustellen. Nicht nur, weil es überhaupt schwer ist, zu noch gegenwärtigen geschichtlichen Prozessen jene historische Distanz zu gewinnen, aus der sich erst ihr geschichtlicher Charakter bestimmen läßt. Gegenüber dem Dritten Reich wird das noch erschwert durch die moralische Empörung und Verachtung, die Hitlerdeutschland immer von neuem in der ganzen Welt hervorruft.

Gleichwohl wirds vielleicht möglich sein, diese Schlammflut der Geschichte besser zu verstehn, wenn man sich erst eines klar gemacht hat: daß alle gewohnten politischen Begriffe auf dieses Ereignis nicht anwendbar sind. Da wir aber bei staatlichen Vorgängen stets in politischen Begriffen denken, so werden die Ereignisse in Deutschland überall noch in einer kultivierteren Form aufgefaßt, als sie ihnen wirklich zukommt. Denn unter politischen Kategorien gesehn erscheint der Sieg des Nationalsozialismus als der Sieg einer Partei und eines Parteiprogramms. Bedenkt man aber die perversen Grausamkeiten und sinnlosen Unmenschlichkeiten, die sich nicht bloß gegen Juden und "Marxisten", sondern auch gegen die eignen Parteigenossen richten, sobald sie den Führern unangenehm werden; bedenkt man die skrupellose Preisgabe des Programms – grade in dem Augenblick, wo man die Macht hatte, es zu erfüllen –, den zynischen Verzicht auf alle Parteiversprechungen, welche die Interessen der notleidenden Massen betrafen, so begreift man, daß sich's hier nicht um den Sieg einer politischen Partei handelt, sondern um die brutale Unterwerfung auch der eignen Partei, unter das Diktat einer Führerschicht, die diese Macht zu ihrem eignen Nutzen auszuüben entschlossen ist. Denn welche andern Interessen als die der politischen und wirtschaftlichen "Führerschicht" sind durch den Sieg des Nationalsozialismus befriedigt worden, haben nun ihr goldnes Zeitalter? Die Interessen der Arbeiter gewiß nicht; aber etwa die der Bauern oder der Kleingewerbetreibenden oder der kleinen Kaufleute oder der Beamten, der hungernden freien Berufe? Abgesehn von der freilich nicht geringen Zahl von Strebern, die durch die Verfolgung von Juden und "Marxisten" zu Posten gekommen oder ihre Geschäftskonkurrenz losgeworden sind, werden die großen Massen der nationalsozialistischen Parteianhänger heute kaum eine bessere Zeit verspüren. Seufzen sie doch alle unter der steten Furcht vor Angeberei und blutiger Verfolgung durch ihre eignen Parteigewaltigen. Die haben ihre Macht nur erringen können nach der Proletarisierung der Mittelschichten, als deren Retter sie sich ausgaben. In Wirklichkeit haben sie die Millionen ihrer Anhänger dazu benützt, sich einen bewaffneten Parteiapparat anzuschaffen, der keine andre Funktion hat als in frühern Zeitaltern der Troß von Prätorianern, Landsknechten oder Janitscharen; mächtige Eroberer vereinten ihn um sich und fesselten ihn mit der Hoffnung auf Beute. Das Beuteobjekt stellt in diesem Falle das große deutsche Volk dar. Hitlerdeutschland ist nichts andres als ein von einer Erobererbande niedergeworfenes Land.

Damit stimmt auch äußerlich das Bild überein, welches das Dritte Reich zeigt. So wie wir in Schulbüchern gelesen haben, daß in vergangnen Zeiten – von denen wir glaubten, daß sie nie wiederkehren könnten – ein Erobererstamm, etwa die Vandalen oder die Hunnen oder die

Mongolen, in ein großes friedliches Land einbrachen, alle Greuel der Verwüstung um sich verbreiteten, Frauen und Kinder mißhandelten, die Männer teils erschlugen, teils in grausame Gefangenschaft warfen; so hausen jetzt die nationalsozialistischen Scharen mit Schafott, Folter und Konzentrationslager in Deutschland wie in Feindesland. Und das erklärt auch einen Umstand, vor dem die Welt sonst fassungslos stehen müßte: Wie das große deutsche Volk, das sich das Volk der Dichter und Denker nennen durfte, auf eine Kultur stolz sein konnte, die durch Massenbildung in weitere Kreise drang als bei jedem andern Volk, eine solche Barbarei tragen kann. Dieses Volk ist auch nicht der Träger der Barbarei, es erleidet sie in seiner überwältigenden Mehrheit wie eben eine unbewaffnete Masse Unterworfener stets den Übermut, die Roheit und Rachgier des bewaffneten Eroberers aushalten mußte.

Diese Sachlage nie aus den Augen zu verlieren ist wichtig; nicht aus sentimentalen Gründen, sondern weil sich dann alle Vorstellungen radikal ändern müßten, die sonst über die Gleichberechtigung Hitlerdeutschlands im Verhältnis zu den andern Völkern und besonders über seine Stellung im Völkerbund bestehn. Hitlerdeutschland, das gegenüber den deutschen Staatsbürgern selbst nur das Recht des Erobererstammes kennt, den es als Ariertum oder nordisches Menschentum zu bestimmen sucht; das eingestandenermaßen die Vorstellungen von gleichen Menschenrechten als krankhafte Schwäche von sich weist und die furchtbaren Methoden der körperlichen Verfolgung, der Ermordung aller seiner Gegner zur erlaubten und sogar gesetzlich gebotenen Regierungsmaxime gemacht hat; dieses Hitlerdeutschland kann nicht als ein Glied des Völkerbundes betrachtet werden, dessen behauptete Prinzipien – Menschheitsrechte und Minoritätenschutz – es systematisch verunglimpft und verletzt. Würde der Völkerbund eine lebendige Wahrheit sein, während er tatsächlich ein aus dem wechselseitigen Mißtrauen der Regierungen entstandenes Organ ihrer gegenseitigen Kontrolle und Intrigen ist, so müßte er schon längst mit aller moralisch und politisch mobil gemachten Kraft gegen Hitlerdeutschland statutenmäßig vorgegangen sein. Man denke nur an die steten Grenzüberfälle der nationalsozialistischen Agitation, an die Feindseligkeiten gegen Österreich, man vergesse insbesondere nicht die bestellten Mordtaten an Doktor Bell und zuletzt an einem so edlen und friedfertigen Menschen, wie Theodor Lessing es war, – in allen Fällen haben die Verbrecher und Mörder ein sicheres Asyl in Hitlerdeutschland gefunden. Bedächte man das alles – wie dürfte es dann möglich sein, daß Goebbels, der Propagandaminister des Dritten Reiches, also ein Mann, der sich selbst dazu bekennt, der intellektuelle Urheber aller Atrozitäten des Nationalsozialismus zu sein, im Völkerbund als Gleichberechtigter zugelassen wurde? Der bemüht sich doch sonst sehr um den Eindruck, eine Gesellschaft höchst soignierter und zivilisierter Männer zu sein, die sich nicht mit Folterknechten, Erpressern und Mördern an einen Tisch zu setzen pflegen.

Wie der wirtschaftliche Boykott gegen Hitlerdeutschland als reflektorische Notwehr gegen die im Herzen Europas ausgebrochene Barbarei spontan entstanden ist, so müßte der politische Boykott gegen Hitlerdeutschland beginnen. Er ist nicht bloß nötig, um den Nationalsozialismus wirksam zu isolieren; ganz abgesehn von jeder sonstigen Parteistellung müßte man sich überall, wo man noch die eigne Kulturstufe für sinn- und wertvoll hält, des prinzipiellen Abstands von der Perversität des Hitlertums bewußt werden und sich selbst vor diesem tiefen Absturz bewahren.

Geschieht das nicht, dann hat der Völkerbund die Grundthese seiner weltanschaulichen Gegner bestätigt: Daß er ein Bund der Bankiers gegen die Völker ist.

II. Schriften zu Erziehung und Sozialismus

Kirche und Schule

Am 14. Mai dieses Jahres [1908] wurde das vierzigjährige Bestehen unseres Reichsvolksschulgesetzes gefeiert. Es ist eigentlich ein zu keinem besonderen Freudengefühl Anlaß gebendes Jubiläum, wenn man durch diese Feier mit Erstaunen inne wurde, daß es nur vier Jahrzehnte her sind, seit die Volksschule der drückendsten Geistesknechtschaft, der Herrschaft der Kirche, entzogen wurde. Man kann es kaum glauben, daß unsere Zeit, die mit Recht wohl als eine hochgemute Zeit einherschreiten darf, da sie mit dem ganzen Reichtum eines unerhört gesteigerten Wissensbetriebes und einer märchenhaften Leistungsfähigkeit der Technik eine ganz neue Welt vorzubereiten beginnt, gerade mit dem Hauptinstitut ihrer Volksbildung, der Volksschule, erst so kurze Zeit von der Vergangenheit abgetrennt ist. Ja, es will fast so scheinen – und das hat auch seine schweren Schatten auf die Gedenkfeier des Reichsvolksschulgesetzes geworfen –, daß jene finstere Geistesherrschaft, der die Volksschule vor vierzig Jahren scheinbar für immer entrissen wurde, trotz des Schutzzaunes verfassungsrechtlicher und gesetzlicher Bestimmungen durchaus nicht so sehr der Vergangenheit angehört, als es zu wünschen wäre. Der Kirche sollte vor vierzig Jahren jeder Einfluß auf die geistige Bildung der heranwachsenden Geschlechter genommen werden; indem der Staat ihre völlige Freiheit auf dem Gebiete der religiösen Erziehung innerhalb des von ihm bestimmten Lehrplanes gewährleistete, glaubte die liberale Theorie des Rechtsstaates einen ewigen Frieden zwischen den so lange feindlichen Mächten von Kirche und Staat begründet zu haben. Freilich, wenn die Kirche nichts anderes wäre als lediglich eine Organisation zur inneren Erhebung der Menschen, wenn Religion ihr nichts anderes bedeuten würde als eine Tröstung und eine Aufrichtung, die sie jenen darbringt und vermittelt, welche darnach verlangen, dann wäre ein solcher Friede keine Illusion. Allein die Kirche hat sich nie damit begnügt, bloß eine Religionsgesellschaft zu sein. Sie hat von jeher sich als eine Herrschaftsorganisation betrachtet, noch dazu als eine solche von höherer Ordnung als jede weltliche, nämlich als eine Heilsordnung. Aus diesem noch zu erörternden Charakter hat sie denn auch ihre Vorherrschaft über alle weltlichen Throne abgeleitet und ihren Widerstand gegen alle Staatsgesetze gerechtfertigt, den sie bis auf den heutigen Tag jeder Einschränkung ihres Wirkungsgebietes in weltlichen Dingen entgegensetzt. Und es ist vielleicht überflüssig, sich über jenen starren Geist, der wie aus versunkenen Zeiten in unsere lebendige Gegenwart mit einem kalten Grabeshauch fährt, um sie zu ertöten, aufzuregen oder zu empören. Die Kirche als Institution – und wohlgemerkt, nur von dieser ist die Rede, nicht von der christlichen Religion, die immer mehr und mehr sich von ihrer beklemmenden Umhüllung zu befreien strebt –, die Kirche kann gar nicht anders als jene Sprach- und Denkweise der Vergangenheit führen. Sie hat einmal mit Stolz von sich verkündet, daß sie nicht von dieser Welt sei. Wie immer es hiermit stehen mag, gewiß ist, daß sie *nicht mehr von dieser heutigen Welt* ist. So glanzvoll ihre Erscheinung, so rauschend ihre Feste, so mächtig bedrückend auch noch ihre Gewissensherrschaft auf nur zu vielen lastet, sie wird doch selbst ein immer unverständlicheres Überbleibsel einer schon überwundenen Geistesstufe der Menschheit. Sie lebt nur, wie noch so vieles Alte und Überlebte in moderne Zeiten hineinragt, durch die Wucht der Hemmung des Lebendigen, eine Kraft vortäuschend, die ihr in Wirklichkeit schon lange entflohen ist. Es bröckelt selbst am stolzen Baue der römisch-katholischen Kirche, und die Alterssprünge beginnen der Künste des päpstlichen Stuhles zu spotten. Und was dieses Schicksal der Kirche besiegelt, ist, daß es gerade jene Macht ist, die sie zu vertreten vorgibt, welche sie am empfindlichsten ins Wanken bringt: die Religion. Nicht am Atheismus und Freidenkertum, nicht an der Naturwissenschaft und am Materialismus, sondern an der Renaissance eines wirklichen, die Massen gerade aus ihren Bildungsbedürfnissen heraus ergreifenden religiösen Bewußtseins erhält die Kirche einen Feind, dessen sie sich nicht mehr wird erwehren können, weil er sie in ihren eigensten Aufgaben nicht nur als überflüssig, sondern als untauglich und überlebt erweist.

Man muß sich diesen antiquarischen Charakter der Kirche einmal klarzumachen suchen, besonders in unserem katholischen Lande, in welchem für so viele die Begriffe christliche Religion und Katholizismus schlechtweg gleich geworden sind. Überdies erscheint dem naiven Gemüte des Volkes, das seit Generationen unter dem Krummstab aufgewachsen ist und seit Urväterzeiten her es nie anders gehört hat, die Kirche wie eine von Anbeginn bestehende göttliche Einrichtung. Demgegenüber ist der erste Schritt zum Verständnis des Wesens der Kirche, darauf aufmerksam zu werden, wie die großartige Erscheinung der Kirche in der Geschichte ihren Anfang hat und etwas durchaus Neues darstellt.

Nie vor der Zeit des Christentums hat es auf dem Gebiete der Religion etwas der Kirche Vergleichbares gegeben. Der Punkt, in welchem die Kirche sich eben als eine neue, ja unerhörte historische Erscheinung erwies, ist, daß sie zum erstenmal den Gedanken einer *geistlichen* Herrschaft ausbildete und, wie wir sehen werden, mit einer Energie festhielt, die zu erschreckenden Konsequenzen führen sollte. Diesen Gedanken einer geistlichen Herrschaft hat es vor dem Christentum nicht gegeben. Zwar haben auch die Priester der antiken Religionen immer nach Macht gestrebt, und Priesterherrschaft mit all ihrem Lug und Trug hat auch damals überall die Völker unter ihr Joch zu bringen gesucht. Allein es war dies doch wesentlich ein Streben zur Erlangung der weltlichen Macht als Selbstzweck, also reine Herrschaftsbegierde, meistens daher im Bunde mit der herrschenden Volksschicht. Es fehlte ganz und gar jene die christliche Kirche als geistliches Regiment kennzeichnende Auffassung, wonach die Priestergewalt eine der weltlichen Herrschaft übergeordnete, weil das *Gewissen* der Menschen beherrschende Macht sei. Eine Priesterorganisation, die *im* Staate konspirierte, war auch dem Altertum nichts Ungewöhnliches, eine solche aber, die sich *über* den Staat hätte stellen wollen, die ihm als Priesterschaft entgegengetreten wäre, würde dem Altertum ganz ungeheuerlich vorgekommen sein. Das hängt mit dem Wesen der antiken Religion zusammen und ist wohl geeignet, den Unterschied, den die Erscheinung der Kirche hier bezeichnet, sehr deutlich zu machen.

In den Zeiten vor dem Christentum hat die Religion einen ganz anderen Zusammenhang mit dem Volksleben, als dies seit der Aufnahme des Christentums bei den neuzeitlichen Völkern überhaupt möglich ist. Die Religion war *national,* aus dem Volke entsprungen und mit ihm gewachsen, ein Volksgut im besten Sinne des Wortes. Sie war nicht etwas Selbständiges gegenüber dem Staate, eine Art fremder Macht in seinem Leben, sondern dieses staatliche Leben selbst in seinen feierlichsten Augenblicken. Darum hatte jedes Volk nicht nur die ganze Wärme seines Nationalempfindens für die Religion übrig, in welcher es am tiefsten zum Genusse desselben gelangte, sondern es hatte auch volles Verständnis für die Mannigfaltigkeit und Vielheit der Religionen als eines ihm selbstverständlichen Widerscheines der Unterschiedenheit der Nationen. So betete der Grieche zu seinen Göttern, aber es fiel ihm nie ein, zu meinen, daß auch der Ägypter zu denselben Göttern beten müßte, so wenig ihm anderseits in den Sinn kam, die ägyptischen Götter etwa für schlechter zu halten als die seinigen. In Rom, als es der Sammelplatz der Welt geworden war, standen die Tempel aller Religionen, und selbst dem Judengotte hätte sich eine Tempelpforte geöffnet, wenn die Römer einen Kultus ohne bildliche Gottesdarstellung verstanden hätten. Ja, die Götter galten sogar in dem Sinne als nationales Eigentum, daß man nicht nur die fremde Gottesverehrung respektierte, sondern selbst den fremden Göttern opferte, wenn man in ihren Bereich kam. Die vorsichtigen Kaufleute der alten Welt unterließen es nicht, vor der Abfahrt ihrer Schiffe den verschiedenen Landesgottheiten, nach deren Küsten ihre Schiffe segelten, ihre Verehrung darzubringen. So entsprang aus diesem nationalen Charakter der Religion eine Toleranz, ohne daß noch der Begriff einer solchen sich entwickelt hätte, ohne daß irgendeine Forderung nach ihr erhoben worden wäre. Der ungeheuere Unterschied des Christentums, durch den es die religiöse Toleranz völlig vernichten sollte, hängt mit jenen seiner Charaktereigenschaften zusammen, die zunächst einen Fortschritt in der Entwicklung der Religion darstellen. Die Idee des einzigen und alleinigen Gottes war gewiß ein großartiger und für die ganze moderne Geistesentwicklung folgenschwerer Fortschritt. Allein es machte aus der Religion der Sammlung, die jede nationale Religion mehr oder weniger gewesen war, eine Religion des Kampfes. Nicht mehr steht eine Religion neben der anderen, sondern so wie der eine Christengott keine anderen Götter mehr duldet, so auch keine anderen Kulte mehr. Das Christentum ist notwendig international, ja anational, es kennt keine Volks- und Reichsgrenzen, denn sein Reich ist die ganze Gotteswelt; es kann nicht anders als auf die allgemeine Anerkennung gerichtet sein, es will κατ' ὅλον gelten – katholisch sein. So ist die Mission des Christentums von jeher der Kampf gewesen, der Kampf gegen den Unglauben und Andersglauben – keine Toleranz ist auf diesem Boden möglich – sie wäre eine Versündigung gegen die Verehrung des alleinigen Gottes, gleichbedeutend mit Abfall oder Glaubensschwäche. So sehr das Christentum vom Frieden spricht und eine Lehre der Liebe sein möchte, es ist in den Händen der Kirche seinem Wesen nach eine Lehre des Kampfes und eine Eroberungsreligion geworden, wovon die Geschichte unseliges Zeugnis bietet bis auf den heutigen Tag.

Allein es ist nicht diese Kampfesstellung allein, was der christlichen Religion gegenüber den antiken Religionen einen so wesentlich neuen Charakter verschafft. Es sind noch zwei andere Momente, die dazu beitragen, daß wir hier ein so neuartiges und erstaunliches Gebilde wie die Kirche sich entwickeln sehen konnten. Das eine besteht darin, daß die christliche Religion den Völkern, die ihr heute angehören, als ein *Volksfremdes* entgegengebracht wurde, das nicht nur nicht aus seinen Bedürfnissen, aus seinem Gemütsleben und Verständnisse entsprang, sondern oft sogar ihm als ein ganz Äußerliches und nicht selten kulturell Überlegenes aufgepfropft wurde. Für die breite Masse des Volkes war durch ihre sogenannte Bekehrung zumeist keine wirkliche religiöse Erhebung vor sich gegangen. "Sicherlich", sagt Meyer in seiner Abhandlung über Christentum und Germanen, "waren weder Chlodewig und die Franken durch die Taufe innerlich wahre Christen geworden . . . sie vertauschten einen Gott mit dem andern: Christus wurde der Nationalgott der Franken." In dem Prolog zum salischen Gesetz heißt es: "Es lebe Christus, der die Franken liebt!" Bekannt ist auch, wie sehr die Kirche, um sich behaupten zu können, heidnische Feste und Gebräuche mit ihren Formen heiligen mußte. Dieser Abstand des Kulturniveaus der gläubigen Menge von der unterweisenden Priesterschaft mußte naturgemäß die religiöse Scheu des Volkes aufs äußerste unterstützen und die Herausbildung einer Organisation erleichtern, die sich um so unverhohlener mit ihren geistlichen Anforderungen jeder weltlichen Macht entgegenstellen durfte, als sie von vornherein bereits als etwas Staats- und Volksfremdes empfunden wurde.

Zu alledem kam nun noch jenes Moment, in welchem sich die Einzigartigkeit der Kirche vollendet und das sie zu jener historischen Erscheinung machen mußte, die wir vor Augen haben: *der Heilsgedanke*. Denn es ist ja nicht nur der Gottheitsbegriff allein, den sie verkündigt, sondern das Heil der Erlösung durch den Glauben an einen einzigen Gott, durch den rechten Glauben. Auch hier eröffnet sich ein tiefer Gegensatz gegen die antiken Religionen. Diese waren gleichsam nur auf das weltliche Wohlergehen bedacht; sie waren eine Art seelischer Versicherung gegen die Wechselfälle des Lebens. Was man von den Göttern begehrte, das war Abwehr von Krankheit und Tod, Glück, Ehre und Macht, Beistand in der Gefahr und Rache an dem Feind oder Verletzer des Rechtes. Es war immer nur das Treiben dieser Welt, das auch in der Religion die Menschen beschäftigte und hier Hoffnung wie Trost fand.

Nicht so das Christentum; sein Reich war nicht von dieser Welt, in der es vielmehr nichts gab, das irgendeinen Wert für die Religion besaß. Die Erde war ein Jammertal, irdisches Wohlergehen nur eine Verlockung zum Abfall vom rechten Glauben. Einzig und allein dieser konnte Erlösung bringen, und dazu war notwendig eine Abkehr von irdischen Interessen, eine Ein-

kehr in sich selbst, eine Aufrichtung der Geister. Ist das Hauptinteresse der antiken Religion das Leben, so der christlichen Religion der Geist. Sucht die erste darum die Verbindung mit der Welt, so die letztere nur die Abkehr von ihr und die Einwirkung auf den Geist. Diese aber muß mit allen Mitteln ermöglicht werden; denn nicht Geringes steht auf dem Spiele, vielmehr das Höchste: die Seligkeit. Sollte man die Menschen nicht zu ihrem Heil zwingen dürfen? Sollte nun, da *ein* Gott über alle Völker zu herrschen begonnen hatte, nicht auch *ein* Heil sie alle beglücken, und, wenn sie es störrig und unwissend verschmähten, ihnen nicht gewaltsam mitgeteilt werden? Muß doch auch der Vater oft mit Gewalt gegen seine noch unmündigen Kinder vorgehen, die es ihm später Dank wissen. So begründet die Kirche eine neue, bis dahin noch unerhörte Herrschaft, eine Weltbeherrschung der Geister, die, weil sie durch den Glauben ihrer Angehörigen sogar über diese Welt hinausreichte mit den Schrecknissen der Höllenstrafen, nur um so sicherer in dieser Welt ihre Macht befestigte.
Zum erstenmal in der Geschichte stehen wir vor der Erscheinung einer *Gewissens- und Gedankenknechtschaft*. In der Kirche vollendet sich die Unterwerfung des einzelnen in einem viel umfassenderen Maße, als dies je im Staate möglich wäre, selbst wo er despotisch regiert wird. Denn der Staat herrscht nur über die Handlungen seiner Bürger, die Kirche aber über deren Gedanken und Überzeugungen. Der Staat ist eine Herrschaft über Menschen, die Kirche eine solche über Seelen. Ist eine solche Herrschaft nicht ein unmögliches Beginnen? Wie vermöchte eine Macht in das Innerste des Menschen einzudringen und seine Gedanken vors Gericht zu ziehen? Die Kirche hat das scheinbar Unmögliche zu verwirklichen verstanden, sie hat die Seelen der Menschen vor den Richter gestellt, nicht vor den himmlischen, sondern vor den irdischen, sie hat, um zu der Seele zu gelangen, den Körper auf die Tortur gespannt; mit einem Wort: sie hat den Ungedanken einer *Glaubensgerichtsbarkeit* nicht bloß gedacht, sondern zur Wirklichkeit gebracht – und dies als Konsequenz ihrer Kampfesstellung, die sie intolerant, und ihres Heilsgedankens, der sie heillos machen mußte. Lassen wir einige Schlaglichter auf diese traurigen Abschnitte der menschlichen Geschichte fallen.
Das erste Mittel, dessen sich die Kirche bediente, um ihre Glaubensgerichtsbarkeit durchzuführen, war die *heilige Inquisition*, das Ketzergericht. Im Jahre 1215 durch Papst Innozenz III. auf dem 4. lateranensischen Konzil eingeführt und 1232 dem glaubenseifrigen Orden der Dominikaner übertragen, entfaltete die Inquisition durch alle die folgenden Jahrhunderte ihre unheilvolle Tätigkeit. Man gewinnt erst dann den richtigen Blick für das antiquarische Wesen der Kirche, wenn man forscht, wie lange sie ihre dem fortschreitenden Leben so widersprechenden Institutionen in Kraft erhält und dann mit Erstaunen inne wird, daß sie selbst gar nicht daran denkt, mit ihnen ein Ende zu machen, so daß es nur äußere Gewalten sind, die hier eine Schranke setzen. Wie lange wohl glaubt man diese aus den dunkelsten Zeiten stammende Ketzergerichtsbarkeit beseitigt? Nun wohl – es kann noch keine Jahrhundertfeier der Aufhebung der Inquisition begangen werden. In Frankreich im Jahre 1772 beseitigt, hat sie in Spanien noch bis – 1834 gewirkt. Ja im Kirchenstaate, also dort, wo das Papsttum zugleich eine weltliche Herrschaft ausübte, wurde noch – 1852 ein Ehepaar durch die Inquisition zur Galeerenstrafe verurteilt, wegen des hassenswerten Verbrechens des Übertrittes zum Protestantismus. Diese Tatsache allein spricht deutlich genug für den unwandelbaren Charakter der Kirche und was man von derselben zu gewärtigen hätte, wenn auch heute noch dem geistlichen Regiment die weltliche Macht zur Verfügung stünde. Sind doch auch nur die Gerichtshöfe der Inquisition aufgehoben. Aber die Institution selbst besteht in der Kongregation des heiligen Offiziums noch heute in Rom und hat gerade in der letzten Zeit in dem Kampf gegen die sogenannten Modernisten wieder die ganze ihr noch verbliebene geistliche Strafgewalt gegen jede freiere Gedankenregung unerbittlich spielen lassen.
Wie aber wurde diese Glaubensgerichtsbarkeit durchgeführt? Wie mochte man die Seelen vors Gericht bekommen? Da war jeder Christ bei sonstiger schwerer Leibesstrafe zur *Denunziation* verpflichtet, sobald ihm irgendwo etwas als Ketzerei aufstieß. Man beachte wohl: die Kirche führte die allgemeine und ausnahmslose Denunziations*pflicht* ein, an der sie noch heute festhält – ein Mittel, das der Staat in seiner Sphäre nie verlangt hat, indem er sogar bei Hochverrat doch noch die nächsten Verwandten von der Anzeigepflicht ausnimmt und bei

den übrigen Delikten eine solche gar nicht kennt. Man kann sich vorstellen, wie viele Opfer eine solche Denunziationspflicht fordern mußte, besonders in einer Zeit, da schon die Lauheit im Glauben gefährlich schien und durch eine Anzeige am leichtesten der Beweis einer kirchlichen Gesinnung erbracht werden konnte. Man denke nur an das Unwesen der Hexenprozesse, in denen sich die Angeberei, die Hexenriecherei wie eine geistige Epidemie verbreiteten. Wie viele Menschen dem furchtbaren Wahn der Inquisition zum Opfer fielen, in Deutschland, in Frankreich, in Holland – wo die Einführung derselben das Volk zum Aufstand brachte –, in Italien, in Spanien und Portugal, das wird vielleicht noch zu wenig gewertet. Entnehmen wir doch einem Bericht über die Aufhebung der Inquisition in Spanien, daß daselbst in der Zeit von 1481 bis 1808, das ist in dreieinviertel Jahrhunderten, 34.658 Menschen getötet und 288.214 Menschen zu lebenslänglichem Gefängnis, Galeerenstrafe oder zu sonstigen Strafen verurteilt wurden. Bedenkt man die in früheren Jahrhunderten viel geringere Bevölkerung, so erschrickt man über diese ungeheuerlichen Zahlen. Und erinnert man sich weiter daran, daß diese Opfer gerade die geistig regsameren, selbständig und freier denkenden Menschen getroffen haben, so erkennt man, daß die Kirche jahrhundertelang durch das Ketzergericht der Inquisition *eine umgekehrte Auslese* bewirkt hat, indem sie bemüht war, gerade die geistig hervorragenden Kräfte der Völker auszujäten. Gewiß liegt hier eine der Ursachen des so unglaublich langsamen Fortschrittes der Geisteskultur gerade in den eigentlich christlichen Jahrhunderten, in denen alle geistige Arbeit selbst der größten Denker fortwährend in Angst und Sorge der Tortur zu entgehen suchen mußte und nicht immer entgangen ist, wie die Beispiele von Giordano Bruno und Galilei beweisen.

Das zweite Mittel der kirchlichen Glaubensgerichtsbarkeit ist die geistliche Preßpolizei, der *Index,* eine Preßpolizei, von deren Bedeutung alles gesagt ist, wenn wir wissen, daß hinter ihr die Inquisition stand. Der Index, das heißt ein Verzeichnis der verbotenen Bücher, kam zuerst nach der Reformation auf und war die prompte Antwort der Kirche auf eine der größten Kulturerrungenschaften, nämlich auf die Kunst des Bücherdruckes. Im Jahre 1559 unter Papst Paul IV. zum erstenmal veröffentlicht, hat die Kirche seither das Verzeichnis der verbotenen Bücher stets peinlich revidiert und ergänzt und damit förmlich ein Protokoll über die geistige Entwicklung der christlichen Völker geführt, nur freilich, um diese zu unterbinden. Wann ist wohl endlich dieser Index aufgehoben worden? Er ist erst im Jahre – 1900 *wieder neu herausgegeben worden;* noch immer verzichtet die Kirche nicht und kann es nicht tun, ihren Gläubigen vorzuschreiben, was sie lesen und denken dürfen. Und erst bei dieser Neuherausgabe vom Jahre 1900 sind aus der Liste der für jeden Christen verbotenen Bücher Goethe und Kant gestrichen worden. Man lasse die volle Bedeutung dieser Tatsache auf sich wirken: hundert Jahre lang hätte, wenn der Kirche auch heute noch die Schrecken der Inquisition zur Verfügung stünden, der deutschen Nation entzogen bleiben sollen, was ihren größten Stolz ausmacht, ihren wertvollsten Besitz, das Schaffen von Kant und Goethe. Hundert Jahre lang wäre die Welt, soweit sie christlich ist, von dieser Geistesarbeit, von diesen Schöpfungen der Kunst ausgeschlossen gewesen, hundert Jahre der fruchtbarsten geistigen Einwirkung hätten der Menschheit verloren sein müssen! Denn der Index war, so lange die volle Macht der Kirche ihn stützte, kein harmloses Verbot, welches das verbotene Buch nur interessanter machte, sondern ein Befehl, dessen Nichtbefolgung bei der allgemeinen Anzeigepflicht Leibes-, wenn nicht Todesgefahr brachte. Und wenn auch heute diese Sorge von der Menschheit genommen ist, so bleibt der Kirche doch noch genug wirksame Strafgewalt in ihrem Kreise, was bei dem Umstand, als noch immer neue Bücher auf den Index kommen, die Kirche gerade in dem Maße, wie sie ihre Angehörigen an sich zu halten weiß, auch immer mehr mit der modernen Geisteskultur zerfallen lassen muß.

Ein drittes Mittel endlich zur Durchführung ihrer Glaubensgerichtsbarkeit ist der *Syllabus.* Darunter versteht man eine Aufzählung von verschiedenen Lehren, die jeder Christ als unrichtig und sündhaft verwerfen muß. Dies wird in der Form ausgesprochen, daß jeder, der diese oder jene Lehre als wahr behauptet, verflucht sei. Aus welcher Zeit mag wohl eine solche Verfluchung und überhaupt diese ganze Art der Umzäunung der Wahrheit stammen? Sie trägt den Moderduft des 13. Jahrhunderts, eines Innozenz III. an sich, stammt aber aus dem

Jahre – 1864, in welchem Papst Pius IX. den ersten Syllabus veröffentlicht hat. Und das Erstaunliche ist, daß auch diese Institution eine Neuauflage statt einer Abschaffung in unserer Zeit erleben konnte. Denn erst am 18. Juli 1907 hat der gegenwärtige Papst Pius X. zur allgemeinen Verblüffung der gesamten wissenschaftlichen Welt den zweiten Syllabus herausgegeben. Er liest sich wie ein Auszug aller modernen Anschauungen auf dem Gebiet der Theologie und Religionswissenschaft, Geschichte, Philosophie und Naturwissenschaft, und man ist zunächst ganz überrascht und erfreut zugleich, so viele große und moderne Gedanken in einer kirchlichen Kundmachung anzutreffen. Allein mit dem Schluß wird alles erst ins rechte Licht gestellt. Denn dort steht, daß alles dies, was uns eben noch als das große Produkt der geistigen Arbeit unserer Zeit so tief ergriffen hat, nur Teufelswerk und darum verflucht sei. *Anathema sit!*

So bestimmt die Kirche nicht nur, was ihre Anhänger zu lesen und zu denken haben, sondern sie setzt auch vorweg der wissenschaftlichen Forschung ihre Schranken. Es ist in der Tat ein System der Unterwerfung, dem, wie wir anfangs sagten, nichts anderes gleichkommt. Die Kirche selbst hat dafür in dem von ihr so gern gebrauchten Gleichnis vom Hirten und der Herde einen unübertrefflichen Ausdruck geschaffen. Das Schaf braucht nichts zu wissen, wenn es nur einen Hirten hat, der für die Herde denkt und dem sie folgt. Aus dieser Geistesverfassung der Kirche, zu welcher ihr ursprüngliches Lehramt entartete, ist jene verhängnisvolle Richtung hervorgegangen, die aus dem lebendigen Glauben das starre *Dogma* machte, welches schließlich alle wirkliche Religion aus der Kirche hinausdrängte. Sie hat es notwendig gemacht, die Begriffe Kirche und Christentum streng auseinanderzuhalten, wie denn auch alle gegenwärtigen religiösen Bemühungen um die Erhaltung des Christentums selbst im katholischen Lager in einen Gegensatz zur Kirche getreten sind.

Die Kirche als Dogmenschmiede vollendet das Charakterbild, das wir hier zu zeichnen versuchen, in einem gerade für die Frage ihres Einflusses auf die Schule entscheidenden Punkte. Überblickt man die Geschichte der Dogmen, so findet man, daß dieselben mit zwei gleich zu erwähnenden Ausnahmen sämtlich im Mittelalter festgelegt wurden. Am Ende des 15. Jahrhunderts war die Dogmatik der Kirche schon abgeschlossen und fand ihre Kodifikation in der Mitte des 16. Jahrhunderts im Tridentinischen Konzil. Es sind nur zwei Dogmen hinzugekommen, zwei Lehren, welche selbst die Päpste des Mittelalters nicht durchzusetzen vermochten, die aber das – 19. Jahrhundert verkünden sollte. Es ist dies das Dogma der Unbefleckten Empfängnis Mariä (1865) und der Unfehlbarkeit des Papstes ex cathedra (1872). Sonst stammt also der gesamte Dogmenbau der Kirche aus der Zeit vor dem 16. Jahrhundert. Seither aber ist jene gewaltige Umwälzung in den äußeren und inneren Lebensverhältnissen der Menschheit eingetreten, um deretwillen man seit dem 16. Jahrhundert die Neuzeit rechnet. Das Denken der Menschen ist seither auf ganz neue Grundlagen gestellt worden. Man hat sich gewöhnt, die Natur gesetzmäßig zu erfassen und auch den Menschen in ihren Zusammenhang zu stellen. Himmel und Erde sind nicht länger mehr die physischen Pole einer alten, noch naiven Weltauffassung, sondern in die Vorstellung eines gesetzmäßigen Universums übergegangen. Durch die Sozialwissenschaft im Verein mit dem Entwicklungsgedanken ist schließlich auch das Leben und seine Geschichte immer mehr zu einem Glied dieses gesetzmäßigen Universums geworden.

Von alledem, was gegenwärtig beinahe schon mit der Luft von den neuen Generationen eingeatmet wird, so daß es den Kindern unserer Zeit als selbstverständlich gilt, waren auch nicht einmal die Elemente zu der Zeit vorhanden, da die Kirche ihre Dogmen schuf. Auf den Standpunkt der Kirche sich stellen, heißt daher den Geist auf das Niveau vor dem Beginn der modernen Naturwissenschaft und Philosophie einschränken, hinter Bacon und Descartes zurückgehen. Die Geistesherrschaft der katholischen Kirche bedeutet die Herrschaft einer Zeit, die nicht einmal das Lehrziel unserer heutigen Volksschule zu ihrem Wissensbestande rechnen konnte.

Einer solchen Macht, deren geistige schöpferische Arbeit, soweit man von einer solchen hier sprechen kann, mit dem Tridentinischen Konzil, somit vor Jahrhunderten, abschloß, können wir nicht die Quellen unserer Geistesentwicklung, die Schulen, überantworten. Gewiß ist es

richtig, daß die Kirche in den ersten Jahrhunderten des Mittelalters ein Kulturfaktor war, der an die noch halb barbarischen Völkerschaften, die damals Europa besiedelten, eine höhere Kultur heranbrachte, in ihren Schulen eine gewisse Bildung vermittelte und das Volk in den Künsten des Friedens, Ackerbau und Gewerbe, unterwies. Aber schon Herder hat dagegen gesagt, daß die Kirche mit alledem nur tat, was sie tun mußte, um ihren Einfluß auf die Gemüter materiell zu stützen und um selbst einen Nachwuchs zu haben, der imstande war, die lateinischen und griechischen Kirchenväter zu lesen und die Dogmen zu lehren. Ein Minimum von Bildung mußte auch die Kirche zulassen. "Daß aber dem eigentlichen Papismus es nie an reiner Aufklärung, an Fortschritten zu einer besseren Staatsordnung samt allem was dazu gehört, gelegen gewesen sei, erweiset die ganze mittlere Geschichte. Der beste Keim konnte zertreten werden, sobald er gefährlich ward." (Herder.)
Wie viele gute Keime schon zertreten wurden, davon hat uns der knappe geschichtliche Rückblick, den wir hier versuchten, eine anschauliche Vorstellung gegeben. Es sind der Opfer übergenug gebracht, es ist hoch an der Zeit, endlich weniger verschwenderisch mit den Keimen der Menschheitsentwicklung umzugehen. Zum Glück ist auch bereits jenes Geschlecht herangewachsen, das sich dieser im höchsten Sinne kulturellen Aufgabe unterwinden kann. In dem modernen Sozialismus hat auch die Forderung der Geistesfreiheit ihre stärkste und begeistertste Unterstützung gefunden. Denn mit ihr verteidigt der Sozialismus ja seine eigene Existenzbedingung. Politische und ökonomische Emanzipation, Befreiung von staatlicher und wirtschaftlicher Knechtschaft waren lange Zeit die hervorstechendsten Kampfziele des sozialistischen Proletariats. Aber schon im Anfang seiner Bewegung und seither immer mehr hat es erkennen gelernt, daß *die geistige Emanzipation,* die Befreiung von geistiger Knechtschaft, *ein unabtrennbarer Bestandteil seines ganzen großen Kampfes ist.* Diese geistige Emanzipationsbestrebung hat bisher gerade durch die Mithilfe des Proletariats in seinen Bildungsvereinen und Instituten einen großartigen Aufschwung genommen. Sie wird aber immer mehr als Emanzipations*kampf* hervortreten müssen. Immer mehr wird das Proletariat hier aus seiner bisherigen bloßen Verteidigerstellung in die des Angriffes übergehen müssen. Ist es auch im Grunde eine Arbeit, die eigentlich dem liberalen Bürgertum zugefallen wäre, so glaube man doch ja nicht, daß es sich deshalb hier weniger um eine eigene Sache der Sozialdemokratie handle. Denn was das gleiche Recht für die politische Erstarkung, was die ökonomische Organisation für die wirtschaftliche Kräftigung des Volkes, das ist eine *moderne* Schule für seine geistige Gesundung. Nur mit einer nicht schon geistig mißgebildeten Bevölkerung können auch die Aufgaben der politischen und wirtschaftlichen Emanzipation wirklich und ohne zu schmerzlichem Zeit- und Kräfteverlust durchgeführt werden. Darum ist bei der Feier des Reichsvolksschulgesetzes es eigentlich, abgesehen von den ganz dünnen Schichten eines freiheitlichen Bürgertums, das mehr aus politischer Gegnerschaft die Feier mitmachte als aus wirklichem Kulturinteresse, nur die sozialdemokratische Arbeiterschaft gewesen, die in machtvollen Kundgebungen diese Feier beging. Und darüber dürfen wir frohen Mutes sein: denn die beste Feier des Volksschulgesetzes ist *die Kampfbereitschaft des Volkes selbst,* das, mit dieser Schule lange noch nicht zufrieden, sie sich gewiß nicht noch verschlechtern lassen wird. Hier ist nicht nur ein Wille, sondern auch ein Weg, und er weist in eine lichtvollere Zukunft.

Die Unmöglichkeit der neutralen Erziehung

I.

Was die Forderung einer neutralen Erziehung gewöhnlich unterstützt, ja sogar von vornherein als einleuchtend erscheinen läßt, ist der Umstand, daß alle Erziehung und Bildung stets auch Unterricht einschließt, das heißt aber Verbreitung von Wissen, und daß in der Wissenschaft, in der Erkenntnis mit Recht jene Sphäre erblickt wird, in der es eine völlig von aller Parteinahme unabhängige objektive Wahrheit gibt. Die Wissenschaft erscheint auf diese Weise allen Streitigkeiten des politischen, allen Gegensätzen des sozialen Lebens entrückt, und in der Logik des Denkens uns so eine wirklich neutrale Macht entgegenzutreten, deren Führung wir uns nur anzuvertrauen brauchen, um aus dem Widersinn des Tagesstreites zu den ewigen Wahrheiten der Menschheit geführt zu werden. Denn auch im Gebiet der ethischen Beurteilung führt uns allein dieses logisch klare Denken, das für alle gleich gilt, zur richtigen Bestimmung des Guten. So werden das Wahre und das Gute, diese eigentlichen Menschheitswerte, nur offenbar in einer Schulung des Geistes, die, weil sie diese logische Konsequenz des Denkens zu ihrer Aufgabe gemacht hat, nicht anders als neutral sein kann, ohne dabei inhaltlos zu werden.

Wir wollen hier nun ganz absehen davon, daß eine solche Auffassung von der Erziehung, die nur die intellektuelle Seite des Seelenlebens in Betracht zieht, eine sicherlich unvollkommene wäre und zuletzt zu seelischer Verarmung ihrer Zöglinge führen müßte, ja vorher schon ihrer Lehrer. Und auch davon kann hier nicht ausführlicher gehandelt werden, wie ja gerade die Entwicklung der Wissenschaften, also des logischen Denkens, durchaus nicht etwa bloß ihrer eigenen logischen Gesetzlichkeit folgt, sondern sehr oft in außerlogischen, ja unlogischen Momenten ihre Schranken gefunden hat, nämlich teils an dem Mangel bestimmter, das Denken anfeuernder praktischer Interessen, teils an der Gegnerschaft ihm entgegentretender Interessen.

Wovon aber hier gesprochen werden muß, das ist jene eigentümliche klassenmäßige Bedingtheit der Wissenschaft, die nicht bloß die äußeren Umstände der Begünstigung oder Erschwerung ihrer Entwicklung betreffen, sondern durch die sie selbst, je nach dem Klassenstandpunkt, den ihre Bearbeiter einnehmen, *verschieden in der Funktion als Erkenntnismittel* wird. Solange man seine Ansicht von dem Wesen der Wissenschaft bloß an der Naturwissenschaft orientierte, mußte dieser merkwürdige und bedeutungsschwere Umstand sich der Beachtung entziehen. Aber sobald man die Sozialwissenschaft in die Untersuchung einbezieht, erschließt sich nun sofort *ein ganz neuer Blick* für den, der den wesentlichen Unterschied von Natur- und Sozialwissenschaften begriffen hat.

Die Naturwissenschaft ist sozusagen die Wissenschaft von dem, was außer uns ist, was nicht wir sind, also von dem in diesem Sinne Un-Menschlichen. Selbst dort, wo sie den Menschen zum Gegenstand hat, sei es als Physiologie seinen Körper, sei es als zergliedernde Psychologie seine Seele, hat sie diese Objekte nicht in ihrer Bedeutung als menschlich-persönliche Wesenheiten, sondern als sachlich-unpersönliche Begebenheiten. In der Naturwissenschaft kommt der Mensch überhaupt nicht vor: die tätige, Ziele setzende, Werte prägende, Partei nehmende *Aktion,* was das eigentlich Menschliche ausmacht, erscheint erst, gleichsam wie eine neue Naturkraft, in der Sozialwissenschaft. Und auch dadurch ist dieses neuartige Agens noch weiter wesensverschieden von aller sonstigen Naturkraft, daß es niemals wie diese als eine isolierte Wirkungsweise erfaßbar ist, die bloß in einer tatsächlichen und an sich zufälligen Verflochtenheit mit anderen physischen Wirkungsweisen steht, ohne irgendwie innerlich mit ihnen zusammenzuhängen. Vielmehr ist die Aktion des Bewußtseins *gar nicht anders erlebbar* wie als eine unter vielen solchen gleichartigen Bewußtseinsaktionen, auf die sie sich bezogen sieht und mit denen sie einen geistigen Zusammenhang bildet, jede nach sich deutend und von jeder so gedeutet. [1])

Erst durch diesen Zusammenhang und in ihm wird diese tätige, Ziele setzende und verwerfende Wirksamkeit ein alle Subjekte derselben unmittelbar verbindendes, vergesellschaftendes Agens, wird sie eine besondere Art des Geschehens, *Sozialgeschehen*. Wie alles Geschehen, ist auch das Sozialgeschehen in einer beständigen Bewegung und Veränderung, die aber nicht mehr bloß die stete Bewegung der Materie ist, sondern sich von dieser durch die innere, das heißt stets irgendwie angestrebte, intendierte *Richtungsbestimmtheit* unterscheidet. Durch diese erhält das Sozialgeschehen die gesetzmäßige Form seiner Bewegung, wird es *Entwicklung.*

Entwicklung ist eine Kategorie erst des geistigen Lebens; die physische Natur kennt keine Entwicklung, sondern nur Veränderung, sie ist das eigentliche Reich der ewigen Wiederkehr des Gleichen. Denn selbst dort, wo wir von einer Entwicklung in der anorganischen Natur sprechen, wie zum Beispiel von der kosmologischen oder geologischen Entwicklung, handelt es sich überall um eine Veränderungsreihe, die auf rein statische Elemente von Raum, Zeit und Masse zurückführbar ist und die an sich auf gar keine bestimmte Richtung abzielt, sondern die erst in der zusammenfassenden menschlichen Betrachtung, also durch anthropozentrische Beziehung, auf einen Endzustand bezogen wird. [2]) An und für sich ist nicht einzusehen, warum zum Beispiel der Zustand des Planetensystems und der bewohnten Erde ein entwickelterer gegenüber dem der ursprünglich formlosen Nebelmasse sein soll. *Er ist nur ein anderer,* der nicht von jenem ersten Zustand beabsichtigt war, sondern aus ihm bloß hervorging. Nur weil schließlich diese ganze Veränderungsreihe auf den Menschen bezogen wird, erscheint sie als eine auf ein Ziel gerichtete, zu immer höheren Formen aufsteigende Linie, ein Schein, daß gerade die moderne wissenschaftliche und philosophische Betrachtung als gefährliche Selbsttäuschung aufzulösen bestrebt ist. Erst in der organischen Natur tritt echte Entwicklung in den Veränderungen des Lebensprozesses auf. Aber diese Veränderungen sind auch in dem Maße, als ihre innere Gesetzmäßigkeit begriffen wird, ohne den Begriff der Zielstrebigkeit des Organismus nicht mehr zu verstehen, womit sofort das organische Leben und seine Entwicklung sich als eine Art des psychischen und als eine Vorstufe des bewußten Lebens erweist.

Ohne uns hier nun in logische und erkenntniskritische Erörterungen des Entwicklungsbegriffes einzulassen, genügt für unser Thema die Konstatierung, daß durch diesen, bloß dem organisch-psychischen Bereich eigenen Entwicklungsbegriff die Sozialwissenschaft eine besondere und nur ihr eigene Aufgabe erhält, nämlich die gesetzmäßige Ordnung ihrer Erscheinungen nicht mehr zeitlos zu erfassen, wie dies die Naturwissenschaft tut, sondern in einer bestimmten Zeitfolge, eben der der Entwicklung. Das will sagen: die Aufgabe der Sozialwissenschaft liegt nicht nur darin, die Gegenwart in ihrem Bestand zu analysieren und in ihrem Gewordensein aus der Vergangenheit abzuleiten, sondern auch und ganz besonders darin, *den Verlauf in die Zukunft zu bestimmen . . .* Auf diese Weise verwandelt sich die Zukunft der Gesellschaft in eine erkannte Notwendigkeit kausalen Ablaufes, freilich eines Ablaufes, der nicht ohne unser

---

[1]) Das ist es, dieser von mir (1904) als transzendental-sozial bezeichnete Charakter des gesellschaftlichen Lebens, was Max Weber eigentlich gemeint hat, als er die Soziologie als verstehende Wissenschaft bezeichnete, ein an sich nicht sehr glücklicher Ausdruck, weil er die Gefahr des psychologischen Mißverständnisses in sich birgt. Vgl. hierzu meine Schrift *Kausalität und Teleologie,* Kap. XV.

[2]) Auf die Einwände, die sich aus Spencers allgemeinem Entwicklungsbegriff, ferner aus Ostwalds Konsequenzen aus dem zweiten Hauptsatz der Wärmelehre und aus der sogenannten Entwicklung der Kristalle ergeben, kann ich hier nicht eingehen, und es muß auf die Buchausgabe verwiesen werden.

Zutun zustande kommt, bei dem aber dieses Zutun der Menschen selbst ein Objekt der Wissenschaft geworden ist. Es ist eben die Sozialwissenschaft, die uns nicht nur die Bedingungen des sozialen Wirkens erkennen lehrt, sondern insbesondere zeigt, welche Klasse von Menschen es sein muß, die für eine bestimmte Entwicklung sein wird, oder besser gesagt, sie ausmacht, und welche sich ihr entgegenstellen wird.

II.

Und hier stehen wir nun an jenem Punkte, der nicht nur für unser Thema von entscheidender Bedeutung ist, sondern auch für das tiefere Verständnis der Sozialwissenschaft im allgemeinen und des Marxismus im besonderen: *Es gibt eine wissenschaftliche Wahrheit, die nicht unparteiisch ist und nicht unparteiisch sein kann,* weil sie nicht mehr die richtungslose Wahrheit der Naturwissenschaft ist, sondern weil sie die Wahrheit der Gesellschaftswissenschaft ist, die nie richtungslos sein kann, sondern stets auf die Richtung der sozialen Entwicklung weist. Hier scheiden sich daher Naturwissenschaft und Sozialwissenschaft in ihren notwendigen Rückwirkungen auf die Mentalität ihrer Bearbeiter. In der Naturwissenschaft werden wir selbst dort, wo wir mit wirklicher Entwicklung zu tun haben, wie in ihrem organischen Zweig, niemals zu einer Stellungnahme aufgefordert, weil sich hier alle Vorgänge ohne unser Zutun vollziehen. Die soziale Entwicklung dagegen wird möglich nur durch das bewußte Zutun ihrer Elemente. Allerdings ist sie in ihrer bisherigen Form noch das mehr oder minder bewußtlose Resultat des Zusammenwirkens zahlloser Einzelwillen, und mit Recht konnte Fichte daher den Vorwurf erheben, daß aller geschichtliche Fortschritt bisher mehr zufällig geworden als planmäßig bewirkt worden sei. Allein dieses Zusammenwirken der vielen Einzelwirkungen, die ebenso viele subjektive Stellungnahmen bedeuten, ist nun selbst Gegenstand einer Wissenschaft geworden, welche die Bedingungen desselben untersucht und seine notwendigen Richtungen bestimmt. Denn nichts anderes tut ja die Soziologie. Aber auf diesem Wege ist es dann möglich und auch tatsächlich der Fall, daß die so gewonnene Erkenntnis *in Gegensatz tritt zu der eigenen subjektiven Stellungnahme des Forschers im aktuellen Entwicklungsprozeß selbst.* Sofort ist klar, daß jene Parteinamen und Kräfte, die im Zuge der erkannten Entwicklungsrichtung liegen, sich durch die Wissenschaft gefördert, die anderen durch sie gehemmt sehen werden. Und diese letzteren werden dies damit vergelten – das braucht gar nicht bewußt zu geschehen und vollzieht sich auch meistens gar nicht so –, daß sie lieber die Wissenschaft selbst preisgeben werden, ehe sie durch die Wissenschaft ihre soziale Zukunft und schon vorher ihre selbstgewisse Gegenwart preisgegeben sehen wollen. Sie werden sich entweder in einer recht und schlecht zugerichteten Erkenntniskritik gegen sie zu verschanzen suchen, die ihnen erlaubt, das Lager des Agnostizismus oder Relativismus zu beziehen, oder, was viel häufiger geschieht, sie werden die Sozialwissenschaft, sobald sie auch die Zukunft erfassen will, als eine Parteilehre verketzern und als Parteipolitik bekämpfen. *Von einem gewissen Punkte der bewußten gesellschaftlichen Klassenspaltung angefangen wird daher die wissenschaftliche Wahrheit nicht mehr eine allgemein anerkannte sein,* weil sie *inhaltlich* notwendig Parteinahme ist, nämlich die Wahrheit der Partei der sozialen Entwicklung. Im Grunde steht diese entscheidende Einsicht in das Wesen der Sozialerkenntnis bereits am Beginn der neuzeitlichen soziologischen Arbeit. Bereits Thomas Hobbes hat, worauf Tönnies in seinem Buch über Hobbes aufmerksam gemacht hat, in seinem ersten Werk (*The Elements of Law*) die Frage aufgeworfen, warum das logische Denken auf dem Gebiete des menschlichen Geschehens nicht ebenso gewisse Resultate ergebe wie auf dem der Mathematik. Und er fand die Antwort, daß, solange man es mit Linien und Figuren zu tun habe, Wahrheit und Interesse sich nicht entgegenstehen, was aber sofort der Fall sein kann, wo es sich um den Menschen handelt. "Denn sooft", sagt Hobbes, "als die Vernunft gegen einen Menschen ist, so oft wird der Mensch gegen die Vernunft sein."

Es bekundet daher eine völlige Ahnungslosigkeit von dem methodologischen Charakter der Sozialwissenschaften, von ihren Erkenntnissen dieselbe Unparteilichkeit zu verlangen wie von jenen der Naturwissenschaft . . . Es war freilich leicht, die Einerleiheit der Wahrheit für alle aus dem beliebten Beispiel nachzuweisen, daß zwei mal zwei immer vier ist oder daß die Körper sich durch Wärme ausdehnen, was der Kapitalist ebenso anerkennen müsse wie der Proletarier. Aber es ist bereits eine ganz andere Sache, wenn die Wahrheit etwa lautet, daß die kapitalistische Wirtschaftsordnung eine durch die eigenen Triebkräfte in ihr zum Untergang bestimmte Gesellschaftsform sei. Diese Wahrheit des Klassengegensatzes unterlag sofort dem Gegensatz der herrschenden Klasse zu dieser Wahrheit.

Hierauf hatte Marx schon im Vorwort zur zweiten Auflage des *Kapital* aufmerksam gemacht. Dort zeigte er, warum die politische Ökonomie, die einen so großartigen Anfang der Gesellschaftswissenschaft bei den Engländern und Franzosen im 18. und im Beginn des 19. Jahrhunderts gemacht hatte, keine weiteren Fortschritte mehr im Fortgang der folgenden Jahrzehnte aufweisen konnte. "Die Bourgeoisie hatte in Frankreich und England politische Macht erobert. Von da an gewann der Klassenkampf, praktisch und theoretisch, mehr und mehr ausgesprochene und drohende Formen. Es handelte sich jetzt nicht mehr darum, ob dieses oder jenes Theorem wahr sei, sondern ob es dem Kapital nützlich oder schädlich sei, bequem oder unbequem, ob polizeiwidrig oder nicht. An die Stelle uneigennütziger Forschung trat bezahlte Klopffechterei, an die Stelle unbefangener wissenschaftlicher Untersuchung das böse Gewissen und die schlechte Absicht der Apologetik." Die Bourgeoisie war unfähig geworden, die politische Ökonomie weiter zu entwickeln, sobald diese zu einer Kritik geworden war, die sich gegen ihre eigenen ökonomischen Grundlagen wenden mußte. "Soweit eine solche Kritik überhaupt eine Klasse vertritt, kann sie nur die Klasse vertreten, deren geschichtlicher Beruf die Umwälzung der kapitalistischen Produktionsweise und die schließliche Abschaffung der Klassen ist – das Proletariat."

Man glaube ja nicht, daß diese so von der Parteien Haß und Gunst umstrittene Wahrheit der Sozialwissenschaften dadurch etwas von der logischen, streng wissenschaftlichen Wahrheit verlieren muß oder selbst ganz und gar politische Wertungssache würde. Das ist ja eben das große methodologische Mißverständnis, das hier beseitigt werden soll durch die Erkenntnis: *nicht die Wahrheit der Sozialwissenschaft wird Parteisache, sondern die Wahrheitssuche und Wahrheitsfindung.* Jene selbst aber bleibt völlig einerlei und einzig wie auch in der Naturwissenschaft. Daher ist der Umstand, daß der Prozeß der Wahrheitsfindung auf sozialwissenschaftlichem Gebiet in hohem Maße mit der Parteinahme für die Entwicklung zu solidarischeren Gesellschaftsformen zusammenfällt, kein Widerspruch zu der seit Max Weber immer wieder mit Recht betonten Wertfreiheit aller Wissenschaft. Diese Forderung ist nicht immer richtig verstanden worden und auch bei Max Weber selbst durchaus nicht zu völlig methodologischer Klarheit gediehen, wenn er zum Beispiel zu der Konsequenz kommt, daß keine Aussage über soziale Entwicklungsrichtungen eine objektiv kausale Notwendigkeit bedeute, sondern immer nur eine subjektive Wertung. Wir können leider hier darauf nicht näher eingehen. Aber das eine sei hervorgehoben, daß auch vom Standpunkt der wertfreien Wissenschaft, wie Weber ihn festhält, unsere Darlegung des Wesens der Sozialwissenschaft als einer immanent parteinehmenden Wissenschaft völlig widerspruchslos ist. Denn nach Max Weber hat jede Wissenschaft sich über ihre Voraussetzungen Klarheit zu verschaffen und dann die Konsequenzen aus denselben zu entwickeln, wobei, wenn zu diesen ein Ziel gehört, auch die Mittel zur Erreichung desselben nunmehr eindeutig bestimmbar werden können. In diesem Sinne als notwendig erkannte Mittel zu einem aus den Voraussetzungen der Untersuchung sich notwendig ergebenen Ziel hat auch Weber stets die Wertungen als berechtigten Gegenstand der Wissenschaft anerkannt. Nun aber ist Voraussetzung der Sozialwissenschaft der Begriff des sozialen Lebens und mit diesem – wie hier nicht näher dargelegt werden kann – eine Gesetzmäßigkeit des Wollens gegeben, die notwendig auf die immer größere Solidarisierung des sozialen Lebens hinwirkt. Dadurch allein wird soziale Entwicklung möglich. Die Sozialwissenschaft hat diese formale Gesetzmäßigkeit des Wollens in den fortlaufenden historischen Komplikationen aufzudecken und in ihrer kausalen Auswirkung darzulegen. Indem sie sich dabei mehr oder minder bewußt an dem Ziel dieser Gesetzmäßigkeit orientiert, das heißt jeden konkreten sozialen Zustand und jede auftretende soziale Tendenz auf ihre Eignung hin prüft, taugliches Mittel zur Verwirklichung dieses Endzustandes einer solidarischen Gesellschaft zu sein, vollzieht sie zwar Wertungen, die aber nur das Wesen der hier möglichen theoretischen Arbeit ausmachen. So wenig es eine unwissenschaftliche Geisteshaltung des Biologen ist, jede sich ihm darbietende Erscheinung am Organismus auf die Funktion des Lebens zu beziehen, ja so sehr er sie erst dann versteht, wenn es ihm gelungen ist, den Wert dieser Erscheinung innerhalb der Bedingungen der Lebenshaltung zu bestimmen, so gilt dasselbe von der eben geschilderten soziologischen Geisteshaltung. Jede soziale Erscheinung ist erst dann sozialtheoretisch begriffen, wenn sie nicht nur in ihrem statischen Bestand erfaßt, sondern in ihrer Funktion für die Entwicklung eines widerspruchslosen gesellschaftlichen Ganzen verstanden ist, wenn wir gleichsam ihren sozialen Entwicklungswert kennen.

III.

Vielleicht macht jemand hier nun den Einwand, daß die erkannte Notwendigkeit einer Entwicklung doch jedenfalls für den *Erziehungsbegriff* – und von ihm sind wir ja ausgegangen – gar nicht maßgebend sei, da sie ja keineswegs identisch sei mit der idealen Notwendigkeit derselben. Daß etwas sich so oder so entwickeln muß, heißt ja noch nicht, daß es so gut und recht ist. Allein dieser Einwand widerlegt sich durch die Gesetze der Entwicklung selbst. Denn eben darum ist sie ja Entwicklung, weil sie jene Richtung der Bewegung ist, in der das soziale Leben zwangsläufig zu einer größeren sozialen Solidarität gelangen muß, die sich ideologisch in zunehmender Vernünftigkeit und Sittlichkeit der Gesellschaftsordnung betätigt, ein Resultat, das allerdings in der bisherigen Form des gesellschaftlichen Lebens nur durch den Kampf der Klassen erreicht wurde und wird. So paradox es klingt, so ist es doch eine soziologische Wahrheit, daß die Übereinstimmung der *kausal notwendigen* gesellschaftlichen Entwicklung mit der *ethisch erforderten* durch den Klassenkampf bewirkt wird, weil in diesem Kampf jedesmal die aufstrebende Klasse ihre Forderungen im Sinne größerer gesellschaftlicher Vernunft und Moral formulieren muß. Der Klassenkampf ist daher, soziologisch betrachtet, gar nichts anderes als der *Prozeß der Harmonisierung und Kultivierung, ja sogar Moralisierung der Gesellschaft selbst,* der Herausarbeitung ihrer fortschreitenden Sozialisierung und damit stets größerer Annäherung an Menschheitsformen und Menschheitsziele. Darum erfüllt auch der revolutionäre Klassenkampf, solange er revolutionär bleibt, das heißt Streben nach *gesellschaftlicher* Umformung und Verbesserung und nicht nach Erringung persönlicher Lebensvorteile ist, jede aufstrebende Klasse mit einer Art religiösen Glut und läuternden Begeisterung, in welcher sich jeder einzelne verwandelt und erhoben fühlt, woraus sich auch das äußere Überlegenheitsgefühl der revolutionären Menschen über die umgebende Alltagsmenge ergibt, welche hierüber als einen Hochmut jener zetert. Jeder wirklich revolutionäre Klassenkämpfer ist "nicht von dieser Welt" und will es nicht sein, weil all sein Streben und Wirken eben der Entwicklung gehört, der neuen Welt, die er aufbauen will.

Und nun wird vollends klar, warum eine neutrale Erziehung nicht nur unmöglich ist, sondern, wenn sie möglich wäre, eine Zweckwidrigkeit sein müßte: Parteinahme in der Erziehung heißt im Grunde nichts mehr, aber auch nichts weniger als Stellungnahme zur gesellschaftlichen Entwicklung: *ob man die aufwachsende Generation zu einem Organ oder zu einer Bremse der Entwicklung machen will.* Und sozialistische Erziehung ist daher gar nichts anderes als Erziehung im Sinne und im Dienste klar erkannter sozialer Entwicklungsnotwendigkeiten, Erziehung, welche die Jugend zu bewußten Vollstreckern geschichtlicher Notwendigkeit machen will, die zugleich ihr als Menschheitsideal vorausleuchten kann . . .

Sozialistische Erziehung ist also Dienst an der gesellschaftlichen Entwicklung. So gesehen, kann daher auch keine Rede mehr davon sein, daß sie eine Vergewaltigung der Jugend wäre, eine Formung und Pressung der Kinderseelen. Im Gegenteil, als Glied der Entwicklung ist sie eine Freimachung der Kindheit und Jugend von allen ihr aus dem Traditionalismus längst sinnlos gewordener Vergangenheit in Religion und Moral, in Sitte und Recht entgegenstehenden Hemmnissen, eine Bahnbrecherin verkannter eigener Bedürfnisse und drängender innerer Notwendigkeiten. Wie im Sozialismus das Eigeninteresse und Eigenleben der breiten Masse des arbeitenden Volkes zur Entfaltung kommt, weswegen er zur Freiheitsbewegung des Volkes geworden ist, so strebt in der sozialistischen Erziehung die freie Entfaltung des Kindes und der Jugend zur Verwirklichung. Die sozialistische Erziehung ist nicht ein Gegensatz, sondern die

Bedingung dieser Erziehung zur freien Persönlichkeit. Das gewöhnliche Ideal einer solchen, welche meint, daß sie völlige Ziel- und Programmfreiheit voraussetze, ist nichts anderes als ein großes Mißverständnis. Sehr richtig bezeichnet G. Wyneken "den sentimentalen Kultus der individuellen Persönlichkeit" einmal als einen "Aberglauben, dem durch eine wahrhaft moderne Pädagogik endlich einmal ein Ende gemacht werden muß".[3]) Und jedenfalls ist dieses Ideal einer bloß ihrem eigenen Gestaltungstrieb folgenden Menschwerdung ein solches, das soziale Existenz- und Entwicklungsbedingungen einer späten Zukunft vorwegnimmt, in welcher eine derartige Atomisierung des gesellschaftlichen Lebens ebenso möglich sein wird, wie sie heute noch ein bloßes Ideal ist. Aber so gut es ist, der Vergangenheit ihre Toten zu überlassen, so richtig, der Zukunft ihre Aufgabe. Die Persönlichkeitserziehung wird vielleicht die Erziehung *der* Zukunft sein, die sozialistische Erziehung aber ist sicher die Erziehung *zur* Zukunft.

[3]) G. Wyneken, *Schule und Jugendkultur,* S. 21.

Die soziologischen Grundlagen der weltlichen Schule

Sehr verehrte Anwesende! Ich danke Ihnen für den freundlichen Empfang, den Sie mir zuteil werden ließen. Ich bin mir der Ehre bewußt, die mir erwiesen wurde, daß Sie mich hierher zu Ihrer Tagung des Bundes der freien Schulgesellschaften Deutschlands als Referenten eingeladen haben. Da ich weder ein theoretischer Pädagoge bin noch auch ein praktischer Schulmann, so habe ich diese Einladung nur in dem Sinne verstanden und verstehen können, daß Sie mich als einen Vertreter meines Faches, als Soziologen eingeladen haben und überdies als marxistischen Soziologen. Das ist also der Wunsch Ihrer Leitung und der Versammlung, daß ich zu dem Thema, das Sie alle bewegt, zu dem Thema von der weltlichen Schule, vom Standpunkt der marxistischen Soziologie spreche, also vom rein theoretischen Standpunkt.

I.

Es ist, wie das sowohl aus der Einleitungsrede Ihres Vorsitzenden als auch aus den Begrüßungsreden immer wieder hervorklang, ein schwerer Kampf, den Sie um die weltliche Schule führen. Kaum daß diese weltliche Schule in der Reichsverfassung eine ganz unzulängliche Grundlage erhalten hat, stellen sich ihr schon die Bedrohung durch den Reichsschulgesetzentwurf und die Konkordatsbestrebungen entgegen. So ist es schon aus diesem Gesichtspunkt, aus dem Gesichtspunkt der Bedrohung des Schulwesens, notwendig, sich einmal darüber klar zu werden, was wir denn vom sozialistischen Standpunkt, und das ist, wie wir das noch hören werden, für mich gleichbedeutend mit soziologischem Standpunkt, unter der weltlichen Schule verstehen sollen. Diese Klärung ist vielleicht auch um so notwendiger, als die Situation der sozialistischen Vertreter der weltlichen Schule nicht nur dadurch gefährdet ist, daß so viel direkte Gegner der weltlichen Schule auftreten, sondern daß auch in dem Lager der Freunde der weltlichen Schule selbst durchaus nicht volle Klarheit besteht über ihr eigentliches Wesen, durchaus nicht ein volles Verständnis dafür vorhanden ist, was denn nun eine weltliche Schule, wie wir sie uns als marxistische Sozialdemokraten zu denken haben, eigentlich bedeutet. Bevor ich darangehe, diese Fragen, soweit es meine Kräfte gestatten, vor Ihnen zu beantworten, ist es notwendig, daß ich zwei Vorbemerkungen mache, die vielleicht nötig sind, um gewisse, sich bereits jetzt bei manchen Zuhörern regende Einwände von vornherein zu erledigen.

Der erste Einwand bezieht sich auf folgendes: man wird es als Widerspruch empfinden, daß ich ausdrücklich erklärt habe, das Thema "Weltliche Schule" vom sozialistischen Standpunkt aus zu besprechen und gleichwohl den Anspruch erhebe, es vom wissenschaftlichen Standpunkt aus zu betrachten. Aber das ist kein Widerspruch. Indem ich diese beiden Begriffe "vom sozialistischen und wissenschaftlichen Standpunkt aus" gleichsetze, sage ich vielmehr für den Marxisten nichts Neues. Aber leider ist es ja so weit gekommen, daß wir immer wieder genötigt sind, auch im engeren Kreise von Sozialisten uns die Grundgedanken und die Grunderkenntnisse des Marxismus wieder in Erinnerung zu bringen; und daher scheint es mir nicht überflüssig, zu sagen, daß im Sinne des Marxismus der Sozialismus ein Ergebnis wissenschaftlicher Untersuchung des gesellschaftlichen Lebens ist. Der Marxismus ist nicht, wie viele mei-

Soziologische und schulpolitische Grundfragen der weltlichen Schule

Vorträge von Universitäts-Professor Max Adler (Wien)
und Stadtrat Dr. Kurt Löwenstein, M. d. R. (Neukölln)
gehalten auf der Vertreter-Versammlung
des Bundes der freien Schulgesellschaften Deutschlands
zu Dortmund am 17. und 18. Oktober 1925

Herausgegeben vom
Bund der freien Schulgesellschaften Deutschlands
Verlag der freien weltlichen Schule
Magdeburg, Viktoriastraße 5

nen, eine bloße Parteilehre, er ist auch nicht etwa bloß eine ideologische Verbrämung von ökonomischen Forderungen, von politischen Idealen, von parteimäßigen Programmpunkten. Alles das, die politischen Forderungen, die parteimäßigen Programmpunkte des marxistischen Sozialismus, sind eine Folge seiner wissenschaftlichen Erkenntnis. Seit Marx und Engels nennen wir Sozialisten uns mit Stolz wissenschaftliche Sozialisten, d.h. daß wir nicht mehr bloß die Begeisterung sprechen lassen. Auch wir fühlen in uns die ganze Kraft, die ganze Tiefe und die ganze Begeisterung des sozialistischen Ideals lebendig, auch wir fühlen in uns den Auftrieb aller Forderungen der sozialen Ethik, und jeder Sozialist weiß mit stolzem Bewußtsein, daß er, indem er Sozialist ist, allen Hoffnungen und Idealen der Menschheit dient. Aber das Neue und Eigentümliche des marxistischen Sozialismus ist, daß wir all diesen Idealismus *verbinden mit der sozialen Erkenntnis,* daß wir nicht mehr bloß begeistert sind, sondern daß wir dabei *gleichzeitig* auch wissenschaftlich orientiert sind und diese wissenschaftliche Orientierung verankert haben in der Gesellschaftslehre, wie sie Karl Marx und Friedrich Engels begründet haben. Diese *Gesellschaftslehre* zeigt uns, daß der Sozialismus die Entwicklung der bürgerlichen Gesellschaft zu einer neuen Gesellschaftsform ist, also ein notwendiger gesellschaftlicher Prozeß, ein Stück der sozialen Gesetzmäßigkeit. Und seit Marx und Engels ist *der Sozialismus überhaupt nichts anderes mehr als die bewußte Vollziehung einer sozialwissenschaftlich erkannten Gesetzlichkeit.* Dies bedeutet, daß das Proletariat eine Aufgabe hat, die jeder Proletarier, auch wenn er von Sozialwissenschaft gar nichts weiß, aus seinen Entwicklungsinteressen heraus begreift. Das macht ja zugleich die Siegesgewißheit, die Zuversicht des marxistischen Sozialismus aus. Von diesem Gesichtspunkt aus werden Sie mir nunmehr sofort zugeben, daß, wenn ich sage, ich will den Begriff der weltlichen Schule vom sozialistischen Standpunkt aus betrachten, das nicht heißt, vom parteimäßigen Standpunkt aus. Es bedeutet dies also nicht mit der Parteilichkeit anfangen statt mit der Wissenschaft, sondern umgekehrt, es bedeutet anfangen mit der gesellschaftswissenschaftlichen Erkenntnis. Und die Frage: Wie ist die weltliche Schule vom sozialistischen Standpunkt aus zu betrachten, heißt also nichts anderes, als untersuchen, *welche gesellschaftliche Funktion hat die Schule in unserer Zeit zu erfüllen?* Das ist das erste, was ich sagen mußte.

Und das zweite ist dieses, worauf übrigens zu meiner Freude der Vorredner, Genosse Dr. August Siemsen, schon hingewiesen hat: Wenn wir Sozialisten von der weltlichen Schule sprechen, sollten wir alle immer im Bewußtsein haben, daß wir damit einen ganz bestimmten Begriff zu verstehen haben, welchen Begriff wir einmal in Klarheit herausstellen müssen. Es kann nicht so sein, als ob die weltliche Schule schon dadurch genügend gekennzeichnet wäre, daß sie eine Schule ohne kirchlichen oder ohne Religionsunterricht ist. Das kann ganz und gar nicht den Begriff der weltlichen Schule, wie wir ihn zu verstehen haben, ausmachen. Die weltliche Schule ist nicht bloß der Gegensatz zur geistlichen Schule oder zur Schule mit irgendeinem Religionsunterricht, die weltliche Schule kann für uns auch nicht sein die sogenannte Freidenkerschule, denn alle diese Begriffe sind ungenügende Begriffe, und der Begriff der weltlichen Schule wird auf diese Weise unbestimmbar. Er wird dadurch zu einem jener vieldeutigen Begriffe, die eine bloße Form für den verschiedenartigsten Inhalt sind und deren es viele gibt, wie z.B. den Begriff der Schulreform oder Demokratie. Das sind gleichsam bloß feststehende Rahmen, und erst der Inhalt entscheidet, was für einen Gehalt diese Begriffe überhaupt haben. Zum Beispiel wenn die weltliche Schule eine bloße Freidenkerschule wäre, so wäre damit noch gar nichts gesagt. Denn für eine solche Freidenkerschule kann nicht nur der Proletarier, sondern auch der bürgerliche Freidenker eintreten, ja schließlich könnte man sich denken, daß auch derjenige für sie eintritt, der bloß deshalb an nichts glaubt, weil er überhaupt nichts denkt. Die Freidenker-Gesinnung ist eben noch keine genügend bestimmte Grundlage, um den Begriff der weltlichen Schule zu tragen. Denn das freie Denken ist ja nicht immer ein wirklich freies Denken, sondern ist oft nichts anderes als eine Bezeichnung für die Gegnerschaft gegen jede Religion überhaupt und nur zu oft verbunden mit einer geradezu ebenso fanatischen wie bornierten Verteidigung dieses Standpunktes. Es gibt eben auch Pfaffen des Freidenkertums. Aber ganz abgesehen davon, ist das wichtigste dieses, daß wir oft sehen, wie das bürgerliche freie Denken sofort zu Ende ist, wenn wir mit sozialistischen Gedanken kommen. Der bürgerliche Freidenker ist himmelstürmend, wenn es gilt, den Gott im Himmel zu entthronen, aber bei den irdischen Göttern Mammon und Moloch versagt sehr oft das bürgerliche freie Denken, und es ist da sofort zu Ende. Sie ersehen daraus, daß uns mit diesen Begriffsbestimmungen noch nicht gedient ist, sondern wir müssen fragen: Welche charakteristische gesellschaftliche Bedeutung muß die weltliche Schule haben, die wir Sozialisten meinen? Was macht denn die weltliche Schule für uns so wichtig, daß wir deswegen entschlossen sind, einen Kampf zu führen, der nicht eher aufhören darf, als bis das Ziel erreicht ist? Sie werden mir zugeben müssen, daß man diesen Kampf nur führen kann, wenn man auch das Ziel sehr genau sieht. Woher soll man sich aber nun die Auskunft holen darüber, wie also der eigentliche Charakter der weltlichen Schule sein muß? Meiner Meinung nach kann uns hier nur die Wissenschaft beraten, wenn man nicht eine Auskunft bekommen will, die ganz subjektiv ist, die entweder nur persönliche Anschauungen entwickelt oder die rein parteipolitisch bestimmt ist und in beiden Fällen mit einer wirklichen Erkenntnis nichts zu tun hat. Eine solche Auskunft also, die objektiv richtunggebend ist, kann man sich nur von jener geistigen Macht holen, die ein objektiv richtiges Urteil ermöglicht, nämlich von der Wissenschaft. Und da die Schule überhaupt, ob sie weltlich oder nicht weltlich ist, eine gesellschaftliche Erscheinung ist, da die Schule ein Stück des gesellschaftlichen Lebens überhaupt ist, kann deswegen auch nur jene Wissenschaft Auskunft geben, welche zum Gegenstand das gesellschaftliche Leben hat, also die Sozialwissenschaft. Wir werden uns also an die Sozialwissenschaft wenden müssen, um zu hören, was sie uns denn über das Wesen einer Schule zu sagen hat, über das Wesen einer Schule überhaupt, und was daraus für die weltliche Schule zu folgern ist.

II.

Vielleicht wird in diesem Kreise mir ein Einwand leicht entgegengehalten werden können, daß es doch sonderbar ist, daß ich über den Inhalt und die Bedeutung der weltlichen Schule nicht jenen Wissenszweig befragen will, der gleichsam berufsmäßig dazu da ist, eine solche Auskunft zu geben, die Pädagogik, sondern von einer neuen noch jungen Wissenschaft, von der Soziologie die Auskunft erwarte. Meine verehrten Anwesenden! Erlauben Sie mir ein kritisches Wort, obgleich ich nicht Pädagoge bin. Wiewohl ich die größte Verehrung für die großen Männer der Pädagogik habe, obgleich ich weit entfernt bin zu verkennen, wie die großen pädagogischen Gedanken eines Plato, Kant und Pestalozzi, um nur die allergrößten zu nennen, in ihrer gesamten Bedeutung noch nicht einmal ausgeschöpft sind, so glaube ich doch, mir das Urteil erlauben zu dürfen, daß die Pädagogik in den Grenzen, wie wir sie jetzt sehen, trotz der großen Bemühungen, die ihr gezollt werden an den Hochschulen und an den pädagogischen Lehranstalten, doch keine Wissenschaft ist. Die Pädagogik ist vielmehr eine Art von Kunstlehre, sie ist eine Sammlung von Gedanken, von Erfahrungen und von Hoffnungen, welche sich bedeutende Männer aus ihrer Lebenserfahrung, aus ihrer Weltanschauung heraus gebildet haben über die Fragen, wie man Kinder richtig erziehen soll. Gerade das, was jede Wissenschaft fordert, nämlich objektiv und von jeder subjektiven Meinung und Anschauung frei zu sein, fehlt jenen Pädagogen, weil jeder Pädagoge in seinen Sätzen nur seine höchstpersönliche Einstellung und Anschauung zu dem Problem, wie die junge Generation behandelt werden soll, wiedergibt. Denken Sie da z.B. nur an die drei großen pädagogischen Gestalten, an Locke, Rousseau und Pestalozzi. Wenn man das Wirken dieser drei Pädagogen auf eine Formel bringen will, so zielt es bei Locke auf den tüchtigen Privatmann, bei Rousseau auf den guten Bürger, bei Pestalozzi auf den guten Menschen. Wie erziehe ich einen jungen Menschen, der tüchtig ist in der bürgerlichen Gesellschaft, der seinen Weg gut finden wird, der gesund bleiben und anderseits Geltung und Ansehen bei seinesgleichen erreichen will, kurz, der eine Stütze der Gesellschaft und ein guter Familienvater werden will? Das ist das Erziehungsideal bei Locke. Bei Rousseau dagegen ist alles eingestellt auf das öffentliche Leben: Wie erziehe ich den Menschen, daß er ein guter Staatsbürger wird? Und bei Pestalozzi: Wie erziehe ich einen jungen Menschen, der in der Welt zu Hause ist, der ein guter Weltbürger ist, dem die Menschheit am Herzen liegt? So haben Sie hier drei verschiedene Erziehungsideale. Jeder kann gute Gründe anführen, jedes Erziehungsideal ist in seiner Zeit gerechtfertigt, aber ein durchaus relatives, durchaus aus ganz bestimmten subjektiven Anschauungen heraus geboren. Es fehlt hier der objektive zwingende Hinweis auf eine Allgemeingeltung in pädagogischer Erkenntnis.

Aber vor allen Dingen ist es eins, was der Pädagogik fehlt: Die Einstellung ihres Problems in das Gesamtproblem des gesellschaftlichen Lebens. Die älteren Pädagogen kennen diesen Gesichtspunkt überhaupt noch nicht, sie fassen die Erziehung als ein individuelles Problem zwischen Erzieher und Erzogenen auf. Das ist sogar noch bei Rousseau der Fall, wo schon der Gedanke der öffentlichen Erziehung hineinspielt. Aber auch die späteren Pädagogen betrachten die Erziehung noch nicht als ein Stück des gesellschaftlichen Lebens, sondern sie stellen nur die Forderung auf, daß die Erziehung sich für das Gemeinschaftsleben als nützlich und ersprießlich erweist. Es ist noch nicht die *theoretische* Beziehung da zwischen Erzieher und gesellschaftlichem Leben, es ist nur die praktische Beziehung da. Und gerade die beiden großen Männer, die zum erstenmal bereits die Erziehung als ein Stück des gesellschaftlichen Lebens selbst betrachten, der große deutsche Philosoph Fichte und der große englische Sozialreformer Owen haben auch der Erziehung ganz andere Aufgaben gestellt als die, welche die bürgerliche Gesellschaft bisher bewegt hatten. Sie waren nicht nur große Pädagogen, sie gehörten auch zu den ersten Kritikern der bürgerlichen Gesellschaft und zu den geistigen Vätern des modernen Sozialismus. Das sind die Gründe, warum ich glaube, daß nicht von der Pädagogik her sich die Antwort ergibt, die wir suchen. Die Pädagogik muß erst noch eine grundsätzliche Änderung in ihrer Einstellung durchführen. Sie muß selbst sich erst die Grundlage der sozialistischen Erkenntnis zu eigen machen, und dann wird sie zu einer ganz anderen Fragestellung betreffs ihres Grundproblems der Erziehung kommen. Diese Fragestellung ist bis jetzt die: Was ist der Zweck der Erziehung? Oder: Wie werden Kinder richtig erzogen? Das sind Fragen, auf welche so viele Antworten möglich sind, wie es Köpfe gibt.

Die Fragestellung muß eine ganz andere sein. Die Fragestellung, welche die Wissenschaft erhebt, ist niemals die Frage nach einem Zweck. Die Wissenschaft fragt nicht: Was soll sein?, die Wissenschaft fragt nicht: Sollen Erdbeben sein?, oder: Was ist der Zweck der Erdbeben?, oder: Sind Erdbeben richtig?, sondern sie fragt: Worin bestehen Erdbeben? Was ist das Wesen der Erdbeben? Was ist ihre Ursache? Wie sind Erdbeben zu erklären? Welches sind ihre Wirkungen? Das Soll kommt für die Frage der Wissenschaft nicht in Betracht. Das Soll ist allenfalls eine Anwendung von wissenschaftlichen Erkenntnissen. Und so kann auch die Pädagogik, wenn sie einmal auf wissenschaftlicher Grundlage steht, und das kann nur sein in engstem Zusammenhang mit sozialwissenschaftlichen Grundlagen, nicht mehr fragen: Was ist der Zweck der Erziehung?, oder: Was soll die Schule leisten?, sondern muß sachlich fragen: Was ist Erziehung? Was bedeutet Erziehung im gesellschaftlichen Leben, was ist die gesellschaftliche Funktion der Erziehung? Und erst aus der Erkenntnis über das Wesen dieser Funktionen können dann weitere Schlüsse gezogen werden.

Vielleicht wird man an dieser Stelle sagen, diese Fragestellung mag richtig sein, aber sie kommt hier nicht in Betracht, denn die Schule hat ja gar nicht zu erziehen, die Schule hat nur zu unterrichten! Aber wir werden hier zunächst gar nicht darum zu streiten haben, ob das eine richtige Ansicht ist oder nicht. Ich halte sie für falsch. Denn gerade die Antwort darauf, ob die Meinung so vieler, daß die Schule nicht zu erziehen, sondern nur zu unterrichten habe, richtig ist, entscheidet sich erst, wenn man die gesellschaftlichen Funktionen der Schule kennt. Man kann diese Frage sonst gar nicht objektiv beantworten, sondern nur verschiedener Meinung sein. Dagegen wird die Frage, wer recht hat, sich wohl entscheiden lassen, wenn die gesellschaftliche Funktion der Erziehung erkannt ist. Denn wenn sich objektiv ergibt, daß Erziehung nichts anderes ist als gesellschaftliche Formung der Jugend, wird man sofort sehen, daß diese Formung ja auch in sich schließt die *Art* von Wissen, die man der Jugend vermittelt, und daß es eine fromme Täuschung ist, daß in der Schule ein Unterricht möglich ist, der nicht immer zugleich auch Formung, also Erziehung ist. Es ist selbstverständlich, daß z.B. der Lehrer, der ein Anhänger eines strenggläubigen religiösen Bekenntnisses ist, selbst den physikalischen Unterricht anders erteilen wird als der Lehrer, der ein rein naturwissenschaftlicher Kopf ist. Es wird auch der Geschichtsunterricht bei einem Monarchisten anders aussehen als bei einem Republikaner, und er wird wieder anders aussehen bei einem Sozialisten. Das sind Dinge, die ich für so selbstverständlich ansehe, daß man darüber eigentlich nichts zu sagen braucht. Aber es muß immer wieder hervorgehoben werden, daß es ein Irrtum ist, zu glauben, es lasse sich der Unterricht von der Erziehung trennen. Es müßte ja der Lehrer seine eigene Persönlichkeit im Unterricht ganz auslöschen, wenn das überhaupt möglich wäre, und dann wäre er ja überhaupt kein richtiger Lehrer mehr.

III.

Es ist nun nötig, daß ich auf den Begriff der Erziehung, wie er sich vom soziologischen Standpunkt aus ergibt, hier wenigstens mit einigen Hinweisen näher eingehe. Wenn wir die Erziehung in den verschiedenen Zeitaltern betrachten, ohne Rücksicht darauf, ob sie eine gute oder schlechte Erziehung, ob sie eine religiöse oder eine weltliche Erziehung war, sondern wenn wir nur darauf sehen, was überhaupt gesellschaftlich dort vorgeht, wo von Erziehung die Rede ist, mag sie an sich auch noch so schlecht sein, so können wir zu einem anderen allgemeinen Ausdruck für die Erziehung kommen, als zu dem, den ich vorhin erwähnt habe: Erziehung ist Formung. Was sie sonst ist, ist Nebensache in diesem Zusammenhang. Erziehung ist Formung der jungen Generation durch die ältere Generation, und zwar eine Formung, durch die die jüngere Generation in die soziale Struktur der älteren Generation eingefügt wird. Oder kurz gesagt: Erziehung ist Formung der Jugend zum Zwecke ihrer Einfügung entweder in eine *bestehende* soziale Struktur, oder auch in eine soziale Struktur, welche die ältere Generation für die richtige hält, die also nicht notwendig zu bestehen braucht, sondern erst entstehen soll. (Nebenbei bemerkt, ermöglicht sich an dieser Stelle ein Einblick in die Jugendbewegung, die in immer höherem Maße in unserer Zeit um sich greift und auch schon außerdeutsche Gebiete zu erfassen beginnt. Wir erkennen nun, worin ihr eigentlich revolutionärer Charakter besteht, so daß die Jugendbewegung auch immer mehr Erwachsene mit sich reißt. Wir erleben nämlich hier zum erstenmal einen radikalen Durchbruch der Erziehungsidee. Die Jugend ist begeistert für den Gedanken des eigenen Rechts, ihres Eigenlebens, die Jugend will sich aus ihrem Lebensgefühl heraus *selbst* ihr Dasein *formen,* sie will aus eigener Verantwortung ihre Lebensformen bestimmen. Das ist der radikalste Bruch mit der bisherigen Erziehungsarbeit, und es ist zu hoffen, daß aus der Verbindung dieser neuen Gedanken der Jugendbewegung mit dem Gedanken der Erziehung ein ganz neues Zeitalter der Erziehung überhaupt anbrechen wird.) Die Bezeichnung der Erziehung als eine Formung der jüngeren Generation durch die ältere hat starke Kritik und Ablehnung erfahren. Man weist nämlich darauf hin, daß ja gerade der Fortschritt im pädagogischen Denken darin bestehe, daß man die Erziehung nicht mehr als etwas betrachte, wobei bloß die ältere Generation das aktive Element sei und die jüngere als bloßes Objekt der Erziehung in Betracht komme, also völlig passiv geformt werde, sondern alle Erziehung, die wirklich als fortschrittlich gelten will, setze nicht nur die tätige Mitwirkung des Zöglings voraus, sondern sie sei im Gegenteil vor allem darauf gerichtet, der Eigenentwicklung und Eigentätigkeit des Schülers freien Raum zu geben. Darauf ist jedoch zu sagen, daß alles das, was hier eingewendet wird, zwar vollständig richtig ist und auch meine Meinung wiedergibt, trotzdem aber die aufgezeigte soziologische Rolle der Erziehung als eine Formung nicht ändert. Man muß nur festhalten, daß die soziologische Betrachtung, wie ich ausdrücklich sagte, auf die *Form* aller Erziehung geht, was immer auch ihr Inhalt sein möge. Der Einwand bezieht sich aber gerade auf einen bestimmten Inhalt der Erziehung, gehört also nicht mehr zur rein soziologischen Betrachtung der Erziehung, sondern bereits zur Erfassung ihrer besonderen Technik, d.h. zur eigentlich pädagogischen Betrachtung. Es ist klar, daß, wenn Erziehung Formung der Jugend ist, diese Formung entweder eine solche sein kann, bei welcher der Eigentätigkeit der Jugend kein Raum gelassen wird, oder eine solche, bei welcher dies der Fall ist. Man darf eben bei dem Worte Formung nicht bereits an eine bestimmte Formung und dann sofort an eine Pressung oder Vergewaltigung denken, sondern nur daran, daß Formung bedeutet, die Führung der Jugend zu bestimmten Zielen hin. Ein solches Ziel kann auch sein die Ermöglichung der eigenen Zielsetzung der Jugend selbst. Gleichwohl bleibt – und gerade dies soll der Begriff der Formung ausdrücken – ein großer Unterschied zwischen Jugend-

erziehung und Jugendbewegung. Denn bei der letzteren erfolgt diese Zielsetzung der Eigenentwicklung aus ihren eigenen Lebens- und Entwicklungsantrieben heraus mit oft sogar schroffer Ablehnung jeder Führung durch Erwachsene, bei ersterer ist es aber gerade diese, welche sowohl das Ziel der Eigenbetätigung der Jugend setzt als auch sie dafür reif machen will. Es ist daher auch diese Erziehung eine Formung. Hierauf beruht ja der soziologische Gegensatz der Jugendbewegung selbst zur freiesten Erziehungsidee, wovon vorhin die Rede war, und für die Zukunft des Erziehungsbegriffs wird nicht bloß das eine entscheidend sein, worin man bisher zumeist schon die moderne Höhe dieses Begriffs erreicht sieht, daß er die Aktivität und Mitwirkung des Zöglings als unentbehrlich, ja als Hauptsache betrachtet, sondern daß man die sich selbst überlassene und sich selbst erzeugende Bewegung der Jugend als die notwendige Ergänzung der Erziehung betrachtet.
Es scheint nun, als ob die Frage nach der sozialen Bedeutung der Erziehung leicht zu beantworten wäre. Denn wenn alle Erziehung Formung ist, dann scheint ja damit ihre Aufgabe selbst klar bezeichnet zu sein. Dies wäre auch der Fall, wenn die soziale Struktur erstens eine einheitliche wäre und zweitens eine unveränderliche. Wenn die soziale Struktur ein für allemal gegeben wäre, unter der die Menschen leben, wäre die Erziehung ein höchst einfacher Vorgang gegenüber dem konstanten Faktor der Gesellschaft, an den eben die Jugend jedesmal nur neu heranzuführen und anzupassen wäre. Hier setzt aber die grundlegende Erkenntnis des Gesellschaftslebens ein, wie sie Marx und Engels begründet haben, die uns lehrt, daß dies nicht der Fall ist. Es ist noch zuwenig in das wissenschaftliche Bewußtsein unserer Zeit gedrungen, daß wir seit Marx und Engels eine *Sozialwissenschaft* haben, d.h. daß sich seit Marx und Engels das Reich der Wissenschaft um eine neue Provinz bereichert hat. Das bedeutet, daß der Begriff der Wissenschaft nicht mehr identisch ist bloß mit Naturwissenschaft und daß wir uns gewöhnen müssen, neben der Naturgesetzlichkeit an die ganz andersartige, aber ebenso strenge *Sozialgesetzlichkeit* zu denken, die uns der Marxismus erschlossen hat. Es ist allerdings für die heutige Generation, in welcher der Marxismus noch vom Kampfe der Parteien umtobt ist, schwer, und noch mehr für seine bürgerlichen Gegner, diesen objektiven Standpunkt einzunehmen, von dem aus der Marxismus als das erkannt wird, als was wir ihn schon eingangs bezeichneten, als soziologische Erkenntnis. Allein man muß eben doch, wenn man rein wissenschaftlich denken will, sich von allen den politischen und parteimäßigen Assoziationen, die sich fast mechanisch an den Begriff des Marxismus herandrängen, zunächst freizumachen suchen. Man darf also nicht an seiner politischen Erscheinungsform haften bleiben, sondern muß durch diese hindurch auf die theoretischen Grundgedanken eingehen, die erst das eigentliche Wesen des Marxismus ausmachen. Das kann hier natürlich nur in ganz großen Umrissen gezeigt werden und nur soweit es mit unserem Thema in Zusammenhang steht.

IV.

Es sind vor allem drei große Grundgedanken des Marxismus, die zugleich zu den Grundgedanken der Soziologie gehören und die, wie wir sehen werden, auch aufs innigste mit unserem heutigen Gegenstand verbunden sind. Das erste ist der *historische* Standpunkt des Marxismus. Er lehrt uns, alle gesellschaftlichen Erscheinungen als historische Vorgänge zu betrachten. Es kann keine einzige gesellschaftliche Erscheinung geben, welche sich nicht fort und fort wandelt. Es gibt also keine ewigen Kategorien der Geschichte, keine ewigen Bestimmtheiten des gesellschaftlichen Lebens. Dieser Satz scheint banal, aber der Kenner der Geistesgeschichte weiß, welche gewaltigen Kämpfe der Entwicklungsgedanke in Natur und Geschichte zu bestehen hatte, um sich durchzusetzen. Und noch heute ist es eine sehr verbreitete Denkweise auch bei vielen sonst sehr gebildeten Gegnern des Sozialismus, daß sie zur Verteidigung der heutigen Gesellschaftsordnung darauf hinweisen, daß es immer Arme und Reiche gegeben hat und daß die Gegensätze von Oben und Unten, von Herrschenden und Beherrschten seit jeher bestanden haben. Diese Gegensätze erscheinen so als eine Art ewiger Bestimmtheit der Gesellschaft, von der der Fromme sagt, daß sie gottgewollte Unterschiede seien, während der weniger Fromme sie als Naturbestimmtheiten ausgibt. Demgegenüber macht der Marxismus mit seiner Grundauffassung Ernst, daß alle gesellschaftlichen Erscheinungen bloß historische Bestimmtheit haben, d.h. daß sie durch bestimmte Verhältnisse so geworden sind, durch bestimmte Verhältnisse eine Zeitlang erhalten werden und dauern und durch ebensolche Verhältnisse schließlich abgeändert werden und vergehen. Und nun verwandelt sich die scheinbare Banalität des Satzes, daß alle gesellschaftlichen Erscheinungen veränderlich sind, in die schicksalsschwere Erkenntnis, daß der ganze Aufbau unserer Klassenentwicklung historisch geworden ist durch bestimmte historische Verhältnisse, nämlich durch die verschiedenen Formen des Privateigentums an den Produktionsmitteln, und auch nur so lange bestehen wird, als das Privateigentum an den Produktionsmitteln besteht. Es sind also diese Gegensätze von Arm und Reich usw. eine historische Erscheinung, sie sind keine ewigen unüberwindlichen Bestimmtheiten des gesellschaftlichen Lebens. Dies ist der erste Grundgedanke, von dem wir ausgehen: Das gesamte gesellschaftliche Leben zeigt einen fortwährenden Wandel in allen seinen Bestimmtheiten.

Daraus ergibt sich die zweite Frage: Ist dieser Wandel der Bestimmtheiten ein chaotischer, ist er ein Wandel ohne irgendwelche Ordnung, oder ist in ihm ein bestimmtes Gesetz? Darauf gibt die marxistische Soziologie eine bestimmte Antwort. Sie sagt: ja, es ist eine Ordnung in diesem Wandel zu konstatieren. Diese Ordnung besteht darin, daß alles gesellschaftliche Leben, soweit wir es in der Vergangenheit zurückverfolgen können bis zu jenem Zeitpunkt, wo es sich in dem Nebel der Geschichte verliert, stets durch wichtige Lebensgegensätze der Menschen gespalten erscheint. Oder wie der Marxismus es ausdrückt, alles geschichtliche Leben verläuft in Klassengegensätzen. Ob es jemals eine solidarische Gemeinschaft gegeben hat in der Vergangenheit, die in einheitlicher Arbeits- und Genußgemeinschaft gelebt hat, wissen wir nicht. Auch wissen wir nicht im einzelnen, wie sich aus ihr die sozialen Gegensätze differenziert haben. Aber dies alles sind für unseren heutigen Zweck müßige Fragen; denn es sind historische Fragen, die nichts mit der soziologischen Erkenntnis des Charakters der heutigen gesellschaftlichen Welt zu tun haben. Für diese ist es wichtig, daß wir wissen, daß alles heutige gesellschaftliche Leben, wenn man es zurückverfolgt, soweit es geht, denselben Charakter hat, nämlich den Charakter, kein solidarisches gesellschaftliches Leben zu sein, sondern ein Leben, welches durch Klassengegensätze gespalten ist. Diese Gespaltenheit ergreift alle sozialen Formen, so daß sich keine einzige Form denken läßt, welche nicht diesen Charakter in sich trüge. Z.B. der Staat wird gewöhnlich als eine Institution des Allgemeininteresses betrachtet. Aber so wie er *wirklich* ist, kann er dies gar nicht sein, weil er auf dem Gegensatz der Klassen aufgebaut ist. Der Staat als politisches Ideal der Gemeinschaft ist heute noch gar nicht möglich, weil der größte Teil der heutigen Staatsbürger noch durchaus ausgeschlossen ist von dem Genuß der Lebens- und Kulturgüter, die heute schon der Gesamtheit zugänglich sein könnten. Dasselbe gilt von dem Begriff der Nation. Das ist also der zweite Grundsatz, daß alles gesellschaftliche Leben diesen klassenmäßigen Charakter zeigt und daß innerhalb der Gespaltenheit der Gesellschaft der Klassengegensatz und der Klassenkampf es sind, welche die Bewegung der Gesellschaft verursachen. Es ist, wie die Geschichte zeigt, in allen früheren Stadien der Kampf der Klassen gewesen, der den stationären Zustand der Gesellschaft aufgehoben hat, der die Gesellschaft aus ihrer bisherigen Form in eine andere Form gebracht hat. Niemals ist irgendeine Gesellschaftsform von selber in eine andere Gesellschaftsform übergegangen, sondern es ist stets der Klassenkampf gewesen, der dies bewirkt hat. So ist auch in der Französischen Revolution Ende des 18. Jahrhunderts in dem Kampfe zwischen dem Adel, der Kirche und dem Königtum auf der einen Seite und dem Bürgertum auf der anderen Seite, wie in allen Formen der Geschichte, der Klassenkampf das eigentliche Mittel der Bewegung der Geschichte gewesen. Mit vollem Rechte kann daher Marx sagen, daß der Klassenkampf das bewegende Prinzip der Geschichte sei. Und das bedeutet, daß bisher kein Fortschritt in der Geschichte möglich war ohne den Kampf der Klassen. Man mag das als Menschenfreund bedauern, aber wenn man soziale Erkenntnis haben will, darf man nicht das Gefühl herrschen und die Forderungen des Gemüts an die Stelle der Tatsachen der Erfahrung treten lassen.

Wenn es nun aber so ist, daß der Klassenkampf das bewegende Prinzip der Veränderung in der sozialen Struktur der Gesellschaft ist, so entsteht nun die Frage, die zu dem dritten Grundgedanken führt, ob dieser Klassenkampf nun einfach rein brutal wirkt, d.h. als bloßer Gewaltfaktor, oder ob sich in ihm eine Richtung aufzeigen läßt, durch welche die Gewalt des Kampfes einen Sinn bekommt? Hier eröffnet sich erst die tiefere soziologische Bedeutung des Klassenkampfgedankens. Der Klassenkampf bedeutet nämlich immer zugleich die Änderung der ganzen gesellschaftlichen Ordnung im Sinne einer größeren Solidarisierung der Menschen. Er ist immer zugleich ein Fortschritt zu größerer gesellschaftlicher Vervollkommnung. Das sieht auf den ersten Augenblick so aus, als ob das ein bloßer Wunderglaube wäre. Und es gibt auch nicht wenige bürgerliche Gelehrte, welche tatsächlich über den sozialen Utopismus spotten, den wir Marxisten so leichtgläubig lehren. Sie meinen, man müßte schon einen ganz naiven Glauben an die besondere Edelmütigkeit des Proletariats haben, um ein solches Ergebnis des Klassenkampfes für möglich zu halten. Nein, meine Damen und Herren, das hat ganz und gar nichts mit einem mystischen Wunder oder mit einer besonderen ethischen Beschaffenheit des Proletariats zu tun, sondern das ist eine reine soziale Gesetzmäßigkeit, die sofort verständlich ist, wenn man einmal die marxistischen Begriffe lebendig erfaßt hat.

Die bürgerlichen Gegner denken, wenn sie vom Klassenkampf reden, an nichts anderes wie an Tumult, Aufruhr usw., sie denken, um ein berühmtes Wort von Lassalle zu gebrauchen, an eine Revolution mit Heugabeln. Allein man muß zwischen den äußeren Formen des Klassenkampfes und seinem inneren Wesen unterscheiden. Die äußere Form des Klassenkampfes ist gewiß in der Geschichte sehr oft stürmisch, voll Blut und voll Gewalttaten gewesen. Aber diese äußere Form hängt nur von den besonderen historischen Konstellationen ab, auf die hier einzugehen mir nicht möglich ist. Aber was das wichtigste ist, das ist, daß jeder Klassenkampf, nicht nur der des Proletariats, auf seiten der unterdrückten Klasse in erster Linie ein Kampf ums Recht der Rechtlosen war und ist, also ein Mittel des sittlichen Fortschritts. Denn wie vollzieht sich denn ein Klassenkampf? Doch in der Weise, daß die unterdrückte Klasse ihre Lage als eine ungerechte und unvernünftige empfindet. Ich brauche nur daran zu erinnern, daß z.B. das Bürgertum seinen Klassenkampf führte im Namen der Vernunft und der Freiheit, Gleichheit und Brüderlichkeit. Dieser Klassenkampf war ein Kampf des höchsten Idealismus, obgleich er sehr blutig war; ein Kampf des Idealismus, der auch unsere großen Dichter und Denker begeisterte. Denn in diesem Kampfe focht das Bürgertum für höhere Lebensformen, für eine idealere Gestaltung der Gesellschaft. Und ein solcher Kampf ist noch jeder Klassenkampf der Unterdrückten gewesen. Als vor jetzt 400 Jahren die deutschen Bauern ihren Klassenkampf führten, den sogenannten Bauernkrieg, in dem sie so furchtbar unterlagen, kämpften sie für die sie beseeligende Idee, daß *sie* die Vertreter des wahren, ursprünglichen Christentums seien, daß sie es in Wirklichkeit seien, die der Menschheit das Evangelium Christi neu stiften würden. So hat jeder Klassenkampf der unteren Klassen *diese Ausrichtung auf Ideen* und muß sie haben. Denn nur dadurch, daß die Menschen sich gegen ihre Unterdrückung empören, daß sie diese als ein Unrecht empfinden und daß der Kampf dagegen ihnen zu einem heiligen Glauben an ihr Recht und an die mit ihnen verbündete Macht der Idee wird, kann eine unterdrückte Klasse siegreich werden. Freilich haben wir gerade vom Marxismus gelernt, daß diese Stürme des Idealismus stets aus bestimmten ökonomischen Verhältnissen herausgewachsen sind und daß es auch von diesen abhängt, warum sie gerade zu dieser Zeit entstehen konnten und ob sie siegen oder unterliegen mußten. Das ändert aber nichts an der Tatsache, daß es Stürme des Idealismus sind, die durch diese ökonomischen Verhältnisse bedingt sind, indem sie sich in der Seele der Stürmenden zu Forderungen des Rechts und der Moral umsetzen und alle Energien eines gewaltigen geistigen Aufschwunges wecken.

Wenn wir den Klassenkampf so sehen, dann verstehen wir auch, daß es wahr ist, wenn ich sage: Jeder Klassenkampf ist auf seiten der unterdrückten Klassen der Idealismus *en marche,* der Kampf um eine neue und höhere moralische Welt. Und wenn eine unterdrückte Klasse in einem solchen Klassenkampf gesiegt hat, was bedeutet das? Daß sie ein Stück Unterdrückung weggeschafft hat, daß ein Stück Unrecht beseitigt worden ist. So ist durch den Sieg des Bürgertums die ganze Unmoral und Unterdrückung des *ancien régime* beseitigt, so durch die Revolution in Rußland, das ganze furchtbare System des Zarentums auf Nimmerwiederkehr weggefegt worden. Wenn Sie so den Klassenkampf betrachten, werden Sie es nicht mehr als ein Wunder empfinden, daß der Klassenkampf gleichzeitig ein Fortschritt zu einer höheren Kultur ist.

Und nun ist der Klassenkampf in der kapitalistischen Gesellschaft so weit gediehen, daß sich in allen grundlegenden Fragen der Gesellschaft nur mehr zwei Klassen gegenüberstehen: die Klasse der Besitzenden und der Besitzlosen. Die erste Klasse will die bestehende Ordnung aufrechterhalten, d.h. vor allem das Privateigentum an den Produktionsmitteln. Sie will damit den unerhörten Zustand erhalten, daß in der heutigen Gesellschaft nicht deswegen produziert wird, damit jeder Mensch zu leben hat, sondern lediglich deswegen, damit sie, die Eigentümer der Produktionsmittel, ihren Profit haben können. Auf der einen Seite stehen also die durch ihr soziales Monopol heute herrschenden Klassen, die, wie immer sie auch durch innere Gegensätze zeitweilig voneinander getrennt sein mögen, doch das gleiche konservative Grundinteresse haben. Auf der anderen Seite aber stehen jene Schichten, die kein Interesse an der Aufrechterhaltung der heutigen Wirtschaftsform haben, deren Lasten allein sie zu fühlen bekommen. Und so ist es wirklich kein naiver Utopismus, sondern nur die reale Mechanik des Klassenkampfes, daß der Sieg des Proletariats zu einer solidarischen Gesellschaft führen muß. Denn da das Proletariat die *letzte* Klasse der Gesellschaft ist, so muß mit ihrem Siege die Klassenscheidung überhaupt beseitigt werden. Mit dem Siege des Proletariats wird eine neue gesellschaftliche Struktur begründet, die in sich keine Bedingungen ökonomischer Ungleichheiten mehr hat, womit natürlich nicht gemeint ist, daß in ihr nicht andere Ungleichheiten bestehen bleiben oder sich neu entwickeln werden. Aber jenes System sozialer Unordnung, in welcher die Mehrheit der Menschen nur leben kann, wenn sie für die Minderheit arbeitet, d.h. in der sie sich ihr Leben erst "verdienen" muß, dieses System ökonomischer Ungleichheit wird beseitigt und an seiner Stelle endlich eine soziale Struktur geschaffen sein, in welcher die auskömmliche Existenz eines jeden die selbstverständliche Voraussetzung der Existenz aller ist. Erst damit wird die Idee der Gemeinschaft ihre historische Verwirklichung gefunden haben. Das ist also die Richtung, die der Klassenkampf nehmen muß. Der Marxismus gibt so eigentlich nur die ökonomische Erklärung dessen, was unsere großen Philosophen des klassischen Zeitalters immer von dem Gange der geschichtlichen Entwicklung gehofft und gelehrt haben. Seit Kant bis Hegel geht die deutsche Philosophie von dem großen Gedanken aus, daß die Geschichte eine Entwicklung zu immer größerer Vernünftigkeit, Freiheit und Sittlichkeit sei. Das war der große Wunschtraum der idealistischen Philosophen des 18. Jahrhunderts. Bei ihnen aber mußte es ein bloßer Traum bleiben, eine Forderung, die sie aus ihrem Herzen heraus erhoben, von der sie aber noch nicht zu zeigen vermochten, wie sie geschichtliche Wirklichkeit werden konnte. Erst die ökonomische Analyse der Gesellschaft durch Marx und Engels hat uns die gesellschaftlichen Kräfte erkennen gelehrt, die einen solchen Fortschritt der Geschichte notwendig machen. Und nun wissen wir, daß sich diese Entwicklung nicht etwa dadurch vollzieht, daß die herrschenden Klassen zu einer "humaneren" Auffassung gelangen, sondern nur dadurch, daß der Teil der Gesellschaft, der in ihr benachteiligt ist und daher ein Interesse daran hat, daß es endlich in der Welt sittlich zugeht, auch die Gewalt an sich reißt, sie anders zu machen. Der Fortschritt in der Geschichte ist nicht das Resultat von Moralpredigten, sondern einzig und allein das Resultat der gesellschaftlichen moralischen *Tat,* und diese moralische Tat ist der Klassenkampf der sozial leidenden Klasse.

V.

Das alles, meine Damen und Herren, können wir erst aus der soziologischen Betrachtung des heutigen gesellschaftlichen Lebens erkennen. Und nun sehen wir, daß die Frage "Was bedeutet Erziehung?" schon wesentlich schwerer zu beantworten ist. Denn wenn die Erziehung Formung der Jugend für die soziale Struktur der Gesellschaft ist, und wenn wir jetzt sehen, daß die moderne Gesellschaft gar keine einheitliche soziale Struktur hat, sondern daß sie eine zwiespältige soziale Beschaffenheit aufweist, eine Struktur der Herrschenden und eine Struktur der Beherrschten, so verwandelt sich jetzt die Frage der Erziehung in die schicksalsschwere und eigentlich entscheidende Frage der Entwicklung: *Für welche Struktur* ist die Jugend zu erziehen? Ist sie zu erziehen für die soziale Struktur der herrschenden Klassen oder für die der beherrschten Klassen? Ist sie zu erziehen für die alte Welt der Autorität, für die alte Welt der Tradition, oder ist die Jugend zu erziehen für die neue Welt, für die erst zu schaffende Welt,

welche nur werden kann, indem sie sich von der Tradition und der Autorität der bürgerlichen Welt losringt? Das ist der eigentliche, soziologische Sinn der Frage der Erziehung.
Um diesen Sinn der Frage ganz scharf zu erfassen, muß man auch weiter noch berücksichtigen, was gleichfalls noch grundlegend zur marxistischen Soziologie gehört, daß die ökonomischen Verhältnisse jeder Epoche die Grundlage sind, durch welche das ganze Fühlen und Denken der Menschen in letzter Linie beeinflußt wird. Die Ideen der Menschen, ihre Gedanken und Gefühle, ihre Hoffnungen und Wünsche werden in letzter Linie bedingt durch die ökonomischen Verhältnisse, unter denen sie leben und arbeiten. Was Recht und Moral gebietet, ist heute nicht für alle Klassen dasselbe, und es ist daher gar nicht wahr, daß in der heutigen Gesellschaft Vernunft und Sittlichkeit allgemeine Wahrheiten wären. Die Arbeiter empfinden es z.B. als eine selbstverständliche moralische Pflicht, daß bei einem Streike sich keiner von der gemeinsamen Sache ausschließt und daß diejenigen, die diese Pflicht verletzen, mit der moralischen Waffe der kameradschaftlichen Boykottierung gestraft werden. Aber gerade dieses erklären die Gerichte, die oft sogar dabei von eigenem, nur bürgerlich-moralischem Empfinden geleitet werden, als ein Verbrechen der Erpressung. Sie strafen nicht nur dort, wo eine Übertretung des Koalitionsgesetzes vorliegt, indem Streikbrecher geschlagen oder beschimpft wurden, sondern auch dort, wo ihnen bloß die moralische Nichtachtung ihrer Klasse und ihrer Organisation angedroht wurde. So sehen wir, wie die ökonomischen Verhältnisse die Rechts- und Moralanschauungen verschieden gestalten, je nach den Rollen, die sie den einzelnen zuteilen. Das gilt nicht nur von den großen geschichtlichen Wirkungen, sondern bewährt sich gerade auch in den gewöhnlichen individuellen Schicksalen, so daß man wohl sagen darf, daß die ökonomischen Verhältnisse wahre Schicksalsbedeutung haben. Sie entscheiden z.B. in hohem Maße, ob ein Kind groß wird oder nicht, ob ein Mensch Aussicht hat alt zu werden oder nicht, je nachdem, unter welchen Verhältnissen er geboren wird und sein Leben verbringen muß. Sie brauchen sich nur die Kindersterblichkeit anzusehen, die bekanntlich nicht am größten in den Kreisen der Besitzenden ist. Bei dieser Gelegenheit gestatten Sie mir eine Nebenbemerkung. Es ist eins der gedankenlosesten und deshalb gefährlichsten Schlagwörter, daß die Gesetze für alle gleich gelten und denselben Wert haben. In der klassengegensätzlichen Gesellschaft ist selbst bei voller Demokratie das Recht nicht für alle Menschen gleich, weil eben ihre ökonomischen Verhältnisse ungleich sind. Auch diese Erkenntnis gehört noch zum richtigen Verständnis der sozialen Bedeutung der Erziehung. Man könnte dafür sehr viele Beispiele anführen. Nach dem österreichischen Rechte z.B. – aber ähnliche Bestimmungen haben fast alle bürgerlichen Staaten – ist der Müßiggang ein Recht bloß der Besitzenden. Denn derjenige, der nichts hat, muß sich vor den Behörden ausweisen können, wovon er lebt. Der Proletarier darf nicht etwa sagen: "Meine Herren, ich bin ein proletarischer Philosoph, mir genügt es, daß ich mir das Leben betrachte und von dem wenigen lebe, was ich mir erbettle." Da antwortet sofort die Polizei: "Guter Freund, das sehen wir als Landstreicherei an, und du kommst ins Gefängnis, wenn du dich nicht ausweisen kannst." Bedürfnisloser oder arbeitsloser Philosoph darf man nur sein, wenn man Geld hat; aber wenn man das nicht hat, wird man heute von den Behörden als Lump qualifiziert und kommt trotz aller verfassungsmäßigen Gleichberechtigung ins Gefängnis.
So sehen wir also den ökonomischen Gegensatz in allen sozialen Anschauungen fortwirkend, und die Frage nach der Erziehung hat nun die strikte Bedeutung gewonnen: In welcher Denk- und Gefühlsweise ist die Jugend zu erziehen, in der bürgerlichen oder in der sozialistischen? Das ist die entscheidende Fragestellung. Daß diese Fragestellung vom offiziellen Standpunkt, vom Standpunkt der bürgerlichen Schulpolitik überhaupt nicht aufgeworfen wird, gebe ich zu. Aber dies ist bereits ein klassenpolitischer und kein wissenschaftlicher Standpunkt, so sehr er sich als unparteiisch ausgibt. Dagegen hoffe ich nun zur Genüge dargelegt zu haben, daß gerade unsere Fragestellung, obgleich sie mit dem Begriff der Erziehung zum Sozialismus eine parteimäßige Entscheidung zu fällen scheint, nur die Konsequenz eines *sozialwissenschaftlichen* Standpunktes ist, der die Aufgabe der Erziehung an der Erkenntnis von der gesellschaftlichen Entwicklung orientieren will. Denn nun steht die Frage so: Was hat die weltliche Schule zu tun? Soll sie die Jugend formen für die Vergangenheit oder für die Zukunft? Meint man

aber, für die Gegenwart, so ist das nur ein gedankenloser Witz, wenn es nicht eine Gegenwart ist, die schon die Zukunft vorbereitet.

VI.

Hier habe ich ein Flugblatt über die weltliche Schule in die Hand bekommen, und darin steht, daß die weltliche Schule begründet sein will auf den Ergebnissen wissenschaftlicher Arbeit. Ich stimme da vollkommen zu, allein es kommt mir vor, besonders wenn ich mir den übrigen Inhalt dieses Flugblattes betrachte, der ohne jede Beziehung auf soziale Probleme ist, daß die Verfasser lediglich an die Naturwissenschaft gedacht haben, wie ja heute noch die meisten, wenn sie von der Wissenschaft reden, nur die Naturwissenschaft meinen. Demgegenüber ist dies der Hauptgedanke meines Vortrages, daß heute Wissenschaft stets auch Sozialwissenschaft mit umfaßt und daß man sich daran gewöhnen muß, die Grundeinsichten des Sozialismus als *sozialwissenschaftliche Resultate* anzusprechen. Wenn es also wahr ist – und es ist wahr –, daß die weltliche Schule auf wissenschaftlicher Grundlage aufzubauen ist, dann gehört dazu auch die Sozialwissenschaft, dann hat sie also ebenso wie auf die naturwissenschaftlichen auch auf deren Resultate Rücksicht zu nehmen. Wenn also die Sozialwissenschaft lehrt, daß das heutige gesellschaftliche Leben ohne den Gedanken des Klassengegensatzes überhaupt nicht zu verstehen ist, daß dieser Klassenkampf notwendig geführt werden muß und daß er eine bestimmte Entwicklungsrichtung aufweist, so sind dies alles ebensolche notwendige Elemente des Unterrichts einer weltlichen Schule wie die mechanische Weltentstehungslehre und die Deszendenztheorie. Wenn man davon in der Schule nicht mehr reden darf, dann ist die Schule eben nicht mehr auf eine wissenschaftliche Grundlage gestellt, sondern auf eine autoritative Grundlage, auf die überkommene Autorität des Staates und der bürgerlichen Klasse, obgleich man das mit Worten nicht zugeben will. Die Schule wird dadurch zugleich zu einem Instrument des gesellschaftlichen Konservatismus. Dies ist leicht einzusehen: Wenn jemand die Formung der Jugend mit dem Bewußtsein des Fortschrittes vollziehen will, so kann er die Jugend nur im Sinne der gesellschaftlichen Entwicklung fortbilden wollen. Er muß daher dafür sorgen, daß die Schule das Verständnis für die gesellschaftliche Entwicklung in vollem Maße vermittelt, d.h. daß er sie fähig macht, die Aufgaben der gesellschaftlichen Entwicklung mit Bewußtsein zu übernehmen. Dazu gehört aber die Erkenntnis vom Wesen und von der Bedeutung des Klassenkampfes, wie ich dies dargelegt habe. Gewöhnlich aber meint man, die Schule habe die Kinder zu brauchbaren Mitgliedern der Gesellschaft heranzubilden. Das ist aber etwas ganz anderes als zu tüchtigen Trägern der gesellschaftlichen Entwicklung. Denn brauchbar für die Gesellschaft, d.h. nichts anderes als für die bürgerliche Gesellschaft – denn eine andere haben wir ja noch nicht –, also für den kapitalistischen Ausbeutungsprozeß, für den bürgerlichen Staat, für den Militarismus, brauchbar dafür, sich allezeit sowie 1914 für den wirtschaftlichen Imperialismus der herrschenden Klassen auf das Schlachtfeld schleppen zu lassen. *(Sehr richtig!)* Das kann nicht unser Ziel sein, sondern unser Ziel muß sein, sie brauchbar zu machen für den Fortschritt der gesellschaftlichen Entwicklung, wenn auch dieser bis heute sich nur in solchen Formen vollzieht, die, wie der Klassenkampf, manchem Erzieher sehr ins Herz schneiden.

Wir können übrigens schon deshalb nicht darauf verzichten, der Jugend die richtige Erkenntnis des gesellschaftlichen Lebens zu vermitteln, weil es nicht angeht, sie in überlebten, von der wissenschaftlichen Kritik bereits zersetzten, alten Denkgewohnheiten aufwachsen zu lassen, die nur darauf gerichtet sind, überlebte Lebensformen noch einige Zeit aufrechtzuerhalten und sie dadurch in die Lage zu bringen, daß sie sich diese flehende Erkenntnis außerhalb der Schule verschafft und so mit der Schule in Zerfall kommt. Auf diese Weise muß die Jugend schließlich gar keinen Zusammenhang mehr mit der Schule haben, da sie ihr in den lebenswichtigen Dingen im besten Falle nichts zu sagen hat, viel häufiger aber sie direkt täuscht. Aber eine noch größere Gefahr besteht darin, daß die jungen Leute, für die nicht vorgesorgt ist, daß sie leicht außerhalb der Schule die richtige Anleitung zur gesellschaftlichen Erkenntnis erhalten, mit ihrem Bedürfnis nach politischer Aufklärung sehr häufig verantwortungsloser Führung und dem Einfluß der Leidenschaften und politischer Schlagwörter zum Opfer fallen.

Es ist kein Wunder, wenn wir heute bei großen Schichten der bürgerlichen Jugend eine traurige Verwahrlosung politischer und moralischer Anschauungen antreffen, wenn wir sehen müssen, wie die Jugend, kurz nachdem sie aus der Schule herausgekommen ist oder sogar schon in der Schule, den ebenso schwülstigen wie gedankenlosen Hetzparolen des Nationalismus unterliegt, weil sie keine Führung gehabt hat und aus sich selbst heraus noch nicht die notwendige Reife des Gedankens hat, um Kritik zu üben. *(Sehr richtig!)*

VII.

Aber hier erhebt sich der sehr verbreitete und bestechende Einwand, daß die Erziehung der Jugend in der Schule *neutral* sein müsse. Ich habe schon früher dargelegt, daß die Meinung, daß der Unterricht neutral sein müsse, eine fromme Täuschung sei, daß nicht einmal dann, wenn die Aufgabe der Schule tatsächlich sich bloß auf den Unterricht beschränken würde, nicht einmal dann die Forderung des neutralen Unterrichts zu erfüllen ist, weil der Lehrer aus seinem Ich nicht heraus kann und so unterrichtet, wie er ist. Jeder Lehrer wird seinen Unterricht stets durchführen aus dem gesamten Anschauungs- und Gefühlskomplex heraus, in dem er aufgewachsen ist, ob er nun religionsgläubig oder religionsungläubig, ob er national oder international gesinnt ist.

Ich möchte aber noch auf ein Moment hinweisen, weshalb die Forderung der neutralen Erziehung ein Widersinn ist. Wenn man nämlich zu einem solchen neutralen Erzieher sagt: "Bist du auch wirklich neutral?", so wird er wahrscheinlich antworten: "Ich glaube schon!" Und er wird auch wirklich davon überzeugt sein. Wenn Sie aber ihn dann fragen: "Bist du auch konsequent in deiner Neutralität? Bist du also auch neutral gegenüber der Wahrheit?" Das wird er entrüstet verneinen. "Wie ist deine Einstellung gegenüber der Gerechtigkeit? Bist du gegen sie neutral?" "Gott bewahre", wird er antworten, "ich will die Kinder zu gerechten Menschen erziehen." "Oder bist du neutral zu der Idee der Menschheit?" "Durchaus nicht, das ist ja gerade mein Standpunkt, daß die neutrale Erziehung die Erziehung zur Menschheitsidee ist." "Ja, was verstehst du aber unter Wahrheit, Gerechtigkeit und unter Menschheitsideen?" Dann wird man sofort bemerken, daß der Mann aufhört, neutral zu sein, sobald man ihn darauf aufmerksam macht, daß ja die Wahrheit, die Gerechtigkeit, die Menschheit in der heutigen durch Klassengegensatz gespaltenen Gesellschaft gar keinen allgemein zutreffenden Sinn enthalten. Und es wird sich zeigen, daß die meisten ganz naiv alle diese ideellen Werte auf die bürgerliche Welt beziehen. Wir aber bedanken uns dafür, daß die heutige Gesellschaft irgendwie der Ausdruck von Menschheitsideen sein könnte, daß diese Welt der Schlächterei des Weltkrieges, diese Gesellschaft der Ausbeutung der großen Massen des werktätigen Volkes, die für die Arbeitslosen, für die Kriegsbeschädigten und Kriegshinterbliebenen nur kümmerliche Almosen hat, überhaupt etwas mit der Idee der Menschheit zu tun habe. Wir sehen also klar, was es mit der angeblich neutralen Erziehung für eine Bewandtnis hat. Kein Lehrer kann neutral sein gegen die Idee der Wahrheit, er muß für die Moral, für die Ideen der Menschheit sein. Aber dann muß er auch die gesellschaftlichen Schranken kennen, die heute alle diese ideellen Werte nicht zu ihrer widerspruchslosen Auswirkung kommen lassen, wenn er sich nicht einfach gedankenlos bei unkritisierten Schlagwörtern beruhigen will. Sonst stiftet ein solcher Lehrer trotz seines "idealen" Sinnes mehr Schaden als Nutzen, er befördert die wohlklingende Gedankenlosigkeit und leistet einer Sinnesart Vorschub, die zwar jederzeit sich in einem Konsum an schönen Worten gefällt, ohne aber die Anforderung zu empfinden, diesen seinen Worten auch einen Inhalt zu geben. Ein solcher neutraler Erzieher ist eigentlich in letzter Linie ein Verwüster der Kinderherzen und Kindergehirne. Die neutrale Erziehung ist ein Wahn und nicht einmal ein schöner Wahn, weil er nur das hohe pädagogische Amt des Lehrers in die Irre führen kann. Es ist sehr an der Zeit, daß man diesen Irrtum endlich aus der pädagogischen Lehre und aus den pädagogischen Instituten herausbrächte.

VIII.

Nun sagt man weiter, daß das, was wir hier verlangen, dieser Aufbau des Erziehungs- und Bildungswesens auf dem Boden der gesellschaftswissenschaftlichen Erkenntnis dazu führe, daß die Politik in die Schule gebracht wird. Es werde die Schule politisiert, und es werde die Jugend mit etwas in Zusammenhang gebracht, was wir so lange als möglich von den reinen Gemütern der Jugend fernhalten müssen. Es ist sehr schwer, bei einem solchen Einwand ernst zu bleiben, wenn man an diejenigen denkt, die diesen Einwurf nur deshalb machen, um von der Schule nicht alle Politik, sondern bloß die ihnen unangenehme fernzuhalten. Aber es gibt auch noch viele, allzu viele, die diesen Einwand ernst nehmen und wirklich glauben, Politik und Schule seien ganz getrennte und zu trennende Dinge. Sie müssen aber schließlich doch erkennen, daß es nicht richtig ist, wenn man behauptet, daß die Schule heute nicht politisiert sei. Sie ist es immer gewesen, und das beweist die ganze Geschichte der Schule. Eine große Staatslenkerin, die Kaiserin Maria Theresia, ist es denn auch gewesen, die den Ausspruch getan hat, die Schule ist ein Politikum. Die Schule ist ein politisches Machtmittel allerersten Ranges, und heute noch finden es die bürgerlichen Parteien und Schulpolitiker für ganz selbstverständlich, daß die Schule die bürgerliche Tradition zu pflegen hat. Die Schule ist bisher eben stets politisiert gewesen. Und von diesem Standpunkt aus könnte man sagen: Wenn dem so ist, warum soll denn immer nur eine Politik der Reaktion gepflogen werden, warum soll nicht einmal auch eine Politik des Fortschrittes in die Schule kommen? *(Bravo!)* Ich sage nicht, daß das mein Standpunkt ist. Denn mein Standpunkt geht dahin, daß ich von einem ganz anderen Begriff der Politik ausgehe, als ihn diejenigen vertreten, die diesen Vorwurf der Politisierung gegen uns Sozialdemokraten erheben. Das gehört noch wesentlich zu der Grundanschauung des Marxismus, daß Politik im sozialistischen Sinne etwas ganz anderes ist als die Politik im Sinne aller bürgerlichen Parteien, mögen sie sich auch noch so freiheitlich und noch so fortschrittlich gebärden. Das ist keine Überhebung, sondern leicht zu erklären. Alle Politik der besitzenden Klassen ist eine Politik des heutigen Staates, d.h. die Klassengesellschaft aufrechtzuerhalten auf der bestehenden wirtschaftlichen Grundlage, des Privateigentums an den Produktionsmitteln, gleichviel welche Politik sie sonst betreiben mögen, ob klerikal oder liberal, ob industriell oder agrarisch, ob großindustriell oder kleinbürgerlich. Und daher ist die bürgerliche Politik stets eine konservative Politik, d.h. eine Politik der Verewigung des Alten, und alle bürgerliche Politik ist bloß ein Streit um die Macht im Staate, wer den Klassengegensatz ausnutzen soll. Dagegen ist die sozialistische Politik eine Politik, die den Staat nur erobern will, um aus ihm heraus die zukünftige Gesellschaft zu gestalten; sie ist keine Politik der Aufrechterhaltung der Grundlagen der bestehenden Gesellschaft, sondern eine Politik zur Schaffung neuer Grundlagen, die Politik der kommenden solidarischen Gesellschaft, die kein Privateigentum an den Produktionsmitteln mehr kennt. Daher ist die sozialistische Politik eine revolutionäre Politik im eigentlichen Sinne, d.h. eine aufbauende, neuschaffende Politik, eine Politik der kommenden Geschlechter, eine Politik der neuen Menschen. Sie ist nicht wie die bürgerliche Politik eine Politik der Vergangenheit, bestenfalls eine Politik der Gegenwart, sie wendet sich der *Zukunft* zu. Und es ist nicht zuletzt ein Grund des heutigen krisenhaften Zustandes des Sozialismus, daß in den sozialistischen Parteien aller Länder der Zukunftscharakter der sozialistischen Politik so stark durch Gegenwartsinteressen zurückgedrängt ist. *(Bravo!)*

Die sozialistische Politik richtet also ihren Blick in die Zukunft, auf die gesellschaftliche Entwicklung. Wenn Sie so die sozialistische Politik verstehen, dann kommt mit dieser Politik nur ein idealer Geist in die Schule, der aus den heutigen Verhältnissen hinwegstreben will auf die Schaffung künftiger günstigerer Verhältnisse. Dann würde mit einer solchen Politik nur ein Geist in die Schule dringen, der gerade das Gegenteil von dem wäre, was man sonst als Politik mit Recht haßt und bekämpft, ein Geist der wahren Allgemeinheit und Solidarität.

Aber das ist noch nicht das Entscheidende; denn es handelt sich für uns gar nicht darum, daß in der Schule Politik getrieben werde. Auch wir sind der Ansicht, daß Politik nicht in die Schule gehört. Aber das heißt nicht, daß auch jene sozialwissenschaftliche Bildung nicht in sie gehört, die einer Politik im Entwicklungssinne zugrunde liegen muß. Das wäre ein großes

Mißverständnis. Ich will also sagen, daß das Schwergewicht darauf zu legen ist, daß die neue wissenschaftliche Denkweise den Kindern vermittelt wird, die Erkenntnis der notwendigen Klassengegensätzlichkeit der heutigen Gesellschaft und Kultur, so daß aus dieser Denkweise heraus die Kinder selbst sich klar werden können, was daraus für ihre eigene Lage folgt. Es ist daher gar keine Rede davon, etwa den Klassenkampf in die Schule hineinzutragen. Es ist daher auch ein sehr irreführender Ausdruck, die Schule in unserem Sinn als Klassenkampfschule zu bezeichnen. Dieser Ausdruck sollte insbesondere von den Anhängern der sozialistischen Erziehung vermieden werden. Denn er führt zu leidenschaftlichen Mißverständnissen auf beiden Seiten. Ich wiederhole: Es kann sich für uns nicht darum handeln, daß in der Schule politisiert wird, weil dann, was dem einen recht ist, auch dem anderen billig wäre. Dazu ist die Schule nicht da. Die Kinder haben dazu auch noch nicht die nötige Reife. Und das wäre auch in unserem Sinn ein schlechter Lehrer, der die Begeisterung für die Entwicklung zur sozialistischen Gesellschaft durch agitatorische Reden gewinnen wollte, der die Kinder beeinflussen würde in der Art eines Versammlungsredners. Das wäre in der Tat ganz unpädagogisch, aber auch ganz gegen unseren Zweck, diese Begeisterung aus der sozialwissenschaftlichen Erkenntnis, angepaßt dem Verständnis der Jugend, hervorgehen zu lassen. Denn wir wollen ja nicht an die Stelle des geistlichen Katechismus einen anderen Katechismus setzen, wir wollen nicht ein Glaubensbekenntnis der Religion mit einem solchen der Partei vertauschen.

Wir wollen also nicht, daß die Schule Politik treibe, wohl aber, daß sie die Jugend instand setze, die Politik zu verstehen in ihrer gesellschaftlichen Bedingtheit. Die weltliche Schule will sein eine Erziehung zum freien wissenschaftlichen Denken. Das kann sie aber nur sein, wenn sie rücksichtslos nicht nur den Glauben an die geistlichen Dogmen bekämpft, sondern ebenso auch den Glauben an die gesellschaftlichen Dogmen, die ihre Wahrheit bloß gründen auf die Gewalt der Herrschenden und die Macht der Tradition. Das ist die Aufgabe, die von der weltlichen Schule durchzuführen ist: nicht willkürliche politische Parteinahme zu wecken, sondern einen Geist zu erziehen, der durch und durch ein wissenschaftlicher Geist ist und von da aus zur Stellungnahme, zur Parteinahme für den gesellschaftlichen Fortschritt, für den Sozialismus drängt. Heute ist allen geläufig, daß, wer in einer weltlichen Schule unterrichtet, ein Lehrer sein muß mit moderner naturwissenschaftlicher Bildung. Und niemand meint mehr, daß das heißt, den Kulturkampf in die Schule tragen. Der naturwissenschaftlich gebildete Lehrer wird nicht gegen den Wunderglauben agitieren. Er wird die Kinder in die Anschauungen der Naturwissenschaft einführen und ihnen die Naturgesetzlichkeit klarmachen, indem er den Kindern erklärt, daß und wie die Dinge zusammenhängen, wie sie entstanden sind und sich verändern und eins aus dem andern folgt. Er wird dadurch die Kinder ganz von selbst hineinwachsen lassen in die naturwissenschaftliche Denkweise unserer Zeit, so daß sie ganz von selbst allen Erscheinungen gegenüber *gar keinen anderen Standpunkt mehr haben* als den Standpunkt des kausalen Denkens, der den Wunderglauben ausschließt. Und ohne daß der Lehrer ein Wort gegen die Bibel spräche, werden die Kinder die Erzählungen der Bibel von selbst nicht anders betrachten als die Märchengeschichte aus Tausendundeiner Nacht.

Dies alles erscheint uns bereits als selbstverständlich. Aber es ist noch nicht ebenso selbstverständlich geworden, daß der Lehrer auch den sozialen Wunderglauben auszulösen hat, indem er den Kindern Einblick in die sozialen Zusammenhänge verschafft. Er muß sie also die herrschenden politischen Formen verstehen lehren, wie sie gesellschaftlich entstanden sind, was sie gesellschaftlich für eine Bedeutung haben, so daß die Kinder begreifen, was vorgeht, wenn sich große politische oder soziale Kämpfe unter ihren Augen vollziehen. Wenn die Schule eine solche Einführung in die sozialen Gesetzmäßigkeiten, also des Klassengegensatzes und Klassenkampfes durchführt, werden die Kinder, ohne daß ein einziges Wort der Aufforderung zum Klassenkampf ausgesprochen werden müßte, ja ohne daß überhaupt von Politik die Rede zu sein brauchte, bloß durch die Mitteilung einfacher Tatsachen dazu geführt werden, für die Beseitigung des sozialen Übels einzutreten. Es gibt genug Anlässe im Leben des Kindes, besonders des proletarischen Kindes, die geradezu einen solchen Unterricht fordern: wenn der Vater arbeitslos geworden ist, oder wenn er zu Hause bleibt, weil Kurzarbeit eingeführt worden ist, oder ein Streik besteht, wenn durch die Straßen politische Demonstrationen ziehen oder wenn am 1. Mai die Eltern mit dem Festzug gehen. Bei allen solchen Anlässen wird das Kind dann fragen, was eigentlich vorgeht. Auf alle diese Fragen kann nur der Lehrer sehr verschiedene Antworten geben, je nachdem, was er selbst darüber für eine Aufklärung besitzt. Und jetzt werden sie mir zugeben, daß nur der Lehrer, der selbst auf dem Boden sozialwissenschaftlicher, d.h. marxistischer Erkenntnis steht, der also vom Geiste des proletarischen Klassenkampfes durchdrungen ist, so daß er gar nicht mehr anders denken kann, eine Antwort finden wird, die wissenschaftlich begründet ist, weil sie mit der gesellschaftlichen Entwicklung zusammenfällt. Jede andere Antwort dagegen, auch wenn sie gut gemeint ist und deshalb von Klassenkampf nicht reden will, muß das Kind in die Irre führen und es schließlich dazu bringen, zu sagen, mein Lehrer hat mir damals nicht die Wahrheit gesagt.

Die Jugend so aufklären heißt also nicht in der Schule Klassenkampf führen, was wir bereits abgelehnt haben. In die Schule gehört nicht der Klassenkampf, sondern der Unterricht, *wohl aber soll der Lehrer proletarischer Klassenkämpfer sein,* d.h. er soll die Konsequenzen aus der sozialen Erkenntnis ziehen. Er soll selbst schon ein Pionier in diesem Kampf um die fortschrittliche Entwicklung sein. So wie heute schon jeder Lehrer ein Verwalter des Geistes der modernen Naturwissenschaft sein muß, so müßten wir verlangen, daß er auch durchdrungen ist von dem Geiste der Sozialwissenschaft. Und wir haben keine andere Sozialwissenschaft als die marxistische, die sich zur Aufgabe gestellt hat, alle politischen, ökonomischen und ideologischen Erscheinungen der bürgerlichen Gesellschaft aus dem Verständnis sozialer Kräftewirkungen zu erklären. Gewiß ist auch sie noch kein Abschluß, sondern im Gegenteil erst ein Anfang sozialwissenschaftlicher Erkenntnis, aber doch einer solchen, die uns den Weg zeigt, auf dem wir fortzuschreiten haben.

IX.

Das, verehrte Anwesende, ist es, was ich zu sagen hatte. Wer aber glaubt, daß die von mir gezeigte Aufgabe unsere Kräfte übersteigt, der erhebt keinen genügenden Einwand. Wir werden allerdings die Forderungen der Sozialwissenschaft in der heutigen bürgerlichen Welt nicht verwirklichen können. Daran zweifelt kein Mensch. Aber damit ist nichts Neues gesagt. Alle wirklichen Kulturforderungen lassen sich in der bürgerlichen Gesellschaft nicht verwirklichen. Damit ist aber nicht gesagt, daß wir verzichten müßten, diese Forderungen zu stellen, oder aufhören müßten, für sie zu kämpfen. Wenn es auch zweifellos ist, daß wir die Schule in unserem Sinne heute keineswegs als Staatsschule werden durchsetzen können, so wird doch jeder sich sagen, je mehr die Staatsschule reaktionär bleibt, um so mehr ist es nötig, dafür einzutreten, daß die Entwicklung der weltlichen Schule aus der bürgerlichen Richtung in die sozialistische hinübergeführt werde. Das ist das, was wir zunächst tun müßten. Es ist eine schmähliche Art, bei jeder Stellungnahme auf die sofortige Belohnung durch den Erfolg zu denken. Wer so gesinnt ist, wer nur das leisten will, was sich gleich und sicher durchführen läßt, der wird nie etwas Großes leisten. *(Sehr richtig!)* Mit unserem ganzen Wesen müssen wir für das eintreten, was wir für richtig erkannt haben, mit ganzem Herzen an unseren Idealen hängen und müssen sagen: Mag es vielleicht auch jetzt noch nicht möglich sein, ja sogar als unmöglich erscheinen, ich habe es für richtig erkannt, und dafür trete ich ein. Mit der Zeit werden mehr und mehr dafür eintreten, und schließlich werden wir zum Ziele kommen.

Ein großer Segen für die Weiterentwicklung unserer Schule ist es, daß sich nach dem Kriege die Zusammenarbeit der Eltern mit der Lehrerschaft immer mehr entwickelt hat. Wir können das als einen großen Fortschritt buchen, an dem besonders auch die sozialistische Lehrerschaft ein großes Verdienst hat. Es ist aber darum doppelt notwendig, daß die Elternschaft mit demselben Geiste beseelt wird, wie er die Lehrerschaft beseelen soll. Selbst der idealste Lehrer, der Lehrer, der seine Aufgabe aufs klarste sieht, was die weltliche Schule zu machen hat, kann nichts schaffen, kann mit seinen Erfahrungen nichts beginnen, wenn nicht die Elternschaft auch auf seinem Standpunkt steht, wenn nicht auch sie von dem revolutionären Geiste erfüllt ist. Wir wollen uns nicht in falschen Hoffnungen wiegen, wir wollen offen "aussprechen, was ist", und zu dieser Aussprache gehört leider die Tatsache, daß die erwachsene Generation in vielleicht noch viel höherem Maße die Erziehung zum Sozialismus nötig hat als die aufstrebende Jugend. Und hier erwächst der Lehrerschaft auch noch eine sehr große Aufgabe, die freilich ihre Leistungen noch vermehrt, daß sie auch Aufklärungsarbeit außerhalb der Schule leistet, daß sie außerhalb der Schule auf die Elternschaft einwirkt im Sinne eines größeren Verständnisses der sozialrevolutionären Aufgaben der weltlichen Schule. Denn nur im Verein mit der Elternschaft wird sich diese Aufgabe durchsetzen lassen. Die Elternschaft ist doch größtenteils Parteimitglied der sozialdemokratischen oder der kommunistischen Arbeiterschaft. So sehen wir, daß auch dieses Problem, wie jedes kulturpolitische Problem, ein Problem der Entwicklung des Sozialismus selbst ist, ein Problem der Entwicklung, der Aufklärung im Proletariat selbst, ein Volksbildungsproblem im tiefsten Sinne dieses Wortes. Wir müssen unsere Kräfte dahin vereinigen, daß wir diesen revolutionären Geist einer neuen Gesellschaft möglichst allgemein machen, ohne daß wir in dieser Aufgabe einen Unterschied machen zwischen Jugend und Erwachsenen. Und von dem Maße, wie rasch ein solcher Geist Allgemeingut aller für den Fortschritt Kämpfenden werden wird, davon wird es abhängen, ob wir noch lange werden auf die neue solidarische Gesellschaft verzichten müssen. Diese Zeit abzukürzen – man kann der freien weltlichen Schule keine wichtigere Aufgabe, aber auch kein höheres und schöneres Ziel setzen!

III. Philosophische Schriften

Kant und der Sozialismus

1. Die Verallgemeinerung der Kultur

Die Art, wie ein Volk das Andenken seiner großen Männer feiert, und mehr noch, welche es als solche einmütig anerkennt, wirft zugleich ein helles Licht auf seinen eigenen Kulturzustand. Wenn erst einmal der überlaute Lärm der höfischen Feste schwächer klingt, mit welchem die "nationale" Erinnerung an ruhmvolle Waffentaten gepflegt werden soll, die für die Nation doch nichts anderes bedeuten als Blut, Elend und zu teuer erkauften Gewinn; wenn dagegen erst einmal die sonst nur allzu stillen, weil vom Volke unverstandenen wirklichen Gedächtnisfeiern des Menschengeistes immer mehr umbrandet werden von dem anstürmenden Interesse und Streben eines ganzen Volkes nach Verständnis, dann wird ein solches Schauspiel einen tiefgreifenden und für den Kulturfortschritt verheißungsvollen Wandel im Volksleben anzeigen. Ein solches Schauspiel bot wohl zum ersten Male bei einem solchen Anlaß, bei dem es sich nicht um die dem Volke doch noch näherstehenden Werke eines Dichters, sondern um die Gedankenwelt eines einsamen Denkers handelt, die Erinnerungsfeier an den hundertsten Todestag Immanuel Kants.

An diesem Tage, an dem die arbeitende Kraft des Menschengeistes sich gleichsam einen Augenblick auf sich selbst zurückzog, um mitten am Werke zu überschauen, was in der letzten Jahrhundertspanne weitergeschafft worden war an Einsicht, an Bildung des Verstandes und des Willens, an diesem Tage mochte wohl ein sicheres freudiges Gefühl des Fortschritts jeden Betrachter überkommen, eines Fortschritts, der, so gering und so langsam er auch sein mag, so daß er erst über ein Jahrhundert erkennbar wurde, doch ein nicht zu entbehrender Trost ist, weil er nur überhaupt da ist.

Diese Überzeugung von einem sicheren Fortschritt ist nicht nur darin begründet, was an sich auch nicht zu übersehen ist, daß es die Gedenkfeier eines *Philosophen* war, die so einmütig von Anhängern und Gegnern in einer Zeit gefeiert wurde, in der man noch vor kurzem oft hören konnte, daß die Philosophie auf dem Sterbelager läge und ihre Herrschaft ganz und gar an die exakten Wissenschaften habe abtreten müssen. Auch das allein ist es nicht, was gleichfalls an sich schon bedeutungsvoll wäre, daß trotz eines Jahrhunderts größter Mißverständnisse, ja zum Teil völliger Nichtbeachtung der Kantschen Philosophie sich die Gewalt des Gedankens doch am dauerndsten erwiesen hat, um eine so späte und andersgeartete Zeit wie die unsrige in diejenigen Bahnen zu führen, die ein tiefes und darum einsames Denken vor mehr als hundert Jahren gewiesen hat. Sondern allem steht an Bedeutung voran die Ausdehnung, in der die Feier dieses Tages begangen wurde, daß dieser Gedenktag der Studierstube nicht mehr bloß im kleinen Kreise der Studierten gefeiert wurde, sondern unter Anteilnahme aller denkenden Menschen, in Gemeinschaft mit dem Bewußtsein des Volkes. Daß es insbesondere kein Arbeiterblatt gab, das nicht von Kant zu seinen Lesern gesprochen hätte, daß in zahllosen Volksbildungs- und Arbeitervereinen über Kant nicht nur vorgetragen werden konnte, sondern daß dies auf deren eigene Aufforderung hin geschehen mußte, das stellt ein Kulturmoment von so hervorstechender Bedeutung dar, daß niemand daran vorübergehen kann, der den Charakter des gegenwärtigen Zeitalters wirklich erkennen will. Denn in ihm stoßen wir auf die ihrer selbst bewußt gewordene Kraft des Volkes, mit der es in bewunderungswürdiger Selbsthilfe nun bestrebt ist, die Kluft auszufüllen, die eine jahrhundertelange Unterdrückung zwischen ihm und dem geistigen Besitz der Nation aufgerissen hat. Es ist dieses endlich auch die Massen ergreifende Lebensgefühl, nicht mehr *bloß da*sein, sondern *als Mensch* dasein zu wollen, was die kulturelle Situation unserer Zeit so gewaltig umgestaltet, daß nun erst die Großen eines Volkes auch wirklich *seine* Großen, Große *für das Volk* werden, deren Arbeit das Volk erkennt, immer mehr zu verstehen bemüht ist und dadurch auch immer mehr sich selbst zu eigen macht. Und bedenkt man, daß der Wecker zu diesem neuen Leben der Sozialismus war, daß *er* es war, durch den sich der erste wirklich *allgemeine* Fortschritt vollzog: der Aufstieg der großen Massen des Volkes zur immer mehr sich festigenden Kulturgemeinschaft, dann eröffnet schon diese historische Tatsache allein eine Beziehung des Sozialismus zu Kant, die, so merkwürdig dies auch auf den ersten Blick erscheinen mag, einen tiefen und innigen Zusammenhang beider erraten läßt. Denn auf die Herausarbeitung einer wirklichen und vollendeten Kulturgemeinschaft im Volke, auf "die Erreichung einer *allgemein* das Recht verwaltenden bürgerlichen Gesellschaft", war alles politisch-soziale Denken Kants gerichtet[1]); dies war der immer wiederkehrende Leitgedanke seiner Geschichtsphilosophie, die nichts weniger als eine großartige Theorie des geschichtlichen Fortschrittes war. Indem uns der Sozialismus dieses gleiche Ziel zum erstenmal in der Geschichte zum Objekt einer zielbewußten und planmäßigen Arbeit macht, erscheint schon von da aus diese gewaltige Kulturbewegung als die am Werke befindliche Verwirklichung des großen Kulturzieles der Kantschen Philosophie.

2. Erkenntniskritik und Sozialismus

Um die Frage nach den Beziehungen des Sozialismus zu Kant von vornherein vor einem ärgerlichen Mißverständnis zu bewahren, muß vorausgeschickt werden, daß es sich hierbei nicht etwa um die Frage handeln kann, ob Kant ein Sozialist war oder auch nur sozialistische Gedanken hatte. In diesem Sinne kann man nur der Ansicht Karl Vorländers, die er auf dieselbe Frage in seinem gründlichen Buch über *Kant und Marx* gibt, bestimmen, daß Kant jedenfalls kein Sozialist gewesen ist.[2]) Aber nicht um diese historische Beziehung handelt es sich hier, sondern um die geistesgeschichtliche, also um die Frage, ob zwischen der Kantschen Philosophie und dem Sozialismus innere Beziehungen aufgezeigt werden können, die den Sozialismus zu fördern, ja zu bereichern geeignet sind. Und diese Frage ist keine grundlos aufgeworfene. Denn die Kantsche Philosophie hat sich als ein so wirksames Gedankenferment erwiesen, daß sie unsere heutige Zeit in eine geistige Gärung versetzt hat und so eigentlich erst jetzt ihre gan-

---

[1]) Der Ausdruck "bürgerliche Gesellschaft" kann bei unserem heutigen Sprachgebrauch irreführen. Er hat natürlich nichts mit dem zu tun, was wir heute so nennen und womit wir eine *Klassenherrschaft*, die Herrschaft der Bourgeoisie, in der Gesellschaft bezeichnen. Dieser Klassenbegriff war Kant und seiner Zeit noch ganz fremd. Im Gegenteil bezeichnet der Ausdruck "bürgerliche Gesellschaft" bei Kant überall gerade das Gegenteil zu jener Zerklüftung, die er in den ständischen Gesellschaften vor sich hatte; er bezeichnete eine Gesellschaft, deren Glieder alle wirklich Bürger derselben sein würden, weil sie alle gleichberechtigt wären, ja noch mehr, in der sogar auch die Gegensätze der Staaten und Nationen geschwunden wären, so daß die ganze Kulturmenschheit einen Weltstaat bilden und jeder, welchem Lande und welcher Nation auch zugehörig, ein überall heimischer und gleichgeschätzter Weltbürger sein würde. Darum nennt auch Kant seine Geschichtsauffassung eine "weltbürgerliche". Die "bürgerliche Gesellschaft" Kants ist dasselbe Ideal, das auch dem modernen Sozialismus in der Idee der durch das Proletariat zu realisierenden Völkerverbrüderung vorschwebt. Nur daß Kant eben noch das Bürgertum selbst als jenen Stand betrachten mußte, der dieses Werk zu vollbringen hatte.

[2]) Karl Vorländer, *Kant und Marx*, Tübingen 1911, S. 34. Gegenüber diesem Buche, das den gleichen Gegenstand behandelt wie obiges Kapitel, darf ich wohl daran erinnern, daß das letztere die im ganzen unveränderte Wiedergabe eines Vortrages zur Kantfeier im Jahre 1904 ist. Über meine Differenz gegen Vorländer vgl. auch das folgende Kapitel und meine *Marxistischen Probleme*, Kap. VI.

ze Lebendigkeit entfaltet. Und so ergibt sich ganz von selbst die Frage, ob sie nicht auch für die mächtigste Kulturbewegung unserer Tage, für den Sozialismus, Gesichtspunkte enthält, die seine Anschauung ähnlich bereichern können, wie dies auf den übrigen Gebieten des geistigen Lebens unserer Zeit der Fall war und ist. Schon gelangen die Erkenntnistheorie, die Naturwissenschaft, die Ethik und die Religionslehre stets mehr und mehr unter den Kantschen Einfluß. Sollte gerade die Gesellschaftslehre und der Sozialismus hier gar keinen Gewinn für sich erwarten dürfen? Dem ist nicht so, weil der Sozialismus seit Marx nicht mehr bloß politisch-utopisches Streben, sondern *auf soziologische Erkenntnis* gegründete Aktion ist. Wie für alle Wissenschaften ist daher die Kantsche Philosophie auch für den Sozialismus schon deshalb von grundlegender Bedeutung, weil seine Grundlage, von der er nicht mehr losgelöst werden kann, eine Wissenschaft ist, die Wissenschaft vom sozialen Leben, die allgemeine Sozialwissenschaft.

Damit ist bereits eine Meinung berichtigt, die den Zusammenhang der Kantschen Philosophie mit dem modernen Sozialismus nur nach einer, allerdings hervorstechenden Seite gegeben sah, nämlich nur mit seiner Ethik und Geschichtsphilosophie. Wir dagegen finden diesen Zusammenhang auch *schon in seiner erkenntniskritischen Arbeit* gegeben, was vom Standpunkt des modernen Sozialismus nicht überraschend ist, da ja sein Grundcharakter ein theoretischer ist. Und in der Tat ist ja seit Karl Marx und Friedrich Engels der Begriff der Wissenschaft in ihrer besonderen Eigenschaft für das soziale Leben eine immer wieder erörterte Grundfrage des Sozialismus geworden. Daher sind die erkenntniskritischen Fragen – was unter Wissenschaft zu verstehen sei, worin die Eigenart der Sozialwissenschaft bestehe, was wissenschaftliche Notwendigkeit bedeute, wie sich das Müssen des Kausalgeschehens zu dem Sollen der Ethik und Vernunft verhält – für den Sozialismus keine müßigen Doktorfragen, sondern leidenschaftlich erörterte Probleme, weil in ihnen über sein theoretisches Sein oder Nichtsein gekämpft wird, weil in ihnen das wissenschaftliche Selbstbewußtsein sich klar zu werden sucht über die der theoretischen Erkenntnis möglichen Ziele und Wege.

In allen diesen Fragen aber sieht sich die Diskussion zurückgeführt auf die Erörterung der Kantschen Philosophie selbst, und zwar sowohl auf die theoretische wie auf die praktische. Denn um den Begriff des Wissens in seiner logischen Eigenart war ja, wie wir im vorigen Kapitel gesehen haben, die ganze kritische Arbeit Kants bemüht, mit einer Schärfe der Problemfassung und mit einer Klarheit der Lösung, welche alle methodologische Arbeit der Gegenwart auf diese Grundlegung zurückdrängt. Sie erst sicherte die wissenschaftliche *Erkenntnis* in einer Ergründung der Bedingungen unserer *Erfahrung*. Erfahrung und Erkenntnis erwiesen sich derart als Wechselbegriffe, indem die Wissenschaft nur das System der Erfahrung war, diese selbst aber die Ordnung des Empfindungsmateriales in den notwendigen Formen des Bewußtseins. Die durch Raum, Zeit und die Kategorien bestimmte Denknotwendigkeit wurde so zum Kriterium der Wissenschaft, und damit gelang ihre unverwischbare Abgrenzung von allem Sollen, Werten und Glauben. Damit wurde zugleich die Kausalbetrachtung die grundlegende und ausschließliche Bedingung aller und jeder Wissenschaft im strengen Sinne des Wortes. So findet auch der Sozialismus erst hier die feste und kritisch gesicherte Grundlage für seinen Begriff der Gesellschaftswissenschaft, der von Marx stets im Sinne einer kausalen Gesetzmäßigkeit verstanden wurde, die nicht nur für die Vergangenheit gilt, sondern ebenso für die erst zukünftige Entwicklung. Gerade die kausal notwendige Entwicklungsrichtung aufzuzeigen und darzulegen, welche Wertungen und Ziele im Zuge des geschichtlichen Prozesses werden notwendig die leitenden werden müssen, gehört zu den wesentlichen Aufgaben einer Sozialwissenschaft im Sinne des Marxismus. Die Wertung selbst und die Systeme der Wertung werden dadurch in ihrer Eigenbedeutung und Eigengesetzlichkeit durchaus nicht angetastet; aber als selbständige oder gar grundlegende Elemente der Sozialwissenschaft, die dadurch zu einer Normwissenschaft würde, erfahren sie nun erkenntniskritisch ihre prinzipielle Ablehnung.

Aber es gibt noch eine innigere als diese mehr indirekte Beziehung des Sozialismus zur Kantschen Erkenntnistheorie. Denn er hängt mit dieser nicht nur durch die kritische Grundlegung des Begriffs der Wissenschaft überhaupt zusammen, sondern überdies direkt auch durch den erst in der Philosophie Kants zur Enthüllung gekommenen Grundbegriff seiner Wissenschaft, den Begriff des *sozialen* Lebens. Freilich handelt es sich hier um ein Resultat des Kantschen Denkens, das in dieser Bedeutung bei ihm noch nicht zum bewußten Ausdruck gelangt war oder, richtiger gesagt, von ihm zunächst nur von einer Seite, der ethischen, her in Betracht gezogen wurde. Der soziale Zusammenhang wird bei Kant noch ganz und gar nur unter dem ethischen Gesichtspunkt der Pflicht betrachtet, entfaltet sich aber dafür um so eindrucksvoller in dem Gedanken einer allgemeingültigen Gesetzlichkeit des reinen Wollens. An diesem Punkt tritt nun aber auch die großartige Einheit der Kantschen Philosophie in ihrer theoretischen und praktischen Vernunftkritik hervor; und die sehr vulgäre Meinung, wonach die *Kritik der praktischen Vernunft* gleichsam ein Abfall von der Höhe der theoretischen Vernunft wäre, erweist sich als das, was sie wirklich ist, nämlich ein Vorurteil der Denkfaulheit. Hat man erst einmal eingesehen, wie es ein und derselbe Begriff *einer allgemein gültigen Geltung* ist, der hier wie dort das Problem bildet, welches hier wie dort aus der Gesetzlichkeit unseres Geisteslebens abgeleitet wird, dann eröffnet sich die Übereinstimmung der Standpunkte nach beiden Richtungen der Vernunftkritik Kants in dem einheitlichen *Grundgedanken einer gesetzgebundenen Aktivität unseres Geisteslebens,* die in ihrem auf Erkennen gerichteten Ablauf das Reich der Natur, in ihrer auf den Willen sich beziehenden Wirksamkeit das Reich der Sittlichkeit aufbaut. Und von da aus gesehen, erscheint nun auch das Reich der Natur, sofern es als ein Reich der Wissenschaft, also ein Objekt menschlicher Erkenntnis betrachtet wird, in neuem Lichte. Denn diese Naturwissenschaft steht nicht mehr als ein gleichsam bloß individuelles Wissen im Gegensatz zum sozialen Wert der Sittlichkeit, vielmehr stellt auch sie sich als ein Stück des sozialen Zusammenhanges der Menschen dar und bildet so nur *die andere Hälfte einer sozialen Welt,* welche hier das Denken ebenso wie dort das Wollen in einen allgemeingültigen Zusammenhang hineinstellt. Beide Male ist es nämlich die gleiche, jedes Einzeldenken und Einzelwollen in eine unverbrüchliche und widerspruchslose Ordnung befassende Gesetzmäßigkeit, durch welche die Isolierung des Individuums nicht nur bloß beseitigt, sondern derart *denkunmöglich* gemacht wird, daß es von vornherein sowohl im Denken wie im Wollen sich nur als ein Glied einer Gattung vorfinden kann. Damit ist der Begriff eines eigenartigen Zusammenhanges alles individuellen Daseins schon auf dem theoretischen Gebiet des Geisteslebens gegeben: und diese eigenartige Verbindung jedes Einzelbewußtseins, durch welche es sich in allen seinen Funktionen überhaupt nur als gattungsmäßiges Bewußtsein erleben kann, *begründet das Wesen des sozialen Verbandes, die Vergesellschaftung,* diese Grundtatsache aller Sozialwissenschaft. Das Soziale erweist sich auf diese Weise als die Eigenart unseres Bewußtseins selbst, *als die Art, wie menschliches Bewußtsein überhaupt da ist* und als geistiges Geschehen abläuft. Ist aber derart der Begriff des Sozialen nicht erst auf dem praktischen Gebiet, also dem des Wollens und Sollens, entstanden, sondern schon im theoretischen, in dem des Seins und Geschehens, zu Hause, dann ist der Grundbegriff des modernen Sozialismus, nämlich der einer *kausalen* Sozialwissenschaft, auch von dieser auf sein eigenstes Problem eingehenden Seite kritisch gesichert.[3])

3. Geschichtsphilosophie und Sozialismus

Waren die Beziehung des Sozialismus zur erkenntnis-theoretischen Seite der Kantschen Philosophie zwar, wie wir sehen, von grundlegender Bedeutung, aber doch nicht auf der Oberfläche zu finden, so ist die unmittelbare Bedeutung seiner *Geschichtsphilosophie* für den Marxschen Standpunkt schon wiederholt hervorgehoben worden. So wie die Geschichtsauffassung bei Marx bildet sie auch bei Kant einen integrierenden Bestandteil seiner Gesamtanschauung,

---

[3]) Diese Zusammenhänge mit der Erkenntniskritik Kants habe ich zum ersten Male ausgeführt in meiner Schrift *Kausalität und Teleologie im Streite um die Wissenschaft,* Wien 1904, Volksbuchhandlung Ignaz Brand & Co. (auch in *Marx-Studien,* 1. Bd.) und speziell mit Bezug auf den Begriff des Sozialen gegenüber Stammler in meinen *Marxistischen Problemen,* Stuttgart 1913, Dietz. Vgl. auch das folgende Kapitel.

obgleich sie hier wie dort eigentlich niemals systematisch auseinandergesetzt wird, sondern sich allenthalben in den Werken dieser Denker eingeflochten findet. Wohl aber hat Kant in einer kleinen und höchst merkwürdigen Schrift, die erst in den letzten Jahren zu größerer Bedeutung gekommen ist, eine sehr eindrucksvolle Skizze seiner Geschichtsauffassung entworfen, nämlich in der Abhandlung *Idee zu einer allgemeinen Geschichte in weltbürgerlicher Absicht* (1784). Hier wird der Grundgedanke, der das ganze Kantsche Denken in theoretischer Hinsicht durchdringt, nämlich *alles Geschehen unter Gesetzen zu begreifen,* zum erstenmal in einer großartigen Weise auf die Geschichte angewendet. Der Begriff einer "allgemeinen Geschichte" sollte alles das und nur das enthalten, was von aller und jeder Geschichte gelte, was sich also auf die Gesetzmäßigkeit der in so mannigfachen Bildern verschiedenartiger Völker und Regierungen abrollenden geschichtlichen Ereignisse bezieht. Von da aus wird die Geschichte nun nicht mehr als ein regelloses Durcheinander von Zufälligkeit und Heroentum, als ein Gemisch der Einwirkung weiser Gesetzgeber, großer Feldherren und zügelloser Massen aufgefaßt, sondern als ein *Prozeß,* d.h. als eine gesetzmäßig fortschreitende Entwicklung. Und diese Entwicklung ist nicht ziellos, sondern läßt einen stetigen, auf immer größere Kultivierung der menschlichen Gesellschaft gerichteten Fortschritt erkennen. Die Art aber, wie nach Kant dieser Fortschritt sich vollzieht, macht das eigentlich Große und Fortwirkende in seiner Geschichtstheorie aus. Denn der Fortschritt ist nicht etwa das Resultat einer besonderen schließlichen Sieghaftigkeit der menschlichen Ideale oder überhaupt einer bewußt auf ihn hinarbeitenden Zwecktätigkeit der Menschen, auch nicht etwa ein Werk der Vorsehung oder höchster göttlicher Liebe, sondern vielmehr ein *notwendiges und blindes Resultat gerade der unedlen Instinkte der Menschheit,* aller ihrer nackten Erhaltungstriebe und auf das eigene Interesse gerichteten Leidenschaften. Der Fortschritt kommt in die Welt *nicht durch,* sondern gleichsam *gegen,* jedenfalls (bisher) *ohne den Willen* der Menschheit. Derselbe Mechanismus, der die Naturgeschichte des Himmels *rein aus ihren materiellen Kräften* ohne Eingreifen einer Gottheit oder sonstiger bewußter Potenzen in eine grandiose Ordnung bringt, schafft auch in der Geschichte der Menschen Ordnung und Zweck aus dem Chaos der rein menschlichen Kräfte.

Schon von diesem lapidaren Grundgedanken fühlt der moderne, von Marx und Engels gedanklich ausgebaute Sozialismus sich außerordentlich angezogen. Denn einige der Grundgedanken der materialistischen Geschichtsauffassung sind hier bereits mit wundervoller Klarheit und auch polemischer Schärfe zum Ausdruck gebracht: daß die Geschichte ein rein menschlicher Prozeß ist, mit einer kausalen, wenn auch eigenartigen Gesetzmäßigkeit, daß in diesem gerade die auf die Erhaltung der Existenz gerichteten Tendenzen von entscheidender Bedeutung sind, daß eine Gesetzmäßigkeit in der Geschichte durchbricht, die von den Willensbestrebungen der einzelnen ganz verschieden ist, und daß bei aller Eigeninteressiertheit des menschlichen Tuns gleichwohl eine stets größere Solidarisierung der Menschen sich herausstellt. Achten wir aber auf die Art, wie bei Kant die menschlichen Kräfte wirksam gedacht sind, um diese eigenartige Gesetzmäßigkeit, den Mechanismus des Fortschritts zu erzeugen, dann ergibt sich gleichsam eine Ergänzung der Geschichtsauffassung von Marx, indem sie auf die von letzterem weniger behandelte innere, sozialpsychologische Seite dieses Problems eingeht.

Die berühmte Abhandlung über *Die Idee einer allgemeinen Geschichte* beginnt mit den bedeutungsschweren Worten: "Was man sich auch in metaphysischer Absicht für einen Begriff von der Freiheit des Willens machen mag, so sind doch die Erscheinungen desselben, die menschlichen Handlungen, *ebensowohl als jede andere Naturbegebenheit nach allgemeinen Gesetzen bestimmt.*" Damit ist die Grundlage für alle weitere Untersuchung der geschichtlichen Gesetzmäßigkeit gegeben; sie kann nur ein Teil dieser allgemeinen Naturgesetzlichkeit sein, d.h., obzwar die menschliche Geschichte sich aus Handlungen der Menschen zusammensetzt, die auf deren *Willensbetätigungen* zurückgehen, kann ihre Gesetzmäßigkeit nicht in der des Zweckes gefunden werden, sondern umgekehrt: ob ein Zweck in der Geschichte ist, ob sich, kantisch zu reden, nicht am Ende in der Geschichte auch eine Naturabsicht feststellen läßt, die auf eine Ordnung der Geschichte im ganzen gerichtet ist, das läßt sich nur aus der kausalen Betrachtung der Geschichte erkennen, aus der Bloßlegung gleichsam ihres kausalen Schemas. Deswe-

gen beginnt also Kant zwar mit dem menschlichen Willen, aber in seiner völligen Kausalgebundenheit, mit dem determinierten Willen, um sich sofort nun der Frage zuzuwenden, in welcher Weise der menschliche Wille grundsätzlich determiniert, d.h. bestimmt ist.
Indem Kant diesem Problem nachgeht, findet er einen merkwürdigen Widerspruch in den Naturanlagen des menschlichen Charakters, welche den Willen bestimmen. Er beschreibt diesen Widerspruch folgendermaßen: "Der Mensch hat eine Neigung, sich zu *vergesellschaften,* weil er in einem solchen Zustand sich mehr als Mensch, das ist die Entwicklung seiner Naturanlagen, fühlt. Er hat aber auch einen großen Hang, sich zu *vereinzeln* (isolieren), weil er in sich zugleich die ungesellige Eigenschaft antrifft, alles bloß nach seinem Sinne richten zu wollen, und daher allerwärts Widerstand erwartet, so wie er von sich selbst weiß, daß er seinerseits zum Widerstand geneigt ist."[4]) Dieser eigentümliche und fundamentale Widerspruch in den menschlichen Naturanlagen, der Widerspruch zwischen dem sozialen und unsozialen Wesen, ist nun nicht etwa bloß so zu verstehen, als ob zwei Stimmungen, eine menschenfreundliche und eine kalte egoistische, abwechselnd in dem Verhalten des Menschen einhergingen. Das hieße eine tiefe soziologische Erkenntnis auf eine Trivialität herabziehen. Vielmehr ist mit diesem Widerspruch gemeint das *gleichzeitige Nebeneinanderbestehen* dieser einander entgegengesetzten Tendenzen in allem und jeglichem Tun des Menschen, der, wie Kant meint, seine Mitgenossen zwar "nicht wohl *leiden,* von denen er aber auch nicht *lassen* kann". Es ist dieser Widerspruch also überhaupt *nicht psychologisch* zu verstehen, als ob damit eine Charaktereigenschaft eines Menschen gemeint wäre, sondern vielmehr *soziologisch* als eine gattungsmäßige *Form* alles seines Handelns überhaupt, das sowohl in seinen menschenfreundlichen wie menschenfeindlichen Handlungen gleichsam eingespannt ist in eine Grundform menschlichen Wirkens überhaupt, welche in der Spannung zwischen egoistischer Interessiertheit und sozialer Bedingtheit besteht. Deshalb nennt Kant diesen Widerspruch einen *Antagonismus,* womit das Aneinandergebundensein, die untrennbare Polarität der Gegensätze, bezeichnet wird, was übrigens noch plastischer in dem prächtigen Wort von der *ungeselligen Geselligkeit* der Menschen zum Ausdruck kommt. Sie nun ist das Mittel, durch welches alle Bewegung der Geschichte vor sich geht, sie stellt die prinzipale Gesetzmäßigkeit, gleichsam das Grundschema aller in dem Prozeß der Geschichte wirksamen Kausalität dar, durch welche sich schließlich der geschichtliche *Fortschritt* realisiert.[5])
Wie das zu verstehen ist, hat Kant in großen Zügen und dennoch anschaulich skizziert. Er geht zuerst von der geselligen Ungeselligkeit im *Innern* jedes sozialen Verbandes aus, also vom Kampfe *zwischen den Individuen* einer Gemeinschaft. Nur in der Gesellschaft kann sich der Mensch erhalten, aber zugleich ist diese Gesellschaft fortwährend bedroht durch die mannigfachsten Äußerungen menschlicher Ungeselligkeit, durch das Machtstreben, den Ehrgeiz, die Gewalttätigkeit, Hinterlist und den krassen Egoismus der einzelnen. Aus diesem Widerstreit entwickelt sich durch Aufweckung aller geistigen Kräfte im Menschen, diesen Übeln zu begegnen, immer fester eine gewisse Lebensordnung, die in dem vereinigten Widerstand der Gemeinschaft Schutz bieten kann gegen alle Übergriffe einzelner: kurz, eine *Rechtsordnung.* Das Recht ist ein Triumph der Geselligkeit, der direkt aus dem Streit gewonnen wird. Aber die rohe Gewalt nicht minder wie die trügende Schlauheit suchen auch das Recht zu brechen: also muß ihnen eine Gewalt gegenübergestellt werden, die das Recht, wenn nötig, auch mit Gewalt durchsetzt. Das Recht fordert einen *Herrn,* eine oberste Gewalt, die imstande ist, die einzelne Willkür zu brechen und unter einen allgemeinen Willen zu nötigen, damit jeder in seiner Freiheit gesichert sei. So verfestigt sich, wieder durch die Not getrieben, der bloße Rechtszustand

---

[4]) I. Kant, *Idee zu einer allgemeinen Geschichte in weltbürgerlicher Absicht,* vierter Abschnitt.

[5]) H. Cunow hat in seinem Buch *Die Marxsche Geschichts-, Gesellschafts- und Staatstheorie* diese Lehre vom Antagonismus gänzlich mißverstanden (siehe I. Bd., S. 216 und II. Bd., S. 79), indem er das, was bei Kant eine immanente *dialektische* Spannung der Form alles Geisteslebens ist, in eine psychologisch-banale Gegensätzlichkeit von egoistischen und altruistischen "Trieben" verwandelt. Man brauchte sich dabei gar nicht aufzuhalten, wenn nicht dieses elementare Unverständnis Kants in allzu krassem Widerspruch mit der selbstgefällig-hochfahrenden Art stünde, gegen Kant und diejenigen zu polemisieren, die sich bemüht haben, ihn zu verstehen.

in eine Staatsgewalt. Allein Herrscher und Richter, die das Recht hüten sollen, sind selbst Menschen und daher stets bereit, ihr Amt ihren Machtgelüsten zu opfern. Ist der Mensch ein Tier, das einen Herrn nötig hat, so ist der Herr ebensowohl ein Tier, das den Bändiger noch dringender erfordert. Daraus entsteht nun eine beständige Unruhe in den historischen Regierungs- und Verfassungsformen, die unausgesetzt zu neuen Bildungen treibt, durch die die Willkür der Herrschergewalt beständig eingeengt und eine *Verfassung* erkämpft wird, die immer sicherer einen größeren Kreis der Freiheit und damit der Geselligkeit erobert, bis endlich das Ziel erreicht wird, welches Kant das größte Problem der Menschengattung nennt: "die Erreichung einer *allgemein* das Recht verwaltenden bürgerlichen Gesellschaft".[6])
Zum selben Ziele hin wirkt nun aber auch der Antagonismus *im äußeren Verhältnis* der Staaten untereinander, so daß also der Krieg, so schrecklich und verwüstend er ist, zugleich ein Mittel des Kulturfortschritts werden muß. Derselbe Widerstreit nämlich wie zwischen den Individuen in einem Staate herrscht auch zwischen den Staaten selbst. Diese fortwährende äußere Bedrohung ihrer Unabhängigkeit führt zum Abschluß von Bündnissen zwischen ihnen, zugleich aber auch zur steten Bemühung eines jeden Staates, sich innerlich zu festigen, um nach außen stärker zu sein. Auf diese Weise werden die menschlichen Wohnungen gesichert, es entstehen Burgen und Städte, Waffen müssen geschmiedet werden, teils entwickeln sich die mannigfachen Handwerke, teils werden sie weitergebildet, der Ackerbau wird ausgedehnt und der Verkehr im Lande geschützt. So reifen auch hier aus der Ungeselligkeit neue und köstlichere Früchte einer höheren Geselligkeit.
Aber der geschichtliche Antagonismus rastet nicht. Er schafft aus jedem Segen sofort wieder neuen Unsegen. Die fortwährende Kriegsbereitschaft führt schließlich zu der immer furchtbarer drückenden Last der stehenden Heere, unter welcher zuletzt aller Reichtum und alle Kultur eines Volkes zu verschwinden drohen. Indessen: "durch die Verwendung aller Kräfte der gemeinen Wesen auf Rüstungen gegeneinander, durch die Verwüstungen, die der Krieg anrichtet, noch mehr durch die Notwendigkeit, sich beständig in Bereitschaft dazu zu erhalten, wird zwar die völlige Entwicklung der Naturanlagen in ihrem Fortgang gehemmt, dagegen aber auch die Übel, die daraus entspringen, unsere Gattung *nötigen,* zu dem an sich heilsamen Widerstand vieler Staaten nebeneinander, der aus ihrer Freiheit entspringt, ein Gesetz des Gleichgewichtes aufzufinden und eine vereinigte Gewalt, die denselben Nachdruck gibt, mithin einen weltbürgerlichen Zustand der öffentlichen Sicherheit einzuführen . . ." So treibt hier die höchste Völkernot auch zum höchsten Völkerideal, dem Völkerfrieden, und läßt diese Idee in demselben Maße lebendiger und geschichtlich wirksamer werden, in dem sich die Lasten des bewaffneten Friedens verstärken.
Jedoch schon viel früher entspringt diesem Antagonismus ein anderes, zum Fortschritt der Gesellschaft führendes Produkt. Denn die unaufhörlichen und sich fortwährend steigernden Rüstungen kosten Geld, welches schließlich doch nur von den Staatsbürgern gewonnen werden kann. Also müssen sie steuerkräftiger gemacht, also muß Handel und Gewerbe gefördert werden. Aber ohne bürgerliche Freiheit keine Betriebsamkeit, die ihres Fleißes sicher wäre. Und so ist es zwar nicht das Ideal der politischen Freiheit, wohl aber gerade das Machtinteresse der Herrschenden, welches einen gewissen politischen Fortschritt unbedingt nötig macht, der dann seine Weiterentwicklung selbst in die Hand nimmt. "Bürgerliche Freiheit kann jetzt nicht sehr wohl angetastet werden, ohne den Nachteil davon in allen Gewerben, vornehmlich dem Handel, dadurch aber auch die Abnahme der Kräfte des Staates in äußeren Verhältnissen zu fühlen." Wir sind zwar noch weit von dem Ziel einer vollkommenen Staatsverfassung entfernt. Aber schon zeigt sich immer klarer, daß mehr noch als die idealen Bestrebungen für die Erreichung eines solchen Zieles die Interessen der Herrschenden selbst, so wenig sie auch dasselbe fördern wollen, die Wege dahin ebnen müssen.
Neben dem kriegerischen Widerstreit der Mächte wirkt nicht minder sie entzweiend und gegeneinanderstellend die wirtschaftliche Rivalität, ihr Wettkampf um den auswärtigen Handel und um den größten Einfluß nach außen. Aber auch dieses Streben muß bei aller Kriegsge-

[6]) Vgl. Anm. S. 86.

fahr, die es beständig erzeugt und unterhält, doch auch zugleich sich selbst entgegenwirken. Indem es den Handel der Staaten befördert, bringt es die Völker in so mannigfache und innige wirtschaftliche Beziehungen, daß der Krieg – in seinem Ausgang doch immer unsicherer – mehr als die Gefahr eines allgemeinen Ruines erscheint, bei dem kein Teil gewinnen kann. So müssen nun gerade die am meisten zum Krieg bereiten Mächte sich immer mehr für den Frieden einsetzen, die Stimmung der Völker für den Frieden erwärmen und, wo es nur angeht, Differenzen stets häufiger durch Vermittlung schlichten, gleich als ob sie schon im Bündnisse stünden und einen einzigen großen Staatskörper bildeten. "Obgleich dieser Staatskörper für jetzt nur noch sehr im rohen Entwurf dasteht, so fängt sich dennoch gleichsam schon ein Gefühl in allen Gliedern, deren jedem an der Erhaltung des Ganzen gelegen ist, an zu regen; und dieses gibt Hoffnung, daß nach manchen Revolutionen der Umbildung endlich das, was die *Natur* zur höchsten Absicht hat, ein allgemeiner weltbürgerlicher Zustand, als der Schoß, worin alle ursprünglichen Anlagen der Menschengattung entwickelt werden, dereinst einmal zustande kommen werde."

So also garantiert die Natur selbst durch den *Mechanismus* der menschlichen Naturanlagen, innerhalb dessen alle geschlichteten Kräfte erst ihre Wirksamkeit entfalten können, einen Fortschritt in der Geschichte zu immer weiteren Formen der Vergesellschaftung, zu immer freieren Verfassungen, zum ewigen Frieden im Völkerbund. Das Spiel des Antagonismus wirkt "wie ein Maschinenwesen" in der Geschichte, und sein Ziel ist, eine solche Verbindung der Völker herbeizuführen, die durch ihre eigenen Interessen in einem großen Gemeinwesen reibungslos zusammen sich erhalten können, ähnlich "*wie ein Automat sich selbst erhalten kann*".[7])

Diese ganze großartige Gedankenfolge der Kantschen Geschichtsphilosophie zeigt eine außerordentliche und auf den ersten Blick frappierende Verwandtschaft mit den Grundgedanken der materialistischen Geschichtsauffassung. Vor allem ist es der Begriff des Kantschen *Antagonismus,* der nicht bloß eine äußerliche Ähnlichkeit mit dem der Marxschen Dialektik aufweist, sondern direkt als die innere, sozialpsychische Seite dieser letzteren bezeichnet werden muß. Wenn die Dialektik bei Marx zeigt, wie die gesellschaftliche Entwicklung dadurch zustande kommt, daß jeweils die Formen erreichter Stufen der ökonomischen Produktionsweise in Widerspruch geraten mit den in ihnen entfalteten Produktivkräften, so ist dieses an sich mystisch scheinende Leben ökonomischer Kategorien durch den Kantschen Antagonismus zurückgeführt auf seine sozialpsychische Keimzelle in der gesellig-ungeselligen Natur des individuellen Geisteslebens. Diese menschliche Natur mit ihrem antagonistischen Grundcharakter eines ungeselligen Erhaltungs- und Expansionsstrebens, das gleichwohl nur in sozialen Formen sich betätigen kann oder, wenn er diese verletzt, sogar der eigenen Mißbilligung verfällt, bildet die nie aussetzende Triebkraft, gleichsam die Unruhe in dem Getriebe des sozialen Mechanismus, die eine Bewegung nur im Sinne der sozialen Formen zuläßt, also nur mit steter Überführung des Egoismus auf immer höhere Existenzbedingungen, so daß auf diese Weise ein Fortschritt herauskommen kann. Und gerade weil Marx die metaphysische Form der Dialektik bei Hegel dadurch beseitigt hat, daß er sie auf einen *menschlichen* Prozeß reduzierte, auf die Bewegung der ökonomisch verbundenen Menschen, erscheint der Kantsche Antago-

---

[7]) Vgl. hierzu die interessante Stelle aus der Schrift: "Über den Gemeinspruch: das mag in der Theorie richtig sein usw.": "Fragen wir nun, durch welche Mittel dieser immerwährende Fortschritt zum Besseren dürfte erhalten und auch wohl beschleunigt werden, so sieht man bald, daß dieser ins unermeßliche Weite gehende Erfolg nicht sowohl davon abhängen werde, was wir tun (z.B. von der Erziehung, die wir der jüngeren Welt geben) und nach welcher Methode wir verfahren sollten, um es zu bewirken, sondern von dem, was die menschliche Natur in und mit uns tun wird, um uns in ein Gleis zu nötigen, in welches wir uns von selbst nicht leicht fügen werden." – Zusatz 1924: Heute, nach dem großen Kriege, mag es scheinen, als ob diese Kantsche Theorie, die Annäherung der Staaten zu einem Völkerbündnis, das den Völkerfrieden verwirklicht, einerseits von dem Widerstand gegen die Unerträglichkeit der Kriegslasten und andererseits von der steigenden Verflochtenheit ihrer Handelsinteressen zu erwarten, durch die Geschichte widerlegt worden ist. Allein dies ist eine nicht zutreffende Meinung, wie das fünfte Kapitel dieses Buches darzulegen versucht.

nismus im Menschen nur als ein weiterer Beitrag zu der Vermenschlichung der Dialektik selbst, zugleich aber als eine wertvolle, weil von ganz anderem Ausgangspunkt her gewonnene Bekräftigung dieses Grundbegriffes der materialistischen Geschichtsauffassung. [8])

Aber auch die weiteren Elemente der Kantschen Geschichtsauffassung zeigen eine grundsätzliche Übereinstimmung mit der Gedankenrichtung von Marx auf diesem Gebiet. Das gilt vor allem von dem das eigentliche Wesen der Geschichtsphilosophie Kants ausmachenden Gedanken, daß der Zweck der Geschichte hervorgeht aus ihrer Kausalität, daß also die Teleologie der Geschichte nicht im Widerspruch steht mit ihrer kausalen Gesetzlichkeit, sondern vielmehr gerade ein unausbleibliches Resultat aus den Faktoren dieser Gesetzlichkeit ist. So wie bei Marx beherrscht nicht etwa eine oberste Idee, eine Vernunft, die Geschichte, sondern die Vernunft verwirklicht sich zwar schließlich und notwendig, aber nur nach einem sehr langen und drangvollen Entwicklungsgang. Was Marx und Engels so oft betont haben, das ist auch die Meinung Kants: Die Menschen machen ihre Geschichte, aber nicht mit Bewußtsein, nicht unter selbstgewählten Voraussetzungen und nicht mit gewollten Resultaten. Es kommt etwas anderes heraus, als wir selbst beabsichtigten, aber dieses andere führt uns alle zusamt notwendig weiter. Dieses eigenartige Verhältnis der geschichtlichen Teleologie zur historischen Kausalität, dessen ökonomische Bedingungen erst von Marx aufgedeckt wurden, ist es, was Kant bereits in seiner Tatsächlichkeit nachweist, ja zum Leitgedanken seiner Geschichtsauffassung macht. So lesen wir schon im Anfang der Abhandlung über die *Idee einer allgemeinen Geschichte:* "Einzelne Menschen und selbst ganze Völker denken wenig daran, daß, indem sie ein jedes nach seinem Sinne und einer oft wider den anderen ihre eigene Absicht verfolgen, sie unbemerkt an der Naturabsicht, die ihnen selbst unbekannt ist, als einem Leitfaden fortgehen und an derselben Beförderung arbeiten, an welcher, selbst wenn sie ihnen bekannt würde, ihnen doch wenig gelegen sein würde." [9])

---

[8]) Vgl. hierzu Max Adler, *Marxistische Probleme,* Kap. I.

[9]) Der Ausdruck "Naturabsicht" darf nicht verwirren. Er bezeichnet keineswegs und viel weniger als etwa der ähnliche Gedanke Hegels von einer "List der Vernunft" einen eigentlich teleologischen Begriff. Deshalb kann ich auch nicht der Meinung K. Vorländers beipflichten, welcher in den wiederholten Berufungen Kants auf einen "verborgenen Plan" der Natur, wohl auch gar der "Vorsehung" und ähnlichen Ausdrücken eine "fortwährende Verquickung der kausalen mit moralisch-teleologischen, ja mitunter selbst theologischen Gesichtspunkten" (vgl. *Marx und Kant,* S. 8). Allein in diesen Ausdrücken von "Naturabsicht" oder "Plan" oder dergleichen ist nichts anderes zu erblicken als eine vorläufige Hypothese, mittels welcher ein Standpunkt gerade für die Durchführung der kausalen Gesetzmäßigkeit gefunden werden kann. Kant erläutert dies selbst in der oben erwähnten Abhandlung. Er führt zunächst die Schwierigkeiten für eine gesetzmäßige Erkenntnis der Geschichte an, da die Menschen weder durch Instinkt alle gleichmäßig, noch als vernünftige Wesen nach einem verabredeten Plane handeln. Vielmehr findet man, wenn man die Dinge im großen betrachtet, alles "aus Torheit, kindischer Eitelkeit, oft auch aus kindischer Bosheit und Zerstörungswut zusammengewebt". Und daraus folgert er: "Es ist hier keine Auskunft für den Philosophen, als daß, da er bei Menschen und ihrem Spiele im großen gar keine vernünftige eigene Absicht voraussetzen kann, er *versuche,* ob er nicht eine *Natur*absicht in diesem widersinnigen Gange menschlicher Dinge entdecken könne, aus welcher von Geschöpfen, die ohne eigenen Plan verfahren, dennoch eine Geschichte nach einem bestimmten Plan der Natur möglich sei." Der Ausdruck "Naturabsicht" bezeichnet also *nur eine Methode,* um die Kausalität, deren Anwendung außerhalb dem Bereich rein physikalischer Erscheinungen großen Komplikationen begegnet, gleichwohl durchführen zu können. Man vergleiche darum auch zu dieser Stelle, was Kant in der *Kritik der Urteilskraft* über die teleologische Auffassung der Natur sagt: Wenn man, führt er dort aus, öfter so von der Natur spricht, "als ob die Zweckmäßigkeit in ihr absichtlich sei", so kann dies schon deshalb nicht wörtlich verstanden werden, weil doch niemand der Materie, also einem leblosen Stoff, Absichten in eigentlicher Bedeutung des Wortes beilegen wird. Es wird also durch einen solchen Ausdruck "kein besonderer Grad der Kausalität" eingeführt, sondern "nur zum Gebrauch der Vernunft *eine andere Art der Nachforschung,* als die nach mechanischen Gesetzen ist, hinzugefügt, um die Unzulänglichkeit der letzteren, selbst zur empirischen Aufsuchung aller besonderen Gesetze der Natur, zu ergänzen" (a. a. O., § 68). Sehr aufklärend in diesem Zusammenhang ist auch die Bemerkung Kants in der Schrift *Zum ewigen Frieden*: "Wenn ich von der Natur sage, sie *will,* daß dieses oder jenes geschehe, so heißt das nicht soviel als: sie legt uns eine Pflicht auf,

Eine fernere Übereinstimmung liegt auch im Ziel der geschichtlichen Entwicklung, das in der Kantschen Geschichtsauffassung dasselbe ist wie in der Marxschen und hier wie dort sich ergibt als das *notwendige Resultat* des geschichtlichen Prozesses. Bei Marx ist dieses Ziel mit den Worten des *Kommunistischen Manifestes* bezeichnet als eine Assoziation, worin die freie Entwicklung eines jeden die Bedingung für die freie Entwicklung aller ist. Bei Kant wird dieses Ziel erblickt in einer äußerlich und innerlich vollkommenen Staatsverfassung als dem einzigen Zustand, in welchem die Menschheit alle ihre Anlagen völlig entwickeln kann. Die obersten politischen Ideale Kants, nämlich der Begriff einer allgemein das Recht verwaltenden bürgerlichen Gesellschaft, des allgemeinen Völkerbundes und des ewigen Friedens, die zugleich ebenso viele Ideale des Sozialismus sind, werden so bei Kant gleichfalls Resultate einer notwendigen Entwicklung, da sie ja, wie wir sahen, nur verschiedene Richtungen eines und desselben antagonistischen Prozesses sind.
Endlich zeigt diese Geschichtsauffassung bereits die Lösung eines Problems an, das neuerdings wieder als eine vernichtende Schwierigkeit dem Marxismus entgegengehalten wurde, wie sich nämlich das Ideal mit der kausalen Notwendigkeit vereinen lasse. Es ist kein Widerspruch, eine Entwicklung als notwendig verlaufend zu nehmen und ihr Ziel als ein Ideal, das zu verwirklichen sei, zu betrachten. Denn solange wir von der Notwendigkeit der Entwicklung sprechen, verhalten wir uns rein betrachtend; sobald wir aber ihr Ziel als Ideal aufstellen, stehen wir mitten drin in dem Strom geschichtlichen Wollens und Handelns, den wir zuvor objektiv betrachteten. Darum kann die Erkenntnis der notwendigen Entwicklung zum Ideal, dieser philosophische Chiliasmus, wie Kant dies nennt, sogar der Herbeiführung des Ideals "selbst beförderlich werden". Ja, diese Erkenntnis ist um so weniger ein Hindernis für das Streben nach möglichster Annäherung an das ideale Ziel der Geschichte, "da es scheint, wir könnten *durch unsere eigene vernünftige Veranstaltung* diesen für unsere Nachkommen so erfreulichen Zeitpunkt *schneller* herbeiführen". So ist also gerade die größere Kausalerkenntnis auch bei Kant wie bei Marx ein Motiv, die Geschichte immer planmäßiger, immer bewußter und dadurch immer idealer zu gestalten. Was ursprünglich bloße "Naturabsicht" war, wird nun immer zielbewußtere Absicht des Menschen selbst, und damit erlangt des Menschen Wollen und Werten allmählich die ausschlaggebende Gewalt. Das blinde Muß der Geschichte verwandelt sich in ein sinnvolles Soll, das uns die Notwendigkeit der Kausalität zugleich als sittliche Tat der frei gewordenen Menschlichkeit verwirklicht. Hier mündet die Gedankenreihe der Kantschen Geschichtsphilosophie in seine großartigste Leistung ein, in die Begründung der Neuschöpfung der Prinzipien der Ethik.

4. Ethik und Sozialismus

Die Bedeutung der Ethik Kants für den Sozialismus liegt nicht etwa darin, worin man sie häufig erblickt hat, daß ihre Forderungen mit denen des Sozialismus übereinstimmen und so der letztere wesentlich nur als sittliche Notwendigkeit begriffen würde. Damit wäre der Marxismus nur auf das gründlichste verkannt, indem sein Grundprinzip aufgegeben wäre, eine *kausalnotwendige Entwicklung* zum Sozialismus aufgezeigt zu haben. Die Bedeutung der Ethik Kants für den Sozialismus besteht jedoch darin, daß sie erst ermöglicht, ein allgemeingültiges Richtmaß für die ethische Wertung aufzustellen und dadurch uns instand setzt, die Kausalität menschlichen Wollens nicht mehr als einen unbestimmten und unbestimmbaren, sondern vielmehr als einen *richtungsbestimmten* Faktor in die Berechnung geschichtlicher Notwendigkeit einzustellen. Die Kantsche Ethik erklärt das ethische Sollen, die Pflicht, als das Bewußtsein ei-

es zu tun (denn das kann nur die zwangsfreie praktische Vernunft), sondern sie *tut es selbst,* wir mögen wollen oder nicht (fata volentem ducunt, volentem trahunt)." (Reclam, S. 31.) Wenn freilich auch Ausdrücke wie "oberste Weisheit" oder "Vorsehung" über den Standpunkt einer bloßen Methode hinausgreifen und auf die Gewährleistung eines *Sinnes der Geschichte* gerichtet sind, so liegt hier wohl ein Stück Metaphysik vor, aber doch nur als Teil einer Weltanschauung überhaupt, die der Wissenschaft nicht ihre Ziele vorschreibt, sondern umgekehrt aus ihr sich bestimmt und bereichert.

ner allgemeinen Gesetzgebung des Wollens, so daß also nach der berühmten Anweisung des kategorischen Imperativs das Prinzip jeder ethisch relevanten Handlung sich zu einem allgemeingültigen Gesetz des Wollens eignen muß. So ergibt sich aus der Spannung zwischen diesem Richtpunkt allen Wollens und dem wirklichen Geschehen ein beständiger Antrieb zu einer immer größeren Koinzidenz zwischen Handlung und Pflicht. Denn selbst in dem Falle, wo z.B. in einer klassengespaltenen Gesellschaft sich in dem Bewußtsein der herrschenden Klasse für den Handelnden eine solche Spannung im einzelnen Falle gar nicht ergäbe, weil er fast instinktiv den Gesichtskreis der Menschheit auf die Sphäre der Interessen seiner Klasse beschränkt, wird dieser Widerspruch um so stärker von der beherrschten Klasse empfunden und das Bewußtsein desselben schließlich auch der herrschenden Klasse aufgezwungen werden. Die soziale Entwicklung muß auf diese Weise die Forderungen der Ethik immer mehr erfüllen, nicht weil die Menschen immer sittlicher werden, sondern weil die Sittlichkeit selbst nur ein anderer Ausdruck ist für die Einheit des sozialen Zusammenhanges der Menschen. Die soziale Entwicklung muß stets höhere Stufen der Sittlichkeit ersteigen, weil die Menschen nicht anders als unter Bedingungen einer allgemeinen Gesetzgebung existieren können, daher jeder Zustand, der diesen Bedingungen nicht entspricht, sowohl im einzelnen wie im ganzen von denen bekämpft werden muß, die unter demselben leiden. Hier gilt wahrlich das Dichterwort in einem noch ganz anderen Sinn, als es zunächst gemeint war: "Es wächst der Mensch mit seinen höheren Zwecken" – er wächst zur Sittlichkeit heran. Nicht aus den ethischen Forderungen entwickeln sich neue Gesellschaftszustände, sondern indem sich die sozialen Zusammenhänge der Menschen umgestalten, müssen sich ihrem Bewußtsein diese Veränderungen als sittliche Forderungen ankündigen. Es ist *ein und derselbe* geschichtliche Kausalprozeß, in welchem sich die sozialen Beziehungen und die sittlichen Beurteilungen derselben vereinigt finden, und das Verständnis hierfür eröffnet uns nur der Standpunkt der Kantschen Ethik, der allein diese notwendige Richtung allen Wollens auf das Sittliche uns erkennen gelehrt hat als Gesetzmäßigkeit des sozialen Verbandes selbst.

Und darin liegt die eigentliche Bedeutung der Kantschen Ethik. Sie ist keine Tugendlehre mehr, sondern eine große soziologische Erkenntnis, und ihr vielgeschmähter kategorischer Imperativ ist nur der präzise Ausdruck derselben: daß die Sittlichkeit mit ihrem Pflichtgebot nicht etwa ein bloß individueller, weil in der tiefsten Innerlichkeit des Menschen verankerter Wert ist, sondern im Gegenteil die unaufhebbare Form der sozialen Beziehung handelnder Menschen aufeinander darstellt. Der kategorische Imperativ ist eigentlich nichts anderes als *die Form des sozialen Zusammenhanges,* sobald der Mensch nicht mehr bloß als denkendes Wesen betrachtet wird, sondern in seiner gesamten praktischen Wirksamkeit, kurz *die Form seiner tatsächlichen Vergesellschaftung*. Ebenso wie es sich auf theoretischem Gebiet zeigt, daß der Mensch schon in seinem Denken nur gattungsgemäß existiert, da er sich stets auf allgemeingültige Formen des Denkens bezogen sieht, so findet er sich hier dem Pflichtgebot gegenüber zwar nur als einer Anforderung seines eigenen Gewissens, aber dieser als einem allgemeingültigen Gebot entgegengestellt. Er erlebt also abermals, nur viel eindrucksvoller als auf theoretischem Boden, die *soziale* Bindung im *individuellen* Bewußtsein. Daß aber auf diese Weise die soziale Form von allem Anfang an als eine richtungsbestimmte, weil auf den idealen Gesichtspunkt der Sittlichkeit hinweisende, sich darstellt, daß also, was doch nur Form des sozialen Lebens ist, zugleich als Forderung auftritt, immer vollkommener zu werden, das macht gerade den theoretischen Wert dieser Entdeckung aus, mit dem sie dem dynamischen, eine *Entwicklung* aus sich hervortreibenden, kurz dialektischen Charakter des geschichtlichen Lebens allein gerecht werden konnte.

Um diese Bedeutung des kategorischen Imperativs richtig zu verstehen, darf man nie vergessen, daß die Sittlichkeit bei Kant nicht in erster Linie normativen Charakter hat, sondern ihrem Begriff nach eigentlich als *Naturgesetzlichkeit des reinen Wollens* zu verstehen ist, welcher ein Sollen an sich ganz wesenfremd ist. Nur ist, da ein solches Wollen bloß in rein vernünftigen Wesen statthat, diese Gesetzlichkeit keine bewußtlose, sondern im Gegenteil durch Vernunft sich vollziehende. Wenn aber "die Vernunft den Willen *unausbleiblich* bestimmt, so sind die Handlungen eines solchen Wesens, die als objektiv notwendig erkannt werden, *auch subjektiv notwendig,* das ist, der Wille ist ein Vermögen, *nur dasjenige zu wählen,* was die Vernunft unabhängig von der Neigung als praktisch notwendig, das ist als gut erkennt . . . Ein vollkommen guter Wille würde also ebensowohl unter objektiven Gesetzen des Guten stehen, aber nicht dadurch als zu gesetzmäßigen Handlungen *genötigt* vorgestellt werden können, weil er von selbst, nach seiner subjektiven Beschaffenheit, *nur durch die Vorstellung des Guten* bestimmt werden kann."[10]) Sittlichkeit ist also nicht von vornherein ein Sollen, sondern ihrem Begriffe nach nichts anderes als auch eine Form des Geschehens, nur freilich unter Bedingungen, welche das empirische Geschehen nicht erfüllen kann, weil es solche des reinen Wollens sind und wir im wirklichen Leben niemals bloß durch Vernunft gelenkte, rein wollende Wesen sind. Aber darum ist es nicht etwa ein bloß gedachtes Geschehen, eine leere Abstraktion, sondern es manifestiert sich gerade im empirischen Geschehen als Sollen. Denn nur weil die Menschen in ihrem geschichtlichen Dasein eben nicht bloß rein wollende Wesen sind, sondern in ihrer Vernunftbetätigung mannigfach durch Leidenschaften, Not, Unverstand usw. anders bestimmt ("pathologisch affiziert", heißt es treffend bei Kant) werden, verwandelt sich nun die Gesetzlichkeit des reinen Wollens in das Sollen des empirischen Lebens, wird aus dem Naturgesetz ein Imperativ. Jetzt erst erhält daher Sittlichkeit den Charakter der Pflicht, der Nötigung, der aber nur eine Umsetzung der Tatsächlichkeit der sozialen Gesetzlichkeit des reinen Willens in einem besonderen psychologischen Milieu ist, so wie der Auftrieb eines Luftballons doch nur dieselbe Konsequenz der Tatsächlichkeit der Gravitation ist, zufolge deren der Stein zur Erde fällt. So versteht man jetzt die Fassung des kategorischen Imperativs bei Kant: "Handle nach Maximen, die sich selbst zugleich als *allgemeine Naturgesetze* zum Gegenstand haben können."[11]) Der kategorische Imperativ bezeichnet also wirklich die fundamentale *Tatsache* des sozialen Verbandes von ihrer formalen Willensseite her, woran die imperativische Fassung nicht irre machen kann, deren Betonung ja nur dadurch erforderlich wird und dann wichtig ist, wenn es sich um ethische Beurteilung handelt. Abgesehen davon läßt sich aber sein Inhalt auch in einer Fassung wiedergeben, die von jedem Imperativ frei ist und dann die in ihm enthaltene grundlegende Sozialerkenntnis deutlich zum Vorschein bringt. So ausgedrückt würde er besagen: Der soziale Charakter des Menschen ist auf praktischem, also dem Willensgebiet, darin begründet, daß er jede Handlung, ja Willensregung, selbst dort, wo er dieser Einsicht zuwiderhandelt, doch auf einen Zusammenhang einer Vielheit handelnder und wollender Subjekte beziehen muß, in dem sich die eigene Handlung oder Willensregung widerspruchslos einfügen läßt. Hierdurch wird das Individuum ebenso mit seinem Wollen und Tun über seine Isolierung hinausgeführt, wie es mit seinem Denken über diese bereits hinausgebracht ist; das heißt, der auf theoretischem Boden *gesetzte* soziale Zusammenhang wird auf dem praktischen *bewußt.*[12])

Nur deshalb ist es möglich, daß die Ethik zum Vehikel des Fortschrittes werden kann, weil sich in ihr und durch sie der soziale Verband auf einer stets breiteren Grundlage realisiert. Darum wird aber auch die Ethik bei Kant keine bloße Moralpredigt, sondern ein kraftvolles

---

[10]) I. Kant, *Grundlegung zur Metaphysik der Sitten. Philosophische Bibliothek,* 3. Aufl., S. 34 und 35.

[11]) I. Kant, a. a. O., S. 63.

[12]) Hieraus kann man nun ermessen, wie mißverständlich ein Einwand ist, der schon von alters her gegen Kants kategorischen Imperativ erhoben wird, daß er nämlich nur scheinbar ein Gesetz des reinen Denkens sei, vielmehr eine Fülle empirischer Voraussetzungen enthalte, nämlich eine Mehrheit von Personen, ihre Verbundenheit zu einer Gesellschaft und dergleichen mehr. Es wird hierbei gerade das zum Vorwurf gemacht, was der Triumph der transzendentalen Kritik Kants ist. Freilich, solange man nicht darauf acht hat, daß die Mehrheit der Personen und ihre Verbundenheit gerade schon in dem Begriff des *individuellen* Bewußtseins gelegen ist, wie es die Kantsche Erkenntniskritik bestimmt, weil dieses individuelle Bewußtsein sich selbst nur als ein mit einer gattungsgleichen Mehrheit von Bewußtseinszentren verbundenes Ich erleben kann, wird man weder den sozialen Charakter der Kantschen Erkenntniskritik und Ethik noch aber auch das Problem des Sozialen selbst verstehen. Das Soziale wird einem dann auf der einen Seite stets als eine unerklärlich vorherbestimmte Harmonie sonst ganz separierter Individuen erscheinen müssen, wie auf der anderen Seite die Erkenntniskritik rettungslos zum Solipsismus führen müßte. Vergleiche das folgende Kapitel.

Bewußtsein zur Änderung und Umschaffung des Bestehenden. Sie will soviel als möglich von dem Naturreich des reinen Wollens verpflanzen in das Reich der empirischen Natur. "Die Teleologie", sagt Kant, "erwägt die Natur als ein Reich der Zwecke, *die Moral ein mögliches Reich der Zwecke als ein Reich der Natur.* Dort ist das Reich der Zwecke eine theoretische Idee zur Erklärung dessen, was da ist. Hier ist es eine praktische Idee, *um das, was nicht da ist, aber durch unser Tun und Lassen wirklich werden kann, und zwar eben dieser Idee gemäß zustande zu bringen.*"[13]) Nach der Ethik Kants müssen wir immer mehr dahin zu gelangen suchen, daß die Kultur nicht mehr gleichsam als Nebenprodukt der geschichtlichen Entwicklung sich einstellt, sondern als das zielbewußte Resultat planmäßiger gesellschaftlicher Arbeit.
Und das ist gewiß wieder ein Gedanke des modernen Sozialismus, ja vielmehr seine praktische Grundbestimmung selbst, um derentwillen er oft den Vorwurf des Utopismus erfahren hat. Aber auch darüber kann er sich mit Kant trösten, der dem gleichen Vorwurf gegenüber ausruft: "Man muß nicht nur die Idee gleich für schimärisch halten und sie als einen schönen Traum verrufen, wenn auch Hindernisse ihrer Ausführung eintreten. Eine Idee ist nichts anderes als ein Begriff von einer Vollkommenheit, die sich in der Erfahrung noch nicht findet, z.B. die Idee einer vollkommenen, nach Regeln der Gerechtigkeit regierten Republik. *Erst muß unsere Idee nur richtig sein,* und dann ist sie bei allen Hindernissen, die ihrer Ausführung im Wege stehen, gar nicht unmöglich."[14])

5. Kants kulturpolitische Ansichten

So ist die Kantsche Ethik ganz entgegen der vulgären Meinung so vieler Gegner keine Lehre einer kraftlosen Tugend, sondern vielmehr eine unermüdliche Anrufung aller Energien des tätigen, sich selbst helfenden Menschen, der es als Pflicht empfindet, die Bedingungen eines vernünftigen Daseins, sobald er sie erkannt hat, zu verwirklichen. Darum erinnert Kant gern daran, daß das Wort Tugend sowohl im Griechischen wie im Lateinischen Mut und Tapferkeit bedeutet habe, also eine Wehrhaftigkeit gegen einen Feind, der zu bekämpfen sei. "In diesem Betracht ist der Name Tugend ein herrlicher Name . . . Denn den Mut auffordern, ist schon zur Hälfte so viel, als ihn einflößen; dagegen die faule, sich selbst gänzlich mißtrauende und auf äußere Hilfe harrende kleinmütige Denkungsart (in Moral und Religion) alle Kräfte des Menschen abgespannt und ihn dieser Hilfe selbst unwürdig macht."[15])
Mit dieser energischen Grundstimmung kommt nun auch das Auftreten Kants überein in vielen Einzelfragen der Kultur und Politik, was bei ihm identische Begriffe sind. Seine Stellung gegen den Militarismus haben wir schon gelegentlich der Darstellung seiner Geschichtsauffassung kennengelernt. Immer wieder kommt er auf die Hemmungen sowohl des äußeren als des moralischen Fortschrittes durch denselben zurück. "Stehende Heere", heißt es noch in der Schrift *Zum ewigen Frieden,* "sollen mit der Zeit ganz aufhören. Denn sie bedrohen andere Staaten unaufhörlich mit Krieg durch die Bereitschaft, immer dazu gerüstet zu erscheinen; reizen diese an, sich einander in der Menge der Gerüsteten, die keine Grenzen kennt, zu übertreffen, und indem durch die darauf verwendeten Kosten der Friede endlich noch drückender wird als ein kurzer Krieg, so sind sie selbst Ursache von Angriffskriegen, um diese Last loszuwerden; wozu kommt, daß, zum Töten oder getötet zu werden in Sold genommen zu sein, einen Gebrauch von Menschen als bloßen Maschinen und Werkzeugen in der Hand eines anderen (des Staates) zu enthalten scheint, der sich nicht mit dem Rechte der Menschheit in unserer Person vereinigen läßt. Ganz anders ist es mit der freiwilligen, vorgenommenen Übung der Staatsbürger in Waffen bewandt, sich und ihr Vaterland dadurch gegen Angriffe von außen zu sichern."[16])

---

[13]) I. Kant, a. a. O., S. 62-63.
[14]) I. Kant, *Über Pädagogik. Sämtliche Werke* (Hartenstein), VIII, S. 460. Vgl. hierzu auch die berühmte Stelle über die Utopie Platos: *Kritik der reinen Vernunft* (Vorländer), S. 372 f.
[15]) I. Kant, *Die Religion innerhalb der Grenzen der bloßen Vernunft,* (Reclam), S. 57.
[16]) A. a. O. (Reclam), S. 6-7.

Ebenso trat er gegen das Pfaffentum auf und gegen allen Aberglauben in der Religion. "Die Religion", heißt es in der *Pädagogik,* "die bloß auf Theologie gebaut ist, kann niemals etwas Moralisches enthalten. Man wird bei ihr nur Furcht auf der einen und lohnsüchtige Absichten und Gesinnungen auf der anderen Seite haben, und dies gibt dann bloß einen abergläubischen Kultus ab."[17]) Die Schrift über *Die Religion innerhalb der Grenzen der Vernunft* ist voll von der schärfsten und kühnsten Kritik, ja sogar Verspottung der dogmatischen Anschauungen des Christentums, ja stellenweise weht durch die Darstellung ein leidenschaftlicher Haß gegen die Vergewaltigung der Vernunft durch die Kirchenlehre des Christentums, wie in jener Stelle, wo er einen kurzen Abriß der Verfolgungen seitens der Kirche durch alle die Jahrhunderte ihres Bestandes mit den Worten schließt: "Diese Geschichte des Christentums, welche, sofern es auf einem Geschichtsglauben errichtet werden sollte, gar nicht anders ausfallen konnte, wenn man sie als ein Gemälde unter einen Blick faßt, konnte wohl den Ausruf rechtfertigen: 'Tantum religio potuit suadere malorum!', wenn nicht aus der Stiftung desselben immer noch deutlich genug hervorleuchtete, daß seine wahre erste Absicht keine andere als die gewesen sei, einen reinen Religionsglauben . . . einzuführen."[18]) Darum läßt Kant die Religion auch nur als Vernunftglauben bestehen. "Eine Religion, die der Vernunft unbedenklich den Krieg ankündigt, wird es auf die Dauer gegen sie nicht aushalten."[19]) Als Vernunftglaube aber ist die Religion nicht mehr Voraussetzung oder gar Begründung der Moral, sondern *ihr Resultat,* ihre notwendige Ergänzung zu einem Weltbild, ihn welchem erst sich unser Gemüt über die sonstige Zweck- und Sinnlosigkeit des Daseins zu beruhigen vermag. Man kann demnach zwar nicht ohne Sittlichkeit, wohl aber ohne Religion sein, da diese nur die letzte Vollendung der Weltanschauungen gibt für diejenigen Gemüter, die danach bedürfen, was freilich ein viel tieferes und allgemeineres Bedürfnis ist, als so viele Verächter der Religion meinen. Daher sollte *der erste Unterricht* nach der Forderung Kants *ohne Religion* sein. "Von der größten Wichtigkeit in der Erziehung ist es, den moralischen Katechismus nicht mit dem Religionskatechismus vermischt vorzutragen (zu amalgamieren), noch weniger ihn auf letzteren folgen zu lassen, sondern jederzeit den ersteren, und zwar mit dem größten Fleiß und Ausführlichkeit zur klarsten Einsicht zu bringen. Denn ohne dieses wird nachher aus der Religion nichts als Heuchelei, sich aus Furcht zu Pflichten zu bekennen, und eine Teilnahme an derselben, die nicht im Herzen ist, zu lügen."[20])

Wie gegen Militarismus und Kirche so tritt Kant auch gegen Adel und Kapital auf. Er bekämpft die Vorrechte des ersteren und die Anmaßungen des letzteren. Zwar die Ungleichheit im physischen und psychischen Sinne nennt Kant einmal "die reiche Quelle so vieles Bösen, aber auch alles Guten", jedoch die Prärogative eines *angeerbten* Adels ist "ein Rang, der vor dem Verdienst hervorgeht und dieses auch mit keinem Grunde hoffen läßt, ein Gedankending ohne alle Realität", da die Natur es nicht so fügt, daß das Talent und das Verdienst der Vorfahren sich forterbt.[21]) Im Gegenteil hat Kant keine besondere Meinung von den höchsten Spitzen des Adels. "Die Fürsten", lesen wir in der *Pädagogik,* "betrachten ihre Untertanen nur wie Instrumente zu ihren Absichten . . . Sieht hin und wieder doch noch mancher Große sein Volk gleichsam nur für einen Teil des Naturreiches an und richtet also auch nur darauf sein Augenmerk, daß es fortgepflanzt werde. Höchstens verlangt man dann auch Geschicklichkeit, aber bloß, um die Untertanen dann noch besser als Werkzeug zu seinen Absichten gebrauchen zu können."[22]) Die schroffe Sonderung der Stände muß auch ihre Wirkung auf den Geist des Herrschenden ausüben. Was anderes als eine treffende Charakterisierung des Klassengeistes der Besitzenden ist es, wenn Kant in einem seiner politischen Fragmente sagt: "Die Verschiedenheit des Standes macht, daß, so wenig man sich in die Stelle des dienstbaren Pfer-

---

[17]) A. a. O. (Hartenstein), VIII, S. 508.

[18]) I. Kant, *Religion innerhalb der Grenzen der bloßen Vernunft* (Reclam), S. 141.

[19]) A. a. O. (Reclam), S. 11.

[20]) I. Kant, *Tugendlehre,* VII, S. 297.

[21]) I. Kant, *Rechtslehre,* VII, S. 147, vgl. auch *Zum ewigen Frieden* (Reclam), S. 14.

[22]) A. a. O., VIII, S. 463-464.

des versetzt, um sein elendes Futter sich vorzustellen, ebensowenig setzt man sich an die Stelle des Elends, um dieses zu fassen." (Hartenstein, VIII, S. 614.)
Der Reichtum meint, seinen sozialen Pflichten genügt zu haben, wenn er Wohltätigkeit übt. Hier zeigt das tiefe sittliche Empfinden der Kantschen Ethik seinen innersten Zusammenhang mit dem Wesen des sozialen Verbandes selbst, indem es mit den Entwicklungsanforderungen desselben direkt über den bürgerlichen Standpunkt hinaustreibt. "Die Begriffe der bürgerlichen Gerechtigkeit und der natürlichen", schreibt Kant abermals in den politischen Fragmenten, "und die daraus entspringenden Empfindungen von Schuldigkeit sind sich fast gerade entgegengesetzt. Wenn ich von einem Reichen erbte, der sein Vermögen durch Erpressungen von seinen Bauern gewonnen hat und dieses auch an die nämlichen Armen schenkte, so tue ich im bürgerlichen Verstand eine sehr großmütige Handlung, im natürlichen aber nur gemeine Schuldigkeit." (Hartenstein, VIII, S. 622.) Und in der *Tugendlehre* lesen wir: "Das Vermögen wohlzutun ist größtenteils ein Erfolg aus der Begünstigung verschiedener Menschen durch die Ungerechtigkeit der Regierung, welche *eine Ungleichheit des Wohlstandes, die anderer Wohltätigkeit nötig* macht, einführt. Verdient unter solchen Umständen der Beistand, den der Reiche den Notleidenden erweisen mag, wohl überhaupt den Namen der Wohltätigkeit, mit welcher man sich so gern als Verdienst brüstet?"[23]) Und gleichsam wie ein Abschluß zu allen diesen Gedanken über die Ungerechtigkeit der Standesunterschiede und die verderblichen Folgen der Klassenspaltung klingt es, wenn Kant die Worte niederschreibt, die bereits den Atem des Klassenkampfes verspüren lassen: "Der Mensch mag künsteln, so viel er will, so kann er die Natur nicht nötigen, andere Gesetze einzuschlagen. Er muß entweder selbst arbeiten, *oder andere für ihn; und diese Arbeit würde anderen so viel von ihrer Glückseligkeit rauben, als er seine eigene über das Mittelmaß steigern will.* (Fragmente, VIII, S. 262.)
Nicht minder aber wie die Vorrechte der Stände bekämpft Kant auch den Hochmut geistiger Absonderung, den Dünkel der Gelehrsamkeit und der Bildung. Auch hier zeigt er sich als der soziale Denker, für den Wissenschaft, Kunst und Bildung nur dann wirkliche Werte sind, wenn sie nicht bloß als Luxusgüter bestehen, sondern der Gemeinschaft nützlich werden. Mit bitterer Ironie schreibt er: "Gelehrte glauben, es sei alles um ihretwillen da, Adelige auch. Wenn man durch das öde Frankreich gereist ist, so kann man sich bei den Akademien der Wissenschaften oder in den Gesellschaften vom guten Ton wieder trösten; so wenn man von allen Betteleien im Kirchenstaat sich glücklich losgemacht hat, kann man sich bis zur Trunkenheit in Rom über die Pracht der Kirchen und Altertümer freuen."[24]) Aus einer solchen Gesinnung entspringt die Mißachtung des Volkes. "Dadurch, daß man die Wissenschaften und Künste so sehr wichtig hält, macht man diejenigen verächtlich, die sie nicht haben, und bringt uns zur Ungerechtigkeit, die wir nicht ausüben würden, wenn wir sie mehr als uns gleichsehen würden." Und in diesem Zusammenhang folgt das berühmte Selbstbekenntnis Kants zur sozialen Arbeit, welches das unvergleichliche Geleitwort aller geistigen Arbeit werden müßte in der steten Erinnerung, daß es ein auf den höchsten Gipfeln des Denkens Stehender war, der gleichwohl erklärte: "Ich bin selbst aus Neigung ein Forscher. Ich fühle den ganzen Durst nach Erkenntnis und die begierige Unruhe, darin weiterzukommen, oder auch die Zufriedenheit bei jedem Fortschritt. Es war eine Zeit, da ich glaubte, dieses alles könnte die Ehre der Menschheit machen, und verachtete den Pöbel, der von nichts weiß. Rousseau hat mich zurecht gebracht. *Dieser verblendete Vorzug verschwindet;* ich lerne die Menschheit ehren und *würde mich viel unnützer finden als die gemeinen Arbeiter,* wenn ich nicht glaubte, daß diese Betrachtungen allem übrigen einen Wert geben können, *die Rechte der Menschheit* herzustellen."[25])
Diese Rechte der Menschheit herzustellen, das ist aber nach Kants Auffassung auch Pflicht und Aufgabe jedes einzelnen selbst. Er hat sie nicht als Gnade von oben zu erwarten, weder von einer göttlichen Fügung noch von einer väterlichen Regierung, die, wie Kant sagt, immer

[23]) A. a. O. (Hartenstein), VII, S. 262.
[24]) *Fragmente* (Hartenstein), VIII, S. 621-622.
[25]) *Fragmente* (Hartenstein), VIII, S. 621-624.

die despotischste ist, sondern nur von seiner eigenen kräftigen Tat. So muß das Recht eine stete Kampfbereitschaft im einzelnen sein, und *der Kampf ums Recht* ist nur eine Konsequenz des ethischen Standpunktes Kants. So ruft er einmal aus: "Werdet nicht der Menschen Knechte! Laßt euer Recht nicht ungeahndet von anderen mit Füßen treten!"[26]) Und ein anderes Mal: "Es kann nichts entsetzlicher sein, als daß die Handlungen eines Menschen unter dem Willen eines anderen stehen sollen."[27]) Aus diesem starken Gefühl für Freiheit und Recht entspringen denn auch die Worte, die auch heute leider noch mahnende Bedeutung haben: "Ich gestehe, daß ich im Ausdruck, dessen sich auch wohl kluge Männer bedienen, nicht wohl finden kann: ein gewisses Volk . . . ist zur Freiheit nicht reif . . . Nach einer solchen Voraussetzung aber wird die Freiheit nie eintreten; denn man kann zu dieser nicht reifen, wenn man nicht zuvor in Freiheit gesetzt worden ist; man muß frei sein, um sich seiner Kräfte in der Freiheit zweckmäßig bedienen zu können."[28])

Höchst charakteristisch für diesen Standpunkt kräftigster Betonung des eigenen Rechtes ist denn auch die eigenartige Veränderung, die Kant an den drei Grundgedanken der Französischen Revolution vornahm. Sie heißen bei ihm Freiheit, Gleichheit und *Selbständigkeit*. Dieser Gedanke der Selbständigkeit sollte der eigentliche Schutz der Freiheit und Gleichheit werden, und gerade in diesem Sinne hat erst der Sozialismus die bloß politische Formel der Freiheit ergänzt zu der Forderung auch der wirtschaftlichen Selbständigkeit für jeden, da diese allein jener anderen erst einen Inhalt gibt. Bei Kant war dieser Gedanke noch nicht so klar entwickelt, wie ihn gleich nach ihm Fichte ausdrücken sollte. Trotzdem liegt hier der Schlüssel zum Verständnis seiner politischen Anschauung, die man oft als reaktionär verschrieen hat, freilich ganz offenbar mißverständlich und gegen alle historische Gerechtigkeit: daß er nämlich in seiner Staatslehre zwischen Bürgern vollen und geminderten Rechtes unterschieden hat und zu letzteren, denen er kein Stimmrecht zuerkannte, alle in Lohn und Dienst stehenden Kategorien einreihte. Also hat er das Proletariat rechtlos wollen. Aber – gab es denn zu seiner Zeit schon ein Proletariat in dem jetzigen Sinne, das heißt als eine zum Bewußtsein ihrer eigenen Bedeutung erwachten Klasse? Oder war es nicht vielmehr noch in völliger Ungeschiedenheit und absoluter, nicht bloß materieller, sondern auch geistiger Abhängigkeit von seinen Lohn- und Arbeitgebern? Wo selbst heute noch diese Abhängigkeit ein viel benutztes und leider erfolgreiches Mittel ist, das politische Recht dieser Schichten zum Schaden wirklicher Volksrechte zu beeinflussen, mußte eine solche damals noch begründetere Furcht, da nicht einmal noch der Anfang einer selbständigen Freiheitsbewegung in den Lohnschichten zu bemerken war, nicht gerade einen um die Freiheit besorgten Mann davor zurückschrecken las-

---

[26]) *Tugendlehre* (Hartenstein), VII, S. 243.

[27]) *Fragmente,* VIII, S. 634.

[28]) Kant, *Religion innerhalb der Grenzen der bloßen Vernunft* (Reclam), S. 204. – Dieses feurige Interesse für politische Freiheit hat Kant sich bis in sein Alter bewahrt, und es hat ihn mit dem unvergänglichen Ruhm geschmückt, die größte Freiheitsbewegung der Neuzeit, die Französische Revolution, auch dann noch nicht bloß verteidigt, sondern hochgeschätzt zu haben, als sogar die freiheitsdurstige Seele eines Schiller wegen ihrer Schrecknisse an ihr irre geworden war. Die Französische Revolution hatte gleich nach ihrem Ausbruch Kants ganzes Gemüt ergriffen. Jachmann schreibt in seinen biographischen Briefen über Kant, den er als einen vielseitigen Gesellschafter schildert: "Zur Zeit der französischen Revolution verlor sein Gespräch etwas an Mannigfaltigkeit und Reichhaltigkeit. Die große Begebenheit beschäftigte seine Seele so sehr, daß er in Gesellschaften fast immer auf sie zurückkam." Und so unauslöschlich war der Eindruck dieses Geschichtsereignisses auf ihn, daß er noch 1798, also nach allen Blutgreueln der Revolution und an der Neige seines Lebens selbst stehend, in dem *Streit der Fakultäten* auf die Frage, ob die Menschheit wohl einen *Fortschritt im Moralischen* zeige, antwortet, daß sich dies nur aus einer Erfahrung der Geschichte beantworten ließe, welche die moralische Tendenz des Menschengeschlechtes beweise, und daß eben die große Revolution eine solche Erfahrung sei. Und er fügte die für den *deutschen* Denker charakteristischen Worte hinzu: "Diese Revolution, sage ich, findet in den Gemütern aller Zuschauer, die nicht selbst in diesem Spiele mitverwickelt sind, eine *Teilnehmung dem Wunsche* nach, die nahe an Enthusiasmus grenzt und deren Äußerung selbst *mit Gefahr verbunden* war, die also keine andere als eine moralische Anlage im Menschengeschlecht zur Ursache haben kann." (Reclam, S. 105.)

sen, die endlich in einer dünnen Schicht des Volkes beginnende politische Aufklärung ersticken zu lassen durch die frei gewordene Unbildung und Unselbständigkeit der Massen? Wird es irgend jemandem einfallen, zum Beispiel die Leveller reaktionär zu nennen, weil auch sie in ihrem "Volksvertrag" alle, die Lohn empfingen, von dem Wahlrecht ausschlossen? Nur von freien und selbständigen Menschen also kann das Recht wirklich kraftvoll vertreten werden. Alle Menschen auf diese Stufe zu bringen, das ist das Ziel der Entwicklung. Es rascher zu erreichen, erhofft Kant von einem *neuen Prinzip der Erziehung,* ein abschließender Gedanke, mit welchem er abermals die Schranken des bürgerlichen Zeitalters überschreitet. In seiner schon mehrfach zitierten *Pädagogik,* die gleichsam eine Anwendung aller seiner praktisch-politischen Ideen enthält, spricht er den Satz aus: "Ein Prinzip der Erziehungskunst, das besonders solche Männer, die Pläne zur Erziehung machen, vor Augen haben sollten, ist: *Kinder sollen nicht dem gegenwärtigen, sondern dem zukünftig möglich besseren Zustand des Menschengeschlechtes,* das ist der Idee der Menschheit und deren ganzer Bestimmung angemessen erzogen werden. Dieses Prinzip ist von großer Wichtigkeit. Eltern erziehen gemeiniglich ihre Kinder nur so, daß sie in die gegenwärtige Welt, sei sie auch verderbt, passen. Sie sollen sie aber besser erziehen, damit ein zukünftiger besserer Zustand dadurch hervorgebracht werde."[29])

Mit diesem großen Gedanken hat Kant gleichsam das pädagogische Arbeits- und Agitationsprogramm des modernen Sozialismus vorherbestimmt, und in ihm vollendet sich die große Reihe der Ideen, die von ihm nicht nur zum Sozialismus hinüberführen, sondern diesen selbst als ihre gewaltigste geschichtliche Bewährung erscheinen lassen. Und wenn Engels das stolze Wort aussprach, mit dem er den marxistischen Sozialismus den Erben der klassischen deutschen Philosophie nannte, so sehen wir schon hier bei ihrem ersten und gewaltigsten Vertreter die doppelte Wahrheit dieses Gedankens, die weiter reicht, als Engels selbst meinte: daß der Sozialismus ebensosehr die theoretische Arbeit der Erkenntniskritik Kants voraussetzt, wie er selbst die Konsequenzen seines ethischen Standpunktes verwirklichen will.

---

[29]) A. a. O., VIII, S. 463.

Karl Kautskys "Urchristentum"

Von jeher hat die Zeit des Urchristentums einen tiefen Eindruck auf die Gemüter der Menschen ausgeübt; und es war dies nur natürlich von einer Zeit, die der gläubigen Seele so viel zu sagen vermochte. Hier fand die religiöse Sehnsucht noch den Himmel offen, von dem die göttliche Gnade sich unmittelbar der bedürftigen Erde mitteilte. Hier sprang der Quell der Heilsverkündigungen noch ungetrübt und erklang das Wort des Herrn noch direkt vor der selig erschauernden Menge, da verkündete sich noch überall und vor aller Augen die Herrlichkeit und Allmacht Gottes in überwältigenden Wundertaten. Und dann das größte Wunder: das faszinierende Bild der Verbreitung der neuen Heilslehre in die ganze Welt, gerade da sie durch den Tod ihres Stifters auf das tiefste getroffen schien. In dieser glorreichen Erhebung der Lehre aus tiefster Erniedrigung, aus der Schmach des Kreuzestodes ihres Verkünders zum idealen Führer einer Welt, in diesem völlig unbegreiflich scheinenden Triumph des Christentums mußte fürwahr das Werk der Gottheit selbst erblickt werden: denn es schien zu groß für menschliches Wirken, zu erhaben und alle Maße persönlichen Einflusses übersteigend, um hier etwas anderes als göttliche Kräfte selbst am Werk zu sehen. Eine Zeit, die derart die unmittelbare Kundgebung der Gottheit an sich erfahren, deren Abglanz man liegen sah auf der Heiligkeit der Apostel, auf der Brüderlichkeit und Glaubenstreue der ersten Christengemeinden, auf dem Todesmut und Martyrium der ersten Blutzeugen des Evangeliums – wie hätte diese Zeit nicht gerade das religiöse Interesse und fromme Gemüt stets für sich einnehmen müssen? So ist es erklärlich genug, daß der Rückblick auf das Urchristentum dem gläubigen Christen stets teuer war als ein Blick auf die Reinheit des Evangeliums, auf den Idealzustand seiner Religion, von dessen Höhe er nur zu oft seine Gegenwart herabgeglitten finden mochte.

Allein wenn es so vornehmlich das gläubige Interesse war, welches seine Aufmerksamkeit immer wieder in die große Vergangenheit der Anfänge des Christentums gebannt sah, so zeigt das letzte Jahrhundert und besonders das gegenwärtige Zeitalter ein fast noch intensiveres Interesse für jenen wunderbaren Abschnitt der Menschheitsgeschichte, das keineswegs seinen Ursprung der Gläubigkeit, wenigstens im kirchlichen Sinn dieses Wortes, verdankt, ja das zuweilen sogar direkt religionsfeindlich ist. Es ist die Gedankenwende des 19. Jahrhunderts, die dem modernen Geschlecht auch hier eine neue Stellung und neue Aufgabe gegeben hat, welche in diesem fast leidenschaftlichen Bedürfnis nach historischem Verständnis des Überkommenen zum Ausdruck gelangt. Es ist jene Gedankenwende der neuen Zeit, die ihren Schwerpunkt nicht, wie man oft geurteilt hat, in den naturwissenschaftlichen Triumphen des 19. Jahrhunderts hat, sondern in der Ausbildung des historischen Geistes, des geschichtlichen Entwicklungsgedankens seit den Tagen Hegels her, des Geistes, der zu einem Selbstbewußtsein über den ganzen Zusammenhang seines modernen Besitzes mit der Arbeit der Vergangenheit gelangen will und für den Marx das große Wort von der *Selbstverständigung* geprägt hat. Wenn wir heute unter dem Eindruck stehen, mit dem 19. Jahrhundert einen Zeitabschnitt erlebt zu haben, der Epoche macht, so wie der Zeitabschnitt des Unterganges des weströmischen Reiches oder der Entdeckung Amerikas, so liegt der Grund dafür nicht allein in der unerhörten Veränderung, die das äußere Weltbild durch die technischen Erfindungen der neuesten

Zeit erfahren hat. Es ist noch mehr geschehen in diesen hundert Jahren als "bloß" die Indienststellung der Naturkräfte für den Produktionsprozeß der Güter des täglichen Lebens, als diese märchenhafte Überwindung von Raum und Zeit durch die Elektrizität, als diese zauberhafte Festhaltung der sonst verhallenden Stimmen im Phonographen und der rasch verfliegenden Bilder im Kinematographen, als diese rätselhafte Durchdringung der Materie mit geheimnisvollen Strahlen! Es ist noch mehr geschehen als alles dieses: es ist das Wunder der Wiederbelebung des längst Gestorbenen, der Wiedererweckung der Vergangenheit vollbracht worden: es hat die *Geschichte* unsere Welt, unsere Erfahrung, unseren geistigen Besitz vergrößert, und sie ist noch unablässig daran, ihn zu vergrößern, bis in Zeitfernen, in denen nie eines Menschen Erfahrung Kenntnis erwerben konnte, weil sie vor aller menschlichen Existenz, ja vor der Existenz dieses unseres Planeten liegen. Hat man von der *Entdeckung der neuen Welt* mit Recht eine neue Zeit gezählt, da der Blick und das Denken der Menschen mit einemmale so weit ausgerichtet wurden über den seit uralten Zeiten gewohnten Bereich, ja um die Erde herum geführt wurden zu der Vorstellung ihrer Antipoden, zu dem Gedanken einer Erdkugel, so mußte diese *Entdeckung der alten Welt,* dieses Hervorgehen der Erde aus einem großen Weltprozeß und des Menschen aus dem Tierreich, diese allseitig verflochtene Abfolge der Geschlechter und Völker bis zu ihren heutigen Geschicken das Denken abermals mit gewaltigem Anstoß in neue Bahnen lenken. Die Fortschritte der Naturwissenschaft, so riesig sie waren, brachten keine neue Auffassungsweise in das von der Vergangenheit überkommene Weltbild; sie bewirkten nur eine stetige Vervollkommnung der Methoden und Bereinigung der Begriffe. Die Ausdehnung der naturwissenschaftlichen Denkweise auf die Erscheinungen des geistig-sozialen Lebens war ein Fortschritt von enormer methodologischer Bedeutung für die Entstehung der Geisteswissenschaften. Aber für sich allein hätte er nur die Selbständigkeit dieser Wissenschaften gefährdet, wie denn auch diese Gefahr gerade von der marxistischen Sozialwissenschaft gegenüber dem bloßen Naturalismus einer vulgär materialistischen Sozialwissenschaft stets bekämpft wurde. Dem Übergreifen des naturwissenschaftlichen Denkens auf das soziale Gebiet entspricht vielmehr ein solches des *historischen Denkens* auf das naturwissenschaftliche, aus deren Vereinigung die Eigenart des modernen Standpunktes entspringt. So ist es erst der historische Gesichtspunkt, der in der Denkweise eines Kant und Laplace, eines Hegel und Marx, eines Lyell und Darwin jene neue Weltauffassung erstehen läßt, die keine ruhige Betrachtung mehr gestattet, sondern ein stetes Hinaustreiben über das unmittelbar Gegebene verlangt, zurück zu seinem Werdegang, voraus zu seinen Entwicklungstendenzen. Die irdische Welt, die erst eine ruhende Scheibe war, dann eine im Raum rotierende Kugel, sie ist nun Bewegung schlechtweg geworden, aber nicht die qualitäts- und sinnlose Bewegung der Naturwissenschaft, sondern die gestaltende, zu stets neuen und größeren Bildungen heraufflutende Bewegung der Geschichte. Es ist die Nachwirkung dieser großartigen Gedankenwende, ihr Eindringen in alle Arbeitsgebiete der Wissenschaften, die eifrige Bemühung, ihren ganzen Inhalt sich auch in den philosophischen, methodologischen und metaphysischen Konsequenzen zu eigen zu machen, was unsere Gegenwart so vollständig im Bann jener großen Geister stehen läßt, die hier Bahnbrecher waren, daß kurzsichtige Beurteiler dieser Zeit den Vorwurf eines Epigonenzeitalters machen konnten. Es ist aber nicht die Armut eines Epigonenzeitalters, die überall noch an das Werk jener großen Geister gebunden ist, sondern der Überfluß eines neuen geistigen Lebens, das von ihnen ausgegangen ist, mit der Fülle der Probleme, die sie gestellt hatten und noch nicht lösen konnten, der Gedankenkeime, die sie ausgestreut, der neuen Aufgaben, die sie ermöglicht haben. Was jene das Epigonentum schelten, das gerade ist die Ausbreitung des neuen Geistes, seine Besitzergreifung von den Köpfen und Gemütern der Menschen, die *Durchsetzung des Historismus als allgemeine Weltanschauung.*

Kaum irgendwo ist die Neuheit dieser Anschauung, ihre wahrhaft revolutionäre, das heißt weltumwälzende und neuschaffende Kraft augenscheinlicher geworden als auf jenem Gebiet, das am härtesten im Bann der Tradition, des Alten und Herkömmlichen gefesselt lag, auf dem Gebiet der Religion. Hier bedeutete die Entdeckung der alten Welt, das Eindringen in die alten und ältesten Formen der Religion, das Verständnis für den Werdegang der bestehenden

Religionen, kurz diese ganze Verlebendigung einer vergangenen religiösen Welt zugleich die Befreiung unserer gegenwärtigen Welt aus der Erstarrung überkommener unverstandener und unverständlicher Begriffe und sinnlos gewordener Formen. Die Religion trat aus der heiligen Isolierung heraus, in welche sie einerseits die Ekstase des Glaubens, anderseits die Exklusivität des Dogmas gebracht hatte. Sie wurde ein Element des geschichtlichen Prozesses überhaupt, nicht anders als das Recht und die Sitte, das Staatsleben und die Kriege, der Handel und Verkehr. Nicht mehr war ihr Gebiet der Platz für wunderbare Kräfte, die sonst nirgends anders sich ebenso offenbarten. Vielmehr waren es auch hier dieselben Kräfte, die überall das bunte Band der Geschichte wirkten: menschliche Kräfte, menschliche Leidenschaften und Triebe, Hoffnungen und Ängste, Einsichten und Irrtümer. Wessen der historische Gedanke überall triumphierend genoß, der Einheit der Entwicklung, das sah er auch hier sich immer mehr vollenden, die Einheit des Prozesses sozialer Kräfte auch an den Erscheinungen des Göttlichen. Das Walten der Götter erwies sich schließlich als wirklich die Schicksale der Menschen bestimmend, aber nur deshalb, weil dieses göttliche Walten nichts anderes war als das in einem eigenartigen Geistesprozeß von den Menschen verselbständigte und sich gegenübergestellte Schalten ihrer selbst.

Der Großartigkeit dieses neuen Gesichtspunktes hat sich nun auch die Religionswissenschaft selbst nicht verschlossen – und das macht eigentlich diese Großartigkeit erst aus, deren Konsequenzen heute schon eine neue und noch ungekannte Blütezeit eines gänzlich reformierten religiösen Bewußtseins ahnen lassen. Die moderne, das ist protestantische Theologie hat insbesondere mit einer Kraft des Gedankens und einer Freiheit der Kritik den neuen Standpunkt aufgenommen, die an Weite des Gesichtskreises und Tiefe der Auffassung sehr zu ihren Gunsten abweicht von jenen älteren Produkten historischer Religionskritik, die eigentlich bloße Tendenzschriften eines vulgären Rationalismus oder dogmatischen Atheismus waren. Ja man kann es ruhig sagen: die kirchliche Orthodoxie und Dogmengläubigkeit, die Religion als Superstition und Volksbetrug, als Asyl der Unwissenheit und Herrschaftsinstrument hat heute nicht im Materialismus und Atheismus ihren gefährlichsten Feind, nicht im rationalistischen Freidenkertum oder in der agnostischen Naturwissenschaft, deren Kritik überall nur äußerlich bleibt und an den Lebensnerv der Religion, an den Glauben, gar nicht rührt, *weil allen diesen Richtungen das Verständnis für das religiöse Problem als solches fehlt,* für jene eigenartigen psychischen Gesetzmäßigkeiten, welche die *Realität* des religiösen Bewußtseins ausmachen, wo sie nur Illusion, Dummheit oder Pfaffentrug sehen, sondern der wirklich gefährliche Feind aller überlebten Formen der Religion ist jene psychisch-historische Kritik, die innerhalb der Theologie selbst begonnen hat und ihre Arbeit zwar zumeist noch in dem Bewußtsein fortführt, nur an der Weiterbildung der überkommenen Religion des Christentums zu arbeiten, mit welcher sie aber kaum mehr als den Namen gemein hat. Und in der gleichen Richtung mit diesen Theologen, die durch das Bedürfnis ihrer Religiosität mit der Realität des religiösen Bewußtseins zusammengehalten sind, wirken jene anderen Forscher, die in den Bestrebungen der vergleichenden Religionswissenschaft, mögen sie nun für ihre Person gläubig sein oder nicht, doch von dieser Realität des religiösen Bewußtseins ausgehen müssen, dessen ethnische Erscheinungsformen sie als ebensoviele Betätigungen einer fundamentalen Wirkungsweise der menschlichen Psyche darzulegen bemüht sind.

Für alle diese Richtungen: die entwicklungsgeschichtliche, die religiöse und die religionswissenschaftliche, ist nun begreiflicherweise die Zeit des Urchristentums von hervorragender Wichtigkeit; denn in ihr liegen ja die Anfänge der heute herrschenden Weltreligion. Diese Urzeit ist keine unserem heutigen Leben entlegene, sondern unsere noch wirkende Vergangenheit, mit welcher die Gegenwart durch eine der stärksten Ideologien, die der religiösen Tradition, derart unmittelbar verbunden ist, daß der Gedanke der historischen Kritik fast nichts dagegen vermag, wenn er darauf verweist, wie die Einheit des Christentums durch die Jahrhunderte eine kirchliche Fiktion ist und es eigentlich *ein* Christentum in der Geschichte gar nicht gibt. Und in dieser Urzeit des Christentums wirken in einer schon hochentwickelten Welt dieselben geistigen Kräfte, die auch heute wirksam sind, Kräfte der Unterdrückung und Befreiung, des Verfalles und der Erhebung, der Resignation und der Zukunftshoffnung, so daß der

Vergleich beider Zeitalter sich seit dem Hervortreten des modernen Klassengegensatzes, seit Weitling immer wieder aufgedrängt hat. So sind es mannigfache Interessen, die den Blick unserer Zeit rückwärts wenden: Interessen des Kampfes, Interessen der Erkenntnis und Interessen des Glaubens. Und alle diese Interessen tauchen aus dem glühendsten Leben der Gegenwart auf: Kampf gegen die Klassengesellschaft und Bekämpfung eines wissensfeindlich und völkerbedrückend gewordenen Kirchenglaubens einerseits, heißes Ringen um die Erhaltung echter Religiosität und ihres Kontaktes mit dem Volk anderseits, dazwischen die unablässige Arbeit der Wissenschaft an dem Verständnis unserer Zeit, in der das religiöse Problem eine solche Bedeutung hat. Ist es da zu verwundern, daß auch der Sozialismus seine Blicke jener Zeit zuwendet, der Sozialismus, der mit seiner gigantischen Bewegung der Geister den innigsten Zusammenhang mit allen Problemen hat, die das moderne Leben am tiefsten bewegen? Das Gegenteil wäre verwunderlich; und so müssen wir Karl Kautskys Buch über den Ursprung des Christentums als zeitgemäß im besten Sinne dieses Wortes begrüßen. Ja, daß gerade jener Denker des modernen Sozialismus uns mit diesem Werke beschenkt, der die feinste Empfindung für die geschichtlichen Realitäten hat, dessen theoretische Arbeit bei aller Weite des Blickes und Frische der Auffassung doch nie das Gefühl für Aktualität und Zusammenhang mit den Aufgaben der Zeit verliert, das bekräftigt ebensosehr die lebendige Verbundenheit des Sozialismus mit den Kulturproblemen der Gegenwart als die reale Bedeutung, die innerhalb derselben der religiösen Krise zukommt. Kautskys Buch ist derart keine Arbeit von bloß historischem Wert, es befriedigt nicht etwa bloß antiquarische Interessen. Es ist ein Buch aus dem Leben der Gegenwart heraus, bestimmt, in die Fragen und Probleme dieses Lebens einzugreifen, und deshalb auch ein so lebensvolles Buch. Diesen Ort dem Buche zu bestimmen als einem Werke, das mit seinem scheinbar den Kämpfen der Gegenwart entlegenen Gegenstand doch dem Leben unserer Tage zugekehrt ist, wo es am kraftvollsten pulst und wirkt, waren diese einleitenden Ausführungen bestimmt. Nun soll uns das Buch selbst Führer sein.

Das Problem, dem Kautskys Untersuchung sich zuwendet, ist eben jene dem ersten Anblick so wunderbare Erscheinung, von wir anfangs sprachen: wieso die Lehre, die in einem abgelegenen Winkel der römischen Welt und bei dem gehaßten Volke der Juden aufkam, zur Weltreligion werden konnte. Es wird gelöst, indem uns Kautsky jene beiden Kulturen, aus deren Zusammentreffen das Christentum hervorging, die römisch-griechische und die jüdische, in ihrer ökonomischen Entwicklung zur Darstellung bringt und jenen Denk- und Fühlweisen nachforscht, die in ihr zur Entfaltung gelangen mußten. Es sind knappe, jedoch überaus eindrucksvolle Geschichtsdarstellungen, die Kautsky da entwirft, und man muß sagen, daß hier mit seltener Meisterschaft der Versuch gelungen ist, das Wesentliche und Eigenartige großer geschichtlicher Entwicklungsprozesse so anschaulich darzustellen, daß niemand dieses Buch weglegen wird, ohne von den Zuständen der Alten Welt im ganzen ein klares Bild gewonnen zu haben. An Stelle des wirren Vielerlei von Tatsachen und Geschehnissen, in welchem die Geschichtserzählung sonst notwendig jeden Überblick verwehren muß, wirkt hier das Bild der allgemeinen Zusammenhänge und Entwicklungstendenzen in der Alten Welt mit lebensvoller Eindringlichkeit. Es ist die materialistische Geschichtsauffassung, die hier in wahrhaft glänzender Weise ihre eigentliche Bedeutung offenbart, die meines Erachtens nicht darin gelegen ist, worin sie Gegner und auch manche Anhänger erblicken, die Ideologien *zu erklären,* sondern uns in das innere Getriebe des geschichtlichen Lebens Einblick zu gewähren und damit jene *Bedingungen* zu erkennen, welche den nicht in ihnen, sondern in Funktionen des Geisteslebens wurzelnden Ideologien geschichtliche Wirksamkeit gewähren oder versagen.
So enthüllt uns Kautsky zunächst die glanzvolle, sieghafte und machtstrotzende Römerwelt als eine Welt des Verfalles. Man hat schon oft diesen Verfall geschildert und Sittenverderbnis sowie Entartung auf der einen Seite, Massenelend auf der anderen als Ursachen angesprochen. Aber die Notwendigkeit dieses Verfalles war damit nicht erkannt; es blieb immer die Empfindung, als ob eine Besserung der Sitten, eine Rückkehr zu den alten männlichen Tugenden den Verfall hätte aufhalten können: so wie ja auch wohlmeinende, aber oberflächliche Berater unserer Zeit ihr gern das Schicksal des Römerreiches als warnende Mahnung zur Um-

kehr vorhalten. Eine wirklich in die Ursachen des geschichtlichen Prozesses eindringende Betrachtung wie die der materialistischen Geschichtsauffassung läßt dagegen erkennen, wie diese Sittenverderbnis, Entartung und Verelendung *selbst nur Wirkungen* einer viel tiefer liegenden Ursache waren, die gar nicht mehr vom Wollen der Menschen abhing, weil sie ihre Lebensmöglichkeit selbst betraf, ihr gesellschaftliches Dasein, ihre Produktionsweise: nämlich die Tatsache, daß die gesamte antike Kultur auf der Sklavenwirtschaft aufgebaut war. Die Darlegung der ökonomischen Bedeutung und Wirksamkeit dieser Tatsache gehört zu den lichtvollsten Teilen dieses lichtvollen Kautskyschen Werkes. Sie bringt nicht nur den Unterschied des antiken Kapitalismus und Proletariats gegenüber den modernen gleichnamigen Erscheinungen zu einem unverlierbaren und präzisen Ausdruck, sondern sie legt vor allem die Wurzel des Verfalles der alten Welt bloß in den Nachweis, daß die antike Wirtschaftsordnung der Sklavenwirtschaft eine solche der notwendigen Produktionshemmung war, der Herabdrückung der Produktionstechnik, der Vergeudung und Entwertung menschlicher Arbeit, kurz, daß sie trotz ihres scheinbaren äußeren Fortschrittes zum Sklavengroßbetrieb und zu einer hochentwickelten Geldwirtschaft doch ein technischer und ökonomischer Rückschritt war hinter die Stufe der kleinbürgerlichen Landwirtschaft, die sie verdrängte. Überblickt man die Kette der Wirkungen, die aus dieser Grundtendenz hervorgingen und die Kautskys gedrungene Vorführung mit fast dramatischer Kraft auf uns wirken läßt, überall ihren Ursprung nicht verleugnend, die Produktion nur auf Kosten der Produktivität zu betreiben: Landhunger, der die Römer in verheerenden Kriegen über die ganze Welt führt und zugleich ihre Volkskraft vernichtet, Ausbeutung des Bodens in der Plantagenwirtschaft bis zur Verödung deselben, Ausbeutung der Sklaven bis zur Vernichtung jedes Menschenwertes in ihnen, Plünderung der Provinzen bis zur Verarmung weiter Gebiete, dazu als Folge eine Kapitalsakkumulation, die, aus dieser "Produktion" entnommen, in keine neue Verwertung abfließen kann und jetzt jene grandiose Genußsucht und Sittenverderbnis erzeugt, die stets dem arbeitslosen Überfluß entspringt – überblickt man dies alles, dann ergreifen einen die Worte Kautskys, mit denen er die Römerwelt schon in den glanzvollen Tagen eines Augustus als dem Tode verfallen erklärt, wie das Urteil eines Arztes, der uns von einem blühenden Menschenleben versichert, daß es den Todeskeim einer schleichenden Krankheit in sich trägt. Ich halte den mächtigen Eindruck, den diese klare Aufdeckung des Unterganges der antiken Kultur ausübt, als einen *in seiner ökonomischen Verursachung* begriffenen und so *als notwendig* erkannten Prozeß, für den ersten großen wissenschaftlichen Gewinn aus Kautskys Buch. Diese reale und unentrinnbare Verfallsrichtung der alten Gesellschaft gibt nun ihrem Geistes- und Gemütsleben die Grundstimmung, aus der jene Denk- und Fühlweisen entsprangen, die der Lehre des Christentums so aufnahmebereit entgegenkamen. Von dieser Seite her erfährt also das Problem von der Weltherrschaft des Evangeliums seine erste Enthüllung aus dem Nebelreich überirdischer Wunderwirkungen: daß in der Herausbildung gleichartiger Lebensverhältnisse durch das ganze Weltreich mit einer gleichartigen praktischen Lebensauffassung, die von Staat und Gesellschaft nichts erhoffen konnte, dagegen alles von der Verinnerlichung und Veredlung des Individuums und dem Zusammenschluß der Gleichgesinnten über alle Schranken der Nationalität hinaus; daß in dieser allgemeinen Resignation auf der einen und dem ebenso verbreiteten Erlösungsbedürfnis auf der anderen Seite; daß endlich in der Ausrichtung des menschlichen Denkens auf eine göttliche Hilfe, wo alle irdische zu versagen schien – daß in alledem die moralische und intellektuelle Anlage des Christentums schon überall vorhanden war, noch ehe das Christentum selbst historisch erschien. Nicht das Christentum eroberte die Welt, sondern die römisch-griechische Welt zog die ursprünglich ganz anders geartete jüdische Heilslehre an sich und erfüllte sie dann auch, wie Kautsky im späteren Teil seines Buches zeigt, derart mit ihrem eigenen Geist, daß sie etwas ganz anderes wurde, als die am Kreuz zum erstenmal vernichtete Lehre Christi.

Wie die Lehre des Christentums allgemein werden konnte, hat der erste Teil gezeigt. In einem weiteren Abschnitt behandelt Kautsky das Judentum, um zum Verständnis darüber zu führen, wie jene Lehre entstehen konnte. Im einzelnen wird hier mancher Widerspruch laut werden, insbesondere nach der Seite, ob es Kautsky gelungen ist, dem größten Problem der jüdischen Geschichte, der so frühzeitigen Entwicklung des Monotheismus völlig gerecht zu werden. Allein was in diesem Abschnitt sich gleichfalls als ebenbürtiger wissenschaftlicher Gewinn dem Resultat des vorhergehenden anschließt und vielleicht noch aufklärender fortwirken wird als jenes, das ist die glänzende Charakteristik der Rolle und Bedeutung, die das Judentum in der ersten römischen Kaiserzeit als revolutionäres, demokratisches und politisch reifes Volkstum gespielt hat, welches nach nationaler Einigung und Selbständigkeit strebte. "Nur wenige Stätten", sagt Kautsky, "gab es im römischen Weltreich, wo sich nach Cäsars Sieg noch Reste eines politischen Lebens erhielten. Auch diese Reste wurden von den Nachfolgern Cäsars rasch ausgestampft. Am längsten erhielt sich ein kraftvolles politisches Leben in der Großstadt Palästinas, in Jerusalem. Es bedurfte der gewaltigsten Anstrengungen, um auch diese letzte Festung politischer Freiheit im römischen Reich niederzuwerfen." (S. 102.) Dieses revolutionäre Volkstum wurzelte im Messianismus, der selbst nichts anderes war als die Idee der Wiedererringung der seit dem Exil mit kurzer Unterbrechung der Makkabäerzeit verlorengegangenen staatlichen Unabhängigkeit und der Zurückführung aller in die Welt zerstreuten Volksgenossen zur neu geeinten Staatsgemeinschaft. Wie unter dem Einfluß dieser im Grunde politischen Idee das Diasporajudentum niemals seinen Zusammenhang verlieren konnte, wie es die Idee der Nationalität religiös vertiefen mußte, weil in dem gemeinschaftlichen Glauben und Kultus, vor allem in dem gemeinschaftlichen Kultusmittelpunkt, dem Tempel in Jerusalem, die einzige noch vorhandene äußere Einheit des Judentums vorlag, die *alle* Juden umschloß – das hat Kautsky mit dankenswerter Aufhellung vieler Einzelheiten (wirtschaftliche Bedeutung der Juden im Altertum als exilierte Kaufleute, Weltbürgertum der Juden, Propagandakraft ihres zwar nicht der Philosophie, aber der Volksweisheit der Heiden überlegenen Geisteslebens) dargelegt. Das hellste Licht geht aber von jener vorhin erwähnten Feststellung des revolutionären Charakters des Judentums aus; und es ist nur zu bedauern, daß die zum Schluß noch zu besprechende Unterschätzung der selbständigen Bedeutung der religiösen Kraft menschlichen Denkens und Fühlens Kautsky gehindert hat, auch die Vervollkommnung des jüdischen Monotheismus mit dieser revolutionären Volksseele als eine fortlaufende sozialethische Schöpfung in Verbindung zu bringen, so wie ja schon der erste Ursprung eines eigentlichen, rein ethischen Monotheismus der ersten revolutionären Klassenkampfzeit des Judentums, der Zeit der großen Propheten entsprang.[1]) Aber auch so erleuchtet die Kautskysche

---

[1]) Nur diese Unterschätzung des religiösen Eigenlebens mag Kautsky zu der merkwürdigen Ansicht geführt haben, daß der jüdische Monotheismus sich erst als eine Einwirkung babylonischer Lehre auf die im Exil lebenden Juden entwickelte, wobei die Einbürgerung des Monotheismus auf die städtisch gewordene Kultur der Juden zurückgeführt wird, da sie im Exil eine Nation ohne Bauern geworden waren. Allein dem steht die geschichtliche Tatsache gegenüber, daß das Judentum den Höhepunkt seiner religiösen Entwicklung, die Ausprägung eines strengen und rein sittlichen Monotheismus schon lange vor dem Exil, in der Zeit der großen Propheten erreicht hat, wogegen die nachexilische Religionsepoche bereits eine Zeit des religiösen Abstieges darstellt, da die bloß als sittliche Überzeugung lebendige und den Kultus verschmähende Religion in den stregen Formen eines Gesetzes und kultischen Ritus erstarrt. Zur Zeit der Propheten war aber das Judentum noch wesentlich ein Bauernvolk, wie der in diese Zeit fallende gesetzliche Reformversuch des Deuteronomiums sicher erkennen läßt. – Sehr interessant ist auch der scharfsinnige Versuch Kautskys, die monotheistische Veranlagung des Judentums aus seiner kulturellen Rückständigkeit zu erklären, da in dem Mangel eines entwickelten Kunsthandwerkes und einer bildenden Kunst mit der Fähigkeit, künstlerische Götterbilder herzustellen, auch ein hauptsächlicher Anreiz zur Vielgötterei fehlte. Allein die idealisierten Göttergestalten der Griechen gehören nicht nur einer späten Entwicklungsstufe der Kultur, sondern auch der des Polytheismus an. Dem religiösen Bedürfnis an sich genügen auch ganz rohe Bilder, wie denn auch in Athen noch zur Zeit des Alkibiades die rohen Hermen standen. Auch dürften die Juden ihre künstlerische Rückständigkeit in den auf Salomo folgenden zwei Jahrhunderten eines sich rasch entwickelnden städtischen Reichtums sicher überwunden haben. Zur Zeit der Propheten war gerade der Jahvedienst Kultus vor dem Gottesbild, wogegen sich die Propheten wendeten, die nicht bloß den Baalsdienst, sondern auch diese Art des Jahvekultus verdammten. Kautsky trägt hier der Entwicklung des jüdischen Monotheismus zu wenig Rechnung: solange die bildenden Künste in dem noch der Nomadenzeit

Charakterisierung des Judentums zur Zeit des anbrechenden Kaiserreiches das Dunkel, in welches die Anfänge des Christentums fallen, so stark, daß wir nun den Reiz dieser Bewegung verstehen, der ihr in ihrer allerersten Zeit in Judäa das Volk so stürmisch zuführen konnte, daß selbst der Tod des Stifters sich ihrem Glauben an ihn verwandeln mußte in die wunderbare Auferstehung vom Grabe und Erhöhung in den Himmel: es war die lang erträumte, glühend ersehnte nationale Revolution, aber begonnen und ins Werk gesetzt durch diejenigen, die sie gleichzeitig nur als soziale Revolution durchführen konnten; es war der Messianismus, dem *alle* Klassen anhingen, zur Verwirklichung strebend durch die *eine* Klasse der Ausgebeuteten und Unterdrückten allein. So strömte die revolutionäre Kraft der jüdischen Ideologie als einer solchen des ganzen Volkes, in welcher Form sie ihre oppositionelle Eigenart im Gegensatz zu allen anderen Völkern ausgeprägt hatte, über in die revolutionären Bestrebungen der aufwärts ringenden *Teile* des eigenen Volkes, ähnlich, wie auch später noch jedesmal die nach Emanzipation strebende Klasse den gesamten Kulturbesitz ihres Volkes den eigenen Klassenbestrebungen einverleibt, respektive diese durch jenen vergeistigt hat. So wird der Messianismus in der Lehre Christi zum Rebellentum, so spitzt sich der jüdische Revolutionarismus in dieser Lehre zu einer sozialen Rebellion zu, die in gleichem Maß, als sie nun mit gewissen Schichten des Judentums, den Reichen und den vom Volk sich abschließenden Nationalisten (Pharisäer), in Gegensatz gerät, ebenso viele neue Gesichtspunkte sozialen Kampfes schafft, für welche auch außerhalb Judäas ein Verständnis möglich war. "Der nationale Messiasgedanke mußte naturgemäß auf das Judentum beschränkt bleiben . . . Nur der soziale, nicht der nationale Messias konnte die Schranken des Judentums überschreiten." (S. 401-402.)
Der soziale Messias – das war die eigenartige Synthese, die nur die Geschichte hervorbringen konnte, Revolution und Religion in einem, äußere und innere Erhebung zugleich, Seligkeitshoffnung und Zukunftsstaatssehnen vereint. Der ganze Abschnitt über die christliche Messiasidee, vor allem über das Kapitel über das Rebellentum Jesu, bezeichnet so einen Höhepunkt der Kautskyschen Darstellung nicht minder wie einen der tiefstdringenden Erklärungsgründe gegenüber dem Problem von der Ausbreitung des Christentums. Von dieser Seite her wird nun der bloße Rahmen, den die Analyse der ökonomischen und ideologischen Zustände der römischen Gesellschaft gegeben hat, erfüllt mit dem elementaren Drang einer sozialen Abwehrbewegung, die endlich zum bewußten Ausdruck gelangt ist, zugleich aber hierdurch mit dem tief religiösen Geist einer messianischen Lehre durchsetzt wird. Die bloße Latenz eines allgemeinen nach moralischer und religiöser Befriedigung lechzenden Bedürfnisses gewinnt so mit den ihr vom Judentum zuströmenden Anregungen aus den vitalsten Existenzbedingungen der Massen heraus eine lebendige Energie, die überall in der gleichen Richtung wirkt; die bloße Möglichkeit einer Weltreligion ist Wirklichkeit geworden.

Aber diese Wirklichkeit wurde, je mehr sie Wirklichkeit ward, auch immer mehr etwas anderes als die ursprüngliche Lehre des Messianismus Jesu. Diese bisher zumeist nur nach der religiös-theologischen Seite aufgezeigte Tatsache insbesondere auch von dem sozialen Wesen der ersten Christengemeinden nachgewiesen zu haben, ist das Verdienst des letzten geschichtlichen Abschnittes des Kautskyschen Werkes. Die große Umwandlung des Christentums aus einer sozialistischen Kampfeslehre in eine resignierte Stimmung leidenden Gehorsams wird hier dargelegt als eine notwendige Folge der Heidenmission, als eine Konsequenz des Umstandes, daß die in der nationalen Opposition des Judentums begründete Kampfesstellung des Messianismus unmöglich bestehen bleiben konnte, wo diese nationalen Interessen keine Rolle spielten, dagegen eine Kampfesstellung der sozialen Interessen als solcher noch ganz undenkbar war.

nahestehenden Volke auf niedriger Stufe standen, hatte es auch noch entfernt keinen Monotheismus; und dieser kommt gerade in der Zeit einer hohen städtischen Kultur auf, wo diese wegen ihrer Klassengegensätze als soziales Unrecht empfunden wird (Rechabiten!). Der Monotheismus wurzelt in diesen Verhältnissen, ist aber die weiter nicht mehr ableitbare geistige Reaktion auf sie in der Form des religiösen Bewußtseins, welches nun bis zur Idee der Weltgerechtigkeit in einzelnen mächtigen Geistern, in den Propheten, lebendig geworden ist.

"Sobald das Evangelium den Boden Palästinas verließ, kam es in ein ganz verändertes soziales Milieu, das ihm einen veränderten Charakter aufprägte." (S. 405.) In dem großen Römerreiche, das seit Vespasian einen mehr als hundertjährigen inneren Frieden genoß, war an Rebellion nicht mehr zu denken, zumal die unterworfenen Nationen des Reiches überall kampfunfähig geworden waren. Nach der Niederwerfung Jerusalems war auch das Judenchristentum bedeutungslos geworden; es verschwand mit seinem Stützpunkt, der jerusalemischen Gemeinde. So wurde das Christentum ganz und gar Heidenchristentum und als solches unterwürfig, feige, servil. Wie dieses so verschiedene soziale und politische Milieu dazu führen mußte, die eigentliche Kluft zwischen Heidenchristen und Judenchristen aufzureißen, deren Festhalten am jüdischen Gesetz im Grunde nur der Versuch war, den Gedanken des nationalen Messianismus, der jüdischen Revolution zu bewahren, das hat bei Kautsky eine treffliche Darstellung erfahren, die in dem ausgezeichneten Kapitel "Die Passionsgeschichte Christi" sogleich auch zu einer scharfsinnigen Kritik der Evangelienberichte über diesen Gegenstand verwendet wird und so an einem großen Beispiel die ganze Bedeutung dieses sozialen Gegensatzes von Judenchristentum und Heidenchristentum erkennen läßt. Daß derart in anschaulicher Klarheit hervortritt, was heute noch wenig ins allgemeine Bewußtsein gedrungen ist, daß das Christentum, welches zur Weltherrschaft gelangte, schon in der ersten Zeit etwas ganz anderes war als jenes, das auf Golgatha litt – das halte ich für den dritten großen Leitgedanken und wissenschaftlichen Gewinn der Kautskyschen Arbeit. Nun schwindet von dieser Seite her auch der letzte Rest des Rätselhaften an dem Problem, wie die Lehre des gekreuzigten Nazareners die doppelten Schranken seines Todes und seines kleinen Volkes überschreiten konnte, da sich zeigt, daß es gar nicht diese Lehre selbst ist, sondern eine vom Heidentum gar mannigfach nach dessen eigenen Bedürfnissen umgebogene und ausgestaltete Verarbeitung der ihr durch die jüdische Agitation zugetragenen messianischen Anregungen. Nicht ohne Grund zeigt daher die spätere Geschichte des Christentums bis auf unsere Zeit, daß jeder innerliche Fortschritt in ihm ein bewußtes Zurückgreifen auf die möglichst rein im Geiste Jesu selbst zu erfassende Evangelienlehre war, das heißt auf den sozialethischen und revolutionären Gehalt des ursprünglichen Messianismus.

Fügen sich so die Leitgedanken der Kautskyschen Untersuchung zu einem klaren und zugleich doch umfassenden Bilde, welches unsere Anschauung von der Zeit des Urchristentums in der glücklichsten Weise bereichert und uns manche neue Einsicht verschafft in die inneren Zusammenhänge und Gründe der großen Begebenheiten jenes so schicksalschweren Zeitabschnittes, so darf nun doch auch nicht unerwähnt bleiben, was an diesem Bilde vermißt wird und doch zu seiner Vollständigkeit gehört. Man wird in dem Buche, das so viele Kräfte bloßlegt, so viele Leidenschaften am Werke zeigt, doch sehr die Wirksamkeit jener Kraft, ja Leidenschaft geschildert vermissen, der man hier doch naturgemäß zuerst zu begegnen erwartet, des religiösen Bewußtseins, der Inbrunst des Glaubens. Von der ganzen Gefühlswärme und psychischen Innerlichkeit des evangelischen Gottesbegriffes, um derentwillen er zugleich religiöse und soziale Heilslehre sein konnte, von dieser die Menschen innerlich wirklich umschaffenden Kraft, kurz von dem individuellen Wert der neuen Religion empfangen wir keinen so starken Eindruck wie von ihrem sozialen. Und doch kann dieser individuelle Wert in der Geschichte der Entstehung und Entwicklung einer Religion nicht etwa bloß nicht unberücksichtigt bleiben – denn dies ist bei Kautsky ja selbstverständlich auch nicht geschehen –, sondern muß in den Vordergrund der Betrachtung rücken. Denn alle Entwicklung der Religion vollzieht sich nach der Richtung der größeren Verinnerlichung, nach der Richtung einer Loslösung aus der Fesselung ethnischer oder nationaler Übung zur rein persönlichen Überzeugung. Der Gesichtspunkt dieses *religiösen Fortschrittes* wird in Kautskys Buch zu wenig festgehalten, und so bietet es uns den eigenartigen Anblick einer entwicklungsgeschichtlichen Analyse aus dem Leben einer Religion, in der dieses religiöse Leben selbst fast gar keinen sichtbaren Anteil an der Gestaltung der Ereignisse nimmt. Alles vollzieht sich von der Seite der sozialen Wirkungen her, von ökonomischer, politischer, nationaler Grundlage aus: für die religiöse Wirkung scheint kaum ein eigenes Feld übrigzubleiben, womit auch zusammenhängt, daß der Einfluß religionsschöpferischer Individuen, eines Jesus, eines Paulus, schon abgesehen von der Frage ihrer historischen Wirklichkeit, als ganz nebensächlich zurücktreten kann.

Was derart meines Erachtens als ein Mangel der Kautskyschen Darstellung empfunden werden wird, ist zunächst nur eine Konsequenz ihrer Vorzüge, der energischen Konzentration des ganzen wissenschaftlichen Interesses auf Erforschung des objektiven Untergrundes, aus dem sich die Motive zu jener Subjektivität des Christentums ergeben mußten. Faßt man das Thema des Buches *Der Ursprung des Christentums* in dem Sinn, daß es sich nur um Aufzeigung der sozialen Entstehungs*bedingungen* seiner Lehre handeln sollte, nicht aber um die Analyse und Erklärung seiner geistigen Ursprünge und Fortentwicklung, dann wird man der vorliegenden Arbeit wirklich gerecht werden und den bezeichneten Mangel weniger stark betonen dürfen. Immerhin können wir von seiner Hervorhebung auch dann nicht ganz absehen, weil sich jene beiden oben geschiedenen Forschungsaufgaben nicht vollständig trennen lassen und auch bei Kautsky nicht gänzlich getrennt sind. Haben wir doch gesehen, wie manche richtige Gesichtspunkte für den geistigen Aufbau der urchristlichen Lehre wir seiner Arbeit verdanken.

Diese nicht genügende Einschätzung des religiösen Faktors und damit zugleich der individuellen Wirksamkeit führender Personen, wie namentlich der des Paulus, ist nun aber nicht etwa, was gewiß von gegnerischer Seite ausgesprochen werden wird, ein Mangel der materialistischen Geschichtsauffassung, welche die Eigenwirksamkeit der ideologischen Momente ja nirgends in Abrede stellt, sondern bloß aus den materiellen Bedingungen ihrer Zeit heraus zu erklären bemüht ist. Wir haben es hier vielmehr mit der Konsequenz einer philosophischen Grundanschauung zu tun, mit der aus der materialistisch-positivistischen Weltanschauung sich ergebenen Stellung zum Problem der Religion selbst, wonach dieser eine eigene Bewußtseinsrealität, eine der ursprünglichen Funktionsweisen des psychischen Lebens, die hier ja überhaupt verneint werden, nicht zukommt, sondern Religion lediglich ein falsches Bewußtsein, eine mehr oder minder bewußte Täuschung, bestenfalls eine Illusionierung darstellt, die im Fortschritt wissenschaftlichen Denkens und sozialer Entwicklung vollständig zur Auflösung gebracht werden wird. Wo derartig dem religiösen Bewußtsein jede Selbständigkeit prinzipiell genommen ist, erscheint es nur konsequent, daß ihm auch beim Versuch, die wahrhaft historisch wirksamen Kräfte bloßzulegen, keine Eigenbedeutung zufallen kann. Und so mußte das Christentum trotz der energischen Bemühung Kautskys, auch seine heroischen und zur Fortentwicklung strebenden Züge nicht fallenzulassen, doch im ganzen bei ihm als ein bloßes Elends- und Verfallsprodukt erscheinen, dem man bei so viel Kleinmut und Niedertracht, Trug und Dummheit der Zeit gar nicht die Kraft zutrauen könnte, sich über diese trübe Flut zu erheben. Die positive Seite dieser neuen geschichtlichen Erscheinung, ihre Wertung als ein geistiges Fortschrittselement ersten Ranges, weil in ihm zum erstenmale die breiten Volksmassen eine höhere Stufe des Gedanken- und Gefühlslebens erstiegen, auf welcher eine fast tumultuarische Berichtigung überkommener, aber schon haltlos gewordener Moral- und Religionsbegriffe stattfand, kurz diese ganze großartige Befreiung und Renaissance des Innenlebens, die eben als *religiöse Bewegung* in die Geschichte trat, dies mußte bei einer philosophischen Grundanschauung zurücktreten, die gerade darauf ausging, die religiöse Form zwar nicht als wesenlosen, aber doch als unwesentlichen Schein zu entschleiern.

Eine Auseinandersetzung mit dieser philosophischen Prinzipienstellung zum Problem der Religion liegt ganz abseits von dem Zweck dieser Erörterung. Es genügt hier der Hinweis, daß in ihr und nicht in der materialistischen Geschichtsauffassung die Begründung jener Lücke der Kautskyschen Darstellung zu suchen ist, die wir hervorheben. Denn gerade der geniale Gesichtspunkt der materialistischen Geschichtsauffassung, nach welchem sie, wie Marx dies zuerst formulierte, in der Religion eine Widerspiegelung der materiellen Lebensverhältnisse in einer geistigen Sphäre sah, macht uns darauf aufmerksam, auf die Gesetze dieser Spiegelung zu achten. Die Spiegel, in denen alles Materielle im Kopfe zur Ideologie umgesetzt wird, sind die ursprünglichen Funktionsweisen des menschlichen Geistes, genauso spezifische psychische Energien, wie es die spezifischen Sinnesenergien sind. Im erkenntnistheoretischen Sinne kann man die ersteren Ideen nennen: die formalen Ideen des Wahren, Guten, Schönen und Göttlichen. Dies Formalpsychische, diese Funktionsweisen sind die Spannkräfte, mit denen die Maschinerie des objektiv-realen Ursachenkomplexes erst ihr subjektives Leben empfängt, menschliche Geschichte wird. Nicht überall in der Geschichtsbetrachtung werden sie als selbständige historische Kräfte hervorgezogen werden müssen, weil dies ganz von dem leitenden Erkenntnisinteresse abhängt. In einer Geschichte der Staaten oder des Handels ist dieses ein anderes wie in einer Geschichte des Wissens oder der Religion. Wo aber die Geschichte selbst nichts anderes ist als die empirische Auseinanderlegung dieses Formalpsychischen, als die genetische Konkretisierung jener Funktionsweisen selbst, wie etwa in der Geschichte der Rechtsbildungen, der Philosopheme, der Kunstschöpfungen oder der Religion, da wird man auf diese Berücksichtigung der psychischen Aktivität selbst, der eigentümlichen Formen, mit denen sie in die Geschichte eingeht, nicht verzichten können. Denn durch sie erst gelangt das, was die materielle Grundlage bloß möglich erscheinen läßt, Gestaltung und Inhalt. Die Umwelt bestimmt die Göttervorstellungen, aber der Begriff der Gottheit stammt nur aus der psychischen Gesetzlichkeit selbst und spottet jeder Zurückführung auf Furcht, Personifizierung, Vergrößerung etc. Und ebenso ist der Prozeß zum Monotheismus hin ein eigenartig geistiger Prozeß, an den man mit den Annahmen eines bloßen Vereinfachungs- oder Abstraktionsprozesses, einer Erstarkung eines besonders verehrten Gottes oder Widerspiegelung der irdischen Monarchie noch kaum herangetreten ist. Mit Recht hat Cohen in einer tiefsinnigen Publikation der letzten Zeit (*Religion und Sittlichkeit*) gerade aus der altjüdischen Geschichte anschaulich gemacht, wie der Unterschied des Monotheismus und Polytheismus nicht etwa bloß ein quantitativer ist, sondern daß es von den Göttern zu Gott natürlich zwar eine geschichtliche, aber keine gedankliche Entwicklung gibt. Es ist eine ganz andere geistige Kategorie, in welche der Monotheismus führt. Der Monotheismus ist die religiöse Vorstellung der Sittlichkeit, während der Polytheismus die kosmologische Form der Religiosität ist. Daraus erklärt es sich, daß man zum immer größeren Erstaunen der modernen Religionswissenschaft monotheistische Keime selbst bei den wildesten Naturvölkern angetroffen hat, ein Rätsel, das sich vielleicht darin löst, daß wir hier die ersten primitiven Auffassungen des Sittlichen als Idee vor uns haben, womit vortrefflich stimmt, daß überall dieses höchste göttliche Wesen keine Verehrung findet, keinen Opfer- und Kultusdienst, sondern eben nur als höchste Macht angerufen wird.

Aber alles dies kann ja eben nur angedeutet werden. Hervorzuheben wäre nur noch, daß mit der Eigenart des theogonischen Prozesses, mit der Entwicklungsrichtung der Religion von Kosmologie und Mythus her auf Ethik und Glauben, letzteren als rein innerliche Energie verstanden, die besondere Bedeutung des schöpferischen Individuums zusammenhängt, welches zwar nie Religionsstifter, wohl aber Religionsförderer sein kann, nicht anders, wie auch Philosophie und Wissenschaft nur durch individuelle Geistestaten ihre eigentliche Bereicherung erfahren. Die Bedeutung der Individuen als historisch wirksamer Persönlichkeiten liegt überhaupt darin, daß sie nicht etwa, wie man meistens zugibt, den historischen Prozeß beschleunigen oder verzögern; damit mag sich ihre Wirkung dort erschöpfen, wo, wie im sozialen und politischen Leben, die Geschichte nicht im Fortschritt des Geisteslebens besteht, sondern diesen nur benützt oder bekämpft. Dagegen ist auf psychischem Gebiet die Bedeutung der führenden Geister überall die von Richtungselementen, Gestaltungsfaktoren, ohne welche die Geschichte nicht etwa das gleiche Resultat ebenso, nur langsamer hervorgebracht hätte, sondern überhaupt nicht so besäße. Die großen Denker und geistigen Schöpfer können freilich nur unter den Bedingungen ihrer Zeit schaffen, aber in ihr sind sie die geistigen Transformatoren, die erst jene ideologischen Gebilde schaffen, welche wir zwar auf ihre materiellen Bedingungen zurückführen, aber nimmermehr aus ihnen erklären können. Jeder große Gedanke, jede Idee, jede religiöse Empfindung ist insofern etwas absolut Unableitbares, das, einmal da, gewiß seiner Entstehung nach auf die umgebende Welt zurückgeführt werden kann, aus der es ja entsprang, aber nicht seinem neuen geistigen Inhalt nach, der eben die neue individuelle Formung des empirischen Materials darstellt und nun über seine Ursprungsbedingungen weit hinauswirkt, eine ganz neue und oft unabsehbare Folgenkette begründend. Die Aufdeckung des materiellen Untergrundes läßt uns daher zwar sofort die kausale Bedingtheit der Ideologie erfassen und diese dadurch in ihren Wirkungsmöglichkeiten erst eigentlich verstehen. Aber die ganze Energie der Ideologien, welche in der Geschichte zur Auswirkung gelangen, erschließt sich erst, wenn nun auch auf deren Eigenwirksamkeit eingegangen wird. Und zu dieser gehört vor allem die Darlegung der subjektiven Art, in welcher sie in dem Denken und Fühlen bahnbrechender Persönlichkeiten zum Ausdruck gelangt ist und wie sie durch Tradition und Literatur nachgewirkt hat. Während Kautsky dies gerade bezüglich Jesus mehrfach durchgeführt hat, von dem wir so wenig direkte Kunde haben, hat er dies bei der ragenden Gestalt des Paulus weniger für nötig gehalten. Aber wenn eben Kautsky, wie wir sahen, uns so glänzend die realen Bedingungen des Gegensatzes von Juden- und Heidenchristentum dargelegt hatte, so werden damit doch erst nur die objektiven Gegensatzmotive aufgedeckt. Die Form dagegen, in der sie dann historische Wirklichkeit gewannen, und eine bis heute nachwirkende Lehrgestaltung des Christentums erzeugten, entspringt ganz und gar den psychischen Voraussetzungen des Paulinismus.

Alles dies soll jedoch nicht als eine Ausstellung an Kautskys Werk gemeint sein, sondern als eine Ergänzung. Weltanschauungen lassen sich nicht berichtigen, sondern nur gegenüberstellen. Und so wird die Weltanschauung, in welcher die Religion eine selbständige, ja fundamentale Eigenbedeutung hat, in dem geschichtlichen Bilde des Urchristentums vielleicht noch manche tiefere Farbentöne einzutragen haben. Aber keinesfalls wird sie die gefestete Grundlage missen können, auf welcher die Kautskysche Arbeit uns sicher Fuß fassen läßt.

Marxismus und Materialismus

Eine neue Schrift von Georg Plechanow, diesem glänzenden und unermüdlichen Vorkämpfer des Marxismus, bedeutet für alle Anhänger des letzteren eine Fülle von neuer Belehrung und fruchtbarer Anregung. Mit um so größerem Interesse wird man nach dem neuesten deutsch vorliegenden Büchlein greifen, in welchem Plechanow die *Grundprobleme des Marxismus* behandelt.[1]) Stehen diese doch seit einem Jahrzehnt im Mittelpunkt intensivster geistiger Bearbeitung von allen Richtungen modernen Denkens her, sowohl von seiten der Philosophie als von seiten der verschiedensten Einzelwissenschaften. Und in der Tat wird die neuerliche Darstellung, die Plechanow hier den Grundgedanken der materialistischen Geschichtsauffassung zuteil werden läßt, viele Mißverständnisse beseitigen, die freilich so alt und so oft schon widerlegt wurden, daß man fast zweifeln muß, ob es sich hier nicht mehr um irrationale und daher nicht zu belehrende Vorurteile als um bloß irrige rationale Urteile der Gegner handelt.

Trotz dieser großen Verdienste der Plechanowschen Schrift wird sie doch auch vielen und, wie mir scheint, notwendigen Widerspruch hervorrufen, und zwar im Punkte der philosophischen Würdigung des Marxismus. Denn die erste Hälfte des Büchleins ist der philosophischen Seite des Marxismus gewidmet und sucht mit eingestandener polemischer Tendenz gegen die neueren Versuche, den Marxismus philosophisch, insbesondere erkenntniskritisch zu bearbeiten, darzutun, daß er gar keiner anderen Philosophie bedürfe als derjenigen, aus der er hervorgegangen und die er selbst vervollkommnet habe, der Philosphie des Materialismus im Feuerbachschen Gewande. "Der Marxismus", sagt Plechanow gleich am Eingange seiner Schrift, "ist eine ganze Weltanschauung. Er ist, kurz ausgedrückt, der *moderne Materialismus,* der die zurzeit höchste Entwicklungsstufe der *Weltanschauung* darstellt, deren Grundlagen schon in Altgriechenland von Demokritos und zum Teil von dessen Vorläufern, den ionischen Denkern, gelegt wurden." Um diese Behauptung zu begründen, ist Plechanow zunächst bemüht, den innigen Zusammenhang der Philosophie Feuerbachs mit der Entwicklung des Marxismus in seinem entscheidenden, zur materialistischen Geschichtsauffassung führenden Stadium nachzuweisen. Hier wird man ihm mit großem Interesse und voller Zustimmung folgen, nur daß es sich dabei wohl bloß um jene Form der Feuerbachschen Philosophie handeln konnte, die bis in die Mitte der vierziger Jahre sich entwickelt hatte. Denn seit dem *Kommunistischen Manifest* hat die geistige Entwicklung von Marx und Engels bereits eine derartig feste und eigene Grundlage gewonnen und war bereits so weit von Feuerbach abgerückt, daß eine Beeinflussung durch den späteren Feuerbach einfach ausgeschlossen ist. Dies zu berücksichtigen, ist aber um so nötiger, weil Plechanow, um den materialistischen Charakter des Marxismus zu begründen, es auch gleichzeitig unternommen hat, die Lehre Feuerbachs in ihren Grundgedanken als eine rein materialistische anzusprechen, was sie meines Erachtens in keinem Stadium ihrer Entwicklung, sicher aber nicht Mitte der vierziger Jahre war, um dann hieraus zu folgern: "Der Materialismus von Marx und Engels stellt eine viel entwickeltere Lehre als der Feuerbachs dar; die *materialistischen* Anschauungen unserer Meister haben sich aber in der Rich-

---

[1]) Stuttgart, Verlag Dietz, 1910.

tung entwickelt, die durch die innere Logik der Feuerbachschen Philosophie vorgeschrieben wurde."

In der bekannten, ein wenig scholastisch anmutenden Frage nach dem Verhältnis vom Marxismus zum Materialismus hat also Plechanow seinen alten Standpunkt einer untrennbaren Zusammengehörigkeit, ja Identität beider – "der Marxismus *ist* der *moderne* Materialismus" – unbeugsam festgehalten, wie ich glaube, nicht zum Nutzen einer größeren begrifflichen Klarheit für die Diskussion über die Grundprobleme des Marxismus. Denn ganz abgesehen davon, wovon noch ausführlicher zu reden sein wird, daß der Begriff des Materialismus selbst in diesem Zusammenhang als ein keineswegs klarer und einwandfreier auftritt, bleibt erst doch noch zu fragen, worin das Wesen des Marxismus denn eigentlich gelegen ist: in seiner Bedeutung als Theorie oder als Philosophie. Es ist natürlich kein Zweifel, daß auch eine Theorie im Kopfe der Menschen, die sie hegen, kein isoliertes Dasein führt, und dies um so weniger, je bedeutender der Kopf ist. Daß aber eine Theorie sich so im geistigen Zusammenhange ihres Schöpfers in ein Weltbild einfügt, daß diese Weltanschauung dann den Schülern und Anhängern jenes Mannes groß und nachlebenswert erscheint – kurz, dieser ganze persönliche und historische Zusammenhang einer Theorie mit einer bestimmten Weltanschauung bedeutet noch lange keinen sachlichen, logischen und daher notwendigen Zusammenhang. Wäre es sogar wirklich historisch richtig, daß Marx und Engels Materialisten gewesen seien – wie Plechanow dies meint, wo ich, wenigstens was Marx betrifft, nur eine Art des naturwissenschaftlichen Positivismus erblicken kann, nach Art etwa des von Ernst Mach vertretenen –, so wäre damit immer nur erst dargetan, daß der Materialismus sich mit dem Marxismus verbinden ließ, ja vielleicht sogar für seine Entwicklung besonders förderlich war, keineswegs aber *zu seiner Begründung* erforderlich ist, falls der Marxismus eben *in einem Wesen* doch nur eine Theorie, also eine wissenschaftliche Erkenntnis von bestimmten Teilvorgängen der Welt, aber nicht eine Philosophie, eine Erkenntnis von der gesamten Welt sein will.

Kann man nun im Ernst bezweifeln, daß das, was wir Marxismus im eigentlichen Sinne nennen und als die spezifische Leistung von Marx überkommen haben, nur jenen Charakter der Theorie hat und nach dem ganzen geistigen Streben Marx' auch nur haben sollte? Die Lehre von der Gesetzmäßigkeit der Geschichte und in Anwendung derselben die Lehre von dem Wesen der ökonomischen Kategorien und der wirtschaftlichen Entwicklung der Gesellschaft – *das* ist der Marxismus, und als solcher ist er, was ja gerade sein Stolz ist, *Wissenschaft,* der Anfang einer neuen exakten Theorie von der Gesellschaft, einer Soziologie, die auf diesen Namen wirklich wird Anspruch machen können. Aber diese Theorie, ihre Problemstellungen und ihre Lösungsversuche haben mit Weltanschauungsfragen gar nichts zu tun. Sie können natürlich und werden gewiß auch immer zur Bildung einer Weltanschauung herangezogen werden. Denn das wäre eine seltsame Weltanschauung, die von der Wissenschaft ihrer Zeit, und noch dazu, wo diese sich auf das höchste Naturobjekt, die menschliche Gesellschaft, bezieht, absehen möchte. Aber auf diese Weise kann sie doch ebensogut sich mit der einen wie mit der anderen philosophischen Weltanschauung verbinden, ebensogut mit einer materialistischen wie mit einer spiritualistischen, ebensogut mit einem System des Pantheismus oder des Atheismus. Es ist lediglich Sache der gedanklichen Arbeit der Anhänger dieser verschiedenen Systeme, jenen Zusammenhang herzustellen, der ihnen logisch genügend erscheint.[2]) Und es

---

[2]) So gilt vielen der Determinismus des menschlichen Willens als eine Lehre des Materialismus. Allein die materialistischen Stoiker und Epikureer ließen den freien Willen zu, während Kant einer der strengsten Deterministen war. Wie widerspruchsvoll die französischen Materialisten sich noch der Frage des sozialen Determinismus gegenüber verhielten, hat gerade Plechanow selbst schon öfter dargelegt, während Herder von einem ganz anderen als materialistischen Standpunkt einen großen Entwurf zur deterministischen Auffassung der Geschichte lieferte, besonders aber Kant Grundgedanken einer Mechanik der Geschichte und eines dialektischen Verlaufes ihres Prozesses entwickelte, die erst in unserer Zeit zur vollen Würdigung gelangen.

ist allererst ein besonderes Problem der Erkenntniskritik, die jenseits aller dogmatischen Weltanschauungslösungen steht, zu untersuchen, in welchen gedanklichen Zusammenhang sich das Wesen der Wissenschaft widerspruchslos einfügen läßt, in den des Realismus oder des Idealismus.

Man wird daher der Meinung Plechanows schwerlich zustimmen können, daß die Trennung der ökonomischen und historischen, will sagen, geschichtstheoretischen Bestandteile des Marxismus von seinen philosophischen die ersteren in der Luft schweben lasse. So wichtig und unentbehrlich jener Zusammenhang für das Verständnis des historischen Werdens des Marxismus ist, so daß dadurch am ehesten seine Auffassung als Materialismus beseitigt werden kann, so wenig entscheidend ist dieser Zusammenhang für das richtige Verständnis der geschichtstheoretischen und nationalökonomischen Feststellungen selbst, die in ihrer Sphäre, welche die der wissenschaftlichen Erkenntnis ist, genau so unberührt bleiben von ontologischen Weltanschauungsfragen, wie zum Beispiel das Gravitationsgesetz dasselbe bleibt für den Theisten und den Atheisten, ja wie sogar die biologischen Gesetzmäßigkeiten für den denkenden Theisten, der die Wissenschaft ernst nimmt, nur ein Anlaß mehr werden, die Weisheit seines Schöpfers zu bewundern, im übrigen aber nicht anders anerkannt werden als von dem Atheisten. Man wird im Gegenteil sagen müssen, daß nicht nur jede Gleichstellung des Marxismus mit einer Weltanschauung, sondern auch jede Verbindung desselben mit einer Philosophie in dem Sinne, daß diese seine notwendige Begründung sei, abzulehnen ist. Denn sie belastet den Marxismus mit Problemen und Begriffen, die mit seinen eigentlichen Erkenntniszielen gar nichts zu tun haben und nur geeignet sein können, seine ohnehin nicht leicht zu fassenden Grundbegriffe mit der ganzen Mühseligkeit philosophischer Streitfragen zu verquicken, die durch ihn nicht klarer gestellt werden können und für ihn nichts Ersprießliches zu leisten imstande sind. Auch hier gibt es, wie zu jeder anderen Wissenschaft, nur ein Verhältnis, in welchem die Philosophie einen unmittelbaren Gewinn für die Wissenschaft erzielen kann durch Klarstellung ihrer Begriffe und durch Untersuchung der Bedeutung und Grenzen ihrer Mittel: das ist die Erkenntniskritik. Sie, für welche alle Wissenschaften wie alle Weltanschauung gleicherweise nur Objekt ist, sie ist natürlich auch gegenüber dem Marxismus nötig. Das ist aber keine philosophische Ergänzung oder Begründung des Marxismus, die Plechanow mit Recht ablehnt, sondern das ist dieselbe kritische Arbeit an ihm als dem geisteswissenschaftlichen Teil unserer Erkenntnis, wie sie schon seit Descartes an dem naturwissenschaftlichen Teil derselben geübt, seit Kant aber erst ihr eigentliches Fundament erhalten hat. Diese erkenntniskritische Arbeit der Philosophie kann gar nicht die Ambition haben, den Marxismus zu verbessern, da sie immer nur den Feststellungen der Wissenschaft folgen kann, deren logischen Aufbau sie untersucht. Wohl aber kann sie gerade auf dem Gebiete der Geisteswissenschaften durch bewußte Herausarbeitung eben derselben formalen Geisteselemente, durch deren vielfach unbewußte Verwertung die Geisteswissenschaften erst ihre Gesetzmäßigkeiten zu gewinnen imstande sind, nun auch eine klarere und tiefer zu begründende Fortentwicklung des Marxismus ermöglichen. Dies trifft insbesondere, wie wir noch sehen werden, bei der materialistischen Geschichtsauffassung zu.

Müssen wir so den sachlichen Zusammenhang des Marxismus als soziale Theorie mit irgendeiner Weltanschauung ablehnen, so insbesondere den mit dem philosophischen Materialismus, weil ja gerade infolge der sehr unpassenden Bezeichnung der Grundlehre des Marxismus als einer "materialistischen" Geschichtsauffassung seit jeher die Gefahr einer Verquickung und Verwirrung seiner klaren theoretischen Gesichtspunkte mit den dogmatischen und metaphysischen Sätzen des philosophischen Materialismus nahegelegt war. Und tatsächlich ist diese Gefahr auch von Anhängern wie Gegnern des Marxismus nicht vermieden worden. Ich habe schon einmal in ausführlicherer Weise darzulegen versucht, wie wenig die Grundlehre von Marx und Engels selbst in jenem geistigen Zusammenhange, aus dem sie hervorging, mit dem Materialismus zu tun hat und wie der Ausdruck "materialistisch" oder "materielle Grundlage" der Ideologie etc. in dieser Entstehungsgeschichte der marxistischen Grundlehre gar nicht anders zu verstehen ist denn als eine bewußte Opposition zu der spekulativen, sublimierenden, von aller Erfahrung abstrahierenden Philosophie Hegels, der gegenüber auf den materiellen

Boden der Erfahrung in Natur und Geschichte zurückzukehren war.[3]) Der "Materialismus" der Marxschen Geschichts- und Gesellschaftstheorie ist nichts anderes als die polemische und programmatische Betonung des empirischen Standpunktes, die uns heute gar nicht mehr so wesentlich erscheint, weil dieser Standpunkt nun längst zu dem gesicherten Besitz auch für die Sozialwissenschaft gehört, die so lange der Tummelplatz mehr oder minder geistvoller Konstruktionen gewesen war. Heute erscheint uns viel wichtiger, diejenige Komponente in der Bezeichnung der Marxschen Theorie hervorzuheben, welche für die Kausalerklärung des Sozialgeschehens von entscheidender Bedeutung geworden ist; und da wäre der Name eines sozialökonomischen Determinismus vielleicht ein wenig irreführender als der bloß noch historisch zu verstehende einer materialistischen Geschichtsauffassung.

Die Loslösung der sogenannten materialistischen Geschichtsauffassung von dem philosophischen Materialismus wird aber sogar für diejenigen, die sie untrennbar mit der Weltanschauung ihrer Schöpfer verbunden halten, um so leichter sich vollziehen, wenn wir erst einmal zur Klärung darüber gelangt sind, daß weder die Philosophie Feuerbachs noch die von Marx und Engels nach der eigenen Charakteristik Plechanows ein Materialismus genannt werden kann, so lange man entschlossen ist, mit diesem Wort einen deutlichen und widerspruchslosen Begriff zu verbinden.

Was ist der Materialismus? Eine Antwort auf die Frage nach dem *Wesen* der Welt, nach ihrem Sein an sich, kurz, eine ontologische und deshalb von vornherein metaphysische Auffassung. Er ist jene Auffassung von dem Wesen der Welt, wonach in der Materie das einzige und alleinige Erklärungsprinzip für alle ihre Erscheinungen, körperliche wie geistige, gefunden wird. Der Stoff, das Raumerfüllende ist das an und für sich auch unabhängig von irgendwelcher geistiger Erfassung Bestehende, das Geistige ist vielmehr erst ein Produkt oder doch eine spät erst auftretende Funktion dieses Materiellen, welche lediglich aus einer Komplikation in der Zusammensetzung der Stoffe und ihrer Kräfte entspringt. Von der einfachen Bewegung elementarer Kräfte bis zu der äußersten Komplexität des organischen und psychischen Lebens einen lückenlosen Mechanismus rein materieller Agentien herzustellen – das ist das Ziel des Materialismus und macht seinen Charakter als in sich geschlossene, konsequente Weltanschauung aus.

Von da aus ist es sofort klar, daß es eine arge Durchbrechung seines Gedankengefüges und ein völliger Sturz von der Höhe seiner Prinzipien ist, wenn man den Gedanken einer Beseelung der Materie noch mit seinen Grundsätzen vereinbar hält, wie dies Plechanow tut. Wenn er in seiner neuesten Schrift und schon öfters früher einige Zitate aus den Schriften der französischen Materialisten anführt – von denen übrigens Diderot immer eine mehr dem Pantheismus als dem Materialismus zugewendete Stellung eingenommen hat –, so würden diese Stellen, wenn sie eben mehr wären als gelegentliche Aperçus und hypothetische Annahmen, die weiter im System dieser Denker gar keine Verwertung mehr fanden, doch nur beweisen, wie schwer die konsequente Durchführung einer materialistischen Metaphysik ist. Denn selbst in der Wendung, daß das Denken eine Eigenschaft der Materie ist wie die Undurchdringlichkeit oder die Elektrizität, wird zunächst im Widerspruch mit jeglicher Erfahrungsmöglichkeit der ganzen Materie eine Eigenschaft beigelegt, die nirgends an ihr gefunden wird als in einem kleinen Ausschnitt derselben, in der menschlich organisierten, und wird derart das hier, wo es der Untersuchung offenliegt, nicht lösbare Problem des Ursprunges dieses Geistigen aus dem Materiellen einfach an den Anfang aller Dinge zurückgeschoben und dort – unbeantwortet gelassen. Denn das Geistige eine Eigenschaft der Materie zu nennen ist ein bloßes Wort, dem alle Begriffe fehlen. Eine Eigenschaft ist ja nichts anderes als das Produkt bestimmter physikali-

[3]) Vgl. Max Adler, *Kausalität und Teleologie, Marx-Studien,* I. Bd., Kap. XI und *Marx als Denker,* S. 56 und 57.

scher oder chemischer Vorgänge, durch deren Aufdeckung jene Eigenschaften ihre Erklärung finden. Auf welche Vorgänge der Materie wäre aber ihre Eigenschaft der Geistigkeit zurückzuführen? Entweder – wie es der strenge Materialismus mit Recht tut – eben auf jene physikalischen oder chemischen Vorgänge nur in einer besonderen Komplikation – dann ist es überflüssig, der Materie eine besondere Eigenschaft des Geistigen beizulegen; oder aber auf andere, zu diesen physikalischen und chemischen Vorgängen noch hinzutretenden besonderen Erscheinungen – dann tritt eben zu dem Materiellen doch bereits ein Geistiges als eine Sonderart von Vorgängen, mag sie auch in einer kaum wirklich ausdenkbaren Weise als "materiell" angesprochen werden.

In der Tat ist die Allbeseelung ein Verzicht auf den eigentlichen theoretischen Systemwert des Materialismus, durch den er allein seine Bedeutung als ein Versuch einer *einheitlichen,* monistischen Weltauffassung bewähren kann. Er führt den Dualismus von Körper und Geist, den er so heftig bekämpft, in einem viel weiteren Umfang ein, als je sein dualistischer Gegner dies zu tun wagte, ohne daß er irgendeinen Grund dafür anzugeben vermöchte, warum dieser Dualismus, der alle Erfahrungsgrenzen weit übersteigt, besser sein soll als jener alte von Körper und Geist, der in den menschlichen Lebenserscheinungen eine Erfahrungsgrundlage wenigstens für sich behaupten darf. Wenn Plechanow den Hylozoismus einen naiven Materialismus nennt (S. 6), so mag man das für einen Standpunkt gelten lassen, der eben noch naiv das Geistige genau so als eine Eigenschaft der Materie ansehen konnte wie ihre Undurchdringlichkeit, weil er überhaupt noch nicht dazu gelangt war, die Qualitäten in ihre Prozesse aufzulösen. Sobald aber diese Naivität überwunden war, dagegen immer deutlicher die Denkunmöglichkeit hervortrat, die Qualität des Geistigen in einen Prozeß des Physischen aufzulösen, bedeutet die Ausstattung der Materie mit Empfindung oder irgendeiner Art Beseelung nur einen Rückfall in eine Naivität, die nicht mehr das Produkt einer frischen Unbefangenheit der Auffassung ist, sondern einer Verlegenheit des in eine Sackgasse geratenen Denkens. Die Geistigkeit als Eigenschaft war im naiven Hylozoismus eine scheinbar alltägliche und lebensvolle Qualität, sie wird im entwickelteren Materialismus der Folgezeit zu dem, was er am bittersten haßt, zu einer *qualitas occulta.*

Wenn die Beseelung der Materie so vielfach als eine willkommene Ergänzung des Materialismus gehalten wird, so nicht deshalb, weil sie eine so bequeme Lösung für das Problem des Geistigen innerhalb der materiellen Welt zu geben scheint, sondern weil sie eine Berufung auf einen großen Nothelfer ermöglicht, in dessen Gefolgschaft gut zu verweilen ist, die Berufung auf Spinoza. Und in der Tat scheint vielen eine große Verwandtschaft zwischen Materialismus und Spinozismus zu bestehen, so daß sie beide Lehren sogar zu verbinden suchen. Auch Plechanow meint, daß es nur nötig sei, die Lehre Spinozas von ihrer theologischen Form zu befreien. Dies habe bereits Feuerbach erkannt, der den Pantheismus sehr fein den theologischen Materialismus genannte habe. Feuerbachs "Humanismus" erweise sich als ein von seinem theologischen Anhängsel befreiter Spinozismus. Und eben auf diesem Standpunkt waren Marx und Engels, als sie mit dem Idealismus brachen. "Den Spinozismus von seinem theologischen Anhängsel befreien heißt aber, seinen wahren materialistischen Inhalt aufdecken. *Der Spinozismus von Marx und Engels war also der moderne Materialismus."* (S. 15, 16.)

Es muß hier dahingestellt bleiben, inwiefern die Feuerbachsche Ansicht von einer theologischen Hülle des Spinozismus berechtigt war und ob er sich bei dieser Ansicht nicht vielleicht allzusehr von Assoziationen leiten ließ, die das Wort "Gott" auslöst, die aber mit dem spinozistischen Gott gar nichts zu tun haben. Auch könnte man fragen, ob nicht das, was die "theologische" Form des Spinozismus ausmacht, der Gedanke einer immanent geistig und streng notwendig sich auswirkenden Allbefassung der Substanz, ein für das System so charakteristischer und unentbehrlicher ist, daß ohne ihn eben gerade der besondere Geist dieser wunderbaren Weltauffassung entschwunden ist. Was aber für unsere Frage hier vor allem in Betracht kommt, ist, daß eine so scharfe Grenze zwischen Spinozismus und Materialismus besteht, daß nur eine grenzenlose Verschwommenheit der Begriffe diese Grenze niederreißen, dann aber auch alle Bestimmtheit überhaupt verwischen kann. Wobei es vielleicht nicht überflüssig ist zu bemerken, daß es sich dabei natürlich nicht um scholastische Begriffsklaubereien handelt, vielmehr um Weltanschauungs*individualitäten,* für die jene Begriffe bloß die Namen sind, deren geistiges Leben aber nur in jener individuellen Bestimmtheit auch wirklich nachgelebt werden kann.

Was nämlich den Spinozismus grundsätzlich von jeder Art des Materialismus trennt, das ist seine Lehre der vollkommensten und absoluten *Parallelität* des Physischen und Psychischen, so daß zwischen beiden *keinerlei Kausalbeziehung* besteht, keinerlei Einwirkung irgendeiner Art, sondern völlige Unabhängigkeit voneinander. "Der Körper kann weder den Geist zum Denken noch der Geist den Körper zur Bewegung oder zur Ruhe oder zu etwas anderem (wenn es ein solches gibt) bestimmen." (Ethik III., prop. 2.) Denken und Sein sind eben nach Spinoza bloß Attribute einer und derselben Substanz, sie sind an sich gar nichts Verschiedenes, sie drücken nur eine *Identität* verschieden aus. (Ethik II., prop. 2 und schol.) Allein weder diesen Parallelismus noch die Identitätsanschauung kann der Materialismus in sein Lehrsystem einfügen, ohne sich direkt zu verleugnen. Ein Materialismus, der aufhört, zwischen dem Geistigen und Körperlichen eine direkte Kausal- oder, wie man dies jetzt lieber nennt, Funktionsbeziehung herzustellen, ist eben kein Materialismus mehr. Dies um so weniger, als der Standpunkt der Identität des Physischen und Psychischen unrettbar über die spinozische Form hinaustreibt, von der gerade Feuerbach mit Recht gerügt hat, daß sie eine ganz zufällige und in ihrer notwendigen Übereinstimmung gar nicht zu begreifende Korrespondenz des Denkens und Seins statuiere. Und wirklich sind zwei Möglichkeiten einer inneren Fortentwicklung gar nicht abzuweisen, sofern man den Parallelismus nicht einfach bloß als positivistische Konstatierung verstehen, sondern als Weltanschauung aufrechthalten will: entweder muß man annehmen, daß die Substanz in ihren beiden uns allein bekannten Attributen des Denkens und Seins *von vornherein so eingerichtet* ist, daß diese beiden sich stets und überall entsprechen – denn aus der Identität der Substanz allein folgt doch noch nicht die genaue Korrespondenz ihrer Attribute –, dann mündet der Spinozismus in eine prästabilierte Harmonie, in die der Materialismus wohl gewiß nicht einstimmen wird. Oder man macht Ernst damit, daß Denken und Sein bloß zwei Ausdrucksweisen unserer Auffassung der Substanz sind, und dieser Weg führt direkt in den transzendentalen Idealismus Kants. Der Materialismus hat denn auch den Identitätsstandpunkt immer abgelehnt. Auch Plechanow weist, gestützt auf Feuerbach, diese Auffassung zurück. Nicht Identität von Körper und Geist, sondern die *Einheit* beider lehre den Materialismus. (S. 14.) Und wirklich hat Feuerbach immer wieder die Verschiedenheit, ja die fundamentale Unterschiedenheit des Physischen und Psychischen, des Anorganischen und Organischen dargelegt. Was bedeutet aber der Gedanke einer Einheit des an sich vom Physischen *verschiedenen* Psychischen mit dem ersteren anderes als die Statuierung einer durchgängigen Beziehung und Abhängigkeit beider voneinander? Der Materialismus glaubt diese Beziehung kausal herstellen zu können. Feuerbach, dadurch eben vom Materialismus geschieden und Begründer einer neuen Denkart in der deutschen Philosophie, des naturwissenschaftlichen Positivismus, begnügte sich mit der Konstatierung des einheitlichen und unaufhebbaren Zusammenhanges des Physischen und Psychischen im menschlichen Wesen, mit dem alle Philosophie zu beginnen habe. In beiden Fällen kann aber vom Spinozismus keine Rede sein, so sympathisch auch sonst viele Elemente desselben den Materialismus anmuten mußten. Aber auch dem transzendentalen Idealisten zum Beispiel sind viele Charakterzüge des Materialismus sympathisch, so vor allem seine strenge Kausalitätsauffassung, ohne daß doch Sympathie allein imstande wäre, logische Differenzen im Denken zu überbrücken. Sie kann sie höchstens im Leben abschleifen oder übersehen.

So wäre es also, um mit dem alten Jacobi zu reden, ein schlechtes Heil, das die Materialisten im Namen Spinozas fänden. Wenn aber trotzdem Plechanow die Lehre Feuerbachs und des Marxismus zwar nicht als eine Art Spinozismus, aber doch in die Nähe desselben nicht mit Unrecht stellen dürfte, so nur deshalb, weil beide *eben keinen Materialismus* vertreten, sondern jenen deterministischen Positivismus, der, schon aus dem Spinozismus durch Abstreifung alles dessen, was in ihm Weltanschauung sein will, gewonnen werden kann. Der positive, allen spekulativen und insbesondere teleologischen Konstruktionen abgeneigte, dagegen der empirischen Naturauffassung zugewendete Geist des Spinozismus ist der eigentliche Spring-

quell aller Sympathie, die ihm seit den Tagen Diderots und Goethes bis auf die Zeiten der modernen Naturwissenschaft so reichlich zugeflossen ist.
Ich muß es mir versagen, in diesem Zusammenhang den quellenmäßigen Nachweis der Feuerbachschen Philosophie als eines ersten Versuches des naturwissenschaftlichen Positivismus zu erbringen, als den Anfang jener Geisteslinie, auf welcher später Avenarius, Mach und in gewissem Sinne auch Ostwald, weiter vorschritten. Einiges hierüber habe ich bereits in dem vorerwähnten Kapitel meiner Marx-Studie ausgeführt. Mehreres und Genaueres hoffe ich bald an anderer Stelle nachtragen zu können. Nur sei hier bereits darauf aufmerksam gemacht, daß der Grundbegriff der Feuerbachschen Philosophie, der *Mensch* in seiner sinnlichen Bestimmtheit, in welcher Natur und Geist zusammenstoßen und auch zusammenhängen, gleichsam das Stichwort für die positivistische Antimetaphysik unserer Zeit darstellt. Sehr fein hat Plechanow bemerkt, daß wir es bei diesem Feuerbachschen Begriff eigentlich mit einer Forschungsmethode zu tun haben. (S. 12.) Allein er irrt, wenn er meint, daß Feuerbach damit noch innerhalb des Materialismus verbleibe. Es ist ja gerade das Bewußtsein des Hinausschreitens mittels dieser Methode über die spekulativen Gegensätze des Materialismus und Spiritualismus zur vollen realen Wahrheit des Seins, wie es *sans phrase* ist, was Feuerbach immer wieder von seinem Prinzip hervorhebt. Darum hat er auch das Bedürfnis einer eigenen Namengebung, und so versteht man erst den folgenden Satz als eine nicht bloß rhetorische Wendung, sondern als eine programmatische Feststellung: "Wahrheit ist weder der Materialismus noch der Idealismus, weder die Physiologie noch die Psychologie; Wahrheit ist nur die *Anthropologie,* Wahrheit ist nur der Standpunkt der Sinnlichkeit, der Anschauung, denn nur dieser Standpunkt gibt mir *Totalität* und *Individualität.*" (II. Bd., S. 340, Ausgabe Jodl.) Der Standpunkt der Anthropologie oder auch des Humanismus, wie Feuerbach ihn ebenfalls nennt, hat nichts zu schaffen mit dem, was wir heute Anthropologie oder Humanismus nennen: es ist der Standpunkt des auf die Einheit der menschlichen Erfahrung zurückgehenden und sich mit denkender Bearbeitung derselben *begnügenden* Positivismus. Daraus erklärt sich nun auch die so häufige Hervorhebung Feuerbachs, daß seine Philosophie – keine Philosophie sei, eine für alle Arten des Positivismus charakteristische Absage.
Wie Marx und Engels diesen Standpunkt, der bei Feuerbach ein vorwiegend naturwissenschaftlicher war, durch die Einführung der menschlichen Tätigkeit weiterentwickelt und eigentlich erst universal gemacht haben, hat Plechanow in trefflicher Weise dargelegt. Auch hier muß ich bezüglich der Darlegung des nicht materialistischen Charakters dieser Denkrichtung, besonders aber bei Marx, auf meine vorhin zitierten beiden Schriften verweisen. Auch spricht das stete Bedürfnis beider Denker, ihre Auffassung von dem naturwissenschaftlichen Materialismus abzuheben und sie durch das dialektische Moment auszuzeichnen ("dialektischer Materialismus"), dafür, wie sehr sie selbst ihren Standpunkt als einen vom Materialismus verschiedenen empfanden. Gewöhnlich meint man dagegen, er sei bloß von dem bisherigen Materialismus verschieden, Marx und Engels hätten eben einen neuen, entwickelteren Materialismus begründet. Allein auf diese Weise versandet jede weitere Diskussion in einen öden Wortstreit. Will man zwei ganz verschiedene Dinge mit dem gleichen Namen benennen, so mag man es tun; nur verzichte man dann darauf, aus solchen Voraussetzungen irgendwelche klaren Konsequenzen abzuleiten. Im Grunde genügt bereits die Plechanowsche Feststellung, daß dieser "entwickeltere Materialismus" moderner Spinozismus sei, um jeden, der sie für richtig hält, einsehen zu lassen, daß er eben *nicht mehr* Materialismus ist. Und gerade die Dialektik in ihrer vom Kopf auf die Füsse gestellten Form ist ein weiteres Trennungsmotiv. Denn sie ist der großartige Versuch, durch eine über die Gegensätze metaphysischer und dogmatischer Begriffsbildungen wegschreitende neue Denkweise dem realen Fluß der Dinge zu folgen, ihren *positiven* und totalen Sachverhalt zu spiegeln. Gerade diese Ergänzung und Bereicherung Feuerbachs wäre am wenigsten geeignet, den positivistischen Grundcharakter seiner Philosophie zu ändern. Und dies gilt noch viel mehr von der Art der Einfügung der menschlichen Tätigkeit in das Gefüge der Naturwirksamkeit, worin man mit Recht den Hauptfortschritt der marxistischen Auffassung über die bloß naturwissenschaftliche des Materialismus erblickt. Denn diese Einfügung vollzieht sich ja überhaupt nicht mehr auf philosophischem, sondern

auf theoretischem Gebiete.[4]) Damit sind wir bis an den zweiten Teil des Büchleins Plechanows gelangt, in welchem er eine Fülle von lichtvollen Auseinandersetzungen über das Wesen der Dialektik und der materialistischen Geschichtsauffassungen gibt, mit denen sich ein nächster Aufsatz beschäftigen soll.

[4]) Wenn neuerdings der Machsche Positivismus in so nahe Beziehung zum Marxismus gebracht wird, so ist dies nur durch diese positivistische Grundstimmung der Feuerbach-Marxschen Denkweise überhaupt ermöglicht worden, wie sie dann ziemlich vergröbert, aber um vieles noch deutlicher bei Dietzgen hervorgetreten ist. Ich lehne mit Plechanow diese Verbindung von Mach und Marx als eine weiter auszubauende ab, aber aus dem Grunde, weil die Machsche Antimetaphysik in Wirklichkeit nur eine neue Form der Metaphysik ist, bloß daß sie sich dies nicht eingestehen will und weil der moderne wie der ältere Positivismus überhaupt nur ein Verzicht auf Erkenntniskritik ist, nicht ein Resultat derselben, wie er fälschlich von sich meint.

Dialektik oder Metaphysik

Georg Plechanows Schrift über die *Grundprobleme des Marxismus* hat uns in einem früheren Aufsatz den Anlaß gegeben, das Verhältnis des Marxismus zu Weltanschauungsfragen überhaupt und speziell zum Materialismus zu erörtern.[1]) Wir gelangten zu dem Resultat, daß für den Marxismus als ein System der Sozialwissenschaft jeder *sachliche* Zusammenhang mit irgendeiner Weltanschauung abzulehnen sei, wie sehr auch persönliche Bestimmungsgründe bei diesem oder jenem Forscher mehr für die eine als für die andere Philosophie sprechen mögen. Damit war zugleich jeder systematische Zusammenhang des Marxismus mit dem Materialismus aufgehoben, selbst abgesehen von der Frage nach dem Geltungswert der materialistischen Weltanschauung. Bei dieser Auseinandersetzung war jedoch ein wesentliches Moment des Marxismus noch außer acht geblieben: seine Dialektik. Von ihr behauptet Plechanow auf Seite 38 seiner vorerwähnten Schrift: "Zugrunde unserer Dialektik liegt die materialistische Auffassung der Natur. Sie stützt sich auf sie und würde fallen, wenn diese fällt." Damit wären wir vor ein übles Dilemma gestellt. Denn mit Plechanow bin auch ich der Meinung, die ich schon einmal in diesen Blättern ausführlicher zu begründen versucht habe[2]), daß die Dialektik kein nebensächliches, nur aus dem historischen Entwicklungsgang von Marx und Engels herrührendes Beiwerk ihrer Lehre ist, sondern vielmehr zu den wesentlichen Grundelementen derselben gehört. Wenn daher der Plechanowsche Satz richtig ist, daß die Dialektik im Marxismus mit ihrer materialistischen Grundlage steht und fällt, dann wäre also hier doch der Punkt aufgezeigt, in welchem der Marxismus unausweichlich mit Weltanschauungsfragen zusammenstieße und sogar an eine ganz bestimmte von ihnen gebunden wäre: eben an die materialistische.

Allein dies scheinbar für uns so vernichtende Dilemma besteht in Wirklichkeit gar nicht, wenn man nur genauer zusieht, welche Bedeutung der Dialektik überhaupt im Marxismus zukommt. Es ist hierbei wohl zu beachten, was zumeist übersehen wird, daß mit dem Worte "Dialektik" zwei ganz verschiedene Begriffe bezeichnet werden, deren Vermischung der eigentliche Grund für die Unklarheit ist, in welcher sich zumeist die Diskussion über die Dialektik bewegt. Einmal bedeutet nämlich Dialektik bloß eine *Art des Denkens,* nämlich die Beziehung aller festumgrenzten Denkinhalte auf dasjenige, wovon es durch diese Begrenzung unterschieden wird, auf seinen "Widerspruch". Das Denken wird angehalten, darauf zu achten, jeden seiner scheinbar selbständigen und isolierten Inhalte im Zusammenhang damit zu denken, was aus diesem Inhalt ausgeschlossen wurde und ihm dadurch erst seine Bestimmung gab. Auf diese Weise wird die Starrheit der rein logischen Begriffe überwunden und eine durchgängige Verbindung der Denkinhalte bewirkt, die das Denken instand setzt, sich selbst als einen beständigen Fluß aller seiner Momente zu begreifen und dieser *Bewegung des Denkens* zu folgen. Die Dialektik in diesem Sinne ist also eine *Methode.*[3])

[1]) *Marxismus und Materialismus* im III. Jg., Heft 12, des *Kampf.* Vorliegender Band, S. 435 ff.

[2]) *Marx und die Dialektik,* I. Jg., S. 256 ff.

[3]) Vgl. hierzu und zum folgenden meinen Artikel *Marx und die Dialektik,* in: *Der Kampf,* I. Jg., S. 258-261.

Weiters bezeichnet das Wort Dialektik aber auch eine *Art des Seins,* nämlich die im Weltganzen als schöpferische Potenz waltende Gegensätzlichkeit der einzelnen realen Bestimmtheiten derselben, den Widerstreit der Dinge als den Vater alles Geschehens. Insofern also mit der Dialektik eine Wesensbeschaffenheit des Seins selbst gemeint ist, ist Dialektik eine *Metaphysik.* [4])

Für Hegel war kein Grund vorhanden, diese beiden Bedeutungen des Wortes Dialektik zu scheiden, da bei ihm ja Denken und Sein zusammenfiel und die Dialektik als Methode für ihn zugleich der Weg war, der in die Entwicklung des Seins selbst hineinführte. Denn das Sein war ja nur eine Phänomenologie des Bewußtseins.

Es ist nun für das Mißverständnis der Dialektik entscheidend geworden, daß auch für Marx und Engels kein Grund vorlag, diese Scheidung zu machen, da sie ja von ihrem positivistischen Realismus aus zu einem erkenntnistheoretisch ähnlichen, nur sachlich umgekehrten Identitätsstandpunkt gelangten wie Hegel. "Wir faßten", sagt Friedrich Engels, "die Begriffe unseres Kopfes wieder materialistisch als die Abbilder der wirklichen Dinge, statt die wirklichen Dinge als Abbilder dieser oder jener Stufe des absoluten Begriffs. Damit reduzierte sich die Dialektik auf die Wissenschaft von den allgemeinen Gesetzen der Bewegung sowohl der äußeren Welt wie des menschlichen Denkens – zwei Reihen von Gesetzen, die *der Sache nach identisch,* dem Ausdruck nach aber insofern verschieden sind, als der menschliche Kopf sie mit Bewußtsein anwenden kann, während sie in der Natur und bis jetzt auch großenteils in der Menschengeschichte sich in unbewußter Weise . . . durchsetzen." [5]) Die Welt erschien von diesem Standpunkt als ein durchaus einheitlicher Seinszusammenhang, in welchem das Denken nur ein Stück desselben darstellte, also völlig bestimmt durch dieses Sein und dessen Gesetzlichkeit, bloß geeignet, dieselbe zu erkennen und anzuwenden. So versteht man, wieso Engels sagen konnte, daß man durch das Bewußtsein der Gesetze des dialektischen Denkens der Erkenntnis der Naturgesetzlichkeit selbst entgegenkommen könne. [6]) Denn die Dialektik im Denken war ihm ja nichts anderes als "der bewußte Reflex der dialektischen Bewegung der wirklichen Welt", und es konnte im Denken, das ja ein Stück des Naturganzen war, schließlich nicht anders zugehen als in diesem Ganzen selbst.

Nichtsdestoweniger ist es sogar bei dem ungleich mehr als Marx zur Metaphysik neigenden Engels klar, daß ihm die Dialektik wesentlich als Methode in Betracht kam. Er selbst hat bereits in seiner Schrift über Feuerbach auf den Unterschied von *System* und *Methode* in der Hegelschen Philosophie aufmerksam gemacht (a. a. O., S. 9) und wiederholt ausgeführt, wie es die dialektische *Methode* Hegels war, die revolutionäre Seite seines Denkens, die aus seiner im übrigen abseits gelassenen Philosophie durch Marx und ihn "hinübergerettet" wurde in ihre neue Denkweise. Daß diese Methode zugleich auch eine dem metaphysischen Standpunkt Engels' genügende Weltanschauung zu ermöglichen schien, war nur ein Grund mehr, an ihr festzuhalten, trägt aber gar nichts zu ihrer Begründung selbst bei. Denn daß der Denkprozeß dialektisch sei, weil das Sein der Dinge selbst dialektisch wäre, ist ersichtlich keine dialektische Behauptung mehr, sondern eine metaphysische. Wohl aber wäre selbst diese Behauptung ohne eine Dialektik des Denkens nicht möglich gewesen. Es ist also die Dialektik als Methode, als Auffassungsart, welche erst an die Stelle einer starren Metaphysik des Seins eine fließende setzen konnte; und dies um so mehr, als ja bei Marx und Engels die eigentliche metaphysische

---

[4]) Ganz zu unterscheiden hiervon ist aber diejenige Bedeutung, in welcher zwar auch eine Gegensätzlichkeit des Seins gemeint ist, aber nicht mehr der Weltbeschaffenheit, sondern der empirisch zu konstatierenden Eigenschaften eines bestimmten Erscheinungskomplexes. Die Gegensätzlichkeit, die zum Beispiel das soziale Leben beherrscht und hauptsächlich gemeint ist, wenn von einer realen Dialektik im Marxismus die Rede ist, hat nichts mehr mit der Frage nach der Natur des Seins zu tun, sondern konstatiert einfach eine vorhandene Gegensätzlichkeit zwischen dem Selbstinteresse des Individuums und den sozialen Formen, in die dasselbe gebannt ist. Die Dialektik in diesem Sinne ist dann ein Stück positiver Wissenschaft. Sie trägt nur zufällig, aus bloß historisch zu verstehenden Gründen, den irreführenden Namen der Dialektik und würde besser Antagonismus genannt werden.

[5]) Friedrich Engels, *Ludwig Feuerbach,* 2. Aufl., S 38.

[6]) Vgl. Friedrich Engels, *Dührings Umwälzung der Wissenschaft,* 3. Aufl., S. XIX.

Grundstimmung des Materialismus niemals voll ausklingen konnte, da es ihnen nicht um Welterkenntnis, sondern um positive Wissenschaft zu tun war, und alles, was darüber hinausführte, ihrem theoretischen Interesse sich entzog. So konzentriert sich alle Bedeutung und Fruchtbarkeit der Dialektik in ihre *methodologische Seite:* in die großartige Zerlegung der uns als fertige Resultate entgegentretenden festen Tatbestände der Natur und Geschichte in ihre Werdeprozesse und in die Einordnung aller scheinbar isolierten Objekte des Erkennens in die ihnen *eigenen,* nicht willkürlich aus dem Kopf erdichteten Zusammenhänge. Die Dialektik bei Marx und Engels ist wesentlich eine Denk- und Untersuchungsweise, wie Engels selbst trefflich schildert, indem er von ihrer Anwendung sagt: "Geht man bei der Untersuchung stets von diesem (das ist dialektischen) Gesichtspunkt aus, so hört die Forderung endgültiger Lösungen und ewiger Wahrheiten ein für allemal auf; man ist sich der notwendigen Beschränktheit aller gewonnenen Erkenntnis stets bewußt, ihrer Bedingtheit durch die Umstände, unter denen sie gewonnen wurde; aber man läßt sich auch nicht mehr imponieren durch die der noch stets landläufigen alten Metaphysik unüberwindlichen Gegensätze von wahr und falsch, gut und schlecht, identisch und verschieden, notwendig und zufällig; man weiß, daß diese Gegensätze nur relative Gültigkeit haben, daß das jetzt für wahr Erkannte seine verborgene, später hervortretende falsche Seite ebensogut hat, wie das jetzt als falsch Erkannte seine wahre Seite, kraft deren es früher für wahr gelten konnte; daß das behauptete Notwendige sich aus lauter Zufälligkeiten zusammensetzt und das angeblich Zufällige die Form ist, hinter der die Notwendigkeit sich birgt – und so weiter."[7])

Hält man sich diese rein methodologische Bedeutung der Dialektik stets vor Augen, dann bereiten die Ausdrücke, in denen Marx und Engels von den materialistischen Grundlagen sprechen, die sie dieser Denkmethode an Stelle ihrer spekulativen Begründung gegeben haben, keine Schwierigkeiten mehr für eine konsequente, metaphysikfreie Handhabung derselben, wie sie allein als Bestandteil einer wissenschaftlichen Auffassung möglich ist. Das "Auf-die-Füße-Stellen" der Dialektik, ihre materialistische Grundlegung sind dann, wie ich schon öfters dargelegt habe, nur Ausdrücke für ihre Zurückführung aus einer spekulativen Form in eine empirische, aus einer metaphysischen Denkweise in eine induktive Untersuchungs- und Arbeitsmethode. Und dies unbeschadet ihrer bei Marx und insbesondere Engels sicher weitergehenden und, wie wir sehen, auch zu einem metaphysischen Idealitätsstandpunkt führenden Bedeutung. Denn bei einer Würdigung des theoretischen Wesens der Dialektik kann es natürlich nicht darauf ankommen, den ganzen historisch-psychologischen Meinungskomplex ebenso ungesondert zu übernehmen, in welchem für Marx und Engels sich die Bedeutung der Dialektik herausgestaltete. Dieser rein persönliche Entwicklungsprozeß mußte nicht nur die Spuren seiner Losringung aus der Hegelschen Metaphysik, sondern namentlich auch den Mangel der erkenntniskritischen Problemstellung in dem Denken jener Zeit an sich tragen. Demgegenüber ist es nötig, aber auch genügend, zu erkennen, daß bei einer Scheidung des metaphysischen und methodologischen Moments in der Dialektik das ganze Gewicht des schöpferischen, also sachlich wirksamen Gedankens des Marxismus auf die methodologische Seite der Dialektik fällt. Und das gilt insbesondere, wie sich gleich zeigen wird, auch von dem berühmten Leitmotiv des Marxschen Denkens: das Sein bestimmt das Denken und nicht umgekehrt.

Auch Plechanow betont die methodologische Bedeutung der Dialektik. (S. 28.) Aber indem er sie, wie wir schon anfangs hervorhoben, in die innigste sachliche Verbindung mit der materialistischen Auffassung der Natur bringt, muß ihm dieser methodologische Charakter sofort wieder unter den Händen zerfließen, und es scheint nichts übrigzubleiben als eine neue Metaphysik, in welcher die Dinge selbst die Rolle übernommen haben, jene spukhafte Bewegung zu erzeugen, die früher der absolute Geist bei Hegel besorgte. Die Dialektik, deren Rettung aus

---

[7]) Friedrich Engels, *Ludwig Feuerbach,* S. 39-40. – Vgl. auch über den wesentlich methodologischen Charakter der Dialektik im Marxismus das Vorwort zur 3. Auflage des *Kapital* und die noch viel zu wenig beachtete Besprechung des ersten Bandes des *Kapital* durch Engels, abgedruckt in: *Sozialistische Monatshefte,* 1900, S. 38 ff.

der Hegelschen Mystifikation eben noch freudig begrüßt wurde, wird sofort in starrer Festhaltung an den namentlich bei Engels zu findenden metaphysischen Ansätzen neuerdings verabsolutiert. Und so wird aus dem, was bei Engels und bei Marx bloß persönlicher Standpunkt war, der natürlich mit ihrem theoretischen Denken *für sie* notwendig verbunden war, ja bei dem Fehlen eines eigentlich erkenntniskritischen Standpunktes in der gesamten philosophischen Zeitlage sein mußte, ein sachlicher Zusammenhang gemacht, der zwar zur Grundlage, aber nicht mehr zur Entschuldigung, auch nur diesen Mangel des erkenntniskritischen Gesichtspunktes hat.

Die Verabsolutierung der Dialektik wird eingeleitet durch die Verabsolutierung des Satzes, wonach das Denken vom Sein bestimmt wird und nicht umgekehrt. Was diesen Satz bei Marx und Engels zu so großer, ihre ganze theoretische Leistung tragenden Bedeutung hat kommen lassen, wird man vergeblich in seiner metaphysischen oder erkenntnistheoretischen Bedeutung suchen. Dagegen quillt aus seiner immanenten, das heißt innerhalb der empirischen Sphäre verbleibenden und auf alle Weltanschauungs- oder erkenntniskritische Fragen verzichtenden Anwendung das reichste Leben aus ihm. In der Art, wie er bei Marx und Engels nicht als bloße These für eine Weltauffassung, sondern als Forschungsprinzip zur Untersuchung des sozialen Lebens auftritt, ist er zum Ausgangspunkt grundlegender Erkenntnis der sozialen Gesetzlichkeit geworden, so daß von ihm aus erst eine Sozialwissenschaft möglich wurde, die auf diesen Namen wirklich Anspruch machen kann. In der materialistischen Geschichtsauffassung erfährt er seine systematische sozialtheoretische Ausführung und bildet durch sie nicht nur die Grundlage des Marxismus, sondern, wie Plechanow in der vorliegenden Schrift an schönen Beispielen zeigt, immer mehr der modernen Arbeit auf den verschiedensten Gebieten der Geisteswissenschaften.

Sobald aber dieser Satz von der Bestimmung des Denkens durch das Sein über seine Bedeutung als Forschungsmaxime hinaus als eine erkenntnistheoretische Wahrheit oder gar als eine wissenschaftliche Erkenntnis von der Beschaffenheit der Natur selbst und des Verhältnisses von Denken und Sein in ihr aufgefaßt wird, verwandelt sich die schöpferische Kraft dieses Gedankens in eine unkritische Anschauung von heute geradezu archaistischer noologischer Naivität. Er stellt dann einfach eine dogmatisch-metaphysische Behauptung dar, der andere derartige Sätze vielleicht mit mehr, vielleicht mit weniger Recht entgegengestellt werden könnten. Jedenfalls aber wird er der Springquell aller Unklarheiten und endlosen Streitigkeiten, die aus einer solchen Verquickung einer metaphysischen Grundanschauung mit einem rein methodologischen Standpunkt hervorgehen müssen. Freilich ist diese Verquickung, diese Äquivokation, grundverschiedener Bedeutungen die einzige und noch dazu scheinbar selbstverständliche Möglichkeit, aus dem wissenschaftlichen System des Marxismus einen Materialismus zu machen. Denn da der Satz von der Bestimmung des Denkens durch das Sein sowohl in seinem methodologischen als in seinem metaphysischen Sinne dieselbe Wortform hat, so können nur zu leicht die Folgerungen aus dem letzteren Sinn auch für Konsequenzen des ersteren gelten, und damit ist der ganze Jammer fertig: der alte Jammer aller philosophischen und wissenschaftlichen Diskussion, die an den Worten ihrer Begriffe mehr hängt als an diesen selbst.

Für Plechanow bedeutet nun der Satz von der Bestimmung des Denkens durch das Sein tatsächlich eine inhaltliche und nicht bloß eine methodologische Grundwahrheit, und darin sieht er eben die *materialistische* Grundlegung der Dialektik. "Nach unserer *materialistischen* Lehre", sagt Plechanow, das Wort "materialistisch" selbst unterstreichend, "stellen die Gegensätze, die in den Begriffen enthalten sind, nur eine Widerspiegelung, eine Übertragung in die Sprache des Denkens der Gegensätze dar, die in den *Erscheinungen* infolge ihrer allgemeinen widerspruchsvollen Grundlage vorhanden sind, das heißt infolge der *Bewegung*. Nach Hegel wird der Gang der Dinge durch den Gang der Ideen bestimmt. Unserer Ansicht nach bestimmt umgekehrt der Gang der *Dinge* den Gang der *Ideen,* der Gang des Lebens den Gang des Gedankens." (S. 38.) Wie diese Bewegung, dieser Gang der Dinge und des Lebens zu verstehen ist, kann nicht im geringsten in Zweifel bleiben, wenn wir von Plechanow selbst hören, daß jene Bewegung gemeint ist, "durch die der Zustand der Materie und alle ihre Verbindungen hervorgerufen werden". (S. 38.) Es handelt sich um die *Bewegung als Urgrund allen Seins und Geschehens,* also um ein echtes Prinzip im Sinne der aristotelischen Metaphysik, um eine jener ἀρχαὶ, um die alles metaphysische Denken von Anbeginn her bemüht ist. Wie sehr nun diese Urbewegung wirklich die Grundlage der Dialektik bei Plechanow ist, womit sie freilich unzweifelhaft materialistisch wird, nur daß nicht zu sehen ist, was der Marxismus als soziale Theorie damit zu schaffen haben soll, wird uns Plechanow gleich selbst zeigen.

Die nächste Folge aus der Verabsolutierung des Seins in eine Urbewegung der Materie für die Dialektik ist nämlich die: Da die Dialektik eine materialistische Grundlage haben muß, soll nun von ihr der Nachweis erbracht werden, daß sie *eine Eigenschaft des Seins* selbst ist. Damit ist freilich nun die letzte Spur eines *bloß* methodologischen Sinnes der Dialektik überwunden, aber damit zugleich auch sie selbst in den Strudel der Urbewegung hineingerissen, in dem sie sich nur zu halten vermag, wenn sie alles theoretische Gepäck von sich wirft, um sich als leere Spekulation zwar immer noch mühsam, aber doch zur Not über Wasser zu halten und treiben zu lassen, wohin eben der Strom der Metaphysik sie führt. So geraten wir aus der Skylla in die Charybdis. Um die Dialektik gegen jene Kritiker des Marxismus zu verteidigen, die sie eben nur in ihrer metaphysischen Verquickung sehen und daher als überflüssig, ja schädlich bekämpften, unternimmt Plechanow es, das dem Marxismus ganz heterogene, jedenfalls aber für ihn als Sozialtheorie ganz nebensächliche Problem zu lösen, ob – das "Sein" selbst dialektisch ist oder nicht.

Für Plechanow gilt es also aufzuzeigen, daß es die *dialektischen Eigenschaften des Seins* sind, welche das dialektische Denken tragen. (S. 31.) Wir wissen bereits, daß er sich hierbei auf Engels berufen konnte, daß aber durch diese Berufung für jede wissenschaftliche Arbeit, die nur nach sachlichen, nicht nach persönlichen Zusammenhängen sucht, natürlich noch gar nichts bewiesen ist. Würden wir die Denkbegriffe des Marxismus nur so gebrauchen wollen, wie sie sich schriftmäßig in den Werken von Marx und Engels finden oder im persönlichen Denkzusammenhang ihrer Urheber waren, so würde uns der Vorwurf einer rein philologischen Arbeit mit Recht gemacht werden können. Diese scholastische, von Plechanow gegenüber den Neukantianern mit Unrecht gerügte Denkweise soll jedenfalls den Marxismus nicht zur unfruchtbaren Textinterpretation entarten lassen. Wir wissen also sehr wohl, daß Engels ähnlich wie Plechanow die Dialektik des Denkens durch die des Seins bestätigt sah, was uns aber trotzdem nicht Grund genug erscheint, diese Anschauung ungeprüft zu lassen – *wenn* man von ihr behauptet, ohne sie sei die Dialektik im Marxismus unmöglich. Denn diese Verteidigung gefährdet mit der Dialektik den metaphysikfreien Charakter des Marxismus als Sozialtheorie. Und daß dieser zum Wesentlichen im Marxismus gehört, darüber besteht wohl eigentlich kein Streit.

Der Nachweis der dialektischen Eigenschaften des Seins wird in der Weise zu erbringen versucht, daß Plechanow sich bemüht, zu zeigen, wie die Natur durch das logische, rein verstandesmäßige Denken überhaupt nicht widerspruchslos begriffen werden kann, daß also die logischen Gesetze des Denkens, der Satz der Identität, des Widerspruches und des ausgeschlossenen Dritten gegenüber der vollen Realität der Naturerscheinungen versagen. Um dies recht deutlich zu erkennen, wählt Plechanow den für ihn als Materialisten kürzesten Weg. Statt nämlich den dialektischen Charakter in den zahllosen Erscheinungen des Seins mühsam und natürlich ohne Aussicht auf Vollständigkeit zu verfolgen, faßt er diese Mannigfaltigkeit des Seins lieber gleich in ihrem, dem Materialisten zugänglichen Wesenskerne. Denn was ist der Urgrund allen Geschehens? Die Bewegung. "Die Bewegung der Materie", sagt Plechanow, "bildet die Grundlage aller Naturerscheinungen. Was ist denn aber Bewegung? Sie ist ein augenscheinlicher Widerspruch. Denn an welchem Orte befindet sich ein sich bewegender Körper in einem bestimmten Zeitmoment? Darauf läßt sich . . . nach der Formel von 'ja, ja und nein, nein' beim besten Willen nicht antworten. Ein sich bewegender Körper *ist in einem und demselben Zeitmoment* an einem Orte und *zugleich auch nicht in ihm* . . . Die Bewegung läßt sich also nur nach der Formel 'ja, nein und nein, ja' begreifen und dient somit als unanfechtbarer Beweis zugunsten der 'Logik des Widerspruches'." (S. 33.)

Dies ist also der einfachste und nach Plechanows Meinung entscheidende Beweis dafür, daß die Dialektik eine Beschaffenheit der Natur selbst darstellt. Und in der Tat muß für jeden, der in der Bewegung der Materie eine Grunderkenntnis von dem Wesen der Dinge selbst erblickt, der also auf metaphysischem Boden steht, diese Beweisführung etwas Überzeugendes haben. Indes wird sogar ein Metaphysiker, wenn er nicht gerade Anhänger der mechanischen Naturerklärung ist, sondern beispielsweise Energetiker, mit Recht einwenden, daß die Plechanowsche Lehre von der Bewegung als Grundlage aller Naturerscheinungen doch nur eine bloße, heute überdies schon sehr bestrittene Arbeitshypothese der Naturwissenschaft, nämlich die mechanische Naturauffassung, zu einer Naturbeschaffenheit selbst erhebe. Daß die Vorstellungen von Molekular- und Ätherbewegungen, durch welche allein "die Bewegung" Grundlage aller Erscheinungen werden kann, doch nur *Denkmittel für uns* sind, um die Erscheinungen der Natur theoretisch zu beherrschen, wird innerhalb der modernen Naturwissenschaft eine immer selbstverständlichere Anschauung, bleibt aber bei Plechanow ganz außer Betracht. Und es kann nicht eingewendet werden, daß die Vorstellungen einer Molekular- und Ätherbewegung ungeachtet ihres Charakters als Denkmittel doch gleichzeitig die reale Beschaffenheit der Erscheinungen auszudrücken vermöchten. Denn die Tatsache, daß nach der Ansicht der Anhänger Ostwalds dieser reale Charakter sich besser als Energetik und nach der Ansicht der Anhänger Machs besser als Elementenzusammenhang *denken* lasse, beweist augenscheinlich den hypothetischen, bloß für die Erkenntniszwecke der Naturwissenschaft methodologisch bearbeiteten Charakter aller dieser Vorstellungen.

Aber zugegeben, die Welt wäre wirklich diese ungeheure Rasselmühle, deren Bewegung alles erzeugt, so ist damit für den Zweck Plechanows gar nichts gewonnen. Es ist nämlich gar nicht wahr, daß die Bewegung ein augenscheinlicher Widerspruch ist und daß wir mit ihr, wie Plechanow meint, "etwas unerwartet vor die Alternative gestellt sind: *entweder* die 'Grundprinzipien' der formellen Logik anzuerkennen und die Realität der Bewegung zu bestreiten, *oder* umgekehrt, die Realität der Bewegung vorausgesetzt, die Gültigkeit dieser Prinzipien zu bestreiten. Diese Alternative ist mindestens unangenehm". (S. 33.)

Sie wäre es in der Tat, wenn es richtig wäre, daß die Bewegung ein Widerspruch ist. Dieser kommt aber erst dann heraus, wenn man die Bewegung durchaus anders denn als Bewegung auffassen will, das heißt, wenn man selbst der Bewegung sich widerspruchsvoll gegenüberstellt. Die große Unterscheidung Kants von Denken und Sinnlichkeit, Begriff und Anschauung liefert für diesen und für alle ähnlichen scheinbaren Widersprüche ein für allemal den sicheren Standpunkt, von dem aus sich diese "Widersprüche" als bloße Verwirrungen des Denkens auflösen.

Bewegung ist eine Sache der *Anschauung* und daher mit Worten und Begriffen überhaupt nie zu erklären oder auszuschöpfen. Ebensogut könnte man Farben durch logische Begriffe erklären wollen. Die Bewegung gehört wie Raum und Zeit der sinnlichen Seite unserer Erkenntnis an und ist eine eigenartige Verbindung beider. Sie setzt zwar immer etwas voraus, was sich bewegt ("das Bewegliche im Raum"), welches mit dem Gegebenen der Erfahrung identisch ist, ist aber selbst eben die *Form,* in welcher dieses Gegebene beweglich ist. Die Bewegung läßt sich daher auch *nur anschaulich und nicht begrifflich* verfolgen. Sie bildet ein Kontinuum der Anschauung, in welchem *für diese* alles klar ist, weil das Kontinuum eben zum Wesen des Raumes und der Zeit gehört. Sobald dagegen der Versuch gemacht wird, diese ursprünglichen Anschauungen begrifflich auszudrücken, also in den – wie Kant sagt – diskursiven Begriffen der Logik, das heißt, sobald man den Versuch macht, das, was ein Kontinuum ist, diskontinuierlich aufzufassen, beginnen ganz selbstverständlich die Widersprüche, die aber *nicht in der Sache* sind, sondern in einer falschen Stellungnahme des Denkens. Für den Standpunkt der Anschauung enthält die Frage, wo sich der bewegte Körper in einem und demselben Momente befinde, gar keinen Widerspruch. Denn die Anschauung der Bewegung ist *ebenso beweglich* wie die Bewegung selbst und folgt ihrem Gegenstande lückenlos in jedem Momente. Daß das begriffliche Denken dies nicht tun kann, ergibt sich aus den besonderen Voraussetzungen desselben, nämlich aus der ihm eigenen Funktion, die Mannigfaltigkeit des Gegebenen durch Unterscheidung zu bestimmen. Kein Wunder daher, daß das begriffliche Denken widerspruchsvoll werden muß, wo es nichts mehr zu unterscheiden gibt. Denn die Teile der Bewegung, von denen das logische Denken spricht, bestehen nur in seinen Begriffen. Die Bewegung

selbst *geht nicht in Teilen vor sich,* sondern ist ein Ganzes der Anschauung, welches selbst diese nur abzuteilen vermag, indem sie die "Teile" der Bewegung *durchläuft.*
Übrigens ist sogar vom logischen Standpunkt aus die Bewegung gar nicht *so* widerspruchsvoll wie bei Plechanow, wenn die Logik noch logischer zu Werke geht. Denn wenn man auf die Frage, wo sich ein Körper in einem und demselben Moment seiner Bewegung befinde, nur die Antwort geben zu können glaubt, er sei an demselben und doch nicht an demselben Orte ("ja, nein und nein, ja"), so begeht man noch einen anderen Fehler, als das Anschauliche inadäquat erfassen zu wollen. Man zerlegt nämlich zwar die Bewegung in unendlich viele Raumteile, ohne aber die Zeit der Bewegung, die doch untrennbar zu ihr gehört, weil jede Bewegung Zeit braucht, ebenso zu zerlegen. Man will ein mikroskopisches Objekt mit dem Meterstab messen. Achtet man aber darauf, daß ich, sobald ich die Bewegung in Teile zerlegt habe, auch die zugehörige Zeit mitzerlegt habe, dann gehört zu jedem unendlich kleinen Bewegungsteilchen ein ebensolches Zeitteilchen, und der bewegte Körper "befindet sich" in jedem unendlich kleinen Zeitteilchen, mit jedem seiner unendlich kleinen Massenteilchen in einem und demselben unendlich kleinen Raumteilchen. Er *befindet* sich an diesen unendlich kleinen Raumpunkten, weil nach den Voraussetzungen des logischen Denkens jeder Raum- und Zeitpunkt, in welchem er noch nicht zu fixieren wäre, eben noch nicht der kleinste, noch nicht unendlich klein wäre.
Daß von diesen unendlich kleinen Fixierungen keine Anschauung zu gewinnen ist, wäre ein Einwand, der den ganzen Vorgang der Zerlegung in das Unendlichkleine nicht verstünde. Denn das Unendlichkleine ist ja eben ein bloßes Denkmittel des Verstandes, mit welchem er das Kontinuum der Anschauung *begrifflich* zu bearbeiten versucht. Es kann gar nie anschaulich sein, weil es ja eben Begriff und nicht Anschauung ist. Es ist daher auch kein Widerspruch in ihm, und das, was man oft als solchen bezeichnet hat, daß nämlich auch das Unendlichkleine doch irgendeine anschauliche Ausdehnung haben müsse, bedeutet nur, daß dieser Begriff eben die Anschauung selbst nicht erschöpft, sondern so mühsam von derselben abstrahiert, daß er fortwährend in sie umschlägt. Das Unendliche ist ein Grenzbegriff, es führt bis an die Grenze des Denkbaren, und es ist ein Widersinn, von ihm zu verlangen, daß es auch noch vorstellbar, anschaulich sei. Will man das Anschauliche durchaus nicht-anschaulich begreifen, so darf man sich nicht wundern, wenn ein ganz Unvorstellbares und nur noch rein begrifflich Denkbares herauskommt. Einen Widerspruch wird man aber unmöglich darin finden können, solange man nur Begriff und Anschauung selbst nicht auf ein Gemeinsames bringen will.
Seit dem Eleaten Zeno wird übrigens gerade diese Zerlegung der Bewegung in die kleinsten Teile zum Beweise eines anderen Widerspruches in ihr herangezogen, indem man meint, daß der bewegte Körper sich doch in jedem seiner einzelnen Punkte in *Ruhe* befinde, aus der noch so großen Summe von lauter Ruhepunkten aber doch keine Bewegung hervorgehen könne. Auf diesen uralten Paralogismus des Zeno geht im Grunde der ganze "dialektische" Charakter der Bewegung bei Plechanow zurück. Nun ist aber dieses Argument, aus dem übrigens die Eleaten nicht eine widerspruchsvolle Beschaffenheit der Bewegung, sondern viel richtiger ihre Wesenlosigkeit, ihre bloß scheinbare Realität schlossen, ein prächtiges Beispiel, wie Scheinprobleme zustande kommen, wenn das Denken sich nicht in straffester Zucht hält und mit seinen Begriffen bei der Stange bleibt, sondern es zuläßt, daß sie sich unter der Hand nach Fregolimanier verwandeln. Wir sind doch von der *Bewegung* ausgegangen und haben diese in ihre Teile begrifflich zerlegt, das heißt, wir haben zu jedem Abschnitt der Bewegung, den man uns aufzeigte, einen noch kleineren gedacht, um damit zuletzt auf die unendlich kleinen Punkte der Bewegung zu kommen. Wo in aller Welt ist dabei ein einzigesmal die Bewegung verschwunden? Ganz willkürlich verfällt das Denken in die Annahme, weil die unendlich kleinen Punkte notwendige Ruhepunkte des Denkens sind (Grenzbegriffe), nun auch den bewegten Körper in ihnen als ruhig zu denken. Diese Argumentierung beseitigt unversehens die Bewegung aus ihren kleinsten Teilen und wundert sich dann, daß sie bei der Integration derselben natürlich aus lauter Ruhepunkten keine Bewegung gewinnen kann. Weiß man einmal, daß die "Ruhe", in welcher sich der bewegte Pfeil in jedem Punkt seiner Bahn befindet, doch *nur eine begriffliche Konstruktion* gegenüber der anschaulichen Realität bedeutet und eben nur seine

unendlich kleine Bewegung in diesem Punkt ausdrückt, so daß also, wie nun seit Leibniz oft genug eingeschärft wurde, die Ruhe im dialektischen Sinne eben gar keine Ruhe im logischen Sinn ist, sondern nur ein Spezialfall der Bewegung selbst, dann schwindet alle bedrohliche Kraft des Zenonischen Paradoxons. Die Bewegung ist kein bloßer Sinnentrug mehr, aber auch keine widerspruchsvolle Realität, und aller angebliche Schein oder Widerspruch, ihre ganze, so seltsame "Dialektik" stammt nur aus der ganz undialektischen Gegenüberstellung von Bewegung und Ruhe als starrer Gegensätze.

Aber Plechanow hat noch einen zweiten Beweis für die dialektische Beschaffenheit der Natur selbst, nämlich ihr *Werden*. Der Werdeprozeß zeige einen ähnlichen Widerspruch in sich wie die Bewegung. Wir wollen zusehen, ob dieser zweite Versuch, die Dialektik zu einer Urbeschaffenheit im Wesen der Dinge zu machen, glücklicher ist als der erste.

Die Dialektik des Werdens

Für die Auffassung, daß die Dialektik nicht bloß eine Art des Denkens sei, sondern dies vielmehr nur sein könne, weil sie eine Beschaffenheit des Seins selbst darstellte, hat Plechanow außer dem Hinweis auf den Widerspruch in der Bewegung auch noch einen zweiten Beweis, nämlich die Berufung auf den Widerspruch im Werden, auf die widerspruchsvolle Eigenart des Entwicklungsprozesses. Allem *Werden* sei angeblich ein Widerspruch inhärent, demzufolge es zumeist unmöglich sei, seine einzelnen Phasen logisch genau zu bestimmen. "Die Frage über die Existenz eines schon entstandenen Objekts", sagt Plechanow, "läßt sich bestimmt beantworten. Ist aber ein Ding erst im *Werden,* so liegt oft Grund genug vor, unschlüssig über die Antwort zu sein. Wer wird bestimmen können, wann das Ausgehen der Haare zur Bildung einer Glatze führt?" (S. 34.)

Ich fürchte sehr, daß dieser zweite Beweis für die dialektische Beschaffenheit der Natur sehr schlecht verankert ist, wenn er nur an schwachen Haaren hängt, die noch dazu auszufallen drohen. Allein zunächst überrascht noch etwas anderes in der Art, wie Plechanow das Werden zum Erweis der dialektischen Grundbeschaffenheit der Natur heranzieht, nämlich der für einen Dialektiker seltsame Unterschied zwischen schon entstandenen und erst im Werden begriffenen Dingen, von welch letzteren allein – und auch nicht immer – ("oft genug", sagt Plechanow) die Dialektik gelten soll. Nach der dialektischen Auffassung ist aber ein Ding eben nie entstanden, nie fertig, sondern fortwährend in Veränderung begriffen. Ist doch die Dialektik nach den Worten Marx' jene Denkweise, die "jede gewordene Form im Flusse der Bewegung" auffaßt, so daß von ihrem Standpunkt aus der Unterschied zwischen schon entstandenen und erst im Werden begriffenen Objekten überhaupt gar nicht aufkommen kann. Dieser Unterschied ist für die Dialektik gleichsam eine ganz fremde, ihr unverständliche Sprache, er stammt auch aus einem ihr ganz fremden Gebiete, nämlich aus dem des *praktischen Lebens.* In ihm stößt die Dialektik nicht etwa an die Grenzen der Logik, sondern an die nur zu Zwecken der Befriedigung von Lebensbedürfnissen geschaffenen Orientierungen des praktischen Denkens.

Damit ist aber auch bereits die Auflösung des scheinbar logischen Widerspruches im Werden gegeben. Er liegt wieder wie bei dem "Widerspruch" in der Bewegung nicht in der Sache selbst, sondern in der widerspruchsvollen Stellung zu ihr, die derjenige einnimmt, der die Sprache der Dialektik durchaus mit der des täglichen Lebens verbinden will, wie einer, der gleichsam mit deutschen Worten französisch sprechen will. Der Ausdruck des "schon entstandenen Objekts" bei Plechanow deutet darauf hin, daß er mitten in der Auffassung vom Werden eines Vorganges plötzlich innehält, um in eine ganz andere Betrachtungsweise überzugehen, die aus irgendeinem praktischen Grunde eine bestimmte Phase dieses nie abgeschlossenen Werdeprozesses als ein Gewordenes bezeichnet. Alle Schwierigkeiten, die angeblich dem Begriff des Werdens anhaften sollen, entspringen nur aus dieser dem Fragenden selbst ganz unbewußten Vertauschung des Standpunktes: er übersieht, daß er auf der einen Seite den noch ununterschiedenen Werdeprozeß substituiert, in welchem selbst es nichts als Veränderung gibt, daß er aber auf der anderen Seite bestimmte Abschnitte oder Stufen desselben teils mehr, teils weniger willkürlich, zumeist sogar durch überkommene, festgewonnene Vorstellungen geleitet, herausgegriffen und mit *Namen* belegt hat, deren sichere Abgrenzung ihm nun freilich Schwierigkeiten machen muß, wenn er sie mit dem ganzen Prozeß konfrontiert, aus dem sie herstammen. Die Schwierigkeiten sind aber nur solche der Definition, ja oft sogar nur, wie in den Beispielen Plechanows, der bloßen Benennung. Wann das Ausgehen der Haare zu einer Glatze führt, wann man einen Jüngling, dem die ersten Haare sprießen, einen Bärtigen nennen darf (S. 35), sind alles eher als dialektische Fragen. Ihr ganzer Widersinn verschwindet, sobald man sich nicht mehr an die bloß konventionellen Begriffe von Glatze und Bart stößt, sondern einfach sagt, dem Manne gehen die Haare aus, dem Jüngling kommen die Barthaare. Sofort treten an die Stelle der scheinbar widerspruchsvollen Begriffe die ganz klaren und widerspruchsfreien Prozesse des Haarausfalles in dem einen und des Bartwuchses in dem anderen Falle. Und es wird deutlich, daß die Schwierigkeit, genau zu sagen, wann ein bestimmter Zustand bereits vorhanden ist oder nicht, ganz und gar nicht in dem Entwicklungsvorgang selbst liegt, sondern bloß in den Benennungen einzelner Phasen desselben. Warum findet es niemand widerspruchsvoll, darauf zu antworten, wann das Wasser siedend ist? Weil der Begriff der Siedehitze mit 100° C festgelegt ist. Ebenso könnte man, wenn ein Interesse daran bestünde, die Glatze bei 50 Prozent Haarausfall beginnen lassen und es könnte dann, vorausgesetzt daß man sich die Mühe nähme, die Haare zu zählen und in Evidenz zu halten, "bis auf ein Haar genau" bestimmt werden, wann die Glatze beginnt.[1])

Alle die angeblichen Widersprüche im Prozeß des Werdens, von denen Plechanow so viel für den Beweis einer dialektischen Beschaffenheit der Natur selbst erhofft, entspringen im Grunde einer ähnlichen, nur umgekehrten falschen Stellungnahme in dem solche Widersprüche vorfindenden Denken wie gegenüber dem Problem der Bewegung. Während nämlich diese ein

[1]) Man meine nicht, daß sich Plechanow seine Stellung durch besonders unglückliche Beispiele bloß erschwert habe. Es gilt vielmehr dieselbe Auflösung des angeblichen Widerspruches im Prozeß des Werdens auch von jedem anderen besseren Exempel, wie zum Beispiel von dem des Lebensprozesses bei Engels. Die Schwierigkeiten, zu fixieren, wann das Leben eines Kindes im Mutterleibe beginnt oder der Tod beim Menschen eingetreten ist, ergeben sich nicht nur durch das Hereinspielen einer Reihe nichtwissenschaftlicher Fragen aus der theologischen, juristischen und praktischen Lebenssphäre, sondern insbesondere auch aus der gerade hier erst noch in Entwicklung befindlichen wissenschaftlichen Erkenntnis. Auch hier heften sich übrigens die Widersprüche bloß an die Namen, also was man unter Beginn des Kindeslebens, Tod des Menschen etc. versteht. Und wenn man seit Engels wiederholt besonders auf den widerspruchsvollen Charakter des Lebens selbst hingewiesen hat, das in jedem Moment Zellen des Körpers aufbaut und ausscheidet, so daß der Organismus zugleich lebt und stirbt, zugleich derselbe und nicht derselbe ist, so sieht man nun auch hier hoffentlich diesen Widerspruch bloß in dem Ausdruck der Sache, nicht aber in dieser selbst. Denn nicht der Körper lebt und stirbt zugleich, sondern einzelne Zellen leben, andere sterben. Und diese Vorgänge gehören in einem Körper (Organismus) *zusammen,* bilden aber keinen Widerspruch in ihm. Und vollends – daß dieser Organismus in jedem Augenblick derselbe und nicht derselbe ist, gehört einer ganz anderen Betrachtungsweise als der physiologischen an, von der aus diese Erkenntnis scheinbar gewonnen wurde. Denn physiologisch ist der Körper in keinem der folgenden Momente mehr derselbe wie vorher, er ist unausgesetzt ein anderer. Aber er ist eben nicht nur Körper, sondern in ihm ist auch ein Bewußtsein – und nur durch dieses ist er trotzdem derselbe. Die Dieselbigkeit des Bewußtseins ist kein Widerspruch gegen die stete Veränderung des Körpers. Sie entstammt der formalen Einheit allen Denkens überhaupt und ist eine noologische Tatsache gegenüber der physiologischen, der Veränderung des Organismus. Dieser rein als solcher betrachtet, könnte nur mit demselben Rechte noch als derselbe Gegenstand in jedem folgenden Moment bezeichnet werden, wie wir dies gegenüber jedem anderen Objekt unserer Umgebung tun, das sich auch fortwährend verändert, solange nämlich die Veränderungen nicht so bedeutend sind, daß sie unser praktisches Verhalten zum Objekt ändern und uns daher einen Anlaß geben, dasselbe nun anders zu benennen. Die Dialektik ist eben jene Denkweise, welche alle mehr oder minder willkürlich fixierten Abgrenzungen des Denkens auflöst, indem sie dieselben in den gesamten Zusammenhang zurückstellt, aus dem sie herausgehoben wurden. Sie deckt dabei die Widersprüche auf, in die das *Denken* geraten muß, wenn es an diesen starren Begriffen festhalten will, ja sie schreitet durch diese Widersprüche in der Erkenntnis fort, bringt sie selbst aber in ihrer dialektischen Auffassung zum Verschwinden (zur "Aufhebung"), so daß gerade sie das Mittel eines widerspruchsfreien Denkens wird.

Kontinuum war, das diskontinuierlich betrachtet wurde, wird hier aus dem Werden ein Kontinuum gemacht, während es bare Diskontinuität ist. Weil natürlich alles Werden und alle Veränderung nur in einer kontinuierlichen Zeit-, Raum- und Kausalreihe vor sich gehen kann, meint man unbesehen, es sei auch der Veränderungsprozeß selbst kontinuierlich, und konstatiert dann freilich, daß es nicht möglich ist, in ihm Anfangs- oder Endpunkte zu konstatieren. Plechanow hat nun selbst in einer sehr beachtenswerten Stelle seiner Schrift die vulgäre Vorstellung scharf abgelehnt, als ob der Begriff der Entwicklung *Sprünge* ausschließe und nur in der Allmählichkeit der Veränderung bestünde. (S. 30.) Es fehlt nur noch die genauere Bestimmung, daß es überhaupt keine andere Entwicklung als durch Sprünge gibt, nur daß diese nicht immer so bedeutend sein müssen, um auch schon dem gewöhnlichen Alltagsverstande als solche zu erscheinen. Denn das will doch schon Hegel gerade in der von Plechanow zitierten Stelle besagen, daß es sonst eine langweilige Tautologie ist, wenn man die Entwicklung überhaupt durch Allmählichkeit des Entstehens oder Vergehens zu begreifen glaubt und dabei übersieht, daß man damit den Anfang des Entstehenden, respektive Vergehenden einfach vorausgesetzt hat. Man kann also, wenn man den Standpunkt, den Plechanow selbst mit Recht als den richtigen bezeichnet, konsequent festhält, gar nicht mehr sagen, wie er es doch tut: "Jedesmal, wenn die Allmählichkeit des Entwicklungsprozesses abgebrochen wird, findet ein Sprung statt." (S. 30.) Das heißt wieder aus der dialektischen in die gewöhnliche Auffassungsweise verfallen, weil nur nach letzterer der allmähliche Entwicklungsgang kein sprunghafter ist. Die Sprünge bilden keine Episode im Gange der Entwicklung, sondern ihren notwendigen Charakter. Es kann im Werdeprozeß, soweit er nicht rein quantitativ ist, was wohl in der Natur kaum irgendwo vorkommt, gar nichts Kontinuierliches geben, weil jede auch noch so geringe Qualitätsänderung ein Neues ist, das nur als ein Sprung in die Kontinuitätsreihe von Raum, Zeit und Kausalität tritt. Die Abweichungen, die zum Beispiel eine organische Form allmählich in eine andere überführen, mögen am Anfange des Anpassungsprozesses noch so gering gewesen sein, sie sind doch etwas Neues im Organismus, von dem aus erst alle weitere Entwicklung ausgehen kann. Ohne die ursprüngliche Variation im Leben der Organismen, sei es nun eine zufällige oder eine zielstrebig im Organismus zustande gekommene, gäbe es überhaupt keine Entwicklung der Arten.

Wie nun diese Diskontinuität der Entwicklung, auf das Kontinuum ihrer Raum-, Zeit- und Kausalfaktoren bezogen, den eigentlichen Sinn des dialektischen Gesetzes vom Umschlagen der Quantität in Qualität ausmacht, habe ich in meinem früheren Aufsatz über die Dialektik bereits auseinandergesetzt.[2]) Es ist auch dies nicht etwa eine mystische Beschaffenheit in der Natur selbst, sondern lediglich eine Folge der quantitativen Betrachtung des Qualitativen. Zugleich zeigt sich dabei, wie sich in der Erfassung jeder einzelnen Erscheinung das quantitative und qualitative Denken notwendig durchdringen. Weil jede Qualität quantitativ bestimmbar ist und alle Quantitäten in ein Kontinuum gehören, muß, wenn man den Standpunkt der Betrachtung ins Gebiet des Qualitativen verlegt, dann das Qualitative aus bestimmten Aufsummierungen gleichsam herausspringen. Es beweist damit nur seinen diskontinuierlichen Charakter, und eben deshalb gilt der Satz vom Umschlagen der Quantität in Qualität *nicht umgekehrt*. Gerade das aber verlangt man eigentlich, wenn man auf die vermeintliche *logische* Unmöglichkeit der Setzung von Anfangs- oder Endpunkten im Entwicklungsprozeß verweist. Man verwandelt dann den qualitativen Werdeprozeß, dessen einzelne Stufen untereinander eben nicht quantitativ, sondern durch *Entwicklung* verbunden sind, in einen rein quantitativen Ablauf von Addierungen, wobei freilich die unklare Vorstellung mitläuft, als ob durch einen solchen anfangslosen Additionsprozeß überhaupt etwas werden könnte (eine Abart des Fetischismus der großen Zahlen).

Damit ist nun freilich nicht gesagt, daß solche Anfangs- und Endpunkte auch wirklich überall aufgezeigt werden können. Das hat aber nichts mehr mit logischer, sondern nur mit praktischer Unmöglichkeit zu tun. Es hängt wesentlich von der Stellungnahme des Betrachtens ab, in wissenschaftlichen Dingen von der theoretischen, in anderen von der praktischen, welche

[2]) *Der Kampf,* I., S. 264.

neu auftretende Qualitäten noch wichtig genug erscheinen, respektive, welche mit den jedesmal zur Verfügung stehenden Erkenntnismitteln noch erfaßt werden können, um sie zur Abgrenzung eines wissenschaftlichen oder praktischen Begriffes zu verwenden. Da dieser Begriff dann gegenüber dem vollen Entwicklungsprozesse eine mehr oder weniger willkürliche Beschränkung darstellt, kann er mit jenem in einen Widerspruch geraten, der aber jetzt nur ein solcher der Definition dieses Begriffs ist und sich mit der Erweiterung derselben, das heißt mit der Erweiterung unseres Wissens oder unserer praktischen Stellungnahme jedesmal löst. Daß der Mensch, der eben gestorben ist, zugleich doch noch "lebt", da doch nicht alle Organe ihre Tätigkeit eingestellt haben, deckt keine dialektische Beschaffenheit des Todes auf und überhaupt nichts Widerspruchsvolles im Vorgange des Sterbens, sondern macht uns nur aufmerksam, daß unser Begriff des Todes den ganzen Prozeß der Veränderungen, welche das Sterben eines Organismus darstellen, nicht erschöpft, weil er nur das Ende des *Menschen* im Auge hat, nicht aber das des *Organismus.* Es ist ein psychologisch-praktischer und kein physiologisch-theoretischer Begriff. Nicht Verwirrung dieser ganz verschiedenen Standpunkte, woraus dann freilich Widersprüche folgen müssen, sondern die Auflösung dieser Widersprüche durch Hinausführung der Begriffe aus ihrer jeweiligen Beschränktheit ist das eigentliche Wesen der Dialektik, die eben keine Beschaffenheit der Dinge, sondern nur eine Art des Denkens der Dinge ist.

Durch Verflüssigung unserer Begriffe und Definitionen verschwindet also der Widerspruch genauso aus dem Werden wie durch die Beweglichkeit unserer Anschauung aus der Bewegung. In beiden Fällen *folgen* wir dem Flusse der steten Veränderungen, was eben den Unterschied und den Wert des dialektischen gegenüber dem logischen Denken ausmacht, das an seinen Begriffen unbeweglich haftet. Es ist mir daher auch nur aus derselben Inkonsequenz erklärlich, mit welcher Plechanow bei seiner Besprechung des Werdens von dem dialektischen Standpunkt abgeriet, wenn er auf Seite 35 es als einen Mißbrauch der Dialektik bezeichnet, das Sein durch das Werden zu ersetzen. Er tut dies allerdings in Abwehr eines wirklichen Mißbrauches der Dialektik, nämlich bei Kratylos, der bekanntlich sagte, man könne denselben Fluß nicht nur nicht zweimal befahren, sondern sogar nicht einmal. Denn der Fluß habe sich ja schon während unserer ersten Fahrt verändert. Nebenbei bemerkt ist diese von Plechanow abgelehnte Meinung des Kratylos um nichts schlechter als der von Plechanow akzeptierte Widerspruch der Bewegung oder als die Schwierigkeit in der Bestimmung des Anfanges einer Glatze. Alle diese Argumentierungen sind ein Mißbrauch der Dialektik, aber gerade weil sie das Sein nicht *durchwegs* im Werden auflösen, sondern einem aufgelösten Teil einen unaufgelösten anderen Teil gegenüberstellen. Kratylos löst den Fluß in beständiger Veränderung auf, vergißt aber daran, sich selbst ebenso zu behandeln etc. Vom Standpunkt der Dialektik kann man gar nicht anders als alles Sein und Werden auflösen, und zwar restlos, da das Werden ja nur die Art ist, in welchem das Sein eben da ist. Verkennt man dies, so kommt man zu jener schon vorhin charakterisierten seltsamen Halbheit eines Dialektikers, im dialektischen Denken selbst zwischen schon entstandenen und entstehenden Dingen zu unterscheiden und sich den Kopf darüber zu zerbrechen, von wann man an einen Jüngling einen Bärtigen wird nennen dürfen. Das Gewordene entspringt einer ganz anderen Art unseres Denkens, nämlich der Beziehung des Mannigfaltigen in der Erfahrung auf die Denkeinheiten des Verstandes, wobei theoretische und praktische Interessen in der Ausgestaltung und Festhaltung dieser Einheitsbeziehung richtunggebend sind, die aber mit dem Wesen der dialektischen Auffassung gar nichts zu tun haben.

Damit sind wir schließlich zu der Frage nach dem Verhältnis des logischen zum dialektischen Denken gelangt. Man kann, wenn man will, die Logik als einen speziellen Fall des dialektischen Denkens bezeichnen, wie Plechanow dies tut. (S. 35.) Aber damit ist für die klare Erkenntnis des Verhältnisses beider wenig gewonnen, zumal wenn man mit Plechanow dann weiter folgert, daß die Grundgesetze der Logik ihre Bedeutung nur behalten, inwiefern sie der Dialektik nicht widersprechen. Denn dies letztere ist direkt falsch, was übrigens Plechanow selbst auf Seite 37 zugeben muß, wo er uns belehrt, daß die Grundgesetze der Logik "innerhalb gewisser Grenzen", zum Beispiel auch auf die Bewegung Anwendung finden, obzwar dies doch nach ihm logisch nicht zu begreifen war. So führt die Plechanowsche Bestimmung des Verhältnisses zwischen Logik und Dialektik zu einem Schwanken, das selbst weder logisch noch dialektisch ist. Richtig ist nur der Schluß, zu dem Plechanow kommt und von dem aus sich das fragliche Verhältnis leicht bestimmen läßt: "daß die Dialektik die formelle Logik nicht aufhebt, sondern ihr nur die absolute Gültigkeit nimmt, die ihr die Metaphysiker verleihen". (S. 37.)

Es besteht nämlich keinerlei Subordinationsverhältnis zwischen Logik und Dialektik, überhaupt keine Beziehung weder der Harmonie noch des Widerspruches zwischen beiden, sondern sie sind zwei Denkweisen, die nur in der Einheit des denkenden Kopfes erst in Beziehung gebracht werden und sich in seiner Denkarbeit ergänzen, wie erst das Sehen mit beiden Augen ein plastisches Bild statt eines bloß flächenhaften erzeugt. Das logische Denken ist das Denken in Begriffen, welches die Totalität des Erfahrungserlebnisses in lauter Teile und Diskontinuitäten auflöst. Aber immer damit verbunden, nur die längste Zeit als bewußte Methode nicht erfaßt, geht gleichzeitig im Denken einher eben jenes Erleben des Ganzen, aus welchem der Verstand seine begriffsmäßige Erkenntnis bildet und in deren Annäherung an jene Ursprünglichkeit und Totalität die Kraft des Genies oder Künstlers liegt. Die Dialektik ist nur der methodische Versuch die Schranken des bloß begriffsmäßigen Denkens zu durchbrechen, vermittels des Rückganges auf das Erlebnis der Totalität der Erfahrung. Sie strebt das bruchstückhafte, mehr oder weniger gewaltsam abgegrenzte logische Denken wieder einzuordnen in jenen Fluß einer ungeteilten Erfahrung, die zwar durch kein praktisches Denken sich vollkommen ausdrücken läßt, aber im Bewußtsein jedes Denkenden aufzeigbar lebt. Die Dialektik wird so zu einer Korrektur des logischen Denkens, die nicht etwa seine Ergebnisse als falsch aufzeigt, sondern die nur die notwendigen Fehler ausgleicht, welche dem logischen Denken eigen sind. Sie berichtigt das logische Denken daher auch nicht eigentlich, sondern sie ergänzt es durch eine *ganz andere* Anschauungsweise. Und da es diese Anschauungsweise erst ist, welche das Denken instand setzt, der steten Veränderung und Entwicklung zu folgen, die alle Gebiete der Natur beherrscht, das physische nicht minder wie das organische und soziale, so folgt daraus von selbst die überragende Bedeutung der Dialektik für das moderne wissenschaftliche Denken. Insbesondere für die wissenschaftliche Erkenntnis des sozialen Lebens, das ja nur mit seinem steten Wandel aller seiner Beziehungen und Institutionen Objekt der Wissenschaft werden kann, hat erst die dialektische Auffassung die Möglichkeit geboten, diesem Fluß der Dinge wirklich folgen und ihn theoretisch ausdrücken zu können. In dieser Wertschätzung der Dialektik für die Sozialwissenschaften, für welche Plechanow aus der Fülle seiner weit ausgebreiteten Studien sehr interessante Belege aus den verschiedensten Zweigen der Geisteswissenschaft beibringt, kann man nur eines Sinnes mit ihm sein. Nur daß diese Belege ebenso viele Beispiele für den methodologischen Charakter der Dialektik werden und in keinerlei Weise geeignet sind, die anfängliche These Plechanows zu unterstützen, daß die Dialektik mit dem Materialismus stehe und falle.

Und diese These ist auch nicht zu halten, solange man mit dem Begriffe des Materialismus den ihm wirklich zukommenden Sinn verbindet und nicht etwa aus ihm bloß eine naturwissenschaftliche Methode macht. Bleibt aber der Materialismus, was er ist, nämlich eine Weltauffassung, und soll in diesem Sinn die Dialektik materialistisch sein, dann ist hoffentlich deutlich erkennbar geworden, wie dieses Bestreben, die Dialektik nicht bloß als eine Art des Denkens, sondern als eine Beschaffenheit des Seins selbst zu verstehen, sie notwendig um ihren dialektischen Charakter bringe und ihr den bloßen, ganz undialektischen Widerspruch lassen muß. Ja es ist im Grunde ein Widersinn, ein Ungedanke, von einem Widerspruch – nicht zu verwechseln mit Gegensätzlichkeit – *im Sein* zu sprechen. Wie immer man sich zu der erkenntniskritischen Frage des Verhältnisses von Denken und Sein verhalten mag, selbst auf dem Boden einer bloß positiven Betrachtung bezeichnet der Begriff des Widerspruches nur ein reines Denkverhältnis, nämlich die Unmöglichkeit, das Zugleichsein einander ausschließender Betrachtungen *denken* zu können. Was für einen Sinn kann es nun haben, von dem, was man gar nicht denken kann, zu sagen, daß es eine Eigenschaft des Seins sei?! Diejenigen, die von Widersprüchen im Sein sprechen, haben gewöhnlich etwas im Auge, was zwar eine gewisse

Gegensätzlichkeit des Seins darstellt, ohne aber irgend etwas mit einem Widerspruch gemein zu haben. Die Polarität zum Beispiel ist doch kein Widerspruch, sie ist das Zugleichsein zweier entgegengesetzter, sich unter Umständen aufhebender, aber nirgends ausschließender Beschaffenheiten. Daß ein Körper zugleich positiv und negativ elektrisch ist, daß ein Organismus zugleich ein Individuum und ein Zellenstaat ist, gehört doch ersichtlich in eine ganz andere Kategorie, als daß ein Körper an einem Orte sei und zugleich nicht sei. Es wurde schon im ersten Artikel erwähnt und sei hier nochmals betont, daß die reale Gegensätzlichkeit in den Objekten mit der Dialektik gar nichts zu schaffen hat, nur daß sie durch ein dialektisches Denken leichter erfaßt und verstanden wird. Sie ist also nur ein Objekt *für* die Dialektik, nicht selbst eine Dialektik. Anderseits hat aber auch der Widerspruch im logischen Sinne mit der Dialektik gar nichts zu schaffen, wie nur ein weitverbreitetes Vorurteil meint. Vielmehr haben gerade Marx und Engels, ersterer gegen Proudhon, letzterer gegen Dühring, gezeigt, wie der Begriff des dialektischen Widerspruchs etwas ganz anderes ist als die nur im Namen mit ihm übereinstimmende logische Kategorie. Nicht umsonst hat Hegel für den dialektischen Widerspruch darum noch eine eigene Bezeichnung geprägt, indem er sie auch *Negativität* nennt. Der dialektische Widerspruch bezeichnet nicht das Zugleich*sein* einander ausschließender Bestimmungen, sondern nur das Zugleich*denken* des logisch Begrenzten mit seinem Negativum, mit dem aus dieser Begrenzung ausgeschlossenen und insofern ihm widersprechenden Inhalt. Während also der logische Widerspruch, auf das Sein bezogen, das Zugleichsein seiner Entgegensetzungen *ausschließt,* bedeutet der dialektische Widerspruch gerade dieses Zugleichsein, ein Sich-Durchdringen entgegenstehender Momente, weil er diese nicht als Seinselemente, sondern nur als Denkbestimmungen erfaßt. Das Widersprechende *ist* nicht gleichzeitig, sondern es wird im Denken gleichzeitig erwogen, aufeinander bezogen und so zu einer Synthese gebracht. Indem diese Denkweise nicht mehr an bloßen Abstraktionen geübt wird wie bei Hegel, sondern am realen Stoff der Erfahrung, scheint sich die Dialektik, die Marx bei Hegel so treffend als eine "absolute Methode" charakterisiert[3]), hier in die Lebendigkeit des Stoffes selbst, also in eine Eigenschaft der Natur zu verwandeln. Aber sie bleibt doch immer noch Methode, nur daß sie eben aus einer absoluten eine wissenschaftliche geworden ist, die nicht mehr, was Engels mit Recht als einen "totalen Mangel an Einsicht in die Natur der Dialektik" bezeichnet, nur als ein Instrument des bloßen Beweisens zu verstehen ist, sondern als "Methode zur Auffindung neuer Resultate, zum Fortschreiten vom Bekannten zum Unbekannten".[4])

Wir sind am Ende dieser Erörterung, die durch die Begrenzung ihres Themas auf das Wesen der Dialektik es mit sich bringen mußte, daß sie wesentlich polemisch gegenüber Plechanows Ansichten in diesem Punkte auftrat. Es würde aber eine unrichtige Vorstellung von Plechanows Schrift über die Grundprobleme des Marxismus erwecken, wenn nicht noch darauf hingewiesen würde, wie dieselbe mit den hier besprochenen Abschnitten noch durchaus nicht erschöpft ist. Vielmehr enthalten die folgenden, den größeren Teil des Buches ausmachenden Kapitel eine kritische Erörterung der materialistischen Geschichtsauffassung, die eine ebenso nötige wie glückliche Bereicherung der Literatur über dieses schwierige Thema darstellt. Denn hier erfahren zahlreiche Mißverständnisse, die nicht nur bei den Gegnern anzutreffen sind, ihre gründliche und zugleich klare Berichtigung. Insbesondere die Rolle der Ideologie im geschichtlichen Prozesse und die Art ihrer Abhängigkeit von den wirtschaftlichen Faktoren wird gegenüber einer bloß schablonenmäßigen Anwendung des ökonomischen Materialismus ins rechte Licht gesetzt. Für diese lichtvolle Aufklärung und rücksichtslose Beseitigung allzu "materialistischer" Verballhornungen der materialistischen Geschichtsauffassung gerade durch Plechanow wird jeder, der die landläufige Diskussion über dieses Thema kennt, dem Verfasser nur Dank wissen.

---

[3]) *Elend der Philosophie,* S. 88 ff.

[4]) *Umwälzung der Wissenschaft,* S. 136 und 137.

Über den kritischen Begriff der Religion

I.

Wer den Entwicklungsgang der geistigen Interessen in den letzten zwei Jahrzehnten verfolgt hat und bemüht ist, von ihm ein möglichst vollständiges Bild zu erhalten, der fühlt sich, sobald er dieses Bild mit Gemälden früherer Jahrzehnte vergleicht, immer wieder an die Wort Kants erinnert, die im Eingange der *Kritik der reinen Vernunft* stehen: "Es ist umsonst, Gleichgültigkeit in Ansehung solcher Nachforschungen erkünsteln zu wollen, deren Gegenstand der menschlichen Natur nicht gleichgültig sein kann."

In der Tat, nachdem noch in den neunziger Jahren die Todeserklärung der Philosophie und die Verschollenheitserklärung der Religion von den Gerichtshöfen einer materialistischen und naturalistischen Denkweise mit um so größerer Festlichkeit verkündet wurde, je weniger sie hierzu kompetent waren und je mangelhafter das Verfahren war, in welchem diese Gerichte zu einem solchen Resultat gelangten, stehen wir jetzt schon lange in einer hoffnungsvollen Renaissance der philosophischen Arbeit und des philosophischen Interesses. Und was die Religion betrifft, hat sich an ihrem Geistesgehalt eine so großartige Änderung im denkenden Bewußtsein unserer Zeit vollzogen, daß dem aus mannigfachen Quellen heute wiedererwachten religiösen Interesse sich eine ganz neue Situation darbietet, die ihm aus der Religion eine Bereicherung seines geistigen Seins verspricht, nicht wie bisher zumeist nur eine Beschränkung, ja Verkümmerung desselben.

Was aber diese Renaissance so bedeutend und hoffnungsreich macht, das ist, daß sie gerade aus demselben modernen Denken hervorgegangen ist, welches ihr zuerst so wenig entgegenkam. Sie ward zum großen Teile gespeist aus solchen Quellen, die ganz abseits von dem Felde des philosophischen Denkens entsprangen und nur durch die Naturkraft ihres eigenen Gedankengefälles dorthin gebracht wurden, um es zu neuem Wachstum zu erfrischen. An den Arbeiten der modernen Naturwissenschaft, die überall in ihren bedeutendsten Vertretern zur Prüfung der Methoden ihrer Arbeitsweisen, zur kritischen Begrenzung ihres Arbeitsgebietes, zur Untersuchung ihrer Grundbegriffe gedrängt wurden, entsprang die Neubelebung der Erkenntniskritik und die Überwindung des dogmatisch erstarrten naturwissenschaftlichen Materialismus. Aus den Arbeiten der vergleichenden Sprachforschung und der nach den Gesetzen der Wortbildung und Umwandlung forschenden Sprachwissenschaft bereicherten sich Logik und Physiologie ebensosehr, wie sie anderseits ihre Eigenbedeutung gegenüber dem neuen geschichtlichen Stoff nur um so deutlicher gewahr werden ließen. In noch höherem Grade war dies bei dem mächtigen Gedankenanstoß der Fall, der von der Deszendenztheorie ausging, die schließlich mit allen ihren wesentlichen Begriffen, vor allem mit denen der Entwicklung und des Zweckes, nach einer grundsätzlichen Bearbeitung derselben verlangte, die nur mit den logischen und kritischen Mitteln der Philosophie zu bestreiten ist und schließlich die Studien über das Wesen der Geschichte, der Streit über die Gesetzlichkeit in ihr, die Probleme der Nationalökonomie und des Gesellschaftsbegriffes – dies alles waren ebenso viele Motive, die das Denken aus der fachwissenschaftlichen Sphäre und aus der Beschäftigung mit dem bloßen Erfahrungsstoffe hinwegdrängen und auf sich selbst zurückführen mußten, um durch eine schärfere Besinnung über das Wesen und die Gesetze des Denkens selbst tauglicher zu werden für die Leistung der Arbeit in den Spezialgebieten der Forschung. So erwuchs zunächst die moderne Erkenntnistheorie in ihren mannigfaltigen Spielarten vom Neo-Kantianismus bis zum Neo-Humeismus als direktes Resultat der Erfahrungswissenschaften und als Befriedigung ihres dringenden Bedürfnisses. Und es war nur natürlich, daß man in dem hierdurch einmal neu geweckten philosophischen Denken bei der bloß negativen Arbeit der Erkenntniskritik nicht stehenbleiben konnte.

Ganz ähnlich erfolgte die Neubelebung religiöser Vorstellungen zunächst aus einem Geiste, der eher auf die Auflösung aller Religion gerichtet war. Die historische Kritik der religiösen Überlieferung, besonders die Bibel- und Evangelienkritik, führte im Verein mit der vergleichenden Betrachtung der Religionen auf die Erkenntnis der Faktoren, die in aller Regligionsbildung wirksam sind und die nun als eigentlich religiöses Bewußtsein von dem übrigen oft überwuchernden Inhalt abgetrennt werden konnten. Dieser letztere wurde nun als das mythenbildende Element in der Religion erkannt, das im innigsten Zusammenhang mit der Kulturstufe jederzeit bestimmbar war, aber mit dem Begriff der Religion im Grunde nichts zu tun hat. *Religion* und *Mythos* werden jetzt zwei streng geschiedene Begriffe; und in dem Maße, als hierdurch die dogmatischen Religionen verloren, die mehr und mehr in die Klasse der Mythologien eingereiht werden mußten, gewann der Begriff der Religion selbst. Er war nicht länger mehr ein bloß historischer Begriff, sondern enthüllte immer deutlicher seinen erkenntniskritischen Inhalt, d.h. er erwies sich immer deutlicher als jene in ihrer Eigenart zu bestimmende *Form des Bewußtseins,* die vom Fetischismus bis zum evangelischen Christentum alle Religion überhaupt erst möglich machte. Indes von da aus sich immer klarer ein Begriff der Religion abhob, der nichts Mythologisches, nichts Dogmatisches, nichts Kultisches mehr in sich schloß, war die Möglichkeit gegeben, daß das moderne Denken, dem alles Dogmatische und Mythologische durchaus zuwider war, Zutrauen fassen konnte, auf eine Gedankenreihe einzugehen, der bisher das ganze Vorurteil auch sonst vorurteilsfreier Denker gegen alles, was Religion hieß, entgegenstand. In dem Maße aber, als das Denken nun auf die neue Vorstellungsweise einging, erkannte es in ihr mit Erstaunen und Freude zugleich nur einen Teil seines eigensten und besten Wesens, seine eigene Vollendung. Im religiösen Bewußtsein vervollständigt der menschliche Geist die Welt nach seinen tiefsten sittlichen und logischen Bedürfnissen. Und dies erklärt die Wucht, mit welcher, sobald nur einmal das philosophische Denken wieder freigeworden war aus der Erstarrung des Naturalismus des 19. Jahrhunderts, das religiöse Problem mit einem Male sich wieder zur Geltung brachte, besonders im protestantischen Deutschland. Nie noch hat es eine so gewaltig in alle Schichten des Volkes dringende philosophische und kritische Literatur über religiöse Probleme gegeben, wie sie jetzt fast lawinenartig in allen Kulturländern anwächst, besonders aber in den Gebieten des Protestantismus, und beweist, daß zwar vorläufig noch die alten Schläuche benützt werden, aber doch überall ein neuer Wein in ihnen gesucht wird.

Es ist gewiß unleugbar, daß für weite Schichten der Bevölkerung, und hier wieder besonders der katholischen, das Gesagte nicht gilt. Es ist nicht in Abrede zu stellen, daß, wie gerade von kirchlicher Seite oft zugegeben werden muß, die Stimmung der großen Menge der Gebildeten, aber auch der Volksmassen in bezug auf religiöse Fragen die absolute Gleichgültigkeit ist. Allein man geht bei der Beurteilung dieser Erscheinung keineswegs von klaren Gesichtspunkten aus. Zunächst wäre zu sagen, daß abgesehen von Zeiten religiösen Eifers, wie etwa in den Urzeiten des Christentums oder während der ersten Kreuzzüge oder zur Zeit der Reformation, kurz abgesehen von solchen Zeiten, in denen überhaupt aus irgendwelchen gewaltigen Ursachen die Indifferenz der Massen erschüttert wurde, der Standpunkt der großen Menge einschließlich der Gebildeten gegenüber der Religion stets ein konventioneller gewesen ist, aber nicht mehr und nicht weniger, wie auch gegenüber anderen geistigen Gebieten, z.B. Kunst und Philosophie. Weist man also darauf hin, daß sich der Durchschnittsgebildete der heutigen Zeit für religiöse Probleme gar nicht interessiere, so müßte man eigentlich fragen, für welche anderen tieferen geistigen Probleme er sein Interesse bezeuge. Interessiert er sich etwa ernstlich für Kant oder Spinoza oder für die philosophische Arbeit der modernen Naturwissenschaft? Es

wird kaum eine andere Antwort bleiben, als das er sich bestenfalls für – Häckel interessiert, wobei mit diesem Namen natürlich nicht der bewunderungswürdige Mann, sondern seine weniger ersprießliche philosophische Richtung zu verstehen ist. Und damit sind wir bei dem zweiten Gesichtspunkt, den man endlich einmal erkennen muß. Es kommt nämlich hier gar sehr darauf an, darauf acht zu haben, was sich hinter der scheinbaren religiösen Indifferenz gerade so vieler Gebildeter verbirgt. Und weil schon der Name Häckels genannt wurde, für welchen auch der Ostwalds eingesetzt werden könnte, so ist es wichtig zu wissen, daß es zwar hier auf den Wert oder Unwert der monistischen Gedankenwelt ganz und gar nicht ankommt, sondern nur das eine nottut, zu erkennen, wie alle Systeme des materialistischen oder monistischen Denkens *nie* darauf verzichten, ihrerseits eine neue Art der Religion zu verkünden – der Monismus tut dies ja sogar ausdrücklich. Nur daß er seine »Menschheitsreligion« als eine Art exakte Religion auffaßt, frei von Illusionen, wie er glaubt, und nur wissenschaftlich begründet. Das Mittel dazu ist gewöhnlich irgendeine Art Verherrlichung der Menschheit oder das Ideal des Kulturfortschrittes oder der allmächtige Gott der Entwicklung, oder wie sonst die so hinterrücks eingeführten neuen Götter heißen mögen. Wieder bleibe hier unerörtert, mit welchem logischen Rechte diese geistigen Werte in einer wesentlich mechanistischen oder energetischen Grundauffassung eingeführt werden können, ja ob sie in solcher Umgebung überhaupt einen Sinn haben. Hier interessiert uns nur die allzuoft übersehende Tatsache, daß an diesem Punkte die scheinbar so weit verbreitete religiöse Indifferenz in die Brüche gegangen ist, was nur deshalb so häufig verkannt wird, weil man keine klare Vorstellung von dem formalen Charakter des religiösen Bewußtseins besitzt, das sich in die mannigfachsten Gewänder kleiden kann, so daß es einfach mit Pfaffentum, mit Dogmatik und Mystik identifiziert. Sonst müßte man schon längst gefunden haben, wie hier mitten in der Welt der kalten Naturnotwendigkeit es die religiöse Kraft des Glaubens an eine Vernunft ist, an das Ideal des Kulturfortschrittes und der Menschheitserhöhung, aus welcher die Wärme strömt, die allein von der Sonne der Wissenschaft zu kommen scheint. Denn noch ist keine Wissenschaft so weit gelangt, uns von all diesen Gütern mehr als *die bloße Tendenz* wirksam zu zeigen, eine Tendenz, die der Naturzufall großer Elementarereignisse jeden Augenblick verschütten kann.
Das ist die große aufklärende Wirkung der historisch- und erkenntniskritischen Arbeit an der Religion, daß sie uns in die Lage versetzt, die Wirksamkeit des religiösen Bewußtseins auch dort zu erkennen, wo es unter einer ganz anderen als der gewohnten kultischen Form tätig ist, ja wo es sogar von denen, in welchen es wirkt, selbst nicht erkannt, vielmehr bestritten wird. Hat man das erst einmal erkannt, dann wird man die angebliche Indifferenz der großen Masse für religiöse Probleme anders beurteilen. Man wird verstehen, warum der Ton materialistischer und positivistischer Redner wie Schriftsteller regelmäßig feierlicher, ja oft sogar begeistert wird, so oft sie auf die Förderung der Kulturideale durch ihre Weltanschauung zu reden kommen, und man wird begreifen, wieso die Lehren des Atheismus und des Materialismus populär werden konnten, nicht bloß als Opposition gegen Kirche und Staat, sondern auch als innere Überzeugung: weil sie gerade die Möglichkeit sicherzustellen scheinen, das religiöse Bedürfnis, das ist die Hoffnung auf eine sinnvolle Gestaltung der Welt, aus den überlebten kirchlichen Formen in die durch die exakte Wissenschaft anders gerichteten Gedankenreihen des modernen Lebens überzuführen. Was hierin manchem vielleicht noch zweifelhaft scheinen mag, kann sich freilich erst im Fortgang dieser Erörterung besser entfalten, wenn es ihr gelingen sollte, das Wesentliche im Begriffe der Religion klarzustellen.

II.

Nichts wäre gefährlicher, als der Frage "Was haben wir unter Religion zu verstehen?" mit dem Vorhalte entgegenzutreten, daß eine solche Frage das Problem in die Gefahr eines Wortstreites bringe. In der Tat liegt es nahe zu sagen: Wenn wir unter Religion etwas anderes verstehen sollen als eben die geschichtlichen Erscheinungen, die uns als Judentum, Christentum, Mohammedanismus etc. entgegentreten, dann reden wir eben von etwas ganz anderem, als die übergroße Mehrzahl unter Religion versteht, und das Ergebnis kann dann nur eine heillose

Verwirrung sein. Das geben wir zu, nur daß wir meinen, daß die heillose Verwirrung, die tatsächlich schon besteht, bloß eine Folge davon ist, daß man jene Frage zu stellen so häufig unterläßt. Das ist überhaupt die durch die Generationen der Menschen sich fortziehende Plage des Denkens, daß es auf seinen wichtigsten Gebieten mit Begriffen arbeitet, die jeder zu verstehen glaubt, während jeder dabei etwas anderes denkt. In diesem Sinne dürfte man sogar sagen, der Wortstreit, weit entfernt, etwas Müßiges zu sein, wird zur unerläßlichsten Aufgabe der Philosophie, insofern er darauf gerichtet ist, die Worte, mit denen gestritten wird, selbst erst aufzuklären. Nicht mit Unrecht hat Herbart daher die sonst so scholastisch anmutende Definition von der Philosophie gegeben, sie sei eine Bearbeitung der Begriffe. Die Klarstellung der Terminologie bedeutet auf dem Gebiete des Denkens dasselbe, wie die Prüfung der Instrumente auf jenem der Erfahrung. Und es ist nur eine der einseitigen Verengungen unseres Urteils durch den Naturalismus, wenn man glaubt, Entdeckungen und Fortschritte werden nur auf empirischem Felde gemacht. Die klare Herausarbeitung eines neuen Begriffes, die geglückte Abgrenzung einer neuen Terminologie – man denke z.B. an die Neuschaffung der Sozialtheorie durch den Begriff der Vergesellschaftung an Stelle des alten Gesellschaftsbegriffes – ist ebenso eine Entdeckung, die uns neue Ausblicke in die Erkenntnis verschafft, wie empirische Empfindungen und Entdeckungen. Wenn allerdings die große Mehrzahl der Menschen einen bereits bearbeiteten Begriff noch in anderer Weise verwendet, als die Definition jetzt verlangt, so streitet man ja nicht mit der großen Mehrzahl, wobei ohnehin nichts herauskommen kann. Diejenigen aber, die miteinander streiten, können und müssen sich über den Sinn der Worte verständigen und die große Mehrzahl belehren.

Kehren wir also zu unserer Frage zurück, was wir unter Religion zu verstehen haben, so scheint die Orientierung uns am raschesten zu gelingen, wenn wir vorerst uns klarmachen, was alles nicht zur Religion gehört, also aus ihrem Begriff auszuscheiden ist. Da wir aber doch einen vorläufigen Überblick haben müssen, einen Gegenstand, an dem wir diesen Reduktionsprozeß vornehmen, so knüpfen wir natürlich dort an, wo dies am leichtesten ist, an der *historischen* Form der Religion.

Historisch ist aller Religion charakteristisch die Beziehung auf irgendeine *höhere Ordnung* der Welt, die über der erkannten empirischen Ordnung steht und dieser als ihr eigentlicher Sinn und Wert entgegentritt, auf welchen sich daher der religiöse Mensch ausgerichtet sieht als sein wahres Heil und unvergängliches Interesse. Ob diese Ordnung als eine göttliche gedacht wird oder nicht, ist nicht wesentlich; denn wie das Beispiel des ursprünglichen Buddhismus zeigt, gibt es auch Religionen ohne Gott. Immerhin wird man aber den Buddhismus doch mehr als eine aus philosophischer Reflexion entsprossene Religion betrachten können und im allgemeinen die Auffassung dieser höheren Ordnung als einer göttlichen für typisch halten dürfen. Die Ausrichtung des Menschen auf diese göttliche Ordnung wird dann zugleich ein *Abhängigkeitsverhältnis,* in welchem der Mensch sich von einer ihm in jeder Hinsicht überlegenen Macht beherrscht und geführt sieht und deren furchtbare Herrlichkeit und erhabene Größe er in seinem Innern wie eine Offenbarung erlebt. So sind also die typischen Merkmale der Religion die Annahme einer überempirischen Weltordnung, die auf das Heil der Menschen gerichtet ist und die in den Menschen, sei es durch besonders begnadete Seher einmal für alle, sei es durch ein frommes Leben in jedem immer wieder sich offenbart.

Damit gewinnen wir nun die erste Begrenzung für unseren gesuchten Begriff, die in grundlegender Weise bereits durch Kant gezogen wurde. Und sie ist um so wichtiger, als hier auch die sonstigen Gegner der Erkenntniskritik Kants ihre Zustimmung nicht versagen, so daß wir hier uns des in der Philosophie wahrlich nicht zu häufigen Vorteiles erfreuen, auf einer allseitigen Übereinstimmung zu fußen. Was Kant für alle Religion unwiderleglich eingeschärft hat, ist dieses: Sofern die Religion sich auf eine überempirische Ordnung bezieht, *muß sie auf jedes Wissen von ihrem Gegenstande verzichten.* Ein Wissen von dem, was unsere Erfahrung überschreitet, bleibt uns nach der Beschaffenheit unseres Erkenntnisapparates für immer verschlossen, so daß es also eine wissenschaftliche Erkenntnis von Heilswahrheiten oder göttlichen Dingen niemals geben kann. Auch die Formen selbst, in denen wir eine solche Erkenntnis zu haben glauben, wie z.B. unmittelbares Erleben der Gottheit, der Alleinheit und dergleichen, entbehren jedes theoretischen Wertes und sind, wenn ihnen doch ein solcher zugesprochen wird, nur Selbsttäuschungen eines dogmatischen Denkens. So muß der Religion der Anspruch mit den Begriffen von Gott und Seele, Jenseits, Unsterblichkeit und Heilsordnung uns ein sicheres und sogar höheres Wissen zu geben, vollständig abgewiesen werden.

Damit ist aber zunächst noch keine Verwerfung ihrer Begriffe ausgesprochen. Dies wird nur zu oft von der gegnerischen Seite übersehen, die ebenso dogmatisch in der Leugnung wie die anderen in der Behauptung der göttlichen Wahrheiten sind. Mit jener Abgrenzung ist vorläufig nur klar ausgesprochen, daß Religion mit ihren Begriffen aus dem Bereich des theoretischen Denkens auszuscheiden hat. Religion ist kein Wissen von der Welt und kann es nie werden, womit sie aber keineswegs degradiert ist. Denn vielleicht, was noch zu untersuchen sein wird, steigt ihr Inhalt aus einer viel größeren Tiefe unseres Wesens hervor, als die Oberflächenerscheinung unseres Wissens spiegeln kann, dieses bloßen Teiles von uns, den nur die Überschätzung eines wesentlich intellektualistischen Zeitalters für das Ganze unseres Lebens ausgeben kann.

Wenn nun aber die Religion aus dem Bereich des Wissens verwiesen ist, wo gehört sie dann hin? Was für ein geistiges Interesse bleibt dann noch für sie übrig? Nennen wir in Anlehnung an die bekannten Begriffe der Philosophie jene Seite unseres Bewußtseins, die mit Erkenntnisinteressen zusammenhängt, die theoretische, jene aber, die mit unserem Willen verknüpft ist, die praktische, so ist klar, daß die Religion ganz und gar nur in die Sphäre des praktischen Bewußtseins fällt. Es gibt allerdings auch eine ästhetische Stellung zur Religion oder ästhetische Auffassung in ihr; aber sie setzt die praktische, willensgemäße Auffassung derselben stets voraus.

Die Religion als ein eigener Wert läßt sich daher nur vom Standpunkt des Willens erfassen. Es ist eine Seite unseres willensmäßigen Seins, die wir in ihr erleben, ihre Wahrheiten sind nicht Erkenntnisse, sondern Wollungen, die Heilsordnung der Welt, unsere Ausrichtung auf eine überempirische Ordnung erleben wir zunächst nicht als ein Gewußtes, Erkanntes, sondern als ein unserem tiefsten Wollen Entsprungenes. So ist der Gedanke Feuerbachs, mit dem nach einer weitverbreiteten, aber falschen Konvention die revolutionäre Religionskritik beginnt, daß der Wunsch die Seele der Religion, der Vater ihrer Gedanken sei, bereits in einem viel tieferen Sinn von der Religionskritik Kants ausgesprochen worden, der die Religion entschieden aus dem Reich des Wissens in das der Hoffnung und des Wunsches verweist, nur daß dieser Wunsch nicht in bloß psychologischer Kritik als reine Illusion aufgezeigt wird, sondern erkenntniskritisch sich als eine aus der Natur unserer geistigen Organisation hervorgehende, unser Weltbild erst vollendende Notwendigkeit erweist.

Aus dieser Abstreifung des theoretischen Charakters ergibt sich nun aber sofort eine grundlegende Konsequenz für das Verständnis des reinen Religionsbegriffes, die, so selbstverständlich es heute bereits den meisten scheint, daß Religion und Wissen zu trennen sind, doch nur selten beachtet wird. Diese Konsequenz verlangt nämlich, daß alle Begriffe und Vorstellungen der Religion *umgedacht* werden müssen, damit sie in ihrer religiösen Eigenart überhaupt erst erfaßbar werden. Alle Religionsbegriffe, vor allem also der von Gott, müssen demnach aus ihrer nur zu gewöhnlichen theoretischen Fassung, in der sie irgendeine Art des Wissens darstellen, gleichsam übersetzt werden in jene andere praktische Lebendigkeit, deren Eigenart wir noch kennenlernen werden. Sie *müssen also allen, wie immer beschaffenen und oft tief versteckten theoretischen Gehalt von sich abtun, ehe sie einen spezifisch religiösen Wert beanspruchen können.* Daraus folgt aber sofort weiter eine bedeutungsvolle Einschränkung des populären und historischen Religionsbegriffes, die jetzt die grundlegende *Unterscheidung von Religion und Mythus* ermöglicht.

Was nämlich gewöhnlich als Religion bezeichnet wird, enthält, und zwar sowohl in den herrschenden dogmatischen Lehrgebäuden als besonders in den lebendigen Volksreligionen, sehr viele theoretische Momente, wodurch sie für das Volk zur höchsten Weisheit wird, die ein Mensch gewinnen kann, zum Wissen von den tiefsten Geheimnissen des Alls, von den jede Erfahrung übersteigenden Dingen der überirdischen und der Unterwelt. Allein auch abgesehen von diesen Mysterien befriedigt sich in der Religion der unersättliche Kausaltrieb des menschlichen Erkennens mit der Annahme letzter, unerforschlicher, aber völlig zureichender Gründe. So ist die Religion nicht nur die Metaphysik des Volkes, sondern auch eine Art Universalphysik, eine Wissenschaft von dem Grunde und Wandel aller Dinge. Natürlich tritt dies alles bei entwickelteren Religionen nicht mehr so kraß hervor, und zwar besonders deshalb, weil dieses theoretische Element gerade durch das, wodurch sie entwickelter, d.h. eigentlichere Religionen geworden sind, mehr zurückgedrängt wird. Allein bei den niederen Religionen und bei den auf niedrigerer Kulturstufe stehenden Anhängern der höheren Religionen können alle diese Momente noch sehr gut betrachtet werden. Ja – und das ist nun für unseren Gegenstand nicht zu übersehen –, sie wirken in einzelnen Begriffsbestimmungen infolge des Dogmencharakters der Religionen noch bis in ihre aufgeklärteste Stufe hinein. So bleibt namentlich Gott nicht nur ein Wesen höchster Vollkommenheit, sondern zugleich noch letzter Seinsgrund alles Geschaffenen, Herrscher der Welt und Erkenntnisprinzip ihrer Ordnung.

Es ist daher in allen Religionsbegriffen ein Faktor zu unterscheiden, der sich auf die *Erklärung der Welt* oder des Weltgeschehens bezieht, den wir den kosmologischen nennen wollen. Im kosmologischen Teil der Religion steht der Mensch noch durchaus auf theoretischem Boden, woran gar nichts mehr verschlägt, daß die Mächte, die er in diesem Bereiche zu erkennen vermeint, ihn wegen ihrer unverstandenen Macht in Furcht und Hoffnung unterworfen halten, woraus ihr Kultus entspringt. Nur weil mit dieser rein kosmologischen Quelle immer zugleich auch schon jetzt aus der Einheit des menschlichen Bewußtseins jene andere Quelle fließt, aus der mit der kulturellen Entwicklung des Menschengeschlechtes schließlich die eigentliche Religion zu immer reinerer Entwicklung kommen sollte, nämlich die zuerst noch ganz rohe Verbindung jener kosmologischen Vorstellungen mit einer moralischen Welt, wird diese bloße Metaphysik zugleich Religion. Mit Recht hat Lütgenau darauf hingewiesen[1]), daß die so populäre Vorstellung, die Religion sei aus dem überwältigenden Eindruck der Naturgewalten auf die Menschen entstanden, vor allem zwei Fragen unbeantwortet lasse, erstens, warum, da man diese Erscheinungen doch anthropomorphisierte, man sie nicht als Menschen, sondern als Gottheiten vorstellte, und zweitens, warum man gerade diese und nicht andere oder alle Naturerscheinungen zu Göttern machte. Sehr richtig beantwortet er beide Fragen im Kantschen Sinne, ohne ihn zu nennen, ja vielleicht ohne diese prinzipielle Übereinstimmung zugeben zu wollen. Wir wollen diese Antwort deutlicher geben. Aus der Naturerscheinung wird erst dadurch eine Gottheit, daß der Mensch in der endlich begrenzten Erscheinung, weil er sie als solche nicht begreifen kann, sich ins Unendliche verliert. Wo er über alle Maßstäbe endlicher Messung hinausgehen muß, wo er von Ursache zu Ursache fortgetrieben wird, wo er derart vor das Unbegreifliche gestellt ist, daß schon die nächste Frage keinen empirischen Grund mehr ergeben kann – und beim primitiven Menschen sind diese Anlässe sehr bald gegeben –, da gestaltet sein nach Ruhe, nach *Totalität des Erkennens* strebendes Bewußtsein eben solche Ideen aus, in denen alles Fragen zur Ruhe kommen kann: die über alle Erfahrung hinausliegende (theoretische) Idee der Gottheit. Schon auf der tiefsten Stufe der Religion zeigt sich der *kosmologische Gottesbegriff* in jener von Kant bestimmten transzendentalen Natur: als die Richtung des Denkens auf die Totalität der Bedingungen der *Erfahrung*. Er vollendet eine zwar ganz und gar mythologische, aber ihrem Ideal nach doch vollkommene *Erkenntnis der Welt*. Es ist daher für das Verständnis vom Wesen der Religion noch sehr wenig gewonnen, wenn man nur weiß, daß sie in der Vergottung der Natur einen ihrer Ursprünge hat, wenn man sich gar keine Gedanken darüber macht, wieso die Menschen überhaupt zu dieser Vergottung gelangten, da sie doch den Begriff der Gottheit aus keiner Erfahrung schöpfen konnten. Nun sehen wir, daß dieser Begriff auch in dem bis jetzt behandelten bloß theoretischen Sinne durchaus dem apriorischen Charakter unseres Bewußtseins entstammt, und zwar seiner Erkenntnisseite, nämlich dem Bereich der *vor* aller Erfahrung bestehenden, wenn auch in ihr erst auftretenden und auf ihre *systematische Einheit* gerichteten *Ideen der Vernunft*. Die Gottheit als theoretischer Begriff ist eine Ordnungsidee, eine Einheitshypothese, ein Urprinzip der Er-

[1]) Franz Lütgenau, *Natürliche und soziale Religion*, Stuttgart 1894, S. 11 und 13.

klärung, das schon aus der Seele des Primitiven die Welt gestaltet nach seinen theoretischen Bedürfnissen.

Dies die Antwort auf die erste Frage nach dem Grunde der Vergottung; auch die zweite führt einen Schritt weiter, in die Verinnerlichung der Religion. Nicht alle Naturmächte werden ohne weiteres zu göttlichen Mächten. Das Prinzip der Auswahl fließt ganz und gar aus unserer willensmäßigen (praktischen) Natur: göttliche Bedeutung erlangt nur das in der Natur, was unser Wohl und Wehe betrifft und dadurch in eine solche Beziehung zu uns tritt, daß wir es mit unserem Verhalten, mit unserer Lebensführung in Verbindung bringen, durch deren rechte oder unrechte Art jenes Wohl befördert und jenes Übel verhindert werden kann. "Nur diejenigen Wahrnehmungen des Unbegriffenen, welche uns jene Abhängigkeit fühlen lassen und dadurch auf unsere *moralische Natur,* auf unser Handeln Einfluß haben, sind religiös: so wie wir nur durch das Gefühl dieser Abhängigkeit in subjektivem Sinne religiös sind."[2])

Also nur, weil auch schon die kosmologischen Elemente von jener Grundstimmung des Bewußtseins getragen werden, aus der die eigentliche Religion hervorgeht, werden sie aus dem, was sonst nur eine Hypothese der Naturerklärung wäre, zu einer Ahnung vom Weltganzen, zu einer Vorstellung von in demselben waltender Vernunft und Ordnung. Weil sie aber der anthropomorphen Auffassung des Volkes bis auf unsere Zeit leichter faßlich wird, weil sie zugleich so vielen theoretischen Bedürfnissen der Welterklärung genügen, so stehen sie auch zunächst im Vordergrunde der religiösen Begriffe. Gott als Schöpfer und Erhalter liegt dem naiven Bewußtsein viel näher als die Idee der in ihm sich vollendenden Vernunft und Sittlichkeit der Welt. Und vollends in der Übung der Kirchen mit der dort gepflegten bloßen Dogmengläubigkeit wird schließlich der moralische Faktor fast ganz aus dem Bewußtsein verdrängt und damit jede echte Religiosität, so daß Kant mit Recht zweifeln durfte, ob echte Religion nicht ebenso selten sei wie echte Sittlichkeit, von der er bekanntlich fürchtete, daß sie nur als Idee existiere.

Es ist interessant zu sehen, wie dieser echte Charakter der Religion, der von bloßer Naturauffassung des Göttlichen wegdrängt und darnach strebt, die Gottheit in eine das moralisch Menschliche erfassende, tief innerliche Gesinnung zu versenken, in der Geschichte des religiösen Bewußtseins nie ebenso verlorenging wie in der Geschichte der Religionen als bloßer Kultgenossenschaften. Jede große Epoche der ersteren, jede Entwicklungsstufe in ihr ist bezeichnet durch eine machtvolle Wegwendung der Gemüter von dem kosmologischen Gottesbegriff, dem Gott als Naturhypothese, zu dem moralischen, dem Gott als lebendiger, sittlicher Idee: damit immer zugleich auch von der Religion als äußerem Kultus zu ihr als innerer Kultur. Man denke nur an die große Reihe der jüdischchristlichen Religion: Moses, Propheten, Jesus, Luther – oder an Buddha. Dieselbe Wendung, die sich hier aus der Tiefe des religiösen Bewußtseins selbst an der geschichtlichen Gestalt der Religionen vollzog, wird in der Kantschen Philosophie zum ersten Male auch im vollen Licht des Denkens vollzogen und verschafft so der subjektiven Unerschütterlichkeit der religiösen Erfahrung erst jene äußere Sicherheit, welche allezeit nur der Objektivität des Denkens entspringen kann. Indem die Religion bei Kant überhaupt nicht mehr ein Wissen ist, am wenigsten ein solches von überirdischen Dingen, sondern zwar nur als eine Gesinnung aufgefaßt wird, aber als eine dem menschlichen Bewußtsein notwendige, als eine transzendentale Richtung desselben, wandelt sich nun der Gegenstand der Religionsphilosophie in radikalster Weise. An Stelle der so unfruchtbaren Beweise vom Dasein Gottes und der so kümmerlichen Versuche einer Theodizee wird ihre Aufgabe, den reinen Inhalt und die notwendigen Begriffe des religiösen Bewußtseins aus der Gesetzlichkeit dieses letzteren aufzuzeigen und hierdurch die Religion selbst zu entwickeln und zu läutern.

---

[2]) Lütgenau, a. a. O., S. 7. – Ich zitiere aus der großen hierhergehörigen Literatur vorzugsweise diesen Autor, weil er seine instruktiven Ausführungen mit bewußter und methodischer Anwendung der materialistischen Geschichtsauffassung gewinnt, weswegen Übereinstimmungen mit unserer erkenntniskritischen Untersuchung doppelt wertvoll sind.

Der Fortschritt der Religion vollzieht sich also nur in der immer selbstbewußteren Herausarbeitung ihres theoriefremden Wesens, nicht aber, wie viele gemeint haben, in ihrer Ausgleichung mit den Forderungen der Wissenschaft. Alle Konkordanzbestrebungen verfehlen ganz das Ziel: sie haben mit dem religiösen Bewußtsein als solchem gar nichts zu tun. Die Fragen nach der Erschaffung der Welt oder des Menschen, das hauptsächlichste Objekt solcher Einigungsbestrebungen, sind keine religiösen, sondern metaphysische Fragen. Daher berührt uns z.B. der ganze so heftige Streit um die Vereinbarkeit der Deszendenztheorie mit der Religion, wie er vor einigen Jahren sogar in öffentlicher Diskussion in Berlin geführt wurde[3]), so recht wie eine mittelalterliche Disputation, der wir kein wirkliches Interesse entgegenbringen können, weil uns der Standpunkt beider Teile als überwunden gilt. Der Standpunkt, der die Religion durch die Wissenschaft widerlegt glaubt, ist genauso unkritisch wie der, welcher sie mit der Wissenschaft in Einklang zu bringen sucht: und die Dogmatik der theoretischen Gottesleugner ist um nichts annehmlicher als die der wissenschaftlichen Gottesverfechter. Von der Wissenschaft führt nun einmal weder ein Weg zu Gott noch gegen ihn, *weil sie auf ihrem Felde Gott überhaupt nicht trifft.* Und das so häufig zum Entsetzen aller Kirchenpfaffen und zum Labsal aller atheistischen Pfaffen wiederholte Wort von Laplace, "er habe in der Astronomie kein Bedürfnis nach der Hypothese Gottes gehabt", brauchte weder die einen zu ärgern noch die anderen zu ergötzen. Denn daß die Wissenschaft den Begriff Gottes nicht nötig hat, ist gewiß richtig. Aber welche Kluft des Denkens überspringen viele sogenannte *Freidenker,* wenn sie aus einem Begriff, der für die Wissenschaft nicht *nötig* ist, einen solchen machen, der durch sie widerlegt ist; aus einem Begriff, der für eine bestimmte Aufgabe nicht erforderlich ist, einen solchen machen, der überhaupt unnötig ist. Der Dogmatismus einer solchen Denkweise sollte eigentlich schon längst nicht mehr zu übersehen sein. Da dies aber noch durchaus nicht der Fall ist, so ist es noch recht nötig, ihn ebenso bloßzustellen wie jenen anderen kirchlichen. Denn die Ausweisung der Religion aus dem theoretischen Gebiete bedeutet nicht nur die etwas flache Erkenntnis, daß es dogmatisch und unkritisch sei, zu sagen: es gibt einen Gott, eine Seele, ein jenseitiges Leben, sondern auch die andere, schwerere Einsicht, daß es genau so dogmatisch und unkritisch ist, dies alles in Abrede zu stellen. Erst wenn wir uns radikal jedes theoretischen Behauptens und Leugnens in Sachen der Religion enthalten, haben wir die wirkliche Konsequenz jenes vielzitierten, aber wenig verstandenen Gemeinplatzes gezogen, daß Religion und Wissen auseinanderfallen, und ist der erste Schritt zum Verständnis des Wesens der Religion getan.

III.

Gehört Religion also nur dem praktischen Bereiche an, so liegt ihre Bedeutung vielleicht darin, daß sie als überempirische, den wahren Wert des Lebens in sich tragende Ordnung die Grundlage der sittlichen Beziehungen unter den Menschen ist, daß sie also das Fundament der Moral wäre? Tatsächlich wird dieser Anspruch gewöhnlich im Namen der Religion erhoben, besonders von ihren kirchlichen Vertretern, die immer wieder versichern, daß ohne Religion die Sittlichkeit schwinden, die Grundfesten des gesellschaftlichen Lebens in Staat und Familie ins Wanken kommen und ein allgemeiner Verfall jeglicher Ordnung eintreten müßte. Und viele gutgläubige Anhänger der Religion sind von solchen Ausführungen überzeugt; sie wissen es nicht anders, als sie es im Katechismus gelernt haben, daß ohne das göttliche Gebot keine Moral und kein Recht mehr aufrecht bliebe.

Auch hier ist seit der großen kritischen Arbeit Kants das Falsche und Widerspruchsvolle einer solchen Beweisführung für immer aufgedeckt worden durch den Nachweis, daß jede ethische Wertung, die ihren Grund nicht in der bloßen Übereinstimmung mit der allgemeingültigen Gesetzlichkeit des reinen Wollens selbst hat, auf keinen moralischen Wert Anspruch erheben kann. Das moralisch Gute besteht in der Einordnung des einzelnen Wollens in das Gefüge ei-

[3]) Vgl. Erich Wasmann, *Der Kampf um das Entwicklungsproblem in Berlin,* Frbg. i. Br. 1907.

ner widerspruchslosen Einheit allen Wollens überhaupt: daraus entspringt das jeder Willensregung unerschütterlich entgegentretende Pflichtgebot der Sittlichkeit. Du sollst so handeln, daß deine Handlung in einem Reiche allgemeiner Gültigkeit der Zwecke bestehen kann. Jede Handlung, die in Befolgung eines anderen Gebotes als des der reinen Pflicht erfolgt, mag dieses Gebot auch als göttlicher Befehl gedacht sein, ist jedes sittlichen Wertes bar. Eine Ethik, die das Gute nur deshalb anerkennt, weil es von irgendeiner, selbst heiligen und dem Menschen noch so überlegenen Macht geboten ist, die also das Gute nicht aus seinem Wollen selbst hervorgehen läßt, verkehrt jeden moralischen Wert in sein Gegenteil. Denn dann ist es ja an sich gleichgültig, was der Inhalt des moralischen Gebotes wäre, und der Fromme, der nur Gottes Gebot befolgt, müßte ebensowohl das Schlechteste tun wie das Beste, wenn es ihm als Gottes Gebot entgegentritt, was allerdings die Geschichte der Religionen nur zu traurig bestätigt in den schrecklichen Bildern von Glaubenswahn, von Verbrechen und Greueln aller Art, die zur Ehre Gottes begangen wurden.

Wie auf der einen Seite die Ethik durch ihre Begründung auf Religion allen Wert verliert, so wird auf der anderen Seite die Religion ebenfalls um ihre ganze Welthöhe gebracht, wenn ihre Werte nur als Belohnung für ein sittliches, d.h. ihren Vorschriften gemäßes Leben aufgefaßt werden und ihre Schrecknisse nur als Strafen bereitstehen für die ihr Zuwiderhandelnden. Sie sinkt dann auf die Stufe eines entgeltlichen Vertrages herab, sie wird, wie Kant dies treffend genannt hat, ein kriechender Religionswahn, ein bloßer Lohn- und Fronglaube. Eine solche Religion ist nichts anderes als ein Spekulationsgeschäft, das nichts umsonst tut und deren frommes Motto "um Gottes willen" nur den Zinsfuß bezeichnet, nach welchem sich die irdische Mäßigung der Gelüste und Triebe im Jenseits bezahlt machen soll.

So also verdirbt die Verbindung der Religion mit der Ethik, wenn sie derart ist, daß Religion die Grundlage der Sittlichkeit sein soll, beide; und die *zweite Bestimmung* zur Feststellung des eigentlichen Wesens der Religion ist diese: so wenig Religion mit Wissenschaft etwas zu tun hatte, ebensowenig hat sie mit Begründung der Ethik zu schaffen.[4])

Wenn also die Religion mit ihrem spezifischen Wesen weder wissenschaftliche Vollendung noch ethische Begründung ist, bleibt dann überhaupt für sie noch eine wertvolle Beziehung zu unserem geistigen Verhalten bestehen? Die Frage läßt sich auch so fassen: Erschöpfen wissenschaftliches Erkennen und ethisches Urteil – ganz abgesehen von dem hier prinzipiell nicht in Betracht kommenden ästhetischen Genießen – das gesamte Interesse, das wir an unserem Leben nehmen? Die Frage auch nur so stellen, heißt sie verneinen, und von da aus eröffnet sich uns ein ganz neuer Horizont. Wollen wir vorerst versuchen, ihn abzugrenzen, um desto sicherer zu erfassen, was er umspannt.

IV.

Die Wissenschaft entwirft uns das Weltbild unter dem Begriff des Naturgesetzes. Sie erreicht ihre Aufgabe am vollkommensten, wenn sie die ganze Fülle der Mannigfaltigkeit qualitativer Erscheinungen und Vorgänge in ihre Begriffe und Generalisationen eingefangen hat. Das Ge-

---

[4]) Der nirgends so wenig wie auf dem Gebiete der praktischen Philosophie verstandene Kant hat diese Scheidung von Religion und Ethik zuerst in erkenntniskritischer Weise mit aller Energie durchgeführt. Man ermesse daraus den ganzen Widersinn der immer von neuem wiederholten Anschuldigung, er habe die religiösen Postulate von Gott, Seele und Unsterblichkeit *wegen* der Sicherung der Moral eingeführt. In Wirklichkeit ergaben sie sich ihm aus der Moral, und auch dies nicht als deren unmittelbare Folgerungen, sondern als von dem religiösen Bewußtsein aus der Ethik abgeleitet. Die Ethik hat dagegen Kant stets von aller Religion unabhängig gehalten und noch in seiner Religionslehre den Satz geschrieben: "Die Tugendlehre besteht für sich selbst ohne den Begriff von Gott." Deshalb hat auch schon Kant die Forderung erhoben, daß in den Schulen nicht mit dem Religionsunterrichte vor dem moralischen begonnen werde, da man sonst, "wenn die Verehrung Gottes das erste ist, der man also die Tugend unterordnet", Gefahr läuft, aus der Religion eine Idolatrie zu machen. Vgl. I. Kant, *Religion innerhalb der Grenzen der bloßen Vernunft,* Reclam, S. 197 – 201.

dankennetz der Wissenschaft gleicht einem Zaubersieb, in dem die Welt beim Hindurchgang alle ihre Farben und Töne, alle ihre Freuden und Leiden, alle ihre Lebendigkeit und Persönlichkeit verliert, um als individualitätsloser Begriffsstaub zu Boden zu fallen. Daraus folgt die *absolute Gleichgültigkeit* der Naturgesetzlichkeit gegen alle Wertungen und Wünsche der Menschen. Wie schon Spinoza es lehrte, weiß die Natur von alledem, was die Menschen in ihr bewegt, nichts. Denn selbst die menschlichen Regungen, in denen wir von schön und häßlich, wahr und falsch, gut und böse und dergleichen sprechen, sind als Naturvorgänge betrachtet ganz indifferent gegen ihren Inhalt. Dem fallenden Dachziegel ist es ganz gleichgültig, ob er mit dem Kopf des grübelnden Denkers auch noch so tiefe Wahrheiten erschlägt, und die fühllose Naturgesetzlichkeit begräbt in dem plötzlichen Ausbruch eines Feuerberges ebenso gleichmäßig die Wüstenei einer unbewohnten Insel im fernen Ozean wie das tausendfach regsame Leben einer blühenden Kultur. In der Wissenschaft findet also das Denken nirgends einen Bezug auf sich selbst, auf sein individuelles Geschick. Wie sollte es auch? Alles Individuelle fällt doch aus der Wissenschaft heraus, und das persönliche Geschick hat für sie keine andere Bedeutung als wie für den Statistiker, der eben aus der Summierung solcher persönlicher Schicksale seine große, völlig unpersönliche Zahl erhält, die ihm die gesuchten Gesetze erschließt. *Das Individuum und sein Schicksal wird von der Wissenschaft gänzlich fallen gelassen;* es gehört nicht zu ihren Begriffen und ihren Interessen, so lange Wissenschaft reine Wissenschaft bleibt und nicht zur angewandten Technik wird, die dann, wie z.B. in der Heilkunst, sich natürlich auch mit den Individuen befaßt.

Ist es bei der Ethik anders? Auf den ersten Blick scheint es so, aber es ist nur der falsche Schein, der von jenen Formen der Ethik ausgeht, die sich auf Utilitarismus und Eudämonismus stützen. Mit dem Nutzen oder dem Wohle der Gesamtheit muß freilich – so scheint es – das Schicksal des Individuums mit gewährleistet sein. Allein bei solchen Wertungen haben wir es nicht mit eigentlicher Ethik zu tun; die Kritik an dem Utilitarismus und Eudämonismus hat seit Kant immer wieder erwiesen, daß diese Lehren unfähig sind, ihr Prinzip als allgemeines ethisches Prinzip zu begründen, da erstens weder eine wirkliche Übereinstimmung über das Wohl der Gesamtheit sich erzielen läßt, noch auch insbesondere aus dem Prinzip der Förderung des Wohles aller sich eine moralische Pflicht begründen läßt. Vielmehr bedarf die stillschweigende Voraussetzung, daß das Wohl der Allgemeinheit oder der vernünftige Nutzen des einzelnen zu fördern moralische Pflicht sei, selbst erst einer ethischen Begründung.

Geht man aber auf die eigentliche ethische Wertung zurück, auf welche auch der Utilitarismus und Eudämonismus schließlich zurückgedrängt werden, so liegt sie in dem uns schon bekannten Prinzip der Autonomie des Wollens, welche in der Übereinstimmung jeder einzelnen ethischen Wertung mit der allgemeingültigen Form des Wollens überhaupt besteht. Hieraus ergibt sich der Begriff des Guten als der *gemeingültigen Willensbestimmung* in jeder Handlung, ein Begriff von ganz derselben strengen Geltung auf praktischem Gebiete wie der des Naturgesetzes auf theoretischem Boden. D.h. die moralische Forderung gebietet unbedingt und unnachlässig. Was *Pflicht* ist, soll ich erfüllen, auch wenn dabei das ganze Lebensglück in Trümmer geht. Das sittliche Gesetz kennt kein Paktieren, keine Kompromisse, keine Ausflüchte. Was geschehen soll, steht auf moralischem Boden nicht weniger unabänderlich fest, wie was geschehen muß auf naturgesetzlichem. Und alles persönliche Wünschen, Begehren und Hoffen kann nichts dawider tun als höchstens das moralische Gebot brechen. An und für sich ist also *auch die Ethik völlig gleichgültig gegen das Geschick des einzelnen.* Sie gibt die Norm der allgemeingültigen Form des Zusammenbestehens aller Willensbetätigungen an und kann daher an dem einzelnen kein Interesse nehmen. Das Glück ist für die Sittlichkeit ein indifferenter Begriff. Auch sie läßt das Individuum, das nun einmal an seinem Glücke hängt, völlig fallen.

Aber wenn auch derart theoretische und praktische Gesetzlichkeit das Individuum im Stiche lassen, so kann es doch sich selbst nicht aufgeben. Und gerade, weil es neben der natürlichen Welt eine ethische hat, ermöglicht ihm dies, den *Schritt zu einem neuen Standpunkt* zu machen, von dem aus der Mensch aus der äußeren Allgemeinheit der Natur und der inneren der Moral *sich selbst* zurückgewinnt und sein Schicksal sich selbst bestimmt.

Dieser Schritt eröffnet sich dort, wo wir zum Bewußtsein gelangen, daß die Allgemeinheit des Naturgesetzes und des Pflichtgebotes nicht nur völlig gleichgültig sind gegen das persönliche Schicksal, sondern daß noch überdies zwischen beiden eine solche Kluft besteht, daß, wenn unser seelisches Dasein nur zwischen diese beiden Pole gespannt bliebe, nichts anderes als Resignation oder Verzweiflung übrigblieben, je nach dem Temperament derjenigen, die über die träge Gedankenlosigkeit eines maschinenmäßigen, bloß das Nächstliegende erfassenden Lebens hinausgelangt sind. Es ist der große Riß, der durch alles menschliche Dasein geht, wenn wir die absolute Beziehungslosigkeit seiner beiden allgemeinen Gesetzlichkeiten betrachten, der naturgesetzlichen und der moralischen. Unter dem schneidenden Eindruck des Widerspruches von Natur und Moral, von ziellosem Naturgeschehen und sinnvoller Zusammenstimmung des Willensganzen, haben sich vom Anbeginn des Denkens alle, die dafür nicht abgestumpft waren, in die beiden großen Lager getrennt, die entweder pessimistisch das Leben als einen heillosen Trug verwerfen oder optimistisch auf irgendeine Art den siegreichen Hervorgang einer sinnvollen Ordnung erwarten.
Warum ist dieser Widerspruch so quälend, daß er sich schon dem Empfinden der ältesten Kulturvölker aufgedrängt hat? Weil an ihm der Mensch sich noch in einer anderen Weise verliert als an jenem früheren Punkte, wo das Allgemeine auf ihn bloß keine Rücksicht nahm. Denn in der Gleichgültigkeit der Naturgesetzlichkeit gegen die der Allgemeinbegriffe Sittlichkeit wird der Punkt erreicht, wo der Mensch mit alledem Schiffbruch leidet, womit er sich selbst über die Natur erhebt und was sein Menschliches ausmacht, weil er sich dadurch ebensowohl von der unorganischen wie von der bloß organischen Welt unterscheidet, nämlich mit seinen Begriffen von Sinn, Wert und Zweck. Diese werden jetzt an den Dingen selbst zuschanden. Der Mensch kann aber sein eigenes Leben, so klein es sein mag, nicht führen, wenn er es nicht sinngemäß und zweckmäßig gestaltet: und er sollte nicht im Innersten seines Wesens erschauern, wenn er mit diesem lebensnötigen Drang nach sinnvoller Ordnung plötzlich auf die absolute Sinn- und Zwecklosigkeit stößt, die ihm im ganzen Naturmechanismus in bezug auf seine Werte entgegenstarrt? Wie kann er noch die ihm natürlich scheinende Forderung festhalten, daß sein moralisches Geschick der allgemeinen Gesetzlichkeit der Welt nicht gleichgültig sein dürfe, wenn er einsehen muß, daß schon die Allgemeinheit der sittlichen Welt der Gesetzmäßigkeit der natürlichen Welt völlig gleichgültig ist, daß die Sonne aufgeht über Unschuldige wie über Sünder?!
Und nun würde selbst die Zusammenstimmung beider Gesetzlichkeiten noch immer das persönliche Geschick unberücksichtigt lassen. Nie wird das Naturgesetz die Erfüllung des Sittengesetzes garantieren. Aber selbst wenn wir den unausdenklichen Fall setzen, daß alle Menschen als vollendet-moralische Wesen nur nach dem Sittengesetze zu handeln vermöchten, so daß die naturgesetzlich-psychologische Determination ihres Wollens trotz aller Leidenschaften und Unvollkommenheiten gleichwohl stets dem Sittengesetze entspräche, so würde auch in einer solchen Welt von Heiligen das Schicksal des einzelnen noch immer allem Widersinn und aller Vergänglichkeit des bloßen Naturlaufes ausgesetzt sein. Die nicht nach Gesichtspunkten von Zwecken, sondern blind nach Bedingungen von Raum, Zeit und Kausalität sich ereignenden Unfälle des Naturlaufes, Krankheiten, Elementarereignisse, tückischen Zufälle und zuletzt der ganz gewöhnliche, aber deshalb nicht minder sinnlose brutale Gewaltstreich des Todes – dies alles läßt eine Welt der Natur und eine Welt der Zwecke derart auseinanderfallen, daß der Mensch mit seinem Ideal eines sinnvollen Ganzen sich bis an den Rand des Wahnsinns gerückt sehen muß.
Nirgends tritt dies so schauerlich und sinnenfällig vor Augen als in den Verheerungen großer Erdbeben oder Vulkanausbrüche. Bekannt ist die Bewegung der Geister, die das Erdbeben von Lissabon in der Mitte des 18. Jahrhunderts auslöste. Damals schrieb Voltaire an einen Freund: "Wie grausam die Natur ist! Man wird Mühe haben, sagen zu können, warum die Gesetze der Bewegung so entsetzliche Verwüstungen anrichten müssen in der besten der möglichen Welten. Was für ein trauriges Spiel des Zufalls ist das Spiel des menschlichen Lebens!" – Die furchtbaren Ereignisse unserer Zeit – der Ausbruch des Mount Pelée, das Erdbeben von San Francisco, der Untergang Messinas – haben zwar auch die Gemüter heftig er-

regt, sind aber heute fast vergessen. Und es wird sicherlich Leute geben, die es als einen Vorzug unserer Zeit rühmen werden, als einen Beweis ihres Vorschreitens, wenn diese Ereignisse heute an Stelle der Diskussion über Sinn und Gerechtigkeit der Weltordnung – Vorschläge zur Konstruktion erdbebensicherer Gebäude setzten. Die ganze Geistesverarmung einer Zeit offenbart sich hierin, deren Streben völlig in den Interessen einer bloß materiellen Kultur aufgegangen ist und die es verlernt hat, ihren Blick über das Maschinengetriebe ihrer Technik zu erheben, von der sie völlig fasziniert ist. So kann sie freilich nicht sehen, wie sie mit allen ihren wundervollen Konstruktionen gegenüber den Zufällen der Naturgewalten doch nur von der Hand in den Mund lebt; jetzt erdbebensichere Häuser – da reißt eine gewaltige Flutwelle sie weg; dann wieder mächtige Sicherungen gegen Wassergewalten – da versinkt ein andermal alles in eine klaffende Erdspalte oder liegt begraben unter den Schlammassen eines plötzlich hervorbrechenden Vulkans. Natürlich soll man erdbebensichere Häuser bauen, und hoffentlich wird die Wissenschaft sogar noch dazu gelangen, jene verderbenbringenden Elementarereignisse vorher zu sehen, so daß man sich ihnen wird entziehen können. Aber zu meinen, daß mit den Mitteln der Wissenschaften und Technik sich der Charakter der Zufälligkeit und Sinnlosigkeit menschlichen Daseins im Grunde wird ändern lassen, ist ein moderner Wunderglaube, der um nichts besser, aber um vieles schlechter ist als der alte, weil ihm dessen Gemütsinhalt völlig abgeht. Und wenn selbst einmal die Menschheit durch eine viel entwickeltere Wissenschaft und Technik als die unsere ihr Leben gegen alle Unbill der Natur wird sichergestellt haben, wenn erst selbst der großartige Traum Metschnikoffs Wirklichkeit werden sollte, die Grenzen des Lebens jedes einzelnen bis zu dessen natürlichem lebenssattem Entschlafen auszudehnen, so daß der Tod kein grausames Abreißen des Lebensfadens mehr sein wird, muß dann nicht erst um so schneidender die große Dissonanz in diese Harmonie klingen, daß der Mensch alles getan hat, um sein Leben zu bewahren, nur um es jetzt mit desto reicherem Inhalt zu verlieren? Im Gegenteil, man wird zugeben müssen, daß eine solche Entwicklungshöhe des menschlichen Daseins, auf welcher es im Grunde erst möglich wird, ganz Mensch zu sein, d.h. völlig den Anforderungen unserer geistigen Natur zu leben, bloß um so deutlicher die Schalheit und Nichtigkeit dieser ganzen Existenz wird empfinden müssen, wenn sie, von so vielen widrigen Naturzufällen beschützt, doch zuletzt mit allem hohen Flug ihrer Gedanken und edlem Streben ihrer Seele im Nichts der absoluten Vernichtung landen sollte. So wird im bloßen Naturlauf auch das entwickeltste Zeitalter darnach streben, seine Werte festzuhalten und der Gleichgültigkeit zu entreißen, die nun einmal dem Getriebe dieser Gesetzmäßigkeit anhaftet. Wie sehr auch der Menschengeist sich rühren mag, der seelenlosen Natur seinen Stempel aufzuprägen: es ist immer nur ein Lichtstrahl in finsterer Nacht – wohin er nicht fällt, da ist die Nacht nicht zu bannen, und erlischt er, so ist es überall finster wie zuvor.

Es ist dieser untilgbare Widerspruch in der Welt des Menschen, die sich aus Natur und Wert zusammensetzt, die Kant als die Antinomie der praktischen Vernunft bezeichnet hat. Und es beweist nur die oberflächliche, an Schlagworten haftende Manier der Kant-Kritik, wenn man so häufig hört, daß diese Antinomie bloß wegen der "Architektonik" des ganzen Systems, also bloß, um eine Symmetrie zur Antinomie der theoretischen Vernunft herzustellen, von Kant eingeführt worden sei. Wer freilich das schneidende Gefühl dieser Antinomie nie in sich selbst erlebt hat, wer noch nie dazu gelangt ist, aus dem rastlosen Getriebe, in dem ein Tag um den anderen unser Leben fortreißt, für einen Moment aufzutauchen und nach dem Sinn dieses Ganzen zu fragen, um dann zu erbleichen vor der trostlosen Sinnlosigkeit, die ihm aus dem Naturlauf entgegengrüßt, der mag weiter von einem bloßen Gebilde des Systemtriebes reden. Das eine große Faktum des Todes inmitten einer Welt, die nicht bloß Natur, sondern auch Geist ist, genügt, um überall dort, wo man sich nicht in Scheinlösungen eine mühsam zurechtgeklitterte und doch nicht befriedigende Gemütsruhe vortäuscht, den Stachel eines großen Widerspruches unausgesetzt im Innern zu verspüren. Der naive Volkssinn, in seiner beständigen Unruhe und Verwunderung über diese Antinomie, hat auf sie das Sprüchlein geprägt:

> "Ich komme, ich weiß nicht woher,
> Ich bleibe, ich weiß nicht wie lang,

Ich gehe, ich weiß nicht wohin. –
Mich wundert's, daß ich so fröhlich bin."

Er hat damit wahrlich eine tiefere Lebensauffassung bezeugt als die scheinbar so aufgeklärte Anschauung modernsten Positivismus, die stolz ist, zu wissen, daß der Mensch nur eine vorübergehende Komplikation materieller Kräfte ist, die den Lichtblick des Geistes aus sich hervorgehen läßt. Es hat sich auch was, zu wissen, daß dieser Lichtblick gerade so lange aushält, um den Menschen mit dem "stolzen" Bewußtsein zu erfüllen, für andere neue Lichtblicke geschaffen zu haben, während sein eigener für immer erlischt. Wozu das ganze Lichtgefunkel, darf freilich nicht gefragt werden. Der praktische Mensch aber, d.h. der Mensch, der lebensvoll in seiner Welt steht und diese als Objekt seines Wirkens erfaßt, kann an dieser Frage nicht vorbeigehen. Ihre Beantwortung führt in das Gebiet des religiösen Bewußtseins.

V.

Wer in dem Bewußtsein des Widerspruches von Naturgesetzlichkeit und Wertvollendung nicht pessimistisch ins Nirwana, als der einzigen Erlösung vom Übel, flüchten will, der wird hinausgetrieben über den bloß theoretischen und bloß moralischen Standpunkt zu einer neuen Stellungnahme, die *beide in eins verbindet und die Zusammenstimmung des Weltlaufes mit der moralischen Ordnung verlangt.* Da aber diese Zusammenstimmung keine empirische sein kann, so wird er hinausgeführt zu der *Annahme* einer solchen *nicht empirischen* Ordnung, in der dies möglich wird und die, da sie seinem Geiste entspringt, eine geistige sein muß. Es ist eine bloße Annahme, aber eine solche, der kein Bewußtsein entgehen kann, das sich nicht als sinnlos aufgeben will. Auf einer naiven, noch unkritischen Stufe nimmt diese Annahme die Form eines Glaubens an eine überirdische jenseitige Welt an, deren Schöpfer Gott ist. Auf kritischer Stufe verwandelt sie sich in eine unserem ganzen Leben immanente Anschauung, nach welcher wir uns selbst und das ganze empirische Weltgeschehen nur als einen Teil eines sinnvollen Ganzen auffassen, das uns in den Formen der Naturerfahrung bloß als Erscheinung gegeben ist. Und der Begriff Gottes verwandelt sich derart aus der Vorstellung eines persönlichen Wesens als Schöpfers dieser Ordnung in die bloße Idee der sinnvollen Ordnung selbst, aber – wohl zu merken – einer Ordnung, die nicht auf Kosten der Einzelschicksale erfolgt, sondern in der *Realisierung eines unvergänglichen Wertes jeder Persönlichkeit* gelegen ist.
So treten nun zu den bloß naturalen und bloß moralischen Begriffen im Bewußtsein desjenigen, der nach einer solchen einheitlichen Erfassung des Weltganzen strebt, die zugleich auch für sein persönliches Geschick wertvoll sein kann, neue Begriffe auf, die ewigen Schicksalsbegriffe, in denen alles beschlossen liegt, was menschliches Hoffen und Werten beruhigen kann, die Begriffe von Gott und Unsterblichkeit, mit denen wir in eine neue Sphäre des Bewußtseins geraten, in die religiöse. Auf der Höhe des kritischen Standpunktes der Gegenwart bedeuten beide Begriffe weder eine überirdische Wesenheit noch eine Offenbarungserkenntnis. Sie sind nichts anderes als unentbehrliche Richtungslinien unserer wollenden Natur, ohne welche wir das Leben unerträglich finden müßten. Wir sagten: Richtungslinien unserer *wollenden* Natur, d.h. sie sind nicht bloße und blasse Reflexionen, sondern sie sind aus den Bedürfnissen unseres aktiven Lebens selbst unbezwinglich in uns aufsteigende Überzeugungen, sobald wir nur anfangen, uns aus dem Banne eines gedankenlosen Dahinlebens oder eines gedankenabschneidenden Positivismus zu erheben. Es sind Überzeugungen, die, mögen sie nun welchen Namen immer haben, in der Art, in welcher die Menschen den Wert ihres eigenen Lebens und den Sinn der Kulturentwicklung im ganzen bejahen, lebendig sind. Denn unter Gott und Unsterblichkeit wird hier nichts von alledem verstanden, was auch nur entfernt an irgendeinen Dogmeninhalt erinnern mag. Unsterblichkeit in unserem Sinne hat nichts mit dem oft kindlichen Auferstehungsglauben der Kirchengläubigen zu tun, sondern ist bloß der Gedanke, daß wir mit unserer Geistesarbeit einen auch *uns bleibenden Gewinn* erwerben, also nicht bloß für die Nachkommen leben, so daß wir also an der Zukunft der Entwicklung einen nicht bloß sachlichen, sondern auch bewußten Anteil bewahren. Sonst müßte das große Schlagwort von der

Entwicklung des Geistes, das vom ganzen gilt, für jedes seiner Glieder ein leeres Wort, ja eine Lüge sein. Denn was ist mir eine Entwicklung, was für ein Interesse kann ich an ihr nehmen, die mich als bloßen Durchgang benützt, um es mit meinen Nachfolgern ebenso zu machen, man weiß nicht wem zuliebe oder zuleide. Und die Idee von Gott bedeutet kein außerweltliches, allmächtiges Wesen mehr, überhaupt nicht notwendig irgendein Persönliches, sondern wieder nichts anderes als den Gedanken einer solchen Ordnung, in welcher jene unvergängliche Anteilnahme an allen Werten des Geisteslebens bis zu ihrer höchsten Vollendung möglich ist, also die aus diesem notwendigen Bedürfnis geborene Annahme eines höchsten Sinnes, einer weisesten Ordnung der Welt.

Vielleicht wird der Sinn dieser Annahme durch eine Hilfsvorstellung klar gemacht. Helmholtz hat einmal sehr treffend gesagt, daß die Wissenschaft bei ihrer Arbeit stets von einem immanent zweckmäßigen Axiom geleitet werde, von der Annahme der Begreiflichkeit der Welt. Ohne diese Annahme müßte die Wissenschaft verzweifeln; in der Festhaltung dieser Grundüberzeugung auch gegenüber den scheinbar unerklärlichsten Vorgängen liegt das Wesen einer wissenschaftlichen Denkweise. Nun wohl: so könnte man den Gottesbegriff als das Axiom der Vernünftigkeit der Welt bezeichnen. Es bedeutet nicht diese Vernünftigkeit selbst, sondern bloß ihre Annahme, ohne welche wir am Leben verzweifeln müßten, weil sonst alles, was wir denken und schaffen, doch für den einzelnen – selbst bei noch so großen Zeiträumen des Ganzen – eine Narrenarbeit wäre ohnegleichen, da er die doppelte Vernichtung vor Augen hätte, erst die seinige, dann die seines Geschlechtes.

So enthüllt sich uns jetzt das Spezifische der Religion. Religion ist keine Lehre, wie sie es im Sinne der dogmatischen Bekenntnisse allerdings ist und im Katechismusunterricht sich erweist, Religion ist überhaupt kein System irgendwelcher fertiger Einsichten, sondern sie ist eine sich fortwährend in lebendigem Flusse befindliche *Richtung unseres Bewußtseins,* in welcher die beiden anderen Seiten desselben, die theoretische und die moralische, in eine *Einheit in bezug auf das Geschick der Persönlichkeit* bezogen werden. Sie ist die individuale Einheit, in welcher jene beiden universalen wie in einem Brennpunkte zusammenschießen, um von da aus das individuelle Dasein zu erwärmen und lebensfähig zu machen. Auf diese Weise ist Religion nur zu verstehen als *eine Stellungnahme,* aber eine solche, die das *Ganze* der Welt, Natur und Sittlichkeit, umfaßt. Das alte Wort religio, Verbindung, erweist so tatsächlich seinen Sinn, nur anders als in der dogmatischen Vorstellung. Nach dieser war sie eine Verbindung des Menschen mit einem außerweltlichen Gott, in Wirklichkeit aber ist sie die Verbindung zweier Welten im Menschen selbst, die sonst so unversöhnlich auseinanderklaffen, der ziellosen natürlichen und der zielbewußten sittlichen Welt, durch die axiomatische Annahme einer unvergänglichen, in immer größerer Sinnhaftigkeit sich vollendenden Geisteswelt, die zwar eine überempirische ist, aber doch ihre Realität findet in den realen Einheitsbedürfnissen unseres Bewußtseins.

Damit sind wir bei dem Punkte angelangt, an dem die kritische Herausarbeitung des Wesens der Religion ihre ganze Existenz noch viel ärger zu bedrohen scheint als die bloße unkritische Leugnung ihrer freidenkerischen Gegner. Denn verliert sie nicht dadurch, daß sie sich auf bloße Annahmen unseres Bewußtseins zurückgeführt sieht, seien dies auch notwendige Annahmen, jede Realität? Erweist sie sich auf diese Weise für mehr als eine Illusion, die um nichts in sich wertvoller wird, wenn selbst gezeigt werden kann, daß sie eine allgemeine und unausweichliche ist?

VI.

Es ist kein Zweifel möglich, daß wir mit den religiösen Ideen von Gott und Unsterblichkeit, den Kerngedanken aller Religion, einen Schritt über die Erfahrung hinaus machen. Allein es kommt hier gerade darauf an, wie er gemacht wird. Nicht als einer transzendenten Erkenntnis wendet unser Geist sich diesen Ideen zu; es ist kein Wissen von einer jenseitigen Existenz eines göttlichen Wesens und einer überirdischen Fortdauer unseres Selbst; *es kommt überhaupt kein Jenseits ins Spiel, weil alles nur in unserem Innern reift,* uns von da aus bestimmt und erhebt. Sondern es ist nur ein *Bedürfnis* unserer Seele, dem wir in diesen Ideen folgen, das Bedürfnis unseres unaustilgbaren *Einheitsdranges,* der nicht nur schon in der Wissenschaft und in der Sittlichkeit je für sich tätig war, sondern uns auch dazu treibt, eine solche Ordnung der Welt für möglich zu halten, in welcher die entsetzliche Zerrissenheit zwischen Moral und Natur, zwischen Sinn und Kausalität, zwischen Wert und Vergänglichkeit überwunden ist. Wir überschreiten also die Erfahrung im religiösen Bewußtsein nicht mit objektiven Aussagen wie die Metaphysik oder die mythologischen Volksreligionen, sondern in zwar bloß subjektiven, aber *unter der Voraussetzung des Willens zu einer Gesamtauffassung der Welt notwendigen* Annahmen. Gott und Unsterblichkeit sind nicht so sehr notwendige Denk- als notwendige Willensresultate. Und sie bedeuten eigentlich: so fest und unerschütterlich im Menschengeiste der Wille zur Einheit seines Inhaltes ist, so fest und unerschütterlich ist auch die Bedingung dieser Einheit begründet, ohne die sie nicht zu realisieren wäre. Die Ideen von Gott und Unsterblichkeit besagen also nicht, daß es etwas Derartiges gibt, sondern nur, daß wir als Wesen, die nach Einheit unserer Anschauungen ewig dürstend und unselig zusammenbrechend, wenn sie uns unmöglich wird, *nicht anders können,* als beider Existenz zu *wollen.* Das ist der tiefe Sinn des Ausdruckes Postulat, den *Kant* für die religiösen Ideen geprägt hat. Sie werden gefordert, nicht etwa, wie ein lächerliches und beschämendes Nichtverständnis Kants noch immer wiederholt, von der Moral, von den Rücksichten auf das liebe Volk, dem die Religion erhalten bleiben müsse, sondern sie werden gefordert von den tiefsten Selbsterhaltungsbedingungen des Menschen, nämlich von den Erhaltungsbedingungen seiner geistigen Einheit.

Damit wären wir schon einer Realität der Religion gewiß, der subjektiven, die jedenfalls über bloßes Meinen hinausgeht. Allein auch die Halluzination ist kein bloßes Meinen, sondern ein subjektiv notwendiger Zwang. Um also die Eigenart dieser subjektiven Realität einzusehen, ist es nötig, sich ihrer besonderen noologischen Bedeutung bewußt zu werden, die sie von jedem bloß psychologischen Charakter einer Illusion oder gar Halluzination radikal scheidet. Die subjektive Nötigung dieser Ideen geht hier auf transzendentale Bedingungen zurück, d.h. auf formale Bedingungen unseres Bewußtseins überhaupt. Sie liegt nicht in gewissen empirischen Anlässen begründet, wie etwa z.B. die Mondscheibe am Horizont jedem Auge größer erscheinen muß als im Zenith, sondern sie geht aus der Gesetzlichkeit unseres geistigen Funktionsapparates selbst hervor und trägt daher jenen Charakter der Allgemeingültigkeit und Notwendigkeit an sich, der stets dem Apriorischen unseres Geisteslebens eigen ist. Bloß daß es sich hier um ein Subjektiv-Apriori handelt, eine noch zu wenig beachtete erkenntniskritische Kategorie, die Kant besonders zur Begründung der Ästhetik und Teleologie in seiner *Kritik der Urteilskraft* entwickelt hat, ohne sie namentlich besonders zu bezeichnen. Es ist das jene Form des Apriori, die nicht, wie im Bereiche der Erfahrung oder der Moral, sich auf den Inhalt des Urteils bezieht, also auf eine synthetische Erkenntnis, sondern für ein Urteil bloß den Anspruch der Allgemeingültigkeit, diesen aber notwendig, erhebt. So ist z.B. kein ästhetisches Urteil allgemeingültig; über das, was schön ist, werden die Meinungen stets auseinandergehen. Aber jedes ästhetische Urteil ist nur dadurch als solches möglich, daß es seine Meinung mit dem Anspruch der Allgemeingültigkeit ausdrückt. Denn der Ausspruch "dies ist schön" besagt etwas ganz anderes als bloß, es gefällt mir. Er meint vielmehr, daß jeder den Gegenstand ebenso finden müsse. Das Subjektiv-Apriori ist also jene eigenartige Subjektivität, die fortwährend zur Objektivität strebt, die überall in ihren Äußerungen den Anspruch der Allgemeingültigkeit erheben *muß* und die vor allem sich *selbst* als allgemeingültig erscheint, somit erst dem kritischen Blick sich als Subjektivität darstellt, aber auch nur so weit, daß sich keine objektive Übereinstimmung *über den Inhalt* ihrer Urteile ableiten läßt, während die Formen dieser Urteile überall notwendig übereinstimmen müssen. Die Subjektivität besteht also eigentlich nur in der Art, wie die notwendige Form des Urteilens geübt wird, nicht aber in dieser Form des Urteilens selbst, die genau so fest in der Gesetzlichkeit unseres geistigen Wesens begründet ist wie die Form der wissenschaftlichen und moralischen Urteile und die genauso auch gefällt werden müssen wie jene. So wie man Wissenschaft und Moral bloß leugnen, nicht aber beseitigen kann, da sie beide notwendige Aktionsweisen unseres Wesens selbst sind, so kann man auch Religion nur leugnen, aber nicht aufheben. Indem wir leben, bauen wir die Welt der

Natur, der Sittlichkeit und der Religion unabtrennbar von uns selbst auf; wir können uns nur gegen sie versperren, nicht aber von ihr trennen, nach dem Faustschen Wort:

"Die Geisterwelt ist nicht verschlossen,
Dein Sinn ist zu, Dein Herz ist tot,
Auf, bade Schüler unverdrossen
Die junge Brust im Morgenrot."

Im religiösen Bewußtsein, das im Unterschiede vom theoretischen und moralischen Bewußtsein völlig dem Subjektiv-Apriori angehört, bezieht sich also diese Apriorität auf die *Art der Verbindung,* in welcher die Elemente unserer theoretischen und moralischen Erfahrung zu einem einheitlichen Weltbilde verschmolzen werden. Wie dies geschieht, unterliegt dem Wechsel der geschichtlichen und kulturellen Entwicklung, daß es geschieht und stets in den Formen der nun als *Bedürfnis* auftretenden religiösen Erfahrung, ist die Funktion jener apriorischen Seite unseres Bewußtseins. Die religiösen Begriffe, und vor allem die Gottesidee, sind also gewiß nur Ergebnisse eines subjektiven Bedürfnisses; aber dieses Bedürfnis selbst ist apriorischer Natur, d.h. es entsteht notwendig und allgemein, wo immer das menschliche Denken und Wollen über die naturale und moralische Erfahrung hinaus zu einer synthetischen Erfassung beider schreitet. Und hierin liegt begründet, daß, in welchen abenteuerlichen und fratzenhaften Formen immer die Antwort auf dieses Bedürfnis erfolgt, ihr jeweiliger Inhalt stets mit der Gewißheit einer objektiven Einsicht, mit der Kraft jener besonderen Art des Fürwahrhaltens behauptet wird, die den eigentümlichen Charakter des *Glaubens* ausmacht.
Nichts ist lächerlicher und für das Problem der Religion verwirrender, als jene weitverbreitete Seichtheit, welche meint, weil Glaube selbstverständlich kein Wissen ist, damit den religiösen Glauben in das Reich des völlig Subjektiven und daher Undiskutierbaren verwiesen zu haben. Er sei ein bloßes Meinen, mit dem es jeder halten könne, wie er wolle. Einer solchen unkritischen Ansicht muß freilich jener *eigentümliche Wahrheitsgehalt* gänzlich entgehen, der gerade die religiöse Subjektivität gegenüber sonstigem bloßen Meinen als *einen Glauben,* eine unerschütterliche Überzeugung auszeichnet. Nicht mit Unrecht hat daher Kant, um schon durch die Wortbezeichnung hierauf aufmerksam zu machen, den Glauben als eine besondere Art des Fürwahrhaltens bezeichnet. Und es ist in der Tat *eine besondere Bewußtseinsform,* um die es sich hier handelt. So wie dem theoretischen Bewußtsein der geistige Habitus der Erfahrung, dem sittlichen Bewußtsein jener der Pflicht, dem ästhetischen Bewußtsein jener des Gefallens eignet, so dem religiösen Bewußtsein der geistige Habitus des Glaubens. Hat man dies erst einmal erkannt, dann ist man gefeit gegen jedes Mißverstehen des religiösen Glaubens im Sinne eines Aberglaubens oder eines Asyls der Unwissenheit oder gar nur einer Selbstillusionierung. Daß Glaube und Wissen miteinander nichts zu tun haben, wird jetzt zur Stärke des Glaubens, da darin nicht nur sein Wesen besteht, sondern seine die bloße Teilfunktion des Wissens ergänzende Kraft. Glaube und Wissen liegen zwar auseinander, aber sie fallen nicht auseinander, so wie Herz und Kopf auseinanderliegen, aber beide doch zu einem lebendigen Menschen gehören und erst zusammen dessen Sein begründen. Das Wissen ist die Wahrheitsüberzeugung, die *aus der Erfahrung eines Teiles* unseres Welterlebnis hervorgeht, nämlich dessen, was sich naturgesetzlich erfassen läßt; der Glaube aber ist die Wahrheitsüberzeugung, die aus der *Erfassung des Ganzen* unserer Erfahrung hervorgeht, die daher, weil sie nicht mehr bloß das Wißbare, sondern alles Erlebbare umfaßt, naturgemäß auf einem anderen Standpunkt sich entwickeln muß als die Wahrheitsgewinnung der Naturforschung. Es ist klar, daß der so verstandene Glaube, der Glaube als apriorische Bewußtseinsform nichts mehr gemein hat mit dem dogmatischen Glauben irgendeines Bekenntnisses. Er ist kein Inbegriff dessen, was man glauben soll, überhaupt kein starrer Begriff, sondern eine in unausgesetztem Flusse befindliche Arbeit, die Überzeugung einer einheitlichen Weltauffassung sich zu erhalten und zu verfestigen. Mit dieser von Kant erbrachten kritischen Selbsterkenntnis des Glaubens ist die unerträgliche Spannung zwischen den Geistesmächten des Wissens und des Glaubens in eine großartige Harmonie überwunden, die erst eine wirkliche Weltauffassung ermöglicht. Das Wissen kann den Glauben niemals als Fessel empfinden, weil es ihm auf seinem Gebiete nirgends be-

gegnet, und der Glaube braucht das Wissen nie zu fürchten, weil dieses die Höhe seines Standpunktes nie erreichen kann.
Man hüte sich aber auch, dieses Verhältnis von Glaube und Wissen etwa so mißzuverstehen, wie das frivole Schlagwort von der doppelten Buchhaltung öfters angedeutet hat. Wer so spricht, kann damit höchstens beweisen, daß er auch von der Buchhaltung nichts versteht. Denn die doppelte Buchhaltung ist kein Schwindel, sondern nur eine genauere Evidenzhaltung unseres gesamten Vermögens. Und so sind auch Wissen und Glaube, um in dem Gleichnis zu bleiben, nur zwei Bücher, in denen unser Weltbesitz gebucht wird. Im Glauben schlagen wir ein anderes Buch auf, das zur ordentlichen Buchhaltung gehört: und vielleicht war das Buch der Natur die Strazze, daß Journal unseres Lebens, und ist das Buch des Glaubens das Hauptbuch, in dem sich erst der Ein- und Ausgang unseres Lebens überblicken läßt.

VII.
Durch alle diese Erwägungen scheint das Problem der Realität der Religion indes noch keineswegs befriedigend gelöst; denn wir halten eben immer noch im Reiche der Subjektivität, die gewisse Forderungen erhebt, über deren reale Erfüllung doch nichts bestimmen kann. Vielmehr erscheint gerade an diesem Punkte der Einwand, den Schopenhauer gegenüber der Postulatenlehre Kants erhebt, das richtige Wort gefunden zu haben, wenn er drastisch ausruft: "Aber wenn man einmal deutlich erkannt hat, daß eine Sache nicht *ist* und nicht sein *kann,* was hilft da alles Postulieren?"
Allein, dieser Einwand vertieft nur die Kantsche Problemlösung, statt sie als widerspruchsvoll abzutun. Denn er macht gleichzeitig auf ein fast unaustilgbares, unkritisches Vorurteil aufmerksam, das eine besondere Schwäche des Naturalismus ausmacht und darin besteht, Realität mit Sein zu identifizieren. In einer solchen Gleichsetzung setzt sich nur jene spezifische Gedankenverwirrung fort, die ein Produkt der Herrschaft von materialistischen und positivistischen Grundanschauungen ist, wie z.B. in der Identifizierung von Kausalität und Gesetzmäßigkeit, Wirklichkeit und Tatsächlichkeit, Erfahrung und Naturgeschehen. Freilich, so lange einem nur als Realität gilt, worauf man mit der Nase gestoßen werden kann, wird der Einwand Schopenhauers entscheidend gelten. Aber sobald die kritische Einsicht hinzutritt, daß wir mit dem Sein der Dinge doch keine von uns unabhängige äußere Realität erfassen, sondern in ihm *nur eine Seite unseres eigenen Bewußtseins* erleben und auseinanderlegen, tritt an Stelle eines in die Sachlichkeit der Dinge hineinschrumpfenden Begriffes der Realität die innerliche Erfassung derselben als einer Ausweitung unseres Bewußtseins. *Realität ist nichts anderes und kann nichts anderes sein als Gesetzmäßigkeit des Bewußtseins:* so viele Arten des Bewußtseins, *so mannigfaltig sind daher auch die Realitäten unseres Lebens.* Realität ist also gar keine sachliche Beschaffenheit eines uns fremd gegenüberstehenden Etwas, die wir passiv erfahren, sondern immer, auch im Naturdasein, *eine persönliche Wirksamkeit von uns selbst:* nur daß in jener Wirksamkeit des Bewußtseins, die uns als Realität der Natur entgegentritt, die Beziehung auf das Ich durch die hier waltende Form der Gesetzlichkeit notwendig zurücktritt, während sie in den anderen Wirksamkeiten der ästhetischen, sittlichen und religiösen Welt ebenso notwendig in den Mittelpunkt unseres Geisteslebens rückt. Dadurch hebt sich die Naturrealität als eine gegenständliche von den anderen Formen als bloß mentalen ab, indessen doch für den kritischen Standpunkt jede dieser Realitäten in gleicher Weise ein Produkt der ursprünglichen Aktion unseres Bewußtseins ist. Ja, noch mehr: vom Standpunkt der durch Abstraktion noch nicht zerlegten vollen Lebenserfahrung ergibt sich sogar eine totale Umkehrung der gewöhnlichen Schätzung der Realität. Weit entfernt, daß nun Naturdasein noch als die einzige Realität erschiene, bleibt sie auch nicht einmal die wertvollste. Natur und ihre Gesetzmäßigkeit wird vielmehr immer deutlicher als bloßes Mittel erkannt für die immer vollkommenere Verwirklichung der geistigen Werte unseres Lebens, sie wird immer mehr als bloßes, wenn auch freilich unumgängliches Werkzeug, durch welches der Mensch den ganzen Reichtum seines Geisteslebens zu entfalten vermag. *Der wollende und schaffende Mensch* – das ist die sicherste Realität, die wir alle erleben; wie sollten die Realitäten des Wollens weni-

ger real sein als die Realitäten des Seins, bloß deshalb, weil das Objekt des Wollens sich nicht als ein solches des Seins aufzeigen läßt? Meint jemand mit ihm überlegen scheinendem Spott, das Wollen eines Haupttreffers sei auch sehr real, verschaffe nur leider noch lange nicht das Geld, so fällt er mit solchem Einwand sofort aus der Realität des Wollens in die des Seins, um die es sich ja gar nicht handelt. Hier fragt sich ja bloß, ob das Nichtseinkönnen eines Willensobjektes, wie Schopenhauer meint, den Willen selbst zum Widersinn stempelt, d.h. ihn irreal macht. Und darauf ist zu sagen: daß etwas nicht ist und im Naturzusammenhang nicht sein kann, ist noch keine Schranke für den Willen, sofern es überhaupt gewollt werden kann. Nicht die Unmöglichkeit des Seins, erst die des Wollens behebt die Realität des Wollens. Dieser bedeutungsvolle Unterschied eröffnet seine ganze Konsequenz freilich nur auf dem Boden der Kantschen Erkenntniskritik. Denn jetzt ist klar, daß für diese Realität des Wollens schon die bloße Denkbarkeit und Widerspruchslosigkeit des Gewollten genügt.

In dieser bloßen Denkbarkeit verflüchtigt sich nämlich nicht etwa die Willensrealität, sondern wird sie ihres Unterschiedes vor der Seinsrealität sich bewußt. Wieder ist hier ein anderer Irrtum des Naturalismus kritisch zu überwinden, der da meint, daß, was innerhalb der Naturerfahrung nicht möglich ist, sich also darüber hinaus bloß denken läßt, deshalb auch bedeutungslos ist, als ob unser Wesen vollständig in theoretischen Interessen aufginge. Wenn Schopenhauer also sagt, es sei widersinnig, eine Sache zu wollen, die doch "nicht sein könne", so vermissen wir eine Aufklärung, in welchem Sinne dieses "Nichtseinkönnen" zu verstehen ist. Nur dasjenige, was auch nicht einmal zu denken möglich ist, ist auch für das Wollen eine Unmöglichkeit. Auf dem Gebiete des Wollens kann also eine Sache *erst dann* nicht sein, wenn sie zu wollen unmöglich ist. Was aber zu wollen nicht bloß möglich ist, sondern sogar einen solchen Wert für das Wollen besitzt, daß *es nicht zu wollen umöglich ist,* sobald nur das Wollen in sich klar und konsequent wird, das hat als Willensnotwendigkeit für das Wollen nicht weniger Realität wie Denknotwendigkeiten für das Erkennen. Die sinnvolle Einheit des Lebens und die Unzerstörbarkeit des persönlichen Wertes sind nun solche Willensobjekte, denen kein Wollen sich entziehen kann, das überhaupt irgendeines seiner Ziele mit Grund als wertvoll bezeichnen will. Wenn es einem Wollen unmöglich ist, seine Willensinhalte zu einem Wertsystem auszugestalten, ohne gewisse Voraussetzungen anzunehmen, die hierzu als unerläßliche Bedingungen erscheinen, so ist es nur ein direktes Vorurteil des Naturalismus, moralische Notwendigkeiten für weniger real zu halten als Denknotwendigkeiten. Die Wollensnotwendigkeiten sind für den moralischen Willen genauso unausweichlich wie die logischen für das theoretische Denken, sie bestimmen ebenso die Realitäten der sittlichen wie diese die der natürlichen Welt.

Aber noch in einer anderen Richtung erweist sich schließlich der Einwand des "Nichtseinkönnens" als völlig mißverständlich und vom Geiste kritischer Erkenntnis gänzlich verlassen. Denn durchaus unberührt von ihr hatte er nicht nur, wie wir sahen, Naturdasein und Realität identifiziert, sondern *übersieht er auch die bloße Phänomenalität der Natur.* Mit der Hinwendung des Blickes auf diese fällt das mächtigste Hindernis, das sich der Einsicht widersetzt, es könne etwas, was in der Natur "nicht sein kann", doch für uns noch von Bedeutung bleiben. Denn jetzt sehen wir klar: es sind gar nicht die "ehernen" Naturgesetze, die eigentlich bewirken, daß etwas "nicht sein kann", sondern nur unsere Fesselung in die Anschauungsformen von Raum, Zeit und Kausalität. Die Naturnotwendigkeit zwingt nur und macht unmöglich, solange wir sie für die Art unseres Daseins überhaupt halten. Erkennen wir aber, wie wir auf dem Standpunkt kritischen Denkens es müssen, daß wir die Natur um so weniger als die Realität an sich annehmen können, als sogar unser Einzelbewußtsein, der Träger aller Naturerfahrung, selbst eine Phänomenalität ist, daß wir aber gleichzeitig uns doch real in den Schranken dieser Phänomenalität als eine über sie hinausreichende Wesenheit erleben, so fällt die erdrückende Enge von Raum, Zeit und Kausalität mit einem Male von uns ab. Die raumzeitliche Welt mit allen ihren äonenhaften Kausalketten und siriusweiten Fernen läuft wie der Lichtkegel einer Laterna magica aus ihrem bunten Allerlei zurück in den strahlenden Punkt des Bewußtseins überhaupt, von dessen Gesetzlichkeit außer unseres empirischen Daseins wir zwar nichts wissen, dessen überempirische Realität uns aber gerade durch das verbürgt ist, worin wir uns als mehr wie bloße Phänomenalität erleben. Wir sehen uns schon jetzt durch die Allgemeingültigkeit des Sittengesetzes in einen anderen als bloß naturhaften Zusammenhang gestellt. Und indem wir diese geistige Tatsache zusammenstellen mit jener bloßen Phänomenalität der Naturgesetzlichkeit, ahnen wir die Möglichkeit einer überempirischen Ordnung. Diese Ahnung nimmt für uns die Form des religiösen Bewußtseins an. Und dieses Ahnen oder Glauben ist im Grunde genau so eine Umbiegung einer absoluten Gesetzlichkeit innerhalb der ihr nicht adäquaten Sphäre unseres Naturdaseins, wie die Sittlichkeit aus der Gesetzlichkeit des reinen Wollens sich in dieser Sphäre zu einem bloßen Sollen umbiegt.

Und so deuten sowohl das Sollen der Moral wie das Ahnen der Religion, weit entfernt, uns als bloße Subjektivitäten aus jeder Realität hinwegzuführen, eine alles überragende Objektivität an, nämlich die widerspruchslose Einheit unseres nicht mehr phänomenalen Daseins, die gerade durch die Loslösung aus den auch noch zur Erscheinung gehörigen Formen des individuellen Bewußtseins sich vollenden mag. In der Religion vollzieht das Bewußtsein gleichsam die Vorbereitung zu dieser Befreiung von dem Joch seiner empirischen Persönlichkeit. Es vermag mit keinem Schritt die Naturerfahrung zu überschreiten, aber es vermag, von den Schranken dieser Erfahrung auf seine Innerlichkeit zurückgeworfen, gerade hier den Weg zu finden, der es auf eine Höhe führt, von der ein Ausblick in die Einheit und Seinsgestaltung unseres Daseins möglich wird. Und dies ist alles, was wir zum seligen Leben gebrauchen.

VIII.

Wenn wir so das Spezifische der Religion in der einheitlichen Erfassung des Weltganzen erblicken, bleibt eine Frage übrig: Ist es noch richtig, dies Religion zu nennen? Haben wir dafür nicht schon lange eine andere Bezeichnung, nämlich Philosophie, als deren eigentliche Aufgabe es stets galt, eine einheitliche Weltauffassung zu vermitteln? Und so wären wir schließlich dazu gelangt, Religion in ihrer Selbständigkeit aufzulösen und in Philosophien übergehen zu lassen.

Darauf möchten wir sagen: So sonderbar es für den ersten Moment klingt, können wir zwischen dem religiösen und dem philosophischen Standpunkt, sofern auf den wesentlichen Punkt einer *einheitlichen Wertauffassung* der Welt zurückgegangen wird, keinen Unterschied finden.

Nicht mit Unrecht hat man die Religion als die Philosophie der gemeinen Masse, als die Metaphysik und Weltweisheit des Volkes bezeichnet. Die Religion versucht selbst in ihrer unentwickeltsten Form dasselbe, was auch die Philosophie anstrebt: ein einheitliches Weltbild zu geben. Weil sie damit aber einem elementaren Gefühlsdrange des Menschen entspricht, muß anderseits auch jede Philosophie, die wirklich Weltauffassung sein will, zuletzt unausweichlich religiös werden, mag sie auch ihrer sonstigen Beschaffenheit nach in noch so heftiger Opposition zur Volks- und historischen Religion stehen. Ein klassisches Beispiel hierfür bietet gerade die modernste Form dieser Opposition, der Monismus, der sogar bewußt darangeht, auf seiner Grundlage eine neue Religion zu schaffen. Was über den inneren Zusammenhang von Philosophie und Religion so leicht täuscht, ist, daß einerseits die Philosophie zu eng verstanden wird, nämlich bloß im theoretischen Sinn als Metaphysik, anderseits die Religion wieder nur in dogmatischer Form aufgefaßt wird. Nun wissen wir bereits, daß im kritischen Sinn unter Religion nur die spezifische *Richtung des Bewußtseins auf die Erfassung der Einheitsprobleme* von Welt und Leben zu verstehen ist. Dagegen gelten uns die historischen Erscheinungsformen der Religion, wie sie auch heute noch in dem kirchlichen Kultus bestehen, als vergängliche und auf der Höhe des modernen Bewußtseins *bereits überwundene* Entwicklungsstufen des religiösen Bewußtseins. Die Religion, von der hier die Rede ist, hat also gar nichts mit dem christlichen, jüdischen oder sonst einem Bekenntnis zu tun, sondern umfaßt nur dasjenige, was in jeder Religion als ein Bestandteil der Gesetzlichkeit unseres Geisteslebens nachzuweisen ist, durch welchen nicht nur jene dogmatischen Religionen möglich wurden, sondern das noch immer neue Gestaltungen hervortreiben wird. Je kritischer aber in diesem Prozesse die geistige Entwicklung überhaupt wird, um so mehr muß schließlich auch für die große Masse das Einheitsproblem der Religion mit dem der Philosophie zusammenfallen, wie dies auf dem Boden des Altertums bereits der Fall war. Man denke nur an Plato, Spinoza, Kant und Fichte, für deren Standpunkte, die zugleich Höhepunkte des philosophischen Denkens sind, sich Religion und Philosophie gar nicht mehr trennen lassen. Freilich, wo man die Aufgabe der Philosophie in den Bestrebungen der Metaphysik beschränkt sieht, also in der bloß theoretischen Frage nach dem Wesen der Dinge, oder wo man sie gar nur mit Erkenntniskritik identifiziert, muß sich eine Kluft zwischen Philosophie und Religion auftun. Ist aber die Aufgabe der Philosophie vielmehr darin gelegen, durch eine erkenntniskritisch geleitete und geläuterte Metaphysik dem Drange unserer Seele nach Aufschluß über Sinn und Wert des Ganzen, von dem wir ein Teil sind, einige Ahnungen zu vermitteln, die uns nicht ins Bodenlose versinken lassen, dann springt die Wesensgleichheit dieses Problemes mit jenem der Religion in die Augen. Es sind dann nur *zwei verschiedene Wege,* die, weil sie zum gleichen Ziele führen, sich selbst auch immer mehr einander nähern: die Religion muß immer philosophischer, die Philosophie immer religiöser werden, bis so auch hier sich jene Erscheinung wiederholt, die fast ein Bewegungsgesetz der geschichtlichen Entwicklung zu sein scheint, daß die Vollendung den Anfangszustand nur auf einer viel höheren Stufe wiederholt. Das heißt: daß Philosophie und Religion am Abschluß ihrer Entwicklung, der nur als gedachtes Ziel möglich ist, dieselbe Einheit darstellen, mit der die Arbeit des philosophischen Denkens historisch begann.

Philosophie und Religion bedeuten wirklich nur zwei verschiedene innere Wege zum gleichen Ziel; sie verhalten sich wie Gedanke und Gefühl, wie Reflexion und unmittelbare Empfindung. Die Religion vermittelt die Einheit der Weltauffassung in einer elementaren subjektiven Überzeugung, ohne weitere *Gründe* dafür zu suchen. Sie *glaubt.* Die Philosophie kann zuletzt auch nicht mehr als einen Glauben geben; aber indem sie eine bewußte Verbindung ihrer Überzeugung mit dem Wissen herstellt dadurch, daß sie dieselbe vermöge der Erkenntniskritik vor den Anmaßungen des Wissens schützt, erfährt der gleiche Inhalt, den die Religion in sich trägt, in der Philosophie jene Transponierung des Gedankens, durch welche er als ein mehr theoretisches Gebilde der Religion als einem mehr affektiven entgegentritt. Vergißt man aber nie, daß bei dem Begriff der Religion, den wir hier entwickelt haben, *selbst die modernste bibelkritische Form des evangelischen Christentums doch noch als eine Mythologie von dem Begriff der Religion zu lösen ist,* so wird es kaum noch möglich sein, sich der Erkenntnis zu verschließen, daß Religion und Philosophie nur zwei verschiedene Ausdrücke für eine und dieselbe Problemlösung sind.

Daher ist ein Widerspruch zwischen Philosophie und Religion in einem und demselben Denken auch gar nicht möglich. Was man so nennt, ist der ewige Kampf der Philosophie *und der Religion* gegen die dogmatische Theologie, gegen die Kultgläubigkeit, gegen die Mythologie überhaupt. Daraus beantwortet sich die jetzt so häufige Frage nach der Zukunft der Religion. Wenn man von ihrem Absterben spricht, von ihrer Abdankung durch Wissenschaft und Philosophie, so mangelt solchen allgemeinen Redensarten wie gewöhnlich die begriffliche Bestimmtheit. Gewiß kann kein Zweifel sein, daß, obgleich die Lebensfähigkeit überkommener tausendjähriger Denkgewohnheiten durchaus nicht unterschätzt werden soll, die Stunde der Religion als Mythologie bereits geschlagen hat. Meint man also unter Religion den anthropomorphen Gottes- und Jenseitsglauben, dann ist allerdings die Religion auf dem Sterbelager, und nichts wird dieser Form neues Leben verschaffen, mag auch die Agonie vielleicht noch manche Generationen überdauern und dem vorwärtsstrebenden Gedanken noch viele Kümmernisse bereiten. Allein, indem diese sterbliche Hülle von ihr abfällt, wird die Religion ihrem Gehalte nach immer fähiger, sich mit dem übrigen Menschengeiste zu verbinden und so gerade ihr Wesen zu stets reinerem Ausdruck zu bringen. Die Religion als gedankentötender Aberglaube stirbt, aber die Religion als lebendige Weltauffassung, als philosophischer Glaube, wird erst geboren. Und alle bisherige Philosophie war nur Geburtshelferin für jenen künftigen Geisteszustand der Menschheit, in welchem Religion nichts anderes mehr sein wird als in jedem Herzen lebendige Philosophie und Philosophie nichts anderes als in jedem Kopfe begründete Religion. Plato träumte von einem Staate, in dem nur die Philosophen Herrscher wären; unsere Gegenwart, die das Heil nicht mehr von weisen Fürsten erwarte, sondern es sich selbst schaffen will, hat ein stolzeres Ideal: eine solche Weiter- und Höherbildung des Menschentypus, auf dessen Stufe die Philosophie ebenso Gemeingut des Volkes geworden ist, wie heute schon die Wissenschaft die Tendenz zeigt, es zu werden. Und gerade dieses letztere Beispiel ist sehr geeignet, uns zu vergewissern, daß wir in jenem Ideal nicht etwa bloß einem schönen, aber unrealisierbaren Traum nachhängen. Was war noch vor hundert Jahren die Wissenschaft für das Volk, und was ist sie ihm heute? Welche Kluft trennte früher das kleine Häuflein derer, die wissenschaftliche Interessen hatten, von der Masse der "gemeinen" Leute, die von nichts etwas wußten! Ist es nicht gerade dieses Eindringen der Wissenschaft in die breitesten Volkskreise, was vornehmlich den Absterbeprozeß der alten dogmatischen Religionen beschleunigt und zu einer volksgeschichtlichen Erscheinung macht, während es früher nur eine Pikanterie in einem kleinen, erlesenen Kreise der Gebildeten war, sich vom überkommenen Glauben losgemacht zu haben? Wird erst die Fähigkeit, philosophische Problemstellungen und Gedankengänge mit Verständnis aufzunehmen, ebenso sorgfältig und allgemein gepflegt werden, wie es heute schon mit den Problemstellungen und Arbeitsweisen der Wissenschaft geschieht, wird erst einmal das subjektive Einheitsbedürfnis nicht bereits von der Schule und vorher schon vom Elternhaus durch Überlieferung dogmatischer Begriffe in die Irre geleitet, *dann wird sich Philosophie ganz ebenso selbstverständlich als einziges Mittel der Befriedigung der religiösen Bedürfnisse darstellen,* wie dies heute von der mythologischen Form der Religion gilt. Die Religiosität wird den Kindern nicht mehr in mythologischen Begriffen vermittelt werden, sondern in Vorstellungen, die ihrem Wesen entsprechen, so daß die Kinder *von vornherein* nur mehr in Begriffen aufwachsen werden, die, dem Verständnis der Kinder zwar angepaßt, im Grunde bloß philosophischen und moralischen Charakter besitzen.[5]) Und ihr entwickelter Zustand wird notwendig einhergehen mit der Höherentwicklung des philosophischen Denkens, mit seiner größeren Freiheit und seiner kritischen Durchdachtheit, weil nur so der aus unserem volitionalen Wesen aufsteigende Einheitsdrang auch nach der theoretischen Seite unseres Selbsts gesichert werden kann.

In dieser Einsicht von dem Wesen der Religion und ihrer daraus sich ergebenden thematischen Einheit mit der Philosophie und nicht in der Wissenschaft allein gewinnen wir die eigentliche Grundlage für den großen Kulturkampf, der noch durchgekämpft werden muß: für den Kampf um die Emanzipation der Massen aus den Fesseln der dogmatischen Religionen und kirchlichen Gewalten. Vielleicht findet uns die vierte Zentenarfeier der Reformation, die bald bevorsteht, in einer neuen Reformation, für die schon viele Anzeigen sprechen. Sie wird die durch die erste Reformation aus den Fesseln blinder Dogmengläubigkeit befreite Religion endgültig aus jeder kultischen Form herausführen und in die reine Wirksamkeit des religiösen Bewußtseins selbst auflösen. Dazu gehört aber, daß auch die Aufklärung selbst aufgeklärter wird, daß der bloße Intellektualismus eines nur naturwissenschaftlich orientierten Zeitalters endlich ganz überwunden werde. Hierzu ist bei dem Geiste, der heute in den Naturwissenschaften lebendig geworden ist und zur Erkenntniskritik hinstrebt, manche Hoffnung vorhanden. Diejenigen aber, denen der Weisheit letzter Schluß gegeben scheint in den Formeln ihres mathematisch-physikalisch-chemischen Wissens, die keine andere Wahrheit kennen, als die sie messen und wägen können, und die keine andere Realität verspüren als die, an der sie sich wundstoßen, sie seien zuletzt mit den Worten des Dichters gemahnt, die ein ganzes Geschick enthalten, das Geschick unserer Weltanschauung:

"Sie geben, ach, nicht immer Glut,
Der Wahrheit helle Strahlen.
Wohl denen, die des Wissens Gut
Nicht mit dem Herzen zahlen."

[5]) Unterstützend hierbei wird der soziale Charakter der Religion sein, auf den Wilhelm Jerusalem wiederholt in seinen Schriften hingewiesen hat, der nicht nur in der von ihm aufgezeigten sozialpsychologischen Weise begründet ist, sondern vor allem auch erkenntniskritisch in der religiösen Idee eines Reiches Gottes, das nichts anderes ist als die widerspruchslose und dauernde Gemeinschaft des Geisteslebens als Idee. Über den transzendental sozialen Charakter der Moral vgl. meine Schrift *Wegweiser. Studien zur Geistesgeschichte des Sozialismus,* Stuttgart 1914, S. 51 ff.

Die sozialistische Idee der Befreiung bei Karl Marx

Zu seinem hundertsten Geburtstage am 5. Mai 1918

Gedenktage, die an das Wirken großer führender Geister im Reiche des Gedankens oder der Kunst anknüpfen, sind die eigentlichen Kulturfeiertage der Menschheit, in denen sie sich ihres besten Zusammenhanges und ihres köstlichsten Besitzes mit stolzer Freude bewußt wird. Die heutige furchtbare Weltlage hat auch diesen Sinn aus unserem Leben genommen. In dem endlosen Toben dieses Weltkrieges sind schon drei solche große Kulturfeiern hinabgeschlungen worden in seinen Abgrund von Barbarei und Wahnsinn: die Zentenarfeiern von Shakespeare, Cervantes und Luther. Drei große Gedenkfeiern, die sonst Zeiten edelster innerer Erhebung geworden wären, in denen der Menschengeist in ernster und doch freudig bewegter Sammlung das große Erbe der Vergangenheit nicht bloß als einen ruhenden Schatz, sondern als einen in seiner Gegenwart fortwirkenden lebensvollen und befeuernden Antrieb empfunden hätte – sie sind in trauriger Teilnahmslosigkeit der großen Öffentlichkeit vorübergegangen. Und konnte dies anders sein? Konnten sie mit ihrem zur höchsten Geistes- und Herzenskultur aufrufenden Inhalt denn sich überhaupt an das Licht eines Tages wagen, der mit alldem, was jetzt allein Bedeutung hat, nur der entsetzlichste Widerspruch zu allen Kulturgedanken, ja der grauenvollste Hohn auf Menschenwürde und Menschenwesen ist?!

In diese so entartete Zeit fällt nun wieder ein solcher Gedenktag des Geistes. Von ihm aber geht eine ganz andere Stimmung aus als jene Trostlosigkeit der früheren Gedenkfeiern, obgleich gerade er mit seinen weit ausgreifenden Kulturgedanken den Widerspruch der heutigen Lage noch deutlicher macht. Denn der hundertste Geburtstag von Karl Marx, den am 5. Mai 1918 das internationale Weltproletariat trotz aller Stürme und Entzweiungen des Krieges überall feiern wird, bedeutet *eine Gedenkfeier, die schon selbst ein flammender Protest gegen diese bürgerliche Welt* der Kulturlüge und Heuchelei ist, gegen diese Welt, die durch ihre innerlichen, ungebändigten Gewalttriebe, durch die Barbarei ihrer unmenschlichen Gegensätze von Bildung und Besitz seit jeher zur Verfälschung und Vergewaltigung alles Großen und Schönen geführt hat, das in ihr sich entfalten wollte, wodurch sie denn auch das Wirken ihrer besten Geister bisher noch stets um allen Sinn und Wert bringen mußte. Und die Feier des hundertsten Geburtstages von Karl Marx muß zu einem solchen Proteste werden, weil das ganze gewaltige Leben dieses Mannes in Wort und Tat ein solcher Protest war, weil es die Feier eines Mannes ist, der, wie kein anderer vor ihm, mit dieser bürgerlichen Welt zerfallen war, aber nicht etwa bloß mit dem Groll und Haß ihres Todfeindes, sondern zugleich mit dem überlegenen Blick des Mannes der Wissenschaft, der sie geistig überwunden hatte. Darum geht von diesem Gedenktag ein so ganz anderer Geist aus als von jenen früheren traurigen Kulturfeiern verklungener Größe und Schönheit menschlichen Wirkens: es ist keine Empfindung der Scham über den Abstand der Geistes- und Kulturhöhe, an die dieser Gedenktag erinnert, von der Niedrigkeit und Verworfenheit der Zeit, in der er uns antrifft, es ist kein Gefühl der hoffnungslosen Ohnmacht und des wehrlosen Zornes, sich angesichts der lichtvollen Höhen der Menschheit immer wieder in den ekligen Sumpf blutiger Machtgier hinabgeschleudert zu finden. Es weht vielmehr von diesem Gedenktag auch heute noch derselbe Feuergeist, den so viele Jahrzehnte hindurch ungezählte Arbeitergenerationen belebend empfunden haben,

DIE SOZIALISTISCHE IDEE DER BEFREIUNG BEI KARL MARX

ZU SEINEM HUNDERTSTEN GEBURTSTAGE
AM 5. MAI 1918

VON
MAX ADLER

PREIS 60 HELLER

WIEN 1918
VERLAG DER WIENER VOLKSBUCHHANDLUNG IGN. BRAND & CO.
WIEN VI, GUMPENDORFERSTRASSE 18

der Geist des unversöhnlichen Kampfes gegen die alte Welt der bürgerlichen Scheinkultur, der tiefen Empörung gegen diese in Rechtsformen verkleidete Gewaltwelt des Kapitalismus, und er wirkt daher gerade in der heutigen Zeit schonungslosester Demaskierung aller inneren Roheit dieses Zeitalters wie eine Aufrüttelung des sozialen Gewissens und wie eine tröstliche Vergewisserung der schließlichen radikalen Überwindung auch dieser Not.

Das Befreiende dieser Stimmung aber liegt darin begründet, daß es nicht etwa bloß eine ethische Aufrichtung ist, die wir aus dem Wirken von Karl Marx gewinnen, sondern daß diese moralische Kräftigung und Hinwendung auf die wirklichen Kulturziele der Menschheit sich ohne jede ethische Argumentierung *als das Resultat streng objektiv wissenschaftlicher Analyse* der Bewegungsgesetze der bürgerlichen Welt ergeben. Das macht ja die weltgeschichtliche Bedeutung von Karl Marx aus, daß er uns zuerst gelehrt hat, den wunderbaren Mechanismus der Geschichte zu erkennen, mit dem sie aus Not und Tod, aus Elend und Jammer aller Art, aus Kampf und Streit doch immer mehr und sicherer hervorgehen läßt, was das Sehnsuchtsziel aller Zeiten gewesen ist und bisher noch keine vollenden konnte: die solidarische Menschengesellschaft, die wirkliche Menschheit. Eine Phänomenologie des Geistes wollte Hegel schreiben, eine Lehre von der allmählichen Entfaltung des sich selbst unbewußten Geistes bis zu seinem sich selbst bestimmenden Endzustand. Eine *Phänomenologie der Sittlichkeit* zu geben lag nie im Willen von Karl Marx; aber seine Lehre in ihrer Anwendung auf die gesellschaftliche Entwicklung ist zu einer solchen geworden. Denn sie hat uns die notwendige Aufeinanderfolge der gesellschaftlichen Wandlungen erkennen gelehrt. Sie hat uns gezeigt, wie das soziale Leben der Menschen aus zahllosen kleinen, zersplitterten, voneinander isolierten oder miteinander im Kampf befindlichen Verbänden und aus einem Zustand vollständigster Abhängigkeit von äußeren Einflüssen zu Kreisen immer größerer Verbundenheit und Solidarität sowie immer größerer Selbstbestimmung aufsteigt, bis es zuletzt durch Überwindung aller Klassengegensätze und Übernahme der gesellschaftlichen Ökonomie in seine eigene bewußte Leitung und Regelung den berühmten Sprung aus dem Reiche der Notwendigkeit in das der Freiheit vollzieht, in welchem, nach den unvergänglichen Worten des *Kommunistischen Manifests,* "die freie Entwicklung eines jeden die Bedingung für die freie Entwicklung aller ist". So wird die Geschichte tatsächlich zu einer Stufenfolge der gesellschaftlichen Moral, zu einem Fortschritt in der äußeren Versittlichung, der aber nicht aus ethischen Motiven, sondern aus den materiellen Lebensbedingungen der Menschen hervorwächst. Und die Erkenntnis hiervon wird schließlich selbst ein Mittel dieses Fortschrittes in dem Maße, daß von ihr aus sich ein ganz neuer Blick für die wahren Epochen der Menschheitsentwicklung eröffnet. Die vielgerühmte "Neuzeit" hört auf, Gipfel und Vollendung der Zeiten zu sein. Denn nun stellt sich aller bisheriger Fortschritt in Kultur und Sittlichkeit als ein unbeabsichtigter, zufälliger Ertrag der Menschheitsgeschichte dar, fast als ein bloßes Nebenprodukt eines wesentlich auf ganz andere Ziele, nämlich bloß und vor allem auf Besitzvermehrung und Machterweiterung gerichteten weltgeschichtlichen Strebens. Den Fortschritt nicht mehr bloß zu erleben, wie er gerade kommt und soweit er sich allenfalls einstellt, sondern ihn *bewußt und planmäßig zu schaffen,* das macht nun Epoche in der Geschichte, das scheidet sie in zwei wesensverschiedene moralische Zeitalter. Und daher deutet es auf den grandiosen Sinn dieser Phänomenologie der Sittlichkeit hin, wenn Karl Marx selbst die neue, epochebildende Bedeutung seiner Betrachtungsweise durch den immer noch zu wenig gewürdigten Ausspruch hervorhebt, daß mit der Beseitigung der kapitalistischen Ordnung *erst die Vorgeschichte der menschlichen Gesellschaft* abschließe.

Es findet sich in den Schriften von Karl Marx ein eigenartiger Begriff, der wenig beachtet worden ist, obgleich er in selter Prägnanz gerade diese bedeutsame Seite der Marxschen sozialen Entwicklungslehre hervorhebt, in welcher sie mit dem ethischen Idealismus in inneren Zusammenhang gerät, und obgleich er nicht eine bloß gelegentliche Bemerkung darstellt, sondern alle Schriften bis zum *Kommunistischen Manifest* als tragender Gedanke erfüllt. Es ist dies der Begriff einer *menschlichen Emanzipation im Gegensatz zur politischen Emanzipation.* Der Grund dieser geringeren Beachtung liegt wohl darin, daß sich dieser Begriffsgegensatz von menschlicher und politischer Emanzipation hauptsächlich in den Jugendschriften von Marx ausgeführt findet. Allein deshalb darf man doch nicht glauben, daß er für das Ganze der Marxschen Auffassung von geringerer Bedeutung sei. Ich habe bereits einmal aufgezeigt, daß diese Unterscheidung des jungen Marx von dem, der das *Kapital* geschrieben hat, durchaus unkritisch und unbegründet ist, wenn man damit meint, daß der junge Marx wegen seiner Anlehnung an Hegel und Feuerbach, die er nachher kritisch überwand, mit seiner späteren rein ökonomischen Phase in Gegensatz zu bringen sei. Im Gegenteil habe ich nachgewiesen, wie alle leitenden Gedanken des *Kommunistischen Manifests,* das eigentlich doch auch noch dem "jungen" Marx angehört und doch schon das theoretische Charakterbild des späteren Marx vollendet zeichnet, sich in den Schriften seit den *Deutsch-französischen Jahrbüchern* bereits in rascher und immer reicherer Folge entwickelt vorfinden, so daß sie förmlich das Programm seiner ganzen späteren Wirksamkeit enthalten, das er in seltener Vollständigkeit auszuführen vermochte. [1]) Die Einkleidung der Gedanken in Hegelsche und Feuerbachsche Formen bedeutet kaum mehr als eine Familienähnlichkeit, die auf die Abstammung von bestimmten geistigen Vorahnen hindeutet, ohne doch das eigene Gepräge der Züge dadurch auszuschließen. Und manchmal ist sogar die an Hegel und Feuerbach sich anlehnende Form der Gedankenführung des jungen Marx ein Mittel gewesen, Inhalte und Seiten seiner Begriffe eindrucksvoller auszuführen als in der Zeit seiner späteren, rein ökonomischen Begriffsbildung, weil sie in ihrer allgemein sozialkritischen Darstellung noch allseitiger zur Erfassung kamen als in der notwendig einseitigen theoretischen Abstraktion der Arbeit im *Kapital.*

Wenn wir im folgenden nun unsere Zentenarbetrachtung eben an eine solche Jugendfassung marxistischer Gedanken anknüpfen, so geschieht es nicht nur, weil gerade in diesem Begriff der menschlichen Emanzipation sich zugleich die großartige Einheit des geistigen Charakterbildes von Karl Marx besonders augenfällig erweist. Denn dieser Frühgedanke bezeichnet bereits dasselbe nach der positiven Seite, was die ökonomische Kritik im *Kapital* dann später negativ als die Entmenschung der Gesellschaft durch den kapitalistischen Produktionsprozeß aufgezeigt hat. In der Analyse im *Kapital* hat Marx die Entfremdung und Verdinglichung aller menschlich-gesellschaftlichen Verhältnisse aufgezeigt, die sich bis zu dem Widersinn steigern, daß der Mensch der willenlose Sklave seiner eigenen Produkte wurde, der Spielball ökonomischer Kräfte, die doch nichts anderes waren als seine Kräfte, bloß daß er sie noch nicht als solche zu erkennen vermochte. Aber nicht dies allein ist es, was – so sehr es in die Zentralbedeutung der theoretischen Leistung von Karl Marx einführt – uns veranlaßt, am heutigen Tage gerade jene Jugendgedanken über menschliche Emanzipation hervorzuheben, sondern ihre große *aktuelle Bedeutung,* die sie gegenüber der kritischen geistigen Situation gewonnen haben, in die der Sozialismus durch den Weltkrieg geraten ist. Es ist kein literarhistorisches Kapitel, das wir im folgenden behandeln. Es ist das lebendige Wort eines Mannes, der ebenso ein Neubegründer der Wissenschaft wie der Politik war; es ist die noch flammende Glut, an der sich das Feuer des revolutionären klassenkämpferischen Sozialismus entzündete; es ist der Sturmgeist, der alle Illusionen und schwächlichen Kompromisse auch heute noch wegfegt, mit denen die eigene Emanzipationsbewegung des Proletariats verfälscht und von ihrem sicheren Gang abgelenkt werden sollte – kurz es ist *Marx, der proletarische Revolutionär,* dessen Stimme wieder zu uns dringt als die eines Führers, der zu unmittelbaren Aufgaben auch unserer Gegenwart leitet. Denn der "alte" Marx übertrifft den "jungen" nur an Reife der wissenschaftlichen Einsicht und Kritik, nicht aber an Leidenschaft und Zielbewußtheit des revolutionären Bewußtseins. Und so ist Geist und Wort auch des jungen Marx heute mehr als je ein Aufruf geblieben, dem erst noch Folge zu leisten ist. Und besonders für unsere Zeit hat dieser Aufruf die neue Bedeutung erhalten, daß er jetzt erst eine Lebenserfahrung darstellt, die gegenüber den Kriegsverirrungen des Proletariats in jedem Lande eine durch Blut und Elend erkaufte Lebenserfahrung darstellt, welche die Richtigkeit des Weges bekräftigt, den Marx schon in jenem Gedanken der menschlichen Emanzipation gewiesen hat. Denn dieser Begriff ist nur eine andere Bezeichnung für den historischen Prozeß der sozialen Revolution, deren soziologisches

[1]) Vgl. Max Adler, *Marx als Denker,* Berlin 1908, S. 65 ff.

Wesen im Gegensatz zu jeder bloß politischen Revolution Marx durch die Berufung auf die Emanzipation des Menschen deutlich machen will.

Der Gegensatz von politischer und menschlicher Emanzipation taucht zum erstenmal bei Marx in seiner *Kritik der Hegelschen Rechtsphilosophie* auf, in dieser Schrift, die nach ihrem Titel in ein Kapitel abstraktester Begriffserörterung zu führen scheint. In Wirklichkeit aber tritt hier eine neue, sehr konkrete Kritik auf den Plan, die mit allen den abstrakten blutleeren Konstruktionen des Denkens aufräumt und an ihre Stelle das lebendige Leben, wie es die Massen erfüllt, einströmen lassen will. Diese Kritik ist wirklich keine leidenschaftliche Streitigkeit bloß der Gelehrten, nicht mehr, wie Marx treffend sagt, "eine Leidenschaft des Kopfes, sondern der Kopf der Leidenschaft. Sie ist kein anatomisches Messer, sie ist eine Waffe. Ihr Gegenstand ist ihr Feind, den sie nicht widerlegen, sondern vernichten will."[2]) Und der Feind, gegen den sich in Wahrheit die *Kritik der Hegelschen Rechtsphilosophie* richtet, ist nicht Hegel, sondern sind die Zustände der bürgerlichen Gesellschaft, welche jene Philosophie vergeistigte und verteidigte. Darum erscheinen bereits in dieser Abhandlung die konkreten Grundlagen jener Bewegung, welche der geschichtliche Träger dieser Kritik zu werden bestimmt ist, der proletarischen Massenbewegung. Sie sind gegeben in den Bedürfnissen der Volksmassen. Eine radikale Umwälzung der Gesellschaft schien damals eine Utopie, eine bloße Theorie zu sein. Und noch heute denken viele ebenso. Allein: "Die Theorie wird in einem Volke immer nur so weit verwirklicht, als sie die Verwirklichung seiner Bedürfnisse ist . . . Eine radikale Revolution kann nur die Revolution radikaler Bedürfnisse sein." (S. 393.) Wo diese zu fehlen scheinen, muß man sie zum Bewußtsein erwecken. "Man muß das Volk vor sich selbst erschrecken lehren, um ihm Courage zu machen. Man erfüllt damit ein unabweisbares Bedürfnis des deutschen Volkes, und die Bedürfnisse der Völker sind in eigener Person die letzten Gründe ihrer Befriedigung." (S. 387.)

Zwei große Leitgedanken des Marxismus heben hier mächtig an: der eine ist die Einheit der Theorie und politischen Praxis; denn die Theorie des Marxismus will nichts anderes sein und ist auch nichts anderes als das Verständnis der aus den gesellschaftlichen Bedürfnissen hervorgehenden geschichtlichen Bewegung. Der andere große Gedanke aber ist die Gewinnung des Bewußtseins von diesem Zusammenhang, das durch theoretische Klarheit bestimmte zielbewußte Eingreifen in den sozialen Prozeß. Beide Gesichtspunkte aber führen schon gleich von allem Anfang dazu, *einen ganz neuen Begriff der Politik* zu schaffen. Denn erst jetzt kann die Politik aufhören, bloßer Kampf der Interessen zu sein, sondern kann sich verwandeln in die bewußte Arbeit an der Umgestaltung der Gesellschaft gemäß ihrer erkannten notwendigen Entwicklungsrichtung. Und dies führt zu der grundlegenden Unterscheidung einer menschlichen gegen eine bloß politische Emanzipation. Der Sinn dieses Unterschiedes wird sofort klar, wenn man weiß, daß der Begriff der Menschheit und der menschlichen Emanzipation bei Marx nur ein anderer Ausdruck für Gesellschaft und gesellschaftliche Befreiung ist. Eine die Menschheit wirklich weiterführende Politik kann daher nur diejenige sein, welche aus den bestehenden, die Not und Vergewaltigung ihres größten Teiles bedingenden Zuständen der bürgerlichen Welt herausführen kann, welche also eben "die allgemein menschliche Emanzipation" herbeiführt. Alle sonstigen, im bisherigen Sinne des Wortes politische Aktionen, und seien es auch Revolutionen, sind bloße teilweise Befreiungen, eine Stückarbeit, "welche die Pfeiler des Hauses bestehen läßt". Sehr aufklärend für das Wesen aller bisherigen Revolutionen fragt daher Marx: "Worauf beruht eine teilweise, *eine nur politische* Revolution? Darauf, daß ein Teil der bürgerlichen Gesellschaft sich emanzipiert und zur allgemeinen Herrschaft gelangt, darauf, daß eine bestimmte Klasse von ihrer besonderen Situation aus die allgemeine Emanzipation der Klasse unternimmt. Diese Klasse befreit die Gesellschaft, *aber nur unter der Voraussetzung, daß die ganze Gesellschaft sich in der Situation dieser Klasse befin-*

[2]) *Gesammelte Schriften* von Marx und Engels, hrsg. von F. Mehring, I., S. 386.

det, also zum Beispiel Geld und Bildung besitzt oder beliebig erwerben kann." (S. 395.) Damit die Revolution eines Volkes auch wirklich Emanzipation des ganzen Volkes bedeuten könne, dazu müssen alle Mängel der Gesellschaft sich in einer besonderen Klasse als deren Existenzbedingung zusammenfinden. Die Möglichkeit der menschlichen Emanzipation liegt also in der Heranbildung einer Klasse der bürgerlichen Gesellschaft, "welche einen universellen Charakter durch ihre universellen Leiden besitzt und kein besonderes Recht in Anspruch nimmt, weil kein besonderes Unrecht, sondern das Unrecht schlechthin an ihr verübt wird, welche nicht mehr auf einen historischen, sondern nur noch auf den menschlichen Titel provozieren kann . . . einer Sphäre endlich, welche sich nicht emanzipieren kann, ohne sich von allen übrigen Sphären der Gesellschaft und damit alle übrigen Sphären der Gesellschaft zu emanzipieren, welche mit einem Worte der völlige Verlust des Menschen ist, also nur durch die völlige Wiedergewinnung des Menschen sich selbst gewinnen kann. Diese Auflösung der Gesellschaft als ein besonderer Stand ist das Proletariat." (S. 397.)

Die wirkliche menschliche Emanzipation oder das, was später das *Kommunistische Manifest* als die kommunistische Revolution bezeichnet, kann also nur das Werk einer bestimmten Klasse der bürgerlichen Gesellschaft sein, das Werk des Proletariats, ist aber auch der einzige Weg, auf dem dieses wirklich seine Befreiung erlangen kann. "Es kann daher", führt Marx in einer späteren Schrift aus (*Zur Judenfrage*), "keineswegs genügen, zu untersuchen, wer soll emanzipieren und wer soll emanzipiert werden, sondern man muß wissen, *um welche Art von Emanzipation* es sich handelt, um die bloß politische oder um die allgemein menschliche?" (S. 401.) Und nun ergibt sich ihm sofort die folgende bedeutungsschwere Erkenntnis: "Die Grenze der politischen Emanzipation erscheint sogleich darin, daß der Staat sich von einer Schranke befreien kann, ohne daß der Mensch wirklich von ihr frei wäre, *daß der Staat ein Freistaat sein kann, ohne daß der Mensch ein freier Mensch wäre.*" (S. 406.) So emanzipiert sich zum Beispiel der Staat von der Religion, indem er die Ausübung politischer Rechte von jedem Religionsbekenntnis unabhängig macht, obgleich trotzdem der größte Teil seiner Bürger noch religiös geblieben ist. Oder der Staat emanzipiert sich durch Abschaffung des Zensuswahlrechtes vom Privateigentum. "Dennoch ist mit der politischen Annullation des Privateigentums das Privateigentum nicht nur nicht aufgehoben, sondern sogar vorausgesetzt. Der Staat hebt den Unterschied der Geburt, des Standes, der Bildung, der Beschäftigung in seiner Weise auf, wenn er Geburt, Stand, Bildung, Beschäftigung für unpolitische Unterschiede erklärt, wenn er ohne Rücksicht auf diese Unterschiede jedes Glied des Volkes zum gleichmäßigen Teilnehmer der Volkssouveränität ausruft, wenn er alle Elemente des wirklichen Volkslebens von dem Staatsgesichtspunkt aus behandelt. Nichtsdestoweniger läßt der Staat das Privateigentum, die Bildung, die Beschäftigung auf ihre Weise, das heißt als Privateigentum, als Bildung, als Beschäftigung wirken und ihr besonderes Wesen geltend machen. Weit entfernt, diese faktischen Unterschiede aufzuheben, existiert er viel mehr nur unter ihrer Voraussetzung, empfindet er sich als politischer Staat und macht er seine Allgemeinheit geltend nur im Gegensatz zu diesen seinen Elementen." (S. 407.) So sehen wir: "Die politische Emanzipation ist allerdings ein großer Fortschritt, sie ist zwar nicht die letzte Form der menschlichen Emanzipation überhaupt, aber sie ist *die letzte Form* der menschlichen Emanzipation *innerhalb der bisherigen Weltordnung.*"

Die nur politische Emanzipation ist daher für Marx gleichbedeutend mit der bürgerlichen Revolution; sie löst die alte Gebundenheit des bürgerlichen Lebens auf in seine Bestandteile, aber ohne diese Bestandteile selbst zu revolutionieren. (S. 423.) Das heißt, sie löst die alten feudalen Organisationsformen durch politische Befreiung und Verselbständigung der Individuen auf, ohne die tatsächliche wirtschaftliche Verbundenheit und Unterordnung dieser Individuen in eine neue gesellschaftliche Form überzuführen. Sie endet daher mit dem Widerspruch einer Trennung des Individuums als Staatsbürger und als Mensch, indem alles das, was den wirtschaftlich-gesellschaftlichen Zusammenhang der Staatsbürger ausmacht, als ihre Privatsphäre außerhalb des staatlichen Interesses fällt. Darum aber muß gerade die bloß politische Emanzipation die gesellschaftlichen Widersprüche steigern. Denn nach ihrem äußeren Anschein und nach dem Bewußtsein, das sie für ihre Träger schafft – man denke nur an die be-

rauschende Lehre von der Einsetzung der Menschenrechte durch die Französische Revolution –, bedeutet ja jede politische Revolution einen Sieg der größeren gesellschaftlichen Verbundenheit der Menschen, indem sie den Kreis des politischen Vorrechtes einer kleinen herrschenden Schicht sprengt und das gleiche Recht und die gleiche Freiheit aller begründen will. Aber gleichwohl verhüllt sie nur eine große Selbsttäuschung, indem in ihr zwar "jeder Mensch als souveränes, höchstes Wesen gilt, aber der Mensch in seiner unkultivierten, unsozialen Erscheinung, der Mensch in seiner zufälligen Existenz, der Mensch, wie er geht und steht, der Mensch, wie er durch die ganze Organisation unserer Gesellschaft verdorben, sich selbst verloren, veräußert, unter die Herrschaft unmenschlicher Verhältnisse und Elemente gegeben ist, mit einem Worte der Mensch, der noch kein wirkliches Gattungswesen ist". (S. 414.) Und so zieht Marx aus allen diesen Mängeln der bloß politischen Befreiung die große Konsequenz, die unmittelbar die Konsequenz des Sozialismus ist und zugleich den Widerspruch und die Scheinheiligkeit der bürgerlichen Demokratie aufdeckt: "Die politische Emanzipation ist die Reduktion des Menschen einerseits auf das Mitglied der bürgerlichen Gesellschaft, auf das *egoistische* unabhängige Individuum, anderseits auf den Staatsbürger, auf die *moralische* Person. Erst wenn der wirkliche individuelle Mensch den abstrakten Staatsbürger in sich zurücknimmt und als individueller Mensch in seinem empirischen Leben, in seiner individuellen Arbeit, in seinen individuellen Verhältnissen Gattungswesen geworden ist, *erst wenn der Mensch seine forces propres als gesellschaftliche Kräfte erkannt* und organisiert hat und daher die gesellschaftliche Kraft nicht mehr in der Gestaltung der politischen Kraft von sich trennt, erst dann ist die menschliche Emanzipation vollbracht." (S. 423 und 424.)
Man sieht hier nebenbei, daß schon der junge Marx sich von dem Schein des Staates, Allgemeininteressen zu vertreten, nicht über die eigentliche Natur des Staates täuschen ließ, unter dieser Form, selbst wo sie demokratisch ist, doch nur dem Emanzipationsbedürfnis der herrschenden Klasse im Staate, den Sonderinteressen des Besitzes zu dienen und nicht der bloß vorgeschützten Allgemeinheit. Wie er eben in dem Aufsatz über die Judenfrage in klassischer Weise nachgewiesen hatte, daß die sogenannten Menschenrechte der Französischen Revolution nichts anderes waren als die Rechte von Mitgliedern der bürgerlichen Gesellschaft, die das allgemeine Menschentum noch sehr im Stiche ließen, so hat er in demselben Zusammenhang bereits treffend die zwiespältige Moral der bürgerlich-politischen Staatsvorstellungen hervorgehoben, ihre ganze, sich in dem Prunkmantel des Allgemeininteresses maskierende innere Unwahrheit aufgedeckt. Dies geschieht in einem packenden Vergleich, indem er zeigt, wie unter der Herrschaft eines bloß politischen Denkens der Mensch notwendig eine Art Doppelleben führt, gleichsam "ein himmlisches und ein irdisches Leben, das Leben im politischen Gemeinwesen, worin er sich als Gemeinwesen gilt, und das Leben in der bürgerlichen Gesellschaft, worin er als Privatmensch tätig ist, die anderen Menschen als Mittel betrachtet, sich selbst zum Mittel herabwürdigt und zum Spielball fremder Mächte wird". (S. 408.) Die Existenzformen des Staates bringen es eben mit sich, daß die ganze Sphäre der bürgerlichen Existenzbedingungen sich als "Privatinteressen" von den "Allgemeininteressen" des Staatsganzen scheiden. Ob ein Mensch in dem bürgerlichen Staat satt wird oder nicht, ob er sich noch im Alter um ein armseliges Leben schinden und rackern muß oder nicht, ob er für Befriedigung geistiger Bedürfnisse auch noch Zeit übrig hat oder nicht, dies alles ist Privatsache, "egoistisches" Interesse des einzelnen. Woraus dann die übliche Deklamation von der Unterordnung dieses Privatinteresses unter das des Ganzen folgt. Nur wird dabei gern übersehen, daß diese Privatinteressen als das eigentliche Wirkliche des Staates sich überall durchsetzen, wo die gesellschaftliche Macht hinter ihnen steht, wogegen in der Sphäre der Allgemeininteressen, im Staat, der Mensch zwar scheinbar als Gattungswesen respektiert wird, in der Tat aber nur "das imaginäre Glied einer eingebildeten Souveränität ist, seines wirklichen individuellen Lebens beraubt und mit einer unwirklichen Allgemeinheit erfüllt". (S. 408.) Es ist der neuesten Phase sozialistischer Entwicklung vorbehalten geblieben, diesen Schein für bare Münze auszugeben und das Proletariat an der angeblichen Allgemeinheit des Staatsinteresses gerade dort zu interessieren, wo es am unmenschlichsten geworden ist, in der Kriegspolitik der herrschenden Klassen, und dies so weit zu treiben, daß das Proletariat darüber sein allgemein

menschliches Interesse aus den Augen verlieren mußte, das über den Staat hinaustreibt. Gegenüber diesem politischen Neomystizismus, der heute leider so viele Wortführer des Proletariats umnebelt, ist es doppelt nützlich, der weiteren Analyse zu folgen, die Marx an der bloß politischen Emanzipation übt. Sie steigert sich nunmehr zu einer gerade für unsere Gegenwart höchst bedeutungsvollen Kritik der rein politischen Denkweise, des von Marx sogenannten politischen Verstandes, was nur ein anderes Wort für den heute so gerühmten Geist der Realpolitik ist. Niemals, sagt Marx in einem folgenden Artikel (*Kritische Randglossen*), wird und kann der Staat zugeben, daß die Übel unter denen die Gesellschaft leidet, in seinem Wesen begründet sind. "Sofern der Staat soziale Mißstände zugesteht, sucht er sie entweder in Naturgesetzen, denen keine menschliche Macht gebieten kann, oder im Privatleben, das von ihm unabhängig ist, oder in der Zweckwidrigkeit der Administration, die von ihm abhängt." (II., S. 50.) Daher wird die bloß politische Reform sich im Kampf gegen das Regierungssystem erschöpfen. "Der politische Verstand ist eben politischer Verstand, weil er innerhalb der Schranken der Politik denkt. Je geschärfter, je lebendiger, desto unfähiger ist er zur Auffassung sozialer Gebrechen." (II., S. 52.) Marx ist daher weit entfernt davon, die bloß politische Bildung und Interessiertheit zu überschätzen. Im Gegenteil, je mehr ein Volk bloß politische Bildung hat, je mehr das Proletariat in bloß politische Interessiertheit aufgeht, um so mehr erwartet es von staatlichen Aktionen, überschätzt die Mittel bloß politischer Umwälzungen und verschwendet seine Kräfte in unnütze und im Blut erstickte Emeuten. "Weil es in der Form der Politik denkt, erblickt es den Grund aller Übelstände im Willen und alle Mittel zur Abhilfe in der Gewalt und dem Umsturz einer bestimmten Staatsform. Beweis: die ersten Ausbrüche des französischen Proletariats. Die Arbeiter zu Lyon glaubten nur politisch die Zwecke zu verfolgen, um Soldaten der Republik zu sein, während sie in Wahrheit Soldaten des Sozialismus waren. *So verdunkelte ihr politischer Verstand ihnen die Wurzel der geselligen Not,* so verfälschte er ihre Einsicht in ihren wirklichen Zweck, so belog ihr politischer Verstand ihren sozialen Instinkt." (II., S. 57.) Die bloß politische Emanzipation ist daher recht verstanden auch gar nicht so sehr ein Ergebnis und eine Reaktion auf die gesellschaftliche Not des Volkes als vielmehr das Anzeigen einer gewissen Zufriedenheit und Aussöhnung mit den Grundlagen der bestehenden Gesellschaft, in der man sich bloß wohnlicher einrichten will. Es gehört zur Dialektik der Revolution, daß sie ihren wirklich gesellschaftlich umstürzenden Charakter in demselben Maße verliert, in welchem sie nach bloß politischen Rechten und Freiheiten orientiert ist. Dies alles ergibt den tieferen Sinn des Satzes, den besonders das moderne Proletariat als eine herbe Kritik seiner selbst sich vor Augen halten mußte: "Es ist so falsch, daß die gesellige Not den politischen Verstand erzeugt, daß vielmehr umgekehrt das gesellige Wohlbefinden den politischen Verstand erzeugt." Nur aus der momentanen Lage großer Proletarierschichten, die an dem geselligen Wohlbefinden ihrer gehobenen wirtschaftlichen Existenz, wie sie die Expansion des imperialistischen Kapitalismus stellenweise mit sich brachte, größeres Interesse nahmen als an dem Geschick ihrer ganzen Klasse, ging jener politische Verstand der Realpolitik hervor, der in der Haltung des Majoritätssozialismus überall ihre traurigen Früchte zeigte und das Proletariat ganz von seiner emanzipatorischen Kulturbestimmung abirren lassen mußte.

Die verderbliche Spaltung in Privatmensch und Bürger, wie sie dem bürgerlichen Staate wesentlich ist, bewirkt eine unheilvolle Isolierung alles Menschlichen vom Staate, vom Gemeinwesen, welches doch eigentlich zu dessen Förderung bestimmt ist. Denn der Zweck des Staates und der Sinn des Gemeinwesens seiner Idee nach ist die Förderung des ganzen Menschen, schon nach der berühmten Definition des Aristoteles, daß der Staat nicht bloß ein Produkt der Lebensnotdurft sei, *του ζῆν ενεκα*, sondern *τον εὖ ζῆν ενεκα*, des schönen Lebens, des vollkommenen menschlichen Daseins. Diese Isolierung, unter der am meisten das Proletariat leidet, zu beheben ist keine bloß politische Bewegung imstande. Denn das Gemeinwesen, von welchem der Proletarier getrennt wird, ist ja nicht das politische Gemeinwesen, durch dessen Änderung oder Umwälzung dieser Mangel beseitigt werden könnte, sondern "das Leben selbst, das physische und geistige Leben, die menschliche Sittlichkeit, die menschliche Tätigkeit, der menschliche Genuß, das menschliche Wesen. Das menschliche Wesen ist das wahre

Gemeinwesen des Menschen." (II., S. 58.)[3]) Und weil diese heillose Isolierung viel unerträglicher und fürchterlicher ist als die bloße Isolierung vom politischen Gemeinwesen, das heißt die politische Entrechtung oder Zurücksetzung, deshalb nennt Marx die Aufhebung dieser unmenschlichen Isolierung, ja jeden Kampf, der auch nur ein Stück derselben beseitigen will, auch nur einen Teilprotest gegen ihr Prinzip darstellt, um so viel unendlicher an Wirkung, als der Mensch unendlicher ist als der bloße Staatsbürger. "Der industrielle Aufstand", heißt es bei Marx, "mag daher noch so partiell sein, er verschließt in sich eine universelle Seele; der politische Aufstand mag noch so universell sein, er verbirgt unter der kolossalen Form einen engherzigen Geist." (II., S. 58.)

Erst unsere heutige Zeit, die nun so viele große bürgerliche Revolutionen seit 1789 hat aufstürmen und mit ihren Idealen Schiffbruch erleiden gesehen, vermag es, die volle soziologische Bedeutung dieser Gedanken auszuschöpfen. Und es ist gleichzeitig eine großartige Bewährung der Genialität des Geistes von Marx, wenn er in den folgenden Sätzen noch vor dem Erlebnis dieser Revolutionen seine eindringliche Analyse ihres Wesens wie folgt zusammenfaßt: "Eine soziale Revolution befindet sich deswegen auf dem Standpunkt des Ganzen, weil sie eine Protestation des Menschen gegen das entmenschte Leben ist . . . Die politische Seele einer Revolution besteht dagegen in der Tendenz der politisch einflußlosen Klassen, ihre Isolierung vom Staatswesen und von der Herrschaft aufzuheben. Ihr Standpunkt ist der des Staates, eines abstrakten Ganzen, das nur durch die Trennung vom wirklichen Leben besteht . . . Eine Revolution von politischer Seele organisiert daher auch nur einen herrschenden Kreis in der Gesellschaft auf Kosten der Gesellschaft." (II., S. 58 und 59.)

Vielleicht wird sich hier neuerlich der Einwand erheben, es zeige sich nun doch, wie dieser Gegensatz von politischer und sozialer Revolution und die ganze gegen den Staat sich wendende Begriffserörterung nur einem vorläufigen, von Marx später überwundenen Stadium entspräche. Denn einerseits sei zur Zeit dieser Darlegungen der Gegensatz zwischen Sozialismus und Anarchismus noch nicht ganz ausgeprägt gewesen, anderseits habe ja gerade Marx selbst zum Leitgedanken der Aktion des Proletariats gemacht, die politische Gewalt im Staate zu erobern und die Diktatur des Proletariats anzustreben. Darum sei er ja auch zuerst gegen Proudhon und dann gegen Bakunin, die beide von dem Kampf für politische Rechte sehr wenig wissen wollten, mit heftigster Gegnerschaft aufgetreten. Aber diese Einwände sind sehr mißverständlich, wenn sie meinen, auf diese Weise einen Widerspruch oder auch nur eine Änderung in der Wertung des bloß politisch-revolutionären gegen das sozial-emanzipatorische Bewußtsein beim späteren Marx aufgezeigt zu haben.

Zunächst ist zu sagen, daß die Marxsche Unterscheidung der politischen und der menschlichen Emanzipation mit der aus ihr sich ergebenden Ablehnung einer bloß politischen Befreiungsarbeit gar nichts zu tun hat mit dem Gegensatz von Sozialismus und Anarchismus. Das ist ein heute besonders bei den sozialistischen Neomystikern des Staates à la Karl Renner beliebt gewordenes Spiel, daß sie jede Kritik an dem solidarischen Scheine des Klassenstaates, den sie so gerne mit der werdenden sozialistischen Gesellschaft identifizieren, als einen Rückfall in Altliberalismus, ja als anarchistische atomisierende Negation der gesellschaftlichen Realitäten bezeichnen. Allein die Marxschen Begriffe einer menschlichen und politischen Emanzipation stellen nicht etwa dem Staate gegenüber die Auflösung der Gesellschaft, sondern dem Klassenstaate die klassenlose Gesellschaft. Sie lösen den Begriff des Staates nur los von seiner sophistischen Ideologie einer Vertretung von Allgemeininteressen, sie lösen ihn auf nicht etwa in eine Beziehungslosigkeit der Individuen, sondern *im Gegenteil in die Herstellung ihrer bewußten Vergesellschaftung.*

Was nun aber die Wichtigkeit des politischen Kampfes betrifft, den Marx immer betont hat,

---

[3]) Vgl. hierzu Marx' *Lohnarbeit und Kapital.* "Der Arbeiter, der 12 Stunden webt, spinnt, bohrt, dreht, baut, schaufelt, Steine klopft, trägt usw. – gilt ihm dies – als Anregung seines Lebens, als Leben? Umgekehrt: das Leben fängt da für ihn an, wo diese Tätigkeit aufhört, am Tisch, auf der Wirtshausbank, im Bett." (S. 18.) Ähnlich auch *Lohn, Preis und Profit.* (S. 40.)

werden wir sogleich sehen, daß er dies auch schon in dem Zusammenhang der Jugendschriften tut, von denen wir hier ausgehen. Aber dieser politische Kampf, das Streben nach Erringung der Diktatur des Proletariats, war für Marx niemals ein Selbstzweck, sondern immer nur dem großen menschlichen Emanzipationszweck untergeordnet. Hatte er doch in seiner klassischen Schrift *Der achtzehnte Brumaire des Louis Bonaparte* das Wort von dem "parlamentarischen Kretinismus" geprägt, das die Borniertheit des bloß politischen Verstandes trefflich charakterisiert als "jene eigentümliche Krankheit, die die Angesteckten in eine eingebildete Welt festbannt und ihnen allen Sinn, alle Erinnerung, alles Verständnis für die rauhe Außenwelt"[4]) raubt, indem sie parlamentarische Siege und Erfolge für Entscheidungen und Umwälzungen in den Dingen selbst halten. Und noch 1879 donnerte Marx gegen den "parlamentarischen Idiotismus" und gegen die "Verluderung der Partei und der Theorie", wie sie durch die Konzessionen der damaligen Führer an die politische Taktik der Lassalleaner bewirkt worden sei.[5]) Marx war selbstverständlich immer für den Kampf um politische Rechte eingetreten. Schon in der *Neuen Rheinischen Zeitung* rühmte er von dem allgemeinen Stimmrecht, daß es zwar nicht eine wundertätige Wünschelrute sei,.aber "das ungleich höhere Verdienst besitze, den Klassenkampf zu entfesseln . . .".[6]) Und im Jahre 1852 schrieb er in einem Artikel an die *New York Tribune* über die Chartisten: "Die Erringung des allgemeinen Wahlrechtes in England wäre eine Errungenschaft, in der mehr sozialistischer Geist steckte als in irgendeiner Maßnahme, die auf dem Kontinent mit diesem Namen beehrt wurde."[7]) Auf dem Kontinente dominierte damals Proudhon, gegen den er bereits in seiner Streitschrift geschrieben hatte: "Man sage nicht, daß die gesellschaftliche Bewegung die politische ausschließt. Es gibt keine politische Bewegung, die nicht gleichzeitig auch eine gesellschaftliche wäre. Nur bei einer Ordnung der Dinge, wo es keine Klassen und keinen Klassengegensatz gibt, werden die gesellschaftlichen Evolutionen aufhören, politische Revolutionen zu sein."[8]) Immer aber galt ihm dieser politische Kampf als ein Mittel der sozialen Emanzipation, von der allein er allen Sinn und seine eigentliche Bedeutung erhielt. In diesem Geiste erst wurde der Sozialismus für ihn zu einer wirklich revolutionären Bewegung, die gleichbedeutend war mit dem Kommunismus, und von diesem kommunistischen Sozialismus und seiner politischen Aktion schrieb er daher, daß sie sei "die Permanenzerklärung der Revolution, die Klassendiktatur des Proletariats *als notwendiger Durchgangspunkt* zur Abschaffung der Klassenunterschiede überhaupt, zur Abschaffung sämtlicher Produktionsverhältnisse, worauf sie beruhen, zur Abschaffung sämtlicher gesellschaftlicher Beziehungen, die diesen Produktionsverhältnissen entsprechen, *zur Umwälzung sämtlicher Ideen,* die aus diesen gesellschaftlichen Beziehungen hervorgehen".[9])

So also kommt es durchaus nur auf den Geist an, in welchem die politische Aktion unternommen wird. Über ihre Notwendigkeit selbst besteht auch bei dem "jungen" Marx kein Zweifel, der schon in dem Artikel *Kritische Randglossen* hervorgehoben hatte, daß, weil jede Emanzipationsbestrebung gegen alte Gewalten ankämpfen und diese stürzen muß, sie notwendig politisch ist. "Die Revolution überhaupt, der Umsturz der bestehenden Gewalt und die Auflösung

---

[4]) A. a. O., 3. Aufl., Hamburg, Meißner, S. 70.

[5]) Briefe an F. A. Sorge, Stuttgart 1906, S. 165 und 166. – Vgl. übrigens hierzu den mir gerade während der Korrektur zugehenden Artikel von K. Kautsky, *Marx über Realpolitik,* in der Nummer 18 der *Sozialistischen Auslandspolitik,* hrsg. von Dr. R. Breitscheid, Berlin, und den daselbst abgedruckten Brief von Karl Marx gegen Schweitzer.

[6]) K. Marx, *Die Klassenkämpfe in Frankreich,* S. 37.

[7]) *Gesammelte Schriften* von Karl Marx, hrsg. von N. Rjasanoff, Stuttgart 1917, I. Bd., S. 9.

[8]) K. Marx, *Das Elend der Philosophie,* S. 164.

[9]) K. Marx, *Die Klassenkämpfe in Frankreich,* S. 94 und 95. – Vgl. auch die berühmte Kritik, die Marx an dem Entwurf des Gothaer Programms übt, von dem er schrieb, daß es "trotz allen demokratischen Phrasengeklingels durch und durch vom Untertanenglauben der Lassalleschen Sekte an den Staat verpestet ist, oder, was nicht besser, vom demokratischen Wanderglauben". Abgedruckt im Jg. 1891 der *Neuen Zeit* unter dem Titel: *Zur Kritik des sozialdemokratischen Parteiprogramms.*

der alten Verhältnisse ist ein politischer Akt. Ohne Revolution kann sich aber der Sozialismus nicht ausführen. Er bedarf dieses politischen Aktes, soweit er der Zerstörung und der Auflösung bedarf. Wo aber seine organisierende Tätigkeit beginnt, *wo sein Selbstzweck, seine Seele hervortritt, da schleudert der Sozialismus die politische Hülle weg.*" (II., S. 59.)

Die Seele des Sozialismus! – das ist also nicht der Kampf um politische Freiheiten und um Arbeiterrechte, so sehr der Sozialismus stets als Partei der Demokratie und der Arbeiter auftreten muß und wird: das gehört doch nur zu seiner politischen Hülle. Sein Kern und Wesen, worin seine geschichtliche Bedeutung begründet liegt, ist, daß er über diese Formen bloßer teilweiser Befreiung zur allgemeinen Befreiung des Menschen führt, daß er nicht bloß die politische, sondern die gesellschaftliche Vergewaltigung des Menschen aufhebt und so erst die Idee der Freiheit aus ihrer politischen Zwiespältigkeit, ja Unwahrheit zur gesellschaftlichen Realität überführt. "Die Freiheit in diesem Gebiet", schreibt Marx ganz im Geiste seines Jugendgedankens von der Erkenntnis der *forces propres* des Menschen am Ende seines Schaffens im III. Bande des *Kapital*, "kann nur darin bestehen, daß der vergesellschaftete Mensch, die assoziierten Produzenten, diesen ihren Stoffwechsel mit der Natur rationell regeln, unter ihre gemeinschaftliche Kontrolle bringen, statt von ihm als von einer blinden Macht beherrscht zu werden; ihn mit dem geringsten Kraftaufwand und unter den ihrer menschlichen Natur würdigsten und adäquatesten Bedingungen vollziehen." (III/2, S. 355.)

So bedeuten die Gedanken von Marx über den Unterschied der menschlichen gegenüber der bloß politischen Emanzipation viel mehr als eine bloße Episode in seiner geistigen Entwicklung. Sie stellen, gerade im Lichte seiner späteren ökonomischen Kritik der kapitalistischen Gesellschaft betrachtet, einen ersten, aber bleibenden und große begriffliche Klarheit schaffenden Beitrag zu einer *Soziologie der Revolution* dar. Denn diese ökonomische Kritik vollendet im Grunde nur den Begriff der menschlichen Emanzipation, der, wie wir sehen, kein ethischer, sondern ein soziologischer ist. Sie beweist noch einmal an dem konkreten ökonomischen Stoff die frühgewonnene Erkenntnis, daß wirkliche Freiheit nicht durch eine politische, sondern bloß durch eine ökonomische Umwälzung zu erringen ist, indem sie aus den notwendigen Widersprüchen der kapitalistischen Produktionsweise, aus den ihr eigenen Verelendungstendenzen, aus ihrer ganzen, die menschliche Arbeitskraft versachlichenden und entwürdigenden Wirkungsweise die Unmenschlichkeit der gesellschaftlichen Lebensbedingungen unter der Herrschaft des Kapitalismus aufzeigt. Wie eine Erläuterung zu dem eigentlichen Inhalt des Begriffes der menschlichen Emanzipation klingt es dann auch, wenn wir im III. Band des *Kapital* lesen: "Die *wahre Schranke* der kapitalistischen Produktion ist das *Kapital selbst,* ist dies: daß das Kapital und seine Selbstverwertung als Ausgangspunkt und Endpunkt, als Motiv und Zweck der Produktion erscheint; daß die Produktion nur Produktion *für das Kapital* ist und nicht umgekehrt die Produktionsmittel bloß Mittel für eine stets sich erweiternde Gestaltung des Lebensprozesses für *die Gesellschaft* der Produzenten sind." (III/1, S. 231 und 232.)

Über diese Schranke der kapitalistischen Produktion und zugleich der Menschheitsentwicklung hinauszuführen, vorerst geistig und schließlich auch geschichtlich, das war das ungeheure Lebenswerk von Karl Marx, dem trotz aller leidenschaftlichen Anteilnahme und Verständnisses früherer Arbeitergenerationen doch eigentlich keine Zeit ein glutvolleres und unmittelbareres Interesse zuwenden müßte als unsere heutige in den Blutbann des Weltkrieges so hoffnungslos verstrickte Gegenwart. Denn sie erst hat die ganze furchtbare Bedeutung erfahren, die der kapitalistischen Produktionsweise als wahrer Schranke jeder wirklich menschlichen Gesellchaft zukommt. Sie erst hat es erlebt, daß die unersättliche Profit- und Machtgier des Kapitalismus nicht nur Lebenszeit und Lebensgenuß der breiten Massen des Volkes für ihre Zwecke bedenkenlos verschwendet, sondern schließlich sogar wie in blinder Tollwut die Wurzeln der eigenen Kraft angreift, den sonst sorgsam gehüteten Schatz von Kapital selbst, den ganzen stofflichen Reichtum der Gesellschaft an Rohstoffen und Produktionsmitteln mitsamt dem ärmlichen Anhängsel der lebendigen Menschen selbst in sinnlosester Weise vernichtet und zerstört, um nur auf den Trümmern dieser Verwüstung eine imaginäre eigene wirtschaftliche Überlegenheit, das heißt ein ungehindertes Reich ökonomischer und politischer Vergewal-

tigung aufrichten zu können. Nie ist es deutlicher geworden als jetzt, was Marx uns erkennen gelehrt hat: Der Kapitalismus, das ist die Entmenschung, die vollendete Entfremdung des Menschen von der Gesellschaft und damit die vollkommene Abtrennung von seinem wahren Wesen. Nur der Geist des Sozialismus, wie Marx ihn gelehrt hat, der Geist des unversöhnlichen Kampfes gegen dieses kapitalistische System, der Geist der unüberbrückbaren Geschiedenheit gegenüber allen noch so demokratischen Formen und Erneuerungen dieser nur des Unterganges würdigen alten politischen Welt – er kann hier Erretter und Befreier werden.
Das Dichterwort

> "Denn ich bin ein Mensch gewesen
> Und das heißt ein Kämpfer sein"

hat für das Proletariat durch Karl Marx die tiefere entwicklungsgeschichtliche Bedeutung erhalten, *daß das Proletariat erst als Klassenkämpfer überhaupt zum Menschentum* gelangt. Die Unmenschlichkeit des Weltkrieges hat dem Proletariat darüber einen furchtbaren Anschauungsunterricht erteilt. Denn wenn es überall so tief in die Barbarei des Krieges verstrickt wurde, daß fast keine Hoffnung mehr ist, die anfangs die Welt erfüllte, es werde der internationale Sozialismus der Retter aus dieser Weltnot werden, so ist dies wesentlich die Folge davon, daß dieser alte Geist der unversöhnlichen Klassengegnerschaft gegen das politische und ökonomische System des kapitalistischen Staates aus den Reihen der herrschenden sozialistischen Parteien gewichen ist. Hier nun erst wird Marx wieder Lehrer und Führer werden. Die wirkliche Jahrhundertfeier für ihn besteht nicht in einem bloßen Gedenken seines Schaffens und Lehrens, sondern in der Lebendigerhaltung seines revolutionären Geistes. Es ist dann auch nicht mehr nötig, über die Sünden des Sozialismus gegen diesen Geist viel zu klagen oder zu streiten. Vielmehr gilt das Wort, mit dem Karl Marx die umwälzende und heilende Kraft seines neuen Standpunktes schon in jungen Jahren wundervoll zusammengefaßt hat, auch von der heutigen Lage des Sozialismus und seinen Fehlern: "Um sich ihre Sünden vergeben zu lassen, braucht die Menschheit sie nur für das zu erklären, was sie sind."
Zu dem Geiste solcher Sündenvergebung, zu der Wiedererweckung des Marxismus, der nicht bloße literarische Mimikry ist, sondern eine wurzelhafte, das ganze politische Denken und Streben durchdringende Lebensanschauung, ist dieser 100. Geburtstag von Karl Marx eine ernste und große Mahnung, da sie uns in der Rückwendung auf die Lebensarbeit eines der größten soziologischen Denker zeigt, wie die schreiende Not der Zeit und die stille Arbeit der Wissenschaft im selben Ziel zusammentreffen: in der Notwendigkeit der menschlichen Emanzipation. Noch umgibt uns der eklige, aus Blutdunst und Geschützdampf sich zusammenballende Nebel dieses entsetzlichen Zusammenbruches der kapitalistischen Gesellschaft. Aber die Strahlen des geistigen Gestirnes von Marx durchdringen mehr und mehr auch dieses Gewölke; und wenn sie erst ganz die Herzen der Menschen erwärmt und ihre Köpfe erhellt haben werden, wird die Stunde der menschlichen Emanzipation angebrochen sein.

Die Beziehungen des Marxismus zur klassischen deutschen Philosophie

I.

Bekannt ist das große Wort von Friedrich Engels: "Wir Sozialisten sind stolz darauf, daß wir abstammen nicht nur von St. Simon, Fourier und Owen, sondern auch von Kant, Fichte und Hegel." Weniger bekannt, aber in geradezu prophetischer Weise denselben Gedanken vorwegnehmend, ist ein Ausspruch Heinrich Heines am Schluß seiner Schrift über Deutschland, in der er zuerst dargelegt hatte, daß die Deutschen ihre Revolution im Gegensatz zu den Franzosen nicht auf der Bühne der Geschichte, sondern nur unter der Hirnschale gemacht hätten, und dann fortfährt: "Laßt euch aber nicht bange sein, ihr deutschen Republikaner; die deutsche Revolution wird darum nicht minder und sanfter ausfallen, weil ihr die Kantsche Kritik, der Fichtesche Transzendentalidealismus und gar die Naturphilosophie (scil. Hegels und Schellings) vorausging. Durch diese Doktrinen haben sich revolutionäre Kräfte entwickelt, die nur des Tages harren, wo sie hervorbrechen und die Welt mit Entsetzen und Bewunderung erfüllen können. Es werden Kantianer zum Vorschein kommen, die auch in der Erscheinungswelt von keiner Pietät etwas wissen wollen . . . Es werden bewaffnete Fichteaner auf den Schauplatz treten, die in ihrem Willensfanatismus weder durch Furcht noch durch Eigennutz zu bändigen sind; . . . doch noch schrecklicher als alles wären Naturphilosophen (scil. Hegelianer), die handelnd eingriffen in eine deutsche Revolution und sich mit dem Zerstörungswerk selbst identifizieren würden . . . Der Gedanke geht der Tat voraus, wie der Blitz dem Donner. Der deutsche Donner ist freilich auch ein deutscher und ist nicht sehr gelenkig und kommt etwas langsam herangerollt; aber kommen wird er, und wenn ihr es einst krachen hört, wie es nochmals in der Weltgeschichte gekracht hat, so wißt ihr: Der deutsche Donner hat endlich sein Ziel erreicht."

Diesen Zusammenhang des "deutschen Donners", des theoretischen marxistischen Sozialismus, mit der klassischen deutschen Philosophie haben Marx und Engels immer wieder betont. Aber sie haben damit eigentlich nur ihren *unmittelbaren Zusammenhang mit Hegel* verstanden, unter dessen Einwirkung sie aufgewachsen waren und dessen metaphysische Lehre in ihrem realen Kern bloßgelegt sowie erhalten zu haben sie immer als ihr geschichtliches Werk betonten. Nur insofern Hegel selbst ein Produkt der klassischen deutschen Philosophie war, ihr gewaltiger Abschluß und in den Augen von Marx und Engels ebenso ihr Ende wie ihre Vollendung, mochten sie den Satz verstanden haben, daß sie auch von Kant und Fichte abstammen. Denn eine direkte Beeinflussung des Denkens von Marx und Engels durch diese beiden Philosophen ist kaum zu konstatieren. War ja auch deren Wirksamkeit durch die Alleinherrschaft der Hegelschen Philosophie völlig zurückgedrängt. Kant war in jenem Zeitabschnitte so vergessen, daß er erst Jahrzehnte, nachdem der Marxismus bereits seinen theoretischen Gehalt völlig ausgeprägt hatte, förmlich neu entdeckt wurde. Und Fichte ist noch heute einer der am wenigsten gekannten, wenn auch offiziell stets gepriesenen Denker aus der klassischen Epoche der deutschen Philosophie. Nur also auf ihren unmittelbaren Hervorgang aus Hegel und auf den hierdurch vermittelten Zusammenhang mit der Glanzperiode des deutschen philosophischen Denkens bezog sich im Sinne Engels' sein vielzitierter Satz.

Trotzdem hat derselbe eine viel umfassendere Bedeutung und darf beanspruchen, wörtlich aufgefaßt zu werden. Es ist wirklich wahr, daß der moderne theoretische Sozialismus, und das ist für seine entwickeltste Form gleichbedeutend mit dem Marxismus, nicht nur von Hegel, sondern auch von Kant und Fichte abstammt, daß mit anderen Worten der Geist einer der größten Revolutionen des Denkens sich in ihm fortgesetzt hat. Deshalb konnte auch Engels mit Recht ein andermal vom wissenschaftlichen Sozialismus sagen, er sei ein wesentlich deutsches Produkt und habe nur bei einer Nation entstehen können, deren klassische Philosophie die Tradition der bewußten Dialektik lebendig erhalten hatte. Wenn Engels hier den Nachdruck auf die Dialektik legt, die er als eine Methode der ganzen klassischen deutschen Philosophie mit Recht erkannt hat, und wenn er nur hierin den Zusammenhang des eigenen Standpunktes mit jener Geistesepoche gegeben sieht, so ist diese Feststellung zwar richtig, aber doch zu eng gefaßt. Die Übereinstimmung des Marxismus mit der deutschen klassischen Philosophie in der dialektischen Methode des Denkens ist nur ein Teil, gleichsam nur ein Symptom eines viel tiefer gehenden Zusammenhanges in der fundamentalen Problemstellung selbst, nämlich in der *Erfassung des Verhältnisses des Individuums zur Gesamtheit.* Und hierdurch wird bewirkt, daß trotz des auf den ersten Blick so weit auseinanderfallenden äußeren Anscheins beider Denksysteme, der idealistischen Philosophie und des materialistischen Marxismus, sich schließlich doch ein großartiger gemeinsamer Denktypus in beiden findet.

Um sofort deutlicher zu machen, in welchem Sinne hier also allein von einem Zusammenhang des Marxismus mit der klassischen deutschen Philosophie und speziell mit Kant gesprochen wird und um von vornherein grobe Mißverständnisse auszuschließen, soll vor allem mit größter Bestimmtheit eines ausgesprochen werden: *es handelt sich hier nirgends um einen historischen Zusammenhang beider Denksysteme.* Wir haben schon hervorgehoben, daß ein direkter Einfluß von Kant oder Fichte auf Marx und Engels völlig ausgeschlossen ist. Das beliebte Thema "Kant und Marx" oder auch "Fichte und Marx" ist von vornherein ein anderes als das von "Hegel und Marx", was allerdings nicht immer erkannt wurde. Es kann sich in ersterer Hinsicht stets nur um die Aufzeigung von *logischen* oder *methodischen* Übereinstimmungen dieser Denker handeln, nicht aber um historische Beeinflussungen. Kurz, der Zusammenhang mit der klassischen deutschen Philosophie, soweit er nicht durch Hegel vermittelt ist, aber auch sogar dieser selbst in seiner nicht überall und notwendig zum Bewußtsein gekommenen Bedeutung – dieser Zusammenhang, dem wir nachgehen, ist ein *ideengeschichtlicher,* nicht ein zeitgeschichtlicher. In diesem Sinne liegt auch dort ein Zusammenhang vor, wo ein solcher dem Denken von Marx und Engels gar nicht bewußt war, ebensowenig vielen seiner Anhänger, den Marxisten in älterer und neuerer Zeit. Nicht also darum handelt es sich, welche Gedanken *bewußt* aus der deutschen klassischen Philosophie im Marxismus übernommen wurden, sondern welche *Denkmotive* der idealistischen Philosophie in ihm tatsächlich fortwirken, mögen sie auch sogar materialistische Gewandung angenommen haben.

Daraus ergibt sich zunächst, daß unsere Inbezugsetzung des Marxismus mit Kant gar nichts mit jener beliebten Bestrebung zu tun hat, Marx durch Kant zu "ergänzen" und den Sozialismus gleichsam philosophisch zu rechtfertigen. Es war allerdings der große Wiedererwecker Kants, Hermann Cohen, der mit Recht darauf hingewiesen hatte, daß die Ethik Kants den philosophischen Ausdruck für die Menschheitsziele des Sozialismus darstelle. Und in der Tat: der kategorische Imperativ *ist* die Idee einer allgemeinen Gesetzgebung des Willens, in welcher es keine *Unterdrückung* irgendeines Willenssubjektes mehr geben kann; die Forderung, keinen Menschen nur als Mittel, sondern jeden zugleich als Zweck zu betrachten, ist eine Idee, die jede *Ausbeutung* ausschließt; der Gedanke eines Reiches der Zwecke, der alle soziale Unvernunft und Bedrückung als zweckwidrig unmöglich macht, ist die Idee einer *solidarischen Gesellschaft,* die keinen Klassengegensatz mehr zuläßt. Und dies alles muß noch in Verbindung mit der immer wieder betonten Forderung Kants gebracht werden, daß die Vorstellung eines vollkommenen Gesellschaftszustandes nicht als schwärmerische Utopie betrachtet, sondern als eine sittliche Aufgabe unablässig verfolgt werden müsse und sich so in der geschichtlichen *Entwicklung* verwirklichen lasse. Hält man dies alles zusammen, dann versteht man, wie Cohen zu dem Ausspruch gelangen konnte, "daß der Sozialismus im Idealismus der Ethik begründet werde und daß Kant der wahre und wirkliche Urheber des deutschen Sozialismus sei''. An Cohen anschließend, hat dann eine große Reihe von Denkern bis in die neueste Zeit – ich nenne nur besonders Stammler, Natorp, Staudinger und Vorländer – die Verbindung zwischen Marx und Kant, zwischen Sozialismus und kritischem Idealismus, darin gefunden, daß der Sozialismus durch die ethische Begründung seiner Ziele, wie sie die Kantsche praktische Philosophie gibt, ergänzt werde.

Diese Art des Zusammenhanges muß aber gerade vom Standpunkt des Marxismus mit aller Entschiedenheit *abgelehnt* werden. Der Marxismus ist ein System des soziologischen Erkennens: er gründet den Sozialismus auf *Kausalerkenntnis* der Vorgänge des sozialen Lebens. *Marxismus und Soziologie sind ein und dasselbe,* d.h. der Marxismus will nichts anderes sein als die Wissenschaft von den Gesetzen des gesellschaftlichen Lebens und seiner kausalen Entwicklung. Er will also die Entwicklung des Sozialismus aus dem Kapitalismus in kausaler Notwendigkeit ableiten. Nach marxistischer Auffassung kommt der Sozialismus nicht, weil er ethisch berechtigt ist, sondern weil er kausal bewirkt wird. Daß dieses kausale Produkt des sozialen Lebens zugleich ethisch gerechtfertigt ist, ist keineswegs nebensächlich und auch für den Marxisten kein Zufall, wie wir noch sehen werden. Aber dieses Zusammenfallen der kausalen Entwicklungsnotwendigkeit mit der ethischen Berechtigung ist ein *soziologisches* Problem, das innerhalb des Marxismus nur kausal zu lösen ist. Es wird sich zeigen, daß diese Lösung in dem Begriff des vergesellschafteten Menschen liegt, der durch seine formal-teleologische Kausalität schließlich dazu getrieben wird, das zu verwirklichen, was er für sittlich geboten hält. Und die historische Erscheinungsform, in der sich diese Lösung vollzieht, ist der Klassenkampf. Darauf wird noch zurückzukommen sein. [1])

Der Zusammenhang zwischen Marx und Kant, um unser Problem mit einem bequemen und anschaulichen Ausdruck zu bezeichnen, liegt aber auch nicht darin, daß Kant etwa ein Sozialist war, sei es auch erst nur ein utopischer Sozialist. Der Sozialismus liegt diesem Denker noch ganz fern, wenn man unter Sozialismus ein System bewußter und planmäßiger Umgestaltung der Wirtschaftsordnung durch Aufhebung des Privateigentums an den Produktionsmitteln und Vergesellschaftung der Produktion versteht. In diesem Sinne kann man Kant auch nicht einmal einen ethischen Sozialisten nennen, für ihn hat das wirtschaftliche Organisationsproblem der Gesellschaft noch gar nicht existiert. Der Zusammenhang, von dem ich spreche, liegt in einer ganz anderen Ebene. Nicht um eine Verkoppelung der Ethik Kants und Fichtes sowie der Dialektik Hegels mit den ökonomischen und soziologischen Lehren von Marx und Engels handelt es sich, auch nicht um eine mehr oder minder gewaltsame Verbindung einzelner Lehren jener Denker mit marxistischen Gedanken, sondern um die Aufzeigung einer inneren geistigen Verwandtschaft in der Methode der Bearbeitung des gemeinsamen Grundproblemes, nämlich der Beziehung des Menschen zu seiner Umwelt, liegt die großartige Verbundenheit von Marxismus und kritischem Idealismus. In diesem Sinne läuft eine gerade Linie von Kant und Fichte über Hegel und Feuerbach zu Marx und Engels und läßt diese letzteren als echte Göttersöhne des tiefen deutschen Gedankenhimmels erscheinen.

Um dies zu erkennen, muß man freilich sowohl die landläufige Auffassung von der klassischen deutschen Philosophie wie die vom Marxismus aus einem Vulgarismus befreien, in welchem sie, wie dies immer bei Verflachung der Fall ist, zwar an scheinbarer Verständlichkeit gewonnen, dagegen allen ihren eigentlichen Sinn verloren haben. In diesem Vulgarismus ist aus der klassischen deutschen Philosophie ein extremer *individualistischer Idealismus* und aus dem Marxismus ein extremer *sozialer Materialismus* geworden. Und nun klaffen natürlich beide Gedankensysteme so weit auseinander, daß keine Brücke über diesen trennenden Abgrund möglich erscheint. Doch ist diese Kluft nur eine optische Täuschung, eine bösartige Fata Morgana, die verschwindet, sobald man das Auge auf die wirklichen Dimensionen und Eigenschaften der so unnatürlich auseinandergerissenen und in schiefes Licht geratenen Dinge richtet.

---

[1]) Vgl. hierzu Max Adler, *Marxistische Probleme,* 6. Aufl., Kap. V und VI.

II.

Befassen wir uns zuerst mit der klassischen deutschen Philosophie. Nichts ist so erschwerend für ihr Verständnis, nichts führt sicherer an ihrem neuen und grundlegenden Wesen vorbei als das so weit verbreitete, schier unausrottbare unwissende Gerede, daß sie eine Philosophie des Individualismus sei. Gewöhnlich meint man dies – und besonders in falscher Anwendung der materialistischen Geschichtsauffassung – noch dadurch stärker zu rechtfertigen, daß man hinzufügt, sie sei die Philosophie des Bürgertums gewesen, mit welchem das Reich des Individualismus, der atomisierenden kapitalistischen Gesellschaft, seine Herrschaft angetreten hat. Man übersieht nur, daß diese Philosophie eine solche des *kämpfenden,* um seine Geltung erst noch ringenden Bürgertums war, nicht aber der satten, herrschenden Bourgeoisie, und daß das kämpfende Bürgertum daher auch nicht individualistisch war, sondern seinen Kampf nur im Namen der Menschheitsziele und Menschenrechte führte. Das beweist vor allem der große Bahnbrecher der Französischen Revolution, Rousseau, der die individualistische *volonté de tous* unter die absolute Bändigung der *volonté générale* bringen wollte. Das beweisen alle die großen Dichter und Denker dieser Glanzperiode des Bürgertums, welche in ihrem Schaffen geradezu ein Zeitalter der Humanität begründeten, das der später errichteten Herrschaft des Bürgertums ideell weit vorausgeeilt war und im Gedanken bereits eine menschliche Solidarität verkündet hatte, die heute noch nicht verwirklicht ist. Noch keine aufstrebende Klasse war individualistisch; denn noch jedesmal hat die kämpfende Klasse gerade ihr Klasseninteresse unter der Idee des Gemeinwohls der Gesellschaft, des Ganzen, vertreten. Und man braucht nur an den kategorischen Imperativ Kants, an das Vernunftreich Fichtes, an die Staatsidee Hegels zu denken, um sofort innezuwerden, daß es niemals energischere Bekämpfer des Individualismus zugunsten eines allgemeinen Ganzen gegeben hat als diese großen Träger der klassischen deutschen Philosophie.[2])

Wieso ist aber doch dieser Schein des Individualismus bei dieser Philosophie entstanden? Er rührt vor allem aus ihrer theoretischen Erkenntniskritik her. Die kritische Philosophie trat auf als eine Kritik des Bewußtseins. Sie mußte es aber *dort* kritisieren, wo es allein anzutreffen war, und das ist *im Ich,* im Individuum. So wurde diese Philosophie für die allgemeine Ansicht eine Philosophie des Ich, eine Philosophie des Einzelbewußtseins. Und besonders in der populären Ansicht mußte das so erscheinen, wo diese Lehre die Form annahm, daß die Erfahrung eine Sache "bloß meines Bewußtseins" ist, daß die Welt "nur meine Vorstellung" sei und daß das Ich der Natur die Gesetze ihres Seins und Wirkens vorschreibe. Auf diese Weise wurde das kritische Problem der klassischen deutschen Philosophie für die populäre Ansicht zur Frage des Verhältnisses vom Einzel-Ich zur Welt, und der Standpunkt ihrer Untersuchung schien von da aus ein ganz und gar individualistischer zu sein. Und als sich im Laufe des 19. Jahrhunderts immer mehr der soziologische Gesichtspunkt herausgebildet hatte, besonders als man seit Comte, Darwin und Marx – um nur drei große Stationen der Herausbildung soziologischer Auffassung zu nennen – immer mehr gelernt hatte, den vereinzelten, für sich bestehenden Menschen als eine bloße Abstraktion, als reale Unmöglichkeit zu betrachten, schien nun in um so krasserem methodischen Gegensatz dazu eine Denkweise zu stehen, die nur von dem Individuum ausging und bei ihm prinzipiell verblieb, um aus seinem Bewußtseinsprozeß die ganze Welt aufzubauen. Ein solches Unternehmen mußte jetzt als krassester Individualismus sich darstellen, der schon durch seine methodische Verirrtheit von dem Marxismus so geschieden war wie eine verkehrte Welt von der wirklichen.

Aber gerade in dem, was eine voreilige Ansicht als bodenlosen Individualismus der kritischen Philosophien verketzerte, liegt die großartigste und tiefste Überwindung alles Individualismus überhaupt und die einzige wirkliche Verankerung eines sozialen Standpunktes, wie ihn die moderne Sozialwissenschaft und vor allem ihre konsequenteste Ausbildung, der Marxismus, mit Recht als ihre unverlierbare Grundlage ansieht. Es eröffnet sich hier eine eigenartige und wunderbare Dialektik an dem ganzen Wesen der kritischen Philosophie selbst, die derart nicht nur bloß ihrer Denkmethode nach, sondern schon in ihrer Grundlage dialektisch ist.

---

[2]) Vgl. hierzu das 4. Kap., Abschnitt 2 und Max Adler, *Neue Menschen,* Berlin 1924, S. 145 ff.

Daß die kritische Philosophie individualistisch sei, ist nämlich nur ein Schein, erzeugt durch die notwendige Beschaffenheit ihres Gegenstandes und die dadurch gegebene Art seiner wissenschaftlichen Bearbeitung. Bei der geschichtlichen und soziologischen Erforschung des Menschen konnte der soziale Charakter dieser Disziplinen nicht leicht verkannt werden: er drängte sich ja der Beobachtung auf, sobald erst einmal das theoretische Interesse in die Richtung ging, den Menschen nicht mehr in seiner Isolierung, sondern in seiner Verbundenheit mit jener Gruppe, in der er aufgewachsen war und lebte, zu erforschen. Die soziale Verbundenheit lag gleichsam als naturgegebenes Objekt der wissenschaftlichen Arbeit schon vor ihr da, sie brauchte nur daran anzuknüpfen. Die "Gesellschaft" schien als ein Stück der Erfahrung selbst gegeben, sobald einmal die Abstraktion bis zur Bildung des Gesellschaftsbegriffes gelangt war. Die Sozialwissenschaft konnte ihren Gegenstand gar nicht anders haben und finden als in der Aufhebung der Isolierung des Individuums und in seiner Verknüpftheit mit seiner historischen Gruppe. Hier schien also das Soziale überhaupt gar kein Problem zu sein, sondern es war ebenso eine "gegebene Erfahrung", wie ja auch die Natur eine solche "Gegebenheit" für das naive und unkritische Denken bis zum heutigen Tage darstellt.
Dagegen war der Gegenstand der kritischen Philosophie nicht die geschichtliche und gesellschaftliche Existenz der Individuen, an der ihr soziales Band einfach nicht übersehen werden konnte, sondern die Gesetzlichkeit des Bewußtseins. "Wie funktioniert Bewußtsein in seinen allgemeinen Formen?" "Wieso gibt es überhaupt allgemeine Formen des Bewußtseins?" Und: "Wie ist eine Erfahrung in allgemeingültiger Weise möglich?" Das waren die Fragen der kritischen Philosophie. Diesen Gegenstand ihrer Arbeit, das Bewußtsein in seiner gesetzlichen Funktionsweise, konnte sie aber nicht draußen irgendwie bei der Menge der Menschen etwa über oder zwischen ihnen suchen; sie konnte nur dorthin gehen, wo dieser Gegenstand allein anzutreffen war, das war im *Ich,* im Einzelindividuum. Sie mußte sich in dieses Einzelindividuum vertiefen, sie sah sich durchaus an die Erfahrung des individuellen Denkens, Wollens und Fühlens gewiesen oder, besser gesagt, an die Erforschung des Denkens, Wollens und Fühlens *im* Einzelindividuum.
Aber was sich ihr nun auf diesem Wege erschloß, war *etwas ganz anderes als ein bloß Individuelles.* Vielmehr führte es sofort über das Individuum in der großartigsten Weise hinaus, und man kann, einen berühmten Satz Kants variierend, dieses Resultat so ausdrücken: Wenngleich alle unsere Erkenntnis *mit* dem Individuum *anhebt,* so ver*bleibt* sie doch *nicht im* Individuum eingeschlossen. Die Arbeitsmethode der kritischen Philosophie war zwar an das Individuum gebunden, ihr Ergebnis aber war von durchaus *überindividuellem* Charakter, so zwar, daß das Individuum überhaupt nur mehr als bloße Erscheinungsform bestehen blieb, in der sich ein Zusammenhang auftat, der alle Individuen miteinander unaufhebbar in eine große Gemeinschaft des Geistes eingliederte.
Nur in großen Umrissen kann hier diese noch wenig beachtete Seite der gewaltigen revolutionären Denkertat Kants angedeutet werden, mit der sie die erkenntniskritische Grundlage zu dem sozialwissenschaftlichen Denken des 19. und 20. Jahrhunderts legte.
Am raschesten finden wir den Zugang zum Verständnisse des *sozialen* Wesens der Kantschen Erkenntniskritik, wenn wir darauf achten, was der eigentliche Sinn ihrer Fragestellung war. Gewöhnlich formuliert man die erkenntniskritische Frage so: "Wie ist Erfahrung möglich?" Man bemerkt aber zumeist nicht, daß in dieser Frage eine andere gelegen war und ist, nämlich die: "Wieso ist es möglich, daß durch das Denken eines Individuums für dieses eine Erfahrung entsteht, die nicht nur *seine* Erfahrung ist, sondern eine Erfahrung für *jedermann,* der unter den gleichen Umständen steht? Wieso ist die Welt *ein und dieselbe für alle Menschen,* so sehr diese verschieden sein mögen in den subjektiven Auffassungen und Gefühlswerten ihrer Urteile?" Darum nimmt ja auch die Frage: "Wie ist Erfahrung möglich?" bei Kant sofort die Form an: "Wie ist *Naturwissenschaft* möglich?" Und ganz das gleiche wie von der theoretischen Seite unseres Bewußtseins gilt auch von der praktischen Seite desselben. Auch in der Kritik der praktischen Vernunft handelt es sich nicht bloß darum, zu fragen: "Wie ist die individuelle Unterscheidung von Gut und Böse möglich?", sondern "Wie ist es möglich, daß diese Unterscheidung mit dem Anspruch gemacht wird, dasjenige, was als gut bezeichnet wird,

auch von jedem anderen so anerkannt zu sehen, so daß es also ein Gutes gibt, das jeder billigen müsse, und eine Pflicht, so und nicht anders zu handeln?" Nicht anders ist es schließlich auch bei der Beurteilung von Schön und Häßlich, die durchaus verschieden ist von jener, welche bloß ein subjektives Gefallen oder Mißfallen ausspricht, sondern ihr Urteil mit dem Bewußtsein fällt, damit eine Wertung von allgemeiner Geltung ausgesprochen zu haben.
Kurz, es zeigt sich, daß überall schon die Problemstellung der kritischen Philosophie über die bloß individuelle Erscheinungsform des Bewußtseins hinaustreibt. Es handelt sich ihr gar nicht um das tatsächliche Funktionieren des Einzelbewußtseins, was eine bloß psychologische Untersuchung wäre, sondern um die *Geltung* der Inhalte in jedem individuellen Zusammenhang über diese hinaus. Es handelt sich um die folgenschwere Aufzeigung, daß durch die Gesetzlichkeit des Bewußtseins nicht individuelle, sondern *allgemeingültige* Erkenntnis zustande kommt, und die eigentliche kritische Frage ist daher: "Wie ist *wahre* Erkenntnis möglich, wie ist *rechtes* Wollen möglich, wie *anerkanntes* Fühlen möglich?" Überall ergibt sich auf diese Weise ein neuer Charakter des Bewußtseins, der als sein eigentlicher Wert in Betracht kommt, nämlich die Allgemeingültigkeit seiner Urteile und Aktionen. Und Erfahrung, sowohl theoretische wie praktische, erhält jetzt den neuen Sinn, daß sie jene Bewußtseinsinhalte umfaßt, welche *objektiv* gelten, also wahres Wissen, rechtes Wollen und Fühlen enthalten, da ohne diesen Charakter sich aller übrige Bewußtseinsinhalt eben nicht als etwas Objektives, sondern als Irrtum, Täuschung und Widersinn offenbart. Auf diese Weise wird aber Erfahrung, sowohl theoretische wie sittliche wie ästhetische, nur dadurch als möglich aufgezeigt, daß sich alles individuelle Bewußtsein auf eine Allgemeingültigkeit von formalen Grundsätzen und Denkweisen bezieht, die nicht nur für dieses individuelle Subjekt, sondern *für alle Subjekte überhaupt* gelten. Es sieht sich also das Individuum von da aus in eine geistige Übereinstimmung und Verbundenheit mit jenem anderen Individuum gestellt.
Aber woher kommt dieses andere Individuum und nun gar die Vielheit solcher Individuen, mit denen das Einzelindividuum sich in Übereinstimmung sieht? Und woher diese Übereinstimmung? Ist sie ein glücklicher Zufall oder das Werk einer Verabredung der Idividuen oder einer göttlichen vorausbestimmenden Harmonie? Jede dieser Hypothesen, die alle in der Geschichte der Philosophie versucht wurden, ist unmöglich, ohne daß der Boden der kritischen Philosophie verlassen und das Gebiet der Metaphysik betreten wird. Es gilt aber den kritischen Standpunkt noch zu vertiefen, der gerade hier am deutlichsten seine wunderbare Dialektik erweist. Denn um zu verstehen, woher nicht nur die Vielheit der Individuen stammt, sondern ihr Zusammenhang in einer wissenschaftlichen Erfahrung und in der sittlichen und ästhetischen Wertung, hilft kein anderes Mittel, als abermals aus der Gesellschaft der vielen, in welcher Wissenschaft, Ethik und Ästhetik ihre historische Entfaltung haben, zurückzukehren ins Individuum, zur individuellen Form des Bewußtseins, worin sie ihren Grund haben. Das klingt wie eine Paradoxie, die aber zuletzt vor der großen Evidenz des erkenntniskritischen Standpunktes sich in ihr Gegenteil, die Selbstverständlichkeit, auflöst.
Was heißt denn das, ein wahres Urteil? Es heißt schließlich doch nichts anderes als ein solches, das nicht nur für mich wahr ist, sondern für jedermann gilt. Das bedeutet aber, daß das *individuelle* Bewußtsein schon in jedem seiner individuellen Denkakte *nicht individuell* ist und bleiben kann. Und ebenso bedeutet ein objektiv richtiges Werturteil, wenn ich also irgend etwas für gut oder schön finde, daß dies nicht nur *ich so meine,* sondern daß *jeder* über den gerade in Betracht kommenden Sachverhalt *ebenso urteilen* soll. Es bezieht sich also *schon das individuelle Denken und Werten* immanent auf einen Inhalt, der gar nicht individuell ist, sondern *bereits im Einzel-Ich* als etwas auftritt, was diesem gemeinsam ist mit einer unbestimmten, von ihm notwendig stets mitgedachten Vielheit vereinzelter und ihm wesensgleicher Denksubjekte. Das Bewußtsein erweist sich also in der Form, in der wir es haben, in der es empirisch gegeben ist, stets bezogen auf einen Zusammenhang gattungsmäßigen Denkens und Wertens, aus dem es sich für sein Individualbewußtsein selbst gar nicht lösen kann. Indem das Individuum denkt und indem es wertet, bezieht es sich, oder besser gesagt, *ist es bezogen auf eine unbestimmte Vielheit als gleichartig angenommener Wesen,* mit denen es zusammen eine geistige Welt bildet. Das Individuum ist derart sich selbst gar niemals als ein isoliertes oder iso-

lierbares Subjekt gegeben, sondern im Gegenteil, es existiert *für sich* von vornherein in jedem Atom seines Denkens und mit jedem Fäserchen seines Wollens und Fühlens *nur als Exemplar einer Gattung,* die aber nicht physiologischer Natur, sondern geistigen Wesens ist. Der Robinson ist nicht nur eine ökonomische Fabel, sondern auch eine erkenntniskritische Unmöglichkeit. Es gibt keinen geistigen Anachoreten, es gibt keine Vereinzelung des Individuums, es gibt nur eine Vereinsamung innerhalb des Zusammenhanges der Subjekte. Das Individuum kann die Gemeinschaft mit anderen bekämpfen, verachten und fliehen, nie aber sich aus ihr lösen. Selbst der Einsiedler sagt noch zu sich selber "du", und die konsequente Isolierung des Individualismus müßte nicht nur seine Gemeinschaft mit den Menschen beseitigen, sondern vor allem sein Bewußtsein auslöschen. Denn solange dieses besteht, bewährt das Subjekt, selbst wenn es das einzigste Wesen im Weltall wäre, die Idee einer geistigen Gemeinschaft, die ja auch dort noch eine solche bleibt, wo sie als Menschenflucht und Menschenverachtung auftritt.

Es erscheint somit in den Individuen ein Etwas, das wie ein Fremdes, über ihnen Stehendes, von ihnen Unabhängiges, in sie bloß hineinragt: das Wahre, das Gute, das Schöne, kurz wie Kant es genannt hat, das Intelligible. Aber dieses Überindividuelle darf nicht etwa als eine für sich bestehende Wesenheit, gleichsam als eine Art platonisches Ideenreich, betrachtet werden. Es ist vielmehr nirgends anders gegeben als im Individuum, es sind Inhalte, die nur individuell erlebt werden können, aber in diesem individuellen Erlebnis die Erscheinungsform ihres überindividuellen Charakters haben. In diesem selbst sieht sich das Individuum in einen geistigen Zusammenhang gestellt, in welchem es nur mehr eins unter vielen ist.

Aber damit wären wir noch immer nicht bis zur *Realität des Nebenmenschen* vorgedrungen, ja diese scheint jetzt erst recht gefährdet, wenn sich ergibt, daß die Vielheit der Nebenmenschen nur eine, allerdings notwendige Relation des Denksubjektes ist, das in seinem Denkinhalt sich auf eine solche Vielheit anderer Subjekte bezogen sieht. Dann steht noch immer das Ich des Denksubjektes als die einzige Person da, in der die Vielheit der menschlichen Nebenwelt zwar als eine Bestimmtheit ihres Bewußtseinsinhaltes auftritt, ohne aber daß damit eine mehr als subjektive Denknotwendigkeit erwiesen wäre. Man achte hier wohl auf folgendes: Die *Realität der Dinge* scheint für das Einzel-Ich hinlänglich dadurch erwiesen, daß seine transzendentalen Bewußtseinsformen von Raum, Zeit und Kategorien nur mit einem *Vorgefundenen* (dem Empfindungsmateriale) die Erfahrung aufzubauen vermögen. Und so ist innerhalb dieser transzendentalen Erkenntnisbedingungen eine Welt möglich, die mehr als eine bloß subjektive Scheinwelt ist. Sie wäre zwar gewiß eine solipsistische, aber darum doch keineswegs bloß subjektive Welt.[3]) Daß aber die Erkenntniskritik bei einem solchen Vorgefundenen stehenbleibt, darf ihr nicht zum Vorwurf gemacht werden. Denn dieses ist ja nichts anderes als das *Bewußtsein selbst,* nur nicht mehr formal, sondern inhaltlich betrachtet. Das Bewußtsein selbst darf aber die Erkenntniskritik, ja muß sie voraussetzen. Handelt es sich jedoch um die *Realität des Nebenmenschen,* d.h. des *fremden* Bewußtseins, so ist dieses kein Vorgefundenes mehr. Hier bezieht sich also dies Transzendental-Soziale *nicht mehr auf ein Gegebenes,* wie die übrigen transzendentalen Formen des Bewußtseins. Und da alle Erfahrung, also auch die vom Du, vom Nebenmenschen, nur im Ich möglich ist, so scheint nunmehr gerade die soziale Erfahrung sich als ein bloßer subjektiver Schein zu enthüllen.

---

[3]) Es zeigt sich bereits hier, daß, wie wir später noch deutlicher sehen werden, die Realität der Dinge auf diese Weise tatsächlich gar nicht zu erweisen wäre. Denn da es auch halluzinatorisches und traumhaftes Empfindungsmateriale gibt – wie sollte da wirkliche und unwirkliche Erfahrung unterschieden werden? Man könnte meinen durch den Widerspruch, in welchen das bloß halluzinatorisch Gegebene mit dem "real" Gegebenen geraten muß. Allein dann kommt es nur auf den Grad und die Vollständigkeit der Halluzination an, ob ein solcher Widerspruch überhaupt sich einstellen wird. Die Realität der Dinge in einer solipsistischen Welt ist also zwar sicher möglich, aber nicht erweisbar. Man könnte paradox sagen: Hier gibt es nur Berichtigung des Irrtums ohne Erlangung der Wahrheit. Wir kommen darauf im Text zurück.

Hier ist nun der Punkt, an dem die transzendentale Kritik des Bewußtseins, auf den Wegen Kants *fortschreitend,* am tiefsten offenbart, wie wenig sie individualistisch ist, wie sehr sie im Gegenteil erst dann und nur dann verstanden werden kann, wenn man ihren bei Kant freilich noch verdeckten soziologischen Sinn herausholt. Denn erst sie schlägt die Brücke vom Ich zum Du und läßt uns so unsere eigenste Welt, die Welt des menschlichen Aufeinanderwirkens, die *soziale* Welt, verstehen.

Das Ich nämlich, welches scheinbar so abgrundtief von jedem fremden Ich geschieden ist, daß von dem einen zum anderen kein Weg ins Innere führt, so daß die Realität des Nebenmenschen schon zu den ältesten Rätseln des Denkens gehört – dieses Ich ist, wie Kant uns gezeigt hat, *auch nur eine Form unseres Bewußtseins.* Die naive Ansicht, als ob diesem Ich eine substantielle Wesenheit, eine Seele oder ein irgendwie realer Kern entspräche, ist gerade von Kant als eine alle Erfahrung übersteigende Metaphysik wohl für immer vernichtet worden. Und gerade diejenigen, die Kant so gerne als den Alleszerschmetterer zitieren, wobei sie freilich nur an die Vernichtung der religiösen Dogmatik durch ihn denken, hätten alle Ursache, ein wenig von dieser Zerschmetterung auch der naturalistischen und traditionellen Art ihres eigenen Denkens zukommen zu lassen. Das Ich ist nämlich nicht etwas, was Bewußtsein *hat,* so wie man etwa einen Gegenstand hat; und anderseits ist das Bewußtsein auch nicht etwas, was als Funktion eines Ichs zu bezeichnen wäre, sondern das Ich ist nichts anderes als die Form in welcher Bewußtsein *überhaupt da ist.* Und so müssen wir sagen: Bewußtsein ist jenes *Sein,* das *nicht anders sein kann,* als indem es zu sich "Ich" sagt. Kurz, das Ich ist nur die Form, in der Bewußtsein von sich weiß.

Aber indem dieses Bewußtsein zugleich *noch andere Formen* hat, eben die von Raum, Zeit und synthetischen Denkbegriffen, treten zu jener Bewußtseinsform, die als Ichform notwendig und immer eine individuelle ist, andere Formelemente des Bewußtseins hinzu, *die nichts Individuelles* an sich tragen. Obgleich also das Ich stets ein individuelles Bewußtsein hat, bezieht sich dieses doch auf solche Formen, *die nicht Ich sind,* d.h. keinen individuellen Charakter haben, aber weil sie doch Bewußtseinsformen sind, nur *als zu einem Ich gehörig* aufgefaßt werden können. *Nur* an der Ichform, an der synthetischen Einheit des Bewußtseins, haftet der Charakter des Individuellen. Dagegen begründen ja gerade die anderen Bewußtseinsformen, Raum, Zeit und Kategorien, zusammen mit dem Gegebenen der Erfahrung die Objektivität derselben. Dieses Gegebene der Erfahrung, welches auch die Kantsche Erkenntniskritik nicht etwa zum Produkt des Bewußtseins macht, sondern, wie wir sahen, als seine inhaltliche, materiale *Beschaffenheit* einfach voraussetzt – denn es ist keine kritische Frage mehr, warum wir gerade eine farbige, tönende, tastbare usw. Erfahrung haben –, dieses Gegebene der Erfahrung entfaltet sich als solche Gegebenheit, die als Objektivität dem Ich gegenübertreten kann, nur durch jene nichtindividuellen Formen des Bewußtseins. Da diese Formen aber ohne ein zugehöriges Ich nicht möglich sind, jedoch keineswegs mit dem Ich, in dem sie auftreten, identisch sind, wie dies bei der Ichform des Bewußtseins der Fall ist, so muß das Gegebene bereits unmittelbar als ein solches erscheinen, das nicht nur mir gegeben, also nicht bloß *ich*haft ist, sondern zu einer unbestimmten Vielheit von Subjekten gehört, also *wir*haft ist. Diese *Wir*haftigkeit gehört also *zur unmittelbaren Gegebenheit des Bewußtseins selbst,* ob man dasselbe nun von seiner formalen oder von seiner inhaltlichen Seite her betrachtet. Indem das Ich-Bewußtsein sich in Bewußtseinsformen erlebt, die Nicht-Ich sind, stößt es auf ein Bewußtsein, das ihm objektiv entgegentritt, also außer und neben ihm ist, aber dies nur als ein anderes Ich sein kann. Das fremde Ich ist also weder eine bloße Annahme, noch gar ein nur nach Analogie erschlossenes Wesen, sondern es ist die Gegebenheit des Bewußtseins selbst. Das Neben-Ich ist nicht *in* unserem Bewußtsein, sondern *mit* diesem gegeben; es ist also so real wie das eigene Ich, weil es ja dasselbe Bewußtsein ist, das in jedem Ich sich auf ein Du und in diesem Du auf ein Ich bezieht.

Auf diese Weise erst versteht man, daß alle wahre Erfahrung allgemeingültig sein muß, weil die durch die Formen des individuellen Bewußtseins gebildeten Inhalte sich notwendig als solche darstellen müssen, die nicht etwa bloß subjektive Phantasmen sind, sondern objektive Tatbestände, was aber nichts anderes heißt, als daß sie unter den gleichen Bedingungen jedem

Ich in gleicher Weise erscheinen müssen. Und so zeigt sich hier als eine fundamentale erkenntniskritische Einsicht, daß der Begriff der Realität sowie der Begriff der Wahrheit nach der Kantschen Lehre nicht etwa bloß individuelle Probleme enthalten, ja daß sie auf diese Weise überhaupt gar nicht zu begreifen sind, sondern daß sie schon in ihrer *logischen* Bedeutung nur als *soziale* Begriffe verständlich werden. Es wird in der Tat kaum jemandem gelingen, den Charakter der Wirklichkeit beziehungsweise der Erfahrung anders darzutun als durch die Aufzeigung der allgemeinen und notwendigen Übereinstimmung des Urteiles von jedermann in bezug auf das, was als Wirklichkeit behauptet wird. Ja, dies ist sogar der einzige Weg, durch den jeder zuletzt seine eigenen Urteile auf ihre Richtigkeit überprüfen kann. Gesetzt den Fall, ich hätte die vollständige Halluzination einer Katze, so daß ich sie nicht nur vor mir sähe, sondern auch ihr Fell streichelte und ihr Schnurren hörte, so müßte ich sie für eine wirkliche Katze halten. Erst wenn jedermann, der in das Zimmer tritt und an dessen gesunden Sinnen zu zweifeln kein Anlaß besteht, erklärte, daß keine Katze zu sehen ist und daß meine Hände die Luft streicheln, müßte ich selbst bei Fortbestand der Halluzination die Realität meiner Wahrnehmung fallenlassen. Die wahre Erfahrung ist also identisch mit einer Erfahrung für alle, d.h. sie ist wesentlich sozialen Charakters.

Auf diese Weise wird daher schon das Einzelbewußtsein in einen geistigen Zusammenhang gestellt, indem es nicht etwa bloß mit anderen Bewußtseinszentren vereinigt ist; das würde eine im Grunde individualistische Auffassung nicht aufheben, nach welcher der einzelne sich bloß mit anderen verbindet oder diese berücksichtigt, um selber von ihnen Nutzen zu haben und berücksichtigt zu werden. Nein, das Entscheidende ist hier, daß jedes Einzelbewußtsein *schon für seine eigene Anschauung* unmittelbar auf fremdes Bewußtsein bezogen ist. Indem es alles, was es als wahr bezeichnet oder als wirklich erlebt, in allgemeingültigen Formen denken muß, so ist es schon in seiner logischen Funktion ganz und gar nicht individuell, sondern auf eine unbestimmte Vielheit gleichartiger Erkenntnissubjekte innerlich (mental) bezogen, mit denen es geistig *vergesellschaftet* ist. Und die *ganze* Wahrheit der Kantschen Erkenntniskritik ist die, daß wir unsere Erfahrung nicht nur in den Formen von Raum, Zeit und Denkbegriffen machen, wodurch bloß eine Welt als *individuelles Erlebnis* begründet wäre, sondern überdies noch in der immanenten mentalen Bezogenheit unseres Seins auf nebenmenschliches Sein, d.h. in *sozialer Form.*

Jetzt erst wird das Kernproblem der Soziologie verständlich, wieso Menschen, von denen doch keiner das Innere des anderen jemals erfahren, geschweige denn erreichen kann, doch so miteinander verbunden sein können, daß sie sich gerade auf dieses Innere beziehen, kurz, daß sie einander *verstehen.* Das Problem des Verständnisses ist seit Max Webers Arbeiten immer mehr in den Mittelpunkt der soziologischen Arbeiten gerückt worden, und da darf ich wohl darauf verweisen, daß ich bereits in meiner Erstlingsschrift *Kausalität oder Teleologie* (1904) dieses Problem als Grundproblem der Soziologie erörtert und gezeigt habe, wie es nur aus der Weiterführung der transzendentalen Kritik Kants zu lösen ist. Die Menschen lernen sich nicht etwa erst in der Gesellschaft verstehen, sondern umgekehrt, alle historische Gesellschaft, alle Formen des sozialen Lebens in Wirtschaft und Politik, sind nur möglich, weil schon *vor* jeder ökonomisch-historischen Vergesellschaftung die Menschen mental vergesellschaftet sind. Der Begriff der Vergesellschaftung, in seiner empirischen Bestimmtheit erst spät durch die grundlegende Gedankenarbeit von Marx und Engels gefunden, gehört nach seinen erkenntniskritischen Bedingungen noch zu den von Kant aufgezeigten apriorischen Bestandteilen unserer Erfahrung. Zwar trägt dieser Begriff bei Kant noch nicht seinen Namen als Begriff der Vergesellschaftung oder auch nur des sozialen Lebens, wie er ja überhaupt ihm noch nicht zum deutlichen Bewußtsein gekommen ist. Müssen wir jedoch bedenken, daß die uns heute so geläufig gewordenen Begriffe von Gesellschaft, sozialem Leben und sozialer Erfahrung noch gar nicht Bestandteil des damaligen wissenschaftlichen Sprachschatzes, geschweige denn des wissenschaftlichen Bewußtseins geworden waren. Aber was Kant unter verschiedenen Bezeichnungen wie Bewußtsein überhaupt oder das Reich des Intelligiblen oder der Allgemeingültigkeit synthetischer Urteile a priori lehrt, ist nichts anderes als der *erste Ausdruck* des transzendental-sozialen Tatbestandes, wie er sich schon im logischen Gebiete ergibt und wie wir ihn aus der Kantschen Methode vorhin abgeleitet haben.

Dieser Begriff des vergesellschafteten Bewußtseins als ein *Transzendental-Soziales* ist nun der eigentliche Sinn der Erkenntniskritik bei Kant, Fichte und Hegel. Was bei Kant der Begriff des Bewußtseins überhaupt, bei Fichte das absolute Ich, bei Hegel der objektive Geist ist, das sind nur verschiedene Ausdrücke dafür, daß das Bewußtsein trotz seiner individuellen Erscheinungsweise einen überindividuellen Charakter hat, der als Reich der Zwecke bei Kant, als Vernunftreich bei Fichte, als Entwicklung des absoluten Geistes bei Hegel schließlich nur den apriorisch gesellschaftlichen Charakter des geistigen Seins und Wirkens ausdrückt. Und alle diese großen Gedanken der kritischen Philosophie sind darin einig, das Individuum, welches später auch Comte, von ganz anderen Anschauungen ausgehend, eine Fiktion nannte, als eine Täuschung zu apostrophieren, wenn es mehr bedeuten soll als bloß eine Form des Bewußtseins überhaupt. Bei Kant ist das Individuum, das sich für eine Wesenheit nimmt, ein Paralogismus der Vernunft, bei Fichte ein unkritisches Vorurteil, bei Hegel ein Betrug. Ausgangspunkt der kritischen Philosophie war also zwar das Individuum, aber ihr Zentralpunkt ist das Bewußtsein, und dieses wird erkannt als ein transzendental-vergesellschafteter Prozeß, der bloß *in* einem Individuum abläuft.

Dieser Begriff des vergesellschafteten Bewußtseins ist bei Kant, wie bereits erwähnt, freilich noch ganz in der individualistischen Form seiner Untersuchung verborgen, aber er offenbart sich doch in seinem Begriff des Bewußtseins überhaupt, in seiner Lehre von der allgemeinen Geltung der Erfahrungsbedingungen und dringt in der praktischen Philosophie in dem kategorischen Imperativ schon bis an die Schwelle einer bewußten Formulierung vor. Bei Fichte erscheint die Vergesellschaftung des Bewußtseins bereits viel deutlicher in seiner Grundidee von der sittlichen Tat: Der Weltprozeß wird eine sittliche Aufgabe, das Reich der Freiheit und Gleichheit herzustellen, den Notstaat durch den Vernunftstaat zu ersetzen und so das empirische Leben auf jene Höhe sozialer Solidarität zu bringen, welche in der Gesetzlichkeit des Geisteslebens vorgebildet ist. Es ist kein Zufall, daß Fichte *das* war, was Cohen von Kant noch nicht mit historischem Rechte sagen konnte, nämlich der erste deutsche Sozialist. Er war durchglüht von der feurigen Überzeugung einer Einheit von Theorie und Praxis, und daher mußte ihm die Tatsache der Vergesellschaftung des Bewußtseins als eine unablässige Aufforderung erscheinen, sie durch Herstellung eines wirklich solidarischen Zustandes des gesellschaftlichen Lebens auch in der empirischen Erscheinung desselben zu verwirklichen.[4]) Endlich bei Hegel wird diese Vergesellschaftung des Bewußtseins zur sittlichen Idee des Staates, deren Verwirklichung sich in einem grandiosen Entwicklungsprozeß des Geistes vollzieht, welcher die Entfaltung der Weltgeschichte ist.

Erst bei Ludwig Feuerbach wird zum erstenmal der Begriff des vergesellschafteten Bewußtseins gleichsam mediatisiert. Er befreit ihn einerseits aus der metaphysischen Überarbeitung, die er durch Fichte, besonders aber durch Hegel erhalten hatte; anderseits aber beläßt er ihn auch nicht in der rein erkenntniskritischen Fassung Kants, sondern er schreitet zu seiner psychologisch-empirischen Anwendung vor und spricht es aus, daß die Wahrheit der kritischen Philosophie in der Herausarbeitung des Gattungsmäßigen im Menschen gelegen sei. Das wahre Wesen des absoluten Geistes der idealistischen Philosophie findet Feuerbach im *Wesen des Menschen,* und dieses ist ein durchaus gattungsmäßiges, gesellschaftliches, vergesellschaftetes. Besonders deutlich ist dieser Standpunkt Feuerbachs in seiner Doktordissertation *De ratione una universali infinita* (Über die Einheit, Allgemeinheit und Unendlichkeit der Vernunft) entwickelt. "Das Denken", heißt es dort, "ist ein allgemeines, gemeinsames Tun." "Denken heißt der Form nach allgemein sein . . ." "Das Denken geht durch alle einzelnen hindurch und bleibt untrennbar von sich selbst." "Im Denken bin ich alle Menschen." Daraus folgert auch Feuerbach, so wie die klassische Philosophie, daß das Individuum die bloße Form ist, in welcher ein allgemeiner Inhalt des Bewußtseins erscheint. "Wenn ich also denke,

---

[4]) Siehe Max Adler, *Wegweiser. Studien zur Geistesgeschichte des Sozialismus,* 4. Aufl., S. 78 ff.

so bin ich nicht allgemein als eine Person, die an sich besonders ist, sondern einfach allgemein ohne irgendeine Einschränkung und Ausnahme." In seiner berühmten Abhandlung *Grundsätze der Philosophie der Zukunft* heißt es in § 59: "Das Wesen des Menschen ist nur in der Gemeinschaft, in der Einheit des Menschen mit dem Menschen enthalten, – eine Einheit, die sich aber nur auf die Realität des Unterschiedes von ich und du stützt." Und in § 61 lesen wir: "Ich bin auch im Denken, auch als Philosoph, Mensch mit Menschen."

Von Feuerbach ist der zündende Funke dieses Gedankens auf Marx und Engels übergesprungen, die bis dahin von der "grotesken Felsenmelodie" der Hegelschen Philosophie gefangengenommen waren. Man weiß aus ihren Bekenntnissen, welchen gewaltigen Einfluß gerade in der kritischen Zeit ihres Denkens, als sie bemüht waren, den ihnen widerstrebenden metaphysischen Gehalt der Hegelschen Philosophie zu überwinden, Feuerbach auf sie beide gemacht hat. Er war eine mächtige Unterstützung nach der Richtung, die Philosophie des absoluten Geistes in eine Wissenschaft vom sozialen Leben umzuwandeln, welche sie bereits selbständig einzuschlagen begonnen hatten, wovon insbesondere die berühmten Thesen von Marx über Feuerbach deutlich Kunde geben. In diesen kündigt sich der Fortschritt an, den Marx über Feuerbach hinaus bedeutet, der Fortschritt von der noch allgemeinen Abstraktion eines unbestimmten gattungsmäßigen Wesens des Menschen bei Feuerbach zu dem Begriff der historischen Vergesellschaftung des Menschen bei Marx.

Aber gerade mit Feuerbach scheint sich ja jene verhängnisvolle Wendung des kritischen Gedankens zu vollziehen, die schließlich im marxistischen Materialismus zum vollendeten Gegenteil der kritischen Philosophie führt. Daher ist es nun nötig, nachdem wir den falschen Schein auf der einen Seite, nämlich den angeblichen Individualismus der klassischen deutschen Philosophie sich in Nichts auflösen sahen, jetzt auch den falschen Schein auf der anderen Seite, den angeblichen Materialismus des Marxismus, ebenso zu behandeln.

III.

Der Marxismus wird gewöhnlich als ein System des Materialismus angesehen, wozu hauptsächlich die unglückselige Bezeichnung seiner grundlegenden Theorie als materialistische Geschichtsauffassung beigetragen hat. Allein schon eine kurze Besinnung auf das Wesen des Marxismus muß uns klarmachen, daß er überhaupt nichts mit Materialismus zu tun haben kann. Der Materialismus ist – wie immer man über ihn denken mag – ein philosophisches System, und zwar eine Metaphysik, welche die Frage nach dem Wesen der Dinge aufwirft und sie dahin beantwortet, daß alles Materie sei. Was ist dagegen der Marxismus? Ist er eine Philosophie? eine Metaphysik? Nichts von alledem: Er ist und will bloß sein – und dies ist gerade genug – eine Wissenschaft vom sozialen Leben und von der sozialen Entwicklung. Er liegt also in einer ganz anderen Ebene des Denkens und des Interesses wie die Philosophie. Er fragt nicht nach dem Wesen der Dinge, es kümmert ihn nicht, was die Dinge "an sich" sein mögen oder "was die Welt im Innersten zusammenhält"; sondern er fragt bloß, was immer die Dinge an sich sein mögen, nach den Gesetzen ihrer Veränderungen. Er sucht bloß den Kausalzusammenhang des sozialen Geschehens und ist im übrigen bezüglich der Frage nach dem Wesen des Geistes und seines Verhältnisses zur Materie – dieser Hauptfrage des Materialismus – ganz neutral, wie dies jede Wissenschaft in ihrem Gebiete ist.

Aber auch abgesehen davon, ist es sogar historisch falsch, den Marxismus als Materialismus zu bezeichnen, so wenig Feuerbach in der Zeit, die hier in Betracht kommt, nämlich zur Zeit der Abfassung seiner Schriften aus dem Anfang der vierziger Jahre, Materialist war. (Er war es auch später nicht.) Was war der Standpunkt Feuerbachs in jener Zeit? Ein sensualistischer Positivismus, vor allem aber das kritische Bestreben, von der Spekulation Hegels zum erfahrungsmäßigen Wissen zurückzukehren. Und dasselbe gilt von Marx und Engels. Sie waren *Positivisten.* Sie wollten sich auf das erfahrungsmäßig Gegebene, das nicht ideell Erklügelte, sondern materiell Nachweisbare beschränken. Gegenüber einem bloß spekulativen Zusammenhang wollten sie auf den wirklichen materiellen Zusammenhang zurückgreifen; das war ihr ganzer Materialismus. Man sollte in dieser Hinsicht sich immer gegenwärtig halten, wie

Engels seinen Materialismus definiert hat. "Man entschloß sich", sagt er in seiner Schrift über Ludwig Feuerbach, "die wirkliche Welt – Natur und Geschichte – so aufzufassen, wie sie sich selbst einem jeden gibt, der ohne vorgefaßte idealistische Schrullen an sie herantritt; man entschloß sich, jede idealistische Schrulle unbarmherzig zum Opfer zu bringen, die sich mit den in ihrem eigenen Zusammenhang, und in keinem phantastischen, aufgefaßten Tatsachen nicht in Einklang bringen ließ. *Und weiter heißt Materialismus überhaupt nichts.*" (S. 37.) Fragt man aber, warum Marx und Engels dann ihre Anschauung dennoch als materialistische bezeichnen, so ist dies nur aus dem subjektiven Werdegang dieser Anschauung zu erklären. Sie wollten damit ihre Opposition gegen den Hegelschen Spiritualismus zum Ausdruck bringen. Die Bezeichnung "materialistische Geschichtsauffassung" bedeutet nichts anderes als eine Kampfansage gegen die spiritualistische Geschichtsauffassung der Hegelschen Metaphysik. [5])

Erst diese entschlossene und konsequente Loslösung des Marxismus vom Materialismus ermöglicht ein wirkliches Verständnis seiner theoretischen Bedeutung, die darin gelegen ist, daß er neben das Kausalsystem der naturwissenschaftlichen ein solches der soziologischen Erkenntnis hinstellt. Alle so oft mißdeuteten Grundbegriffe der materialistischen Geschichtsauffassung erhalten von da aus einen ganz anderen Sinn, als den man ihnen zumeist in der landläufigen Bekämpfung des Marxismus zuteilt. Und dieser andere Sinn biegt in jene Richtung ein, welche wir die klassische deutsche Philosophie mit ihrem Begriff eines *Sozialcharakters des Bewußtseins* verfolgen sahen. Weit entfernt davon, daß diese Grundbegriffe des Marxismus, die Begriffe von ökonomischen Verhältnissen, Produktivkräften, ökonomischen Strukturen der Gesellschaft und ökonomischen Tendenzen, die den geistigen "Überbau" bestimmen, bloß sachliche, "materielle" Begriffe wären, welche als ein Stück lebloser Materie den Geist der Menschen bedrängen und vergewaltigen, ergibt sich vielmehr, daß alle diese Begriffe – gerade im Sinne des Marxismus, weil sie *gesellschaftliche* und nicht bloße Naturbegriffe sind – *durchwegs geistiger Natur* sind. Sobald dieser Standpunkt einmal erkannt und festgehalten ist, ergibt sich eine großartige Vermenschlichung, ja Vergeistigung der materialistischen Geschichtsauffassung, die sie geradezu als die historische Anwendung der kritischen deutschen Sozialphilosophie erscheinen läßt.

Es ist Marx selbst, der in programmatischer Weise die *Betonung der Geistigkeit aller soziologischen Begriffe* als ein wesentliches Moment seines Standpunktes bezeichnet, indem er darin gerade das erblickt hat, worin er von dem naturwissenschaftlichen Materialismus nicht nur unterschieden, sondern über ihn hinausgeschritten ist. Es geschieht dies in den bereits erwähnten Thesen über Feuerbach, die Engels selbst als "das erste Dokument, worin der geniale Keim der neuen Weltanschauung niedergelegt ist", bezeichnete. Dort sagt Marx, daß der "Hauptmangel alles bisherigen Materialismus" gewesen sei, "daß der Gegenstand nur als Objekt aufgefaßt wurde, nicht aber als menschliche sinnliche Tätigkeit, *Praxis,* nicht subjektiv. Daher geschah es, daß die *tätige* Seite, im Gegensatz zum Materialismus vom Idealismus entwickelt wurde – aber nur abstrakt, da der Idealismus natürlich die wirkliche sinnliche Tätigkeit als solche nicht kennt." Diese *tätige Seite* also als gegenständliche Tätigkeit, d.h. in den Bedingungen ihrer gesellschaftlichen Verwirklichung aufzuzeigen, hält Marx für das Eigentümliche seines Standpunktes. "Das gesellschaftliche Leben ist wesentlich *praktisch",* heißt es in der 8. These, "alle Mysterien, welche die Theorie zum Mystizismus verleiten, finden ihre rationelle Lösung in der menschlichen Praxis und im Begreifen dieser Praxis." Der Materialismus lehrt nur, daß die Menschen Produkte der Umstände und der Erziehung sind. Er "vergißt, daß die Umstände eben *von den Menschen* verändert werden und daß der Erzieher selbst erzogen werden muß. Er kommt daher mit Notwendigkeit dahin, die Gesellschaft in zwei Teile zu sondern, von denen der eine über der Gesellschaft erhaben ist." Dies ist jedoch nicht der Standpunkt von Marx, so oft man auch die materialistische Geschichtsauffassung so ausgelegt hat, als ob in ihr eine ökonomische Macht einer geistigen Macht gegenüberstände. Vielmehr fährt die vorerwähnte 8. These folgendermaßen fort: "Das Zusammenfallen des Änderns der

---

[5]) Vgl. hierzu meine Schrift *Marx als Denker,* 3. Aufl., Berlin, Dietz 1925.

Umstände und der menschlichen Tätigkeit kann nur als *umwälzende Praxis* gefaßt und rationell verstanden werden." Abermals ist es also die "tätige Seite", was hier als ein Grundelement der Marxischen Auffassung, insbesondere seiner Vorstellung von der sozialen Entwicklung erscheint.

Diese tätige Seite, diese umwälzende Praxis, ist aber nicht Tätigkeit und Praxis eines isolierten Menschen. Das menschliche Wesen ist bei Marx nicht mehr ein "dem einzelnen Individuum innewohnendes Abstraktum. In seiner Wirklichkeit ist es das *Ensemble der gesellschaftlichen Verhältnisse.*" (6. These.) Damit hat Marx seinen neuen und epochemachenden *Begriff des vergesellschafteten Menschen* gefunden. "Das Höchste", sagt er in der 9. These, "wozu der anschauende Materialismus es bringt, d.h. der Materialismus, der die Sinnlichkeit nicht als praktische Tätigkeit begreift, ist die Anschauung der einzelnen Individuen in der bürgerlichen Gesellschaft." Der neue Standpunkt aber ist "die vergesellschaftete Menschheit" (10. These), d.h. also eine Auffassung, in der der Mensch *gar nicht mehr als Einzelwesen in Betracht kommen kann.* Der Marxische Gedankengang ist auf seinem Wege zu demselben Punkte des vergesellschafteten Bewußtseins gekommen wie die kritische Philosophie auf dem ihrigen.

In der Tat: So wie die kritische Philosophie vom individuellen Bewußtsein ausgeht und ausgehen muß, aber in demselben einen überindividuellen, einen transzendental-sozialen, einen a priori vergesellschafteten Charakter aufzeigt, so geht, was noch nicht genügend beachtet wird, auch der Marxismus vom *Menschen* aus, aber nicht vom Menschen, wie er sich selbst als Einzelmenschen auffaßt, sondern vom vergesellschafteten Menschen. Genau genommen ist der Zentralbegriff der Marxischen Soziologie *nicht die Gesellschaft,* sondern der vergesellschaftete *Mensch,* womit wiederum nur das erkenntniskritische Faktum eine empirisch-historische Bewährung erfährt, daß alle Gesellschaftlichkeit nur im Individualbewußtsein ihren Grund finden kann. Nicht die Gesellschaft also ist der Ausgangspunkt für Marx, was an und für sich eine leere Abstraktion, wenn nicht gar eine metaphysische Annahme wäre, die auch dann metaphysisch bleibt, wenn man ihr den modernen Namen des Universalismus gibt. Die Gesellschaft ist bei Marx auch weder etwas, was zwischen den Menschen spielt, noch über den Menschen ist, sie ist nicht geworden durch irgendwelche sympathischen Triebe oder durch Auslese im Kampf ums Dasein, sie ist auch nicht gestiftet worden durch Vertrag, sondern sie ist *einfach da,* nämlich gesetzt mit der Beziehung von Mensch zu Mensch. Sobald der Mensch auftritt, ist die Gesellschaft da, weil der Mensch empirisch nur unter Menschen möglich ist, so wie die Vergesellschaftung des Bewußtseins einfach mit dem Individualbewußtsein da ist. Darum heißt es auch bei Marx in der klassischen Stelle, in der er seine Grundanschauung kurz formuliert: "In der gesellschaftlichen Produktion ihres Lebens gehen die Menschen bestimmte notwendige, *von ihrem Willen unabhängige Verhältnisse* ein, Produktionsverhältnisse, die einer bestimmten Entwicklungsstufe ihrer materiellen Produktivkräfte entsprechen. Die Gesamtheit dieser Produktionsverhältnisse bildet die ökonomische Struktur der Gesellschaft." Hier ist also die gesellschaftliche Verbindung gleichzeitig mit den Menschen und unabhängig von ihrem Willen gesetzt, sie bildet nur die Daseinsweise ihrer Existenz. Und ganz ähnlich heißt es an einer anderen Stelle: "Um zu produzieren, treten sie (scil. die Menschen) in bestimmte Beziehungen und Verhältnisse, und *nur innerhalb dieser gesellschaftlichen Beziehungen und Verhältnisse* findet ihre Einwirkung auf die Produktion statt." Es gibt also auch hier keinen isolierten Menschen, d.h. nicht etwa bloß in dem Sinne, daß der Mensch nur in der Gesellschaft sich entwickeln kann, sondern auch in dem schärferen Sinne, daß auch für den Marxischen Standpunkt ein Mensch außerhalb der Gesellschaft nicht nur nicht möglich, sondern nicht einmal denkbar ist. Der Robinson ist ebenso ein soziologischer Widersinn, wie er ein erkenntniskritischer war. Dies hat gerade Marx selbst sehr deutlich ausgesprochen. "*In Gesellschaft produzierende Individuen* – daher gesellschaftlich bestimmte Produktion der Individuen ist natürlich der Ausgangspunkt (scil. einer Kritik der politischen Ökonomie) . . . Der Mensch ist im wörtlichen Sinne ein zoon politikon, *nicht nur ein geselliges Tier,* sondern auch ein Tier, das *nur in der Gesellschaft sich vereinzeln* kann. Die Produktion der vereinzelten einzelnen außerhalb der Gesellschaft – eine Rarität, die einem durch Zufall in die Wildnis ver-

schlagenen Zivilisierten wohl vorkommen kann, der *in sich dynamisch schon die Gesellschaftskräfte besaß* – ist ein ebensolches Unding als Sprachentwicklung ohne *zusammen* lebende und zusammen sprechende Individuen. Es ist sich dabei nicht länger aufzuhalten."
Das ist genau das Widerspiel des transzendentalen Verhältnisses, wie wir es vorhin aufgezeigt haben, nur empirisch ausgedrückt. Dies ergibt sich noch deutlicher aus einer anderen Stelle bei Marx, wo er in bezug auf das Wesen des Warenwertes sich folgendermaßen äußert: "In gewisser Art geht's dem Menschen wie der Ware. Da er weder mit einem Spiegel auf die Welt kommt noch als Fichtescher Philosoph: Ich bin Ich, bespiegelt sich der Mensch zuerst in anderen Menschen. *Erst durch die Beziehung auf den Menschen Paul als seinesgleichen bezieht sich der Mensch Peter auf sich selbst als Mensch.* Damit gilt ihm aber auch der Paul mit Haut und Haaren, in seiner paulinischen Leiblichkeit als Erscheinungsform des Genus Mensch."[6])
So also ist tatsächlich der vergesellschaftete Mensch das eigentliche Zentrum der marxistischen Lehre, und das soziale Leben baut sich bei Marx durchaus nur als ein Prozeß der Tätigkeit des vergesellschafteten Menschen auf. *Die materialistische Geschichtsauffassung ist nichts ohne diesen allen ihren Begriffen innewohnenden Gedanken des in den Formen der Vergesellschaftung tätigen Menschen.* Die "ökonomischen Verhältnisse" sind ja nichts anderes als gesellschaftliche Verhältnisse, d.h. aber menschliche Verhältnisse, nämlich Verhältnisse, in welchen Menschen produzieren, austauschen und konsumieren. Und die Produktivkräfte, deren Entwicklung nach der materialistischen Geschichtsauffassung die ganze Entfaltung des gesellschaftlichen Lebens bedingt, sind abermals keine sachlichen, geistlosen Mächte, sondern sind von Menschen in den Dienst ihrer Zwecke, ihrer gesellschaftlichen Produktion gestellte Naturkräfte. Nur dadurch und erst dadurch, daß Naturkräfte oder der Grund und Boden Elemente der menschlichen Arbeit werden, erhalten sie einen ökonomischen Charakter, werden sie ökonomische Faktoren oder Kräfte. So handelt die materialistische Geschichtsauffassung überhaupt von gar nichts anderem als vom Wirken des Geistes in jener Form, in welcher er durch gesellschaftliche Arbeit die Bedingungen des Lebens setzt und erweitert. Sie ist gar nichts anderes als die grundlegende Determination der vergesellschafteten menschlichen Tätigkeit nach ihrer ökonomischen Seite betrachtet. Deshalb ist auch nicht, wie so viele Gegner der materialistischen Geschichtsauffassung meinen, der Mensch nach ihr das Opfer einer fremden und übermächtigen ökonomischen Gesetzlichkeit, die ihm gleichsam kalt und unabwendbar gegenübersteht. Er ist dieses Opfer vielmehr nur so lange, als er diese Gesetzlichkeit nicht erkannt hat. Denn das eigentliche Wesen dieser Gesetzlichkeit ist ja gar nicht seine Passivität, sondern *seine Aktivität,* das, was wir Marx die umwälzende Praxis haben nennen hören.
Mit diesem Begriffe, welcher das tätige, also *Zwecke setzende und wertende Verhalten* des Menschen in den Mittelpunkt der Auffassung stellt, eröffnet sich aber noch eine weitere tiefgehende innere Beziehung des Marxismus zur klassischen deutschen Philosophie. Denn hier ist der Punkt, wo insbesondere die Grunderkenntnisse, welche uns die *praktische* Philosophie Kants eröffnet hat, sich als immanente Bestandteile der materialistischen Geschichtsauffassung erweisen. Denn das ganze *Verhältnis der Ideologie zu ihrer ökonomischen Grundlage,* ja der Begriff des aus der ökonomischen Entwicklung hervorgehenden geschichtlichen *Fortschrittes* selbst, ergibt sich nur dann widerspruchslos und in seiner eigentlichen soziologischen Bedeutung, wenn alle Denkelemente zum klaren Bewußtsein, d.h. also zu ihren vollen Konsequenzen entwickelt werden, die in dem Begriff des vergesellschafteten tätigen Menschen gelegen sind und die sich erst der erkenntniskritischen Betrachtung erschließen. Versuchen wir im folgenden, freilich wieder nur in großen Umrissen, auch diesen Zusammenhang des marxisti-

[6]) Karl Marx, *Das Kapital,* 4. Aufl., S. 19, Anm. 18. – Die methodologische Übereinstimmung des Gedankengangs bei der Auflösung des sachlichen Scheines des Warenwertes und der Darlegung seines gesellschaftlichen Charakters mit der erkenntniskritischen Auflösung des individuellen Scheines des Bewußtseins und der Aufzeigung des gesellschaftlichen Charakters desselben habe ich ausführlicher dargelegt in meiner Schrift *Kausalität und Teleologie,* Wien 1904, Kap. 15, und nunmehr auch *Marx als Denker,* 3. Aufl., Berlin 1925, Anhang.

schen Denkens mit der kritischen Philosophie aufzuzeigen, in welchem die Einsichten der Kantschen Vernunftkritik, die wir bereits in ihrer theoretischen Richtung grundlegend für den soziologischen Standpunkt des Marxismus fanden, sich ebenso auch in ihrer praktischen Richtung bedeutungsvoll erweisen.

IV.

Nach der materialistischen Geschichtsauffassung bildet bekanntlich die Gesamtheit der Produktionsverhältnisse die ökonomische Struktur der Gesellschaft, "worauf sich ein juristischer und politischer Überbau erhebt und welcher bestimmte gesellschaftliche Bewußtseinsformen entsprechen". Man hat sich gewöhnt, dieses Verhältnis kurz so zu bezeichnen, daß diese ökonomische Grundlage der Ideologie, dem "Überbau", gegenübergestellt wird. Diese Vorstellung ist jedoch sehr irreführend und gefährlich, weil sie zu dem "materialistischen" Mißverständnis verleitet, als ob der Unterbau, die ökonomische Struktur, nicht auch geistigen Wesens wäre. In *diesem* Sinne also, d.h. einer Entgegensetzung einer rein sachlichen Ökonomie zu einer rein geistigen Ideologie ist bereits der Grundbegriff der materialistischen Geschichtsauffassung verfehlt, weil, wie wir gesehen haben, die ökonomischen Verhältnisse ja nichts anderes sind als Verhältnisse des vergesellschafteten tätigen Menschen im Produktionsprozeß, also seine ganze Geistigkeit bereits in der ökonomischen Sphäre enthalten. Das Problem des Verhältnisses der Ideologie zur Ökonomie ist daher nicht dieses, daß die Geistigkeit des Menschen durch ein sachliches Element bestimmt würde, sondern viel mehr das ganz andere, wie innerhalb bestimmter sachlicher Voraussetzungen des Lebens die Geistigkeit überhaupt sich entfaltet. Genauer gesagt, es ist die Frage, wie unter den jedesmal historisch gegebenen Bedingungen des Arbeitsprozesses sich dieser und *mit ihm* alle übrigen *geistigen* Tätigkeiten entfalten. Für diesen Standpunkt bilden Ökonomie und Ideologie *gar nicht* zwei *verschiedene* Sphären, sondern nur zwei verschiedene Stufen eines und desselben *geistigen* Zusammenhanges. Und das ökonomische Moment, d.h. also die auf Lebenserhaltung und Lebenssteigerung gerichtete Arbeit, tritt von vornherein schon selbst in ganz bestimmten "ideologischen" Formen auf, vor allem in bestimmten Rechtsformen. Es ist ganz selbstverständlich, daß die Art, in welcher die Produktionstätigkeit erfolgt und die Aneignung und Verteilung der produzierten Güter stattfindet, stets *zugleich* für das Bewußtsein der produzierenden Menschen eine Rechtsordnung darstellt, welche von der ökonomischen Funktion ganz unabtrennbar ist. Die Stammlersche Entdeckung, daß alles soziale Leben äußerlich geregeltes Leben ist, hat Marx schon vorweggenommen mit der Aufzeigung, daß alle gesellschaftliche Arbeit zugleich in ideologischen Formen erfolgt, welche diese Arbeit notwendig unter bestimmten Moral- und Rechtsanschauungen erfassen.

Es ist aber nötig, sich diesen Sachverhalt nach seiner erkenntniskritischen Seite noch klarer zu machen; denn in ihm ist es begründet, daß die materialistische Geschichtsauffassung nicht nur eine bloße Kausaltheorie für die Art der Determination der Ideologie ist, sondern die erste nicht mehr metaphysische, vielmehr soziologische Theorie des Fortschrittes in der Geschichte werden konnte. Bekanntlich ist nach ihr der Klassenkampf das bewegende Moment in der Geschichte, seit diese eine sagenhafte, ursprüngliche Undifferenziertheit der Gesellschaft verlassen hat, in welcher es noch keine gegensätzliche Interessengruppen gab. Und der Klassenkampf ist eine Fortschrittsbewegung der Geschichte, in welcher durch den Sieg der aufstrebenden Klassen ein stets größeres Stück individueller Freiheit und gesellschaftlicher Kultur verwirklicht wird. Demgegenüber kann man nun fragen, ob diese Lehre nicht etwa nur ein bloßer Glaube ist, oder gar nur eine Parteimeinung. Denn an uns für sich scheint der rücksichtslose Kampf von Interessengruppen, der auf beiden Seiten Egoismen aller Art wach werden läßt und die Gewalt zu ihrer Austragung verwendet, schon von vornherein keine Atmosphäre zu schaffen, welche der Entstehung oder gar Steigerung von Kulturwerten förderlich ist. Dann aber besteht doch einfach gar keine Gewähr dafür, daß die im Klassenkampf aufstrebende Klasse, die ja nur ihr unterdrücktes Interesse zu einem herrschenden machen will, auch wirklich gleichzeitig einem höheren moralischen Interesse zum Durchbruch verhilft. Mag der Sieg der unterdrückten Klasse aus ökonomischen Ursachen auch zweifellos notwendig sein, so bedeutet diese kausale Notwendigkeit noch gar nichts für ihre moralische Berechtigung. Es scheint geradezu wie die Verkündung einer neuen prästabilierten Harmonie, daß der ökonomisch notwendige Sieg einer Klasse auch gleichzeitig den Sieg einer höheren Vernunft und Moral bedeute. Hier wird – so scheint es – der politische Wunsch einer Partei zum Vater eines theoretisch kaum begründeten Gedankens.

Allein diese Einwände, die sehr oft gegen den Marxismus vorgebracht werden, erscheinen nur so lange stichhaltig, als sie eben die marxistischen Begriffe nicht bis in jene Tiefe verfolgen, in welcher sich ihr innerer Zusammenhang mit der Kritik des Bewußtseins eröffnet, wie Kant sie geleistet hat. Von da aus verwandelt sich die skeptische Frage, wieso die den Klassenkampf hervortreibende ökonomische Entwicklung zugleich ein Fortschritt des gesellschaftlichen Lebens, d.h. also auch eine Höherentwicklung im moralischen Sinn, sein kann, in die andere kritische Frage, *ob es für die Gestaltung und Veränderung der Ideologie eine Gesetzlichkeit gibt oder nicht.* Denn nur, wenn sich eine Gesetzlichkeit der Ideologie aufzeigen läßt, die im Kausalprozesse des sozialen Lebens, also auch innerhalb der ökonomischen Struktur der Gesellschaft, wirksam wird, nur dann kann die materialistische Geschichtsauffassung überhaupt eine bestimmte Richtung in der Entwicklung dieser Ideologien ableiten. Würde aber die Ideologie eine ganz willkürlich sich gestaltende Lebendigkeit des Geistes sein, die völlig unbestimmbar in ihren Formen ist und in ihrer Richtung zwar stets kausal determiniert, aber doch jedesmal in ganz unberechenbaren und unerwarteten Gestaltungen auftritt, dann wäre jede soziologische Theorie des gesellschaftlichen Geschehens, also auch eine Theorie des Fortschrittes, ganz unmöglich. Das soziale Leben stellte dann ein wirkliches Chaos dar, bezüglich dessen auch nur die primitivsten Ansätze einer gesetzmäßigen Erfahrung ausgeschlossen wären und das eben deshalb auch kaum vorstellbar ist.

Hier kommt nun zur entscheidenden Bedeutung, daß der eigentliche Mittelpunkt der materialistischen Geschichtsauffassung der vergesellschaftete Mensch und seine gesellschaftliche Tätigkeit ist. Denn damit wird die *Formbestimmtheit des menschlichen Bewußtseins* zu einer Voraussetzung und zu einer richtunggebenden Komponente in der sozialen Kausalität. Diese ist also dadurch charakterisiert, daß sie niemals ein bloßer Ablauf von Ursachen und Wirkungen ist, sondern daß innerhalb desselben ein Zusammenhang auftritt, der nicht bloßes *Produkt* der Kausalität, sondern durch sie erfolgte bewußte *Formung* ist. Hierauf hat Marx bereits selbst in einer berühmten Stelle des *Kapital* hingewiesen, indem er sagt: "Was von vornherein den schlechtesten Baumeister vor der besten Biene auszeichnet, ist, daß er die Zelle in seinem Kopf gebaut hat, bevor er sie in Wachs baut. Am Ende des Arbeitsprozesses kommt ein Resultat heraus, das beim Beginn desselben schon in der Vorstellung des Arbeiters, also *schon ideell* vorhanden war. Nicht daß er nur eine Formveränderung des Natürlichen bewirkt; *er verwirklicht im Natürlichen zugleich seinen Zweck,* den er weiß, *der die Art und Weise seines Tuns als Gesetz bestimmt,* dem er seinen Willen unterordnen muß."[7]) So entsteht also eine Formbestimmtheit allen sozialen Geschehens, über deren Wesen aber erst die transzendentale Erkenntniskritik Kants Aufschluß gibt. Sie hat uns gezeigt, daß alles Bewußtsein in Formen abläuft, die, was immer der Inhalt sein mag und wie sehr sich derselbe im Laufe einer historischen Entwicklung verändert und ausgestaltet, stets gleichbleibend sind, weil sie alle diesen Inhalt erst möglich machen. Das Eigentümliche dieser Formen ist aber, daß sie auf allen Gebieten des Bewußtseins, sowohl im Denken als im Wollen als im Fühlen den Inhalt des Bewußtseins in einer polaren Gegensätzlichkeit der Wertung erfassen. Das aktuelle menschliche Leben hält immer etwas für wahr oder falsch, gut oder böse, schön oder häßlich, sinnvoll oder sinnlos. Indem nun aber alle diese Wertungen zugleich Wertungen eines vergesellschafteten Bewußtseins sind, d.h. eines Bewußtseins, das sich zwar isolieren und gegen fremdes Bewußtsein feindlich stellen, nicht aber aus der Beziehung mit diesem und aus der Einwirkung von ihm loslösen kann, erfahren alle diese Wertungen ganz notwendig eine stete Modifikation in

---

7) Karl Marx, *Das Kapital,* 4. Aufl., S. 140.

jenem Sinn, in welchem sie schließlich am wenigsten widerspruchsvoll bestehen können. "Es ist", wie ich dies an anderer Stelle ausgeführt habe, "diese nie versagende Polarität, die durch ihre Spannung wie ein geistiger Selbsterhaltungstrieb, um nicht bloß unsere körperliche, sondern vor allem unsere geistige Integrität zu erhalten und zu behaupten. Die bloß physische Erhaltung des Daseins wird so jetzt erst Selbstbehauptung im wahren Sinne des Wortes, nämlich Behauptung eines *Selbst,* einer ihrer selbstbewußten Einheit."[8]) Diese Selbstbehauptung muß aber ganz notwendig sozialen Charakter annehmen, da eben das vergesellschaftete Bewußtsein sich nur widerspruchslos erhalten kann, wenn es die durchgängige Bezogenheit des Individuums auf nebenmenschliches Bewußtsein auch in einem widerspruchslosen System des Denkens, Wollens und Fühlens, d.h. in einer Verwirklichung der Ideen des Wahren, Guten und Schönen zur Entfaltung bringt. In der empirischen Anwendung, d.h. im historischen Prozesse, kann sich das Streben des vergesellschafteten Bewußtseins nach Widerspruchslosigkeit nur in der Bekämpfung aller einer wirklichen sozialen Gemeinschaft entgegenstehenden Hindernisse realisieren. Das heißt aber: Die sozialen Interessengruppen werden nicht bloß durch die Verschiedenheit ihres Interesses geschieden sein, sondern auch gleichzeitig verschiedene Grade des sozialen Bewußtseins darstellen müssen. Denn selbstverständlich muß die Monopolisierung des gesellschaftlichen Nutzens durch eine exklusive Gruppe den ausgeschlossenen Gruppen nicht nur als unvernünftig und unmoralisch erscheinen, sondern von dem Standpunkte eines widerspruchslosen und solidarischen Lebens der Gemeinschaft *ist* diese Exklusivität auch unvernünftig und unmoralisch. Und ebenso muß das Streben der von der Kulturgemeinschaft ausgeschlossenen Gesellschaftsgruppen, diesen ihren Ausschluß aufzuheben, obgleich er nur ihrem Eigen- d.h. Klasseninteresse entspricht, ihnen gleichwohl als Forderung einer höheren Vernunft und Moral erscheinen und *ist auch eine* solche. Denn die Verwirklichung dieses Eigeninteresses verwirklicht gleichzeitig eine Erweiterung des Kreises menschlicher Solidarität, beseitigt gleichzeitig ein Stück gesellschaftlicher Gegensätzlichkeit. Und da die Emanzipationsforderung benachteiligter Gesellschaftsgruppen immer erst dann siegreich ist, wenn die Erfüllung ihrer Forderungen gesellschaftlich möglich wurde, ihr Sieg dann aber auch – trotz mannigfacher Rückschläge auf dem Wege dahin – unausbleiblich ist, weil er die einzige Rettung aus der Lebensunmöglichkeit der Gesellschaft darstellt, in welche die vorhandenen gesellschaftlichen Widersprüche sie gebracht haben, so muß dieser Kampf bloßer Klasseninteressen gleichzeitig die Richtung auf die immer größere Realisierung der gesellschaftlichen Solidarität erhalten. Der Klassenkampf ist eben nicht, wie die meisten Bekämpfer des Marxismus meinen, ein Kampf bloßer ökonomischer Interessen, sondern weil er dies nur im Rahmen der ideologischen Formen des Bewußtseins sein kann, welche ihm die Gestalt eines *Kampfes von Wertungen* geben, so ist er immer zugleich ein Kampf um höhere Vernunft, um höhere Moral und vollkommenere Kultur. Aller Klassenkampf ist Kulturkampf, ist Geistesbewegung. Und er ist im Grunde gar nichts anderes als der empirische Prozeß, in welchem das Bewußtsein überhaupt seinen Inhalt auf einen widerspruchslosen Ausdruck zu bringen sucht.

Auf diese Weise ist der Marxismus gerade an diesem verrufensten Punkte seiner theoretischen Gedanken nur das soziologische Widerspiel der dialektischen Auffassung des Geisteslebens von Kant bis Hegel. Es war die große geschichtsphilosophische Idee der klassischen deutschen Philosophie, daß die Geschichte der durch Widersprüche sich vollziehende Fortschritt zur Vernunft und Freiheit ist. Zum erstenmal in großartiger Weise hat Kant in seiner Abhandlung über die *Idee einer allgemeinen Geschichte in weltbürgerlicher Absicht* diese Idee aus den Antagonismen der "ungeselligen Geselligkeit" des Menschen entwickelt. Und bereits er hat den Gedanken gewagt, zu zeigen, wie aus Kampf und Streit, aus Egoismus aller Art, indem alle diese "Ungeselligkeit" eben in dem notwendig gesellschaftlichen Charakter eingeschlossen bleibt und nur innerhalb dessen sich zu befriedigen vermag, stets höhere Formen des gesellschaftlichen Lebens hervortreiben muß. Auf diese Weise wird die Menschheit gleichsam me-

---

[8]) Max Adler, *Das Formalpsychische im historischen Materialismus, Marxistische Probleme,* 5. Aufl., S. 8.

chanisch dahin geführt, schließlich einen Zustand zu erreichen, in welchem sie wirklich frei ist, weil er keine Vergewaltigung eines Teiles derselben mehr bedeutet, vielmehr es ihr ermöglicht, alle ihre Anlagen vollständig zu entwickeln. Das *Kommunistische Manifest* verkündet denselben Gedanken mit den Worten: "An die Stelle der alten bürgerlichen Gesellschaft mit ihren Klassen und Klassengegensätzen tritt eine Assoziation, worin die freie Entwicklung eines jeden die Bedingung für die freie Entwicklung aller ist", und nichts anderes beinhalten die berühmten vielzitierten Worte von Friedrich Engels, daß die Entwicklung des Kapitalismus zum Sozialismus bedeute den "Sprung der Menschheit aus dem Reich der Notwendigkeit in das Reich der Freiheit".

So also ist die skeptische Frage zu beantworten, wieso der Klassenkampf und die ökonomische Notwendigkeit der Entwicklung auch den Sieg der Moral und Vernunft bedeute. Es ist im Grunde beide Male, sowohl in dem Gedankengang der klassischen deutschen Philosophie wie in dem der marxistischen Soziologie, dasselbe Denkmotiv, dieselbe Geistesgesetzlichkeit wirksam: Indem dort höhere Formen des Geisteslebens, hier höhere Formen des gesellschaftlichen Seins nur erreicht werden durch die Überwindung vorhandener Widersprüche, durch Erreichung einer neuen, größeren Einheit dort des Geistes, hier des Seins. Und dieser Gegensatz von Geist und Sein ist nicht etwa ein Gegensatz von Geist und Materie, sondern nur ein Gegensatz der Bewußtseinsgesetzlichkeit zu der Gesetzlichkeit ihrer historischen (empirischen) Erscheinung. Wie die ökonomische Vergesellschaftung nur der historische Ausdruck der transzendental-sozialen Beschaffenheit des Bewußtseins ist, so ist der Klassenkampf der ebensolche Ausdruck der formalen Willensgesetzlichkeit, die als Autonomie des Wollens nach einer widerstreitlosen Einheit des Wollens streben muß. *Diese formale Art des praktischen Bewußtseins wird immanenter Faktor des Kausalgeschehens* und gestaltet dieses erst zu jenem *auf Wertgesichtspunkte hin gerichteten Prozeß,* der den geschichtlichen *Fortschritt* ergibt.

V.

Wir sind am Ende dieser gewiß nur skizzenhaften Darlegung. Die klassische deutsche Philosophie war sicherlich kein Sozialismus, und der marxistische Sozialismus ist ebensowenig kritischer Idealismus. Aber wenn man die philosophische Grundlegung des Sozialismus im *Antiindividualismus,* d.h. in der Anschauung, daß der Mensch als ein vereinzeltes Wesen überhaupt nicht gedacht werden kann, erblicken darf, dann muß man die deutsche klassische Philosophie geradezu die *Philosophie des Sozialismus* nennen. Man muß sich endlich gewöhnen, sie so zu verstehen oder man hat sie gar nicht verstanden. Und dann ist zwar der Marxismus noch immer nicht ein Teil dieser Philosophie, sondern bleibt, was er ist: Soziologie, Wissenschaft von der Gesellschaft und ihrer Entwicklung. Aber dann wird es klar, daß die großartige Erkenntniskritik, die in der Kantschen Lehre liegt, nicht *nur für die Naturwissenschaft* geleistet wurde, sondern ebenso für die Sozialwissenschaft, und daß Marx in demselben Verhältnis steht zu Kant wie Newton. So wenig die kritische Philosophie eine Ergänzung der Naturwissenschaft und der Technik ist, so wenig auch eine des Marxismus und Sozialismus. Aber wie die Naturwissenschaft aus der Erkenntniskritik die immer größere Klarheit ihrer Methoden und vor allem die Sicherheit ihrer Erkenntnisse gewinnt, so gilt dasselbe vom Marxismus, dessen materialistische Geschichtsauffassung und dessen Lehre vom sozialen Fortschritt erst durch den Begriff des vergesellschafteten Menschen, d.h. aber wie wir jetzt wissen, des vergesellschafteten Bewußtseins, seinen Sinn und seine Beweiskraft erhält.

Ja, in einem Punkte geht dieses Verhältnis von Marx zu Kant sogar noch über das von Newton zu Kant hinaus. Denn in der physischen Natur vollzieht sich ein Zusammenhang, in dem die Menschen kein mitbestimmendes Glied sind, während die Gesetze der sozialen Natur nur durch die Wirksamkeit von Menschen zustande kommen. *Dort erleidet* der Mensch sein Schicksal, *hier gestaltet* er es. Eine richtige Sozialwissenschaft steht daher in dem Dienst nicht bloß der Naturerklärung, sondern der Natur*veränderung*. Die Naturwissenschaft ist ihrem logischen Wesen nach stationär, die Sozialwissenschaft ebenso revolutionär. Und das ist der tiefe, wenig verstandene Sinn des inneren Zusammenhanges zwischen marxistischer *Theorie* und sozialistischer *Bewegung,* zwischen Soziologie und sozialer Revolution. Es ist dies aber zugleich ein Zusammenhang mit der klassischen deutschen Philosophie, die ebenfalls als eine Philosophie des sozialen Bewußtseins nicht anders als revolutionär sein kann. Die deutsche klassische Philosophie wollte immer sein *eine Philosophie der Tat.* Aber sie konnte dies nur der Idee nach sein, der Marxismus hat ihr die wissenschaftliche Erkenntnis für die Mittel zur historischen Verwirklichung dieser Tat gegeben. War der Idealismus Kants und seiner Nachfolger die *Philosophie von der Denkmöglichkeit des Sozialismus,* so wird der wissenschaftliche Sozialismus von Marx die *Theorie von der Tatwirklichkeit des Idealismus.*

Quellennachweis

Zur Revision des Parteiprogramms, in: *Arbeiter-Zeitung,* 22. Oktober 1901, S. 7—8, 24. Oktober 1901, S. 7—8.
Unpolitisches. Zum Magdeburger Parteitag, in: *Der Kampf,* Wien 1910/11, Bd. IV, S. 21—23.
Der Sozialismus und die Intellektuellen, 4., verm. Aufl., Wien: Wiener Volksbuchhandlung 1923.
Das Prinzip des Sozialismus, in: *Der Kampf,* Wien 1915, Bd. VIII, S. 1—8.
Zwei Jahre . . .! Weltkriegsbetrachtungen eines Sozialisten, Nürnberg: Fränkische Verlagsanstalt 1916.
Der Krieg ist aus, der Kampf beginnt, in: *Der Kampf,* Wien 1918, Bd. XI, S. 776—785.
Eine Partei der Verwirrung, in: *Arbeiter-Zeitung,* 19. November 1918, S. 1—2.
Demokratie und Rätesystem, Wien: Wiener Volksbuchhandlung Ignaz Brand & Co. 1919.
Politische oder soziale Demokratie. Ein Beitrag zur sozialistischen Erziehung, Berlin: E. Laub'sche Verlagsbuchhandlung 1926.
Zur Diskussion des neuen Parteiprogramms, in: *Der Kampf,* Wien 1926, Bd. XIX, S. 490—498.
Die dritte Internationale und wir, in: *Der Klassenkampf,* Berlin 1927, 1. Jg., S. 68—73.
Linkskritik oder Linksgesinnung, Max-Adler-Nachlaß (MAN).
Meine Parteitagsrede, in: *Der Klassenkampf,* Berlin 1927, 1. Jg., S. 104—110.
Neueinstellung unserer Politik?, in: *Der Kampf,* Wien 1928, Bd. XXI, S. 53—59.
Praktischer oder unpraktischer Klassenkampf, in: *Der Kampf,* Wien 1928, Bd. XXI, S. 197—206.
Über das Prinzip der proletarischen Politik, in: *Der Kampf,* Wien 1928, Bd. XXI, S. 256—262.
Der Arbeiter und sein Vaterland. Marxistische Bemerkungen über bürgerliches und proletarisches Wehrsystem, Berlin: E. Laub'sche Verlagsbuchhandlung 1929.
Das österreichische Beispiel und der Faschismus, in: *Der Klassenkampf,* Berlin 1930, 4. Jg., S. 136—142.
Zum deutschen Parteikonflikt, in: *Der Klassenkampf,* Berlin 1931, 5. Jg., Nr. 20, S. 611—616.
Parteidiskussion?, Wien: Anzengruber Verlag 1932 *(Sozialistische Zeit- und Streitfragen).*
Unsere Stellung zu Sowjetrußland. Die hauptsächlichen Fehlerquellen für die Beurteilung der russischen Revolution, in: *Unsere Stellung zu Sowjetrußland,* Berlin: Marxistische Büchergemeinde 1932, S. 157—189 (3. Buch der *Roten Bücher*).
Wie kommen wir zum Sozialismus?, in: *Der Klassenkampf,* Berlin 1932, 6. Jg., 2. Heft, S. 33—40.
Wandlung der Arbeiterklasse?, in: *Der Kampf,* Wien 1933, Bd. XXVI.
Unterworfenes Deutschland, Manuskript und Fahnenkorrektur im Nachlaß, Erscheinungsort nicht nachweisbar.

Kirche und Schule, in: *Der Kampf,* Wien 1908/09, Bd. II, S. 389—396.
Die Unmöglichkeit der neutralen Erziehung, in: *Der Kampf,* Wien 1923, Bd. XVI, S. 372—377.
Die soziologischen Grundlagen der weltlichen Schule, in: *Soziologische und schulpolitische Grundfragen der weltlichen Schule* (Von Max Adler und Kurt Löwenstein. Vortrag), Magdeburg: Verlag der freien weltlichen Schule 1925.

Kant und der Sozialismus (1904), in: *Kant und der Marxismus. Gesammelte Aufsätze zur Erkenntniskritik und Theorie des Sozialen,* Berlin: E. Laub'sche Verlagsbuchhandlung 1925.
Karl Kautskys „Urchristentum", in: *Der Kampf,* Wien 1908/09, Bd. II, S. 176—186.
Marxismus und Materialismus, in: *Der Kampf,* Wien 1909/10, Bd. III, S. 564—571.
Dialektik oder Metaphysik, in: *Der Kampf,* Wien 1911/12, Bd. V, S. 78—85.
Die Dialektik des Werdens, in: *Der Kampf,* Wien 1911/12, Bd. V, S. 122—127.

Über den kritischen Begriff der Religion, in: *Festschrift für Wilhelm Jerusalem zu seinem 60. Geburtstag von Freunden, Verehrern und Schülern,* Wien: W. Braumüller 1915.

Die sozialistische Idee der Befreiung bei Karl Marx. Zu seinem hundertsten Geburtstage am 5. Mai 1918, Wien: Wiener Volksbuchhandlung Ignaz Brand & Co. 1918 (Sonderabdruck aus den *Marx-Studien*).

Die Beziehungen des Marxismus zur klassischen deutschen Philosophie (1922), in: *Kant und der Marxismus. Gesammelte Aufsätze zur Erkenntniskritik und Theorie des Sozialen,* Berlin: E. Laub'sche Verlagsbuchhandlung 1925.

Das geistige Leben Wiens in der Zwischenkriegszeit

Band 1 der Reihe „Quellen und Studien zur österreichischen Geistesgeschichte im 19. und 20. Jahrhundert", hrsg. von P. Heintel, N. Leser, G. Stourzh, A. Wandruszka

Format: 16,5 x 23,5 cm
Ganzleinen mit Schutzumschlag
400 Seiten
ISBN: 3215046687

Die in dem vorliegenden Band abgedruckte Vorlesungsserie über das „Geistige Leben Wiens in der Zwischenkriegszeit" verfolgte den Zweck, im Rahmen der Wiener Festwochen 1980, die dem Thema „Wien in der Zeit zwischen den beiden Weltkriegen" gewidmet waren, die Fülle des geistigen Lebens vorzustellen, das in Wien blühte und von Wien aus die Welt befruchtete. Die Ring-Vorlesung sollte auch zum Ausdruck bringen, daß sich Wien und Österreich ihrer intellektuellen und moralischen Verpflichtung gegenüber Traditionen der Zwischenkriegszeit, die durch den Faschismus eine Schädigung und Hemmung erfuhren, unter der wir noch heute leiden, bewußt sind und daß sie die Notwendigkeit erkennen, die österreichische Geistesgeschichte mehr als bisher in Österreich selbst zu beheimaten und zu pflegen. Im Rahmen einer solchen Darstellung durften auch jene Strömungen nicht unerwähnt bleiben, die zum Sieg des Faschismus und somit zum zeitweiligen Sieg des Ungeistes beigetragen haben. So weitete sich das Ziel dieser Veranstaltung zu einer Auseinandersetzung mit der österreichischen Vergangenheit, zu dem Versuch einer Zwischenbilanz über ein erregendes Kapitel der österreichischen Geschichte, das keineswegs nur der Vergangenheit angehört.

ÖBV

Österreichischer Bundesverlag, Wien

TAGEBUCH
DER
STRASSE
GESCHICHTE
IN
PLAKATEN
HERAUSGEGEBEN
VON DER
WIENER STADT-
UND
LANDESBIBLIOTHEK
ÖBV
ÖSTERREICHISCHER
BUNDESVERLAG